우리말 불교개념 사전

3

| 세계관 |

우리말 불교개념 사전 3 | 세계관 |

초판인쇄 2024년 04월 15일
초판발행 2024년 04월 22일

편 자 고영섭
발 행 인 윤석현
발 행 처 박문사
책임편집 최인노
등록번호 제2009-11호

우편주소 서울시 도봉구 우이천로 353 성주빌딩
대표전화 02) 992 / 3253
전 송 02) 991 / 1285
홈페이지 http://jnc.jncbms.co.kr
전자우편 bakmunsa@hanmail.net

ISBN 979-11-92365-56-5 04220 정가 49,000원
979-11-92365-53-4 (SET)

우리말 불교개념 사전

3

| 세계관 |

동국대학교 세계불교학연구소
고 영 섭 편

박문사

일러두기:

1. 이 사전은 인간관(1책), 세계관(2책), 수행론(2책)으로 분류한 123개 개념을 전5책에 담은 우리말 불교개념 사전이다.
2. 빠알리어표기는 첫 음의 경우 격음을 지양해 경음으로 표기하였다.
   Pali – 빠알리어
3. 범어표기는 첫 음의 경우 경음을 지양해 평음으로 표기하였다.
   Sanskrit – 산스크리트
4. 티베트어표기는 첫 음의 경우 경음을 지양해 격음으로 표기하였다.
   Tibetan – 티베탄
5. 이미 우리말로 굳어진 한자어의 음은 한자로 표기하지 않았다.
6. 각 원고 말미에는 집필자의 이름과 소속을 덧붙였다.
7. 기타

|서문|

무릇 사전은 한 문명을 이해하는 척도이자 한 학문을 인식하는 지도이다. 지도가 공간의 표상을 일정한 형식을 이용해 표현한 것이라면, 척도는 자료를 수집할 때 관찰된 현상에 하나의 값을 할당시키기 위하여 사용하는 측정과 평가의 기준이다. 이처럼 문명 이해의 척도이자 학문 인식의 지도인 온전한 사전의 유무는 해당 문명의 정도와 해당 학문의 수준을 가늠해 준다.

붓다에 대한 연구인 전승 불학과 붓다의 가르침에 대한 연구인 근현대 불교학 사이에는 연속과 단절이 존재한다. 전승 불학에서는 계정혜학과 불선유학의 연속성이 확인되지만 근현대 불교학에서는 계정혜학과 불선유학의 지속성이 확인되지 않는다. 연속성 속에서는 전승 불학의 특징과 특성이 강하게 발휘되지만 불연속성 속에서는 근현대 불교학의 특징과 특성이 강하게 발휘된다. 이 때문에 이 시대를 사는 인문학도와 불교학도는 전승 불학과 근현대 불교학의 연속과 불연속을 통섭해 이들의 강점과 장점을 원용하고 변용해 새로운 인문학과 불교학을 전개해야 할 과제를 지니고 있다.

민족 사학인 동국대학교는 우리나라에서 가장 오래된 배움터이다. 고구려 소수림왕 2년(372)년에 수도 집안에 들어온 순도가 전해온 불교를 공인하면서부터 그가 머문 초문사가 대학의 역사가 시작된 곳이기 때문이다. 우리나라의 고대 고구려 백제 신라 가야 사국의 교육은 대개 유학을 중심으로 한 관학과 불학을 중심으로 한 사학을 중심으로 전개해 왔다. 정부 주도의 관학과 달리 특히 민간 주도의 사학은 불교 사찰의 강원을 중심으로 교육이 이루어져 왔다. 신라 중기에 선법이 전래되면서부터는 선원에서도 교육이 이루어져 왔다.

고려시대 정종 때에는 관학과 함께 사학인 불교를 공부하는 이들을 위해 장학재단 광학보가 설치되었다. 조선후기에는 강원과 선원 및 염불원의 삼원을 중심으로 삼문 수행이 이루어졌다. 대한시대에 들어서 전국 16개 중법산 이상의 사찰에서 출자하여 중앙의 불교 사찰 원흥사에서 명진학교(1906)를 개교하였다. 명진학교는 이후 불교사범학교(1910~1914), 불교고등강숙

(1914~1915), 불교중앙학림(1915~1922), 불교학원(1922~1928), 불교전수학교(1928~1930), 중앙불교전문학교(1930~1940), 혜화전문학교(1940~1946), 동국대학(1946~1953), 동국대학교(1953~현재)로 이름을 바꾸어가며 이어져 오고 있다.

2003년 당시 편자는 우리 불교학의 지형을 제고하기 위해 불교학과의 젊은 교수들 중심으로 단권의 『우리말 불교개념 사전』을 기획하였다. 그런데 이 사실이 서윤길 대학원장님에게 알려지면서 이 기획을 동국대학교의 개교 100주년을 준비하는 사업으로 확대하자는 제안을 받았다. 그 결과 홍기삼 총장님의 동의 아래 학교출판부의 원고료 지원과 사전 간행 지원이라는 전향적인 방향으로 확장되었다. 그리하여 동국대학교의 뿌리가 된 불교학과 창설 100주년을 준비하기 위해 불교학과 교수들 중심으로 『우리말 불교개념 사전』을 편찬하기 위한 준비위원회가 구성되었다.

준비위에서는 이렇게 분류와 책수 및 집필 형식을 확정하고 108명의 박사 필자들에게 125개의 표제어를 150~200매 분량으로 청탁하였다. 이러한 일련의 준비 과정은 지난 한 세기 동대를 중심으로 한 국내 불교연구의 성과를 집대성하는 작업이었다. 이 때문에 당시 우리나라 인문학계에서는 이제까지 들은 적이 없는 『우리말 불교개념 사전』 편찬의 의미와 가치에 대해 큰 관심을 가지고 있었다. 그때 사전 간행을 위한 원고청탁서에는 이 사전의 집필 방향과 편찬 내용이 잘 나타나 있다.

불교에는 수행의 실제를 이론화한 무수한 개념들이 있습니다. 그 개념들은 깊고 넓은 시공간적 의미를 머금고 있기 때문에 인간(존재)과 세계(우주)와 수행(해탈)에 대한 불교의 깊고 넓은 의미 영역에 대한 올바른 이해를 위해서는 '개념사전'이라는 이정표가 필수적으로 요청됩니다. 먼저 각 개념들에 대한 온전한 이해를 위해서는 해당 개념의 1) 어원적 근거 및 개념 풀이, 2) 역사적 맥락 및 텍스트별 용례, 3) 인접 개념과의 관계 및 현대적 논의, 4) 출전 근거와 참고 문헌 등에 대한 탐색이 전제되어야만 합니다. 이들 네 축에 입각한 유기적이고도 포괄적인 이해 위에서 비로소 불교를 온전히 파악할 수 있게 됩니다.

불교사전은 불교를 이해하는 척도가 됩니다. 하지만 종래의 불교사전은 소항목 중심에다 단순한 개념 풀이에 머물러 있어 1) 어원적 근거 및 개념 풀이, 2) 역사적 맥락 및 텍스트별 맥락의 용례, 3) 인접 개념과의 관계 및 현대적 논의, 4) 출전 근거와 참고 문헌 등을 집중적으로 제시한 전문 사전은 아직까지 존재하지 않았습니다. 몇몇 불교사전들 일부에서 위의 몇 축이 제시되었다 해도 지극히 얕은 수준에서 산발적으로 나열되었을 뿐, 이들 네 축이 유기적으로 제시되거나 체계적으로 해명된 예의 사전은 없었습니다. 따라서 종래의 사전들은 단편적이고 주변적인 글자풀이의 수준에 머물러 있어 해당 개념에 대한 종합적 이해가 이루어질 수 없었습니다.

우리가 준비하는 『우리말 불교개념 사전』은 해당 개념마다 불교고전어인 범/파/장/한문과 중국어 및 영어에 이르는 어원적 근거, 각 개념의 시대별 및 텍스트별 용례 분석과 설명을 제시하는 역사적 용례, 해당 개념과 유관한 개념과의 동이 구분을 통한 인접 개념과의 관계 및 현대적 의미, 출전 근거(1차 자료)와 참고 문헌(2차 자료 이상)의 제시를 통하여 종래에는 찾아볼 수 없었던 전혀 새로운 의미의 사전이 될 것입니다.

이러한 네 가지 특징을 담은 새로운 형식의 『우리말 불교개념 사전』은 이미 오래전부터 요청되어 왔습니다. 하지만 우리 불교학계의 인적 물적 인프라의 미약 등으로 인해 아직까지 이루어지지 못했습니다. 『우리말 불교개념 사전』은 이러한 요구를 충실히 담아 불교개념에 대한 본질적 이해와 유기적 이해를 아울러 가능하게 해 줄 것으로 믿습니다.

편자는 기획과 편찬준비위원회를 대표하여 동료 교수들과 함께 수습된 원고를 모아서 '인간관'과 '세계관'과 '수행론'의 분류 아래 총5책 123개의 원고를 엮었다. '인간관'을 다룬 제1책에는 '붓다' 등 26개 개념, '세계관'을 다룬 제2책과 제3책에는 각기 '연기' 등 25개 개념과 '보법' 등 23개 개념, 그리고 '수행론'을 다룬 제4책과 제5책에는 '일념삼천' 등 23개 개념과 '삼도' 등 26개 개념을 담았다.

기존의 사전과는 차별성을 갖는 상위 범주 네 축과 하위 범주 포함 여덟 축의 구조는 이 사전의 독자적인 면모라고 할 수 있다. 이 사전은 불교정신에 기초해 창학한 민족 사학 동국대학교의 불교학과가 창설 100주년을 맞이하여 준비하는 『우리말 불교개념 사전』이라는 점에서 '동대 전인교육 백년'과 '불교연구 백년의 성취'를 아울러 담아내고 있다.

동국대학교 창학 100주년과 불교학과 창설 100주년을 기념하여 준비한 『우리말 불교개념 사전』(전5책)이 우여곡절 끝에 기획과 집필 및 교정과 간행에 이르기까지 예정보다 크게 늦어 118주년이 되는 금년에서야 겨우 간행할 수 있었다. 그 사이 원고를 집필을 해 주신 여러 필자들과 이미 세상을 떠나신 필자들께 감사와 위로의 마음을 전하고 싶다. 처음 『우리말 불교개념 사전』 편찬의 발의와 기획을 도맡았던 편자는 이 막중한 책임을 피할 수 없어 늦게나마 불사를 마무리하고자 폐기한 사전 원고를 출판부에서 넘겨받았다. 그 원고의 교정을 거듭한 끝에 편자와 동국대학교 불교대학 세계불교학연구소 이름으로 편찬을 마무리하기로 했다.

『우리말 불교개념 사전』 편찬을 위해 물심양면으로 지원해 주신 당시 동국대학교 홍기삼 총장님, 대학원 서윤길 원장님, 출판부 이철교 부장님, 그리고 편찬위원인 불교학과 박인성, 우제선, 신성현, 지창규, 고영섭, 김종욱 교수님께 감사를 드린다. 또 사전 원고를 읽고 꼼꼼히 교정해 준 동국대 연구교수 오지연 박사, 불교학과 박사반 박경미 원생에게도 감사를 드린다. 아울러 이 사전이 세상에 나올 수 있게 인내하며 출판해 주신 윤석현 박문사 사장님, 인연을 맺어주신 권석동 부장께도 감사를 드린다.

2024년 2월 9일
동국대학교 불교대학 세계불교학연구소
소장 고영섭 합장

차 례

보법

한 普法 중 pŭ fă 영 the universal, the widely applied teaching

Ⅰ. 어원적 근거 및 개념 풀이

1. 어원적 근거

'보법(普法)'은 인도불교에 연원을 두고 있는 용어가 아니라 중국불교 독자적인 표현으로 볼 수 있다. '보법'이라고 하는 개념 자체가 처음부터 중국불교의 교판론과 결부되어 사용되고 있기 때문이다. 따라서 '보법'의 의미를 이해하기 위해서는, 그 개념을 사용하였던 삼계교 및 화엄종의 교판론에 대한 이해가 필요하다. 교판은 기본적으로 불교경론의 범주화를 추구한다. 따라서 보법이 교판론과 결부되어 있는 개념이라는 것은, 보법이라는 개념에 의해서 범위 지어지는 어떤 대상들이 있다는 의미가 된다는 점에 유의할 필요가 있다.

이 용어를 처음 사용한 것은 삼계교(三階教)를 개창한 신행(信行, 540~594)이었다. 삼계교를 달리 보법종(普法宗)이라고도 부르는데, 이것은 삼계교의 교판론에서 최상승의 가르침을 '보귀보법(普歸普法)'이라고 하였던 것에서 유래한다. 이것은 신행의 삼계교에서 보법이라는 개념을 처음 사용할 때 교판론과 결부된 것으로 사용하고 있음을 보여준다.

이후, 중국 화엄종의 제2조인 지엄(智儼, 602~668)이 화엄일승의 사상적 핵심을 지칭하는 개념으로 '성기(性起)'와 함께 '보법'을 사용하였으며, 이를 계기로 중국화엄교학의 전승에서 '화엄일승원교(華嚴一乘圓敎)'의 가르침을 지칭하는 개념으로 받아들이게 되었다. 지엄의 제자인 신라 의상(義湘, 625~702)의 『화엄일승법계도(華嚴一乘法界圖)』와 법장의 『탐현기(探玄記)』 등에서도 보법이라는 용어가 사용되고 있으며, 원효(元曉, 617~686)는 자신의 화엄사상을 표명하는 핵심개념으로 보법을 사용하고 있다.

보법이라는 용어는 이처럼 삼계교의 신행과 화엄사상가들에 의해서 주로 사용된 것으로, 삼계교이든 화엄사상이든 간에 최상승의 가르침을 지시하는 개념으로 사용한다는 공통점이 있다. 그러나 똑같이 최상승의 가르침을 지칭하는 용어로 사용되기는 하지만, 보법이라고 하는 개념에 의해서 지칭되는 판교(判敎)의 범주는 사상가들에 따라서 차이가 있다. 이 중에서도 신라의 원효는 자신의 화엄사상을 특징짓는 개념으로 보법을 사용하고 있으며, 화엄사교판(華嚴四敎判)에서 일승 안의 가르침을 분교(分敎)와 만교(滿敎)로 구분하는 잣대로 사용하고 있다. 이처럼 원효는 중국화엄교학에서 화엄일승원교의 핵심사상을 '성기(性起)' 또는 '법계연기(法界緣起)'로 표현했던 것과는 달리 '보법'이라는 개념에 의해서 자신의 화엄사상의 핵심을 표현하고 있다.

어쨌든 그 어원과 용례를 고려할 때, 보법은 1차적으로는 교판의 의미를 강하게 내포하고 있는 개념이라고 볼 수 있으며, 삼계교의 신행에 의해 사용된 이후로 지엄을 거쳐서 원효에 이르기까지 그 사상적 의미가 다시 부가되거나 강조의 초점을 달리 하여서 사용된다는 특징이 있다.

2. 개념 풀이

'보(普)'는 '두루 하다', '널리 미치다'는 의미를 가지고 있고, '법(法)'은 '궤범', '궤칙', '가르침' 등의 의미를 가지고 있다. 따라서 보법이라고 할 때는 1차적으로는 '널리 두루 미치는 가르침' 또는 '보편적으로 적용되는 가르침'이라는 의미를 지닌다. 곧 불교의 여러 교설 중에서도 가장 넓은 범위에 적용되고 따라서 가장 수승한 가르침이라는 의미가 '보법'의 기본적인 의미이다. 표원이 『화엄경문의요결문답(華嚴經文義要決問答)』에서 "'보(普)'는 '보(溥)'이다. 두루 하는 뜻이니 이것이 '보(普)'이다. '법(法)'에는 자체의 의미와 규칙의 의미가 있다"[1]고 한 것은 이 기본적인 의미를 가리킨다. 표원이 '보통 말하는 것과 같다[如常說也]'라고 한 것은 '넓게 두루 적용되는 가르침'이라는 의미가 당시 일반적으로 통용되는 보법의 의미였음을 보여준다. 곧 널리 모든 중생에게 적용할 수 있는 가르침을 보법이라고 하는 것이며, 이와 반대로 특정한 부류에 한하여 적용되는 가르침을 별법(別法)이라고 한다.

'보법(普法)'은 삼계교 및 화엄사상에서 사용한 개념이다.[2] 특히 삼계교의 신행선사는 삼계교의 사상적 핵심으로서 이 보법이라는 개념을 사용하고 있으며, 지엄에게서 의상, 법장으로 이어지는 화엄교학에서는 화엄별교일승의 법계연기·성기사상을 지칭하는 개념으로 사용하였다. 그러나 화엄교학에서는 화엄별교일승의 사상을 지칭하는 개념으로 '보법'보다는 법계연기(法界緣起), 성기(性起)를 주로 사용하고 있다. 이에 반하여 원효는 자신의 화엄사상을 지칭하는 개념으로 '보법'을 주로 사용하면서 화엄교학과의 차별을 꾀하고 있다. 그러므로 '보법' 개념을 이해하기 위해서는 삼계교, 지엄→의상·법장으로 이어지는 화엄교학, 그리고 원효의 사용례에서 어떠한 의미로 사용되고 있는지 검토해야 한다.

제일 먼저 보법이라는 개념을 사용한 삼계교에서는 다음과 같이 의미를 규정하고 있다.

삼계교에서는 불교의 모든 가르침을 때[時]·장소[處]·사람[人]의 세 가지 기준에 의해서 삼계(三階)로 분류하였다. 곧 때는 정법(正法)·상법(像法)·말법(末法)의 세 시대로 나누고, 장소는 일승을 설하는 정토와 삼승을 설하는 예토 그리고 어떤 부처님이나 가르침[諸佛諸法]으로도 구하지 못하는 예토로 나누었으며, 사람은 일승과 삼승 그리고 세간의 세 가지 근기로 나누었다.[3] 그리고 이 세 가지 기준을 우열에 따라서 나누어서 각기 제1계, 제2계,

---

1 表員, 『華嚴經文義要決問答』(『韓佛全』 2권, 366상). "普者溥也, 謂遍義是普也. 法自體義軌則義, 如常說也"

2 이 글에서 '화엄교학'은 화엄종의 교의학(敎義學)을 중심으로 하는 개념으로 사용하고, '화엄사상'은 화엄교학을 포함하여 보다 넓은 의미에서 화엄 관련 사상을 가리키는 개념으로 사용한다.

3 鎌田茂雄, 『中國佛敎史』(東京: 岩波書店, 1978), 202면.

제3계라고 하였다. 그 중에서 제1계를 일승(一乘), 제2계를 삼승(三乘), 제3계를 보귀보법(普歸普法)이라고 하였다.[4] 이 중 제3계의 가르침을 보법이라고 하였는데, 신행은 제3계의 보법을 불법의 궁극으로 삼았다. 때문에 삼계교는 보법종이라고도 불린다.

신행은 자신이 사는 시대를, 성인은 없고 중생은 공견(空見)·유견(有見)·파계(破戒)를 일삼는 말법의 때[時]이고, 파계(破戒)·파견(破見)이 넘치는 오탁악세(五濁惡世)의 장소[處]이며, 계율과 정견을 모두 깨뜨리고 지킬 줄 모르는 전도된 중생[人]이 사는 제3계에 해당한다고 본다. 이 제3계에서는 일승이나 삼승의 특별한 가르침이 아닌 누구나 쉽게 배우고 실천할 수 있는 보통의 가르침인 보법(普法)이 아니면 사람들을 구제할 수 없다고 한다.[5]

이때 '보(普)'는 '차별(別)'에 대응되는 개념으로 보편(普遍)·추상(抽象)·전체(全體)를 지향한다는 의미를 가지고 있으며, '예외 없이 모든 대상에 적용된다'는 뜻을 함축하고 있다.[6] 따라서 삼계교에서 보법이란 말법의 오탁악세에 최하근기의 중생들도 쉽게 배워서 이해하고 실천할 수 있는 보편적인 가르침이란 의미를 가지고 있다.

다음으로 화엄종에서는 화엄일승의 가르침을 보법, 소승이나 삼승의 가르침을 별법(別法)으로 규정한다. 이때 화엄일승보법은 널리 모든 중생에게 크게 퍼져서 일즉일체(一卽一切)로 융합되어 차별이 없는 가르침을 내용으로 한다. 곧 일체법이 상즉상입하는 것을 말한다. 이때 화엄종에서는 보법의 가르침이 별법의 가르침보다 우월하고 더 보편적이라는 특징을 나타내기 위해서, 보법의 가르침을 '별교일승(別敎一乘)'이라고 구분하여 지칭한다. 그것이 지칭하는 보법의 사상 자체는 아래에서 원효가 설하는 것과 크게 다르지 않다.

원효는 "일체세계가 하나의 티끌에 들어가고 하나의 티끌이 일체세계에 들어간다. 하나의 티끌과 같이 일체도 역시 그러하다. 삼세제겁(三世諸劫)이 한 찰나(刹那)에 들어가고 한 찰나가 삼세제겁에 들어가니, 한 찰나와 같이 일체도 역시 그러하다. 크고 작은 것, 빠르고 더딘 것이 상입(相入)함을 설하는 것처럼 나머지 일체 범주[一切門]의 상입도 역시 그러하다. 상입을

4 鎌田茂雄, 같은 책, 193-194면.
5 鎌田茂雄, 같은 책, 193-195면.
6 矢吹慶輝, 『三階教之研究』(東京: 岩波書店, 1925), 291-304면.

설하는 것과 같이 상시(相是)도 역시 그러하다. 일체법과 일체의 범주[一切門]에서, 하나(一)는 곧 일체이고 일체는 곧 하나이다. 이같이 넓고 탕탕한 세계를 보법(普法)이라고 이름한다"[7]고 보법을 정의하고 있다. 원효의 정의는 시간적인 입장에서의 상입상시[상즉상입]와 공간적인 입장에서의 상입상시가 함께 제시하고 있다. 곧 일체가 무애한 상입상시의 광탕한 화엄의 세계상을 보법이라고 표현하고 있는 것이다. 이렇게 볼 때, 화엄사상에서는 일체법의 상즉상입을 설하는 화엄의 무장애법계연기를 보법이라고 규정하고 있는 것이 된다.

그런데 보법은 좀더 실천적인 의미로 해석되기도 한다.

원효의 화엄사교판과 관련할 때, 보법은 '보현경계(普賢境界)' 또는 보현법(普賢法)이라고 해석하기도 하며,[8] 더 나아가 일승분교(一乘分教)에 대승계경(大乘戒經)을 판석하고 일승만교(一乘滿教)에 『화엄경』과 함께 보현교(普賢教)를 판석한 것에 주목하여서, 보법을 보현위(普賢位)와 관련시켜 실천으로서의 보현원행(普賢願行)이라는 의미로 파악하기도 한다.[9] 또 원효의 보법은 교학적 입장에서의 화엄법계연기의 의미보다는 실천으로서의 보현원행의 완성을 나타낸 것으로 파악되기도 한다.[10] 원효는 일승교에서 분만(分滿)으로 나눌 때 '보법을 아직 밝히지 못한 것을 수분교(隨分教)라고 하고, 보법을 거듭 밝힌 것을 원만교(圓滿教)라 이름한다.'[11]고 하였다. 이때 보법을 단순히 화엄의 무장애법계연기로 해석하여, 무장애법계연기를 완전히 드러낸 것을 일승만교라 하고 그렇지 못한 것을 분교로 하였다고 보는 것은 적절치 않다. 이렇게 해석할 경우, 일승만교에 판석된 『화엄경』은 문제가 되지 않지만 보현교를 어떻게 해석할 것인지가 문제가 되기 때문이다. 이때 사교판을 『화엄경』 중심의 교판이 아니라 보현교 중심의 교판이라고 해석한다면, '보법을 거듭 밝힌다'고 할 때의 보법은 '보현의 가르침 곧 보

7 表員, 앞의 책, 366상.
"言相入者. 曉云, '謂一切世界入一微塵, 一微塵入一切世界, 如一微塵一切亦爾. 三世諸劫入一刹那, 一刹那入三世諸劫, 如一刹那一切亦爾. 如諸大少促(奢)相入, 餘一切門相入亦爾, 如說相是亦爾. 謂一切法及一切門, 一是一切 一切是一. 如是廣湯, 名爲普法.'"

8 申賢淑, 「元曉의 教學觀-四種教判論을 중심으로」, 『불교학보』 30(서울: 불교문화연구원, 1993)

9 承垣, 「元曉의 四教判과 一乘思想」, 『한국불교학』 28(서울: 한국불교학회, 2001)

10 承垣, 「元曉의 普法說에 대한 고찰」, 『2002 한국불교학결집대회 자료집』(2002)

11 慧苑, 『續華嚴經略疎刊定記』(『續藏經』 5권, 9좌상)

현원행이 완성된 가르침'을 의미하는 것으로 해석할 수 있다. 지엄이 "만약 보현위(普賢位)를 증득한다면 육상방편의 십지위(十地位)에 있게 된다. 왜냐하면 십지에서 증득한 뜻에 의거해서 보법(普法)을 알기 때문이다"[12]라고 하였고, 의상은 "첫 부분의 수행자란, 일승을 체득[見聞]하면 보법이거(普法已去)이고 아직 만족하게 증득하지 못하였다면 보법이환(普法已還)이다. 이것은 별교일승의 가르침에 의거하였다"[13]고 한 것, 그리고 수십전법을 화엄성기나 법계연기로서가 아니라 더 나아가 보현원행을 완성하는 수행으로서의 화엄관법으로 해석하는 경우도 있다.[14] 이것은 모두 보법을 수행의 차제나 완성의 기준으로서의 보현행(普賢行)의 의미로 사용한 예이고, 보법을 이렇게 해석해야만 원효가 사교판에서 일승교를 나누는 기준으로 보법을 제시한 이유도 분명해진다. 이러한 해석들에 근거할 때 보법은 '보현원행의 완성', '일체 중생이 빠짐없이 모두 부처의 과(果)를 성취하는 것'이라는 의미를 지니는 것으로 파악된다.

위의 내용을 요약하면, 보법의 개념은 다음과 같이 풀이할 수 있을 것이다.

첫째, '보법'은 1차적으로는 '불교의 여러 교설 중에서도 가장 넓은 범위에 두루 적용되고 따라서 가장 수승한 가르침'을 지칭하는 개념으로 파악된다.

둘째, 삼계교에서는 '말법의 때[時]이고, 오탁악세(五濁惡世)의 장소[處]이며, 전도된 중생[人]이 사는 제3계에서 일승이나 삼승의 특별한 가르침이 아닌 누구나 쉽게 배우고 실천할 수 있는 보통의 가르침'으로서 보법(普法)을 규정한다. 다시 말하면, 삼계교에서의 보법이란 말법의 오탁악세에 최하근기의 중생들도 쉽게 배워서 이해하고 실천할 수 있는 보편적인 가르침이란 의미를 가진다.

셋째, 화엄사상에서 보법은 대개 두 가지의 개념태를 지닌다. 하나는 일체법의 상즉상입을 설하는 화엄의 법계연기·성기로서의 의미로 사용되고, 또 하나는 일체중생이 빠짐없이 모두 부처의 과(果)를 성취하는 것, 곧 보현

---

12 智儼, 『孔目章』(『大正藏』 45권, 537하)
"若證得普賢位, 在六相方便十地位中. 何以故, 依十地證義會普法故"

13 義湘, 『華嚴一乘法界圖』(『韓佛全』2권, 4상). "初門行者, 謂見聞一乘普法已去, 未滿證普法已還, 是此約別敎一乘說也"

14 최연식, 「均如 華嚴思想硏究」(서울대 박사학위논문, 1999), 200~207면.

원행의 완성이라는 의미로 사용된다.

넷째, 보법은 삼계교와 화엄 모두에서 가장 수승한 가르침 그 자체를 의미하거나, 아니면 가장 수승한 가르침을 여타의 가르침과 구분하는 기준으로서 사용된다는 점에서 교판론과 밀접한 관계를 가진 개념이다. 따라서 보법이라는 개념에 의해서 지칭되는 가르침의 범주가 삼계교, 화엄교학, 원효에 있어서 각기 달라진다.

Ⅱ. 역사적 전개 및 텍스트별 용례

1. 역사적 전개

보법의 역사적 용례는 크게 네 가지 정도로 나누어서 살펴볼 수 있다.

첫째는 삼계교에서 용례이고, 둘째는 지엄에게서 의상과 법장으로 이어지는 화엄교학에서의 용례이고, 셋째는 원효의 용례이다. 여기서 첫째를 제외한 나머지는 모두 화엄가들이 사용한 것이다. 또 원효는 삼계교의 용례와 화엄교학의 용례를 모두 수용하고 있다. 따라서 여기에서는 원효의 용례를 중심으로 그 전후사적 맥락을 살펴보는 형태로 서술한다.

1) 신행의 보불(普佛)·보법(普法)

신행은 『대근기행법(對根機行法)』에서 '보불법(普佛法)'의 내용을 보경(普敬)·인악(認惡)·공관(空觀)의 셋으로 나누어 기술하고 있다.

먼저 보경(普敬)은 모든 중생을 부처로 인정하고 귀경하도록 하는 특유의 교설로서, 『능가경』·『승만경』·『열반경』·『법화경』·『화엄경』·『십륜경』 등에 의하여 여래장불(如來藏佛)·불성불(佛性佛)·당래불(當來佛)·불상불(佛想佛) 등의 보불(普佛)을 설한다.[15] 제3계의 중생이 공견과 유견에 집착하고 파계를 일삼는 중생이기는 하지만, '일체중생실유불성(一切衆生悉有佛性)'이라고 하는 여래장과 불성의 측면에서 본다면 부처와 마찬가지이고, 따라서 '두루 귀의하고 공경되어야[普敬]' 할 대상이라는 사고가 '보경(普敬)'이라는 개념에 담겨 있다. 곧 오탁악세인 제3계에 사는 사람일지라

15 矢吹慶輝, 앞의 책, 288-300면.

도 모두 여래장·불성을 갖추었으므로 여래장불·불성불·당래불이기 때문에 예배해야 할 대상이 되며, 애증이나 경중을 설정하지 말아야 한다는 것이다.

인악(認惡)이란 말 그대로 악(惡)을 인정하라는 것인데, 편견 없는 마음으로 사물을 있는 그대로 보아야 보경(普敬)이 가능해지기 때문이다. 마지막의 공관(空觀)은 그러한 보경(普敬)과 인악(認惡)도 집착의 대상이 아니라는 말이다.[16]

보법은 이와 같은 보불(普佛)의 사상에 의거한 것인데, 역시 일체법에 대한 차별을 인정하지 않는 입장을 취한다. 따라서 보법은 근기에 따라서 차별 없이 모든 법을 두루 쓴다고 하는 의미와 법의 본질로서 체불법(體佛法)·일승불법(一乘佛法)·법 그 자체로서의 불과 보법이라고 하는 양면성을 지닌다. 결국 궁극적인 법의 본질로서의 보법이라는 의미는 제1계의 일승법과 다르지 않은 것이 된다.[17]

신행의 보불(普佛) 사상에는 여래장을 여래 그 자체로, 불성을 부처 그 자체로 인식하려는 적극적인 사고가 개입되어 있다. 이것은 여래성의 현현(顯現)을 적극적으로 인정한다는 의미에서는 화엄의 성기(性起)사상과도 통한다. 지엄이 화엄성기의 별칭으로서 보법을 사용하고 있는 것도 이것과 무관하지 않다.

2) 지엄의 일승보법(一乘普法)

신행이 죽은 후인 개황 20년(600)에 수(隋) 문제(文帝)가 삼계교에 대한 금령을 반포하면서 대부분의 수·당 불교인들은 삼계교를 이단시하고 배척하였는데, 지엄만은 삼계교를 높이 평가하여 그 사상의 일부를 수용하였으며, 암암리에 변호하기까지 하였다.[18] 지엄은 신행의 보경인악설(普敬認惡

16 李平來, 「三階教 運動의 현대적 조명」, 『韓國佛教學』 20집(서울: 한국불교학회, 1995), 361면.

17 이렇게 볼 때 삼계교는 실제로는 二教로 나눈 것이 된다. 法藏이 『華嚴五教章』(『大正藏』 45권, 481상)에서 信行의 교판설을 소개하면서 信行이 일승과 삼승의 二教를 세웠다고 한 것은 이 같은 점을 지적한 것이 아닐까 생각된다. 원래 삼계이기 때문에 세 가지로 나눈 것이 된다. 그런데 궁극적인 법의 본질로서의 보법과 第一階의 一乘法이 같다고 한다면, 실제적으로는 二教밖에 남지 않게 되는 것이다.

18 木村清孝, 「智儼·法藏と三階教」, 『印度學佛教學研究』 27-1(東京: 日本印度学仏教学会, 1978), 100-101면.

說)에 대하여 "이 위의 두 가지 뜻[普敬과 認惡]은 일천제(一闡提)를 일승에 회향시키고 동시에 삼승을 수순하여 구하기 위함이다. 도리에 수순함이 있기 때문에 여기에 붙여서 기록하였다"[19]고 평하는데, 이것은 일승에의 회향 곧 회심(廻心)으로 이해하고 있는 것으로, 제3계의 보법을 지엄이 일승법으로 이해하고 있음을 의미한다.[20]

그런데 지엄은 보법을 신행과는 조금 다른 의미로도 사용하고 있다. 『수현기』에서 지엄은 "보현행의 체는 실로 계위(階位)에 의지하지 않고 그것을 얻는다. 어째서인가? 성기법에 따르기 때문이다. 이제 삼승에 의지하여 믿음[信]을 일으키는 계위[位]를 논한다면, 처음의 신해위(信解位)로부터 십지(十地)에 이르기까지 모두가 구경이 아니다. 어째서인가? 계위[位]의 양상[相]에 의거하여서 취했기 때문이다. 그 중간의 염념찰나(念念刹那)를 따른다면 보법(普法)을 다한다. 어째서인가? 성기(性起)를 얻기 때문이니 부처님이 아실 수 있을 뿐이다"[21]라고 한다.

이것은 보현의 법행(法行)은 십신(十信)의 해위(解位)를 지나면 곧바로 구경을 증득하는 것 같은데, 삼승의 경우에는 신해위(信解位)로부터 십지(十地)에 이르기까지의 모두가 구경이 아닌 까닭을 문답으로 밝힌 것이다. 지엄은 삼승은 계위의 상에 의거하여 취하기 때문에 구경이 아니라고 한다. 하지만 보현행의 체(體)는 계위[位]를 따지지 않고 구경을 증득하는데, 그 이유는 성기법(性起法)이기 때문이라고 한다. 또 그 중간에 염념찰나(念念刹那)를 따른다면 보법(普法)을 다하는데, 그 이유를 성기(性起)를 얻기 때문이라고 한 것이다. 여기에서 지엄은 보현법행과 보법을 같은 의미로 사용하고 있고, 보법을 다하는 근거로 성기를 들고 있다. 보법이 곧 성기(性起)이며, 별교일승을 가리키는 것임을 이것으로부터 알 수 있다. 또 『공목

19 智儼, 『五十要問答』(『大正藏』45권, 534상). "今上二義, 爲救闡提迴向一乘, 兼順三乘. 於理有順, 故錄附之"

20 法藏은 『華嚴五教章』(『大正藏』45권, 481상)에서 "信行禪師依此宗立二教, 謂一乘三乘. 三乘者, 則別解別行及三乘差別, 并先習小乘後趣大乘是也. 一乘者, 謂普解普行唯是一乘, 亦華嚴法門及直進等是也"이라고 하여 삼계교의 교판이 三教가 아니라 二教만을 세운 것이라고 지적하고 있다. 이는 삼계보법과 일승화엄을 동일한 것으로 파악하는 일례가 된다.

21 智儼, 『搜玄記』(『大正藏』35권, 102중). "又問若取上下諸文 普賢法行似從十信解位已去 卽得究竟 今約此文時 其普賢行勢似難成 位到十地方始可得者何也 答其普賢行體實不可依位得之 何以故 爲附性起法故 今約三乘起信位論 從初信解位乃至十地皆非究竟 何以故 依位相取故 仍於此中間念念刹那盡普法也 何以故 爲得性起故 佛卽可知耳"

장(孔目章)』에서도 "만약 보현위(普賢位)를 증득한다면 육상방편의 십지위(十地位)에 있게 된다. 왜냐하면 십지에서 증득한 뜻에 의거해서 보법(普法)을 알기 때문이다"[22]라고 한다.

여기에서 지엄은 보법을 체득한 경지를 보현위로 이해하고 있으며, 또한 별교일승의 성기설로 이해하고 있다. 그런데 별교일승의 성기설은 화엄의 보현행에 국한된다. 하지만 삼계교에서의 '보(普)'의 사상은 화엄의 보현·법화의 보문(普門)을 전환시킨 것[23]이므로, 지엄이 사용한 보법의 개념범주는 삼계교 신행의 경우보다 더 좁은 범주를 의미내용으로 한다.

3) 의상의 일승보법(一乘普法)

지엄의 제자인 의상 역시 보법이라는 개념을 사용하고 있다. 의상은 『화엄일승법계도』에서 보법을 두 번 사용하는데, 첫 번째는 수행방편과 그 득익(得益)을 논하는 부분의 수행방편(修行方便)의 행(行)에 대해서 설명하면서 "첫 부분의 수행자란, 일승을 체득[見聞]하면 보법이거(普法已去)이고 아직 만족하게 증득하지 못하였다면 보법이환(普法已還)이다. 이것은 별교일승의 가르침에 의거하였다"[24]라고 하는 부분이다. 이것은 보법이 일승별교에 해당하는 가르침을 지칭하는 것임을 명확히 하고 있는 부분이다. 이어지는 부분에서 방편일승(方便一乘)에 근거한 것이 아님을 다시 부연하고 있기 때문에 의상은 지엄과 마찬가지로 별교일승을 지칭하는 개념으로써 '보법'을 사용하고 있음을 알 수 있다. 그리고 다시 『화엄일승법계도』의 말미에 서원을 제시하여 맺는 부분에서 "그러므로 일승보법의 이름과 의미를 보고 듣고 닦아서 그 선근을 일체중생에 회시(廻施)하여서 중생계가 다하도록 두루 닦아서 일시에 성불하기를 서원한다[故誓願 見聞修集一乘普法名字及義 以斯善根迴施一切衆生 普重修盡衆生界 一時成佛]"고 하는 데서 다시 일승보법을 사용하고 있다. 여기에서도 역시 의상은 화엄별교일승의 가르침을 지칭하는 데 사용하고 있다. 의상은 보법의 의미를 '방편일승과 대응되는 별교일승의 가르침으로서' 명확하게 지목하고 있다는 점에 의의가

---

22 智儼, 『孔目章』(『大正藏』45권, 537하). "若證得普賢位 在六相方便十地位中 何以故 依十地證義會普法故"

23 山木佛骨, 「信行と道綽の交涉」, 『印度學佛教學研究』 6-2(東京: 日本印度学仏教学会), 231면.

24 義湘, 『華嚴一乘法界圖』(『韓佛全』2권, 4상). "初門行者 謂見聞一乘普法已去 未滿證普法已還 是此約別教一乘說也"

있다. 그러나 그 의미 내용에 있어서는 스승인 지엄과 그리 큰 차이가 없다.

4) 원효의 보법(普法)과 화엄

삼계교의 신행에 이어서, 보법이라는 개념을 자신의 사상을 표현하는 핵심어로 채용하고 있는 화엄가는 원효이다. 신행과 원효는 보법을 자신들의 사상에서 핵심어로 사용하였던 반면에 지엄과 의상은 별교일승 내지는 성기(性起)설을 지칭하는 또 다른 개념어로서 보법을 채용하고 있을 뿐이라는 점에서 차이가 있다. 원효가 이 보법이라는 개념을 채용하게 된 연결고리로 두 가지 가능성을 생각할 수 있다. 첫째는 신행이 활동할 당시에 장안에서 머물렀던 원광을 매개로 하였을 가능성이며, 둘째는 의상의 귀국을 계기로 의상이 전한 화엄별교일승의 개념을 수용하였을 가능성이다. 원효가 사용하는 보법의 내용으로 보아서는 두 경로 모두 원효의 보법사상을 형성하는데 영향을 주었을 것으로 추정되지만, 원광의 경우는 명확한 근거를 찾을 수 없다.

원효의 보법의(普法義)는 두 곳에서 확인된다. 첫째는 표원의 『화엄경문의요결문답』「보법의(普法義)」에서 인용된 부분이고, 둘째는 같은 책의 「분교의(分教義)」에서 원효의 교판론을 인용한 부분에서 확인할 수 있다.

첫째의 「보법의」는 『화엄경문의요결문답』에서 「심현의(深玄義)」의 다음 부분에 별도의 장으로서 설정되고 있다. 이 「심현의」 부분은 화엄교학의 '십현문(十玄門)'을 설명하는 부분이고, 「보법의」는 십현문 성립의 십종인(十種因)을 논하는 부분에 해당한다. 십현문의 열 가지 문이 성립할 수 있는 인연무애(因緣無礙)의 근거를 제시하는 부분으로 법장과 원효의 십종인을 제시하고, 그 중에서 특히 대소상입(大小相入)에 대한 법장과 원효의 논의를 제시하고 있다.

여기에서 표원은 보법의 의미에 대해서 원효의 "일체세계가 하나의 티끌에 들어가고 하나의 티끌이 일체세계에 들어간다. 하나의 티끌과 같이 일체도 역시 그러하다. 삼세제겁(三世諸劫)이 한 찰나(刹那)에 들어가고 한 찰나가 삼세제겁에 들어가니, 한 찰나와 같이 일체도 역시 그러하다. 크고 작은 것, 빠르고 더딘 것이 상입(相入)함을 설하는 것처럼 나머지 일체 범주[一切門]의 상입도 역시 그러하다. 상입을 설하는 것과 같이 상시(相是)도 역시 그러하다. 일체법과 일체의 범주[一切門]에서, 하나[一]는 곧 일체이고 일체는 곧 하나이다. 이같이 넓고 탕탕한 세계를 보법(普法)이라고 이름한다"[25]는 내용으로서 개념 정의를 하고 있다.

이 같은 상즉상입 무애원융의 사상은 원효 『화엄경소(華嚴經疏)』의 서(序)에서는 『화엄경』의 핵심사상으로 소개되는데, 표원의 『화엄경문의요결문답』에 나타난 것보다 좀더 상세하다.

> "무릇 무장무애법계법문(無障無礙法界法門)이라는 것은 법이 없되 법이 아닌 것이 없고, 문이 아니되 문이 아닌 것이 없다. 이러하기에 큰 것도 아니고 작은 것도 아니며[非大非小], 급한 것도 아니고 느린 것도 아니며[非促非奢], 움직이는 것도 아니고 고요한 것도 아니며[非動非靜], 하나인 것도 아니고 다수인 것[不一不多]도 아니다. 크지 않기 때문에 가장 작은 것[極微]을 만들어도 남는 것이 없고, 작지 않기 때문에 큰 허공이 되고도 남음이 있다. 급하지 않기 때문에 능히 삼세겁(三世劫)을 다 포함할 수 있고, 느리지 않기 때문에 그 몸을 다 가지고 한 찰나에 들어간다. 움직이지도 않고 고요하지도 않기 때문에, 생사가 열반이 되고 열반이 생사가 된다. 하나도 아니고 다수도 아니기 때문에, 하나의 법이 일체의 법이 되고 일체의 법이 곧 하나의 법이 된다. 이와 같은 무장무애(無障無礙)의 법이 곧 법계법문(法界法門)의 술(術)을 만든다. 모든 보살이 들어가는 곳이며 삼세의 모든 부처가 나오는 곳이다."[26]

여기에서는 무장무애의 법계와 법문을 비대비소(非大非小)·비촉비사(非促非奢)·비동비정(非動非靜)·불일불다(不一不多)의 넷으로 나누어서 그 상즉상입하는 양상을 설명하고 있다. 여기에서는 시간[促奢]과 공간[大小], 동정[動靜]과 수량[一多] 등의 네 가지 범주에서 보법을 설명하고 있는 것이 된다.[27] 표원이 소개하고 있는 내용과 비교하면 동정[動靜]·수량[一多]이라는 측면이 추가되어서 좀더 다양하게 설명되고 있는 점이 차이라면 차이일 것이다. 어쨌든 서(序)의 내용과 표원이 소개한 보법의 내용이 서로 일치하

25 각주 6 참조.

26 『華嚴經疏』序(『韓佛全』1권, 495상). "夫無障無碍法界法門者, 無法而無不法, 非門而無不門也. 爾乃, 非大非小, 非促非奢, 不動不靜, 不一不多. 由非大故作極微而無遺, 以非小故爲大虛而有餘. 非促之故能含三世劫波, 非奢之故擧體入一刹. 不動不靜故, 生死爲涅槃, 涅槃爲生死. 不一不多故, 一法是一切法, 一切法是一法. 如是無障無礙之法, 乃作法界法門之術, 諸大菩薩之所入也, 三世諸佛之所出也"

27 高翊晋, 『韓國古代佛敎思想史』(서울: 동국대출판부, 1989), 265면.

는 것에서 원효의 보법 개념은 화엄사상과 상통하는 것임을 알 수 있다.

원효는 크고 작은 상대성, 급하고 느린 상대성, 움직이고 고요하다는 상대성, 그리고 부분과 전체라는 상대성을 넘어선 것이 화엄의 무장무애한 법계법문의 세계라고 표현하고 있다. 깨달은 자에게만 파악되는 진여법계의 진리 세계는 본질적으로 이들 상대성에 의해서 장애받지 않는다는 것에 원효가 말하는 핵심이다. 곧 이들 상대성이라는 분별의 세계에서 벗어나야만 무분별의 세계 곧 무장애법계의 상즉상입하는 세계에 취입할 수 있다는 것이다. 원효에 의해서 보법으로 지칭된 화엄의 세계는 그러한 무분별의 세계에 진입한 깨달은 자의 눈앞에 환하게 드러난 진리 세계의 본질을 말한다. 곧 여기에서 보법은 가지가지의 상대성을 넘어선 무장무애법계법문의 화엄세계로 파악된다.

또 대소(大小)·촉사(促奢)·동정(動靜)·일다(一多)의 상대성을 넘어선 무장무애의 법계법문은 모든 보살이 들어가고 삼세의 모든 부처가 나오는 불가사의한 작용을 보이는 즉처(卽處)이기도 하므로, 『화엄경』은 '원만무상돈교법륜(圓滿無上頓敎法輪)'이며, '널리 법계의 법문을 열고[廣開法界法門] 무변(無邊)의 행덕(行德)을 드러내 보이는[顯示無邊行德] 경'[28]이 된다.

원효는 '대방광불화엄경(大方廣佛華嚴經)'이란 경의 제목을 다음과 같이 해석한다.

> 법계가 무한한 것을 대방광(大方廣)이라 한다. 행덕(行德)이 무변한 것을 불화엄(佛華嚴)이라고 한다. 크게 넓은 우주(大方)이 아니면 불화(佛華)를 널리 펼칠 수 없고, 불화(佛華)가 아니라면 대방(大方)을 장엄(嚴)할 수 없다. 때문에 대방(大方)과 불화(佛華)의 둘을 가지고서 '광엄(廣嚴)'하는 뜻을 밝힌 것이다.[29]

이것은 '대방광'을 증득해야 할 법으로 보고, '불화엄'을 증득하는 주체로 본 것이다.[30] 대방(大方)은 우주 그 자체를 의미하는 것이고, 불화(佛華)

28 『華嚴經疏』序(『韓佛全』1권, 495중). "今是經者, 斯乃圓滿無上頓敎法輪, 廣開法界法門, 顯示無邊行德"

29 『華嚴經疏』序(『韓佛全』1권, 495중). "所言大方廣佛華嚴者, 法界無限大方廣也, 行德無邊佛華嚴也. 非大方無以廣佛華, 非佛華無以嚴大方. 所以雙擧方華之事, 表其廣嚴之宗"

30 해주, 『화엄의 세계』(민족사, 1998), 274면.

는 우주자연을 구성하는 일체의 모든 것을 말하는 것이면서 동시에 그 장엄의 주체가 되는 것이란 의미이다. 일체의 두두물물이 다 부처라는 불화엄의 세계관을 원효는 '광엄(廣嚴)'이란 말로써 표현한다. 동시에 여기에는 부처의 무변한 행덕이 펼쳐져서 현현한다고 하는 화엄성기의 세계관이 표현되고 있다. 결국 원효가 말하는 보법의 세계는 화엄성기의 세계와 전혀 다르지 않음이 확인된다. 화엄종에서 '성기'라고 표현한 것을 원효는 '보법'이라고 표현하고, '무장무애법계법문'이라고 표현하고, '광엄'이라고 표현하고 있는 것이다.

이상에서 원효의 보법이 화엄의 가르침을 포함하여 지칭하고 있는 것임이 분명해진다. 이것은 표원이 '무장애법계를 본질로 삼는 것'을 보법이라고 하고, 그 무장무애가 가능하게 되는 원인을 설명하면서 원효의 십종인과 함께 법장의 십종인을 들어서 서로 비교하는 것에서도 드러난다. 결국 원효의 보법은 화엄의 별교일승의 사상과 거의 동일한 것임을 알 수 있다. 하지만 양자가 완전히 같지는 않으며 미묘한 차이를 보이는데, 이것은 원효의 보법사상을 나타내는 특징이 되고 있다.

표원은 일체법이 상입상즉하여 인연무애일 수 있는 원인으로 법장과 원효의 십종인을 제시하고 있다. 원효의 십종인은 다음과 같다.

"첫째는 하나와 일체는 제석천의 그물망과 같이 서로의 거울에 비추기 때문이며[一與一切互爲鏡影 如帝網故], 둘째는 하나와 일체는 동전 세는 법[數錢]의 비유와 같이 서로 연집(緣集)하기 때문이며[一與一切更互緣集 如數錢故], 셋째는 모든 것이 오로지 식(識)일 뿐이어서 마치 꿈꿀 때의 경계와 같기 때문이며[皆唯是識 如夢境故], 넷째는 모든 것이 실제로 있는 것이 아니어서 마치 허깨비와 같기 때문이며[皆非實有 如幻事故], 다섯째는 동일성[同相]과 상이성[異相]으로서 일체에 통하기 때문이며[同相異相 通一切故], 여섯째는 지극히 큰 것과 지극히 작은 것은 동일하여 한 가지이기 때문이며[至大至小 齊一量故], 일곱째는 법성의 연기는 양상[相]도 떠나고 본성[性]도 떠난 것이기 때문이며[法性緣起 離相離性故], 여덟째는 일심의 법체는 동일하지도 다르지도 않기 때문이며[一心法體 非一非異故], 아홉째는 걸림 없는 법계(法界)는 극단도 아니고 중도도 아니기 때문이며[無礙法界 無邊無中故], 열째는 법계는 본연 그대로여서 막힘도 걸림도 없기 때문이다[法界法爾 無障無礙故]."[31]

법장이 제시한 십종인은 다음과 같다.

"인연은 헤아릴 수 없어서 갖추어 말하기 어렵지만 열 가지로 요약하여서 이 무애를 해석한다. 첫째는 크고 작은 것이 정해져 있지 않기 때문이며[大小無定故], 둘째는 각각 오직 마음[心]만이 나타나기 때문이며[各唯心現故], 셋째는 허깨비와 같아서 실체가 없기 때문이며[如幻不實故], 넷째는 무한의 원인으로 생기기 때문이며[無限因生故], 다섯째는 뛰어나게 통달하여서 자재하기 때문이며[勝通自在故], 여섯째는 삼매(三昧)의 작용이 크기 때문이며[三昧大用故], 일곱째는 해탈의 경지는 생각하기 어렵기 때문이며[難思解脫故], 여덟째는 결과로서의 공덕이 원만하고 지극하기 때문이며[果德圓極故], 아홉째는 연기는 서로 말미암는 것이기 때문이며[緣起相由故], 열째는 현상[法]과 본질[性]이 융통하기 때문이다[法性融通故]."[32]

여기에서 법장이 제시하고 있는 십종인은 『화엄경지귀(華嚴經旨歸)』「석경의(釋經意)」와 『탐현기(探玄記)』「제9현의리분제(第九顯義理分齊)」에서 제시하고 있는 내용을 옮긴 것이다. 어느 것이나 화엄교학의 '십현문(十玄門)'이 성립할 수 있는 원인을 제시하는 부분이다. 따라서 표원의 시각에 의하면 원효의 보법은 화엄교학의 십현문에 의해서 제시되는 바와 그 내용이 같은 것으로 이해된다.

그러나 원효의 보법이 화엄교학의 십현문과 완전히 같은 것만은 아니다. 원효는 '수십전유(數十錢喩)'를 드러낸 이유에 대해서 "보법의(普法義)를 나타내기 위해서"[33]라고 주장하는데, 이는 의상이 『화엄일승법계도』에서 "연기실상다라니법을 관하고자 한다면 먼저 수십전법을 배워야 한다"[34]고 하여서 다라니를 관하기 위한 전 단계의 수행으로 수십전법을 배울 것을 말하고 있는 것과 연관이 있다. 원효는 의상의 말처럼 수전법을 화엄법계연기를 관하기 위한 실천법문으로 받아들였기 때문에 이를 '수전법문(數錢法門)'[35]으로 표현한 것이다. 균여는 "연기관을 배우고 보현행을 닦기 위해서는 수전법문(數錢法門)에 의거해야 가능할 것이다"[36]라고 하는데, 이는

31 표원, 앞의 책, 366중.
32 표원, 같은 책, 366중; 法藏, 『探玄記』(『大正藏』35권, 124상); 法藏, 『華嚴經旨歸』(『大正藏』 45권, 594하~595상)
33 표원, 같은 책, 358중.
34 義湘, 『華嚴一乘法界圖』(『韓佛全』2권, 6상)
35 均如, 『敎分記圓通鈔』(『韓佛全』4권, 448하); 『一乘法界圖圓通記』(『韓佛全』4권, 25상)
36 均如, 『一乘法界圖圓通記』(『韓佛全』4권, 25중). "是故欲學緣起觀, 欲修普賢行, 須依數錢

보현행을 닦기 위한 수행법으로서 수십전법을 지목하고 있는 것이다.[37] 이것은 수십전법을 화엄성기나 법계연기로서가 아니라 더 나아가 보현원행을 완성하는 수행으로서의 화엄관법으로 해석하는 경우에 해당한다.[38] 이렇게 볼 때, 원효가 수십전법이 '보법의(普法義)를 나타내기 위한 것'이라고 할 때의 보법은 '보현원행의 완성'이라는 의미를 가지게 된다.

보법에 대한 이와 같은 이해는 지엄이 "만약 보현위(普賢位)를 증득한다면 육상방편의 십지위(十地位)에 있게 된다. 왜냐하면 십지에서 증득한 뜻에 의거해서 보법(普法)을 알기 때문이다"[39]라고 하거나, 의상이 "첫 부분의 수행자란, 일승을 체득(見聞)하면 보법이거(普法已去)이고 아직 만족하게 증득하지 못하였다면 보법이환(普法已還)이다. 이것은 별교일승의 가르침에 의거하였다"[40]고 한 것과 다르지 않다.

'보현원행의 완성, 성취'로서의 보법이라는 개념은 원효가 사교판에서 보법을 사용한 용례를 보면 더욱 분명해진다.

> 신라의 원효 법사가 또한 사교(四教)를 세웠다. 첫 번째는 삼승별교(三乘別教)이다. 사제교(四諦教)·연기경(緣起經) 등과 같다. 두 번째는 삼승통교(三乘通教)이다. 『반야경(般若經)』·『해심밀경(深密經)』 등과 같다. 세 번째는 일승분교(一乘分教)이다. 『영락경(瓔珞經)』과 『범망경(梵網經)』 등과 같다. 네 번째는 일승만교(一乘滿教)이다.『 화엄경(華嚴經)』·보현교(普賢教)를 말한다. 삼승이 함께 배우는 것을 삼승교라고 하고, 그 중에 아직 법공(法空)을 밝히지 못한 것을 별상교(別相教)라 부르고, 법공을 통설(通說)한 것이 통교(通教)이다. 이승과 함께 하지 않는 것이 일승교이다. 그 중에 아직 보법을 나타내지 못한 것을 수분교(隨分教)라고 하고, 보법을 완전히 밝힌 것을 원만교(圓滿教)라고 한다. 갖추어 드러낸 것은 저 『화엄경소』 중의 것과 같다.[41]

之門, 乃可得也"

37 承垣, 「元曉의 普法說에 대한 考察」, 『2002한국불교학결집대회 자료집』(2002), 147면.

38 최연식, 「均如 華嚴思想研究」(서울대 박사학위논문, 1999), 200~207면.

39 智儼, 『孔目章』(『大正藏』45권, 537하). "若證得普賢位, 在六相方便十地位中. 何以故, 依十地證義會普法故"

40 義湘, 『華嚴一乘法界圖』(『韓佛全』2권, 4상). "初門行者, 謂見聞一乘普法已去, 未滿證普法已還, 是此約別教一乘說也"

41 表員, 앞의 책, 385중. "唐新羅元曉法師, 亦立四教. 一三乘別教, 如四諦教緣起經等. 二三乘通教, 如般若教深密經等. 三一乘分教, 如瓔珞及梵網經等. 四一乘滿教, 謂華嚴經普賢教. 三乘共學, 名三乘教. 於中未明法空, 名別相教. 通說法空, 是爲通教. 不共二乘, 名一乘教. 於

여기에서 일승을 수분교와 원만교로 나누는 기준이 '보법'이다. 원효는 궁극적인 가르침인 일승원만교에 화엄과 함께 보현교를 판석하고 있는데, 이는 보법을 완전히 밝힌 가르침에 해당한다. 여기에서 '보법을 완전히 밝힌다[窮明普法]'는 것의 의미가 문제가 된다.

우선 먼저 생각할 수 있는 것은 화엄별교일승의 가르침을 완전히 드러내었다는 의미, 즉 법계연기·성기의 가르침을 완전히 구현하고 있다는 의미에서 파악할 수 있다. 이것은 지금까지 살펴본 바의 보법이 화엄별교일승의 가르침 곧 일체법의 상즉상입을 설하는 법계연기설·성기설과 다르지 않다는 점에 근거한다. 그리고 『화엄경』이 일승원만교에 판석되어 있다는 사실도 중요한 근거로 제시된다. 이 경우 보법은 지금까지 살펴본 대로 법계연기·성기와 다르지 않은 것으로서 이해할 수 있다.

하지만 그렇게 볼 경우 『화엄경』과 함께 일승원만교에 판석되어 있는 보현교(普賢教)를 어떻게 해석할 것인가가 문제로 남는다. 여기서 우리는 보법을 수십전법과 관련하여 '보현원행의 완성, 성취'로 해석하였던 전례를 고려하게 된다. 이때 보법을 '일승의 체득[見聞]', '보현행의 완성, 성취', '보현위(普賢位)의 증득', '십지위(十地位)에 이르러서야 드러나는' 등의 의미와 관련시켜서 이해할 수 있다. 이 경우 보법은 '보현원행의 완성, 성취', '일승보살도의 완성'이라는 보다 실천적인 견지에서의 의미를 획득하게 된다.

이 두 번째 의미는 원효 사교판의 의취를 살펴보면 더욱 명확해진다. 원효는 법화의 '회삼승귀일승(會三乘歸一乘)'에 근거하여 삼승과 일승을 설정하였다. 곧 불교의 이론적 완성을 중관·유식의 삼승통교에 두고 실천적 완성을 화엄·법화의 보현행인 일승원만교에 두고서, 이론적 완성[會三乘]을 실천행의 증득으로 귀결시키고자[歸一乘]하는 의도를 사교판에 담고 있다.[42] 또 『금강삼매경론(金剛三昧經論)』에서 "이입(理入)이란 리(理)에 수순하여 신해(信解)하였으나 아직 증행(證行)함을 얻지 못했기에 이입(理入)이라고 하며 계위는 지전(地前)이다. 행입(行入)이란 진리(理)를 체증하고 수행하여 무생(無生)의 행(行)에 들어갔기에 행입(行入)이라고 하며 계위는 지상(地上)이다"[43]라고 한다. 이때 지전(地前)과 지상(地上)의 가장 큰 차이

中未顯普法, 名隨分教. 窮明普法, 名圓滿教. 具顯如華嚴疏中"

42 承元, 「元曉의 一乘思想 研究」(동국대 석사논문, 1998), 61면.

43 『金剛三昧經論』(『韓佛全』1권, 641하). "此中理入者, 順理信解, 未得證行, 故名理入, 位在地前. 行入者, 證理修行, 入無生行, 故名行入, 位在地上"

는 보현행에 있으므로, 『금강삼매경론』에서는 2입(二入)으로서 회삼귀일의 구조가 나타나고 있는 것이다. 이 점은 "사교판의 경우에도 화쟁이라는 요소가 진의(眞義)를 해석하는 기준이 되고 있다는 사실을 알 수 있다. 그렇기 때문에 교판을 구성하는 두 가지 요체 즉 법공(法空)과 보법(普法)은 일심의 근원을 구성하는 요체가 되었던 것으로 생각할 수 있다. 왜냐하면 이 법공과 보법은 원효사상의 근본 요소인 귀일심원(歸一心源)과 요익중생(饒益衆生)을 그대로 표현한 것"[44]이라는 지적도 있다. 이것은 원효가 『기신론』을 귀일심원 요익중생이라는 실천적 입장에서 해명하고 있는 것으로부터 사교판을 세웠다는 주장이다. 이에 의하면, 보법은 『금강삼매경론』의 '지상(地上)의 계위이면서 진리(理)를 체증하고 수행하여 무생(無生)의 행(行)에 들어간 행입(行入)'과 같은 의미로 이해된다.

이것은 모두 보법을 수행의 차제나 완성의 기준으로서의 보현행(普賢行)의 의미로 사용한 예이고, 보법을 이렇게 해석해야만 원효가 사교판에서 일승교를 나누는 기준으로 보법을 제시한 이유도 분명해진다. 이러한 해석들에 근거할 때 보법은 '보현원행의 완성', '일체 중생이 빠짐없이 모두 부처의 과(果)를 성취하는 것'이라는 의미를 지니는 것으로 파악된다.

5) 각각의 용례에서 '보법'이 지칭하는 가르침(敎)의 범주

이처럼 보법의 의미 내용에 있어서는 삼계교와 화엄사상 사이에만 차이가 있을 뿐 화엄가들 사이에는 큰 차이가 존재하지 않는다. 그러나 보법이라는 개념에 있어서 지칭되는 가르침의 범주에 있어서는 삼계교와 화엄교학, 원효의 화엄사상 사이에 서로 차이가 존재한다.

삼계교에서 제3계의 보귀보법(普歸普法) 곧 보법은 여래장불(如來藏佛)·불성불(佛性佛)·당래불(當來佛)·불상불(佛想佛) 등의 보불(普佛)을 설하는 『능가경』·『승만경』·『열반경』·『법화경』·『화엄경』·『십륜경』 등에 포함된 가르침을 지칭하는 것으로 파악된다. 이 보불(普佛)의 개념에 바탕하여 보경(普敬)·인악(認惡)의 가르침과 그 공(空)함에 대하여 설하고, 일체 중생의 근기를 차별하지 않고 적용할 수 있다는 의미를 이끌어내기 때문이다. 이때 일체중생의 근기를 차별하지 않고 두루 적용할 수 있게 하는 근거로서 보불(普佛)사상은 '일체중생실유불성(一切衆生悉有佛性)', '일체중생실개성

---

44 佐藤繁樹, 『元曉의 和諍論理』(서울: 민족사, 1996), 19-20면.

불(一切衆生悉皆成佛)'을 주장하는 여래장사상 계통의 경론과 법화, 열반, 화엄 등의 경전들에 근거하므로, 이들 경전의 가르침이 삼계교에서 보법이 지칭하는 범주가 된다.

화엄종의 화엄교학에서 보법이라고 할 때는 화엄 별교일승의 가르침만을 그 범주로 한다고 보는 것이 일반적이다.

원효의 경우, 보법은 일승만교에 판석된 가르침 곧『화엄경』과 보현교를 그 범주로 한다. 여기에서『화엄경』에 대해서는 이론의 여지가 없는데, '보현교'가 가리키는 범위가 문제가 된다. 앞에서 보법을 '일승의 체득[見聞]', '보현행의 완성, 성취', '보현위(普賢位)의 증득', '십지위(十地位)에 이르러서야 드러나는' 등의 의미와 관련시켜 이해할 수 있고, 이때 보법은 '보현원행의 완성, 성취', '일승보살도의 완성'이라는 보다 실천적인 견지에서 해석된다. 곧 보현행원은 보살의 자리와 이타 이념 실현에 대한 의지와 그것에 바탕한 갖가지 실천을 총칭하는 상징적인 개념으로서, 넓게는 대승보살도를 좁게는 화엄의 보살도를 대변하는 개념이다. 따라서 보현교에 화엄이 여기에 귀속되는 것은 두말할 필요도 없다. 그리고 화엄의 보살도만을 지칭하는 것이라면 원효가 굳이『화엄경』과 보현교를 병렬시킬 필요도 없을 것이다. 따라서 화엄의 보살도 이외에 어떤 것이 포함되어 있다고 보아야 한다. 원효는『법화종요』에서 보현원행의 완성은 모든 중생이 불과(佛果)를 이루고, 아직 깨달음에 들지 못한 이들에게도 불과를 성취시키는 것이며, 이것이 일승과(一乘果)를 성취하는 것이라고 하였다.[45] 따라서 보법의 궁명(窮明)한 것인 일승원만교는 대승계율을 통한 수행차제의 완성과 보현원행의 성취를 담고 있는 경전군들을 지칭하는 것으로 볼 수 있다.[46]

삼계교 신행의 교판[47]에서 일승에 화엄과 함께 직진(直進)의 가르침이 제

---

45 元曉,『法華宗要』(『韓佛全』1권, 490상). "總而言之, 一切衆生皆修萬行同得如是, □菩提果, 是謂一乘一乘果也. 如方便品云, 舍利弗, 當知, 我本立誓願, 欲令一切衆, 如我等無異, 如我昔所願, 今者已滿足, 化一切衆生皆令入佛道. 案云, 此文正明如來所願滿足, 所以然者, 遍化三世一切衆生, 如應皆令得佛道故"

46 承垣,「元曉의 普法說에 대한 考察」,『2002한국불교학결집대회 자료집』(2002), 146면.

47 法藏의『華嚴五敎章』(『大正藏』45권, 481상)에는 "信行禪師는 이 종[光宅의 四乘敎]에 의하여 二敎를 세웠으니, 일승과 삼승이다. 삼승은 곧 따로 알고 따로 행함이며 삼승이 차별됨이다. 먼저 소승을 익히고 후에 대승으로 나아감이 이것이다. 일승은 널리 알고 널리 행함이니, 오직 이 일승일 뿐이며, 또한 화엄법문과 '곧바로 나아가는 가르침(直進)' 등이 이것이다(信行禪師依此宗立二敎, 謂一乘三乘. 三乘者, 則別解別行及三乘差別, 并先習小乘後趣大乘是也. 一乘者, 謂普解普行唯是一乘, 亦華嚴法門及直進等是

시되어 있는데, 이것은 법장이 신행의 삼계(三階) 중에 제1계의 화엄일승과 제3계의 보법이 합해서 일승으로 하고, 제2계의 삼승을 별도로 분립하여 2교(二教)로 이해한 것으로 보인다. 곧 제3계의 보법이 직진(直進)의 가르침으로 일컬어진 것으로 추정된다. 이는 원효가 일승만교의 궁극적인 가르침에 화엄과 함께 대승보살의 본원을 성취하게 하는 궁극적인 가르침이라는 의미로서 보현교를 함께 놓고 있는 것과 비교된다. 한편 이들과는 대조적으로 지엄과 의상, 그리고 법장은 보법을 법계연기·성기(性起) 곧 별교일승의 가르침으로만 이해하고 있는 점이 서로 대비된다. 이렇게 본다면, 신행의 삼계교, 지엄-의상-법장의 화엄교학, 그리고 원효의 보법화엄의 3자 간에 존재하는 보법사상의 차이는 보법의 범주에서 찾아야 한다. 즉 동일한 보현원행의 성취를 말하기는 하지만 그 범주에 있어서는 각기 입장을 달리하고 있는 것이다.

Ⅲ. 인접 개념과의 관계 및 현대적 논의

1. 인접 개념과의 관계

1) 성기(性起)와 보현행원(普賢行願)

화엄사상에서 논해지는 대부분의 개념들은 보법과 연관되어 있는 것이라고 볼 수 있다.

우선 화엄교학에서는 보법을 무장애의 법계연기·성기와 동일한 개념으로 사용한다. 이때 보법은 법계연기나 성기의 개념과 마찬가지로, 이사무애(理事無礙), 사사무애(事事無礙)라고 하는 '일즉일체 일체즉일(一卽一切 一切卽一), 일중일체 일체중일(一中一切 一切中一)'의 상즉상입이 이루어지는 무장애법계의 경계를 의미하는 것이 된다.

또 보법은 보현경계, 보현행원 등의 개념들과도 관계가 있다. 이때 보법은 화엄의 일승보살도 그 자체 또는 일승보살도의 실천과 관계 되는 개념으로 이해된다. 대승경전들에서 보현보살의 구도를 향한 삶의 전 과정을 '보현행(普賢行)', 또는 보현행원(普賢行願), '보현원행(普賢願行)'이라고 부

也)"라고 하여 신행의 교판이 소개되어 있다.

른다. 이는 보현보살이 수많은 원(願)을 이루어서 모든 세계에 출현하여 일체중생의 구제에 대한 바램[願]과 궁극의 깨달음을 향한 실천[行]을 강조하는 존재로서, 대승불교 나아가 일승불교의 이념적 대변자이기 때문이다.[48] 이처럼 보현보살은 대승불교의 이념적 상징이라 할 수 있는 모든 보살들의 행(行)과 원(願)을 집약시켜 놓은 존재로서 그리고 그 궁극적 성취를 보여주는 존재로서 이해되고 있다. 이 경우 보법은 보현원행의 성취라는 의미를 매개로 하여 대승보살도·일승보살도의 궁극적 완성이라는 의미로서 이해할 수 있게 된다.

그리고 보살도의 궁극적 완성이라는 의미에서 볼 때, 보법은 불과(佛果)의 성취를 지칭하는 것이 된다. 이때 보살의 지위(地位)를 생각해볼 수 있는데, 이를 지엄이나 의상은 보현위(普賢位), 십지위(十地位)와 연결시켜서 설명하고 있다.[49] 이는 보살의 위지(位地)로 볼 때 보법이 보현위, 십지위의 경계라는 의미이고, 동시에 십지위란 것은 불과(佛果)의 성취와 직결된다. 곧 일불승과(一佛乘果)의 성취를 이룬 경계가 보현경계로서 말해지는 것이다.

2) 별교일승원교(別教一乘圓教)와 원명구덕종(圓明具德宗)

화엄종의 교판론[五教十宗判]을 기준으로 본다면, 보법은 법장의 오교(五教) 중에서는 원교[大乘圓教]에 해당하는 가르침이고, 십종(十宗) 중에서는 원명구덕종(圓明具德宗)에 해당하는 가르침을 말하는 것이다. 법장은 원교를 다음과 같이 설명한다.

> 다섯 번째 원교(圓教)는 일위(一位)과 일체위(一切位)이고 일체위(一切位)가 일위(一位)임을 밝힌다. 이 때문에 십신만심(十信滿心)에서 오위(五位)를 포섭하고 정등각(正等覺)을 이룬다. 보현법계의 제망(帝網)이 한없이 겹치고, 주반(主伴)이 구족함에 의지하는 까닭에 원교라고 이름한다.[50]

48 조윤호, 「근세 동아시아불교 전통과 보현행원사상」, 『동아시아 불교와 화엄사상』(서울: 초롱, 2003), 53면.

49 智儼은 『孔目章』(『大正藏』45권, 537하)에서 "若證得普賢位, 在六相方便十地位中. 何以故, 依十地證義會普法故"라고 하여서 보법을 보현위, 십지위와 연결시켜서 이해하고 있음을 볼 수 있고, 義湘도 『華嚴一乘法界圖』(『韓佛全』2권, 4상)에서 "初門行者, 謂見聞一乘普法已去, 未滿證普法已還, 是此約別教一乘說也"라고 하여서, 일승수행자의 계위를 일승보법을 체득하였는지의 여부로서 구분하고 있다.

다섯 번째 원교 중에는 오로지 다함이 없는 법계를 설하였다. 성해(性海)가 원융하고, 연기가 걸림 없어서 상즉상입함이 마치 인드라망이 한없이 겹치고 미세한 것이 서로 포섭하고, 주반(主伴)이 다함이 없어서 무한한[十十] 법문(法門)들이 각기 법계에 일치함과 같다.[51]

십종 중의 원명구덕종은 별교일승의 설과 다르지 않다[52]고 하고, 또 위의 원교에 대한 설명과 그리 큰 차이가 없다. 보법은 이상과 같이 화엄의 오교십종판에서는 오교의 원교에, 십종 중의 원명구덕종에 해당하는 교설임을 알 수 있다. 여기에서 보법은 어디까지나 화엄별교일승의 가르침만을 지칭하는 것이 된다.

3) 상즉상입(相卽相入)과 수십전유(數十錢喩)

그리고 보법은 상즉상입 및 수십전유에 대한 이해와도 관련이 있다. 화엄교학 또는 화엄사상에 있어서 '상즉상입' 곧 '상즉설'은 화엄일승원교의 무장무애한 세계관을 드러내는 핵심 교설이라고 할 수 있다. 화엄의 상즉상입설이 실제로는 중국불교, 더 멀리는 인도불교의 중관사상에서 비롯된 '상즉' 개념의 궁극적인 형태라는 점을 감안할 때는 '상즉설'로 통칭하는 것도 그다지 무리가 되지는 않을 것이다. 그러면서도 상즉과 상입은 그 의미에 미묘한 차이가 존재한다. 상즉 내지 상입이라고 하는 것은 기본적으로는 '즉(卽)'이라고 하는 불교 특유의 논리에 입각해 있다. 이러한 '즉(卽)의 논리'가 형성되기 위해서는 '공(空)'을 바탕으로 하는 대립과 모순 곧 차별이 전제되어야 하고, 이로부터 서로 수용되고[相入] 서로 인정되는[相卽·相是] 곧 '평등화'라는 과정이 필요하다. 화엄교학에서는 이러한 '즉(卽)의 논리'가 궁극적으로 구현되는 것을 '사사무애법계'라고 표현한다. 의상과 원효, 법장은 상즉상입을 설명하는데 있어서 수십전유와 결부시켜서 논하는 특징이 있다.[53] 곧 수십전유에 의해서 밝혀지는 상즉상입의 무

50 法藏, 『探玄記』(『大正藏』35권, 115하). "五圓教者, 明一位卽一切位一切位卽一位, 是故十信滿心卽攝五位成正覺等, 依普賢法界帝網重重主伴具足故, 名圓教"

51 法藏, 『探玄記』(『大正藏』35권, 116상). "五圓教中所說, 唯是無盡法界, 性海圓融緣起無礙, 相卽相入, 如因陀羅網重重無際, 微細相容主伴無盡, 十十法門各稱法界"

52 法藏, 『探玄記』(『大正藏』35권, 116중). "十圓明具德宗, 謂如別教一乘, 主伴具足無盡, 自在所顯法門"

53 석길암, 「화엄의 상즉상입설, 그 의미와 구조-수십전유의 전개와 관련하여」, 『불교학

장애법계가 보법의 세계이므로, 상즉상입은 보법 이해와 직접적인 관계를 맺고 있다.

상즉이든 상입이든 '즉'의 논리에 의해서 구현되는 세계관을 지향한다. 곧 같은 것일 수 없는 것이 동일화되는-주로 생사와 열반, 색과 공, 속제와 진제, 중생과 부처라고 하는 '전혀 다른'[54] 개념태를 지닌 어떤 것들이 동일화되는 것을 의미하기 위해서 사용되는 개념이라고 볼 수 있다. 이것은 대승불교에 공히 통용되는 개념이라고 볼 수 있으며, 연기의 이해가 '공'이라고 하는 새로운 개념에 의지하면서 도출되는 논리라고도 볼 수 있을 것 같다. 곧 절대적인 모순 대립성과 절대적인 동일성을 동시에 갖춘 것을 '상즉'이라고 표현하고 있는 것이다. 그런데 중관을 비롯하여 삼론학에 이르기까지 이 '즉'의 논리는 주로 생사와 열반, 진제와 속제, 색과 공의 '즉'을 의미하는 것으로서 주로 사용되는 것에서 보듯이, 이제의 '상즉'이라는 점에 초점이 맞추어져 있다. 이 이제의 '상즉'이라고 하는 것은 화엄의 사법계관에 비추어보면 이(理)와 사(事)의 '상즉'이라고 볼 수 있을 것이다. 그런데 화엄에서는 이것을 좀더 철저히 설한다는 것에 화엄교학의 상즉상입설의 의의가 있다고 한다.

길장이 설한 '상즉'과 화엄에서 설한 '상즉'이 어느 것이나 '절대적인 모순대립성과 절대적인 동일성의 동시적인 성립'을 기본적인 논리로 삼는다는 점에서는 근본적으로 차이가 존재하지 않는다고 할 것이다. 이 점 때문에 화엄의 '상즉'은 삼론의 '상즉'을 중요한 매개로 삼아 성립한 것이라고 평한다. 그러나 양자 사이에는 단순히 '철저하다'는 말로는 설명하기 힘든 차이가 있다. 왜냐하면 상즉과 상입을 함께 설한다는 것 외에도, 삼론과 화엄의 지향이 근본적으로 다른 데서 오는 중요한 변화가 있기 때문이다. 앞서도 언급했듯이 삼론에서는 파사(破邪)와 현정(顯正)이 동시적인 것이라고 하더라도 그 지향은 파사(破邪)→현정(顯正)이라고 하는 일방향성이 강하다. 곧 차별(差別)에서 무차별(無差別)로의 지향이 주가 되고 있는 것이다. 그러나 주지하고 있는 것처럼 화엄은 그 반대의 방향 무차별에서 차별로의 지향성이 주가 된다. 삼론과 화엄이 지니고 있는 사상본연에서 나타

연구』 10(서울: 불교학연구회, 2005), 4.

54 '전혀 다른'이라고 하였지만 실제로는 세속제 곧 중생의 입장에서 비롯된 표현이라고 한정해야 한다. 진실제라고 하는 입장에서는 그 '서로 다른' 것들이 이미 '無差別'의 어떤 것이기 때문이다.

나는 이러한 방향성의 차이는 각자가 설하는 상즉론에서의 차이를 낳을 수 밖에 없었을 것이다.

특히 의상은 중문(中門)과 즉문(卽門)으로서 상즉상입을 설한다. 이때 삼론의 이제상즉(二諦相卽)에서 보이는 관점은 상입으로 수용되고, 거기에 더하여 상즉이 화엄의 새로운 관점으로서 추가된다. 삼론의 '상즉설'은 기본적으로 차별에서 무차별로의 지향이라는 방향성을 가지고 있는데, 화엄의 상입이 이와 같은 방향성을 보여 주기 때문이다. 반면에 화엄의 상즉은 이와는 반대의 방향성 곧 무차별에서 차별로의 지향을 보여 준다. 이 같은 점은 즉문[상즉]을 덕용자재문(德用自在門)이라고 하고 중문[상입]을 인과도리문(因果道理門)이라고 하는 균여의 설명에 의해서 확인된다.

> 즉(卽)과 입(入)에 나아가면, 여러 사람들이 세운 이름이 같지 않다. 어떤 이는 "중문(中門)과 즉문(卽門)이다"고 하였고, 어떤 이는 "상즉과 상입이다"고 하고, 어떤 이는 "상시(相是)와 상재(相在)이다"고 하며, 어떤 이는 "상시(相是)와 상자(相資)이다"고 하였다. 어떤 이는 "서로 모양을 빼앗은 체(體)와 무체(無體)의 뜻이고, 서로 의지한 역(力)과 무력(無力)의 뜻이다"고 하였다. 또 옛 사람은 말하기를 "중문은 인과도리문(因果道理門)이고 즉문은 덕용자재문(德用自在門)이다. 또 중문은 허공건립문(虛空建立門)이고 즉문은 허공동작문(虛空動作門)이다"고 하였다.
>
> 묻기를, '입문(入門)은 인과도리문이고 즉문은 덕용자재문이다.'는 것은 어느 글에 의지해서 세웠는가? 답하기를, 의상대덕은 말하기를 "다라니를 기준으로 하면 이(理)와 용(用)은 섭법분제(攝法分齊)를 나타낸다"고 하였다. 그러므로 이(理)는 중문이고 용(用)은 즉문이다.[55]

균여의 설명에 의해서 우리는 중문[상입]과 즉문[상즉]의 방향성이 가지는 의미에 대해서 알 수 있다. 중문은 인과의 도리에 따르는 문이고 인과 사이의 역(力)·무력(無力)의 관계를 중심으로 바라본 것이다. 인과의 관계를

55 均如, 『華嚴一乘教分記圓通鈔』(『韓佛全』4권, 453하~454상). "就卽入中, 諸家立名不同也, 或云中門卽門, 或云相卽相入, 或云相是相在, 或云相攝相資, 或云互相形奪體無體義, 互相依持力無力義. 又古人云, 中門則因果道理門, 卽門則德用自在門. 又中門則虛空建立門, 卽門則虔空動作門. 問; 入門則因果道理門, 齊故理者中門, 用者卽門也, 依何文立耶? 答; 相德云, 約陁羅尼理, 用現攝法分齊, 故理者中門, 用者卽門也"

기초로, 즉 연으로 이루는 것이므로 허공에 건립하는 곧 무자성의 이(理)라는 측면에서 논하는 것이 중문이라고 할 것이다. 한편 즉문은 덕용이 자재한 문이라고 설명된다. 덕용의 자재란 불보살의 덕용이 작용하는 것을 말하기 때문에 또한 허공동작문이라고도 하였다. 불보살의 덕용이 중생계에 나툴 때에는 무위의 용(用)이기 때문에 인과(因果)의 도리를 따르지 않는 것이다. 따라서 그 체의 유무에 따라 모양을 빼앗는 형탈문(刑奪門)이라고 부른 것이다.

덕용자재의 즉문이든 아니면 인과도리의 중문이든, 어느 것이나 구경의 '상즉의'를 드러낸다고 하는 것에는 차이가 없을 것이다. 그러나 덕용자재는 중생의 입장이 아니라 부처의 위지에서 가능해지는 것이고, 부처의 덕용은 인과의 도리를 따르지 않을 수밖에 없는 것이다. 무소득(無所得), 무주(無住)를 바탕으로 하는 것이 부처의 부사의(不思議)한 덕용(德用)이기 때문이다. 그것을 의상은 즉문으로 구성하고 있는 것이다. 따라서 상즉의 즉문은 기본적으로 요익중생(饒益衆生)의 입장에 초점이 두어졌다고 할 수 있는 반면, 상입은 귀일심원(歸一心源)의 입장에 초점이 두어졌다고 볼 수 있을 것이다.

여기에서 우리는 길장이 설했던 상즉설과 의상이 조직한 수십전법을 통해서 보이는 상즉상입설에 서로 차이가 있음을 볼 수 있다. 우선 의상은 상즉상입을 동시에 설하고 있다. 그리고 길장의 이제상즉이 차별과 무차별의 동시성립을 의도한다고 하더라도 차별로부터 무차별을 지향[차별→무차별/破邪→顯正]하는 일정한 방향성이 강한 것임을 지적한 바 있다. 그러나 의상의 경우, 인과도리문인 중문[상입]은 귀일심원 곧 차별에서 무차별로의 방향성을 보이는 것인 반면에 덕용자재문인 즉문[상즉]은 요익중생 곧 무차별에서 차별로의 방향성에 중점을 둔 것으로 파악할 수 있다. 이렇게 볼 때, 길장이 이제상즉에서 즉(卽)이 의미하였던 바는 오히려 의상이 말한 상입의 중문에 가까운 것이 된다. 그리고 상즉은 새로운 방향성을 가지고 상입과 함께 '화엄상즉론'의 새로운 의미태를 구성하게 된 것으로 보인다. 이것은 화엄사상이 궁극적인 측면에서 '보법', '성기(性起)' 곧 불행(佛行)을 강조하는 입장에 서 있기 때문에 나타난 결과라고 볼 수 있다.

2. 현대적 논의

1) 삼계교(보법종)의 보법에 대한 논의

신행의 삼계교는 일명 보법종(普法宗)이라고도 하는데, 중국 남북조 시대 말기와 수(隋)왕조 무렵에 처음 일어난 뒤로, 수·당·송 3대에 걸쳐 전후 약 4백여 년 간 명멸을 거듭하며 교세를 유지했다. 그리고는 기이하리만치 그 뒤로는 영영 역사 속에서 그 자취를 감추어 교사(敎史)나 교의(敎義) 등 삼계교의 자취를 더듬어 볼 수 있는 자료가 거의 없었다. 이는 보법(普法)·보불(普佛)·보행(普行)의 깃발을 들고 출발한 신행의 삼계교는 말법(末法) 불교사상에 호응하여 철저한 실천적 민간불교를 표방하였으며, 이러한 실천적 교의에 필연적으로 수반된 무소유사상에 입각하여 상락아정(常樂我淨)의 무진장행(無盡藏行)을 펼쳐 나감에 있어, 다른 종파와의 타협을 전적으로 거부하고 절복하는 준엄한 태도를 취했기 때문에, 항상 사면초가의 형세에 처하면서 비난과 공격의 표적이 되었고, 급기야는 외부의 핍박과 압력에 의하여 역사의 무대에서 사라졌기에, 관련 자료가 없어질 수밖에 없었던 것은 오히려 당연한 일일는지도 모른다.

그러던 것이 1916년과 1922년 두 차례에 걸쳐 일본인 학자 야부키 게이키(矢吹慶輝, 1879~1939)는 영국 대영박물관과 프랑스 파리 국민도서관에 건너가 각각 스타인(Aurel Stein)과 펠리오(P. Pelliot)가 수집한 돈황 출토 고사본을 탐색 중, 이전에 접하지 못했던 삼계교 관계 고문헌 30여 점을 발견해 내고, 이어 일본 내에 산재해 있던 『삼계불법(三階佛法)』 4권 및 기타 자료를 정리하고 연구하여, 1927년에 마침내 『삼계교지연구(三階敎之研究)』라는 저술을 세상에 내놓게 되었다. 이후의 삼계교 및 삼계교의 보법에 대한 논의는 대부분 이 『삼계교지연구(三階敎之研究)』라는 책에 바탕을 두고 있다. 1998년에는 니시모토 테루마(西本照眞)가 『삼계교의연구(三階敎の研究』라는 독자의 연구성과를 선보였다.

그러나 국내에서는 80년대 이상현·방영선의 석사 논문 2편을 비롯해 민영규, 이평래, 이효걸 등의 단편적인 논문만 있을 뿐 이에 대한 집중적인 연구는 전무하다. 다만 최근에 홍재성(법공)이 일본 교토 불교대(佛敎大)에서 「삼계교사상사연구(三階敎思想史 研究)」로 박사학위를 취득하였는데, 이것이 본격적인 삼계교 연구의 첫 성과라고 할 수 있을 것이다. 삼계교 사상을 통해 대승불교의 실천적인 사상은 무엇이며, 그 영향은 어디까지 미치고 있는가를 본격적으로 조명한 국내 첫 논문이라고 할 수 있다. 여기에서는 중국불교 및 한국불교에 미친 삼계교의 영향이 집중적으로 검토되고 있다.

2) 원효의 보법설에 대한 논의

화엄교학 내에서의 보법설에 대해서는, 지금까지 살펴본 바와 같이, 보법이 법계연기·성기의 별칭으로 주로 사용되고 있기 때문에 별도의 논의가 이루어지지 않은 것으로 보인다. 그러나 원효의 경우는 자신의 화엄사상을 특징짓는 용어로서 보법을 주로 사용하였다. 때문에 화엄사상에서 보법을 문제 삼을 때는 주로 원효의 보법설에 대한 논의가 주종을 이룬다. 특히 원효의 교판설에 대하여 논하는 대부분의 연구는 원효의 보법에 대하여 언급하고 있다고 해도 과언이 아닐 것이다. 대체적으로 보아서 원효의 보법설에 대한 논의는 국외에서보다는 국내에서 그 논의가 구체적으로 전개되었으므로, 국내에서의 논의과정을 소개하는 것으로 대신한다.

원효의 보법에 대해서는 고익진이 「원효(元曉)의 화엄사상(華嚴思想)」[56]에서 'Ⅲ. 사교판과 보법' 및 'Ⅳ. 화엄법계연기론과의 비교' 등의 제목으로 논한 것이 본격적인 논의의 시초라고 볼 수 있을 것이다. 이 논문에서는 원효의 보법을 원효의 기신론관 및 사교판과의 관계 속에서 해명하고, 화엄교학의 법계연기론과의 비교를 시도하고 있다. 특히 원효의 보법이 『기신론소·별기』의 삼대설(三大說)의 경계와 다르지 않은 것으로 해석하였으며, 화엄교학의 '십현문(十玄門)'에 상당하는 것으로 논하고 있다. 이후 신현숙은 「원효의 교학관(教學觀)-사종교판론을 중심으로」[57]에서 보법을 보현경계로 해석하였으며, 전해주는 「원효의 화쟁과 화엄사상」[58]에서 원효의 화엄을 '보법화엄(普法華嚴)'으로 규정하고 이것이 무장애법계관(無障碍法界觀)과 통하는 것으로 파악하였다.

또 김부용(承垣)이 원효의 보법에 대한 일련의 연구 성과를 내놓았다.[59] 김부용은 원효의 보법설에 대한 이들 논의를 검토하고, 중국화엄교학과의

---

56 동국대 불교문화연구원 편, 『한국불교사상총서4, 韓國華嚴思想』(서울: 동대출판부, 1982).

57 申賢淑, 「元曉의 教學觀-四種教判論을 중심으로」, 『불교학보』 30(서울: 불교문화연구원, 1993).

58 全海住, 「元曉의 和諍과 華嚴思想」, 『한국불교학』 24(서울: 한국불교학회, 1998).

59 김부용(承垣), 「元曉의 一乘思想 研究」(동국대 석사학위논문, 1998).; 「元曉의 普法說에 대한 考察」, 『2002한국불교학결집대회 자료집』(2002)

관계 위에서 재해석하고 있는 점이 주목된다. 이 일련의 논문들에서는 지엄 및 의상의 보법에 대한 이해와 원효의 보법설을 비교 검토하고, 사교판 중에서 일승분만교의 구분이 보현교를 기준으로 하고 있다는 점을 적시하였다. 그렇게 해석함으로써 원효의 보법이 보현위(普賢位)를 이루는 보현원행 실천으로서의 기준이며, 사교판에서 원만교는 보현원행의 완성으로 이해해야 한다고 주장하고 있다.

한편 석길암은 최근의 연구[60]에서 이상의 논의를 수용 재검토한 다음, 원효의 화엄사상을 '보법화엄'으로 규정하고 있다. 이 연구에서는 원효의 보법화엄이 『기신론소』·『별기』의 연구 성과를 바탕으로 670년 당(唐)에서 귀국한 의상이 전한 화엄교학을 재해석함으로써 성립되었다는 점을 논하였다. 특히 원효의 보법화엄의 의미를 『기신론소』·『별기』의 사상의 연장선상에서 파악하였고, 의상 및 법장의 화엄교학과의 관계 및 비교를 통해서 원효 보법화엄의 특징을 논하였다.

이외에 국외에서의 논의로는 판본행남(坂本倖男),[61] 석교진성(石橋眞誠),[62] 좌등번수(佐藤繁樹)[李曉箕][63], 길진의영(吉津宜英)[64] 등의 연구가 있다. 특히 길진의영(吉津宜英)은 원효의 일승사상을 '화쟁일승의(和諍一乘義)'로 규정하여 원효 보법화엄의 한 특징을 부각시켜서 해석하고 있다. ❀

석길암 (동국대)

60 석길암, 「元曉의 普法華嚴思想 研究」(동국대 박사학위논문, 2003).
61 坂本幸男, 『華嚴教學の研究』(京都: 平樂寺書店, 1951).
62 石橋眞誠, 「元曉の華嚴思想」, 『印度學佛教學佛研』19-2(1971)
63 佐藤繁樹, 「元曉哲學と華嚴思想」, 鎌田茂雄古稀記念, 『華嚴學論集』(東京: 大藏出判, 1997).
64 吉津宜英, 『華嚴一乘思想の研究』(東京: 大東出版社, 1991)

사실단

범 빠 siddhānta 한 四悉檀

Ⅰ. 어원적 근거 및 개념 풀이

실단(悉檀)은 빠알리어와 범어 모두 siddhānta라고 하며 성취(成就), 종지(宗旨), 법리(法理) 등으로 해석되며, 실단(悉壇)이라고도 음역한다. 불교에서는 중생을 가르치는 교법의 범주로 해석되며, 자세히는 세계실단(世界悉檀)·각각위인실단(各各爲人悉檀)·대치실단(對治悉檀)·제일의실단(第一義悉檀)으로 모두 네 가지로 이루어져 있기 때문에 사실단이라고 하며, 간략히 사실(四悉)이라고도 한다. 불교문헌 가운데 실단의 용례는 부파불교시대 문헌에서 교리, 종지 등의 의미로 사용되기 시작했다. 사실단이 현재의 모습으로 정착한 것은 용수보살의『대지도론』에서 그 형태를 갖추었으며, 대승불교의 문헌들은『대지도론』의 사실단의 용례와 사상을 대부분 따르고 있다. 사실단의 구체적인 내용을 소개하면 다음과 같다.

① 세계실단(世界悉檀): 세간의 법으로서 인연화합의 도리를 설한 것이

다. 즉 세간의 사상과 언어, 관념 등의 사물에 대해 연기의 도리를 설한 것이다.

② 각각위인실단(各各爲人悉檀): 간략히 위인실단(爲人悉檀)이라고도 한다. 즉 중생의 근기와 능력이 각기 다르기 때문에 여러 가지 수행과 교리를 통해 선근을 심게 한다. 때문에 생선실단(生善悉檀)이라고도 한다.

③ 대치실단(對治悉檀): 중생의 탐진치의 번뇌에 대하여 병에 약을 처방하듯이 중생의 번뇌와 악업을 멸제하기 위한 가르침이다. 때문에 단악실단(斷惡悉檀)이라고도 한다.

④ 제일의실단(第一義悉檀): 모든 희론과 논의를 넘어 직접 제일의인 제법실상을 밝히는 것으로 중생으로하여금 직접 교법에 계합하게 하기 위한 것이다. 때문에 입리실단(入理悉檀)이라고도 한다.

이와 같이 사실단은 부처님의 교법을 내용별로 분류한 것이지만 제일의실단에 대해서는 교리적 해석에 따라 여러 가지로 해석되었다. 『대지도론』에 따르면 부처님의 교법은 여러 차별이 있으며 크게 사실단으로 요약되지만, 실제의 의미는 하나라고 하여(『大正藏』 25, 59중), 제일의실단을 반야사상의 통일적 의미에서 해석하고 있으며, 중국불교의 경우 지의(智顗)의 『법화현의(法華玄義)』에서는 '실단에 대해 실(悉)은 두루하다는 의미[遍]가 있고 단(檀)은 범어인 단나(檀那, dāna)로 보시를 가리킨다고 하였다. 따라서 실단은 네 가지 법으로 중생에게 널리 가르침을 베푼다는 의미에서 '사실단'이라고 이름한다고 하여 산스크리트와 한자의 의미를 혼용시켜 해석하였고(『大正藏』 33, 686하), 이후 천태학에서 일승(一乘)의 개념을 풀이하는데 사실단을 중시하였다. 중국의 화엄학에서는 일승사상과 법계연기관에 의해 사실단을 해석한 사실을 지엄의 『화엄경내장문등잡공목(華嚴經內章門等雜孔目)』과 『화엄오십요문답(華嚴五十要問答)』 등에서 볼 수 있다. 이처럼 사실단은 인도와 중국 모두 단순한 교리나 종지 이상의 교리적 의미를 담게 되었으나, 대부분의 문헌에는 용수의 『대지도론』에 나타난 사실단의 해석을 따르고 있다.

Ⅱ. 사실단의 성립과 사상

1. 초기불교문헌의 사실단

실단에 대해 초기경전에서 언급된 예는 『잡아함경』에서 인명으로 사용된 예를 발견할 수 있다.[1] 실단의 명칭이 풍부히 나타나기 시작하는 것은 본연부(本緣部)의 문헌으로 『불본행집경(佛本行集經)』 권21 「왕사왕환품(王使往還品)」에는 "대개 세간의 모든 책에는 각기 고유의 실단이 있어서 어떤 사람은 미래세가 있다고 주장하고, 어떤 사람은 미래세가 없다고 말합니다"[2]라고 한 예에서 실단의 용어가 교리, 주장, 교법의 뜻으로 사용된 예를 발견할 수 있다.[3]

『구사론(俱舍論)』의 본송에는 실단의 용어를 사용한 예는 볼 수 없으나, 이를 주석한 『아비달마구사석론』에는 실단의 사용 예를 찾아볼 수 있다. 『아비달마구사석론』 권2에는 "부처님 세존께서 말씀하시길 그대들은 일부의 주장에 집착하지 말고, 세간에서 주장한 이론을 좇지 마라. 계빈국의 비바사 논사들의 교리는 저와 같이 주장한다"[4]라고 하였고 이외 여러 곳에 실단의 사용 예를 발견할 수 있다.[5] 또한 초기대승경전인 『대승입릉가경(大乘入楞伽經)』 권1에는 "여래께서 멸도하신 후 누가 정법을 지킬 것이며, 부처님은 얼마나 머무시며, 정법은 얼마나 존속하며, 실단은 몇 가지가 있으며, 학설은 몇 가지나 있게 됩니까?"[6]라고 하였으며, 이외 여러 문헌 속에서

1 『앙굴마라경(央掘魔羅經)』3(『大正藏』 2권, 534하). "東南方去此過三恒河沙。有國名悉檀主。佛名悉檀義勝"

2 『불본행집경(佛本行集經)』 권21 「왕사왕환품(王使往還品)」(『大正藏』 3권, 750하). "大聖王子。凡是世間一切書典。各各皆自有於悉檀。或有人言。有未來世。或有人言。無未來世". 이외 『불본행집경』에서 다른 사용된 悉檀의 예는 750하, 751상, 753상, 755중, 756상에서 볼 수 있다.

3 이외 『불본행집경(佛本行集經)』(『大正藏』 3권)에서 750하, 751상, 753상, 753하, 755중, 756상에서 悉檀의 사용예가 나타난다.

4 『아비달마구사석론』 권2(『大正藏』 29권, 171상). "佛世尊說。汝等莫執著方言。莫隨逐 世間所立名字。罽賓國毘婆沙師。悉檀判如此。眼能見。耳能聞。鼻能嗅。舌能嘗。身能觸。意能識。爲用一眼見色。爲用二眼見色。此中無定".

5 이외 실단의 예는 다음의 곳에서 발견된다. 『阿毘達磨俱舍釋論』(『大正藏』 29권), 171상, 181중·,하, 187중, 240하, 246하, 258중, 287하, 296하, 299상, 305중)

6 『대승입릉가경(大乘入楞伽經)』 권1(『大正藏』 16권, 591상). "如來滅度後　誰當持正法 世尊住久如　正法幾時住　悉檀有幾種　　諸見復有幾".

용례를 볼 수 있기 때문에 사실단이 불교문헌에 등장한 것은 부파불교 시대이며, 이후 초기대승경전부터 빈번히 사용된 사실을 알 수 있다.

2. 『대지도론』의 사실단과 사상

1) 사실단의 정형화

초기불교 및 대승불교시대의 문헌과 달리 실단의 의미를 교리적으로 연구, 분석한 것은 대승불교의 논서에서 시작되었다. 실단을 네 가지로 분류해 사실단의 정형화된 모습이 갖추어지기 시작한 것은 『대지도론』[7]에서 완성되었으며, 이후 대승불교의 논서들은 인도, 중국을 막론하고 대부분 용수보살의 사실단을 따르고 있다. 『대지도론』에서 용수보살이 설한 사실단의 내용을 인용하면 다음과 같다.

> 또한 부처님께서는 제일의실단의 상을 설하시기 위해 이 반야바라밀을 설하셨다. 실단에는 네 가지가 있으니 첫째는 세계실단이며, 둘째는 각각위인실단이며, 셋째는 대치실단이며, 넷째는 제일의실단이다. 사실단 가운데 모든 십이부경과 팔만사천법장은 모두 실제 무상(無相)의 도리에 위배되는 것이지만, 불법 가운데 존재함이 있음[有]은 세계실단이 있기 때문에 실유(實有)이며, 각각위인실단이 있기 때문에 실유이며, 대치실단이 있기 때문에 실유이며, 제일의실단이 있기 때문에 실유인 것이다.[8]

7 저자는 龍樹보살이며, 후진(後秦) 시대(A.D. 402~405), 구마라집(鳩摩羅什)에 의해 번역. 전체 100권으로 이루어져 있으며, 『고려대장경』 14,권, 493면, 『大正藏』 25권, 57면에 수록되어 있다. 줄여서 『대론(大論)』, 『지도론(智度論)』, 『지론(智論)』이라고 하며, 다른 말로 『대지도경론(大智度經論)』, 『대혜도경집요(大慧度經集要)』, 『마하반야바라밀경석론(摩訶般若波羅蜜經釋論)』, 『마하반야석론(摩訶般若釋論)』, 『석론(釋論)』이라고도 한다. 원래 『대품반야경』의 주석서이지만 그 해설이 학설이나 사상, 용례, 전설, 역사, 지리, 실천 규정, 승가(僧伽) 등에 미칠 정도로 매우 상세하고 방대하여 백과사전적인 성격도 가지고 있다. 여기에 인용된 경전이나 논서도 원시 불교의 경전은 물론이고 원시 불교의 논서에서 초기 대승의 법화, 화엄 등의 제 경전에 미치고 있다. 뿐만 아니라 바이셰쉬카 및 기타 인도의 일반 사상에도 미치고 있다. 사상적 경향으로 볼 때, 이 논서는 세계의 실상을 공(空)으로 파악하고 그것을 부각시켰던 『중론(中論)』이나 『십이문론(十二門論)』과는 달리, 불법에 대한 긍정적 서술을 시도하고 있으며, 특히 대승의 보살 사상이나 6바라밀 등의 종교적 실천을 해명하는 데에 노력하고 있다. 이러한 점에서 용수 이전의 불교 학설의 요지를 알 수 있는 동시에, 대승과 소승의 상호 교류와 사상의 발달을 아는 데 극히 중요한 자료이지만, 일부는 중국에서 이루어진 위작이라는 점이 논의되고 있다.

위에서와 같이 『대지도론』의 사실단은 네 가지로 요약되고 있으며, 논의의 중심이 되는 유무(有無)의 관점에서 사실단의 존재[有]를 논증하는 방식으로 해설한 장면을 볼 수 있다. 『대지도론』의 사상은 초기 반야경의 공사상(空思想)이 유부(有部)와 외도의 실유사상에 대한 비판에 치우쳐 비존재의 논리를 밝히는 데만 치우치는 것을 막고, 공사상의 올바른 인식을 통해 대승불교의 바른 실천이 이루어질 수 있음을 강조하고 있다. 『대지도론』의 사실단은 불교의 교설을 네 가지 분류방식에 의해 나눈 것이지만 이 가운데 제일의실단이 사상적으로 여러 가지 논의의 관점이 될 수 있다는 사실도 용수보살은 알고 있었을 것으로 생각된다.

2) 용수보살의 사실단과 반야사상

(1) 세계실단

『대지도론』은 『반야경』을 주석한 것으로 대승불교사상을 주요내용으로 다루고 있다. 『대지도론』에는 사실단에 대해 실성(實性)으로서는 무(無)이지만, 동시에 유(有)로서 현상적인 존재의 근거가 있음을 설하고 있다. 사실단 가운데 세계실단에 대해서도 객관적 대상인 세계의 존재와 세계를 구성하는 개체적인 아가 존재함을 설득하고 있다. 세계실단에 대한 질의에 대해 용수보살은 우유를 예로 들어 우유는 사람과 같이 관념적인 존재로서 가명(假名)이 아니라, 우유가 가지는 인연의 실유에 의해 우유의 존재도 가능함을 논리적으로 설명하고 있다. 『대지도론』의 해석된 원문을 소개하면 다음과 같다.

① 세계의 존재

세계라 함은 법이 있어 인연화합으로부터 무별(無別)의 성품이 있는 것이니, 비유하면 수레와 끌채와, 차축과 바퀴살과 바퀴테 등이 화합하기 때문에 무별의 수레가 있는 것이다. 사람도 이와 같아 다섯 대중이 화합하여 무별의 사람이 있는 것이다. 만약 세계실단이 없다면 부처님은 참다운 말을 하는 분인데, 어찌 우리에게 청정한 천안으로 여러 중생들을 보고, 선악의 법에 따라 이곳에서 죽어, 저곳에 태어나서 과보를 받는다고 말하여 선

8 『대지도론』(『大正藏』 25권, 59중). "復次佛欲說 第一義悉檀相故。說是般若波羅蜜經。有四種悉檀。一者世界悉檀。二者各各爲人悉檀。三者對治悉檀。四者第一義悉檀。四悉檀中一切十二部經。八萬四千法藏。皆是實無相違背。佛法中有。以世界悉檀故實有。以各各爲人悉檀故實有。以對治悉檀故實有。以第一義悉檀故實有".

업을 쌓은 자는 천인으로 태어나며, 악업을 지은 자는 삼악도에 떨어진다 말씀하시겠는가?[9]

② 개아의 존재

또한 세계실단을 설한 것은 근본적으로 공성의 논리에서 현상의 존재로서 아(我)의 실재를 다루는 문제에 기인된 것임을 설한 것을 다음에서 볼 수 있다. 또한 『대지도론』에 다음과 같이 설한다.

> "한 사람이 세상에 나 많은 사람이 경사와 복락, 요익함을 입었으니 바로 불세존이시다. 『법구경』에서 설한 대로 '자신은 스스로 자신을 구할 수 있지만, 타인이 어찌 능히 자신을 구할 수 있단 말인가?'라고 한 것처럼 스스로 선한 지혜를 실천하는 것이 자신을 구하는 최선의 길이다. 마치 『병사왕영경(瓶沙王迎經)』에서 부처님이 설한 것과 같이 '범부는 법을 듣지 못하고, 범부는 자아에 집착한다'라고 하였고, 또한 부처님께서 『이야경(二夜經)』에서 설한 것과 같이 부처님께서 처음 도를 얻으신 밤으로부터 반열반에 드시는 밤에 이르기까지 이 두 밤사이 설하신 경전과 가르침은 모두 진실이며 거짓이 아니다. 만약 실제로 자아가 없다면 부처님께서 어찌 내가 천안으로서 중생을 본다고 말씀하시겠는가? 이 때문에 자아가 있다는 것은 세계실단을 말하는 것이지, 제일의실단을 말하는 것이 아니다.[10]

③ 제일의실단의 유무해석

세계실단에 대한 질문과 그에 대한 답은 다음과 같다.

> 묻기를, 제일의실단은 진실이며, 실재하기 때문에 제일이라고 말한다면,

9 『대지도론』(『大正藏』 25권, 59중). "世界者有法從因緣和合故有無別性。譬如車轅軸輻輞等和合故有無別車。人亦如是。五衆和合故有無別人。若無世界悉檀者。佛是實語人。云何言我以清淨天眼見諸衆生隨善惡業死此生彼受果報。善業者生天人中。惡業者墮三惡道".

10 『대지도론』(『大正藏』 25권, 59하). "復次經言。一人出世多人蒙慶福樂饒益。佛世尊也如法句中說。神自能救神。他人安能救神。自行善智是最能自救。如瓶沙王迎經中佛說。凡人不聞法。凡人著於我。又佛二夜經中說。佛初得道夜至般涅槃夜。是二夜中間所說經教。一切皆實不顛倒。若實無人者。佛云何言我天眼見衆生。是故當知有人者。世界悉檀故。非是第一義悉檀".

나머지는 실재가 아니지 않는가?

답하길, 그렇지 않다. 이 사실단은 각각 실재함이 있지만, 여여한 법성으로서 실제세계이기 때문에 무(無)라고 하며, 제일의실단이기 때문에 유(有)라고 한다. 자아라고 하는 것도 역시 이와 같아서 세계실단으로서 존재[有]한다고 말하지만, 제일의실단이기 때문에 무라고 말한다. 그 이유는 무엇인가? 사람은 다섯 대중의 인연이 존재하기 때문에 유라고 하지만 여기서 자아 등은 비유하면 우유가 색깔, 향, 맛, 감촉의 인연이 존재하기 때문에 유라고 하지만, 이 우유가 만약 우유로서 실재가 존재치 않는다면 우유를 둘러싼 인연도 역시 없다고 해야한다. 여기서는 우유의 인연들이 실제 존재하기 때문에 우유도 또한 존재한다고 해야 한다. [이것은] 한사람이나, 두 번째 머리나, 세 번째 손에 대해 인연은 없지만, 가명(假名)이 존재하는 것과 다르며, 이와 같은 상(相)에 대해 이름하길 세계실단이라 하는 것이다.[11]

(2) 각각위인실단

다음으로 각각위인실단에 대해 설하고 있다. 여기서 용수보살은 인아(人我)가 실재한다는 오류에 빠질 경우 번뇌에 의한 접촉[觸]과 수용[受]의 과정을 설하고, 이로 인한 인과의 법칙이 엄연히 존재함을 밝혔다. 문답에 있어서는『파군나경』을 인용해 인아의 부정으로 인해 번뇌를 받는 자아도 없으며, 이로 인해 해탈이 가능함을 예로 들고, 아견(我見)에 치우친『단멸론(斷滅論)』의 오류에 대한 위험을 지적하고 있다.

① 인아와 번뇌의 수용주체

무엇이 각각위인실단인가? 사람의 마음과 행실을 보아 법을 설하는 것으로 한 가지 사안에 대해 듣기도 하며, 듣지 않기도 한다. 경전에서 설하길 "잡된[번뇌의] 업과 과보가 있기 때문에 잡됨이 존재하는 세간에서 잡된 촉(觸)과 잡된 수(受)가 있게 된다"라고 하였고, 또한『파군나경(破群那經)』에 설하길 "촉을 얻는 사람이 없으면 수를 받는 사람도 없다"[12]라고 하였다.

11 『대지도론』(『大正藏』 25권, 59하). "問日。第一悉檀是眞實。實故名第一。餘者不應實。答日。不然。是四悉檀各各有實。如如法性實際世界悉檀故無。第一義悉檀故有。人等亦如是。世界悉檀故有。第一義悉檀故無。所以者何。人五衆因緣有故有是人等譬如乳色香味觸因緣有故有是乳若乳實無。乳因緣亦應無。今乳因緣實有故。乳亦應有。非如一人第二頭第三手無因緣而有假名。如是等相名爲世界悉檀".

12 『대지도론』(『大正藏』 25권, 60상). "云何各各爲人悉檀者。觀人心行而爲說法。於一事

② 인아와 영혼의 부정을 위한 설법

묻기를, 이 두 경전은 어찌 [뜻이] 통하는가?

답하길, 의심하는 사람들이 있어 후세에 죄복을 믿지 않고, 불선을 행하고, 단멸의 견해에 떨어지는 자들이 있어, 이들의 의심을 끊어 이러한 악행을 버리고, 이러한 단견을 뽑기 위한 것이다. 때문에 잡됨이 있는 세간에 잡된 촉과 잡된 수가 있다고 말하는 것이다. 이것은 『파군나경(破群那經)』에 자아가 존재하고, 영혼이 존재한다고 생각하여 영원함이 있다고 생각하는 것이다. 파군나가 부처님께 묻기를 "대덕이여! 누가 받는가? 만약 부처님께서 누구누구가 받는다고 한다면 영원함이 있다는 생각에 떨어지는 것이니 그 인아(人我)가 있다는 견해는 갑절이나 다시 굳어져 바꾸기 어려울 것이다. 이 때문에 수(受)와 촉(觸)이 있다고 설하지 않는 것이다. 이와 같은 교리[相]를 각각위인실단이라 이름하는 것이다.[13]

(3) 대치실단

대치실단에 대해 『대지도론』에는 병의 예를 들어 병의 종류마다 처방이 각기 다름을 비유하여, 번뇌의 종류에 따른 다양한 대처방법이 있음을 설하고 있다. 첫 번째 질문에서는 법(法)의 실유에 집착하는 사견에 대한 것과, 두 번째 질문은 제일의에 대해 생주멸(生住滅)의 유위법과 무위법의 양쪽 견해에 모두 치우치지 말아야함을 설하고 있다.

① 번뇌에 대한 대치의 설명

대치실단은 법이 실유[라는 주장]에 대한 대치로서 존재[有]한다고 말하지만 실성(實性)으로서는 존재치 않는[無] 것이다. 비유하면 뜨거움과 기름, 시고 짠 약초와 음식 등은 풍병에 대해 약이라고 말할 수 있지만, 다른 병에는 약이 될 수 없다. 만약 약간의 냉기와 달고, 쓰거나, 떫은 맛의 약초와 음식 등은 열병에 대해 약이 되며, 다른 병에는 약이 될 수 없다. 만약 약

中或 聽或不聽。如經中所說。雜報業故。雜生世間得雜觸雜受。更有破群那經中說。無人得觸無人得受".

13 『대지도론』(『大正藏』 25권, 60상). "問曰。此二經云何通。答曰。以有人疑後世不信罪福。作不善行墮斷滅見。欲斷彼疑捨彼惡行。欲拔彼斷見。是故說雜生世間雜觸雜受。是破群那計有我有神。墮計常中。破群那問佛言。大德誰受。若佛說某甲某甲受。便墮計常中。其人我見倍復牢固不可移轉。以是故不說有受者觸者。如是等相是名各各爲人悉檀".

간 시고, 맵고, 떫은 열성의 약초와 음식은 냉병에 약이 되지만 다른 병에는 약이 되지 못한다. 불법 가운데 마음을 다스리는 것도 이와 같아 부정관(不淨觀)은 탐욕의 병에 훌륭한 대치가 되지만, 분노와 어리석음의 병에는 효과가 없으며 대치가 될 수 없다. 그 이유는 몸의 과실을 관하는 것이 부정관인데 분노와 어리석은 자들이 과실을 관한다면 곧 분노와 어리석음의 불만 더하기 때문이다. 분노와 어리석음의 병에는 자비심을 사유하는 것이 훌륭한 대치가 되며, 탐욕의 병에는 탁월하지 못하며 대치가 되지 못한다. 그 이유는 무엇인가? 중생에 대한 자비심은 호사에 대해 공덕을 관하는 것이다. 만약 탐욕스런 자가 호사에 대해 공덕을 관한다면 곧 탐욕만을 더하게 되기 때문이다. 인연을 관하는 것은 어리석음의 병에 대해서는 훌륭한 대치법이지만, 탐욕과 분노의 병에 대해서는 탁월치 못하며 대치법이 될 수 없다. 왜냐하면 처음에 삿됨을 관하기 때문에 삿된 견해가 생기고, 사견은 곧 어리석음이기 때문이다.[14]

② 세 가지 번뇌에 따른 대치의 예(질문과 답)

묻기를, 불법 가운데 십이인연의 매우 깊은 진리를 설한다. 부처님께서 아난에게 고하시길 이 인연법은 매우 깊어서 보기도 어렵고, 보기도 어려우며, 깨닫기도 어렵고, 관하기도 어려워 세심한 마음과 지혜가 뛰어난 이만이 이해할 수가 있으며, 어리석은 사람은 얕고 쉬운 법도 오히려 이해하기 어려우니 어찌 깊은 인연법이겠는가? 그런데 여기서는 어찌 어리석은 사람도 인연법을 관해야 한다고 말하는가?

답하길, 어리석은 자라함은 소나 양들의 어리석음 정도를 말하는 것이 아니고, 실재하는 도를 구하는 사람을 가리킨다. 사심으로 관하기 때문에 여러 가지 사견이 생기는 것이며, 이러한 어리석은 사람들은 당연히 인연을

14 『대지도론』(『大正藏』 25권, 60상). “對治悉檀者。有法對 治則有。實性則無。譬如重熱膩酢鹹藥草飮食等。於風病中。名爲藥。於餘病非藥。若輕冷甘苦澀藥草飮食等。於熱病名爲藥。於餘病非藥。若輕辛苦澀熱藥草飮食等。於冷病中名爲藥。於餘病非藥。佛法中治心病亦如是。不淨觀思惟。於貪欲病中名爲善對治法。於瞋恚病中不名爲善。非對治法。所以者何。觀身過失名不淨觀。若瞋恚人觀過失者。則增益瞋恚火故。思惟慈心於瞋恚病中名爲善對治法。於貪欲病中不名爲善。非對治法所以者何。慈心於衆生中。求好事觀功德。若貪欲人求好事觀功德者。則增益貪欲故。因緣觀法於愚癡病中名爲善對治法。於貪欲瞋恚病中不名爲善。非對治法。所以者何。先邪觀故生邪見。邪見卽是愚癡”.

관해야 하니 이것을 훌륭한 대치법이라 이름한다. 만약 어리석음과 성냄, 음욕을 지닌 사람이 욕망을 즐겨 구하고, 다른 이들을 괴롭힌다면 이 사람에게는 [십이인연법이] 절적치 않으며, 대치법도 아니니, 부정관과 자심관을 사유해야 하며, 이 두 가지가 그 사람에게 적합[善]하며, 이것이 대치법인 것이다. 왜냐하면 이 두 가지의 관법이 능히 어리석음과 성냄, 탐욕의 독을 찔러 뽑아내기 때문이다. 또한 영원함에 집착하여 전도된 중생들은 제법이 비슷하게 상속함을 알지 못하니, 이와 같은 사람에게는 무상을 관하게 하는데, 이것이 대치실단이며 제일의실단은 아닌 것이다. 왜냐하면 일체제법의 자성이 공하기 때문이다. 게에 이르길 '무상을 유상이라고 보는 이것을 이름하여 전도라고 말한다. 공성에 무상조차도 없다면 어디서 유상을 볼 것인가?'라고 하였다.[15]

③ 제법실상과 유위무위

묻기를, 일체유위법은 모두 무상이며, 마땅히 이것이 제일의(第一義) 일터인데 어찌 무상이며 실재하는 것이 아니라 말하는가? 왜냐하면 일체유위법은 태어나고, 머물고, 멸하는 모습이 있어 앞서 태어나고, 다음에 머물고, 나중에 멸하기 때문인데 어찌 무상이며 실재가 아니라고 말하는가?

답하길, 유위법은 세 가지 상(相)을 지니는 것이 아니다. 왜냐하면 세 가지 상은 실재하는 것이 아니기 때문이다. 만약 제법이 태어나고, 머물고, 멸한다면 이것은 유위의 상인데 여기서 태어남에도 마땅히 세 가지 상이 있을 것이니 태어남은 유위의 상이기 때문이다. 이와 같이 모든 처소에도 세 가지 상이 있을 것이니 이것은 무궁하게 되며, 머묾과 멸함도 또한 이와 같을 것이다. 만약 모든 태어남과 머묾과 멸함에 대해 각각 다시 태어남과 머묾과 멸함이 없다고 말한다면 유위법이라 할 수 없을 것이다. 왜냐하면 유위법은 무상이기 때문이다. 이 때문에 제법무상(諸法無相)은 제일의가 아닌

15 『대지도론』(『大正藏』 25권, 60중). "問曰。如佛法中說十二因緣。甚深如說。佛告阿難。是因緣法甚深難見難解難覺難觀。細心巧慧人乃能解。愚癡人於淺近法猶尚難解。何況甚深因緣。今云何言愚癡人應觀因緣法。答曰。愚癡人者。非謂如牛羊等愚癡。是人欲求實道。邪心觀故生種種邪見。如是愚癡人當觀因緣。是名爲善對治法。若行瞋恚婬欲人欲求樂欲惱他。於此人中非善非對治法。不淨慈心思惟。是二人中是善是對治法。何以故。是二觀能拔瞋恚貪欲毒刺故復次著常顚倒衆生。不知諸法相似相續。有如是人觀無常。是對治悉檀。非第一義。何以故。一切諸法自性空故。如說偈言　無常見有常　是名爲顚倒　空中無無常　何處見有常".

것이다. 마찬가지이다. 또한 만약 일체의 실성에 대해 무상이라고 한다면 곧 행위나 업보가 없을 것이다. 왜냐하면 무상을 생멸이라고 한다면 논리에 맞지 않기 때문[失]이다. 비유하면 썩은 씨앗이 과일을 만들지 못하는 것과 같이 이와 같다면 행위와 업도 없기 때문인데, 행위와 업이 없다면 어찌 과보가 있다고 말할 수 있겠는가? 여기서 일체의 현성의 교법에는 과보가 있어, 뛰어난 지혜 있는 사람들이 믿고 받들 수 있기 때문에 존재치 않는다고[無] 말할 수는 없는 것이다. 이 때문에 제법은 무상의 성품이 아니며 이와 같은 무량한 인연으로 인해 제법이 무상의 성품이라고 말할 수 없는 것이며, 일체유위법은 무상이며, 고(苦)와 무아(無我)의 도리들도 이와 같다. 이와 같은 교설을 대치실단이라 이름 한다.[16]

④ 제일의실단

제일의실단에 대해 용수보살은 언어와 논리의 현상을 통해 논의되는 모든 법은 세 실단에 포함되며, 진실법인 제일의실단은 논리적 범주를 초월한 무희론이며, 용수보살은 오류가 있는 일체의 논의를 공사상으로 논파할 수 있음을 간접적으로 밝히고 있다. 또한 자이나교를 비롯해, 독자부, 설일체유부의 실유사상을 비판하고, 일부 대승불교 학파의 경우 지나친 공사상에 대한 고집을 지적하고 있다. 질문에는 각파의 오류에 대한 지적의 목적에 답하는 것으로 용수보살은 실(實)과 비실(非實), 즉 공(空)과 유(有)에 대한 『반야경』의 올바른 이해에 제일의의 논의에 대한 근본적 목적이 있음을 밝히는 것으로 보인다.

㈀ 진실법으로서 제일의실단

제일의실단은 일체의 법성과 일체의 논의와 어언에 대해 낱낱이 분별할

16 『대지도론』(『大正藏』 25권, 60중). "問日。一切有爲法 皆無常相。應是第一義。云何言無常非實。所以者何。一切有爲法生住滅相。前生次住後滅故。云何言無常非實。答日。有爲法不應有三相。何以故。三相不實故。若諸法生住滅。是有爲相者。今生中亦應有三相。生是有爲相故。如是一一處亦應有三相。是則無窮。住滅亦如是。若諸生住滅。各更無有生住滅者。不應名有爲法。何以故。有爲法相無故。以是故。諸法無常非第一義。復次若一切實性無常則無行業報。何以故。無常名生滅。失故。譬如腐種子不生果。如是則無行業。無行業云何有果報今一切賢聖法有果報。善智之人所可信受。不應言無以是故。諸法非無常性。如是等無量因緣說不得言諸法無常性。一切有爲法無常。苦無我等亦如是。如是等相名爲對治悉檀".

수 있고, 논파할 수 있는 일체의 법과 비법, 파괴할 수 없고 흩뜨릴 수 없는 제불과 벽지불, 아라한이 행하는 진실법에 대해 위의 세 실단에 통하지 않는 것은 모두 여기에 통하게 된다.[17]

㈁ 무희론으로서 제일의의 의미

묻기를, 어찌 통하는가?

답하길, 통한다고 말하는 것은 일체의 과실이 없어 변할 수도 없고 이길 수도 없는 것이다. 왜냐하면 제일의실단을 제외하고 나머지 모든 논의와 나머지 모든 실단은 모두 논파될 수 있기 때문이다. 『중의경』에서 설한 게를 들면 '각기 스스로 주장하는 견해는 희론으로 다툼을 일으키지만, 만약 이것이 아님을 알 때에는 이것은 정견을 아는 것이다. 다른 법을 인정하여 받아들이지 않는 것은 어리석은 사람이라 이름하지만 이와 같은 논의를 짓는 사람은 진정 어리석은 사람이다. 만약 자신의 주장에 의지하면 여러 희론들을 낳게 되지만 만약 이것이 청정한 지혜이며, 청정한 지혜 아님이 없다고 한다면, 이 세 게송 중에 부처님은 제일의실단의 상(相)을 설하셨다. 이른바 세간의 중생들은 자신이 주장에 의지해, 자신이 현상[法]에 의지해, 자신이 논의에 의지해 쟁론을 일으킨다. 희론은 곧 쟁론의 근본이며, 희론은 모든 주장을 세움에 의지한다. 게송에서 설하길, '법을 인정함으로 인해 모든 이론이 있게 되지만, 만약 인정함이 없다는 어떤 논의가 있겠는가? 인정하고 안하는 모든 견해들을 펼치는 이들은 모두 이로 인해 그치게 된다.'[18]

---

17 『대지도론』(『大正藏』 25권, 60하). "第一義悉檀者。一切法性一切論議語言。一切是法非法。一一可分別破散。諸佛辟支佛阿羅漢所行眞實法。不可破不可散。上於三悉檀中所不通者。此中皆通".

18 『대지도론』(『大正藏』 25권, 60하). "問日。云何通。答日 。所謂通者。離一切過失。不可變易不可勝。何以故。除第一義悉檀。諸餘論議諸餘悉檀皆可破故。如衆義經中所說偈
各各自依見　　戲論起諍競
若能知彼非　　是爲知正見
不肯受他法　　是名愚癡人
作是論議者　　眞是愚癡人
若依自是見　　而生諸戲論
若此是淨智　　無非淨智者
此三偈中。佛說第一義悉檀相。所謂世間衆生。自依見自依法自依論議。而生諍競。戲論卽諍競本。戲論依諸見生 如說偈言
有受法故有諸論　　若無有受何所論
有受無受諸見等　　是人於此悉已除".

수행자가 이것을 여실하게 능히 알 수 있다면 일체법과 일체의 희론에 대해 긍정하거나, 집착하거나, 헤아리지 않으니 이것이 실로 불공(不共)의 논쟁이며, 불법의 감로의 맛을 능히 아는 것이다. 만약 이렇지 않다면 곧 법을 비방하는 것이며 만약 다른 이의 주장을 인정치도 않고, 알거나 취하지도 못한다면 이것은 무지한 사람이다. 만약 그렇다면 마땅히 일체의 논의하는 자는 모두 무지한 사람이 된다. 왜냐하면 각기 서로 법을 인정하지 않기 때문이다. 이른바 어떤 사람이 스스로 말하길 자신의 주장은 제일의로 청정하며 다른 이들은 망령된 말로 청정하지 못하다. 비유하면 세간의 다스리는 법에 있어 법을 어기는 자는 형벌로서 사형을 당하는 여러 가지 부정이 있지만 세상사람들은 믿고 받아들이면서 이대로 행하고 이것을 진정 청정한 것으로 삼는다. 다른 출가한 성인들에게 있어 이것은 가장 부정한 것이다.[19]

㈐ 자이나교의 예

외도의 출가인의 법에는 오열(五熱) 가운데 있거나, 한 다리로 서있거나, 머리털을 뽑은 것에 대해 이건자(尼犍子)의 무리들은 지혜롭다 말하지만 다른 이들은 이것을 어리석다고 주장한다. 이와 같이 여러 외도들의 출가자나 재가자, 바라문들은 각기 자신들이 옳으며 나머지 다른 이들은 모두 거짓이라 말한다.[20]

㈑ 독자부(犢子部)의 사례

이런 일은 불법 가운데에도 있어 독자부(犢子部)의 비구는 주장하길, 사대가 화합하여 안법(眼法)이 있듯이 오중(五衆)이 화합하여 사람[人]이 존재한다고 한다. 독자부의 아비담에도 주장하길 오중은 사람과 분리 될 수 없고, 사람도 오중을 떠날 수 없으며, 오중이 곧 사람이라고 말할 수도 없으며, 오중 떠난 것이 사람이라고 말할 수도 없다. 사람은 [사대 외의] 다섯 번

---

19 『대지도론』(『大正藏』 25권, 61상). “行者能如實知此者。於一切法一切戲論。不受不著不見 是實不共諍競。能知佛法甘露味。若不爾者則謗法。若不受他法不知不取。是無智人。若爾者應一切論議人皆無智。何以故。各各不相受法故。所謂有人自謂。法第一義淨。餘人妄語不淨。譬如世間治法。故治法者刑罰殺戮種種不淨。世間人信受行之。以爲眞淨。於餘出家善聖人中。是最爲不淨。等”.

20 『대지도론』(『大正藏』 25권, 61상). “外道出家人法。五熱中一脚立拔髮 尼犍子輩以爲 妙慧。餘人說此爲 癡法。如是等種種外道 出家白衣婆羅門法。各各自以爲好。餘皆妄語”.

째로 객관세계[法藏]에 소속되는 것은 아니다.[21]

(ㅁ) 설일체유부

설일체유부의 무리들은 말하길, 영혼이나 자아는 모든 요소[種]나 일체시, 일체의 법 가운데서 찾을 수 없다. 비유하면 토끼뿔이나, 거북의 털은 절대 존재치 않는 것과 같다. 또한 십팔계나 십이입, 오중 등 가운데서도 자아는 존재치 않는다.

(ㅂ) 기타 대승의 주장

또한 불교의 학파에서도 대승[方等]의 부류들은 말하길 일체법은 불생불멸이고, 공이며 무소유이며, 비유하면 토끼뿔이나, 거북의 털이 절대 존재하지 않는 것과 같다고 하였다. 이와 같은 일체의 논의를 주장하는 논사의 무리들은 자신의 주장을 고집하고 다른 주장을 인정치 않으며, 이것이 맞고 다른 이들은 틀리다고 한다. 만약 자신이 자신의 법을 받아들이는 것은 자신의 법으로 공양하고, 자신의 법을 수행하는 것으로, 다른 법은 받아들이지 않거나, 공양하지 않는 것으로 과실이 되는 것이다. 만약 이것으로 청정함을 삼고, 제일의의 이익을 얻는다면 곧 모든 것이 청정함 아닌 것이 없는 것이다. 왜냐하면 이 모든 것이 다 자신의 법만을 인정[愛]하는 것이기 때문이다.[22]

(ㅅ) 제일의실단의 반야의

묻기를, 만약 다른 주장들이 모두 과실이 있다면 제일의실단은 무엇을 주장하는 것인가?

답하길, 일체의 어언의 길을 초월한 것이며 마음과 행위의 처소가 멸한 것이고, 두루 소의(所依)하는 곳이 없으며 제법을 보이지 않고, 제법의 실상

---

21 『대지도론』(『大正藏』 25권, 61상). “是佛法中亦有犢子比丘說。如四大和合有眼法。如是五衆和合有人法”.犢子阿毘曇中說。五衆不 離人。人不離五衆。不可說五衆是人離五衆是人。人是第五不可說法藏中所攝“.

22 『대지도론』(『大正藏』 25권, 61상). “說一切有道人輩言。神人一切種一切時一切 法門中。求可得。譬如免角龜毛常無。復次十八界十二入五衆實有。而此中無人。更有佛法中方廣道人言 一切法不生不滅。空無所有。譬如免 角龜毛常無。如是等一切論議師輩。自守其 法不受餘法。此是實餘者妄語。若自受其 法自法供養自法修行他法不受不供養 爲作過失。若以是爲淸淨。得第一義利 者。則一切無非淸淨。何以故。彼一切皆自 愛法故”.

에 있어 처음도 없으며, 중간도 없고, 나중도 없고, 다함도 없고, 소멸함도 없는 것을 이름하여 제일의실단이라고 한다. 「마하연의(摩訶衍義)」의 게에 설하길,

> 어언을 다하여 마쳤고, 마음과 행위도 또한 다했다. 태어남도 없고 멸함도 없으며, 법은 열반과 같다. 모든 행처를 설하는 것이 세계법이라 이름하며, 행이 없는 처소를 설함을 제일의라 이름한다. '일체는 실재이며, 일체는 실재가 아니다. 또한 일체는 실이면서 비실이다. 일체는 비실이며 실이 아님도 아니다. 이것을 제법의 실상이라 이름한다.'

이러한 말들은 경전의 곳곳에서 설해지는데, 제일의실단은 깊은 뜻을 담고 있어 보기도 어렵고 이해하기도 어렵다. 부처님께서는 이 뜻을 설하시기 위해 반야바라밀을 설하셨다.[23]

Ⅲ. 중국불교와 사실단의 전개

중국불교사를 살펴보면 수(隋)에서 당(唐) 초기에 천태종(天台宗), 삼론종(三論宗), 화엄종(華嚴宗), 선종(禪宗), 정토종(淨土宗), 삼계교(三階教) 등의 여러 종파가 성립하였고, 이들 종파가 성립한 계기는 북주(北周)의 폐불(廢佛)사건 등이 큰 역할을 했다고 보이며 실제 중국의 독자적인 불교를 확립하여 인도불교를 극복한 것은 남북조 말기에서 수나라 시대에 걸친 시대였다.

중국의 남북조 시대는 모두 불교가 융성했지만 왕실의 부정부패로 멸망

23 『대지도론』(『大正藏』 25권, 61중). "問日。若諸見皆有過失。第一義悉檀。何者是。答日。過一切語言道 心行處滅 遍無所依不示諸法。諸法實相無初無中無後不盡不壞。是名第一義悉檀。如摩訶衍義偈中說
語言盡竟　　心行亦訖　　不生不滅
法如涅槃　　說諸行處　　名世界法
說不行處　　名第一義
一切實一切非實　　及一切實亦非實
一切非實非不實　　是名諸法之實相
如是等處處經中說。第一義悉檀。是義甚深難見難解。佛欲說是義故。說摩訶般若波羅蜜經".

하고 수가 새로이 천하통일의 대업을 이루어 400여년 동안 내려오던 대분열의 시대에 종지부를 찍게 된다. 수 시대는 통일국가의 지배 이데올로기로서 불교를 선택하였지만 조급한 중앙집권제와 군부 중심의 통일, 세 번에 걸친 고구려 원정의 실패의 누적으로 39년 만에 망하고 당이 세워졌다.

수와 당시대에는 승단의 사회적 지위가 확보되고 교학이 발달하게 된다. 당시 인도경전의 막대한 양이 동시에 유입, 번역되자 중국에서는 경전이 성립된 시기와 상황을 고려하지 않고 우열을 가리는 교상판석을 낳았다. 따라서 인도에 있어서의 불교의 흐름과는 전혀 다른 형태의 불교가 태동하게 되는데, 이러한 불교의 번역, 해석, 연구는 남북조 시대의 수입불교의 형태를 벗어나 중국불교로서의 독특한 입장을 확립하게 된 것이다.

인도불교에서 형성된 사실단(四悉檀)의 교리는 중국불교에서 매우 중시된 개념으로 확대되어 각 종파마다 자신의 교상판석에 따른 독특한 이론을 반영시켰지만, 전체적으로 『대지도론』의 분류와 교리를 따랐다. 특히 교리적 논의의 중심을 이루는 것은 제일의실단에 대한 것으로 삼론종의 경우 팔부중도의 논리와 공성의 논리로 제법의 실상 다루고, 천태종은 공가중(空假中)의 논리와 일승사상, 그리고 화엄종은 법계연기에 의한 해석으로 제일의실단에 대한 논리를 펼쳤다.

1. 삼론종의 제일의실단

1) 『중론소』와 삼론종

삼론종(三論宗)의 교리적 토대를 마련한 길장(吉藏, 549~623)은 금릉(金陵) 출생으로 안식국(安息國)의 안세고(安世高)의 후손으로 가상대사(嘉祥大師)라고도 한다. 13세에 출가하여 흥황사(興皇寺) 법랑(法朗)에게 『백론(百論)』을 배웠다. 그 뒤 진망산 가상사(嘉祥寺)에 있으면서 『중론(中論)』·『백론』·『십이문론(十二門論)』 등의 주석서를 내놓았다. 606년 양제(煬帝)의 청으로 양주 혜일도량(慧日道場)에 있다가 일엄사(日嚴寺)로 옮겨 교법(敎法)을 펴는 한편, 경전 편찬과 불상 만드는 데도 노력하였고, 그 뒤 병상에서도 『사불포론(死不佈論)』을 펴내고 75세에 입적하였다. 평생 동안 삼론(三論)을 100여 번 강설했는데, 삼론종의 중흥조(中興祖)로 추앙받는다.

길장의 중심사상은 공(空)·가(假)·중(中)을 관련지은 일종의 변증법적 논리에 의한 절대부정으로 요약된다. 저서에 『삼론현의(三論玄義)』·『유마경의소(維摩經義疏)』·『대승현론(大乘玄論)』 등 40여 부가 있다. 『중론소』[24]를 통해 중국 삼론종[25]의 중흥조로 추앙받고 있으며, 인도의 중관학을 한문문화권에서 이해될 수 있는 기초를 마련하였다.

길장의 『중론소』에서 제일의실단에 대한 교리적 논의는 제일의실단과 나머지 실단에 대해 각각 실의와 방편임을 나누어 설하고, 제일의실단에 대한 논리를 『중론』의 팔부중도(八不中道)와 일치시킴으로써 공성의 궁극

24 길장(吉藏), 『중론소(中論疏)』(『大正藏』 42권, 1~170면). 인도의 불교학자 용수(龍樹, 150~250년경)가 지은 『중론(中論)』을 해설한 문헌이다. 단, 『중론』을 직접 해설한 것은 아니고 구마라습(鳩摩羅什)이 한역한 청목(青目, 3세기경)의 주석서를 다시 해설한 것이다. 모두 10권 혹은 20권으로 구성되는데, 먼저 승예(僧叡, 378~444?)가 쓴 『중론』의 서문을 설명한 뒤 본문 27품을 자세히 해설하였다. 본문은 삼론종에서 사용하는 전통적인 주석방법을 이용하면서도 각 품의 세부에 대해서는 석명개합(釋名開合)이라는 독자적인 방식을 써서 해설하였다. 석명은 품의 이름을 해석한 것으로, 통별(通別)·정명(正名)·석명(釋名)·파신(破申)·동이(同異)의 5문(門)으로 나뉘고, 개합은 그 품의 본문에 대한 주석을 말한다. 본문 27품 중 앞의 25품까지는 대승의 관행(觀行)을 밝힌 부분이고, 뒤의 2품은 소승의 관행, 27품 끝에 추가된 2게(偈)는 다시 대승의 관행을 설명한 부분이다. 이 중 1~25품은 다시 세간의 관행과 출세간의 관행으로 나뉘며, 이 두 관행도 각각 둘로 나뉜다. 이와 같이 큰 줄거리를 세운 뒤 세부적으로 나누어 주석하는 방식은 이후 『중론』 해석의 규범으로 자리잡았다.
이 책에서 가장 중점을 둔 부분은 「관인연품(觀因緣品)」이다. 그 중에서도 제1~2권에 나오는 품명석(品名釋)과 팔불게(八不偈)에 대한 해석이 중요하다. 이에 따르면 중도(中道)는 부처·보살의 실천도이며, 세제(世諦)·진제(眞諦)·비진비속(非眞非俗)의 세 가지가 있다. 이를 삼제중도설이라 하는데 기존의 진속(眞俗) 이제중도설과는 다른 독특한 내용을 담고 있어 주목된다. 이 책에 대한 주석서로는 일본의 삼론종 학자인 안초(安澄, 763~814)가 지은 『중관론소기』가 유명하다.

25 용수(龍樹)의 『중론(中論)』 『십이문론(十二門論)』과 제바(提婆)의 『백론(百論)』 등을 주요경전으로 삼고 성립된 불교의 종파. 성종(性宗)·공종(空宗)·파상종(破相宗)이라고도 한다. 인도 대승불교의 중관계(中觀系)·유가계(瑜伽系) 가운데 중관계에서 시작되어 중국에서 크게 번창하였다. 제법공무상(諸法空無相)·팔부중도(八不中道)의 교리를 내세우고, 용수를 시조로 하여[그 전에 석가·문수·마명이 있다] 제바·라후라(羅羅)·청목(青目) 등으로 계승된 다음, 구마라습(鳩摩羅什)을 거쳐 중국으로 들어와 그의 제자 도생(道生)·승조(僧肇)·도융(道融)·승예(僧叡) 등에 의하여 종지(宗旨)가 크게 선양되었으나, 후에 남북으로 갈라져 한때는 교세가 부진하였다. 그 후 길장(吉藏)에 이르러 종래의 학풍을 일변시켰고 또 『삼론현의(三論玄義)』 등이 성립됨으로써 삼론종학이 대성하였다. 한국에서는 처음으로 불교를 전한 순도(順道)가 이 종파였으므로 고구려에서 크게 발달하였고, 뒤에 신라의 원효가 삼론학의 종요(宗要)를 지었으며, 백제에서는 혜현(慧顯)이 삼론을 강설하였다. 또 고구려의 혜관(慧灌)은 625년(고구려 영류왕 8) 일본에 건너가 일본 궁중에서 삼론을 강설하였으며, 이보다 앞선 595년에는 혜자(惠慈)가 도일하여 황태자 쇼토쿠태자[聖德太子]의 스승이 되어, 같은 해 백제에서 건너간 혜총(慧聰)과 함께 새로 낙성된 호코사[法興寺]에서 삼론을 강설하였다.

적 이해를 제일의실단으로 설명하고 있다. 또한 나머지 세 실단에 대해 제일의실단에 도달하기 위한 방편으로 설하고 있으며, 세 실단에 대해 논리적 설명이 가능한 것으로 말하지만 제일의실단은 언설을 초월한 것이라 설하고 있다. 사실단이 십이부경론과 팔만법장을 모두 포함하는 사실은 불교경전에서 설한 일체의 논의가 방편과 실의를 겸한 것이며, 경론과 언설한 궁극적 실제마저도 사실단에 포함된다고 설함으로써 사실단을 문헌이상의 궁극적 의미를 담은 것으로 확대하고 있다.

2) 『중론소』의 사실단에 대한 정의

(1) 이제설에 의한 세계실단의 존재 논의

묻기를, 제일의제에 의해 제일의실단을 설하는 것은 모든 현성이 진여의 제법에 있어 성품이 공함을 설한 것인데, 오히려 성품의 공함에 대한 깨달음에 의지해 제법이 본래 무생이며, 적멸함을 설한 것은 이해가 되는 일이다. 만약 세제에 의해 세 실단을 설할 수도 있는가?

풀이하길, 세 실단은 모두 세제에 의하기 때문에 설할 수 있는 것이다. 병이나, 옷, 차, 수레 등의 법은 세간에 있어 실제이기 때문에 이름하여 세제라 이름하며. 세제에 의해 세계실단을 설할 수 있으니, 비유하면 차와 차축과 차축과 차살이 합하여 차가 되는 것과 오음이 화합하여 사람이 성립되는 것이다. 이와 같이 설하는 것은 곧 세계실단을 말하는 것으로 때문에 『대론』에서 말하길 사람과 세계로 인해 존재[有]를 말하지만 제일의에 있어서는 무(無)라고 한다. 이는 곧 세제에 의해 세계실단을 설하는 것이다.[26]

(2) 대치실단과 유무에 의한 존재 논증

세제에 의해 대치실단을 설하는 것은 중생은 요약하면 삼독의 병이 있는데, 상세히는 팔만사천의 진로(塵勞)의 병이 있는 것이다. 세 가지 법약이 있고, 팔만사천의 바라밀이 있어 이 병에 대치가 되기 때문에 대치실단이라 이름한다. 대치실단이라 이름하는 이유는 약으로 병을 뿌리 뽑아 약으

26 『이제의』(『大正藏』 45권, 81하). "問依第一義諦說第一義悉檀者。諸賢聖眞知諸法性空。還依彼所悟性空。而說諸法本來無生寂滅。此可解。若爲依一世諦說三悉檀耶。解云。三悉檀並依世諦故說。瓶衣車乘等法。於世間爲實。名之爲世諦。依世諦說世界悉檀。如說輪軸輻輞和合爲車。五陰和合爲人。如此說者。卽世界悉檀。故大論云。人等世界故有。第一義卽無。此卽依世諦說世界悉檀也".

로써 병을 치료하기에 대치실단이라 이름한다. 마치 약과 병이 서로 대치되는 것과 같이 세제에 의해 대치실단을 설하는 것이다. 때문에 논에 이르길 대치이기에 유상(有相)이지만, 실성(實性)은 곧 무(無)이다. 이것은 세제에 의지해 대치실단을 설하는 것임을 알아야 한다.[27]

(3) 각각위인실단과 근기설

세제에 의해 각각위인실단을 설하는 것은 앞서 세 가지 법약과 팔만사천의 바라밀이 있어 삼독과 팔만사천 번뇌를 치료한다 하여 일체의 법을 모두 밝혔는데, 어찌 다시 논의할 필요가 있는가?

풀이하길, 각각위인실단에서 다시 살펴보면 어찌 모든 불경 가운데 혹은 아(我)라고 설하며, 혹은 무아(無我)라고 설하며, 상(常)이 옳다고 하고, 이것을 [다시] 무상이라고 말한다. 왜 이것을 때로는 노사나라고 하며 혹은 석가라고 말하고, 혹은 청정하다 말하고, 혹은 부정하다고 하는가? 왜 전후가 나중에는 다시 순서가 바뀌는가? 이 때문에 다음에 각각위인실단을 설하는 것이다. 과거에는 상을 비판하여 무상이라 말한 것은 제불께서 연각에 대해 무상의 몸을 일찍이 버리게 하기 위해 말한 것이지만 지금은 세 가지 [방편]으로 집착에 매임을 닦기 위해 상을 설한다. 과거는 둔근 때문에 세 가지를 말했지만 지금은 세 가지에 집착하기 때문에 하나라고 말한다. 대승의 근기에 연해서 노사나를 말하지만 소승을 위해서는 석가라고 말한다. 이와 같은 것은 모두 인연에 따른 것으로 같지 않지만, 다른 것은 없다. 이는 곧 세제에 의해 삼실단을 설하는 것이며, 제일의제를 위해 제일의실단을 설하는 것이다. 제일의제에 의해 제일의실단을 설하는 것은 앞의 세 가지에 대해 불생불멸과 움직이거나 의지함이 없음을 설한 것이니 어느 곳에 사람이 있고 차가 있으며, 약이 있고, 병이 있으며, 사람이 있으며, 병도 있고, 항상함이 있고 무상함이 있고, 세 가지가 있고 한 가지가 있겠는가? 이것은 모두 필경 청정함이니 제일의실단이라 이름하는 것이다. 이와 같은 뜻에서 이제에 의해 사실단의 법을 설하는 것이니, 이로써 이제에 의해 사실단 설함을 마친다.[28]

---

27 『이제의』(『大正藏』 45권, 82상). "依世諦說對治悉檀者。衆生略有三毒之病。廣卽八萬四千塵勞之病。有三法藥八萬四千波羅蜜。對治此病。名對治悉檀。何故名對治。以藥撥病。以藥治病。名對治悉檀。如此藥病相治。卽依世諦說對治悉檀。故論云。對治故有。實性卽無。當知。是依世諦說對治悉檀也".

(4) 『중론소』의 제일의제에 대한 논의

① 팔부중도가 제일의의 실단을 밝힘-1

『대지도론』에 이르길, 사실단은 십이부경과 팔만의 법장을 아우른다고 하였고, 세 실단은 논리적인 분석[破]이 가능하지만, 제일의실단은 불가능하다고 하였다. 세 실단은 제일의실단을 드러내기 위한 것이라고 말하지만 제일의실단은 팔부[중도]이다. 여기서는 팔부중도가 사실단과 십이부경 및 팔만법장을 포섭함을 밝히려는 것이다.

묻기를, 팔부중도의 도리가 곧 제일의실단임을 어찌 아는가?

답하길, 『대지도론』에서 『중론』을 인용하여 팔부중도로서 제일의실단을 풀이한다고 하였기 때문에 아는 것이다. 팔부중도는 제일의실단이다.[29]

② 팔부중도가 제일의실단임을 밝힘-2

묻기를, 첫 게에서 세 가지 중도를 함께 말했는데 어찌 제일의실단만을 바로 밝힌다고 치우쳐 말하는가?

답하길, 세 가지 중도는 모두 제일의라 한 것은 이것이 최상으로 이 이상일 수가 없어서 제일이라 한 것이다. 깊은 의미가 있기 때문에 이를 가리켜 뜻을 삼은 것이다. 때문에 게에서 말하길, 모든 주장 가운데 제일의라 함을 알아야 한다. 치우지지 않은 것이 진제의 주된 뜻이다. 또한 말하길, 팔부중도는 비록 이제를 모두 갖추었지만 오직 제일의제가 근본이며, 때문에 간략히 제일의를 밝힌 것이다. 이 때문에 「관십이인연품」에서 말하길, 앞에서 마하연[대승]의 의미로서 제일의에 드는 것을 말한 것이며, 여기서는 법의 의미로서 제일의에 듦을 밝히려는 것이다. 그래서 부처님들은 비록 이제에

28 『이제의』(『大正藏』 45권, 82상). "依世諦說各各爲人者。前明三法藥八萬四千波羅密。治三毒八萬四千塵勞。卽明一切法盡。更何所論耶。解云。於各各爲人中。更欃之。何故諸佛經中。或說我或說無我。適說常。斯須說無常。何故或說是舍那或說是釋迦。或說淨或說不淨。何故前後更相違反耶。是故次明各各爲人悉檀。昔爲邪常故說無常。明諸佛緣覺尙捨無常身。今爲三修封執故說常。昔爲鈍根故說三。今爲著三故說一。爲大根緣故說是舍那。爲小乘人故說是釋迦。如此等並是爲緣不同。無相違也。此卽依世諦說三悉檀也。依第一義諦說第一義悉檀者。卷前三種。明不生不滅不動不倚。何處有人有車有藥有病有人有法有常有無常有三有一。如是畢竟淸淨名第一義悉檀。爲是義故。云依二諦說四悉檀法也。此卽依二諦說四悉檀法竟".

29 『중론소』(『大正藏』 42권, 10면). "智度論云。四悉檀攝十二部經八萬法藏。三悉檀可破。第一義悉檀不可破。雖說三悉檀爲顯第一義悉檀。第一義悉檀是八不。今欲明八不攝四悉檀及十二部經八萬法藏。故標在初。問何以知八不卽是第一義悉檀。答智度論引中論八不釋第一義悉檀。故知。八不是第一義悉檀也".

의지해 법을 설하지만 본래는 제일의제에 뜻을 둔 것이다. 또한 이 여덟 가지 부정은 곧 제일의실단이기 때문에 제일이라고 이름한다. 『대지도론』에는 제일의실단이라고 하는데, 『중론』에는 팔부라고 한다. 때문에 팔부중도가 제일의실단임을 알아야 한다.[30]

③ 이제설에 입각해 사실단을 밝힘

『대지도론』에 이르길, 제일의실단을 설하기 위해 『반야바라밀경』을 설한다고 했는데 이것은 곧 제일의제를 말하는 것이다. 또한 『대경』에 이르길, 미륵의 모든 논서와 함께 세제의 오백성문은 깨닫지도 알지도 못한다. 이것은 곧 세제만을 말한 것으로 비록 세 가지가 같지 않지만 여래께서 말씀하신 것은 이제를 넘지 못한다.[31]

④ 이제설이 일체의 제법을 포함함

묻기를, 여래의 설법이 이제를 넘지 못한다는 것이 무슨 뜻인가?

답하길, 이제는 곧 사실단을 말하는 것이다. 삼실단은 곧 세제이며 제일의실단은 곧 제일의제이다. 사실단은 십이부경을 포섭하고, 팔만사천 법장을 포섭한다. 모든 법을 섭수하길 다했기 때문에 이제가 법을 포섭하는 것도 또한 다한 것이다. 이것은 다하지 못함[不盡]과 다함[盡]의 뜻을 밝힌 것이다. 이제로써 법을 모두 포섭하길 다한 것이기 때문에 여래는 이제의 설법을 취한 것이다.[32]

⑤ 이제설과 사실단은 상통함

묻기를, 이제와 사실단이 모든 법을 포섭한다고 했는데, 어찌 모든 불법

---

30 『중론소』(『大正藏』 42권, 34중). "問初偈具明三種中道。何故偏言正明第一義耶。答三種中道並是第一。以其最上莫過故稱第一。深有所以目之爲義。故偈中云。諸說中第一。則知。不偏主眞諦。又云。八不雖具明二諦但第一義諦爲本。故略明第一義。是以觀十二因緣品初云。上以聞摩訶衍入第一義。今欲聞穀聞法入第一義。故諸佛雖依二諦說法意在第一義諦。又此八不正是第一義悉檀。故名第一。智度論釋第一義悉檀。而引中論八不。故知。八不是第一義悉檀".

31 『이제의(二諦義)』(『大正藏』 45권, 81중). "大智論云欲說第一義悉檀故。說波若波羅蜜經。此卽但說第一義諦。又大經云與彌勒共論世諦五百聲聞不覺不知。此。卽但說世諦。雖復三種不同。如來所說。不出二諦也".

32 『이제의』(『大正藏』 45권, 81하). "問何意如來說法不出二諦耶。解云。二諦卽是四悉檀。三悉檀卽是世諦。第一義悉檀卽是第一義諦。四悉檀攝十二部經。攝八萬四千法藏。攝法旣盡。二諦攝法亦盡。此就不盡盡明義也。以二諦攝法盡故。如來就二諦說 法也".

을 이제에 의해 설하고 사실단에 의해 설하지는 아니한가?

풀이하길, 모두 통한다. 이미 이제설에 의해 설하기도 하며 또한 사실단에 의해 설하기도 한다. 다른 것은 예가 없으며, 어떤 것이 이에 해당되겠는가? 모든 부처님이 설하신 것이 모두 실제임을 설하기 위한 것이다. 『금강반야경』에 이르길, 여래는 진어를 말하며, 실어를 말하는 자라 했으니, 이 때문에 이제설에 의해 설한다 하는 것이다. 사실단의 이름은 실제를 주관하지 못하니 이 때문에 사실단에 의해 설한다고 하지 않는 것이다.[33]

⑥ 실(實)과 실의(實義)의 구분에 의해 사실단의 소의와 궁극적 의(義)를 밝힘

묻기를, 사실단에 의해 설하지 않는다면 사실단의 사용은 무엇을 위한 것인가?

풀이하길, 이제는 소의를 말하는 것이다. 이제설에 의해 사실단을 설하는 것이며 이것은 다시 두 가지가 있으니, 각기 한 가지 뜻을 밝힌 것이다. 실제로서 의미를 설한 것을 사실단이라 한다면, 설한 가운데 실의를 이제라고 하는 것이니 이는 곧 이제에 의한 것으로 방편이 연관된 것은 같지 않다. 때문에 네 가지의 실단이 있는 것이다.[34]

⑦ 삼실단과 제일의실단의 분리와 통일에 대한 논의

묻기를, 이제설에 의해 사실단을 설한 것 같은가?

풀이하길, 제일의제에 의거해 제일의실단을 설하고, 세제에 의해 삼실단을 설한다. 제일의제에 의해 설하면 모두 합해져 나눌 수 없지만 세제에 의해 설하면 나뉘어져 통일될 수 없다. 제일의제에 의함으로써 다시 제일의제를 설하기 때문에 합하여 나뉠 수 없으며, 세제에 의해 삼실단을 설하기 때문에 나뉘어져 합칠 수 없는 것이다.[35]

---

33 『이제의』(『大正藏』 45권, 81하). "問曰。二諦與四悉檀攝法皆盡。何意諸佛依二諦說法。不依四悉檀說耶。解云。通皆得。旣依二諦說。亦依四悉檀說。別卽不例何者此有義。欲明諸佛所說皆實。金剛波若云。如來是眞語者實語者。是故依二諦說。四悉檀名。不的主實。是故不依四悉檀說也".

34 『이제의』(『大正藏』 45권, 81하). "問不依四悉檀說法。用四悉檀何爲。解云。二諦是所依。依二諦說四悉檀法。此亦兩種。各取一義明。實而說義名四悉檀。說而實義稱二諦。此卽依於二諦。方便屬緣不同。是故有四種悉檀也".

35 『이제의』(『大正藏』 45권, 81하). "問若爲依二諦說四悉檀耶。解云。依第一義諦說第一義悉檀。依世諦說三悉檀。依第一義諦說。合而不開。依世諦說。開而不合。以依第一義諦還說第一義悉檀故。合而不開。依世諦說三悉檀故。開而不合也".

2. 화엄학의 사실단

중국화엄사상은 초조 두순(杜順)을 비롯하여 지엄(智嚴), 법장(法藏), 징관(澄觀), 종밀(宗密)로 이어지는 오조(五祖)를 중심으로 발전했다.『화엄경』 성립 이전의 화엄사상의 원류는 용수보살의 교학(敎學)으로, 용수는『반야경(般若經)』과『십지경(十地經)』,『불사의해탈경(不思議解脫經)』과의 관계를 조명해 후세 화엄이론의 기초를 다졌다. 그는 인연관(因緣觀)의 논리로 십이연(十二緣)의 해석과 함께 반야(般若)의 공관(空觀)에 있어서 인(因)과 연(緣)의 논리가 명(明)의 입장에서 개현(開顯)된다는 연기(緣起)의 논리적 체계를 세우고, 이를 반야공관의 내용으로 완성했으며, 여기에 유식(唯識)의 이론들이 반영되어 화엄교학의 연기론의 기초가 되었다. 중국의 화엄교학에 나타난 사실단은 전체적으로 용수보살이『대지도론』에서 설정한 사실단의 전통을 따르는 것이 대부분이지만, 지엄의『화엄경내장문등잡공목(華嚴經內章門等雜孔目)』(『大正藏』 45권, 519상)과『화엄오십요문답(華嚴五十要問答)』(『大正藏』 45권, 536상)에는 중국화엄의 이론으로서 일승(一乘)사상과 법계연기설이 반영된 사실을 볼 수 있다.

『화엄경내장문등잡공목』에서 지엄은 일체의 실단 가운데 제일의에 대해 둥근 구슬이 사방을 비추는 것과 같이 소승, 대승의 도리를 담은 것으로 비유하여 일체의를 일승설에 의해 법계관을 설하는 화엄교학의 전통에서 해석하고 있으며,[36] 다른 저작인『화엄오십요문답』에서는 제일의실단에 대해 법계연기와 일승설이 동시에 거론되고 있다.『화엄오십요문답』에 나타난 사실단의 내용을 소개하면 아래와 같다.

---

36 智嚴,『華嚴經內章門等雜孔目』(『大正藏』 45권, 563하). "今論一乘三乘小乘。皆有宗趣。若隨機感藥病別說。則有無量。今依龍樹菩薩釋般若義立四悉檀。其宗通言一切皆得成宗。卽是龍樹菩薩大善巧也。四悉檀者。四者數。悉檀者宗也。一世界悉檀。世者時。界者分齊也。在一時中設敎當理名世界也。二各各爲人悉檀。機宜各別。各取當聖所爲故名爲人悉檀。三對治悉檀者。明其聖敎。擬所當機。伏滅煩惱。名對治悉檀。四第一義悉檀者。無聞敎義理事。應得伏滅煩惱生漏無漏智。卽是第一義悉檀。第一義者。義中第一也。此四悉檀。猶如圓珠隨方皆應。悉檀之義。亦復如是又有四悉檀印。一苦二無常三無我四寂靜。前四據益。後四據道理。是名悉檀多。隨大小乘。因果漏無漏。若理若事。一切皆應。宜可知之。餘義如別章".

1) 총론

묻기를, 대론의 교(教) 가운에 네 가지 종의(宗義)를 밝혔는데 그 뜻은 무엇인가?

답하길, 서역의 이름으로 실단이라 이름한다. 이것은 종(宗)이라 번역하는데 실단에는 네 가지가 있다. 첫째는 세계실단인데, 세(世)는 시(時)를, 계(界)는 분계이다. 이법(理法)이 시분(時分)으로 생기하기 때문에 세계실단이라 이름 한다. 둘째는 각각위인실단이다. 중생의 근기와 욕구의 상하에 따라 정리(正理)의 갈래[分齊]가 성립되기 때문에 위인실단이라 이름 한다. 셋째 대치실단이다. 의혹을 밝혀 높거나 열등함에 맞추어 치료함을 활용하기 때문에 요약하면 활용하고, 드러내고, 치료함에 분제가 있기 때문에 대치실단이라 이름 한다. 넷째 제일의실단은 일체의 십이부경과 팔만사천 법장을 모두 섭수하며, 이 모두가 진실로 서로 다름이 없기 때문에 정리에 수순해 높은 이름으로 제일의실단이라 한다[37].

2) 각론

1) 세계실단

무엇을 세계실단이라 이름하는가? 인연화합에 의한 법이 존재[有]하기 때문에 유(有)라 하며, 별성(別性)은 없다. 비유하면 수레의 끌채와 차축, 바큇살과 바퀴의 테 등은 화합하였기 때문에 존재하지만 별도의 수레가 존재하지 않는 것과 같다. 사람도 이와 같이 오온이 화합하였기 때문에 존재한다. 하지만 독립된 사람이 존재하는 것은 아니다. 세계이기에 존재하지만 제일의로서는 무이다. 오온이 인연하여 존재하기 때문에 사람이 있다고 하는 것이다. 비유하면 우유는 색과 향, 맛, 감촉이 인연이 존재하기 때문이다. 만약 우유가 실성이 존재하지 않는다면 우유의 [성립]인연도 또한 존재하지 않을 것이지만 여기서 우유의 인연이 실제 존재하기 때문에 우유도 역시 존재하는 것이지, 한사람, 두 번째 머리, 세 번째 손이 아무런 인연 없이 가명만 존재하는 것과는 다른 것이다. 이와 같은 상을 이름하여 세계실

37 지엄(智儼), 『화엄오십요문답(華嚴五十要問答)』(『大正藏』 45권, 519상). "初卷問。大論教中明四宗義。義相云何。答。西域名悉檀。此翻名宗悉檀有四。一世界悉檀。世者時。界者分界也。理法起於時分故名世界悉檀。二各各爲人悉檀。據機欲上下成彼所說正理分齊故名爲人悉檀。三對治悉檀。據惑明治勝沈在用。約用顯治分齊故名對治悉檀。四第一義悉檀者。總攝一切十二部經八萬法藏等皆是眞實無相違背。順理中極名第一義悉檀".

단이라 이름한다.[38]

2) 각각위인실단

무엇을 각각위인실단이라 이름 하는가? 사람의 심행을 보아 설법하기 때문에 한 가지 일에 대해서 듣기도 하고, 못 알아듣기도 한다. 마치 죄복을 믿지 않아 단멸견에 떨어진 이에게는 악도의 세간과 촉, 수를 설하고, 유아견과 유신견을 생각하여 상견에 빠진 이들에게는 촉과 수를 받는 인아가 없음을 설하는 것과 같다.[39]

3) 대치실단

무엇을 대치실단이라 이름 하는가? 유법의 대치로서는 존재하지만 실성(實性)은 존재치 않는다. 부정관(不淨觀)은 탐욕의 병에 대해 훌륭한 대치법이지만 진에의 병에는 적절하다고 할 수 없어 대치법이 될 수 없다.[40]

4)제일의실단

무엇을 제일의실단이라 이름 하는가? 제불과 벽지불, 아라한이 행하는 것으로 부술 수 없는 진실한 법이다. 위의 세 실단은 통하지 않지만 제일의실단은 모든 것을 초월하며 언어의 길이 끊어진 것이고 마음의 처소가 멸하며, 두루 의지하는 바가 없으며, 제법으로 보이지 않고, 처음과 중간, 나중도 없고, 다함도 쇠멸함도 없는 것을 제일의실단이라 이름 한다. 전통적으로 종의에 따르면 문장은 삼승에 있지만, 의미는 일승에 통한다. 왜냐하면 법계에 응하기 때문이다. 법계의 의미는 세계실단을 두루 성립시키고, 각각위인실단을 두루 성립시키고, 대치실단을 두루 성립시키고, 제일의실단을 두루 성립시킨다. 두루라 함은 각 수행문에 따르면 소승으로 나뉘어

---

38 『화엄오십요문답』(『大正藏』45권, 534하). "云何名世界悉檀義。有法從因緣和合故有。無別性。譬如車轅軸輻輞等。和合故有。無別車也。人亦如是。五衆和合故有。無別人等也。世界故有。第一義故無。以五衆因緣有故有人。譬如乳色香味觸因緣有故。若乳實無乳因緣亦應無。今乳因緣實有故乳亦應有。非如一人第二頭第三手無因緣而有假名。如是等相名爲世界悉檀".

39 『화엄오십요문답』(『大正藏』 45권, 534중). "云何名各各爲人悉檀。觀人心行而爲說法。於一事中或聽不聽。如爲不信罪福墮滅見者爲說雜生世間雜觸雜受。計有我有神墮計常中者說無人得觸得受".

40 『화엄오십요문답』(『大正藏』 45권, 535상). "云何名對治悉檀。有法對治則有。實性 則無。不淨觀於貪欲病中名爲善對治法。於瞋恚病中不名善非對治法".

지며 또한 세분화할 수 있는 것이다.[41]

3. 천태종의 사실단

중국의 천태종은 수(隋)나라의 천태대사(天台大師) 지의(智顗)[42]를 개조(開祖)로 하는 종파이다. 천태종은 당나라 말기에 쇠했던 불교가 북송 때에 부흥하여 제12조인 의적(義寂)[43]과 그의 동문 지인(志因)의 양계통에서 많은 학승이 배출되었는데, 전자를 산가파(山家派), 후자를 산외파(山外派)라고 한다.[44] 지의는 『법화경』의 정신을 근거로 전 불교 경전에 의의를 부여

---

41 『화엄오십요문답』(『大正藏』 45권, 535상). "云何名第一義悉檀。諸佛辟支佛阿羅漢所行眞實法不可破 散。上三悉檀不通。此則通過一切。語言道斷。心行處滅。遍無所依。不示諸法。無初無中無後。不盡不壞此名第一義悉檀。上來宗義文在三乘。義通一乘。何以故。應法界故。法界義普成世界。總普成各各爲人。總普成對治。總普成第一義。總若從門別小乘亦得分有也".

42 지의(智顗)대사는 후난성[湖南省] 남부 화룽현[華容縣] 출신으로 광주(光州) 대소산(大蘇山: 河南省 남단)에서 혜사(慧思)에게 사사하여 선관(禪觀)을 닦고 『법화경(法華經)』의 진수를 터득한 뒤, 진릉[金陵: 南京]에서 교화활동을 하여 많은 귀의자를 얻었지만, 575년 38세 때 저장성[浙江省]의 천태산(天台山)으로 은둔하여 사색과 실수(實修)를 닦았다. 이것이 천태종 성립의 단서가 되었으며, 지의는 『법화경』에 따라 전불교를 체계화한 『법화현의(法華玄義)』, 천태의 관법(觀法)인 지관(止觀)의 실수를 사상적으로 정립한 『마하지관(摩訶止觀)』 『법화경』을 독자적인 사상으로 해석한 『법화문구(法華文句)』의 이른바 <법화삼대부경(三大部經)>을 편찬하였다.智顗대사의 저작들은 중국·한국·일본을 일관하는 천태교학의 지침서가 되었을 뿐 아니라, 인도 전래의 불교를 중국 불교로 재편하는 계기도 되었다. 그의 문하인 장안(章安) 관정(灌頂)을 필두로 지위(智威)·혜위(慧威)·현명(玄明)을 거쳐 제6조 담연(湛然)으로 교학이 전승되었다. 그들은 지의의 삼대부경에 상세한 주석을 가하여 『석첨(釋籤)』 『묘락(妙樂)』 『보행(輔行)』을 저술, 천태 교의를 선양하였고 초목도 성불할 수 있다는 초목성불설(草木成佛說)까지 전개하였다.

43 의적을 이은 고려인 의통(義通), 그 문하 지례(知禮)의 계통이 송대에 융성하여 천태종의 주류가 되었으며, 남송(南宋) 대에는 선월(善月)·지반(志盤) 등이 강학에 뛰어났고, 원대(元代)에는 불교 전반의 교학적인 쇠퇴와 함께 쇠하였지만, 명대(明代)에 다시 부흥하여 선(禪)과 정토(淨土)와의 융합이 이루어지고, 명 말기에는 지욱(智旭)이 교학을 진흥시켰다.

44 한국에서 천태종이 하나의 종파로 성립된 것은 대각국사(大覺國師) 의천(義天)에 이르러서였지만, 그 교학이 전래된 것은 훨씬 이전이다. 백제의 현광(玄光)은 지의에게 법을 전한 혜사(慧思)에게서 법화삼매(法華三昧)를 배웠으며, 신라의 연광(緣光), 고구려의 파야(波若) 등은 직접 지의의 문하에서 공부하였다. 특히 고려 제관(諦觀, 960년 중국에 감)의 『천태사교의(天台四敎儀)』는 천태학의 입문서로서 크게 성행하였다. 의천의 문하에 교웅(敎雄)·계응(戒膺)·혜소(慧素) 등이 유명하며, 그 후에도 덕소(德素)·요세(了世)·천인(天因) 등이 교세를 떨쳤다. 이와 같이 천태종은 고려 일대를 통하여 크게 성하였으나 조선시대에 이르러 척불정책으로 쇠퇴하였다.

하여 오시(五時: 華嚴時·鹿苑時·方等時·般若時·法華涅槃時)의 교판, 화의사교(化儀四教: 頓教·漸教·秘密教·不定教) 및 화법사교(化法四教: 藏教·通教·別教·圓教)로 구분하였으며, 공(空)·가(假)·중(中)의 삼관(三觀)을 교의의 중심으로 하였다. 또한 일상심(日常心)의 일념 가운데 지옥으로부터 부처의 경지가 내재한다는 일념삼천(一念三千)의 사상과 일체가 원융(圓融)한 실상(實相)을 주장하였다.

그의 저서 가운데 사실단을 다룬 대표적 문헌은 『사교의(四教儀)』(『大正藏』 46권, 721상)와 『유마경현소(維摩經玄疏)』(『大正藏』 38권, 519상)이다. 천태종의 교리를 대표하는 『사교의』에서는 이제설과 중도의 논리로서 사실단의 본질적인 존재유무를 다루고 있으며, 이에 반해 『유마경현소』에는 상당한 지면을 할애하여 사제설을 다루고 있다. 근본적인 논의는 『사교의』와 동일하지만, 천태의 교학을 반영해 중국화된 사실단의 모습을 보이고 있다.[45] 여기서는 『사교의』의 사실단만을 소개하면 다음과 같다.

1) 사실단의 총론

지금은 사실단이 통용되고 있는데 십법에 대해 묘와 불교를 다루는 것으로 모두 삼궤(三軌)를 갖추어 대승이 성립된다. 대승 가운데는 삼법 및 일체법이 있어 서로 섞이지 않고 있으니 이것이 세계실단이며, 자량을 이루고 발생시키기 위해 지혜로서 선을 생하는 것이 위인실단이며, 관조하여 의혹을 부수고 모든 악을 멸하는 것이기 때문에 대치실단이라 하며, 진실한 성품과 사실의 도리가 제일의실단이다. 일단 중생은 마땅히 대승의 이름으로 네 가지 이익을 얻는다고 하는데, 갖추어 말하면 삼덕이 대열반이 되는 것이다. 비록 세 가지를 말하지만 위아래가 있어도 높이가 없으며, 안팎을 말

45 예를 들어 천태의 교판인 장통별원(藏通別圓)의 교학을 사실단을 통해 분석하고, 이에 의해 삼승과 일승의 논의를 반영하여, 사실단과 천태교학을 결합하려한 모습 등에서 중국화된 사실단을 찾아볼 수 있다.[『大正藏』 36권, 521하]. “一明用四悉檀起三藏教者。佛於生生不可說用四悉檀赴小乘十因緣法所成樂欲小善障重鈍根諸聲聞弟子。說三藏教生滅四諦教諸聲聞及鈍根菩薩也。故法華經云。諸法寂滅相不可以言宣。以方便力故爲五比丘說。是名轉法輪也。二明用四悉檀起通教者。佛於生不生不可說用四悉檀赴十因緣法所成三乘根性人。說約幻化無生四諦通教教三乘人也。故大品經云。欲學三乘當學般若。又云。三乘之人同以第一義諦無言說道斷煩惱也。三明用四悉檀起別教者。佛於不生生不可說用四悉檀赴十因緣法成別教根緣。宣說菩薩 歷劫修行無量四諦別教教諸菩薩也。四明用四悉檀起圓教者。佛於不生不生不可說用四悉檀赴十因緣法所成圓機。說一實諦無作四諦圓教大乘教大菩薩開佛知見也”.

하지만 가로지름이 없으며, 하나는 서로 섞어지 않으며 셋은 서로 떨어질 수 없으니 [이것이] 곧 세계실단이다. 선의 예리함을 재앙이 막지 못하기 때문에 베어낸 모습에 층을 드러내 해탈을 얻음이 위인실단이며, 금강과 같은 반야로 의혹을 좇아 모두 부숨이 대치실단이며, 법신이 곧 제일의실단이다.[46]

2) 이제설과 유무(有無)의 논의

중생은 삼덕의 이름을 듣고 곧 네 가지 이익을 얻는다. 처음과 최후 중간을 나열하고 다음에 묘와 불묘를 밝힌다. 논에 이르길, 삼실단은 세제로서 마음이 움직이는 처소가 있기 때문에 깨뜨릴 수도 부술 수도 있으며, 제일의실단은 마음이 헤아릴 수 없는 처소로 제불과 성인의 마음이 얻은 경지이기에 부술 수 있는 것이 아니니 이것이 곧 진제이다. 만약 그렇다면 이 사실단은 이제에 속하는 것인데 다시 중도를 주장한다면 어느 곳에 속하는 것인가? 만약 속하지 않는다면 이것은 단지 장통(藏通)의 의미일 뿐이니 이 실단은 추(麤)가 된다. 여기서 말하길 속(俗)은 유(有)이고, 진(眞)은 무(無)라 한다면 이것은 격차가 있는 것으로 곧 삼실단이 마음의 소행의 처소로서 깨뜨릴 수도 부술 수도 있는 것이다. 중도의 제일의는 비유비무이기 때문에 유무가 다르지 않다면 곧 격차도 없는 것이니, 다름이 없다는 것은 곧 진제를 말한다.[47]

3) 추묘(麤妙)에 의한 제일의실단 결택

앞의 세 실단은 통하여 화성(化城)에서 그치고, 화성은 실제가 아니기 때

46 지의, 『사교의』(『大正藏』 46권, 746중). "今通用四悉檀。歷 十法論妙不妙。具說三軌共成大乘。大乘之中。備有三法及一切法。不相混亂。卽是世界悉檀。資成資發智慧以生善。故是爲人悉檀。觀照破惑諸惡滅。故是對治悉檀。眞性實理爲第一義悉檀 段衆生宜以大乘名說得四利益也。備說三德爲大涅槃。雖三點上下而無縱。表裏而無橫。一不相混三不相離。卽世界悉檀。善利殃釁不干。故得挺然累表是故解脱卽爲人悉檀。般若如金剛隨所擬皆碎。卽是對治悉檀。法身卽第一義也".

47 지의, 『사교의』(『大正藏』 46권, 746중). "一段衆生聞三德名。卽獲四利矣 。擧初擧後中間例然。次明妙不妙。論云。三悉檀是世諦。心所行處可破可壞。第一義悉檀。是心不行處。諸佛聖人心所得法。不可破壞。卽是眞諦 若然者。比四悉檀爲二諦所攝 。更有中道復云何攝。若不攝中但是藏通之意。此悉檀爲麤。今言俗有眞無。是隔異法。便是三悉檀心所行處。可破可壞。中道第一義非有非無。有無不二則無隔異。無異卽眞諦".

문에 부수고 깨뜨릴 수 있으며 부술 수 있다는 것은 추(麤)이다. 여기서 중도의 다름이 없다는 것은 또한 통하여 보배로운 곳에 도달한다는 것으로 지나칠 수도, 멸할 수도 없으며 때문에 부술 수 없기 때문에 이것을 가리켜 묘(妙)라고 한다. 만약 다른 경전에서 설하길 중도를 제일의실단이라고 말한다면 이 경과 더불어 다름이 없다. 단 다른 경전은 아라한의 득과를 담은 것으로 제일의실단을 삼기 때문에 묘하다 할 수 없다. 이 경은 방편을 바로 버린 것이기 때문에 오로지 원만하고 진실한 사실단이 있는 것으로 이 때문에 묘라고 한다. 만약 삼실단으로 제일의에 듦을 결정치 못한다면 이것은 다시 추(麤)이며, 만약 각각의 실단으로 결택한다면 모두 제일의를 가지기 때문에 이것은 곧 묘(妙)라 한다.[48]

Ⅳ. 정리

사실단은 불교의 교학을 분류한 것으로서 부파불교시대 이후의 경론에서 용어의 사용례를 처음 보이기 시작하고 이후 용수보살의 『대지도론』에서 세계실단, 각각위인실단, 대치실단, 마지막으로 제일의실단의 정형화된 모습으로 정착하였다. 용수보살은 『대지도론』에서 사실단의 유무에 관해 팔부중도와 이제설 등의 논의를 통해 사실단의 존재와 비존재의 논리를 펼침으로서 근본적으로 불교의 교학과 대승불교의 실천논리에 대한 근거를 마련하였다.

중국불교에 들어와서 사실단은 『대지도론』의 정의와 논리에 바탕을 둔 인도교학의 전통을 따르지만 중국불교의 종파에서 이루어진 교상판석에 근거해 사실단을 정의하였다. 삼론학의 길장은 팔부중도론과 이제설에 의해 사실단의 실재와 궁극적 원리로서 제일의실단에 대한 공성의 이론을 펼쳤고, 화엄종에서 지엄은 제일의실단에 대해 법계연기의 존재와 연기로서 무자성의 논리를 반영시켰다. 천태종의 지의는 사실단에 대해서 『마하지

48 지의, 『사교의』(『大正藏』 46권, 746중). "前三悉檀所通止至化城。化城非 實故可破可壞。可壞爲麤。今中道無異。又通至寶所。無能過無能滅。故不可壞稱之爲妙。若餘經說中道第一義悉檀。與此經 不殊。但餘經帶阿羅漢所得。爲第一義悉檀。故不稱妙。此經正直捨方便。但有圓實四悉檀。是故爲妙。若不決三悉檀入第一義。是復爲麤。若決一一悉檀。皆有第一義者。是則爲妙".

관』에서 공가중의 삼제원융설(諦圓融說)을 논리적 근간으로 두었으며, 특히 『유마경현소』에서는 사실단에 대해 천태학의 논리를 접목시켜 인도의 사실단을 중국적 색채와 논리의 사실단으로 발전시켰다. ❁

정성준 (동국대)

사분

범 caturbhāga 장 bzhi ḥi cha, brten pa 한 四分

I. 사분의 연원과 의미

유식학에서는 '삼계유심 심외무별법(三界唯心 心外無別法)'이라는 관점에서 삼라만상의 현상은 모두 우리들 각자의 알라야식[阿賴耶識, ālaya-vijñāna]으로부터 변현된 영상일 뿐이라고 주장한다. 불교의 존재론적 관점에서 보면 어떠한 실체적 존재도 인정하지 않으며 다만 인연의 화합에 의한 생성만이 있을 뿐이다. 그것은 인식론적 관점에서도 똑같이 적용되어 인식작용을 행하는 주체나 그 주체가 파악하는 대상은 어디에도 그 실체성이 없는 것이다.

그럴 경우 어떻게 인식성립이 가능한가에 대한 해답이 바로 유식학에서의 '식[識, vijñāna]'의 개념이다. 식이 인식을 성립하게 한다는 것은 『아비달마구사론(阿毘達磨俱舍論)』에서 식이 소연(所緣)에 대해 어떠한 작용을 하는가에 대한 세친(世親, Vasubandhu)의 다음과 같은 설명으로 알 수가 있다.

> 경에서 설하기를 '온갖 식이 능히 소연을 요별한다'고 하였다. — 그렇다면 — 식은 소연에 대하여 어떤 작용을 하는 것인가? 어떠한 작용도 하는 일이 없다. 다만 대상과 유사하게 생겨났을 뿐이니, 마치 결과가 원인에 따르는 것과 같다. 이를테면 결과가 비록 — 원인에 대하여 — 어떠한 작용도 하지 않을지라도 원인과 유사하게 생겨나는 것을 설하여 '원인에 따른다'고 말하듯이 이와 마찬가지로 식이 생겨나 비록 어떠한 작용도 하지 않을지라도 대상과 유사하게 생겨났기 때문에 그것을 설하여 '대상을 요별한다'고 말한 것이다.[1]

한편 『해심밀경(解深密經)』에서는 식을 마음이 대하는 경계인 소연이 자기 자신인 것 즉, 현재 그 자신이 자신의 내부에서 소연 곧 대상을 파악하고 있는 것이라고 설하고 있다. 우리가 마주하는 대상은 다른 외부의 세계의 것이 아니라 식 그 자체라는 것이다. 그러므로 우리의 지각이란 주·객으로의 분별을 의미하고 그 분별은 식을 통하여 이루어진다는 뜻으로, 다시 말하면 우리가 진실로 지각하는 것은 다만 식에 의해 드러나는 분별의 형상일 뿐이라는 것이다.

그러한 의미에서 유식학에서는 객관적 사물을 인식하는 주관적 정신작용으로서의 인식과정을 끊임없는 성찰을 통하여 대상의 측면으로써의 소연인 '상분(相分)'과 주체의 측면으로써의 '견분(見分)' 그리고 견분의 인식작용을 다시 확인하는 작용으로써의 '자증분(自證分)'과 자증분의 확인작용에 있어서의 반성 및 자각작용으로써의 '증자증분(證自證分)'의 사분설(四分說)로 설명하고 있다. 이것은 바로 우리의 심적 작용으로서 나타난 현상이 바로 외계의 객관적인 사물이라는 것으로, 이 경우에 있어서 주관과 객관과의 관계 즉, 주관적·객관적 대상을 인식하는 방법에 대한 설명인 것이다.

『유식분량결(唯識分量決)』에서는 이러한 사분을 해석하기를,

> 마음의 작용의 구별에는 네 가지의 차별이 있기 때문에 사분이라고 이름한다.[2]

---

1 世親造 玄奘譯, 『阿毘達磨俱舍論』 30(『大正藏』 29권, 157중). "經說諸識能了所緣 識於所緣爲何所作 都無所作但以境生 如果酬因 雖無所作而似因起說名酬因 如是識生雖無所作而似境故說名了境"

2 善珠撰, 『唯識分量決』(大正藏 71권, 441중)

라고 하였다. 마음과 마음작용의 인식작용을 네 가지로 구별하는 사분은 제일분·제이분·제삼분·제사분이라고도 부르는데, 이것은 바로 만법유식(萬法唯識)이라고 하는 까닭이 가장 명확하게 표현된 것이다. 그 이유는 사분설이란 능연은 물론이고 그 소연까지도 심법의 작용에서 벗어나지 않는다고 하는 것을 설명하고 있기 때문이다.

'상(相, nimitta)'은 '상상(相狀)'으로써 곧 소연의 의미이다. 그리하여 능연심(能緣心)의 앞에 나타나는 소연의 경계 즉 소연의 본질과 능연의 식 사이에 일어나는 영상을 가리켜 '상분(nimitta-bhāga)'이라고 하는데 이것은 바로 보이는 대상을 가리키는 용어이다.[3] 유식학에서는 우리가 외계의 사물을 직접 자각하는 것이 아니라 식상의 형상을 인식한다고 본다. 이것은 곧 하나의 인식이 성립될 때, 식이 주관과 객관으로 이분화 되는 것을 말한다. 그리고 이러한 상분은 객관으로서의 식 즉, 식상의 영상으로써 '소취분(所取分)'·'소량(所量)'·'사경상(似境相)'·'유상식(有相識)'이라고도 한다.

'견분[見分, darśana-bhāga]'은 '상분'이 보여지는 대상을 뜻하는 것임에 반하여 상분에 대하여 보는 자 즉, 인식 주체를 뜻하는 말이다. 이는 '견조(見照)'·'능연(能緣)'의 뜻으로 소연경[상분]에 대하여 능연작용을 하는 것을 말한다.

'자증분[自證分, pratyātma]'에서의 '자'는 '자용(自用)' 즉 '견분'을 말하며 자체상의 견분의 작용을 증지(證知)하는 측면에서 이름을 붙인 것이다. 즉, '자증분'이란 견분을 요별함에 있어서 이것을 소연으로 하여 거듭 능연작용을 하는 것을 말한다.

'증자증분'에서의 '증'은 '증지(證知)'의 뜻이며 '자증'은 위에서의 '자증분'을 가리킨 것으로써 곧 자증분의 작용을 증지하는 측면에서 이름을 붙인 것이다. 다시 말하면 '증자증분'이란 앞의 '자증분'을 다시 반연하는 작용을 말한다.

---

3 '상'을 또한 'lakṣaṇa'라도 하는데 이것은 외계에 나타나 마음의 상상(想像)이 되는 사물의 모습을 가리키는 것으로 곧, '모양'·'꼴'·'겉매' 등으로 표현되기도 한다.

Ⅱ. 사분의 개념

하나의 식을 주체[見]와 객체[相]로 구별하는 것으로 무착(無着, Asaṅga)은 『섭대승론(攝大乘論)』에서 유식성(唯識性)을 증명하는 세 가지 개념[三相]으로서 '유량(唯量)'·'유이(唯二)'·'종종(種種)' 등을 말하고 있는데, 그 가운데 '유이'는 주관[見]이나 대상[相] 모두가 다만 식이 나뉜 것으로써 식에 지나지 않는다고 한다. 곧,

> 둘인 것으로 식이 상과 견을 갖추고 있기 때문이다.[4]

라고 하고,

> 이 모든 식은 대상이 없기 때문에 유식을 이룰 수 있다. 상분과 견분이 있기 때문에 두 가지를 이룰 수 있다. 만일 안식 등이라면 색식(色識) 등으로써 상분을 삼고, 안식(眼識)의 식으로써 견분을 삼으며, 나아가 신식(身識)의 식으로써 견분을 삼는다. 만약 의식이라면 안식을 최초로 삼고 법식(法識)을 최후로 삼는 모든 식으로써 상분을 삼고, 의식의 식으로써 견분을 삼는다. 이 의식에 분별이 있기 때문이고 모든 식에 비슷하게 일어나기 때문이다.[5]

라고 설명하고 있음을 볼 수 있다. 이와 같이 초기 유식논서에서 견·상의 이분사상이 발견되지만, 이것이 특별한 의미를 갖고 중요시 된 것은 호법(護法, Dharmapāla)·현장(玄奘) 계통의 유식학에서라고 할 것이다. 세친은 『유식삼십송(唯識三十頌)』의 제1송에서

> 가설[假]에 의거하여 아(我)와 법(法)이 있다고 하니
> 아와 법의 여러 가지 모습이 생겨난다.
> 그것들은 식이 전변(轉變)된 것에 의지하나니
> 이 능변식(能變識)은 오직 세 가지이다.[6]

---

4 無着菩薩造 玄奘譯, 『攝大乘論本』 권중(『大正藏』 31권, 138하). "二由二性 有相有見二識別故"

5 같은 책, "此一切識無有義故得成唯識 有相見故得成婰從 若眼等識 以色等識 爲相 以眼識識爲見 乃至以身識識爲見 若意識 以一切眼 爲最初 法爲最後 諸識 爲相 以意識識爲見"

라고 하였고, 호법은 이 게송의 첫 3구를 『성유식론』 권1에서,

> '변(變)'이라고 말하는 것은 식 자체[識體]가 전변하여 두 가지 심분(心分)으로 유사하게 나타나는 것을 가리킨다. 상분과 견분은 모두 자증분에 의지해서 일어나기 때문에 이 이분에 의거하여 자아와 법을 시설한다.[7]

라고 하였으며, 이를 다시 규기(窺基)는 『성유식론술기(成唯識論述記)』에서

> 상과 견의 두 가지 체(體)를 허용하는 것은 상과 견의 종류가 혹은 같고 혹은 다르다고 설하는 것이다.[8]

라고 설명하고 있다.

위에서 살펴본 『섭대승론』의 인용구로부터 보면 하나의 식이 견과 상으로 나뉘고 실제로 있는 것을 분별하는 작용 인식뿐이므로 상분은 없다는 의미에서 세친과 안혜(安慧, Sthiramati)의 입장은 견분 하나만을 인정하는 일분설로 평가된다. 반면에 호법과 현장의 유식설에서는 자증분인 식체 즉 능변식에 소변인 견·상의 이분을 더한 삼분에다가 다시 자증분인 식 자체를 인식하는 증자증분을 더하여 사분설을 주장하고 있다.

이러한 '사분설'은 곧 식의 자체에 대한 기능을 네 가지로 구분한 것으로, 대내적인 훈습에 있어서는 가장 중요한 부분을 차지한다고 하겠다. 즉 '사분설'은 유식사상의 핵심이라 할 수 있는 것으로 심식의 역할·내용을 설명하는 학설인데, 여기에서 '사분'이라고 하는 것은 우리가 사물을 인식하는 과정을 말하는 것으로서, 곧 우리의 인식작용을 네 가지 단계로 나눈 것을 말한다. 이것은 우리가 객관의 사물을 인식할 때에 일단 마음에 그 그림자를 그려서 인식한다고 하여 그 그림자인 '상분'과, 마음이 발동할 때에 상분을 변현하는 동시에 그것을 인식하는 작용이 생기는 '견분'과, 거울에 그림자를 나타내는 것과 같은 견분에 통각적(統覺的)[9] 증지를 주는 작용인

6 世親菩薩造 玄奘譯, 『唯識三十論頌』(『大正藏』 31권, 60상). "由假說我法 有種種相轉 彼依識所變 此能變唯三"

7 護法菩薩造 玄奘譯, 『成唯識論』 1(『大正藏』 31권, 1상-중). "變謂識體轉似二分 相見俱依自證起故 依斯二分施設我法"

8 窺基撰, 『成唯識論述記』 1본(『大正藏』 43권, 241상). "許有相見二體性者 說相見種或同或異"

'자증분', 그리고 이 자증분을 증지하는 작용을 가리키는 '증자증분'의 네 가지 작용을 일컫는다. 예를 든다면, 눈동자가 외부의 물체를 대하였을 때 안식이 순간적으로 전변하여 떠오르는 영상의 전모가 바로 '상분'이며, 그러한 상분에 나타난 물체의 영상을 견조(見照)하여 요별하는 것이 '견분'이다.

견분은 '삼량(三量)' 가운데 '비량(比量)'과 '비량(非量)'에 속하고 또한 외연(外緣)에 속하기 때문에 요별한 종자를 보존할 수 없다. 그러나 '자증분'은 상분·견분의 소의처인 동시에 '현량(現量)'에 속하므로 견분의 모든 행적들을 재검증한다. 그리하여 '자증분'과 '증자증분'은 자체의 종자를 훈습하면서 외연인 견분과 상분에 세력을 가하여 대상을 훈습하도록 하는 주체가 되는 것이다.

각 식의 상분관계를 보면, 전오식(前五識)은 전오경(前五境)을 상분으로 하며 제육의식(第六意識)은 십팔계(十八界)의 법진(法塵)[10]을 상분으로 하는데, 여기에서 심법과 색법을 모두 상분으로 하고 있음을 알 수 있다. 제칠말나식(末那識)은 제팔 알라야식과 견분을 반연하여 아와 법의 대상의 모습[相狀]을 두르고 또는 제육 의근계를 상분으로 하며, 제팔식은 종자와 육근과 기세간을 상분으로 한다.

이와 같이 구체적인 인식작용에 대한 내면적인 성찰이 깊어짐에 따라 마음을 주관과 객관으로 이분화하는 경향이 생겨났으며, 그리하여 견분·상분 등의 용어가 출현하게 되었다. 문헌에서 살펴볼 때 식의 이분화를 처음 구체적으로 의식한 분은 무착으로 그는 『섭대승론』에서 식(識, vijñāpti)에는 '유상식(有相識)'과 '유견식(有見識)'의 두 가지가 있다고 주장하고 아울러,

> 안 등의 식은 색 등의 식을 상(相)으로 삼고, 안식의 식을 견(見)으로 삼는다.[11]

라고 하였다. 결국 유상식은 인식되는 '객관으로서의 식'이고 유견식은 인식하는 '주관으로서의 식'으로 설명하고 있는 것이다. 이 유상식·유상견이

---

9 통각(統覺)에는 ① 사물을 뚜렷이 지각하는 경험적 의식의 통일작용. ② 지식을 얻는 근본작용이라는 두 가지 의미가 있다.

10 육진(六塵)의 하나로, 온갖 법으로서 의근에 대한 경계가 되어 정식(情識, 범부의 미망한 마음의 견해)을 물들게 하는 것[法境]을 말한다.

11 『攝大乘論本』 권중(『大正藏』 31권, 138하). "眼等識以色等識 爲相 以眼識識爲見 乃至以身識識爲見"

라는 두 용어가 바로 후대 호법계통의 유식가에서 말하는 상분·견분의 연원인 것이다.

유식에서는 경량부(經量部, sautrāntika)와 마찬가지로 인식되는 것은 식 밖의 실재가 아니라 인식자체의 형상임을 주장한다. 따라서 인도논리학에서와 같이 인식주관[能量]·인식객관[所量]·인식방법[量]·인식결과[量果]를 서로 본질적으로 다른 것으로 구분하는 것이 아니라 식 자체의 각 계기들로 간주하며, 인식이란 결국 식이 식 자신을 파악하는 것이라고 한다. 그런데 여기에서 식이 자신을 파악한다라는 것은 식이 성립하기 위해서는 식 자신의 이분화가 있어야 함을 의미한다.

유식(唯識, vijñapti-mātra)에서 '식'에 해당되는 말은 'vijñapti'이다. 보통 육식(六識) 등을 나타낼 경우의 '식'은 'vijñāna'라고 쓰는데 왜 유식에서의 식을 'vijñapti'로 사용하고 있을까? 'vijñapti'는 'vi-√jñā'라는 동사의 사역형인 'vijñapayati'에서 파생된 명사로서 '알게 하는 것'이 원래의 의미이다. 따라서 이것을 마음의 인식작용에 적용시키면 인식의 주체인 '식(vijñapti)'이 자기 자신에게 인식대상인 '경(境, viṣaya)'을 알게 하는 것이 된다. 다시 말하면 식이 구체적으로 대상을 아는 것 혹은 인식하는 것으로서, 반드시 어떤 대상을 가리켜서 인식한다고 하는 식의 활동이 바로 'vijñapti'인데, 이는 곧 현재 그 자신이 자기의 내부에서 소연인 대상을 보고 있는 것을 가리킨다.

위에서 살펴본 것처럼 'vijñapti'는 동사 'vi-√jñā(안다)'의 사역활용 어간을 원형으로 하여 만들어진 추상명사로서 표식·기호 등을 의미하지만, 유식학의 술어로서 그것은 마음에 비추어서 나타난 표상을 의미한다. 여기에서의 표상은 심리학적 측면에서 볼 경우로서, 다만 표상은 그것에 대응되는 외계에 존재하는 무엇인가의 표식은 아니다. '단지 ~뿐'이라는 의미의 'mātra'가 'vijñapti'와 합해진 것은, 표상 이외에 표상되어진 어떤 것이 외계에 존재한다는 견해를 부정하기 위한 것이다. 결국 '유식'이란 '단지 표상만이 있고 외계의 실재적인 존재물은 없다'라고 보는 사상이다.

표상은 어떻게 나타나는 것인가. 그것을 유식에서는 '식전변(識轉變)'으로 설명하고 있다. 원래 식(識, vijñāna)이란 용어는 인식기능으로써 심(心, citta)과 의(意, manas)와 동의어였지만 유식적 사유에 의하면 '식'이란 시·청·후·미·촉각기관 및 사고력을 매개로 하는 여섯 가지 인식기능으로서의 육식이고, '의'란 그것에 수반되는 자아의식 즉 말나식이며, '심'은 보편적인 인식기능의 근저에 있는 잠재의식 즉 알라야식을 의미한다. '심'도 '의'도 인식기능의 일부이며, 넓은 의미의 '식' 개념에 포함된다. 여섯 가지의 인식기능과 자아의식이란 잠재의식에 대하여 '현세적인 식 즉, 전식/현행식(轉識/現行識, pravṛtti-vijñāna)'을 말한다. 잠재의식이 현세화 되고, 현세적인 식이 그 여력을 현세적인 본연의 상태에서만 받아들이는 것이 아니고, 기능의 근저에서 자아의식이나 잠재의식의 것을 인정해서 그것들도 '식'이라고 하는 데에 유식학 식론(識論)의 특색이 있다.

초기불교 이래 인간존재는 많은 구성요소의 집합으로 간주되고, 이 요소 이외에 항구불변하는 자아가 있다는 견해는 부정되고 있다. 아비달마의 논사들은 고찰의 범주를 인간존재를 넘어서 인간이 관계하는 세계에까지 소급하였는데, 궁극적인 존재요소를 ①물질적인 존재[色] ②마음[心] ③마음의 작용[心所/心理作用] ④마음과 상응하지 않는 것[心不相應行] ⑤인연 조작이 없는 것[無爲] 등의 5가지로 분류하였다. 즉, 그 가운데 가장 중요한 요소를 물질적인 존재인 '색'으로 생각하였던 것이다.

그러나 유식체계에서는 마음 즉, 식이 이들 모든 존재요소를 통합한다고 생각한다. 다양한 지적·감정적·의지적인 심리작용은 마음을 여의고 있는 것이 아니다. 마음과 심리작용은 동일한 인식기관을 매개로 해서 일어나, 동일한 대상을 가지고 동시에 활동한다. 마음은 항상 많은 종류의 심리작용과 연합하고 있다. 마음에 수반되지 않는 것은 단어나 문장과 같은 모든 개념, 그 밖의 언어적이나 논리적인 요소 등의 총칭인데, 그것들은 모두 관념적으로 구성된 것으로서 마음이 만들어낸 것이다. 인과관계를 여의고 제약을 받지 않는 것도 그것이 존재요소로 객관적으로 사유되는 것인 한 마음의 소산이다. 그리고 물질적인 존재도 사실은 마음이 나타난 것에 불과하다는 것이다.

1. 식의 자기 이분화 — 상분과 견분

위에서 살펴보았듯이 '유식'에서의 '식'은 스스로 이분화하는 활동임을 함축하고 있으며, 이렇게 식의 이분화작용에 의하여 이분된 그 각각의 분(分)을 유식학에서는 각각 '견분'과 '상분'으로 부르고 있다.

『성유식론』에서

> 유루식 자체가 일어날 때에는 언제나 소연과 능연의 상이 나타난다. …

> 소연과 같은 상을 상분이라고 하고 능연과 같은 상을 견분이라고 한다.[12]

라고 설명하고 있듯이 주객으로의 이분에 있어서 주관적 부분이 견분, 객관적 부분이 상분이다. 우리의 인식에 대상으로 주어지는 것은 모두 우리 자신의 식에 의하여 대상화된 상분인 것이다. 그리고 그 때 그 상분을 인식하는 주관적 작용이 곧 견분이다. 견분이 대상을 인식하는[緣하는] 능연이라면 상분은 그 능연에 의해 대상으로써 파악된[소취된] 소연이다. 능연의 주관적 작용이 분별이라면 상분의 객관 대상은 소연으로써 분별되며, 이 두 가지는 다 같이 식 자체가 변화한 것이다. 이것을 『성유식론』에서는,

> 논하여 말한다. 이 모든 식이란 앞에서 말한 세 가지 능변의 식 및 그것의 심소를 말한다. 모두 능히 전변하여 견분과 상분으로 사현하므로 전변이라는 명칭을 건립한다. 전변된 견분을 분별이라고 이름하니, 능히 모습을 취하기 때문이다. 전변된 상분을 분별되는 것[所分別]으로 이름하니, 견분에 취해지기 때문이다.[13]

라고 설명하고 있다.

이와 같은 능연과 소연 곧 견분과 상분의 관계에 있어서 유식무경(唯識無境)이 강조하고 있는 것은 우리가 객관대상이라고 여기는 것은 식과 독립적인 실체가 아니라 식 자체가 스스로 객관화되어 나타난 식의 상분이라는 것이다. 그러므로 인식이란 식이 식을 보는 것이 된다. 그것은 마치 내가 거울을 들여다 볼 때 내가 거울 속의 나 자신을 들여다보는 것과 마찬가지이다. 나 밖에 있는 나와 독립적인 객관처럼 나타나는 그 거울 속의 상은 사실 나 자신의 상에 지나지 않는 것이다. 그것이 나 자신의 상이고 식의 상분에 지나지 않는다는 것을 모르고 그 자체 존재로 비친 것을 자체 존재인 듯 착각하여 그것을 잡으려고 거울 속으로 혹은 거울 뒤로 가보면 그곳에는 아무 것도 없다. 이것이 바로 실체화 된 외부세계의 허구성인 것이다.

---

12 『成唯識論』 2(『大正藏』 31권, 10상). "然有漏識 自體生時 皆似所緣能緣相現 … 似所緣相說名相分 似能緣相說名見分"

13 앞의 책, (『大正藏』 31권, 38하). "論日 是諸識者 謂前所說三能變識及彼心所 皆能變似見相二分 立轉變名 所變見分 說名分別 能取相故 所變相分 名所分別 見所取故"

2. 식의 자기인식과 확인 — 자증분과 증자증분

식 자체가 이분화 되어 주관과 객관으로써 견분과 상분이 성립한다. 내가 바깥 경계대상[外境]이라고 생각하는 것이 사실은 모두 나 자신의 식에 의해 대상화 된 상분인 것이다. 그 상분이 식의 능연작용인 견분에 의해 대상으로써 연취(緣取)되어 알려지는 것이다.

그런데 좀 더 자세히 살펴보면 이 경우 질료적(質料的)으로 보아[14] 이분화 되기 이전의 식이 존재하지 않으면 안 된다. 또한 인식론적으로도 주관적인 식과 객관적인 식에 의한 인식작용의 결과를 확인하는 별도의 인식체가 존재해야 하는 것을 알 수 있다. 그러므로 『성유식론』에서,

> 상분과 견분은 모두 자증분에 의지해서 일어나기 때문에 이 이분(二分)에 의지해서 자아와 법을 시설한다. 그 두 가지[我와 法]는 이것[견분과 상분]을 떠나서 의지처가 없기 때문이다.[15]

> 상분과 견분의 의지하는 자체분(自體分)을 사(事)라고 이름하니 곧, 자증분이다.[16]

라고 하였다. 자증분이 상분과 견분의 공통의 의지할 바가 되는 식 자체로서 있기 때문에 그 둘 사이의 능소(能所)의 관계맺음 자체가 가능한 것이다. 이 식 자체의 자증분이 곧 유형상인식론(有形象認識論)[17]의 기본 특징인 식

14 질료(質料)란 형식을 갖춤으로서 비로소 실체(實體)로써 실현(實現)되는 소재(素材)를 의미한다.

15 앞의 책, (『大正藏』 31권, 1중). "相見俱依自證起故 依斯二分施設我法 彼二離此無所依故"

16 앞의 책, (『大正藏』 31권, 10중). "相見所依自體名事 即自證分"

17 유형상인식론(有形象認識論)은 우리가 외계사물을 인식하는 것은 그 대상의 실재가 인식상에 자신의 인상을 남긴 것 즉, 인식이 대상의 형상을 지니기 때문이라는 설이다. 따라서 현량에 의해 파악된 대상은 외계대상 자체가 아니라 인식 안에 있는 대상의 형상에 지나지 않게 된다. 이러한 입장에서는 우리가 보고 있는 것은 인식 안의 형상이기 때문에 인식은 인식이 자신을 보는 것이 된다. 이러한 지식의 자기인식[自證]이 유형상인식론의 본질이며 이에 대해서는 규기의 『성유식론술기』 3(『大正藏』 43권, 319)에서 설명되고 있다.

17 또한 이 설은 유식학파·경량부·Sāṁkhya학파·Vedānta학파에서 주장되었다. 경량부는 인식을 동일 순간에 병존하는 대상·감관·식이 접촉으로서가 아니라 외계대상

자체의 자기인식이 되는 것이며, 이것이 결국 상분을 반연하는 견분작용인 대상인식의 가능근거가 되는 것이다. 즉, 상분과 견분의 공통 소의체(所依體)로서의 자증분은 대상인식에서 출발하여 그 인식 가능근거를 물어나가는 방식으로도 증명될 수 있는 것이다.

상분은 견분에 의하여 대상으로서 인식될 수 있겠지만 그런 연취작용을 하는 능연으로서의 견분은 어떻게 알게 되는 것일까? 그 자체가 단순히 능연작용이고 연취될 수 있는 대상이 아니라면 우리는 무슨 근거에서 견분을 논할 수 있는 것일까? 여기에서 유식은 견분이 상분을 반연하는 단순한 대상 인식에서 한 걸음 더 나아가 그와 같은 주관적 능연작용[견분] 자체의 대상화를 논하고 있다. 즉, 우리는 외적대상[상분]을 바라보는 작용[견분] 자체를 다시 바라볼 수 있으며 이때의 인식이 바로 자증분이라는 것이다.[18] 즉, 능연의 견분을 다시 대상화하여 소연으로 삼는 새로운 능연작용이 바로 자증분이다. 이 자증분이 능연이 되어 이전의 능연이었던 견분을 소연으로 삼는 것이다. 내가 꽃을 바라볼 때 소연으로서의 꽃이 상분이고 그것을 보는 인식이 견분이며 다시 그 시선의 방향을 바꿔 그 꽃을 바라보는 나 자신을 소연으로 인식한다면 이전의 견분이 소연으로 바뀌고 그것에 대해 능연이 되는 인식작용을 자증분이라고 하는 것이다.

이러한 견해에 입각하여 식의 삼분설[19]을 주장한 논사가 진나(陳那, **Diṅnāga**)로, 『성유식론』에 의하면 그는 『집량론(集量論)』에서 사경상(似境相, ābhāsa)을 소량(所量, prameya)으로 능취상(能取相, grāhakākāra)을 능량(能量, pramāṇa)으로 그리고 자증(自證, saṃvitti)을 양과(量果, phala)로 설명하고 있다.[20] 이것은 어느 하나의 인식(pramāṇa, 量)이 성립하기 위해

이 원인이 되어 인식 안에 자신의 형상을 투입하여 한 순간 후에 결과로서 인식을 일으키는 인과관계로써 이해하였다. 유식학의 대상인식론은 기본적으로 유형상인식론에 속하는데 식상의 형상의 존재성을 부정할 것인가 아니면 인정할 것인가에 따라서 세친 이후 '무상유식론'과 '유상유식론'의 사조가 있었다.

18 이것은『성유식론』에서 자증분의 존재를 증명하는 근거 가운데 하나이다. 즉, 심·심소법이 생할 때에 소량(所量)·능량(能量)·양과(量果)가 구분되므로 견분이 능량이 되어 상분인 소량을 헤아릴 때 제3의 요소인 양과가 자증분으로 있어야 한다는 것이다. 자증분이 견분의 능연작용(能緣作用)에 대해 그 작용결과[量果]라는 말은 곧 인식이란 결국 자기인식임을 함축하고 있다.

19 친광(親光)의 『불지경론(佛地經論)』 3(『大正藏』 26권, 303중)에서는 소취분을 소량으로 능취분을 능량으로 그리고 자증분을 양과로 설명하고 있다.

20 Louis de la Vallée Poussin, *Vijñāptimātratāsiddhi* 1, 131면.
"yadābhāsāṃ prameyaṃ tat pramāṇaphalate punaḥ /

서는 '인식되는 것[prameya, 所量]'과 '인식하는 것[能量, pramāṇa]'과 '인식의 결과[量果, pramāṇa-phala]'의 세 가지 요소가 존재해야 한다는 주장이다.

인식의 결과를 자증분이라고 하는데 '자증'은 '스스로 안다'·'자기가 자신을 증명한다'라는 의미이다. 이 경우는 주관적인 마음[能取分]이 객관적인 마음[所取分]을 파악하는 작용을 더 나아가 확인하는 작용을 말한다. 이러한 확인작용에 의하여 일련의 인식작용이 완료되는 것이다.

견분에 대하여 그것을 확증하는 식을 되물었던 것처럼 이제 다시 자증분에 대해서 그것을 확증하는 제4의 식분(識分)을 묻게 된다. 즉, 견분을 소연으로 하여 능연의 작용을 하는 자증분 자체는 무엇에 의해 확증 받을 수 있는 것일까? 다시 말하면 나의 내적인 시선을 다시 확증해 줄 수 있는 것은 무엇일까? 그러나 이 자증분을 견분이 확증할 수는 없다. 왜냐하면 견분은 외적대상인 상분만을 소연으로 할 수 있기 때문이다. 그러므로 자증분을 소연으로 삼을 수 있는 것은 자증분과 마찬가지의 내적 시선이어야 하는데 유식에서는 이를 자증분을 확증하는 것이라는 의미에서 증자증분이라고 이름한다. 이 증자증분이 능연이 되어 소연의 자증분을 반연하고 확증하는 것이다. 그렇다면 이 증자증분을 다시 확증하는 것은 무엇일까? 이 물음에 대하여 그것이 '증증자증분'이라고 한다면 그것은 결국 무한소급에 빠지고 말게 된다. 그러나 자증분이나 증자증분이라는 것은 어느 특정대상을 지칭하는 것이 아니고 다만 인식의 작용을 의미하는 것이므로 증자증분을 반연하는 것으로 다시 제4의 식분을 상정할 필요는 없는 것이다. 그것이 곧 식 자체의 자기인식으로서의 자증분과 다를 바가 없기 때문이다.

그러나 여기에서 중요한 것은 자증분이라는 것이 앞에서 살펴보았듯이 견분을 대상화함으로써 비로소 얻어내는 반성적인 인식이 아니라는 점이다. 우리가 꽃을 볼 때 우리는 단순히 꽃만을 의식하는 것이 아니라 그 꽃을 보는 나 자신에 대한 의식이 있는 것이다. 내게 대상적으로 확실한 것이 표면적으로는 꽃이지만 그보다 더 확실한 것은 사실 바로 내가 꽃을 보고 있다는 그 인식이다. 이와 같이 외적대상을 인식하는 나 자신에 대한 인식을 자증분이라고 하는 것이다.

---

grāhakārasamvittyos trayaṃ nātaḥ pṛthak kṛtaṃ //"

앞에서 예로 들었듯이 내가 거울 속의 나를 보며 그것을 나로 알 수 있기 위해서는 이미 거울이라는 자증분이 없다면 대상인식 자체가 성립하지 않는다. 다시 말하면 자증분에 의해서 비로소 대상을 보는 나인 견분과 내게 보이는 대상인 상분이 이분된 것임에도 불구하고 인식적인 관계를 맺을 수 있는 것이다. 견분과 상분으로의 이분화에 의거하여 그 둘 사이의 관계맺음으로서의 대상인식이 가능하기 위해서 이미 전제되어야 하는 것이 바로 활동하는 식 자체의 자기의식인 자증분이다. 그리고 이 자증분의 확인은 이미 대상화되어 나타난 외부세계 즉 상분의 세계에서 구할 수 있는 것이 아니라, 자증분과 마찬가지로 식 자체의 미분화 된 활동성의 자기 확인을 통해서만 가능하다. 이 제2의 자증분으로서의 제1 자증분을 확증하는 식을 증자증분이라고 하는 것이다. 이 증자증분을 다시 자증분이 확증할 수 있다는 것은 곧 식의 활동성의 자기인식이 자체 내에 자기 확인을 지니고 있음을 의미한다.

어느 한 인식활동은 알라야식 속의 종자에서 생긴다. 이러한 인식활동 즉 식 자체가 전변하여 한쪽은 주관의 식으로 다른 한쪽은 객관의 식으로 나누어지고, 그 이원적인 대립 위에 구체적인 인식작용이 성립한다. '변화한다'는 것에서 세친의 식전변(vijñāna-pariṇāma)의 사상이 수용되었고, '이분을 닮는다'는 것에서 현현(顯現, pratibhāsa, ābhāsa)의 사상이 수용된 점을 유의해야 한다. 특히 상분은 실재하지 않는 사물의 형상을 닮은 심적 부분[似境相, ābhāsa]이라고도 정의되는 사실에 주목해야 한다. 우리는 자기 자신이나 외계의 사물이 실체로서 존재한다고 소박하게 생각하고 있다. 실체시 된 자기 자신과 사물을 '실아실법(實我實法)'이라고 한다. 그러나 실아실법은 전혀 존재하지 않으며 존재하는 것은 오직 '사아사법(似我似法)'으로 곧 자기 자신과 사물의 형상을 닮은 객관적인 마음뿐이라는 것이다. 비유하자면 자기의 주위에 나타나는 현상은 알라야식이라는 영사기에 비추어진 갖가지 영상에 지나지 않는 것으로 영상의 맞은편에는 실체가 존재하는 것이 아니다. 외적인 사물의 형상을 띤 상분을 '관념'·'표상'이라고 부른다면, 외적인 모든 사물은 '실체시 된 관념'에 불과하다고 할 수 있을 것이다.

Ⅲ. 여러 논사들의 심분설

예로부터 '안·난·진·호·일·이·삼·사'라는 말이 전해져 오듯이 심분설은 크게 네 논사의 학설로 구분할 수 있다. 이렇게 심분을 구분한 학설은 『성유식론』에서,

> 이 식의 인식작용[行相]과 인식대상[所緣]은 어떠한가? — 『유식삼십송』의 제3 게송에서 — 감지하기 어려운 집수(執受)[21]와 자연계[處]와 요별[了]이다. 요(了)는 요별이니 곧 인식작용[行相]이다. 식[自體分]은 요별로써 행상[見分]을 삼기 때문이다. 처(處)는 처소이니 곧 기세간(器世間)이다. 이것은 모든 유정의 의지처이기 때문이다.
>
> … 알라야식은 인과 연의 세력에 의해 자체가 현행할 때, 안으로는 종자와 신체를 변현하고 밖으로는 자연계를 변현한다. 곧 전변된 것으로써 자신의 인식대상[相分]을 삼고 인식작용[見分]은 그것[相分]에 의해서 일어날 수 있기 때문이다. 여기에서 요별이란 이숙식(異熟識)이 자신의 인식대상[所緣]에 대해서 요별의 작용이 있는 것을 말한다. 이 요별의 작용은 견분에 포함된다. 그런데 유루식의 자체가 일어날 때에 모두 인식대상과 인식주관의 모습으로 대상과 비슷하게 나타난다[似現]. 그것의 상응법[心所]도 역시 그

21 '집수(執受)'의 산스크리트 원어인 'upātta'는 upā-√dā[to receive, gain, seize]의 과거분사로 만들어진 명사로서 '받아들여진 것'·'유지되는 것'이라는 의미이다. 아비달마불교에서 '집수'는 감각기관[五根] 또는 신체[有身根]를 가리킨다. 유식학에서는 종자(種子)가 알라야식에 저장·보존된다고 보므로 집수에 종자를 포함시킨다. 집수에는 능생각수(能生覺受)와 안위동일(安危同一)의 두 가지 뜻이 있다.
신체는 집수이고 종자와 기세간은 비집수이다. 그리고 유신근 중에서도 오직 신근(身根)뿐이고 나머지 4근과 부진근은 신근을 떠나지 않고 오직 한 곳에 모여 있으므로 역시 그것도 각수라고 한다.
유식학에서는 알라야식과 신체의 유기적 생리적인 상응관계를 보다 구체적으로 '안위동일(安危同一, ekayogakṣema)'이라는 용어로 설명한다. 원래 'yogakṣema'는 열반[涅槃, nirvāṇa]와 실질적으로 같은 의미로 사용되었으며, 성안(成安)·안온(安穩)·적정(寂靜)·해탈(解脫) 등으로 번역된다. 유가행파에서는 'yoga'를 실천해서 얻어지는 평안·안온[ksema]을 강조하기 위해 'yogakṣema'라는 용어를 즐겨 사용하였다. 이처럼 'yogakṣema'는 '성(成)·안(安)·리(利)'의 의미뿐인데, 한역서에서 'upaghata[損]'의 측면도 고려하여 '위(危)·괴(壞)·쇠(衰)·부(否)'를 첨가하였다. 그리하여 'ekayogakṣema'를 '안위동일(安危同一)·안위등(安危等)·안위공동(安危共同)·동성괴(同成壞)' 등으로 한역하였다. 이것은 둘의 관계에서 어느 한쪽이 양호한 상태[安] 또는 좋지 못한 상태[危]이면, 다른 한쪽도 그에 대응해서 같이 양호 또는 불량한 상태가 되는 상호관계를 의미한다.

> 러함을 알아야 한다. 인식대상으로 사현(似現)[22]하는 양상을 상분이라고 하고 인식주관으로 사현하는 양상을 견분이라고 이름한다. … 식에서 떠나서 독립적으로 존재하는 대상이 없다는 것을 통달한 사람은 상분을 소연(所緣)으로, 견분을 행상(行相)이라고 이름한다. 상분과 견분이 의지하는 자체분을 사(事)라고 이름하니 곧, 자증분(自證分)이다. 이것[자체분]이 만약 없다면 스스로 심왕(心王)과 심소법(心所法)을 기억하게 하지 말아야 한다. 예전에 인식하지 않았던 대상을 반드시 기억할 수 없는 것과 같기 때문이다. … 또한 심왕과 심소를 상세하게 분석하면 사분(四分)이 있어야 마땅하다. 삼분은 앞에서 말한 것과 같고 다시 제4의 증자증분(證自證分)이 있다. 만약 이것이 없다면 무엇이 제삼분을 증명하겠는가? 심분(心分)이라는 것은 이미 같은 것으로써 모두 증명해야 하기 때문이다. 또한 자증분은 인식결과[量果]가 있지 않아야 한다. 모든 인식하는 것[能量]은 반드시 인식결과가 있기 때문이다.[23]

라고 하여 사분의가 비교적 자세하게 설명되고 있다. 이것이 심분을 구별하는 네 논사들의 서로 다른 설명을 비교한 최초의 문헌이다. 『성유식론』에서는 심분에 대한 다른 설을 주장한 논사들에 대하여 거론하고 있지 않지만 『성유식론술기(成唯識論述記)』에서는 명확하게 안혜·난타·진나·호법이 일·이·삼·사분설을 주장하였다고 명시하고 있다.[24]

---

22 사현[似現, pratibhāsa]은 현현(顯現)·변사(變似)라고도 하며, 식이 인식대상을 닮은 형상을 띠는 작용을 말한다. 'pratibhāsa'는 원래 물에 비친 달 등의 영상을 의미하는 용어였는데, 유식학에서는 마음속에 나타난 사물의 영상 또는 주체 쪽의 인식작용을 의미하게 되었다.

23 『成唯識論』 2(『大正藏』 31권, 10상-중). "此識行相所緣云何 謂不可知執受處了 了謂了別 卽是行相 識以了別爲行相故 處謂處所 卽器世間 是諸有情所依處故 … 阿賴耶識因緣力故 自體生時 內變爲種及有根身 外變爲器 卽以所變爲自所緣 行相仗之而得起故 此中了者謂 異熟識 於自所緣有了別用 此了別用見分所攝 然有漏識自體生時 皆似所緣能緣相現 彼相應法應知亦爾 似所緣相說名相分 似能緣相說名見分 … 達無離識所緣境者 則說相分是所緣 見分名行相 相見所依自體名事 卽自證分 此若無者應不自憶心心所法 如不曾更境必不能憶故 … 又心心所若細分別應有四分 三分如前 後有第四證自證分 此若無者誰證第三 心分旣同應皆證故 又自證分應無有果 諸能量者必有果故"

24 『成唯識論述記』 1본(『大正藏』 43권, 242상). "安惠已前諸古德等 皆說二分是計所執 護法已後方計三四依他分也 實有四分 … 惑實說一分如安慧 惑二分親勝等 惑三分陳那等 惑四分護法等"

1. 안혜의 일분설

안혜(安慧, Sthiramati, 510~570년경)는 『대방광불화엄경(大方廣佛華嚴經)』의 삼계유일심사상(三界唯一心思想)에 입각하여 일분설을 주장하였다고 전해지고 있는데, 『성유식론술기』에 그가 일분을 주장했음을 명백히 밝히고 있다.[25] 안혜는 오직 식의 자체분만이 존재하고 상분과 견분은 없다고 주장하였는데, 왜냐하면 무시이래로 허망한 습기(習氣)에 의하여 식의 자체상에 능연 그리고 소연과 같이 나타난 것에서 능연을 견분이라 하고 소연을 상분이라고 이름한 것뿐이기 때문이라고 한다.

한편, 안혜의 해석에 따르면 식전변(識轉變)은 호법 계통의 유식가에서 생각하듯이 식체가 전변하여 견상의 이분으로 변하는 것이 아니라 식이 반연하여 생겨나 찰나찰나 변하는 성격을 표현한 말로써, 식·전변·식전변·분별·의타기성 등은 모두 같은 것을 가리키는 말이라고 한다. 이것은 전변을 능변과 소변의 두 가지 의미로 나누어 식은 능변이고 아(我)·법(法)은 소변으로서 식이 변한 것이라는 호법 계통의 유식가의 해석과는 크게 다름을 알 수 있다.

안혜에 의하면 견분은 모든 법에 대하여 두루 계탁(計度)하는 능변계(能遍計)이고 상분은 우리의 심식에 의하여 아·법이라고 그릇되게 집착되는 소변계(所遍計)로써 변계소집 및 망념의 상분은 체법(體法)이 없다고 한다. 이와 같은 그릇된 집착[妄執]에 분별되어 나타난 아·법의 이집(二執)은 그 체성이 없으며 따라서 견도(見道) 이상의 성위(聖位)에서는 결코 존재할 수 없다는 것이다. 다시 말하면 진견도(眞見道)[26]의 무분별지에 있어서는 식체가 진여와 화합하므로 능취(能取)와 소취(所取)의 그릇된 집착을 떠나게 되며 그러므로 후득지(後得智)[27]에도 상분과 견분이 있을 수 없다고 한다.

---

25 앞의 책, (『大正藏』 43권, 317하). "謂安慧等古大乘師 多說唯有識自證分 無相見分 護法出已說見相有 依集量論等 方顯發之 故先叙宗 自體生時者 識自體也 皆似所緣 能緣相現者 依他二分 似遍計所執 情計二分現也"

26 보살수행의 다섯 단계 중 가행위(加行位)에서 난법(煖法)·정법(頂法)·인법(忍法)·세제일법(世第一法)의 사선근(四善根)을 닦으며 사심사관(四尋思觀)·사여실지관(四如實智觀)을 하여 분별기(分別起)의 번뇌를 끊은 직후에 참된 지혜[眞智])를 내어 진리를 보는 것을 가리킨다.

27 근본지(根本智)에 의하여 진리를 깨달은 뒤에 다시 분별하는 얕은 지혜를 일으켜서 의타기성(依他起性)의 세속적인 일[俗事]을 헤아려 아는 지혜를 의미한다.

2. 난타의 이분설

안혜와 같은 시대의 논사인 난타(難陀, Nanda)는 견·상의 이분설을 주장하였다. 견분은 능연의 작용[能緣用]을 말하고 상분은 소연의 작용[所緣用]을 말하는 것으로, 이 두 가지 중에서 어느 것도 결여되면 인식은 성립될 수가 없다는 것이다. 모든 인식이 성립하기 위해서는 능연과 소연의 두 가지를 필요로 한다고 하여 이에 의타(依他)의 상분과 견분을 세웠는데, 그리하여 이 이분은 같은 의타법이지만 참[實]·거짓[假]의 다름이 있어서 견분을 참이라 하고 그로부터 변하여 나온 상분을 거짓이라고 한다. 만약 상분도 참이라고 한다면 유식의 바른 이치를 이루기 어려울 것이다. 그러므로 이분 어느 것이나 의타이지만 마음은 참되지만 경계는 허망한 심실경허(心實境虛)인 것이다. 그러므로 범부가 상분상에 아·법을 계탁(計度)하기 때문에 변계소집이 되는 것이다.

『성유식론』에서,

> 만약 심왕과 심소가 소연의 양상이 없다면 자기의 소연인 대상[所緣境]을 능히 반연할 수 없어야 한다.[28] 혹은 하나하나가 능히 모두를 반연해야 하고 자신의 외부대상도 다른 사람의 대상과 같으며 다른 사람의 대상도 자신과 같아야 하기 때문이다.[29] 만약 심왕과 심소에 능연의 양상이 없다면 능히 반연할 수 없어야 한다. 비유하면 허공 등과 같다. 혹은 허공 등도 역시 능연이어야 한다. 따라서 심왕과 심소는 반드시 두 가지 양상이 있다.[30]

라고 한 것이 곧 난타의 상분과 견분에 대한 이증(理證)[31]이며, 계속해서 『후엄경(厚嚴經)』의 설해져 있다고 하는 다음의 게송이 그 교리적 근거라고

---

28 안혜의 주장을 논파하는 것이다.

29 능연식(能緣識)이 자신의 상분을 반연하지 않는다고 말하면 다음과 같은 모순이 있다. 예를 들면 안식이 자신의 상분인 색경(色境)을 반연하고, 이식(耳識)이 자신의 상분인 성경(聲境)을 반연하는 등의 일이 없기 때문에 하나하나가 일체의 대상을 반연하고, 자신의 대상[自境]을 다른 이의 감각기관[他根]이 반연하고, 다른 이의 대상[他境]을 자신의 감각기관[自根]이 반연하는 등이 된다.

30 『成唯識論』 2(『大正藏』 31권, 10상). "若心心所無所緣相應 不能緣自所緣境 惑應一一能緣一切 自境如餘餘如自故 若心心所無能緣相應不能緣 如虛空等 惑虛空等亦是能緣 故心心所必有二相"

31 모순이 없고 도리와 조리에 일관한 논리성을 말한다.

할 수 있다.

> 일체는 오직 인식하는 것[覺]이 있을 뿐이며
> 인식대상[所覺, 心外實境]은 모두 실재하지 않는다네.
> 인식주체[能覺分, 견분]와 인식대상[所覺分, 상분]이
> 각각 다르게 자연히 전전(轉轉)한다네.[32]

이 게송에서 '일체유유각(一切唯有覺)'이라고 한 것은 능연의 팔식을 의미하고, '소각(所覺)'은 마음 밖의 실제 경계를 뜻하며, '능각(能覺)'은 견분을 그리고 '소각(所覺)'은 상분을 가리킨다.

『유식분량결(唯識分量決)』에서는 이와 같은 난타 등의 이분설이 『후엄경』에 기초한 것으로 무착과 세친의 설을 계승한 것이라고 보고 있다고 하겠는데, 그러나 이 이분설도 난타 등이 의식적으로 구분하여 세운 것으로도 볼 수 있다고 규기(窺基)·종방(從芳) 등은 해석하고 있다.[33]

이와 같은 이분설은 난타를 비롯한 친승(親勝)·정월(淨月)·덕혜(德慧) 등이 『섭대승론』의 '유이의타성(唯二依他性)'이라는 문구를 의지하여 세운 것이다. 즉, 인식상의 능연심은 반드시 그 대상인 소연을 필요로 하는 것이므로 그 능연심을 견분이라고 하고 소연경을 상분이라고 이름한 것이다. 이 이분은 함께 의타법으로써 그 중 능연심인 견분은 심체이므로 견분 이외에 자증분을 세울 필요가 없다고 주장하는 것이다. 그리하여 그릇된 착각으로 말미암은 아·법은 상분상에 거짓 나타난 그릇된 경계[妄境]이므로 견분상에는 세우지 않으며, 견도위에서도 진여를 직접 논증할 수 없고 진여의 경지에 무분별의 상분이 현현하므로 견·상의 이분이 존재한다고 주장하였던 것이다.

3. 진나의 삼분설

삼분은 상분과 견분 그리고 자증분을 가리키는 것으로 이는 진나(陳那, Dignāga)는 물론 종자론(種子論)에서 「본유설(本有說)」을 주장하였던 호월

32 앞의 책, (『大正藏』 31, 10상중). "一切唯有覺 所覺義皆無 能覺所覺分 各自然而轉"
33 金領姬, 『唯識의 四分說에 관한 硏究』, 석사학위논문(서울: 동국대학교 대학원, 1999), 51면 참고.

과 십대논사에 속하는 화변(火辨, Citrabhāna)도 그 견해를 같이 하였다. 『성유식론술기』에 의하면 진나는 경에 의하여 삼분을 주장하였던 것으로 이를 증명하기 위하여 능량(能量)[34]과 소량(所量)[35]과 양과(量果)[36]의 논리를 폈다고 한다.[37] 비유하자면 능량은 재는 자[尺]이고 소량은 재는 대상이며 양과는 자로 물건을 재서 그것을 아는 사람이라고 하였다.

다시 말하면 소량은 상분이고 능량은 견분이며 양과는 자증분에 해당된다. 즉, 물건[상분]을 재서[견분] 그 결과를 아는 것[자증분]이 삼분의 작용과 같아서 서로 뗄 수 없는 관계를 가지고 있다고 하였다. 그리고 견분과 상분은 자체분을 떠나서 존재할 수 없으므로 이는 만법이 유식이라는 도리에 위배되지 않는다고 하였다.

4. 호법의 사분설

호법(護法, Dharmapāla, 530~561)이 독창적으로 새로운 학설을 창안하여 『성유식론』에 기록해 놓은 사분설은 진나가 주장한 삼분설에 증자증분을 더한 것으로서 가장 완벽한 심분설로 전해져 오고 있다. 그러나 『성유식론』은 십대논사의 학설을 축소하여 만든 논서라고는 하지만 호법의 직계 제자인 계현(戒賢, Śilabhadra)이 현장의 직계 스승이었기 때문에 현장은 중국으로 돌아와 이를 번역할 때에 직계 스승을 고려하여 호법의 학설을 중심으로 번역하였다고 전한다.

그러므로 『성유식론』은 사실상 호법의 저술로 보아야 하며, 그 후 현장의 제자인 규기는 『성유식론술기』 등을 저술하여 호법의 사상을 확고하게 하였기에 자연스럽게 호법의 사분설이 정설로 알려지게 되었다. 그러나 『성유식론술기』에서 밝히고 있는 것처럼 호법은 사분설을 여러 교설에 의하여 창안하였지만 안혜 등 다른 논사들과는 그 의견이 달랐던 점도 간과해서는 안 될 것이다.

사분을 삼량(三量)에 비교한다면 상분은 오직 헤아려지는 대상인 소량

34 대하는 경계를 추측하고 헤아리는 마음.

35 헤아릴 바가 되는 것.

36 경계를 반연하는 마음이 대하는 경계를 반연하여 안 결과.

37 『成唯識論述記』 3본(『大正藏』 43권, 319상). "此陳那菩薩依經立理 諸論共同 何須說三 … 相分見分自證三種 卽所能量量果別也 如此配之能量 解數之智名爲量果 …"

(所量)이 되고, 견분은 그 대상[상분]을 능히 헤아리는 능량(能量)의 입장에 있다. 그리고 자증분은 대상을 헤아린 숫자로써 양과(量果)가 되며, 또 견분이 소량(所量)이 되고 자증분이 능량(能量)이 되며 증자증분이 양과(量果)가 된다. 그리고 자증분이 소량(所量)이 되고 증자증분이 능량(能量)이 되며 또한 자증분이 양과(量果)가 된다.

호법은 이와 같이 심분의 내용을 주장하며 이를 진리에 부합하는 올바른 도리라고 하고 안혜와 난타 등의 학설을 진리에 어울리는 올바른 도리가 아니라고 하였던 것이다.

『성유식론』에서도,

> 또한 심왕과 심소를 상세하게 분석하면 사분이 있어야 마땅하다.[38] 삼분은 앞에서 말한 것과 같고 다시 제4의 증자증분이 있다. 만약 이것이 없다면 무엇이 제3분을 증명하겠는가? 심분이라는 것은 이미 같은 것으로써 모두 증명해야 하기 때문이다. 또한 자증분은 인식결과[量果]가 있지 않아야 한다. 모든 인식하는 것[能量]은 반드시 인식결과가 있기 때문이다. 견분이 제3분의 인식결과[果]가 되어서는 안 된다. 견분은 어느 때는 잘못된 인식[非量]에 포함되기 때문에 따라서 견분은 제3분을 증명하지 못한다. 자체분을 증명하는 것은 반드시 현량(現量)이기 때문이다.[39]

라고 하여 제4분의 성립이유를 말하고 있는데, 이를 증자증분의 존재에 대한 전거로 들고 있다. 즉, 심·심소를 세분하면 반드시 사분이 있게 마련인 것으로 만약 증자증분이 없다면 누가 제3의 자증분을 증명하겠는가라는 질문을 하면서 제4분인 증자증분의 존재를 역설하고 있는 것이다. 그리고 또 다른 전거는 다시 『성유식론』에서 증자증분이 없다면 자증분의 인식결

38 이는 호법의 주장이다. 호법은 진나의 이론에서 인식결과인 양과(量果)를 증명하는 제4의 심분(心分)인 증자증분을 설정하였고, 이 이론을 사분설이라고 한다. 호법은 인식을 상분·견분·자증분·증자증분의 네 가지로 나누고 그들의 상호작용에 의해 하나의 인식이 성립한다고 한다. 상분과 견분은 식의 자체[자증분]에서 마치 달팽이가 자기 몸에서 두 더듬이를 내밀듯이 나타난다. 그리고 자증분과 증자증분이 서로 동시에 상응하여 증명하고 증지(證知)한다. 그리하여 확인작용이 무한히 소급되는 모순을 해결한다.

39 『成唯識論』 2(『大正藏』 31권, 10中). "又心心所若細分別應有四分 三分如前 復有第四證自證分 此若無者誰證第三 心分既同應皆證故 又自體分應無有果 諸能量者必有果故 不應見分是第三果 見分惑時非量攝故 由此見分不證第三 證自體者必現量故"

과를 구할 수가 없다고 하는 것이다.[40] 즉, 자증분이 인식할 때 견분이 인식결과가 되어 주어야 하는데 견분은 비판하고 분별함을 떠나서 마음 밖에 있는 모습을 그대로 알거나[現量][41], 이미 아는 사실을 가지고 비교하여 아직 알지 못하는 사실을 추측하거나[比量][42], 아주 잘못되게 인식하는[非量] 등의 세 가지 바깥 경계에 대한 인식[三量]에 모두 통하는 심분으로써 인식결과가 될 자격을 이미 상실하고 있다는 것이다. 그 까닭은 인식결과가 되는 것은 반드시 현량(現量)이어야 하기 때문이다. 현량은 사실과 틀림없는 것을 말하는 것으로 현량의 자격은 자증분뿐인데 다른 현량의 체(體)인 증자증분이 있어야 자증분이 인식주체의 위치에 있을 때 이를 뒷받침 해주는 인식결과가 성립된다고 한다.

이를 『성유식론술기』에서는 견분과 상분은 외연(外緣)[43]이고 자증분과 증자증분은 내연(內緣)[44]으로써 견분은 상분만 반연하고 내연은 자체를 증명하기 때문에 자증분을 증지(證知)할 제4분이 있어야 한다고 강조하고 있다.[45] 즉, 자증분과 증자증분과의 관계를 살펴보면 사분의 행상이 전부 관련되어 있는 것으로 사분은 거짓된 마음[假心]에만 없고 그 밖의 마음[心]과 마음의 작용[心所]에는 어디든지 있다는 것이다.

이러한 사분설은 이해하기 매우 어려운 사상이라고 전해 오고 있으며 『성유식론』에서도 심식의 행상이 아주 미세하여 잘 알기 어렵다고 말하고 있다. 여기에서의 '행상'은 '요별'의 의미이며 능동적으로 대상에 반연하는 마음[能緣心]이 반연할 곳인 체상[所緣境] 위에 작업[行步]한다는 뜻이다.[46]

상분과 견분은 독자적인 활동이 아니라 자증분에 의하여 활동한다. 자증분은 상분과 견분의 의지할 본체가 되면서 견분의 작용을 증명하는 매우 중

---

40 같은 책, "又自證分應無有果 諸能量者必有果故 不應見分是第三果 見分惑時非量攝故 由此見分不證第三證 自體者必現量故"

41 현량(現量, pratyakṣa)은 감각기관과 대상의 접촉을 통해 아는 것 즉, 감관적 직접 지각이다.

42 비량(比量, anumāna)은 추리지(推理知)·개념지(槪念知)·추론지(推論知)이다. 감각기관에 직접 접촉되지 않은 대상을 논리적 일치성에 의해 하는 것으로 즉, 언어를 매개로 한 개념지이다.

43 오식(五識)으로 오경(五境)을 반연하는 것.

44 의식이 마음속에서 모든 법을 분별하는 것.

45 『成唯識論述記』 3본(『大正藏』 43권, 320중). "此四分中相見名外 見緣外故 三四名內證自體故"

46 '行'은 能緣의 작용이고 '相'은 所緣의 境相이다.

요한 역할까지도 하고 있는 것이다. 즉, 자증분이 없다면 무엇[見分]이 상분을 능히 반연하고 있는지 알 수 없으므로 결국 제3분인 자증분이 있어야 한다는 것이다. 호법은 식체(識體)는 곧 자증분이며 자증분에서 상분과 견분이 함께 유사하게 전생(轉生)[47]하는데 이 식체는 의타의 성질을 지닌다고 하였다.[48] 즉, 상분과 견분을 전생한 것 자체가 의타에 의하여 일어나는 것인데 오히려 아집과 법집이 발생하여 실재로 이집을 취하고 만다는 것이다.

그에 의하면 심식은 인연에 의하여 일어나는데 그 인연성을 망각하고 아집과 법집을 일으키는 것이 바로 상분과 견분의 사현(似現, pratibhās)[49]이다. 상분과 견분은 서로 같기도 하고 다르기도 하는데, 같다는 것은 마치 달팽이가 두 더듬이를 전변하여 생기하는 것과 같으며 이것은 영상을 체로 하는 상견의 체로써 식의 작용에 불과한 것이다. 상분과 견분이 각각 다르게 나타나는 것은 자체의 작용을 구별하기 때문이며 이는 의타기의 이분이기에 그 의타기성을 망각하고 이에 집착을 일으키며 소위 변계소집을 일으켜 아와 법을 실재로 구분하고 만다.

다시 말한다면 자신의 심과 심소가 허망한 공(空)의 이치에 의하여 나타나는 것임을 알지 못하고 제칠식 등이 제팔 알라야식의 견분을 상분으로 하여 아집과 법집을 일으키는 것이다. 그리하여 후천적 번뇌[分別起]와 선천적 번뇌[俱生起] 등이 계속 일어나며 거친 물줄기와 같이 윤회생활을 그칠 사이 없이 계속한다. 이와 같은 번뇌는 보살행 등 수행에 의해서만이 단절되고 정화되는 것으로 부단한 수행이 요청된다는 것임을 명심해야 할 것이다.

Ⅳ. 논서에 나타난 심분설

『유식삼십송[Triṃśikā-vijñaptimātratāsiddhi-kārikā]』을 중심으로 살펴보고자 하는데 그 가운데서도 특히 제1송과 제17송 및 제18송의 한역본과 산스크리트본을 살펴봄으로써 세친과 안혜의 초기유식과 호법과 현장의 법상종 유식을 비교하여 보며 심분설의 차이를 살펴보고자 한다. 먼저 산

47 다시 태어나는 것.

48 앞의 책, (『大正藏』 43권, 241상). "護法等云 謂諸識體卽自體分 轉似相見二分而生 此說識體是依他性 轉似相見 二分非無亦依他起 依他二分執實二取"

49 대상과 비슷하게 나타나는 것.

스크리트본의 제1송은 다음과 같다.

> ātmadharmopacāro hi vividho yaḥ pravartate /
> vijñānapariṇāme 'sau pariṇāmaḥ sa ca tridhā //

> 참으로, 전기(轉起)하는 갖가지 아와 법의 가설(假說).
> 그것은 식전변(識轉變)에 있어서이네. 그리고 그 전변은 세 종류이네.

이에 대하여 현장은

> 유가설아법(由假說我法) 유종종상전(有種種相轉)
> 피의식소변(彼依識所變) 차능변유삼(此能變唯三)

> 가설에 의거해서 아(我)와 법(法)이 있다고 말하나니
> 아와 법의 갖가지 모습들이 생겨난다네.
> 그것들은 식이 전변된 것에 의지하나니
> 이 능변식은 오직 세 종류라네.

라고 번역하였다. 여기에서 알 수 있듯이 산스크리트본에는 다만 '식전변(識轉變)'을 의미하는 '**vijñānapariṇāme**'와 '**pariṇāmaḥ**'라는 말밖에 없는데, 현장은 '**vijñānapariṇāme**'을 '의식소변(依識所變)'으로 '**pariṇāmaḥ**'를 '능변(能變)'으로 번역하였다. 그것은 '**vijñānapariṇame**'는 '**vijñānapariṇamaḥ**'의 처격이고, 이 처격을 현장은 '~에 의지하고'라고 번역한 것이다. '변(變)'이란 식체가 바뀌어 견·상의 이분을 나타내는 것이라고 풀이하고 있다. 현장은 '전변'을,

> '변(變)'이라고 말하는 것은 식 자체[識體]가 전변하여 — 상분과 견분의 — 두 가지 심분으로 사현(似現)[50]하는 것을 가리킨다. 상분과 견분은 모두

---

50 '似現[pratibhāsa]'은 '顯現'·'變似'라고도 하며 곧, 식이 인식대상을 닮은 형상을 띠는 작용을 말한다. 'pratibhāsa'는 원래 물에 비친 달 등의 영상을 의미하는 용어였는데 유식교학에서는 마음속에 나타난 사물의 영상 또는 주체 쪽의 인식작용을 의미하게 되었다.

> 자증분에 의지해서 일어나기 때문에 이 두 가지 심분에 의거해서 아와 법을 시설한다. 그 두 가지[아·법]은 이것[견분·상분]을 떠나서는 의지처[所依]가 없기 때문이다.[51]

라고 설명하고 있다. 그런데 안혜는 『유식삼십송석(唯識三十頌釋)』에서 'pariṇāma'를 'anyathātva[변하는 것, 變異性]'이라고 하여, 인의 찰나가 멸함과 동시에 인의 찰나와 상이 다른 과가 자체를 얻는 것[생겨나는 것]이 바로 '전변'이라고 풀이하고 있다.[52] 그것은 식의 끊임없는 변화를 나타낸 말로써 의타기하는 식과 동의어이기도 하다.

위에서 살펴본 것처럼 『유식삼십론송』에는 어디에도 견분이나 상분이라는 술어가 보이지 않는다. 그런데 현장은 'vijñāna-pariṇāma'를 '식소변'으로 번역하고 'pariṇāma'는 '능변'으로 번역하며, '변(變)'이란 식체가 바뀌어 견·상의 이분을 나타내는 것이라고 풀이하고 있다. 그 이분을 의지처로 하여 견분에는 아가 상분에는 법이 시설된다는 것이다. 다시 말하면 'vijñāna-pariṇāma'를 번역한 '식소변'은 견·상 이분을 가리키고 그 견·상 이분에 의지하여 아·법의 가설이 일어난다는 의미이다.

한편 세친과 안혜에 있어서는 'pariṇāma'는 식 자체의 찰나적인 변화상을 가리키는 용어이고 'pratibhāsa'는 식이 비유(非有)의 경(境)으로 나타남·나타난 결과를 가리키는 용어로서 엄밀히 구별되는 개념으로 설명되고 있다.[53] 따라서 'pariṇāma'는 의타성의 식으로써 연생(緣生)이며 유(有)인데 비하여 'pratibhāsa'는 무(無)의 의미라고 하겠는데, 현장은 『성유식론』에서 "변위식체전사이분(變謂識體轉似二分)"이라고 번역한 것처럼 '변(變)'을 '전(轉)' 즉 '바뀐다'라는 의미와 '사(似)' 즉 '유사하게 나타난다'라는 의미로 함께 이해하고 있다. 현장은 'pariṇāma[轉變]'와 'paratibhāsa[顯現]'를 같은 의미로 이해하여 'pariṇāma'를 본질로부터 현상세계가 변형되어 나오듯이 식체로부터 견·상 이분이 변형되어 나타난다는 의미로 해석하고 있다. 식체가 곧 자증분이라는 것이 형태를 바꾸어 주관[견분]과 객관[상

『成唯識論』 1(『한글대장경』 193권, 16면 참조.

51 『成唯識論』 1(『大正藏』 31권, 1상중). "變謂識體轉似二分 相見俱依自證起故 依似二分施設我法 彼二離此無所依故"

52 스티라마띠(安慧)著, 박인성 역주, 『유식삼십송석』(서울: 민족사, 2000), 33면.

53 'pariṇāma'에 대해서는 上田義文, 『唯識思想入門』 111-167면 참조.

분]으로 나타난다면 견·상 이분으로 이루어진 세계는 근본적으로 식과 다름이 없을 것이고 그것이 현장에 있어서 유식의 의미였던 것이다.

이에 비해 안혜는 'pariṇāma'를 단지 찰나 생멸적인 변화·달라짐으로 해석했고 식과 같은 의미로 사용했으며 '현현(顯現)'·'사현(似顯)' 등의 용어로도 표현했다. 분별된 모든 것 즉, 아와 법이 다만 식뿐인 까닭은 식전변 곧 분별에 의해 비유(非有)의 경이 사현한 것이기 때문이다. 그러므로 식전변은 곧 분별이라는 것은 연생이고 유(有)인 반면에 소분별(所分別) 즉 변계소집자성의 아·법[일체법]은 비유(非有)이고 다만 식일 뿐이라는 것이다.

한편『유식삼십송』의 제17송은 다음과 같다.

> vijñānapariṇamo 'yaṃ vikalpo yad vikalpyate /
> tena tatnāsti tenedaṃ sarvaṃ vijñaptimātrakam //
>
> 식전변이 이 분별이네. 그것에 의해서 분별되는 것은
> 모두 있는 것이 아니네. 그러하니 이 모든 것은 다만 식(識)일 뿐이네.

이에 대하여 현장은,

> 시제식전변(是諸識轉變) 분별소분별(分別所分別)
> 유차피개무(由此彼皆無) 고일체유식(故一切唯識)
>
> 이 모든 식이 전변하여
> 분별[견분]과 분별되는 것[상분]이라네.
> 이것에 의거해서 그것[實我實法]은 모두 존재하지 않나니
> 그러므로 일체는 오직 식뿐이라네,

라고 번역한 것에서 볼 수 있듯이, '제식(諸識)'이란 세 가지 능변식 및 그 심소를 가리키며 '전변(轉變)'이란 능히 변하여 견분과 상분으로 비슷하게 나타나는 것을 의미한다. 또한 '분별'이란 '전변된 견분'을 가리키고 소분별은 '전변된 상분'을 가리킨다고 한다. 즉, 분별은 상을 능취하므로 견분이고, 소분별은 견분에 의해 취해지는 것이므로 상분이라는 것이다.

초기 유식학은 '사현(似現)'을 중심으로 하는 유식으로써 Vedānta의 가

현설에 유사하다면 후대의 호법-현장의 유식은 전변을 중심으로 삼는 유식으로써 Sāṃkhya[數論學派]의 전변설과 유사하다. 법상종의 유식은 'pariṇāma'에서 변형된 것이라는 의미와 현현이라는 의미를 함께 읽고 있는 것이다.

능변계의 식체에 대해서 『성유식론』에 의하면 안혜와 호법이 그 설을 달리하고 있다. 즉, 안혜는 유루의 팔식이 삼성(三性)에서 모두 집(執)이 있으며, 그 가운데 전오식 및 제팔식은 법집, 제칠식은 아집 그리고 제육식은 아·법의 이집에 통하고 이 팔식에 모두 집이 있기 때문에 전부 이것을 능변계라고 하였다. 그러나 호법은 팔식 가운데 전오식과 제팔식에는 집이 없고 제육·제칠의 두 식은 아·법 이집에 통하기 때문에 이 제육·제칠의 두 식만 능변계라고 하였다.[54]

『유식삼십송』 제1송에서의 '아(我, ātman)'는 인격적 실체를 의미하며, 자기·자아·유정·명자(命者)·예류(預流)·일래(一來) 등으로 다양하게 표현된다. '법(法, dharma)'은 객체적 존재로써 온(蘊)·처(處)·계(界)·실(實, 실체)·덕(德, 속성/요소)·업(業) 등으로 표현된다. 법은 사실 식의 표상에 지나지 않으므로 실체는 없다. 자아·법으로 상정된 것들은 실체가 없는데도 세상과 경전에서 가설적으로 방편상 그렇게 개념지은 것이다.[55] 이처럼 아·법을 가설할 수 있는 근거가 바로 '식전변'이라는 개념이며, 세친의 이러한 주장은 사실 유식교학의 기본입장이다. 유가유식학파에서는 일부 중관학자들이 반야공사상을 잘못 이해하여 일체의 비존재를 주장하는 허무주의[惡取空見]을 시정하고자 식의 존재를 중요시하였다. 그러므로 '식소변'이라는 용어 이전에 유식논서에서는 '색등상사(色等想事)·유란(唯亂)·의타기자성(依他起自性)·허망분별(虛妄分別)' 등으로 표현되고 있음을 볼 수 있다.[56] 세친은 이들 용어를 새롭게 '식전변'으로 표현하고 그 전변의 주체[능변식]로써 이숙식[알라야식, 초능변]·사량식[말나식, 제이능변]·요별경식[육식, 제삼능변]을 주장하였는데 이것은 종래의 팔식을 주된 기능에[57] 따

54 이러한 안혜와 호법의 서로 다른 학설을 '法五六八我六七 諸識有執安慧宗 我法二執唯六七 五八無執護法宗"이라고 부르기도 한다.

55 『成唯識論』 1(『大正藏』 31권, 1상). "我種種相 謂有情名字等 預流一來等 法種種相 謂實德業等 蘊處界等"

56 橫山紘一, 「世親の識轉變」, 『講座 大乘佛教8 - 唯識思想』(東京: 春秋社, 1982), 127면 참조.

57 알라야식의 주된 기능은 종자를 보존하며 윤회의 주체로써 작용하는 것이다. 말나식은 알라야식의 견분을 대상으로 자아로 착각하여 집착하며 여기에서 아치·아견·아

라 세 종류로 분류한 것이다.

세친은『유식삼십송』의 짧은 게송에 인간과 대상계의 존재구조를 함축적으로 표현하였다. 식전변설은 인간 심식의 발생과정과 존재구조 그리고 개인의 신체를 포함한 현상계의 존재방식을 오직 식의 활동으로 해체시켜서 규명하는 이론인 것이다. 이에 대하여 안혜는『유식삼십론소(唯識三十論疏)』에서 다음과 같이 전변을 주체적인 측면에서 인전변(因轉變)과 과전변(果轉變)으로 나누어 설명하고 있다.

> 아·법의 가설을 있게 하는 것 그것은 인의 존재와 과의 존재의 차이이다. 인에서 전변한다는 것은 알라야식 안에서 이숙과 등류습기가 조금씩 생장하는 것을 말한다. 과에서 전변한다는 것은 과거업의 세력이 증장됨으로써 이숙습기가 활동할 수 있게 되어 알라야식이 다른 중동분(衆同分) 안에 태어나는 것이다. 등류습기가 활동할 수 있게 됨으로써 전식(轉識)과 염오의(染汚意)가 알라야식에서 발생된다. 전식의 선·불선업은 알라야식 속에 이숙·등류습기를 생기하게 된다. 전식의 무기업과 염오의는 등류습기를 생기시킨다.[58]

안혜와 호법은 7식이 모두 알라야식의 종자에서 전변된다고 하였다. 그런데 안혜가 전식으로 6식만을 들고 염오의는 따로 취급하였는데 비하여 호법은 6식과 염오의를 모두 전식으로 규정하였다. 안혜가 전변을 주로 심식의 발생론적 측면에서 다루어 견분과 상분은 변계소집성으로써 무(無)이고 자증분만 의타기성으로써 유(有)라고 보았음에 비하여, 호법은 식전변을 인식론적 측면에 보다 역점을 두고 설명하고 있는 것이다. 안혜와 비교하여 호법의 주장의 두드러진 특징은 능변에 중점을 두고 전변과정을 전개하였다는 점이다. 호법은 전변의 주체를 능변식으로 전변의 결과를 소변식으로 술어화하여 구분하였는데, 이는 모든 상황을 식을 중심으로 파악하고자 한 것으로 현상적 존재가 생성되는 장으로서의 식의 존재를 명확하게 논리화하려는 의도라고 하겠다.[59]

만·아애 등의 4가지 근본번뇌 등 18심소와 더불어 갖가지로 사량한다. 了別境識 즉 제6식은 각각 외부대상을 인식하는 것을 주된 기능으로 한다.

58 寺本婉雅譯註,「梵藏漢和 四譯對照 安慧造『唯識三十論疏』」(東京: 國書刊行會, 1977), 27-28면.

위에서 살펴본 『유식삼십송』의 제17송에 세친이 식전변설을 수립한 의도가 잘 나타나 있다고 하겠는데, 그는 식전변설의 체계 속에 인식성립의 역학적 구조를 담았던 것이다. 그에 의하면 전변한다는 것은 단순히 알라야식의 종자로부터 칠식과 현상적 존재가 생겨나는 것을 의미하는 것이 아니며, 식의 본래 기능은 '분별하는 것'·'대상을 인식하는 것'이다. 세친의 이러한 의도를 호법은 분별이 성립되는 것은 식의 변현·분화·자각작용에 의해 이루어지는 것이라고 설명하였다. 그리고 전변이란 능변식[팔식과 이에 수반되는 심소]이 견분[能取相]과 상분[所取相]을 변현시키는 것이고, 이때 변현된 견분이 분별이고 변현된 상분이 소분별이라고 하였다.

인식이 성립하게 되는 역학적 측면을 세친은 『유식삼십송』의 제18송에서 보다 자세하게 다루고 있다.

sarvabījaṃ hi vijñānaṃ pariṇāmastathā tathā /
yāty anyonyavaśād yena vikalpaḥ sa sa jāyate //

참으로 식은 모든 종자를 갖는 것이네.
전변은 그와 같이 그와 같이 상호의 세력에 의해 진행하네.
이것에 의해 그런 그런 분별이 생기네.

유일체종식(由一切種識) 여시여시변(如是如是變)
이전전력고(以展轉力故) 피피분별성(彼彼分別性)

일체 종자식이 이렇게 이렇게 전변함에 의거하여
전전하는 세력 때문에 그들 분별이 생겨난다네.

59 안혜의 『유식삼십론소』에서는 일률적으로 'pariṇāma'로 사용되고 있지만 내용적으로는 '三轉變과 因果二轉變에 관한 것'과 '我·法의 가설과 蘊·處·界 등 현현된 세계를 표현하는 것' 그리고 'pariṇāma의 定義로 생각되는 것'이라는 세 가지가 있다. 'pariṇāma'에 대한 이러한 견해는 안혜뿐만 아니라 당시 인도 유식논사들 사이에 일반적으로 통용되었을 것인데, 현장은 인도에서 호법의 제자인 戒賢[Śīlabhadra]으로부터 유식을 배웠으므로 현장의 견해는 아마도 호법의 사상과 맥을 같이 한다고 보아야 할 것이다.

알라야식 속에서 일체 현상을 생기시킬 수 있는 능력을 가진 종자가 갖가지 연(緣)에 의해 상속·전변·차별하면서 성숙된다. 이 과정이 종자에 따라 다양하게 진행되므로 "그와 같이 그와 같이(tathā thatā)"라고 표현한 것이다. 그런데 "서로의 세력에 의해 진행된다"는 문장에 대하여 안혜는 알라야식과 칠식의 상호 인과관계로써의 힘으로 파악하였는데[60] 반하여 호법은 여덟 가지 현행식과 그에 수반되는 심소 그리고 식자체[자증분] 및 변현된 상분·견분 등이 서로 힘을 합침으로써 분별작용이 성립된다고 보았던 것이다.[61]

Ⅴ. 신라 유식학승의 사분설

호법의 심분설을 번역 소개한 현장과 동시대인으로 현장이 전한 유식사상을 섭렵한 신라의 원측(613~696)은 오히려 규기(632~682)보다 뛰어난 학승으로 알려져 있는데, 현장에 의해 전래된 세친의 유가유식학은 규기·혜소(惠沼)·지주(智周) 등을 잇는 계열 외에도 원측을 중심으로 도증(道證)·승장(勝莊)·태현(太賢)·영태(靈泰) 등의 신라계열이 있었다.[62] 그러므로 원측의 학설을 살펴보는 것이 유식의 심분사상을 이해하는 또 다른 계기가 될 수 있음에도 불구하고 그의 저술이 대부분 전하지 못하고 유실되어 오직 다른 분의 인용구로 추론할 수밖에 없는 현실이다. 이제 사분설에 대하여 원측을 중심으로 한 신라계통의 학설에 대하여 살피고자 한다.[63]

---

60 寺本婉雅譯註, 「梵藏漢和 四譯對照 安慧造『唯識三十論疏』」(東京: 國書刊行會, 1977), 100면.

61 『成唯識論』 7(『大正藏』 31권, 40상). "展轉力者 謂八現識及彼相應相見分等 彼皆互有相助力故"; 『成唯識論述記』 7말(『大正藏』 43권, 495하). "展轉力者 謂八現行識 及八識相應心所 此即識等自證分 及此所變相見二分"

62 黃晟起, 『圓測의 唯識學說 研究』, 박사학위논문(서울: 동국대학교 대학원, 1975), 13-27면 참조.

63 일본의 善珠는 『唯識分量決』에서 유식교학의 성립과정에 있어서는 원측의 학설을 존중·계승하였고, 호법의 계승자인 규기의 교리를 유식사상의 정통으로 인정하면서 자기의 견해를 논술하는 한편 많은 신라 유식학승의 교리를 인용하는 특징을 보여주고 있다.

1. 원측의 견해

심분의 이분설에 대하여 원측은 난타·친승 계열이 아닌 무착·세친 계열이라고 지적하고 있는데, 그의 사상적 배경은 무착의 『섭대승론석』에서 찾을 수 있다.[64] 원측은 세친 당시의 유식논사들이 무착의 이분설을 소의로 하여 이분의 제식전변을 설하였다고 지적하고 있다.[65]

한편, 원측은 삼분설에 대하여 무착·세친의 이분설이 이치에 부족함으로 진나가 『집량론(集量論)』[66] 등을 저술하여 삼분의을 세워 이분에 자증분을 더한 것임을 밝히고 있다. 삼분의에 대한 진나의 설명은 『성유식론』에서 인용되고 있다.

> 『집량론』의 게송에서 다음과 설한다. 대상으로 사현한 형상은 인식대상[所量]이라네. 능히 형상을 취하고 자증(自證)하는 것이 곧 인식주체[能量]과 인식결과[量果]라네. 이 셋은 자체가 서로 다르지 않다네.[67]

그런데 이는 친광(親光)의 『불지경론(佛地經論)』에서

> 『집량론』에서는 모든 심·심법이 자체를 증득하는 것을 현량이라고 이름한다고 설한다. … 『집량론』에서는 심·심법을 설명하는데 모두 삼분(三分)이 있다고 한다. 첫째는 소취분(所取分)이고 둘째는 능취분(能取分)이며 셋째는 자증분(自證分)이다. 이와 같이 삼분은 하나도 아니고 다른 것도 아니다. 첫 번째는 소량이고 두 번째는 능량이며 세 번째는 양과이다.[68]

---

64 無性菩薩造 玄奘譯, 『攝大乘論釋』 4(『大正藏』 31권, 399중-하)

65 金領姬, 『唯識의 四分說에 관한 硏究』, 석사학위논문(서울: 동국대학교 대학원, 1999), 69-71면.

66 陳那의 대표적 저술이라고 할 『集量論[Pramāṇa-samuccaya]』은 당나라 의정[義淨, 635~713]이 번역했다고 기록되어 있지만 산실(散失)되었고 서장역(西藏譯)만 현존한다.

67 『成唯識論』 2(『大正藏』 31권, 10중). "如集量論伽他中說 似境相所量 能取相自證 卽能量及果 此三體無別"

68 親光菩薩等造 玄奘譯, 『佛地經論』 3(『大正藏』 26권, 303상-중). "集量論說 諸心心法皆證自體名爲現量 … 集量論中辯心心法皆有三分 一所取分 二能取分 三自證分 如是三分不一不異 第一所量 第二能量 第三量果"

라고 인용한 것과 동일한 내용임을 알 수 있다.

삼분설에 대하여 호법을 비롯하여 원측과 규기의 차이점은 없다. 사분설에 있어서도 원측은 삼분의 교리에서 성립된 것으로써『성유식론』에서 주장하는 것과 같이『후엄경(厚嚴經)』의 교리를 교증으로 삼아 호법이 사분설을 성립하였다고 설명하고 있다. 한편, 일본의 선주(善珠)는 원측이 주장하고 있는 사분의 성립과정설을 전적으로 존중하고 계승하면서 보충설명의 견해를 밝히고 있는데 즉, 일분설은 화엄의 교리라고 하였고 이분설은 원측의 설을 따르고 있다.

2. 태현의 견해

앞서 살펴본 것처럼 인식구조에 대한 심분설은 논사들 사이에서 치열한 논쟁을 야기시키며 일분설~사분설의 다양한 이론들이 주장되었는데 이 사분설의 주창자가 각각 누구였는지에 대하여 현장과 원측은 서로 다른 견해를 밝히고 있다. 이에 대하여 태현은『성유식론학기(成唯識論學記)』에서 현장의 주장을 인용하여 사분설의 주창자를 밝히고 있다.

> 삼장이 말했다. 안혜는 오직 하나의 자증분을 세웠고 화변(火辨)과 친승(親勝)은 오직 상분과 견분을 세웠다. 이들을 제외한 나머지 세 사람의 논사들은 공통적인 해석의 입장을 세웠다고 말할 수 있다. 호법과 친광은 비록 사분설을 세웠지만 공통적으로 진나의 삼분설의 해석을 허용한다. 그것은 진나의 제삼분의 개념은 내적으로 제사분의 개념을 포괄하고 있기 때문이다.[69]

태현은 일반적인 사분설 이외에 다른 인도 사상가들의 인식이론을 사분설과 관련지어 분류하고 있는데, 그는 정량부에서는 심에는 견분이 있고 소연상은 없다고[心上有見 無所緣相] 하였고, 청변은 오직 경상만이 있고 능연상은 없다고[唯有境相 無能緣相] 하였으며, 안혜는 모두 변계소집에 의한 것이기 때문에 체(體)만 있고 견분과 상분은 없다고[有體 無見相分 俱遍計

69 太賢集,『成唯識論學記』상본(『韓國佛教全書』3권, 489하-490상). "三藏云 安慧唯立一自證分 火辨親勝唯立相見 此除彼三餘師共釋 護法親光 雖立四分 且依共許 陳那三分 第三分內攝第四故"

故] 하였다고 설명하고 있다.[70]

그런데 태현은 사분설에 대하여 현장의 학설을 소개함과 동시에 원측의 견해를 소개하고 있는데 원측의 학설에 대하여서는 동의하지 않고 있다. 즉, 무착이 이분설을 주창하였다는 원측의 학설에 대하여 『금강반야경론송(金剛般若經論頌)』에 전해 오는 것은 식의 삼분설이고 이것은 무착의 저술이므로 무착이 이분설을 주창하였다고 하는 것은 사실과 다르다고 설명하고 있다.

> 무착과 세친이 이분설을 세웠다는 것은 오류이다. 『금강반야론』에서 말하기를 셋으로 나눈 까닭에 경에서 일체의 유위의 법은 마치 별의 숨은 빛이나 등불의 환영과도 같다. 두 가지 논을 함께 해석해 볼 때에 별의 숨은 빛은 견분과 상분을 비유로써 든 것이고 등불은 식의 체를 비유한 것이다. 이미 거기서 법의 비유를 든 것은 이와 같이 셋으로 구성되기 때문이다.[71]

그런데 태현의 이러한 주장은 과연 옳은 지적일까? 일반적으로 무착은 식의 이분화를 주장했다고 알려져 있기에 원측의 주장이 오류라고 단정 지을 수는 없다. 무착의 『금강반야경론송』에서는 관찰해야 할 유위법으로 견·상·식과 거처·신·수용의 두 가지를 들고 있다. 즉, 무착은 첫 번째의 유위법에서 인식의 구성요소로써 견(見)과 상(相) 그리고 식(識)을 열거하고 있는 것이다. 여기에서 문제는 과연 이것을 식의 이분화로 볼 것인가 아니면 삼분화로 볼 것인가 하는 점이다. 만일 식을 그냥 인식작용 일반에 대한 명칭이며 그 가운데 인식주관을 견분으로 보고 인식객관을 상분으로 본다면 이것은 의식의 구성요소를 두 가지로 보는 것이 된다. 사실 이렇게 보는 것이 통설이고 이것은 무착의 또 다른 저술인 『섭대승론』에서도 확인되고 있다. 반면에 견·상·식을 같은 의식 내부의 구성요소로 본다면 이것은 의식의 구성요소를 세 가지로 보는 것이 되며, 이 경우 견분과 상분 이외에 따로 식체로서의 식의 존재를 설정하는 것이 된다. 후자의 주장이 태현의 학설로써, 그는 등불의 비유가 식의 체의 존재를 지시하는 것이라고 확신하였던 것이다. 태현의 학설은 물론 통설과는 다르다고는 하겠지만 그럼에도

70 앞의 책, (『韓國佛教全書』 3권, 534상)

71 같은 책, “無着世親唯立二分 相傳謬矣 金剛般若論云三分故 經云 一切有爲法 如星翳燈幻 二論並釋 此中 星翳 喻見相分 燈喻識體 既彼法喻 現有三故”

틀린 학설이라고는 할 수 없고 삼분설의 기원을 진나 이전으로 소급하여 찾으려는 노력으로 보아야 할 것이다.[72]

3. 원효의 견해

앞서 살펴보았듯이 태현은 『성유식론』을 정의로 받아들이고 있으므로 제사분의 존재를 당연히 기정사실로 받아들인다. 그런데 이에 비하여 원효(617~686)는 『판비량론(判比量論)』에서 사분설에 대하여 비판적인 견해를 보이고 있다. 그러나 『판비량론』은 원효의 인식이론에 대한 일면을 볼 수 있는 중요한 저술이지만 안타깝게도 그 전문은 전해져 오고 있지 않다. 다만 다행스럽게도 태현이 『성유식론학기』에서 원효의 『판비량론』의 상당부분을 인용하고 있기에 그 내용을 복원하는데 귀중한 자료가 된다.

그런데 태현은 『판비량론』에서 원효의 견해를 인용하고 있지만 그의 주장에 동의하는 것이 아니라 오히려 비판적인 태도를 보이고 있다. 원효와 달리 호법설을 정통적 교리로 수용하고 있는 태현이 호법을 비판하는 원효에 대하여 동의할 수 없었던 것은 당연한 일이었을 것이다.

원효는 제사분의 존재가 필요하다는 주장과 제사분의 존재는 있을 필요가 없다는 주장을 대조시키고 있다. 원효는 이 두 가지 상반된 주장을 진나가 정립한 신인명(新因明)의 방식에 따라 재구성시키고 있는데 곧, 종(宗)·인(因)·유(喩)라는 인명의 삼단논법의 형식으로 구성하고 있다. 『성유식론학기』에서 인용하고 있는 『판비량론』에서 원효는 다음과 같이 말하고 있는데 이것을 삼단논법으로 설명하면 다음과 같다.[73]

> 자증필유즉체능증(自證必有卽體能證) 심분섭고(心分攝故) 유여상분(猶如相分)

> 종(宗) : 자증분은 반드시 체(體)에 맞는 능증(能證)을 갖아야 한다.
> 인(因) : 그것은 심분(心分)에 포섭되는 것이기 때문이다.
> 유(喩) : 마치 상분의 경우와 같다.

---

72 方仁, 『太賢의 唯識學說 硏究』, 박사학위논문(서울: 서울대학교 대학원, 1994), 134-138면.
73 『成唯識論學記』 중본(『韓國佛敎全書』 3권, 535상-중)

자증응비심분소섭(自證應非心分所攝) 이무즉체지능증고(以無卽體之能證故) 여토각등(如兎角等)

종(宗) : 자증분은 심분에 포섭되어서는 안 된다.
인(因) : 체(體)에 맞는 능증(能證)이 없기 때문이다.
유(喩) : 마치 토끼의 뿔의 경우와 같다.

원효는 첫 번째 추리를 전비량(前比量)이라고 부르고 두 번째 추리를 후비량(後比量)이라고 부르면서 두 가지가 모두 사비량(似比量)으로써 참이 아니라고 주장하고 있는데, 그것은 두 가지 주장이 모두 부정과(不定過)를 범하고 있기 때문이다. 즉, 사분설의 주장을 논파하기 위하여 두 가지의 추론을 대조시켰다고 보인다.

위의 두 가지의 추론이 모두 부정됨으로써 제사분인 증자증분이 존재해야 한다는 주장은 논파된다. 그러므로 원효는 제사분이란 그 말은 있지만 그 뜻은 없다는 것을 마땅히 알아야 한다고 주장한다. 여기에서 원효는 호법의 사분설보다는 진나의 삼분설을 인정하고 있었음을 짐작할 수 있다. 원효의 비량(比量)은 제사분의 존재를 부정하기 위하여 구성된 것이었다.

이와 같이 원효는 제사분의 존재를 부정하고 또한 그 부정을 입증하기 위하여 상위비량(相違比量)을 구성하였다. 그러나 원효의 이러한 견해는 제사분의 존재를 부정함으로써 증자증분의 존재를 긍정하는 호법 계통의 신유식파의 학승들로부터 맹렬한 공격을 받게 되었다. 그들은 원효의 비량(比量)에 대신하여 자신들 나름대로 사분설을 옹호하기 위하여 추론하였는데 여기에는 원측과 규기 그리고 도증의 비량(比量)이 있다.

태현의 『성유식론학기』에 다음과 같이 원측과 규기의 논증이 실려있다.[74]

[원측] 제삼자증정유능증(第三自證定有能證) 시심분고(是心分故) 유여견분(有如見分)

종(宗) : 제3의 자증분에는 반드시 능증[증자증분]이 있어야 한다.
인(因) : 이는 심분에 포섭되는 까닭이다.

74 『成唯識論學記』 중본(『韓國佛教全書』 3권, 535상)

유(喩) : 견분의 경우와 같다.

[규기] 제삼심분응유능조지심(第三心分應有能照之心) 심분섭고(心分攝故) 유여견분(猶如見分)

종(宗) : 제3의 심분에 능조(能照)의 심[제4분]이 있어야 한다.
인(因) : 심분에 포섭되는 까닭이다.
유(喩) : 견분의 경우와 같다.

원측과 규기의 비량(比量)을 비교해 보면 원측의 '능증이 있어야 한다'라는 표현을 규기는 '능조지심(能照之心)이 있어야 한다'라는 표현을 바꾸어 쓰고 있을 뿐 사실상 두 분의 주장은 동일한 것임을 알 수 있다. 원측과 규기의 주장은 요컨대 제4분의 존재가 필요하다는 것으로써 그것을 '능조지심(能造之心)'이니 혹은 '능증'이니 하는 용어로써 표현하고 있는 것이다. 그런데 두 분의 논증을 음미해 보면 결국 '심분에 포섭되는 것은 체에 맞는 능증을 갖는다'는 논리로써 이것은 바로 원효가 비판했던 전비량(前比量)의 기본명제임을 알 수 있다. 여기에서 심분에 포섭되는 것은 제삼분이 되고 체에 즉하는 제사분이 되므로 앞의 명제는 곧 '제삼분은 제사분을 갖는다'라는 명제와 같은 의미가 되게 된다. 다시 말하면 심분은 능취와 소취의 관계를 가지므로 제삼분을 소취로 삼는 능연인 능조지심(能照之心)이 있어야 한다는 것이다.

한편 원측의 제자였던 신라의 도증은 원효의 비량에 과오가 있음을 지적하고 그것을 사능파(似能破)[75]라고 주장하였다. 도증이 원효의 추리를 사능파라고 정의한 것은 원효가 반박했던 명제가 오히려 진능립(眞能立) 즉, 올바른 추론이라는 것을 의미한다. 현장과 원측의 맥을 잇는 도증은『성유식론』의 주장을 따르는 신유식학파의 일원이었기에 그가 제사분의 존재를 주장하는 입장에 서있다는 것은 당연한 것으로, 원효는 제사분의 존재를 부정하기 위하여 추론식을 세웠는데 도증 등은 제사분의 존재를 입증하기

75 인명(因明)에서는 추리를 세우는 자를 입자(立者)라고 하고 그 추리에 대해 반박하는 자를 적자(適者)라고 한다. 또 입론(立論)의 올바른 추리를 진능립(眞能立)이라고 하고 입론의 그릇된 추리를 사능립(似能立)이라고 하며, 상대의 립론을 반박하는 추리가 올바른 경우를 진능파(眞能破)라고 하고 그릇된 경우를 사능파(似能破)라고 한다.

위하여 또 다른 비량(比量)의 추론식을 시도했던 것이다. 도증이 세웠던 비량은 다음과 같이 선주(善珠)의 『인명론소명등초(因明論疏明燈抄)』에[76] 인용되어 있어서 일본에도 도증의 비량(比量)이 알려져 있음을 알 수 있다.

> 제삼분(第三分) 정유비견즉체능증(定有非見卽體能證) 심분소섭능연려고(心分所攝能緣慮故) 유여견분(猶如見分)

> 종(宗) : 제삼분에는 반드시 견분이 아닌 체[자증분]에 맞는 능증[제사분]이 있어야 한다.
> 인(因) : 심분에 포섭되어 외계의 사물을 보고 생각하는 능동적 작용을 할 수 있는 까닭이다.
> 유(喻) : 견분의 경우와 같다.

위에서 보듯이 도증은 원효와는 달리 원효가 논파한 전비량(前比量)의 자증분에는 반드시 체[자증분]에 맞는 능증이 있어야 한다는 종(宗)의 대명제에 따르고 있다. 그리고 인에 있어서는 심분에 포섭되기 때문이라는 이유는 동일하다고 볼 수 있는데, 다만 도증은 인(因)에 있어서도 더욱 구체적으로 외계의 사물을 보고 생각하는[緣慮] 능동적 작용을 할 수 있기 때문에 부가적인 조항을 추가한 것이다. 그러나 유(喻)에 있어서는 원효가 마치 상분의 경우와 같다는 예를 든 것과는 달리 도증은 마치 견분의 경우와 같이라는 다른 예를 든 것이 다른 점이라고 하겠다.

또한 위에서 이미 살펴보았던 태현도 원효의 비량의 오류를 지적하고 있는데, 그는 원효가 심분 개념을 잘못 이해하고 있기 때문에 잘못된 논리적 결론을 얻을 수밖에 없었다고 설하고 있다. 태현은 인(因)의 심분에 포섭되는 예로 상분을 들면서 사분설을 논파하고 있는 원효가 잘못이라고 비판하였는데, 이것은 원측·규기·도증의 관점이기도 하다. 그것은 이들이 사분설을 옹호하기 위하여 세운 추론식의 유(喻)의 명제가 한결같이 '견분의 경우와 같다'라는 형식을 취하고 있는 것에서 명백하게 알 수 있는 것이다.

76 善珠撰, 『因明論疏明燈抄』(『大正藏』 68권, 426)

Ⅵ. 사분과 식과의 상관관계

사분의 기능에 대한 설명으로 『성유식론술기』에서 능소연의 구별을 잘 보여 주고 있다.[77] 견분은 자증분이 발하는 용(用)으로써 상분을 대상으로 하여 요별하기 때문에 상분과 견분을 외연이라고 하며, 자증분은 피차 자체만을 내증하기 때문에 내연이라고 한다. 예를 들면 눈동자가 외부의 사물을 대하였을 때 안식이 순간에 전변하여 떠오르는 영상의 전모가 바로 상분이며, 견분은 비추어 봄[見照]의 의미로써 "상분은 소연이요 견분은 행상이라 이름한다"고[78] 한 말과 같이 상분에 나타난 사물의 영상을 비추어 보아 요별하는 것이다. 그러나 견분은 삼량 중에서 보존할 수 없으며, 자증분은 상분과 견분의 의지처인 동시에 현량에 속하므로 견분의 모든 행적을 보존할 수 있는 자격이 있고, 증자증분은 자증분과 서로 반연하면서 자증분의 행적을 재검토하는 것이다.

선주(善珠)의 『유식분량결』과 충산(忠算)의 『사분의극략사기(四分義極略私記)』[79]에서 설명하고 있는 사분의 실체를 정리하여 각 식의 상분관계를 살펴보면 다음과 같다.

① 안·이·비·설·신 등의 전오식은 색·성·향·미·촉 등의 전오경을 상분으로 하며,
② 제육식은 십팔계의 법진(法塵)을 상분으로 하는 바, 이는 심법과 색법을 모두 상분으로 하고 있음을 알 수 있고,
③ 제칠 말나식은 제팔식의 견분을 반연하여 아와 법의 모습을 하고 또는 제육의 근계를 상분으로 하며,
④ 아울러 제팔 알라야식은 종자와 육근과 기계를 상분으로 한다.

한편 사분을 내외로써 분별하면 상분과 견분은 밖[外]에 있고, 자증분과 증자증분은 안[內]에 있다.[80] 그 내·외의 의미는 바로 상분은 바깥의 영상

77 『成唯識論述記』 3본(『大正藏』 43권, 320중). "此四分中相見分名外見緣外故 三四名內證自體故"
78 『成唯識論』 2(『大正藏』 31권, 10상). "相分是所緣 見分名行相"
79 忠算撰, 『四分義極略私記』 상(『大正藏』 71권, 455상)
80 『成唯識論』 2(『大正藏』 31권, 10중). "此四分中 前二是外 後二是內"

으로 바깥과 비슷하기 때문에 외라고 하고 견분은 이 외의 상분을 연하여 외와 비슷하기 때문에 외라고 하는 것이며, 자증분과 증자증분은 체내로써 내연이 되기 때문에 내라고 한다는 것이다. 그런데 견분은 이러한 외연의 용으로써 내연이 될 수 없다고 한다면 제칠의 견분이 제팔의 견분을 연할 때 소연은 이미 안의 마음[內心]이므로 능연의 견분은 반드시 외연에만 한하지 않는 듯하지만 결코 그런 것은 아니다. 제칠 견분이 제팔 견분을 연함에는 바로 안의 마음을 반연하는 것이 아니고 반드시 상분을 변현해서 반연하기 때문에 이것은 역시 외연이고 내연이라고는 말할 수 없는 것이다. 즉, 상분심은 실재의 안의 마음이 아니기 때문이다.

그렇다면 제이중(第二重) 이하에 있어서 후삼분(後三分)이 소연일 때 또한 그 상분을 연한다고 한다면 그 능연의 후이분(後二分)은 내연이 아닌 것처럼 보이는 것에 대해서는 어떠할까? 역시 내연임을 잃지 않는다고 한다. 원래 후삼분은 동일 능연 중의 의용(義用)이므로 제이중 이하의 능연인 제이분은 친소연의 체를 반연하고 따로 상분을 띄워서 반연하는 것은 아니다. 따라서 이것은 내연이라고 말할 수 있는 것이다. 이렇기 때문에 후삼분은 소연이 됨과 동시에 능히 외계의 사물을 보고 생각하는 작용이 있는 것이므로 타인 마음 또는 자기의 전후심 등은 어느 것이나 별체의 법이기 때문에 그것을 반연함에는 반드시 상분을 변하는 소위 상분심인 비연려(非緣慮)의 법과는 크게 다른 것이다.

우리의 인식은 심식이 사물을 양탁(量度)하는 능량과 양탁되어지는 사물인 소량 그리고 능량작용을 자각하는 양과의 삼량에 의해서 완성된다고 하겠는데, 사분을 삼량에 비교해 보면 상분은 오직 헤아려지는 대상인 소량이 되고 견분은 그 대상[상분]을 능히 헤아리는 능량이 된다. 그리고 자증분은 대상을 헤아린 숫자로써 양과가 되며[第一重] 또 견분이 소량이 되고 자증분이 능량이 되며 증자증분이 양과가 된다[第二重]. 다시 자증분이 소량이 되고 증자증분이 능량이 되며 또한 자증분이 양과가 된다[第三重]. 한편 증자증분이 소량이 되고 자증분이 능량이 되며 또한 증자증분이 양과(量果)가 된다고 하여 호법은 그 학설을 견고하게 하였던 것이다[第四重]. 한편 모든 심법의 인식은 현량(現量)·비량(比量)·비량(非量)의 어느 것에서도 벗어나지 않는다. 현량(現量)이라는 것은 바로 앞에 대하는 경계를 직관하는 바른 인식이고, 비량(比量)은 바로 앞의 경계로부터 바로 앞에 있지 않은 경계를 추론하여 아는 바른 인식이며, 비량(非量)은 직관이나 추론하여 앎 어느 것에라도 그 인식이 그릇된 것을 말한다. 그런데 사분에서 상분은 능연이 아니기 때문에 삼량을 논할 것이 없고 이것을 논하는 것은 후삼분에 있어서이다. 그 후삼분 중에서 견분은 삼량에 통하고 후이분은 다만 현량에만 한한다. 단 후이분은 제식 어느 것이나 현량 뿐이지만 견분에 있어서는 제식에 다름이 있다. 전오식과 제팔식은 현량에 한하고 제칠식은 비량(非量)에 한하며 제육식은 삼량에 통한다.[81]

이미 살펴본 것처럼 사분이 능연과 소연의 성질이 있다면 역시 인연·등무간연·소연연·증상연 등의 사연과도 관계가 있음이 틀림없다. 먼저 인연에 대해서는 상분과 견분의 종자는 제8식 상분에 포섭되며 능히 앞으로의 견조를 발생하기 때문에 인연이라고 한다. 다시 말하면 상분과 견분의 종자는 제팔식의 상분으로써 다시 견분의 현행을 생함이 인연의 뜻으로 곧, 종자가 현행을 생하고 현행이 종자를 훈습한다는 의미이다. 또 증상연은 다른 법에게 힘을 주고 장애가 되지 않는다는 뜻이며, 소연연은 경계나 식체가 능히 마음의 모습을 발생하여 마음 중에 나타나게 하는 대상을 말한다. 즉, 상분은 견분의 소연이 되기 때문에 소연연이라 한다. 그리고 상분과 자증분은 증상연과 인연의 뜻이 있다. 인연은 상분이 훈습한 종자와 자증분이 훈습한 종자와 제팔식에 본래 간직된 본유종자 등 세 가지가 합하여 자증분을 생하게 하기 때문에 인연의 뜻이 성립되는 것이며, 증상연은 역시 앞의 세 가지 종자가 서로 증상(增上)하기 때문이다. 다음으로 견분은 상분에 대해서 오직 증상연의 관계가 있을 뿐이고, 견분이 자증분에 대해서는 증상연과 인연의 두 가지가 있다. 또한 자증분은 견분에 대해서 오직 증상연만 있을 뿐이며, 견분이 증자증분에 대해서 그리고 증자증분이 견분에 대해서는 오직 유일하게 증상연 하나가 있을 뿐이다. 또 자증분은 증자증분에 대해서 혹은 증자증분이 자증분에 대해서 증상연과 소연연 두 가지의 관계가 있을 뿐이다. 등무간연은 순전히 8식의 현행에서 있게 되는데 사분 중에서는 견분과 자증분에 한하여 있으며 상분과 증자증분에는 없다고 한다. 그런데 사분에는 본식의 종자와 관련되므로 칠전식(七轉識) 및 심소와 같이 인연의 의미가 있다고 한다.[82]

---

81 『成唯識論』 2(『大正藏』 31권, 10중). "謂第二分但緣第一 或量非量或現或比 第三能緣第二第四 證自證分唯緣第三 非第二者以無用故 第三第四皆現量攝"

82 무릇 제법이 생기함에 있어서 사연이 있다. 그 가운데 등무간연과 소연연과는 심법의 생기에 국한하고, 인연과 증상연과는 색·심이 제법의 생기에 통한다. 따라서 색법은

Ⅶ. 사분설의 의미

"[식을 떠나] 따로 실재하는 것이 있거니와, 이는 능변과 소변을 여읜다는 것을 어찌하여 허용하지 않는가?"[83]라는 질문은 식을 초월한 실재로서의 대상에게까지 식을 소급시키고 있다. 이 질문의 의도는 다름 아닌 식이 식 밖의 대상에 관련된 식이라면 대상은 애당초 식에서 독립된 것으로써 실재한다는 것을 반증하는 셈이 되므로 식의 외부에 실재하는 대상이 없다는 말은 오류임이 판명된다는 것이다. 따라서 여기에서 두 가지 문제를 분명히 해야 하는데, 하나는 '실재[實物]'에 관한 것이고 다른 하나는 '유식'에 관한 것이다.

이에 대해 『성유식론』에서는,

> 이 바른 이치에 의거해서 그 실체의 자아와 실체의 법은 식이 전변된 것에서 떠나서는 모두 반드시 존재하지 않는다. 능취와 소취를 떠나서는 별도의 사물이 없기 때문이다. 참으로 존재하는 사물로써 두 가지 양상[능취·소취]에서 떠난 것이란 없기 때문이다. 따라서 모든 유위법과 무위법은 실체의 법[實法]이든 허망된 법[假法]이든 간에 모두 식에서 떠나지 않는다. —『유식삼십송』의 제17송에서 — '오직[唯]'이라는 말은 식을 떠난 실체의 사물을 부정하기 위한 것이고, 식을 떠나지 않는 심소법 등은 아니다.[84]

라고 실재로서의 아[자아]와 실재로서의 법[실법]을 실재로서 설명하고 있다. 그런데 이 실재는 파악작용과 파악된 것에 의거해 거짓[假]으로 시설된 것이다. 따라서 실재라는 것은 그 자체로 있는 것이 식체소변의 견분·상분을 소의로 한다. 이 때문에 식을 떠나 실재하는 것으로 간주된 아·법의 존재는 단지 허망한 계탁[妄情]에 의해 집착된 변계소집에 지나지 않는 것이다.

인연·증상연의 두 가지 연(緣)에 의해서 생기고, 심법은 갖추어진 인연을 가적(假籍)해서 생기하는 것이다. 또한 이러한 인연은 모두 색·심 제법의 생기의 연유로써 든 것이지만 특히 유소의(有所依)라고 말하는 심법의 소의를 입장으로 하여 말한다면 세 가지가 있으니 인연의(因緣依)·증상연의(增上緣依)·등무간연의(等無間緣依)라고 한다.

83 『成唯識論述記』 7말(『大正藏』 43권, 487중). "問有別實物離能所變 有何所以不許."

84 『成唯識論』 7(『大正藏』 31권, 38하). "皆能變似見相二分 立轉變名所變見分說名分別 能取相故 所變相分名所分別 見所取故 由此正理彼實我法離識 所變 皆定非有 離能所取無別物故 非有實物離二相故 是故一切有爲無爲若實若假 皆不離識 唯言爲遮離識實物 非不離識心所法等"

일체는 식에 의해 전변된 것이며 또한 식을 여의지 않는다는 것이 바로 유식이란 용어가 의미하는 것이다. 실재는 지각은 물론 추리에 의해서도 알려지는 것이 아니므로 실재를 주장하는 것은 거짓에 불과하다. 『성유식론』에서,

> 문: 참으로 외부대상은 없고 오직 내부의 식만이 있어서 외부대상으로 현현한다는 것을 어떻게 이해해야 하는가?
>
> 답: 실체로서의 자아[實我]와 실체로서의 법[實法]은 있을 수 없기 때문이다.[85]

라고 하고 있듯이, '얻을 수 없다[不可得]'이라는 말은 실재로서의 자아와 법은 현량 및 비량(比量)을 통하여 파악되는 것이 아니라는 의미이다. 곧, 외계의 실재는 지각적 판단의 대상도 추리의 대상도 아니라는 것이다.[86]

따라서 식의 외부에 실재가 존재한다는 것은 전도된 견해이며, 식 밖의 실재는 문자 그대로 수수께끼이다. 식 외부의 실재는 비유하면 허공의 꽃[空華]과 같고 토끼의 뿔[兎角]과 같은 것이어서 참된 의미의 대상이 아니다. 왜냐하면 이들은 올바른 인식수단에 의해서 얻어진 것이 아니기 때문이다. 또한 이들은 근거 부재의 허상이니 이들이 연기의 도리에 의해서 현현된 것이 아니기 때문이다. 실재란 것은 다만 허망한 마음이 그릇된 계탁(計度)으로써 정립한 신기루에 지나지 않는 것이며, 그러므로 일체는 오직 식뿐이다.

위에서 마음 밖의 실재가 망념에 의해 계탁된 변계소집에 불과한 것임을 살펴보았는데 그것은 이들이 현량 및 비량(比量)의 대상이 아니기 때문이다. 변계소집이란 안의 식이 변화된 것인 견분과 상분에 의거하여 마음 밖의 실재로 정립된 법이라는 것이다. 즉, 마음 밖의 실재를 변계소집의 법이라고 단정 짓는 근거는 이들의 타당한 인식수단[量]인 현량 및 비량(比量)의 대상이 아니기 때문인 것이다. "일체유식 심외무경(一切唯識 心外無境)"을 천명함에 있어서 『성유식론술기』에서는 다음과 같이 설명하고 있다.

> 유위법과 무위법은 실재의 의타(依他)로써 별도의 종자로부터 생하는 것이든 아니면 항상 머무는 실법이나 불상응행의 가법(假法)이나 병(甁) 등의

85 앞의 책, (『大正藏』 31권, 1중). "云何應知 實無外境唯有內識似外境生 實我實法不可得故"
86 『成唯識論述記』 1본(『大正藏』 43권, 244중). "謂實我法 現比二量所不能成"

> 가법이든 일체가 모두 식을 여의지 않는다. 유위법은 식의 변화된 바이고 무위법은 식의 체(體)가 된다. 이들은 모두 식의 외부에 있는 것이 아니다. 이것을 '식을 여의지 않는다'라고 한다. 일체의 체가 하나의 식이 된다는 의미에서 유식이라고 일컫는 것은 아니다.[87]

여기에서 포괄적 의미의 유식의 뜻을 나타내고 있음을 볼 수 있다. 견분·상분의 유위법은 식소변이 된다. 심소법은 심왕에 수반되며 심왕과 상응하는 법이다. 색법은 식이 변현한 것이다. 불상응행법은 색법·심법·심소법 위에 나뉘어져 거짓으로 세워지는 가법이다. 진여는 식의 체가 된다. 그러므로 심법·심소법·색법·불상응행법은 모두 유식이라는 개념에 포괄되며 이것은 또한 오온·십이처·십팔계가 모두 식 안에 포함된다는 의미이기도 하다. 오온·십이처·십팔계는 '일체'를 가리킨다. 따라서 '일체유식'이라는 술어가 함축하는 바는 여기에 이르면 보다 구체적이 된다. '일체유식'이라는 술어는 곧 오온·십이처·십팔계 등이 식을 여의지 않는다는 뜻이다. 따라서 '유식무경'이란 술어도 이제 명확해진다. 그것은 달리 표현한다면 오온·십이처·십팔계 등은 식자체분이 전변한 능연의 견분이나 소연의 상분에 포함된다는 의미인 것이다.

한편 유식의 뜻은 중도의 진리와 결합함을 알아야 한다.[88] '식이 있다'고 할 경우 이것은 식의 고유한 존재방식인 의타기성을 가리키는 것이지 식이 실재로 마음 밖에 있다는 것을 말하는 것이 아니다. 변계소집은 그것이 어떤 성격을 지닌 것이든 단지 식의 있음의 방식에 의존해 능변계의 마음이 부수적으로 정립한 이차적인 파생태에 지나지 않는 것이다. 이런 대상은 단지 주관적인 망정(妄情)이 마음 밖의 실재로서 건립한 신기루에 불과하다.

지금까지 살펴본 것처럼 우리의 정신생활 하나하나는 사분작용이 아닌 것이 없고 심지어 최초의 번뇌까지도 사분작용에 의하여 전개되고 있음을 알 수 있으며 아울러 불교의 심식사상에 있어서 사분설이 얼마나 중요한가를 확인할 수 있었다. 왜냐하면 사분이 바로 8식의 핵이 되기 때문이며, 사실 사분작용을 빼고서는 논할 수가 없기 때문이다. ❁

황수산 (동국대)

---

87 앞의 책, (『大正藏』 43권, 487중). "有爲無爲若實 依他有別種生 或常住實法 不相應假法 瓶等假法 一切皆是不離識 有爲識所變 無爲識之體 皆非識外有 名不離識 非一切體即是一識名爲唯識"

88 여기에서의 중도는 非有非無의 空性中道가 아닌 依他起性의 唯識中道를 말한다.

불상응행법

범 viprayuktasaṃskāra(dharma) 장 mi ldan pa yi 'du byed rnams
한 不相應行(法)

I. 어원적 근거 및 개념 풀이

불상응행법은 아비달마불교에서 일반적으로 생멸변화하는 모든 현상의 작용적 원리를 탐구할 경우 쓰이는 말이다. 작용적 원리라는 것은 존재라는 인식의 구조 안에서 실재하고 있지만, 그 형태나 속성은 명확히 알 수 없는 추상적인 개념이다. 따라서 불상응행법은 불교 경전에서 비색비심불상응행법(非色非心不相應行法)이라는 넓은 의미에서 사용되고 있으며, 줄여서 심불상응행(cittaviprayukta, 心不相應行), 불상응행법(viprayuktasaṃskāra dharma, 不相應行法), 불상응법(viprayukta dharma, 不相應法) 등으로 사용되는 경우가 있다. 불상응행법의 어원적인 분석을 하여보면, 불상응은 범어로 viprayukta(vi+pra+√yuj+ta)에서 유래된 과거분사형이다. viprayukta는 사전적 의미로 하여 상응·화합의 뜻이며, 접두사 vi가 첨가 되여 형용사로 '상응하지 않는' 뜻으로 명사를 수식하고 있다. 이 형용사가 수식하는 행법(saṃskāra dharma)은 일체의 유위적인 개념으로써 조작의 의미로 쓰이는 것이 불교의 일반적인 해석이다. 따라서 불상응행법이라는 말은 '서로 상응하지 않는 조작된 법'이라는 개념이 된다. 사실 불상응행법은 유부가 창안한 독창적인 교의가 되기 때문에, 먼저 유부의 개념을 중심으로 그 개념을 살펴보기로 한다.

유부 논서 『입아비달마론』 상권[1]에서 불상응이란 마음으로부터 지각되는 소의(所衣)·소연(所緣)·행상(行相)·시(時)·사(事) 등 다섯 가지 점에서 항상 평등하게 관계하기 때문에 불상응이라고 설명되고 있다.[2] 또한 『아비달마장현종론』[3]에서는 온갖 법은 마음과 상응하지 않기 때문에 심불상응행이라고 이름 한 것이고, 심소처럼 마음과 더불어 동일한 소의·소연을 상응하여 함께 일어나는 것이 아니라고 한다. 그럼에도 심(心)이라는 말을 더한 것은 불상응행법의 각각의 요소들이 마음과 서로 관계하는 종류임을 나타내기 위한 것이라고 설명하고 있다. 따라서 유부의 불상응행법은 유위법의 범주에 속하게 되며, 더불어 무위법도 마음과 관계하는 종류이지만 소의와 소연을 가지 않기 때문에 역시 불상응이라고 설명하고 있다.

유부는 불상응행법을 무위법과 구별하기 위해서 다시 행법(行法)이라고 기술하고 있다. 이와 같은 설명은 불상응행법이라는 것은 물질[色]·의식[心]·정신적 활동[心所法]·무위법(無爲法)의 세계와 완벽하게 구별되는 실제의 범주로 설명하는 것이다. 이를테면 존재양식에 관한 관념을 추상화시켜 얻은 개념이며, 또한 실재하지는 않으나 무엇인가를 설정하기에 행법이라고 하는 것이다. 따라서 유부에서는 유위법에 근거하여 불상응행법을 각기 개별적 실체로 인정하면서, 이를 행온(行蘊)의 성질을 가지고 있는 현상계의 '일정한 세력'으로 간주하고 있는 것이다.

이와 같은 개념을 배경으로 하여 유부는 불상응행법을 설명할 경우 오온설 중에 행온과 5위법에 적용하여 사용하고 있다. 먼저 유부가 불상응행법

---

1 『입아비달마론』 상권 (『大正藏』 28, 981하-982상)

2 이에 반하여 『구사론』 권4에서는 이러한 심왕과 심소의 관계를 오의평등(五義平等)으로 나누어 설명하고 있다. 즉 소의평등(所依平等), 심왕이 안근에 의지하면 심소도 안근에 의지함을 말한다. 소연평등(所緣平等), 심왕이 푸른 경계를 조건으로 하면, 심소도 역시 푸른 경계를 조건으로 삼은 것을 말한다. 행상평등(行相平等), 심왕이 푸른 색을 알면 심소도 푸른색을 알게 됨을 말한다. 시평등(時平等), 심왕이 일어날 경우 심소도 동시에 일어나는 것을 말한다. 사평등(事平等), 심왕의 체가 하나이면 심소의 체도 하나가 됨을 말한다.

3 『입아비달마론』 상권 (『大正藏』 28, 995하)

을 오온설 중에 행온에 포함시켜 사용된 경우를 살펴보자. 초기불교이래 행온은 조작되고 변천되는 모든 집합체로 통용되기에 유부에서는 이러한 통념에 기초하여 불상응행법을 오온설의 행온에 비추어 설명하고 있는 것이다. 예를 들어보면 『품류족론』[4]에 "어떤 것을 행온이라고 하는가? 행온에는 두 가지가 있으니, 첫째는 심상응행온이요, 둘째는 심불상응행온이다. … 이와 같이 심상응행온과 심불상응행온을 통틀어 행온이라고 한다." 이와 같은 설명은 『법온족론』[5]에서도 똑같이 기술되고 있다. 『대비바사론』[6]에서도 불상응행법을 행온에 비추어 설명하고 있다. 『구사론』[7]에서도 불상응행법에 관하여 "온갖 법은 마음과 서로 응하지 않고 물질 따위도 아닌 성질이니 행온에 소속 된다"고 표현하고 있다.

다른 한편으로 5위법을 기준으로 불상응행법의 쓰임새를 살펴보면 다음과 같다. 『품류족론』 제5권[8]에 보면 유위법은 색법(rūpa dharma), 심법(citta dharma), 심소법(caitasika dharma), 불상응행법(viprayukta dharma) 등으로 나누어 설명되고, 마지막으로 무위법(asamskṛta dharma)을 둔 것이 그 좋은 예이다. 이 중에서 무위법은 변화하지 않는 상주의 존재로 하여 시간·공간을 초월한 비현상법(非現象法)으로 설명되는 것이 일반적이다. 다른 4가지 법은 모두가 생멸변화는 유위법으로 간주되고 있는데, 이 중에서 색은 물질, 심은 인식작용의 주체 그리고 심소법은 심의 종속적인 성질·상태·작용 등을 의미로 사용되고 있다. 반면 불상응행법은 물질도 아니며 마음의 작용과 그 종속적인 성질도 아닌 유위법으로 사용되고 있다. 왜냐하면 유부는 불상응행법이라는 법의 분류를 통하여 모든 사물에게는 존재하는 원인이 되고, 자체는 존재만인 양식으로 어떤 법을 설정하였기 때문이다.

이러한 불상응행법의 개념적 정의에 대하여 경량부의 영향을 받은 유가행파의 논서나 대승경전에서는 다만 대상 자체의 상속 상에 나타나는 모든 상태를 개념적으로 가설한 것(prajñapti)으로 간주하기에, 가유(假有)의 법이라 하여 불상응행법의 실유적인 관점을 부정한다. 『유가사지론』 53권[9]

---

4 『품류족론』(『大正藏』 26, 699중)
5 『법온족론』(『大正藏』 26, 4968중)
6 『대비바사론』(『大正藏』 28, 458상)
7 『구사론』(『大正藏』 29, 22상)
8 『품류족론』 제5권(『大正藏』 26, 712하)
9 『유가사지론』 53권(『大正藏』 30, 593중)

에 보면 "어떠한 인연으로 불상응행이라고 하는가? 답하여 가상(假想)이기 때문이다"라고 설하고 있다. 또한 『섭대승론』에 제1권[10]에서는 경량부의 교설 중에 불상응행법은 비실체(非實體)하다고 설명하고 있다. 『현양성교론』[11]에서는 불상응행이란, 모든 행이 마음법과 물질법의 한계와 위치에서 임시로 시설한 성질이라고 설명하고 있다.

Ⅱ. 역사적 전개 및 텍스트별 용례

불상응행법에 대한 불교사상의 역사적 전개에 있어 초기불교에서는 불상응행법에 대한 정확한 사용이 보이지 않는다. 초기불교가 지나고 아비달마불교 시대가 되면서, 『아함경』의 교설을 정리·분석하는 아비달마적 경향이 발생하게 된다. 아비달마불교를 대표하는 대중부와 상좌부의 불상응행법을 알아보면 다음과 같다. 대중부는 구체적이지는 않지만 나름대로 심불상응행법과 심상응행법을 수면(睡眠)과 전(纏)으로 나누어 설하고 있다.[12] 『이부종륜론』[13]에 보면 수면은 심도 아니고 심소의 법도 아니고 또한 대상도 없기에 수면은 일반적으로 전과 다르기에, 수면은 불상응이며 전은 심상응이라고 구별하여 설하고 있다. 즉 번뇌의 종자를 '수면'이라 말하고, 현행(現行)하는 모든 번뇌를 '전'이라고 한다는 것이다. 실제 대중부는 불상응행법의 실체를 구체적 언급하고 있지 않지만, 번뇌에 관련하여 수면과 전의 의미상의 구별을 통하여 미약하나마 불상응행법의 의미를 언급하고 있다.

상좌부는 마음의 작용을 심상응법으로 분류하여 인식주체의 문제와 그 부수적인 활동을 탐구하는 본격적인 심상응법의 체계를 세운다. 상좌부는 심·의식 등의 주체를 심법(心法) 내지 심왕(心王)이라고 하였으며, 수(受)·상(想)·사(思)라고 하는 마음의 상태와 속성은 심소법 또는 심상응법이라

10 『섭대승론』에 제1권 (『大正藏』 31, 380상)

11 『현양성교론』 (『大正藏』 31, 484상)

12 수면(睡眠, anuśaya)이라는 것은 마음속에 감추어진 불선의 경향을 말한다. 또한 번뇌의 잠제적인 상태 및 번뇌가 표면에 나타나지 않은 잠재적인 상태를 말하기에 번뇌의 종자라고 한다. 전(纏, parya vasthāna)이라는 것은 번뇌가 실제로 작용하는 상태를 말한다. 말하자면 마음의 작용에 감추어진 번뇌의 세력이 현세적으로 나타나는 것을 지칭하는 것이다.

13 『이부종륜론』 (『大正藏』 49, 15하-16상)

는 이원적인 체계를 세우고 있다. 이렇게 심상응이라는 법의 체계를 세우는데 있어 상좌부는 아비달마불교에서 중요한 역할을 담당하였지만, 불상응행법이라는 법의 체계를 세우지는 못하였다.

불교사상에 있어 불상응행법의 체계를 세운 것은 유부의 공헌이 지대하였다. 실제 유부는 상좌부의 심상응(心相應)이라는 이론을 수용하여 의식세계의 개념을 더욱 명확히 하고 있으며, 더 나아가 현상의 존재와 본질에 관련된 원리를 탐구하게 된다. 이런 관점에서 유부는 심불상응행법의 분류에 있어 독보적인 차원에서 아비달마불교의 입장을 대변하고 있으며, 또한 유부 자체의 교학적인 관점에서 시대의 변천에 따라 그 내용이 상이함을 갖추고 있다. 불상응행법이 처음으로 언급된 유부 논서는 『품류족론』과 『법온족론』이다. 이 두 경전은 불상응행법을 득(得), 무상정(無想定), 멸정(滅定), 무상사(無想思), 명근(命根), 중동분(中同分), 의득(依得), 사득(事得), 처득(處得), 생(生), 노(老), 주(住), 무상사(無常事), 명신(名身), 구신(口身), 문신(文身) 등 16가지 요소로 간주하고 있다. 이 중에서 의득, 사득, 처득이라는 세 가지 요소들을 제외한 나머지 13가지 요소들은 유부의 다른 논서에서도 빠지지 않고 사용되는 중요한 요소가 되며, 유부 계통의 주석서의 성격에 따라 몇 가지 요소들이 첨가·삭제되고 있다.

유부의 대표적인 논서인 『발지론』과 이에 대한 주석서인 『대비바사론』에서는 불상응행법의 정확한 수가 언급되어 있지 않지만, 불상응행법의 요소들이 산발적으로 소개되고 있다. 다만 오온 중에 행온을 설명할 경우 심상응행과 불상응행으로 나누어 설명하는 경우가 있다. 『대비바사론』의 주석서인 심론 계통의 『아비담심론』[14]과 『입아비달마론』[15]에서는 구체적으로 14가지 불상응행법이 언급되고 있다. 또한 『구사론』[16]과 『아비달마장현종론』[17]에서는 득(得), 비득(非得), 중동분(衆同分), 명근(命根), 무상과(無想果), 무상정(無想定), 멸진정(滅盡定), 생(生), 주(住), 이(異), 멸(滅), 명(名), 구(句), 문(文)의 14가지 불상응행법을 열거하여 자세히 논구하고 있다. 또한 유부에서 파생한 경량부 계통의 논서 『성실론』[18]에서는 유부의 14종의

14 『아비담심론』(『大正藏』 28, 830하)
15 『입아비달마론』(『大正藏』 28, 980중)
16 『구사론』(『大正藏』 29, 22상)
17 『아비달마장현종론』(『大正藏』 29, 800중)
18 『성실론』(『大正藏』 32, 289상)

불상응행법 중에 중동분을 빼고, 그 위에 노(老)·사(死)·범부법(凡夫法)이라는 새로운 3종을 추가하여 16종의 불상응행법을 세우고 있다. 부파의 성격이 확연하게 밝혀지지 않았지만, 정량부의 교설을 채택하고 있는 『아비담감로미론』에서는 성취(成就), 무상정(無想定), 멸진정(滅盡定), 무상처(無想處), 명근(名根), 종류(種類), 처득(處得), 물득(物得), 입득(入得), 생(生), 노(老), 주(住), 무상(無常), 명중(名衆), 자중(子衆), 미중(味衆), 범부성(凡夫性) 등 17가지로 설명된다.

불상응행법은 이후 유식 계통의 논서와 구사론 계통의 주석서 및 소수의 대승불교 경전에서 개별적인 실체의 법으로 자세하게 취급되고 있다. 유가행파의 논서인 『유가사지론』 권2권[19]에서는 제법간의 관계나 성질을 포함시키기 위해서 『구사론』에 언급한 14법 중에 비득(非得), 이(異), 멸(滅) 등을 제외하고, 이생(異生), 성(性), 무상(無常), 유전(流轉), 정이(定異), 상응(相應), 세속(世俗), 차제(次第), 시(時), 방(方), 수(數), 화합생(和合生), 불화합성(不和合性) 등을 더하여 24종의 불상응행법을 주장한다. 『유가사지론』의 대표적인 주석서인 『현양성교론』[20]과 『대승백법명문론』[21]에서도 24종의 불상응행법을 열거하고 있다. 이 외에 대승경전인 『대승아비달마집론』[22]과 『대승아비달마잡집론』[23]에서는 24종의 불상응행법 중에 마지막 불화합이라는 요소를 생략하고 나머지 23종의 불상응행법을 기술하고 있다. 또한 『대승오온론』[24]과 『대승광오온론』[25]에서는 각각 유부의 14종의 불상응행법을 그대로 취하고 있다.

1. 유부 논서를 중심으로 본 불상응행법

앞서 언급하였듯이 유부는 심·심소에 관계하면서도 이반되는 불상응행이라는 법의 타당성을 첫째 문제로 삼으면서 본래적 의미에서의 실재에 관한 고찰을 시도했다. 즉 유부는 실재하는 세계에서 출발한 불상응행법의

---

19 『유가사지론』 권2권 (『大正藏』 30, 289하)
20 『현양성교론』 (『大正藏』 31, 484상)
21 『대승백법명문론』 (『大正藏』 31, 855하)
22 『대승아비달마집론』 (『大正藏』 31, 665중)
23 『대승아비달마잡집론』 (『大正藏』 31, 700상)
24 『대승오온론』 (『大正藏』 31, 849하)
25 『대승광오온론』 (『大正藏』 31, 854상)

존재가 무엇인지, 그것이 어떻게 존재하고 있는지, 그 존재의 조건이 무엇인지를 탐구하고자 했다. 더불어 유부 철학은 불상응행법이라는 실재성을 구체적인 경험세계와 관련을 맺으면서 동시에 그것으로부터 스스로 존재하는 원천적 법이 무엇인지를 탐구하고 있다. 무엇보다도 유부가 지향했던 존재론의 가장 특징적인 것은 불상응행법을 통하여 색·심법 이외의 유위적 존재와 본질의 문제를 불교철학의 무대 전면에 내세웠다는데 있다. 이러한 관점에서 불상응행법을 최초로 언급한 유부 계통의『품류족론』1권[26]에 있는 16종의 불상응행법을 간단히 요약·정리하여 보면 다음과 같다.

> 득(得)이란 모든 법을 얻는 것이다. 무상정(無想定)이라는 것은 이미 변청천의 번뇌는 여의었으나, 아직 그 상위 세계의 염을 여의지 못하고서 벗어났다는 생각을 마음으로 내는 것을 우선으로 여기는 심·심소가 소멸한 것이다. 멸정(滅定)이란 이미 무소유처의 번뇌를 여의고 무색계의 심·심소가 소멸한 것이다. 무상사(無想事)란 무상유정천(無想有情天)에 나서 심·심소가 소멸한 것이다. 명근(命根)은 삼계의 수명을 말하는 것이다. 중동분(衆同分)이란 유정으로서 같은 종류가 되는 성품을 말하는 것이다. 의득(依得)이란 의뢰할 대상이 되는 처소를 얻은 것이다. 사득(事得)이란 모든 온을 얻는 것이다. 처득(處得)이란 안팎의 처소를 얻는 것이다. 생(生)이라는 것은 모든 온으로 하여금 일어나게 하는 것이다. 노(老)라는 것은 모든 온으로 하여금 익숙하게 하는 것이다. 주(住)라는 것은 이미 생긴 모든 행으로 하여금 파괴되지 않게 하는 것이다. 무상(無常)이란 이미 생긴 모든 행으로 하여금 소멸하고 파괴되게 하는 것이다. 명신(名身)이란 두 개 이상의 언어이다. 구신(口身)이란 글자가 원만한 것이다. 문신(文身)이란 글자가 모여 있는 것이다.

위 인용문에서 알 수 있듯이 유부는 불상응행법의 각각의 요소들을 유위적인 개념적 사실로부터 실재하는 현상의 속성으로 승화시키는 모습을 취하고 있다. 사실 유위적 존재라는 것은 생멸변화와 더불어 이합집산하는 속성을 가지고 있기 때문에 영원히 존재하는 것이 하나도 없다는 초기불교 무상의 개념과 일치한다. 그러나 유부는 모든 것이 무상하다는 것을 인정

26 『품류족론』1권(『大正藏』26, 694상중)

하지만, 그런 현상이 아무렇게나 이루어지는 것이 아니라 일정한 찰나적 속성을 통하여 이루어진다고 생각을 한 것이다. 왜냐하면 유부는 색·심의 작용에 있어 본질은 찰나적 속성으로 이루어진 물질·의식세계가 되는 것은 분명하지만, 그 물질·의식세계만으로 모든 현상적 작용의 원리를 설명할 수 없다고 보았기 때문이다. 이런 관점에서 유부는 불상응이라는 행법을 통하여 색·심법 이외에 어떤 원리가 작용하여 그에 입각해서 일체 현상이 형성되고 있다는 사실을 설명하고자 한 것이다. 유부에 있어 16종의 불상응행법의 각각의 요소들은 법을 무엇이게끔 하는 것이며, 존재와 본질에 기인하는 현상의 작용을 불상응행이라는 법을 통하여 제시하고 있음을 알 수 있다. 더욱이 유부가 모든 존재에 관련하여 관심을 갖고 설명하고 있는 것은 현상의 작용에 있어 불상응행법의 존재와 본질이다. 거기에는 물질·의식세계가 아닌 것으로써 현상을 존재하게 하는 어떤 법이 필요하였던 것이다. 말하자면 존재자의 또 다른 구성원리, 즉 본질이 아닌 것으로서 본질을 존재하게 하는 원리가 필요한 것이다. 불상응행법은 이러한 원리를 잘 대변하여 주는 법이다.

이런 경향으로 말미암아 후기 유부 논서들은 다양한 불상응행법의 요소들을 치밀하게 연구하여 현상에서 일어나는 존재의 속성 및 작용을 선별적으로 첨가하고 있다. 『중사분아비담론』 제1권 「오사품」[27]에서는 16종의 불상응행법의 요소 중에 중동분과 문신이 종류(種類)[28]와 미신(味身)[29]으로 대체되고 있다. 『살바다종오사론』[30]에서도 16종의 불상응행법의 요소들이 보이지만, 이 16가지 불상응행법은 앞서 설명한 두 가지 논서에 비교하면 다소 유사하게 설명하고 있다. 말하자면 득(得), 무상등지(無相等至), 멸진등지(滅盡等至), 무상소유(無相所有), 명근(命根), 중동분(衆同分), 득처소(得處所), 득사(得事), 득처(得處), 생(生), 노(老), 주(住), 무상성(無常性), 명신(名身), 구신(句身), 문신(文身) 등이다.

27 『중사분아비담론』 제1권 「오사품」 (『大正藏』 26, 627상)
28 이 논서에서는 중동분 대신에 종류라고 하였다. 종류라는 것은 중생들이 똑같은 과보를 얻게 되는 원인을 말한다.
29 미신이라는 것은 문신과 뜻에서 별반 차이가 없다. 즉 글자들을 말한다.
30 『살바다종오사론』 (『大正藏』 28, 995하)

2. 14종의 불상응행법의 해석

앞에서도 살펴보았듯이 유부가 제시한 불상응행법은 유위법의 범주 안에서 전개되는 생멸변화하는 현상적 세계의 구성원리 중에 일부분을 고찰하는 것이다. 유부는 색·심법의 작용만으로 설명할 수 없는 세계에 대하여 의문을 가짐과 동시에 무위법도 아닌 어떤 실체를 인정하고 싶었던 것이다. 그것은 다름 아닌 현세적(顯勢的) 작용으로 가정되는 불상응행법이다. 이러한 현세적 작용에 근거하여 유부 계통의 논서들 중에 불상응행법의 각각의 요소들이 어떻게 설명되고 있으며, 유부 자체의 교리적 논쟁이 어떻게 바뀌어 가는 지를 14종의 불상응행법을 통하여 정리하여 보고자 한다.

1) 득과 비득

앞서 『품류족론』에서 살펴보았듯이 득(得, prāpti)이라는 것은 '모든 법을 얻는다'는 사실에 기초하고 있다. 득이라는 것은 유정에 실존에 관련된 유부의 독자적인 교설이라 볼 수 있다. 즉 유정으로 하여금 유정이 될 수 있다는 것은 이 득이라는 개념을 통해서 가능하다고 하는 것이다. 따라서 득이라는 개념이 없다면 유정의 존재와 업의 결과[異熟]는 성립할 수 없는 것이다. 말하자면 일체의 유정은 각기 그 나름대로의 전생, 현생 그리고 미래생에 대한 윤회를 거듭하는데, 이러한 윤회의 근거는 득의 세력을 통해서 가능하다고 하는 것이다. 『구사론』[31]에 의하면 득에는 정(淨), 부정(不淨), 무기(無記) 등 세 가지 법이 있다고 한다. 곧 이 세 가지의 법을 성취하면 어떤 법을 갖는다고 말한다. 이 같은 칭설의 결정적인 근거를 득이라 하며, 혹은 획득·성취라고 하는 것이다. 또한 동계서는 득에는 또한 두 가지 성질이 있다고 기술하고 있다. 하나는 아직 얻지 못한 것이나 이미 상실한 것을 지금 획득함[未得已失今獲, prātilambha]이며, 또 다른 하나는 이미 획득한 것을 상실하지 않는 성취[得已不失成就, samanvagama]이다. 이 두 가지 획득과 성취는 서로 시간적 전후 관계를 가진다고 볼 수 있다.

이러한 시간적 전후 관계를 가지는 득에 대하여 당나라 원휘(圓暉)가 지은 『구사론송소』[32]에서는 4가지로 나누어 설하고 있다. 첫째는 법전득(法

31 『구사론』(『大正藏』 29, 22상)
32 『구사론송소』(『大正藏』 41, 844하)

前得)이다. 이 득은 법이 아직 현재에 생하기 전에 이미 득의 세력이 현현하여 일정한 법의 테두리 안에서 유정이 유정이게끔 하는 것이다. 비유하자면 소의 우두머리가 소 떼를 이끌고 나아가는 것과 같은 형상을 말하며, 아침에 태양이 서서히 떠올라 그 서광이 온 누리에 비추는 것과 같은 것이다. 따라서 이 법전득은 우왕인전득(牛王引前得)이라고 한다. 둘째는 법후득(法後得)이다. 이 득은 유정에게 있어 이미 법이 과거로 낙사되어 소멸되었지만 그 여진이 남아있어 일정한 세력을 형성하고 있다는 것이다. 즉 송아지가 소의 우두머리를 따르는 것과 같으며, 또한 태양이 지고 난 다음에 그 여광이 온 누리를 비추는 것과 같은 것이다. 따라서 이 득은 독자수후득(犢子隨後得)이라고 한다. 셋째는 법구득(法具得)이다. 만약 어떤 유정에 형체가 있다고 한다면, 이 형체에 더불어 그림자로서의 득은 항상 동일한 시간에 존속한다는 것이다. 즉 태양과 동시에 태양의 빛도 함께 존재하는 것과 같은 것이다. 따라서 이 득은 여영수형득(如影隨形得)이라고 한다. 넷째는 비전후구득(非前後具得)이라 한다. 이 득은 무위법에 관련된 득으로 전후의 시간적 관계가 소멸되어 전후의 차별이 없는 득이다. 왜냐하면 이 득도 역시 유정이라고 할 수 있는 성인의 경지에서 얻은 택멸무위, 비택멸무위라는 무위법의 범주에 존재하기 때문이다. 반면 『구사론』[33]에서 보면 유부는 삼종무위설 중에 허공무위는 이 범주에서는 생략이 되는데, 그것은 유정의 개념으로 허공무위라는 것을 상정할 수 없기 때문이라고 설하고 있다.

비득(非得, aprāpti)이란 득과 서로 반대되는 개념이다. 즉 어떤 법을 성취하지 못하도록 하는 일정한 세력을 말한다. 다시 말하면 유정이 범주에서 벗어난 무루법을 성취한 성인에 관련이 있다. 즉 『구사론』 4권[34]의 설명에 의하면 번뇌를 떨쳐버릴 경우, 떨쳐버리는 번뇌와 심신(心身)의 사이에 일종의 비득이 생겨 둘을 떼어 놓는다는 것이다. 말하자면 비득은 깨달음을 얻을 수 없는 세력을 의미하게 되며, 성법(聖法)을 낳지 않는 개체의 연속된 특수 상태가 된다. 따라서 이생성(異生性)[35] 내지 범부성(凡夫性)이라고 칭하기도 한다. 유부의 설을 배척하고 경량부의 설을 많이 취하고 있는 『성실

33 『구사론』(『大正藏』 29, 22상)
34 『구사론』 4권 (『大正藏』 29, 22상)
35 이생성이라는 것은 범부성을 말한다. 즉 일체의 무명적인 존재는 번뇌가 항시 존재하기에 이 번뇌의 힘이 함부로 성자가 되지 못하고 범부가 되게 하는 것을 이생성이라고 한다. 유부에서는 분명하게 성도를 얻을 수 없음을 의미하며 『대비바사론』에서는 성법불성취성(聖法不成就性)이라고 말하고 있다.

론』[36]에서는 비득이 불득(不得)으로 대체되어 사용되기도 하지만, 그 뜻에서는 별반 차이가 없다.

이러한 유부의 득론(得論)에 대하여 경량부에서는 득과 비득이라는 두 가지 모두가 실유가 아님을 부정하면서, 이에 대한 반대로 종자설(種子說)을 설하고 있다. 즉 『구사론』에 소개된 경량부의 설에 의하면 인식대상이나 행위의 인과 상속은 제법의 간단없는 획득·성취에 의한 것이 아니라, 종자의 차별적 공능에 의한 것이라 한다.[37] 여기서 종자란 단지 현상계에서 이루어지는 제법의 상속전변과 차별에 대한 비유적 명칭이 된다. 말하자면 종자의 체성은 스스로 결과를 발생하는 공능이라고 하여 일종의 형태를 갖추지 못한 세력적인 존재로 인정한다는 것이다. 따라서 경량부에서는 훗날 색법과 심법이 서로 개별적인 것이 아니라, 상호 종자로서 영향을 주고받는다는 것을 설명하여 색심호훈설(色心互熏說)을 세우기도 한다. 세친은 이를 선설(善說) 혹은 밀의(密意)로 평가하여 『구사론』 13권에서 자세히 논하고 있다.

2) 무상정·멸정·무상과

무상정(無想定, asaṃjña samāpatti)은 바로 색계의 제4정려에 포섭되는데, 이 선정에 들어갈 경우에 일체의 심과 심소법이 소멸하게 되는 무심(無心)의 세력을 말한다고 한다. 유부는 무상정을 실유의 존재로서 인정하여 능히 미래의 심·심소법을 차단하여 잠시 생기하지 않는 것이라 하면서, 마치 강물을 막는 방죽과 같다고 『입아비달마론』[38]에서 비유하여 설명하고 있다. 『구사론』[39]에서는 색계의 무상천(無想天) 중에 태어나면 어떤 법이 있어 능히 심·심소로 하여금 소멸되게 하니, 이것을 이름 하여 무상정이라고 한다고 하였다.

멸정(滅定, nirodha samāpatti)은 멸진정의 다른 이름이다. 이 정은 멸수상정(滅受相定)이라고도 하며 멸진삼매(滅盡三昧)라고 불리기도 한다. 이 정은 이미 무색계의 무소유처에서 심·심소법의 소멸된 무심(無心)의 상태이기 때문에, 마음이 아닌 신체를 구성하고 있는 대종으로 하여금 능히 평

---

36 『성실론』(『大正藏』 32, 289상)
37 김동화, 189면.
38 『입아비달마론』(『大正藏』 28, 986하)
39 『구사론』(『大正藏』 29, 24하)

등하게 상속하게 하는 세력으로 지칭되기도 한다. 『입아비달마론』[40]에서는 이것을 유정지(有頂地) 즉, 비상비비상처지의 가행선에 포섭되는 것으로서 다음 생에 나타나 업의 과보를 받는 순차생수(順次生受), 혹은 다음 생 이후에 나타나 업의 과보를 받는 순후차수(順後次受), 혹은 과보를 받는 시기가 결정되어 있지 않는 순부정수(順不定受)가 있는데, 만약 이 정을 일으켜 이숙과를 얻지 못하고 바로 반열반에 들면 부정수(不定受)라고 설명한다. 동계서에서는 멸정은 성도의 힘에 의해서 일어나는 것이기 때문에 성자에게 일어나는 것이며, 모든 일반 중생에게는 일어나지 않는다고 한다. 즉 성자는 현법락주(顯法樂住)를 얻기 위해 이 같은 정을 추구하여 일으키나, 중생은 이 정에서의 심·심소 상속의 단멸을 두려워하여 능히 일으킬 수가 없는 것이라고 설명한다. 이 정은 유부에서는 실체가 있다고 주장하지만, 경량부와 유가행파는 이 정의 실체를 가상으로 세워진 것이라고 유부를 비판하고 있다.

중현이 지은 『현종론』[41]에서는 이 두 가지 정을 구별하여 앞의 무상정은 해탈을 구하기 위하여 상(想)을 영원히 벗어난 출리상(出離想)으로 마음의 작용을 우선으로 하면서 그 깨달음을 획득하는 것이지만, 멸진정은 반열반을 얻기 위해 마음의 산란 동요를 버리고 지식상(止息想)의 마음 작용을 우선으로 하여 그 깨달음을 획득하는 것이라고 설명하고 있다. 또한 동계서에서 앞의 무상정은 오로지 일반 중생이 획득하는 바지만, 멸진정은 오로지 성자만이 획득하는 것이라고 설하고 있다. 즉 온갖 중생은 능히 멸진정을 일으킬 수 없으니, 그들에게는 멸진정을 일으키는 것을 장애하는 자신의 위치가 있어 아직 끊어지지 않았기 때문이며, 혹은 그들은 아직 유정의 견소단(見所斷)[42]의 혹(惑, 번뇌의 다른 이름)을 초월하지 못하였기에 결국 멸진정을 일으킬 만한 공능이 없는 것이라고 설명한다. 즉 온갖 중생은 유정의 견소단의 미혹을 능히 초월할 수 없기 때문에, 오로지 성자만이 멸진정을 획득한다는 것이다. 이와 같은 사실로 미루어 볼 때, 멸진정은 선정에 들어가기 전의 마음을 떠나 그 밖의 별도의 법에 있어 반드시 존재하며, 능히 마음을 차단 장애하는 것임을 알 수 있는 것이다. 즉 이러한 법으로 말미

40 『입아비달마론』(『大正藏』 28, 987상)
41 『현종론』(『大正藏』 29, 807상)
42 견소단이란, 견도소단(見道所斷)의 준말로써 사성제의 이치를 확연히 알지 못하는 것을 말한다.

암아 무심의 상태에서 비록 마음의 근거가 있을지라도 마음은 일어나지 않게 되는 것이니, 이러한 개별적인 법을 멸진정이라고 이름 한다는 것이다. 그리고 그것의 본질[體]은 바로 유위로서 실재하는 것이라고 유부는 주장한다. 『대비바사론』 권152[43]에 보면 이러한 유부의 설명에 대하여 경량부는 세심불멸설(細心不滅說)을 주장하고 있다. 세심이라는 것은 존재가 유지되는 한 한결같은 상태로 간단없이 상속하는 미세한 심식을 말한다. 경량부에서는 이것을 일미온(一味蘊)이라고 칭하여, 윤회의 주체하고 인정한다. 이러한 세심설은 훗날 유식 논서에도 영향을 주어 아뢰야식이라는 근본식이 나올 수 있는 근거를 제공하기도 하였다. 여하튼 경량부는 무상정과 멸정에서도 세심이 없어지지 않고 상속한다고 주장하여 유부가 주장하는 무상정과 멸정의 무심(無心)의 경계를 부정하고 있다.

무상과(無想果, āsamjñika)는 무상정을 닦은 과보로 인하여 색계 4선의 광과천(廣果天)에 태어나는 것을 말하는 것으로 무상사(無想事),[44] 무상유(無想有), 무상이숙(無想異熟) 등으로 불린다.[45] 즉 무상과는 무상정을 성취하여 그 결과로 광과천에 태어나 오랜 세월 동안 심·심소의 작용을 소멸하는 세력을 말한다.

3) 명근과 중동분

유부는 명근(jīvita indriya, 命根)의 본질은 바로 목숨이라고 말한다. 그래서 『법온족론』 제10권[46]에서는 “무엇을 일러 명근이라고 하는가? 여러 유정들이 다른 여러 유정의 무리 안에서 있으면서 옮아가지도 않고 바뀌지 않으며, 파괴되지도 않고 없어지지 않으며, 상실하지 않고 물러나지 않는 목숨”이라고 설하고 있다. 말하자면 어떤 개별적인 법으로서 능히 체온과 의식을 유지하는 것을 일컬어 목숨이라고 하는 것이며, 모든 존재의 설정 근거가 되는 것을 명근이라고 단정 짓고 있다. 즉 명근은 실체가 있기에 능히 체온[煖]과 의식[識]을 유지하게 되는 것이라고 기술하고 있다. 반면 『구사론』 제5권[47]에서는 명근은 일차적으로 체온과 의식에 의해 유지된다고

43 『대비바사론』 권152 (『大正藏』 27, 774상)
44 사(事)는 과(果)를 말한다. 무상정에 들기 전에 무상과를 구하여 훈습한 종자가 무상과를 불러오고 이에 의하여 진동하는 마음이 일어나지 않는다고 한다.
45 김동화, 102면.
46 『법온족론』 제10권 (『大正藏』 26, 499상)

게송으로 설하고 있다. 그러나 체온을 갖지 않는 자에게도 역시 명근이 있는 것을 보기 때문에 목숨의 본질이 바로 체온을 지니는 데 있지는 않다고 『법온족론』의 설을 비판하고 있다. 또한 『현종론』[48]에서는 개별적으로 존재하는 실유의 법이 있어 그것의 힘이 능히 유정의 체온과 의식을 유지하는 것으로, 이를 설하여 명근이라고 주장하면서 『구사론』을 다시 반박하고 있다.

중동분(衆同分, nikāya sabhāgatā)이라는 것은 모든 유정들로 하여금 동일한 일을 하게 하고 동일한 목적을 욕구하게 하는 근거를 말한다. 이것은 온갖 유정이 존재로서의 동등함[類等]을 갖고 전전하는 것을 말한다. 따라서 중동분은 여러 유정이 서로 동일한 모습을 갖게 하는 세력을 말하다. 『품류족론』 제1권[49]과 『발지론』 제2권[50]에서는 이와 같은 유정의 동일한 성격을 각각 유정동류성(有情同類性)과 중동분이라고 이름 하였다. 이 두 가지 논서에 의하면 동일한 취(趣)에서 등등하게 태어난 온갖 유정은 동일한 신체의 형태와 모든 근(根)의 작용을 소유하며, 나아가 먹고 마시는 것 등이 서로 유사하다고 한다. 따라서 이러한 유사성의 근거와 아울러 유정이 전전하면서 서로 즐거움을 찾는 근거를 중동분이라고 한다. 따라서 중동분이란 온갖 유정을 유정이게끔 하는 동류사상성(同類相似性, causes of resemblance between living beings, similarity) 혹은 보편성(common characteristic of sentient beings)이라고 말할 수 있다. 또한 중동분은 모든 생명을 가진 존재들을 차별시키는 고유성·특수성을 말하는 것으로, 유부에서는 이를 불상응행의 개별적 실체[非實物]로 간주하고 있다. 따라서 『입아비달마론』[51]에서는 중동분을 다시 무차별동분(無差別衆同分)과 유차별중동분(有差別衆同分)이라는 두 가지 종류로 나누고 있다. 무차별이란 모든 유정은 모두 아애(我愛)를 가지고 있어 다 같이 먹는 일에 대한 욕구가 서로 유사함을 말하는데, 이 같은 평등함의 근거를 무차별동분이라 하는 것이다. 그리고 모든 유정 각각의 신체 내에는 이것을 각기 개별적으로 하나씩 갖는다고 한다. 유차별이란, 모든 유정의 계(界), 취(趣), 종(種), 성(姓), 남

---

47 『구사론』 제5권 (『大正藏』 29, 26상)
48 『현종론』 (『大正藏』 29, 808중)
49 『품류족론』 제1권 (『大正藏』 26, 694중)
50 『발지론』 제2권 (『大正藏』 26, 921하)
51 『입아비달마론』 (『大正藏』 28, 987중)

녀, 재가자와 출가자, 유학과 무학 등의 종류의 차별을 말하는데, 각각의 신체 내에 동일한 일과 동일한 목적을 욕구하게 하는 결정적 근거를 유차별중동분이라 한다. 이러한 유·무차별중동분에 대하여 『구사론』[52]에서는 유정동분(有情同分, sattva sabhāgatā)과 법동분(法同分, dharma sabhāgatā)으로 구분하여 다시 설명하고 있다.

4) 생·주·이·멸의 사상

사상(四相)이란 사유위상(四有爲相)의 준말이다. 말하자면 유위를 유위이게 하는 네 가지 특징적 근거로서 생성, 지속, 변이, 소멸이라고 하는 원리를 추상화시켜 얻은 개념이다. 따라서 사상은 생멸변화하는 모든 법을 유위가 되게끔 하는 세력이라고 볼 수 있다. 이 중에서 미래에서 현재로 태어나는 것을 생상(生相, jāti lakṣaṇa)이라고 하며, 현재의 위치에서 머물게 하는 것을 주상(住相, sthiti lakṣaṇa)이라 하며, 현재의 위치에서 변화하게 하는 것을 이상(異相, anyathātva lakṣaṇa)이라고 하며, 현재의 위치에서 과거로 낙사되어 가는 것을 멸상(滅相, anityatā lakṣaṇa)이라고 설명한다. 유부는 이러한 생주이멸이라는 유위본상(有爲本相)을 통하여 인연의 조작으로 이루어진 모든 법을 유위법에 맞추어 설명하고 있다. 이러한 사상을 개별적으로 살펴 보면 다음과 같다.

생상이라는 것은 『입아비달마론』[53]에 의하면 모든 법이 생겨날 때, 그것들로 하여금 각기 자신의 개별적인 공능을 획득하게 하는 어떤 내적 근거를 말한다. 동게서에 보면 "법이 생기는 근거로는 모두 두 가지가 있는데, 내적인 것과 외적인 것이다. 내적인 것은 바로 생상을 말하며, 외적인 것은 6인 혹은 4연의 존재를 말한다. 만약 이러한 생상이 존재하지 않는다면, 유위법은 마땅히 불생불멸하는 무위의 허공과 같아 질 것이다. … 이것은 커다란 잘못이 되기에 생상이 개별적으로 존재함을 아는 것"이라고 설명한다. 『현종론』[54]에서는 생이란 어떤 개별적인 법으로서 바로 유위행이 생겨나는 상태에 있어 장애가 없게 하는 두드러진 원인[勝因]을 말한다고 한다. 곧 제행을 능히 끌어당겨 포섭하여 그것을 생겨나게 하기 때문이다. 그리고 '능히 끌어 당겨 포섭한다'고 하는 생상은 일체의 법에 있어 그것의 두드

52 『구사론』(『大正藏』 29, 24상)
53 『입아비달마론』(『大正藏』 28, 987중)
54 『현종론』(『大正藏』 29, 808하)

러진 조건[勝緣]이 된다는 것을 말한다. 비록 제행이 일어나는 것을 모두 생이라고 이름 할 수 있지만, 이러한 생이라는 명칭은 다만 제행이 생겨나는 상태에 있어 어떤 장애도 없게 하는 두드러진 원인과 조건에 근거하여 설정된 것이라고 동게서는 설명한다. 말하자면 눈과 형색을 조건으로 하여 안식이 생겨난다고 하는 것에 있어 눈을 설하여 원인이라고 하고, 색을 설하여 조건이라고 말할 수 있다는 것이다. 또한 바람을 불꽃에 비유하여 보면, 바람은 불꽃이 일어나는데 있어 힘을 도와 그것으로 하여금 활활 타오르게 하는 것과 같은 것이다. 그러므로 제행이 연(緣)을 따라 발생함에 있어 생겨나는 힘이 두드러진 것을 생이라고 명칭 할 수 있다는 것이다.

주상이라는 개념에 대하여 『현종론』[55]에서는 이미 생겨나 아직 괴멸하지 않는 제행이 자신의 결과를 이끌어내는데 있어 어떤 장애도 없게 하는 두드러진 원인을 말한다. 곧 주상이란 능히 원인과 다른 결과를 유발하여 잠시 머무르게 하는 근거가 된다. 즉 유위법이 잠시 머무를 경우, 각기 세력을 가져 능히 선행된 원인과는 다른 결과를 유발하여 잠시 머무르게 하는데, 이러한 별도의 결과를 유발하는 세력의 내적 근거를 주상이라고 하고 있다. 왜냐하면 일체의 현상적인 세계에서 주상이 존재하지 않는다면, 모든 유위법은 잠시 머물러 다시는 선행된 원인과 다른 결과를 유발할 수 없을 것이다. 이에 따라 유부는 개별적인 법으로서 주상이 실재함을 인정하는 것이다.

이상이란 『현종론』[56]의 설명에 의하면 결과를 유발하는 공능을 쇠퇴시켜, 다시는 원인과는 다른 결과를 유발할 수 없게 하는 근거라고 한다. 이를테면 개별적인 법으로서 일체의 행이 자기 존재[自類]로 상속하여 뒤의 것이 앞의 것과 다르게 되는 원인을 말한다고 볼 수 있다. 따라서 유부는 유위법에 공능을 쇠퇴시키는 이 같은 이상이 존재하지 않는다고 한다면, 원인과는 다른 결과를 유발하면서 마땅히 무한소급에 떨어지게 될 것이고, 만약 그렇다면 유위제법은 마땅히 찰나의 존재가 될 수 없다고 주장한다. 이에 따라 이상이 별도로 존재함을 아는 것이라고 유부는 설명하는 것이다.

멸상이란 『입아비달마론』[57]에 의하면 이미 공능이 쇠퇴한 현재법으로 하여금 과거로 낙사하게 하는 근거를 말한다. 즉 멸상이라고 하는 개별적

55 『현종론』(『大正藏』 29, 809상)
56 『현종론』(『大正藏』 29, 809상)
57 『입아비달마론』(『大正藏』 28, 987하)

인 법이 있어, 모든 유위법으로 하여금 현재로부터 과거세로 떨어지게 하는 것이다. 멸상에 대하여 『현종론』[58]은 다음과 같이 설명한다. “개별적인 법으로서 바로 함께 생겨난 유위행이 찰나 찰나에 괴멸하는데 어떤 장애도 없게 하는 두드러진 원인을 말한다. 만약 이 같은 존재가 실재하지 않는다면 법은 마땅히 소멸하지 않을 것이며, 혹은 허공 등도 역시 소멸하는 것이 되고 말 것이다.” 이러한 설명을 바탕으로 하여 유부는 생겨나는 법이 그것과는 별도의 존재인 생에 의해 생겨나는 것과 마찬가지로 소멸하는 법도 역시 마땅히 그것과는 별도의 존재인 멸에 의해 소멸되어야 하는 것이라고 주장한다. 따라서 유부는 생겨나는 법에 상대(相對)하여 소멸하는 법을 총체적으로 말할 경우, 그것은 바로 멸상이라고 한다는 것이다. 이와 같이 유부는 유위사상의 본성을 불상응행법이라고 인정하면서 실유적인 관점을 견지하고 있다.

5) 명신, 구신, 문신

유부는 명신(名身, nāma kāya), 구신(句身, pada kāya), 문신(文身, vyaṃjana kāya)이라는 것들은 말에 의해 생겨나는 것이라고 단정한다. 『발지론』 권1[59]에서 설한 바와 같이 온갖 상(想)의 총설을 바로 명신이라고 하며, 온갖 장(章)의 총설을 바로 구신이라고 하며, 온갖 자(字)의 총설을 바로 문신이라고 한다. 마치 지식이 그대로 그 대상의 영상을 띠고 나타나듯이 ‘능히 자신의 의미대상을 드러내는 것’을 명, 구, 문이라고 한다. 이른바 명현론(名顯論)으로 알려지는 유부의 논의에 따르면 말에 의해 명이 생겨나며, 명에 의해 그 의미가 드러난다. 여기서 ‘드러난다’라는 하는 말은 드러내야 할 의미 대상에 있어 그것과 별도의 관념이나 지식을 말하며, 듣는 사람은 그 같은 지식을 통해 대상의 의미를 간접적으로 획득할 수 있음을 말한다. 따라서 이 세 가지 행법 등은 언어를 통해 생겨나는 것으로 마치 지식이 그 의미의 형상을 띠고 나타나듯이, 언어의 의미를 드러내게 하는 것이 바로 명신·구신·문신이라는 것이다. 『입아비달마론』[60]에 의하면 “명신·구신·문신은 각각 개념(概念), 문장(文章), 음소(音素)의 다른 이름으로 마치 눈 등의 감관을 근거로 하여 생겨난 안식 등은 색 등의 대상의 영상을 띠고 나타나, 능

58 『현종론』(『大正藏』 29, 809상)
59 『발지론』 권1 (『大正藏』 26, 920중)
60 『입아비달마론』(『大正藏』 28, 987하)

히 자신이 대상을 인식하듯이 명신 등이 또한 그러하다고 하는 것"이라고 설명된다. 즉 말소리가 직접 의미대상을 드러내는 것이 아니므로, 불[火]을 말할 때 입을 태우는 법이 없다는 이치를 설명하는 것이다. 요컨대 언어에 의해 불 등의 이름이 생겨나며, 불 등의 이름에 의해 불 등의 의미대상이 드러나게 되는 것이다. 말하자면 '드러난다'고 함은 드러나야 할 의미대상에 대해 그것과는 다른 관념이나 지식을 낳는다는 말이지만, 경험으로 보면 그것이 바로 의미대상과 실재로 부합하는 것은 아니다. 즉 소리는 공간적으로 점유를 지니는 물질이므로 그 성질상 대상에 대한 관념이나 지식을 낳을 수 없는 것과 같다. 따라서 마땅히 이 같은 명신·구신·문신이라고 하는 세 가지 존재를 배제하고서는 능히 의미대상을 드러낼 수 있는 그 어떤 존재도 주장할 수 없다는 것이 유부의 주장이다.

결론적으로 유부의 입장에서 보면 명신이란 의미 대상의 개념을 말하는 것이며, 구신이란 이를테면 '선을 행하고, 모든 악을 짓지 말라' 등의 게송처럼 그 의미 체계를 완전하게 드러낸 것을 말한다. 그리고 문신이라는 것은 바로 아(a), 이(i), 오(o), 우(u) 등의 음소를 말한다. 이 세 가지는 각기 개별적 존재로 같은 종류의 존재를 모아 나타나기에 신(身, kaya)이라고 하는 것이다. 즉 유부는 온갖 뜻을 전달하는 명신·구신·문신은 개별적으로 존재하며, 그것의 본질 또한 소리와 마찬가지로 실재하는 것이지 가법(假法)이 아님을 주장하는 것이다. 이에 반하여 경량부에서는 명신·구신·문신이란 일찍이 현상들에 의해 어떤 의미 체계가 약속되어진 개념이기에 그것과 더불어 존재하는 문장과 음소는 개별적인 실체가 아니라고 주장한다.

3. 유가행파의 불상응행법

유가행파에서 설명하는 불상응행법의 각각의 요소들은 유부와 경량부의 불상응행법에 의하여 많은 부분들이 계승되어 발전된 모양을 갖추고 있다. 특히 『유가사지론』과 『현양성교론』에서는 유부가 주장했던 14종의 불상응행법 이외에 다시 10종의 불상응행법의 요소들을 추가 하고 있다. 『유가사지론』 제3권[61]에서 불상응행법에 관하여 24종의 요소들을 설명하고 있다. 즉 득(得), 무상정(無想定), 멸진정(滅盡定), 무상천(無想天), 이숙(異

61 『유가사지론』 제3권 (『大正藏』 30, 293하)

熟), 명근(命根), 중동분(衆同分), 이생성(異生性), 생(生), 노(老), 주(住), 무상(無常), 명신(名身), 구신(句身), 문신(文身), 유전(流轉), 정이(定異), 상응(相應), 세속(勢速), 차제(次第), 시(時), 방(方), 수(數), 화합(和合), 불화합(不和合) 등이다. 이와 같은 유식종의 불상응행법은『현양성교론』[62]에서도 동일하게 언급되고 있으며,『대승백법명문론』[63]에서도 불상응행법은 24종으로 설명되고 있다. 유가행파의 교리가 잘 드러난『현양성교론』을 중심으로 유가행파에서 추가된 10종의 불상응행법을 살펴보면 다음과 같다.

1-2) 유전(流轉, pravṛtti)과 정이(定異, pratiniyama)라는 것은 제법이 인과상속을 가지고 단절 없이 이루어지는 것을 유전이라고 말하며, 제법의 인과상속이 결정된 것을 정이라고 하였다. 즉 온갖 지어감의 원인과 결과가 서로 계속하며 끊어지지 않는 성질을 유전이라 말하고, 온갖 지어감의 원인과 결과가 각각 다른 성질을 정이라고 말한다. 3-5) 상응(相應, yoga), 세속(勢速, java), 차제(次第, anukrama) 중에 상응이란 온갖 지어감의 원인과 결과가 서로 알맞은 성질을 말한다. 세속이란 온갖 지어감의 유전하는 것이 세차고 빠른 성질을 말한다. 차제란 온갖 지어감이 낱낱이 차례로 유전하는 성질을 말한다. 6-8) 시(時, kāla), 방(方, deśa), 수(數, saṃkhyā) 중에 시간이란 온갖 지어감의 되풀이 하여 새로이 사라지는 성질을 말한다. 방위란 온갖 물질과 지어감에 다양한 한계의 성질을 말한다. 숫자란 온갖 지어감 따위가 각각 다르고 서로 계속하는 자체가 유전하고 있는 성질을 말한다. 9-10) 화합(和合, sāmagrī)이라는 것은 온갖 지어감이 인연 따라 모이는 성질을 말하며, 반면 온갖 지어감이 인연과 어긋나는 것을 불화합(不和合, anyathātva)이라고 말한다.

이러한 유부의 불상응행법의 해석은 유가행파를 통하여 유식소변 심외무법(唯識所變 心外無法)이라는 유식무경설(唯識無境說)을 바탕으로 보다 광범위하게 그 범주가 확대 해석되고 있다. 유가행파는 유정에 관련된 불상응행법뿐만 아니라 제법에 관련된 인과관계, 시간적·공간적 상속, 불변적 결합이라는 관점에서 불상응행법을 소개하고 있다. 즉 유전, 정이, 상응, 세속, 차제 등은 제법의 인과관계를 구성하기 위하여 원인과 결과 간의 인과관계를 표시하는 것이다. 또한 시, 방, 수 등은 원인이 결과에 따른 시간

62 『현양성교론』(『大正藏』 31, 480중)
63 『대승백법명문론』(『大正藏』 31, 855하)

적·공간적 상속을 나타내는 것이다. 마지막으로 화합과 불화합은 원인과 결과간의 불변적 결합의 조건을 제시하고 있다고 볼 수 있다. 여하튼 유가행파는 경량부의 영향을 받아 불상응행법이라는 법의 체계를 가지고 있다고 할 수 있지만, 이미 앞에서 언급하였듯이 유부가 주장했던 불상응행법의 실유는 인정하지 않는다.

4. 대승경전에 보이는 불상응행법

불교사상에 있어 불상응행법의 연구는 대승불교가 전개되면서 그다지 커다란 영향을 주지는 못한 것 같다. 왜냐하면 대승불교의 핵심적 사상인 실유를 부정하는 반야, 공이라는 사상에 별반 이용될 수 없기 때문이다. 따라서 대승경전에서는 불상응행법을 찾아보는 것은 극히 드문 일이다. 다만 아비달마 경향을 띠고 있는 대승경전을 중심으로 불상응행법을 언급하고 있는 몇몇 경전을 찾아 그 의미 활용을 살펴보고자 한다. 『대승아비달마잡집론』 제2권[64]에서도 23종의 불상응행법이 보인다. 즉 동분(同分), 생(生), 노(老), 주(住), 무상이숙(無常異熟), 명신(名身), 구신(句身), 문신(文身), 이생성(異生性), 유전(流轉), 정이(定異), 상응(相應), 세속(勢速), 차제(次第), 시(時), 방(方), 수(數), 화합(和合) 등이다. 이러한 23종의 요소들을 앞에서 언급한 유가행파의 24종과 내용상 큰 차이를 가지고 있지 않지만, 그 내용적 설명에는 다소 차이를 보이고 있다. 즉 동계서에서 사용되는 불상응행법의 요소들은 모두가 어떤 대상에 대하여 명칭을 사용하기 위해서 종류를 지정하는 가립(prajñapta)이라고 한다. 말하자면 어떤 대상을 효과적으로 파악하기 위해서 여러 가지 다른 명칭을 분류하여 임시적인 방편으로 불상응행법을 사용한다는 것이다. 또한 『대승오온론』[65]에서는 불상응행법을 색과 심·심소에서 분립하여 가짜로 세워 시설(施設)된다고 설명하고 있다.

---

64 『대승아비달마잡집론』 제2권 (『大正藏』 31, 700상)
65 『대승오온론』 (『大正藏』 31, 849하)

Ⅲ. 인접개념과 현대적 논의

지금까지 유부 및 유가행파를 중심으로 살펴 본 불상응행법은 각각 현상에서 벌어지는 경험적 대상의 존재 방식 혹은 실체의 인과적 작용에 대한 고찰이다. 즉 유부는 불상응행법을 소개할 경우 두 가지 유형으로 언급하는데, 유정의 존재적 세력과 제법의 인과적 관계이다. 첫째 유정의 존재적 세력이란 유정이 유정의 모습으로 존재하게끔 하는 일정한 세력적 존재를 말하는데, 이러한 종류에는 존재 상태에 관련된 득, 비득, 명근, 중동분, 이생성 등이 있으며, 색계와 무색계의 선정에 관련된 무상정, 멸정, 무상과 등이 있다. 둘째는 제법에 관련된 물리적인 실유를 표현하기 위해서 의득, 사득, 처득, 생주이멸 등이라는 세력적 존재가 소개되었으며, 언어적 실유에 관하여 명신, 구신, 문신 등이 설명되었다.

이러한 설명은 일체 모든 존재의 양상에 있어 관계, 성질, 지위 등을 존재와 관련하여 설명한 상좌부의 시설론에서 유래된 것이다. 시설(施設, paññatti)이라는 개념은 가장 일반적으로 '일정한 한계를 갖는 방법'을 나타내는 것이다. '한계를 갖다'는 의미는 일체법의 존재와 비존재라고 하는 영역을 포괄하지만, 존재와 비존재는 각각이 서로 구분되어진다는 의미로써 이해된다. 원래 '시설'은 임시로 마련하는 수단이라는 의미에서 '알게 하다'라는 의미와 '두다'라는 두 가지 의미를 갖고 있다. 따라서 시설의 개념은 존재·비존재의 양 개념을 모두 포섭하는 개념이 된다. 시설이라는 개념은 상좌부 논서 『인시설론(人施設論)』(Puggalapaññatti aṭṭhakathā, 171-175)에서 여러 가지로 나누어 설명되고 있는데, 이것을 요약하면 다음과 같다.

첫째는 존재하게 하는 시설(vijjamānapaññatti)이다. 이것은 첫 번째 의미로서 존재하고 생기가 있는 선·불선의 법을 시설하는 것이다. 둘째는 존재하지 않는 시설(avijjamānapaññatti)이다. 이것은 사실은 존재하지 않지만 세속적 관습에 의해서 얻어지는 남녀 등을 시설하는 것이다. 셋째는 존재에 의한 비존재의 시설(vijjamānena avijjamānapaññatti)이다. 이것은 예를 들어 초인적 힘을 가진 인간의 경우, 초인적인 힘은 존재라고 인정할 수 있어도 사람은 비존재라는 것이다. 넷째는 비존재에 의해 존재하는 시설(avijjamānena vijjamānapaññatti)이다. 이것은 여자나 남자와 같이 남녀의 개념은 진실로 비존재가 되어도, 오온이 진실로 존재한다고 인정하는 것이다. 다섯째는 존재에 의해 존재하는 시설(vijjamānena vijjamānapaññatti)

이다. 이것은 안촉(眼觸), 이촉(耳觸) 등과 비슷한 것인데, 초기불교의 입장에서 눈의 부딪침도 진실로서 존재하는 것이라고 생각할 수 있다. 이 때문에 시각, 청각은 이 다섯 가지의 분류에 속하고 눈과 촉각 모두 존재하는 것이다. 마지막으로 비존재에 의한 비존재 하는 시설(avijjamānena avijjamānapaññatti)이다. 이것은 예를 들면 크샤트리아의 자식, 바라문의 자식과 같은 경우 크샤트리아도 비존재이며, 자식도 또한 비존재이다. 이와 같이 존재와 비존재의 개별적 관계 및 상호 내재적 관계를 통하여 상좌부는 현상세계에서 이루어지는 존재성을 시설이라는 관점에서 논구하고 있다.

이렇게 상좌부의 시설론에 영향을 받은 유부는 유정과 제법에 관련된 불상응행법의 내재적 상호관계를 탐구하였으며, 제법의 존재·비존재 사이에 있어 어떤 법이 적용되고 있다는 사실을 가정하여 불상응행법이라는 이론적 토대를 구축하고 있다는 점이 주목된다. 또한 유부는 존재와 비존재라는 법의 실상(實相) 중간 단계에 포진하고 있는 어떤 실체적인 법을 찾고자 했음을 알 수 있다. 이런 관점에서 보면 유부 및 유가행파가 겨냥했던 하나의 목표는 존재 영역과 비존재 영역 이외에 또 다른 범주의 대상들에 관한 학문의 가능 근거를 해명하고자 했던 것이라고 말할 수 있다. 여기서 존재 영역과 비존재 영역 이외의 또 다른 대상이라는 것은 물리적(物理的) 현상세계(現象世界)에 대해서도 불교학문이 어떻게 대처할 수 있는 가를 보여주는 것이다. 유부와 유가행파가 탐구하였던 불상응행법의 요소들은 일차적으로 법의 분류라는 존재론과 인식론적 해석에 치중하고 있지만, 물리적 세계에 대한 새로운 이론을 정립하였다는 점에서 커다란 의미를 부여할 수 있다. ❁

배상환 (동국대)

화쟁 · 회통

[한] 和諍 會通 [영] the logic of harmonization

Ⅰ. 화쟁(和諍)

1. 어원적 근거 및 개념 풀이

1) 어원적 근거

화쟁(和諍)의 뜻은 원래는 다툼의 화해이다. 이론적인 다툼의 화해라기보다는 일상적인 다툼의 화해라는 의미로 볼 수 있다. 즉 쟁송의 화해이다. 원효 이후에는 쟁론의 화해, 즉 서로 다른 주장을 하는 여러 이론들을 화해시킨다는 의미로 쓰인다.

2) 개념 풀이

먼저 쟁송의 화해라는 의미로 사용된 경전에 나타나는 용례들을 먼저 살펴보도록 하자. “화쟁송(和諍訟)” 또는 “화쟁”이라고 하는 말은 한역경론에 적지 않은 예가 있다. 먼저 “화쟁송(和諍訟)”의 용례를 찾아보도록 하자.

먼저 "조화쟁송(調和諍訟)"이라는 표현이 있다. 『보살본생만론(菩薩本生鬘論)』[1]에서 나오는 표현인데 쟁송을 조화시킨다는 의미이다. "낙화쟁송(樂和諍訟)"이라는 말은 즐겁게 쟁송을 화해시킨다는 의미로 이해할 수 있는데 반야경 계통의 경전[2]에서 등장하는 표현이다. 다음으로는 "선화쟁송(善和諍訟)"이라는 표현이 있다. 쟁송을 잘 화해시킨다는 의미이다. 『대승대집지장십륜경(大乘大集地藏十輪經)』[3]에서 이러한 용례를 발견할 수 있고 그 밖에도 지의(智顗, 538-597)의 『방등삼매행법(方等三昧行法)』[4]에도 용례가 있고, 『천태보살계소(天台菩薩戒疏)』[5]와 연수(延壽, 904-975)의 『만선동귀집(萬善同歸集)』[6]에도 용례가 있으며 『유가사지론(瑜伽師地論)』[7]에도 같은 용례가 있다. 그리고 『유마경(維摩經)』[8]에도 같은 용례가 있다. 『유마경』의 이 구절은 여러 논서에 인용되고 있다.[9] 그 밖에도 "화쟁송(和諍訟: 쟁송을 화해시킨다)"이란 말이 사용되는 용례는 많이 있다.[10] 법장(法藏, 643-712)의 『화엄경탐현기(華嚴經探玄記)』에는 "경화쟁송(慶和諍訟: 다툼을 화합함을 기뻐한다)"이라는 표현이 나오고[11] 규기(窺基, 632-682)의 『반야바라밀

1 『菩薩本生鬘論』卷8 (『大正藏』 3권, 355상)
2 (1)'不好乖違樂和諍訟', 『大般若波羅蜜多經』卷562 (『大正藏』 7권, 902중), (2)'不好乖違樂和諍訟'(『大般若波羅蜜多經』卷549 (『大正藏』 7권, 828상), (3)'樂和諍訟不樂讒謗' 『佛說佛母出生三法藏般若波羅蜜多經』卷16 (『大正藏』 8권, 643상)
3 『大乘大集地藏十輪經』卷8 (『大正藏』13권, 765상)
4 『方等三昧行法』卷1 (『大正藏』 46권 944중)
5 (1) '善和諍訟慈救為懷' 『天台菩薩戒疏』卷2 (『大正藏』 40권, 591하), (2) '善和諍說訟菩薩所宜' 『天台菩薩戒疏』卷2 (『大正藏』 40권, 593상), (3) '善和諍訟' 『天台菩薩戒疏』卷2 (『大正藏』 40권, 593하) (참고: 『천태보살계소(天台菩薩戒疏)』는 지의(智顗)의 『보살계의소(菩薩戒義疏)』를 777년에 명광(明曠)이 刪補한 것이다.)
6 『萬善同歸集』卷2 (『大正藏』48권, 981중)
7 『瑜伽師地論』卷35 (『大正藏』 30권, 479중)
8 『維摩詰所說經』卷1 『大正藏』 14권, 538중) 그밖에 유마경 주석서에 이 부분이 나오는 것은 당연한 일이다. (1)『注維摩詰經』卷1 (『大正藏』 38권, 336하), (2)『說無垢稱經疏』卷4 (『大正藏』 38권, 1026중), (3)『維摩義記』卷2 (『大正藏』 38권, 437중), (4)『維摩經義疏』卷2 (『大正藏』 38권, 929하), (5)『維摩經略疏』卷2 (『大正藏』 38권, 593하), (6)'不離和諍不兩舌也' 『淨名經集解關中疏』卷1 (『大正藏』 85권, 449하)
9 (1)'善和諍訟 言必饒益'(『起信論疏筆削記』卷18 (『大正藏』 44권, 396상), (2)'善和諍訟 言必饒益', 『西方合論』卷3 (『大正藏』 47권, 397하), (3)'善和諍訟 言必饒益', 『法苑珠林』卷15 (『大正藏』 53권, 398하), (4)'善和諍訟 言必饒益', 『天請問經疏』卷1 (『大正藏』 85권, 563중), (5) 『略諸經論念佛法門往生淨土集卷上』卷1 (『大正藏』 85권, 1239상)
10 (1)'令和諍訟', 『瑜伽論記』卷31 (『大正藏』 42권, 669중), (2)'和諍訟成孝義', 『永明智覺禪師唯心訣』卷1 (『大正藏』 48권, 997상)
11 『華嚴經探玄記』卷17 (『大正藏』 35권, 435하)

다심경유찬(般若波羅蜜多心經幽贊)』에는 "선화쟁두(善和諍鬥: 다툼을 잘 화해시킨다)"라는 말이 나온다.[12]

"화쟁"이라는 단어가 직접 나타나는 용례도 많이 있다. 먼저 "지성화쟁(至誠和諍: 지극한 정성으로 화쟁한다)"이라는 용례가 있고[13] "능선화쟁(能善和諍: 능히 잘 화쟁한다)"이라는 표현도 있다.[14] "방편으로 잘 화쟁한다[方便善和諍]"는 표현도 있다.[15] 『유가사지론』에서는 "화호괴리쟁송(和好乖離諍訟: 서로 어긋난 다툼을 화해시킨다)"는 표현이 나오는데[16] 이것이 『보살계본』에서는 "화쟁"이란 용어로 간략화 되어 나타난다.[17] 같은 것이 『보살지지경(菩薩地持經)』에도 나온다.[18] 그 밖에도 "화쟁"이라는 용어로 다툼을 화해시킨다는 의미로 사용하는 많은 용례를 확인할 수 있다.[19] 『화엄경』에는 "화쟁"이라는 이름의 신도 등장한다.[20]

『십송률(十誦律)』에서는 멸쟁과 화쟁이 함께 나온다.[21] 다툼을 어떻게 없앨 것인가가 멸쟁법인데 일반적으로 7멸쟁을 말한다. 다툼을 소멸시키고 화해시킨다는 의미에서 멸쟁과의 관련에서 화쟁이 말해지고 있는 것이다. 화쟁에서 멸쟁으로 가는 것이다. 멸쟁이 목적이고 화쟁은 멸쟁으로 가는 과정이라고 해석할 수 있다. 『보살계의소(菩薩戒義疏)』에서도 멸쟁과의 관련에서 화쟁을 말하고 있다.[22]

다음으로 화쟁 또는 화쟁송이라는 말이 쟁송의 화해라는 좋은 의미가 아니라 쟁송을 하는 데에 함께 어울린다는 좋지 않은 의미로도 사용된다. 『아비달마대비바사론』[23]에서도 "화쟁송(和諍訟)"이라는 용어가 나오는데 여

12 『般若波羅蜜多心經幽贊』卷2 (『大正藏』 33권, 534하)
13 『佛說超日明三昧經』卷1 『大正藏』 15권 537상)
14 『佛說施燈功德經』卷1 『大正藏』 16권 806하)
15 『分別業報略經』卷1 (『大正藏』 17권 449중)
16 『瑜伽師地論』卷41 (『大正藏』 30권, 519하)
17 『菩薩戒本』卷1 (『大正藏』 24권, 1109중)
18 『菩薩地持經』卷5 (『大正藏』 30권, 916상)
19 (1)'為和諍等', 『梵網經菩薩戒本疏』卷3 (『大正藏』 40권, 625하), (2)'若諫喻和諍得加多少', 『四分律刪繁補闕行事鈔』卷1, (『大正藏』 40권, 14상), (3)'事和無諍統理平等', 『四分律行事鈔資持記』卷5 (『大正藏』 40권, 236중), (4)'量僧和諍可舉即舉', 『四分律行事鈔資持記』卷5 (『大正藏』 40권, 248상), (5)'四分夏中和諍開直去不須受日', 『四分律行事鈔資持記』卷1 (『大正藏』 40권, 172하)
20 『大方廣佛華嚴經』卷1(60화엄) (『大正藏』 9권, 396중)
21 『十誦律』卷49 (『大正藏』 23권, 361중)
22 『菩薩戒義疏』卷2 (『大正藏』 40권, 577중)

기에서는 부정적인 의미로 사용되었다. 즉 아라한을 퇴보하게 만드는 다섯 가지 중의 하나로 "화쟁송"을 들고 있는데 이는 다툼을 화해시킨다기보다는 다툼에 어울린다는 뜻으로 해석이 가능하다. 다툼에 끼어들어 이러쿵저러쿵한다는 의미로 볼 수 있는 것이다. 이 계통에 속하는 경전들의 사용법도 다수 있다.[24]

화쟁이 일반적인 다툼의 화해 정도의 의미가 아니라 이론적인 다툼인 쟁론의 화해라는 의미로 사용된 용례도 상당수 찾아볼 수 있다. 경전에서보다는 후대의 주석서류에서 용례를 많이 찾아볼 수 있다. 화쟁의 대표적 인물이라고 할 수 있는 원효에게서 화쟁의 용어는 『열반종요』에서 "화쟁문"이라는 소제목으로 먼저 나타나고 구체적인 본문 내용에서는 "명화상쟁론(明和相諍論: 서로 쟁론하는 것을 화해함을 밝힘)"이라는 말로 나타난다.[25] 원효는 화쟁을 주제로 한 책 『십문화쟁론(十門和諍論)』을 저술하기도 하였다. 이와 같이 일반적인 다툼이라기보다는 이론적인 다툼인 쟁론의 화해를 "화쟁"이란 용어로 지칭하고 있다. 같은 용례를 담연(湛然, 711-782)의 『법화현의석첨(法華玄義釋籤)』[26]에서도 볼 수 있고 연수(延壽, 904-975)의 『종경록(宗鏡錄)』에서는 "화쟁론(和諍論: 쟁론을 화해시킨다)"이라는 표현이 나온다.[27]

23 『阿毘達磨大毘婆沙論』卷1 (『大正藏』 27권, 3하). (다섯 가지 인연 때문에 시해탈의 아라한이 물러나게 되니 첫째는 사업을 경영하는 것이고, 둘째는 쓸모없는 희론을 즐기는 것이며, 셋째는 다툼(諍訟)에 어울리는 것이고, 넷째는 멀리 다니기를 좋아하는 것이며, 다섯째는 오래도록 병을 앓는 것이다.)

24 (1) 如是不修習修地退。是病業誦和諍遠行觀故退(『三法度論』卷2 『大正藏』 25권, 21상), (2) 退緣有五 一謂僧事 二和諍 三謂遠行 四多病 五樂誦經(『成唯識論了義燈』卷6 『大正藏』 43권 729상), (3) 窺基의 『阿彌陀經疏』에서도 『阿毘達磨大毘婆沙論』의 이 부분을 인용하고 있다: 婆沙云 一長病 二遠行 三常誦習經業 四常營事務 五恒和諍訟(『阿彌陀經疏』卷1 『大正藏』 37권 324하), (4) 그 밖에 다음의 정토계 논서들에서도 이 부분을 인용하고 있다. 1)所謂長病遠行和諍僧事習誦等五退具(『釋淨土群疑論』卷4 『大正藏』 47권 55하), 2)謂遠行多病 樂誦經典 樂和諍訟 樂營僧事(『西方要決釋疑通規』卷1 『大正藏』 47권 107중), 3)一長病 二遠行 三誦經 四營事 五和諍 此之五種 唯人中有 天等中無(『淨土論』卷1 『大正藏』 47권 87상)

25 (1) 一顯相門 二立意門 三差別門 四和諍門, 『涅槃宗要』 『韓佛全』 1권, 533상), (2)次第四明和相諍論, 『涅槃宗要』 (『韓佛全』 1권, 536상)

26 『法華玄義釋籤』卷12 (『大正藏』 33권, 899상)

27 『宗鏡錄』卷9 (『大正藏』 48권, 463중)

2. 역사적 전개와 텍스트별 용례

1) 역사적 전개

이제까지 많은 불교사전이 나왔지만 화쟁을 독립된 항목으로 취급한 것은 한 가지 사전밖에 없는 것으로 확인된다.[28] 그 사전에서는 화쟁을 다음과 같이 설명한다. 즉, "광의로는 한국불교에 있어서 신라의 원효 이후 전통적으로 계승되어 면면히 계속되어온 화회·회통의 사상을 가리켜 "화쟁"이라 하고, 협의로는 원효의 사상적 근본을 구성하는 화회·회통의 논리체계를 말한다. 일반적으로 "화쟁사상"이라고 하는 경우는 후자를 가리킨다." 이와 같이 화쟁은 한국에서 특히 많이 사용된 용어이고 원효와 밀접한 관련을 갖고 있고 원효와의 관련에서 많이 알려졌다. 그러나 화쟁이 원효와 밀접한 관계를 갖는 것은 사실이라고 해도 원효만이 화쟁을 말하는 것은 아니다. 화쟁의 말뜻 자체가 쟁론의 화해이고 불교에서는 특히 쟁론의 화해 내지는 초월을 강조하기 때문이다. 하지만 어쨌든 화쟁이라는 말이 대중적으로 널리 알려지고 많이 쓰이게 된 것은 원효를 통해서이다. 7세기에 신라에서 활약하였던 원효의 사상적 특색이 바로 화쟁인 것이다. 그런데 원효에 와서는 화쟁이 단순한 다툼의 화해라기보다는 다양한 여러 이론들 사이의 화해를 의미하게 된다. 화쟁의 논쟁을 화해시켜 올바른 진리의 획득을 가능하게 해 주는 화해의 논리체계를 가리킨다. 화쟁이라는 말을 많이 사용하지 않더라도 원효의 사상 체계 전체를 화쟁으로 볼 수 있다. 구체적 용례는 원효에 있어서는 『열반종요』에서 화쟁문을 세우고 있으며[29] 원효의 대표작 중의 하나가 『십문화쟁론』이다. 이 『십문화쟁론』은 일찍부터 원효의 주된 저서로 알려지고 있었던 것으로 보인다. 우리가 알 수 있는 가장 빠른 전기 자료인 고선사(高仙寺) 「서당화상비(高仙寺 誓幢和上碑)」에 『십문화쟁론』에 대한 기록이 나온다. 즉 "융통하여 서술하고는 그 이름을 「십문화쟁론」이라 하였다. 무리들이 칭찬하지 않는 사람이 없어, 모두 이르기를 '좋다'라고 하였다."[30]라고 한 것이 그것이다.

화쟁이 원효에서 가장 중요한 사상이라고 널리 평가되는 것은 고려에 와서이다. 고려사에 보면 숙종 때에 원효에게 화정국사(和靜國師)의 호를 추

28 早島鏡正 監修·高崎直道 編, 『佛教·インド思想辭典』(東京: 春秋社, 1987), 497면 참조.
29 『涅槃宗要』(『韓佛全』 1권, 533상)
30 『朝鮮金石總覽』上 (서울: 조선총독부, 1919), 42면.

증한다는 기사를 볼 수 있다.[31] 화정(和靜)이란 말은 온화하고 고요함[32] 또는 화평하고 고요하다고 해석되는데 그 용례는 『장자(莊子)』와 『세설신어(世說新語)』에서 찾아볼 수 있다.[33] 그러나 원효의 시호가 화정으로 나오지 않고 화쟁으로 나오는 곳도 상당수 있다. 즉 『동문선(東文選)』 50의 김부식의 시에는 화쟁국사로 나오고,[34] 또 『동국여지승람(東國輿地勝覽)』[35]에서도 분황사의 원효의 비를 화쟁국사비라고 호칭하고 있으며, 『대동금석서(大東金石書)』에서도 분황비 또는 분황사화쟁국사비라고 하고 있다.[36] 따라서 화정국사의 화정은 화쟁의 잘못이라고 말하는 사람도 있다.[37] 그러나 반드시 그렇다고 볼 수 있는 근거는 아무데서도 발견할 수 없다는 의견도 있다.[38] 화정국사가 맞는지 또는 화쟁국사가 맞는지는 확실히 알 수 없지만 화정국사가 맞다 하더라도 화정이 화쟁과 연관이 있는 이름인 것은 확실한 것 같다. 원효와 의상에게 함께 호를 내리고 있는데 의상에게 원교국사(圓教國

---

31 『고려사』 「세가」 11 / 숙종 6년(1101) 8월 계사(癸巳)에 조(詔)하기를, "원효(元曉)와 의상(義相)은 동방의 성인(聖人)인데 비기(碑記)와 시호(諡號)가 없어 그 덕(德)이 드러나지 않는지라 짐(朕)이 이를 매우 애석하게 여기노라. 원효(元曉)에게는 대성(大聖) 화정국사(和靜國師)를, 의상(義相)에게는 대성(大聖) 원교국사(圓教國師)를 추증하고 유사(有司)는 그 거주하던 곳에 나아가 비석(碑石)을 세워 덕(德)을 기록(紀錄)하여 영원히 전하게 하라"고 하였다.

32 和靜 : 諸橋轍次, 『大漢和辭典』(大修館書店, 1956) 2책, 977면. "온화하고 고요한 것"

33 和靜 : 단국대학교 동양학연구소 『漢韓大辭典』(단국대학교출판부, 2000), 3책, 76면, "화평하고 고요함" 『莊子』 「繕性」 "陰陽和靜, 鬼神不擾, 四時得節"(음양은 조화되어 조용하고 귀신은 함부로 움직이지 않으며 사 계절은 순조로웠다.)/ 『世說新語』 「政事」 "山遐去東陽, 王長史就簡文索東陽云, 承藉猛政, 故可以和靜致治"(산하가 동양태수를 그만두자, 왕장사가 간문제에게 나아가 동양태수직을 구하면서 이르길 '맹정[가혹한 정치]의 뒤를 이어서는 화정[화평하고 고요함]으로 다스려야 합니다.'라고 하였다.)

34 동문선 제50권 찬(贊)에 김부식의 「화쟁국사영찬(和諍國師影贊)」, 『東文選』 제3책(민족문화간행회, 1994), 116면이 있다. 김부식은 원효에게 호를 내린 지 얼마 되지 않은 시기의 사람인데[김부식(1075-1151)의 나이 27세 때(1101) 화정국사란 호가 내려진다.] 그가 화쟁국사라고 부르고 있다. 화정이 화쟁의 잘못이 아니라면 김부식이 화정을 화쟁의 의미로 이해하고 있다고 보아야 할 것이다.

35 『신증동국여지승람』 제21권 경상도(慶尙道) 경주부(慶州府) 분황사(芬皇寺) : 부의 동쪽 5리에 있다. 선덕왕 3년에 세웠다. 고려의 평장사(平章事) 한문준(韓文俊)이 찬술한 화쟁국사비(和諍國師碑)가 있는데, 오금석(烏金石)이다. 『고전국역총서 신증동국여지승람』 3책(서울: 재단법인 민족문화추진회, 1984), 227-228면.

36 李俁 편, 『大東金石書』, 『한국금석문전서』 제1권(서울: 아세아문화사, 1976), 135-137면; 「大東金石目」, 43면 참조.

37 이종익, 「원효의 근본사상 연구」, 『동방사상개인논문집』 제1집(서울: 동방사상연구원, 1977), 12면.

38 이범홍, 「元曉行狀新考」, 『마산대논문집』 제4집(마산: 마산대, 1982), 302면 참조.

師)란 호를 원효에게 화정국사라는 호를 내리는 것은 원교와 화정이 각각의 사상을 대표한다고 보았기 때문이다. 따라서 화정이 원효의 사상을 대표한다고 보았다면 화쟁하는 원효의 사상을 묘사하여 화정이라 한 것으로 보아야 할 것이다. 화정과 화쟁이 혼용되었다고 생각할 수밖에 없다. 화정국사 대신에 화쟁국사라고 부르는 많은 예가 그것을 우리에게 알려준다. 어쨌든 원효에 있어 화쟁은 중요하고 화쟁이 원효를 대표하는 이름이 된 것이다.

원효의 화쟁을 쟁론의 화해라고 볼 것이 아니라 이론 사이의 소통의 의미로 보아야 한다는 주장이 있다.[39] 쟁론을 화해시킨다는 개념보다는 다양한 주장을 서로 통하게 해주는 것이 원효의 화쟁이라는 주장이다. 물론 원효는 다양한 이론을 화해 소통시키려고 노력했으므로 일리 있는 주장이다. 그러나 이는 쟁론의 화해라는 화쟁의 기본적인 의미를 무시하고 있는 해석이다. 그리고 화쟁은 긍정적인 방면이라고 할 수 있는 이론 사이의 소통뿐 아니라 자기 견해에 대한 집착을 버릴 것을 강조하는 부정의 측면도 있음을 잊고 있는 주장이라고 할 수 있다. 그리고 "원효사상을 화쟁사상이라고 하는 것이 정설과 같이 되어 있지만 원효의 현존 저술 중에는 화쟁의 용례가 하나뿐이며, 용례로서는 화회하고 소통하는 의미의 '회통(會通)'이 다수 보인다"고 지적하고 원효사상이 화쟁사상으로 파악되는 요인은 의천과 의천의 원효 인식을 받들어 시호된 화쟁국사란 호의 존재에 있는 것으로 생각된다고 주장하는 논문도 있다.[40] 이 또한 의미 있는 지적이지만 화쟁이 원효를 대표하게 된 것은 그만한 이유가 있어서 그렇게 되었다고 보아야 할 것이다. 원효의 저술 전체가 원효의 화쟁적인 특징을 보여주며 일찍부터 『십문화쟁론』이 원효의 대표적인 저술로 간주되었던 것이다.

원효의 화쟁에 관한 대표적인 저술이 『십문화쟁론』이다. 『십문화쟁론』은 1937년 해인사의 대장경 속에서 일부가 발견되었다. 발견된 것은 9장, 10장, 15장, 16장의 4면과 ²/₃ 이상이 파손된 31장이다. 남아있는 9·10장은 공(空)과 유(有)를 화해시키고 있고 15·16장은 불성의 유무를 화해시키고 있으며 31장은 인법이집(人法異執)에 대한 화해이다. 『십문화쟁론』이 이와 같이 일부밖에 남아있지 않아 그 10문이 정확하게 어떤 것인지는 알 수 없으나, 현존하는 『십문화쟁론』의 부분과 그 밖의 저술을 통해 추정하기도

39 박재현, 「원효의 화쟁사상에 대한 재고」, 『불교평론』 2001년 가을(통권 8호), 2001.
40 福士慈稔, 「원효와 화쟁」, 『원효학연구』 제9집(경주: 원효학연구원, 2004), 58-59면 참조.

하였다. 그러나 현존하는 원효의 저술은 원효 전체 저술의 $^1/_5$ 정도밖에 되지 않으므로 거기에 의존하여 화쟁(和諍)의 십문(十門)을 추정하는 것은 무리가 따르고 원효가 화쟁을 한 것이 꼭 열 가지 주제에만 한정되는 것도 아니므로 어떤 것이 열 가지 주제에 들어가는지 확정하는 것은 어렵다.

2) 텍스트별 용례

쟁론을 화해시키는 화쟁은 원효의 사상 가운데에서 가장 특징적인 것이라고 할 수 있다. 여러 다양한 이론 사이의 다툼을 화해시켜서 붓다의 올바른 진리로 돌아가게 하는 것이 화쟁이니 백가(百家)의 이쟁(異諍)을 화해시켜 일미(一味)인 일심의 근원으로 돌아가게 함이다. 화쟁은 그의 저술에 일관되게 나타난다. 『열반종요』에서는 『열반경』을 "여러 경전의 부분을 통합해서 온갖 흐름을 일미로 돌아가게 하고 부처의 뜻의 지극히 공정함을 열어서 백가의 이쟁을 화해시킨다"[41]하여 화쟁의 경전으로 높이 평가하고 있다. 그리고 『기신론별기(起信論別記)』에서는 『기신론』을, "모든 논의 조종(祖宗)이고 군쟁(群諍)의 평주(評主)"[42]라 하고 있다. 원효가 『열반경』과 『기신론』을 훌륭한 경론이라고 본 중요한 이유는 그것이 화쟁의 경론이기 때문이다. 이런 몇몇 예만 보아도 그의 전 사상체계가 화쟁의 정신으로 일관되고 있다는 것은 짐작할 수 있다. 한 분야의 이론만을 주장하지 않고 모든 분야를 아우르며 그것들 각각에 중요성을 부여하여 조화시켜서 보고자 하는 것이 원효의 화쟁의 정신이다. 그의 다방면에 걸친 저술과 그 저술에 흐르는 화해의 정신이 그것을 우리에게 알려준다.

그는 불교의 가르침은 깨달음을 위한 것이라는 점을 깊이 인식하고 있었다. 따라서 불교의 근본진리를 깨닫게 해서 일심의 근원에로 되돌아가게 해주는 가르침이라면 모두 다 중요하게 생각하였다. 특정한 종류의 경전만이 유일하게 옳은 것이라고는 주장하지 않았다. 그는 종파적 편견에서보다는 깨달음의 도구로서의 상대적인 유용성을 위해 여러 경전에서 인용하곤 하였다. 일심의 원천에로 돌아가고자 하는 뚜렷한 목적의식을 갖고 일심을 기본으로 해서 이론을 전개하되, 구체적으로는 현실적으로 다양하게 나타나는 이론들을 조화시켜 나가는 것이 원효의 특징이라 할 수 있을 것이다. 많

41 원효, 『涅槃宗要』(『韓佛全』 1권, 524상)
42 원효, 『起信論別記』 (『韓佛全』 1권, 733중)

은 사람들이 우리나라 불교의 특징은 종파적인 것을 떠나 조화와 화해를 강조하는 데에 있다고 주장하여 왔는데 원효는 그런 전통의 선구자이다.

불교의 근본 성격 자체가 논쟁의 초월을 지향하고 있다는 것은 주지의 사실이다. 그런데도 원효의 사상적 특색을 특히 화쟁으로 규정하는 이유는 원효가 당시의 일반적인 사람들과는 달리 한 종파에만 매달리지 않고, 자신의 견해에 빠져서 다른 이론을 비난하는 것은 부처의 본래 뜻을 잃어버리는 것이라 하며 일심에 근거하여 다양한 이론들 사이의 다툼을 해소시키려 하였기 때문에 그 자신의 특색 있는 사상이기 때문이다. 그리고 원효의 화쟁은 초기 불교에서의 쟁론에 대한 태도와는 약간 차이를 보여주는데 논쟁의 초월을 말하면서 논쟁 자체의 무의미함을 강조하는 초기불교의 태도와는 조금 다른 것이 원효의 화쟁에는 있다. 즉 그는 다양한 여러 이론들이 그 자체로 가치가 있다는 입장을 보이는 것이다.

화쟁을 함에 있어서는 먼저 언어의 본성에 대해 정확히 이해하는 것이 필요하다. 언어에 대한 잘못된 이해로 말미암아 집착하고 논쟁하기 때문이다. 원효는 진리는 말을 끊는 것도 끊지 않는 것도 아니라 한다. 언어는 진리를 전달하기도 하지만 또 한편으로는 왜곡시키기도 한다는 뜻으로 해석할 수 있다. 결국 가르침의 말을 절대화하지 말고 집착을 버리고 받아들여야 한다는 것이 언어관에서 주장하는 바라고 할 수가 있다. 이런 언어에 대한 견해에서 출발한 원효의 화쟁의 방법으로는 첫째로 집착을 버리고 극단을 떠나게 하는 것을 들 수 있다. 둘째로는 긍정과 부정을 자유자재로 하면서 긍정과 부정 어느 것에도 집착하지 않도록 하는 것을 화쟁의 방법으로 말할 수 있다. 그리고 경전 내용에 대한 폭넓은 이해를 세 번째 화쟁의 방법으로 말할 수 있다.[43] 원효는 일심의 근거에서 언어에 대한 이해의 바탕 위에서 다양한 방법으로 논쟁의 화해를 시도하고 있다.

3. 인접 개념과의 관계 및 현대적 논의

1) 인접 개념과의 관계

원효의 화쟁을 어떻게 해석하면 현대에 살릴 수 있을까? 종교다원주의와 연관하여 화쟁에 대해 논의해 보도록 하자. 먼저 원효의 화쟁이 노리는

---

43 최유진, 『원효사상연구』 (마산: 경남대학교출판부, 1998), 59-109면 참조.

바는 불교의 근본 진리 즉 일심에로 돌아감이었다. 그리고 그 대상이 되는 갈등 상황은 일단은 불교 내의 다양한 학설들이라고 할 수 있다.[44] 물론 원효가 구체적으로 화쟁의 대상으로 삼았던 것이 불교 내의 다양한 이론적 다툼이었다고 해도 그 정신은 현재의 다종교 상황에서 갈등의 해소와 바람직한 길을 모색하는 데 도움이 될 수 있을 것이다.

불교의 입장 자체가 논쟁의 초월을 지향하고 있고 가르침의 방편적 성격을 강조하여 부처의 가르침 자체도 절대화해서는 안 된다는 점을 강조하고 있다는 것은 주지의 사실이다. 그리하여 초기불교의 이론 자체도 종교 간의 화해와 공존을 위한 이론 구성에 중요한 기여를 할 수 있을 것이지만 원효의 화쟁은 거기에서 한 걸음 더 나아가 더욱 적극적인 기여를 할 수 있을 것으로 생각된다. 원효의 화쟁은 각각의 이론에 대한 집착을 버려야 함을 주장하지만 또 한편으로 집착함이 없다면 그 이론도 의미가 있다 하여 다양한 이론들에 나름대로의 긍정적 가치를 인정하면서 조화와 화해를 추구하고 있기 때문이다. 즉 초기불교나 중관파의 입장에서는 논쟁의 초월이라는 면만을 강조하여 각 종교 전통의 다양한 이론들을 긍정적인 기여의 면보다는 부정적인 면에서 바라보게 되는 경향이 있게 되지만, 원효의 화쟁의 입장에서는 각각의 이론들이 그 자체에 매달리지 않는다면 가치가 있다 하여 각 종교 전통의 긍정적 가치를 확실하게 인정하고 나아갈 수 있다.

원효는 다양한 방법으로 화쟁을 추구해 왔는데 화쟁의 목적은 단순한 화해는 아니다. 궁극적인 이상의 실현이 화쟁의 목적이라고 할 수 있다. 쟁론을 화해해야 하는 이유는 쟁론하는 것 자체가 부처의 이상에서 멀어지는 것이고 궁극적인 이상 실현을 할 수 없게 하는 것이기 때문이었다. 그러므로 다양한 이론들이 부처의 이상의 실현을 위해 나아가고 있다면 그것들이 서로 다르다고 해도 다 가치가 인정이 된다. 다만 서로 다른 이론들이 자기만이 옳다고 싸우면 그때는 문제가 되는 것이다. 종교 간의 갈등의 문제도 마찬가지 논리를 적용할 수 있다. 다양한 종교가 각자 종교적 이상의 실현을 위해 노력하고 있는 상황이므로 모두 가치가 인정이 된다. 물론 각각의 종교적 이상이 공통적으로 승인될 수 있는 것이냐는 문제는 남지만 그 종교적 이상을 절대화시키지 않는다면 인정할 수 있는 것이다. 쟁론도 자기의 이론만을 절대화하는 데에서 온다는 것을 기억하여야 할 것이다. 원효

44 같은 책, 19-22면 참조.

의 화쟁에서 가장 특징적인 것은 극단에 치우쳐 집착하지 않아야 하지만 부정 자체에도 집착해서는 안 된다는 긍정과 부정의 자재의 방법이다. 이 방법에서 우리는 자신의 종교 전통을 절대화하지 않으면서 자기 종교의 궁극적인 이상의 실현을 위해 적극적으로 노력하는 것을 배울 수 있고 타종교 전통에서 가르치는 종교적 진리나 이상에 대해서 열린 마음으로 받아들여 종교적 이상 실현의 폭을 확대시켜 나갈 수 있는 방법을 배울 수 있을 것이다.

다양한 종교가 공존하는 현대의 상황은 한편으로는 도전이지만 한편으로는 기회다. 종교들은 궁극적으로 지향하는 바가 있어서 나름대로 그것을 추구해 왔다. 다양한 방식으로 종교적 진리를 추구하고 실현해 온 것이다. 이제 각자 자신의 좁은 테두리에서 나와 인류 공통의 궁극적 이상의 실현이라는 문제에서 만났을 때 다양한 종교전통의 지혜가 여러 가지로 도움을 줄 수 있을 것이다. 나와는 다른 관점이 도움이 된다는 자세가 중요하고 공동의 문제를 향한 대화가 필요한 것이다. 다양한 종교가 평화롭게 공존하면서 각자 자기 나름대로 독창성을 갖고 종교적 이상의 실현을 위해 노력하고, 또 한편으로 공동의 궁극적 이상 실현을 위해 협력하는 것이 바람직한 종교다원주의의 양상일 것이다. 원효의 화쟁은 그러한 바람직한 종교다원주의의 근본 원리 구성에 많은 도움을 줄 수 있을 것이다.

Ⅱ. 회통(會通)

1. 어원적 근거 및 개념 풀이

1) 어원적 근거

회통(會通)이라는 말은 본래는 『주역(周易)』「계사(繫辭)」에 나오는 말이다. 『주역』「계사」에서는 "성인은 역리로써 천하의 모든 움직임을 알고 그것이 모여 통하는 것[會通]을 살펴 그 예법을 실행한다"[45]라 하고 있다. 그 뜻은 사물과 하나가 되고 잘 통하는 것, 즉 사물의 다양한 변화 각각에 잘

45 『易』繫辭上. "聖人有以見天下之動, 而觀其會通, 以行其典禮"(성인은 易으로 천하의 움직임을 보고, 그것이 하나로 모여 통하는 것을 살펴, 그 예법을 실행한다.)

적합하게 맞춰서 하나가 되고, 사태가 걸림 없이 진전하는 것이다.[46] 다음으로 융회관통(融會貫通: 자세히 이해하고 꿰뚫음 즉, 잘 알고 있다는 뜻)한다는 의미에서의 회통으로도 사용된다. 그 예는 여러 곳에서 볼 수 있다.[47]

2) 개념 풀이

불교에서는 경전해석상의 술어로 사용되는데 회통의 뜻은 상이한 뜻을 소통하여 한 뜻으로 돌아가게 하는 것이다. 따라서 화회소통(和會疏通)이라는 뜻으로 해석할 수 있다. 부처의 가르침은 다양한 대상과 상황에 따라서 설해진 것이어서 모순처럼 보이는 교설도 많이 있다. 그러나 그것들은 근본적으로는 깊은 일관된 원리에 의해 뒷받침되고 있다고 하는 입장에서, 다양한 문장 표현 각각에 적합한 융통성 있는 통일적인 해석을 행하는 것을 "회통"이라고 한다. 다시 말하면 경전 상의 다양한 표현이 근본적으로는 같은 진리를 말하는 것인데 그것이 달리 표현되어 모순된 것처럼 보이므로 그것을 화해시켜 하나로 통하게 한다는 의미이다. 다른 말로는 화회(和會), 회석(會釋), 융회(融會) 혹은 단순히 회(會) 또는 통(通)이라고 한다. 다음으로 일반적인 사용법과 마찬가지로 불교에서도 자세히 이해하고 잘 안다는 의미로도 사용된다.

2. 역사적 전개 및 텍스트별 용례

1) 역사적 전개

(1) 한역 경론의 용례

회통이라는 표현은 다양한 경전에서 발견된다. 여러 경전에서의 용례를

46 대표적인 주석 몇 가지를 들면 다음과 같다. 『疏』(孔穎達). "觀看其物之會合變通" (그 사물의 회합변통을 본다.)/ 『周易本義』(朱熹). "會, 謂理之所聚而不可遺處. 通, 謂理之可行而無所礙處"(회는 리가 모여서 빠질 수 없는 곳을 이르고, 통은 리가 갈 수 있어서 걸림이 없는 곳을 이른다.)/ 『周易折中』(李光地). "胡氏炳文曰, 不會則於理有遺闕, 如之何可通, 不通則於理有窒礙, 如之何可行"(호병문이 말하기를, 會하지 못하면 리에 빠지는 것이 있으니 어찌 통하게 할 수 있을 것이며, 通하지 못하면 리에 막히고 걸림이 있을 것이니 어찌 행할 수 있겠는가라고 하였다.)

47 劉勰, 『文心雕龍』 物色. "古來辭人, 異代接武, 莫不參伍以相變, 因革以爲功, 物色盡而情有餘者, 曉會通也"(고래로 문인들은 시대를 달리 하면서도 서로 接脈이 되고, 서로 섞여서 모습을 바꿔 전통의 계승과 변혁을 통하여 성과를 거두어 왔다. 풍경을 묘사하고서도 정서가 아직 남아도는 것, 이것이 융통무애의 창작법에 通曉한 수법이다.)

살펴보도록 하자. 먼저 『일자불정륜왕경(一字佛頂輪王經)』에서는 회통이 들어가는 보살의 이름이 등장한다. 회통삼정륜왕보살(會通三頂輪王菩薩)이 그것이다.[48] 『불공견색신변진언경(不空羂索神變眞言經)』은 불공견색심주(不空羂索心咒)와 불공견색관음(不空羂索觀音)에 관한 많은 의궤를 설하고 있는 경전인데 여기에도 회통의 용례가 많다. "능히 일체단인삼매야를 회통한다[能會通一切壇印三昧耶]"는 표현이 나온다.[49] 여기에서는 회통의 의미를 잘 안다는 의미로 보아야 할 것이다. 다음으로는 회통이 들어가는 삼매야(三昧耶)가 여럿 등장한다. 일체여래비밀회통심다라니진언단인삼매야(一切如來祕密會通心陀羅尼眞言壇印三昧耶)[50]와 일체여래종족회통일체대만나라인삼매야(一切如來種族會通一切大曼拏羅印三昧耶)·일체금강종족회통일체대만나라인삼매야(一切金剛種族會通一切大曼拏羅印三昧耶)[51]가 그것이다. 회통을 '모여서 통한다'는 의미로, 즉 서로 통하게 한다는 의미로 사용하는 용례도 볼 수 있다. 즉 "이 인삼매(印三昧)는 불공왕단인삼매야(不空王壇印三昧耶)·일체금강종족인삼매야(一切金剛種族印三昧耶)를 회통한다"는 표현과 "이 인삼매는 불공왕단인법(不空王壇印法)·일체도저인삼매야(一切度底印三昧耶)를 회통한다"는 표현을 볼 수 있다.[52] "이와 같은 인은 능히 일체여래종족일체단인삼매야(一切如來種族一切壇印三昧耶)를 회통한다"[53]는 용례도 있다.

다음으로는 『유가사지론(瑜伽師地論)』에 나오는 회통의 용례를 살펴보도록 하자. 『유가사지론』에는 여섯 종류의 방편선교(方便善巧)가 나오는데 그 중에 첫 번째가 수순회통방편선교(隨順會通方便善巧: 따르면서 회통하는 방편으로 잘 교묘히 함)이다.[54] 그것은 "방편으로 잘 교묘히 하여, 이치 그대로 이와 같은 경 안의 여래의 비밀한 뜻으로서 매우 깊은 이치를 회통하여서는 여실(如實)하게 화회해서 그 유정을 포섭"[55]하는 것이라고 설명

---

48 『一字佛頂輪王經』 (『大正藏』 19권, 247중)

49 『不空罥索神變眞言經』卷3 (『大正藏』 20권, 244상)

50 『不空罥索神變眞言經』卷21 (『大正藏』 20권, 340상)

51 『不空罥索神變眞言經』卷22 (『大正藏』 20권, 346상)

52 『不空罥索神變眞言經』卷23 (『大正藏』 20권, 352하). "此印三昧會通不空王壇印三昧耶一切金剛種族印三昧耶" "此印三昧會通不空王壇印法 一切度底印三昧耶"

53 『不空罥索神變眞言經』卷30 (『大正藏』 20권, 395중). "如是之印能等成就會通一切如來種族一切壇印三昧耶"

54 『瑜伽師地論』卷45 (『大正藏』 30권, 540하)

55 『瑜伽師地論』卷45 (『大正藏』 30권, 541상). "方便善巧如理會通如是經中如來密意甚深義

한다. 여기에서 회통의 의미는 경전의 말이 서로 다른 것을 모아서 통하게 한다는 의미이다. 다음으로 "말이 서로 어긋나는 문난에서는 의취를 드러내 보이어 따르면서 회통하며, 말이 서로 어긋나는 문난에서 의취를 드러내어 따르면서 회통함이 그러한 것처럼, 결정적이 아님을 드러내 보이는 문난에서나 마침내 현재 나타난 것이 아닌 문난에서도 역시 그러한 줄 알아야 한다"[56]는 용례가 있다. 여기에서도 회통은 말이 다른 것을 서로 통하게 한다는 뜻으로 사용되고 있다. 다음으로 『아비달마순정리론(阿毘達磨順正理論)』의 용례를 보도록 하자. 『아비달마순정리론』에서는 "유가사(瑜伽師)들이 …… 성교(聖敎)를 회통한다"[57]는 표현이 나온다. 경전의 말이 다른 것을 서로 통하게 한다는 의미이다. 『금강선론(金剛仙論)』에도 "두 경전의 상위를 어떻게 회통할 것인가?"[58]라는 용례가 있다. 여기에서도 회통은 서로 통하게 한다는 의미로 사용되었다.

(2) 중국 찬술 문헌의 용례

중국에서 찬술된 문헌에서도 회통의 용례는 많다. 회통의 필요성이 그만큼 컸기 때문에 그에 대해 논하는 문헌들이 많다. 먼저 승조(僧肇, 383-414)의 『조론(肇論)』「열반무명론(涅槃無名論)」에 "천지는 나와 동근(同根)이고 만물은 나와 일체(一體)이다. 나와 같은즉 다시 유무가 아니고 나와 다른즉 회통에 어긋난다"[59]는 말이 나온다. 서로 통한다는 정도의 의미로 사용되었다.

회통을 제목으로 하는 저술도 있다. 『회통론(會通論)』이라는 저술이 두 종류 등장한다. 하나는 담제(曇諦, 347-411)의 작품이고 또 하나는 혜의(慧義, 372-444)의 작품이다.[60] 둘 다 전해 오지는 않는다.

다음으로 『대반열반경집해(大般涅槃經集解)』는 509년에 양(梁)의 보량(寶亮)이 지었는데 『열반경』을 해설하면서 여러 학자들의 학설을 함께 모

趣. 如實和會攝彼有情'

56 『瑜伽師地論』卷81 (『大正藏』 30권, 754상). "於語相違難 顯示意趣隨順會通. 如於語相違難顯示意趣隨順會通. 如是於不決定顯示難. 於究竟非現見難. 當知亦爾"

57 『阿毘達磨順正理論』卷35 (『大正藏』 29권, 541상). "諸瑜伽師 …… 會通聖教"

58 『金剛仙論』 卷1 (『大正藏』 25권, 803중). "二經相違云何會通"

59 『肇論』 권1 (『大正藏』 45권, 159중-하). "天地與我同根. 萬物與我一體. 同我則非復有無. 異我則乖於會通"

60 『出三藏記集』 권12 (『大正藏』 55권, 83상); 『大唐內典錄』 (『大正藏』 55권, 327상)

아 놓은 것이다. 여기에서는 회통의 용례가 상당히 여러 곳에서 나타나는데 『열반경』 내의 다양한 이야기를 화해시키는 것이 주된 용법이다.[61] 승우(僧祐, 444-518)의 『출삼장기집(出三藏記集)』(510-518년 성립)의 도안(道安) 전기에서 도안이 "문리를 회통하고 경의를 밝혔다"[62]고 서술하고 있다. 잘 알았다는 의미로 이해할 수 있을 것이다. 또 『출삼장기집』 불타발타(佛馱跋陀)전에서는 "중화와 융적(戎狄)을 회통했다.[會通華戎]"[63]는 표현이 나오는데 이 또한 중화와 융적 모두에 대해 다 잘 알았다는 의미로 이해할 수 있다. 이후의 불타발타라 전기에서는 비슷한 표현이 계속 나온다. 즉 법장(法藏, 643-712)의 작품인 『화엄경전기(華嚴經傳記)』의 불타발타라 조에서 불타발타라를 묘사하여 "방언을 회통하였다.[會通方言]"[64]고 표현하고 있다. 여기에서 회통의 의미도 잘 알았다는 의미로 이해할 수 있을 것이다. 지승(智昇)의 『개원석교록(開元釋教錄)』(730년 작)에는 불타발타라를 설명하는 부분에 "중화와 융적을 회통했다.[會通華戎]"[65]는 표현이 나오고, 원조(圓照)의 『정원신정석교목록(貞元新定釋教目錄)』(800년)에서도 불타발타라를 설명하는 부분에서 "중화와 융적을 회통하였다.[會通華戎]"[66]라는 표현이 나온다. 진순유(陳舜俞)의 『여산기(廬山記)』(1072년)에서는 "화(華)와 범(梵)을 회통하였다.[會通華梵]"[67]라고 표현하고 있다. 모두 다 '잘 알았다'는 의미로 이해할 수 있다. 다음으로 『삼부율초(三部律抄)』는 516년 이

---

61 (1) "因會通以明常"(회통으로 常을 밝힌다.) 『大般涅槃經集解』卷4 (『大正藏』 37권, 389상), (2) "會通古今"(고금을 회통한다.) 『大般涅槃經集解』卷6 (『大正藏』 37권, 399상), (3) "會通兩教"(양교를 회통한다.) 『大般涅槃經集解』 卷7 (『大正藏』37권, 407중), (4) "會通今昔四依儀"(4의가 무엇인가에 대한 今昔의 여러 이론을 회통한다.) 『大般涅槃經集解』卷16 (『大正藏』37권, 440중), (5) "第四略會通二教也"(제4는 간략하게 二教를 회통하는 것이다.) 『大般涅槃經集解』卷28 (『大正藏』37권, 479하), (6) "會通今昔五盛陰苦義"(이는 소제목. 오음성고의에 대한 과거와 현재의 여러 이론을 회통.) 『大般涅槃經集解』卷30 (『大正藏』 37권, 482상), (7) "前已略說. 今是廣說. 次會通"(앞에는 간략히 설하고 지금은 널리 설하고 다음으로 회통한다) 『大般涅槃經集解』 卷31 (『大正藏』 37권, 484상), (8) "第三總會通"(제3은 모두 회통한다.) 『大般涅槃經集解』 卷32, (『大正藏』 37권, 486중), (9)"會通二諦"(二諦를 회통한다) 『大般涅槃經集解』 卷46 (『大正藏』 37권, 522상)이다.

62 "文理會通經義克明" 『出三藏記集』 卷15 '道安法師傳'第二. (『大正藏』 55권, 108상)

63 『出三藏記集』 卷14 (『大正藏』 55권, 104상)

64 『華嚴經傳記』 卷1 (『大正藏』 51권, 154하)

65 『開元釋教錄』 卷3 (『大正藏』 55권, 506하)

66 『貞元新定釋教目錄』 卷5 (『大正藏』 55권, 803하)

67 『廬山記』 卷3 (『大正藏』 51권, 1041하)

전에 중국에서 성립되었는데 삼부율[『摩訶僧祇律』, 『十誦律』, 『四分律』]을 비교해서 각각의 상위점을 회통하고 있는 책이다. 따라서 삼부율의 경중 부동을 회통하는 것이 한 품으로 독립되어 있다.[68] 여기에 회통이라는 용어가 나온다. 지의(智顗, 538- 597)의 『마하지관(摩訶止觀)』에도 용례가 있다. "성에 네 문이 있어도 회통하는 것과 같다.[如城有四門會通不異]"[69]라는 표현이 그것이다. 여기에서는 회통이 두루 통한다는 정도의 의미로 사용되었다. 같은 저자의 『사교의(四教義)』에도 "회통을 위해서이다[爲會通]"[70]라는 표현이 나온다. 서로 통하게 한다는 의미로 사용되었다.

길장(吉藏, 549-623)의 『삼론현의(三論玄義)』에도 회통의 용례가 있다. "회통이제(會通二諦)"[71]란 말이 그것이다. 담영(曇影)의 「중론서(中論序)」를 인용한 말인데 이제를 회통하는 것이 중론의 핵심이라는 것이다. 여기에서의 회통이라는 말은 말이 다른 것을 서로 통하게 한다는 의미라기보다는 이제의 도리를 잘 안다는 정도의 의미로 쓰여서 이제가 중론의 핵심임을 말하고 있는 것이다. 길장의 또 다른 저서 『대승현론(大乘玄論)』에도 용례가 있다. 『대승현론』 권3에 "각각 한 문장에 집착하여 경의 뜻을 회통하지 못하였다.[各執一文不得會通經意]"[72]라는 표현이 나오는데 여기에서 회통의 의미는 두루 통하게 하지 못하였다는 의미와 잘 알지 못하였다는 의미가 중첩되어 있는 것으로 파악할 수 있을 것이다. 이와 같이 회통의 의미가 중첩되어 사용되는 경우도 많다. 그리고 같은 저자의 『십이문론소(十二門論疏)』에도 회통의 용례가 있다. "논주가 경론의 옳고 그름을 회통했다.[論主會通經論是非]"[73]는 것이 그것이다. 여기에서는 경론의 여러 설들의 옳고 그름을 두루 통하게 했다는 의미로 사용되었다. 길장의 『유마경의소(維摩經義疏)』에는 "아나율은 비록 천안을 얻었다 해도 회통에는 통달하지 못하였다"[74]는 말이 나오는데 여기에서의 회통은 두루 안다는 뜻으로 이해하

68 『三部律抄』(『大正藏』85권, 681중)
69 『摩訶止觀』 卷6 (『大正藏』 46권, 74상)
70 『四教義』 卷4 (『大正藏』 46권, 732중)
71 『大正藏』45권, 11하, "此論雖無理不窮. 無言不盡. 統其要歸. 會通二諦"(이 논(중론)은 비록 다하지 않는 이치가 없고 다하지 않는 말이 없지만 그 요지를 총괄하면 이제를 회통함에 돌아간다.)
72 『대승현론』 권3 (『大正藏』 45권, 39중)
73 『十二門論疏』 卷3 (『大正藏』 42권, 194하)
74 『維摩經義疏』 卷3 (『大正藏』 38권, 936상). "那律. 雖得天眼. 不達會通"

면 될 것이다. 『무외삼장선요(無畏三藏禪要)』에서는 "성교(聖敎)를 회통했다"[75]는 표현이 나온다. 여기에서의 회통은 잘 안다 또는 통달했다는 의미이다.

비장방(費長房)의 『역대삼보기(歷代三寶紀)』(597년)에도 "운명을 회통하여 인과로 돌아가게 한다.[會通運命歸於因果]"[76]는 표현이 나온다. 이것은 서동경(徐同卿)의 『운명론(運命論)』을 설명하는 부분에 등장하는 말인데 운명과 인과가 다르지 않다는 것을 밝혔다는 의미이므로 서로 통하게 한다는 의미로 사용되었다고 할 수 있다. 관정(灌頂, 561-632)의 『대반열반경소(大般涅槃經疏)』에도 회통의 용례가 여럿 발견된다. 경전의 여러 말들의 상위를 서로 통하게 설명해주고 있는 것이 그 내용이다.[77] 순서에 따라 여러 가지를 설명한 다음에 회통의 항목이 들어가는 경우가 많다. 1030년에 자선(子璿, 965-1038)이 『대불정만행수능엄경(大佛頂萬行首楞嚴經)』을 주석한 『수능엄의소주경(首楞嚴義疏注經)』에도 용례가 있다.[78] 7세기경 선도(善導, 613-681)의 저술인 『관무량수불경소(觀無量壽佛經疏)』에도 "별시의 뜻을 회통한다[會通別時之意]"[79], "이승의 종자가 나지 않는다는 뜻을 회통한다[會通二乘種不生之義]"[80]는 등의 용례가 있다. 여기에서도 회통은 여러 가지 다른 말들을 통하게 해준다는 의미로 사용되고 있다.

혜소(慧沼)의 『능현중변혜일론(能顯中邊慧日論)』에도 경전의 여러 다양한 뜻을 통하게 해준다는 의미로 회통이 사용된 용례가 있다.[81] 같은 저자의 『금광명최승왕경소(金光明最勝王經疏)』에도 "제1은 수순회통이다. 즉

75 『無畏三藏禪要』卷1 (『大正藏』 18권, 944상). "會通聖教"

76 『歷代三寶紀』 卷12 (『大正藏』 49권, 107상)

77 (1)"次會通"(다음으로 회통한다) 『大般涅槃經疏』卷15 (『大正藏』 38권, 127중), (2)"三會通"(제3은 회통이다) 『大般涅槃經疏』卷18 (『大正藏』 38권, 142하), (3)"三會通"(셋째 회통) 『大般涅槃經疏』卷14 (『大正藏』38권, 124하), (4)"次更會通"(다음으로는 다시 회통한다) 『大般涅槃經疏』卷24 (『大正藏』38권, 178하), (5)"第八會通"(제8 회통) 『大般涅槃經疏』 卷10 (『大正藏』 38권, 99상), (6)"三會通所問"(셋째는 묻는 바를 회통한다) 『大般涅槃經疏』卷17 (『大正藏』 38권, 141중), (7)"兩語相違 今須會通"(두 말의 상위를 이제 반드시 회통해야 한다) 『大般涅槃經疏』卷28 (『大正藏』 38권, 198하)

78 (1) "三會通二"(셋째 둘을 회통한다) 『首楞嚴義疏注經』 卷4 (『大正藏』 39권, 853상), (2) "三會通實理" (셋째 실리를 회통한다) 『首楞嚴義疏注經』 卷6 (『大正藏』 39권, 868상), (3) "今此會通"(이제 이것을 회통한다) 『首楞嚴義疏注經』 卷7 (『大正藏』 39권, 874중)

79 『觀無量壽佛經疏』 卷1 (『大正藏』 37권, 247하)

80 위와 같음.

81 『能顯中邊慧日論』 卷1 (『大正藏』 45권, 408하). "佛自會通 散在諸經"(부처는 산재한 여러 경전을 스스로 회통한다.)

여러 가르침의 상위를 회석하는 것이다"[82]라는 표현이 나온다. 가르침의 상위를 서로 통하게 해주는 것이 회통이라는 것이다. 여기에서 확인할 수 있는 것 하나는 회석(會釋)이 회통과 거의 같은 의미로 사용된다는 것이다. 지엄(智儼, 600-668)의 『화엄경수현기(華嚴經搜玄記)』에도 용례가 있다.[83] 다음으로 『관심론소(觀心論疏)』는 지의(智顗, 538-597)가 제자들에게 유언으로 남긴 책인 『관심론』을 관정(灌頂, 561-632)이 주석한 것이다. 여기에 "인연생법 4구와 불생불멸 3관을 어떻게 회통하는가?"[84]라는 구절이 나온다. 둘의 의미를 통하게 한다는 의미로 회통이 사용되었다. 『변정론(辯正論)』은 법림(法琳, 572-640)의 저술인데 "오직 달관지사만이 바야흐로 능히 회통할 수 있다"[85]는 표현이 나온다. 잘 통하게 할 수 있다는 의미이다. 혜원(慧遠, 523-592)의 『대승기신론의소(大乘起信論義疏)』에는 "두 경전의 상위를 어떻게 회통할 것인가?"[86]라는 말이 나온다. 여기에서의 회통은 서로 통하게 한다는 의미이다. 도선(道宣, 596-667)의 『사분율산번보궐행사초(四分律刪繁補闕行事鈔)』에도 "이와 같이 서로 같은 밝은 거울을 회통한다"[87]는 표현이 나온다. 역시 서로 통하게 한다는 의미로 사용되었다. 이통현(李通玄, 635-730)의 『신화엄경론(新華嚴經論)』에도 용례가 있다. 먼저 "여래는 회통하여 모두 일시일제(一時一際)로 하였다"[88]는 표현이 있는데 여기에서 회통의 뜻은 모아서 통하게 하였다는 의미로 보면 될 것이다. 또 다른 용례는 "법을 나타낸 뜻을 회통한다"[89]는 말인데 여기에서도 회통은 서로 통하게 한다는 의미로 이해할 수 있다.

연수(延壽, 904-975)는 회통을 특히 강조한 사람인데 그의 저술인 『종경록(宗鏡錄)』에도 많은 용례가 있다. "어떻게 원융일지를 회통하는가?"[90], "회통의 나루이자 길"[91], "뭇 수량을 회통한다"[92], "어떻게 회통하는가?"[93],

---

82 "一隨順會通.卽爲會釋諸敎相違" 『金光明最勝王經疏』 卷4 (『大正藏』 39권, 257상)
83 "會通有十義"(회통에 10가지 뜻이 있다.) 『華嚴經搜玄記』 卷1 (『大正藏』 35권, 22중)
84 "因緣生法四句. 若爲會通不生不滅三觀耶" 『觀心論疏』 卷2 (『大正藏』 46권, 595상)
85 "唯達觀之士方能會通" 『辯正論』 卷7 (『大正藏』 52권, 542중)
86 "兩經相違云何會通" 『大乘起信論義疏』 卷3 (『大正藏』 44권, 194중)
87 "如此會通相同明鏡" 『四分律刪繁補闕行事鈔』 卷7 (『大正藏』 40권, 77상)
88 "如來會通總爲一時一際" 『新華嚴經論』 卷7 (『大正藏』 36권, 763상)
89 "會通表法之意" 『新華嚴經論』 卷21 (『大正藏』 36권, 865하)
90 "如何會通圓融一旨" 『宗鏡錄』 卷16 (『大正藏』 48권, 499중)
91 "會通之津徑" 『宗鏡錄』 卷66 (『大正藏』 48권, 788하)
92 "會通於群數" 『宗鏡錄』 卷99 (『大正藏』 48권, 949상)

"어떻게 일심묘리를 회통하는가?"[94] "회통하여 모퉁이가 없으면"[95] 등의 용례가 있다. 모두 의미가 서로 잘 통하게 해준다는 의미이다. 종밀(宗密, 780-841) 또한 회통을 강조한 사람이다. 그의 저술인 『원인론(原人論)』에는 "회통본말(會通本末)"[96]이라는 말이 있다. 본말의 두 가지를 회통한다고 하여 두 가지 이론을 회통시키고 있다. 이론적으로 서로 다른 것처럼 보이지만 결국은 하나로 돌아간다고 하여 서로 통하도록 하는 것이다. 『대방광원각수다라요의경약소(大方廣圓覺修多羅了義經略疏)』는 종밀이 자신의 『원각경대소(圓覺經大疏)』를 요약한 것인데 여기에도 "본말회통(本末會通)"[97]이라는 말이 나온다. 본과 말의 두 가지가 다 통하게 된다는 의미이다. 징관(澄觀, ?-839)의 『화엄경소(華嚴經疏)』에서도 "어떻게 회통하느냐?"[98]하는 용례가 있고, "만일 회통한다면"[99]이라는 용례와 "회통에 의해서 화엄을 드러낸다"[100]는 용례, 그리고 "경론의 상위는 어떻게 회통할 것인가?"[101]라는 용례가 있다. 문재(文才, 1241-1302)의 『조론신소(肇論新疏)』에도 "어떻게 회통하느냐?"[102]하는 표현이 나온다. 규기(窺基, 632-682)의 『설무구칭경소(說無垢稱經疏)』에는 "수순회통(隨順會通: 순리에 따라 회통한다)"[103]이라는 말이 나온다. "수순회통(隨順會通)"이라는 말은 혜소(慧沼, 651-714)의 『금광명최승왕경소(金光明最勝王經疏)』[104]에도 나온다. 모두 서로 통하게 한다는 의미이다. 『금강반야경(金剛般若經)』을 종밀(宗密, 780-841)이 주석하고 자선(子璿, 965-1038)이 정리 편집한 책인 『금강반야경소론찬요(金剛般若經疏論纂要)』에도 "진역(秦譯) 경본을 회통한다"[105]는 표현이 나온다. 서로 통하게 한다는 의미로 사용되었다.

---

93 "如何會通" 『宗鏡錄』 卷89 (『大正藏』 48권, 901하)
94 "如何會通一心妙理" 『宗鏡錄』 卷85 (『大正藏』 48권, 884하)
95 "會通無隅者" 『宗鏡錄』 卷29 (『大正藏』 48권, 586하)
96 『原人論』 卷1 (『大正藏』 45권, 710중)
97 『大方廣圓覺修多羅了義經略疏』 卷2 (『大正藏』 39권, 537하)
98 "如何會通" 『大方廣佛華嚴經疏』 卷33 (『大正藏』 35권, 752상)
99 "若會通者" 『大方廣佛華嚴經疏』 卷60 (『大正藏』 35권, 957상)
100 "約諸會通顯華嚴" 『大方廣佛華嚴經疏』 卷9 (『大正藏』 35권, 565하)
101 "經論相違云何會通" 『大方廣佛華嚴經疏』 卷36 (『大正藏』 35권, 785중)
102 "如何會通" 『肇論新疏』 卷1 (『大正藏』 45권, 206중)
103 『說無垢稱經疏』 卷3 (『大正藏』 38권, 1034상); "隨順會通"이라는 말은 원래는 『瑜伽師地論』에 나오는 말이다. 『瑜伽師地論』 卷45 (『大正藏』 30권, 540하)
104 『金光明最勝王經疏』 卷2 (『大正藏』 39권, 195중)
105 "會通秦譯經本" 『金剛般若經疏論纂要』 卷2 (『大正藏』 33권, 169하)

그 밖에 선종 문헌에도 용례가 있다. 『무주조산원증선사어록(撫州曹山元證禪師語錄)』에서는 “도리 상 본분사[向上事]를 회통해야 한다”[106]는 표현이 나온다. 여기에서의 회통은 통달한다는 의미로 사용되었다. 『경덕전등록(景德傳燈錄)』에도 “종지를 회통한다”[107]는 표현이 나오는데 여기에서도 회통의 의미는 통달한다는 의미이다. 다음으로 회통은 사람 이름으로도 쓰였다. 회통이라는 이름을 가진 승려가 두 명 정도 눈에 띈다.[108]

(3) 한국 찬술 문헌의 용례

한국 찬술 문헌에서도 많은 용례가 발견된다. 먼저 원측(圓測, 613-696)의 『인왕경소(仁王經疏)』에서는 “두 경의 상위를 어떻게 회통하는가?”[109]라는 말이 나온다. 경전 상의 다른 표현들을 서로 통하게 해준다는 의미로 회통이 사용되었다. 회통의 용례는 원효(元曉, 617-686)의 저술 중에서도 많이 발견된다. 조화와 화해를 강조하는 원효 사상의 특성상 당연한 일일 것이다. 먼저 『본업경소(本業經疏)』에서 몇 개의 용례를 확인할 수 있다. “교리를 회통한다”[110], “제3 회통”[111], “일체의 어려운 문제가 회통되지 않음이 없다”[112] 등의 용례가 있다. 모두 다 서로 통하게 해준다는 의미이다. 『열반종요』에서도 몇 가지 용례를 확인할 수 있다. 『열반종요』에서는 회통(會通)이 하나의 소제목으로 등장한다. 불성문 중의 제6이 회통문[113]이다. 회통이 그만큼 중요한 주제 중의 하나로 취급되고 있는 것이다. 다음으로는 “능히 이 문장을 회통할 수 없다”[114], “이러한 상위는 어떻게 회통하는가?”[115], “이러한 문장들은 어떻게 회통하는가?”[116] 등등의 용례가 있다. 모두 서로

---

106 “理須會通向上事” 『撫州曹山元證禪師語錄』 卷1 (『大正藏』 47권, 530상)
107 “會通宗旨” 『景德傳燈錄』 卷25 (『大正藏』 51권, 416하)
108 (1) “杭州招賢寺會通禪師” 『景德傳燈錄』 卷4 (『大正藏』 51권, 223하) (2) “唐雍州豹林谷釋會通” 『弘贊法華傳』 卷5 (『大正藏』 51권, 26중)
109 “二經相違 云何會通” 『仁王經疏』 卷中本 (『韓佛全』 1권, 71상)
110 “會通教理” 『本業經疏』 卷下 (『韓佛全』 1권, 511중)
111 “第三會通” 『本業經疏』 卷下 (『韓佛全』 1권, 511하)
112 “一切難問無不會通” 『本業經疏』 卷下(『韓佛全』 1권, 512하)
113 “六會通門” 『涅槃宗要』 (『韓佛全』 1권, 537하); “第六會通” 『涅槃宗要』 (『韓佛全』 1권, 543하)
114 “不能會通此文” 『涅槃宗要』 (『韓佛全』 1권, 532하)
115 “如是相違云何會通” 『涅槃宗要』 (『韓佛全』 1권, 543하), “如是相違云何會通” 『涅槃宗要』 (『韓佛全』 1권, 544상)
116 “如是等文云何會通” 『涅槃宗要』 (『韓佛全』 1권, 544중)

통하게 한다는 의미로 사용되었다. 다음으로 『대승기신론별기』에서는 "이와 같은 상위는 어떻게 회통하는가?"[117]라는 표현이 나온다. 위의 『열반종요』와 같은 표현이다. 『기신론소』에는 "옛것과 새로운 것을 회통한다"[118]는 용례와 "권교(權教)를 회통한다"[119]는 용례가 있고 『십문화쟁론』에는 "이치에 맞게 회통한다"[120]는 용례가 있다. 모두 서로 통하게 해준다는 의미로 사용되었다.

경흥(憬興)의 『삼미륵경소(三彌勒經疏)』에서는 "삼억으로 감히 회통한다"[121]는 말이 나온다. 경전의 서로 다른 말을 통하게 해준다는 의미로 회통이 사용되었다. 둔륜(遁倫)의 『유가론기(瑜伽論記)』에는 "어떻게 회통하는가?"[122]라는 말과 "회통을 밝힌다"[123]는 말이 나온다. 그리고 "아래 회통 중에"[124]라는 말과 "수순회통(隨順會通: 따르면서 회통함)"[125], "이 문장을 회통한다"[126] 라는 등의 말이 나온다. 모두 통하게 한다는 의미이다. 태현(太賢)의 『범망경고적기(梵網經古迹記)』에도 "수순회통(隨順會通)"[127]이라는 말과 "회통하여 설한다"[128]는 용례가 있다. 같은 저자의 『성유식론학기(成唯識論學記)』에는 "어떻게 회통하는가?"[129]라는 표현이 몇 번 나온다. "이미 회통했다"[130]는 용례와 "그러므로 회통된다"[131]는 용례도 있다. 균여(均如, 923-973)의 『일승법계도원통기(一乘法界圖圓通記)』에서는 "어떻게 회통하는가?"[132]라는 표현이 나온다. 서로 다른 것을 통하게 해 준다는 의

117 "如是相違云何會通" 『大乘起信論別記』 末 (『韓佛全』 1권, 691하)
118 "會通新古" 『起信論疏』 卷下 (『韓佛全』 1권, 715하)
119 "會通權教" 『起信論疏』 卷下 (『韓佛全』 1권, 724하)
120 "如理會通" 『十門和諍論』 (『韓佛全』 1권, 838하)
121 "以三億敢會通者" 『三彌勒經疏』 (『韓佛全』 2권, 97중)
122 『瑜伽論記』 卷一下 (『韓佛全』 2권, 422상), "若爲會通" 『瑜伽論記』 卷十七上 (『韓佛全』 3권, 101상), "如何會通" 『瑜伽論記』 卷十八下 (『韓佛全』 3권, 162중)
123 "明會通" 『瑜伽論記』 卷十一上(『韓佛全』 2권, 760중) 이는 窺基의 『瑜伽師地論略纂』의 인용이다.(『瑜伽師地論略纂』 권12, 『大正藏』 43권, 154중)
124 "下會通中" 『瑜伽論記』 卷二十上 (『韓佛全』 3권, 221상)
125 『瑜伽論記』 卷二十一下 (『韓佛全』 3권, 282상)
126 "會通此文" 『瑜伽論記』 卷二十四上 (『韓佛全』 3권, 357중)
127 『梵網經古迹記』 卷四 (『韓佛全』 3권, 476하)
128 "會通而說" 『梵網經古迹記』 卷四 『韓佛全』 3권, 476하)
129 "如何會通" 『成唯識論學記』 卷中本 『韓佛全』 3권, 536중), "如何會通" 『成唯識論學記』 卷中本(『韓佛全』 3권, 574중), "如何會通" 『成唯識論學記』 卷中本 (『韓佛全』 3권, 575상)
130 "已會通" 『成唯識論學記』 卷中末 (『韓佛全』 3권, 596중)
131 "故會通也" 『成唯識論學記』 卷下本 (『韓佛全』 3권, 648하)

미이다. 같은 저자의 『석화엄교분기원통초(釋華嚴敎分記圓通抄)』에서는 "종(宗)을 열어 회통하는가?"[133], 또는 "이 오교(五敎)의 궤칙(軌則)에 의거하여 회통된다"[134]라는 용례가 있다. 또 다른 주목할 만한 용례는 "이와 같이 양가의 쟁론이 회통된다"[135]는 표현이다. 논쟁을 화해시킨다는 의미로 회통이라는 용어를 사용하고 있다. 다음의 용례는 "경론의 성습(性習) 연기의 뜻을 회통한다"[136] 또는 "경론의 성습 전후의 뜻을 회통한다"[137]는 말이다. 경론의 다양한 이설들을 통하게 한다는 의미에서 사용되었다. 그리고 원효의 『열반종요』가 인용되어서 "회통문"[138]이라는 말이 보이고 "제설(諸說)을 회통한다"[139]는 말과 "어떻게 회통하는가?"[140]라는 말이 보인다. 그리고 "회통하여 말하기를"[141]이라는 말과 "초교(初敎)에 따라서 회통하는가?"[142]라는 말이 나온다. 모두 서로 통하게 한다는 의미로 사용되었다. 지눌(知訥, 1158-1210)의 『원돈성불론(圓頓成佛論)』에서는 "육상의(六相義)로 회통할 수 있다"[143]는 용례가 보인다. 서로 통하게 한다는 의미이다. 같은 저자의 『육조법보단경발(六祖法寶壇經跋)』에서는 "회통한 뜻"[144]이라는 표현이 나온다. 잘 알고 통달한 뜻이라는 의미로 사용되었다. 지눌의 또 다른 저술인 『화엄론절요(華嚴論節要)』에도 회통의 용례가 있다.[145] 그런데 『화엄론절요』는 이통현의 『신화엄경론』의 핵심을 간추린 것이므로 『화엄론절요』의 용례가 바로 이통현의 용례에 해당한다.[146] 혜심(慧諶, 1178-1234)

---

132 "云何會通" 『一乘法界圖圓通記』 卷下 (『韓佛全』 4권, 22상)
133 "開宗而會通耶" 『釋華嚴敎分記圓通抄』 卷一 (『韓佛全』 4권, 244하)
134 "准此五敎之軌而會通也" 『釋華嚴敎分記圓通抄』 卷一 (『韓佛全』 4권, 244하)
135 "如是會通兩家之諍" 『釋華嚴敎分記圓通抄』 卷三 (『韓佛全』 4권, 311하)
136 "會通經論性習緣起之義" 『釋華嚴敎分記圓通抄』 卷三 (『韓佛全』 4권, 314상)
137 "會通經論性習前後義" 『釋華嚴敎分記圓通抄』 卷三 (『韓佛全』 4권, 317중)
138 "六會通門" 『釋華嚴敎分記圓通抄』 卷三(『韓佛全』 4권, 324하)
139 "會通諸說" 『釋華嚴敎分記圓通抄』 卷三(『韓佛全』 4권, 325하)
140 "云何會通" 『釋華嚴敎分記圓通抄』 卷三(『韓佛全』 4권, 327중), "云何會通" 『釋華嚴敎分記圓通抄』 卷五 (『韓佛全』 4권, 388상)
141 "會通云" 『釋華嚴敎分記圓通抄』 卷三(『韓佛全』 4권, 328상)
142 "約初敎而會通耶" 『釋華嚴敎分記圓通抄』 卷三(『韓佛全』 4권, 328상)
143 "以六相義會通可見" 『圓頓成佛論』(『韓佛全』 4권, 730중)
144 "會通之義" 『六祖法寶壇經跋』(『韓佛全』 4권, 739중)
145 "如來會通 摠謂一時一際"(여래는 회통하여 모두 일시일제로 하였다.) 『華嚴論節要』 卷二(『韓佛全』 4권, 814하), "會通表法之意"(법을 나타낸 뜻을 회통한다.)『華嚴論節要』 卷三(『韓佛全』 4권, 846중)
146 앞의 중국찬술문헌의 용례에 이미 나왔다. "如來會通總為一時一際" 『新華嚴經論』 卷

집(集)·각운(覺雲, 고려 중기) 찬(撰)인『선문염송염송설화회본(禪門拈頌拈頌說話會本)』에는 "종지(宗旨)에 회통한다"[147]는 표현이 나온다. 여기에서 회통은 통달한다는 의미로 사용되었다.

3. 인접 개념과 관계 및 현대적 논의

1) 인접 개념과의 관계

화쟁은 다툼의 화해이고, 회통은 서로 통하게 하는 것이다. 회통과 화쟁은 같은 측면도 있으나 같은 개념은 아니다. 화쟁과 회통은 원효에 있어서는 구분해서 쓰고 있는 것으로 보인다. 그 대표적인 예가『열반종요』에서의 논의이다.『열반종요』는 대의 부분을 제외한 것이 본문인데, 본문은 4부분 즉 인연(因緣), 교종(敎宗), 경체(經體), 교적(敎迹)으로 이루어져 있다. 이 중에 교종 부분이 가장 중요한 부분이라고 할 수 있는데 이 부분은 열반문(涅槃門)과 불성문(佛性門)으로 이루어져 있다. 열반문은 6부분 즉 명의문(名義門), 체상문(體相門), 통국문(通局門), 이멸문(二滅門), 삼사문(三事門), 사덕문(四德門)으로 되어 있는데 사덕문도 또한 네 부분, 즉 현상문(顯相門), 입의문(立意門), 차별문(差別門), 화쟁문(和諍門)으로 이루어져 있다. 쟁론을 화해시키는 화쟁이 한 부분으로 들어가 있는 것이다. 결국은 열반의 사덕에 대한 여러 쟁론을 화해시키는 부분이 화쟁문이다. 구체적으로 그는 서로 다른 이론을 화해시키는 작업을 하는데 그곳에서는 서로 통한다는 의미로 화해시키기도 하지만 모두 잘못되었을 수도 있다고도 말한다. 긍정과 부정의 자재가 이루어지고 있는 것이다. 즉 보신(報身)의 상주와 무상을 주장하는 두 파의 주장에 대해 두 주장이 어느 것이 맞고 어느 것이 맞지 않는가에 대해 어떤 사람이 말하는 형식으로 다 맞기도 하고 다 맞지 않기도 한다고 대답한다. 그 이유는 만일 결정코 일변(一邊)만을 고집하면 모두 과실이 있고 만일 아무런 장애가 없이 말하면 모두 도리가 있기 때문이라 한다.[148] 또 열반이 공인가 아닌가 하는 문제에 대해서도 두 학설 모두에 대해서 긍정도 하고 부정도 한다.[149] 물론 두 학설 모두를 인정할

7(『大正藏』 36권, 763상), "會通表法之意"『新華嚴經論』 卷21 (『大正藏』 36권, 865하)
147 "會通宗旨"『禪門拈頌拈頌說話會本』 卷二十三 (『韓佛全』 5권, 703하)
148 『열반종요』 (『韓佛全』 1권, 537중)
149 『열반종요』 (『韓佛全』 1권, 529상중)

때도 있다. 그 경우는 경전의 근거가 있기 때문이고 서로 통하기 때문이라 한다.[150]

2) 현대적 논의

다음으로 불성문도 6부분, 즉 출체문(出體門), 인과문(因果門), 견성문(見性門), 유무문(有無門), 삼세문(三世門), 회통문(會通門)으로 이루어져 있다. 마지막이 회통문인데 이 부분은 문장이 다른 것을 회통[通]시키는 것과 뜻이 다른 것을 회통[會]시키는 것으로 이루어져 있다. 회라는 용어와 통이라는 용어를 각각 따로 사용하지만 결국은 둘 다 회통으로 이해할 수 있다. 문장이 다른 것을 통하게 하는 것은 그것을 앞뒤 문맥과 그 근본 의도에 따라 설명해서 서로 상위하지 않음을 밝혀서 통하게 해주는 작업이다. 뜻이 다른 것을 회통시키는 것은, 같은 종류의 뜻인데 다른 문구가 있는 것을 뜻을 가지고 한 종류로 모아서 여러 문장을 회통시키는 것이다.

후대에는 쟁론의 회통이라는 표현을 쓸 때도 있다. 즉 균여는 그의 저서에서 불성의 유무에 대한 쟁론을 화해하는 원효의 학설을 소개하면서 원효가 쟁론을 회통하였다는 표현을 한다.[151] 화쟁과 회통을 거의 같은 의미로 사용하는 것이다. 하지만 여기에서도 회통은 모두가 인정이 될 때 쓰는 표현이다.[152] 긍정적인 면에서 말할 때 회통인 것이다. 원효의 화쟁은 모두를 서로 인정하고 통하게 하는 것만은 아니다. 집착을 버리게 하기 위한 부정의 방법도 포함된다. 그래서 원효는 화쟁과 회통을 구분해서 사용하고 있으므로 일부 통하는 면이 있다고 하더라도 주의해서 사용하여야 할 것이다. 다음으로 화회와 회통의 의미에 대해 생각해 보면 화회가 화쟁과 회통의 종합이라는 견해도 있지만[153] 일반적으로는 화회와 회통은 거의 같은 의미이다.[154] 원효의 『십문화쟁론』에서는 "보살은 이를 위해서 이치에 맞게

---

150 『열반종요』(『韓佛全』 1권, 525중)

151 "如是會通兩家之諍"(이와 같이 양가의 쟁론을 회통시켰다.) 均如, 『釋華嚴敎分記圓通抄』(『韓佛全』 4권, 311하)

152 "會通諸說 皆合眞理"(제설을 회통하여 모두 진리에 맞게 되었다.) 均如, 『釋華嚴敎分記圓通鈔』(『韓佛全』 4권, 325하)

153 김영태, 「『열반경종요』에 나타난 화회의 세계」, 예문동양사상연구원·고영섭 편저, 『한국의 사상가 10인-원효』(서울: 예문서원, 2002) 315면 참조.

154 대부분의 불교사전에서 그렇게 풀이하고 있다.
(1)회통(한국불교대사전편찬위원회 편, 『한국불교대사전』(서울: 보련각, 1982), 7권 351면): 또는 和會라고 함. 화회는 피와 차가 相違하고 乖角되는 뜻을 소통하여 한

회통하고 실질에 맞게 화회한다"[155]라는 표현이 나오는데 여기에서도 회통과 화회를 거의 같은 의미로 사용하고 있다. ❁

최유진 (경남대)

뜻으로 돌아가게 하는 것.

(2)會通(운허용하, 『불교사전』, 서울: 동국역경원, 1984, 971면): 화회소통(和會疏通)의 뜻. 한 번 보기에 모순되는 듯한 여러 주장을 모아 통석(通釋)하는 것.

(3)會通(『佛光大辭典』, 臺灣 高雄: 佛光出版社, 1988, 5476면) : 會合疏通의 뜻. 또 和會, 融會, 會釋이라고도 한다. 또는 會라고도 한다. 異說異義를 會和疏通시켜 그 모순을 조화시켜서 그 사이의 진정한 뜻을 드러냄.

(4)會通(『望月佛教大辭典』 第一卷, 東京: 世界聖典刊行協會, 1974, 283면) : 和會疏通의 뜻. 또 화회, 융회, 회석 혹은 단순히 會, 또는 通이라고도 말한다. 異義異說을 화회소통해서 그 모순을 조절하는 것을 말한다.

155 『韓佛全』 1권, 838하. 이는 원래는 『瑜伽師地論』에 나오는 말이다. "方便善巧如理會通如是經中如來密意甚深義趣. 如實和會攝彼有情"[방편으로 잘 교묘히 하여, 이치 그대로 이와 같은 경 안의 여래의 비밀한 뜻으로서 매우 깊은 이치를 회통하여서는 여실(如實)하게 화회해서 그 유정을 포섭한다] 『瑜伽師地論』 권45, (『大正藏』30권, 541상)

우리말 불교개념 사전

분별

범 vikalpa 빠 vikappa 장 rtog pa 한 分別 영 divide, discriminate, dicern, reason	

Ⅰ. 어원적 근거 및 사전적 개념

분별(分別)은 범어 vikalpa의 한역어로서 빠알리어로는 vikappa이다. vikalpa는 vi라는 접두어와 √klṛip라는 동사원형과 결합하여 vi-√klṛip의 남성명사이다. 접두사 vi는 in two parts, apart, asunder, indifferent directions, to and fro, about, away, away from, off, without 등의 뜻을 가지며, vi-√klṛip는 to change or alternate, change with 등의 뜻을 가지고 있다. 결국 vi-kalpa는 남성명사로서 alternation, alternative, option 등의 뜻으로 이자택일(二者擇一), 선택, 변화, 구별, 불결정(不決定), 의혹 등의 뜻을 가진다. 한역에서는 주로 분(分), 사(思), 념(念), 상(想), 사유(思惟), 분별(分別), 능(能) … 분별(分別), 상작(想作), 계착(計着), 집착(執着), 이분별(異分別), 허분별(虛分別), 종종분별(種種分別), 차별(差別), 망상(妄想), 허망분별(虛妄分別) 등으로 번역되고 있다. 티베트어로 rtog pa로 번역되며, divide, discriminate, dicern, reason 등으로 영역하고 있다.

한역경전에는 개시(開示)의 뜻을 지닌 범어 nirdeśana, 판별(判別)의 뜻을 지닌 pariccheda, 분석(分析)의 뜻을 지닌 vibhajya 등도 동일하게 분별(分別)로 한역하고 있다. 『법화경』제1권 「방편품」에 "모든 부처님은 방편력으로써 일불승(一佛乘)에서 분별하여 셋이라고 설한다"라고 한 것은 nirdeśana를 분별로 한역한 것이다. 『대승아비달마잡집론』제일에 "촉이란 셋의 화합에 의하며, 제근(諸根)의 변이(變異)를 분별하는 것은 체(體)로 삼는다"라고 한 것은 pariccheda를 분별로 한역한 것이다. 『선견율비바사(善見律毘婆沙)』제2권에 "불법(佛法)이란 무엇인가? 답하여 이르기를, 부처님의 분별설(分別說)이다"라고 한 것과 『구사론광기(俱舍論光記)』제20권에서 "비바사(毘婆闍)을 분별이라 이름한다"라고 한 것 등을 vibbjya를 분별로 한역한 것이다.

『불학대사전』에서는 "모든 사리(事理)를 사량식별(思量識別)하는 것을 분별이라 하며, 이것은 심(心)과 심소(心所)의 자성작용(自性作用)으로 심과 심소의 다른 이름이다"라고 정의하고 있다.

『불광대사전』2권에서는 vikalpa란 추량사유(推量思惟)의 뜻으로 또한 사유(思惟), 계탁(計度)이라고 번역하기도 한다. 곧 심과 심소의 정신작용으로, 경계를 상대하여 작용이 일어날 때에 그 상(相)을 취하여 사유하고 양탁(量度)하는 뜻이라고 하였다.

『망월대사전』에는 vikalpa는 사유양탁(思惟量度)의 뜻으로, 또한 사유 혹은 계탁이라 번역하기도 한다. 곧 심과 심소법이 경계에 상대하여 사유하고 양도하는 것을 말한다고 하였다.

이상의 사전적인 해석으로 볼 때, vikalpa는 분별이라고 번역되며 사유 또는 계탁이라고 번역하기도 한다. 곧 마음과 그 마음 작용으로써 대상을 취하여 생각하고 헤아리는 작용을 말한다고 하겠다. 그리고 vibhaga를 분별이라고 할 경우에는 교법(敎法)을 분류하고 분석하여 다양한 측면에서 연구·고찰하는 것을 말한다.

Ⅱ. 역사적 및 텍스트별 용례

1. 원시경전

『잡아함경』제3권, 61 「분별경」에 보면, 오온은 무상하여 고(苦)이며 변역법(變易法)임을 지혜로써 분별해야 함을 보여주고 있다. "무엇이 식수음(識受陰)인가. 이른바 육식신(六識身)이니, 무엇이 여섯인가? 안식신 내지 의식신이다. 이를 식수음이라 한다. 다시 저 식수음은 무상이며 고이며 변역의 법이니, 나아가 번뇌를 다 멸하고 열반을 얻는다. 비구들이여, 만일 이 법을 지혜로써 깊이 생각하고 관찰·분별하여 인정[忍]하면 그는 믿음을 따라 행하는 사람이다. 그는 뛰어올라 태어남[生]을 떠나고 범부자리를 뛰어넘어 아직 수다원과(須陀洹果)를 얻지 못했으나 중간에 죽지 않고 반드시 수다원과를 얻을 것이다."[1]

또한 수행은 부처님의 말씀을 믿고 그 법에 대한 관찰·분별을 행하면서 시작되지만, 마지막에 가서는 분별은 끊어야 할 것이라는 것을 보여주고 있다. 『중아함경』「살발다소리유날야경(薩鉢多酥哩踰捺野經)」에 보면, 그것은 더욱 확실하다. "비구들이여, 여래·응정등각은 하늘과 사람의 스승이 되어 탐욕과 성냄과 어리석음 따위의 일체 번뇌를 멀리 떠나고 생로병사와 근심, 슬픔, 고통, 번민을 벗어났으며, 또 범천과 성문들을 위하여 그들의 힘을 따라 청정한 법의 행을 연설하였다. 그들은 그 설법을 듣고, 어떤 이는 분별과 탐욕의 구생(俱生)을 모두 끊고 아나함의 결과를 증득하였고, 어떤 이는 분별과 여섯 가지의 구생을 모두 끊고 사다함의 결과를 증득하였으며, 어떤 이는 분별은 없어졌으나, 구생을 끊지 못하였기 때문에 수다원의 결과를 증득하여 천상과 인간의 과보를 모두 받고 일곱 생(生)을 지나 아라한이 되었느니라."[2]

이상의 내용에서 볼 때, 처음에는 부처님의 말씀을 관찰·분별함으로써 바른 법을 가려 나가지만, 더 나아가서는 분별을 끊음으로써 수행의 결과 가운데 첫 번째 단계인 수다원과를 얻게 된다는 설명이다. 이러한 분별은 후에 교리를 정리하면서 견도에서 소멸되는 견혹(見惑)이라고 하였다. 유식종(唯識宗)에서는 사도(邪道)의 이단자가 사교(邪教) 등의 유도에 의해, 또는 마음으로 생각하고 분별함에 따라 일어나는 후천적인 번뇌 즉 분별기(分別起)를 견혹(見惑)이라고 설명하였다. 위에서 말하고 있는 구생은 태어남과 동시에 저절로 생기는 선천적인 번뇌로 구생기(俱生起)라 하며, 이는 수도에 의해 소멸되는 수혹(修惑)이다.

---

1 『雜阿含經』(『大正藏』 2권, 16상)
2 『中阿含經』(『大正藏』1권, 812하)

2. 부파불전

설일체유부(說一切有部)의 논서로 『육족론(六足論)』과 『발지론(發智論)』이 있다. 육족론과 『발지론』의 주석적인 연구가 진행되어 『아비달마대비바사론』이 완성되었는데, 한역으로만 존재하며 현장에 의해 번역되었다. 『아비달마대비바사론』 제42권에 의하면, 분별은 자성분별(自性分別), 계탁분별(計度分別), 수념분별(隋念分別) 등 세 가지로 분류하고 있다. 『아비달마대비바사론』의 이역(異譯)인 『아비담비바사론』 제23권에도, 그 이후에 『아비달마구사론』 제2권 「분별계품」(2)에도, 『아비달마순정리론』 제4권에도, 『아비달마장현종론』 제3권에도 『아비달마대비바사론』의 세 가지 분류를 따르고 있다. 우선 『아비달마대비바사론』의 내용을 살펴보면 다음과 같다. 이는 심(尋)과 사(伺)에 대한 설명 가운데에서 분별이 설해지고 있다. "이 가운데에서는 요약하여 세 가지 분별이 있다. 첫째로 자성분별이니 심(尋)과 사(伺)요, 둘째는 수념분별이니 의식과 상응하는 염(念)이며, 셋째는 추탁분별(推度分別)이니 의지(意地)[3]가 정(定)에 있지 않은 혜(慧)이다."[4]

이어서 욕계, 색계, 무색계에서의 분별의 모습을 설하고 있다. "욕계의 오식신(五識身)은 오직 한 가지 자성분별만이 있다. 비록 또한 염(念)이 있지만 수념분별이 아니니, 기억[憶念]할 수 없기 때문이다. 비록 또한 혜(慧)가 있지만 계탁분별이 아니니, 미루어 헤아릴[推度] 수가 없기 때문이다. 욕계의 의지(意地)에는 세 가지 분별을 모두 갖추고 있다. 초정려(初靜慮)의 삼식신[5]에는 오직 한 가지 자성분별만 있다. 비록 염과 혜가 있다 해도 두 가지 분별이 아닌 뜻은 앞에서 설명한 것과 같다. 초정려의 의지(意地)에는 만일 정(定)에 있지 않으면 세 가지 분별을 모두 갖추지만, 만일 정에 있으면 두 가지 분별이 있으니, 자성과 수념분별이다. 비록 또한 혜가 있다 해도 추탁분별(推度分別)은 아니니, 만일 미루어 헤아리게[推度] 되면 곧 정(定)에서 나오기 때문이다. 제2, 제3, 제4정려의 마음에는 만일 정에 있지 않으면 두 가지 분별이 있으니 수념과 추탁분별이다. 자성분별은 제외하니 그곳에는 심사(尋伺)가 없기 때문이다. 만일 정에 있으면 오직 한 가지 수념분

3 意地 : 범어로 mana-bhūmi이며 地는 所依의 뜻으로, 여기서는 제6식을 소의로 삼아 상응하는 것을 말한다.
4 『阿毘達磨大毘婆沙論』(『大正藏』27권, 219중)
5 三識身 : 眼識, 耳識, 身識을 말한다.

별만이 있다. 무색계의 마음에는 만일 정에 있지 않으면 자성분별을 제외한 두 가지 분별이 있다. 만일 정에 있으면 오직 한 가지 수념분별만이 있다. 모든 무루의 마음[無漏心]에는 지(地)에 따라 일정하지 않다. 어떤 것도 다만 분별만이 있다고 하면 추탁을 제외하고 말하는 것이며, 어떤 것은 오직 하나의 분별만이 있다고 하면 수념을 말하는 것이며, 세 가지를 갖추지 않았다고 하면 정에 있지 않음이 아니기 때문이다."[6]

이에 대해서 세친의 『아비달마구사론』에서는 오식신이 유심유사(有尋有伺)라면 어떻게 무분별이라고 하는지 설명하는 가운데 세 가지 분별을 설하고 있다. "논하건대, 전하는 말에 의하면 분별에는 대략 세 가지가 있으니, 첫째는 자성분별이며 둘째는 계탁분별이며 셋째는 수념분별이다. 오식(五識) 자체에는 비록 자성분별은 있으나 나머지 두 가지는 없기 때문에 무분별이라고 한다. 마치 하나의 발만 있는 말[馬]을 발이 없다고 말하는 것과 같다."[7]

이어서 자성분별의 체로 심(尋)만을 지적하고 있는데, 이는 『대비바사론』이 심과 사를 모두 지적하고 있는 것과는 다르다. 그리고 계탁분별은 산혜(散慧)를, 수념분별은 제념(諸念)을 체로 하고 있다. "자성분별은 그 자체가 오직 심(尋)뿐이니 다음 심소(心所)에서 마땅히 변별하여 해석하겠다. 나머지 두 분별은 차례대로 의지(意地)에서 산혜(散慧)와 제념(諸念)을 체로 삼는다. 산란[散]이란 정(定)이 아닌 것을 말하는 것으로 의식과 상응하는 산혜를 계탁분별이라 이름한다. 정에 있건 산란하건 간에 의식과 상응하는 제념은 수념분별이라 이름한다."[8]

세친의 『구사론』이 『대비바사론』을 따르는 듯하면서도 이치에 맞지 않는다고 생각되는 것은 경량부(經量部)의 교리에 맞추어 논했기 때문임은 알려진 내용이다. 이러한 『구사론』의 교리에 대해 설일체유부에 속했던 중현(衆賢)은 이에 대해 반발하여 설일체유부의 교리를 더욱 확고히 할 필요성을 느끼고 두 논서를 지으며 『구사론』의 내용을 반박하였다고 한다. 그 논서가 『아비달마순정리론』과 『아비달마장현종론』이다. 본 분별에 대해서는 『구사론』의 내용은 그대로 받아들이면서 좀 더 내용을 추가하고 있다. 그 추가된 내용만 살펴보자. "오식은 비록 혜념(慧念)과 상응하나 간택(簡

6 『阿毘達磨大毘婆沙論』(『大正藏』27권, 219중)
7 『阿毘達磨俱舍論』(『大正藏』29권, 8중)
8 『阿毘達磨俱舍論』(『大正藏』29권, 8중)

擇)하고 분명하게 기억하는[明記] 작용이 미약하다. 그러므로 오직 의식만을 취하는 것이다. 대저 분별이란 추구하는 행상이다. 그러므로 심(尋)을 자성분별이라고 한다. 간택과 분명하게 기억하는 행(行)은 심(尋)에 흡사하게 따르기 때문에, 분별이라는 이름이 또한 혜념에 통한다. 이 세 가지 행(行)으로 말미암아 차별하고 포섭하여 모두 경계로 하여금 분명하게 전진하면서 다르게 한다. 이미 요달한 경계에 있어서는 간택의 행이 생하는 것을 막으므로 분별이라는 이름이 상(想)에는 통하지 않는다. 요달하지 못한 경계에 대해서는 능히 인정하여 지니지[印持] 못하기 때문에 분별이라는 이름이 승해(勝解)에는 통하지 않는다.[9,10]

이상의 논서에서 볼 때 부파논전에서는 오식과 의식, 욕계·색계·무색계의 삼계 그리고 정(定)과 산란심에서의 분별을 논하고 있다. 분별은 심(尋)과 산혜(散慧)와 제념(諸念)을 바탕으로 하여 마음으로 추구하고 간택하고 명기[憶念]하는 행상을 말한다고 하겠다.

3. 대승 유식논서

대승불교 유식학파의 형성과 함께 부파불교의 법상(法相)에 대한 분류를 대승의 교리에 맞추어 재분류하면서, 이들에 대한 교리적 정의 또한 더욱 깊고 세분화되어 갔다. 분별에 대해서는 『유가사지론』제36권 「보살지」와 『현양성교론』제16권 「성공품(成空品)」에서는 여덟 가지로 분류하고 있으며, 『섭대승론』상권에서는 두 가지, 네 가지, 다섯 가지, 열 가지로 분류하고 있으며, 『삼무성론』 상권에서는 여섯 가지로 분류하여 설명하고 있다.

『유가사지론』에서는 보살은 4종심사(四種尋思)와 4종여실지(四種如實智)로 말미암아 여덟 가지 분별을 분명히 알아서 쓸데없는 이론이 사라져 대승의 큰 열반을 증득하고 지혜가 지극히 맑고 깨끗하여 널리 온갖 자재함을 얻는다고 설명한다. 이러한 설명 가운데 여덟 가지 분별을 설하고 있다. 그 외에 『현양성교론』과 『섭대승론』 그리고 『삼무성론』은 삼성설을 설명하면서, 변계소집성(遍計所執性)의 분별성을 설명하는 가운데 분별의 종류

9 이미 인식된 대상에 대해서는 간택이 종료되었기 때문에 간택을 위한 표상작용[想]은 필요하지 않으며, 아직 인식되지 않은 대상에 대해서는 선악 등을 결정하는 작용인 승해(勝解)는 일어날 수 없기 때문이다.

10 『阿毘達磨順正理論』(『大正藏』29권, 350중), 『阿毘達磨藏顯宗論』(『大正藏』29권, 788중)

를 분류하고 이들의 특징을 설명하고 있다.

먼저 시대적으로 먼저 성립하였다고 여겨지는 『유가사지론』 제36권 「보살지」에 보이는 분별의 분류를 살펴보기로 한다. 『유가사지론』은 먼저 진여(眞如)와 여덟 가지 분별과 세 가지 일[三事]과 유정세간(有情世間)·기세간(器世間)의 관계들을 설한다. "또 모든 어리석은 이는 이와 같이 나타나는 바 진여에 대하여 분명히 알지 못하기 때문에, 이러한 인연에 따라 여덟 가지 분별을 굴려서 세 가지 일을 일으키며 일체의 유정세간과 기세간을 일으킨다."[11]

이어서 여덟 가지 분별을 설하고, 보살은 이 여덟 가지 분별을 지혜로 잘 알아서 쓸데없는 괴로움을 일으키지 않고 열반과 지혜로 자재한다고 한다. "무엇을 여덟 가지 분별이라고 하는가? 첫째는 제 성품의 분별[自性分別]이요, 둘째는 차별의 분별[差別分別]이요, 셋째는 한데 묶어 고집함의 분별[總執分別]이요, 넷째는 나의 분별[我分別]이요, 다섯째는 내 것의 분별[我所分別]이요, 여섯째는 사랑함의 분별[愛分別]이요, 일곱째는 사랑하지 않음의 분별[非愛分別]이요, 여덟째는 그것이 다같이 서로 어긋남의 분별[彼俱相違分別]이다."[12]

그리고 이 여덟 가지 분별은 세 가지 일을 내는데, 자성분별과 차별분별 그리고 총집분별은 분별·희론의 의지할 바와 반연할 바의 일[分別戱論所依緣事]을 내며, 아분별과 아소분별은 온갖 견해의 근본과 교만의 근본인 살가야견(薩伽耶見)과 일체의 아만(我慢)의 일을 내며, 애분별과 비애분별과 피구상위분별은 그 응하는 대로 탐욕(貪慾)과 진에(瞋恚)와 우치(愚癡)를 낸다. 분별·희론의 의지할 바와 반연할 바의 일을 의지하여 살가야견과 아만을 내며, 살가야견과 아만을 의지하여 탐진치를 낸다. 그리고 이 세 가지 일로 말미암아 널리 일체 세간에 유전(流轉)하는 법을 현현하는 것이다.

이제 각 분별의 설명을 하나씩 살펴보자.

"(一) 무엇을 제 성품의 분별이라고 하는가? 온갖 색(色) 따위의 생각하는 일에 대하여 색(色) 따위의 갖가지 제 성품을 분별하는 온갖 심사(尋思)이니, 이와 같은 것을 제 성품의 분별이라고 한다.

11 『瑜伽師地論』(『大正藏』30권, 489하)
12 『瑜伽師地論』(『大正藏』30권, 489하)

(二) 무엇을 차별의 분별이라고 하는가? 곧 저 색(色) 따위의 생각하는 일에 대하여 이것은 유색(有色)이다고 말하며, 이것은 무색(無色)이다고 말하며, 이것은 유견(有見)이다고 말하며, 이것은 무견(無見)이다고 말하며, 이것은 유대(有對)라고 말하며, 이것은 무대(無對)라고 말하며, 이것은 유루(有漏)라고 말하며, 이것은 무루(無漏)라고 말하며, 이것은 유위(有爲)다고 말하며, 이것은 무위(無爲)다고 말하며, 이것은 선(善)이라고 말하며, 이것은 불선(不善)이라고 말하며, 이것은 무기(無記)라고 말하며, 이것은 과거라고 말하며, 이것은 미래라고 말하며, 이것은 현재라고 말하는데, 이와 같은 따위의 한량없는 품류 차별의 도리로 말미암아 곧 자성분별이 의지하는 곳[依處]에서 갖가지로 그 차별되는 이치를 분별하나니, 이와 같은 것을 차별의 분별이라고 한다.

(三) 무엇을 한데 묶어 고집함[總執]의 분별이라고 하는가? 곧 저 색(色) 따위의 생각하는 일인 <나>와 유정과 명자(命者)와 생자(生者)들에 대하여 가상(假想)으로 시설하여 이끄는 분별과, 많은 법을 한데 묶어서 총집함을 원인으로 하여 분별하면서 구르는 집과 군사와 숲과 음식과 옷과 탈 것 들에 대하여 가상으로 시설하여 이끄는 분별이니, 이와 같은 것을 한데 묶어 고집함의 분별이라고 한다.

(四·五) 무엇을 <나>와 내 것의 분별이라고 하는가? 모든 일에 번뇌[漏]가 있고 취(取)함이 있어서, 오랜 세월동안에 <나>와 내 것을 자주 익히고 이것을 집착하여 쌓고 모으고, 옛날에 저 삿된 집착을 익히 익혔기 때문에 스스로 일 처리할 것을 보며 반연으로 삼아서 내는 허망한 분별이니, 이와 같은 것을 <나>와 내 것의 분별이라고 한다.

(六) 무엇을 사랑함의 분별이라 하는가? 깨끗하고 묘하고 뜻에 맞는 일의 경계를 반연하여 내는 분별이다.

(七) 무엇을 사랑하지 아니함의 분별이라 하는가? 깨끗하거나 묘하지 않고, 뜻에 맞지 않는 일의 경계를 반연하여 내는 분별이다.

(八) 무엇을 그것이 다 같이 상위함의 분별이라고 하는가? 깨끗하고 묘하고 깨끗하거나 묘하지 아니함과, 뜻에 맞거나 뜻에 맞지 아니함을 다 같이 떠난 일의 경계를 반연하여 내는 분별이다."[13]

13 『瑜伽師地論』(『大正藏』30권, 489하-490상)

『유가사지론』은 이 여덟 가지 분별을 간략히 하여 두 가지로 나타낼 수 있다고 하였다. 분별자성(分別自性)과 분별소의(分別所依) 및 분별소연사(分別所緣事)가 그것이다. 이러한 두 가지로 시작도 없는 때부터 서로 서로 원인이 되어 끊임없이 계속되고 있음을 알아야 한다고 하였다. 보살은 네 가지 심사(尋思)와 네 가지 여실지(如實智)로써 이러한 분별들과 분별소의 및 소연사를 분명히 알아 일체의 희론을 모두 사라지게 한다.

『현양성교론』제16권「성공품(成空品)」에서의 여덟 가지 분별은 유식의 삼성설 가운데 변계소집성의 분별성을 설하는 가운데 설명되고 있으나,[14] 그 분류 항목과 내용설명은『유가사지론』에서의 설명과 같다.

『섭대승론』중권에서는 마음의 속성으로서 의타성(依他性)을 중심으로 분별성(分別性)과 진실성(眞實性)을 논하고 있다.[15] 그 가운데 의타성의 분별성(分別性)은 자성을 분별함으로 말미암는 것이고 차별을 분별함으로 말미암는 것이다. 마찬가지로 의타성의 진실성(眞實性)은 자성을 성취하기 때문이며 청정을 성취하기 때문이라고 하였다. 그렇다면 분별성은 무엇인가?『섭대승론』의 내용을 살펴보자. "또한 만약 분별과 소분별(所分別)이 있다면 분별성이 이루어진다. 이 가운데 무슨 법이 분별이고, 무슨 인식현상[法]이 소분별인가? 무슨 인식현상을 분별성이라고 하는가? 의식(意識)이 분별이다. 세 가지 분별을 갖추었기 때문이다. 왜냐하면 이 식은 스스로 언설로 훈습하여 종자가 되며, 또한 모든 식이 언설로 훈습하여 종자가 되므로 따라서 이것이 생한다. 끝없는 분별이 모든 처를 분별함으로 말미암아 단지 분별한다고 이름하므로 설하여 분별이라고 한다."[16]

이러한 분별성으로 인하여 갖가지 분별이 있다. 분별의 두 가지 형태는 앞에서 살펴본 것과 같고 이어서 네 가지, 다섯 가지, 열 가지를 차례대로 살펴본다.

"분별에 다시 네 가지가 있다. 첫째는 자성을 분별함이고, 둘째는 차별을 분별함이며, 셋째는 지각이 있음[有覺]이고, 넷째는 지각이 없음[不覺]이다. 지각이 있음이란 명언(名言)을 요별할 수 있는 중생의 분별이고, 지각이 없음이란 명언을 요별할 수 없는 중생의 분별이다.

14 『顯陽聖教論』(『大正藏』31권, 558중-하)
15 유식의 三性에 대해 진제는 분별성·의타성·진실성으로 번역하였고, 현장은 변계소집성·의타기성·원성실성으로 번역하였다.
16 眞諦 譯,『攝大乘論』(『大正藏』31권, 119하)

또한 다시 분별에 다섯 가지가 있다. 첫째는 이름에 의거해 실체적 대상[義]의 자성을 분별하는 것이다. 비유하건대 이 이름이 이 물[物]을 일컫는 것과 같다. 둘째는 실체적 대상에 의해 이름의 자성을 분별한다. 마치 이 실체적 대상은 이 이름에 속하는 것과 같다. 셋째는 이름에 의해 이름의 자성을 분별함이다. 마치 실체적 대상의 이름을 분별하여 인식하지 못하는 것과 같다. 넷째는 실체적 대상에 의해 실체적 대상의 자성을 분별함이다. 마치 명의(名義)를 분별하여 인식하지 못하는 것과 같다. 다섯째는 두 가지에 의해 두 가지의 자성을 분별함이다. 마치 이 이름과 이 실체적 대상은 무엇의 실체적 대상이며, 무엇의 이름인가 하는 것과 같다.

모든 분별을 포섭한다면 다시 열 가지가 있다. 첫째는 근본분별(根本分別)이며, 본식을 일컫는다. 둘째는 상의 분별[相分別]이니, 색(色) 등 식을 일컫는다. 셋째는 의지와 드러내 보이는 분별[依顯示分別]이니, 의지가 있는 안 등의 식식을 일컫는다. 넷째는 상이 변이하는 분별[相變異分別]이니, 즉 늙음 등의 변이, 괴로움과 즐거움 등을 받아들임, 욕 등의 혹, 원죄와 시절 등의 변이와 지옥 등 그리고 욕계 등의 변이이다. 다섯째는 의지와 드러내 보임이 변이하는 분별[依顯示變異分別]이니, 즉 앞에 설하여진 변이와 같이 변이를 일으켜서 분별한다. 여섯째는 다른 사람으로부터 끌어오는 분별[他引分別]이니, 바르지 않은 법의 종류를 듣고, 바른 교법의 종류를 듣는 분별이다. 일곱째는 이치에 맞지 않는 분별[不如理分別]이니, 바른 법 밖의 사람이 바르지 않은 법의 종류를 분별하는 것이다. 여덟째는 이치에 맞는 분별[如理分別]이니, 바른 법 속의 사람이 바른 법의 부류를 듣는 분별이다. 아홉째는 결정하여 판단하고 집착하는 분별[決判執分別]이니, 이치에 맞지 않는 사유의 종류를 말한다.신견이 근본이 되어 육십이견[六十二見]과 더불어 상응하여 분별한다. 열째는 산란한 움직임의 분별[散動分別]이니, 보살의 열 가지 분별을 일컫는다. 상이 없는 산동·상이 있는 산동·증익의 산동·손감의 산동·하나라고 집착하는 산동·다르다고 집착하는 산동·공통된다는 산동·다르다는 산동·이름과 같이 실체적 대상을 일으키는 산동·실체적 대상과 같이 이름을 일으키는 산동 등 이러한 열 가지 산동분별을 상대하여 다스리기 위하여 모든 반야바라밀의 가르침 가운데에서 불세존께서는 이 열 가지 산동분별을 상대하여 다스릴 수 있는 무분별지를 설하셨다."[17]

17 眞諦 譯, 『攝大乘論』(『大正藏』31권, 119하-120상)

열 가지 분별에 대하여 『섭대승론석론』 제4권에 자세히 설명하고 있다.

"'근본분별'이란 아뢰야식을 말한다. 이것은 모든 분별의 근본으로서 자체도 역시 분별이다. '반연의 모습의 분별[相分別]'이란 색식 등을 말한다. 인식대상의 모습 때문에 일으켜진 분별이다. '현현함의 모습의 분별[似相分別]'[18]이란 안식 등의 의지처의 식을 말한다. 그 인식대상과 비슷한 모습을 현현하여 일으켜진 분별이다. 분별의 대상 혹은 분별의 주체가 있기 때문에 분별이라 이름한다.

'반연의 모습이 변이함의 분별[相變異分別]'이란 반연의 모습의 모든 변이를 말한다. 이 반연의 모습의 변이를 반연하는 분별이기 때문에, 반연의 모습이 변이함의 분별이라 이름한다. 늙음 등의 변이는 신체에서 물질 구성요소[大種]의 쇠락하고 바뀌는 것을 늙음의 변이의 분별이라 이름하고, 따라서 반연의 모습이 변이함의 분별이라 이름한다. '등(等)'은 병들고 죽음의 변이를 가리킨다. 즐거움의 감수작용 등의 변이도 역시 그러하다. 즐거움의 감수작용으로 인하여 신체가 바뀌는 것을 말한다. '등'은 괴로움의 감수작용과 괴로움도 즐거움도 아닌 감수작용을 가리킨다. 탐욕 등의 변이도 역시 그러하고, '등'은 성냄과 어리석음을 가리킨다. 핍박·시절의 대사 등의 변이도 역시 그러하다. 신체가 변이하여 인식대상으로 되어 일으킨 분별이다. '핍박'은 살해·결박 등을 말하고, 시절(時節)의 대사는 추울 때 등의 시절이 바뀌는 것을 말한다. 지옥 등 모든 윤회세계의 변이는 축생·아귀 등의 세계를 통틀어 말한다. 욕계 등 모든 세계의 변이도 역시 그러해서 '등'은 색계와 무색계를 가리킨다.

'현현의 모습이 변이함의 분별[似相變異分別]'[19]이란 안식 등이 현현하여 그 인식대상과 비슷한 모습의 모든 변이를 말한다. 이 현현의 모습의 변이를 반연하여 분별한다. 이것도 역시 앞에서 말한 늙음 등 갖가지 변이와 같다. 이것 역시 늙음 등의 단계에서 변이하여 일으키기 때문이다.

'남이 이끄는 분별[他授分別]'[20]이란 남의 가르침으로 인하여 일으켜진 분별을 말한다. 이것에 다시 두 가지가 있다. 첫째는 정법이 아닌 종류를 듣는 것이고, 둘째는 정법의 종류를 듣는 것이다. 이에 다시 두 가지가 있어서 법에 대해서 분별한다. 이른바 정법의 종류를 듣고 선이 되거나 혹은 불선

---

18 진제는 依顯示分別이라 번역하였다.
19 진제는 依顯示變異分別이라 번역하였다.
20 진제는 他引分別이라 번역하였다.

이 된다. 정법이 아닌 종류를 듣고도 역시 이렇게 해석한다.

'진리가 아닌 분별[不正分別]'[21]이란 모든 외도와 그 제자들이 정법이 아닌 종류를 들어서 원인으로 삼고 분별함을 말한다. '진리 그대로의 분별[正分別]'[22]이란 정법 안에서 모든 불제자들이 정법의 종류를 들어서 원인으로 삼고 분별함을 말한다. '집착의 분별[執著分別]'[23]은 진리가 아닌 작의를 원인으로 삼고 아견에 의지해서 예순두 가지 모든 잘못된 견해[六十二見]와 상응하는 분별을 일으키는 것이다. 경전에서 자세히 말씀한 것과 같다. '산란한 움직임의 분별[散動分別]'은 모든 보살이 뒤에서 말하는 것과 같은 열 가지 분별을 일으킴을 말한다."[24]

진제 역 『삼무성론』 상권에서는 일체의 법을 분별성과 의타성과 진실성으로 분류하고 있다. 먼저 분별성의 품류차별(品類差別)로 분별을 여섯 가지와 다섯 가지로 분류한다. 이어서 분별성의 공용차별(功用差別)로 분별을 여덟 가지로 분류하며 세 가지 일[三事]을 내는 것을 설명하고 있다. 앞의 여섯 가지 분류는 『삼무성론』만의 분류이고, 다섯 가지로 분류한 것은 『섭대승론』 상권에 보이는 다섯 가지 분류와 같은 내용이나 『삼무성론』에서는 이 다섯 가지 분류를 자성을 분별하는 다섯 가지 분별로 설명하고 있다. 또한 여덟 가지로 분류하고 있는 것은 『유가사지론』과 『현양성교론』에서 분류하고 있는 내용과 같다. 다만 『삼무성론』에서는 이 여덟 가지 분류가 분별성의 공용차별임을 밝히면서 그 내용을 설하고 있다. 그러면 『삼무성론』에 고유한 분별성의 품류차별로서 여섯 가지 분류를 살펴보기로 한다.

"첫째 제 성품의 분별이니, 이를테면 물질[色] 등 모든 쌓임[陰]의 체성을 분별하는데, 다만 현량의 취하는 바 다섯 가지 식(識)으로써 바로 다섯 가지 대경[塵]을 취하거나, 또한 의식이 바로 법을 취할 수 있을 뿐이고 한 가지 가운데 갖가지를 분별하는 것이 아니므로 제 성품의 분별이라고 한다. 바로 그 체성을 취하기 때문이다.

둘째는 차별의 분별이니, 이를테면 볼 수 있고 볼 수 없는 물질이 있어서 빛이므로 볼 수 있으나, 냄새와 맛 등 다섯 가지 대경은 눈으로 보는 것이 아니다. 이와 같이 동일한 제 성품 가운데에도 다시 갖가지 분별이 같지 않

21 진제는 不如理分別이라 번역하였다.
22 진제는 如理分別이라 번역하였다.
23 진제는 決判執分別이라 하였다.
24 笈多共行矩等 譯, 『攝大乘論釋論』(『大正藏』31권, 288하)

으므로 차별의 분별이라고 일컫는다.

셋째는 깨달아 아는 분별이니, 이를테면 앞의 법을 보고 곧 그 명자(名字)를 알아서 능히 남을 위해 설하는데, 이미 스스로가 아는 그 명자를 다시 남에게 알게 할 수 있기 때문에 깨달아 아는 분별이라고 일컫는다.

넷째는 수면(隨眠)의 분별이니, 이를테면 앞의 물건을 보고도 그 명자를 알지 못함으로써 펼쳐 설할 수 없기 때문에 수면의 분별이라고 일컫는다.

다섯째 가행(加行)하는 분별에는 또한 다섯 가지가 있다. 사랑함에 따르는 분별이 그 하나이고, 미워함에 따르는 분별이 그 둘이고, 화합하는 분별이 그 셋이고, 멀리 여의는 분별이 그 넷이고, 버림에 따르는 분별이 그 다섯이다. 이 다섯 가지 분별로 말미암아 탐욕, 진심, 우치의 번뇌를 내기 때문에 가행이라고 일컫는다. 다섯 가지를 합하여 앞의 네 가지를 성취하는 것이 모두 그 이치를 요약한 분별이다.

여섯째 명자의 분별에 또한 두 가지가 있다. 명자 있는 것이 그 하나이고, 명자 없는 것이 그 둘이다. 명자가 있는 것이란, 이를테면 이 물건은 사실 이러한 것으로서 혹은 색(色)으로부터 의식에 이르기까지의 어떠한 것이라든가, 혹은 함이 있고 함이 없는 것이라든가, 항상함이 있고 항상함이 없는 것이라든가, 선하고 악하고 선함도 악함도 없는 것이라든가, 이러한 등등으로 취하는 것은 다 명자가 있는 분별이다. 명자가 없는 것이란, 이를테면 이것이 무슨 물건인가, 어떻게 된 것인가, 무엇 때문에 된 것인가, 어떻게 이와 같은가 하는 이 네 구절의 분별이다. 첫째의 것은 그 체성을 찾음이고, 둘째의 것은 그 원인을 구함에 있어서 무슨 인연 때문에 이러한 것이 있는가 하는 것이다. 셋째의 것은 그 체성의 차별을 찾음이고, 넷째의 것은 그 원인의 차별을 구함이니, 이 네 가지는 다 명자가 없는 분별이다."[25]

다시 분별은 크게 세 가지를 벗어나지 않으니, 분별의 체(體)와 분별의 의지(依支)와 분별의 경계(境界)이다. 『삼무성론』은 앞의 여섯 가지 분류를 이 세 가지에 배대하고 있다. "처음의 여섯 가지 분별이 법을 섭수한 이치를 나타내는 것이어서 일체 분별이 이 여섯 가지를 벗어나지 않는다. 무릇 섭수한 것이 세 가지 이치이니, 제 성품의 분별과 차별의 분별인 이 두 가지는 분별의 의지이고, 깨달아 앎과 수면(隨眠)과의 가행인 이 세 가지는 분별의 체이고, 뒤의 하나인 명자는 분별의 경계이다. 이 때문에 여섯 가지 분별

25 『三無性論』(『大正藏』31권, 868하-869상)

이 법을 섭수한다고 한 것이다."[26]

다시 『유가사지론』 및 『현양성교론』의 여덟 가지 분류를 세 가지 장애와 세 가지 일[三事]에 배대하고 의타성과의 관계를 설하고 있다. "분별하는 성품은 뒤의 여덟 가지를 섭수하여 세 가지 장애되는 일을 나타내기 위해서이니, 이를테면 제 성품의 분별과 차별의 분별과 무더기로 해서 하나로 집착하는 이 세 가지 분별은 능히 마음의 번뇌를 냄으로써 일체 지혜의 장애가 되는 것이다. <나>의 분별과 <내 것>의 분별 이 두 가지 분별은 능히 살[肉]의 번뇌를 냄으로써 해탈의 장애가 되는 것이고, 사랑할만함과 미워할만함과 사랑할만하지도 미워할만하지도 않은 이 세 가지 분별은 능히 껍질[皮]의 번뇌를 냄으로써 선정의 장애가 되는 것이다. 한편 이 세 가지 번뇌가 바로 세 가지 일의 등류이니, 마음의 번뇌는 곧 희론하는 일 등류이고, 살의 번뇌는 곧 난 체하는 교만한 일 등류이다. 껍질의 번뇌는 곧 탐욕 등 미혹하는 일 등류이다. 이 세 가지 일의 등류는 남을 의지하는 성품인 것이다."[27]

이어서 분별성과 의타성의 두 가지 미혹으로부터 벗어나야 해탈을 얻는다고 설하고 있다. "만약에 어떤 사람이 이 두 가지 성품을 얻지도 않고 보지도 않는다면, 이 두 가지 미혹으로부터 곧 해탈하게 될 것이다. 얻지 않는다는 말은 이른바 분별하는 성품을 얻지 않는 것이니, 이 성품은 아주 체가 없기 때문에 얻을 것이 없고, 보지 않는다는 말은 이른바 남을 의지하는 성품을 보지 않는 것이니, 남을 의지하는 성품은 비록 체가 있긴 하지만, 마음이 모양을 반연하지 않기 때문에 이 성품도 역시 있지 않는지라. 이 때문에 보지 않는다고 말하는 것이며, 이 성품을 얻지도 않고 보지도 않는 것은 두 가지 도를 말미암기 때문이니, 하나는 보는 도이고, 다른 하나는 제거하는 도이라 보는 도로 말미암아 분별이 곧 없어지기 때문에 얻지 않는다고 말하는 것이다. 제거하는 도로 말미암아 남을 의지하는 성품이 곧 사라지기 때문에 보지 않는다고 말하는 것이다."[28]

이상에서 『삼무성론』에서는 삼성(三性)과 삼무성(三無性)을 설명하면서 기존의 논서에서 서술된 관련된 내용을 종합하여 설명하고 있으며, 분별에 대한 것도 또한 마찬가지이다. 앞에서 살펴본 것과 같이 분별에 대한 기존의 분류를 분별성의 품류차별과 공용차별로 나누어 분별성 및 의타성과의

26 『三無性論』(『大正藏』31권, 870중)
27 『三無性論』(『大正藏』31권, 870중-하)
28 『三無性論』(『大正藏』31권, 870하)

관계, 분별성을 벗어나는 의미 등을 잘 설명해주고 있다.

그 외에도 분별에 대하여 단편적으로 정의한 것도 있다. 『현양성교론』제4권「섭사품(攝事品)」에 "분별이란 상온(想蘊)이다"라고 하였고, 제16권「섭정의품(攝淨義品)」에는 "분별이란 삼계(三界)에 해당하는 모든 마음과 마음 법을 말한다"고 하였다.

『현양성교론』제16권「성공품(成空品)」에서는 "만일에 분별의 체성을 간략히 말한다면 이른바 삼계의 모든 마음과 마음법이다"라고 하였고, 『삼무성론』상권에서도 똑 같은 표현이 나온다.

『성유식론』제8권에는 "분별이라는 말은 총체적으로 삼계의 심왕과 심소를 나타내야 하지만, 뛰어난 것에 따라서 여러 성스러운 가르침 중에서 여러 부분으로써 나타내 보인다. 어떤 곳에서는 둘, 셋, 넷, 다섯 가지 등으로 말한다"라고 하였다. 둘, 셋, 넷, 다섯 가지 등 여러 가지로 분류하여 설명한 것에 대해서는 앞에서 살펴보았다.

또한 의타기성과 관련하여 허망분별을 논하고 있다. 세친의『섭대승론석』제4권「소지상분」에서는 허망분별에 포섭되는 모든 식을 서술하고 있다. "이 중에서 무엇이 의타기상인가? 이른바 아뢰야식을 종자로 하는 허망된 분별에 포섭되는 모든 식이다. 이것은 다시 무엇인가? 이른바 신식(身識)[29]·신자식(身者識)[30]·수자식(受者識),[31] 그 수용되는 식[所受識][32]과 그 능히 수용하는 식[能受識],[33] 세식(世識)[34]·수식(數識)[35]·처식(處識)[36]·언설식(言說識)[37]·자타차별식(自他差別識)[38]·선취악취(善趣惡趣)의 생사식(生死識)[39]이다. 이 중에서 신식·신자식·수자식·그 수용되는 식·그 수용하는 식·세식·수식·처식·언설식은 명언훈습(名言熏習)의 종자에 의해서이다. 자타차별식은 아견훈습(我見熏習)의 종자에 의해서이다. 선취악취의 생사식은

29 눈[眼根] 등 다섯 가지 감각기관이다.
30 번뇌에 오염된 식을 말한다.
31 의근(意根)이다.
32 응수식(應受識)이라고도 하며, 색식(色識) 등 6식(識)을 말한다.
33 정수식(正受識)이라고도 하며, 안식 등 6식이다.
34 생사가 단절하고 상속하는 식을 말한다.
35 하나 내지 아승지수(阿僧祇數)의 식이다.
36 자연계[器世間]를 말한다.
37 감각·지각 작용[見聞覺知]의 모든 언설에 의한 것이다.
38 자신과 타신(他身)이 의지하는 차별식을 말한다.
39 선악양도차별식(善惡兩道差別識)이라고도 하며, 생사의 여러 종류의 차별이다.

유지훈습(有支熏習)의 종자에 의해서이다. 이 모든 식으로 인하여 모든 윤회세계의 잡염에 포섭되는 의타기상의 허망분별이 다 현현할 수 있다. 이와 같은 모든 식은 다 허망된 분별이 포섭하는 바로서 유식(唯識)만을 속성으로 삼는다. 이것은 존재하지 않으며 진실이 아닌 대상[義]이 현현하는 의지처이다. 이와 같은 것을 의타기상이라 이름한다."[40] 이어서 주석하기를 '허망된 분별에 포섭되는 모든 식'이란 이 모든 식은 허망분별로써 자성을 삼는 것을 말한다'고 하였다.

『성유식론』제17권에서도 여덟 가지 현행식과 그것의 상응법[心所]및 상분과 견분 등을 총체적으로 분별이라고 하였으며, 허망분별로써 자성으로 삼기 때문이라고 하였다. 그러므로 분별은 아뢰야식의 종자로부터 전변하는 일체의 식, 각 식으로부터 전변하는 상분 견분, 현행식 등이 모두 포함되고 있다.

『입능가경(入楞伽經)』제1권 「청불품(請佛品)」에는 분별이 두 가지를 취하는 것에 대해 비유로 잘 나타내고 있으며, 분별의 적멸이 곧 무생법인(無生法忍)을 증득하는 것임을 설하고 있다. "만일 분별한다면 두 가지를 취하는 것이니라. 란카왕이여, 비유컨대 거울 속에 모양이 스스로 제 모양을 보는 것 같으며, 또한 물속에 그림자가 스스로 제 그림자를 보는 것 같으며, 달빛과 등불 빛이 방안에 있으면서 그 그림자가 스스로 제 그림자를 보는 것 같으며, 허공중에 메아리 소리가 스스로 소리를 내고 그를 제 소리인양 하는 것과 같아서, 만일 이와 같이 법과 법 아닌 것을 취한다면, 이는 모두 허망한 망상(妄想) 분별이다. 그러므로 법과 법 아닌 것을 알지 못하고, 허망이 더욱 더하여 적멸(寂滅)을 얻지 못하리라. 적멸이란 것은 일심(一心)인 것이요, 일심은 곧 여래장(如來藏)이니, 이는 자기 속 몸 지혜의 경지에 드는 것이며, 무생법인(無生法忍)삼매를 얻는 것이니라."[41]

세친의 『섭대승론석(攝大乘論釋)』제7권 「피입인과분(彼入因果分)」에서는 '평등히 오직 분별뿐임을 깨닫고 무분별지혜를 얻는다[等覺唯分別 得無分別智]'는 구절을 풀이하여, '일체법이 오직 분별뿐임을 깨달으면 곧 능히 무분별지혜를 얻는다[若覺知一切諸法唯有分別 卽能獲得無分別智]'는 뜻이라고 하였다.[42] 즉 일체의 법이 곧 분별인 것이다.

40 『攝大乘論釋』(『大正藏』31권, 337하-338상)
41 『入楞伽經』(『大正藏』16권, 518하-519상)
42 『攝大乘論釋』(『大正藏』31권, 354하)

Ⅲ. 분별과 인접개념

1. 식전변과 분별

세친의 『유식삼십송』의 제17게송을 보면, "vijñānapariṇāmo 'yam vikalpo yad vikalpyate/ tena tatnāsti tenedaṃ sarvaṃ vijñaptimātrakam//"[43] (이 [세 가지 유형의] 식전변(識轉變)은 [본질상] 분별[심](vikalpa)이다. 그 [분별심]이 분별해낸 것, 그것은 실재하지 않는다. 따라서 이 모든 것[=삼계에 속하는 유위와 무위]은 알음알이일 뿐이다.) 라고 하였다. 이것은 제17송 이전까지 설명한 세 가지 유형의 식전변을 분별심(vikalpa)으로 단정하고 있는 것이다. 세 가지 유형의 식전변이란, ① 이숙(異熟)이며, 일체 종자를 지닌 아뢰야식, ② 아뢰야식을 소연으로 하고 말나라고 부르는 식, ③ 경을 요별하는 것을 말한다. 이것은 유식유가행파가 분류하고 있는 8종의 식을 말하는 것으로 아뢰야식, 말나식, 6식이다.

앞의 게송과 종합하여 표현하면 식전변이란 식이며 분별이라는 말이다. 결국 우리 마음의 활동은 종래는 '분별한다' 즉 '생각한다'라는 일반적인 의미로 파악하였는데, 세친은 그것을 '전변한다' 즉 '변화한다'라는 특수한 의미로 파악하여 고친 것이다. 식전변은 『구사론』이나 『대승성업론』, 『유식이십론』 등의 사상적인 전개를 거친 뒤에, 세친의 『유식삼십송』에서 그 의미를 새롭게 하여 형성한 개념이다.

『구사론』의 상속전변차별: 식전변에 대해서 직접적으로 선구가 되는 사상은 『구사론』의 '상속전변차별(相續轉變差別)'설이다. 세친은 『구사론』에서 경량부가 주장하는 상속전변차별의 개념을 다음과 같이 밝히고 있다. 먼저 경량부의 종자설에 대하여 "종자란 무엇인가? 명색(名色)이 자신의 과보를 생각할 때 전전공능(展轉功能)과 인근공능(隣近功能)이다. 이것은 상속의 전변차별에 의한다"[44]라고 하였다. 그리고 비바사사(毘婆沙師)가 무표업(無表業)을 실유(實有)라고 보는 것에 반하여, 무표업을 비실유로 보는 경량부는 "그 뒤에 보시를 베푼 사람이 비록 마음이 다르게 반연한다 하더라도, 앞에 보시한 사(思)에 연(緣)하여 훈습(熏習)된 미세한 상속이 차츰

43 박인성 역주, 『유식삼십송석』(서울: 민족사, 2000), 131면-132면.
44 『阿毘達磨俱舍論』(『大正藏』29권, 22하)

전변차별되어 생기하는데, 이것으로 말미암아 미래에 많은 과보를 받게 된다"[45]라고 설한다. 나아가 '무아(無我)인데 이미 소멸한 업(業)에서 미래의 과보가 생기는 것은 어째서인가?'라는 물음에 대해 논주인 세친은 "업상속(業相續)의 전변차별(轉變差別)에 따르는데, 마치 종자(種子)에서 열매가 생기는 것과 같다"[46]라고 대답한다.

이상에서 이들의 상속전변차별이란, 어떤 업력(業力)에 의하여 색심[五蘊]에 훈습된 종자가 뒤에 과보를 일으키게 되기까지의 잠재적인 과정 동안의 상태를 나타내는 개념이다. 그 과정은 업의 종자가 찰나생멸을 되풀이하면서 존속하고[相續], 종자의 상속이 전후로 찰나찰나 변화하며[轉變], 마침내 종자가 전변의 과정에서 다음 찰나에 과보를 일으킬 수 있는 특수한 힘을 갖게 되는 것[差別]으로 된다. 이와 같은 『구사론』의 상속전변차별설은 찰나론에 입각하여 근본불교의 무아설에 어긋나지 않으면서, 어떤 존재가 상당한 정도의 동일성을 유지할 수 있는 문제를 해결한다. 그러나 업력의 보존장소에 대한 대안으로서 색심호훈설(色心互熏說)은 설득력이 없어서 보존장소의 문제는 그대로 남게 된다.

『대승성업론』의 상속전변차별: 상속전변차별(saṁtati-pariṇāma-viśeṣa) 혹은 상속(saṁtati)를 생략한 전변차별(pariṇāma-viśeṣa) 형태의 술어는 『대승성업론』과 『유식이십론』이나 『대승장엄경론』의 주석 및 『유식삼십송석』과 『중변분별론석소』 등에서 찾아볼 수 있다. 상속전변차별의 개념이 유식사상화(唯識思想化)되는 것은 먼저 『대승성업론』에서 행해지며, 그 구체적인 내용은 다음과 같다. "어떻게 과보를 얻는가. 상속의 전변차별로 말미암는 것이 마치 벼 종자 등이 열매를 얻는 것과 같다."[47] 그리고 "다만 사(思)의 차별로 말미암아 그 작용이 마음에 훈습되고 상속으로 하여금 공능을 일으키게 한다. 이러한 공능의 전변차별 때문에 미래세의 과보가 차별되어 생기는 것이다"[48]라고 하여, 미래세의 과보는 상속[種子]의 전변차별에 의하고, 업력은 마음에 훈습된다고 하여 상속전변차별의 유식화가 이루어진다. 또한 업(業)의 본질인 사심소(思心所)의 차별에 의해 과보의 차별이 생긴다고 하여 인과설(因果說)을 분명히 한다. 나아가 "저 식(識)들의 종자가

45 『阿毘達磨俱舍論』(『大正藏』29권, 69중)
46 『阿毘達磨俱舍論』(『大正藏』29권, 158하)
47 『大乘成業論』(『大正藏』31권, 783상)
48 『大乘成業論』(『大正藏』31권, 783하)

손복(損伏)되어 가는 상태에서는 이숙과식이 찰나찰나에 전변차별되고, … 이러한 상속의 전변차별로 말미암아 종자력의 성숙함에 따라서, [또는] 조연(助緣)의 만남에 따라서 미래의 좋은 과보와 좋지 않은 과보를 느끼게 되는 것이다."[49] 또한, "무릇 훈습이란, 그로 하여금 훈습된 상속의 전변이 공능의 차별을 이루게 하는 것이다. … 만약 훈습이 없다면, 전변차별의 공능이 없게 된다."[50]라고 하고 있다.

『구사론』에서는 경량부의 색심호훈설에 근거하여 종자가 훈습되는 장소도 색심[五蘊]이라고 생각했다. 그러나 『대승성업론』에서는 이숙과식(異熟果識) 곧 알라야식이 종자를 유지한다는 입장에 근거하여 '알라야식의 상속전변차별'이라는 생각으로 발전했다. 여기서의 '상속'이라는 개념은 '심상속(心相續)'을 의미하며 그것은 알라야식으로서, 이제 '상속의 전변'을 대신하여 '식[알라야식]의 전변'이라고 불렀다. 한편 '전변차별(轉變差別)'에서 종자를 함유하여 과보를 낳는 특수한 힘은 '공능차별(功能差別)'이라는 이름으로 별도로 술어화하여, 결국 상속전변차별 중에서 '전변'이라는 말만 남게 되었다. 또한 종자가 보존되는 장소가 알라야식임을 분명히 하고 종자력의 성숙이나 조연에 따라 미래의 좋거나 나쁜 과보를 받게 된다고 하였다.

『유식이십론』의 전변설: 앞에서 상속전변차별은 마음의 잠재력인 과정에 나타내는 개념이었다. 그런데 경량부는 외계(外界)의 현상에 대해서는 전변(轉變)이라는 술어를 사용하고 있다. 이러한 '외계의 전변'과 '마음의 전변'의 관계를 처음으로 문제삼은 것이 『유식이십론』의 제5송과 제6송이다. "만약 [지옥중생의] 업력에 의해 다른 대종(大種)이 생겨나는 것이라고 하는 이와 같은 전변을 일으킨다고 인정한다면, 식(識)에 있어서는 어째서 [生起와 轉變을] 인정하지 않는가?"[51] "업(業)이 다른 곳[알라야식이 아닌 신체상의 어느 곳]에 훈습되고 그 이외의 다른 곳에 과보가 있다고 집착하는구나. 훈습받는 식(識)에 과보[식전변]가 있다고[하는 유식논사의 주장을] 어떤 이유로 인정하지 않는가?"[52]

이 두 게송은 마음을 떠나서 외계에 사물이 존재한다고 생각하는 경량부에 대한 세친의 반박이다. 지옥에 떨어진 중생이 옥졸 등에 의하여 핍박의

49 『大乘成業論』(『大正藏』31권, 784하)
50 『大乘成業論』(『大正藏』31권, 785중)
51 『唯識二十論』(『大正藏』31권, 75상)
52 『唯識二十論』(『大正藏』31권, 75중)

고통을 받는 것에 대하여, 경량부는 외계실유설의 입장에서 외계에 실재하는 4대종이 지옥중생의 업에 의하여 특수한 상태로 변화된 것이 옥졸이나 옥졸들의 핍박 등의 행위라고 생각한다. 곧 지옥의 여러 현상들은 외계에 실재하는 '4대종의 전변'이라고 주장하는 것이다. 이에 반해 세친은 위의 두 게송에서 유식무경(唯識無境), 즉 식일원론(識一元論)의 입장에서 여러 가지 지옥의 현상들은 지옥에 떨어진 중생의 업습기[種子]의 결과로서 '식(識)의 전변(轉變)'에서 유래된 것이라고 반론한다.[53]

이 『유식이십론』의 두 게송에서 벌써 『유식삼십송』의 제1송과 제17송에 있는 '식전변'과 같은 내용이 나타나고 있다. 더구나 전변이 단순히 잠재적(潛在的)인 현상(現象)만을 의미하는 것이 아니고, 구체적으로 지각되는 현재적(顯在的)인 현상(現像)도 포함하는 개념으로 사용되고 있다.

『유식삼십송』의 식전변: 『유식삼십송』의 제1게송에 식전변의 개념이 다음과 같이 설해져 있다. "ātmadharmopacāro hi vividho yaḥ pravartate/ vijñānapariṇāme 'sau pariṇāmaḥ sa ca tridhā//"[54] [진실로 갖가지의 아(我)와 법(法)의 가설이 행해지지만, 그것은 식전변에서이다. 그리고 그 전변은 3종이다.] 우리들의 마음을 떠나서 실체적인 것으로 외부에 실재한다고 생각하는 아와 법은 가설된 것이라고 한다. 가설(upacāra)이란 실제로는 존재하지 않는 대상을 개념상에서 임시로 존재한다고 생각하는 것이다. 유식사상은 오직 식만이 존재한다는 근본적인 입장에서, 외부대상의 실재를 인정하지 않는다.[55]

그리고 세친은 아와 법의 가설이 행하여지는 장(場)은 식전변(識轉變)이라고 파악한다. 아와 법은 없는 것이지만, 그것을 개념적으로 가립하는 바의 어떤 장이나 의처가 있지 않으면 안된다고 생각하는 것이다. 이러한 아와 법에 관한 가설의 근거가 식전변이라고 한다. 그리고 그 식전변에 3종류가 있다고 한다.

다시 제18게송의 내용을 살펴보자. "sarvabìjaṃ hi vijñānaṃ pariṇāmastathā thatā/ yātyanyonyavaśād yena vikalpaḥ sa sa jāyate//"[56] [참으로 식(識)은 모든 종자를 갖는 것이네. 전변(轉變)은 그와 같이 그와 같이 상호의 세력에

53 橫山紘一, 「세친의 식전변」, 李萬 譯, 『唯識思想』(서울: 경서원, 1993), 123면.
54 박인성 역주, 『유식삼십송석』(서울: 민족사, 2000), 17면.
55 橫山紘一, 「세친의 식전변」, 李萬 譯, 『唯識思想』(서울: 경서원, 1993), 126면.
56 박인성 역주, 『유식삼십송석』(서울: 민족사, 2000), 158면.

의해서 진행하네. 이것에 의해서 그런 그런 분별이 생기네.] 이 게송에서는 '아뢰야식의 전변'과 '분별'과의 상호인과성이 설해져 있다. 앞의 제17송에서 분별은 식전변이라고 정의되어 있으므로, 제18송은 내용적으로는 '아뢰야식의 전변'과 '전식(轉識)의 전변'과의 상호 인과성이 설해져 있는 것이다.

그리고 아뢰야식의 전변이란 전식의 전변 즉 분별이 원인이 되고, 종자가 미성숙의 상태에서 이미 성숙의 상태로 변화하는 것이다. 이에 반해서 전식의 전변이란 그 종자의 변화가 원인이 되어서 분별하는 것이다. 즉 전변은 ① 종자의 변화와, ② 전식의 분별과의 두 가지 의미로 나누어진다. 그러나 여기에서 마음의 활동을 유기적인 상호인과성을 가진 것으로 받아들일 때, 전변에 또 하나의 중요한 의미를 부가하지 않으면 안된다. 아뢰야식 중의 이미 성숙위에 도달한 어느 종자에서 분별[=現行]이 생기고, 그 분별은 자기 활동[業]의 영향을 종자[習氣]로서 아뢰야식 중에 심는다[=훈습한다]. 그 심어진 종자는 아뢰야식 중에서 서서히 생장하여 미래에 새로운 분별을 낳는다는 것이다. 이것은 후에 『성유식론』, 『성유식론술기』등에서 볼 수 있는 표현에 의하면, '종자생현행(種子生現行)', '현행훈종자(現行熏種子)', '종자생종자(種子生種子)'의 과정이다. 이러한 이 세 가지의 과정은 원환적(圓環的)으로 연결되어 있다. 그 어느 것의 일부가 독립하여 존재하는 일은 절대로 있을 수 없다. 더구나 '아뢰야식의 전변'과 '분별'이 서로 인(因)이 되고 과(果)로 되므로, 이 원환적인 운동 즉 우리들의 심적인 과정은 무시무종(無始無終)으로 활동을 계속하는 것이다.

이상의 내용은 세친의 식전변을 중심으로 설명된 것이다. 『유식삼십송』에 대한 세친의 주석이 없는 관계로 세친 이후 『유식삼십송』에 대해서 다양한 견해가 나오게 되었다. 대표적으로 안혜와 호법의 견해라고 하였다. 이들에 대해 간략하게 살펴보고자 한다.

안혜는 식전변(vijñānapariṇāma)을 식=전변으로 이해하고 있다. 세친의 제1게송의 식전변을 주석하면서 전변을 변이성(變異性)으로 보고, 인(因)의 찰나가 멸함과 동시에 인의 찰나와 상(相)이 다른 과(果)가 자체를 얻는 것을 전변이라 하였다.[57] 그리고 제17송을 주석하면서 세 종류의 식전변은 분별이며, 삼계(三界)의 심(心)과 심소(心所)를 분별이라고 하였다.[58]

57 박인성 역주, 『유식삼십송석』(서울: 민족사, 2000), 33면.
58 박인성 역주, 『유식삼십송석』(서울: 민족사, 2000), 133면.

이에 반해 호법은 식전변을 식의 전변으로 이해하고 있다. 세친의 제1게송의 식전변을 식소변(識所變)으로 한역하고 있다. 한역된 제1게송을 보자. 허망된 것[假]에 의거해서 자아와 법이 있다고 말하나니, [자아와 법의] 갖가지 모습들이 생겨난다. 그것들은 식이 전변된 것에 의지하는도다. 이 능변식은 오직 세 종류이다[由假說我法 有種種相轉 彼依識所變 此能變唯三[59]]. 『성유식론』은 식소변(識所變)의 변(變)을 설명하면서 식자체가 전변하여 상분(相分)과 견분(見分)으로 사현(似現)하며 이 2분에 의거해서 자아와 법을 시설한다고 한다. "변(變)이라고 하는 것은 식자체(識自體)가 전변(轉變)하여 두 가지 심분[相分과 見分]으로 사현(似現)하는 것을 가리킨다. 상분과 견분은 모두 자증분(自證分)에 의지하여 일어나기 때문에 이 이분(二分)에 의거해서 자아와 법을 시설한다. 이 두 가지[자아와 법]는 이것[상분과 견분]을 떠나서는 의지처가 없기 때문이다."[60] 또한 제17송의 제식전변(諸識轉變)을 설명하면서도 제식이 견상2분으로 변사(變似)하는 것으로 전변이라는 이름을 세운다고 하였다. "이 모든 식이란 앞에서 말한 세 가지 능변식(能變識)과 그 심소(心所)를 말한다. 모두 능히 전변하여 견상이분(見相二分)으로 사현(似現)하므로 전변이라는 명칭을 건립한다. 전변된 견분을 분별이라고 이름하니, 능히 모습을 취하기 때문이다. 전변된 상분을 분별되는 것[所分別]으로 이름하니, 견분에 취해지기 때문이다."[61] 식체(識體) 즉 자체분(自體分)은 스스로 변현(變現)하여 상분과 견분이 되며, 다시 이분(二分)에 의한 인식작용의 결과를 확인하는 역할을 담당한다. 이를 자증분(自證分)이라고 하는 것이다.

이상에서 세친이 식전변은 분별이라고 한 것과 같이 안혜 역시 마찬가지이다. 그러나 호법의 경우는 식전변이 자체식으로부터 견상이분으로 변화하는 것을 의미하며 이들 견상분이 분별인 것이다.

2. 삼성설과 허망분별

삼성설(三性說)은 『해심밀경』이래 유식의 사상체계에서 중도사상을 이론적으로 해명하기 위한 것이라고 할 수 있다. 또한 허망분별과 근본무분

59 『成唯識論』(『大正藏』31권, 1상)
60 『成唯識論』(『大正藏』31권, 1상-중)
61 『成唯識論』(『大正藏』31권, 36하)

별지 그리고 근본무분별지 이후의 참된 분별 등을 일으키는 그 원리를 설명해주고 있다. '존재의 형태(svabhāva)'를 3종류로 분석하고 있으며, 『해심밀경』을 시작으로 그 후 거의 모든 유식논서에서 언급되고 차츰 사상적으로도 발전하였다. 그 3종류란 변계소집성(遍計所執性)·의타기성(依他起性)·원성실성(圓成實性)을 말한다.

변계소집성의 원어는 parikalpita-svabhāva이며, '보편적인 분별에 의해 분별된 것'이라는 의미이다. 의타기성의 원어는 paratantra-svabhāva이며, '다른 것에 의존하는 것'이라는 뜻이다. 원성실성의 원어는 pariniṣpanna-svabhāva이며, '이미 완전하게 성취되어 있는 것'이라는 뜻이다. 그러나 이 삼성설은 유식계통의 다양한 경전이나 논서에서 여러 가지 형태로 설해져 있으며, 표면상으로는 반드시 일치하고 있지는 않다. 우선 삼성설을 처음으로 제창한 『해심밀경』과 그 흐름을 따르는 『유가사지론』에서는 변계소집성은 '명칭에 의해 세워진 것[名言所立]'이라 하였고, 의타기성은 '여러 가지 인연에 의해 생긴 것[衆緣所生]'이라 하였으며, 원성실성은 '있는 그대로의 참된 실재[眞如]'라고 하였다.[62]

『중변분별론』과 『섭대승론』의 삼성설: 삼성설이 인식론적인 모습을 띠면서 직접적으로 공성(空性)과 허망분별(虛妄分別)을 설하고 있는 것이 미륵의 『중변분별론』이다. 「상품(相品)」 제1게송에 "abhūtaparikalpo'sti dvayaṁ na vidhyate/ śūnyatā vidyate tatra tasyāmapi na vidyate//"[63][허망분별은 있다. 거기에서 둘은 존재하지 않는다. 그러나 공성은 존재하며 거기[空性]에 저것[虛妄分別] 또한 존재한다.]라고 하였다. 여기에서 부정되는 것은 둘 즉 소취와 능취이고, 긍정되는 것은 공성이다. 소취·능취 및 공성이 성립하는 장소는 허망분별인데 허망분별에 공성이 존재하며, 공성에 허망분별이 존재함으로써, 공성과 허망분별은 서로 모순적으로 대립하는 것임에도 불구하고 사실상 동일시되는 것이다. 유식학파가 중관학파의 공관을 계승하고 있기 때문이다. 중관의 공사상이 한마디로 상호부정하는 것들이 모순적 통일이라면 유식학파는 그것을 충실히 계승하고 있는 것이다.

「상품」 제6송에서는 삼성의 정의와 의미를 직접적으로 설하고 있다. "kalpitaḥ paratantraśca panniṣpanna eva ca/ arthādabhūtakalpācca dvayābhāvācca

62 『解深密經』(『大正藏』16권, 693상-하)와『瑜伽師地論』(『大正藏』30권, 656하)
63 Gadjin, M. Nagao. *MadhyāntaVibhāgaBhāṣya* (東京: 鈴木學術財團, 1964), 19면, ll 16-17.

deśitaḥ//"[64][변계소집, 의타기, 원성실은 [차례대로] 대상 때문에, 그리고 허망분별 때문에, 그리고 둘의 비존재 때문에 각각 설해졌다.] 이 게송은 허망분별이 삼성을 포괄하고 있다. 게송에서 변계소집은 분별된 대상 곧 소취와 능취 혹은 아와 법이다. 의타기성은 허망분별 그 자체라 할 수 있다. 그리고 원성실성은 허망분별에서 소취와 능취가 없는 것이다. 허망분별은 곧 소취와 능취를 구성해 내는 식의 작용이며, 둘이란 그렇게 구성된 소취와 능취를 말한다. 원성실성이란 허망분별에서 둘이 없는 것이지만 「상품」 제1송에 의하면, 공성으로서의 허망분별은 존재한다.

의타기성이 허망분별이라는 정의는 계속 무착의 『섭대승론』에서도 이루어진다. 단지 식설(識說)과 관련하여 설명하고 있다. 즉 "이 중에서 의타기성은 무엇인가? 그것은 알라야식을 종자로 가진, 허망분별(虛妄分別)에 포함되는 식이다. …이 식들[즉 11식]은 오직 식일 뿐이며, 허망분별에 포함되는 존재하지 않는 것들이며, 미란의 대상이 현현하는 근거이다. 이것이 의타기성이다."[65] '알라야식을 종자로 한다'는 것은 의타기성이 알라야식을 원인으로 하여 현현한 결과임을 의미하며, 알라야식은 거기에 원인[因性]으로 내재해 있다. 물론 알라야식에도 제식(諸識)이 결과[果性]로 내재해 있어서 알라야식과 제식은 상호간에 원인과 조건이 되어 발생하는 것이다. '의타기성이 허망분별'이라는 것은 의타기성의 일차적인 의미가 잡염법(雜染法)인 것이지 염정화합식(染淨和合識)을 의미하는 염오청정법(染污淸淨法)이 아니라는 것이다. '의타기성은 오직 식뿐인 것으로 미란의 대상이 현현하는 근거'라는 것은 『대승장엄경론』의 정의에 "오직 식뿐인 것[唯識]이라는 규정이 명시적으로 추가된 것이다. 의타기성은 다시 신식(身識)·신자식(身者識)·수자식(受者識), 그 수용되는 식[所受識]과 그 능히 수용하는 식[能受識], 세식(世識)·수식(數識)·처식(處識)·언설식(言說識)·자타차별식(自他差別識)·선취악취(善趣惡趣)의 생사식(生死識) 등의 11식으로 이해되고 있는 것이다. 이 중에서 신·신자·수자식과 그것에 의해 경험되는 식과 그것을 경험하는 식과 시간·수·장소·언설식은 명언훈습(名言熏習)의

64 Gadjin, M. Nagao. *MadhyāntaVibhāgaBhāṣya (*東京: 鈴木學術財團, 1964), 19면, ll 17-18.

65 É Lamotte, La Somme de la Grand Vehicule d'Asaṅga, tome 1, 2, publications de l'Institut Orientaliste, Louvain-la-Neuve, 1973, 24면-25면. 玄奘 譯, 『攝大乘論本』(『大正藏』31권, 137하~138상); 眞諦 譯, 『攝大乘論』(『大正藏』31권, 181중)

종자에서 생한 것이다. 자타차별식은 아견훈습(我見熏習)에서 생한 것이다. 선취악취생사식은 유지훈습(有支熏習)에서 생한 것이다. 이들 11식은 신(身)·신자(身者)·수자식(受者識)이 6내계(六內界)에, 피소수식(彼所受識)이 6외계(六外界)에, 피능수식(彼能受識)이 6식계(六識界)에 대응함으로서 18계를 의미한다는 것을 알 수 있다. 그 외 나머지 식들은 18계의 양태[差別, viśeṣa]이다. 이로서 의타기성은 인간의 의식 현상과 경험 전체를 포괄하는 개념으로 정립된다.

만약에 식뿐인, 대상이 현현하는 근거가 의타기자성이라면 그것은 어떻게 의타이며 무슨 이유로 의타인가? 『섭대승론』은 답하기를, "자기의 훈습종자에서 생하였으므로 원인이라는 타에 의지한다. 생한 후에는 한 찰나를 넘어서는 자체가 머물 수 없으므로 의타라고 해야 한다."[66]라고 하였다. 즉 훈습종자는 곧 현현한 식의 원인이며 이는 현현한 식에 대해서 타(他)인 것이다. 또한 식은 생한 후에는 한 찰나를 넘어서 존재할 수 없으며, 생한 즉시 그것은 식이 아닌 것, 즉 다음 찰나에 생하는 식의 대상이 되기 때문에 의타(依他)인 것이다.

이러한 관계에서 훈습종자가 업습기(業習氣)와 이취습기(二取習氣)에 의한 것이면, 의타기성은 허망분별로 현현한다. 반면 문훈습(聞熏習)에 의한 것이면, 그것은 분별이기는 하지만 허망한 것이 아닌 의언분별(意言分別)이라고 한다. 이에 따라 세친 석, 진제 역의 『섭대승론석』의 내용을 살펴보자. "이는 먼저 두 가지 훈습으로부터 생하는 의타의 체의 종류를 밝힌다. 하나의 업과 번뇌의 훈습으로부터 생하는 것이고, 둘은 문훈습으로부터 생하는 것이다. 체의 종류가 이 두 가지 훈습에 매여 딸리기 때문에 의타기성이라고 부른다. 만약 과보식의 체의 종류가 의타성이 된다고 하면 업과 번뇌의 훈습으로부터 생하고, 만약 출세간의 사혜(思慧)와 수혜(修慧)의 체류(體類)라고 하면 문훈습으로부터 생긴다."[67] "이 다음은 의타의 의미를 해석한다. 만약 식이 분별한다면 이 의타성은 혹은 번뇌를 이루거나, 혹은 업을 이루거나 혹은 과보를 이루어서 곧 부정품(不淨品)에 속한다. 만약 반야를 연한다면 이 의타성은 분별하여지는 것이 없어서 곧 정품(淨品)을 이루니, 즉 경

66 É Lamotte, La Somme de la Grand Vehicule d'Asaṅga, tome 1, 2, publications de l'Institut Orientaliste, Louvain-la-Neuve, 1973, 31면. 玄奘 譯, 『攝大乘論本』(『大正藏』 31권, 139상); 眞諦 譯, 『攝大乘論』(『大正藏』31권, 186중)

67 『攝大乘論釋』(『大正藏』31권, 188중)

계의 청정과 도의 청정 그리고 과의 청정이다. 만약 자성이 있어서 다른 것에 의지하지 않는다면 곧 응당히 하나의 품성에 정하여져 속해야 한다. 이미 정하여진 성품이 없기 때문에 혹은 정품에 속하고 혹은 부정품에 속한다. 이 두 부분으로 말미암아 한 부분을 좇아서는 성취되지 않기 때문에 의타라고 이름한다."[68]

이 의타성은 업과 번뇌의 훈습으로 생하고, 문훈습으로도 생한다. 이 훈습들에 의해 매여 딸리는 것이므로 의타성이라고 한다. 그래서 의타성은 정하여진 성품이 없이 번뇌·업·과보의 부정품에 속하기도 하고, 반야를 연하여 정품에 속하기도 하는 것이다. 즉 본식에 매여 딸리는 것이다. 바로 이러한 의타성의 이분(二分)이 가능함에 의해, 본식의 체는 곧 생사와 열반을 이룬다. 이렇게 의타성에 의해서 우리는 생사와 열반이라는 의식의 두 가지 존재양식을 가질 수 있다. 따라서 의타성은 그 체가 따로 있는 것이 아니라, 본식의 체를 의지하여 자성을 갖는 상모(相貌)라고 하겠다. 또한 이 의타성에 의해 식체의 작용성이 차별적 분별에서 무분별로 전변(轉變)하여 나타나는 것임을 알 수 있다. 이러한 전변을 전의(轉依)라고 설명한다.

변계소집성은 의타기성과 관계에서 다음과 같이 정의된다. "그 중에서 변계소집상은 무엇인가? 대상이 없는데도 오직 식뿐인 그것이 대상성으로 현현하는 것이다."[69] 의타기성이 의식 현상의 총체이자 능동적인 작용을 의미하는 것이라면, 변계소집성은 그러한 의식 현상이 현현한 결과이며 그것은 곧 실재하지 않는 대상성을 의미하게 된다. 그렇다면 변계소집성은 어떤 과정을 거쳐서 현현해서 성립하게 되는가? 변계소집성은 변계하는 주체[能遍計]와 변계의 대상[所遍計]의 관계에서 성립한다. 먼저 능변계는 의식(意識)이다. 능변계(parikalpa)란 허망분별(abhūtaparikalpa)에서 허망(abhūta)이라는 단어가 빠진 것이지만 내용상으로는 동의어이다. 소변계는 의타성이다. 이때의 소변계(parikalpya)란 변계소집성(parikalpita-svabhāva)과는 다른 것이다. 이때의 소변계란 '변계되어져야 할 것'이라는 미래수동분사의 의미를 가진 것으로서 의타기성이 변계소집성의 원인[相, nimitta]이 됨을 말한다. 그리고 변계 즉 의식은 ① 개념을 인식 대상으로 하여 ② 의타기자성

68 『攝大乘論釋』(『大正藏』31권, 188중)

69 É Lamotte, La Somme de la Grand Vehicule d'Asaṅga, tome 1, 2, publications de l'Institut Orientaliste, Louvain-la-Neuve, 1973, 25면. 玄奘 譯, 『攝大乘論』(『大正藏』31권, 138상); 眞諦 譯, 『攝大乘論』(『大正藏』31권, 182중)

을 질료인으로 삼아 ③ 그 질료인을 보고 집착하고 ④ 고찰(vitarka)에 의해 언어를 일으키고 ⑤ 견문각지(見聞覺知)의 네 가지 언어활동에 의해 언설을 일으키고 ⑥ 존재하지 않는 대상에 대해 존재한다는 증익견(增益見)을 일으킴으로써 최종적으로 변계소집성이 성립한다.

원성실성은 의타기성과 변계소집성의 관계에서 정의되고 있다. "그 중에서 원성실상은 무엇인가? 그 의타기상 자체에서 그 대상의 상이 영원히 없는 것이다."[70] 의타기성에서 변계소집성이 제거된 것이 바로 원성실성이다. 이는 곧 유식무경(唯識無境), 혹은 유식성(唯識性)을 의미하는 것이다. 의타기성도 실재하지 않는 대상이 현현하는 근거로서 유식이고 원성실성도 결과적으로 대상성이 없는 유식이다. 그러나 일상적인 의식 상태에 있는 인간은 그 자신의 의식 현상이 그 자체로서 유식무경인 것을 알지 못한다. 이에 비해 원성실성은 일상적인 의식 상태가 곧 유식이라는 것을 자각한 상태이다. 의타기성이 유식(唯識, vijñaptimātra)이라면 원성실성은 유식성(唯識性, vijñaptimātratā)인 것이다. 즉 원성실성의 입장에서는 의타기성 그 자체가 곧 원성실성이다. 그리고 거기에 더하여 일상적인 의식 상태가 바로 유식임을 알기 위한 수행 과정, 즉 37보리분과 10바라밀 등과 원성실성을 획득하게 해 주는 대상, 곧 대승의 법문이 포함된다.

『성유식론』의 삼성설: 세친은 『유식삼십송』 제20, 21게송에 삼성설을 언급하고 있다. 변계소집성은 '분별에 의해 분별된 사물'이라고 하였고 의타기성은 '연에서 생기한 분별'이라고 하였으며, 원성실성은 '의타기성이 변계소집성을 원리(遠離)하는 성(性)'이라고 하였다. 이러한 정의는 세친 이후 많은 논사들이 견해를 달리했는데, 그 가운데 안혜와 호법의 견해를 살펴보기로 한다.

이 두 논사는 앞에서도 언급한 것과 같이 식전변에 대한 이해를 달리함으로써 그 연장선상에서 파생된 것이라 볼 수 있다. 『성유식론』에서 안혜와 호법의 변계소집성에 대한 설명은 능변계와 소변계 그리고 변계소집의 3중으로 설명하고 있다. 변계소집성은 두루 분별하여 착각하며 집착하는 것을 말하는 것으로, 능변계는 주체적인 면을 살핀 것이고, 소변계는 대상을 나타낸 것이며, 변계소집은 그 체상을 밝힌 것이다. 먼저 능변계에 대한

---

70 É Lamotte, La Somme de la Grand Vehicule d'Asaṅga, tome 1, 2, publications de l'Institut Orientaliste, Louvain-la-Neuve, 1973, 31권. 玄奘 譯, 『攝大乘論』(『大正藏』 31권, 138상) 眞諦 譯, 『攝大乘論』(『大正藏』31권, 182상)

안혜의 견해를 보자. 『성유식론』제8권에 의하면, "8식과 모든 심소의 유루에 포함되는 것은 다 능변계이다. 허망분별로써 자성을 삼는다고 말하기 때문이다.[『입능가경』권2, 『변중변론』상권 등] 모두 소취와 능취로 사현(似現)한다고 말하기 때문이다.[무성의 『섭대승론석』권4, 『변중변론』상권 등] 아뢰야식은 변계소집자성의 허망되게 집착된 종자로써 인식대상으로 삼는다고 말하기 때문이다.[『유가사지론』권51, 『현양성교론』권17 등]"[71]고 하였다.

이에 대해 호법은 제6식과 제7식이 능변계라고 하였다. "제6식과 제7식의 심품이 자아와 법으로 집착하는 것이 능변계이다. 오직 의식만이 능변계라고 말하기 때문이며[무성, 『섭대승론석』 권4] 의(意, 제7식)와 의식을 의식으로 이름하기 때문이다. 두루 계탁하여 분별하는 것이 능변계이기 때문이다"[72]라고 하였다.

또한 제5식과 제8식은 두루 계탁하여 분별하는 작용이 없기 때문에 능변계가 아니며, 또한 자아와 법으로 집착하는 것은 반드시 혜심소(慧心所) 때문인데 5식과 제8식은 혜심소와 함께하지 않기 때문에 능변계가 아니라고 하였다.

변계소집의 체상에 대한 안혜의 견해는 의타기성과의 관계에서 설하고 있다. "삼계의 심왕과 심소가 아득한 옛적부터 허망되게 훈습함에 의해서 각기 자체는 하나이기 하지만 두 가지로 사현하니, 견분과 상분을 말한다. 곧 능취와 소취이다. 이와 같은 이분(二分)은 허망된 생각[情]에는 있고 진실한 본성[理]에는 없다. 이러한 양상을 변계소집성이라고 말한다. 두 가지의 의지처인 자체는 실제로 연(緣)에 의탁해서 생겨난다. 이것의 체성이 비실재가 아닌 것을 의타기성이라고 이름한다. 허망분별의 연(緣)에서 생겨나기 때문이다"[73] 라고 하였다.

이 설명에 의하면 자체[體]가 하나인 자체분으로부터 능취와 소취로 사현(似現)한 견분과 상분을 직접 변계소집으로 삼는다는 것을 알 수 있다. 즉 자체분만이 의타기로서 자체가 있는 법[有體法]이고, 견분과 상분은 변계소집으로서 자체가 없는 법[無體法]이다. 그 이분(二分)을 총체적인 비실재[總無]라고 말하고, 그것을 의지처로 하여 일어나는 자아와 법을 개별적인

71 『成唯識論』(『大正藏』31권, 45하)
72 『成唯識論』(『大正藏』31권, 46상)
73 『成唯識論』(『大正藏』31권, 46상)

비실재[別無]라고 말한다. 그러나 식체에서 상분과 견분이 분화한다는 생각은 호법의 견해이며, 『성유식론』에서 설명하고 있는 안혜의 견해는 식전변에 대해 이해를 달리하는 호법 자신의 입장에서 안혜의 견해를 설명한 것으로 보인다.

호법의 견해를 살펴보자. 변계소집에 대해 호법은 "모든 심왕과 심소가 훈습의 세력에 의해 변형된 이분(二分)도 연으로부터 일어나기 때문에 역시 의타기라고 이름한다. 두루 계탁하는 것[遍計]은 이것에 의거해서 허망되게, 반드시 참으로 있다거나 없다거나, 하나라거나 다른 것이라거나, 함께한다거나 함께하지 않는다는 등으로 집착한다. 이 두 가지를 바야흐로 변계소집성이라 이름한다"[74]라고 하였다. 즉 견분과 상분은 연에서 생겨나는 법이므로 의타기성이고, 이 이분(二分) 위에 자아와 법으로 집착하는 허망된 생각에서 일어나는 실아실법(實我實法)의 모습을 변계소집이라고 이름한다.

위의 설명에서 보면 안혜의 의타기성은 굳이 3분설에서 보면 자체분을 가리킨다 할 수 있다. 호법의 경우에는 여러 가지 연에서 일어난 심왕과 심소의 자체분 및 견분, 상분은 유루이든 무루이든 모두 의타기성이다.

원성실성에 대해서 호법은 "두 가지 공(空)에서 나타나며, 원만하고, 성취된 것이며, 모든 법의 참다운 성품[二空所顯 圓滿成就 諸法實性 名圓成實]"이라고 하였다.[75] 이것은 곧 그 의타기 위에서 항상 앞에서 말한 변계소집성을 멀리 떠나고, 두 가지 공[我空과 法空]에서 나타난 진여로써 자상을 삼는다고 하였다. 안혜의 경우는 "불변이(不變異)를 원만하게 성취했기에 그것이 원성실성이다"라고 주석하고 있다.[76] 이는 앞에서 전변을 변이성(變異性)으로 주석한 것을 보면, 허망한 전변이 일어나지 않는 것을 말한다고 할 수 있다. 즉 "분별에 있어, 있지 않는 소취의 것과 능취의 것이 변계소집되기 때문에 변계소집된 것이다"라고 하였다. 그러므로 의타기가 그 소취와 능취를 항상 모든 때에 완전히 원리(遠離)하는 성(性) 그것이 원성실성이다.

3. 무분별지

허망분별(虛妄分別)과 의언분별(意言分別): 『섭대승론』에 의하면 진여와

---

74 『成唯識論』(『大正藏』31권, 46상)
75 『成唯識論』(『大正藏』31권, 46중)
76 박인성 역주, 『유식삼십송석』(서울: 민족사, 2000), 152면.

무분별지의 증득은 문훈습과 의언분별을 통하여 허망분별을 대치하는 것으로부터 시작한다.

『중변분별론』 안혜의 주석과 『섭대승론』 세친 석에 대한 진제의 한역에 의하면, 허망분별이란 "허망이란 술어로써, 그것[즉, 현상세계]이 소취와 능취로 분별되고 있는 대로 존재하지 않음을 보인다. '분별'이란 술어로써, 대상은 분별되는 대로 그와 같이 존재하는 것이 아님을 보인다."[77] "분별은 식(識)의 본질이다. 식의 본질이 분별하는 것은 무엇인가? 존재하지 않는 것을 존재한다고 분별하므로 허망이라 한다. 분별이 원인이 되고 허망이 그 결과로 된다."[78] 허망분별 즉 식은 실재하지 않는 자아와 존재를 실재한다고 오인하게 되는 근거로서 이해되고 있다. 다시 말해, 식은 자아와 존재에 대한 다양한 개념적, 언어적 이해를 산출하는 동시에, 그러한 이해가 자신의 활동 산물이라는 점을 망각하고 그 이해 내용대로 실재한다고 오인할 수 있는 성격도 함께 가진다. 이러한 식의 성격으로 말미암아 식은 허망분별로 명명된다고 할 수 있다.

장미아인(長尾雅人)은 이를 잘 표현하고 있다. '허망분별'은 '식(識)' 일반의 동의어이다. 허망이란 '망상되어 있다(parikalpita)라는 변계소집성'의 의미가 아니라 '다른 것에 의존한다(paratantra)는 의타기성'의 성격을 가지는 것으로 규정된다. '허망'이란 문자가 덧붙는 까닭은 식(識) 일반, 분별(分別) 일반이 '완전히 성취되었다(parinispanna)는 원성실성'과 대비될 경우 항상 비진실이기 때문이다. 특히 식이 분별·판단한 순간, 그 판단된 대상이 진실 아닌 것으로 타락하는 경향, 즉 변계소집성으로의 경사(傾斜)가 의타기성 그 자체에 내포되어 있기 때문이다. 다시 말해, '허망분별'이라는 술어는 의타기성으로부터 변계소집성으로의 관련을, 한 용어에 표명하고 있다고 할 수 있다.[79]

이러한 허망분별에 대한 대치로써 『섭대승론』은 문훈습(聞熏習)과 의언분별(意言分別)을 설하고 있다. 문훈습은 법계(法界)를 듣고, 그것에 의해서 스스로 훈습을 하는 것이다. 또한 의언은 유가행자가 들은 것[聞]을 마음속에서 올바르게 사색[意言]하고 심화해서 행하는 것이다. 올바른 사색은 먼

77 Gadjin, M. Nagao. *MadhyāntaVibhāgaBhāṣya* (東京: 鈴木學術財團, 1964), 13면, 19-22.

78 『攝大乘論釋』(『大正藏』31권, 181중)

79 長尾雅人, 『攝大乘論: 和譯과 注解 上』(東京: 講談社, 1982), 280면-281면.

저 듣는 것에서 가능하다. 먼저 법계를 듣고, 법계가 훈습되기 때문에 오입(悟入)의 길이 열린다. 이에 대해서 『섭대승론』에서는 다음과 같이 설명하고 있다. "다문(多聞)에 의해서 훈습(熏習)된 의지처가 알라야식에 섭수되지는 않지만, 알라야식과 같은 종자가 되는 것이다. 가르침[法]과 의미[義]로서 생기하여 대상이 사(事)로서 있는 것과 같고 동시에 그것이 현현하여 의언(意言)이 된다."[80]

문훈습과 의언에 의해서 의지처의 전환이 있다. 이 의언이 깨달음을 향한 발판이 되며, 계기가 된다. 이 의언은 명료한 형태의 분별과 판단의 전단계, 개념화되기 이전의 단계에 마음[心]에서 일어나는 이해를 가리키는 것으로 생각된다. 그것은 사색에 속하는 것이며 경전 등의 가르침[法]과 거기에 나타난 제행무상(諸行無常) 등의 의미[義]가 드러나게 되는 것과 같은 '이치에 따른 사색'의 범주에 속하는 것이다. 문훈습은 이와 같은 의언의 종자(種子)가 된다. 그리고 그 의언이 깨달음의 발판이 되고, 전의(轉依)를 일으키기 위한 기회를 제공한다. 의언은 본질적으로 의식(意識)이다. 단지 의식이 일반적으로 세속의 입장에서 사용되는 개념인 것에 반해서, 지금 언급하고 있는 의언은 정품훈습(淨品熏習)이라는 측면에서 사용되기 때문에 의언이라는 심오한 용어를 사용한 것으로 생각된다. 의언은 깨달음 그 자체가 아니며, 전의(轉依)의 발판이 된다.

즉 의언이란 문훈습에 의해서 성립하는 여리작의(如理作意)라고 말하기 때문에, 허망분별과는 다르며 허망분별을 대치(對治)하는 것이다. 따라서 의언은 허망분별에서 무분별지에 이르는 중간의 여리작의(如理作意)이며, 이 의언에 의해서만 유식무경(唯識無境)의 이치가 성립한다라고 생각된다.[81] 『섭대승론』은 문훈습과 의언분별에 이어서 사심사(四尋思)와 사여실변지(四如實遍智) 그리고 네 가지 삼마지를 거쳐 진여와 근본무분별지를 증득한다고 하였다. '무분별'은 지(智)의 측면에서 보면 무분별지이고, 인식대상의 측면에서 보면 진여이지만, 여기서는 완전히 분별이 없으므로 경(境)과 지(智)는 불이(不二)로서 둘로 나눌 수 없다. 소취가 없을 때 능취도 없다는 것을 알게 된다. 단순히 취(取)가 없다는 것만이 아니다. 이때에 소연과 능연이 평등평등하여 분별이 없는 출세간지(出世間智)가 생기게 되는

---

80 玄奘 譯, 『攝大乘論本』(『大正藏』31권, 142중) 眞諦 譯, 『攝大乘論』(『大正藏』31권, 122중)

81 勝友俊教 著, 「菩薩道와 唯識觀의 實踐」, 『大乘菩薩道의 硏究』(東京: 平樂寺書店, 1968), 424면.

것이다.[82] 소취와 능취가 없다는 것은 단순한 무(無)-상대적인 무(無), 즉 무엇이 없다는 것-가 아니며 진실 그 자체가 되는 것이다. 이 진실은 존재론적으로 말하면 진여이며, 인식론적으로 말하면 정지(正智)인 근본무분별지이다. 그리고 근본무분별지는 출세간지이며, 일체법을 허공과 같다고 보는 지(智)이며, 결국 원성실성을 보는 지(智)로서 존재한다. 이와 같이 근본무분별지는 진여와 분별이 없는 지(智)이다.

심분(心分)과 무분별지: 『성유식론』 제9권에서는 『유식삼십송』 제28게송 유식의 수행계위 중 통달위(通達位)를 설명하면서 무분별지가 인식대상에 대하여 불가득(不可得)함으로써 진여를 증득한다고 한다. 그 내용을 보자. "논하여 말한다. 어느 때에 보살이 인식대상에 대해서 무분별지혜가 전혀 얻는 바가 없다. 갖가지 희론의 양상을 취하지 않기 때문이다. 그 때에 참으로 유식의 참다운 승의의 성품에 안주한다고 이름한다. 곧 진여를 증득한 지혜와 진여가 평등평등해서 모두 인식의 주체와 인식대상의 양상을 떠났기 때문이다. 인식의 주체와 인식대상의 양상은 모두 분별이다. 얻는 바가 있는 마음에만 희론이 현현하기 때문이다."[83]

이어서 무분별지와 이분[견분과 상분] 그리고 진여에 대하여 언급한다. "이 지혜에는 견분은 있고 상분은 없다. 상분이 없이 취하고 , 상분을 취하지 않는다고 말하기 때문이다. 견분은 있긴 하지만, 무분별이므로 인식의 주체[능취]가 아니라고 말하는 것이지, 취하는 것이 전혀 없다는 것은 아니다. 상분은 없긴 하지만, 이것이 진여의 모습을 띠고 일어난다고 말할 수 있다. 진여에서 떠나지 않기 때문이다. 자증분이 견분을 반연할 때에 변현하지 않고서 반연하는 것과 같이, 이것도 역시 그러해야 한다. 변현해서 반연한다면 문득 직접 증명하는 것이 아니다. 후득지처럼 분별이 있어야 하기 때문이다. 이것에는 견분만 있고 상분은 없다고 인정해야 한다."[84]

근본무분별지 이후에 증득되는 후득지에 대해 안혜는 이취를 떠나기 때문에 두 가지 심분이 없다고 하였다. 이에 반해 호법은 두 가지 심분이 모두 있다라고 하였다. 그 이유에 대하여 "이 지혜에는 두 가지 심분이 모두 있다. 이것은 사현된 진여의 양상을 사유하고, 참다운 진여의 성품을 보지 않

82 우에다 요시부미 著, 박태원 譯, 『대승불교의 사상』(서울: 민족사, 1992), 제4장, 제4절, 143면.
83 『成唯識論』(『大正藏』31권, 49하)
84 『成唯識論』(『大正藏』31권, 49하-50상)

는다고 말하기 때문이다. 또한 이 지혜는 모든 법의 자상(自相)과 공상(共相) 등을 분별하며, 모든 유정의 근기의 차이를 관찰한다고 말하기 때문이다. 또한 이 지혜는 국토 등을 나타내어 모든 유정을 위해서 바른 법을 설하기 때문이다"[85]라고 하였다. 이와 같이 두 논사가 견해를 달리하는 것은 모두 식전변에 대해서 견해를 달리하기 때문에 파생된 것이라 생각된다. ❁

김치온 (진각대)

85 『成唯識論』(『大正藏』31권, 50중)

우리말 불교개념 사전

삼시

한 三時 영 three times

Ⅰ. 어원적 근거 및 개념 풀이

세 가지 시각이나 시간대, 시기 또는 시대라는 일반적인 뜻을 지닌 삼시는 불교 문헌 속에서 물리적인 시간을 가리키기도 하고, 불교 전개 과정상의 특정한 역사적 단계를 가리키기도 하고, 특정한 가르침을 펼친 시기를 가리키기도 한다.

1. 물리적인 시간으로서의 삼시

첫째, 하루를 여섯 시간대로 나누었을 때, 낮의 세 시간대와 밤의 세 시간대를 각각 가리킨다. 낮의 세 시간대는 해뜰녘과 한낮과 해질녘이고, 밤의 세 시간대는 초저녁과 한밤중과 새벽녘을 가리킨다.

둘째, 인도에서 1년을 이루는 더운 계절과 추운 계절, 그리고 비오는 계절의 세 계절을 가리킨다.

셋째, 삼세(三世)와 같은 뜻으로서, 과거·현재·미래를 가리킨다.

2. 역사적 단계로서의 삼시

삼시는 불교의 역사가 전개되는 과정에서 도래하게 되는 정법(正法)과 상법(像法) 말법(末法)의 시대라는 세 가지 역사적 단계를 가리키는 개념으로 사용된다. 여기에는 불타의 가르침이 세월의 흐름에 따라 변질되어 마침내 사라지게 된다는 비관적인 타락의 역사관이 깔려 있다.

그런데 정법과 상법 말법 시대의 도래가 이미 결정된 역사적 필연인가 아닌가 하는 문제를 비롯하여 정법 시대 이후의 시대에 대한 인식, 각 시대의 구체적인 햇수의 문제, 주된 관심의 대상이 되는 시대 등에 대한 논의의 양상은 인도불교와 중국불교가 서로 다르고, 같은 인도불교와 중국불교 안에서도 여러 가지 서로 다른 주장들이 제기되었다.

Ⅱ. 삼시론의 전개와 그 의미

1. 인도불교의 삼시론

인도불교의 삼시론에서는 정법이 사라지게 되는 원인과 정법이 사라지고 난 뒤의 시대에 대한 언급, 그리고 각 시대의 구체적인 연한에 대한 주장들을 볼 수 있다. 인도불교에서 제시하고 있는 정법이 사라지게 되는 원인은 크게 두 가지인데, 첫째는 불교인들이 타락하기 때문이고, 둘째는 여성이 출가하게 되었기 때문이다.

1) 바람직하지 못한 행위

『사분율(四分律)』에서는 정법이 빨리 사라지게 하는 다섯 가지 경우를 들고 있는데 다음과 같다.

> "정법이 빨리 사라지게 하는 다섯 가지 경우가 있다. 무엇이 다섯 가지인가? 어떤 비구가 있는데 [가르침을] 주의해서 받아 외우지 않고, 잊어버리고 틀리기를 좋아하고, 다 갖추지도 못한 글로써 다른 사람을 가르치며, 글도

다 갖추지 못하였는데 그 뜻까지 빠짐이 있다. 이것이 정법을 빨리 사라지게 하는 첫 번째 길이다.

또 어떤 비구가 있는데 승려들 가운데 뛰어난 이로서 윗자리에 앉아 한 나라가 으뜸으로 모시는데도 계를 지키지 않는 일이 많고, 온갖 선하지 않은 행위를 닦고, 계를 지키는 행위를 놓아 버리고, 부지런히 정진하지도 않고, 얻지 못했으면서 얻었다 하고, 들어가지 못했으면서도 들어갔다 하고, 증득하지 못했으면서도 증득했다고 한다. 뒤에 나이 어린 비구가 그 행위를 본받아 익혀서 또한 계를 어기는 일이 많고, 온갖 선하지 않은 행위를 닦고, 계를 지키는 행위를 놓아 버리고, 부지런히 정진하지도 않고, 얻지 못했으면서 얻었다 하고, 들어가지 못했으면서도 들어갔다 하고, 증득하지 못했으면서도 증득했다고 한다. 이것이 정법을 빨리 사라지게 하는 두 번째 길이다.

또 어떤 비구가 있는데 많이 듣고서 법을 지니고 율을 지니고 논모(論母)를 지니고 있으면서도, 외운 것으로써 다른 비구나 비구니나 우바새나 우바이를 가르치지 않고 죽을 때까지 혼자만 지녀서 죽은 뒤에는 가르침이 끊어져 사라지게 한다. 이것이 정법을 빨리 사라지게 하는 세 번째 길이다.

또 어떤 비구가 있는데 가르쳐 주기가 어렵고, 선한 말은 받아들이지 않고 욕됨을 참을 줄 모르니, 다른 선한 비구들이 버려두게 된다. 이것이 정법을 빨리 사라지게 하는 네 번째 길이다.

또 어떤 비구가 있는데 싸우면서 서로 욕하기를 좋아하여, 서로 말로써 다툴 때에는 그 입이 마치 칼과 같아서 서로 길고 짧은 것을 따진다. 이것이 정법을 빨리 사라지게 하는 다섯 번째 길이다."[1]

이 밖에도 『사분율』에서는 '비구들이 불타와 가르침과 승려와 계율과 선정을 공경하지 않을 경우'[2]라든가, '비구가 지극한 마음으로 다른 사람에게 가르침을 설하지 않고, 또한 지극한 마음으로 가르침을 듣고 기억하여 지니지 않고, 설령 단단하게 지니더라도 그 뜻을 생각할 수 없고, 뜻을 알지 못하므로 가르침에 맞게 수행할 수도 없어서 스스로도 이롭게 할 수 없고 남도 이롭게 할 수 없는 경우'[3] 등을 들고 있다.

또한 『잡아함경(雜阿含經)』에서는 '비구들이 대사들을 공경하며 공양하

1 『사분율』(『대정장』 22권, 1006중-하)
2 『사분율』(『대정장』 22권, 1007하)
3 『사분율』(『대정장』, 1007하-1008상)

지 않고, 그 가르침을 무시하고 의지하지 않게 되면 정법이 사라진다'고 말하고 있다.[4]

이상으로 보자면 바른 가르침인 정법이 사라지게 하는 근본적인 원인은 비구를 비롯한 불교인들의 잘못된 행위임을 알 수 있다. 이처럼 사람들의 행위에 따라 정법이 오래 존속할 수도 있고 빨리 사라질 수도 있다면, 정법의 소멸은 그럴 수도 있는 미래의 가능성일 뿐, 필연적인 역사적 귀결은 아니라는 뜻을 함축한다. 그리고 정법의 소멸에 대한 『아비달마대비바사론(阿毘達磨大毘婆沙論)』의 해석은 이러한 관점을 잘 보여준다.

> "만일 가르침을 지니는 이가 서로 이어져서 없어지지 않는다면 세속의 정법을 오래 머물게 할 수 있을 것이고, 만일 증득을 지니는 이가 서로 이어져서 없어지지 않는다면 승의(勝義)의 정법을 오래 머물게 할 수 있을 것이다. 그런 이들이 없어질 때 정법은 사라진다. 그러므로 경전에서 말하기를, '나의 정법은 담벽이나 기둥 따위에 의지하여 머무는 것이 아니다. 오직 가르침을 행하는 중생이 서로 이어지는 것에 의지하여 머문다'라고 하였다. (중략) [법이 머무는 기간을 특정한 시간으로 규정하지 않은 것은] 정법이 가르침을 행하는 이에 따라 오래 머물거나 짧게 머문다는 것을 드러내고자 하셨기 때문이다. 즉, 만일 불타께서 살아계실 때나 입멸하신지 얼마 되지 않았을 때처럼, 가르침을 행하는 이가 바른 행위를 한다면 불타의 정법은 언제나 세상에 머물러 사라지지 않을 것이지만, 만일 이처럼 바른 행위를 하는 이가 없다면 저 정법은 재빨리 사라져버릴 것이다."[5]

이처럼 사람들의 행위에 따라 정법의 시대가 계속될 수도 있고 그칠 수도 있다는 해석은 불교의 연기적 세계관과도 일치한다. 석가모니의 가르침에 따르자면 세계는 우연론적으로 전개되는 것도 아니고, 운명론적이거나 초월적인 존재의 의지에 따라 전개되는 것도 아니고, 숙명론적으로 전개되는 것도 아니다. 세계는 그 안에 살고 있는 존재들이 다른 존재들과의 겹치고 또 겹치는 관계 속에서 행하는 행위와 그 결과에 의해 존재하게 된다. 즉, 애초에 세계가 어떤 길로 나아갈 것인가는 미리 정해진 것이 아니며, 우

4 『잡아함경』(『대정장』 2권, 226중-227상)
5 『아비달마대비바사론』(『대정장』 27권, 917하-918상)

리의 행위가 그 방향을 정하게 된다는 뜻이다. 이러한 연기적 존재 양상은 이 세계를 포함한 모든 존재에 보편적으로 적용된다. 따라서 불교의 역사 또한 불교 안과 밖의 존재들이 어떻게 행위하느냐에 따라 그 양상이 결정되는 것이 당연하다.

사람들의 행위에 따라 불교의 존재 양상이 결정된다는 말은 또한 불교에 책임을 지고 있는 사람들에게 바람직하지 못한 행위를 하지 말도록 경고하는 의미를 지닌다. 자신의 행위에 따라 불교의 미래가 결정된다는 것은 곧 자신이 불교의 미래에 대한 책임을 짊어진 주체적 존재라는 것을 뜻한다. 따라서 그의 행위는 단순히 한 개인의 행위에 그치는 것이 아니기 때문에 좀더 신중하고 바람직한 방향으로 행위할 것이 강력하게 요구되는 것이다.

이처럼 정법 소멸의 원인이 사람에게 있다는 말은 각각의 불교인들이 지닌 주체적 책임감을 일깨워주면서, 바른 가르침에 따라 바람직하게 행위하고, 바람직하지 않은 행위를 하지 말도록 요구하는 강력한 경고와 권유의 의미를 지닌다. 그리고 이러한 의미에서 정법의 소멸은 그럴 수도 있는 여러 가지 미래의 양상 가운데 하나일 뿐, 필연적으로 결정된 것은 아니다.

2) 여성의 출가

『오분율(五分律)』「비구니법(比丘尼法)」 품에서는 여성에게는 다섯 가지 장애가 있어서 여성의 출가와 정법의 관계에 대하여 석가모니의 말을 빌어 다음과 같이 말하고 있다.

> "여성에게는 다섯 가지 장애가 있어서 천제석(天帝釋)·마천왕(魔天王)·범천왕(梵天王)·전륜성왕(轉輪聖王)·삼계법왕(三界法王)이 될 수 없다. [내가] 만일 여인이 출가하여 구족계 받는 것을 허락하지 않았다면 불타의 정법이 천년을 머물게 되었을 것이다. 이제 출가하는 것을 허락하였기 때문에 오백년이 줄어들었다."[6]

또한 『중아함경(中阿含經)』「구담미경(瞿曇彌經)」에도 같은 내용이 있는

6 『오분율』「비구니법」 품(『대정장』 22권, 186상). 이 경에서는 여성의 출가에 결정적으로 공헌한 아난으로 하여금 이 말을 듣고서 눈물을 흘리며 후회하는 말을 하게 함으로써, 여성의 출가에 결정적으로 공헌하였던 아난을 조롱거리로 만들어 비웃고 있으며, 이를 통하여 여성의 출가 자체가 애초에 잘못된 일이라는 점을 부각시키고 있다.

등[7], 여성의 출가가 정법을 오래 머물지 못하게 하는 결정적인 원인으로 지목되고 있다.

그런데 이러한 주장은 불교의 근본적인 세계관이나 인간관에 어긋난다는 문제점을 보여주고 있다. 석가모니에 따르면 모든 인간은 수행을 통하여 깨달음에 이를 수 있는 가능성을 지니고 있다. 그런 점에서 모든 인간은 성적 인종적 계급적 차이에도 불구하고 종교적으로 평등하다. 그렇기 때문에 여성도 출가하여 수행하면 부처의 경지에 이를 수 있고, 남성도 수행하지 않으면 언제까지나 범부 중생으로 머물 뿐이다. 요체는 그 행위에 달려있는 것이지 성적인 차이에 달려있는 것이 아니다. 그렇기 때문에 석가모니는 사람의 귀하고 천함이 행위에 달린 것이지 본래 타고나는 것이 아니라고 하였던 것이다. 이러한 관점에서 본다면 여성이 출가하여 정법이 오래 유지될 수 없게 되었다는 주장은 불교의 근본적인 인간관을 정면으로 부인하는 반불교적인 주장이다. 또한 석가모니의 가르침을 따른다고 자처하는 이들에 의해 이런 주장이 제기되었다는 점에서, 이는 불교인들 스스로 불교적 가르침을 왜곡시키고 부정하는 자기 모독적인 측면을 강하게 지니고 있다. 따라서 이러한 주장은 비구들이 비구니에 대한 교단적 우월성을 확보하기 위하여 조작한 것에 지나지 않는다.

여성의 출가에 대한 부정적 시각이 비구니들에 대한 비구들의 우월성을 확보하기 위한 논리라는 것은 정법이 머무는 햇수에 대한 또 다른 주장을 통해서도 확인된다.

『선견율비바사(善見律毘婆沙)』에서는 다음과 같이 말하고 있다.

> "왜 [부처님께서] 여인의 출가를 허락하지 않으려하셨는가? 법을 공경하셨기 때문이다. 만일 여인이 출가하게 되면 정법이 겨우 오백년밖에 머물지 못한다. 그러나 부처님께서 비구니의 팔경법(八敬法)을 제정함으로 말미암아 정법이 다시 천년을 머물게 되었다."[8]

이처럼 여성의 출가로 말미암아 오백년으로 줄어들었던 햇수가 팔경법의 제정으로 말미암아 다시 천년으로 늘어났다는 주장은 『아비달마대비바

7 『중아함경』「구담미경」(『대정장』 1권, 605상-607중)
8 『선견율비바사』(『대정장』 24권, 797상)

사론』에서도 찾아볼 수 있다.[9] 나아가 이 문헌에서는 사람의 행위에 따라 정법의 존속 기간이 결정된다는 원칙과 결부시켜, 여성을 출가시킨 행위가 정법의 존속을 단축시킨 바람직하지 못한 행위이며, 팔경법의 제정은 다시 정법의 존속 기간을 복원시킨 바람직한 행위라고 말하고 있다.[10]

이처럼 비구니들에게 팔경법을 지워줌으로써 정법이 머무는 기간이 다시 천년으로 회복되었다는 주장 속에는 이왕에 벌어진 여성의 출가 자체는 더 이상 문제 삼지 않겠으나, 여성 출가자들은 남성 출가자들보다 열등한 지위를 감수해야한다는 강압적인 요구가 드러나 있다. 또한 석가모니가 결과가 좋지 않게 될 것을 알면서도 여성의 출가를 허락하는 바람직하지 않은 행위를 하였으며, 이를 만회하기 위하여 다시 팔경법을 제정하게 되었다고 하는 말 속에는, 석가모니의 인격이 훼손되는 것을 감수하고서라도 남성 수행자들의 가부장적 권위와 우월성을 확보하고야 말겠다는 강한 집착이 나타나 있다. 그리고 그런 만큼 이러한 주장은 불교를 모독하는 요소를 함께 지니고 있다.

또한 여성의 출가로 말미암아 정법이 머무는 햇수가 줄어들고 다시 늘어나고 한다는 주장 속에는 정법의 변질과 소멸, 교단의 타락과 같은 바람직하지 못한 현상의 책임을 여성 출가자들에게 모두 떠넘겨 버리려는 남성 수행자들의 책임회피 의도가 그대로 드러나 있다. 그런데 만일 이러한 논리에 따를 경우 실제로 이 세상에서 정법 유지의 주체는 여성 수행자일 뿐이고, 남성 수행자는 결코 그 주체가 될 수 없다. 왜냐하면 남성 수행자들의 행위로는 어찌 해볼 수도 없을 정도로 여성 수행자들의 영향력이 절대적이기 때문이다. 따라서 이러한 주장은 결국 교단 안에서 자신들의 지위가 여성 수행자들보다 말할 수도 없이 낮다는 것을 남성 수행자들 스스로 고백하는 것에 지나지 않는다.

이로 볼 때 이러한 주장들은 여성 출가자에 대한 가부장적 권위를 확보하기 위한 남성 수행자들의 논리가 얼마나 비합리적이고 모순적이고 이기적인 것인가를 그대로 보여주는 좋은 사례라고 할 수 있다.[11]

---

9 『아비달마대비바사론』(『대정장』 27권, 918상)

10 『아비달마대비바사론』(『대정장』 27권, 918상)

11 석가모니의 평등한 남녀관이 석가모니 입멸 이후 불평등하고 여성 차별적인 남녀관으로 변질되어 가는 과정에 대해서는 다음의 책을 참고할 것. 植木雅俊, 『佛教のなかの男女觀』(東京: 岩波書店, 2004)

이에 더하여 이 주장에서는 정법이 머무는 구체적인 햇수를 제시함으로써, 불교적인 역사관을 정면으로 거스르고 있다. 사람들의 행위에 따라 정법이 머무는 기간이 결정된다는 원칙에 따르자면, 사람들의 행위는 한 때 좋았다가 나빠질 수도 있고, 한 때 나빴다가 좋아질 수도 있기 때문에 정법이 머무는 구체적인 햇수를 정하는 일은 불가능하다. 그럼에도 불구하고 여기에서는 오백년 또는 천년이라는 구체적인 햇수를 제시하고 있다. 이것은 초기불교의 연기론적인 역사관이 결정론적 역사관으로 변질되기 시작하였다는 것을 의미한다. 그런만큼 이러한 주장은 불교적으로 볼 때 전혀 받아들일 수 없는 반불교적인 역사관을 그대로 드러내고 있다.

3) 정법 이후의 시대

불교의 기본적인 세계관과 정법의 존속 여부는 근본적으로 사람들의 행위에 달렸다는 기본 원칙을 생각할 때 정법의 소멸과 그 이후 시대의 도래를 이미 결정된 역사적 필연으로 규정하는 것은 불교적이지 않다. 더욱이 각 시대의 구체적인 햇수를 설정하는 것은 더욱 그러하다. 그러나 역사적으로 볼 때 후대로 갈수록 정법의 유지 기간을 구체적으로 정하고, 좀더 자세하게는 정법이 어떻게 사라져 가며, 그 다음 시대는 어떻게 되는지를 말하려고 하는 경향이 점점 더 강하게 나타난다.

그 좋은 예를 『선견율비바사』에서 찾아볼 수 있는데, 여기에서는 천년 동안 정법이 머문 뒤에 사라져 가는 과정을 천년과 오천년 단위로 자세하게 설명한 뒤 결국 만년 뒤에는 경전의 문자가 모두 없어지고 다만 머리 깎고 가사 걸친 사람들만 있게 되리라고 예언하고 있다.[12]

이처럼 특정한 기간을 설정하여 정법, 또는 불법의 소멸을 예언하려는 경향은 부파불교를 강력하게 비판하며 등장한 대승불교에서 더욱 두드러진다. 불타의 입멸 이후 천오백년에 걸쳐 불법이 쇠퇴하여 사라지게 되는 과정을 이백년 뒤부터 백년 단위로 자세하게 묘사하면서, 오백년 뒤에는 정법이 사라지고, 천오백년 뒤에는 불법이 모두 사라지게 될 것이라고 예언하고 있는 『마하마야경(摩訶摩耶經)』은 그 좋은 예이다. 불법이 쇠퇴해가는 내용에서도 외도에 의한 불법의 파괴도 언급되지만, 대부분은 비구 비구니가 계율을 지키지 않게 되고, 심지어는 혼인하여 아이를 갖게 되거나,

12 『선견율비바사』(『대정장』 24권, 797상)

사람을 죽이는 데까지 이르게 된다는 등 교단의 타락에 관한 것들이 대부분이다.[13]

이 경의 내용 가운데 불타가 입멸한 칠백년 뒤에는 용수보살이 나타난다는 등 대승불교 전개상의 역사적 사실이 반영되어 있는 것을 볼 때, 당시의 타락한 교단의 현실과 앞으로의 전망이 구체적으로 제시된 것이라 할 수 있다. 그렇다면 이는 과거와 현재의 경험을 토대로 미래를 예측해본 것이라 할 수 있는데, 불타 입멸 후 천오백년 등의 구체적인 햇수를 설정하는 데에 경전 편찬자의 결정론적 역사관이 잘 나타나 있다.

이 경전에는 정법 뒤의 시대를 지칭하는 구체적인 개념이 제시되어 있지 않지만, 대승경전에서는 대체로 이를 상법의 시대로 규정하고 있다. 상법이란 '정법과 비슷한 가르침'이라는 뜻이다. 정법과 비슷한 가르침의 출현이라는 관념은 초기경전에서도 찾아볼 수 있는데, 『잡아함경』에서는 '명탁(命濁)·번뇌탁(煩惱濁)·겁탁(劫濁)·중생탁(衆生濁)·견탁(見濁)으로 인하여 중생들의 선법(善法)이 없어지고, 정법이 사라지려할 때에는 정법과 유사한 법이 나타나는데, 유사한 법이 다 나타나고 나면 정법이 사라지게 된다'고 말하고 있다.[14]

대승경전인 『대보적경(大寶積經)』에는 다음과 같이 말한다.

> "앞으로 오백년 뒤에 [진짜 사문과] 비슷한 사문이 있게 될 것인데, 옷과 모습은 사문과 비슷하지만 계율도 비슷하지 않고, 선정도 비슷하지 않고, 지혜도 비슷하지 않을 것이다."[15]

이처럼 상법은 불교의 가르침과 겉보기에는 비슷해 보이지만 실제 내용은 비슷하지도 않은 잘못된 가르침이라는 일차적인 의미를 지닌다.

---

13 『마하마야경』(『대정장』 12권, 1013중-1014상)

14 『마하마야경』(『대정장』 2권, 226중-227상). 여기에서 들고 있는 명탁 번뇌탁 겁탁 중생탁 견탁을 다섯가지 탁함이라는 뜻의 '오탁(五濁)'이라 부르고, 오탁이 만연한 시대를 '오탁악세(五濁惡世)'라 한다. 이 경전에서는 오탁악세를 상법의 시대로 비정하고 있지만, 말법론이 정립되면서 말법의 시대를 지칭하기도 한다. 신라의 승려 승장(勝莊)이 지은 『범망경술기(梵網經述記)』 권하말(卷下末)에서는 '부처님께서 입멸하신 뒤의 악세에'라는 구절을 '부처님께서 입멸하신 뒤의 상법 말법 악세에'라고 주석하고 있는데(『한불전』 2권, 168하), 이를 통하여 상법이나 말법을 막론하고 정법이 왜곡되고 사라져가는 시대를 통틀어 악세라고 부름을 알 수 있다.

15 『대보적경』(『대정장』 11권, 512상)

그런데 정법과 상법이 머무는 구체적인 햇수에 관해서는 대승경전 안에서도 다양한 견해가 존재한다.

먼저 『대방등대집경(大方等大集經)』「월장분(月藏分)」 <법멸진품(法滅盡品)>에서는 정법과 상법의 기간을 각각 오백년과 천년으로 규정하고 있다.[16] 한편 『비화경(悲華經)』에서는 정반대로 정법이 천년, 상법이 오백년 동안 머문다고 말하고 있다.[17] 그런가하면 『대승삼취참회경(大乘三聚懺悔經)』에서는 정법 오백년, 상법 오백년을 말하고 있다.[18] 또한 이들 경전에서는 상법만을 말할 뿐 말법에 대한 언급은 없다.

그렇다면 오백년과 천년은 각각 어떤 의미를 지니는 것일까? 먼저 오백년이라는 햇수는 대승불교의 등장이라는 역사적 사실과 관련되어 있다. 잘 알려진 것처럼 대승불교는 불타가 입멸한 뒤 대략 오백년 정도 지난 시기에, 부파불교에 대한 강력한 비판을 제기하면서 등장하였다. 이들은 부파불교 전통이 불타의 가르침을 왜곡시켰다고 비판하는 한편, 자신들은 불타의 바른 가르침을 되살리고 있다는 강한 믿음을 지니고, 경전 속에 이를 표현하였다. 『금강반야바라밀경(金剛般若波羅蜜經)』에 나오는 '불타가 입멸한 뒤 오백년이 지난 뒤에도 이 경전의 가르침을 받아들이는 이들이 있을 것이며, 이들이야말로 수많은 생애에 걸쳐 선근(善根)을 심은 참된 신자들이다'[19]라는 말은 곧 대승의 가르침이 불타의 참된 가르침이며, 비록 오백년이 지난 뒤라 할지라도 불타의 참된 가르침은 사라질 수 없고, 참된 불교인들의 공감을 얻으리라는 신념을 보여줌과 동시에 대승의 가르침을 바른 가르침으로 받아들이라는 강력한 권고를 함축하고 있다.

그런데 정법이 오백년 유지된 뒤에 상법의 시대로 들어선다는 것을 받아들이게 되면 다음과 같은 문제가 발생한다.

첫째, 대승불교는 부파불교를 비판하면서 등장하였다. 그런데 부파불교는 정법의 시대에 생겨난 것이기 때문에 과연 부파불교가 잘못된 것인가 하는 논란이 있을 수 있다. 만일 부파불교의 발생과 더불어 정법이 사라졌다고 하면 정법이 유지되는 기간은 오백년이 될 수 없다. 만일 부파불교가 정법이라고 한다면 이를 비판하면서 등장한 대승불교는 정법이 될 수 없

---

16 『대방등대집경』「월장분」 <법멸진품> (『대정장』 13권, 379하)
17 『비화경』 (『대정장』 3권, 211중)
18 『대승삼취참회경』 (『대정장』 24권, 1094상)
19 『금강반야바라밀경』 (『대정장』 8권, 749상중)

다. 그렇다면 대승불교는 부파불교 전통 가운데에서도 불타 입멸후 오백년 뒤의 전통에 대해서만 비판하는 것인가? 그렇지는 않다. 왜냐하면 대승불교에서 소승이라고 비판하는 대상은 부파불교 전체를 지칭하는 것이지 특정한 시대의 부파불교만은 아니기 때문이다.

또한 만일 정법의 시대가 오백년으로 끝나고 상법의 시대에 들어서서 대승불교가 일어난 것이라면, 과연 대승불교의 가르침은 정법인가 상법인가 하는 문제가 발생한다. 물론 대승경전에 따르자면 대승불교의 가르침은 의심의 여지없이 정법이다. 그렇다면 대승경전들에 의하여 이미 불타의 올바른 가르침이 되살려졌기 때문에 정법이 선 것이라고 할 수 있는데, 그래도 과연 상법의 시대인가라는 질문을 제기할 수 있다.

이에 대해서는 『대지도론(大智度論)』에 보이는 다음의 말이 좋은 참고자료가 된다.

> "불타가 입멸하고 나서 오백년 뒤의 상법시대에는 사람들의 근기가 갈수록 둔해져서 뭇 법에 깊이 집착하여 십이인연(十二因緣) 오음(五陰) 십이입(十二入) 십팔계(十八界) 등의 결정된 상(相)을 구하며, 불타의 뜻을 알지 못하고 오직 문자에만 집착한다. 대승의 가르침에서 필경 공(空)하다는 가르침을 들으면, 어떤 인연으로 공하다고 하는지 알지 못한 채, 곧바로 의심하는 견해를 일으켜서, '만일 모든 것이 필경 공하다면 어찌 죄와 복의 과보 등이 있다고 분별하겠는가'라고 한다. 이렇게 된다면 세제(世諦)도 없고 제일의제(第一義諦)도 없이, 공상(空相)을 붙잡아 탐착을 일으켜, 필경 공하다는 가르침에 대하여 갖가지 잘못을 낳게 된다. 용수보살이 이러한 이유 때문에 이 논을 지었다."[20]

여기에서는 정법과 상법의 구별이 가르침 자체가 아니라, 가르침을 대하는 사람들의 태도, 또는 이해의 정도에 따른 구별임을 밝히고 있다. 그렇다면 정법의 시대란 가르침을 제대로 이해하고 실천하는 사람들이 더 많은 시대라는 의미이고, 상법의 시대란 그렇지 못한 사람들이 더 많은 시대라고 이해할 수 있을 듯하다. 그렇다면 정법과 상법이란 가르침 자체가 아니라 사람들에게 이해되고 실천된 가르침이라는 뜻이 된다.

20 『대지도론』(『대정장』 30권, 1중-하)

정법과 상법을 이렇게 이해하고 나면 초기경전에서 불타가 말한 기본 원칙, 즉 수행자가 어떻게 하느냐에 따라 정법이 머무는 기간이 달라진다는 말과 어긋나지 않게 된다. 요컨대 대승불교란 불타의 가르침이 제대로 이해되지 못하는 사람들이 많아지는 시기에 등장하여 이를 제대로 이해하는 사람들이 더 많아지도록 하기 위한 가르침의 성격을 띠게 되는 것이다. 그렇다면 정법 오백년이 끝난 뒤인 상법의 시대에 대승불교가 일어나게 된 의미가 충분히 드러난다. 하지만 정법 오백년의 시대에 이미 등장해 있던 부파불교 전체가 잘못된 가르침으로 비판당하는 것에서 오는 문제는 해결하기가 쉽지 않다. 내용이야 어떠하건, 초기불교 이후는 부파불교의 시대였고, 그 시기는 정법의 시대이기 때문에 가르침을 제대로 이해하고 실천하는 사람이 더 많은 시대였기 때문이다.

이처럼 정법 오백년설은 대승불교가 일어날 당시에 정법이 변질되고 왜곡되고 있었던 역사적 현실을 반영하면서, 동시에 정법의 수호를 위한 새로운 불교 운동의 발생이 불가피하고 필연적인 일임을 보여줌으로써 대승불교의 등장을 정당화하는 논리로 기능하고 있다.

반면에 정법 천년설은 대승불교의 시대가 여전히 정법의 시대임을 보여주며, 이때의 정법은 사람들에게 인식된 가르침이라기보다는 불타가 설한 가르침 자체를 가리키는 것으로 해석된다. 즉 초기불교의 가르침과 마찬가지로 대승불교의 가르침 또한 불타의 올바른 가르침이고, 그렇기 때문에 정법의 시대라는 논리가 성립하는 것이다. 그렇다면 대승불교와 부파불교는 같은 정법의 시대에 등장하였던 정법에 대한 올바른 이해와 그릇된 이해를 보여주는 것이라 할 수 있다.

그런데 여러 경전에서 정법과 상법의 시대에 대해서는 말하고 있지만, 상법의 시대 뒤에 나오는 특정한 시대로서의 말법이라는 관념은 잘 보이지 않는다. 즉 "여래가 입멸한 뒤 말법 시대에 이 경을 설하고자 하면 마땅히 안락행에 머물러야 한다"[21]는 말이나, "오직 바라옵건대, 여래시여, 저희들과 말법의 중생들을 애닯이 여기시어 이 보광총지법문을 설해주십시요"[22]라는 말에서 보듯이, 인도에서 찬술된 경전들 속에 '말법'이라는 개념이 사용되지 않은 것이 아니지만, 대체로 이때의 말법은 악세나 말세(末世)와 같

---

21 『妙法蓮華經』(『대정장』 9권, 37하-38상)
22 『大方廣佛華嚴經』(『대정장』 10권, 891중)

이 정법의 시대 이후에 도래하는 올바른 가르침을 만나기 어려운 시대라는 넓은 의미로 사용되고 있을 뿐, 상법의 시대 뒤에 오는 특정한 시기라는 의미로 사용되지는 않은 것으로 보인다.

따라서 수행자들의 행위 여하에 따라 정법이 유지되지 못할 수도 있다는 경고를 담고 있는 초기불교의 정법소멸론이나, 실제 역사 속에서 나타나는 교단적 타락과 교리적 왜곡을 비판하면서 정법이 사라지고 상법이 난무하는 시대가 되었다는 시대적 위기의식을 바탕으로 형성된 대승불교의 상법론이 인도에서 형성되었던 것은 분명하지만, 상법의 뒤에 말법의 시대를 더하는 체계적인 삼시의 사상으로까지는 발전하지 않은 것으로 정리할 수 있다.[23]

2. 중국불교의 말법론

인도에서 싹튼 정법소멸론에서 출발한 타락사관이 불교의 정통적인 역사관으로 정립되어, 마침내 말법의 시대에 이르게 되었다는 인식이 확립된 것은 중국불교에서였다. 중국불교에서는 이러한 시대 인식 위에서 불법의 존속에 대한 위기의식이 심화되고, 마침내는 새로운 교리의 개발에까지 이르게 되었는데, 그 출발점은 혜사(慧思, 515-577)가 558년에 지은 것으로 알려진 『입서원문(立誓願文)』이다.

그 이전에도 구마라집(鳩摩羅什) 문하인 승예(僧叡)의 「유의론(喩疑論)」이나, 혜원(慧遠)의 문도였던 사령운(謝靈運)의 「혜원뇌문(慧遠誄文)」, 도선(道宣)의 「광홍명집서(廣弘明集序)」 등에서 정법의 소멸과 상법 시대의 도래에 대한 인식은 찾아볼 수 있지만, 이는 오히려 인도불교에 더 가까운 것으로 말법론까지 나아간 것은 아니었다.[24] 그러나 혜사를 필두로 삼계교(三階敎)의 창시자 신행(信行, 540-594, 또는 614)이나 정토종(淨土宗)의 도작(道綽, 562-645) 등이 당시가 말법의 시대임을 깊이 인식하고, 이러한 시대 인식을 바탕으로 한 새로운 수행론을 제창하는 등 말법의 시대라는 인식은 중국불교에서 하나의 보편적인 관념으로 자리 잡게 되었다.

---

23 『講座佛教思想 第1巻 存在論·時間論』 (東京: 1974/1982), 325면.
24 『講座佛教思想 第1巻 存在論·時間論』 (東京: 1974/1982), 325-327면.

1) 불타 탄생의 연도와 삼시의 햇수에 대한 여러 가지 이론

정법과 상법 말법의 시대는 모두 불타의 입멸 시점을 기준으로 연대를 계산하기 때문에 불타의 입멸연대가 언제인가를 확정하는 일은 삼시론의 전개에서 가장 먼저 해결해야 할 근본적인 문제라고 할 수 있다.

그런데 중국불교에서는 불타의 입멸 연도에 대하여 여러 가지 주장이 제기되어 있었는데, 수(隋)나라의 비장방(費長房)이 편찬한 『역대삼보기(歷代三寶紀)』에 잘 정리되어 있다. 먼저 비장방은 노(魯)나라 장공(莊公) 7년 여름 4월 신묘일 밤에 항성이 보이지 않고, 한밤중에 별들이 비오듯 쏟아졌다는 기록에 의거하여, 주(周)나라의 19번째 임금인 장왕(莊王) 10년(기원전 687년)을 불타가 태어난 해로 보고 있다. 이에 따르면 입멸 연도가 광왕(匡王) 4년(기원전 607년)이기 때문에, 그의 시대인 수나라 개황(開皇) 17년(597년)은 불타가 입멸한 뒤 1205년이 된 것으로 보고 있다. 그러면서 당시까지 제기되었던 여러 가지 다른 주장들을 함께 소개하고 있는데, 그것은 다음과 같다.

첫째, 『법현전(法顯傳)』에 의거하면 은(殷)나라 무을(武乙) 26년 갑오년(기원전 1167)이다. 둘째, 사문 법상(法上)이 고구려에서 물어온 것에 답한 것에 의하면 주나라 다섯 번째 임금인 소왕(昭王) 24년 갑인년(기원전 1027년)이다. 셋째, 『상정기(像正記)』에 의거하면 주나라 평왕(平王) 48년 무오년(기원전 723년)이다. 넷째, 후주(後周)의 사문 석도안(釋道安)이 구마라집의 연기(年紀)와 석주명(石柱銘)에 따라 추산한 것에 의하면 주나라 18번째 임금인 환왕(桓王) 5년 을축년(기원전 716년)이다. 다섯째, 조백림(趙伯林)이 여산에서 홍도율사(弘度律師)를 만나 얻은 『중성점기(衆聖點記)』에 의거하여 추산하면 주나라 정왕(貞王) 2년 갑술년(기원전 467년)이다.[25]

이러한 여러 가지 설 가운데 중국불교에서는 대체로 기원전 1027년에 태어났다는 설을 받아들이고, 이를 바탕으로 불기를 계산하였다.[26]

---

25 『법현전』(『대정장』 49권, 23상하)

26 중국불교인들이 불타의 탄생연도를 이처럼 올려 잡게 된 것은 일차적으로 이에 대한 정확한 지식이 없었기 때문이지만, 석가모니와 노자(老子)의 관계를 둘러싼 도교도들과 논쟁 또한 주요한 요인으로 작용하였다. 불교가 중국에 전래된 이래 도교도들은 노자가 석가모니의 스승이라고 주장하는 '노자화호설(老子化胡說)'을 제기하고, 이를 경전으로 만들어 유포하는 등 불교에 대한 도교의 우월성을 주장하였다. 이에 불교도들이 노자나 공자(孔子) 안회(顏回) 등 중국의 성인들이 모두 석가모니의 제자라고

불타의 탄생 연도와 더불어 결정해야할 것은 정법과 상법 말법의 시대의 구체적인 햇수에 관한 여러 가지 주장 가운데 어떠한 것을 취할 것인가 하는 것이다. 이에 대해 가장 자세히 다루고 있는 것은 삼론종(三論宗)의 길장(吉藏)이 지은 『중관론소(中觀論疏)』이다. 여기에서 길장은 『중론』의 '불타가 입멸하고나서 오백년 뒤의 상법 시대'라는 구절을 풀이하면서, 삼시의 햇수에 관한 여러 가지 설을 소개하고 있는데 다음과 같다.

> "첫째, 『구사론(俱舍論)』에서 경전을 인용하여 말하기를, '석가모니불의 가르침이 천년 동안 세상에 머무른다'라고 하였다. (중략) 여기에서 말하는 천년이란 다만 정법을 말할 뿐 상법은 논하지 않았다. 둘째, 『마야경』에서 말하기를, '정법은 오백년이고 상법은 천년으로, 합하여 천오백년이다'라고 하였다. 셋째, 진제삼장(眞諦三藏)이 『비바사(毘婆沙)』를 인용하여 말하기를, '일곱 부처님의 가르침이 세상에 머무는 햇수는 같지 않다. (중략) 석가모니불은 정진의 힘으로 말미암아 그 가르침이 이천년 동안 세상에 머물 것이다.'라고 하였다. (중략) 넷째, 『대집경』에서는 여섯 가지의 견고함을 밝혀, '처음 오백년은 득도(得道)가 견고하고, 다음 오백년은 다문(多聞)이 견고하고, 다음 오백년은 삼매(三昧)가 견고하고, 다음 오백년은 탑사(塔寺)가 견고하고, 다음 오백년은 투쟁(鬪爭)이 견고하고, 다음 오백년은 우치(愚癡)가 견고하다'라고 하였는데, 이렇게 하면 삼천년이니, 다시 그 경전을 조사하여 정해야 한다. 다섯째, 『선견비바사』 22권에서 말하기를, '처음 천년은 아라한과를 얻고 삼명(三明)을 갖추고, 다음 천년은 다만 아라한과만 얻을 뿐 삼명은 얻지 못하고, 다음 천년은 아나함과를 얻고, 다음 천년은 이과(二果)를 얻고, 다음 천년은 다만 초과(初果)만을 얻고, 오천년 이후에는 다만 머리 깎고 가사를 걸칠 뿐 다시 도를 얻지 못한다'라고 하였다. 여섯째, 외국의 기원정사(祇洹精舍)에 새겨놓았던 글이 출토되어 옛날의 『열반경(涅槃經)』 뒤에 실려 있는데, 말하기를, '부처님의 정법이 천년, 상법이 천년, 말

하는 '삼성화현설(三聖化現說)' 등을 제기하여 이를 반박하면서, 불교도와 도교도 사이에 이를 둘러싼 논쟁이 치열하게 전개되었다. 이 과정에서 중국 불교인들은 석가모니의 탄생 연도를 노자보다 훨씬 앞선 시대로 정함으로써 자신들의 주장이 옳다는 것을 증명하고자 하였는데, 그 결과 석가모니의 탄생연도를 좀더 이른 시기로 잡는 주장들이 제기되고, 많은 불교인들의 호응을 얻으면서 정설로 자리잡게 되었다. 이에 대한 자세한 사항은, K. S. 케네쓰 첸 저, 박해당 옮김, 『중국불교 상(上)』 (서울: 민족사, 1991), 64-67면과 205-207면 참조.

법이 만년이다'라고 하였다."[27]

이 가운데 정법 상법 말법이라는 시대 구분 위에서 명확하게 햇수를 밝히고 있는 것은 여섯 번째 설 뿐이다. 그러나 이 설은 그 진위여부가 분명하지 않다.

한편 중국불교인들은 대체로 정법 오백년, 상법 천년, 말법 만년설을 취하였는데, 이는 여기에는 소개되어 있지 않은 『대방등대집경』「월장분」의 영향으로 말미암은 것이다.

2) 여러 가지 말법론의 전개

중국에서 말법사상을 최초로 정립한 이는 혜사이다. 그가 지은 『입서원문』에서는 『석가모니불비문삼매관중생품본기경(釋迦牟尼佛悲門三昧觀衆生品本起經)』에 근거하여 불타의 탄생 연도와 삼시의 구체적인 햇수를 정하고 있는데, 그 내용은 다음과 같다.

> "불타는 계축년 7월 7일 태에 들어가 갑인년 4월 8일에 태어났다. 임신년 19세에 이르러 2월 8일에 출가하고, 계미년 30세에 이르러 그해 12월 8일에 도를 이루었다. 80세인 계유년에 이르러 2월 15일에 방편으로 열반에 들었다.
>
> 정법은 갑술년부터 계사년까지 오백년을 꽉 채운 뒤 머물기를 그쳤고, 상법은 갑오년부터 계유년까지 오백년을 꽉 채운 뒤 머물기를 그쳤고, 말법은 갑술년부터 계축년까지 일만년을 꽉 채운 뒤 머물기를 그칠 것이다."[28]

여기에서 혜사가 취하고 있는 불타의 탄생연도는 비장방이 소개한 것 가운데 법상이 고구려에서 물어온 것에 답한 것과 일치한다. 이에 따르면 불타는 기원전 1027년에 태어나 기원전 948년에 세상을 떠났다. 그는 이에 근거하여 정법과 상법 말법의 시대가 시작되는 해와 끝나는 해를 계산한 다음, 자신이 태어난 해인 515년 을미년을 말법 82년으로 비정하고 있다.[29]

---

27 『중관론소』(『대정장』 42권, 18상-중)
28 『석가모니불비문삼매관중생품본기경』(『대정장』 46권, 786중하)
29 『석가모니불비문삼매관중생품본기경』(『대정장』 46권, 787상). 그런데 이 계산에는 착오가 있다. 그가 채택한 불타의 입멸연도에 따르면 불타가 입멸한 해가 서력기원

이처럼 말법시대의 깃점을 분명히 밝힌 혜사는 '39세 때인 말법 120년'[30] '사십세 때인 121년'[31] 등으로 표기하고, '44세 때인 말법 125년'에『입서원문』을 썼다고 밝히는 등,[32] 그 시대가 말법시대라는 인식이 확고하였다. 따라서 혜사에게 정법 상법 말법의 시대는 사람들의 행위와 관계없이 이미 결정된 역사 진행의 단계이고, 그 햇수 또한 움직일 수 없는 것으로 인식되었던 것으로 보인다.

그런데 혜사가 제시하고 있는 정법 오백년, 상법 천년, 말법 일만년의 햇수 규정은 어디에 근거했는지 확실하지 않다. 왜냐하면 그가 전거로 들고 있는『본기경』에는 그런 말이 없고, 이를 처음으로 규정한 경전인『대집경』의「월장분」은 혜사가『입서원문』을 쓴 558년보다 늦은 566년에 처음 번역되었기 때문이다. 따라서 혜사는 기존에 번역되어 있던『마하마야경』등의 설을 바탕으로, 자신을 독살하려한 악한 비구들의 존재[33] 등 시대적 어둠을 반영하여 나름대로 말법관을 정립하였던 것으로 미루어 짐작할 뿐이다.

자신의 시대를 말법의 시대라고 규정한 혜사는『마하반야바라밀경(摩訶般若波羅蜜經)』한 부를 금으로 써서 유리보배 함에 넣어 보존하고, 말법의 시대가 다한 뒤에 미륵불이 나타나 중생들을 구제할 때에 도움이 되도록 하겠다는 굳은 서원을 세우고 있다. 즉 그는 말법의 시대에 맞는 새로운 가르침을 만드는 것이 아니다. 어려운 시대이지만 기존의 정법을 잘 보존하는 일이야말로 그러한 시대를 사는 불교인이 진정으로 해야할 일이라고 생각했던 것으로 보인다. 또한 말법의 시대가 지난 뒤에 미륵불이 나타나 중생들을 구제한다고 하는 말 속에서, 말법사상과 미륵신앙이 결합되어 나타나 있는 모습을 볼 수 있다. 요컨대 혜사는 말법의 시대라는 절망적인 시대의 도래와 그가 살던 시대가 바로 그러한 시대임을 인정하면서도, 그것으

전 948년이므로, 다음해인 서력기원전 947이 정법 1년이 되어 정법시대는 서력기원전 448년에 꼭 오백년을 채우게 된다. 이어 서력기원전 447년이 상법 1년이 되고, 상법 시대는 서력기원후 553년에 꼭 천년을 채우게 된다. 이어 554년이 말법 1년이 되므로, 그가 태어난 515년은 아직 상법 시대이다. 따라서 그가 계산한 말법 1년인 434년은 이보다 120년이나 빠르다. 이렇게 된 이유는 주나라의 연대기에 대한 인식이 지금과 달랐거나, 간지를 계산하면서 착오를 일으켰기 때문인 것으로 추정된다.

30 『석가모니불비문삼매관중생품본기경』(『대정장』 46권, 787중)

31 『석가모니불비문삼매관중생품본기경』(『대정장』 46권, 787중)

32 『석가모니불비문삼매관중생품본기경』(『대정장』 46권, 787하)

33 『석가모니불비문삼매관중생품본기경』(『대정장』 46권, 787중).『입서원문』에는 악한 비구들이 그를 독살하려한 일이 실려 있다.

로 모든 것이 끝나는 것이 아니라 이를 극복할 미래가 반드시 도래할 것이라는 희망을 버리지 않았으며, 그 시대를 위하여 바른 가르침을 굳건하게 보존하는 것이 자신의 의무라는 강한 사명감을 지녔던 것으로 보인다.

한편 삼계교의 창시자인 신행은 혜사와 같이 그 시대가 말법의 시대라는 것을 인정하면서도, 혜사와는 다른 방식으로 그 시대에 대처하는 독자적인 말법관을 전개하였다. 말법의 시대에도 기존의 가르침을 잘 견지하여 미래까지 이어지게 하겠다는 서원을 세우고 실천하였던 혜사와 달리 신행은 말법의 시대에는 말법의 시대에 맞는 새로운 가르침을 따라야한다고 주장하면서, 삼계교라는 새로운 가르침을 세웠다. 이 점에서 신행은 인도의 대승불교인들과도 다르고 혜사와도 다르다. 왜냐하면 인도의 대승불교인들은 대승불교의 가르침이 왜곡되어 있던 석가모니의 가르침을 다시 바로 세운 것이라고 주장하였는데, 이 논리에 따르자면 대승불교는 상법의 시대에 맞추어 펼친 새로운 가르침은 아니기 때문이다. 따라서 삼계교라는 새로운 교리를 내세워 말법의 시대에 맞는 구원론을 제시한 신행의 대응양식은 그 자신만의 독자적인 방식이라고 할 수 있다.

신행은 때와 장소와 사람의 세 분야를 나누고, 각각에 대해 삼계(三階)를 설정하였다. 때로 보면 제일계는 불타 입멸 직후 오백년이고, 제이계는 그 뒤의 오백년 또는 천년이고, 제삼계는 다시 그 뒤로서, 불타 입멸 이후 천년 또는 천오백년 뒤의 시대를 가리킨다. 장소로보면 제일계는 정토이고, 제이계와 제삼계는 모두 오탁의 예토이다. 사람으로 보면 제일계는 가장 뛰어난 이근(利根)의 일승 근기이고, 제이계는 이근으로서 정견(正見)을 이룰 수 있는 삼승 근기이고, 제삼계는 계(戒)와 견(見)을 모두 파괴한 전도된 사악한 중생들만 있고 성인은 없다. 그리고 이러한 시대상을 근거로 신행은 제일계에는 일승이 맞고, 제이계에는 삼승이 맞으며, 제삼계에는 보진(普眞) 보정(普正) 보귀(普歸)의 보법(普法)이 맞다고 주장하였다. 즉 제일계와 제이계의 중생들은 정견을 이루면 애증이 없어지므로 일승이나 삼승을 저마다 배워 깨달음을 얻고 해탈할 수 있으나, 제삼계의 중생들은 아견(我見)과 변견(邊見)이 강하여 일승이나 삼승 어느 하나를 배우면, 이에 편벽되게 집착하여 자신은 옳고 남은 그르다고 비방하여 깊은 구덩이에 떨어져 벗어날 기약이 없기 때문에 불타가 보진 보정의 불법인 보법을 열어 삼계의 중생들을 교화하게 되었으니, 이는 병과 약이 상응하는 것이라고 하였다. 따라서 제삼계에서는 가르침의 크고 작음이나, 사람이 성인인지 범부인지를 따지지 않고 두루 믿고 두루 귀의하는 보법을 따라야한다고 하였으며, 만일 이렇게 하여 애증에 떨어지지 않고 비방하는 일을 떠날 수 있으면 깨달음과 열반이 가까이에 있다고 하였다. 그리고 이러한 원리에 따라 삼계교에서는 하루에 여섯 번 예배하고, 모든 이들에게 절하며, 모든 이들을 불타처럼 평등하게 대하는 삶을 강조하였다.[34]

이로 보자면 신행은 중국에서 불교가 융성해가면서 수많은 종파들이 나타나 경쟁적으로 세력을 확장해가는 과정에서 자기 종파의 가르침만을 유일한 진리로 내세우고, 다른 종파들을 배척하는 비불교적인 행태가 만연한 시대적 현실을 깊이 반성하면서, 그러한 분열과 투쟁에서 벗어나기를 기원했던 것으로 보인다. 또한 말법에 해당하는 제삼계의 시대에는 기존의 가르침과 다른 그 시대의 가르침이 따로 있다고 주장하고, 그 구체적인 가르침으로서 보법을 제시함으로써 말법의 시대라는 불교 위기의 시대에 적극적으로 대처하여 극복하고자 하는 강한 의지는 보이고 있다. 그러나 그 또한 제일계에서 제이계를 거쳐 제삼계로 이어지는 역사의 흐름을 바꿀 수는 없다고 생각하였다는 점에서, 혜사와 마찬가지로 결정론적인 역사관을 가지고 있었음을 알 수 있다.

신행과 마찬가지로 말법의 시대에는 말법의 시대에 맞는 가르침을 따라야한다고 주장하였지만, 신행과는 달리 새로운 교리를 개발하는 대신 기존의 가르침 가운데 하나를 제시한 사람은 도작이다. 그가 제시한 길은 정토신앙의 염불수행이었다.

먼저 그는 혜사와 같이 정법 오백년, 상법 천년, 말법 만년의 설을 따르고 있으며[35], 『대집경』에서 말하는 다섯 가지 견고함의 가르침과 이를 결합하여 독자적인 말법관을 제시하였다.

> "만일 교(敎)가 시(時)와 기(機)에 맞을 때에는 닦기도 쉽고 깨닫기도 쉽다. 만일 기와 교와 시가 어그러질 때에는 닦기도 어렵고 깨닫기도 어렵다. 그러므로 『정법념경(正法念經)』에서는 말하기를, '수행자가 한 마음으로 도를 구할 때에는 마땅히 늘 방편을 관찰해야한다. (중략)'고 하였다. 그러므로 『대집월장경(大集月藏經)』에서는 말하기를, '불타가 입멸한 뒤 처음 오백

34 『講座佛教思想 第1巻 存在論·時間論』(東京: 1974/1982), 331-334면 참조. 삼계교에 관한 좀더 자세한 논의는 矢吹慶輝, 『三階教之研究』(東京: 岩波書店, 1926) 참조.

35 『安樂集』(『대정장』 47권, 18중)

년 동안에는, 제자들이 지혜를 배우면 견고하게 될 수 있다고 내가 말한다. 두 번째 오백년 동안에는 선정을 배우면 견고하게 될 수 있다. 세 번째 오백년 동안에는 많이 듣고 독송하기를 배우면 견고하게 될 수 있다. 네 번째 오백년 동안에는 탑과 절을 세우고, 복을 닦고 참회하면 견고하게 될 수 있다.[36] 다섯 번째 오백년 동안에는 깨끗한 가르침은 숨어버리고 다툼만 많아지니, 조금이라도 선법이 있다면 견고하게 될 수 있다'고 하였다.

또한 저 경에서 말하기를, '모든 부처님께서는 세상에 나오실 때에는, 네 가지 가르침으로 중생들을 제도하시는데, 무엇이 넷인가? 첫째는 입으로 십이부경(十二部經)을 설하시는 것이니, 가르침을 베풀어 중생들을 제도하는 것이다. 둘째는 모든 부처님 여래께는 한량없이 밝게 빛나는 상호가 있으니, 모든 중새들은 다만 이에 마음을 묶어두고 관찰하기만 하면 이익을 얻지 않음이 없다. 이것은 신업(身業)으로 중생들을 제도하는 것이다. 셋째는 한량없는 공덕의 작용이 있는 신통한 도의 힘이 있어서 갖가지로 변화하는 것이니, 이는 신통한 힘으로 중생들을 제도하는 것이다. 넷째는 모든 부처님 여래께는 한량없는 이름이 있으니, 전체적으로건 부분적으로건 만일 중생이 이에 마음을 묶어두고 부르고 생각하면 장애를 없애고 이익을 얻지 못하는 이가 없어서 모두 부처님 앞에 나게 된다. 이것은 이름으로써 중생들을 제도하는 것이다.'라고 하였다.

지금의 중생들을 헤아려보니 곧 부처님께서 세상을 떠나신 뒤로 네 번째 오백년에 해당하니 바로 참회하고 복을 닦아, 마땅히 부처님의 이름을 불러야하는 때이다."[37]

이처럼 삼시와 다섯 가지 오백년설을 결합시켜보면, 말법의 시대는 정법 오백년과 상법 천년을 지난 뒤에 오는 것으로서, 네 번째 오백년에 해당하게 된다. 따라서 도작에 의하면, 그 당시는 이미 말법의 시대이고, 『대집경월장분』에서 말하기를, '말법의 시대에는 아무리 많은 중생들을 일으켜 수행하게 하여도 아무도 도를 얻지 못한다'고 하였기 때문에 오직 정토신앙 하나만이 유일한 구원의 길이었다.

이처럼 혜사나 신행 도작은 정법 상법 말법의 시대가 결정적으로 전개되

36 '복을 닦고 참회하면'이라는 말귀는 도작이 임의로 보탠 것으로서, 본래 경전에는 없다.
37 『安樂集』(『대정장』 47권, 4상중)

고, 그들이 살던 당시는 이미 말법의 시대로 들어섰다는 인식을 공유하였다는 점에서 모두 같다. 하지만 말법 시대에 대한 대응양식을 보면, 혜사가 말법의 시대에도 반야사상을 보존하여 이로써 미래의 중생들을 구제하게 하겠다는 정법 견지의 강한 의지를 가졌던 데 반하여, 신행과 도작은 말법의 시대에 맞는 가르침을 따로 제시하고 있는 점에서 서로 다르다. 또한 신행은 특정한 가르침에 집착하지 말고 모든 가르침을 두루 따르는 보법의 수행을 제시하고 있는데 반하여, 도작은 정토종이라는 특정한 교리를 내세우고 있다는 점에서 서로 다르다.

한편 이들과는 달리 말법의 시대가 결정적으로 전개되는 것은 아니라는 입장을 보이는 이들도 있었다. 혜사와 같은 시대를 살았던 정영사(淨影寺) 혜원(慧遠, 523-592)의 경우에는 북주 무제의 폐불을 몸소 겪고 이에 극력 저항하는 모습을 보이면서도, 자신의 시대가 반드시 말법 시대라고 보지는 않았다. 『역대삼보기』를 지은 비장방 또한 삼장교와 선견율을 근거로 정법 천년, 상법 천년, 말법 천년설을 주장하면서도, 이러한 시대 구분이 결정적인 것은 아니라고 덧붙이고 있다. 즉, "정법과 상법의 교섭이 아직 깊지 않은 이때를 당하여 삼보를 일으키고 대승을 널리 펼치면 어찌 말법에 접하게 되겠는가?"[38]라고 말함으로써, 상법시대에서 말법시대로의 이행이 필연적인 역사 전개의 법칙은 아니라고 보고 있는 것이다.

하지만 전체적으로 볼 때 그 시대가 '말법의 시대'라는 인식은 자력 수행에 의한 현세에서의 깨달음을 추구하였던 선사들의 어록에서도 언급될 만큼 중국불교에서 보편적인 시대 인식으로 자리 잡았다. 하지만 그것이 혜사처럼 절망적인 시대를 표현한 것이라기보다는, 오히려 수행하기가 어려운 시대, 자칫 잘못된 길로 빠질 수도 있는 시대라는 경고의 의미를 더 강하게 띠면서, 수행자들로 하여금 더욱더 수행에 힘쓰도록 요구하는 전형적인 표현으로 자리잡게 되었던 것으로 보인다.

3. 한국불교의 말법론

중국불교에서 형성된 말법론은 한국불교에도 영향을 미쳤다. 한국불교에서 삼시에 대한 논의는 먼저 경전에 대한 주석에서 찾아볼 수 있다. 예컨

38 『역대삼보기』(『대정장』 49권, 23중)

대 법위(法位)는 『무량수경의소(無量壽經義疏)』에서 정법 오백년, 상법 천년, 말법 만년설을 소개하고 있고[39], 경흥(璟興)은 『무량수경연의술문찬(無量壽經連義述文贊)』에서 『법주기(法住記)』 등을 이용하여 말법이 지난 뒤의 시대에 대하여 자세히 논하였으며[40], 승장(僧莊)은 『범망경술기(梵網經述記)』에서 '불타가 입멸한 뒤 악세에'라는 구절을 풀이하여 '불타가 입멸한 뒤 상법 말법의 악세에'라고 설명하고 있다.[41]

한편 태현(太賢)은 『본원약사경고적(本願藥師經古迹)』에서 『대집경』에서 말한 여섯 가지 견고함과 삼시를 결합시켜 설명하고 있는데, 그 내용은 다음과 같다.

> "『대집경』에서는 여섯 가지 견고가 있다고 하였는데, 첫째는 법신(法身)이 견고하게 머무는 것이고, 둘째는 해탈이 견고하게 머무는 것이고, 셋째는 선정이 견고하게 머무는 것이고, 넷째는 다문이 견고하게 머무는 것이고, 다섯째는 복덕이 견고하게 머무는 것이고, 여섯째는 투쟁이 견고하게 머무는 것이다. 이 가운데 첫째는 한 분 부처님께서 세상에 계실 때이고, 뒤의 다섯은 부처님께서 입멸하신 뒤인데, 차례로 오백년 씩이다. 이를 합하여 말하면 삼시인데, 첫째는 정법으로서 저 다섯 가지 가운데 처음 두 가지 견고이고, 둘째는 상법으로서 그 다음 두 가지 견고이고, 셋째는 말법으로서 뒤의 한 가지 견고이다. [정법 상법 말법의] 순서에 따라 교(教)와 행(行)과 과(果) 세 가지를 다 갖추고, [교와 행] 두 가지는 있지만 과는 없고, 교는 있지만 [행과 과] 두 가지가 없게 된다."[42]

이처럼 경전 주석을 통하여 드러난 삼시에 대한 관념은, 조선시대에 이르기까지 그 시대가 이미 말법의 시대에 들어섰다는 보편적인 시대 인식으로 자리 잡게 되었다. 예컨대 고려시대의 승려 의천(義天)은 '이전 조사들의 시대는 상법인 탑사 견고의 시대였지만, 지금 시대는 탁세(濁世) 말법인 투쟁 견고의 시대이다'라고 말하고 있고[43], 지눌은 '말법의 시대에 수행하

39 『무량수경의소』(『한불전』 2권, 17하)
40 『무량수경연의술문찬』(『한불전』 2권, 76상하)
41 『범망경술기』(『한불전』 2권, 168하)
42 『본원약사경고적』(『한불전』 3권, 410중)
43 「示新叅學徒緇秀」『大覺國師文集』 16(『한불전』 4권, 556상중)

는 이들은 먼저 실다운 지해(知解)로써 자기 마음의 진망(眞妄) 생사(生死) 본말(本末)을 말끔히 결택해야 한다'[44]고 말하고 있다. 또한 조선불교의 중흥조로 추앙받는 휴정은 '말법의 시대에는 파계하는 이들이 성하게 일어나 바른 가르침을 어지럽히니 잘 살펴야 한다'[45]고 말하기도 하고, '말법의 비구들에게는 박쥐 같은 승려, 말 못하는 양 같은 승려, 머리만 깎은 거사, 지옥의 찌꺼기, 가사 입은 도적 등 많은 이름이 있다'[46]고 말하기도 하면서 수행자들의 타락을 경계하고, 수행을 권면하고 있다.

그렇다면 말법의 시대라는 인식 위에서 한국불교인들은 이에 어떻게 대처하였을까? 고려시대의 승려 지눌(知訥)의 『권수정혜결사문(勸修定慧結社文)』에는 말법의 시대를 대처하는 한국 불교인들의 자세가 어떠한 것이었는지 잘 보여주는 글귀가 실려있다.

> "[선정과 지혜를 닦자고 제안하자] 여러 승려들이 물어 말하기를, '때가 말법의 시대여서 정도가 깊이 숨었으니 어찌 선정과 지혜로써 힘쓸 바를 삼겠는가? 아미타불을 열심히 염불하여 정토에 가서 태어나는 행위를 닦음만 못하다'라고 하였다.
>
> 내가 말하기를, '우리 사문들이 비록 말법에 태어나서 품성이 어리석다고 하여도 만일 스스로 물러나고 웅크러들어 상(相)에 집착한 채 도를 구하려고만 한다면, 이전의 정혜묘문(定慧妙門)은 또 어떤 사람이 행한 것인가? 행하기가 어렵다고 버려두고 닦지 않으면, 지금 익히지 않기 때문에, 비록 많은 겁이 지난다고 하여도 여전히 그 어려움 속에 있을 뿐이다. 만일 지금 닦기 어려운 행위를 억지로라도 닦는다면, 닦아 익힌 힘으로 말미암아 점점 어렵지 않게 될 것이다. 옛날에 도를 닦은 이들 가운데 범부에서 시작하지 않은 이들이 있는가? 뭇 경론 가운데에서 말세의 중생들이 무루도(無漏道) 닦는 것을 허락하지 않은 경전이 있는가? (중략) 이로 볼 때 말법과 정법의 시대가 다른 것을 논하지 않고, 자기 마음이 어둡고 밝은 것을 근심하지 않고, 다만 우러러 믿는 마음을 내어 분수에 따라 수행하여 정인(正因)을 맺고 겁약함을 멀리 떠날 뿐이다."[47]

44 『法集別行錄節要并入私記』(『한불전』 4권, 766상)
45 『禪家龜鑑』(『한불전』 7권, 639하)
46 『禪家龜鑑』(『한불전』 7권, 641하-642상)
47 『권수정혜결사문』(『한불전』 4권, 698중-699상)

여기에는 말법의 시대에 대처하는 두 가지 서로 다른 유형의 수행자의 모습이 뚜렷이 나타나 있다. 한 쪽은 말법의 시대에는 스스로 깨닫고자 하는 수행을 아무리 열심히 하여도 결과를 얻을 수 없으니 쉬운 정토신앙을 택하겠다는 입장이고, 반면에 지눌로 대표되는 또 다른 쪽은 말법의 시대라는 것은 단지 시대적 상황에 지나지 않을 뿐, 수행에 의한 깨달음의 성취라는 불교 본래의 수행 원리는 여전히 살아 있다고 본다. 나아가 어려운 때라 하여 그 시대에 안주하고 포기해버리면 끝내는 벗어날 기약이 없으니, 그럴 때일수록 더욱 더 수행에 힘써야만 한다고 강조하고 있다.

여기에서 보듯이 전자는 말법의 시대를 사람의 힘으로 어찌 해볼 수 없는 절대적인 결정력을 지닌 시대적 조건으로 보는 반면에, 후자는 말법의 시대가 비록 피할 수 없는 역사적 흐름이라고 하여도, 그것이 모든 것을 결정적으로 지배하는 것은 아니라고 본다. 즉 말법의 시대는 우리의 힘으로 극복 가능한 시대적 환경에 지나지 않는 것이다. 이처럼 한국불교의 전통 안에는 말법의 시대를 그대로 인정하고 이에 순응하려는 태도와 함께, 이의 도래를 불가피한 역사적 흐름으로 인정하면서도, 이를 극복하려는 강한 수행의 의지가 도도하게 흐르고 있었다.

한편 조선 후기의 승려 유형(有炯)은 『산사약초(山史畧抄)』에서 중국으로의 불교 전래와 한국불교사의 전개과정을 삼시와 다섯 가지 견고함, 미륵신앙과 결합시켜 기술하는 독자적인 역사관을 보여주고 있다.

> “부처님께서 입멸하신 뒤 일천 십년에 【주나라 목왕(穆王) 임신년(기원전 949)부터 동한(東漢) 명제(明帝) 영평(永平)2년 신유년(61)[48]까지가 일천 십년이다.】 불법이 처음 중국까지 통하였으니, 곧 상법의 초기에 해당한다. 또 삼백 구십년을 지나서 【유송(劉宋) 문제(文帝) 28년 신묘년, 곧 신라 눌지왕(訥祇王) 35년(451)이다.】 점점 신라에도 퍼졌으니 (주 생략) 상법시대 중이다. 조송(趙宋) 인종(仁宗) 29년 신묘년, 즉 고려 문종(文宗) 5년(1051)에 이르러 부처님께서 입멸하신 뒤로 이천년이 되었으니, 바로 탑사 견고의 시대이다. 【부처님께서 입멸하신 뒤 다섯 번의 오백년이 있는데, 첫째 오백년에는 해탈이 견고하고, 둘째 오백년에는 선정이 견고하고, 셋째 오백년에

48 여기에는 간지의 착오가 있다. 기원전 949년을 기준으로 했을 때 천십년이 되는 해는 명제 영평 2년이 맞지만, 간지는 신유가 아니라 기미이다.

> 는 다문이 견고하고, 넷째 오백년에는 탑사가 견고하고, 다섯째 오백년에는 투쟁이 견고한데, 지금은 넷째 오백년에 해당한다.】 이때에 대장경을 새로 간행하여 한량없는 중생들을 두루 교화하였다. (중략) 시대를 흘러 내려와 청(淸)나라 동치(同治) 3년 갑자년(1864), 곧 지금의 임금께서 즉위한 원년에 이르렀는데, 부처님께 입멸하신 뒤로 이천 팔백십 삼년이다. 비록 말법의 시대지만 교리가 아직 존재하고 있으니 가르침에 의지하여 받들어 행하면 어찌 안될 것이 있겠는가? 이에 이르러 미륵이 교화시킬 기연(機緣)이 바야흐로 무르익는다."[49]

여기에서 유형은 혜사와 달리 불타의 입멸 연도를 기원전 949년으로 보고, 이를 기준으로 상법과 말법의 시대를 비정하고 있으며, 자신의 시대를 말법의 시대로 규정하고 있다. 그러면서도 말법의 시대라고 하여 특별한 수행의 방법이 있는 것이 아니라, 기존의 바른 가르침을 따라 수행하면 된다고 말하고 있다. 즉 그에게 말법의 시대는 어찌 할 수 없이 도래한 시대적 환경일 뿐, 그것이 수행하는 이들을 구속하는 절대적인 힘을 지닌 것은 아니라고 보고 있는 것이다. 또한 미륵불에 의한 교화를 말함으로써 말법론을 미륵신앙과 결합시켜 시대에 대한 절망이 아닌 미래의 희망을 제시하고 있다.

이처럼 한국불교에서도 말법의 시대라는 시대 인식은 보편적인 시대 인식으로 자리 잡았고, 때로 그것은 진정한 수행자를 찾아보기 힘든 시대에 대한 개탄과 수행을 포기하고 싶은 유혹으로 이어지기도 하였지만, 끝내는 수행을 통한 해탈의 추구를 버리지 않는 방향으로 전개되어 왔다. 그리고 그것이야말로 성리학적 유교 이념 아래 불교에 대한 공식적 비공식적 탄압을 자행하였던 조선시대라는 혹독한 시대적 조건을 거치면서도 수행의 맥을 끊임없이 이어올 수 있었던 원동력이었던 것으로 생각된다.

4. 삼시론에 대한 평가

삼시의 역사관 속에는 여러 가지 요소가 담겨 있다. 먼저 정법의 소멸에 대한 우려와 경고가 들어 있다. 어떤 가르침이건 시간의 흐름에 따라 본래

---

49 『산사약초』(『한불전』 10권, 688하-689상)

의 정신이 희미해지고, 교조화되거나 다른 목적을 위한 명분으로만 전락하는 경우는 거의 필연적으로 발생한다. 정법의 소멸에 대한 경고는 바로 이를 우려하면서, 불교에 대한 책임을 떠맡고 있는 이들에게, 불교의 본래 면목을 잃지 말고 바른 가르침을 지키기 위해 노력하기를 바라는 강한 권고를 담고 있다.

또한 삼시의 관념 속에는 역사적으로 드러났던 본래 가르침의 변질과 사람들의 타락한 모습, 그리고 이에 대한 날선 비판의 모습이 구체적으로 담겨 있다. 기존의 부파불교 전통을 비판하면서 등장한 대승불교에서 이에 대한 언급이 본격적으로 이루어지고 있다는 것은 그 좋은 예이다.

미래에 대한 예측으로서의 삼시의 관념 속에는 비관적인 전망이 담겨 있다. 바른 가르침이 사라질 수도 있다는 경고에도 불구하고 많은 불교인들이 실제로 가르침을 왜곡하고 타락한 모습을 보였다는 역사적 사실에 대한 인식은, 과연 본래의 가르침이 제대로 유지될 수 있을 것인가 하는 강한 의구심과 끝내는 바른 가르침이 흔적도 없이 사라져버릴 것이라는 지극히 비관적이고 절망적인 결론으로 이끌었을 것이다. 그것이 강한 종교적 신념과 예언의 형태로 나타난 것이 말세 말법에 대한 선언이라고 할 수 있을 것이다.

따라서 삼시론은 기본적으로 바른 가르침이 유지되어야한다는 당위론적 관점에서 구체적인 역사적 현실을 바라보고 도출해낸 타락사적 역사관의 하나라고 할 수 있다.

그렇다면 불교적으로 이러한 역사관은 과연 정당한 것인가? 이미 잘 알려진 것처럼 불교의 세계관은 연기론적 세계관이다. 그리고 이러한 세계관에서는 세계에 대한 우연론적이거나 운명론적 해석을 거부한다. 또한 유일신교의 신처럼 전지전능한 초월적 존재도 인정하지 않는다. 연기적인 세계관에 따르자면 이 세계는 그 안에 살고 있는 존재들의 겹겹이 얽힌 행위의 결과로서 존재한다. 여기에는 이미 정해진 목적도 없고 반드시 따라가야 할 길도 없으며, 필연적으로 도래하게 예정되어 있는 시대도 없다. 어떤 목적을 향해 어떻게 나아갈 것인가를 결정하는 것은 순전히 그 안에 살고 있는 존재들의 의지와 그에 따른 구체적인 행위일 뿐이고, 각 시대의 모습은 바로 그러한 행위의 결과일 뿐이다.

이렇게 보자면 삼시를 이미 결정된 역사 전개의 법칙으로 곧이 곧대로 받아들여 정법 상법 말법의 시대가 정해진 햇수에 맞추어 필연적으로 전개된다고 주장한다면, 이는 결국 불교적 세계관을 포기한 지극히 비불교적이고 반불교적인 것으로서, 언급할 가치조차 없는 것이다.

그렇다면 불교적으로 올바른 해석은 어떠한 것인가? 그것은 삼시의 역사관이 어떻게 등장하게 되었는지를 살펴보면 알 수 있다. 삼시의 역사관은 애초부터 미래를 운명론적으로 예언하기 위해서가 아니라, 바른 가르침을 잘 지키고, 그에 맞는 행위를 유지해나갈 것을 권면하기 위해서 등장한 것이다. 그런 만큼 이에 바탕을 두고 등장한 여러 가지 주장들에서도 이러한 기본적인 속성만큼은 변할 수 없다. 그리고 불교사에 등장한 위대한 논사들은 바로 이러한 점을 놓치지 않고서 삼시론을 교화의 방편으로 사용하였다. 즉 사람들의 행위에 따라 도래할 수도 있는 바람직하지 못한 시대상으로서 상법과 말법의 시대를 제시하고, 그러한 시대가 도래하지 않도록, 또는 이미 그러한 시대가 되었다면 이를 극복하기 위해서 더욱더 노력하고 노력하게 한다면, 이것이야말로 많은 이들을 올바른 가르침의 길로 이끌 수 있는 훌륭한 방편이기 때문이다. 이런 점에서 '뭇 경론 가운데에서 말세의 중생들이 무루도 닦는 것을 허락하지 않은 경전이 있는가?'라고 한 지눌의 이 한 마디는 삼시에 대한 결정론적 견해를 고집하는 이들에게 내리는 천둥과 같은 가르침이라 하겠다.

Ⅲ. 교판으로서의 삼시

중국 화엄종(華嚴宗)의 법장(法藏)이 저술한 『대승기신론의기(大乘起信論義記)』 권상(卷上)에는 인도불교에서 정립된 두 가지 삼시교판이 소개되어 있는데, 하나는 유식학파의 계현(戒賢)이 세운 것이고, 다른 하나는 중관학파의 지광(智光)이 세운 것이다.[50] 이들은 서로 다른 세 가지 가르침이 설해진 세 가지 다른 시기를 상정하고 이를 교판에 반영하여 삼시교판체계를 수립하였다.

1. 계현의 교판

법장은 계현의 삼시교판을 다음과 같이 소개하고 있다.

---

50 『대승기신론의기』(『대정장』 44권, 242중하)

> "계현은 멀리 미륵(彌勒)과 무착(無著)을 이어받고 가까이는 호법(護法)과 난다(難陀)를 따랐는데, 『해심밀경(解深密經)』 등의 경전과 『유가론(瑜伽論)』 등의 논서에 의거하여 세 가지 가르침을 세우고 법상대승(法相大乘)을 참된 요의(了義)라고 하였다. 부처님께서 처음 녹야원에서 사제(四諦)의 소승법륜(小乘法輪)을 굴려 모든 유위법(有爲法)이 인연에 따라 생겨남을 설하여 외도의 자성인(自性因) 등을 부수었다. 또한 인연으로 말미암아 생겨나서 인아(人我)가 없기 때문에 저 외도의 유아(有我) 등을 뒤집었다. 그러나 법무아(法無我)의 이치는 아직 설하지 않았으니, 바로 네 가지 『아함경(阿含經)』 등이다. 제이시에는 변계소집(遍計所執)에 의거하여 모든 존재의 자성이 공하다고 설하여 저 소승을 뒤집었다. 그러나 의타원성(依他圓成)에 대해서는 아직 설하지 않았으니, 바로 『반야경(般若經)』 등 여러 부의 경전이다. 제삼시에는 대승의 바른 이치에 나아가 삼성(三性)과 삼무성(三無性) 등을 모두 설하여 비로소 이치를 다하였으니 바로 『해심밀경』 등이다. 그러므로 저 인연으로 생겨난 존재에 대하여 처음에는 오직 유(有)라고만 설하였기 때문에 유변(有邊)에 떨어지고, 다음에는 오직 공만을 설하였기 때문에 공변(空邊)에 떨어진다. 이미 저마다 변(邊)에 떨어지니 모두 요의가 아니다. 뒤에 변계소집성의 공함과 나머지 둘[의타기성과 원성실성]의 유임을 설하여 중도에 들어맞으니 비로소 요의이다. 이것은 『해심밀경』에 의지하여 판별한 것이다."[51]

이에 따르면 제일시의 가르침은 초기경전과 이에 근거한 부파불교의 가르침이고, 제이시의 가르침은 『반야경』 등 대승불교의 반야계 경전과 이에 근거한 중관학파의 공사상이며, 제삼시는 『해심밀경』 등 대승불교의 유식계 경전과 이에 근거한 유식학파의 유식사상이다. 따라서 이 교판은 유식학파의 입장에서 유식사상을 궁극의 가르침으로 보고 초기불교와 부파불교, 대승불교의 공사상을 불완전한 가르침으로 규정한 것임을 알 수 있다.

중국의 법상종(法相宗)은 계현의 이러한 삼시 교판을 이어받았는데, 삼시를 시간적인 선후관계로 볼 것인지, 단순한 나열로 볼 것인지에 대해서는 서로 다른 견해가 있었다.

먼저 현장(玄奘)의 신유식(新唯識)을 충실하게 계승한 규기(窺基)는 『해

---

51 『대승기신론의기』(『대정장』 44권, 242중)

심밀경』에 근거한 이 교판에서 삼시는 분명한 선후관계가 있다고 보았다. 그의 『성유식론술기(成唯識論述記)』에는 다음과 같은 말이 있다.

> “만일 큰 가르침이 작은 가르침에서 일어난다고 한다면 삼시에는 연월의 전후가 있다. 『해심밀경』에서 설하는 유식이 그것이다. 만일 돈교문(頓敎門)이라면 큰 가르침이 작은 가르침에서 일어나지 않으므로 삼시에 전후 순서가 없다. 바로 『화엄경(華嚴經)』에서 설한 유심(唯心)이 그것이다.”[52]

여기에서 규기는 『해심밀경』과 『화엄경』의 가르침을 점(漸)과 돈(頓)으로 대비시켜, 돈교에서는 삼시에 선후의 구별이 없지만 『해심밀경』의 경우에는 분명히 선후의 구별이 있다는 견해를 뚜렷이 드러내고 있다.

규기의 이러한 견해는 각각의 가르침이 등장한 역사적 순서와 일치한다는 점에서 우선 설득력이 있다. 불교사적으로 볼 때 초기불교가 가장 앞서고, 대승불교에서는 공사상이 유식사상보다 앞서기 때문이다. 더욱이 이러한 교판의 근거가 되는 『해심밀경』 자체가 공사상을 설한 반야계 경전보다 뒷시대에 나타난 것이기 때문에 당연히 그렇게 될 수밖에 없다.

그런데 이 교판에서 삼시는 단순한 시간적 선후에 머물지 않고, 가르침의 위상에 대한 가치판단까지를 겸하고 있다. 즉 앞에 나온 것일수록 열등하고, 뒤에 나온 것일수록 우월하다는 공식이 성립된다. ‘큰 가르침이 작은 가르침에서 일어난다고 한다면 삼시에는 연월의 전후가 있다’고 한 규기의 말은 이러한 공식을 받아들여 시간적 선후와 가치론적 우열을 일치시켜보는 견해를 잘 보여준다.

그런데 이처럼 뒤에 나온 가르침일수록 더 우월한 가르침이라고 할 경우, 『해심밀경』보다 뒤에 나온 경전이 있고, 그 안에 유식사상과 다른 가르침이 담겨 있다면, 그 경전의 가르침을 『해심밀경』의 가르침보다 우월한 것으로 인정해야 한다는 자기모순이 담겨 있다. 즉 요의라고 규정하였던 『해심밀경』 등의 가르침이 불요의로 격하될 가능성이 언제든 존재하게 되는 것이다. 그리고 이는 이러한 삼시교판 자체의 불확실성을 그대로 드러내는 것이기 때문에, 교판 자체의 정당성을 주장할 수 없게 만드는 자기 모순을 보여준다. 또한 석가모니가 가장 먼저 설했으면서도 궁극의 가르침을

52 『성유식론술기』(『대정장』 43권, 230상)

있는 그대로 담고 있다고 하는 『화엄경』 같은 경전에서 드러나게 되는 시간과 가치의 불일치를 어떻게 해명할 것인가 하는 등의 문제가 생겨난다.

신라 출신으로서 중국에서 활동하였던 원측(圓測)은 규기와 달리 삼시는 세 가지 가르침이 설해진 서로 다른 시기를 나열한 것일 뿐, 시간적 선후를 의미하는 것은 아니라고 보았다. 그는 『해심밀경』을 주석하면서, 경전에 나오는 제일시·제이시·제삼시를 단순히 일·이·삼, 또는 제일·제이·제삼 등으로만 표현함으로써 시간적 선후관계로 읽힐 수 있는 표현들을 피하고 있으며, 여래가 『해심밀경』을 설할 때에도 단지 일시(一時)라고만 하였을 뿐 구체적인 시기를 말하고 있지 않다는 것을 지적하기도 하였다.

원측이 삼시를 이처럼 해석한 것은 시간적 선후와 가치론적 우열이 일치하는 것으로 보지 않았음을 보여준다. 그가 이러한 태도를 취하였던 것은 일차적으로 시간적 선후와 가치론적 우열이 반드시 일치하지는 않는다고 보는 그 자신의 관점에서 말미암은 것이겠지만, 규기의 경우에서 보듯이 시간적 선후와 가치론적인 우열이 일치한다고 보았을 경우에 자신의 교판 자체를 부정하게 되는 등의 여러 가지 문제점이 발생할 수 있다는 것을 꿰뚫어 보았기 때문이었던 것으로도 미루어볼 수 있다.[53]

2. 지광의 삼시

법장은 지광의 삼시교판을 다음과 같이 소개하고 있다.

> "지광논사(智光論師)는 멀리 문수(文殊) 용수(龍樹)를 이어받고 가까이는 제파(提婆)와 청변(淸辯)에게서 가르침을 받았는데, 『반야경』 등의 경전과 『중관론(中觀論)』 등의 논서에 의거하여 또한 삼교를 세워 무상대승(無相大乘)이 참된 요의임을 밝혔다. 부처님께서 처음 녹야원에서 근기가 작은 이들을 위하여 사제를 설하여 마음과 대상이 모두 있음을 밝히셨다. 다음의 가운데 시기에는 근기가 중간인 이들을 위하여 법상대승을 설하여 대상은 공하고 마음은 있다는 유식의 도리를 밝히셨는데, 근기가 아직 낮아서 아직 평등진공(平等眞空)에 들어가게 할 수 없기 때문에 이렇게 설하셨다. 세 번

53 원측과 규기의 삼시에 대한 견해 차이와 이후의 전개양상에 관해서는 정영근, 『원측의 유식철학-신·구 유식의 비판적 종합-』(서울: 서울대학교 대학원 철학과, 1994년) 박사학위논문을 참조.

째 시기에는 근기가 높은 이들을 위하여 무상대승을 설하여 마음과 대상이 모두 공하여 평등하고 한 맛이며, 이것이 참된 요의임을 변설하셨다.

또한 처음에는 외도의 자성을 차츰 부수고자 인연으로 생겨난 존재가 결정적으로 있다고 하셨다. 다음에는 소승의 인연으로 생겨난 것은 실유(實有)한다는 집착을 차츰 부수고자 의타(依他) 인연(因緣) 가유(假有)를 설하셨는데, 저들이 이 진공을 두려워하기 때문에 가유를 두어 맞아 끌어들인 것이다. 뒤에 비로소 궁극의 대승에 나아가 이 인연으로 생겨난 존재들은 본성이 공하고 평등하여 하나의 모습임을 설하셨다. 그러므로 법상대승처럼 '얻은 바가 있는 것' 등은 제이시로서 참된 요의가 아니라고 하였다."[54]

이로 보자면 지광이 세운 삼시교판은 중관학파의 입장에서 공의 가르침을 궁극의 진리로 보고 이루어진 교판임을 알 수 있다. 즉 무상대승인 공의 가르침만이 참된 요의의 가르침이고, 나머지 유식과 부파불교의 가르침은 참된 요의의 가르침이 아니라고 보는 것이다. 그런데 이때의 삼시를 물리적인 시간적 선후관계로 보게 되면 공사상이 유식사상보다 먼저 정립되었다는 역사적 사실과 어긋나게 되는 문제가 생겨난다. 또한 시간적 선후와 가치론적 우열을 일치시켜 보았을 경우에는 계현의 교판에서와 같은 문제점들이 생겨난다. 더욱이 세 가지 서로 다른 가르침이 존재하는 것은 저마다 다른 중생들의 근기에 맞춘 것이기 때문에 시간적인 선후관계를 지켜야 할 필연적인 이유도 없다. 따라서 이때의 삼시는 여러 번에 걸쳐 앞뒤로 순서를 바꾸어가며 등장하였던 세 가지 가르침의 시기를 정리하여 병렬적으로 표현한 것으로 이해하는 것이 타당해 보인다.

박해당 (서울대)

54 법장, 『대승기신론의기』 (『대정장』 44권, 242중하)

우리말 불교개념 사전

본문과 적문

한 本迹二門

Ⅰ. 어원 및 개념

'본문(本門)과 적문(迹門)'은 천태(天台) 지의(智顗, 539~597)가 세운 『법화경』 해석 체계이다. 본문과 적문을 나란히 하여 '본적이문(本迹二門)'이라고 하는데, 곧 본지(本地)에서의 법문을 본문이라 하고, 수적(垂迹)하여 이루어진 법문을 적문이라 한다. 본지와 수적을 나란히 써서 본지수적(本地垂迹)이라고도 하며, 줄여서 본적(本迹)이라 한다. 본은 근본(根本), 적은 "자취를 나타냄" 곧 수적(垂迹)이라 한다. 본지의 지(地)는 생의 주체적인 뜻이다. 중생들을 이롭게 하기 위하여 본신으로부터 드리워 온갖 교화를 펴기 때문에 능히 응현하는 근본[本]을 본지(本地)라 하고, 응현하는 말(末)을 수적(垂迹)이라 한다.

수적이란 불 보살들이 중생을 제도하기 위해 자기 진실의 몸으로 말미암아 여러 분신을 변화시켜 세상에 드리워서 중생을 교화함을 말한다. 곧 진신(眞身)을 본지로 삼고, 분신(分身)을 수적으로 삼는다.

시간적으로 보면, 본(本)은 먼 옛적[久遠]에 이루어진 본지(本地)를 뜻하고, 적(迹)은 근래에 이루어진 수적(垂迹)이다. 『법화경』에서는 구원실성(久遠實成)의 본사(本師)인 석가모니불을 본문이라 하고, 장육(丈六)의 때묻은 열응신(劣應身)을 시현하여 중생을 교화하는 것을 적문이라 한다.

교화의 입장에서 보면, 적불(迹佛)은 가까운 근래에 보리도량인 가야성에서 성불해 교화를 마치고 열반에 든 부처이다. 곧 현재불로서 생멸을 통해 그 자취를 나타내 보인 부처이므로 수적(垂迹)의 부처라 한다. 이에 비해 본불(本佛)은 실로 멀고 먼 옛적 구원겁 전에 이미 성도했으며, 이 부처는 진리의 당체로서 생멸이 영원한 부처이다. 이러한 구원실성의 부처를 본불(本佛)이라 한다. 이러한 설명은 『법화경』「여래수량품」에 근거한다.

> "일체 세간의 하늘과 사람과 아수라는 모두 생각하기를, '지금의 석가모니불은 석가족의 궁전을 나오시어 가야성에서 멀지 않은 도량에 앉으시어 아뇩다라삼막삼보리를 얻었다'고 하느니라. 그러나 선남자여, 내가 실로 성불한 지는 한량없고 가이없는 백천만억 나유타겁이니라."[1]

일체 세간 천 인은 모두 석가세존이 가야성에서 비로소 성불하신 새로운 부처님으로 여기지만, 실은 백천만억 나유타겁 이전에 이미 성불하였다고 밝히고 있는 것이다. 이와 같이 부처의 본지와 수적의 의미는 본체와 그 나타난 모습이라 할 수 있다.

이러한 『법화경』 본불과 적불의 실상에 근거하여 『법화경』의 설법을 본문과 적문의 설법으로 나누었다. 부처는 이미 오래 전에 성불했지만, 이로부터 사바세계 및 여러 곳에서 화현하여 중생을 교화해 불도에 들게 하기 위해 법을 설하였다고 한다. 이는 곧 적문의 「방편품」에서 부처가 세상에 출현한 것은 일대사인연으로 일체중생을 개시오입(開示悟入)하여 모두 불지견(佛知見)에 들게 하고자 함이라는 취지이다. 따라서 가야성에서 출현하여 성불의 몸을 나타내 교화를 편 것은 본불에서 그 자취를 드리워 나타낸 것 뿐이다.

부처의 교화법문에서 보면, 본문(本門)은 구원겁 전에 이미 부처가 되어

1 『묘법연화경』 5(『大正藏』 9권, 42중)

영원히 멸함이 없는 본불(本佛)로서 근원(根源)인 본지(本地) 본체(本體)에 입각한 법문을 말한다. 이에 대하여 적문은 본지로부터 응화(應化)하여 자취를 나타내서 가야성에서 비로소 정각을 이루고 부처가 되어 중생을 교화하기 위하여 설하신 법문이다. 적불이 자취를 나타내어 설법 교화하므로 응적(應迹) 응현(應現)이라고도 한다. 그러므로 본문이 구원겁 전의 부처님 설법이라 한다면, 적문은 근래에 새로이 나타내 보인 부처님의 설법이라 한다.

대개 불신(佛身)은 생신(生身, 곧 應身)과 법신(法身)의 구별이 있다. 생신은 이미 멸도하였으나 법신은 오히려 존재한다고 하고, 혹은 생신이 곧 법신의 모습이라고도 하며, 그 수량은 곧 생신이 80세를 보였지만 진신의 수명은 칠백 아승지겁에 달한다고 한다. 『법화경』에서의 구원 성불설은 일종의 불타관에 속한다. 특히 성불문제에 대해서 가야성에서 비로소 성불한 몸이 곧 구원실성의 본불이라 할 수 있다.

본불은 여실한 도를 타고 법여여(法如如)의 지혜로 법여여의 경계에 여실한 각(覺)을 이루어 진신(眞身)의 여래라고, 여실의 지혜로 여실의 도를 타고 삼유(三有)에 태어나 정각을 이루는 것을 보인 것을 응신(應身)의 여래라 한다. 이 중에 법여여의 경계에서는 절대적 진리의 세계로 인과(因果)가 원만하여 그 근원을 다하고 성상(性相)이 항상 그러하므로 온갖 곳에 두루하여 여여하니 이를 법신이라 하고, 도를 따라 묘각을 이루어 법상과 같이 이해함을 보신이라 하며, 그리고 법신의 공덕으로 곳곳에 응현하여 팔상성도를 보여 법륜을 굴려 교화함을 응신이라 한다. 그런데 대개 법신과 보신의 둘을 본불로 보며 응신을 적불로 보기도 한다.

천태지의는 이와 같은 일반적인 본적의 삼신여래에 대해, 『법화경』을 근거로 삼신의 공덕은 본시 도량의 보리수 아래에서 이미 구원겁 전에 성취한 것이었으니 이를 본지(本地)라 하고, 그 중간이나 오늘날에 적멸도량에서 성취한 것을 수적(垂迹)이라고 한다. 다시 말해서 본래의 옛 도량에서 얻은 삼신이 본지가 되고, 그 중간과 지금의 적멸도량에서 이루어진 삼신을 수적으로 보고 있다. 그리고 이 삼신은 불가사의한 하나이기 때문에 본지가 아니면 수적할 길이 없고 수적이 아니면 본지를 드러낼 수가 없다고 한다.[2]

2 『묘법연화경문구』 9권하(『大正藏』 34권, 129중)

Ⅱ. 역사적 전개

1. 역사적 전개

적문 본문의 응화(應化)사상은 고대 인도사상에서도 적지 않게 나타난다. 고대 베다(Veda)문헌에서는 온 세계와 인간은 신에게 제사지내므로써 생겨난다고 하는 브라흐만의 전변설(轉變說)이 브라흐마나의 철학적 기반이다. 이러한 전변설은 우파니샤드철학에서 더욱 구체화하여 세계는 브라흐만의 전변으로 모든 만물 속에 신의 아트만이 들어 있다고 하여 범아일여(梵我一如)를 제시한다.[3] 또 인도의 쉬바신(Śiva)과 함께 힌두교의 주축이 되는 비쉬누신(Viṣṇu)이 인도의 전설적인 영웅이나 위인으로 화현했다고 한다. 특히 비쉬누신의 화현으로 그 아홉째가 석가모니부처이고 일곱째가 라마라고 한다.[4]

불교계에서는 대승불교운동이 전개되면서 인도에서 출생한 석가모니불은 전생에 보살도를 닦은 석가보살이었다는 전생담이 이루어졌다. 전생에 난행고행의 육바라밀을 닦아 현생에 다시 태어나 불도를 이룰 수 있었다는 것이다. 여기서 석가불의 성불 과정을 일반화하여 과거에도 성불한 부처가 있고 미래에도 미륵이 하생성불하며, 현세 타방에도 마찬가지로 타방불로 동방의 아촉불 서방의 아미타불 등이 등장한다.[5] 나아가 현재 불도를 이룬 석가모니불은 응화불이고, 그 본체로서 법신불이 있다는 삼신불 사상이 이루어졌다. 이러한 삼신불의 불타관은 과거에 이미 무수한 부처가 있고 현재와 미래에도 무수한 부처가 있다는 다불신앙(多佛信仰)으로 전개된다. 또한 석가모니불의 성문제자나 연각들도 이미 과거에 본불로부터 교화를 받은 적이 있는 불자(佛子)라는 설에 의하여 미래에 성불할 수 있다는 수기(授記)를 받고, 보살들은 중생을 교화하기 위해 응화한 것이라고 한다.

불교가 중국에 들어온 후 중국에서도 여러 위인을 응화로 보는 위작(僞作)이 다수 이루어졌다. 공자(孔子)와 안회(顔回) 노자(老子)의 세 성인을 보살이나 나한의 응화라고 하거나, 거꾸로 부처는 중국의 성인이 화현했다는 노자화호설(老子化胡說)이 나오기도 했다. 이 설은 후한 환제 때(AD 166

3 길희성, 『인도철학사』 (서울: 민음사), 37면.
4 中村元저 金知見역, 『佛陀의 世界』 (서울: 김영사), 65면.
5 平川彰 등 저, 鄭承碩역, 『大乘佛教概說』 (서울: 김영사), 185면.

년) 양해(襄楷)의 상소문에 노자가 동적(東狄)으로 가서 부도(浮屠, 곧 부처)가 되었다고 하는 기사가, 후대 삼국시대 이후 진대(晋代)를 거치면서 노자가 인도로 가서 부처가 되었다는 설에 의하여 『노자화호경』이 성립된다.[6] 이후 중국에서는 선종의 한산(寒疝) 습득(拾得) 포대화상(布袋和尙) 등이 모두 본지에서 응화한 수적설(垂迹說)에 영향받았다고 할 수 있다.

우리나라에서도 삼국시대 원효(元曉)는 진나보살(陳那菩薩)의 후신이고[7] 의상은 보개여래(寶蓋如來)의 후신이며[8], 혜공은 승조(僧肇)의 후신[9]이라는 설이나, 단군신화에서 하늘의 환인(桓因)이 아들 환웅(桓雄)으로 하여금 천부인(天符印) 세 개를 주어 태백산 신단수 밑으로 내려와 인간세상을 다스렸다는[10] 등이 수적설의 응화의 예라 할 수 있다. 그 외에 많은 설화들이 응화설에 바탕을 두고 있다.

그러나 이러한 설들은 간접적인 용례이고, 실제 천태학 본적설의 역사적 전개는 라집법사의 법을 받은 승조(僧肇) 승예(僧叡)가 처음으로 경전해석에 적용했고, 그 뜻을 받아들여 『법화경』 해석에 적극적으로 수용한 것은 수대의 천태 지의(智顗)라고 할 수 있다. 그후 천태종에서는 형계담연과 사명지례에 의해 그 학풍이 이어진다.

2. 승조(僧肇)의 본적

승조는 『유마힐경』이 밝히는 바에 대해 말의 궁극은 불이(不二)를 법문으로 삼으니 무릇 이 많은 설법이 다 불가사의한 본지(本地)이고, 제6 「부사의품」에서 수미등왕(須彌燈王)의 광대하고 장엄한 자리를 부처가 유마힐의 방으로 가져온 것이나, 제10 「향적품」의 향반(香飯)으로 사바세계에 가서 석가불에 공양 올리겠다고 하는 등 법문이 행해진 것은 다 불가사의한 수적(垂跡)이라고 한다. 그리고 이 본적에 대해서 승조는 "본지가 아니면 적화를 드리울 수 없고 적화가 아니면 본지를 드러낼 수가 없다. 본·적이 비록 다르지만 그러나 부사의한 하나이다"[11]라고 한다. 곧 승조는 유마거사의

6 鎌田茂雄저, 章輝玉역, 『中國佛敎史』1 (서울: 장승), 48면.
7 『釋摩訶衍論決疑破難會釋抄』(『大正藏』49권, 572하
8 『삼국유사』 제4권 「의해」 제5 의상전교.
9 『삼국유사』 제4권 「의해」 제5 二惠同塵.
10 『삼국유사』 제1권 「기이」 제1 서(敍).

불이법문(不二法門)을 본지라 하고, 형상적으로 나타내 보인 법문을 수적이라고 해석한다. 그리고 이러한 본적의 입장에서 비아리성에서 설법하고 있는 거사 유마힐의 모습을 수적이라 하며, 그 본지로 보면 법신대사인데 방편[權道]으로 그 모습을 숨기고 유마거사로 나타내 교화행을 보인다는 것이다.[12] 그리고 유마의 교화행은 이미 본사(本事)에 본행(本行)으로 이미 갖추었다고 한다. 곧 승조는 유마거사의 교화행을 본지와 수적의 입장에서 해석하지만, 지의와 같이 적극적인 적문과 본문으로 전개시키지는 않는다.

3. 승예(僧叡)의 본적

승예는『법화경』과문을 9철(轍)로 나누고, 그 중의 제7을 본적무생철(本迹無生轍)이라 하여『법화경』「보탑품」의 본적을 설명한다. 9철은 다음과 같다. ①혼성상박철(昏聖相扣轍)은 서품이다. ② 섭교귀진철(涉教歸眞轍)은「방편품」으로 불타가 상근기를 위하여 선설한 내용이다. ③ 흥류잠창철(興類潛彰轍)은 곧 비유품으로, 불타가 중근기를 위해서 선설한 내용이다. ④ 술궁통석철(述窮通昔轍)은「신해품」으로, 사대제자가 영해한 내용이다. ⑤ 창인진오철(彰因進悟轍)은「화성유품」과「수기품」등에서 불타가 하근기를 위해서 설한 내용이다. ⑥ 찬양행리철(讚揚行李轍)은 곧「법사품」이다. ⑦ 본적무생철(本跡無生轍)은 곧「다보품」[견보탑품]이다. ⑧ 거인징과철(擧因徵果轍)은「종지용출품」과「여래수량품」이다. ⑨ 칭양원제철(稱揚遠濟轍)은「수희공덕품」이하로 이는 전경의 유통분이다.

이 중 제7 본적무생철에 대해 승예는 다음과 같이 밝히고 있다.

> "제7본적무생철은「다보품」이다. 다보여래를 본지로 하고, 석가불을 수적으로 한다. 고불(古佛)이 전신을 나타냈고, 금불(今佛)이 옛 인[往因]을 나타내 보였다. 본불이 이미 멸하지 않았는데 적불이 어떻게 생함이 있으리요. 본적이 비록 다르지만 불가사의한 하나이다."[13]

---

11 『주유마힐경』1권병서(『大正藏』38권, 327중). "非本無以垂跡 非跡無以顯本 本跡雖殊而不思議一也". 이 승조의 본적설 내용은『법화문구』제1권상(『大正藏』34권, 2중)에서 그대로 인용하고 있다.

12 『주유마힐경』1권병서(『大正藏』38권, 327하)

13 『법화전기』2권,「석승예」(『大正藏』51권, 56상)

이와 같이 승예도 본문의 본불의 다보여래로 적문의 응화신을 수적을 석가불로 해석하여 본불과 적불은 불가사의한 하나라는 입장이다.[14]

4. 천태지의(天台智顗)의 본적

지의는 본적 2문의 교지에 의해 여러 저술에서 그 뜻을 적용하여 펴고 있는데, 『법화경』의 주석서인 『묘법연화경문구』에서는 인연석·약교석·관심석 외에 다시 본적석을 세워 도합 4석을 구성한다. 또한 그는 『법화문구』 외에 『유마경소』 등에서도 본적석을 사용하므로써[15] 그의 경전해석의 한 방법론이라 할 수 있다. 『문구』에서는 『법화경』의 내용을 본문·적문의 2문으로 나누어 해석했다. 『법화경』의 철학체계를 밝힌 『묘법연화경현의』에서는 이들 적문과 본문의 불가사의한 법문의 내용을 적문 십묘(十妙)와 본문 십묘로 나누어 구체적으로 열거하고 있다. 그리고 『마하지관』에서는 『법화경』 적문의 개삼현일(開三顯一)과 본문의 개근현원(開近顯遠)에 의해 십승관법을 조직하고, 『열반경』의 부율현상(扶律顯常)에 의해 이십오방편이 조직되었다.[16]

지의는 본적 이신(二身)의 뜻으로 『법화경』의 내용을 본문·적문 2문으로 나누고 전14품을 적문, 후반 14품을 본문이라 본다. 적문은 「방편품」을 중심으로 삼승의 교묘한 방편을 열어 일승의 진실의 뜻을 드러내는 개권현실(開權顯實)의 법문이다. 본문은 「여래수량품」을 중심으로 가야성에서 성불

14 구철의 설에 대해서 같은 라집문하의 10대 제자인 승예(僧叡)설과 도융(道融)설이 있다. 『법화문구기』 제8의 4와 『법화전기』 제2권의 두 곳에서는 9철을 승예가 세워 구철법사라고 한다는 것이다. 그런데 『법화문구기』 제1권에 의하면(『천태대사전집』 제1책, 50) 승조의 본적해석에 대해 구철(九轍)의 설을 다음과 같이 인용하고 있다. "다보여래는 멸하지 않고[不滅] 석가는 나지도 않으니[不生], 다보불은 본지이고 석가불은 수적이다. 본지는 멸하지 않고 수적은 나지도 않으니 불생불멸이다. 본적이 비록 다르지만 불가사의한 하나이다. 어찌 다보불의 본지로써 석가의 적화를 드리울 수 있겠는가. 만약 저 지금을 드러내는 것을 빌어서 본지로 삼는다면, 지금을 바라보는 것으로 적화를 삼는다. 본적이 비록 다르지만 불가사의한 하나이다" 결국 이 글은 앞의 『법화전기』와 같은 내용이 어구를 달리 표현한 것으로 보인다. 한편 길장의 『법화현론』 제1권에서는 9철을 도융(道融)이 세운 것이라 하여, 도융을 구철법사라 하고 있다(『大正藏』 34, 363하11)

15 『유마경현소』 4(『大正藏』 38권, 545중)에서 7중으로 본적을 풀이한다. "第一釋名 第二明本跡 第三辨本跡高下 第四約教分別本跡 第五正明維摩本跡 第六約觀心明本跡 第七用本跡通此經文" 이중 제1석명은 원교에서의 본적을 밝히고 있다.

16 知禮, 『십불이문지요초(十不二門指要鈔)』 1(『大正藏』 46권, 706상). "言觀法者十乘也…文體正意唯歸二經 一依法華本跡顯實 二依涅槃扶律顯常"

의 자취를 보인 수적의 부처를 열어서 구원겁 전에 성불한 본지의 부처를 드러내는 개적현본(開迹顯本)의 법문이다. 『법화경』은 방편의 법을 열어 진실의 실상의 이치에 들어가는 법으로 방편과 진실이 일체를 이루는 묘법임을 밝히고 있다. 이 중에서 적문은 곧 가야성에서 성불한 부처의 법문으로, 법화이전에 설한 장교 통교 별교의 삼교는 모두 법화 원교에 인도해 들어오기 위한 방편으로 삼는다. 곧 삼교는 중생들의 집착을 제거하기 위한 방편교이고, 이를 모아 가장 원만하고 이상적인 교설인 원교에 인도하는 법문으로 적문의 개현을 나타내 보인다. 따라서 이전의 삼교에서 베풀어진 교법으로서 성문승·연각승·보살승의 삼승은 삼계의 생사고를 벗어나기 위한 방편설이어서 법화에 의하여 다 성불의 일승법에 귀일하게 된다. 그것은 법화에 와서 부처가 일대사인연(一大事因緣)으로 세상에 출현한 것이 일체중생을 불도에 들어오게 함이었다고 선언함에 따라, 이승 삼승들도 성문승·연각승·보살승을 위한 것이 아니요, 본래 불도(佛道)를 위한 것이었음을 일깨워줌으로써 이승 삼승에 대한 집착을 여의고 본지의 일불승에 귀일하게 된다는 것이다. 일불의 귀일의 근거에 대해서 지의는 부처의 본의는 오직 일불승에 있었으나 중생들의 근기가 미천하고 차이가 있어 삼승으로 나누어 설하였을 뿐이다. 삼승이 일불승에서 나온 방편임을 안다면 누구나 방편에서 일불승으로 향하게 될 것이고, 방편임을 아는 순간 방편이 곧 일불승도가 되기 때문이다.

한편 본문에서는 여래가 가까운 가야성에서 성불한 적불을 위한 것이라는 관념을 불식시키고, 구원겁 전에 이미 성불한 본불을 위한 것임을 곧 바로 드러내어 도를 늘어나게 하여 생사를 덜어가게 된다. 이를 증도손생(證道損生)이라 하는데 곧 보살들로 하여금 중도실상의 지혜를 증장시켜 분단생사(分段生死)와 변역생사(變易生死)에서 벗어나게 한다는 것이다. 본문은 이처럼 무량한 보살도를 통해 불도에 들어감을 보여준다.

지의는 이러한 본적의 개념을 경전해석의 한 방법으로 수용한다. 곧 경전해석을 네 가지로 하는데, 인연석(因緣釋)·약교석(約教釋)·관심석(觀心釋)에 본적석(本迹釋)을 더하여 사석(四釋)으로 하고 있는 것이다.

5. 지의 이후의 본적

지의의 본적 해석의 전통은 천태종 6조 형계담연(荊溪湛然, 711~782)에 이르러 『법화현의석첨』에서 적문십묘와 본문십묘를 해설하여 『십불이문(十不二門)』을 세운다. 곧 『법화현의』 경묘(境妙)에 따라 색심불이문(色心不二門)을 세우고, 지묘(智妙)에 따라 내외불이문(內外不二門)을, 행묘에 따라 수성불이문(修性不二門)을, 위묘와 삼법묘에 따라 인과불이문(因果不二門)을 세운다., 감응묘 신통묘에 따라 염정불이문(染淨不二門) 의정불이문(依正不二門) 자타불이문(自他不二門)을 세우고, 설법묘에 따라 삼업불이문(三業不二門) 권실불이문(權實不二門)을, 권속묘와 이익묘에 따라 수윤불이문(受潤不二門)을 세운다.

그 후로 도수(道邃)는 『십불이문의(十不二門義)』 1권, 원청(源淸)은 『십불이문시주지(十不二門示珠指)』 2권, 종욱(宗昱)은 『주십불이문(註十不二門)』 2권 등의 『십불이문』에 대한 다양한 해석이 나오게 된다. 사명지례(四明知禮, 959~1028)에 이르러 『십불이문』에 이르러 앞선 주소가들의 편견을 시정하고 그 진의를 발휘하고자 『십불이문지요초(十不二門指要鈔)』를 편찬하게 된다.

본적 이문의 설은 그 영향이 광대하다. 밀교 본지신(本地身) 가지신(加持身)의 설, 일본 신불(神佛)의 본·적설에 그 영향을 끼치게 되는데, 일본 각운(覺運) 등은 이 설을 전석(轉釋)하여 아미타불을 본적 2문으로 나누어 세웠다. 정토종 행서(幸西)와 진종의 친란(親鸞) 등이 그 설을 계승해서, 10겁 정각의 미타와 구원실성의 미타를 세우고 전자를 적문의 미타 후자를 본문의 미타로 삼게 된다. 이들은 나란히 본문의 미타와 중생이 갖추어진 불성은 동체라고 제시한다. 그러나 정토종 서산파의 증공(證空)은 곧 십겁의 미타는 자비를 표시하고 구원의 미타는 지혜를 표시한다고 주장하여, 이 둘은 모두 진실이며 이는 곧 10구 양실(兩實)이라 한다.

Ⅲ. 텍스별 용례

1. 지의 『법화문구』의 본적석(本迹釋)과 본적이문

1) 본적석(本迹釋)

본적석이란 경문의 내용을 수적(垂迹)의 입장과 궁극의 진리인 본지(本地)에서 해석하는 것이다. 『묘법연화경문구』에서는 『법화경』의 해석을 인연석(因緣釋)·약교석(約教釋)·본적석(本迹釋)·관심석(觀心釋)의 네 가지 방법으로 해석하였다. 그 대강을 정리하면, 다음과 같다.

> 첫째, 인연석(因緣釋)이란 부처님과 제자 중생과의 관계나 그 인연을 밝혀 경을 해석하는 것으로 감응석(感應釋)이라고도 한다.
>
> 둘째, 약교석(約教釋)이란 부처님의 교리 내용을 장교·통교·별교·원교의 화법사교(化法四教)로 나누어 해석한 것이다.
>
> 셋째, 본적석(本迹釋)이란 경의 내용을 본문·적문에 의해 해석하는 방법이다.
>
> 넷째, 관심석(觀心釋)이란 설해진 문구를 일심의 실상을 관할 수 있도록 해석하는 방법. 다시 말해서 마음으로 경의 내용을 관하는 것이다.

지의는 『법화경』의 진의를 자취에 나타난 것에서만 찾지 말고, 본지에서 찾아야 한다고 『법화문구』에서 경문을 인용하여 다음과 같이 밝히고 있다.

> 「방편품」에 이르시되, "나는 본래 서원을 세워, 널리 일체중생으로 하여금, 또한 한가지로 이 도를 얻어, 나와 똑같아 다름없게 해주고자 했다." 하셨다. 또 「오백수기품」에 이르시되 "안으로 보살행을 감추고 겉으로 성문임을 나타내 보여, 실은 스스로 불국토를 정화하면서도 대중들에게 삼독이 있는 것처럼 나타내 보이고, 또 사견에 빠진 듯한 모습을 나타낸 것이니 내 제자들이 이렇게 방편을 통해 중생을 교화했느니라."[17]

곧 현재 수적의 모습은 본지의 응현이므로 삼승의 본체는 일승에서 나왔다는 것이다.

예를 들면, 아난은 아직 진리를 깨닫지 못한 성문제자이나 본적의 입장에서 보면, 현재의 모습은 수적신의 모습이요, 그 본지의 본신을 드러낸다면 공왕불(空王佛)시대 동시에 발심한 적이 있다는 것이다.[18] 따라서 현재의 모습은 방편으로 법을 전하는 지경제일(持經第一)의 제자모습이라는 해석이다. 이러한 해석은 영취산 설법을 듣고 있는 성문대중들이 현재는 이

17 이원섭 역, 『법화문구』 상권 「서품」제일 (서울: 영산법화사출판부), 49면.
18 『법화문구』 1상(『大正藏』 34권, 4상)

승의 모습이지만, 원래 본지에서 보면 법신대사이고, 영취산에 등장하는 보살들도 원래 본지는 등각이나 법왕과 동등하여 부처님과 비슷한 위라 할 수 있는데, 수적하여 석가세존을 도와 보살이 되어 교화한다. 따라서 적문은 이러한 이승 삼승들이 자신들이 본래 본지에서는 일불승에 주하였다는 것을 깨달아가는 법문이라 할 수 있다. 이는 일체 중생도 본래 일불승에서 나왔으므로 누구나 [일불승]불성이 있어서 이를 깨달아 불도에 귀일해야한다는 원교관을 내포하고 있다.

2) 본·적이문

『법화문구』에서 본·적의 문제는 크게 두 가지 관점으로 전개된다. 하나는 적불 본불의 교화법문의 관점으로, 수적의 적불이 설하는 법문으로서의 적문과 본지의 본불이 설하는 법문으로서 본문이라는 점이다. 다른 하나는 본불 적불의 교화행의 관점으로, 적불은 본불에 의해 수적하여 교화방편을 베풀고 있다는 것이다.

먼저, 본불 적불의 법문으로 보면『법화경』전체 내용을 적문과 본문으로 나누어 수적(垂迹)의 적불(迹佛)과 본지(本地)의 본불(本佛)이 설한 개권현실(開權顯實)의 법문이다. 지의는 적문(迹門)과 본문(本門)의 두 문에 입각하여 경을 분석하고 각각을 다시 세 단으로 나누어 구분했다. 두 문(二門)에 입각해 보는 것은 부처님의 의도를 본문(本門) 적문(迹門)으로 나누어 본 것이다. 적문의 정종분에서는 법을 설해 보인 법설주(法說周), 비유로 풀어 보인 비설주(譬說周), 인연법을 설한 인연설주(因緣說周)의 세 부분으로 보고 이들을 다시 정설(正說: 부처님의 교설) 영해(領解: 제자의 이해) 술성(述成: 풀어 서술함) 수기(授記)의 네 부분으로 나누어 언급하고 있다.

적문과 본문이란 불보살이 본체의 깨달음의 몸[覺身: 本地]으로부터 중생교화를 위해서 여러 가지 몸을 드러내는데, 본(本)은 본체 본신[本地]이고 적(迹)은 모습을 드러낸 분신[垂迹]이다. 마치 강물에 비친 달을 적문이라 한다면 강물에 드리운 하늘의 달을 본문이라 보는 것과 같다. 적문은 싯달태자로 태어나 성불하신 석가불을 기조로 하여 실상의 이치를 설한 것을 말하고, 본문은 「여래수량품」에서 오백진점겁 이전의 오랜 옛날[久遠]에 성불하신 석가 자신의 본체로서 본불의 일(事)을 나타내는데 중점을 둔 교설을 가리킨다.

처음 「서품」을 서분이라 하고, 여기서는 본론을 열기 위한 서곡에 해당된다. 「방편품」 제2부터 「분별공덕품」 제17의 19게송까지를 정종분이라 하고, 여기서는 경의 중심 내용인 본론을 설하고 있다. 이 이후부터 마지막 「보현권발품」 제28까지를 유통분이라 하고, 여기서는 경을 널리 펴도록 당부하는 내용으로 되어 있다.

또 경을 크게 둘로 나누어 「서품」부터 「안락행품」까지의 14품은 적문(迹門)이라고 하는데, 여기서는 부처님이 중생을 위하여 이 세상에 모습을 나타내어 성도하고 교화를 하다가 구시나가라에서 입멸에 든 부처님의 교화행으로, 불타관에서 보면 고(苦)에 빠진 사바세계 중생에게 미혹을 여의어 고에서 벗어나도록 무량한 자비심(慈悲心)에서 중생에 응하여 변화신을 나타내신 응신불(應身佛)이다. 이를 적문의 방편신이라 한다. 또 중생을 제도하기 위한 자비심에서 출발하여 갖가지 어려운 고행을 극복하고 수행을 쌓아서 마침내 광대한 지혜(智慧)를 완성한 부처인 보신불도 이 적문의 부처님이다. 따라서 자비와 지혜를 원만하게 갖춘 부처님의 갖가지 교화방편 내용이 적문의 경문이다.

다음 「종지용출품」부터 마지막 「보현권발품」까지의 14품은 본문이다. 본문에서는 보통 사람들이 지금의 석가불이 가야성에서 처음으로 성불한 부처로 알고 있으나, 진실의 입장에서 보면 원래 부처는 무수겁 이전에 성불[久遠實成]했고 중생 구원을 위해 자취를 드러낸 것이라고 한다. 따라서 무수겁전에 성불한 본불의 구원실성(久遠實成)의 본지(本地) 본원(本原) 본체(本體)를 밝혀 가는 법문이다. 본문은 「여래수량품」 제16에서 석가모니 부처님께서 본래 무량겁 전에 이미 성불하여 지금에 이르는 본불(本佛)이라는 본지(本地)를 밝히고 있고, 이 본불로부터 교화받은 보살들이 땅에서 솟아나오는[從地踊出] 것이 「종지용출품」 제15이기 때문에 본문의 시작으로 보는 것이다.

적문과 본문은 다시 각각 서분·정종분·유통분의 셋으로 나눈다. 이를 보통 이문육단(二門六段)의 구성이라고 한다. 적문의 처음 「서품」을 서분으로 하고, 「방편품」부터 「수학무학인기품」까지를 정종분, 그 이후 「법사품」에서 「안락행품」까지를 유통분이라고 하였다. 본문의 경우는 「종지용출품」의 처음부터 "너희들도 마땅히 이로 인하여 얻어들으리라"까지를 서분으로 하고, 같은 품 "이때 석가모니불이 미륵보살에게 말씀하시되" 이후부터 「분별공덕품」의 게송 "이와 같은 사람 등은 이에 의심이 없으리라" 까지를 정종분이라 하며, 이 이후 "또 아일다야, 만일 부처님의 수명이 장원함을 듣고 그 말뜻을 알면"이하부터 끝까지를 유통분이라 한다. 이를 모두 통틀어 2문[본문·적문] 6단[서분·정종분·유통분]이라 하는데 도시하면 다음 표와 같다.

<『묘법연화경』의 적문 본문(2문 6단)>

2문 6단	적문	서 분	「서품」	서분
		정종분	「방편품」~「수학무학인기품」	정종분
		유통분	「법사품」~「안락행품」	
	본문	서 분	「종지용출품」~ 너희들도 마땅히 이로 인하여 얻어 들으리라	
		정종분	그때 석가모니불께서 미륵보살에게 이르시되~ 「분별공덕품」:이같은 사람들은 이에 의심이 없으리라	
		유통분	또 아일다야 만일 부처님의 … 그 말뜻을 알면~ 「보현권발품」	유통분

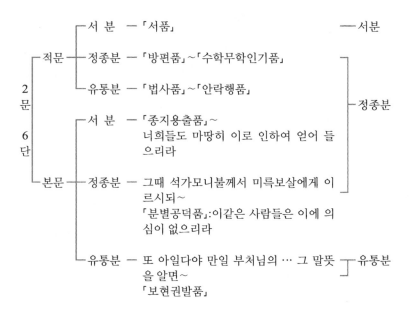

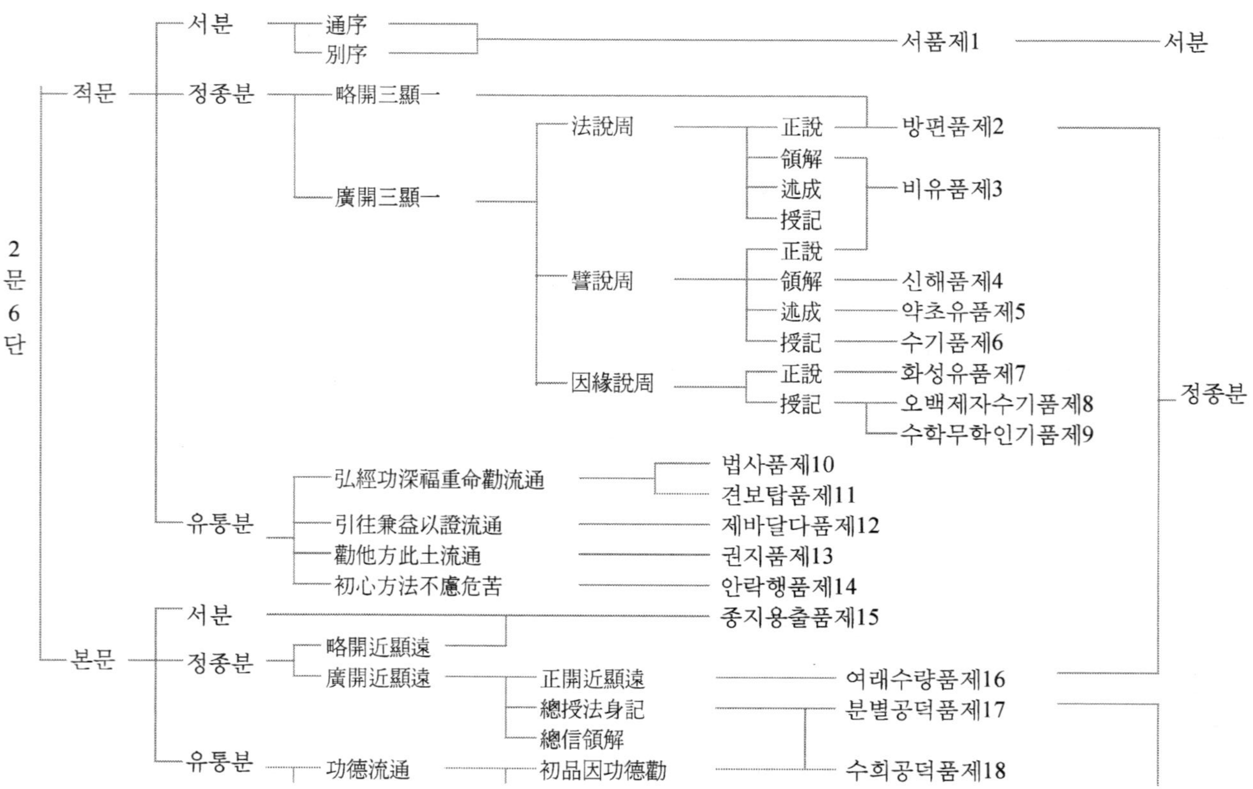
2 문 6 단
적문
본문
서분
通序
別序
서품제1
서분
정종분
略開三顯一
廣開三顯一
法說周
譬說周
因緣說周
正說
領解
述成
授記
正說
領解
述成
授記
正說
授記
방편품제2
비유품제3
신해품제4
약초유품제5
수기품제6
화성유품제7
오백제자수기품제8
수학무학인기품제9
정종분
유통분
弘經功深福重命勸流通
引往兼益以證流通
勸他方此土流通
初心方法不慮危苦
법사품제10
견보탑품제11
제바달다품제12
권지품제13
안락행품제14
서분
종지용출품제15
정종분
略開近顯遠
廣開近顯遠
正開近顯遠
總授法身記
總信領解
여래수량품제16
분별공덕품제17
유통분
功德流通
初品因功德勸
수희공덕품제18

- 初品果功德勸 — 법사공덕품제19
- 信毁罪福勸 — 상불경보살품제20
- 付屬流通
  - 囑累流通
    - 受命付屬 — 여래신력품제21
    - 摩頂付屬 — 촉루품제22
  - 化他勸流通
    - 苦行乘乘 — 약왕보살본사품제23
    - 三昧乘乘
      - 묘음보살품제24
      - 관세음보살보문품제25
    - 總持乘乘 — 다라니품제26
    - 誓願乘乘 — 묘장엄왕본사품제27
  - 自行流通
    - 神通乘乘 — 보현권발품제28

(법사공덕품제19 ~ 보현권발품제28: 유통분)

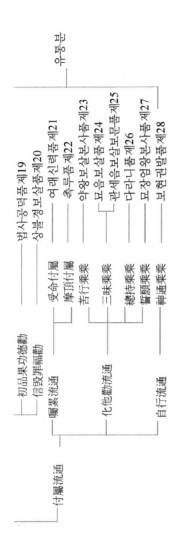

둘째, 본불 적불의 교화행으로 보면, 적문을 설해가는 석가모니불은 사실은 본불에서 수적한 응신불이고 본불은 법신불로서 영원 불멸의 부처라는 것이다. 「여래수량품」 제16에서 본불인 여래는 무량아승지겁 전에 성불해서 멸함이 없고 과거 현재 미래를 통괄하는 무시무종의 부처임을 말한다. 따라서 본불은 우주의 진리와 다름없고 본래의 생명의 빛과 같아 우주에 충만해 있어서, 시간과 장소에 따라 여러 형태로 나타나 중생의 근기에 맞게 제도하려고 준비하고 있다. 그리고 그 구제의 본체는 중생에 대한 대자대비라 할 수 있다.[19]

불타관으로 보면 현상적인 석가불의 모습을 나타나게 한 본체로서 영원 불멸의 법신불(法身佛)을 말한다. 그렇지만 본문 적문 모두 방편을 열어 진실을 보여 중생들로 하여금 깨달음에 이르도록 하는 법문이기 때문에 이 둘 중 어느 것이 뛰어나고 열등한가를 구별할 수는 없다. 적불이 있으므로써 우리는 부처의 모습을 생생하게 실제로 볼 수 있고, 그러므로 이 부처로 인해 본체인 영원 불멸의 수명을 가진 본불이 있음을 알게 된다. 그리고 본적의 둘은 모두 불가분의 관계인 것이다.

2. 『법화현의』의 본·적 십묘(十妙)

지의는 『묘법연화경현의』 제2와 제7에서 『묘법연화경』을 해석함에 있어, 경의 제목 '묘(妙)'자에서 본 적의 이중 십문을 세우고 있다. 곧 적문 14품 및 본문의 14품 중에 열 가지 불가사의한 묘함이 있다고 하여, 본문십묘·적문십묘라 한다. 그리고 연화(蓮華)의 두 글자를 해석할 때 적문과 본문에 각각 세 가지 비유를 세운다. 이를 적본(迹本)의 삼유(三喩), 연화의 삼유(三喩)라고 부른다.

『묘법연화경현의』 제2상에는 『묘법연화경』의 제목 중 묘(妙)자에 삼중으로 10가지의 불가사의하고 묘한 뜻[十妙]을 함축하고 있다고 한다. 삼중십묘란 세 가지 측면에서 십묘를 논하는 것으로, 적문십묘·본문십묘·관심십묘를 말한다. 이 중에 본문십묘·적문십묘란 불가사의하여 묘함, 곧 실상(實相)의 이치를 가리킨다. 그 내용은 『법화경』에서 설하는 인과(因果) 자타(自他) 등에 갖추고 있는 십묘를 총체적으로 논한 것이다.

19 庭野日敬 저, 박현철·이사호 옮김, 『법화경의 새로운 해석』 (서울: 경서원), 45면.

먼저 적문십묘란 「방편품」으로 말미암아 세운 『법화경』 적문 14품에 있는 불가사의한 십묘를 말한다. 여기에는 지경(智境) 내지 권속(眷屬) 이익(利益)의 불가사의한 것을 드러냈다는 것이다. 첫째 경묘(境妙), 둘째 지묘(智妙), 셋째 행묘(行妙), 넷째 위묘(位妙), 다섯째 법묘(法妙), 여섯째 감응묘(感應妙), 일곱째 신통묘(神通妙), 여덟째 설법묘(說法妙), 아홉째 권속묘(眷屬妙), 열째 공덕이익묘(公德利益妙)이다.[20] 이들은 법화 이전의 제경들이 열 가지 거친 모습이었다고 보고, 이에 비해서 법화에서 설한 열 가지 경계와 지혜 등이 다 절묘하여 불가사의하다고 자세히 설한 것이다.

또 본문십묘란 「여래수량품」으로 말미암아 세운 『법화경』 본문 14품에 있는 불가사의한 십묘를 말한다. 여기에는 본인(本因)의 묘함 내지 본이익이 묘함의 불가사의한 것을 나타낸다는 것이다. 첫째 본인묘(本因妙), 둘째 본과묘(本果妙), 셋째 본국토묘(本國土妙), 넷째 본감응묘(本感應妙), 다섯째 본신통묘(本神通妙), 여섯째 본설법묘(本說法妙), 일곱째 본권속묘(本眷屬妙), 여덟째 본열반묘(本涅槃妙), 아홉째 본수명묘(本壽命妙), 열째 본이익묘(本利益妙)이다.[21] 이들은 적문의 내용들이 본문에 비해 열 가지 거친 내용이라 보고, 본문의 인과 등 열 가지가 모두 불가사의하다고 자세히 설한 것이다.

1) 적문 십묘

적문 십묘를 간략히 살펴본다.

첫째 경묘(境妙)[22]란 지혜의 대상 경계가 묘하다는 것이다. 지혜가 연(緣)하고 비추어 관하는 대상인 경계가 절묘하여 불가사의함을 말한다. 그 경계는 십여(十如) 인연(因緣) 사제(四諦) 삼제(三諦) 이제(二諦) 일제(一諦) 무제(無諦) 등을 이루는데, 이들 도리는 실상 그 자체로서 사고분별을 초월하여 있기 때문이다. 이 법은 지혜의 대상으로 제불의 스승이기도 하다. 부처님 일대 설하신 법은 한량이 없지만 이를 묶어보면 일곱 가지이다.

먼저, ① 십여의 경계란 곧 실상의 경계로 『법화경』 「방편품」에서 밝힌 십여시(十如是)이다. 상 성 체 력 작 인연 과 보 및 본말구경등 까지이다. 그런데 이 십여는 십계(十界)에 각각 모두 갖추고 있다. 이중에 삼악취(三惡趣)의 십여부터 삼선취(三善趣) 이승(二乘) 및 보살(菩薩)의 십여까지 구계

20 『묘연화경현의』 이하 『법화현의』 2상(『大正藏』 33권, 697하)
21 『법화현의』 7상(『大正藏』 33권, 765상)
22 『법화현의』 2하(『大正藏』 33권, 698중)

(九界)의 십여를 방편으로 하고, 불계(佛界)의 십여를 진실이라 한다. 그리고 이 십계십여의 방편과 진실은 모두 불가사의해서 제불의 지혜 경계로, 서로 융즉(融卽)하여 둘이 아닌 실상이다. 『묘법연화경』 제2 「방편품」에 "오직 부처님과 부처님만이 능히 제법의 실상을 궁구해 다했다"고 한 것은 이 뜻을 나타낸 것이다.

② 십이인연의 경계란 무명 내지 노사까지 십이인연을 말한다. 그런데 장 통 별 원의 사교의 교리가 똑같지 않기 때문에 그것을 관하는 데에도 차별이 있다. 첫째, 장교에서는 생멸하는 현상을 교의를 삼아서, 인연에 의해 일어나는 실상을 인정하여 치우친 진실한 공의 이치[空理]에 돌아가기 때문에 '헤아려 알 수 있는[思議生滅]'이라 한다. 둘째, 통교에서는 생멸이 없음[無生滅]을 교의로 삼아서, "인연은 곧 공"이라고 설하여 치우치지 않은 공[不但空]의 이치를 궁극으로 하기 때문에 '헤아려 알 수 있는 생도 없고 멸도 없음[思議不生不滅]'이라 한다. 셋째, 별교에서는 무량(無量)을 교의로 삼아서 인연의 현상적인 모습을 섭수하여 본유의 평등한 이성에 돌아가니 계외(界外)의 중도이치를 밝히므로 '헤아릴 수 없는 생멸[不思議生滅]'의 관을 이룬다. 넷째, 원교에서는 무작(無作)을 교의로 삼아 인연의 "현상적인 모습이 곧 실상"이라고 설한다. 치우치지 않는 중[不但中]의 이치를 밝히는 것으로 '헤아릴 수 없는 불생불멸[不思議不生不滅]'의 관을 이룬다. 이 중에서 앞의 삼교의 관은 방편이므로 거칠다[麤]고 하고, 원교는 진실해서 묘하다고 한다. 십이인연이 묘[妙]하다고 한다.

③ 사제(四諦)의 경계란 고제(苦諦)·집제(集諦)·멸제(滅諦)·도제(道諦)의 사성제가 지혜의 경계가 된다는 것이다. 사제도 또한 사교에 따라 넷이 있다. 장교는 생멸이고, 통교는 불생멸이며, 별교는 무량이고 원교는 무작이다. 이 중에 앞의 삼교의 관은 거칠다고 하고, 원교는 묘하다고 한다.

④ 이제(二諦)의 경계란 진·속 이제로서 사교의 교섭에 의해서 7종류의 구별이 있다. 장교는 실제로 있다고 함[實有]을 속제로 하고, 실제로 있는 것이 아님[有의 滅]을 진제로 한다. 통교는 환으로 있음[幻有]를 속제로 하고, 환으로 있는 것이 곧 공(空)임을 진으로 한다. 별교가 통교를 이음[別接通]에서는 환으로 있음을 속제로 하고, 환으로 있음이 곧 공이면서 불공인 것을 진제로 한다. 원교가 통교를 이음[圓接通]이란 환으로 있음을 속제로 하고, 환으로 있음이 곧 부단중[不但中]인 것을 진제로 한다. 별교는 환으로 있음과 환으로 있음이 곧 공인 것을 속제로 하고, 유와 공에 즉하는 중도를

진제로 한다. 원교가 별교를 이음[圓接別]은 환으로 있음과 환으로 있음이 곧 공(空)임을 속제로 하고, 유공[有空]에 즉하는 중도를 진제로 한다. 원교는 환으로 있음과 환으로 있음이 곧 공인 것을 속제로 하고, 일체법이 유(有)이고 공(空)이며 중도(中道)에 나아감을 진제로 한다. 이 중에 원교의 이제는 부사의하고 묘하며 다른 것들은 모두 방편이어서 거칠다[麤].

⑤ 삼제의 경계란 공(空) 가(假) 중(中) 삼제가 된다. 사교 중에 장교와 통교의 2교는 중도를 밝히지 못하여 삼제가 없다. 그러므로 별접통 이후 다섯 종류의 삼제가 있다. 곧 별접통은 유루(有漏)를 속제로 하고 무루를 진제로 하며 비유루비무루를 중도로 한다. 원접통은 속제 진제는 앞과 같고 일체법을 갖춤을 중도로 한다. 별교는 환으로 있음을 속제로 하고 환으로 있음이 곧 공임을 진제로 하며 단중(但中)의 이치를 중도로 한다. 원접별은 속제 진제는 앞과 같고 일체법을 갖춤을 중도로 한다. 원교는 공 가 중의 삼제가 원융 불가사의함을 말한다. 이중에 원교의 삼제는 방편을 대동하지 않으므로 묘하다 하고 나머지는 거칠다[麤]고 한다.

⑥ 일제를 경계로 한다는 것은 일실제(一實諦)가 된다. 소승은 방편의 이제를 설할 뿐 이제를 설하지 않는다. 대승제경에서는 이제를 끼고서 일제를 설한다. 법화에서는 곧바로 방편을 버리고 다만 무상도를 설한다. 무상도란 곧 일실제이다. 그러므로 법화만이 묘하고 다른 것은 거칠다[麤]는 것이다.

⑦ 무제를 경계로 한다는 것은 일제(一諦)를 고집하는 자에 대해서 모든 진리[諸諦]는 설할 수 없음[不可說]이라고 말하는 것이다. 곧 설할 수 없음을 묘라 하고 설할 수 있음[可說]을 거칠다[麤]고 한다. 『묘법연화경』「방편품」에 "제법은 본래부터 항상 스스로 적멸상이다"라고 한 것이 곧 이 뜻이다.

이상의 일곱 가지 진리의 경계는 제법실상의 뜻에 의하여 모두 묘하다. 그러므로 이를 경계가 묘하다고 한 것이다. 십묘 중에 맨 첫머리에 경묘(境妙)를 놓은 것은 실상법은 제불의 스승으로 곧 부처와 천, 인 등의 조작에 의하지 않기 때문이다.

둘째 지묘[23]란 앞의 경계를 관하여 비추는 지혜가 묘하다는 것이다. 곧

23 『법화현의』 3상(『大正藏』 33권, 707상)

실상의 경계를 관하여 그 진리를 깨닫는 지혜가 불가사의함을 말한다. 연하고 비추어보고 관하는 지혜에 의해서 대상 경계가 드러나게 된다. 경계가 묘함[境妙] 다음에 지혜가 묘함[智妙]이 나온 것은 이 능히 관하는 지혜는 경계에 의하여 묘함을 얻게 되기 때문이다. 부처님 일대에 설하신 지혜는 무량하지만 이를 들어보면, 세속지[世智]부터 원교묘각지(圓教妙覺智)까지 20지(智)로 볼 수 있다. 이를 간략히 살펴보면 다음과 같다.

① 세속지[世智]는 보리의 도를 의지하지 않고, 세간에서의 삿된 헤아림 잘못된 집착으로 일어나는 지혜를 말한다.
② 오정심지(五停心智)는 사념처지(四念處智)라고도 한다. 불교에 들어오는 첫 관문으로 불교의 가르침을 이해하고 현위(賢位)에 들어간 자가 일으키는 지혜. 사교(四教) 중에 장교(藏教)의 초심(初心)이 되는 외범(外凡)들이 일으키는 지혜라고 한다. 수행으로 보면 오정심관(五停心觀)을 닦고 사념처관(四念處觀)을 닦아 얻어지는 지혜이다.
③ 사선근지(四善根智)는 장교의 사념처관을 닦고 난위(煖位)·정위(頂位)·인위(忍位)·세제일위(世第一位)에 들어가 나오는 지혜. 장교 내범위(內凡位)에서 얻는 지혜라 한다.
④ 사과지(四果智)는 장교의 성문들이 얻는 지혜로 사과를 닦아 얻는 지혜이다. 수다원과·사다함과·아나함과·아라한과의 지혜를 가리킨다. 사과에서 똑같이 진리를 보기 때문이다.
⑤ 지불지(支佛智)는 다시 습기를 침범하는 벽지불의 지혜를 말한다. 삼장교에서 성문과 같이 견혹과 사혹을 끊은 후, 다시 중생의 습기를 침범하기 때문에 성문 다음의 계위에 둔다. 삼세의 인과를 분별하는 별상관(別相觀)의 관법으로 능히 습기를 끊어, 지불지에서 습기가 점점 약하게 되고 보살도에서 모두 끊게 된다.
⑥ 육도지(六度智)는 장교보살은 진리의 지혜[理智]는 약하여 현상적인 지[事智]에는 강하므로 현상적인 육바라밀을 닦는 지혜를 말한다.
⑦ 체법성문지(體法聲聞智)는 통교에서 방편의 성문들이 체공(體空)에 통달하여 얻는 체법지(體法智: 사물의 본체가 곧 공임을 깨닫는 지혜)이다.
⑧ 체법지불지(體法支佛智)는 통교에서 벽지불이 얻는 체공지인데 체법성문지 보다 조금 수승한 지혜라고 한다.
⑨ 체법보살입진방편지(體法菩薩入眞方便智)는 통교보살이 진실에 들어

가는 방편지. 보살은 가(假)의 현상으로 나오는 것을 근본으로 삼고 공(空)으로 들어감은 방편으로 하는 지혜이다.

⑩ 체법보살출가지(體法菩薩出假智)는 통교보살이 바르게 가로 나와서 세속의 차별상을 연하는 지혜이다.

⑪ 별교십신지(別教十信智)는 대승 중도문의 보살이 외범 최초에서 중도를 아는 지혜이다.

⑫ 별교삼십심지(別教三十心智)는 별교의 십주·십행·십회향 계위의 내범위 보살의 지혜이다.

⑬ 별교십지지(別教十地智)는 십지 이상 보살에서의 성지(聖智)를 말한다.

⑭ 장교불지(藏教佛智)는 소승 장교에서 결사의 번뇌를 끊고 성도를 이루는 불지이다.

⑮ 통교불지(通教佛智)는 체공지(體空智)로 계내의 근기를 관조하는 지혜이다.

⑯ 별교불지(別教佛智)는 중도지로 계내외의 근기를 비추는 지혜이다.

⑰ 원교오품제자지(圓教五品弟子智)는 원교의 외범인 오품제자위 보살이 원만하게 오주의 번뇌를 조복해서 실상의 이치를 아는 지혜이다.

⑱ 원교육근청정지(圓教六根淸淨智)는 원교 내범 십신위 보살의 지혜이다.

⑲ 원교초주내지등각지(圓教初住乃至等覺智)는 원교 성위의 보살이 무명혹을 끊고 중도를 증득하는 지혜를 말한다.

⑳ 원교묘각지(圓教妙覺智)는 원교 무상의 가장 존귀한 불과(佛果)의 구경의 지혜를 말한다.

이상 지묘를 20지로 본 것은 적문에서 수행으로 얻어지는 지혜의 경계로 천태는 이를 사교로 나누어 본 것이다. 이 중에서 삼장교에는 세지(世智)·외범지(外凡智)·내범지(內凡智)·사과지(四果智)·벽지불지(辟支佛智)·보살지(菩薩智)·장교불지(藏教佛智)의 일곱이 있다. 다음 통교에는 사과지(四果智)·벽지불지(辟支佛智)·입공보살지(入空之菩薩智)·출가보살지(出假之菩薩智)·통교불지의 다섯이 있다. 또 별교에는 십신지(十信智)·삼십심지(三十心智: 十住·十行·十回向)·십지등지각지(十地等覺智)·별교불과지(別教佛果智)의 넷이 있다. 그리고 원교에는 오품지(五品智)·육근지(六根智)·사십심지(四十心智: 十住·十行·十回向·十地)·불지(佛智)의 넷이 있다.[24]

24 『지관보행전홍결(止觀輔行傳弘決)』 3의 3(『大正藏』 46권, 241상)

이 가운데서 크게 나누면 앞의 12가지는 거칠다[麤]고 하고 뒤의 8가지는 묘(妙)하다고 한다. 뒤의 8중에서도 장교와 통교의 불지는 중도 상주의 실상의 이치를 증득하지 못했기 때문에 거칠다고 한다. 다시 별교와 원교를 비교하면, 별교의 인지는 같지 않으므로 또한 거칠다 하고, 별교는 능히 불도에 들어가는 교문으로 진리와 망상의 경지가 격별되어 있으므로 거칠다 하며, 따라서 원교 4지(智) 만이 묘하다고 한다. 『법화경』「방편품」에서 "내가 얻은 지혜는 미묘해서 가장 제일이다"라고 한 것은 원교 불과지(佛果智)를 밝힌 것이다.

셋째 행묘(行妙)[25]란 지혜의 대상인 진리가 묘하고[境妙] 실상의 진리를 깨닫는 그 지혜가 묘하므로[智妙] 행하는 수행이 묘하다는 것이다. 앞의 지혜에 의해 인도하여 수행한다면 대열반에 도달할 수 있기 때문에 지묘 다음에 행묘를 설하는 것이다. 수행 또한 사교에 따라 다르다. 장교의 행묘는 마음이 방일하지 않는 일행을 설하고, 혹은 지관의 2행을 설하고 혹은 계정혜의 삼행을 설하고 혹은 사념처 오정심 육바라밀 등을 설한다. 이것은 모두 생멸의 지혜로 인도해 오직 분단생사의 고를 벗어나려는 것이다.

통교에서는 일체법의 상이 곧 무상이라고 관하는 행을 설한다. 비록 갖가지 행을 설하더라도 모두 무생멸의 체공지로 인도한다. 장교와 똑같이 삼계를 벗어나 생멸을 쉬는 회단(灰斷)에 귀의한다. 별교에서는 선재동자가 선지식을 구하여 백십성을 거쳐 갖 가지 행을 가르치는 것을 설한다. 이것은 모두 무량한 지혜로 인도하여 분단생사와 변역생사를 여의는 것을 기약하는 것이다. 제행이 격별되어 현상과 진리가[理事]가 융합되지 못한다. 원교에서는 혹은 일행삼매를 설하고 혹은 지관을 설하고 혹은 계정혜를 설하고 혹은 사념처를 설하고 혹은 오문선(五門禪: 공·무상·무아·적멸)을 설하며, 혹은 육바라밀·칠선법·팔정도·구종대선·십승관법을 설한다. 이들은 모두 무작의 지혜로 인도하여 지원묘(智圓妙)를 이루고 함께 행도 또한 융통한다. 이 중에 앞의 삼교의 행은 거칠고 원교의 행은 묘하다고 한다. 『법화경』「방편품」에 "제법은 본래부터 항상 스스로 적멸상을 이룬다. 불자가 도를 행한다면 미래세에 불도를 이루게 된다"고 한 것은 곧 묘행의 뜻을 설한 것이다.

넷째 위묘[26]란 닦아 얻어지는 계위가 수승하여 묘함을 말한다. 앞의 행묘

25 『법화현의』 3하(『大正藏』 33권, 715중)

를 통해 닦아서 경과하는 계위 차제이기 때문에 행묘 다음에 위묘를 설한 것이다. 위묘도 사교로 나누어 볼 수 있다. 장교에서는 성문에 칠현칠성(七賢: 五停心觀·相念住·總相念住·煖法·頂法·忍法·世第一法, 七聖: 隨信行·隨法行·信解·見至·身證·慧解脫·俱解脫)을 세우고, 벽지불은 특별히 계위를 시설하지 않으며, 삼장보살은 삼아승지겁의 수행계위가 있다고 한다. 통교에는 삼승공통의 십지가 있다. 곧 간혜지(乾慧地)·성지(性地)·팔인지(八人地)·견지(見地)·박지(薄地)·이욕지(離欲地)·이변지(已辨地)·지불지(支佛地)·보살지(菩薩地)·불지(佛地)이다. 별교에는 십신·십주·십행·십회향·십지와 등각·묘각을 합하여 오십이위가 있다. 십주에서 처음으로 견혹을 끊고, 십지에서 비로소 무명을 끊어 중도를 증득한다. 원교에서는 오품제자위·육근청정위·십주·십행·십회향·십지·등각 및 묘각위에 이른다. 여기서 오품제자는 외범위이고, 육근청정은 내범위로 별교의 십신위에 해당한다. 원교에서는 초발심주에 무명을 끊고 중도를 증득하며, 팔상성도를 시현해서 시방세계를 교화한다. 이것이 곧 초주 성불의 뜻이다. 다만 제2주 이후의 여러 계위를 말하고 있는 것은 일품의 무명을 끊고 일분의 중도를 증득해 가는 것을 나타낸다. 그러므로 계위마다 융통해서 서로 떨어져 있지 않다. 무명을 끊고 문득 정각을 이루면 법신·반야·해탈을 이루는데 이 삼덕은 중생의 혹(惑)·업(業)·고(苦)에 본래 갖추어져 있는 불성으로 이들은 같은 당체이고, 이를 깨달아 팔상을 갖춘 것이 원교 부처의 상이다.

원교의 계위에 대해서 혜사는 『대품반야경』의 사십이자문(四十二字門)을 들어 그 계위의 차제를 나타내고, 또 「방편품」의 사불지견을 들어 개불지견은 십주, 시불지견은 십행, 오불지견은 십회향, 입불지견은 십지 및 등각을, 불지견에 들어가 있음을 묘각이라고 해석했다. 지의는 이를 계승하여 특별히 육즉(六卽)으로 그 계위를 정하였다. 오품제자위 이전을 이즉(理卽) 명자즉(名字卽)으로 하고, 오품제자위를 관행즉(觀行卽,) 육근청정위를 상사즉(相似卽), 십주부터 십행·십회향·십지·등각까지를 분증즉(分證卽), 묘각을 구경즉(究竟卽)으로 한 것이다.[27]

이 가운데 장교와 통교에서 번뇌를 끊어 증득하는 계위는 삼계내의 견사혹을 끊는데 그치기 때문에 원교에 비해 거칠다고 할 수 있다. 또 별교의 경

26 『법화현의』 4하(『大正藏』 33권, 726중)
27 『법화문구』 4상(『大正藏』 34권, 51중)

우는 십주에서 삼계내의 번뇌를 끊고, 십지 이후에는 무명혹을 끊어 삼계외의 모든 미혹을 끊고 무생인을 증득하기 때문에 묘하다고 할 수 있다. 이와 같이 별교에서는 얕은 계위에서 점차 깊은 계위로 나아간다. 또 증득해 들어가는 법문이 방편을 띠고 있어 거친 것을 벗어나지 못하고 있다. 이에 비해 원교는 초심에서 정각을 이루므로 초심과 과각(果覺)이 같아서 홀로 모두가 묘하다고 한다. 『법화경』「방편품」에도 "이 보배의 수레를 타고 곧바로 도량에 이른다"고 보고 있다.

다섯째 삼법묘란 진성궤(眞性軌)·관조궤(觀照軌)·자성궤(資性軌)의 삼법이 묘하다는 것이다. 삼궤는 궤범을 뜻하는데, 앞의 경묘[지혜의 대상인 진리], 지묘[진리를 비추는 지혜], 행묘[지묘에 의해 경묘를 깨달아가는 수행]의 세 가지 성덕에 부합하여 드러나는 증과가 주하는 법칙이다. 앞에 밝힌 진리[境]의 열고 합하고 거칠고 묘함[개·합·추·묘]을 진성궤라 하고, 앞에 밝힌 지혜[智]의 열고 합하고 거칠고 묘함을 관조궤라 하고, 앞에 밝힌 수행[行]의 열고 합하고 거칠고 묘함을 자성궤라고 한다. 앞의 위묘는 삼법묘의 증득의 과라 할 수 있어서 그 인위의 경·지·행을 설하게 된다. 이 삼법도 사교에 따라 나눌 수 있다. 장교에서 이승은 미혹을 끊고 증득해 들어가는 치우친 공[偏空]을 진성궤라하고, 이를 증득하는 지혜를 관조궤라 하며, 수행하는 조도법을 현상적인 수행으로서 자성궤라 한다. (삼장)보살은 증득한 치우친 공을 진성궤라 하고, 보살의 무상관(無常觀)을 관조궤, 그 공덕을 갖추어감이 자성궤라 한다. 통교에서는 색이 곧 공인 즉공의 이치를 진성궤라 하고, 이를 비추어 보는 공혜를 관조궤, 지혜를 도와주는 갖가지 수행을 자성궤라 한다. 별교에서는 미혹의 이성이 본유의 덕을 드러냄을 진성궤, 지전의 연(緣)을 닦아 미혹을 파하여 진리에 상응하는 지혜를 관조궤라 하며, 이 지혜를 도와주는 여러 수행을 자성궤라 한다. 원교에서는 일체 중생이 다 일승이고 중생이 곧 열반상이므로 인과가 둘이 아닌 중도실상을 진성궤, 진성의 적정하면서도 항상 비추어보는 작용을 관조궤, 닦아서 진성(眞性)의 성덕을 이루는 것을 자성궤라 한다. 진성궤가 드러낸 것을 법신, 관조궤가 드러낸 것을 반야, 자성궤가 드러낸 것을 해탈이라 한다. 이 중 관조와 자성의 정혜장엄으로 진성의 법신을 장엄하므로 법신은 수레의 체[乘體]라 하고, 정혜를 갖가지 장엄구라고 한다. 『법화경』에서 "그 수레가 높고 넓으며 갖가지 보배로 장엄되어 있다"고 한 것은 원교의 삼법을 나타낸

것이라 한다.[28]

이 중에서 장교는 유위의 복덕을 논하여 석공의 지혜로 삼법을 타고 무학에 도달하고, 통교는 체공의 공혜로 삼법을 타고 간혜지로부터 팔인 견지로 들어가지만 구경의 진리를 보지 못하므로 역시 치우친 설로 거칠다고 한다. 별교에서는 자성으로 관조를 돕고, 관조로 진성을 열게 된다. 곧 십신을 타고 가는 교(敎)로 하고, 십주를 타고 가는 행(行)으로 하며, 십지를 타고가는 증(證)으로 하여 묘각의 살바야에 도달한다. 곧 진성궤는 지상(地上)에 이르러 드러내고, 자성궤의 공(空) 가(假) 두 관은 십주 십행에 이르러 드러내며, 관조궤의 중도관은 십회향에 이르러 드러내게 된다. 이와 같이 별교는 삼법이 차이가 있는 방편법으로 역시 거칠다고 한다. 원교는 진성의 성덕에 즉해서 관조 자성의 수덕을 나타내므로 홀로 묘하다고 한다. 이는 「방편품」에서 "이 경은 곧 바로 방편을 버린다"고 했고, 또 "부처는 스스로 대승에 머물러 그 얻은 법 같이 하고, 정 혜 력으로 장엄하여 중생을 제도한다"[29]고 한 것이 원교의 삼궤를 나타낸 것이라 한다.

또한 지의(智顗)는 원교에서는 이 삼궤가 종횡으로 통하여 묘(妙)하다고 한다. 범부의 일념심에 삼궤를 갖추어 있는데, 원교에서는 이 삼궤를 움직이지 않고 성인의 삼궤를 이루어 종으로 통한다고 한다. 또 모든 경론에서 설하는 삼법은 연에 부응하기 때문에 이름이 달라졌을 뿐 원교에서 본다면 법체가 다르지 않고 그 뜻이 같다고 할 수 있어서 또한 횡으로 통한다고 한다. 그리고 이러한 삼법은 대략 열 가지가 있다고 한다. 첫째 삼도(三道: 고·혹·업), 둘째 삼식(三識: 암마라식·아뢰야식·아타나식), 셋째 삼불성(三佛性: 정인·요인·연인), 넷째 삼반야(三般若: 실상·관조·문자), 다섯째 삼보리(三菩提: 실상·실지·방편), 여섯째 삼대승(三大乘: 理·隨·得), 일곱째 삼신(三身: 법신·보신·응신), 여덟째 삼열반(三涅槃: 性淨·圓淨·方便淨), 아홉째 일체삼보[法·佛·僧], 열째 삼덕(三德: 법신·반야·해탈)이다. 삼궤의 삼법이 묘함에 미루어 이들 열 가지 삼법도 또한 묘하다고 한다.

여섯째 감응묘(感應妙)[30]란 중생의 근기가 감(感)하고, 이에 상대하는 부처의 응(應)함이 불가사의한 것을 말한다. 앞의 삼법묘에서 원만한 과지(果

28 『묘법연화경현의』 5하(『大正藏』 33, 742하)
29 『묘법연화경』 1권, 「방편품」(『大正藏』 9, 8상)
30 『법화현의』 6상(『大正藏』 33, 746하)이하.

智)를 밝히기 때문에, 이어서 과지의 묘한 작용으로 감응묘를 설하고 있다. 먼저 중생의 감하는 입장에서 거칠고 묘함을 논하면 거칠은 근기는 거칠은 응함을 감하고, 묘한 근기는 묘한 응함을 감한다. 거칠은 근기에도 성숙과 미숙이 있는데 성숙한 근기는 응함을 입어도 미숙한 근기는 입지 못한다. 묘한 근기에도 또한 성숙과 익지 않음이 있어서 모두 응함을 입는 것이 다르다. 만약 부처의 응하는 입장에서 논하면 장교 통교의 부처에서는 응하는 것이 모두 선정력에 말미암아 일어나는 작의(作意)의 신통을 이루기 때문에 거칠다고 한다. 곧 장·통의 부처는 회신멸지(灰身滅智)하기 때문에 색심(色心)의 법에 즉하는 본유의 이체(理體)가 없이 작의함에 따라 진의 응함이 이루어진다고 한다. 그러므로 설사 중생에게 응함이 이루어지더라도 거칠은 응함이라 한다. 별교와 원교에서는 별교의 지전(地前)과 원교의 주전(住前)에는 번뇌를 조복하는데 그치고 무명번뇌를 완전히 끊지는 못하기 때문에 응함이 이루어 지기는 하지만, 묘한 응함이라 할 수 없다. 지상(地上) 및 주상(住上)에서는 삼관이 현전하고 이십오삼매를 증득하여 법신이 청정하고 물듦이 없는 것이 마치 허공과 같다. 비로소 본유 상주의 이치를 체현하기 때문에 청정하고 고요하게 일체에 응함을 얻는다. 곧 무사(無思) 무념(無念)하게 응하는데 하늘의 달이 떨어지지도 않은 채 온갖 강의 물을 끌어 올리지도 않으면서 일시에 널리 모든 물속에 비치는 것과 같이 응한다. 이와 같이 법신의 응함을 얻지 못했으면 거친 것이고, 응함을 얻었으면 묘하다고 할 수 있는데 별교에서는 거칠고 묘한 것이 서로 분리되어 있다. 곧 화엄시에서 이승들이 듣지도 못하고 이해하지도 못하여 벙어리와 같고 귀머거리와 같았다는 것은 아직 방편의 거칠은 감응임을 말해준다. 별교의 중도는 이와 같이 원교와 같은 점도 있지만 교도의 방편을 띠고 의지하면 오히려 그 묘응이 아직 거칠은 것을 면하지 못한다. 그러므로 근기가 성숙한 원만한 근기에게 순전이 묘한 감응이 이루어지는 것은 『법화경』에서 이루어진다는 것이다. 「방편품」에서 "무릇 하시는 바가 있음은 오직 한 가지 일을 위한 것"[31]이라 했으니 이 일은 일찍이 잠시도 폐한 적이 없다고 한다. 또 "지금 이 삼계는 모두 내가 있고 그 중에 중생은 다 나의 아들이다"라고 한다.

일곱째 신통묘[32]는 부처님의 신통이 불가사의함을 말한다. 부처는 부사

31 『묘법연화경』 1(『大正藏』 9권, 7중)

의한 삼륜으로 교화한다. 신륜(身輪)은 신통륜이라 하고, 구륜(口輪)은 교계론(敎戒論, 또는 正敎論) 타심륜(他心輪)은 억념륜·기억륜이라 한다. 앞의 감응묘에 들어 있는 화타의 응함의 작용으로 신륜의 신통묘를 설하고 다음에는 구륜으로 설법묘를 설한다고 한다. 그리고 의륜의 타심론은 신륜·구륜속에 겸하여 나타난다. 『법화경』에서 "사바세계에 노닌다"는 것은 신륜이고 "중생을 위해 설법한다"는 것은 구륜을 가리킨다. 신통에도 또한 사교에 차이가 있다. 장교 이승은 팔배사 팔승처 및 십일처에 의지하여 십사변화를 닦아서 신통을 낸다. 그리고 장교보살은 유루선에 인해서 오통을 얻고 성도할 때에 육통을 얻는다. 통교는 선정에 의해 오통을 얻고 체법지를 닦아서 누진통을 얻는다. 별교에서는 지전(地前)에서 선정에 의지해 오통을 얻고, 십지(十地) 이상에서 무명을 끊고 누진통을 내어 자연히 법계를 비추어 이익되게 한다. 원교는 사선(事禪)에 의하지 않고 곧 중도실상의 진리로 조작함이 없이 스스로의 신통으로 성취한다. 곧 중도에서 실상을 보고 불성을 보아 닦기 때문에 육근청정 속에서 부처의 안·이·비·설·신·의와 같이 된다. 밖으로는 화타의 응용(應用)으로 보현색신(普現色身)하여 일체중생을 기쁘게 하고, 안으로는 자행의 공덕으로 부처의 육근이 몸 가운데 나타나는 신통을 얻는다. 이것은 육근이 상호작용하는 신통[六根互用神通]으로 무기화화선(無記化化禪)이라 한다.

이러한 신통에 의해 중생에 이익되게 제도하는 모습을 보면, 자기 몸을 변화시키고 자기의 국토를 변화시켜 의보 정보의 응동(應同)함에 따라 십법계의 무량한 차별이 있다. 이 중에 사교에서 이익되게 함을 살펴보면, 삼장의 이승에 응동하여 지으면 석공의 자비로 무기화화선을 훈습하여 노비구의 형상을 일으킨다. 비구들과 함께 포살을 하고 율의의 법도를 지켜 그 사업에 함께 한다. 통교에 응해서는 즉공의 자비로 무생을 관해서 고 공들을 익히므로 제법이 불가득임을 통달하고 그 사업에 함께 한다. 별교에 응해서는 즉가 즉중의 자비로 점 돈의 응함을 일으킨다. 곧 무량한 항하사의 불법을 닦는 것을 보이고, 차제로 점수하는 방편으로부터 원교의 진리에 들어가 그 사업에 함께 한다. 원교에 응하면 원융삼제의 자비로 중도실상을 보여 임운히 무작의 행을 닦는다. 곧 하나 가운데 무량, 무량 가운데 하나를 닦는 모습을 보여 중도에 계합하는 신통을 나타낸다. 원교는 이와같

32 『법화현의』 6상(『大正藏』 33권, 749하) 이하.

이 부사의한 응함을 일으켜 그 사업에 함께 한다.

이들 사교의 신통을 사용하는 것을 비교하면, 장 통 별의 신통은 의보 정보의 전변(轉變)을 가지고 작의(作意)의 신통에 의하기 때문에 거칠다고 한다. 마치 화가가 온 생각을 다해서 물건을 그리려고 하나, 끝내 진짜 물건과는 꼭 같을 수는 없는 것과 같다. 그러나 원교에서는 맑은 거울에 얼굴을 비추면 자연히 똑같은 상이 비치듯이, 본유의 덕을 온전히 중생들의 근기에 응하기 때문에 묘하다고 한다. 『법화경』의 신통변화는 불법계의 중생을 위해 진실의 신통력으로 정토를 짓고 예토를 지으며 혹은 광대하고 혹은 협소하게 지으므로 묘하다고 한다. 서품에서 미간의 광명을 내어 만팔천의 국토를 비추고, 「견보탑품」에서 세 번 사바국토를 변화시켜 정토로 만드는 것과 같다고 한다. 곧 다른 여러 경에서는 거친 것의 신통과 묘한 것의 신통이 서로 격별되어 있는데 『법화』에서는 방편을 열어 진실을 드러내므로 똑같이 묘의 신통이라 할 수 있어서 묘의 신통을 밝힌다고 한다.

여덟째 설법묘[33] 부처님의 설법하는 것이 부사의하다는 것이다. 여래의 부사의한 삼륜의 작용 중 구륜부사의한 작용으로 설법하시는 것이 묘함을 말한다. 앞의 신통묘와 함께 화타의 묘용에 속하고, 신륜의 부사의함에 이어 구륜의 부사의한 설법묘를 설한다.

그 설하는 법에 또한 사교의 구별이 있다. 장교의 이승에 대해서는 바르게 사의(思議)의 진제를 전(詮)하고 부차적으로는 사의의 속제를 전한다. 대개 이승은 번뇌를 끊어 증득하는 것을 위주로 하고, 중생들을 이롭게 하는 이타의 뜻을 위하지 않기 때문이다. 장교의 보살을 위해서는 바로 사의의 속제를 전하고 부차적으로 사의의 진제를 전한다. 통교의 이승은 사의의 진제를 전하고 부차적으로 사의의 속제를 전한다. 또 통교의 초발심보살은 앞의 이승과 같고, 후심보살을 위해서는 바로 속제를 전하고 부차적으로 진제를 전한다. 다만 장교에서는 석공을 나타내지만 대해서 여기는 체공을 나타내는 것이 다르다. 별교의 보살 초심(初心: 십신 십주)을 위해서는 바로 계내의 진제 속제를 전하고, 부차적으로 계외의 진제 속제를 전한다. 중심(中心: 십행·십회향)을 위해서는 바로 계외의 진제·속제를 전하고, 부차적으로 계내의 진제·속제를 전한다. 후심(後心: 십지 이상)을 위해서는

33 『법화경현의』 6상(『大正藏』 33권, 751하)

아울러 계내외 진제 속제를 함께 전한다. 원교의 초심·중심·후심을 위해서는 계외의 부사의한 진속을 전한다.

이 가운데 장교는 생멸사제를 전하므로 그 교와 이치가 모두 거칠다고 한다. 통교는 체법을 전하여 체문에서는 그 능전(能詮)의 교문은 비록 묘하지만 그 전해지는 내용이 진제이지만 아직 거칠다. 별교는 초심 및 중심은 아직 중도의 묘리를 설하지 않기 때문에 거칠다고 하고, 후심에서 비로소 그 내용이 묘하다고 할 수 있지만, 오히려 교문에 방편을 띠고 있기 때문에 능전의 교가 거칠다고 한다. 원교는 교와 이치가 함께 묘하다. 이와 같이 다른 경에서는 진실과 치우침이 섞여 있지만 『법화』에서는 원만한 진리 하나이다. 『법화경』에서는 부처의 평등설법은 한 맛의 비와 같고, 부처의 교설은 곧 바로 방편을 버리고 다만 무상도를 말한다고 한 것이 이 뜻이다.

아홉째 권속묘[34]란 설법은 반드시 그 연(緣)이 있어야 하는데 그 연이 되는 사람 곧 도법을 믿고 수지하는 사람들을 권속이라 한다. 부처의 처소에 시방에서 권속들이 모두 불가사의한 힘이 있음을 말한다. 여래의 일을 잇는 친근 권속들이 앞의 신륜 구륜의 교화 작용을 받았기 때문에 여기서 그 권속이 묘함을 설한다. 이들 권속에는 이성권속(理性眷屬)·업생권속(業生眷屬)·원생권속(願生眷屬)·신통권속(神通眷屬)·응생권속(應生眷屬)의 다섯이 있다. 이성권속이란 중생과 부처가 이성이 평등하여 동일한 이성으로 둘이 아님을 말한다. 중생은 이성으로 상관되어 있어 연을 맺거나 맺지 않거나 상관없이 본래 부처의 아들이라 한다. 『법화경』「신해품」에서 "모든 중생은 다 나의 아들이며 품앗이꾼이 아니다"라고 함이 이것이다. 업생권속이란 중생은 옛적에 부처와 연을 맺은 일이 있어 이성으로는 부처의 아들이지만, 아직 미혹이 있어 그 업으로 말미암아 국토에 태어난다. 이와 같이 업에 의지하여 생을 받아 왔기 때문에 업생권속이라 한다. 원생권속이란 옛적에 부처와 연을 맺은 바가 있으면서 아직 미혹을 끊지 못했지만, 본원에 의하여 부처의 세상에 와서 태어난 권속들이다. 신통권속이란 선세에 부처를 만나 진무루지(盡無漏智)를 내고 진제의 이치를 보았으나, 아직 생이 다하지 않아 원력과 신통력에 의하여 상계나 타방에 태어나는 권속이다. 응생권속이란 중도의 응신 본불[應本]로부터 생을 받아 온 권속들을 말한다.

34 『법화경현의』 6상(『大正藏』 33권, 755중)

이 중에 장교의 업생인 계외의 생은 해당되지 않는다. 대승의 뜻으로 말하면 대통지승불때 삼장의 결연을 이루었던 자로 아직 득도하지 못하고 지금 분단생사(分段生死)로 태어난다. 이 중에 믿고 따르는 자는 부처의 친척권속이 있고, 거부하고 비방한 자는 원수의 권속이 된다. 원생권속은 선세의 결연으로부터 발원으로 부처의 권속이 된다. 신통권속의 생은 선세에 성인의 계위에 들어갔으나 생이 아직 다 하지 않았기 때문에 상계와 타방 등에 있을 때, 불이 욕계에 교화를 펴려는 것을 알고 신통력을 써서 하계에 생을 받는 것을 말한다. 장교에서는 중도의 응신의 본불이 없기 때문에 응생이 없다. 통교의 셋[업생·원생·신통생]은 장교와 같고 다만 무생의 법에 연을 맺은 것이 다르다. 통교에서는 아직 법신을 얻지 못했으므로 응생이 없다. 별교 무량의 법에 결연(結緣)한 자로서 아직 득도하지 않은 자는 마땅히 업으로 생을 태어난다. 또 원생과 신통생으로 타방에 횡으로 오는 자, 방편토에서 종으로 오는 자 및 실보토에서 오는 자의 구별이 있다. 다만 실보토에서 오는 자는 무명을 이미 파해서 중도 응생의 본불을 증득했기 때문에 응생한 자이다. 원교무작의 법에 결연했던 자로 아직 득도하지 않는 자는 업생으로 미래에 반드시 태어난다. 또 원생과 신통생은 상계에서 하계로 하향하는 자, 타방에서 오는 자, 방편토에서 오는 자, 및 실보토에서 오는 자가 있다. 별교 원교의 2교에서 중도를 증득하고 법신 보살이 응생해서 계내에 온다. 여기에는 셋이 있다. 첫째는 다른 사람을 성숙시키기 위해서이고, 둘째는 스스로를 성숙시키기 위해서이며, 셋째 본래의 인연을 위해서이다. 이와 같이 별교는 이미 법신의 근본을 얻고 능히 응신을 일으켜 생사에 들어감이 앞의 통교와 다르다. 이 중에서 앞의 3교의 권속은 교묘하고 졸렬하고 깊고 옅은 구별이 있지만, 이미 삼교의 부처는 거칠은 근기에 따라 시현하는 거칠은 몸이라 할 수 있고 그래서 그 권속도 또한 거칠다. 다만 법화원교의 권속만은 홀로 선세에 십육왕자의 복강(覆講)에서 묘법을 받고 오늘에 널리 성불을 얻었으므로 이것이야말로 희유하고 부사의한 일이라고 하기 때문에 권속묘라 한다. 『법화경』「비유품」에 "지금 이 삼교는 모두 내가 있어서 그 가운데 중생은 다 나의 아들이다"라고 한 것은 곧 권속묘의 뜻을 설한 것이다.

열째 공덕이익묘[35]는 중생들이 교화를 입어 미혹을 깨고 진리를 드러냄

35 『법화경현의』 6하(『大正藏』 33권, 758상)

이 불가사의함을 말한다. 권속들이 교화에 의하여 이익을 얻음이므로 권속묘 다음에 설하게 된 것이다. 공덕이익이라 한 것은 스스로 교화입은 이익을 공덕이라 하고, 남을 이익되게 함을 이익이라 한다. 설법의 이익은 먼 이익[遠益], 가까운 이익[近益] 및 지금『법화경』의 이익이 있다.

먼 이익이란 구원(久遠)의 이익이라 하고, 대통지승불 이래의 교화이익이다. 여기에는 대략 일곱 가지, 자세히는 열 가지가 있다. 일곱 가지는 ① 이십오유 과보의 이익으로, 지상(地上)의 청량한 이익이라 한다. ② 이십오유 인화개부(因華開敷)의 이익으로 소초(小草)의 이익이라 한다. ③ 진제삼매 석법(析法)의 이익으로 중초의 이익이라 한다. ④ 속제삼매 오통의 이익으로 상초의 이익이라 한다. ⑤ 진제삼매 체법의 이익이라 하여 소수(小樹)의 이익이라 한다. ⑥ 속제삼매 육통의 이익으로 대수의 이익이라 한다. ⑦ 중도왕삼매의 이익으로 최고 진실한 일의 이익이라 한다.

다음은 자세히 열 가지 이익이 있다고 한다. ① 과(果)의 이익으로 이십오유의 과에서 각각 이익 얻음을 말한다. ② 인(因)의 이익으로 이십오유의 원인을 파하는 이익이다. ③ 성문을 얻는 이익이다. ④ 연각을 얻는 이익이다. ⑤ 육도보살의 이익이다. ⑥ 통교삼승의 이익이다. ⑦ 별교보살의 이익이다. ⑧ 원교보살의 이익이다. ⑨ 변역생(變易生)의 이익, 또는 방편유여토에 드는 이익이다. ⑩ 실보무장애토에 드는 이익이다.

가까운 이익이란 적멸도량에서 정각을 이루고『법화경』을 설하기까지 얻는 이익을 말한다. 여기에도 사교로 나눈다. 곧 장교는 석공지(析空智)의 이익이 있다. 통교에서는 체공지의 이익이 있다. 별교에서는 체공지 외에 도종지 및 일체종지의 이익이 있다. 원교에서는 무명을 파해서 불성을 드러내는 구경의 진실한 이익이다. 원교로서『법화경』의 이익은 모든 앞의 이익을 모두, 최고의 진실한 일 곧 일불승에 모아서 돌아간다는 것이다. 여기서『법화경』외에 다른 경들은 그 얻는 이익이 얕고 깊은 차이가 있기 때문에 거칠다고 하고, 지금의『법화경』은 차별없는 구경을 얻는 이익이 있기 때문에 묘하다고 한다. 이러한 뜻은『법화경』의「약초유품」비유에서 찾을 수 있다. 근기따라 얻는 법의 이익이 다르다는 삼초이목(三草二木: 약초가 자신의 분수에 따라 하약초·중약초·상약초로 자라고, 대수·소수의 나무로 생장한다는 비유)의 거칠은 이익과 모두 한 법에 의해 법의 이익을 얻는다는 일지소생(一地所生: 모든 초목이 모두 한 땅에서 생장한다는 비유)과 일우소윤(一雨所潤: 모든 초목이 한 맛의 빗물에 다 적셔진다는 비유)의 묘한 이익을 보여주므로써 그 뜻을 알 수 있다.

이상의 적문 십묘는 불타가 설한 법화 이전의 제경들은 열 가지 면에서 거친 내용이라면, 『법화』에서 설한 경계와 지혜와 내지 이익의 10가지 면에서 절묘하여 불가사의하다는 것이다.

이들 적문 십묘는 자행 화타의 교화행을 총괄해서 경묘·지묘·행묘·위묘의 사묘는 자행(自行)의 원인이 되고, 삼법묘는 자행의 과(果)를 나타내며, 감응묘·신통묘·설법묘의 삼묘는 화타(化他)의 교화 주체에 속한다. 또 권속묘 공덕이익묘의 2묘는 화타의 교화 받는 쪽에 속한다. 또 『법화현의』에서는 "앞의 다섯은 자행에 입각한 인과구족이고, 뒤의 다섯은 화타에 의해서 주체와 대상을 갖추었다. 법은 무량하다고 하지만 십의(十義)의 뜻이 원만하여 자타의 처음부터 끝까지를 다 구경(究竟)하였다"[36]라고 이를 설명하기도 한다.

위에서 밝힌 것 처럼 적문 십묘는 법화 이전의 여러 경들의 열 가지 추함에 대해 『법화경』에서 설한 십묘를 드러내서 밝히고 있다. 그러므로 『법화』의 설법은 홀로 상대묘에 그치지 않고, 법계를 들어서 유일절대하여 절대묘라고 한다. 그 전거로는 『법화경』 「방편품」에 "아서라. 그만 두거라. 설할 수 없느니라."라고 하여 말을 떠나 있음을 밝히고 있으며, "나의 법은 묘하여 헤아리기가 어렵다"라 하여 헤아리는 생각을 여의어 있음을 밝힌다. 또 "법의 적멸상은 말로 펼 수 없는 것이다"라고 하여 말이 끊어진 경지를 찬탄하는 뜻으로 절대묘를 나타내 주고 있다.

2) 본문 십묘

본문은 『법화경』 후반부 「종지용출품」 제15부터 「보현보살권발품」 제28까지 14품을 말한다. 본문 십묘는 「여래수량품」 제16에서 적문을 열어서 본지를 드러낸다는 개적현본(開迹顯本)의 뜻에 의하여 구원 본불의 인(因) 과(果) 내지 이익의 불가사의함을 열 가지로 밝힌 내용이다.

적문 십묘와 본문 십묘를 비교하면 적문은 본문에 비해 인과 내지 이익까지 거친 면이 있어 본문이 열 가지 면에서 절묘하여 불가사의하다는 것이다. 십묘는 본인묘(本因妙)·본과묘(本果妙)·본국토묘(本國土妙)·본감응묘(本感應妙)·본신통묘(本神通妙)·본설법묘(本說法妙)·본권속묘(本眷屬妙)·

36 『법화현의』 2상(『大正藏』 33권, 698중)

본열반묘(本涅槃妙)·본수명묘(本壽命妙)·본이익묘(本利益妙)이다.

본문 십묘의 내용을 살펴보면 다음과 같다.

첫째, 본인묘(本因妙)란 본불의 인으로 그 수행의 인이 묘하다는 것이다. 본래 처음 보리심을 내어 보살도를 행하여 닦은 인이다. 중간에 지은 것은 본인(本因)이 아니다. 만약 중간의 인에 머무른다면 이는 적인(迹因)으로 후에는 믿기 어렵다. 이런 까닭에 법화에서는 자취를 버리고 의혹을 제거한다. 내가 본래 보살도를 행할 때에 중간에 있지 않았다. 이를 지나 이전에 행한 도를 이름하여 본인이라 한다고 하는데 곧 이것이 본인묘이다.

둘째, 본과묘(本果妙)란 앞의 인에 의지해 본불의 과를 얻음이 묘함을 말한다. 본래 처음 행한 원묘한 처음의 인행이 과로서 구경의 상(常)·락(樂)·아(我)·정(淨)에 계합하여 얻은 본과(本果)를 말한다. 본과도 본인과 같이 중간에 이루어진 과를 취하지 않는다. 성불 이래 크고 구원겁의 오랜 처음 증득한 과를 말한다.

셋째, 본국토묘(本國土妙)란 본불이 있는 국토가 묘함을 말한다. 이미 과를 이루었다면 반드시 의지하는 국토가 있게 된다. 지금은 자취를 나타내어 범성동거토에 있고, 혹은 세 국토에 있고, 혹은 네 국토에 있다. 본불도 또한 응당 국토가 있을 것인데 어느 곳에 국토가 있는가. 경문에서 "이때부터 이래로 내가 항상 이 사바세계에 있으면서 설법 교화했다"고 밝힌 것과 같이 진실에서 보면, 오늘의 자취를 나타낸 사바세계 중에 있는 것도 아니요, 중간의 방편의 자취를 나타낸 곳도 아니다. 그래서 이들 본래의 사바로서 곧 본토묘라 한다.

넷째, 본감응묘(本感應妙)란 본불이 깨달은 지혜로 중생들을 제도하는 작용과 구제를 입는 중생들의 근기가 상응함이 묘하다는 것이다. 본불이 이미 과를 이루어 곧 본래에 증득한 25삼매가 있다. 부처 본래의 자비 서원으로 근기에 감함이 상관하여 능히 적적함에 즉해 있으면서도 근기를 비추므로 본감응묘라 한다.

다섯째, 본신통묘(本神通妙)란 본불이 도를 깨달은 최초에 중생들을 제도하기 위하여 설한 법이 묘하다는 것이다. 옛날 얻은 자비의 무기화화선과 본래 인행을 닦을 때의 모든 자비와 합해서 교화를 베푼다. 지은 신통은 최초의 제도할 만한 중생을 움직이게 하므로 신통묘라 한다.

여섯째, 본설법묘란 옛적에 본불이 처음 도량에 앉아 비로소 정각을 이루고 처음으로 법륜을 굴려 사무애변(四無碍辯)의 법을 최초로 설한 것이 묘하다는 것이다.

일곱째, 본권속묘(本眷屬妙)란 본시에 설법으로 가피 입은 사람들이다. 최초로 본불에 의해 교화입은 권속이다. 하방에 주하는 자로 미륵도 알지 못한다고 한 것과 같이 곧 본래의 권속이다.

여덟째 본열반묘란 본불은 열반상주이고 본래 구족되어 있으나, 중생들을 교화하기 위해 열반을 나타내 보인 것. 본시에 증득한 단덕열반이다. 또한 본시에 응신할 동거토와 방편토에 인연이 있어 제도를 마치고 입멸에 들겠다고 선언한 것이 본 열반묘이다.

아홉째, 본수명(本壽命)이란 본불의 지위에서 자재하게 장단의 수명을 보인 것을 말한다. 이미 열반에 들겠다고 선언했다면 이미 장단 원근의 수명이 있는 셈이다.

열째, 본이익묘(本利益妙)란 멀고 먼 옛 본불에 의해 이익입음이 묘함이다. 본불의 교화와 내지 불멸도후 정법 상법 등으로 중생에 이익을 베푸는 것이 모두 미묘하고 불가사의함을 말한다.

『법화현의』에서는 적문과 본문에 대해 6중으로 분별하고 있다.

첫째는 이와 사에 의해서 본적을 밝히면[事理本迹], 일체법 주함이 없는 이치는 곧 본래 실상의 진제이고 삼라만상의 현상은 속제로, 실상의 본지에서 자취를 드리운 것을 수적이라 한다. 둘째는 이와 교에서 본적을 밝히면[理敎本迹], 본래 이제를 비추는 진리는 불가설이고 언사가 적멸한 본지인데 부처가 방편으로 설하여 이제의 교가 이루어져 적문이라 한다. 셋째는 교 행에 의한 본적을 밝히면[敎行本迹], 최초 옛부처의 가르침을 본지로 하고 그 가르침으로 말미암아 수행을 일으켜 교에 부합함을 적문이라 한다. 넷째는 체용에 의해 본적을 밝히면[體用本迹], 옛날 최초의 가르침에 의해 수행으로 진리에 계합하여 본체인 법신 증득함을 본지로 하고 응신의 작용을 일으켜 법신을 드러내게 됨을 적문이라 한다. 다섯째는 실권에 의해 본적을 밝히면[實權本迹], 최초 구원실성에 얻은 법신과 응신[體用]을 진실의 본문으로 하고 중간에 멸도를 보인 방편으로 베푼 법신과 응신을 적문으로 한다. 여섯째는 금이에 의해 본적을 밝히면[已今本迹], 이전부터 이미 설해온 이사(理事) 내지 권실(權實)의 제 교설은 적문이고 지금의 경에서 설하는 구원의 이사 내지 권실은 본문이라 한다.[37]

37 『법화현의』 7상(『大正藏』 33권, 764중-하)

만약 본과 적을 대조하면 본문은 사원(事圓)이 되고, 적문을 이원(理圓)이 된다. 사원이란 현상의 모습에 즉한 완전하고 원만한 진리라는 뜻이고, 진리의 이법(理法)에 즉한 완전하고 원만한 진리라는 뜻이다. 그러나 본적의 2문은 균등히 하나의 실상의 이치를 나타내 보인다.

3. 적문 본문의 비유

적문과 본문의 묘법은 연화(蓮華)로 비유할 수 있다고 한다. 인도에서는 연꽃을 가장 아름다운 꽃으로 여겨서 인도의 고대신화에도 많이 등장하는데 푼다리카(pundarika)는 연꽃 중에 가장 아름다운 흰 연꽃[白蓮華]을 말한다. 연꽃은 더러운 진흙 속에 뿌리를 내리고 있지만 결코 흙탕물에 더럽혀지지 않는 특성 때문에 오탁악세의 세속에서도 여기에 물들지 않고 자유자재함을 비유한 것이다. 묘법에 대한 연화의 비유에는 적문에 세 가지, 본문에 세 가지를 들고 있다.[38]

<연꽃의 본적 비유>

연화(蓮華)의 비유	적문(迹門)의 비유	본문(本門)의 비유
연(밥)을 위해 연꽃 핌 위련고화(爲蓮故華)	진실을 위해 방편이 설해짐 위실시권(爲實施權)	본불 위해 적불을 나타냄 종본수적(從本垂迹)
꽃이 피면서 연이 드러남 화개연현(華開蓮現)	방편을 보여 진실을 드러냄 개권현실(開權顯實)	적불을 보여 본불을 나타냄 개적현본(開迹顯本)
꽃이 지고 연만 남음 화락연성(華落蓮成)	방편이 없고 오직 진실뿐임 폐권입실(廢權立實)	적불을 거두고 본불을 세움 폐적입본(廢迹立本)

먼저, 적문의 세 가지 비유이다. 첫째 연(밥)을 위해 연꽃이 핀다는 것은 진실을 위해 방편을 베푸는 뜻을 말한 것으로, 연밥은 진실을 연꽃은 방편을 비유한다. 이는 부처가 일불승 진실의 뜻을 드러내기 위해 삼승의 방편의 가르침을 편 것을 말한다. 곧 부처가 방편력으로 갖가지 도를 보여 중생으로 하여금 제일의 적멸을 알게 하기 위함임을 밝힌 것이다. 둘째, 꽃이 피고 연밥이 드러난 것은 방편을 열어 진실을 밝힌 것을 비유한다. 꽃이 핀 것

38 『묘법연화경현의』 1상(『大正藏』 33권, 682중)

은 방편을 연 것을 연밥이 나타난 것은 진실을 드러낸 것을 비유한다. 여래가 법화 회상에서 삼승의 방편교설을 열어서 일승 진실의 뜻을 드러낸 것이다. 셋째, 꽃이 지고 연밥이 이루어 진 것은 방편을 폐하고 진실을 세운 것을 비유한다. 꽃이 진 것은 방편을 폐한 것을, 연밥이 이루어 진 것은 진실을 세운 것을 비유한다. 일승의 실교가 이미 드러나면 삼승의 방편교가 자연히 폐함을 뜻한다. "곧 방편을 버리고 오직 다만 무상도를 설한다"는 경문이 이를 가리킨다. 이상의 세 가지 비유는 적문 14품의 뜻을 비유한 것이다.

다음으로 본문의 세 가지 비유다. 첫째, 연(밥)을 위해 연꽃이 핀다는 것은 본불로부터 자취를 나타냄을 비유한다. 연밥은 본불을 연꽃은 적불을 의미한다. 이는 곧 적문의 팔상의 교화를 드리워 구원실성의 본지를 드러냄을 말한다. 둘째, 꽃이 피고 연밥이 드러난 것은 적문을 열어 본문을 드러내는 뜻을 비유한다. 꽃이 핀 것은 적문을 연 것을, 연밥이 나타남은 본문을 드러낸 것을 비유한다. 이는 여래가 가야성에서 비로소 성불했다는 적불의 의혹을 열어 없애어, 구원 성불한 본불을 드러낸 것을 말한다. 셋째, 꽃이 지고 연밥이 이루어 진 것은 적문을 폐하고 본문을 세운 것이다. 꽃이 짐은 적문을 폐함을, 연밥이 이루어진 것은 본문을 세운 것을 비유한다. 제불 여래의 법은 중생을 제도하기 위한 것으로 진실되고 허망하지 않음을 뜻한다. 그러므로 가야성에서 성도해서 교화한 적문을 스스로 폐하고 구원겁 전에 성불한 본문을 세운 것이다. 이상의 세 가지는 『법화경』 후반 본문 14품의 뜻을 비유했다.

4. 담연의 『십불이문』

『십불이문』은 천태 6조 형계 담연의 저술로 지의가 세운 적문 본문의 10묘의 불이법문이다. 곧 본문과 적문은 열 가지 불이(不二)의 문(門)으로 서로 섭수한다는 것이다. 담연이 『법화현의석첨』에서 적문 10묘를 해설한 것을 후인들이 뽑아 별행 유포한 것이다.[39] 천태 지의의 일념삼천과 삼제원융

39 담연의 『십불이문』(『大正藏』 46권, 702하)은 『법화현의 석첨』 제14권의 일부(『大正藏』 33권, 918상 13이하)를 단행본으로 유통시킨 것이다. 그 이름도 『十不二門義』, 『十不二門論』, 『本迹不二門』, 『本迹十妙不二門』, 『法華本迹不二門』, 『法華本迹十不二門』, 『法華十妙不二門』, 『妙法蓮華經本迹十妙不二門』, 『法華玄記十不二門』 등으로 불렸다. 후대 천태종에서 중히 여겨 의적(義寂), 원청(源淸), 종욱(宗昱), 지례(知禮) 등이 이를 강석했다고 한다. 주석서로는 도수(道邃)의 『十不二門義』 1권, 청원(源淸)의 『十不二門

의 지관법문은 관정이 『마하지관』에 집록하였고, 그 교상은 『법화현의』에 갈무리 되어 가히 천태대사의 불교개론이라 할만한 것이었다. 그후 담연이 『법화현의』를 주해했는데, 그 핵심사상인 본적십묘만을 떼내어 이 『십불이문』이 이루어졌다.

원래 적문 십묘에 근거하여 십문으로 세웠으나 그 내용은 본문 십묘를 포괄하여 풀이하고 있다.

여기에는 색심(色心)·내외(內外)·수성(修性)·인과(因果)·염정(染淨)·의정(依正)·자타(自他)·삼업(三業)·권실(權實)·수윤(受潤)의 열 개의 법문을 열어서 천태의 중요한 일념삼천과 삼제원융의 요지를 자세히 밝혔다. 그 대강을 정리하면 다음과 같다.

<십불이문의 성립>

적문 십묘	십불이문
① 경묘(境妙)	① 색심불이문(色心不二門)
② 지묘(智妙)	② 내외불이문(內外不二門)
③ 행묘(行妙)	③ 수성불이문(修性不二門)
④ 위묘(位妙)	④ 인과불이문(因果不二門)
⑤ 삼법묘(三法妙)	⑤ 염정불이문(染淨不二門)
⑥ 감응묘(感應妙)	⑥ 의정불이문(依正不二門)
⑦ 신통묘(神通妙)	⑦ 자타불이문(自他不二門)
⑧ 설법묘(說法妙)	⑧ 삼업불이문(三業不二門)
⑨ 권속묘(眷屬妙)	⑨ 권실불이문(權實不二門)
⑩ 이익묘(利益妙)	⑩ 수윤불이문(受潤不二門)

① 색심불이문(色心不二門)은 적문 십묘 중 경묘에 의해 세운 것이다. 지혜로 관조하는 대상으로 일념 속에 모두 들어가는데 이를 나누어 보면 색법과 심법[心法 혹은 名]의 둘이 된다. 경묘에서 십여·십이인연·사제·이제·삼제·일제·무제의 일곱 경계가 나아가 삼천의 우주일체가 다 색법과 심법에 섭수되며 모두 범부의 일념 속에 들어가므로 마음 밖에 다른 법이 없다는 것. 따라서 색법과 심법은 둘이 아니어서 구별할 것이 없다는 것이다.

② 내외불이문(內外不二門)은 지묘 및 행묘에 근거하여 세운 것이다. 지

示珠指』 2권, 종욱(宗昱)의 『十不二門註』 2권, 지례(知禮)의 『十不二門指要鈔』 2권 등이 있다.

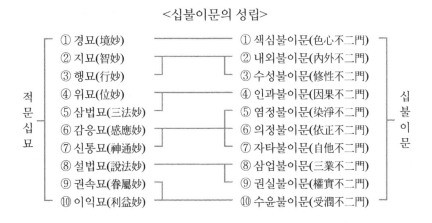

혜로 관조하는 대상은 비록 안팎으로 나누어 자기에 내재한 일념의 심법[內境]과 자기 이외의 심법 색법의 일체 것들이[外境] 있지만, 실로 이들은 내외에 구별이 없음을 말한다. 곧 내재의 마음과 외재한 모든 부처와 중생 일체의 의보가 서로 원융하게 회입하여, 마음·중생·불의 삼법이 서로 융회하여 한 경계를 관하더라도 두루 다 섭수하여 둘이 아니라는 것이다. 이는 마음·부처·중생은 본래 그 체성이 각기 3천을 갖추고 있어서 본래부터 서로 융섭하는데 여기서는 관지가 체성에 맞아 삼천의 이치를 비추기 때문이다.

③ 수성불이문(修性不二門)은 역시 지묘와 행묘에 근거하여 세운 것이다. 일념의 성덕은 본래 일체를 구족하여 있지만, 지혜력을 빌어 다시 후천적인 실천으로 수행하면 비로소 드러나게 된다. 성품과 수행의 관계는 마치 물과 파도의 관계와 같아서 수행에 의지하여 성품을 비추고 성품에 의지하여 수행을 일으키게 되므로 둘이 아니라고 한다.

④ 인과불이문(因果不二門)은 위묘와 삼법묘에 근거하여 세운다. 덕을 닦으므로 인해 인위와 과위가 나누어 진다. 그러나 삼천의 제법은 본래 구족되어 있어 삼천의 제법의 실상이 아직 나타나지 않았을 때를 인이라 하고 나타나면 곧 과라 한다. 따라서 진실은 인·과의 둘은 본체가 다르지 않다는 것이다. 곧 마음의 정지(情智)로 말미암아 드러나고 드러나지 않는 차별이 있지만 실은 미혹의 상태나 깨달은 상태의 법체에는 증감이 없다고 한다.

⑤ 염정불이문(染淨不二門)은 감응묘와 신통묘에 근거하여 세운 것이다. 인과의 구별로 말미암아 비록 번뇌에 물든 염오[染]와 번뇌를 여읜 청정[淨]으로 나눈다. 하지만 이것 역시 법성과 무명이 서로 배척하고 혹은 호용하는 두 면에 불과하다. 법성이 변하여 무명을 이루어 작용할 때는 미혹의 9계를 만들어 내고, 무명이 변하여 법성을 이루어 작용할 때는 연을 따라 자유자재의 교화작용이 있게 되는 것이다. 그러므로 염오와 청정, 미혹과 깨침이 둘이 아니라 한다.

⑥ 의정불이문(依正不二門)은 역시 감응묘와 신통묘에 근거한다. 앞의 청정에 대하여 비록 정보의 불신[비로자나불]과 의보의 불국토[상적광토]는 근기와 성품이 융회하여 일실(一實)의 진여이므로 본래부터 구별이 없다. 그런데 장·통·별교의 9계 몸인 정보는 그 의보[범성동거토·방편유여토·실보무장애토]가 따르게 된다. 그런데 이들 청정하고 염오의 국토[依報]와 치우치고 원만함[偏圓] 수승하고 열등함[승열]은 근기에 따라 베풀어진 방편

이다. 이 진실이 법화에서 드러나면 의보의 염정과 정보의 편원 승열이 본래부터 갖추어져 있음을 알게 되어 둘이 아님을 안다.

⑦ 자타불이문(自他不二門)은 역시 감응묘와 신통묘에 근거한다. 자(自)는 교화를 펴는 부처를 가리키고, 타(他)는 교화를 입는 중생을 가리킨다. 부처는 중생의 근기에 따라 가르침을 펴고, 중생은 근기에 맞아 교화를 따른다. 이는 중생이 이치로 갖추는 삼천에 말미암아 감하게 되고, 제불은 삼천의 이치가 만족되어 과를 이루므로 능히 응한다. 중생은 일심 속에 부처를 감하고, 제불은 일심 속에 중생에 응하므로 감응이 둘이 아니다.

⑧ 삼업불이문(三業不二門)은 설법묘에 근거하여 세운 것이다. 부처는 신구의 삼업으로 중생을 교화한다. 중생은 인심(因心)에 삼천의 삼업을 갖추고 있어 교화하여 근기에 맞으면 과에 이르러 성에 들어맞게 된다. 삼교에서는 근기가 융회하지 않았으나, 법화시에서는 근기가 융회하여 서로 상즉하므로 부처와 중생의 삼업에 구별이 없어진다.

⑨ 권실불이문(權實不二門)은 설법묘에 근거하여 세운 것이다. 방편은 9계 칠방편이고 진실은 불법의 원만한 승(乘)이다. 부처의 삼업의 작용으로 대상을 교화할 때 대상을 따라 방편법과 진실교를 설한다. 법화에서는 부처의 삼업이 일념 속에 들어오므로 진리에서 동일해진다. 그러므로 삼업으로 표현한 방편 진실의 법이 둘이 아니라고 한다.

⑩ 수윤불이문(受潤不二門)은 권속묘와 이익묘에 근거하여 세운 것이다. 젖어드는 쪽은 삼초이목 칠방편의 중생이고, 적셔주는 쪽은 구름과 비의 삼교승이다. 부처가 대소승 방편 진실의 근기를 상대하여 널리 방편과 진실의 이익을 베풀고, 이를 받는[能受] 중생은 본래 갖추어진 방편도 아니고 진실도 아닌 근기에 의하여 권실의 교화가 이루어진다. 적셔주는[能潤] 부처 역시 방편도 아니고 진실도 아닌 것으로 방편과 진실한 근기에 따라 교화를 일으킨다. 이는 마치 한 땅의 소생들이 한 구름의 비에 적셔짐에 차이가 없음을 말한다.[40]

담연은 불이법문을 통해 본·적이 둘이 아니고 교관이 일여(一如)하며 해행(解行)의 쌍수(雙修) 등 천태의 중요한 교관의 진의를 확립하였다. 이로써 담연은 『현의』와 『지관』의 양대 천태 교관을 총괄하여 천태의 수많은 전적

40 지례, 『십부이문지요초(十不二門指要鈔)』(『大正藏』 46권, 705이하). 지례존자 저, 이법화 역, 『십불이문지요초』(서울: 영산법화사출판부) 참조.

의 기준[樞要]을 마련했다는 평가를 받았다.

Ⅳ. 인접 개념

1. 개권현실(開權顯實)과 개근현원(開近顯遠)

방편의 가르침에 대한 집착을 열어서 제거하고 진실의 뜻을 드러내 보인다는 것. '연다'는 뜻에는 또한 개발한다, 개척한다는 의미가 있어서, 내부의 기연을 개발하여 익혀서 방편의 집착을 벗어나며 광대한 진실의 체를 개척한다는 뜻이다. 곧 삼승의 방편을 열어서 제거하여 일승 진실의 뜻을 드러내 보인다는 것이다. 천태종에서 『법화경』에 대해 판석(判釋)하는 말이다. 『법화』 이전에는 제경들이 아직 근기가 익지 않아서 이들을 위해 방편의 법을 시설했다. 이는 실로 중생들을 이끌어 진실의 가르침에 들어가도록 하고자 방편의 법으로 진실의 뜻을 드러냈다. 그러므로 방편을 열어 진실을 드러낸다고 한다. 그런데 방편과 진실은 본래 다르지 않으니, 만약 이러한 방편에 대한 집착을 열어 없애면 곧 방편과 진실은 둘이 아닌 것이 되어, 일승 진실에 나아간다. 이 법문은 『법화경』 전반부 적문의 교설이요, 경의 후반부 본문은 자취를 열어 본지를 드러냄[開迹顯本] 또한 개권현실이라 할 수 있다. 경의 전반부 14품을 개삼현일, 후반부 14품을 개근현원(開近顯遠)이라 한다. 이는 곧 전반부가 삼승교의 방편을 열어 제거하여 일승의 진실을 드러내 보인다고 한다면 후반부는 수적의 가야성에서 성불한 부처를 진불로 여기는 집착을 제거하여 본지의 영원한 진실한 부처를 나타내 보인다고 할 수 있다.[41]

2. 응화수적(應化垂迹)

줄여서 응적이라 한다. 곧 불보살들이 중생의 근기와 인연에 따라 그 본체로부터 갖가지 몸으로 시현하여 중생들을 제도하는 것을 말한다.[42]

41 『법화경현의』 제5권상; 『법화문구기』 제8권의 3; 『천태사교의집주』 상권; 『법화현론』 제3권 및 제5권 참조.

42 『관음현의』 상권(『大正藏』 34권, 880중)

권적(權迹)이란 제불이 나타내는 방편교화의 수적신 제불은 구원겁 전에 성불했지만 중생을 제도하기 위해 임시로 자취를 나타낸 보인 것이다. 예를 들면 팔상성도의 석가여래와 같다. 방편은 진실의 대칭이고, 적은 본의 대칭이다. 방편의 자취를 떨어버리고 진실의 본지를 드러낸다고 한다.[43] 현본(顯本)이란 석존은 「여래수량품」에서 여래 구원의 본지를 나타내 보인 것을 말한다. 천태지의가 자취를 열어 본지를 드러낸 것으로 『법화경』의 요지를 천명한 것이다. 여기서 수적이란 가까운 곳에서 성불의 자취를 보인 것을 가리키고, 본지는 구원겁전에 이룬 본지를 가리킨다. 『법화경』에서 세간의 일체 중생들이 가야성에서 성불한 석존을 새로이 성불한 것으로 집착하는데 대하여 진실은 백천만억 겁전에 이미 성불하여 가야성에서 몸소 그 자취를 나타냈을 뿐이라는 것이다. 그러므로 석존은 가야성 성불의 가까운 수적을 열어 구원의 성불의 본지를 드러냈다고 한다.

3. 관음의 보문시현

지의는 『법화경』의 본·적의 정신에 의한 관음사상을 전개하고 있다. 그의 관음 관계 저술은 『법화문구』와 『관음의소』 『관음현의』 『청관음소』 등이 있다. 여기서는 중생이 이·사의 일심칭명(一心稱名)으로 관음을 감(感)하고 관음은 본서(本誓)의 신통력에 의하여 무연자비(無緣慈悲)로 중생에 응(應)하여 원관(圓觀)에서 감응이 이루지면 장·통·별·원으로 중생을 고난으로부터 벗어나게 하고, 관음이 법계에 응현하여 19설법이 행해져서 사교(四教)를 베풀고 오시(五時)로 성숙시켜 일불승(一佛乘)에 인도한다는 것이다.

중생과 관음의 감응이 이루어지면 관음이 사바세계에 유행(遊行)하여 설법하고 방편력으로 교화를 편다고 설하는데, 천태는 이런 관음의 응화를 보문시현(普聞示現)이라 한다. 관음은 삼륜교화로 신업의 33응신[44]으로 구업의 19설법이[45] 이루어져 의업의 방편을 펴서 일승의 진실로 인도한다고

---

43 『법화현의』 10상(『大正藏』 33권, 800중)

44 『수릉엄경』 6(『大正藏』 19권, 128중 이하)에서는 관음여래께 공양하여 관음으로부터 문훈(聞熏), 문수(聞修)의 금강삼매를 받고 삼십이응신(三十二應身)으로 제국토(諸國土)에 들어가 설법하고 십사무외(十四無畏)의 법을 펴서 중생에게 복을 준다고 하고 있다.

45 『법화문구』 10하(『大正藏』 34권, 146중)

밝히고 있다. 응현과정을 밝혀보면 다음과 같다.

관음보살이 일시에 원만하게 응할 수 있는 것은 원관(圓觀)에 의한 보현삼매(普現三昧)에 들어 있기 때문[46]이라 할 수 있다. 관음은 중생을 제도하기 위해 보살의 지위에 계신 분으로 이미 묘각을 증득해 과보는 비록 보살에 머물고 있지만, 쉬지 않고 수행의 인행을 닦아서 미래에 부처에 들어가는 단계에 이르렀으니 법계에 몸을 나타냄이 자재하다. 그 나투는 모습은 법화삼매를 비롯한 『법화경』의 여러 삼매와 마찬가지로 현일체색신삼매(現一切色身三昧)로 중생에 응한다. 그 구체적인 관음 친견의 수행은 『청관음경』에서 설해 있다.[47]

『관음현의』에 의하면, 이와 같이 관음보살이 고에 빠진 중생을 관하고 응현하여 법을 설하여 제도할 수 있는 것은 10보(普)를 갖춘 원교보살이기 때문이라고 한다. 즉 관음은 신통보가 있어서 널리 중생을 관조할 수 있으니 십법계에 인연하여 신통력을 일으켜 두루 십법계를 내다본다는 것이다. 또 관음은 방편보(方便普)가 있어서 이제(二諦)를 방편으로 삼아 모든 방편을 거두어 들일 수 있고, 중도에 들어가게 되면 이제를 아울러 비추어 보고 이제의 신통변화력으로 십법계를 두루 교화하면서도 법신에는 손상됨이 없다고 한다. 다음 교화하여 중생을 성취시킴에 있어서는 중생성취보(衆生成就普)가 있으니, 원교의 성인은 중생을 이익되게 함이 큰 비가 한꺼번에 사방에 내려서 초목을 적셔 줌과 같다 하여,[48] 관음의 자재한 원교적 교화력을 알게 한다. 그러면 관음이 어떻게 응현하여 법을 펴는가.

관음이 응현하는 과정은 응화의 부류와 대상국토 그리고 설법내용으로 나누어 볼 수 있다.

지의는 『관음의소』에서 관음보살이 자재하게 나투어 응현하는 33신에 대하여, 비구·비구니·우바이·우바새는 사중을 한 법문으로 하고, 장자의 부녀·거사의 부녀·재관의 부녀·바라문의 부녀도 한 법문이며, 동남·동녀

46 『法華文句』 10하(『大正藏』 34권, 145상하). “今簡三觀 唯論圓觀 文云普門 觀若不圓 門不稱普…此品猶是普現三昧”. 이 삼매는 능히 방편에 따라 삼승도(三乘道)를 설하여 아무런 걸림 없이 일승문(一乘門)을 열어 들어가게 하므로 법화삼매와 함께 실상의 이명(異名)일 뿐이라 한다.(『천태대사전집』 법화문구 제6책 강록(講錄), 2621상)참조.

47 관세음보살을 친견하는 구체적인 수행으로는 『청관세음보살소복독해다라니주경(請觀世音菩薩消伏毒害陀羅尼呪經)』 천태대사의 『청관음소(請觀音疏)』(『大正藏』 39권, 976상) 참조.

48 『관음현의』 하(『大正藏』 34권, 890상중)

도 한 법문이고, 하늘·용·야차·건달바·아수라·가루라·긴나라·마후라가가 역시 같은 부류의 한 법문으로 보아 모두 19설법이 이루어져 교화한다고 한다.

이 19설법을 십계에 배대하여 보면 여덟 세계가 된다. 이들 8계는 천태의 기본 법계인 십계에서 온 것이다.[49] 또 이를 크게 보아 삼승·사부중·천용팔부의 세 부류로 나누고, 삼승에는 성인·천·인을, 사부중에는 사부대중·부녀·동남동녀를, 천용팔부에는 팔부대중·집금강신이 포함된다.

관음이 나투는 기연(機緣)은 교화하는 몸[1界身, 10界身]과 교화받는 세계의 중생[1界, 10界]에 따라 다르고, 설법[多, 一]과 교화 받는 중생[一, 多]의 많고 적음에 따라 응화의 방식이 무수히 달라진다. 또 중생이 수행하는 인행과 결과에 따라서 몸을 나타냄이 많고 적으며 설법의 양도 많고 적음이 달라진다고 한다.[50]

묘각법신 불 보살 내지 집금강신의 33응신이 나투는 국토로는 10계인데 천태는 이를 실보무장애토·방편유여토·범성동거토로 나누고, 여기서 중생의 근기와 인연에 따라 장교·통교·별교·원교와 오시로 제도한다고 한다.

따라서 중생에게 베푸는 19설법의 내용이란 소승의 근기에게는 삼장교의 부처님의 몸으로 설법하고, 대승의 기연을 가진 중생에게는 비로자나불과 노사나불의 몸으로 응현하여 설법하게 되는데, 『화엄』 돈교를 설해서는 법신보살과 같은 돈기(頓機)들을 제도하고 여기서 제도하지 못한 자들에게는 점교를 설하며, 삼장교와 방등교와 반야를 차례로 설하여 근기가 성숙하면 마침내 『법화경』을 설하여 삼승을 버리고 성불의 기별을 받아 불성을 보게 된다는 것이다.

관세음보살의 보문시현이 곧 중생을 방편으로 인도하여 진실에 들게 하는 개권현실의 『법화』의 설법이었고 오시로 인도하고 있어서, 관음의 교화는 『법화』의 교설에 따라 원교의 일불승도를 실천하여 중생을 성불케 하는 『법화』의 일불승보살도 이었음을 밝히고 있는 것이다.

---

49 『관음의소』 하(『大正藏』 34권, 932하) 십계 중 보살과 지옥이 빠져 있는데 이는 고본(정법화경)에 보살이 나와 있고, 『청관음경』에 지옥에 유희하신다는 내용이 있으며 『묘법연화경』에서도 "갖가지 모습으로 온갖 국토에 유행한다"고 하여 십법계로 설명한다.

50 『관음의소』 하(『大正藏』 34권, 932하) 참조.

4. 용수본적(龍樹本迹)

본지는 구원겁전 이루어진 본원(本源)을 가리키고, 수적은 가까운 시일에 이루어 자취를 드러낸 것으로 실체와 그 나타낸 모습을 뜻한다. 용수도 그 본지와 수적이 있다는 것이다. 용수보살의 본지는 먼 과거에 묘운상불(妙雲相佛) 혹은 묘운 자재왕여래(妙雲自在王如來)였고, 지금 형태로 몸을 나툰 것은 초환희지보살의 위의에 있는 용수라는 것이다. 이 보살은 그 본적을 나타내어 중생을 이익되게 한다.[51] 이와 같은 응화사상은 인도의 마명보살(馬鳴菩薩)도 과거에 성불해서 명호가 대광명불(大光明佛)이었다고 한다.[52]

5. 본각법문과 시각법문

일본 천태종에서 『법화경』 본적이문의 설에서 나아가 『대승기신론』과 밀교의 『석마하연론』과 조합하여 유관한 심성염정의 사상으로 세운 교설이다. 본각법문은 과위로부터 인위로 나아감을 가리키고, 그 역행은 차제 수행을 거꾸로 향하는 법문이다. 시각법문은 인위로부터 과위로 나아감을 가리키고, 차제 수행을 따르는 법문이다. 만약 본적 이문의 관점에서 보면, 본문은 사원(事圓)의 법문에 속하고, 적문은 이원(理圓)의 법문이다. 본문은 구식(九識)의 법문으로 하고, 적문은 육식의 법문으로 한다. 본문은 본각 하전의 법문이고, 적문은 시각 상전의 법문이다.

이 법문은 일본 천태종에서 시각 본각의 이각과 『법화경』의 본적 이문의 설을 결합한 것이다. 본문을 본각으로 하는 하전법륜(下轉法輪)이라 하고 과로 말미암아 인에 들어간다고 한다. 적문을 시각으로 하는 상법전륜(上轉法輪)은 인으로 말미암아 과에 들어간다고 한다. 일본 천태종의 개조인 최징(最澄)이 중국에 유학에 불교를 배울 때 도수(道邃)로부터 본각법문을 익혀 전승하여 이를 『마하지관』과 연관시키므로써, 『마하지관』의 일심삼관, 구식수행, 과로부터 인으로 향함, 관심을 배우고 연구하여 본등(本等)의 교리로 삼았다. 또한 행만(行滿)으로부터 시각(始覺)법문을 익혀서 『법화현의』

51 『삼보감응요약록(三寶感應要略錄)』 하(『大正藏』 51권, 856상)
52 응연(凝然), 『팔종강요(八宗綱要)』 상권.

『법화문구』 등에 연관시켜 중심을 삼아서 사교 오시 육식수행 인으로부터 과에 들어감 교상들을 배워 연구하여 본등의 교리로 삼았다.

V. 현대적 논의

1. 적문과 본문에 대한 비교

이상의 본문과 적문을 정리하면, 사색(思索)의 대상경계, 논증의 태도, 그리고 설법의 상대 등 세 가지 측면에서 본·적에 차이가 있다.[53]

첫째는 사색의 대상경계에 있어 적문은 객관 세계의 실상을 설하려는데 전력을 기울인다. 곧 적문의 중심문제는 우주법계의 제법실상을 드러내어 여실한 객관세계의 참모습을 밝히려하고 있다. 이에 비해, 본문에서는 석가모니불의 정각의 주관적 세계를 말하려는데 주안점을 두고 있다는 것이다. 따라서 본문에서는 석가불의 본불은 수명이 장원하여 상주불멸임을 밝혀 진리의 영원성을 밝히려 하고 있다.

본문 적문에서 추구하는 바는 모든 종교와 철학 그리고 과학에서 끊임없이 추구하는 명제이다. 이 중에 적문의 제법실상은 철학과 과학에서 해명하려는 인생과 우주의 진리의 본체라고 할 수 있다. 또 본문에서 본불의 영원성을 밝히려 한 것은 구원실성의 부처가 무시이래로 현재와 미래에 걸쳐 끊임없이 자비의 빛을 드리워 중생을 제도해오고 있다는 것을 보여준다. 이는 종교의 이대 요소인 종교적 객체로서의 영원한 부처와 종교의 주체이며 구제대상인 중생이 갖추어져 있다. 특히 구원실성의 부처가 응화하여 중생을 제도하는 종교의 영원성을 해명해 준다.

둘째, 논증의 태도면에 있어서 적문에서는 어디까지나 귀납적 태도에 의해 갖가지 문제를 논증해가고 있다. 여기서 일불승의 불지견에서 파악되는 제법실상의 객관세계를 해명하고자 하므로 불지견을 열어 보여 깨달아 들어가게 하는 행체계를 보여주고 있다. 그런데 본문에서는 하나의 구경적 경지인 일불승의 제일의제(第一義諦)를 제시하고 연역적으로 취급해 가고 있다. 곧 본문에서는 영원한 본불의 세계에 들어가는 갖가지 난행 고행의 보살도

53 中川日史, 『體系的法華經概觀』 (東京: 平樂寺書店), 351-352면.

를 통해 지혜와 공덕을 장엄하여 불국토를 정화해가는 행체계를 보여준다.

적문에서 불지견을 열어보여 개권현실(開權顯實)하므로써 회삼귀일하게 한 것은 부처가 세상에 출현한 뜻이 일체중생을 불도에 들어가게 함이기 때문에, 원래 일불승에서 방편으로 이승 삼승을 설했다는 점을 밝힌다. 따라서 이승들도 원래는 일승에서 방편으로 이루어진 것이므로 성불할 수 있는 길을 열어놓았고 세상의 온갖 선행도 아뇩다라삼먁삼보리를 이루는 행임을 강조한다. 이렇게 보면 일체중생이 모두 성불할 수 있다는 결론에 도달하게 된다. 원효 역시 "『묘법연화경』은 구도(九道) 사생(四生)을 모두 일불승으로 들어가게 하는 법문"[54]이라고 본다.

셋째, 설법의 상대에 있어서, 적문에서는 석가모니불이 성문 제자로 지혜제일 사리불을 상대로 설하고 있다. 이에 비해 본문에서는 자비의 권화인 미륵보살을 중심으로 설하고 있어 그 상대가 차이가 있다. 적문에서는 삼승[일체중생]을 모아 일불승에 귀일케한다는 부처의 본회를 드러내므로 성문 제자를 상대로 하고 있고, 본문에서 구원실성의 본불을 드러내 보살도로 들어가는 영원한 부처의 본회를 밝히고 있어서 미륵보살 등 보살들이 등장한다.

2. 현대 과학의 우주론과 본문

『법화경』의 본적론은 우주의 시원과 시간성을 밝혀주는 법문으로, 현대 과학의 우주론과 시간론에도 적지 않은 실마리가 된다.

「여래수량품」의 여래수명은 진점겁 전의 구원실성이므로, 과거 영겁 미래 영겁의 수명을 가지고 있다고 한다. 이는 곧 여래는 무한겁의 과거에 성불하여 항상 부처가 되는 진리를 설해왔고 미래 또한 그러하다는 것이다.[55] 여기에는 현대과학의 우주론과 시간론의 입장에서 논의할 수 있는 법문이라고 할 수 있다.

현대 우주 물리학에서는 우주의 생성을 아인슈타인 이래로 우주 팽창설

54 『법화종요』(『한국불교전서』 1책, 487하)

55 이 근거는 『법화경』에서 "내가 성불한 지는 이보다 더하여 그 지남이 백천만억 나유타 아승기겁이다. 이로부터 나는 항상 이 사바세계에 있으면서 설법 교화했고, 또 다른 곳 백천만억 나유타 아승기 국토에서도 중생을 인도하여 이익되게 하였다"라는 부분에 근거한다. (『묘법연화경』5, 대정장 9, 42중)

수축설 폭발설 등이 난무하고, 급기야 불랙홀[중력붕괴]에 의해 설명하기도 하지만 정확한 해답을 얻지는 못하고 있다. 이런 점에서 과학자들은 우주의 시작이 있었다고는 생각조차 할 수 없다. 또는 허(噓)의 우주, 마이너스 질량 등의 견해를 제기한다. 다시 말해서 무(無) 에서가 아니라 허(虛)의 우주 또는 마이너스의 우주에서 실(實)의 우주로 전환한다는 견해[56]이다. 그런데 『법화경』 본문에서는 본불(本佛)이 헤아릴 수 없는 구원겁 전에 성불해서 온 우주의 진리를 제공해 왔다고 함으로써, 헤아릴 수 없는 무한의 시원을 말해주고 있는 것이다. 이는 현대과학의 견해와 그 궤를 같이 하는 것으로 그 해명에 중요한 실마리를 제공해 줄 수도 있을 것이다.

또 「여래수량품」에서는 무한한 과거에 깨달음을 얻어 무한한 시간에 걸쳐 중생을 제도해 온 영원한 부처를 보여주고 있다. 여기에는 현대 물리학에서도 바로 파악하지 못하고 있는 본질적인 시간론에 비하여, 무한한 시간의 영원의 존재를 보여주는 새로운 시간론이라 할 수 있다. 불교의 시간은 무상(無常)과 공(空)에 의해 전개되는 현상 이면의 실존을 말하고 있다. 현재 우리 앞에 펼쳐지는 현재의 시간은 흐르고 무상해도 이 지금은 언제나 우리와 붙어다니고 있어 영원하다. 부처는 이러한 영원한 지금을 깨달았다는 것이다. 이는 시간을 초월한 영원과 지금이라 할 수 있다.[57] 이러한 시간을 초월한 영원한 부처의 존재는 인류에게 영원한 생명력을 보여주어 삶의 보람을 찾는데 안내가 될 수 있다.

3. 본문법화와 적문법화

일본의 일련(日蓮, 1222~1282)은 석가세존이 입멸하고 1800여년에 삼국을 두루하여 여래의 십신력(十神力)은 '묘법연화경' 다섯 자로써 상행보살, 안립행보살, 정행보살, 무변행보살 등 사대 보살에게 수여하였다고 주장한다. 인도나 중국에는 아직 본존이 있지 않았고 미래 법화홍포를 담당할 지용천계(地涌千界)의 본존을 일본에 세운다고 한다. 이런 의미에서 일본 일련종에서는 천태종을 적문법화종이라 하고, 일본 일련종을 자칭 본문법화종이라 한다.

---

56 松下眞一 저, 釋妙覺 역, 『法華經과 원자물리학』 (서울: 경서원), 151-159면.
57 松下眞一 저, 釋妙覺 역, 앞의 책, 172면.

또 세존의 교리의 이치는 천태의 일념삼천이라 한다. 본문의 이면에는 백계 천여 일념삼천의 뜻을 다하여 이치만을 완전히 갖추었고, 사(事)의 실행은 나무 '묘법연화경' 다섯 자와 아울러 본문의 본존으로 보았다. 현재 말법에는 『법화경』 본문의 '묘법연화경' 다섯 글자에 있다고 하여 이를 수행의 근본으로 삼았다.[58] 곧 천태가 이(理)의 일념삼천인데 비하여, 일연은 사(事)의 일념삼천 곧 '나무묘법연화경'을 적극적으로 주장한다. 천태는 적문 『법화경』「방편품」 십여시를 중심으로 한데 비하여, 일연은 본문 곧 「여래수량품」을 중심으로 하였다.

일련의 주장은 석존(釋尊)을 교주라고 불렀고, 『법화경』은 석존이 자신의 본인본과(本因本果)를 밝히신 경전이라 하여, 그 공덕을 본문의 본존, 본문의 제목, 본문의 계단이라고 했다. 이러한 주장은 결국 불보인 석가불은 이미 과거의 부처이므로 자신이 본불이라 한다. 법보 또한 『묘법연화경』을 소의경전으로 하면서도 일련유문집을 그 상위(上位)로 한다. 승보로는 일흥(日興: 일련의 육대제자로 대석사 창건주)의 승단으로 하였다. 이러한 일련종과 창가학회(創價學會)의 주장은 『법화경』의 오해와 삼보의 왜곡을 가져와 그릇된 법화신행을 가져온다는 비판을 받고 있다.[59]

이기운 (동국대)

58 이법화 역, 『日蓮大師遺聞淺集』(서울: 영산법화사출판부).
59 李法華, 『創價學會를 折伏한다』(서울: 영산법화사출판부), 75-134면.

극미

범 paramāṇu 장 rdul phra rab 한 極微 영 an infinitesimal particle, atom

I. 어원적 근거 및 개념 풀이

극미(極微)는 범어(梵語)로는 aṇu 혹은 paramāṇu라고 하고, 티베트어로는 rdul-phra-rab이라고 한다. 어원적으로 분석해보면 범어의 파라마누(paramāṇu)는 아누(aṇu)라는 말에 접두사 파라마(parama)가 결합된 말이다. 파라마(parama)는 장소와 관련하여 쓰일 때는 '더 먼', '더 나아간' 등의 의미로 쓰이고, 시간과 관련하여 쓰일 때는 '지나간', '이전(以前)의', '계속되는', '미래의', '따라오는' 등의 뜻으로 쓰이며, 정도(程度)와 관련하여 쓰일 때는 '최고의', '최상의', '가장 뛰어난' 등의 의미로 쓰인다. 아누(aṇu)는 형용사로서는 아주 작은(minute), 미세한(fine, subtile), 미묘한(delicate) 등의 의미로 쓰이고, 명사로서는 원자(原子, atom)를 의미한다.[1]

따라서 파라마누(paramāṇu)는 '가장 미세한 것'(an infinitesimal particle),

1 Monier-Williams, *Sanskrit-English Dictionary,* p.11, c.

혹은 원자(atom)를 뜻한다.[2] 유관개념으로서 아누트바(aṇutva)는 미세함(minuteness), 원자적 성질(atomic nature)을 뜻하는 명사이며, 아누마트리카(aṇu-mātrika)는 "원자로 구성된"(composed of atoms)이라는 뜻을 지니는 형용사이다.[3] 또, 파라마누타(paramāṇutā)는 여성명사로서 원자적 성질을 의미한다.[4]

극미(極微)는 물질의 가장 미세한 단위, 즉 원자(原子, atom)를 의미한다. 물질[色]을 극한에 이를 때까지 분석하여 더 이상 나눌 수 없는 물질의 최소 단위에 이르게 되는데 이것을 극미(極微)라고 한다. 극미(極微)를 극미진(極微塵), 혹은 극세진(極細塵)이라고도 한다. 구역(舊譯)에서는 극미를 인허(隣虛)라고 하였다.[5] 그런데, 극미는 결코 단일체(單一體)로 존재할 수 없으며, 반드시 7개의 극미가 함께 결합한 상태로만 존재한다. 『구사론(俱舍論)』(卷12)에 따르면, 중앙에 있는 한 개의 극미를 중심으로 그 주위를 동·서·남·북·상·하의 여섯 방향에서 여섯 개의 극미가 둘러싸서 모두 7개의 극미가 결합되는데, 그것을 일미진(一微塵) 혹은 미취(微聚)라고 한다. 미진(微塵)을 범어로는 아누라자스(aṇu- rajas)라고 하고, 그것을 음역하여 아나(阿拏), 혹은 아토(阿菟), 혹은 아누진(阿耨塵)이라고 한다. 7개의 미진(一微塵)은 1금진(金塵)을 형성하고, 7개의 금진(一金塵)은 1수진(水塵)을 형성하고, 7개의 수진(水塵)은 1토모진(兎毛塵)을 형성하고, 7개의 토모진(兎毛塵)은 1양모진(羊毛塵)을 형성하고, 7개의 양모진(羊毛塵)은 1우모진(牛毛塵)을 형성하고, 7개의 우모진(牛毛塵)은 1극유진(隙遊塵)을 형성한다. 금진(金塵)과 수진(水塵)은 금중(金中) 혹은 수중(水中)의 간격을 통과할 수 있을 정도로 미세하다는 뜻이다. 또 토모진(兎毛塵), 양모진(羊毛塵), 우모진(牛毛塵)은 각각 토끼, 양, 소의 터럭끝에 끼일 정도의 작은 먼지를 가리킨다. 그리고 극유진(隙遊塵: 向遊塵 또는 日光塵이라고도 함)은 창문 틈으로 비치는 햇빛 속에 떠 있는 미세한 먼지를 가리키는데, 여기서 극유진이란 창문 틈으로 들어오는 광선에 비치는 미세한 먼지를 가리키는데, 이 단계에 이르러 비로소 육안으로 식별할 수 있는 물질의 단계에 도달하게 된다. 1극미는 1극유진의 823,543분의 1에 해당된다. 다수(多數)의 극유진(隙遊塵)

2 Monier-Williams, *Sanskrit-English Dictionary,* p.588, b.
3 Macdonell, p.5, c.
4 Macdonell, p.153, a ; p.153, c.
5 中村元, 『佛教語大辭典』(東京: 東京書籍), 414면.

이 결합됨으로써 점차적으로 커다란 물질의 형성에까지 이르게 된다.

극미의 개체는 지수화풍(地水火風) 사대(四大)의 성질을 가지고 있다. 물질의 견고한 성질은 지대(地大)이고, 습윤(濕潤)한 성질은 수대(水大)이며, 온난한 성질은 화대(火大)이고, 운동의 성질은 풍대(風大)이다. 극미가 집합하여 구체적 물질을 형성할 때에는 지(地, pṛthivī), 수(水, ap)·화(火, tejas)·풍(風, vāyus)의 사대(四大)와 색(色, rūpa), 향(香, gandha), 미(味, rasa), 촉(觸, spraṣṭavya)의 사진(四塵)이 함께 결합되어야 하며, 그 중에 하나라도 결여되면 물질을 형성할 수 없다고 하였는데, 이것을 가리켜 "팔사구생, 수일불성"(八事俱生, 隨一不成)이라고 하였다.[6]

Ⅱ. 극미 개념의 전개와 비판

1. 인도사상의 비불교계통의 극미론 전개

극미 개념은 서양철학의 경우와 마찬가지로 인도사상사에서 아주 오래된 기원을 갖는다. 그러나 리그베다나 혹은 고(古) 우파니샤드 등의 고대문헌에서 원자론의 자취는 발견되지 않는다. 뿐만 아니라 베다의 가르침을 따르고 있는 상캬(Sāṁkhya)나 요가(Yoga)와 같은 정통파에서도 극미론을 주장하고 있지 않다. 이런 이유 때문에 후대에 우파니샤드 철학을 계승하고 있는 베단타경(Vedānta Sūtra)에서도 원자론은 승인되고 있지 않다. 야코비(Jacobi)에 따르면, 인도의 원자론은 세 부류로 분류될 수 있다. 첫째, 자이나(Jaina)교의 원자론, 둘째, 바이세시카(Vaiśeṣika) 혹은 니야야-바이세시카(Nyāya-Vaiśeṣika)의 원자론, 셋째, 부파불교와 대승불교의 원자론이 그것이다.[7] 그러나 이외에도 차르바카(Cārvāka)와 아지비카의 원자론을 반드시 포함시켜야 할 것이다. 차르바카는 소위 육파철학(六派哲學)이라고 불리는 인도의 정통철학의 부류에 속하지 못하였으나, 인도사상사에서 원자의 개념을 최초로 제기했다는 점에서 중요한 의의를 갖는다. 그리고, 아지비카(Ājīvika)의 극미론은 그들 자신의 입장을 전하는 문헌이 현존하

6 『佛光大辭典』, 第6卷, 5480면(臺灣 高雄市: 佛光出版社, 1988).
7 J.Jacobi, Indian Atomism, *Studies in the History of Indian Philosophy,* Vol.II, 132면.

지 않는 까닭에, 그 내용을 상세히 알 수는 없지만 차르바카의 그것과 유사한 것으로 추정된다. 아지비카는 사명외도(邪命外道)라고도 불리는데, 그들이 극미론을 주장하였다는 사실은 칭우(稱友, Yaśomitra)의 『阿毘達磨俱舍論釋(『Abhidharmakośa Vyākhyā』)에서도 언급되고 있다. 차르바카와 자이나교, 아지비카는 모두 정통 브라흐마니즘의 계통이 아닌 비주류의 사상체계에 속한다는 점에서 공통적 특징을 드러낸다.

1) 차르바카의 극미론

불교경전에서 육사외도(六師外道) 중의 하나로서 언급되고 있는 차르바카(Cārvāka)는 베다나 우파니샤드의 종교적 명상가들과는 달리 세속적이고 유물론적 경향을 지니고 있다는 점에서 순세파(順世派; Lokāyata)라고도 불리고 있다. 자이나교와 동시대에 성립된 차르바카의 유물론(唯物論)은 경건한 정신적 전통을 지닌 사상가들의 견해와 불가피하게 충돌할 수밖에 없었으며, 정통파의 철학에 대한 도전으로 간주되었다. 그러나 차르바카가 인도사상사에서 최초로 원자의 개념을 도입하여 여기에 기초한 유물론을 성립시킨 것은 인도의 사상계에 적지 않은 기여를 했다고 할 수 있다. 유물론을 전개했던 차르바카에게 있어서, 물질의 궁극적 구성요소를 분석해내는 일은 당연히 중요한 관심사였다. 차르바카의 원자론은 비록 정밀한 수준에 도달하였던 것은 아니었으나, 이후 인도철학사에서 10세기 이상 전개된 원자론의 기본적 틀을 제공하고 있다는 점에서 주목할 만하다. 그들의 주장에 따른다면 모든 물질은 지수화풍(地水火風)의 네 요소로 구성되어 있으며, 모든 만물은 네 요소의 결합 혹은 분리에 의하여 생성되거나 소멸된다. 그러나 차르바카가 네 요소가 그 이상의 더 작은 요소로 분할된다고 주장한 것 같지는 않다. 이런 점에서 차르바카의 극미론은 데모크리토스의 원자론과는 달리, 질적 원자론(qualitative atomism)의 성격을 지닌다고 하겠다.

(1) 차르바카[로카야타]의 극미론에 대한 불교의 비판

차르바카[로카야타]의 극미관에 대한 불교적 비판은 주로 유식불교의 문헌에서 발견된다. 호법(護法, Dharmapāla: 530-561)의 『성유식론』은 비록 유식불교적 관점이라는 간접적 경로를 통해서이기는 하지만, 다른 어떤 문헌보다도 상세한 정보를 제공해준다. 호법은 로카야타의 극미론을 다음

과 같이 정의한다.

> 어떤 외도(外道)는 지수화풍(地水火風)의 극미들이 실재적이고 영원하다고 주장한다. 그것들은 거친 물질들을 생성할 수 있다. … 비록 거친 물질이 영원하지는 않지만 그 실체는 절대적으로 존재한다.[8]

여기서 어떤 외도(外道)라고 한 것은 순세외도(順世外道) 혹은 순세파(順世派)를 의미한다. 그런데 우리는 위의 설명에서 드러난 순세파의 관점이 후대의 바이세시카의 극미론과 매우 유사하다는 것을 발견한다. 물질은 거친 물질과 미세한 물질로 구성되는데, 미세한 물질은 거친 물질의 원인이 된다. 미세한 물질을 구성하는 것은 극미인데, 실재적이고 영원하다. 반면에 거친 물질은 영원하지는 않지만, 그 실체는 절대적으로 존재한다. 호법은 순세파의 이론을 소개하고 나서 그들의 극미관을 다음과 같이 반박한다. 극미는 그 정의(定義)로 판단해 볼 때, 공간을 점유하며 분할될 수 있는 것이든지, 아니면 반대로 공간을 점유하지 않고 분할될 수 없는 것이든지 두 경우 중 한 가지이어야 한다. 그렇지만 로카야타가 극미를 어느 경우로 정의하든지 간에 논리적으로 모순될 수밖에 없다. 호법은 그 이유를 다음과 같이 설명한다.

> 이러한 이론은 논리에 위배된다. 그 이유는 무엇인가? 그들에 의해서 [영원한 것으로 받아들여진 바의] 부모극미(父母極微)들이 공간을 점유하며 분할될 수 있는 것이라고 한다면, 그 경우 그것들의 실체는 마치 [분할가능한] 개미들의 행렬들처럼 실재적인 것이 되지 못할 것이다. 만일 그것들이 마치 심(心)과 심소(心所)의 경우처럼 공간을 점유하거나 분할됨이 없다면 그 극미들은 집적에 의해서 거친 물질[麤果色]을 형성하지 못할 것이다.[9]

호법이 첫 번째로 지적하고 있는 것은 극미가 공간을 점유하고 분할가능한 것이라고 할 경우의 논리적 모순이다. 순세외도(順世外道)는 부모극미를 영원한 것으로 간주한다. 만일 부모극미들이 공간을 점유하며 분할될 수

8 『成唯識論』(『大正藏』 第31卷, 3중). "有外道執地水火風極微實常能生麤色, … 雖是無常而體實有."

9 『成唯識論』(『大正藏』 第31卷, 3중). "彼執非理, 所以者何? 所執極微若有方分, 如蟻行等, 體應非實. 若無方分, 如心心所, 應不共聚生麤果色."

있는 것이라고 가정해 보자. 호법은 개미들의 행렬의 예를 들면서 그러한 경우의 극미는 실재적인 것이 될 수 없음을 입증하려고 한다. 분할될 수 있는 것은 그 자체의 고유한 형태를 지닐 수 없다. 그것은 마치 개미들의 행렬이 오직 상황에 따라 임시적으로 형성되는 것이지 본래적으로 존재할 수는 없는 것과 같다. 임시적으로 있는 것을 실재한다고 말할 수는 없다. 두 번째는 극미가 비공간적인 것이라고 가정할 경우에 발생하는 논리적 모순이다. 만일 극미들이 마음[心]이나 마음의 대상들[心所]처럼 공간을 점유하는 것이 아니라고 가정할 경우에 극미들의 집합은 그 비공간성으로 말미암아 집적(集積)의 성질을 갖지는 못할 것이고, 따라서 그러한 비공간적인 극미가 집적되어 우리들의 눈에 보이는 거친 물질을 형성하지도 못할 것이다.

그렇다면 차르바카[로카야타]의 극미관의 모순은 근본적으로 어디에서 기인(起因)하는 것일까? 그것은 원인과 결과의 불일치에서 유래한다. 호법은 결과는 원인의 한계를 초월할 수는 없다는 법칙을 상기시킨다. 즉 거친 물질은 그것의 원인이 되는 극미들의 한계를 벗어날 수 없다. 원인이 되는 극미들이 결과를 생성하였으므로 원인으로서의 극미들은 그것들이 생성한 결과와 마찬가지로 무상한 것이어야 한다. 그러나 그들은 극미는 영원한 것으로 간주하고 거기서 파생되는 물질은 무상한 것으로 간주하고 있는 것이다. 그들의 논리적 모순은 부모극미들을 영원하고 변치 않는 것으로 간주하는 반면에 그 집적에 의해 생기는 거친 물질은 무상(無常)한 것으로 간주하는 데에서 말미암고 있다.

> [극미들이] 이미 결과를 생성하였으므로 [극미들은] 그것들이 생성한 결과와 마찬가지로 [무상한 것이] 되어야 한다. 그렇다면 어떻게 극미들이 영원하고 변치 않는 것이라고 말할 수 있겠는가?[10]

결과는 원인의 한계를 초월할 수는 없다는 법칙으로 미루어 보면 거친 물질이라는 개념 그 자체가 잘못되었다는 것을 알 수 있다. 즉 거친 물질이라는 명칭과 개념은 분명 잘못된 것이다. 그것은 그 원인이 되는 극미가 그러한 성질을 띠지 않기 때문인 것이다. 만일 거친 물질이 극미와 마찬가지

10 『成唯識論』(『大正藏』 第31卷, 3중). “旣能生果, 如彼所生, 如何可說極微常住.”

의 성질을 띄는 것이라면 극미가 지각되지 않는 것처럼 거친 물질도 지각되지 말아야 한다. 그러나 이는 로카야타들의 가설과 분명히 어긋나는 것이므로 그들은 이러한 주장을 받아들이지 않을 것이다.

> 또 생성된 결과는 원인의 한계를 초월하지 않으므로 극미의 경우와 마찬가지로 거친 물질[麤色]이라고 불려져서는 안된다. 따라서, 이러한 결과로서의 물질은 안근(眼根) 등의 물질적 감각기관에 감각될 수 있어서는 안된다. 그러나, [이 두 가지 결론을 받아들이는 것은] 당신 자신의 정의(定義)를 어기는 것이 된다.[11]

그렇다면 도대체 우리에게 현상하는 물질의 특성은 어디에서 유래하는가? 물질은 우리의 감각기관에 의해 지각되며 공간적으로 부피를 가지며 색채 등을 지닌 것으로 파악된다. 만일 극미 자신이 이러한 특성들을 갖고 있지 않다면 왜 우리에게 현상하는 물질 즉 거친 물질에는 그러한 성질들이 있는 것일까? 다르마팔라(護法, Dharmapāla)는 이러한 질문에 대해서 대답할 수 있는 답을 다음과 같이 예상한다. 즉 이차적 물질인 거친 물질은 그 자체로 그러한 성질들을 갖고 있는 것은 아니지만 속성[德]들과 결합함으로 해서 현상적으로 그러한 성질들을 우연적으로 띄게 되며 따라서 감각기관에 지각되는 것이다. 그러나 다르마팔라는 이러한 주장이 빈약한 설명에 지나지 않을 것이라고 반박한다. 왜냐하면, 결과로서의 이차적인 물질은 그것의 원인과 동일한 한계와 차원을 지닐 것이기 때문이다. 만일 극미가 거친 성질들과 결합될 수 없는 것이라면 마찬가지로 거친 물질은 거친 성질들과 결합될 수 없을 것이다.

> 그것이 양(量)이라고 불리는 속성[德]들과 밀접하게 결합되어 있음으로 해서 이차적인 물질은 비록 실제로 거친 것은 아니지만 현상적으로는 거칠게 나타나 물질적 감각기관[色根]에 지각되는 것이라고 주장될 수도 있다. 그러나, 이차적인 물질은 그것이 원인과 동일한 차원과 한계를 가지므로, 마치 극미가 [거친 성질과] 밀접하게 결합될 수 없는 것처럼 거친 성질[麤

11 『成唯識論』(『大正藏』第31卷, 3중). “又所生果 不越因量 應如極微 不名麤色 則此果色 應非眼等色根所取 便違自執.”

> 德]과 밀접하게 결합될 수 없다.[12]

우리에게 현상하는 물질들은 이차적인 물질들의 각 단위들이 결합하여 이루어진 것이며, 거기에서 공간의 연장성이 성립하는 것이라고 가정해 볼 수 있겠다. 그러나 우리는 오히려 공간의 연장성은 이차적 물질의 결합에 의해서가 아니라 일차적 물질의 결합에 의해서 즉 수많은 극미들의 결합에 의해서 형성된다고 말할 수 있다. 여기서 일차적 물질의 결합에 의해서 이미 공간의 연장성 문제는 해결되기 때문에 이차적 물질의 존재를 가정할 필요조차 없게 된다. 더군다나 이차적 물질은 복합체이므로 실체가 아니며 이것은 물질의 실체성을 주장하는 로카야타의 기본적 명제와 위배될 것이다.

> 만약 이차적인 물질의 수많은 단위들의 결합을 통하여 공간연장이라는 성질이 구성된다고 가정해 보자. 그렇다면 일차적 극미들의 결합은 더 이상 미세(微細)하지 않으며, 감각기관의 대상이 될만큼 공간연장적인 것이 된다. [이 경우에 일차적 물질에 의해 생성된] 이차적 물질을 가정하는 것이 무슨 소용이 있겠는가? [이차적 물질은] 많은 단위들로 구성되므로 실재적 실체로 간주될 수 없다. 따라서 당신들의 두 번째의 긍정이 당신의 첫번째의 주장, 즉 그 실체가 절대적으로 존재한다는 것과 모순된다.[13]

만일 일차적 물질의 결합에 의해 이차적 물질의 생성과 그 특징을 설득력있게 설명할 수 없다면 하나의 동일한 공간을 일차적 물질과 이차적 물질이 함께 차지한다고 가정해 볼 수는 없을까? 그러나 다르마팔라는 이 가능성을 일반적인 경우에 비추어 거부한다. 일반적으로 우리가 물질을 정의할 때 공간적 연장성을 그 특징으로 든다. 연장성은 공간을 점유하고 있다는 뜻으로서 공간을 점유하고 있음으로 해서 그 공간이 타자(他者)에 의해 침투되는 것을 배제하고 있다. 일차적인 물질이건 이차적인 물질이건 간에 모두 공간을 점유하고 있다는 점에서는 동일하다. 그것은 두 개의 개별적

12 『成唯識論』(『大正藏』 第31卷, 3중). "若謂果色 量德合故 非麤似麤 色根能取 所執果色 旣同因量 應如極微 無麤德合."

13 『成唯識論』(『大正藏』 第31卷, 3하). "若果多分合故成麤, 多因極微合應非細, 足成根境, 何用果爲? 旣多分成, 應非實有, 則汝所執前後相違."

인 극미가 하나의 동일한 공간을 공유할 수 없는 것이나 마찬가지인 것이다.

> 또 다시 [공간연장적인] 이차적인 물질과 일차적인 물질(極微)들은 모두 공간점유적이며, 상호침투할 수 없다. 따라서 그것들이 동일한 공간을 더 이상 차지할 수 없는 것은 두 개의 개별적인 극미가 동일한 공간을 차지할 수 없는 것이나 마찬가지이다.[14]

그러나 동일한 공간을 두 개의 물질이 공유하지 못한다는 원칙은 물질의 상호융합의 경우에는 해당되지 않는다고 가정해 볼 수도 있다. 다시 말해서 공간을 점유한다고 해서 공간을 점유하고 있는 물질들이 상호 침투하거나 융합하지 못하는 것은 아니지 않는가? 우리는 서로 다른 존재들이 뭉쳐지거나 용해되거나 하는 현상들을 우리의 경험내에서 많이 발견한다. 모래가 물을 받아들이거나 혹은 화학적인 약물이 동(銅)에 녹아들어가는 현상등은 존재의 상호침투의 예들인 것이다. 이런 현상들의 예에서 보는 것처럼 우리는 일차적인 물질과 이차적인 물질이 상호침투한다고 주장할 수도 있지 않을까? 그러나 다르마팔라는 교묘하게 이러한 반론을 빠져나간다. 모래가 물을 받아들이는 것이 사실이라고 할지라도 그것은 모래의 실체가 물을 받아들이는 것은 아니다. 즉 물은 모래 알갱이 사이의 빈 공간에 들어가는 것이지 모래의 실체에 들어가는 것이 아니다. 마찬가지로 약물은 동으로 들어가지 않는다. 약물은 단지 극미들로 하여금 황금으로 변하게끔 작용하는 것뿐이다.

> 마치 모래가 물을 받아들이고, 화학적인 약물이 동에 녹아 들어가듯이 이차적인 물질과 일차적인 물질은 상호간에 수용되고 침투한다고 주장될 수도 있다. [그러나 이러한 주장은 잘못된 것이다.] 어느 누가 모래와 동의 실체가 물과 약물을 받아들인다고 인정할 수 있겠는가? [극미들은 마치 모래가 물에 의해서 분리되고 변형되듯이, 그리고 동(銅)의 극미가 약물에 의해서 변형되듯이] 분리되고 변형될 것이다. [그렇다면 이들 극미들은] 통일체도 아니며 영원하지도 않다.[15]

---

14 『成唯識論』(『大正藏』 第31卷, 3하). "又果與因, 俱有質礙, 應不同處, 如二極微."

15 『成唯識論』(『大正藏』 第31卷, 3하). "若謂果因, 體相受入, 如沙受水, 藥入鎔銅, 誰許沙銅體受水藥? 或應離變非一非常."

여기서 다르마팔라는 로카야타의 비유를 역(逆)으로 이용하여 로카야타의 논리를 파괴하고자 한다. 만일 로카야타들의 비유가 허용될 수 있다고 한다면 이차적 물질이 일차적 물질인 극미에 침투할 때, 이차적 물질은 일차적 물질들을 분리시키거나 변형시킬 것이다. 그런데 분리와 변형을 가정하는 것은 극미 개념이 기본적으로 전제하고 있는 통일성과 영원성의 개념을 파괴한다. 로카야타들은 극미를 영원한 실체로 간주하지만 영원한 실체가 분리되고 변형된다는 것은 있을 수 없다. 왜냐하면 분리될 수 있는 극미들은 통일체를 갖지 않으며 변형될 수 있는 사물들은 영원하지 않기 때문이다.

2) 자이나교의 극미론

자이나(Jaina)교도들은 차르바카처럼 유물론자는 아니었으나 인도사상의 원자론을 발전시키는데, 적지 않게 공헌하였다. 자이나교도들의 물질관은 다음과 같이 정의될 수 있다. 즉 물질은 질(質)이나 양(量)에 있어서 한정되지 않는 영원한 실체이다. 질과 양에 있어서 한정되지 않는다는 것은 물질을 구성하는 입자(particles)가 증가하거나 감소하지 않더라도 양적(量的)으로 증가하거나 감소할 수 있으며, 어떤 형태라도 취할 수 있고 어떤 종류의 속성도 지닐 수 있다는 뜻이다. 물질적 실체들은 하나의 실체로 합쳐질 수 있으며, 그리고 그 하나의 실체는 다시 다수의 실체로 분할될 수 있다. 자이나교에 따르면 세상의 만물은 영혼과 단순한 공간의 예를 제외한다면 물질(pudgala)로부터 생성되며, 모든 물질은 극미(paramāṇu)로 구성된다. 각각의 극미(極微)는 공간의 한 점(pradeśa)를 차지한다. 그런데 물질은 거친 상태(sthūla, bãdara) 혹은 미세한 상태(sūkṣma)에 있다. 물질이 미세한 상태에 있을 때는 수없이 많은 미세한 극미들이 한 개의 거친 극미의 공간을 차지한다. 극미들은 그 실체에 관련해서는 영원하다. 각각의 극미는 한 종류의 맛, 냄새, 색채와 두 종류의 감촉을 가진다. 그러나 이러한 속성들은 극미에 항구적으로 부착되어 있는 것이 아니라 변화될 수 있다. 부드럽거나 거친 정도가 다른 최소한 두 개 이상의 극미가 온(蘊, skandha)의 집적체를 형성하기 위해서 결합될 수 있다. 극미들은 일정한 형태로 결합되고 배열됨으로써 다양한 형태를 형성하게 된다. 극미는 그 스스로 운동을 전개시킬 수 있고 그리고 이 운동은 아주 신속하기 때문에, 하나의 극미는 한 순간에 우주의 한 쪽 끝에서 우주의 다른 끝으로 옮겨갈 수 있다. 지수화풍(地

水火風) 네 개의 요소에 상응하는 상이한 종류의 극미가 존재하는 것은 아니다. 비록 명료하게 서술된 바는 없지만 극미들은 요소의 특징적인 성질들을 전개시킴에 의해서 차별화되며, 그렇게 해서 사원소(四元素)를 형성한다. 후자의 경우, 지수화풍 각각에 지(地)의 아트만, 수(水)의 아트만, 화(火)의 아트만, 풍(風)의 아트만이 있다는 기초적 믿음에 의해 전제되고 있다. 여기서, 요소들은 개별적인 신체의 요소를 형성하며, 시작도 끝도 없는 것으로 간주되고 있다.

3) 니야야-바이세시카 학파의 극미론

정통 브라흐마니즘에 속하는 학파 중에서 원자론에 대한 본격적인 논의를 전개한 것은 육파(六派)철학 중에서도 바이세시카(Vaiśeṣika)와 니야야(Nyāya)의 두 학파였다. 두 학파의 학적 체계는 주로 성직자계급이 아닌 세속의 학자들에 의하여 만들어졌다는 특징을 지니고 있다. 니야야와 바이세시카의 학파간의 통합은 아주 이른 시기부터 이루어졌으며, 통합된 학파는 니야야-바이세시카(Nyāya-Vaiśeṣika)라는 이름으로 불린다. 바이세시카 학파는 대략 기원전 3세기에서 기원전 1세기 사이의 약 200년 동안의 기간에 성립하였으며, 한역불교권에서는 승론학파(勝論學派)라는 이름으로 알려져 왔다. 승론(勝論)학파는 상캬학파 즉 수론(數論)과 더불어 불교의 주요한 논적(論敵)이었다. 승론학파는 세계는 일자(一者)나 이원적 원리가 아닌 다수의 근본적 원소로 구성되어 있다고 하는 다원적 실재론을 신봉한다. 바이세시카는 세계를 구성하는 기본적 요소를 구의(句義, padārtha)라는 말로 부른다. 보통 현대어로는 범주(範疇)라고 번역되는 파다르타(padārtha)라는 용어는 본래 언어의 의미 혹은 언어로 표현되는 인식의 대상을 지칭하였다. 바이세시카의 존재론에 따르면 세계를 구성하고 있는 요소는 모두 여섯 가지인데, 그 여섯 가지는 실체, 속성, 운동, 보편, 특수, 내속(內屬)이다. 승론학파의 경전인 『바이세시카 수트라[勝論經]』에서는 존재를 구성하고 있는 이 여섯 가지의 범주를 육구의(六句義)라고 부르는데, 여기에는 일체 제법의 실체와 속성, 생성과 소멸의 원리가 모두 포함되어 있다. 이처럼 승론학파는 파다르타의 실재성을 신봉하였고, 또, 아트만의 존재에 관한 독자적인 이론을 가지고 있다. 반면에 불교도들은 다르마의 비실체성을 주장하는 유명론적(唯名論的)인 입장을 주장하였고 또, 무아설(無我說)을 주장하였기 때문에, 승론학파의 견해와 정면으로 충돌할 수밖에 없었다. 불교도들은 자기 이론의 정당성을 옹호하기 위해서도 승론학파의 이론을 공격하지 않으면 안되었던 것이다.

바이세시카의 물질 개념은 다원적 실재론에 기초하고 있는데, 이에 따르면 우리가 경험하는 모든 사물들은 구성요소들의 결합에 의해 이루어져 있다. 사물의 세계는 더 이상 분할 불가능한 원자들의 결합에 의해서 형성된 분할 가능한 물질의 복합체로 구성되어 있다. 모든 복합물은 원리적으로 분할 가능하며, 또 분할 가능한 것은 해체 가능하기 때문에 항구적일 수 없다. 반면에 복합체를 구성하는 근본 요소인 극미(極微)는 더 이상 분할될 수 없으며, 항구적이며 감각에 의해 파악되지 않는 불가시적(不可視的) 성질을 지닌 것으로 정의된다. 모든 사물들은 지·수·화·풍(地·水·火·風)의 사원소의 결합에 의하여 형성되는데, 이 4원소는 실체 중에서도 제일 기본적인 것이다. 바이세시카학파는 네 종류의 원소에 대응하는 네 종류의 원자가 있다고 가정한다.[16] 지수화풍의 네 요소는 다시 단순 실체로서의 미세한(sūkṣma) 종류와 복합적 실체로서의 거친(sthūla, bãdara) 종류의 것으로 나누어진다. 단순실체란 실체가 극미, 즉 원자의 형태로 있을 때를 말하는데, 극미는 만들어진 것도 파괴되는 것도 아니기 때문에 영원하다. 또 이 실체들과 더불어 나머지 실체들 즉 공(空), 시(時), 방(方), 아(我), 의(意)들도 모두 영원한 것으로 간주된다. 공(空, ākāśa)은 원소의 한 종류이지만 아주 특별한 성질을 갖고 있어서 다른 원소와의 결합에는 관여하지 않으며, 복합체를 형성하지 않는다. 따라서 공(空)은 오직 영원하기만 한 존재이다. 반면에, 원자들이 모여 이룬 산물로서의 지수화풍(地水火風)은 무상하다. 두 개의 극미는 결합하여 이미과(二微果, dvyaṇuka)라는 결합체의 한 단위를 형성한다. 이미과(二微果)는 한정된 크기를 지닌 지각 가능한 최소의 단위이다. 이미과가 세 개 모이면 삼미과(三微果, tryaṅuka)를 형성하며, 삼미과가 무수히 결합됨으로써 대집합체(大集合體, mahāskandha), 즉 물질을 형성하게 된다. 이미과 등의 이론은 푸라샤스타파다(Praśasta-pāda)의 『구의법강요(句義法綱要, Padārtha-dharma-samgraha)』에서 처음 등장한 이후, 니야야-바이세시카(Nyāya-Vaiśeṣika) 학파의 거의 모든 저술에서 중심이론으로 간주되고 있다.

바이세시카의 극미개념을 승인할 때, 우리는 필연적으로 다음과 같은 몇

16 Y.Karundasa, *Buddhist Analysis of Matter,* Colombo, Ceylon, 1967, 30면.

가지 논리적 문제점에 봉착하게 된다. 바이세시카에 따른다면 극미란 분해될 수 있는 사물을 구성하는 요소로서, 그 자체는 더 이상 분해될 수 없는 것이다. 따라서 극미란 물질의 분할될 수 있는 한계를 표시한다. 만일 원자가 끝없이 부분으로 분할 가능하다면 모든 물질적 사물들은 그것이 어떤 것이든 똑같이 무한한 수의 구성요소들의 산물이게 되고 그렇게 될 경우 사물들 사이에서의 차별성은 설명될 수 없게 된다. 그 뿐만 아니라 만일 물질이 무한히 분할 가능하다면 그 경우 우리는 원자를 무(無)의 상태에 이를 때까지 분할하게 되고, 결국 원자는 아무 것도 아니게 된다. 그렇게 되면 우리는 크기를 가진 것이 크기를 갖지 않은 것에 의하여 구성되었다는 역설에 마주치게 된다.[17] 따라서 극미 그 자체는 부분을 갖지 않는 것으로 간주되지 않으면 안된다. 그렇지만 부분을 갖지 않는 극미가 어떻게 결합될 수 있는가 하는 문제는 논란을 불러일으키는 문제이다.

이상에서 바이세시카의 물질관과 극미관을 간단히 살펴보았다. 그러면 바이세시카의 극미관에 대한 유식불교의 비판을 살펴보기로 하자. 우리가 검토할 자료는 『유식이십론』에서의 바수반두의 비판과 『성유식론』에서의 다르마팔라의 비판의 두 경우이다.

(1) 세친(世親)의 바이세시카 비판

바이세시카의 극미론의 논리적 모순을 가장 날카롭게 비판한 사람 중의 한 사람은 유식불교의 논사였던 세친(世親, Vasubandhu)이었다. 아마도 세친(世親)은 설일체유부(說一切有部, Sarvāstivāda)와 경량부(經量部, Sautrāntika)에 대한 연구를 통하여 바이세시카의 극미론에 대한 비판의 필요성을 느끼게 되었을 것이다. 설일체유부와 경량부의 인식론의 형성 배경에는 바이세시카의 영향이 있었으므로, 이들 부파불교의 논리를 비판하기 위해서는 선행적으로 바이세시카의 극미론에 대한 비판이 요구되었을 것이다. 세친이 바이세시카의 극미관을 승인할 수 없었던 가장 근본적인 이유는 바이세시카가 극미를 파라마르타(paramãrtha), 즉 궁극적 실재로 여기고 있었기 때문이다. 세친의 극미론은 주로 『아비달마구사론(阿毗達摩俱舍論, Abhidharmakośabhasya)』과 『유식이십론(唯識二十論, Viṃśatikã)』을 통해서 전개되어 있다. 세친은 『유식이십론』의 제10게송부터 제14게송 사이에

17 Radhakrishnan, Indian Philosophy, Vo.II, 195면.

서 바이세시카를 그의 철학적 토론의 상대자로서 예상하고 논쟁을 펼치고 있다. 세친의 『유식이십론(唯識二十論)』의 제10번 게송은 바이세시카의 대상개념을 비판하면서, 대상은 단일체(unity)도 아니며 다양체(plurality)도 아니라는 주장을 전개하고 있다. 세친의 제10번 게송은 다음과 같다.

> 이피경비일(以彼境非一)　역비다극미(亦非多極微)
> 우비화합등(又非和合等)　극미불성고(極微不成故)[18]

> na tadekaṁ na cānekaṁ viṣayaḥ paramāṇuśaḥ
> na ca te saṁhatā yasmāt paramāṇur na sidhyati

> [극미와 마찬가지로 대상[境]은 일자(一者)도 다자(多者)도 아니다.] 그것으로써 대상[境]은 하나가 되지 않으며, [그것으로써] 다(多)의 극미도 또한 아닌 것이 된다. 또한 [대상은] 그들의 [극미들의] 집합[和合]도 아니다. [왜냐하면] 극미는 성립되지 않기 때문이다.

『유식이십론』의 제10번 게송은 바이세시카의 부분-전체 이론에 대한 반론이다. 만일 대상이 극미로 구성되어 있다는 바이세시카의 가정(假定)을 받아들인다면, 대상은 일자(一者) 혹은 다자(多者)의 두 가지 존재양태 중 하나의 방식을 취하게 될 것이다. 바이세시카에 따르면 물질적 형태(rūpa)의 영역[處, ayatana]은 분자적 측면에서 본다면 부분(avayavīrūpa)들의 통일적 결합체인 단일체로서 존재하지만, 원자적 측면에서 본다면 다양체로서 존재한다. 바이세시카의 논리적 과오는 전체는 부분 없이는 존재할 수도 인식될 수도 없다는 점을 간과한 데 있다. 분자는 그 구성요소인 극미들로부터 독립해서 지각될 수 없다. 마찬가지로 대상은 극미들이나 부분들의 통일체가 아니다. 또한 대상은 다양체도 아닌데 분자를 구성하는 원자들이 개별적인 단위들(pratyeka)로나 아니면 집합체(saṃhata)로써 지각되는 것이 아니기 때문이다.[19] 따라서 우리의 인식의 대상(境, viṣaya)은 일자(一者, eka)도 다자(多者, aneka)도 아니다. 세친은 계속하여 제11번 게송에서 극

18 『唯識二十論』(『大正藏』 第31卷, 75하)
19 David J. Kalupahana, *The Principles of Buddhist Psychology,* 182면.

미가 결합된다고 가정할 때 생길 수 있는 논리적 모순점을 지적한다.

극미여육합(極微與六合) 일응성육분(一應成六分)
약여육동처(若與六同處) 취응여극미(聚應如極微)[20]

ṣaṭkena yugapadyogāt paramāṇoḥ ṣaḍaṁśatā
saṇṇāṁ samāda-deśatvāt piṇḍaḥ syād aṇu-mātrakaḥ

극미는 여섯 개[의 극미]와 [동시에] 결합되는 까닭에 하나[의 극미]는 당연히 여섯 개의 부분을 지닌다. [만일] 여섯 개[의 극미]가 함께 하나의 동일한 공간을 점유한다면 [그 극미의] 덩어리(聚色, piṇḍa)도 하나의 극미와 [그 차지하고 있는 공간에 있어서] 같은 크기일 뿐이어야 한다.

물질적 극미의 실체를 신봉하는 바이세시카에게 있어서 극미란 분해될 수 있는 사물의 분해될 수 없는 부분이다. 극미 그 자체는 부분을 갖지 않지만 물질의 항구적인 부분을 구성한다. 그런데 부분을 갖지 않는 극미가 어떻게 결합될 수 있는가 하는 문제는 아주 많은 논란을 야기시킨다. 세친이 제기한 문제는 다음과 같이 풀어 이해될 수 있다. 즉 극미가 공간적 연장성을 갖는다는 것은 극미가 부분을 갖는다는 문제와 동일하다. 만일 극미가 공간적 연장성을 지니지 않는다면 극미는 그 자신의 부분을 지니지 않을 것이다. 바이세시카는 극미가 상호결합하여 물질을 형성해 나간다고 한다. 그렇지만 두 개의 사물 사이의 결합은 오직 부분들과의 결합의 관점에서 가능하다. 만일 어떤 극미가 다른 극미들과 결합될 수 있으려면 그것은 그 자신의 부분을 가져야 한다. 하나의 극미가 만일 부분을 갖는다면 동·서·남·북·상·하의 여섯 측면을 가질 것이다. 만일 극미가 다른 여섯 개의 극미와 동시적으로 동·서·남·북·상·하의 여섯 방향에서 결합된다면 그것은 여섯 개의 부분을 가져야 한다. 그러나 그 경우, 극미의 정의에 어긋나게 될 것이다. 만일 모든 극미들이 단일한 점에서 결합된다면, 그 결과로 만들어지는 실체는 단일한 극미보다도 크지 않아야 한다. 왜냐하면 이 여섯 개의 극미의 집합의 덩어리(piṇḍa)의 크기는 본래부터 공간적 연장성을 지니지

20 『唯識二十論』(『大正藏』第31卷, 75하)

않는 극미들의 결합에 의해서 생긴 것의 크기이기 때문이다. 따라서 이 경우에는 물질의 연장성의 현상을 설명할 수 없게 된다. 극미가 공간적 연장성을 갖는다는 것은 극미가 부분을 갖는다는 문제와 동일하다. 만일 극미가 공간적 연장성을 지니지 않는다면 극미는 그 자신의 부분을 지니지 않을 것이기 때문이다. 그러나 바이세시카의 입장에서 본다면, 세친의 비판이 잘못된 유비추리에 의해서 제기되었다고 말할 수도 있을 것이다. 왜냐하면 바이세시카가 다수의 극미가 하나의 그리고 동일한 공간을 차지한다고 주장한 것은 아니기 때문이다. 세친의 주장은 두 개의 사물 사이의 결합은 오직 부분들과의 결합의 관점에서 가능하다는 것이다. 만일 하나의 극미가 결합될 수 있으려면 그것은 그 자신의 부분을 가져야 한다.[21] 그러나 결합을 위해서는 부분들을 지녀야 된다는 것은 옳지 않다. 왜냐하면 공간(ākaśa)의 경우에는 부분을 지니지 않으면서도 결합의 상태로 있기 때문이다. 극미의 경우에 결합을 가능하게 만드는 원칙은 결합된 요소의 복합성이 아니라 정해진 크기(mūrtatva)와 접촉성(sparśavattva)의 소유이다. 따라서 결합의 부분성이 곧 극미가 부분을 지닌다는 뜻으로 받아들여져서는 안될 것이다. 하나의 극미가 다른 극미와 결합될 때 그 결합은 중앙의 극미가 여러 부분을 지닌다는 그 위치의 공간적인 성질 때문에 가능한 것은 아니다. 왜냐하면 극미는 부분을 지니지 않은 것으로 가정되고 있기 때문이다. 사실 부분을 지닌다는 것과 결합의 문제는 직접적으로 아무런 관계가 없다. 이 두 가지 관념의 연합은 경험적으로 관찰된 결합의 경우에 있어서, 관찰된 자료가 항상 부분으로 구성된 것에 한하여 발견되기 때문에 생성된 것이다. 이것이 결합의 필요조건이라는 신념은 이 관념연합이 반복된 결과이다.[22] 세친의 비판이 타당하기 위해서는 제한된 크기의 두 개의 접촉가능한 실체들이 동일한 공간을 차지해야 할 것이다. 이것은 세친의 비판에 대해 예상할 수 있는 바이세시카의 반론이다. 물론 세친은 바이세시카의 반론에 대해 재반론을 펼 수가 있다. 즉 공간과 같은 특수한 예를 들어 극미의 결합을 증명한다는 것은 옳지 않다. 극미는 공간과 같이 결코 허공과 같은 비존재와 같은 것으로 제시된 것은 아니다. 극미가 결합된다면 그것은 공간과는 달리 부분의 결합으로 이루어진다.

---

21 Sadananda Bhaduri, Studies in *Nyāya-Vaiśeṣika* Metaphysics, 62면.
22 같은 책, 64면.

『유식이십론』의 제12번 게송은 계속해서 극미의 상호결합의 가능성 여부에 대해서 다루고 있다. 그러나 여기서는 결합과 융합을 구분한다.

극미기무합(極微既無合)　취유합제수(聚有合者誰)
혹상합불성(或相合不成)　불유무방분(不由無方分)[23]

paramāṇor asaṁyoge tatsaṁghāte'sti kasya saḥ
na cānavayavatvena tatsaṁyogo na sidhyati

극미가 융합(saṁyoga)되지 않으면서
그것의 결합(saṃghāta)이 이루어졌을 때에 그것은 [과연] 무엇이란 말인가?
그리고 분할된 부분이 없음으로 말미암아 그와 같은 [극미의] 융합이 성립되지 않는 것은 아니다.

여기서 우리는 결합과 융합이 그 정의에 있어서 구분되고 있음을 본다. 상가타(saṃghāta)는 극미들의 결합을 의미한다. 반면에 삼요가(saṁyoga)는 융합을 의미한다. 이미 이전에 언급한 바와 같이 하나의 극미는 다른 극미들과 결합하기 위해서는 적어도 여섯 부분을 지녀야 한다. 이것은 극미가 부분들을 지닌다는 것을 의미한다. 그리고 이러한 가정은 극미의 정의에 어긋나는 것이 될 것이다. 융합의 경우를 생각해도 같은 문제가 발생한다. 만일 극미가 다른 극미와 접촉하지 않는다면 그 경우 그 극미들이 융합할 방법은 없다. 그것은 융합의 과정에 있어서는 극미들은 다른 극미들의 부분들과 접촉할 뿐만 아니라 다른 극미들과 완전히 섞여버려야 하기 때문이다. 극미가 접촉하기 위해서는 극미는 부분을 지녀야 한다. 우리는 극미들의 집합과 융합에 대해 이율배반적 상황과 당면한다. 만일 극미에 부분이 없다면 극미들의 집합이나 융합은 있을 수 없다. 만일 극미에 부분이 있다면 그것은 극미의 정의에 어긋나게 된다.

『유식이십론』의 제13번 게송은 단일체와 다양체의 문제를 다룬다. 단일체와 다양체의 문제는 극미가 부분을 갖느냐 갖지 않느냐의 문제와 밀접하

23 『唯識二十論』(『大正藏』 第31卷, 76중)

게 결합되어 있다. 단일체와 다양체의 문제는 동일성과 차별성이라는 형이상학적 문제이기도 하다.[24]

> 극미유방분(極微有方分)　　이불응성일(理不應成一)
> 무응영장무(無應影障無)　　취불이무이(聚不異無二)[25]

> **digbhāgabhedo yasyāsti tasyaikatvaṁ na yujyate**
> **chāyāvṛtī kathaṁ vānyo na piṇḍaś cenna tasya te**

> 극미가 공간적인 분할[方分]을 지니면서 [동시에] 단일한 통일체를 이룬다는 것은 이치에 맞지 않는다.
> [만일 어떠한 공간적 분할도 존재하지 않는다면] 어떻게 그림자와 막힘[이라는 현상]이 있을 것인가?
> 만일 극미의 덩어리(piṇḍa)가 [극미와] 다르지 않다면, 그것은 [그림자와 막힘이라는] 두 가지[의 특성]를 갖지 않을 것이다.

만일 극미가 공간적으로 분할되지 않는다고 한다면 그 극미들의 결합체로서의 대상은 통일체일 것이다. 통일체는 전면과 후면, 빛을 받는 측면과 그늘진 측면 등의 어떠한 공간적 구별도 갖지 않을 것이다. 또한 극미가 공간적으로 분할되는 것이 아니라면 극미는 공간을 점유하지도 않을 것이며 따라서 그림자를 던지지도 않을 것이다. 어떤 극미가 공간을 점유한다는 것은 다른 극미에 의해서 그 동일한 공간이 차지되는 것을 배제한다는 것을 의미한다. 즉 그 경우 하나의 극미는 다른 극미를 배제하는 성질을 지닌다. 다른 극미를 밀어내는 성질과 배제하는 성질은 오직 극미가 부분들을 가지고 있을 때만 가능하다. 또 그림자는 빛을 방해하는 성질을 지닌다. 다른 말로 말해서 빛이 한 사물의 표면과 접촉할 때, 그리고 다른 부분 즉 뒷면과의 접촉으로부터 방해받을 때 전면의 빛과 후면의 그림자는 발생하는 것이다. 만일 바이세시카 학파가 주장한대로 사물들이 극미들로 구성되면서 또 그 극미는 부분을 지니지 않는 것이라고 한다면 그러한 현상에 대한

24 David. Kalupahana, *The Principles of Buddhist Psychology,* 185면.
25 『唯識二十論』(『大正藏』第31卷, 76상)

설명은 불가능하게 될 것이다.

계속해서 바수반두는 제14게송에서 통일체의 대상일 경우에 생길 수 있는 문제를 제기한다.

일응무차행(一應無次行)　　구시지미지(俱時至未至)
급다유간사(及多有間事)　　병난견세물(竝難見細物)[26]

ekatve na krameṇetir yugapanna grahāgrahau
vicchinnāneka-vṛttiś ca sūkṣmānīkṣā ca no bhavet

하나의 단일체로 존재한다면, [거기에는] 점차적으로 진행하는 운동[次行]도 없을 것이고
동시적인 지각(知覺)이나 비지각(非知覺)도 없을 것이다.
또 [거기에는 연속성이] 끊어진 다수의 활동도 [없을 것이고],
미세한 사물들을 지각하지 못하는 일도 없을 것이다.

여기서 제기되고 있는 비판은 통일체가 자성(自性)의 형태로 지각된 것과 동일한 실체를 지닌다는 가정에 입각해 있다. 통일체적 실체의 개념은 대상의 지각에 관해 문제를 야기한다. 우리가 어떠한 대상을 지각할 때 우리는 그 대상의 전체를 지각하는 것은 아니다. 즉 우리는 대상의 어떤 특정한 부분을 지각하는 것이고, 그 지각의 순간에 어떤 다른 부분들은 지각되지 않고 남는다. 만일 우리가 지각하는 대상이 통일체라고 한다면 통일체는 실체의 개념을 내포하므로 우리가 하나의 부분을 볼 때 모든 부분을 보는 것이 가능하여야 한다. 즉 그 경우 하나의 대상의 전면과 후면은 동일한 순간에 보여질 수 있어야 한다. 그러나 이것은 경험적으로 불가능하다. 동일한 논점이 중단되고 다양화된 활동에 적용될 수 있을 것이다. 만일 지각된 대상이 하나의 통일적 실체로 구성되어 있다고 한다면 그것은 모든 시간에 있어 동일한 형태로 지각되어야 할 것이다. 비록 그 지각이 다른 상황 때문에 중단된다고 할지라도 지각에는 변화가 있을 수 없다. 마지막으로 만일 사물들이 동일체나 실체로 지속된다면 어떠한 발견의 과정도 의미없

26 『唯識二十論』(『大正藏』第31卷, 76중)

는 것으로 간주될 것이다. 왜냐하면 사물의 미묘한 차이의 지각은 만일 대상이 통일적 실체로 지속되는 한에 있어서는 발견되지 않을 것이기 때문이다.[27]

(2) 호법(護法)의 바이세시카 비판

이상에서 우리는 『유식이십론』의 극미관을 살펴보았다. 그러면, 계속해서 다르마팔라(護法; Dharmapāla)의 『성유식론』에 나타난 극미관을 살펴보기로 하자. 『성유식론』의 작자인 호법은 먼저 부모극미의 영원성을 주장하는 바이세시카의 이론이 모든 존재의 무상성을 주장하는 불교의 근본입장과 공존할 수 없다는 것을 지적한다.

> [승론학파가 주장하는] 파다르타(padārtha)중 어떤 것은 - 예를 들어 부모가 되는 원자들[paramāṇu] 즉 지(地), 수(水), 화(火), 풍(風) 등의 원자 등은- 영원하고 변하지 않는 것으로 간주된다. 만일 [이 부모원자들이] 결과를 산출할 수가 있다면 [그 부모원자들은] 그들이 작용을 가지고 있으므로 그들이 산출하는 [결과로서의 아들원자들이나] 마찬가지로 무상하여야 할 것이다. 만일 그들이 결과를 산출할 수 없다면 즉 토끼의 뿔과도 같이 허구적인 것이라면 그들은 의식을 떠나서는 어떠한 자성도 지니지 못할 것이다.[28]

다르마팔라는 만일 바이세시카의 논리적 전제를 받아들인다면 그와 동시에 그 전제에 내포되어 있는 논리적 모순을 함께 받아들일 수밖에 없다는 것을 강조한다. 즉 승론학파는 부모극미들은 영원한 존재로 아들극미들은 무상한 존재로 정의하고 있다. 그러나 그들은 아들극미들은 부모극미들에 의해 생성된 것으로 간주하고 있다. 부모원자가 아들원자를 생성시켰으므로 아들원자는 당연히 부모원자와 같은 성질을 지녀야 한다. 그런데 아들원자가 무상의 성질을 띄고 있으므로 부모원자도 또한 무상하지 않으면 안될 것이다. 따라서 부모원자가 영원하다는 바이세시카의 주장은 틀리다. 이러한 식의 논증법이다.

다르마팔라의 두 번째 논증은 무상한 아들원자의 개념을 개념을 받아들

27 David. Kalupahana, *The Principles of Buddhist Psychology,* 185면.

28 『成唯識論』(『大正藏』第31卷, 2하). "諸句義中, 且常主者, 若能生果, 應是無常, 有作用故, 如所生果, 若不生果, 應非離識實有自性, 如兎角等."

이게 될 때 결국 궁극적인 불교의 진리 즉 무상의 이치를 받아들일 수밖에 없다는 것이다.

> 무상한 것은 - 예를 들어 아들 원자들은 - 만약 그것들이 물질적이며 비침투적이라면 그것들은 공간을 점유할 것이며 따라서 분할가능할 것이다. [그러한 것들은] 군대나 숲의 예와 같이 [단순히 집합체에 대한 이름일 뿐으로] 자체의 진정한 존재성은 없는 것이다.[29]

여기서 다르마팔라는 그의 유명론적(唯名論的) 관점을 드러낸다. 군대라든가 숲이라든가 하는 명사(名詞)는 단순히 집합체에 대한 이름일 뿐이다. 군대나 숲의 예는 그가 상대방을 논파하기 위하여 어떻게 유명론적 무기를 날카롭게 활용하고 있는가를 보여준다. 군대나 숲이 그 구성부분인 군인들과 나무들을 떠나서 따로 존재할 수는 없는 것이다. 그러므로 극미들의 집합체인 무상한 존재들이 참된 존재성을 지니고 있다고 생각해서는 안된다. 결론적으로 말한다면 유식적 관점에서 본다면 마음과 마음에 속하는 요소를 떠나서는 어떠한 참된 존재성도 없는 것이다.

2. 불교의 극미론

초기불교도들에 의해서 원자의 개념이 논의된 적이 있었는지는 의문이다. 빠알리어 니카야(Nikaya) 혹은 아함경(Agama)에서도 극미(極微)에 관한 언급은 발견되지 않는다. 원시불교에 있어 결여되고 있던 원자의 개념은 부파불교 특히 사르바스티바다(Sarvāstivāda)와 사우트란티카(Sautrāntika)등의 북방불교도들에 의해서 활발하게 토론된다. 『대비바사론』(大毗婆沙論, Mahāvibhāṣā-sastra)에서는 극미가 접촉을 갖는지 갖지 않는지의 문제와 관련하여 세우(世友, Vasumitra), 대덕(大德, Bhadanta), 각천(覺天, Buddhadeva) 등의 견해가 언급되고 있다. 이것은 당시에 극미론이 산스크리트 불교의 중심교리로서 잘 확립되어 있었다는 사실을 보여주고 있다. 이후의 논서에서는 『대비바사론』의 설을 계승하고 있을 뿐, 새롭게 발전된

---

29 『成唯識論』(『大正藏』, 第31卷, 2하) 諸無常者, 若有質碍, 便有方分, 應可分析, 如軍林等, 非實有性.

바는 발견되지 않는다.[30] 산스크리트 불교의 극미론에 상응되는 상좌부(上座部, Theravāda) 불교의 이론은 색취(色聚, rūpakalāpas)의 이론이다. 색취의 이론이 처음으로 등장하는 것은 붓다고사(Buddhaghosa)의 『청정도론』(淸淨道論, Visuddhimagga)이다.[31] 『청정도론』에서 물질의 최소 단위는 paramāṇu 혹은 cuṇṇa라고 불려졌다. 그러나, 이것은 더 이상 분할 불가능한 것이 아니라, 사실상 여덟가지 요소의 결합체이다.[32] 이러한 실론(Ceylon)에서 성립된 빠알리 불교의 색취의 이론이 인도불교의 극미론의 성립에 영향을 미쳤을 가능성은 희박하다. 오히려 산스크리크 불교의 극미론에 기초해서 빠알리 불교의 극미론도 역시 형성되었다고 보는 것이 타당하다.[33]

부파불교 최대의 세력을 형성하였던 사르바스티바다, 즉 설일체유부(說一切有部)의 교리적 특징은 아공법유(我空法有)라는 용어로써 요약되는데, 이것은 그들의 인식론적 존재론적 특징을 대변하고 있다. 그들은 인식론적으로는 외계의 대상이 그대로 지각될 수 있다는 소박실재론적 견해를 지녔으며, 존재론적으로도 외부적 대상이 인식주관으로부터 독립해서 존립한다는 견해를 지녔다. 이처럼 설일체유부는 외부적 대상이 실유(實有)로서 존재한다고 보았기 때문에, 그들에게 있어서 다르마를 분류하고 이에 체계를 부여하는 작업은 무엇보다도 중요한 일이었다. 설일체유부는 존재하는 일체의 현상을 오위칠십오법(五位七十五法)의 다르마로써 구분지어 범주화하였는데, 그들은 존재의 다섯 가지 범주인 오위(五位)에 색법(色法)을 첫 번째에 배치하고 있다. 색법은 물질에 상응되는 개념이고 극미는 바로 외부적 물질세계를 구성하는 요소라는 점에서, 극미개념의 정립은 사르바스티바다에 있어서 매우 중요한 문제가 아닐 수 없었다.

사르바스티바다와 더불어 부파불교 내부에서 중요한 철학적 흐름을 형성하고 있는 사우트란티카(Sautrāntika)는 일반적으로 경량부(經量部) 혹은 줄여서 경부(經部)로 불리워지는 학파이다. 인식론적 측면에서 사르바스티바다에 속하는 비바사(Vaibhāṣikas) 논사와 사우트란티카(Sautrāntika)의 차이점은 전자(前者)가 외계의 존재에 관해서 외부적 대상들이 직접적으로 지각된다고 주장한데 반해서, 후자(後者)는 외부적 대상

30 櫻部 建,『倶舎論の研究』,法藏館, 1979, 101면.

31 Y.Karundasa, *Buddhist Analysis of Matter,* Colombo, Ceylon, 1967, 142면.

32 같은 책, 146면.

33 같은 책, 143면.

들은 직접적으로 지각되는 것이 아니라 다만 간접적으로 추론될 뿐이라고 주장한데 있었다. 인도철학사에서는 전자를 무형상지각론(無形相知覺論, Nirākārajñanavada)이라고 부르는 반면에, 후자를 유형상지각론(有形相知覺論, Sākārajñanavada)이라고 부른다. 일반적으로, 니야야-바이세시카(Nyāya-Vaiśeşika), 사르바스티바다(Sarvãstivāda) 등은 무형상지각론에 속하는 반면에 유식불교와 경량부(Sautrāntika)는 유형상지각론에 속한다. 무형상지각론에서는 우리의 인식주관과 인식대상은 일대일(一對一)로 대응하며 인식은 반드시 의식 외부의 대상에 대한 인식이다. 반면에 유형상지각론에서는 우리의 인식이란 형상(形相, ākāra)을 지각하는 것일 뿐, 외부적 대상을 대상 그 자체로서 인식하는 것이 아니라고 본다. 즉 인식주관과 인식대상의 일대일의 대응은 없으며, 인식은 자기인식으로서 지각된 형상과 지각은 동일하다.[34] 보통 우리가 외부세계의 물질이라고 생각하는 것은 지각상(知覺相)의 무한집합일 따름이다. 유형상지각론의 하나인 경량부는 의식내부에 형성된 지각상의 배후에 그러한 지각인상을 촉발시키는 바의 외부적 물질세계가 비록 직접적으로 지각되는 것은 아니지만 존재할 것이라고 추론하는데, 그 외부적 물질세계의 구성요소가 바로 극미라는 것이다.

인식론적으로 볼 때 유가행파(瑜伽行派) 혹은 유식학파(唯識學派)는 유형상지각론의 계열에 속한다. 이미 앞에서 살펴본 바와 같이 유형상지각론은 우리가 인식하는 것은 결코 대상 그 자체가 아니며 단지 형상(形相)일 따름이라고 주장한다. 그러면 이 형상은 의식의 내부세계에서 유래한 것인가? 아니면 의식의 외부로부터 유래한 것인가? 유형상지각론에 속하는 사우트란티카는 지각되는 바의 형상의 배후에 이러한 지각상(知覺相)을 촉발시키는 의식외부의 물질세계가 있어야 한다고 추론하였으나, 유가행파(瑜伽行派)에서는 이러한 지각상이 의식내부에서 유래한다고 생각하였다. 유가행파는 외계의 실재를 추론에 의해서 인정하는 사우트란티카와는 달리 외계의 실재를 인정하지 않는다. 외계의 실재 자체를 인정하지 않는데 그 외계를 구성한다고 간주되는 극미가 실재할 리는 없다. 극미는 존재하지 않으며 어떠한 실체도 갖지 않는다. 유가행파에 있어서 극미는 지각하는 의식

34 沖和史,「無相唯識과 有相唯識」,『唯識思想, 講座大乘佛教』, 第8卷(서울: 경서원, 1993), 238-249면.

의 외부에 존재하는 실재적 존재가 아니라 다만 관념적 소산일 뿐이다. 다시 말해 유가행사는 실(實)의 극미는 인정하지 않고 가(假)의 극미밖에는 인정하지 않는다. 이렇게 해서 유가행사의 극미론은 전통적 이론의 수렴이자, 동시에 해체로 이어졌다.

종합해 본다면 원시불교에서 결여된 채로 남아있던 극미론은 북방불교에 이르게 되면 활발하게 논의되었으나, 북방불교도들이 모두 물질의 기초적 토대로서 원자의 개념을 전제하고 있던 것은 아니었다. 실제로, 북방불교도들 중에서 비바사(毘婆沙, Vaibhāṣikas)와 경량부(Sautrāntikas)의 논사들은 극미개념을 인정하였으나, 대승불교의 학파인 중관학파와 유가행파에서는 외적 실재의 존재 자체를 부정하였으므로, 극미의 개념을 인정할 수 없었던 것이다.

1) 설일체유부(說一切有部)의 극미론

설일체유부의 5위75법의 체계에 따르면, 극미설은 5위 중 첫 번째 색법(色法)에 관한 학설이다. 설일체유부는 색(色)을 변화와 장애(變礙)의 성질을 지니는 물질로 정의하고 있다. 즉 색(色)은 파괴되거나 변화될 수 있으며, 공간을 점유하고 있기 때문에 다른 것이 동일공간에 들어오는 것을 막는 특징을 지닌다. 공간을 점유하고 있는 것은 공간적 연장(延長)을 지니며, 공간적 연장을 지니는 것은 분석될 수 있다. 이처럼 색(色)을 분석하고 분석해서 더 이상 분석할 수 없는 극한에 이른 것을 가리켜 극미라고 한다.[35]

설일체유부의 가장 오래된 문헌인 『아비달마발지론(阿毗達摩發智論)』에는 극미론이 전개되고 있지 않다. 비바사(Vaibhāṣika) 논사들의 극미관을 보여주고 있는 초기문헌은 다르마슈리(Dharmaśri)의 『아비달마사라(Abhidharmasara)』이다. 다르마슈리의 극미론을 바이세시카학파의 창시자인 카나다(Kanada)의 극미론으로부터 빌려온 것이라고 보는 견해도 있으나, 이것은 사실과 다르다. 다르마슈리의 극미론은 불교의 제행무상(諸行無常)의 이론에 기초를 두고 있으며, 상가브하드라(Saṁghabhadra)와 디파카라(Dīpakāra), 붓다고사(Buddhaghosa), 바수반두(Vasubandhu) 등에게 영향을 미친 것으로 보인다.[36]

---

35 남수영, 「유식이십론의 극미설비판」, 『인도철학』 제7집(서울: 인도철학학회), 200면.
36 Stefan Anacker, *Seven Works of Vasubandhu,* Motilal Banarsidass, Delhi, 1986, 126-128면.

사르바스티학파는 캐시미르와 간다라를 중심으로 해서 발전하였는데 캐시미르의 학풍이 보수적이었다고 한다면 간다라의 학풍은 진보적이라고 할 수 있었다. B.C. 2세기(혹은 B.C. 1세기) 경에는 카트야야니푸트라(Kātyāyanīputra, 迦多衍尼子)가 『아비달마발지론(阿毗達摩發智論)』을 저술하여 유부의 교리체계를 확립하였다. 그 이후 약 이백년 동안 유부의 학자들은 『발지론』 등의 논서에 대해서 방대한 주석문헌을 성립시켰는데, 이들을 비바사(Vaibhāṣika)라고 부른다. 비바사(毗婆沙)는 곧 주석가라는 뜻으로 비바사논사들은 다른 부파의 이론을 물론이고, 특히 유부의 학설 중에서 이단적이라고 생각되는 이론을 심하게 비판하였다. 이렇게 해서 설일체유부는 두 파로 나누어지게 되었는데, 이전의 카트야야니푸트라를 중심으로 한 유부(有部)를 고살바다(古薩婆多), 즉 구(舊) 사르바스티바다라고 하고, 그 이후의 비바사 논사들을 중심으로 한 유부(有部), 특히 그 중에서도 상가브하드라(Saṁghabhadra)의 학파를 신살바다(新薩婆多) 즉 신(新) 사르바스티바다라고 부른다. 캐시미르의 스칸딜라(Skandhila; 悟入) 존자의 계열에 속하는 제자인 상가브하드라는 한역으로는 중현(衆賢)이라고 불리는 인물인데, 그는 일찍이 세친의 『아비달마구사론』을 반박한 『아비달마순정리론(阿毘達磨順正理論)』[37]을 저술함으로써 유부의 입장을 적극적으로 옹호한 바 있다. 그러면 사르바스티바다의 극미관을 구파(舊派)와 신파(新派)로 나누어서 고찰해보기로 하자.

(1) 구파(舊派)의 극미론

『성유식론(成唯識論)』에 따르면 극미론에 관련한 고살바다(古薩婆多)의 주장은 극미는 개별적으로는 인식될 수 없으나 극미(極微)가 집합적으로 존재할 때는 인식대상이 될 수 있다는 것으로 요약될 수 있다.

> [고살바다(古薩婆多) 학파가 주장하는 것처럼] 극미가 집합적으로 간주될 때 각각의 오식(五識)의 대상적 조건(所緣)이 되는 것은 가능하지 않다. 왜냐하면 이 식(識)에서는 극미의 형상은 존재하지 않기 때문이다. 또한 극미가 집합적 형상을 가진다는 것도 사실이 아니다. 왜냐하면 비집합적 상태에 있어서는 이러한 형상은 존재하지 않기 때문이다. 극미의 실체와 형상이

37 『阿毘達磨順正理論』(『大正藏』, 第29卷)

> 집합이나 비집합의 상태일 때, 서로 다르다는 것은 사실이 아니다. 그러므로 집합의 상태에 있어서는 비집합의 상태에 있어서와 마찬가지로 색(色) 등의 극미는 오식(五識)의 감각적 대상, 즉 경(境)이 아니다.[38]

극미가 집합적으로 인식된다고 하더라도 그 경우 인식에 형상(形相)으로 맺혀지는 것은 극미의 형상은 아니다. 만일 극미가 개별적인 형상과는 별도로 집합적 형상을 가진다고 가정해 볼 수도 있겠다. 그러나 그러한 집합적 형상은 극미의 개별적 상태에 있어서는 존재하지 않을 것이다.

(2) 신파(新派)의 극미론

신파(新派)의 극미관을 대표하는 것은 중현(衆賢)의 설이다. 중현은 상(相, apekṣā)의 이론을 중심으로 극미론을 전개하고 있다. 그에 따르면, 극미는 '길다[長]', '짧다[短]', '푸르다[靑]', '누렇다[黃]' 등의 자상(自相, svalakṣaṇa), 즉 자체적인 고유한 특징을 갖지 않는 반면에, 극미들이 집적되어 형성된 물질은 시간적 변이성[變]과 공간적 점유성[碍 혹은 有對]이라는 특징을 지닌다. 이러한 극미의 정의에서 다음과 같은 의문이 발생한다. 만약 물질의 최소단위인 극미가 분할 불가능하며 부피를 갖지 않는 것이라면, 극미들의 상호접촉은 어떻게 일어날 수 있는가? 즉 하나의 극미를 중심으로 위, 아래, 동서남북의 여섯 개의 극미가 둘러싸서 접촉이 일어난다면 그 극미는 여섯 면을 갖는 것이 된다. 또 만일 극미 그 자체는 자상(自相)을 갖지 않는다면 어떻게 극미들의 집적체인 물질은 그러한 성질을 가질 수가 있겠는가? 반대로 극미가 자체적인 고유한 특징을 갖는다면, 어떻게 그것을 극미라고 할 수 있겠는가? 이러한 난점을 해결하기 위해서, 중현은 『아비달마순정리론(阿毘達磨順正理論)』[39]에서 실(實)의 극미(dravya paramāṇu)와 가(假)의 극미(prajñapti paramāṇu)라는 개념을 도입하고 있다.[40] 여기

38 『成唯識論』({大正藏} 第31卷, 4중). "非諸極微 共和合位 可與五識各作所緣 此識上無極微相故 非諸極微有和合相, 不和合時無此相故 非和合位與不合時 此諸極微體相有異 故和合位如不合時, 色等極微, 非五識境."

39 衆賢 造, 玄奘 譯, 『阿毘達磨順正理論』(『大正藏』 第29권)

40 『阿毘達磨順正理論』(『大正藏』 第29권, 522상). "然, 許極微略有二種, 一實二假, 其相云何, 實謂極成色等自相, 於和集位, 現量所得, 假由分析, 比量所知, 謂聚色中, 以慧漸析, 至最極位, 然後於中辯色聲等極微差別, 此析所至, 名假極微, 令慧尋思極生喜故, 此微卽極, 故名極微, 極謂色中析至究竟 微謂, 唯是慧眼所行, 故極微言, 顯微極義."

서 실(實)의 극미란 분할가능하며 공간적 부피(有方分)를 가지며 색(色) 등의 자상(自相)을 갖는 특징을 지니는 것으로 정의되고 있다. 만일 실(實)의 극미가 합쳐지게 되면 화집극미(和集極微, saṃghāta-paramāṇu)를 형성하게 되는데, 현량(現量)의 대상이 된다. 그런데 실의 극미는 다시 분할불가능[無方分]하며 자상(自相)을 갖지 않는 가(假)의 극미에 의해 구성되어 있다. 가의 극미는 물질의 궁극적 구성요소로서 분할불가능하고 자상(自相)을 갖지 않고 시간적 변이성[變]과 공간적 점유성[碍 혹은 有對]을 갖지 않는다. 그렇지만 가(假)의 극미가 집적(集積)하여 실(實)의 극미 내지 오근(五根)과 오경(五境)이 될 때에는 그것들은 자상과 변애성(變碍性)을 갖게 된다. 그리고 가(假)의 극미는 관념적으로 구성물에 불과하기 때문에 현량(現量)으로는 파악되지 않고, 단지 비량(比量)에 의해서 추론될 뿐이다. 따라서 가(假)의 극미는 그 자체로 독립적으로 존재하는 것도 아니며, 그 작용도 없지만 가의 극미가 집적(集積)되어 형성되는 오근(五根)과 오경(五境) 등의 색법(色法)은 자신의 고유한 작용을 가지는 실유법(實有法)이 된다. 일반적으로 집적물은 단일하지 않고 일시적 가변적 현상이기 때문에 실재가 아니지만, 유부(有部)의 경우에는 가(假)의 극미가 집적하여 자상(自相)을 지닌 실(實)의 극미가 된다. 또한 집적이란 일시적 현상이 아니라 실유(實有)의 충족조건이 되므로 그것과 같은 뜻인 온(蘊, skandha) 역시 실재로 간주되는 것이다. 『성유식론』은 유부(有部) 신파(新派)의 극미개념을 다음과 같이 정의하고 있다.

> 색(色) 등의 극미가 결합되지 않고 개체적으로 취해질 때는 오식(五識)의 대상이 아니다. 그러나 결합의 상태에서는 상호 결합하여 의식의 대상이 되는 거친 형상을 형성한다. 이 형상은 실재적이므로 의식의 [대상적 조건 즉] 소연(所緣; ālambanapratyaya)이 된다.[41]

이렇게 유부(有部) 신파(新派)의 극미개념을 정의하고 난 뒤에, 호법은 이러한 견해를 수용할 수 없는 이유를 다음과 같이 밝히고 있다. 첫째, 극미가 단일체로 있을 때의 형상과 복합체로 있을 때의 형상이 동일하지 않다는

---

41 『成唯識論』(『大正藏』 第31卷, 4중). "有執色等 一一極微 不和集時 非五識境 共和集位 展轉相資 有麤相生 爲此識境 彼相實有 爲此所緣."

주장을 수용할 수 없다. 극미는 결합되었거나 아니면 결합되지 아니하였거나간에, 어떤 경우에나 동일한 실체와 동일한 형상을 가져야 한다. 둘째, 만일 개별적 원자들의 집합이 상호결합을 통하여 대상적 조건이 된다고 한다면, 그 경우에 동일한 양의 원자들로 구성된 대상들의 경우 그 대상이 항아리가 되었든지 아니면 다른 사물이 되었든지 간에 그것들을 인식하는 의식은 그것들 사이에 아무런 차이도 인식해서는 안된다. 셋째, 만일 극미가 상호 결합을 하는 것이라고 한다면 결합의 상태에 있어서 각각의 극미는 그 본래적인 미묘성과 원구성(圓球性)을 잃어버리게 될 것이다. 넷째로, 항아리의 커다란 형상을 인식하는 의식은 극미의 미묘한 형상을 인식하는 의식과 동일하다고 인정할 수 없다. 왜냐하면 이러한 가정에 있어서 소리와 같은 하나의 감각대상을 인식하는 의식은 형체나 색과 같은 또 다른 감각대상을 또한 인식할 것이기 때문이다. 다섯째, 유부(有部) 신파(新派)는 설령 정반대의 성격을 가진 사물들이라도 하나의 의식에 의하여 동시에 인식될 수 있다는 것을 인정하고 있으므로, 그러한 전제 위에서 본다면 시각(視覺)과 같은 하나의 의식은 형체-색상, 소리, 냄새, 맛과 같은 모든 감각적 대상들을 동시에 인식할 수 있어야 한다. 설령 우리가 극미의 존재를 가정한다고 하더라도 우리는 이러한 이론에서 많은 오류를 발견할 것이다. 더욱이 우리는 의식과 분리되어서는 극미는 그 자신의 실재적 존재를 갖기 힘들다는 것을 입증하였으므로 이 이론은 더욱 더 받아들이기 힘든 것이 된다.

2) 경량부(經量部)의 극미론

유형상지각론에 속하는 경량부는 외부적 물질세계의 존재를 추론(推論)에 의해서 인정하고 있다. 즉 우리의 의식 밖에 존재하는 객관적 물질을 구성하는 요소인 극미는 집합적으로 결합함으로써, 의식내부에 지각상(知覺相)을 형성하게 되는데, 의식내부에 형성된 지각상(知覺相)의 배후에 그러한 지각인상을 촉발시키는 바의 외부적 물질세계가 비록 직접적으로 지각되는 것은 아니지만 존재할 것이라고 추론한다는 것이다. 이 경우 지각상과 극미의 집합의 상은 비록 유사하기는 하지만, 동일한 것은 아니다. 경량부 인식론의 이러한 주장은 『성유식론』에 잘 표현되어 있다.

> 눈 등의 오식(五識)이 물질 등을 지각할 때에는 [극미의 개체를 지각하는 것이 아니라] 오직 극미의 집합체만을 인식대상으로 취하는데, [그것은 우

리의 오식(五識)이 물질-형상들을 지각할 때] 극미의 집합체의 상(相)에 유사한 형상만을 지각할 수 있기 때문이다.[42]

극미는 물질을 구성하는 궁극적 단위로서 공간적으로 분할[有方分]할 수 있으며 공간적으로 연장[有對]되어 있다. 극미 그 자체는 공간을 점유하고 있기 때문에, 다른 극미에 의해서 점유하고 있는 공간이 침투되지 않는다. 이러한 점에서 경량부의 견해는 비바사(Vaibhāṣikas) 논사의 견해와 일치한다. 한트(Handt)의 주장에 따르면 불교의 기본명제는 제행무상(諸行無常)이므로 불교도들은 극미론에 있어서도 모든 물질적 세계를 비항구적인 극미들의 집합으로 간주하였다고 한다. 만일 극미들을 항구적인 것으로 간주한다면 그것은 제행무상의 불교의 본래이념과 일치하지 않기 때문에 극미를 비항구적인 것으로 간주할 수밖에 없었다는 것이다. 이러한 한트(Handt)의 견해를 반박하는 예가 경량부의 극미설이다. 경량부의 찰나론(kṣaṇakavāda)에 따르면 모든 사물은 한 찰나밖에는 존재하지 않으며, 사물들이란 순간적인 현상들의 계기적(繼起的) 흐름(samtāna)에 지나지 않는다. 이 찰나멸의 이론이 제행무상의 이념에 올바로 기초해 있는 것은 사실이지만, 그렇다고 해서 경량부가 극미를 비항구적인 것으로 간주했다고 볼 수는 없다.[43] 유부(有部)는 극미를 실(實)의 극미와 가(假)의 극미로 분석하였으나, 경량부는 가(假)의 극미를 인정하지 않고 오직 실(實)의 극미만을 인정한다[44]. 가(假)의 극미는 지각될 수 없을 뿐 아니라, 구체적인 자성(自性)과 현실적 작용을 갖지 않는다. 가설적으로 존재하는 극미는 오직 관념적으로만 존재하는 것이기 때문에, 전오식(前五識)의 소의(所依)와 소연(所緣)이 되지 못한다. 반면에 실(實)의 극미란 감각적으로 경험할 수 있는 극미, 즉 화집극미(和集極微, saṁghāta paramāṇu)를 가리킨다. 실(實)의 극미는 상호 결합되어 극미의 집합을 형성한다. 경량부는 7개의 극미의 집합을 최소단위의 극미의 복합체로 간주한 것처럼 보인다. 그러나 경량부는 이 실의 극미의 집합에 의해서 만들어지는 안이비설신(眼耳鼻舌身)의 오근(五根)과 색성향미촉(色聲香味觸)의 오경(五境)은 실유(實有)가 아니라고 한다.

---

42 『成唯識論』(『大正藏』 第31卷, 4중). "眼等五識了色等時, 但緣和合, 似彼相故."

43 Jacobi, Indian Atomism, *Studies in History of Indian Philosophy*, pp.144-155.

44 權五民, 『經量部哲學의 批判的 體系硏究』, 동국대학교 대학원 박사학위 논문, 1990, 59면.

그것은 오근과 오경이 극미들이 임시적으로 결합되어 만들어내는 가합(假合)에 지나지 않기 때문이다. 색온(色蘊) 역시 극미의 일시적 모임이므로 가유(假有)인 것이다. 경량부에 있어서 실유(實有)는 물질의 구성요소인 실(實)의 극미밖에 없다. 집합의 형상은 개별적 요소의 형상과는 같지 않다. 집합의 형상은 개체를 떠나서는 존재하는 것이 아니므로 그것 역시 실유(實有)라고 말할 수 없다. 만일 우리가 집합적 인상에 상응되는 실재를 상정한다면, 그것은 있지도 않은 두 번째 달[第二月]을 상상하는 것과 마찬가지로 허구적 존재가 될 것이다.

> 그러나 집합의 형상은 극미와 달라서 실재에 상응하지는 않는 것이다. 그것이 여러 부분으로 나누어져 있을 때 그러한 [집합의] 형상을 지각하는 의식은 형성되지 않은 까닭이다. 집합의 형상이 실재적인 실체가 아니므로, 집합이 오식(五識)의 인식대상적 조건[緣]이라고는 말해질 수 없다. 두번째 달과 같은 하나의 비실재적인 사물은 오식(五識)을 형성할 수 없는 까닭이다.[非和合相異諸極微有實自體, 分析彼時似彼相識定不生故, 彼和合相既非實有, 故不可說是五識緣, 勿第二月等能生五識故.]『成唯識論』(『大正藏』第31卷, 4중)

앞에서 무형상지각론에서는 우리의 인식주관과 인식대상이 일대일(一對一)로 대응하는 반면에 유형상지각론에서는 인식주관과 인식대상의 일대일의 대응은 없다고 지적한 바 있다. 무형상지각론에서는 인식내용의 근거를 의식의 외부에서 구하기 때문에 인식의 지각내용인 형태와 색채 모두가 대상 그 자체에 내재하고 있어야 하는데 반해서, 유형상지각론에서는 인식주관과 인식객관의 대응은 요청되지 않는다.[45] 바로 이런 이유로 해서 무형상지각론에 속하는 설일체유부(說一體有部)에서는 색채의 극미와 아울러 형태의 극미도 인정하는 반면에, 유형상지각론에 속하는 경량부(經量部)에서는 색채의 극미는 인정하지만, 형태의 극미는 인정하지 않는다. '푸르다[靑]', '노랗다[黃]', '붉다[赤]', '희다[白]' 등의 색채를 지닌 물질을 현색(顯色; varna rūpa)이라고 하는 반면에, 길이[長], 짧음[短], 모남[方], 동그람[圓] 등의 형태는 형색(形色, saṃsthāna rūpa)이라고 한다. 설일체유부는

45 沖和史,「無相唯識과 有相唯識」,『唯識思想, 講座 大乘佛教』 제8권(서울: 경서원, 1993), 238-249면.

눈에 보이는 물질의 극미는 색채와 형태의 자상(自相, svalakṣaṇa)을 가지고 있다고 주장한다. 그러나 경량부에서는 현색(顯色)은 극미의 고유한 특징이지만, 형색(形色)은 극미의 자상(自相)이 아니라고 한다. 실재하는 것은 오직 색채로서의 물질인 현색(顯色)이며, 형색(形色)은 현색(顯色)이 성립할 때 그것에 의해 부수적으로 가립(假立)하는 것이다.[46]

만일 형태가 사물 그 자체에 내재한 고유한 특성이 아니라고 한다면, 우리에게 알려지는 바의 형태란 도대체 무엇이란 말인가? 경량부는 형태(形, saṃsthãna)란 우리 마음이 분별(分別)에 의해서 꾸며내는 것에 불과하다고 말한다. 즉 형색(形色)이란 극미 그 자체에 존재하는 것이 아니라, 오직 극미의 집합에서 일시적으로 나타나는 형상일 따름이다. 형색은 물질의 상태에 따라 다시 말해서, 현색(顯色)의 집합과 그 특수한 배열상태에 따라 임시적으로 현상하는 것이다. 그것은 횃불을 돌릴 때 임시적으로 여러가지 형상의 지각이 일어나는 것과 같다. 나무나 벌을 제외하고서 숲이나 벌의 행렬을 알지 못하는 것처럼 현색(顯色)을 떠난 형색은 알려지지 않는다. 즉 순서나 연속을 뜻하는 행렬[行, paňkti]이나 집합을 뜻하는 모임[聚, guna]은 그 성격상 실체로 간주될 수 없으며, 형색도 또한 그러하다. 따라서 형색(形色)은 가설(假說; prajňapti)된 존재(sattā)이지 실유(實有, dravya sattã)는 아닌 것이다.

3) 유가행파(瑜伽行派)의 극미관

유식불교의 극미관은 인도철학의 극미론의 전개의 연장선 위에 서 있다. 유가행파의 극미관을 형성하는데 영향을 끼친 것은 불교의 외부에서는 자이나, 로카야타, 니야야-바이세시카였으며, 불교내부에서는 사르바스티바다와 사우트란티카의 극미론이었다. 유가행사들의 극미론은 주로 바수반두와 다르마팔라 등에 의하여 이들 외도(外道)와 내도(內道) 사상을 동시에 비판적으로 반성함으로써 형성되었다. 여기서 외도(外道)란 불교에 대해서 외부에 존재하는 종파를 말하며, 내도(內道)란 불교 내부의 종파를 가리키는데, 외도(外道) 중에서 극미론을 가장 적극적으로 전개하였던 것은 바이세시카, 즉 승론(勝論)학파였다. 승론학파는 물질을 더 이상 분할될 수 없는데 이를 때까지 분할함으로써 물질의 궁극적 구성요소를 발견하려고 시도

46 權五民, 『經量部哲學의 批判的 體系研究』, 동국대 박사학위 논문, 1990, 57-66면.

하였다. 이러한 사고는 전형적인 요소주의적 사고방식으로서, 요소주의적 철학은 세계를 구성하고 있는 요소를 분석함으로써 세계의 실재성을 확인할 수 있다는 견해를 신봉한다. 요소주의적 사고방식의 과오는 물질의 궁극적 요소를 발견할 수 있다는 신념 그 자체에 있다. 유식(唯識)의 논사인 호법은 『성유식론』에서 물질이 극미로 구성되어있다는 그러한 견해 자체가 과연 타당한 것인가를 질문한다.

> 덩어리로서의 물질의 실재를 믿는 사람들에게 붓다(佛陀)는 [물질의 덩어리를] 극미로 분할하는 분석적 방법을 통하여 모든 물질에는 극미가 실제로 존재하는 것은 아니라는 것을 가르쳤다.[47]

요컨대 불타 교설의 요체는 존재의 비실체성의 자각에 있다. 호법이 승론학파의 극미론을 비판한다고 해서 물질을 그 구성요소로 분할하여 관찰하는 분석방식 자체를 반대하는 것은 아니다. 물질을 그 구성요소로 분할하여 본다는 것은 유용한 분석의 틀이 될 수도 있다. 사실 유가행사(瑜伽行師)들도 인식론적으로 이러한 방법을 사용하였다고 생각되고 있다. 그러나 극미를 단순히 분석을 위한 하나의 도구로서 사용하지 않고 그 자체를 사물의 궁극적 실재로서 단정해 버린다면, 그것은 위험한 일이 될 것이다. 극미의 개념은 사물의 분할될 수 있는 최종적인 한계일 뿐, 그 자체는 결코 인식되지 않는다. 그것은 경험적으로 검증될 수 있는 것이 아니므로 단순히 하나의 한계개념일 따름이다. 우리는 사물의 구성요소를 알기 위해서 사물을 분할하고 또 분할한다. 그런데 이러한 분할은 우리를 무한소급으로 이끈다. 왜냐하면 분할은 무한히 행해질 수 있기 때문이다. 무한히 분할을 행할 때 우리는 허공의 상태에 도달할 것이다. 만일 허공에 도달한다면 그것은 무(無)일 것이며 그것이 무(無)인 이상 그것은 더 이상 극미는 아니다.

> 요가차라들, 즉 요가의 스승들은 그들의 분별과 상상의 능력에 의지하여 물질의 덩어리를, 최종적으로는 더 이상 분할 가능하지 않은 단계에 이를 때까지, 단계적으로 분할하여 극미라는 가상적 이름을 부여하였던 것이다.

47 『成唯識論』(『大正藏』 第31卷, 4중). “爲執麤色, 有實體者, 佛說極微, 今其除析, 非謂諸色, 實有極微.”

> 이 극미는 비록 공간을 점유하기는 하지만 더 이상 분할 가능한 것은 아니라고 믿었다. 왜냐하면 만일 더 이상 분할을 계속하면 공허한 공간과 유사한 것이 나타날 것이기 때문이었다. 그런 경우에 그것은 더 이상 물질이라고 불릴 수 없게 될 것이다. 이것이 극미가 색(色)의 한계[邊際]라고 말해지는 이유인 것이다.[48]

유가행파(瑜伽行派)에 따르면 우리는 대상 그 자체를 결코 인식할 수 없으며, 단지 형상(形相)만을 지각할 수 있다. 유가행파는 유형상지각론에 속하므로, 이것은 유형상지각론의 인식이론에서 도출되는 당연한 논리적 귀결이다. 즉, 유가행파는 지각되는 바의 형상의 배후에 이러한 지각상(知覺相)을 촉발시키는 의식외부의 물질세계가 있어야 한다고 추론한 경량부와는 달리, 이러한 지각상(知覺相)이 의식내부에서 비롯되는 것이라고 주장하였다. 즉 유가행파는 제 물질이 종자상속(種子相續)에 의해 식(識)의 대상으로 현현한다는 경량부의 이론을 수용하면서도 외계의 실재를 인정하지 않은 것이다. 예컨대 호법은 『성유식론』에서 대상의 인식이란 의식이 자기 자신을 현현(顯現)시킴에 의해서 형성되는 것이라고 말하고 있다. 즉 대색(對色, sapratigha), 즉 물질이란 단지 의식 그 자체의 현현에 불과한 것이다.

> 저항성 있는 물질(對色, sapratigha)은 의식이 전환되어 나타난 것일 뿐이며, 극미에 의하여 형성된 것이 아니다.[49]

유가행파에게 있어서 인식대상인 소연연(所緣緣)은 오직 식(識)의 전변(轉變)에 의해서 형성된 것이다. 식(識)이 전변하여 색(色) 등의 상(相)으로 사현(似見)할 때 소연연(所緣緣)이 되는데, 대상의 인식이란 바로 의식이 자기자신으로부터 나온 형상(nimitta)을 볼 때 성립하는 것이다. 만일 형상의 크기(nimitta-bhaga)가 크면 대상은 크게 인식되고, 형상의 크기가 작으면 대상은 작게 인식된다. 의식외부의 물질을 구성하는 극미들의 집합이 이 형상에 직접적으로 상응한다고 보는 설일체유부의 견해는 잘못된 것이다. 유부(有部)는 우리의 인식이란 극미가 집합적으로 결합하여 만들어 내는

---

48 『成唯識論』(『大正藏』 第31卷, 4중하). "諸瑜伽師以假想慧於麤色相 漸次除析至不可析, 假說極微, 誰此極微猶有方分而不可析, 若更析之 便似空現 不名爲色, 故說極微 是色邊際."

49 『成唯識論』(『大正藏』 第31卷, 4하). "諸有對色 皆識變現, 非極微成."

형상을 지각함으로 해서 발생한다고 말한다. 극미의 형상을 직접적으로 지각할 수 있는 것으로 간주한 것은 유부(有部)가 극미를 전오식(前五識)의 인식대상으로 간주하였기 때문이다. 그렇지만, 유가행파는 유부(有部)와는 달리, 극미를 제육식(第六識)에 대응되는 대상으로 간주하고 있다.

> 의식이 자기를 현현(顯現)시킬 때 [형상의] 크기에 따라, 크거나 작은 하나의 형상이 한꺼번에 나타난다. [그것은 유부(有部)의 논사들이 믿듯이] 수많은 극미가 다르게 변화하여 결합에 의해 하나의 대상을 구성하는 것은 아니다.[50]

이와 같이 유가행파에서도 외계의 실재 자체를 인정하지 않는다. 따라서 그 외계를 구성하는 극미의 실재 또한 인정할 리가 없다. 세친은『유식이십론』의 제14송에 대한 논석에서 "이미 극미가 하나의 실물(實物)이 아님을 판별하였다. 곧 식을 떠난 안근(眼根)과 색경(色境) 등은 근(根)이든 경(境)이든 모두 성립할 수 없다. 이에 의거해서 유식(唯識)의 의미가 잘 확립된다"라고 말하고 있다.[51] 만일 극미가 실재하지 않는 것이라면, 왜 실재하지도 않는 극미의 개념을 설정하는 것일까?『대승아비달마잡집론(大乘阿毘達磨雜集論)』에서는 이러한 의문에 대하여 그것은 실체(實體)의 개념에 집착하는 망집(妄執)을 버리게 하기 위한 것이라고 답한다.

> 문: 만약 여러 극미(極微)에 실체(實體)의 성질이 없는 것이라면, 무슨 까닭에 그 개념을 설정한 것인가?
>
> 답: 그것은 [물질을 실체적인 극미가] 취합(聚合)된 하나의 형상으로 보는 [잘못된] 생각[一合相]을 버리게 하기 위한 것이다. 만약 관념적 분석[覺慧]을 통해서 물질을 나누고 또 나누어서 [더 이상 나눌 수 없을 때까지] 분석해 가면, 그때 그것이 [실체적인] 극미의 취합이라고 생각하는 망집을 버리게 될 것이다. 이에 따라 계속 나아가면 자연스럽게 무아성(無我性)을 깨닫고, 아울러 모든 물질에 실체성이 없다는 것

50 『成唯識論』(『大正藏』第31卷, 4중). "然, 識變時, 隨量大小, 頓現一相, 非別變作衆多極微合成一物."

51 『唯識二十論』(『大正藏』第31卷, 76중). "已辨極微非一實物, 是則離識眼等色等, 若根若境皆不得成, 由此善成有唯識義."

> 을 깨닫게 될 것이다. 만약 깨달음의 지혜[覺慧]로써 이와 같이 모든 물질을 분석해 나간다면, 곧 어떠한 존재라도 본래 있는 것이 아님[無所有]에 이르게 되고, 이때 모든 물질에는 실체가 없음을 깨닫게 되고, 이로 말미암아 유식(唯識)의 도리(道理)를 깨닫게 될 것이다. 그리고 이렇게 계속해나간다면, 모든 존재에는 실체성이 없다는 것을 깨닫게 될 것이다.[52]

따라서 유가행파에 있어서 극미설은 단지 물질을 실유(實有)로 집착하는 망집을 논파하기 위한 방편으로서만 의의를 갖는다. 요컨대 유가행파는 극미개념과 관련하여 어떠한 긍정적 명제도 주장하지 않으며, 단지 부정적 접근법을 사용하고 있을 뿐이다. 유가행사들의 극미론이 인도사상의 발전과정을 종합적으로 수렴한 산물이면서도 그 결과에 있어서는 전통적인 극미론의 해체로 결론지워졌다는 것은 매우 역설적이다.

Ⅲ. 정리

서양철학사에서 원자론의 역사적 기원은 기원전 5세기 경의 그리스의 자연철학자였던 데모크리토스(BC 460-BC.370)에게로 소급된다. 반면에 인도의 원자론은 기원전 6세기경의 차르바카, 자이나교 등의 사상에 그 연원(淵源)을 두고 있다. 데모크리투스의 원자론이 물질적인 원자들의 기계적 운동에 의해 우주가 형성된 것으로 설명하고, 그 물질적 세계의 외부에 어떤 초월적인 존재도 가정하지 않는 유물론적 전제(前提)에서 출발하였던 반면에, 인도의 원자론에서는 일반적으로 그러한 유물론적 경향성을 발견하기 힘들다. 자연철학적 관심에서 출발한 희랍의 원자론자들의 경우와는 달리, 인도사상가들에게 있어 자연은 긍정되어야 할 대상이라기보다는 오히려 부정되고 극복되어야 할 대상이었다. 왜냐하면 정통파와 비정통파를 막론하고 인도사상

52 『大乘阿毘達磨雜集論』, 第6卷 (『大正藏』 第27卷, 721하). "[問] : 若諸極微, 無實體性, 何故建立 [答] : 爲遣一合想故, 若以覺慧, 分分分析, 所有諸色 爾時 妄執一切諸色爲一合想 卽便捨離 由此順入, 數取趣無我性故, 又爲悟入諸所有色 非眞實故 若以覺慧, 如是分析所有諸色, 至無所有 爾時便能悟入 諸色皆非眞實 因此悟入 唯識道理 由此順入 諸法無我性故."

가들은, 차르바카의 경우를 제외한다면, 업(業)과 윤회에 종속된 고통스러운 현상세계에서 벗어나 해탈(解脫)을 추구한다는 기본적 인식틀을 벗어날 수 없었기 때문이다. 따라서 그들에게 부정되어야 할 현상세계의 원인(原因)에 대한 탐구가 제일의적(第一義的) 중요성을 지니는 것은 아니었다.

앞서 설명한 바와 같이 인도원자론의 기원은 브라흐마니즘의 정통파가 아니라, 오히려 비정통파의 사상에서 찾을 수 있다. 물론 후대에 이르러 육파철학(六派哲學) 중에서도 니야야-바이세시카 학파가 극미에 관해 정밀한 이론을 개발한 것은 사실이지만, 그것은 오히려 비정통파의 원자론의 논의에 의해 자극받은 바가 크다고 할 것이다. 불교의 경우에 있어서도 원시불교 당시에는 극미개념이 논의된 자취가 발견되지 않는다. 그러나 부파불교의 시대에 이르게 되면 인도철학계에서 활발하게 전개된 극미론의 논의에 의해 영향을 받아 극미에 관한 자체적 논리를 정립하기에 이르게 된다. 그러나 불교내부에서도 극미에 관한 철학적 입장은 학파에 따라서 상당한 차이를 드러내고 있다. 부파불교의 비바사(Vaibhāṣikas)와 경량부(Sautrāntikas)의 논사들은 외계의 실재를 인정하는 인식론적 입장에서 출발하였기 때문에 극미의 존재를 인정하였으나, 대승불교의 학파인 중관학파와 유가행파에서는 외경실재론(外境實在論)을 부정하는 입장에 서 있었으므로 극미의 존재를 인정할 수 없었던 것이다. ❁

방인 (경북대)

쟁송

빠 adhikaraṇa 장 źal che ba 한 爭, 諍訟, 處所

I. 어원과 개념

adhi-√kṛ에서 만들어진 동사적 명사인 "adhikaraṇa"라는 용어가 불교 문헌들에서 쓰이는 의미는 어원적인 의미에서 출발해야 이해될 수 있다. adhi-√kṛ 즉 "앞으로-하다"라는 말에서 출발한다면, "어떤 [문제나 주제]를 앞으로 놓음", 즉 "토론이나 논쟁 혹은 재판의 대상이 되는 문제나 주제"를 의미한다는 것을 이해할 수 있다. 그리고 비슷한 맥락에서 논쟁이나 연설이 앞에 두고 실행되는 대상 즉 청중을 의미할 수도 있다. 또한 "앞으로 놓는다"라는 의미에서 "특정한 관직에 임명하다" 혹은 "그 임명된 사람이 행하는 일"이나 "그 사람의 책임"이라는 의미를 갖기도 한다. 다르게는 "어떤 일을 앞에 두고서"라는 의미에서 목적을 나타내는 표현으로 쓰일 수도 있고 원인이라는 의미로 쓰이기도 한다.

Ⅱ. 빠알리 문헌에서의 쓰임

빠알리(Pāli) 니까야(nikāya)에서 가장 주목할 만한 "adhikaraṇa"의 뜻은 "[해명되어야 할] 문제", "따져야 할 문제", "시비를 가려야 할 문제", 그런 의미에서 "[출가한 비구들 사이의] 쟁점"[1]이다. 이러한 용례는 비나야(律藏, Vinaya)에서(예로 Vin III, 168[2]) 다른 비구를 모욕 내지는 중상하는 경우와 연관되어 나타나고 이러한 맥락에서 adhikaraṇa는 과연 중상인지 아닌지를 가려야 하는 다툼거리를 나타내고 있다. 또한 AN I, 53에서 붇다는 이렇게 시비를 가려야 할 문제에 대해(adhikaraṇe) 상대방을 추궁하는 사람(codaka)이나 추궁당하는 사람(āpanna)이나 진정 스스로를 돌이켜 보지(paccavekkhati) 않으면 나쁜 싸움이 생기고 말 것이라고 경고하고 있다. 달리 AN II, 159의 경우처럼 adhikaraṇa가 "원인"의 의미로 쓰이는 경우들도 있다. 이런 용례들은 곧바로 adhikaraṇa가 복합어의 뒷부분으로 쓰이면서 -adhikaraṇaṃ의 형태로 "-을 위하여, -때문에"의 의미로 쓰이는 용례와 가깝게 연관되어 있다. 이러한 용례는 전문용어로서의 adhikaraṇa와 직접 관련된 문제는 아니다. Sāmagāmasutta(MN II, 243-251)에는 스승이 죽은 뒤에 분열과 혼란의 국면에 빠진 자이나교단을 보면서 우려하는 질문을 하는 아난다(Ānanda)에게 붇다가 출가자들 사이에 생기는 다툼의 원인들과 다툼이 났을 때 해결하는 방법에 대해 가르치는 대목이 나온다. 이때 다툼거리의 네 가지 종류를 붇다가 설명하는데 (MN II, 247) 그 각각은 언쟁 때문에 생긴 다툼거리(vivādādhikaraṇa), 비난 때문에 생긴 다툼거리(anuvādādhikaraṇa), 계율을 어겨서 생긴 다툼거리(āpattādhikaraṇa) 그리고 의무 때문에 생긴 다툼거리(kiccādhikaraṇa)이다. 이 대목에서 주목할 만한 것은 "adhikaraṇa"라는 용어가 시비를 가려야만 하는 상황에서 생겨나는 논쟁이라는 맥락 안에서 다루어지고 있으며, 일반적인 인도의 논쟁전통에 속하는 문헌들에 보이는 서술들과 그 내용이나 용어의 면에서 강한 일치를 보인다는 것이다. 후대의 불교문헌들에서 "adhikaraṇa"라는 용어

1 CPD vol. 1, p.128 s.v. adhikaraṇa를 보라. PED, p.27b s.v. adhikaraṇa; 3. "case, question, cause, subject of discussion, dispute"는 물론 BHS, p.12a s.v. adhikaraṇa; 1. "matter of contention or dispute, especially among monks"도 같은 설명을 보여준다. 또한 여기에 해당하는 의미를 DSHP, p.1550b s.v. adhikaraṇa; 4A "matter of dispute, disputed object"에서 찾아볼 수 있다.

2 모든 빠알리문헌은 Pali Text Society 판본의 권수와 면수를 표기하여 인용한다.

자체가 문제가 되는 것은 주로 논쟁과 연관된 맥락 안에서라는 사실과 일맥상통한다고 보아야 할 것이다.

Ⅲ. 용어 사용의 배경

앞선 "adhikaraṇa"의 의미에 대한 설명과는 별개로 우리가 일반적인 범어문헌은 물론이고 불교문헌에서도 접하게 되는 "adhikaraṇa"의 의미는 "어떠한 행위가 이루어지는 장소"라는 빠니니(Pāṇini)문법에서 유래하는 의미에 기초한 것이다. Pāṇini 1.4.45는 adhikaraṇa를 다음과 같이 정의한다: ādhāro 'dhikaraṇam (adhikaraṇa는 [행위의] 토대이다).[3] 예를 들어보자. "데바닫따가 솥에 쌀을 익힌다 (devadatta odanaṃ sthālyāṃ pacati)"의 경우에 처격(locative)의 단어로 표현된 솥이 행위의 토대, 즉 adhikaraṇa가 된다. 물론 빠니니문법에서 "adhikaraṇa"를 구체적인 대상이라는 의미로 쓰는 용례도 있다. Pāṇini 2.4.13: vipratiṣiddhaṃ cānadhikaraṇavāci (반대되는 의미를 가진 단어들의 경우에도, 그것들이 구체적인 대상을 지칭하지 않으면 [Dvigu복합어는 단수로 쓰인다].)에서 그 예를 볼 수 있다.[4] 이런 용례는 불교문헌들에서 주목할 만한 중요성을 지니지는 않는다. 다만 adhikaraṇa를 처소격(locative)이 나타내는 것(kāraka), 즉 어떤 행위의 토대나 장소의 의미로 사용하는 용례는 초기불교 이후의 산스크리트화된 불교, 특히 인식론적 전통에서 불교적인 세계관을 정당화하려 하였던 인도불교의 쁘라마나(pramāṇa)전통에서는 볼 수 있는 용례이다. 이는 불교를 포함한 대부분의 인도전통에서 문법학적인 지식이 일반적인 교육의 내용으로 간주된 데에서 기인한 듯하다. 불교도들 자신이 adhikaraṇa의 이러한 사용 자체를 문제 삼지는 않았고, 존재론적인 논의가 진행되는 가운데에서 논의의 진행에 필요한 도구가 되는 일반적인 용어로서 adhikaraṇa는 종종 사용된다. 이러한 용례에 기반해서 종종 adhikaraṇa는 "장소"의 의미뿐만

3 Böhtlingk (Pāṇini, p.36)은 다음과 같이 번역하고 있다:
Das Gebiet einer Wirksamkeit oder Tätigkeit heisst Adhikaraṇa (der Begriff des Locativs).

4 Abhyankar & Shukla (1986), p.14b, s.v. adhikaraṇa 3을 보라. Patañjali는 Mahābhāṣya에서 "adhikaraṇa"를 "dravya"로 설명하고 있다.

아니라 "토대, 기반"의 의미로 사용되기도 한다. 이러한 의미는 첫부분에서 제시된 어원적인 설명에 기초해서 이해되기는 어려운 의미인 것이 사실이다. 아마도 빠니니가 처소격이 나타내는 바에 대한 이름을 정하면서 주격(prathamā)에는 "kartṛ", 목적격(dvitīyā)에는 "karman", 도구격(tṛtīyā)에는 "karaṇa/kartṛ"라는 이름을 준 것과 동일한 어근 √kṛ를 사용하면서 내용상으로는 베다전통의 제사의식을 염두에 두고 정한 이름이 "adhikaraṇa"이며, 이러한 빠니니의 용례에 따라 "adhikaraṇa"라는 말이 갖게 된 의미가 "기반"인 것 같다. 이렇게 이해한다면 "adhikaraṇa"가 "토대", 즉 아마도 원래의 의미에서는 "제사관이 제사를 행하는 장소"라는 의미를 염두에 두고 만들어낸 용어라는 맥락을 일정정도 설명할 수 있을 것이다. 그리고 이러한 맥락에서 쓰이는 용례는 불교적인 특성을 나타내는 용어 사용이 아닌 것은 당연하다.

다음으로 앞서 언급한 초기불교의 문헌에 주로 나타나는 "adhikaraṇa"라는 용어가 후대의 불교전통에서 발전해 나가는 인도사상사적인 맥락을 살펴보자. 인도의 논쟁전통은 여러 인도 고전문헌들에 나타나고 현재까지도 인도의 여러 전통 안에 그리고 티베트불교 등에 살아 있으며, 동아시아 불교에도 일정정도 화석화된 잔재로 남아있다. 이러한 인도 논쟁전통의 뿌리는 베다(veda)시대 제사의식의 일부와 연관되어 있을 것이라는 것이 일반적인 견해이다. 특히 일상적인 지식들을 넘어서는 지혜를 수수께끼 같은 질문들을 주고받으며 겨루는 브라흐모댜(brahmodya)가 이런 맥락에서 주로 고려되는데, 브라흐모댜(brahmodya)가 어떻게 형식화되고 합리화된 열린 토론, 내지는 논쟁(vāda)의 전통으로 발전되었는지는 아직 해명의 과제로 남아있다. 그리고 브라흐모댜가 과연 후대의 논쟁전통과 연관되어 있는지의 여부 자체도 해명되어야 할 문제이다. 그러나 인도의 논쟁, 논리전통이 여러 가지 측면에서 고대 인도의 정신사적 발전에 중요한 역할을 수행하였다는 데에는 의심의 여지가 없다. 여러 철학적, 종교적 내지는 기술적이고 자연과학적인 분야에서까지 한 문제에 대한 서로 다른 견해들이 논쟁(vāda)이라는 열린 장에서 논의되는 사회적인 관행으로 정착되면서, 모든 학파와 전통들은 자기 자신들의 이론과 세계관을 논쟁하였다. 그리고 이를 통하여 올바른 입장으로 인정받음으로써 정치적, 경제적인 지원과 사회적 인정을 얻어 내려고 하였다. 이러한 상황 하에서 인도철학의 제 학파들은 자기 자신들의 세계관을 논쟁의 장에서 주장하고 또 근거지우기 위하여 시도하지 않을 수 없었다. 특히 이러한 필요는 불교라는 새로운 전통에서는 상당히 절박하였을 것이다. 그리하여 자기의 주장을 논리적이고 설득력 있게 주장하고 반대론자의 주장을 분명하게 반박하기 위한 반성적 사고와 이를 기반으로 한 이론화 작업이 이루어졌으며, 이러한 작업의 결과로 현재까지 전해지는 많은 인도의 고대 논쟁, 논리서가 성립되게 되었다.[5] 논쟁이 반드시 공개적이고 큰 규모로만 열렸던 것은 아니며 스승과 제자 사이 혹은 같이 공부하는 사람(sabrahmacārin)들 사이의 논쟁은 물론, 개인적인 논쟁 심지어 오락을 위한 구경거리로서의 논쟁도 있었다. 철학사적인 맥락에서 논쟁이라는 흐름의 안에서는 불교전통도 또한 큰 줄기를 차지하는데 adhikaraṇa는 초기의 논쟁이라는 맥락 안에서 의미 있게 이해될 수 있는 주제이며, 따라서 이 주제가 딕나가(Diṅnāga)이후에 발전된 인도불교의 논리학, 인식론의 전통에서는 그 의미와 중요성을 잃게 된 것도 자연스러운 일이다. 또한 불교문헌들이 한역되는 과정에서 쁘라마나전통의 문헌들은 주로 제외되었다는 사실에서부터 기인하여 동아시아 불교권에서는 큰 의미를 갖는 용어로 비중 있게 다루어지지는 않았다. 예컨대 냐야(Nyāya)학파 그리고 그와 연관관계에 놓인 바이셰시까(Vaiśeṣika)학파의 실재론적 자연철학에 반대한 불교의 존재론과 인식론은 600여 년이라는 긴 시간동안 냐야학파와의 뜨거운 이론적 대립을 겪게 되었다. 그러나 비슷한 전례를 찾기 힘들 만큼 생산적이었던 이 이론적 대결은 내용적으로는 존재론과 인식론적인 주제들을 둘러싸고 이루어진 것이긴 했지만, 그 이론적 대립을 밑받침 하였던 구체적인 논변(argument)들은 초기 논쟁전통에 대한 이해가 없이는 파악될 수 없는 것들이다. 초기의 여러 문헌들에 흩어져 있는 실제적이고 살아있는 논쟁과 논변(argument)의 모습을 밝히고 이해하지 못하면 후대 문헌들에 나타나는 형식화와 이론화를 거친 사고와 논의를 이해하고 해명하는 작업이 어려워진다.[6] 이러한 발전사적인 이유에서 불교의 근거를 따지는 지식[因明, hetuvidyā]에 대한 이해를 위해서는 먼저 인도의 논쟁, 논리전통에 대한 정확한 이해가 전제되어야 한다.

논쟁, 논리에 대한 체계적 저술이 출현하기 이전에도 여러 전통에서 사용하던 논쟁에 대한 지침서 류의 저작이 있었을 것이라는 점은 거의 확실

5 불교사에서 가장 크게 기록에 남은 논쟁의 예는 티베트가 불교를 받아들일 때 인도불교와 중국불교 중 어떤 것을 택할 것인가를 놓고 벌어진 삼예(Bsam yas)논쟁일 것이다.
6 이 문제에 대해서는 강성용 (2003a)와 Kang (2004)를 보라.

하다. 그러나 그 지침서들 중 완전하게 전해지는 것은 없으며, 그 대부분은 상당한 정도로 변형된 채 현존하는 문헌들 속에 포함되어 있는 것으로 판단된다. 아마도 한역으로만 남아있는 방편심론(方便心論, Upāyahṛdaya)이나 여실론(如實論, Tarkaśāstra), 냐야쑤뜨라(Nyāyasūtra)의 제1권과 5권, 짜라까쌍히따(Carakasaṃhitā)의 논쟁에 대한 부분[7] 등이 이러한 논쟁에 대한 지침서의 형태에 가장 가까운 현존하는 문헌들일 것이다. 논쟁·논리서의 성격상 특정한 한 논증에 대한 반대 논증이 다른 학파들에 의해 제시될 경우, 그 반대 논증에 대한 또 다른 반론이 논쟁 지침서에 포함되어야 했다. 때문에 각 학파들이 전하는 논쟁지침서는 개괄적으로는 많은 공통점을 그리고 구체적인 내용에서는 학파 나름대로의 견해에 따른 차이점들을 보여주고 있다. 이런 측면에서 인도의 초기 논쟁, 논리학에 연관된 문헌들이 여러 학문분야와 학파를 가로질러 광범위한 분포를 보인다는 특징을 이해할 수 있다. 이러한 논쟁전통의 맥락 안에서 "adhikaraṇa"라는 용어가 쓰일 때 위에서 제시한 바와 같이 "논쟁거리, 논란이 되는 문제, 주제"등의 의미로 쓰이는 것은 일반적인 일이다. "adhikaraṇa"가 이론적인 맥락에서 전문용어로 인도의 학술서적[śāstra]에 등장할 때 가장 일상적으로 사용되는 의미가 바로 이 "주제"이다. 까우틸랴 아르타샤쓰뜨라(Kauṭilīya Arthaśāstra), 쑤쉬루따쌍히따(Suśrutasaṃhitā) 그리고 비스누다르못따라뿌라나(Viṣṇudharmottarapurāṇa)에 나오는 두루 퍼져있는 adhikaraṇa에 대한 정의를 TSI는 다음과 같이 제시하고 있다:

> adhikaraṇa는 그것에 대해서 이야기되는 [혹은 집필되는] 대상이다.[8]

여러 문헌들과 전통들은 "adhikaraṇa"를 "다루어야 할 주제"의 의미로 이해하는 거의 동일한 설명들을 보여주고 있다. 이러한 의미로 "adhikaraṇa"가 나타나는 이 모든 전거들의 경우 "adhikaraṇa"가 딴뜨라육띠(tantrayukti - 학술적인 저술이 갖추어야 할 내용적인 요소)의 맥락에서 논의되고 있다는 사실에 우리는 주목해야 한다.[9] 딴뜨라육띠가 논쟁전통과 어떠한 연관

---

7 이에 대해서는 Kang (2003)을 보라.

8 TSI vol. 1, p.27a:
... adhikaraṇa ist der Gegenstand, über den gesprochen [bzw. geschrieben] wird (yam artham adhikṛtyocyate, tad adhikaraṇam).

관계에 있는가에 대한 해명은 아직까지 본격적으로 이루어진 적이 없으나 adhikaraṇa가 이 두 맥락에서 모두 중요한 위치를 차지하는 주제이며 그런 의미에서 저자 스스로가 자기의 저술을 학술적 저술[śāstra]이라고 이해하는 한, 딴뜨라육띠의 맥락에서 본다면, 후대의 불교철학적 저술들도 예외는 아니다. 또한 불교 이외의 저술들에서 adhikaraṇa가 "주제"가 아니라 "입장"의 의미로 쓰이기도 한다는 점은 염두에 둘 만하다.[10]

Ⅳ. 요가짜라부미(Yogācārabhūmi, 瑜伽師地論) 등에서의 쓰임

이상과 같이 일반적으로 알려지고 또 사전류에 기재된 의미들과는 별도로 불교문헌들에 일반적으로 쓰이며 불교문헌에서 최초로 발견되는 "adhikaraṇa"의 또 다른 전문용어로서의 의미는 바로 "목표대중" 혹은 "목표집단[target group]"을 의미하는 맥락에서 "청중"이다.[11] 우선 요가짜라부미(Yogācārabhūmi=YCBhū, 瑜伽師地論)의 헤뚜비댜(Hetuvidyā=HV,

9 TSI는 "주제"의 의미로 "adhikaraṇa"가 쓰인 여러 전거들을 제시하고 있다. TSI vol. 1, pp.26-27을 보라. 또한 "adhikaraṇa"의 다른 의미인 "untergeordneter Teil eines Gesamtwerkes"가 p.27a에 언급되고 있다. adhikaraṇa는 주로 이 tantrayukti들 중의 첫 번째로 제시되고 있다. 예로 CaS Si. 12.41-44를 보라.

10 NBh (ad NS 1.2.1), pp.57, 2-58, 2에 다음과 같은 대목이 나온다.
vādaḥ khalu nānāpravaktṛkaḥ pratyadhikaraṇasādhano 'nyatarādhikaraṇanirṇayāvasāno vākyasamūhaḥ.
논쟁은 그런데 각각의 adhikaraṇa를 증명하고 그 끝에는 두 adhikaraṇa 중의 하나에 대한 결정이 [주어지는] 여러 논쟁자들이 하는 말들의 모임이다.
NVTṬ1, p.57, 18-19는 다음과 같이 설명한다:
adhikriyata ity adhikaraṇaṃ sādhyam, tadadhikṛtya sādhanapravṛtteḥ pratyadhikaraṇaṃ sādhanaṃ yasmin vāde sa tathoktaḥ.
adhikaraṇa는 증명되어야 할 것, 즉 [문제 삼는] 주제로 만들어진 것이다. 증명이 이것을 [즉, 증명되어야 할 것]을 주제로 하여 [즉 연관하여] 이루어지기 때문에 그 안에서 각각의 입장에 대한 증명이 있게 되는 논쟁이 그렇게 불리워진다.
여기서 우리는 "adhikaraṇa"가 다루어져야 할 대상이 아니라 이러한 대상에 대한 주장이나 단정을 의미하는 "입장", "태도" 혹은 "논제"의 의미로 쓰이는 것을 본다. 이러한 의미상의 확장을 "adhikaraṇa"의 기본적인 의미, 즉 "무엇인가 이야깃거리로 앞에 놓인 것"의 의미에서부터의 확장으로 이해하는 것은 그다지 어려운 일은 아니다. CaS Vi. 8.25에 나오는 설명도 비슷한 것으로 보인다. CaS Vi. 8.25에서 논쟁의 주제는 "prakaraṇa"로 불리고 있고, 각 입장은 "pakṣa"라고 불리고 있다.

11 이 문제를 처음 제기하고 해명한 것은 Kang (2003), pp.154-175이다.

因明) 중에 나오는 vādādhikaraṇa에 대한 부분을 검토해 보면, "adhikaraṇa"가 불교문헌들에서 특히 HV와 연관된 문헌들에서 "여론을 주도하는 청중/목표대중"의 의미로 쓰인다는 사실이 명확하게 확인된다. 이런 맥락에서 HV의 내용을 이해하는 데 아비달마사뭇짜야(Abhidharmasamuccayabhāṣya=ASBh)를 고려해야 한다는 사실도 또한 중요하다. 그리고 이에 기반하여 냐야바릍띠까(Nyāyavārttika=NV)에 직접 혹은 간접적으로 인용되고 있는 바수반두(Vasubandhu, 世親)의 바다비다나(Vādavidhāna)에 나타난 "adhikaraṇa"의 의미를 밝히게 되면 "목표대중"이라는 의미로 사용된 예가 불교사상가 바수반두의 저작에서 처음 확인됨을 보게 될 것이다. 우선 HV 2를[12] 살펴보자.

> vādādhikaraṇaṃ katamat. tad api ṣaḍvidhaṃ[13] draṣṭavyam. tad yathā: rājakulaṃ, yuktakulaṃ, parṣat, sabhā, dharmārthakuśalāḥ śramaṇabrāhmaṇāḥ,[14]

---

12 HV를 인용할 때 사용하는 문단번호는 Yaita의 편집인 HV$_{y}$의 번호에 따른 것이다.

13 한역인 HV$_{t}$, p.356, 5-8과 티베트어역인 HV$_{p}$ 216b, 1-3은 HV 2와 같은 내용을 보여주고 있다. 하지만 ASBh$_{ta}$, p.151, 1-5는 rājakula, yuktakula, sabhā, prāmāṇikāḥ sahāyakāḥ, dharmārthakuśalāḥ라는 다섯 개의 vādādhikaraṇa만을 세고 있다. HV$_{pa}$, p.336, 11-12는 다른 텍스트를 보여주고 있는데, 열 가지 adhikaraṇa가 있다는 입장에 선 서술을 보여 준다:
vādādhikaraṇaṃ katamat. tad daśavidhaṃ draṣṭavyam. tad yathā: rājakulaṃ yuktakulaṃ parṣat mahādharmārthakuśalāḥ śramaṇabrāhmaṇā dharmārthakāmāś ca sattvāḥ.
열 개의 vādādhikaraṇa가 있다는 견해는 결국 HV에 나오는 관련되는 대목을 잘못 이해하여 모든 복합어들을 기계적으로 Dvandva복합어로 이해하다 보니 생겨난 결과임을 볼 수 있다. ASBh$_{ta}$와는 달리 여기에는 sabhā가 빠져 있다.

14 HV$_{y}$는 "śramaṇā brāhmaṇāḥ"라고 이 대목을 표기하고 있다. 하지만 ŚrBhū$_{m}$ 2A7-6a (Taisho대학본 18a)와 Y$_{m}$ 96b6은 "śramaṇabrāhmaṇāḥ"라고 표기하고 있다.
HV의 전거를 이용하는 데에는 상당히 복잡한 문헌상의 문제가 얽혀 있다. YCBhū는 불교 Yogācāra학파가 남긴 가장 방대한 문헌인데 그 내용은 어떤 특정한 한 학파에 속하거나 한 개인에 의해 창작된 일관된 것은 결코 아니며 긴 시간에 걸쳐 한 전통 안에서 여러 사람들에 의해 창작된 작품임에 의심의 여지가 없다. 따라서 마이뜨레야(Maitreya(nātha))라거나 아쌍가(Asaṅga)를 그 저자로 상정하는 것은 받아들이기 어렵다. YCBhū의 각 장들의 구분과 순서는 한역본과 티베트역본이 동일하지 않은데 YCBhū의 맨 앞에 나오는 부분, 즉 원래의 YCBhū라고 불러야 할 부분이 전체 문헌의 절반 정도를 차지한다. 이 원래의 YCBhū는 원본이 우리에게 전해져 있는데 내용상 17개의 단계[bhūmi]로 나뉘어져 있다. 이러한 각 단계[bhūmi]들이 포함하고 있는 내용은 그 연원에서나 그 내용까지도 완전히 다른 것들이다. 몇몇 단계[bhūmi]들은 대승적인 내용을 그리고 다른 것들은 소승적인 내용을 포함하고 있다. Śrutamayībhūmi라고 하는 단계의 끝 부분에 Hetuvidyā라고 하는 대목이 있는데 이 대목이 "adhikaraṇa"

dharmārthakāmāś ca sattvāḥ.

무엇이 논쟁의 adhikaraṇa인가? 그것은 또한 여섯 가지라고 간주되어야 한다. 다시 말해서 왕족/왕궁/왕,[15] 관직자/관청,[16] 청중,[17] 회합,[18] 불교의 가

에 대한 논의에 중요한 부분이다. Sugiura (1900), p.30이 이미 한역본을 근거로 HV를 언급하고 있으며 Vidyabhusana (1921), pp.263-265도 HV의 내용을 설명하고 있는데 무엇을 그 근거로 삼았는지는 불분명하다. Tucci (1929), pp. 451-488는 한역과 티베트역을 비교, 검토하면서 여러 연관된 문헌들을 모두 함께 내용적으로 고려하고 있다. 하지만 이러한 연구들은 HV의 원본에 기초한 연구가 아니었다. 요즘 우리는 두 개의 원본 필사본을 사용할 수 있다. 쌍끄리차야나(Sāṅkṛtyāyana)는 티베트의 사꺄(Sa-skya)에서 YCBhū필사본을 촬영하였다. 이 촬영본(=Y_m)과 별도로 나중에 1938년에 쌍끄리차야나가 샬루(Źa-lu)에서 Śrāvakabhūmi의 필사본(=$ŚrBhū_m$)을 촬영하게 되는데 이 필사본 안에는 HV가 우연히 끼어 들어가 있었다. 이 두 사본의 촬영필름은 아직까지 사용가능한 형태로 전해지고 있는데 최근 $ŚrBhū_m$의 원본이 발견되어 팩시밀리 편집본으로 1994년에 일본 東京에서 大正大學의 Śrāvakabhūmi Study Group의 이름으로 출판되었다. 지금까지 몇몇 YCBhū의 전체나 부분의 편집작업들이 이루어졌는데 HV에 국한해서 보자면 HV에 대한 두 현존 필사본, 즉 Y_m과 $ŚrBhū_m$를 모두 고려한 편집본은 아직 출간되어 있지는 않다. 흔히 일본의 학자들은 HV_y가 그러하듯이 $ŚrBhū_m$에 주로 의존하는 경향이 있고, 유럽의 학자들은 주로 Y_m을 사용하고 있는 듯 하다. 하지만 어떤 필사본도 완벽할 수는 없으며 현존하는 두 필사본 모두 해독하기 어려운 부분은 물론 잘못된 부분들을 포함하고 있다. 또한 그 필사본들의 해독도 쉬운 일이 아니어서 예로 HV_y가 그러하듯 현대 학자들이 잘못된 해독을 하고 있는 경우도 종종 있다.

15 HV_p 216b, 2에 나타난 티베트어역, "rgyal po bźugs pa's sa"는 "rājakula"를 "왕이 주재하는 장소"의 의미로 이해하고 있다. Tucci (1929), p.456은 "before a king"이라고 번역하고 있으며 Wayman (1958), p.33a는 "royal residence"라고 옮기고 있다. HV_t, p.356c, 6에 주어진 한역 "於王家"는 번역자가 "°kula"를 어떻게 이해하고 있는지를 정확하게 보여주지 않는다. "王家"나 "rājakula"라는 것이 왕 본인이 머물고 있는 자리를 의미할 수도 있겠고 왕의 친족들을 의미할 수도 있을 것이기 때문이다. 한역자는 "°kula"가 가진 이러한 애매함까지도 함께 번역하고자 의도하였을까? HV_y, p.550은 이러한 한역을 그냥 넘겨받아 쓰고 있는데, 현대적인 의미에서의 학술작업에서 사용하는 번역으로는 문제가 많다. $ASBh_{ta}$, p.151, 1-2는 rājakula가 왕이 머무르는 장소라고 설명하고 있다: rājakulaṃ yatra rājā svayaṃ saṃnihitaḥ.

16 티베트어역은 (ibid.) yuktakula를 관직에 임명된 사람들이 모이는 장소로 이해한다: bskos pa 'du ba'i sa. Tucci (ibid.)는 "before a governor"라는 번역으로 같은 이해를 보여준다. Wayman (ibid.)은 "residence of officials"라고 번역하고 있다. $ASBh_{ta}$도 같은 설명을 하고 있다: yuktakula는 왕으로부터 관직에 임명된 사람들이 머무는 장소이다 (yuktakulaṃ yatra rājñādhiyuktāḥ). PW는 vol. 4, p.156 s.v. adhi-√yuj에 "auflegen, aufladen"의 의미만을 제시하고 있다. 어떤 관료의 자리를 맡긴다는 의미에서 "…에 끼워넣다"의 의미는 쉽게 생각할 수 있겠다. 하지만 그 구체적인 사용예는 찾아 제시되어야 할 것이다. HV_t는 "於執理家"라고 번역하고 있으며 HV_y는 이 번역을 단어 그대로 일본어 번역으로 사용하고 있다. "於執理家"를 "於王家"와 나란한 번역이라고 간주하면 "於執理家"는 관리의 머무르는 장소를 의미하는 것처럼 보인다.

르침과 그 내용에 정통한 수행자들과 브라흐만들,[19] 그리고 불교의 가르침

이런 의미에서 中村 (1981), p.649c s.v. 於執理家는 "官吏の住居"라는 의미로 설명하고 있다. 하지만 이러한 의미 설명의 유일한 전거는 HV 2이며 이 해석에 대한 근거는 주어지지 않고 있다. $ASBh_{ta}$와 티베트어역은 필자에게 yuktakula를 관리들의 모임, 혹은 관리들이 모이는 장소라고 이해한 듯한 인상을 준다.

17 Wayman (ibid.)는 세 번째 adhikaraṇa로 "Assembly (parṣat-sattvā, ḥkhor ba daṅ ḥdu ba)"를 들고 있다. 여기서 Wayman은 'khor ba와 'du ba를 합쳐 놓고서, 여기서 daṅ이라는 단어가 잘못 삽입되었다고 하면서 어떤 역사적인 이유에서 이 잘못이 연유하는지에 대해 그럴듯해 보이는 설명을 하고 있다. 우리가 티베트어역에서 daṅ으로 표시된 분리를 정확하게 이해한다면 우리에게 이미 6개의 adhikaraṇa가 주어지게 된다. 이러한 이해는 또한 한역과도 더 잘 맞는다. parṣat은 말 그대로는 "무엇을 중심으로 둘러 앉음"이다. 여기에 정확하게 맞아 떨어지는 것이 티베트어의 'khor ba이다. 그리고 "모이다, 모임"을 의미하는 'du ba는 HV_y에서 Yaita가 네 번째 adhikaraṇa로 간주하는 sabhā의 번역으로 잘 맞는다.

18 순서에 따라 고려한다면 於賢哲者前이 HV 2의 sabhā에 해당해야 한다. ASBh에 나오는 다섯 adhikaraṇa중의 넷째인 prāmāṇikāḥ sahāyakāḥ도 또한 於賢哲者前에 내용상 부합한다. 이 맥락에서 필자는 sabhā가 parṣat과는 달리 전문가들의 모임이라고 생각한다. ASBhta, p.151, 3-4는 이 말의 의미를 다음과 같이 설명하고 있다.

prāmāṇikāḥ sahāyakāḥ yeṣāṃ vacanaṃ vādiprativādinau na saṃśayataḥ.

기준이 되는 [즉, 신임할 수 있는] 동참자들/조언자들이라는 것은 논쟁자와 상대논쟁자가 그 사람들의 말을 의심하지 않는 사람들이다.

이러한 설명도 "sabhā"의 "신임할 수 있는 전문가들의 모임"이라는 해석과 잘 맞는다.

19 HVt, p.356c, 7-8에 제시된 "於善解法義沙門婆羅門前"이라는 번역은 "dharmārtha°"라는 복합어를 소유격-Tatpuruṣa로 파악하고 있는 것으로 보인다. HVy, p.550 "法の意義に通じた沙門とバラモン"이라는 번역은 이러한 이해를 그대로 따르고 있다. 당연히 문제가 되는 것은 여기서 "dharma"가 무엇을 의미하는가이다. Pāli에서 "dhamma"의 알려진 의미로 "heiliger, kanonischer Text"가 없는 것은 아니다; Geiger & Geiger (1920), pp.61-62를 보라. Geiger & Geiger (ibid.), p.61은 다음과 같이 설명하고 있다:

Auch in der Bedeutung "Lehre" verbindet dhamma sich mit attha. Jenes bedeutet dann die "Lehre" in ihrer äußeren Form, dieses den "Inhalt, Sinn".

"가르침"이라는 의미에서의 dhamma도 attha와 연관된다. 전자는 이 경우 외적인 형식으로서의 "가르침"을 의미하고, 후자는 "내용, 의미"를 의미한다.

HVp 216b, 2-3에 나타난 티베트어역, "chos daṅ don la mkhas pa'i dge sbyoṅ daṅ bram ze mams"은 위의 복합어를 Dvandva로 이해하고 있다. Wayman (ibid.)은 티베트어역을 따르고 있다. Tucci는 넷째와 다섯째 adhikaraṇa를 "before śramaṇas who are well versed in the dharma"와 "before Brahmans"라고 번역하고 있다. 中村 (1981), p. 1230c s.v. 法義에는 이 표현을 여러 가지 방식으로 번역하고 있는데 여기서 논의되고 있는 HV 2의 전거에 대해서는 "教之とその意義"라고 이해하고 있고, 반면 Abhidharmakośabhāṣya, p.418, 1.8의 전거에서는 "教之の意義"라고 이해하고 있다. 이러한 해석상의 문제에 있어서 ASBhta, p.151, 4-5는 우리에게 해결의 단서를 줄 수 있겠다:

dharmārthakuśalāś ca śramaṇabrāhmaṇā ye teṣu śāstreṣu granthataś cārthataś ca vyutpannabuddhayaḥ.

과 그 내용을 좋아하는 사람들이다.

이 여섯 가지(ASBh에 따르면 다섯 가지) vādādhikaraṇa를 하나씩 살펴보면 "vādādhikaraṇa"의 한역인 "논처소(論處所)"가 함축하듯이 어떤 장소를 나타내고 있지 않다는 것이 눈에 뜨인다. 한역에서는 모든 개별적인 vādādhikaraṇa가 분명히 장소를 의미하는 것으로 이해되고 있으며 이러한 이해는 한역자가 번역에 끼워 넣은 이해임이 분명하다. 실제로 adhikaraṇa들은 사람들을 가리키며 그 사람들이 있는 장소를 가리키는 것이 아니다. 티베트어 번역인 "smra ba'i źal che ba"는 통상적으로 쓰이는 전문용어에 대한 번역일 뿐이며 표현의 내용을 어떻게 이해하였는지는 보여주지 못한다.[20] Yaita(HVy, p.550): "의논의 장소(議論の場所)", Tucci(1929, p.456): "place where a speech is made" 그리고 Prets(1994, p.337): "the place of debate"는 한역의 이해를 따르고 있다. Wayman(1958, p.33a)는 vādādhikaraṇa를 "Courtroom of the Debate"라고 번역하고 있는데 자신의 번역에 대해서 다음과 같은 설명을 하고 있다: "Court-room" stands here not only for the place of the debate, but also for the persons who judge it. 이 설명의 어이없는 묘미란 다음과 같다. Wayman은 이 대목에서 "adhikaraṇa"와 연관된 환유(metonymy)를 인식하지 못하고서, "adhikaraṇa"의 잘못된 의미를 자의적으로 받아들인 다음 더 나아가 아무런 근거도 없이 또 하나의 환유를 전제하고 있다. 그러다 보니 결국 Wayman은 의도하지 않게 이 표현이 갖는 정확한 원래의 의미로 다시 돌아오게 되었다.[21] 아마도 Wayman의 추측

"dharmārthakuśalāś ca śramaṇabrāhmaṇā"는 그들의 지식체계에 대한 이해가 그 문헌과 그 의미의 측면에서 훈련된 사람들을 말한다.

ASBh의 이해와 동일하게 필자는 "dharmārtha"를 Dvandva-복합어로 이해한다.

20 Mahāvyutpatti 7546 (Sasaki본에는 7590).

21 필자는 adhikaraṇa 중의 하나로 제시되고 있는 sabhā를 Wayman의 잘못된 억측의 예로 제시하겠다. Rau는 sabhā의 의미를 자신의 연구를 통해 밝히고 본인이 받아들인 환유의 정당근거를 문헌상의 전거들을 통해 제시하고 있다. Rau (1957), p.81은 다음과 같이 설명한다.

So zeigt das Wort *sabhā* nach den Belegstellen der Brāhmaṇas eine vielfältig schillernde Bedeutung, die es uns ungemein erschwert, den Begriff scharf und klar zu erfassen. Es bezeichnet einen Stall, eine ungedielte Halle mit Feuerstelle und Würfelplatz für Bankette und Spiel im Hause reicher Herren, die Gesellschaft, die Öffentlichkeit, den Ort, wo vornehme Leute offiziell Audienz erteilten, den Saal im Palast des Regenten, wo dieser zusammen mit hochadligen und brāhmaṇa-

은 티베트어의 "źal che"가 "법정"을 의미할 뿐만 아니라 "심판/선고"를 의미하기도 한다는 데에서 비롯된 것 같다. 이런 배경에서 Wayman이 관습적인 번역으로 사용된 "adhikaraṇa"에 대한 티베트어의 번역에서 "adhikaraṇa"에 대한 내용상의 이해를 구했다는 사실은 심각한 문제가 아닐 수 없다. "adhikaraṇa"라는 단어는 다른 맥락에서 쓰일 때 "법정"이나 "선고/판결"의 의미로 쓰이기도 하지만 그러한 경우들은 지금 논의되고 있는 맥락과는 아무 관계가 없는 용례들일 뿐이다. 따라서 이상과 같은 한역이나 혹은 티베트어역에 근거한 해석들은 그 정당근거가 박약하다고 할 수밖에 없을 것이다. 한역자인 현장(玄奘)이 adhikaraṇa의 빠니니적인 의미에서 출발하여 HV 2의 vādādhikaraṇa를 논쟁의 장소로 이해했을 수도 있겠다. 그리고 후대에 여러가지 맥락에서 종종 나타나는 adhikaraṇa를 "장소"로 이해하는 일들은 빠니니의 용어사용에 기초하여 생겨난 용례들이라고 생각된다. 하지만 HV2에서 vādādhikaraṇa의 개념 안에 포함된 것들은 장소를 나타내는 표현들이 아니다. 그것들은 논쟁의 장에 함께 있는 사람들을 나타내는 표현들이다. 다섯 번째와 여섯 번째 vādādhikaraṇa의 경우엔 이 점이 분명하다. 즉 parṣat과 sabhā는 장소에 대한 이름이 아니다.[22] rājakula나 yuktakula의 경우에는 상황이 더욱 더 분명하다. 이러한 여러 사정에 비추어 보아 우리는 문제없이 adhikaraṇa가 HV 2에서 "여론을 주도하는 청중"을 의미한다고 받아들일 수 있을 것이다. 이상의 논의를 기반으로 바수반두(Vasubandhu)의 저술에 나타나는 "adhikaraṇa"의 의미를 살펴보자.

V. 바수반두의 저작에서의 쓰임

바다비디(Vādavidhi)와 바다비다나(Vādavidhāna), 이 두 논서는 불교전통 안에서 인식론과 논리학에 중점을 두었던 전통의 출발점을 만든 바수반두(Vasubandhu)의 저술들이다. 두 문헌이 모두 현존하지 않는 상황에서 이 두 문헌의 내용을 재구성하는 일은 다른 문헌들에 남아 있는 단편들에 의지할 수밖에 없다. 프라우발너(Frauwallner)의 견해로는 바다비다나

Beisitzern Recht sprach.

22 Rau (1957), pp.82-83에서 parṣat에 대한 자세한 논의를 보라.

(Vādavidhāna)는 대화술에 직접 연관되는 내용들을 증명과 반론의 체제로 구분하여 제시했다는 면에서 논쟁에 직접 연관된 주제들만을 다룬 문헌인 반면, 바다비디(Vādavidhi)는 그 이상의 내용을 포함하는 논서였다. 이 두 문헌에 대한 가장 근본적이고 중요한 작업은 프라우발너가 해냈는데, 그는 여러 문헌들에 흩어져 있는 단편들을 세심하면서도 비판적으로 모으고 정리하였으며 다른 문헌근거들을 바탕으로 재구성한 부분들까지 보충하여 이 두 문헌을 후대의 학자들이 이용할 수 있도록 하였다. 바다비디(Vādavidhi)의 경우 딕나가(Diṅnāga, 陳那)의 쁘라마나싸뭇짜야(Pramāṇasamuccaya)가 주된 전거가 되고 웃됴따까라(Uddyotakara)의 NV가 부분적으로 유용한 정보를 준다. 냐야바르띠까(Nyāyavārttika =NV)는 비판적 논의를 위해 종종 바다비다나(Vādavidhāna)를 인용하고 있어서 우리는 NV를 통해 바다비다나(Vādavidhāna)의 단편들을 모으고 그 내용을 짐작할 수 있다. 이렇게 우리에게 전해진 단편들을 근거로 바수반두가 "adhikaraṇa"를 어떻게 이해하고 사용하였는지 살펴보자.

바수반두는 냐야(Nyāya)전통에서 전형적으로 나타나는 것처럼, 논쟁을 세 가지로 즉 논의/논쟁[vāda]과 쟁론[jalpa] 그리고 언쟁[vitaṇḍā]으로 나누는 것에 반대하였다. 그는 바다비다나(Vādavidhāna)에서 "vāda"라고 불리는 오직 한 가지 형태의 논쟁, 즉 긍정적인 의미의 토론만을 인정하는 입장을 취한다. 이때 vāda는 긍정적인 의미의 토론으로 더 좁게 정의된다.[23]

svaparapakṣayoḥ siddhyasiddhyarthaṃ vacanaṃ vādaḥ.[24]

'논쟁(vāda)'은 자신의 [입장을] 입증하고 상대방의 입장을 반증하기 위

23 Vādavidhāna의 단편들은 Frauwallner (1933)에 나오는 단편의 번호들에 따라 인용될 것이다. Frauwallner (1933), p.300의 Fragm. 2 그리고 NV_1, p.354, 13-14에 논쟁을 세가지로 나누는 것에 반대하는 Vasubandhu의 입장이 분명히 밝혀져 있다.
traividhyānabhyupagamād eka evāyaṃ kathāmārgas, tasya prayojanaṃ tattvāvabodho lābhādayaś ca.
[논쟁을 vāda, jalpa, vitaṇḍā의] 세 가지로 나누는 것이 받아들여지지 않기 때문에 바로 다음과 같은 오직 하나의 '이야기하는 방식(kathāmārga)'이 있을 뿐이다. 그리고 그 [이야기하는 방식의] 목적은 진상(tattva)을 인식하는 것과 [재물을] 얻는 것 등등이다.
논쟁을 세 가지로 나누는 입장이 가장 잘 나타나는 곳은 NS 1.2.1-3이다. 이 논쟁의 세 가지 종류와 그에 대한 바수반두의 입장을 이해하는 데 필요한 논의는 강성용(2003b)를 보라.

24 Vādavidhāna Fragm. 3과 NV_1, p.287, 13; 342, 8을 보라.

하여 말하는 것이다.

바수반두는 여기 나타나는 "입증[siddhi]"과 "반증[asiddhi]"의 의미를 그의 Vādavidhāna에 대한 스스로의 주석인 Vādavidhānavṛtti에서[25] 다음과 같이 설명한다.

yuktāyuktatvenādhikaraṇapratyāyanaṃ siddhyasiddhī.[26]

이 구절에 대한 번역은 이 구절이 주고자 하는 설명을 이해하고 나서 가능할 것인데 우선 가장 걸림돌이 되는 것이 과연 이 구절에서 "adhikaraṇa"가 무엇을 의미하는가 하는 것이다. Vādavidhāna에서는 다음과 같은 설명이 계속된다.

te sādhanadūṣaṇaiḥ.[27]
그 [입증과 반증은] 증명과 비판을 통해 [이루어진다].

이 맥락에서 "adhikaraṇa"를 "주제"라고 이해하는 것은 합당하지가 않다. 위 바다비다나(Vādavidhāna) Fragm. 3b에 나온 "yuktāyuktatvena"라는 표현을 볼 때 논쟁을 통해서 그 실상이 정해져야 할 대상 자체가 맞거나 안 맞거나 할 수는 없기 때문이다. 오직 하나의 단정, 즉 문제가 되는 대상에 대한 한 주장만이 맞거나 안 맞거나 할 수 있을 것이다. 결국 이 단편에 나타난 "adhikaraṇa"를 이해하기 위해서는 사전들에 아직 표기되지 않은 또 다른 "adhikaraṇa"의 의미, 즉 "목표집단"을 받아들여야만 할 것이다.

---

25 Vādavidhānavṛtti는 Vādavidhāna에 대한 저자 자신의 주석이다. 이에 대해서는 Frauwallner(1933), p.289를 보라.

26 Vādavidhāna Fragm. 3b와 NV_1, p.348, 17-18; 350, 9; 351, 6-7; 352, 14; 353, 9-10을 보라. 내용상의 이해를 위하여 Frauwallner (1933), p.301에 제시된 Vṛtti에서 나온 Fragm. 3e (NV_1, p.355, 4-5)를 고려해야 한다.
pakṣasiddhiviṣayaṃ pratyāyanaṃ pakṣasiddhiśabdenopacaritaṃ yathā śūnyatāviṣayaḥ samādhiḥ śūnyateti.
비어있음(공성)을 대상으로 하는 묵상(samādhi 삼매)을"비어있음(공성)"이라고 부르듯이 한 입장의 입증을 그 대상으로 하는 설명을 "입장의 입증"이라는 말로 전의적으로 나타낸다.

27 Fragm. 4와 NV_1, p.345, 7-8; 353, 5를 보라.

복잡하게 얽혀있는 문제들을 보다 쉽고 구체적으로 파악할 수 있도록 하기 위해 필자는 NV의 문제되는 대목을 인용하면서 설명하고자 한다.[28] 이 대목에 대한 논의를 이해하는 것은 가장 최근에까지 출간된 사전적인 작업에서 제시된 잘못된 이해가 바로 이 대목에 대한 오해에 기반하고 있기 때문이다. 프라우발너(Frauwallner)의 의견에 따르면 욷됴따까라(Uddyotakara)는 NV의 이 대목에서 바다비다나쑤뜨라(Vādavidhānasūtra), 바다비다나브릳띠(Vādavidhānavṛtti) 그리고 또 하나의 다른 바다비다나(Vādavidhāna)에 대한 주석을 인용하고 있다.[29] NV의 문제되는 대목은 다음과 같다.

"adhikaraṇapratyāyanam" iti ca na yuktam, śāstrasambandhāsaṅgatatvāt. śāstrasambandhaṃ kurvāṇenoktaṃ "sandehaviparyayapratiṣedhārthaḥ śāstrasyārambha"[30] iti. etannirapekṣeṇedam ucyate "adhikaraṇapratyāyanaṃ siddhyasiddī" iti. na ca prāśnikeṣu saṃśayaviparyayau staḥ paricchedakatvāt. tasmān na prāśnikāḥ pratyāyyā[31] iti.

yac coktaṃ: "prāśnikapratyāyanād eva vādipratyāyanaṃ kṛtaṃ bhaviṣyati"[32] iti. tatpratyāyanād vādipratyāyanaṃ bhāviṣyatīti kiṃ kāraṇam? "prativādī kila svapakṣarāgāt santam apy arthaṃ na pratipadyate" "santam apy arthaṃ na pratipadyate" iti vyāhatam ucyate. kathaṃ cānyathā pratipannaḥ sann ity abhidhīyate? atha pratipadyamāno 'pi parasya na kāmakāraṃ dadāti, tathā 'pi "na pratipadyata" iti vyāhatam ucyate. yac ca "prāśnikapratyāyanāt tatpratyāyanam" iti, tad api na, pratīteḥ kāraṇabhedāt. prāśnikapratīter anyāni kāraṇāni, anyāni prativādipratīter iti. na cānyaviṣayasya kāraṇasyānyatra kriyeti.

niyamābhāvāc ca: na cāyaṃ niyamaḥ "prāśnikapratyāyanārtha eva

28 NV1, pp.354, 2-356, 12.

29 Frauwallner(1933), pp.300f.를 보라.

30 Frauwallner(1933), p.300 Fragm. 1은 "śāstrasambandhaṃ kurvāṇenoktam"도 Vādavidhānavṛtti에서 유래했을 수 있는 ― Frauwallner도 의문부호를 이 대목에 첨가하고 있다! ― 단편의 한 부분으로 간주한다.

31 Frauwallner(1933), p.301 Fragm. 3c는 "prāśnikāḥ pratyāyyāḥ"를 Vādavidhānavṛtti의 단편으로 간주하고 있는데 "Wortlaut fraglich"라는 지적을 함께 적고 있다.

32 Frauwallner(1933), p.301 Fragm. 3d는 이 문장을 Vādavidhānavṛtti에서 나온 단편이라고 보고 있다.

vādaḥ", prāśnikānantareṇāpi gurvādibhiḥ saha vādo dṛṣṭa iti. yadā tu nāyaṃ tattvabubhutsur lābhapūjākhyātikāmo vādam ārabhate, tadā prāśnikaiḥ prayojanam astīti. satyam, asti prayojanaṃ, vādas tu na bhavatīti. "na traividhyānabhyupagamāt. eka evāyaṃ kathāmārgaḥ, tasya prayojanaṃ tattvāvabodho lābhādayaś ca'[33] na, pratiṣedhāt: pratiṣiddhaḥ stutimānalābhalipsor vādaḥ. yad apīdam ucyate "na traividhyānabhyupagamād" iti. nānabhyupagamāyattaḥ padārthasadbhāvaḥ, api tu sadbhāve saty abhyupagama iti. yathā ca traividhyaṃ kathāmārgasya tathā lakṣaṇabhedāt vādāt jalpavitaṇḍayor bhedam upapādayiṣyāmaḥ. tasmād ajñātvā viśeṣam ucyate: "traividhyānabhyupagamād" iti.

yac coktaṃ: "pakṣasiddhiviṣayaṃ[34] pratyāyanaṃ pakṣasiddhiśabdenopacaritaṃ, yathā śūnyatāviṣayaḥ samādhiḥ śūnyatā" iti. na kāmata upacāro labhyate, api tu pramāṇāsambhavena. lokaprayuktaśabdānvākhyānam upacāraḥ. uktaṃ ca nopacaritaśabdaprayogo lakṣaṇe upapanna iti.

"'tadarthaṃ vacanam' ity etad api kila caturvidhavākyajñāpanārtham uktam. sādhanaṃ sādhanābhāso dūṣaṇaṃ dūṣaṇābhāsaś ca sampatsyata"[35] iti. tad ayuktam. "yuktāyuktatvena" iti viśeṣitatvāt; evaṃ viśeṣite etasmin kutaś caturvidhavākyasaṃgraha iti.

adhikaraṇaṃ punar yo vādiprativādibhyām adhikṛta ity adhikaraṇārtho vaktavyaḥ. na hi vāde prāśnikādhāraṃ kiñcid astīti. pratyāyanādhāratvād adhikaraṇam iti cet, na, uktottaratvāt. uktottaram etat: pakṣaviṣayaṃ pratyāyanaṃ na prāśnikaviṣayam iti. "tasmin sati bhāvād" iti cet, na, anyathā'pi darśanāt: anyathā'pi gurvādibhiḥ saha dṛṣṭo vāda iti. "tadvāde parīkṣā kā kasya kveti vaktavyam" sādhanadūṣaṇaprayogaḥ pakṣasthāpanāviṣayo vāda iti. tasya parīkṣā sādhanadūṣaṇatadābhāsaparijñānam. tadartham adhikāra ubhayoḥ. tasminn iti saptamyartho nāsti.

yad api "prāśnikaprativādinoḥ priyāpriyavacasi vādaprasaṅga" iti

33 Frauwallner (1933), p.303 Fragm. 2는 "traividhyānabhyupagamāt … lābhādayaś ca"를 단편이라고 간주하는데 "Wortlaut fraglich"라는 지적을 함께 적고 있다.

34 NV_1, p.355, 4에는 "yac coktaṃ pakṣāsiddhiviṣayaṃ …"이라고 나와 있다. $NVTṬ_1$, p.355, 17은 "pakṣasiddh°"라고 NV_3, p.159, 18처럼 읽고 있다.

35 프라우발너(Frauwallner)는 이 부분을 Vādavidhānavṛtti에서 나온 단편으로 간주한다. Frauwallner (1933), p.301 Fragm. 5를 보라.

codyaṃ kṛtvā pratisamādhānam uktam: tat siddyasiddhibhyāṃ sākṣāt pāramparyeṇa (vā)[36] asambandhād yuktāyuktaviśeṣaṇāc cāsambaddham. uttareṇa tv asaṅgatapadārthābhidhāyino dattaḥ svahastaḥ pūrvāparayor asambandhād iti. yadi tv asaṅgatasyāpy uttaraṃ vācyaṃ tata evaṃ vaktavyaṃ: "na sūtrārthāparijñānād" iti. tad etat sūtraṃ vicāryamāṇaṃ sahavārttikaṃ na yuktyā saṅgacchata iti yathānyāyam evāstu.

이 대목에 대한 번역은 몇 가지 이유에서 뒤로 미루겠다. 이 대목의 해석과 관련된 문헌학적인 문제들이[37] 있을 뿐만 아니라 똑같은 표현에도 서로 다른 의미와 서로 다른 저자들의 각각 다른 의도들이 번역의 문제에 개입되어 있기 때문에 하나의 번역을 통해 한 논자의 입장만을 반영하는 것은 우리가 구하는 이해에 아무런 도움을 주지 못하기 때문이다. 프라우발너(Frauwallner)의 견해로는 NV에 인용된 바다비다나(Vādavidhāna)의 단편들의 경우 일반적으로 다섯 명 혹은 경우에 따라 세 명의 서로 다른 저자들과 그 저자들의 견해와 의도가 문제된다. 다시 말해서 첫째로 바다비다나(Vādavidhāna)의 기본 텍스트와 바다비다나브릳띠(Vādavidhānavṛtti)라는 자주를 쓴 바수반두(Vasubandhu)의 의도,[38] 그리고 둘째로 바다비다나(Vādavidhāna)에 대한 세 명의 주석가들의 의도,[39] 그리고 셋째로 욷됴따까라(Uddyotakara)의 의도가 개입된다. 하지만 위의 NV에서 인용된 대목

36 필자는 이 자리에 내용상 "vā"를 넣어 읽고자 한다. NVTṬ$_1$, p.356, 21; NVTṬ$_2$, p.327, 1; NVTṬ$_3$, p.282, 10도 그렇게 읽고 있다. NV$_1$, p.356, 9; NV$_2$, p.162, 6; NV$_3$, p.160, 11은 vā 없이 읽고 있는데 이것은 필자의 견해로는 내용상 매끄럽지 못하다.

37 NV에 인용된 Vādavidhāna의 단편들에서 우리는 우선 직접인용과 간접인용을 구분해 내야 한다. 그리고 그 다음에 욷됴따까라가 인용한 출처를 밝혀 내야 한다. 이러한 두 가지 문제가 해결된 다음에 세 번째 질문이 문제가 되는데, 즉 저자가 이 표현들을 가지고 무엇을 의미하였는가 하는 것이다. 하지만 실제 문헌학적인 작업의 과정에서는 이 세 가지 질문들은 종종 함께 엮여 있다. 다시 말해서 단편을 단편으로 확인해 내는 일이 종종 그 단편과 연관된 대목의 해석과 연관되어 있다.

38 Frauwallner (1933), p.289를 보라.

39 Frauwallner (1933), p.286:
Diese Einwände stammen augenscheinlich aus Kommentaren zum Vādavidhānam, und zwar aus drei verschiedenen Werken, wie die Ausdrucksweise *kecit* ⋯ *anye* ⋯ *apare* zeigt.
Frauwallner (1933), p.294는 이 세 주석서들을 각각 Vādavidhānaṭīkā, Vādavidhānavārttika 그리고 Vādavidhānabhāṣya라고 밝혀낸다. 그리고 Frauwallner는 더 나아가 Vādavidhānaṭīkā는 Diṅnāga의 작품일 것이라고 추측한다.

에서는 아마도 세 저자들의 의도만이 문제가 될 것이다. 즉 바수반두, 욷됴따까라 그리고 바다비다나(Vādavidhāna)에 대한 한 주석자의 의도이다. 따라서 한 특정한 문장이 바다비다나(Vādavidhāna)에서 나온 인용일 것이라는 판단이 설득력 있게 제시될 수 있다고 해도 그 인용이 쑤뜨라(Sūtra)에서의 인용인지 아니면 브릳띠(Vṛtti)에서의 인용인지는 여전히 남는 문제가 될 것이다.[40] 이러한 문제들을 다면적으로 고려한다면 위의 인용된 부분에 대한 해석이 제시되기 전에 짧게 내용에 대한 요약과 내용의 해명에 필요한 추가적인 논의들이 제시되는 것이 합당하다.

바다비다나브릳띠(Vādavidhānavṛtti)에서 나온 "yuktāyuktatvenādhikaraṇa pratyāyanaṃ siddhyasiddhī"라는 문장의 일부분인 "adhikaraṇapratyāyanam"을 욷됴따까라(Uddyotakara)가 인용하면서 내용적으로는 "심판에게 설명하다"의[41] 의미로 이해하고 있다. 그리고 나서 욷됴따까라는 이 언명이 śāstrasambandha(학술적 저술에서의 다루어지는 대상과 다루는 저작 간의 관계)에 맞지 않다고 반박한다. 여기서 욷됴따까라는 "anubandhacatuṣṭaya (학술적인 저술에서 요구되는 네 가지 내용상의 요소들)"라고 불리는 것을 끌어들이고 있다. anubandhacatuṣṭaya는 대개 viṣaya(한 저작이 다루는 대상), prayojana(저작의 목적), sambandha(다루어지는 대상과 다루는 저작 간의 관계) 그리고 adhikārin(해당 저작을 공부하도록 허락된, 내지는 의무지워진 사람들)으로 이루어진다. 욷됴따까라는 바다비다나(Vādavidhāna)에 나오는 "sandehaviparyayapratiṣedhārthaḥ śāstrasyārambhaḥ(저술은 의심과 잘못된 견해들을 반박하기 위해서 착수되었다.)"라는 문장을 지적하는데[42] 이 문장에서 욷됴따까라는 바다비다나(Vādavidhāna)에 나타난 śāstrasambandha([Vādavidhāna라는] 학술적 저작에서 다루어지는 대상과 다루는 저작 간의 관계)의 서술을 찾고 있다. 욷됴따까라는 내용상 추가하

40 Frauwallner(1933), p.289:
Vor allem haben wir gesehen, daß das Vādavidhānam aus einem Sūtratext und einer Vṛttiḥ bestand, die wir beide Vasubandhu zuschreiben dürfen. Denn Uddyotakara, der in dieser Hinsicht sehr genau ist und die Verwendung verschiedener Quellen regelmäßig vermerkt, behandelt Sūtram und Vṛttiḥ als eine zusammengehörige Einheit.

41 물론 보다 더 정확하게 번역하자면 "prtyāyana"라는 사역형이 갖는 목적격(accusative)과의 관계를 분명하게 해 주어야 할 것이다. 즉 "심판을 알게 만들다"라고 하던지 "심판이 …을 알게 하다"라고 해야 할 것이다

42 NV_1, p.354, 3.

는 듯 바다비다나브릳띠(Vādavidhānavṛtti)에서 "(그와는 무관하게 이야기 되기를) 심판에게 설명되는 것은 입증과 반증이다"라는 문장을 인용하고 있다. 왜 바다비다나브릳띠(Vādavidhānavṛtti)의 이 말이 욷됴따까라가 바다비다나(Vādavidhāna)의 śāstrasambandha라고 받아들인 것과 모순이 되는가? 만약 바다비다나브릳띠(Vādavidhānavṛtti)가 주장하기를 (자기 자신의 입장의) 입증과 (상대방의 입장의) 반증이 심판에게 설명되어야 한다고 했다면 욷됴따까라의 견해에 따르면 터무니없는 말이 된다는 것이다. 왜냐하면 심판들이란 어차피 의심이 없는 사람들이고 또 잘못된 의견을 가진 사람들도 아니기 때문이다. 심판들이란 무엇이 옳은지 그리고 누가 옳은지를 결정하는(paricchedaka) 사람들이기 때문이다. 만약 심판들이 아무런 의심이나 잘못된 견해를 가지고 있지 않다면 바다비다나(Vādavidhāna)를 저술함으로써 제거해야 할 것이 아무 것도 없게 되는 결과가 된다는 것이다. 이러한 사실이 욷됴따까라가 보기에는 바다비다나(Vādavidhāna) 편찬의 목적에 대한 서술이라고 인용한 문장에 나오는 내용과 모순이 된다는 것이다. 따라서 욷됴따까라의 견해에 따르면 심판들은 그들에게 무엇이 설명되어야 하는 그런 사람들이 아니다.

"prāśnikāḥ pratyāyyāḥ"[43]라는 문장에는 해명되어야 할 점들이 몇 가지 있다. 이 문장이 말 그대로의 인용인지가 우선 불분명하다.[44] 이 문제는 쉽게 해명되기 어렵지만 아주 중요한 문제가 되는 것이, 바수반두 그리고/혹은 한 명 아니면 여러 명의 주석가들이 "adhikaraṇa"를 "prāśnika"로 이해했는가 아닌가 하는 문제가 이 구절이 인용인지의 여부에 달려 있기 때문이다. "prāśnikapratyāyanād eva vādipratyāyanaṃ kṛtaṃ bhaviṣyati"라는, 프라우발너의 견해에 따르면, Vādavidhānavṛtti에서 나온 단편에 근거하자면 바수반두 자신이 "adhikaraṇa"를 "prāśnika"와 동일시했다는 것이 그럴 듯 해 보인다. 왜냐하면 주목할 만하게도 욷됴따까라는 이 문장을 두 번 언급하면서, 한 번은 "adhikaraṇa"를 그리고 다른 한 번은 "vādi"를 "tat"으로 대체해 가면서 설명하는 차이점을 보이기는 하지만, 말 그대로를 반복하고 있기 때문이다. 욷됴따까라는 "오직 심판들에게 설명하는 것을 목적으로 논쟁이 있다. (다시 말해, 논쟁이 펼쳐진다.)"라는 주장은 논쟁에 대해

43 NV_1, p.354, 4.
44 Frauwallner (1933) Fragm. 3c에도 "Wortlaut fraglich"라는 언급이 붙어있다.

아무런 제한적 확정을 주지 못한다고 반론을 제기하면서 바수반두의 입장을 공격하는 일을 계속한다. 왜냐하면 실제로 심판이 없이 스승이나 그와 비슷한 사람들과[45] 함께 하는 논쟁이 이루어진다는 것이 목격되기 때문이다. 그리고 이러한 경우의 논쟁은 "그 목적이 심판들에게 설명하는 것이 논쟁이다"라고 하는 논쟁에 대한 확정에는 맞지가 않는다. 여기에서 논쟁이 무엇인지에 대한 해명이 우선 이루어질 필요가 있겠다. 웃됴따까라는 논쟁이라는 것을 신사적이고 진리를 구하는 의논이며 따라서 심판이 필요하지 않은 것으로 이해한다. 웃됴따까라가 전하는 바에 따르면 바수반두는 물질적인 이익이나 사회적인 인정이 주된 목적이 되는 그러한 논의들도 논쟁(vāda) 안에 포함시킨다. 이러한 태도는 논쟁을 세 가지로 나누어서 보는 냐야(Nyāya)학파의 입장과는 완전히 다른 것이다. 웃됴따까라가 바수반두를 공격하는 또 다른 추가적인 점은 "한 입장의 입증"이라는 불명확한 표현이다. 이 표현은 원래는 "그 대상이 한 입장의 입증인 설명"이라고 되어 있어야 정확한 것이기 때문이다. 이런 방식의 간접적인 표현은 자의적이며 따라서 학술적인 저작에 사용되어서는 안 되는 것으로 NV에서 거부되고 있다. 그리고 나서 웃됴따까라는 일관성의 문제를 제기한다. 즉 한편으로는 말함(vacana) 아래 네 가지의 말(vākya), 즉 증명(sādhana), 가짜증명(sādhanābhāsa), 비판(dūṣaṇa) 그리고 가짜비판(dūṣaṇābhāsa)이 포함되었다.[46] 하지만 이전에 이미 "vacana"는 "siddhyasiddhyartha"라고 규정되면서 vāda에 대한 설명에서 나오고 있다.[47] 그리고 "siddhyasiddhyartha"라는 규정은 또 다시 "yuktāyuktatvenādhikaraṇapratyāyanaṃ siddhyasiddhī"라는 설명 안에 나오고 있다. 이렇게 본다면, 웃됴따까라의 반론에 따르면, vākya의 네 종류들은 "yuktāyuktatvena"라는 규정과 나란히 있어서는 안 된다. 왜냐하면 가짜증명과 가짜반론은 그것들의 정의상 어차피 맞지 않는(ayukta) 것이기 때문이다.

---

45 여기서는 NS 4.2.47에서 논의의 상대자로 인정된 사람들을 의미하는 것일 수도 있겠다.
taṃ śiṣyagurusabrahmacāriśiṣṭaśreyo'rthibhir anasūyubhir abhyupeyāt.
[사람은] 악의가 있지 않은 학생, 스승, 학우, 배운 사람 그리고 해탈을 구하는 사람과 [함께 하는] 이 [논의/논쟁]에 참여해야 한다.
필자는 이 sūtra에서 "viśiṣṭa"대신 "śiṣṭa"를 선택한다. 이 점에 대해서는 Kang (2003), pp.49ff; 66f.를 보라.

46 Frauwallner (1933), p.301 Fragm. 3f를 보라.

47 svaparapakṣayoḥ siddhyasiddhyarthaṃ vacanaṃ vādaḥ.

그리고 나서 우리에게 아주 중요한, "adhikaraṇa"의 말 그대로의 뜻이 표현되는 대목이 위에 인용된 NV의 전거에 나온다. 그 뒤를 따르는 바수반두의 견해에 대한 웃됴따까라의 반론은 논쟁이 실제로 심판이 없이 행해질 수 있다는 사실에 근거하고 있다. 이 대목에서 우리가 주목해야 할 사실은 웃됴따까라가 adhikaraṇa에 대해 말하고 있는 것이 아니고 논쟁에서 심판에 의존하는(prāśnikādhāraṃ) 어떤 것에 대해서 말하고 있다는 것이다. 만약 adhikaraṇa가 심판과 동일시 되어야 할 것이 아니라면 이 사실은 무시할 만한 것이 전혀 아니다. 웃됴따까라는 자기 자신이 상정한 상대방이 제기할 수 있을 반론, "pratyāyanādhāratvād adhikaraṇam ([논쟁에서의] 설명의 토대가 되기 때문에 adhikaraṇa가 [존립한다])"에 대해서 설명의 대상은 입장이지 심판이 아니라고 반박한다. 그리고 이때 "adhikaraṇa"는 분명히 "prāśnika"로 해석되고 있다. 웃됴따까라의 서술에 따르자면, 반대론자들 즉 바수반두 그리고/혹은 그와 같은 생각의 불교도들은 논쟁은 adhikaraṇa가 있을 때만 이루어질 수 있다고 주장을 할 것이다. 이에 대해서 웃됴따까라는 또 한 번 심판이 없이도 논쟁을 할 수 있다는 확언을 가지고 반박한다. 그리고 웃됴따까라의 생각으로는 심판이 없는 그러한 논쟁의 경우에도 논쟁의 중요한 요소들을 모두 확인할 수 있다. 그리고 나서 웃됴따까라는 아마도 바다비다나(Vādavidhāna)의 한 주석자를 비판하고 있는 것 같은데, 그 내용은 그 불교도가 자기 스스로 상정한 가상의 반론에 대한 반박을 제시하면서 불필요하게 맥락이 연관되지 않는 주제들을 끌어들였다는 것이며 이러한 일은 오류라는 것이다.

이상과 같은 웃됴따까라가 제시한 논증의 기본 흐름을 보면 바수반두의 견해를 반박하는 것이 주로 "adhikaraṇa"를 "심판(prāśnika)"으로 이해하는 입장에 근거하고 있음을 알 수 있다. 여기에서 "adhikaraṇa"의 이해에 연관되는 중요한 문제를 두 가지 질문으로 나누어 보는 것이 필요하다. 즉 하나는 바수반두나 그의 주석자들이 "adhikaraṇa"를 실제로 "prāśnika"의 의미로 이해하였는가? 둘째 만약 그렇다면 그들은 "prāśnika"라를 표현을 웃됴따까라와 정확하게 같은 의미로 쓰고 있는가? 첫 번째 질문에 대해서는 현재 정확한 답을 찾을 수가 없다. 만약 "prāśnikapratyāyanād eva vādipratyāyanaṃ kṛtaṃ bhaviṣyati"라는 단편이 바다비다나브릳띠(Vādavidhānavṛtti)에서 나왔다는 프라우발너의 의견이 맞다면 바수반두 자신이 "prāśnika"라는 단어를 "adhikaraṇa"라는 단어와 같은 것으로 취급한 것이 된다. 다른 가능성들이란 바수반두 자신이 아니라 어떤 주석자가 "prāśnika"란 단어를 여기서 사용하였거나 혹은 운됴따까라가 글자 그대로 인용을 한 것이 아니고 내용상의 인용만을 하면서 "prāśnika"라는 단어를 사용하였을 경우가 되겠다. 하여튼 필자는 첫째 질문에 대한 긍정적인 답이 더 설득력이 있다고 생각한다. 두 번째 질문에 대해서 필자는 "아마도 아니다"라고 대답할 것이다. 설사 바수반두나 혹은 그의 주석자가 "adhikaraṇa"를 내용적으로 "prāśnika"라고 이해하였다 하더라도 그/그들이 "prāśnika"의 의미를 운됴따까라가 사용하는 의미와는 다른 것으로 이해했을 수 있는 가능성은 있다. 이 가능성이 매우 유력해 보인다. 왜냐하면 "prāśnika"는 그 기본적인 의미인 "심판" 외에도 그와 연관된 다른 의미들을 가질 수 있기 때문이다. 다시 말하면 "prāśnika"라는 말로 바수반두나 주석자가 adhikaraṇa가 prāśnika와 어떤 특정한 공통된 측면을, 즉 (수동적인) 관찰자 혹은 끝에 가서 논쟁의 승자가 누구인지를 정하는 지위를 지닌 사람을 의미하는 측면을 가진다는 것을 표현했을 수 있다. 깔리다싸(Kālidāsa)의 희곡작품은 물론이고 다른 한 편으로 하리방샤(Harivaṃśa) 72.10와 또 하리방샤(Harivaṃśa) 75.10 그리고 12에 나오는 제사의식과 연관된 레슬링이 다루어지는 맥락에서의 "prāśnika"라는 말이 "심판"을 의미하지 않는다는 점을 명확하게 밝히고, 또 마하바라따(Mahābhārata) 9.40.17-18에서 "prāśnika"가 "심판"이 아니라 "특별한 결정이 필요한 일에 왕이 조언을 구해야 하는 왕의 조언자"를 의미하고 있으며 또한 라마야나(Rāmāyaṇa)에서 "prāśnika"가 능동적이지 않은 관람자의 의미로 쓰인 용례가 있음을 필자는 이미 밝힌 바 있다.[48]; 그리고 이 전거들은 심판으로서의 prāśnika는 대개 경기나 경쟁에 직접 개입하지 않는다는 일반적인 속성을 갖는 사람임을 잘 보여주고 있다. 따라서 우리는 "prāśnika"가 각각의 맥락에 따라 심판을 의미하는 것이 아니라 심판의 특별한 어떤 측면을 가리키는 표현이 될 수 있음을 볼 수 있다.

앞선 관찰과 논의들을 종합해 볼 때 필자에게는 바다비다나(Vādavidhāna)가 인용된 NV의 대목에 대한 다음의 설명이 가장 합당할 것으로 보인다. 바수반두 혹은 바다비다나(Vādavidhāna)에 대한 한 주석자가 "adhikaraṇa"를 "목표집단"이라는 의미로 사용하였고 바수반두 자신이 혹은 다른 주석자가

48 강성용 (2004b)를 보라.

"adhikaraṇa"라는 표현을 능동적인, 즉 승자를 결정하는 청중의 의미로 "prāśnika"와 동일시 한 것이다. 웃됴따까라는 "prāśnika"라는 단어의 사용 때문에 "adhikaraṇa"를 "심판"의 의미로 이해하였다. 그리고 웃됴따까라는 이러한, 정확하게 말하자면, 잘못된 이해에 기반하여 바다비다나(Vādavidhāna)에 대한 비판을 행하였다. "adhikaraṇaṃ punar yo vādiprativādibhyām adhikṛta(ḥ)"라는 문장을 예로 들어 보자. 이 문장을 우리는 말 그대로 "adhikaraṇa는 논쟁자와 반대논쟁자에 의해 앞에(adhi) 놓여진(√kṛ) [사람]이다"라고 해석할 수 있다. 즉 "adhikaraṇa"가 논쟁자와 반대논쟁자의 말이 향하는 사람으로 상정된 사람을 의미한다고 보아야 한다. 그렇다면 adhikaraṇa가 반드시 심판이어야 할 필요가 없다. 이 사람은 논쟁자와 반대논쟁자가 향하는 목표대중으로서의 청중일 수 있다. 하지만 웃됴따까라가 "adhikaraṇaṃ punar yo vādiprativādibhyām adhikṛta(ḥ)"라는 설명에 동의할 때 웃됴따까라는 "목표대중"이라는 의미를 염두에 둔 것이 아니다. 웃됴따까라는 "pratyāyanādhāratvād adhikaraṇam"이라는 반론에서 "adhikaraṇa"를 "심판(prāśnika)"의 의미로 이해하고 있기 때문이다. 웃됴따까라에게는 논쟁자와 반대논쟁자에 의해 앞에 놓여진 사람이 곧 심판이 된 것이다. 따라서 "adhikaraṇaṃ punar yo vādiprativādibhyām adhikṛta(ḥ)"라는 문장은 바수반두의 의도에 따르자면 "목표대중이란 또한 논쟁자와 반대논쟁자에 의해 [주장이나 호소의 대상으로] 상정된 [사람]이다"라는 의미로 이해되어야 한다. 그리고 "pratyāyanādhāratvād adhikaraṇam"이라는 문장은 "그것이 설명의 토대가 되기 때문에 목표대중이다"라는 뜻이 될 것이다. 그리고 "adhikaraṇa"에 대한 필자의 견해를 받아들이면 NV에 종종 나타나는 바다비다나브릳띠(Vādavidhānavṛtti)의 "yuktāyuktatvenādhikaraṇapratyāyanaṃ siddhyasiddhī"[49]라는 문장도 보다 분명하게 이해할 수 있게 된다. 그 번역은 "입증과 반증은 목표대중에게 맞는 것으로 혹은 맞지 않는 것으로 설명하는 것이다"가 되어야 할 것이다. 이러한 난해한 단편들에 대한 해석들에 기반하여 위에서 인용된 NV1, p.354, 2-356, 12의 전거를 우리가 더 잘 이해할 수 있을 것이다. 우리가 이 전거를 이해하기 어렵게 만드는 핵심적인 문제는 바수반두가 바다비다나

49 Vādavidhāna Fragm. 3b. 또 NV_1, p.348, 17-18; 350, 9; 351, 6-7; 352, 14; 353, 9-10을 보라.

브릳띠(Vādavidhānavṛtti)에서 "adhikaraṇa"라는 말로 의도한 것을 욷됴따까라가 오해, 혹은 다르게 해석하였다는 사실이다.

이상의 설명을 염두에 두고 이제는 위에 인용한 NV의 긴 대목의 번역을 제시하겠다. 여기서의 번역은 이해의 편의를 위해 단순히 욷됴따까라의 이해와 의도를 반영한 번역이 제시될 것이다.

> 그리고 "심판(adhikaraṇa)에게 설명한다"는 것은 맞지 않다. 왜냐하면 śāstrasambandha (학술적인 저술에서 요구되는 네 가지 내용상의 요소들 중의 하나인, 다루어지는 대상과 다루는 저술 간의 관계)와 맞지 않기 때문이다. [당신이] śāstrasambandha를 만들면서 [즉, 설명하면서] "저술은 의심과 잘못된 견해들을 반박하기 위해서 착수되었다"라고 말했다. 이 말을 무시하고서 [당신 스스로가] "입증과 반증은 심판(adhikaraṇa)에게 설명하는 것이다"라고 말했다. 그리고 [이 말은 맞지] 않다. [왜냐하면] 심판들은 결정을 내리는 사람들이므로 심판들에게는 의심이나 잘못된 견해가 없기 [때문에]. 그러므로 심판들이 설명[을 들]어야 한다는 것은 맞지 않다.
>
> 그리고 또 (Vādavidhānavṛtti에?) "바로 심판에게 설명하는 것을 [근거로 해서 상대]논쟁자에게 설명하는 것이 이루어지게 된다"라고 말한다. 그에게 [즉, 심판에게] 설명하는 것을 [근거로 해서 상대]논쟁자에게 설명하는 것이 된다는 것은 무슨 이유에서인가? "상대논쟁자는 실로 자기의 입장에 대한 애착 때문에 실재하는/사실인 대상/내용이라 하더라도 인식하지 않는다" (이렇게 대답할 경우) "실재하는/사실인 대상/내용이라 하더라도 인식하지 않는다"라는 [주장은 그 자체로] 모순되는 말을 하고 있다. 어떻게 [다른 사람들에게서] 다르게 인식되는 것을 "실재/사실"이라고 지칭할 [수 있는가]? 달리 [상대논쟁자가 대상/내용을] 인식하고서도 다른 [논쟁자에게] 그가 원하는 바대로 해 나가도록 해 주지 않으면 [다시 말해서 대상/내용이 실재/사실임을 인정하지 않으면], 그렇다면 또한 "인식하지 않는다"라는 것은 모순되는 말을 하는 것이다. 그리고 또한 "심판에게 설명하는 것을 [근거로 해서] 그에게 [즉 상대논쟁자에게] 설명함이 된다"라는 이 [말] 또한 [맞지] 않다. 인식의 원인이 다르기 때문이다. 심판이 인식하는 원인들이 다르고 상대논쟁자가 인식하는 원인이 다르기 때문이다. 그리고 [한 특정한] 다른 대상에 대한 원인은 [그와는 또 다른] 대상에 대해서는 작용하지 않는다.
>
> 그리고 아무런 '제한적 확정(niyama)'이 주어져 있지 않기 때문에. 아래

와 같은 [서술], 즉 "논쟁은 바로 심판에게 설명하기 위한 것이다"는 '제한적 확정(niyama)'이 아니다. 심판이 없이 스승 등과 함께 하는 논쟁은 경험적으로 확인되기 때문이다. (이에 대해 다음과 같이 반론을 제기할 수도 있을 것이다.) 하지만 만약 이 [논쟁자]가 진상을 알고자 하는 사람으로서가 아니라 [재화를] 얻고, 존경과 명성을 원하여 논쟁을 시작한다면, 그러하면 심판이 쓰임이 있을 것이다. (이에 대해 나는 이렇게 대답하겠다.) 맞다, 실제로 [심판의] 쓰임이 있다. 하지만 [그것은] 논쟁이 아니다. (왜냐하면 Naiyāika들의 이해에 따르면 명성이나 재화에 목적을 둔 활동이 논쟁이 될 수 없기 때문이다. 이에 대해 다음과 같이 반론을 제기할 수 있을 것이다.) "그렇지 않다. [논쟁을 논의/논쟁(vāda), 쟁론(jalpa), 언쟁(vitaṇḍā)의] 세 가지로 나누는 것이 받아들여지지 않기 때문에 바로 다음과 같은 오직 하나의 '이야기하는 방식(kathāmārga)'이 있을 뿐이다. 그리고 그 [이야기하는 방식의] 목적은 진상(tattva)을 인식하는 것과 [재물을][50] 얻는 것 등등이다." (이러한 반론에 대한 나의 대답은 이렇다.) 그렇지 않다. 반박되기 때문이다. 칭송, 존경과 [재화를] 얻는 것을 갈구하는 사람의 논쟁은 반박되기 때문이다. 또한 이렇게 [아래와 같이 반론을] 말한다고 해도 [상황이 달라질 것이 없다]; "그렇지 않다. [논쟁을] 세 가지로 나누는 일이 받아들여지지 않기 때문에" 말이 가리키는 대상의 존재가 '받아들여지지 않음'에 의존하는 것이 아니라, 반대로 만약 실재 [대상의] 존재가 있을 때 받아들임이 있기 때문이다. 그리고 우리는 다른 특징들을 지니고 있는 논의/논쟁(vāda)과는 다른 쟁론(jalpa)과 언쟁(vitaṇḍā)의 차이가 [있음을] 따라서 '이야기하는 방식(kathāmārga)'이 세 가지가 있음을 보일 [즉, 논증할] 것이다. 따라서 [바수반두가 이러한] 차이를 모르고 [다음과 같이] 말한 [것이 된다]: "[논쟁의] 세 가지 구분이 받아들여지지 않기 때문에."

또 [바수반두는(?)][51] 말하기를 "비어있음(공성)을 대상으로 하는 묵상(samādhi 삼매)을 "비어있음"이라고 부르듯이 한 입장의 입증을 그 대상으로 하는 설명을 "입장의 입증"이라는 말로 전의적으로 나타낸다" 라고 [하

50 TSI vol. 2, p.74a는 이 대목을 인용, 번역하고 있는데, 이 때 "lābhādayaḥ"를 "das Erlangen [einer Entscheidung] usw"라고 번역하고 있다. 필자는 이러한 번역은 받아들이기 어렵다는 견해이다. Frauwallner (1933), pp.289-290도 이 대목에 대한 서술을 하고 있다.

51 Frauwallner (1933), p.301은 뒤따르는 인용의 출처를 Vṛtti라고 본다. Fragm. 3e (NV_1, p.355, 4-5)를 보라.

였다]. 전의적인 표현이란 원하는 대로 [즉, 자의적으로] 이루어지는 것이 아니고 '바른 인식을 얻는 수단'이 불가능함에 [근거해서 쓰이는 것이다]. 전의적 표현이라는 것은 사람들에 의해 쓰이는 말을 설명하는 것이다. 그리고 단어의 전의적 사용은 [무엇을] 특징적으로 규정하는 [즉, 정의하는] 데 있어서 쓰일 수 없다고 했다.

"'그것을 위한 말'이라는 이 말은 실제로 네 가지 말의 종류를 알려주기 위해서 말해진 것이다. 증명, 가짜증명, 비판, 가짜비판 [이 네 가지가 말의] 전부가 된다" [라고 계속 주장하는데] 그것은 맞지 않다. [Vādavidhāna]에서 "맞는 것으로 혹은 맞지 않는 것으로"라고 상술했기 때문이다. 이렇게 이것이 상술되어 있는데 무슨 근거로 네 가지 종류의 말에 대한 요약[이라고 할 수 있겠는가]?

adhikaraṇa의 의미는, adhikaraṇa는 또한 논쟁자와 반대논쟁자에 의해 앞에 세워진 사람이다라고 설명되어져야 한다. 왜냐하면 논쟁에는 심판에 토대를 둔 [즉, 의지하는] 것이란 아무것도 없기 때문이다. 만약 설명의 토대가 되기 때문에 adhikaraṇa가 있다는 반론을 [반대론자가] 제기한다면, 이는 맞지 않다. 위에 그에 대한 응대(uttara)가 이미 주어졌기 때문이다. 위에 주어진 응대(uttara)는 설명이 대상으로 하는 것은 입장이며 [설명이] 심판을 대상으로 하는 것이 아니다라는 것이다. 만약 [반대론자가] "이것 [즉, adhikaraṇa]가 있을 때[에만 논쟁이] 있기 때문에"라고 반론을 제기한다면, 이것은 맞지 않다. 다른 경우도 또한 발견되기 때문이다. 다른 경우, 즉 스승 등과 함께 하는 논쟁도 또한 경험적으로 확인된다는 말이다. [반대론자가] "그러한 논쟁의 경우에 무엇이 연구이고 무엇이 연구되며 어디서 [즉, 어떤 논쟁자와 반대논쟁자 사이에 연구가 진행되는지]가 설명되어야 한다"[라고 요구할 수 있겠다]. [이에 대해 다음처럼 대답이 주어질 수 있겠다.] 입장을 정립시키는 것을 대상으로 하는 논쟁은 증명과 비판의 사용이다. [따라서] 이것 [즉, 이 논쟁]의 연구는 증명과 비판 그리고 가짜 그것들 [즉, 가짜증명과 가짜비판]을 파악하는 것이다. 이를 위해서 두 [논쟁자의] 논쟁을 할 자격/의무가 [성립한다]. [이 경우에 adhikaraṇa라는 단어에 대해] "여기에"에 해당하는 처소격(locative)의 의미가 없어서[52] [어디서, 즉 어떤 논쟁 상대자

52 이 대목에서 욷됴따까라(Uddyotakara)는 분명히 adhikaraṇa를 한 행위의 토대, 즉 장소로 설명하는 Pāṇini 1.4.45를 염두에 두고 있다.

들 사이에서 연구가 이루어지는지를 물을 수가 없다].

계속해서 [불교도들은(?) 자기 자신들의 견해에 대한 가상의] 반론을 상정한다: "심판과 상대논쟁자에게 듣기 좋은 그리고 듣기 싫은 말[을 하는 것에] 논쟁이라는 [이름을] 붙인다"라고. 그리고 나서 이것이 직접 혹은 간접으로 "입증과 반증"이라는 [설명]과 맞지 않으며 또 "맞음과 안맞음"이라는 구별짓는 [서술]과 맞지 않기 때문이라는 보완책을 내 놓는다. 하지만 [불교도들이 시도한] 응대(uttara)를 통해 연관되어 있지 않는 대상에 대한 언급을 자기들 [즉, 불교도들] 스스로 하고 [말았는데 곧,] 앞의 것 [다시 말해 "siddhyasiddhyartham"]과 그리고 뒤의 것 [다시 말해 "yuktāyuktatva" 모두와] 상응하지 않기 때문이다. 만약 연관되어 있지 않은 것에 대한 응대(uttara)를 하여야만 한다면 이렇게 말하여야 한다: "그렇지 않다. 수뜨라의 의미가 [정확하게] 파악되지 못했기 때문이다." 그래서 바로 이 논의된 [Vādavidhāna-]Sūtra는 [Vādavidhāna-]Vārttika와 함께, 정확하게 따져 본다면, 맞지가 않다. 따라서 이론적인 이해(nyāya)에 합당하도록 [그대로] 두어야 할 것이다.

Ⅵ. 정리

"adhikaraṇa"를 "목표대중"의 의미로 이해할 수 있게 되었을 때 우리는 인도의 논쟁, 논리전통을 이해하는 데 간과되기 쉬운 아주 중요한 측면에 우리의 관심을 돌리게 된다. 즉 바다비다나브릳띠(Vādavidhānavṛtti)에서 나온 설명, "yuktāyuktatvenādhikaraṇapratyāyana- ṃ siddhyasiddhī. (입증과 반증은 목표대중에게 맞는 것으로 혹은 맞지 않는 것으로 설명하는 것이다.)"[53]를 비롯하여 많은 전거들에서 논쟁에 있어서의 청중들의 역할에 주목하게 될 것이기 때문이다. 실제의 논쟁상황이란 항상 시간적인 전개를 갖는 대화(dialogue)의 상황이며 일차적으로 듣는 청중과 상대논쟁자를 설득하여 나의 논변(argument)이 성공적으로 받아들여지는가가 문제되는 상황이다. 이러한 맥락을 고려할 때만이 후대의 이론적 발전을 통해 굴절되어 이해됨으로써 그 실제적인 의미가 가려지게 되는 여러 인도 논리전통의

53 Vādavidhāna Fragm. 3b.

주제들이 정확하게 이해될 수 있을 것이다.[54] 이러한 실제의 논쟁상황을 고려하면서 초기 인도의 논쟁, 논리전통을 이해하는 데에 빠질 수 없는 중요한 요소로 고려되어야 하는 것이 바로 청중의 역할이다. 하지만 안타깝게도 우리는 고대 인도의 논쟁이 어떻게 조직되었고 어떤 방식으로 행하여졌는지에 대한 충분한 자료를 갖고 있지 못하고 따라서 청중들이 논쟁의 과정에서 어떠한 역할을 수행하였는지에 대한 정확한 이해를 갖고 있지도 못하다.

아직까지 사전들에는 "adhikaraṇa"의 의미로 "목표대중"이 나와 있지 않으며 또한 "adhikaraṇa"의 의미해명을 위해 인용된 전거들이 잘못 해석되고 있다.[55] DSHP vol. 3, p.1549 s.v. adhikaraṇa; 4D는 "umpire (in a dispute), mediator"라는 의미를 기재하고 있으며 그에 대한 전거로 필자가 이미 본 논문에서 논의한 "adhikaraṇaṃ punar yo vādiprativādibhyām adhikṛta ity adhikaraṇārtho vaktavyaḥ, na hi vāde prāśnikārthaṃ kiñcid asti"를[56] 제시하고 있다. 그리고 DSHP는 냐야바르띠까따앗빠랴띠까(Nyāyavārttikatātparyaṭīkā=NVTṬ)에 나온 두 개의 전거들을 보충적인 문헌근거들로 들고 있는데 이 전거들은 위에서 필자가 간접적으로 다룬 전거들이며 NV에서 인용된 전거들과 마찬가지로 "심판"이라는 뜻으로 "adhikaraṇa"가 쓰인다는 전거로 제시되기에는 문제가 많은 것들이다. 지금까지의 논의를 근거로 필자는 DSHP가 제시한 전거들에 기반하여 "adhikaraṇa"의 "심판"이라는 의미를 받아들이는 것은 문제가 있다고 생각한다. 위에서 필자가 자세히 다룬 NV의 일부가[57] DSHP에서 "adhikaraṇa"를 "심판"의 의미로 이해하는 데 대한 유일한 전거가 되고 있기 때문이다. 외형적으로 볼 때에는 욷됴따까라(Uddyotakara)와 바짜스빠띠 미쉬라(Vācaspati Miśra)가 "adhikaraṇa"를 "prāśnika"와 동일시 하였으며 또한 "prāśnika"를 "심판"의 의미로 이해하였다는 것은 분명하다. 이러한 사실

54 강성용(2003a)와 Kang(2004)를 보라.

55 현재 나와있는 사전들 중 가장 방대한 사전인 PW나 미완성이긴 하지만 "adhikaraṇa" 항목을 포함하고 있는 DSHP도 마찬가지 이다. DSHP vol. 3, p.1549 s.v. adhikaraṇa를 보라.

56 DSHP가 NV 1.2.42라고 밝히고 있는 출처에 대한 정보는 잘못된 것이다. NV 1.2.1이 맞다. 또한 "prāśnikārtham"이라는 어구선택은 NV_1, NV_2 그리고 NV_3의 모든 전거들과 맞지 않으며 필자의 견해로도 잘못된 어구선택이다.

57 NV_1, pp.354, 2-356, 12.

은 사전 편찬자에게는 "adhikaraṇa"의 또 다른 의미로 "심판"을 받아들이기에 충분할지도 모른다. 하지만 비판적 문헌학의 작업으로서는 그러한 무비판적 용인은 너무나 빈약하다. 그리고 또한 사전들에 전혀 언급조차 되어 있지 않은 불교전통의 문헌들, 즉 HV나 ASBh 등의 전거도 다루어져야 할 것이 당연하다. ❁

강성용 (서울대)

우리말 불교개념 사전

인과효력

범 arthakriyā, arthakriyāsāmarthya, arthakriyākāritva 장 don byed pa, don byed nus pa 한 因果效力

I. 의미와 어원

인과효력의 범어 athakriyā는 사물, 대상, 목적 등의 다양한 의미를 가지고 있는 남성명사 artha와 작용, 행위, 성취 등의 의미를 가진 여성명사 kriyā가 합쳐진 복합어이다. 후기 유가행파에서 이 용어는 흔히 arthakriyāsāmarthya나 arthakriyākāritva와 함께 사용된다. 하지만 이것들 사이에 의미의 차이는 없다.

arthakriyā는 문자 그대로의 의미는 사물의 행위 혹은 작용이다. 그러나 찰나론에 입각한 불교 교리적 입장에서 사물의 작용이란 바로 인과작용을 말하므로, 이 용어는 인과효력 또는 인과작용으로 번역된다. arthakriyā는 존재와 인과를 설명하는 핵심 개념으로 찰나론을 논증하는 근거가 된다.

붓다께서 법을 설하신 이래 제행무상(諸行無常)은 불교의 중심 교의 중 하나이다. 이는 부파불교 이후 불교가 학문적으로 전개되는 과정에서 찰나론으로 해석되기 시작한다. 이 이론의 논증을 둘러싸고 불교학파와 힌두학파 사이에서는 수 세기에 걸쳐 뜨거운 논쟁이 이어졌다. 찰나론의 논증은 다르마끼르띠(Dharmakīrti, 600~660)에 이르러 '존재에 의한 추론'(sattvānumāna)이라는 새로운 방법에 의해서 이루어졌는데, 그 논증식은 '존재'(sattva)를 증인(證因)으로 하여 '존재하는 것은 모두 찰나'라는 사실을 증명하는 것이다. 따라서 존재가 무엇인가를 정의하는 것이 무엇보다도 중요한 일이 되었다.

인도의 각 종교·철학학파에서 존재와 존재의 상태에 대한 견해는 매우 다양하다. 심지어 불교학파 내부에서도 존재에 대한 견해가 다르다. 존재론과 인식론을 설명하는데 있어 후기 유가행파가 기반으로 삼고 있는 경량부와 유식학파에서도 견해가 달라서 전자는 외계의 사물이 실재한다고 주장하는 반면, 후자는 실재하지 않는다고 주장한다. 때문에 존재와 같은 개념을 언급할 때에는 주어진 문맥의 상관관계를 분명하게 밝힐 필요가 있다.

후기 인도불교에서 존재는 인과효력으로 정의된다. 인과효력의 어원은 설일체유부의 kāritra라는 개념에서 유래한 것으로, '작용'으로 번역되는 kāritra는 이 학파가 삼세를 구분하는 토대이다. 조건적인 요소(saṃskṛtadharma)가 아직 작용하지 않고 있다면 이것을 '미래'라고 하며, 작용을 하고 있다면 '현재', 작용을 이미 끝마쳤다면 '과거'라고 한다. 이 학파의 중현(Saṃghabhadra)에 따르면, 이 때 작용은 다른 것이 아니라 바로 능력(śakti),[1] 즉 '결과를 이끄는 힘'(phalākṣepaśakti)을 말한다. 이것이 후기 유가행파에서 인과효력의 개념으로 발전된다.

다르마끼르띠는 설일체유부의 kāritra를 인과효력의 개념으로 발전시킨다.[2] 이 개념은 그의 논서 PV III.3, PV I.166ab, PVSV 87,4, NB I.15, HB 3,14 등에 나타난다.[3] 인과효력에 대한 해석은 다르마끼르띠 이후 산따르크시타(Śāntarakṣita), 다르못따라(Dharmottara), 즈냐나스리(Jñānaśrimītra)와 라뜨나끼르띠(Ratnakīrti) 등 후기 유가행파 논사들에 의해 계승, 발전된다. 인도철학사에서 가장 비판적이고 논쟁적인 철학적 활동이 왕성했던 7세기에서 11세기 동안 이 개념은 존재를 설명하는데 있어서 핵심적인 역할을

1 참조 Frauwallner 1995: 193ff.
2 참조 Halbfass 1997: 241f.
3 PV III.3ab: arthakriyāsamartham yat, tad atra pramārthasat; 또한 참조 PV I.166ab; PVSV 87,4; NB I.15; HB 3,14.

하였다.

Ⅱ. 인과효력과 인과론

불교에서 존재는 찰나와 상속이라는 이분에 입각하고 있다. 먼저 찰나로서의 존재는 후기 유가행파 논사들이 승의유(paramārthasat)라고 부르는 것으로, 실재(vastu)를 의미한다.[4] 존재가 바로 찰나이기 때문에 인과효력도 찰나이며, 이 찰나인 인과효력은 결과를 초래하는 원인이 된다.[5] 따라서 찰나로서의 인과효력은 결과를 생성하는 능력이라 할 수 있다.

개별 사물은 이러한 찰나로부터 다른 찰나로 이어지는 부단한 상속이다. 상속으로서의 존재는 각 찰나의 흐름에 가탁된 분별(vikalpa)이다. 이것은 실재하는 것이 아니라 찰나에 가탁된 가상이다. 때문에 상속에서의 인과효력은 실질적인 결과를 발생시키는 작용이 아니라 단지 언어적 표현에 불과한 것이다.[6] 따라서 이 경우의 인과효력은 찰나가 결과를 생산하는 능력에 의해 이루어지는 인간의 목적성취라고 할 수 있다.

결과를 생산하는 능력이든 목적을 성취하게 만드는 작용이든지 간에 그 의미가 이러하다는 것은 인과효력이 인과론과 밀접한 연관이 있다는 것을 시사한다. 사실 인과효력은 '어떤 것이 원인이다.'라고 말한 것을 다르게 표현한 것에 불과하다. 따라서 인도 종교·철학계에서는 이 개념을 이해할 때에 반드시 원인이란 무엇이며, 원인과 결과의 관계는 어떠한가라는 문맥 속에서 다룬다.

1. 원인의 정의

이미 주지하였듯이 상속은 가상이고 찰나가 실재이므로 인과효력의 실질적인 의미는 '결과를 일으키는 능력'이라 할 수 있다. 이 '능력'의 의미는 인도철학사에서 찰나론과 관련해서 다양하게 해석되었다.[7] 문제는 범어로

4 Raspatt 1995:169.
5 Akamatsu 1980: 99.
6 예를 들면, 일상적인 의사소통의 경우 사람들은 '항아리에 물이 담겨 있다'고 말하지 '항아리-찰나에 물-찰나가 담겨 있다'고 하지 않는다.

sāmarthya나 śakti 등으로 표현되는 이 용어가 '실행'과 '잠재'라는 두 가지 의미를 가지고 있는 점이다.[8]

니야야논사들은 일체가 생(生), 주(住), 멸(滅)이 있는 무상한 것, 또는 생, 멸이 없는 항구한 것 중 하나라고 주장한다.[9] 그들이 말하는 실체(dravya)로서의 사물은 그것이 존속하는 동안 단일하고 동일한 것이다. '능력'은 이러한 사물에 내재한 것이고, 사물이 다른 보조인과 결합할 때 현실로 드러나는 것이다. 그러므로 니야야학파에 있어서 '능력'이란 사물이 갖는 잠재력을 의미한다.

반면에 후기 유가행파논사들은 일체가 찰나라고 이해한다. 각각의 찰나는 서로 별개의 것으로, 둘 사이에 동일성은 유지되지 않는다. 존재하는 것은 각 찰나마다 변화하여, 어떤 찰나적인 것도 그것의 능력이 잠재될 수 없다. 그렇기 때문에 '능력'은 지체됨(akṣepa)이 없이 곧바로 현실화된다. 따라서 후기 유가행파논사들이 말하는 '능력'은 실행을 의미한다.

'능력'에 대한 이와 같은 이해의 차이는 원인(kāraṇa)의 정의에도 차이를 가져온다. 9세기경의 니야야논사인 샹까라(Śaṇkara)는 인과효력이 결과의 실질적 생산이라고 이해하는 다르마끼르띠 등의 견해를 반박한다. 후기 유가행파의 주장대로라면 인과효력은 존재이고, 이 존재는 원인을 의미한다. 이 때 원인의 능력이 결과의 발생과 동일시된다면, 보조인의 역할이 무의미해질 것이다. 예를 들어, 싹의 원인인 씨앗은 싹을 틔울 능력을 가지고 있다. 하지만 이 능력이 바로 실질적으로 싹을 틔우는 것과 동일하다고 한다면, 토양이나 수분 등의 다른 보조인은 필요 없게 되어 땅에 심기 이전의 창고에 있는 씨앗도 스스로 싹을 틔울 수 있다는 것을 뜻하게 된다. 이에 따라 샹까라는 원인의 능력은 잠재력이어야만 한다고 주장한다. 싹을 틔울 수 있는 잠재력이 있는 씨앗이 토양, 수분 등의 보조인을 만났을 때에 그 잠재력이 현실화되어 싹이 나온다는 것이 니야야학파의 입장이다.

이러한 상까라의 비판을 반박하기 위해서 후기 유가행파논사들은 존재의 본성(svabhāva)이 무엇이지를 살핀다. 다르마끼르띠의 『헤뚜빈두』를 연구한 스타인켈러는 논문 "Wirklichkeit und Begriff bei Dharmakīrti"에서 이 학파가 존재의 본성을 두 가지로 분석하고 있다고 밝힌 바 있다. 먼저

---

7 Matilal 1997: 91-105.
8 참조 ATV 34, 3-4: na sāmarthyaṃ hi karaṇatvaṃ vā yogyatā vā.
9 Matilal 1977: 96과 103.

찰나로서의 존재의 본성은 사물의 능력(sāmarthya)이며 상속으로서의 존재의 본성은 분별(vikalpa)이다.[10] 11세기 불교논사 라뜨나끼르띠는 이러한 본성의 구분을 원인을 정의하기 위해 사용한다. 즉, 찰나로서의 원인의 본성은 그것의 능력이며 상속으로서의 원인의 본성은 분별이다. 예를 들어 설명하면, 씨앗-찰나의 본성은 싹을 생산하는 능력인 반면에 씨앗-상속의 본성은 싹을 생산하는 것이라 말해지는 것이다. 물론 찰나로서의 원인이 현실의 세계에서 결과를 실질적으로 생산하는 것이지 상속으로서의 원인이 그러한 것은 아니다. 때문에 후기 유가행파논사들은 원인의 본성은 그것의 능력이고 이 능력은 실행을 의미하므로 원인 스스로가 결과를 생산한다고 밝힌다.

2. 원인과 결과의 관계

원인에 대한 니야야논사들과 후기 유가행파논사들의 이해의 차이는 인과론에 대한 이해의 차이로 귀결된다. 10세기 힌두논사인 바짜스빠띠미스라(Vācaspatimiśra)는 니야야학파의 입장에서 원인과 결과의 관계를 설명하기위해 다음과 같이 주장한다.

> 인과론(kāryakāraṇabhāva)은 두 종류의 [배제(vyavaccheda)]에 의해서 설명된다. 원인(kāraṇa)의 측면에서는 '무관계의 배제'(ayogavyavaccheda)에 의해 설명된다. 왜냐하면 원인은 필수적으로 결과이전에 존재하고 그 결과가 없다면 [그것도] 없기 때문이다. 다른 한편 인과론은 결과(kārya)의 측면에서 '다른 것과의 관계의 배제'(anyayogavayvaccheda)에 의해 설명된다. 왜냐하면 [결과는] 오직 원인이 존재할 경우에만 존재하고, 어떤 다른 경우에도 존재하지 않기 때문이다.[11]

니야야학파의 입장에서는 원인의 총체가 실질적으로 결과를 생산한다.[12] 결과는 원인, 더 구체적으로 주요인[13]과 더불어 보조인이 다 갖추어졌

---

10 Steinkellner 1971.

11 NVTṬ 842, 29-843, 10. ayogavyavaccheda와 anyayogavyavaccheda의 개념에 대해서는 PV IV.190-192. 또한 참조 Kajiyama 1973: 161-176.

12 NBhūṣ 520, 30-521, 6.

을 때 발생되는 것으로, 보조인의 어느 하나라도 결여되었을 때는 발생되지 않는다.[14] 주요인 홀로는 결과를 발생시킬 수 없는 것이다. 그래서 바짜스빠띠는 원인의 측면에서 '무관계의 배제'(ayogavayavacchea)를 주장한다. 즉, 원인이 결과와 관계가 없는 것은 아니라는 것이다. 주요인은 보조인이 다 갖추어진 특정한 때에만 결과와 관계를 갖는다. 반면에 결과가 있는 경우 언제나 원인이 있다는 것은 의심될 수 없는 사실이다. 발생한 모든 것은 반드시 원인을 가진다. 따라서 바짜스빠띠는 결과의 측면에서는 '다른 것과 관계의 배제'(anyayogavayvaccheda)를 주장한다. 원인의 존재는 결과가 존재하는 데 있어서 필수불가결한 선결 요건이라는 의미이다.

이러한 니야야논사들의 주장에 대해서, 후기 유가행파들은 주요인과 보조인의 총체가 결과를 생산한다고 하는 입장에 대해 비판을 제기한다. 니야야학파의 입장은 다음과 같이 문제의 여지가 있다.

> 결과는 보조인의 총체와 결합하기 이전의 어떤 것이 [그 총체와 결합함으로써] 발생되는 것인가, 아니면 [총체와 결합한 후에 그 어떤 것과는] 완전히 다른 특수한 것이 [생기고, 그것]으로부터 발생되는 것인가?[15]

주요인과 보조인의 총체가 결과를 생산한다는 것은 두 가지로 설명될 수 있다. 하나는 주요인과 보조인의 총체가 먼저 어떤 것을 생산하고 그 어떤 것이 결과를 생산하는 것이고, 다른 하나는 주요인이 그 그대로를 유지한 채 보조인의 도움을 받아 결과를 생산하는 것이다. 먼저 첫 번째의 경우는 원인은 그것이 존속하는 동안 동일성을 유지한다는 니야야학파의 근본적인 입장에 위배된다. 왜냐하면 어떤 새로운 것이 원인의 총체로부터 발생되고 그것으로부터 결과가 생산되기 때문이다.[16] 두 번째의 경우는 원인이 존속하는 모든 찰나에서 결과를 생산하던지 혹은 어떤 찰나에도 결과를 생산하지 않던지 둘 중의 하나가 되고 말 것이다. 그 이유는 그 원인이 존속하는 모든 찰나에서 동일성을 유지하기 때문이다.[17]

---

13 용어 '원인'은 인과론의 문맥에서 주요인(upādāna)과 인의 총체(kāraṇasākalya) 둘 다를 의미할 수 있다. 여기서는 그중에서 주요인을 의미한다.

14 Laine 1998: 71.

15 KSA 75, 15-17.

16 참조 NKa 184, 7-185, 10.

능력과 능력 없음은 서로 모순되는 속성이므로 단일하고 동일한 것이 어떤 한 찰나에서는 발생하는 능력이 있고, 다른 찰나에서는 없다고 하는 것은 적절하지 않다.[18] 결과를 발생시킬 수 있는 능력이 있는 찰나는 반드시 그 결과를 생산할 수 없는 찰나와는 존재론적으로 구분되어야 한다. 따라서 하나의 사물이 잠재력을 가지고 있다가 일정한 시간이 지난 뒤에 그 잠재력을 실현한다는 것은 이론일 뿐 실질적인 것이 아니다. 그러므로 니야야논사들이 주장하는 인과관계는 현실의 존재론적인 구조에서는 불가능하다.

후기 유가행파의 인과관계는 찰나와 상속의 구분에 기반을 두고 있다. 인과관계는 상속의 단계에서의 '간접적 인과관계'와 찰나의 단계에서의 '직접적 인과관계'로 나뉜다.[19] 간접적 인과관계는 논리적 문맥에서 두 사물 사이의 보편적인 관계를 말하는 것이다. 이것은 창고 속의 씨앗과 싹의 관계와 같은 경우이다. 이 인과관계에서는 결과가 있을 경우에는 반드시 원인이 있지만 원인이 있다고 해서 반드시 결과가 있는 것은 아니다. 이때의 원인은 은유적이며 그 능력은 이차적(aupacārika)이다. 때문에 상속의 단계에서의 인과관계에서는 원인의 측면에 '무관계의 배제(ayogavayavacchea)'가 적용되며, 결과의 측면에는 '다른 것과 관계의 배제(anyayogavayavacchea)'가 적용된다. 반면에 직접적 인과관계는 존재론적 문맥에서 두 찰나 사이의 관계를 말하는 것이다. 이것은 예를 들자면, 원인의 집합 중에서 씨앗의 마지막 찰나와 싹의 맨 처음 찰나의 관계이다. 이 때 원인은 결과를 발생시키는 특정한 한 찰나이며, 결과는 그 원인으로부터 발생되는 바로 다음 찰나이다. 이 경우 원인은 그것의 능력이 방해받지 않는 실제로서의 존재이다. 따라서 찰나의 단계에서는 결과가 있다면 반드시 원인이 있고, 원인이 있다면 반드시 결과가 있다. 그러므로 원인과 결과 모두에 '다른 것과 관계함의 배제'가 적용되며, 이것이 진실한 의미에서의 후기 유가행파의 인과관계이다.

---

17 참조 HB 13, 3: svabhāvavasyānyathātvāsaṃbhāvāt.

18 모순하는 속성들이 어떠한 경우에도 단일하고 동일한 하나의 사물에 소속될 수 없다는 것은 KSA 77, 23-79, 10 참조.

19 KSA 75, 22ff.

3. 인과론

존재는 인과효력이고 인과효력은 결과를 생산하는 원인의 능력이라는 후기 유가행파의 정의는 원인은 무엇이며, 원인과 결과의 관계는 어떠한 것인가에 대한 인도 종교 제학파의 이해에 영향을 끼쳤을 뿐만 아니라, 인과론 자체를 다루는 데에도 여러 가지 논의 및 논쟁을 유발시켰다. 가장 대표적인 것은 니야야학파와 후기 유가행파가 벌였던 씨앗으로부터 싹의 발생에 관한 것이다. 이들의 논쟁은 흔히 '하나 혹은 다수'의 논쟁이라 일컬어진다.[20] 논쟁의 핵심 주제는 두 가지이다. 하나는 씨앗은 그것 홀로 싹을 틔우는가 아니면 다른 것에 의존해서 싹을 틔우는가 하는 것이고, 또 다른 하나는 씨앗은 하나의 결과를 생산하는가 아니면 많은 결과를 생산하는가 하는 것이다.

1) 의존성과 독립성

첫 번째 주제의 논쟁은 씨앗은 그 자체로 싹을 틔운다는 찰나론의 입장과 관련해서 제기된다.[21] 니야야논사들은 '의존성과 독립성'(sāpekṣatvānapekṣatva)이라는 논리적 주연관계를 통해 씨앗의 찰나는 홀로 싹을 틔울 수 있는 능력이 없다는 것을 보여주려 한다. 이 논의와 관련해서 바짜스빠띠는 다음과 같이 이론을 펼친다.

> 같은 창고에 저장했던 많은 씨앗의 상속(bījasantāna)들 중에서 왜 어떤 특정한 씨앗만이 싹을 틔우기에 적절한 씨앗의 찰나(bījakṣaṇa)를 계속해서 발생시키며, 다른 상속에 속하는 찰나들은 그렇지 않은가? 왜냐하면 접근(upasarpaṇa)을 위한 조건이 갖추어지기 전에는 그 씨앗들의 찰나(bījakṣaṇa)가 동일한 상속이든 다른 상속이든 간에 상관없이 계속해서 특수한 속성(atiśaya)이 없기 때문이다.[22]

특수한 속성(atiśaya)은 씨앗이 싹을 틔우기 위해 토양 등과 같은 공동인(sahakārin)과 공존할 때 거기에 부가되는 것이다.[23] 여기에서 바짜스빠띠

20 Moriyama 1989b와 Tillemans 1983, 1984를 참조.
21 PVSV 86, 5-6.
22 KSA 79, 15-18. 참조 NK 96, 16-19, NVTṬ 841, 7ff.

는 들판의 씨앗과 창고의 씨앗은 싹을 틔울 잠재력이 있다는 점에서 동일하다고 말한다. 다만 둘의 차이는 전자가 특수한 속성을 일으킨 반면 후자는 그 속성을 일으키지 않는다는 것이다. 불교도의 주장대로라면 씨앗은 보조인의 도움 없이도 홀로 결과를 생산해야만 한다. 그러나 일상적인 경험은 이와 다르다. 씨앗은 흙에 심어지고, 충분한 영양을 공급받는 등의 경우에만 싹을 틔우는 것이다. 반면, 창고의 씨앗은 싹을 틔우지 않는다. 바짜스빠띠가 말하고자 하는 것은 씨앗은 오직 모든 인연이 완전히 갖추어졌을 때에만 결과를 생산할 수 있다는 것이다. 그는 씨앗은 보조인의 도움 없이는 독립적으로 싹을 틔울 수 없다고 주장한다.

나아가 바짜스빠띠는 씨앗이 찰나론의 입장에서는 보조인의 도움으로 결과를 생산하는 것도 불가능하다고 말한다.

> [찰나론의 입장에서는] 의존(apekṣā)이 가능하지 않다. 왜냐하면 동시에 있는 두 찰나는 마치 소의 오른쪽과 왼쪽 뿔과 같이 도움을 주고, 받는 관계(upakāryaupakārakabhāva)를 가질 수 없기 때문이다.[24]

의존(apekṣā)이란 사물들이 도움을 주고, 받는 관계에 기초한다. 달리 말하면, 이것은 곧 한 찰나에서 어떤 것이 결과를 생산하거나 결과의 생산에 도움을 줄 수 있을 때에 가능하다. 그러나 한 찰나에 있는 것은 어떠한 관계가 일어나기 이전에 소멸하기 때문에 도움을 주고, 받는 관계를 맺는 것이 실질적으로 불가능하다. 사물이 찰나인 한, 그것은 그 스스로 존재하면서 동시에 다른 것을 도울 수 있는 충분한 시간이 없기 때문이다. 따라서 바짜스빠띠는 찰나로서의 씨앗은 보조인(sahakārin)에 의존하여서도 씨앗을 틔울 수 없다고 주장한다.

바짜스빠띠의 주장은 찰나론의 입장에서는 원인이 어떠한 경우에도 결과를 생산할 수 없다는 것을 보이기 위한 것이다. 이것은 니야야학파의 입장, 즉 사물은 보조인이 있을 때에 결과를 생산하며, 그것이 없을 때는 생산하지 못한다는 것을 증명하기 위한 것이다.[25] 바짜스빠띠의 스승인 뜨릴로짜나(Trilocana)는 인과효력을 본질적인(nija) 것과 이차적인(āgantuka) 것

23 atiśaya에 관해서는 KSA 79, 13-15 참조.
24 KSA 79, 24-25. 참조 NVTṬ 842, 15-18.
25 NKa 195, 4-5.

으로 구분한다.[26] 전자는 주요인의 속성이며, 후자는 보조인의 속성이다. 결과는 보조인이 주요인을 도와서 그것의 본질적인 인과효력이 현실화될 때에 발생한다.

씨앗이 싹을 틔우는 것과 관련해서 니야야학파는 씨앗의 각 부분들(bīja-avayava)에 내재한 씨앗-전체(bīja-avayavin)가 본질적인 인과효력을 갖는다고 설명한다. 씨앗이 토양, 물과 같은 보조인들과 결합할 때 그것의 전체적으로 통일된 배열(vyūha)이 부분들로 나뉘어 흩어진다. 보조인의 역할은 씨앗의 흩어진 부분들이 재배열되도록 지속적으로 도와주는 것이다. 흙의 성분은 물의 성분과 결합되며 불의 성분에 의해서 가열된다. 싹은 이러한 과정을 거쳐 부분들의 새로운 배열로 발생된다.[27]

니야야학파의 이와 같은 견해를 비판하기 위해 후기 유가행파는 씨앗이 싹을 틔우기 위해 토양, 물 등과 어떻게 결합하는지 살핀다. 먼저, 이 학파에 속하는 논사들은 '의존'(apekṣā)이라는 개념을 검토한다.[28] 바짜스빠띠는 찰나인 것에는 의존성과 독립성이 모두 불가능하다고 주장한다. 이 때 '의존'이란 어떠한 의미인가. 이에 대해 라뜨나끼르띠는 다음과 같이 논의한다.

> [의존(apekṣā)], 즉 '[씨앗 등이] 보조인에 의존한다'는 의미는 1) 보조인이 [씨앗 등을] 보조한다는 의미인가? 또는 2) 씨앗 등이 이전과 동일한 상태를 유지하면서 보조인이 보조할 때에 [싹을] 발생한다는 의미인가? 혹은 3) [씨앗 등이] 이전과 [동일한 상태로] 존속하는지의 여부와 상관없이, 단지 [보조인과] 함께할 때에 [싹을] 생산한다는 의미인가?[29]

라뜨나끼르띠는 의존(apekṣā)의 의미를 세 가지로 나누어 고려한다. 첫 번째 경우, 의존은 조력(upakāra)을 뜻한다. 다시 말하면, 이것은 보조인(sahakārin)이 결과를 발생시키기 위해 주요인(upādāna)을 돕는다는 의미이다. 그러나 한 찰나의 사물은 생산자와 조력자로 분리될 수 없으므로,[30]

---

26 KSA 76, 6ff.

27 씨앗으로부터 싹의 발생에 대한 니야야학파의 입장에 대해서는 참조 NBh 939, 4-7; NV 738, 3ff. 또한 참조 Shastri 1976: 234-282; Bhartiya 1973: 183-193.

28 니야야학파의 apekṣ-대한 개념의 이해는 Miyamoto 1996 참조.

29 KSA 80, 15-18.

동일한 찰나에 있는 것들이 도움을 주고, 받는 관계가 성립될 수 없다. 때문에 씨앗의 한 찰나가 그것과 동일한 찰나에 있는 토양이나 수분 등으로부터 어떤 도움을 받는다는 것은 불가능하다. 첫 번째 '의존'의 의미를 고려해 볼 때, 씨앗의 찰나는 보조인에 의존함이 없이 홀로 싹을 틔우는 것이 된다. 이것은 물론 니야야논사들의 기본적인 입장과 상반되는 것이다.

바짜스빠띠는 첫 번째 '의존'의 의미가 니야야학파의 입장이 아니라는 것을 보이기 위해 다음과 같은 이론을 편다.

> 만약 찰나인 것이 [보조인에] 의존하는 것이 아니라면, 왜 그것이 함께 접근하는 조건이 결여되었을 때에는, [결과를] 발생시키지 않는가?[31]

싹을 틔우기 위한 개별 능력이 있는 씨앗의 찰나는 보조인의 도움 없이도 반드시 싹을 틔워야만 한다. 그러나 씨앗의 찰나는 보조인과 함께 할 때는 싹을 틔우고, 그렇지 않을 때에는 싹을 틔우지 않는다.[32] 더욱이 찰나론의 입장에서 보조인은 씨앗이 싹을 틔우는 데에 아무런 역할을 하지 않으므로 필요가 없다.[33] 바짜스빠띠의 이러한 주장은 '의존'의 두 번째 의미를 지지하는 데 그 의도가 있다. 이 학파에 따르면 결과는 보조인의 조력(upakāra)으로부터 생겨난다. 그것이 존속하는 한 동일성을 유지하는 씨앗이 마찬가지로 그것들이 존속하는 한 동일성을 유지하는 토양, 수분 등과 같은 보조인과 함께 할 때에 싹을 틔운다는 것이 니야야학파의 입장이다.

그러나 이러한 '의존'의 두 번째 의미는 니야야학파와는 근본적으로 존재에 대한 이해가 다른 후기 유가행파의 입장에서는 결코 용납될 수 있는 것이 아니다. 이 학파에 따르면 모든 것은 찰나이기 때문에 이전의 찰나에 속하는 것과 동일성을 유지하는 씨앗이라는 것은 결코 실재할 수 없다. 따라서 찰나가 아닌 것이 다른 것에 의존한다는 것도 있을 수 없다. 따라서 두 번째 의미의 '의존'이 찰나인 것에 적용되는 것은 불가능하다.[34]

30 NVTṬ 842, 15-16; NK 97, 13-14.

31 KSA 80, 19-20.

32 TSP 193, 12-13: sahakāriṇām upāyāpāyayoḥ kāryavyaktivirāmau dṛṣṭau. 도한 참조 ATV 64, 17-19

33 참조 NBhūṣ 510, 5-6.

34 KSA 81, 15-16.

찰나론의 입장에서 원인은 그 홀로 결과를 생산한다. 함께 하는 다른 인(因)들은 동일 찰나에 있는 주요인에 어떠한 도움도 줄 수 없으며, 주요인과 다른 인들이 공존할 때에는 오직 함께 접근함(upasarpaṇa)만이 있을 뿐이다. 이들 원인은 동일 찰나에 있을 때에 상호작용 없이 각각의 결과를 발생시킨다.[35] 이렇게 볼 때에 후기 유가행파에서 말하는 주요인의 공동인에 대한 의존은 앞서 인용문에서 밝힌 '의존'의 의미 중에서 세 번째 것이라 할 수 있다. 따라서 라뜨나끼르띠는 다음과 같은 결론에 도달한다.

> [의존과 독립의] 두 가지는 [찰나인 것으로 부터] 배제(排除)되어지는 것이 아니다. 그러므로 주연하는 것인 [의존과 독립]의 무지각이 성립되지 않는다.[36]

의존(apekṣā)에 대한 여러 의미들은 후기 유가행파논사와 니야야논사들 사이에 토양, 수분 등을 지시하는 용어인 sahakārin에 대한 다른 해석을 야기한다.[37] sahakārin은 1) 상호간 조력을 제공하는 것(parasparopakāritva)과 2) 특정 결과를 발생시키는 것(ekakāryakāritva)으로 이해될 수 있다.[38] 이 중에서 니야야논사의 입장에서 보는 sahakārin은 첫 번째에 해당한다.[39] 이 경우 sahakārin은 찰나인 것이 아니며 지속적으로 주요인을 보조하는 것이다.[40] sahakārin과 주요인은 서로 도움을 주고 받는 관계에 있다. 주요인은 sahakārin으로부터 도움을 받아서 결과를 발생시킨다. 그러므로 니야야학파의 입장에서 sahakārin은 주요인을 돕는다는 의미에서 보조인이라 번역되는 것이 타당하다.

다른 한편으로 후기 유가행파의 입장에서 sahakārin은 찰나와 상속의 단계에 따라서 달리 해석되어야 한다. 상속의 단계에서 이것은 상호 조력을 제공하는 것이라 할 수 있다.[41] 이 단계에서 sahakārin은 지속해서 존재하

35 참조 NKa 186, 5: pratyekaṃ samarthā hetavaḥ pratyekam ekaikam eva kāryaṃ janayeyuḥ.
36 KSA 81, 18-19.
37 이에 대한 보다 자세한 설명은 NKa 193, 6-196, 12를 참조.
38 TSP 193, 23-24: dvividhaṃ sahakāritvam ekārthakriyākāritayā parasparopakāritayā ca.
39 참조 NVTṬ 841, 23.
40 NKa 194, 4-5.

는 것으로 상정된다. 이것은 주요인의 상속에 특수한 속성(atiśaya)을 발생, 성숙시키는 데에 영향을 미친다. 반면에 찰나의 단계에서 sahakārin은 특정 결과를 발생시키는 것이다.[42] 이 단계에서의 sahakārin은 1) 찰나적이고, 2) 주요인과 함께 할 때 결과를 생산하며, 3) 그것의 결과가 즉각적으로 발생한다는 특징을 갖는다.[43] 동일한 찰나에 있는 sahakārin이 결과의 발생을 위해 주요인을 돕는다는 것은 있을 수 없으며, 동일한 찰나의 원인들은 각각 개별적으로 그것들의 결과를 생산한다. 이러한 점에서 찰나의 단계의 sahakārin은 함께 할 때에 결과를 발생시킨다는 의미에서 공동인(共同因)으로 번역하는 것이 타당해 보인다.[44] 후기 유가행파의 인과론에서 상속의 단계에서의 sahakārin은 이차적인 것이다. 이 단계에서 sahakārin은 찰나에 가탁되어진 상속에 지나지 않는다.[45] 따라서 이것의 조력이라는 것도 실제로 있는 것이 아니라 인과상속의 체계에서의 분별일 뿐이다.[46] 그러므로 후기유가행파의 sahakārin은 특정 결과를 생산하는 것이라 할 수 있다.[47]

2) 단일성과 다양성

인과효율에 대한 또 다른 논의는 결과의 수가 하나인가 많은가에 관한 것이다.[48] 후기 유가행파에 따르면, 씨앗이 토양, 수분 등의 공동인과 공존할 때, 씨앗의 마지막 찰나는 바로 다음 찰나에서 싹의 첫 찰나를 발생시키는 것과 함께 그것과 동일한 찰나에 있는 토양 등의 발생에도 영향을 끼친다. 따라서 씨앗의 마지막 찰나는 싹의 주요인(upādāna)임과 동시에 토양 등의 공동인(sahakārin)이 된다.[49]

이러한 견해에 반대해서, 바짜스빠띠는 주요인인 것(upādānatva)과 공

41 TSP 194, 6-7.

42 KSA 75, 10-11: ekārthakaraṇalakṣaṇaṃ sahakāritvam. 참조 TS 435ff.; TSP 193, 23ff.

43 HB 11, 20-24.

44 참조 NKa 186, 8-9: ekena kriyamāṇam apare 'pi kurvanti.

45 HBṬ 128, 6-10.

46 참조 HB 15, 10-11: na dravyāśrayeṇa kṣanike dravye viśeṣānutpatteḥ. 또한 참조 HBṬ 128, 7-9.

47 HB 11, 13-15.

48 PVSV 86, 5-6. 참조 Moriyama 1989a: 34와 45.

49 PVV 168, 19: ekasya rūpasyopādānasahakāribhāvenopayogād ekasmād apy anekaṃ kāryaṃ jāyata iti.

동인인 것(sahakāritva)이 동일한 것인지 아니면 다른 것인지에 대해 문제를 제기한다. 하나의 원인이 많은 결과를 생산하는 것은 하나의 본성에 의하거나 많은 본성에 의해서이다. 첫 번째의 경우는 주요인인 것과 공동인인 것이 동일하다는 의미인 반면에 두 번째 경우는 그 둘이 서로 다르다는 의미이다.[50] 바짜스빠띠는 두 경우 모두 사실상 많은 결과를 발생시킬 수 없다고 주장하기 위하여 다음과 같이 논쟁한다.

> [공동인에] 의존하지 않는 씨앗의 마지막 찰나가 싹 등을 틔울 때에, [그것이] 싹을 틔우는 것과 동일한 본성에 의해서 토양 등을 발생시킨다고 한다면 원인(kāraṇa)이 동일하기 때문에 토양 등도 싹과 동일한 본성을 소유하게 되고 말 것이다.[51]

먼저 바짜스빠띠는 주요인인 것과 공동인인 것이 동일하게 되는 경우를 반박한다. 만약 그 둘이 동일하다면, 씨앗과 토양 등은 원인이 같으므로 결국에는 서로 간에 아무런 차이가 없게 되고 만다. 그런데도 결과가 다양하다면, 그것은 우연의 결과일 것이다.[52] 실질적으로 경험의 세계에서는 동일한 원인은 동일한 결과를 생산하지 다른 결과를 생산하지 않는다. 바짜스빠띠는 씨앗은 하나의 본성에 의해서 서로 다른 싹과 토양 등을 생산할 수 없다고 주장한다.

바짜스빠띠는 또한 하나의 원인이 다양한 본성에 의해 많은 결과를 발생한다는 것도 부정한다.

> 만약 주요인인 것과 공동인인 것이 [씨앗에 속한다면] 이들 본성(tattva)은 하나인가 다양한가? 만약 그 둘이 하나라면 어떻게 [씨앗이] 다른 본성에 의해서 [싹 등을] 생산할 수 있겠는가? 반면에 만약 그 두 [본성]이 다르다면, 그 둘은 씨앗과 동일한가 다른가? 만약 그것들이 [씨앗과] 다르다면, 어떻게 씨앗은 [싹 등을] 생산할 수 있는가? 왜냐하면 싹 등은 두 [본성]으로부터 발생하기 때문이다. 그러나 만약 그 둘이 [씨앗과] 동일하다면, 왜 씨앗은 다양하지 않는가? 왜냐하면 [그 두 본성은] 서로 다르기 때문이다.

---

50 참조 Tilleman 1983: 305-306.

51 KSA 79, 25-27. 참조 NK 96, 29-30, 1; NVTṬ 841, 24-27.

52 NK 97.1과 NVTṬ 841, 25: kāryabhedaysākasmikatvaprasaṅgāt.

> 그렇지 않다면, 씨앗은 단일한 것이기 때문에 그 두 [본성]이 하나가 되고 말 것이다.[53]

니야야학파에서 법(法, dharma)과 유법(有法, dharmin)은 서로 다르다.[54] 유법은 의지처이고 법은 실체와 속성의 관계로 법에 내재하는 것이다.[55] 유법은 변화하지 않고 지속적인 반면 법은 변화한다. 바짜스빠띠는 '법'인 주요인인 것과 공동인인 것이 어떻게 '유법'인 씨앗에 관계하는지를 위의 인용문에서 보여주고자 한다. 그의 결론은 단일한 씨앗이 주요인인 것과 공동인인 것의 본성을 동시에 가질 수 없다는 것이다. 이것은 씨앗이 많은 본성에 의해서도 싹과 토양 등을 발생시킬 수 없다는 것을 의미한다. 결국 니야야학파에 의거하면 찰나론의 입장에서 인과관계는 사실상 불가능하다.

바짜스빠띠의 주장에 대응하여, 라뜨나끼르띠는 찰나인 것의 본성을 밝히고자 한다. 그의 논의의 핵심은 주요인인 것과 공동인인 것의 구분이 실질적인 영역에서 이루어지는 것인지 아니면 개념적인 영역에서 이루어지는 것인지를 보여주는 것에 있다. 라뜨나끼르띠는 실질적인 영역에서 이 두 가지 법을 구분하는 것은 무의미하다고 본다. 사실 행위와 그 행위의 속성을 구분하는 것은 단지 개념적인 것일 뿐이다. 실제로 경험되는 것은 씨앗의 찰나가 토양의 찰나, 수분의 찰나 등과 함께 할 때에 싹의 찰나가 발생되고, 토양의 찰나, 수분의 찰나가 그것과 함께 있다는 것이다.[56] 따라서 주요인인 것과 공동인인 것은 타자의 배제(anyāpoha)에 토대를 둔 분별일 뿐이다.[57] 즉, 라뜨나끼르띠의 관점에서 이 두 법은 동일한 원인인 씨앗의 특성(viśeṣa)을 서술하기 위한 술어일 뿐인 것이다. 하나의 동일한 사물은 다양한 방법으로 표현될 수 있다. 예를 들면, 한 사람의 여성이 그녀의 아이와의 관계에서는 엄마라고 불리고, 그녀의 어머니와의 관계에서는 딸로 불린다. 마찬가지로 씨앗은 싹과 관련해서는 주요인이라 불리며, 토양 등과 관련해서는 공동인이라 불린다. 이와 같이 라뜨나끼르띠는 씨앗이 싹, 토양 등의 원인이 된다는 것을 밝힌다.

---

53 KSA 79, 30-80, 3. 참조 NK 97, 1-10.
54 NVTṬ 843, 18-19: dharmaś ca dharmiṇo vastuto bhidhyate.
55 Halbfass 1992: 258.
56 Tillemans 1984: 372, n. 24.
57 KBhA 40, 3: kālpanika eva bhedapratibhāso na tāttviko bhedaḥ.

바짜스빠띠의 비판에 대한 라뜨나끼르띠의 또 다른 논박은 '하나의 원인으로부터 생산된 것'(ekakāraṇajanyatva)과 '결과가 하나인 것'(kāryaikatva) 사이에 아무런 논리적 주연관계가 없다는 것을 설명하는 것이다.[58] 바짜스빠띠의 견해는 오직 후자의 영역이 전자의 영역에 주연할 경우에만 타당하다. 즉, 하나의 원인은 반드시 하나의 결과만을 생산해야만 한다. 그러나 '하나의 원인으로부터 발생된 것'과 '결과가 다양한 것'사이에 아무런 모순관계가 없다. 때문에 하나의 원인이 반드시 하나의 결과만을 생산한다는 것은 성립되지 않는다.[59] 공동인과 함께 하는 주요인이 많은 결과를 일으키는 것은 경험을 통해 증명된다. 따라서 씨앗이 싹을 틔움과 동시에 싹과 동일한 찰나에 있는 토양 등의 발생에도 관여한다고 보는 것에 아무런 문제가 없다.

라뜨나끼르띠는 '만약 원인이 다르지 않다면 결과도 다르지 않다'는 바짜스빠띠의 견해에도 동의하지 않는다. 바짜스빠띠가 기반으로 하는 니야야학파의 입장에서 원인은 원인의 총체(sāmagrī)를 의미하기 때문에 원인이 다르지 않다는 것은 실질적으로 원인의 총체가 이질적이지 않다는 것을 의미한다. 그렇다면 이 학파의 입장은 동일한 종류의 원인의 총체는 동일한 종류의 결과의 총체를 생산한다는 것에 불과하다.[60] 예를 들면 씨앗의 경우에, 토양, 수분 등과 함께하는 씨앗은 언제나 싹, 토양 등을 발생시킬 뿐 그것들 이외의 다른 것들을 발생시키지는 않는 것이다. 따라서 이것은 후기 유가행파에서 주장하는 하나의 원인이 다양한 결과를 발생시킬 수 있음을 확정하는데 어떤 반론도 될 수 없다.

Ⅲ. 현대 불교학계에서의 연구

앞서 살펴본 대로 인과효력은 후기 유가행파가 제시하는 존재와 인과를 이해하는 핵심 개념이다. 이 개념에 대한 이해 없이는 찰나론과 같은 불교의 주요 교리를 아는 것이 불가능하다. 사실 7세기 이후의 인도에서의 존재론은 불교학파와 힌두학파를 막론하고 인과효력을 어떻게 해석할 것인가

58 참조 KSA 81.22ff:
59 KBhA 39, 10-11: ekasmād anekotppattir aviroddhinī.
60 KBhA 50, 25-51, 1.

의 문제였다고 해도 과언이 아니다. 불교는 이 개념으로 인해서 사실상 찰나론의 논증이 완성되었으며, 베단타학파나 샤이비즘은 브라흐만의 전능에 대한 해석을 정립할 수 있었다.

현대 불교학 및 인도철학계에서 인과효력을 주제로 최초의 논문을 발표한 사람은 나가토미이다. 나가토미는 그의 논문 "Arthakriyā"에서 인과효력을 인식론적으로는 인간의 목적 성취 그리고 존재론적으로는 결과의 생산이라는 의미로 구분하여 해석한다. 미코가미는 "Some Remarks on the Concept of arthakriyā"에서 자이나교의 문헌에 나타난 인과효력의 의미를 살피고 있다. 그는 나가토미가 제시한 인과효력의 두 의미를 보편적 기능과 특수적 기능이란 영역을 통해 확장시키고 있다. 필립스는 논문 "Dharmakīrti on Sensation and Causal Efficiency"를 통해 인과효력을 이제설(二諦說)과 연결시키고 있다. 그는 특히 인과효력을 속제(俗諦)적 입장에서 '인간의 목적 성취'로 이해하면서 이것은 곧 실용주의적 입장에 있는 현대 서구철학의 프래그머티즘과 비교될 수 있다고 주장한다. 인과효력과 관련해서 현대학계의 두드러진 업적은 할프파스를 통해 이루어졌다고 할 수 있다. 그는 논문 "Arthakriyā und kṣaṇikatva: Einige Beobachtungen"을 통해 이 개념이 찰나론의 증명에 어떤 역할을 하는지를 밝힌다. 또한 카츠라의 논문 「다르마끼르띠의 인과론」은 비록 인과효력 자체를 주제로 하고 있지는 않지만 이 개념을 인과론의 큰 범위 속에서 잘 해석하고 있다.

이들 논문들 이외에도 많은 학자들이 직, 간접적으로 인과효력을 다루고 있다. 이와 같은 활발한 연구와 논의는 다르마끼르띠를 위시한 후기 유가행파 논사들이 제시한 불교 존재론, 인식론을 이해하고 해석하는 초석이 된다. 또한 인과효력은 인도철학사에서 비판적인 논쟁이 가장 활발하게 진행되었다고 일컬어지는 7세기에서 11세기 동안의 사상적 전개에 핵심을 이루었던 개념이기 때문에, 불교뿐만 아니라 인도철학 전반을 연구하는 데에도 필수불가결하다. 따라서 이 개념에 대해 다양한 시각에서 연구하는 것은 앞으로도 더욱 기대된다고 할 수 있다. ❁

우제선 (동국대)

우리말 불교개념 사전

비량

범 anumānapramāṇa 장 rjes su dpag pa'i tshad ma 한 比量

Ⅰ. 어원적 근거 및 사전적 개념

비량(比量)은 범어 anumāna-pramāṇa의 한역어이다. anumāna라는 단어는 anu(잇따라)라는 단어와 māna(인식)라는 단어가 결합한 합성어로서 어원적으로는 '인식에 따라'라는 의미를 지닌다. 『범화대사전(梵和大辭典)』에 의하면 비(比), 비지(比知), 비량(比量), 비탁(比度)로 한역되며, 추리(推理), 추론(推論), 논증(論證)으로 설명하고 있다. 서장어로는 rjes-su dpag-paḥi tshad-ma이다.

Williams, Monier의 『*Sanskrit English Dictionary*』에 의하면, anumāna에 대해 "the act of inferring or drawing a conclusion from given premises; inference, consideration, reflection; guess, conjecture; one of the means of obtaining true knowledge"라고 기술하고 있다.

『불교학사전』에서는 "비량이란 기지(旣知)의 사실을 인(因)으로 하여 미지(未知)의 사실을 비지(比知)하는 추리적 인식(推理的認識)으로서, 전오식

(前五識)과 동시에 일어나지 않는 산지(散地)의 의식(意識)에 의하는 것으로, 예컨대 연기가 있는 것을 미루어 불의 존재를 아는 것과 같다"고 하였다.

『불학사전』에서는 "비(比)란 견주어서 유추하는 것[比類]이다. 분별의 마음으로써 이미 알고 있는 사실을 견주고 유추하여 아직 알지 못하는 사실을 헤아려 아는 것이다. 예컨대 연기를 보고 그 곳에 불이 있는 것을 헤아려 아는 것과 같다"고 하였다.

『불광대사전』과 『망월대사전』의 비량에 대한 정의는 다음과 같다. 즉 "인명(因明)의 용어로서 범어 anumāna-pramāṇa의 의역이다. 견주어 아는 량(量)을 말하며 인명 3량의 하나로서 사비량(似比量)에 상대하여 진비량(眞比量)을 가리킨다. 곧 이미 알고 있는 인(因, 이유)을 사용하여 아직 알지 못하는 종(宗, 명제)을 견주어 증명[比證]함으로써 결정적인 바른 지혜를 생하게 하는 것이다"고 하였다.

Ⅱ. 불교논리학의 성립과 텍스트별 용례

초기경론: 불교 사상사에서 볼 때 빠알리문헌상으로는 논리학에 대한 독립된 논문은 없으며,[1] 고(古)빠알리문헌에는 정리(正理, nyāya)라는 용어조차도 찾아볼 수 없다.[2] 삼장(Tipiṭaka)에서는 지각(viññāṇa)을 여섯 종류로 분류해 놓은 것을 볼 수 있으나,[3] 이러한 분류가 논리학의 토대를 이루는 것이라고 할 수 없다. 때때로 논리적 주제나 Takki(범; Tarkin) 혹은 Takkika(범; Tārkika)라 불리는 부류들을 언급하고 있지만, 이러한 언급은 이들을 비판하는 과정에서 기술되고 있다. 예를 들어 『Dīgha-Nikāya』의 「Brahmajāla-sutta」에는 B.C. 490년경에 있었던 제1결집을 설명하는 가운데, takka(論諍)와 vīmaṃsā(詭辯)에 탐닉하고 있는 Takki와 Vīmaṃsi라고 불리는 사문들과 브라흐만들에 관해서 언급하고 있다. 부처는 이들 사문들과 브라흐

---

1 Satis Chandra Vidyabhusana, *A History of Indian Logic,* Motilal Banarsidass, 1978. p.227.

2 A. B. Keith, *Indian Logic and Atomism,* Oxford University Press, 1977. p.13.

3 cakkhu-viññāṇaṃ, sota-viññāṇaṃ, ghāna-viññāṇaṃ, jivhā-viññāṇaṃ, kāya-viññāṇaṃ, mano-viññāṇaṃ 등을 말한다.

만들을 철학적 관점으로부터 네 부류로 분류하면서 논쟁(論諍)과 궤변(詭辯)에 탐닉하고 있다고 하면서 비판하고 있다.[4]

『Majjhima-Nikāya』에는 「Anumāna-sutta」[5]와 「Upālivāda-sutta」[6]라는 경이 나온다. 여기에서 anumāna는 추론(inference) 혹은 추정(guess)의 의미로 사용되었으며, vāda는 토론(discussion)의 의미로 사용되고 있다.[7]

『Khuddaka-Nikāya』의 「Udāna」에서는 B.C. 490~B.C. 255년간에 있었던 세 번의 결집을 설명하면서 Takkika에 관해서 다음과 같이 언급하고 있다. "완전한 각자(覺者)가 나타나지 않는 한 Takkika들은 바로 잡아지지 않으며 Sāvaka들도 그러하다. 그들의 나쁜 관점 때문에 그들은 불행으로부터 풀려나지 않는다."[8] 이상의 내용으로 보아, 당시의 불교도들은 당시의 Takkika들을 엄밀한 의미에서 논리학자로 보지 않고 궤변에 탐닉한 궤변론자로 보고 있음을 알 수 있다.

그러나 B.C. 255년경 아쇼카왕 치하에 있었던 제3결집에서, Moggaliputta Tissa에 의해 결집된 『논사(論事, Kathāvatthuppakaraṇa)』에는 당시의 논리학 용어들을 사용하여 Theravādin과 Puggalavādin사이에 puggala[9]의 문제를 사이에 두고 논쟁(kathā)하는 과정을 보여주고 있다.[10] 당시에 사용된 논리학 용어들은 anuyoga(질의), āharaṇa(예증), paṭiññā(주장), upanaya(이

4 『佛說長阿含經』「梵動經」(『大正藏』1권, 88중-94상); Satis Chandra Vidyabhusana, 앞의 책, 227면.

5 『中阿含經』「比丘請經」(『大正藏』1권, 571-572); 『中部經』「思量經」(『南典大藏經』9권, 159)

6 『中阿含經』「優婆離經」(大正藏』1권, 628상); 「中部經典總說」, 『南典大藏經』11권 하, 9면, 暹羅皇室板本.

7 Satis Chandra Vidyabhusana, 앞의 책, 229면.

8 『Khuddaka-Nikāya』「Udānaṃ」, vi, 10, edited by Paul Steinthal in the Pāli Text Society series, London; Satis Chandra Vidyabhusana, 앞의 책, 229면 註2 참조함.

9 puggala는 犢子部에서 주장하던 非卽非離蘊을 말한다. 즉 우리의 心身을 구성하는 12處, 18界 등에 卽해 있는 것도 떠나 있는 것도 아닌 不可說의 實我로서, 그 體는 有爲法도 無爲法도 아니라고 한다. 유위법이 아닌 이유는 蘊과 서로 즉해 있지 않기 때문이며 무위법이 아닌 이유는 蘊과 서로 떠나 있지 않기 때문이다. 그리고 이러한 실아가 있어야 하는 이유는 蘊處界 등 諸法이 만약 이 實我가 없다면 前世로부터 後世에 전전하여 이를 수가 없기 때문이라 하였다.『一切經音義』의 玄應은 puggala는 數取趣라 하였으며, 이는 빈번히 諸趣에 왕래한다는 의미이다. 독자부는 본 puggala를 주장함으로써 후세에 '附佛法外道'라는 말을 듣게 되었다.

10 『Kathāvatthuppakaraṇa』, Vol. 1, 1-69면, edited by A. C. Tayor and published by the Pāli Text Society, London; Satis Chandra Vidyabhusana, 위의 책, 235면 註1 참조함.

유의 적용), niggaha(패배) 등이다.[11] 이러한 점은 B.C. 255년경 인도에 논리학의 어떤 모습이 있었다는 것을 알 수 있으며, 또한 불교의 부파간에 교학의 문제를 사이에 두고 당시의 논리학을 차용하여 논쟁하였음을 짐작케 한다.

A.D.100년경에 지어진 『Milinda-pañha』에는 Nyāya와 Vaiśeṣika가 Nīti라는 용어로 표현되어 있다.[12] 또한 『보요경(普曜經, Lalitavistara)』(A.D. 250년전)에는 Sāṃkhya, Yoga, Vaiśeṣika 등과 함께 Hetu-vidyā를 언급하고 있으며, 『Laṅkāvatāra sūtra』(A.D.300경)에는 Naiyāyikas와 Tārkikas에 관한 언급이 있다.[13]

마명(Aśvaghoṣa)의 저술로 추정하고 있는 『대장엄론경(Sūtralaṃkāra-śāstra)』 제1권에는 인도에서 최초로 승거론(僧佉論)이라고 하여 오분논의를 설명하면서 언서(言書), 인(因), 유(喻), 등동(等同), 결정(決定)의 5단계를 소개하고 있다.[14]

『아비달마대비바론』 제 76권에는 세속의 논으로서 기론(記論), 인론(因論), 왕론(王論), 제의방론(諸醫方論), 공교론(工巧論)을 열거하면서 인명(因明)을 인론으로 언급하고 있다.[15]

이상의 초기경론에서 보는 바와 같이, 당시에 논리학에 대한 불교도의 입장은 외도의 학문으로서, 세속의 학문으로서, 논쟁이나 궤변의 한 부분으로서 비판의 대상이었다고 할 수 있다. 비록 『논사(Kathāvatthuppakaraṇa)』라는 논장(論藏)에서 부파간에 교리의 문제를 놓고 논리학의 용어를 사용하면서 논쟁하였다고는 하나, 이는 외도의 논리학을 차용한 것으로 적극적으로 수용하여 발전의 계기로 삼은 것으로 볼 수는 없다.

『방편심론(方便心論)』과 『유가사지론(瑜伽師地論)』: 논리학이 외도나 세속의 학문으로서 논쟁이나 궤변의 한 부분으로 비판의 대상이었던 것이

11 Satis Chandra Vidyabhusana, 앞의 책, 234-240면.

12 A. B. Keith, 앞의 책, 14면. 泰本融에 의하면 이 『Milinda-pañha』가 현재의 형태를 갖추게 된 것은 상당히 후대의 일이지만 原形에 가까운 고대의 작품에는 바른 對論의 방법 등이 기록되어 있기 때문에 마치 Greece에서의 Platon과 유사한 세계를 보여주고 있다고 지적하고 있다. (泰本 融 著, 『東洋論理の構造』(東京: 法政大學出版局, 1976) 4면)

13 Satis Chandra Vidyabhusana, 앞의 책, 243면.

14 『大莊嚴論經』(『大正藏』4권, 259하)

15 『阿毘達磨大毘婆沙論』(『大正藏』27권, 885중)

『방편심론』과 『유가사지론』에 와서는 크게 달라지고 있다. 『방편심론』 제1 「명조론품(明造論品)」에서는 논리학의 전체적인 대요를 8종으로 나누어 조직하고 이를 논법이라고 기록하였다. 『Caraka-saṃhitā』에서는 의사가 지녀야 할 교양의 일부로서 그 제3편 제8장에 논의도(論議道; vādamārga)라고 하여 44항목을 배열하고 있다. 『방편심론』에서 논리학의 대요를 분류하여 논법이라고 칭한 것은 『Caraka-saṃhitā』에 기록되어 있는 논의도(vāda-māraga)와 동일한 의미로 쓰였거나, 동일한 원어에 대한 번역어일 가능성이 크다. 그렇다면 『방편심론』의 논법과 『Caraka-saṃhitā』의 논의도는 둘 다 논의법을 지칭하는 용어일 것이다.[16] 논의도나 논법이 모두 논의법을 지칭한다고 하지만 두 논서를 대조해 보면 『Caraka-saṃhitā』는 논의도 아래에 44항목을 잡다하게 나열하고 있고, 『방편심론』은 새롭게 조직하여 체계화하는 가운데에 논법을 위치지우고 있다. 이는 『방편심론』의 논법이 논의법 가운데 중심이 되는 이론임을 암시하고 있다고 하겠다.[17] 그 논법은 비유(譬喩), 수소집(隨所執, 정설), 어선(語善, 바른 명제), 언실(言失, 틀린 명제), 지인(知因, 지각의 원인), 응시어(應時語, 방편적인 언어), 사인비인(似因非因, 因인듯 하나 因이 아님), 수어난(隨語難, 궤변) 등의 여덟 종류이다.[18] 그 가운데 지인(知因)에 현견(現見), 비지(比知), 유지(喩知), 수경서(隨經書) 등의 네 가지를 열거하면서 현견이 가장 뛰어나다고 하였다.[19] 이들은 바로 현량, 비량, 비유량, 성언량을 말한다. 그 가운데 비량에 해당하는 비지(比知)에 대해 전비(前比), 후비(後比), 동비(同比)의 세 가지로 분류하고 있다. 논에 의하면, "전비는 마치 어린아이에게 여섯 손가락이 있고 머리에는 종기가 있는 것을 보았는데, 후에 장대해진 모습을 보고서 제바달(提婆達)을 듣고 곧 본래의 여섯 손가락의 아이였음을 기억해 내며 바로 지금 본 바라고 하는 것과 같다. 후비란 마치 바닷물을 마시고서 짠 맛을 알게 된 뒤에 바닷물이란 똑같이 짜다고 아는 것이다. 동비란 마치 이 사람이 나아가서 저곳에 이르며, 하늘에 해와 달이 동쪽에서 떠서 서쪽으로 지는 것을 비록 그 움직임을 보지 못하더라도 반드시 나아감을 아는 것이다"[20]고 하였다. 제2 「명부처품(明負處品)」에는 오해(誤解, vipratipatti), 불

16 宇井伯壽 著, 『佛教論理學』(東京: 大東出版社, 1966) 59면.
17 宇井伯壽, 위의 책, 67면.
18 『方便心論』(『大正藏』32권, 23하)
19 『方便心論』(『大正藏』32권, 25상)

요해(不了解, apratipatti) 등을 부처(負處)라 칭하여 17종으로 기술하였다. 제3「변정논품(辯正論品)」에는 6종 입량담론(Ṣaṭpakṣī-kathī) 또는 6주장 논의(Ṣaṭpakṣin)가 설해져 있는데[21] 이것은 논리학 사상 중요한 자료로 취급되고 있다.[22] 제4「상응품(相應品)」에서는 문답상응을 20종으로 나누어 설하는 등 당시에 설해지던 논리 전체가 불교의 입장에서 상세하게 해설, 기록되고 있다.『방편심론』은『Caraka-saṃhitā』보다 후대에 속하는 작품으로『Caraka-saṃhitā』에는 나오지 않는 20종의 상응을 서술하고 있다. 이러한 상응논법은『Nyāya-sūtra』에서 비판적으로 검토되어 24종의 jāti로 이어받으면서『Caraka-saṃhitā』와 함께『Nyāya-sūtra』의 형성에 토대가 되었다.『Nyāya-sūtra』의 24종의 jāti는『방편심론』의 20종의 상응과 내용이 같으나,『Nyāya-sūtra』의 jāti는 부당한 논법[23]인 반면에『방편심론』의 상응논법은 정당한 논법이다.[24] 상응논법의 이러한 면은 용수의『회쟁론』,『광파론』,『근본중송』에서 보이는 중관논리의 기원으로 일컬어지고 있다.[25] 용수의『회쟁론』,『광파론』등은『Nyāya-sūtra』와 인식의 방법과 인식의 대상에 대하여 jāti논법을 중심으로 양 학파간에 논쟁을 진행하여 왔으며,[26] 그러한 과정에서『근본중송』의 중관논리가 이루어졌고 월칭의 쁘라상가(prasaṅga: 非定立的 歸謬論法)논법으로 이어졌다고 할 수 있다.『방편심론』을 비롯하여, 용수의『회쟁론』,『광파론』등은 그 가운데 인명에 관한 설명을 포함하고 있지만, 대부분은 정리학의 응용이든지, 혹은 단편적인 해설, 비판에 그치고 있다. 이에 대해 불교의 내부에서 인명의 체계적인 서술을 담고 있는 것은 미륵의『유가사지론』권15의 7인명설이다. 그리고 유식학파의 소의경전이라 할 수 있는『해심밀경』에서도 증성도리(證成道理)라 하여 인명에 관한 내용을 언급하고 있는데,[27] 주로 논증식에 관한 내용이다.[28]

20『方便心論』(『大正藏』32권, 25중)
21『方便心論』(『大正藏』32권, 27)
22 宇井伯壽 著, 앞의 책, 71면.
23『Nyāya-sūtra』에서 立論者와 對論者가 서로 정당한 論證法에 의해 對論하는 것을 論議(vāda)라고 하고(제10 句義), 그 對論이 歪曲(chala), 誤難(jāti), 負處(nigrahasthāna)에 의해 행해지는 것을 論爭(jalpa)이라고 하며(제11 句義), 상대를 非難만하는 反論, 즉 자기 주장을 세우지 않는 경우를 論詰(vitaṇḍā)이라고 한다.
24『方便心論』(『大正藏』32권, 27하)
25 金星喆,「龍樹의 中觀論理의 起源」(서울: 동국대학교 대학원 박사학위논문, 1996)
26 金星喆, 위의 論文, 156면.
27『解深密經』(『大正藏』16권, 709중-710상)

『아비달마대비바사론』의 인명은 세속의 논으로서 인론(因論)이라 하여 방론(傍論)으로 취급되고 있으나,[29] 『유가사지론』에서는 보살이 배워야 할 법 중의 일체외론 가운데 인론이라 하여 언급하고 있다. 『유가사지론』은 보살이 배워야 할 법[菩薩所應學處]으로 보살장법(菩薩藏法), 성문장법(聲聞藏法), 일체외론(一切外論), 일체세간공업처론(一切世間工業處論)이 거론된다. 그 가운데 보살장은 12부교 중의 방광(方廣)을 지시하고, 다른 11부는 성문장이라 하고, 일체외론 중에 인론(因論,) 성론(聲論), 의방론(醫方論)을 포함시키며, 일체세간공업처론으로서 금사(金師), 철사(鐵師), 마니사(摩尼師) 등을 거론하고 있다. 더 나아가 이것들을 통합하여 보살과 성문의 2장을 내명처(內明處), 인론을 인명처(因明處), 성론을 성명처(聲明處), 의방론을 의방명처(醫方明處), 일체세간공업처를 공업명처(工業明處)로서 이른바 일체명처(一切明處)를 5종 명처로서 분류를 완성하고 있다.[30] 여기서 인명은 보살이 응당 배워야 하는 학문으로서 인명 연구의 목적은 단지 논증을 중심으로 하는 것만이 아니고, 외도의 인론을 악언설(惡言說)로서 물리치고, 외도의 이론을 굴복시켜, 불교의 진실한 성스러운 가르침에 맑은 믿음을 생기게 하기 위한 때문이다.[31] 이 점에서 볼 때 이 시기에는 불교내의 인명이 외도를 상대하여 확립되어지고 있었던 것을 알 수 있다. 『유가사지론』에서는 유가사지(瑜伽師地)의 17지 가운데 10지인 문소성지(聞所成地)에서 5명처를 설명하는 곳에 5명처의 하나로서 인명처를 설하고 있다. 인명처는 논체성(論體性), 논처소(論處所), 논소의(論所依), 논장엄(論莊嚴), 논타부(論墮負), 논출리(論出離), 논다소작법(論多所作法) 등의 7종으로 나누어 체계적으로 설명하고 있다.[32] 그 가운데 논소의(vāda-adhikaraṇa)는 소립과 능립으로 나뉘는데, 능립에 입종(立宗), 변인(辯因), 인유(引喻), 동류(同類), 이류(異類), 현량(現量), 비량(比量), 정교량(正教量) 등을 들고 있다. 이 가운데 비량은 5종으로 나누고 있다. 먼저 "비량이란 생각하여 선택함[思擇]과 함께하면서 이미 생각하고[已思] 생각하여야 하는[應思] 온갖 경계이다"고 하

28 가지야마 유이치 外 전치수 옮김, 『인도불교의 인식과 논리』(서울: 민족사, 1989), 79면.
29 『阿毘達磨大毘婆沙論』(『大正藏』27권, 885중)
30 『瑜伽師地論』(『大正藏』30권, 500하)
31 『瑜伽師地論』(『大正藏』30권, 503상)
32 『瑜伽師地論』(『大正藏』30권, 353상-360하)

였다. 그 다섯 가지는 모양의 비량[相比量], 체성의 비량[體比量], 업의 비량[業比量], 법의 비량[法比量], 인과의 비량[因果比量]이다. 모양의 비량이란 있는 바의 모양이 서로가 속함에 따라서, 혹은 현재 또는 먼저 보았던 것을 연유하여 대경을 미루어 헤아리는 것이다. 마치 당기[幢]가 보이기 때문에 수레가 있는 줄 견주어 알며, 연기가 보이기 때문에 불이 있는 줄 견주어서 아는 것과 같다. 체성의 비량이란 현재 그 자체의 성품을 보고서 그 물건에서 나타나 보이지 않는 체성을 견주며, 혹은 현재 그 일부분의 제 체성을 보고서 나머지 부분을 견주는 것이다. 업의 비량이란 작용으로써 일의 의지하는 바를 견주는 것이다. 마치 넓은 발자국이 난 곳이면 이는 코끼리인 줄 견주어 알며, 몸을 끌고 다닌 곳이면 이는 뱀인 줄 견주어 알며, 만약 말 우는 소리가 들리면 이는 말인 줄 견주어 아는 것과 같다. 법의 비량이란 서로가 이웃하고 서로가 속하는 법으로써 다르게 서로가 이웃하고 서로가 속하는 법을 견주는 것이다. 마치 무상(無常)함에 속한 것은 괴로움이 있는 줄 견주어 아는 것과 같다. 인과의 비량이란 원인과 결과로써 점차로 서로를 견주는 것이다. 마치 가는 일이 있음이 보이면 다른 장소에 이를 것을 견주며, 다른 장소에 이른 것이 보이면 먼저 갔던 일이 있었음을 견주는 것과 같다. 『유가사지론』은 위에서 보인 인명처의 항목에서 보는 바와 같이 양설(量說)보다는 논증이나 논의도(vāda-mārga)에 치중하고 있음을 알 수 있다. 『유가사지론』의 7인명은 무착에 의해 간결하고 보다 정리된 형태로 고쳐 써서 『대승아비달마집론』 제7권 「논결택분중논의품(論決擇分中論議品)」에서 논궤결택(論軌決擇)에 7종으로,[33] 『현양성교론(顯揚聖教論)』 제11권 「섭정의품(攝淨義品)」에서 논법에 7종으로[34] 거의 동일한 내용을 설하고 있다.

『여실론(Tarkaśāstra)』: 세친(Vasubandhu, 400~480)은 『논궤(Vādavidhi)』, 『논식(Vādavidhāna)』, 『논심(Vādasāra, Vādahṛdaya)』, 『여실론(Tarkaśāstra)』을 저술함으로써 신인명학의 성립에 커다란 역할을 하였다. 이 가운데 『논심(論心)』은 소실하였으며, 『논궤(論軌)』과 『논식(論式)』은 단편의 많은 수가 진나(陳那, Dignāga), Uddyotakara, Devendrabodhi 등에 의해 인용·비판·주해되어 있다. 『여실론(如實論)』에서 현존하고 있는 3품은 「무도리난품(無道理難品)」, 「도리난품(道理難品)」, 「타부처품(墮負處品)」의 3장이다. 도

33 『大乘阿毘達磨集論』(『大正藏』31권, 693상)
34 『顯揚聖教論』(『大正藏』31권, 531상)

리난품은 난(難)을 전도난(顚倒難) 10종, 부실의난(不實義難) 3종, 상위난(相違難) 3종으로 분류하여 도합 16종의 난(難)을 설하고 있다. 이러한 16종의 난(難)은 내용상으로 『방편심론』의 20종의 상응, 『Nyāya-sūtra』의 24종의 jāti를 따른 것으로 진나는 사능파(似能破)로서 14종의 과류(過類)를 설하고 있다. 또한 이 품에서 인(因)의 3상(相)을 설하고 있다. 전도난의 서두에 '아립인삼종상(我立因三種相)'이라 말하고, 2회에 걸쳐 '근본법(根本法), 동류소섭(同類所攝), 이류상리(異類相離)'의 3상을 들고, 그에 의해 입인(立因)은 성취하여 부동이 된다고 하였다.[35] 특히 『여실론』에서 보이는 인의 3상은 진나의 신인명의 성립에 결정적인 동기를 부여하였을 것으로 생각된다. 중야의조(中野義照)는 '이 품은 적자(適者)가 입론자(立論者)의 주장을 무도리(無道理)라고 말함에 대해서, 입논자는 적자가 무도리라고 말할 수 없음을 각종 방면에서 반박한 것이다'라고 하였다. 그리고 『여실론』의 「무도리난품」은 형식적으로는 『방편심론』의 상응과 유사한 반면 논의 그 자체는 용수를 방불케 한다고 하였다. 그리고 결론지어서 『여실론』은 『방편심론』의 상응 즉 귀류(歸謬)를 『Nyāya-sūtra』의 jāti와 구별하여 '무도리(無道理)의 난(難)'이라 이름하여 별도의 장으로 논한 것이라 하였다. 이러한 점들에서 보면 『여실론』은 단지 『Nyāya-sūtra』를 모방한 것이 아니며, 『방편심론』을 계승하고 『순중론(順中論)』의 인의 3상을 추가하여 불교논리학을 체계화하려는 시도였음을 알 수 있다.[36] 세친의 이러한 노력들은 진나에 이어지고 그에 의해서 진정한 불교론리학이 성립하게 되었던 것이다.

『집량론(集量論)』과 『인명입정리론(因明正理門論)』: 진나의 주요 저서로는 『인명정리문론(Nyāyamukha)』과 『집량론(Pramāṇasamuccaya)』 그리고 『인륜정론(Hetucakraḍamaru)』을 들 수 있을 것이다. 『인명정리문론』는 현장의 한역과 의정의 한역이 있으며, 『집량론』과 『인륜정론(因輪整論)』은 티베트역이 있다. 진나는 이들 논서를 저술함으로써 일반적으로 인명학에 대하여 그를 기점으로 그 이전은 고인명, 그 이후는 신인명이라는 구분이 생기게 되었다. 진나는 인식대상을 자상과 공상 2종으로 규정하고 그에 따라 인식방법을 현량과 비량의 2종만을 인정하였다. 새로 9구인(句因)을 사용하여 동품(同品), 이품(異品)의 논리학적 한계를 밝히고 그 위에 3상의 인

35 『如實論反質難品』1권(『大正藏』32권, 30하)
36 가지야마 유이치 外, 전치수 옮김, 위의 책, 109면-110면, 제1장 불교지식론의 형성, 梶山雄一.

을 세워 종래의 비론적인 5지작법을 연역적인 3지작법의 추론으로 확립하였다고 할 수 있다. 결국 Nyāya논리학을 비판적으로 성찰함으로써 4량설과 5지작법을 통하여 성언량을 논증한다는 논증학을 자증과 3상의 인을 통하여 양(量)의 확실성을 탐구하는 논리학으로 정립하였다. 또한 3지작법 중의 종(宗)을 소립으로 하고 종에 종의(宗依)와 종체(宗體)의 변별을 두었으며, 유(喩)에는 유의(喩依)와 유체(喩體)를 두었다. 진나의 『인명정리문론』을 간명하게 정리하면서도 추가한 것이 진나의 제자라고 추정되고 있는 상갈라주(商羯羅主, Śaṅkarasvāmin)의 『인명입정리론(Nyāya-praveśa)』이다. 특히 그릇된 능립[似能立]에 있어서 『인명정리문론』에서는 사종5과(似宗五過), 사인14과(似因十四過), 사유10과(似喻十過)로 도합 29과를 명칭을 부여하지 않고 설명만 행하고 있다. 그러나 『인명입정리론(因明入正理論)』에서는 사종5과에 4과를 추가하여[37] 도합 33과로 하고 각각에 적절한 명칭을 부여하여 간명하게 설명하고 있다. 또한 4상위과(相違過)에 대하여 『인명정리문론』에서는 그 명칭만을 암시했을 뿐 구체적인 설명이 없는 것을 『인명입정리론』에서는 구체적으로 설명을 행하고 있다. 진나의 독창적인 설인 9구인설과 그리고 그릇된 능파[似能破]에 대한 설명이 부족하긴 하지만, 난해한 『인명정리문론』에 비해서 쉽게 쓰여졌으며, 인의 3상으로써 일관시키고 있는 점이 장점이라 하겠다. 『인명입정리론』은 정관(貞觀) 21년(647)에,[38] 『인명정리문론』은 영휘(永徽) 6년(665)년에[39] 현장에 의해 한역되었다. 그러나 진나의 인명학이 상세하게 설명되고 있는 『집량론』은 한역되지 않았다.

진나는 『집량론』에서 비량을 위자비량과 위타비량의 2종으로 나누고 있다. 위자비량은 자신을 위한 비량으로, “세 가지 조건을 만족시키는 인(因, liṅga)에 의한 대상인식”으로 정의하고 있으며, 말하자면 추리(inference)의 성격을 띤 것이다. 위타비량은 타인을 위한 비량으로, 자신을 위한 비량에 의해서 “그 자신이 경험하였던 내용을 타인에게 알리는 것”이라고 정의하고 있으며, 소위 내적인 추리를 언어화·형식화한 것으로 논증(proof)이다.

37 『因明入正理論』에서 추가된 宗의 過失은 能別不極成過, 所別不極成過, 俱不極成過, 相符極成過로 四種이다.

38 「因明入正理論後序」(『大正藏』32권, 13상)

39 『大唐大慈恩寺三藏法師傳』(『大正藏』50권, 262중)

『인명입정리론』에 의하면, "비량이란 증표들에 의거해서 대상을 보는 것이다. 증표는 세 가지 모습을 갖는다. 그것이 인(因)이 되어서 비량되어야 할 대상에 대해서 바른 인식이 발생해서 '[여기에] 불이 있다'나 '[말소리는] 무상하다' 따위를 인식하는 것을 비량이라 한다"고 하였다.

규기(窺基)는 『인명입정리론소』 권상본에서는 "비량이란 이미 잘 성립하는 것으로써 앞서는 허용하지 않는 것을 증명하여 공상(共相)의 지(智)를 결정하기 때문에 비량이라 한다"고 하였다. 그리고 자비량에 상비량(相比量)과 언비량(言比量) 2종으로 나누고 타비량과 합하여 셋으로 분류하기도 한다. 먼저 자비량은 제자의 위치에 있는 것으로 상비량은 불의 모습인 연기를 보고서 반드시 불이 있다는 아는 것과 같으며, 언비량은 스승이 설하는 것을 듣고서 견주고 헤아려[比度] 아는 것을 말한다. 타비량은 스승이 주가 되는 위치에서 제자 등을 위하여 그 비량을 지어서 다른 이해를 생하게 하는 것이다. 결국 자비량은 개별의 모습을 보고 견주어 알거나 또는 스승이 설한 것을 듣고서 견주어 헤아려 아는 것을 말한다. 타비량은 다른 제자들을 위하여 비량을 지어서 그 이해를 생하게 하는 것을 말한다. 또한 자비량, 타비량, 공비량(共比量) 셋으로 나누기도 하는데, 자비량이란 자신이 승인하고 있는 것에 대해서만 말하는 논식이며, 타비량은 논적이 승인하는 사항을 재료로 하여 논적을 공격하는 논법이다. 이들 비량은 '내가' '네가' 혹은 '허락한다' 등의 한정적인 단어[간별어]를 사용한다. 공비량은 입론자와 반대자가 모두 승인하고 있는 개념만 사용하고, 단지 종의(宗義)에 대해서 입론자와 반대자가 다투고 있는 논식을 말하며, 한정적 단어를 필요로 하지 않는다. 이러한 분류는 진나의 뜻과는 다소 어긋난 점이 있다고 하겠다. 진나의 위자비량이나 위타비량이나 그 본질은 타자(他者)의 부정(否定)이라고 설하고 있다.

진나의 신인명의 가장 큰 특징은 성언량의 논증이 아니라 9구인의 탐구를 통하여 3상의 인을 확정하고 스스로 3상의 인에 의해 확실히 한 양(量)을 타인에게 이해시키기 위한 3지작법, 성언량을 비량에 포함시키면서 주장하는 현량, 비량의 2량설, 그러한 결과 양론(量論)을 중심으로 한 논리학이 된 것 등이다. 진나의 논리학은 불교외의 인도 논리학파에게 많은 영향을 끼쳤으며 그들로부터 많은 비판을 불러 일으켰다. 이들 비판을 바탕으로 진나를 이은 법칭(法稱, Dharmakīrti)은 『정리일적론(正理一滴論, Nyāyabindu)』, 『양평석(量評釋, Pramāṇavārttika)』 등에서 진나의 논리학을 수정 보완해나가고 있다.

Ⅲ. 비량과 인접개념

1. 자비량과 3상의 인

자비량에 대해 진나가 "세 가지 조건을 만족시키는 증표(liṅga)에 의한 대상인식"으로 정의한 이후 당시 불교외의 논리학자들의 많은 비판을 불러일으켰다. 이에 진나를 이은 법칭은 이 정의를 그대로 받아들이고 당시의 비판을 수용하면서 몇 가지 수정 보완하고 있다. 여기서 증표란 연기에 의해 불의 존재를 아는 경우의 '연기'와 같이 자비량을 확립하는 일종의 징표이다. 그러므로 자비량의 증오(證悟)는 이 "세 가지 조건을 만족시키는 증표(liṅga)"에 의해 스스로 깨닫는 것이다. 타비량은 이 "세 가지 조건을 만족시키는 증표(liṅga)"를 인(因, hetu)으로 하여 논식으로 나타냄으로써 타인을 증오케 하는 것이다. 따라서 자비량이 정당한 것이 되기 위해서는 다음과 같은 인(hetu)의 세 가지 조건(trai-rūpya, 三相)을 만족시키지 않으면 안된다고 한다. 진나는 이러한 3상의 인을 바탕으로 인을 성찰하여 9구인을 도출하였는데, 이들을 통하여 바른 인과 그릇된 인을 구별하는 기준으로 삼았다.

진나(Dignāga)의 인의 삼상설; 웃됴따까라(Uddyotakara: 550~610년경)는 진나의 저서인『집량론』에서 인의 3상설(trairūpya)에 관해 다음과 같이 인용하고 있다. "(인의 3상이라는 것은 인이) 추리의 대상(anumeya)과 동류(tat-tulya)에는 존재하고(sadbhāvo) 동류가 아닌 것(asat)에는 존재하지 않는 것이다."[40] 이것은 '인(因)의 삼상(三相)'에 대해 일반적으로 널리 인용되고 있는 **pakṣa-dharmatva**(遍是宗法性), **sapakṣe-sattva**(同品定有性), **vipakṣe-asattva**(異品遍無性)를 다른 말로 표현한 것에 지나지 않다.

첫 번째 Pakṣa-dharmatvam(遍是宗法性)이란 "논리적 이유[因, hetu]는 추리의 주제[宗, pskṣa]에 그 속성으로서 존재할 것"을 말한다. 여기서 pakṣa(혹은 anumeya)는 종(宗, 추리의 주제, 대상)을 뜻하고 dharma는 법(法, 속성)을 뜻하며 tva는 추상명사의 어미이기 때문에 '성질'을 나타낸다. pakṣa-dharmtvam은 원래는 종법성(宗法性)이라는 뜻만을 지니는 것이었

---

40 Uddyotakara,『Nyāya-vārttika』1.1.5 163면, cf. Randle, H.N., *Fragments from Dignāga,* 22면.

지만, 한역자들에 의하여 그것의 설명에 필요한 부가어인 '변시(遍是)'가 부가된 셈이다. 그래서 제일상의 pakṣa-dharmatvam(遍是宗法性)이란 논리적 이유[因, hetu]는 추리의 주제에 그 속성으로서 존재해야 한다는 것이다. 예를 들면 이 산에 불이 있음을 증명해 주는 증거가 되는 연기는 아궁이나 다른 산에 있는 연기가 아니라 이 산에 있는 연기여야 한다는 뜻이다. 일반적인 연기가 이 조건에 의해 특수한 추리적 상황에 제한된다.

두 번째 Sapakṣe-sattvam(同品定有性)이란 "논리적 이유[因, hetu]는 추리의 대상과 동류물에만 존재할 것"을 말한다. sapakṣe는 '동품에 있어서'라는 뜻이며, sat는 '존재한다', 그리고 tva는 '성질'을 의미하는 것으로, sapakṣe-sattvam(同品定有性)이란 '논리적 이유(hetu)는 추리의 대상과 동류의 실례의 전부, 혹은 일부에 존재해야 한다'는 것이다. sapakṣa(同類)란 추리의 대상(pakṣa)이 소유하고 있다고 믿어지는 소증(sādhya)을 함께 갖고 있음으로서 추리의 대상(pakṣa)과 같은 유의 사물이다. 예를 들면 '저 산에 불이 있다'에서 소증(sādhya)인 불을 갖고 있는 아궁이 따위가 동류(sapakṣa)이다. 논리적 이유(hetu)는 최소한 그 동류(sapakṣa)의 일부엔 반드시 존재해야 한다. 왜냐하면 동류(sapakṣa)의 가운데는 달구어진 쇳덩이처럼 불(sādhya)은 있지만 연기(hetu)가 없는 경우도 있기 때문이다. 다시 말해서, 불의 발생 범위가 연기의 발생 범위보다 넓고, 따라서 '연기가 있으면 반드시 불이 있다'고 말할 수는 있어도, 불이 있다고 해서 반드시 연기가 있다고는 말할 수 없다는 뜻이다. 논리적 이유(hetu)는 반드시 동류(sapakṣa)의 어딘가에 있어야 하는 이 조건은 곧, 긍정적 일치(anvaya)를 통한 논리적 이유(hetu)와 소증(sādhya) 사이의 필연적 수반관계(anvaya-vyāpti)를 말하는 것이다.

세 번째 Vipakṣe-asattvam(異品遍無性)이란 "논리적 이유[因, hetu]는 추리의 대상과 동류가 아닌 것[異類]에는 결코 존재하지 않는다는 것"을 말한다. 즉, '논리적 이유(hetu)는 추리의 대상과 이류의 실례엔 결코 없어야 한다'는 것이다. vipaksa(異類)란 추리의 대상(pakṣa)이 소유한 소증(所證, sādhya)을 갖고 있지 않음이 확실한, 따라서 추리의 대상(pakṣa)과 다른 종류의 사물이다. 예를 들면 불을 갖고 있지 않는 호수 따위가 그것이다. 소증(sādhya)이 없는 곳엔 논리적 이유(hetu)도 없어야 한다는 이 조건은 부정적 일치(vyatireka) 통한 논리적 이유(hetu)와 소증(sādhya) 사이의 필연적 수반관계(vyatireka-vyāpti)를 뜻한다.

두 번째와 세 번째의 조건은 논리적 이유(hetu)와 소증(sādhya) 사이의 보편적 관계(vyapti)를 각각 긍정적 부정적으로 표현한 것이며 3지작법에선 세 번째의 실례(dṛṣṭānta-vacana)로 나타내진다. 논리적 이유(hetu)와 동류(sapakṣa)와의 관계를 서술한 것이 '동류에 의한 실례(sādharmya-dṛṣṭānta)'이고, 논리적 이유(hetu)와 이류(vipakṣa)와의 관계를 서술한 것이 '이류에 의한 실례(vaidharmya-dṛṣṭānta)'이다. 전자는 'anvaya-vyāpti(긍정적 변충관계)'이고 후자는 'vyatireka-vyāpti(부정적 변충관계)'이다.

진나(Dignāga)의 9구인설(句因說): 인의 3상설은 무착의 『순중론』에 약야수마(若耶須摩)논사의 설로 소개되었으며 세친에 이어 진나에 와서 완성되었으나, 9구인설은 진나의 독창적인 것으로 진나에 의해 이루어진 것이다. 진나는 먼저 일체의 인이 종의 법이 되는 것과 종의 법이 되지 않는 것 즉 인의 3상의 제1상을 만족시키는 것과 만족시키지 않는 것으로 나눈다. 만족시키지 않는 것은 불성인(不成因)이라 하여 소립을 확립할 수 있는 바른 인에서 우선 제외한다. 제1상을 만족시키는 것에는 바른 인과 그릇된 인이 섞여 있다. 그러므로 어떤 종의 법이 바른 인이며 어떤 종의 법이 바른 인이 아닌지 결정하는 기준이 필요하다. 9구인설은 이러한 기준을 제시한 것이다. 진나는 우선 종의 법이 동품(同品)의 전부에 존재하는 경우[有], 존재하지 않는 경우[非有], 그 일부에 존재하거나 일부에 존재하지 않는 경우[有非有]의 세 가지로 분류한다. 이들 세 가지로 분류된 종의 법이 각각 이품(異品)의 전부에 존재하는 경우, 존재하지 않는 경우, 일부에 존재하거나 일부에 존재하지 않는 경우에 배대하여 아홉 가지의 경우를 고찰하는 것이다. 결국 인의 3상의 제1상을 만족시키고 있는 인, 즉 종의 법은 아홉 가지가 되는 것이다. 이를 9구인이라고 하며 진나는 『인명정리문론』에서 차례대로 다음과 같이 보이고 있다.

제1구 인이 동품과 이품에서 유(有)인 경우 - 예를 들면 '소리는 항상한다. 소량성(所量性, 인식의 대상이 되는 성질) 때문에'라고 입론하는 경우의 소량성.

제2구 인이 동품에서는 유이고 이품에서 비유(非有)인 경우 - 예를 들면 '소리는 무상하다. 소작성 때문에'라고 입론하는 경우의 소작성.

제3구 인이 동품에서 유이고 이품에서 유비유(有非有)인 경우 - 예를 들면 '소리는 근용무간소발(勤勇無間所發, prayatnānantarīyaka; 의지적 노력의 직접적인 소산)이다. 무상성 때문에'라고 입론하는 경우의 무상성.

제4구 인이 동품에서 비유이고 이품에서 유인 경우 - 예를 들면 '소리는 항상한다. 소작성 때문에'라고 입론하는 경우의 소작성.

제5구 인이 동품과 이품에서 비유인 경우 - 예를 들면 '소리는 항상한다. 소문성 때문에'라고 입론하는 경우의 소문성.

제6구 인이 동품에서 비유이고 이품에서 유비유인 경우 - 예를 들면 '소리는 항상한다. 근용무간소발성 때문에'라고 입론하는 경우의 근용무간소발성.

제7구 인이 동품에서 유비유이고 이품에서 유인 경우 - 예를 들면 '소리는 근용무간소발이 아니다. 무상성 때문에'라고 입론하는 경우의 무상성.

제8구 인이 동품에서 유비유이고 이품에서 비유인 경우 - 예를 들면 '소리는 무상하다. 근용무간소발성 때문에'라고 입론하는 경우의 근용무간소발성.

제9구 인이 동품과 이품에서 유비유인 경우- 예를 들면 '소리는 항상한다. 무촉대성(無觸對性, 투입될 수 있는 성질) 때문에'라고 입론하는 경우의 무촉대성.[41]

이와 같이 종의 법이 되는 인을 아홉 가지로 분류하여 고찰한 뒤에 세 부류로 나누었다. 먼저 소립을 확립할 수 있는 바른 인으로 제2구와 제8구로 한정하였다. 다음에 소립과 양립할 수 없는 결과를 확립하는 인으로 상위인(相違因)이라고 하며 제4구와 제6구가 이에 속한다. 마지막으로 나머지 5구, 즉 제1, 제3, 제5, 제7, 제9구에 속하는 인은 소립을 확립하기에 충분한 능력을 갖지 않은 인으로 부정인(不定因)이라 한다. 부정인은 다시 공부정인(共不定因)과 불공부정인(不共不定因)으로 나눈다. 공부정인은 인을 지니고 있는 것이 동품과 이품의 양쪽에 걸치고 있기 때문에 소립을 확립하는 것이 확실치 않는 인으로 제1, 제3, 제7, 제9구에 속하는 인이다. 불공부정인은 동품 중에도 이품 중에도 인을 지니는 것이 존재하지 않기 때문에 소립을 확립하는 것이 확실치 않는 인으로 제5구에 속하는 인이다. 또한 종의 법이며, 9구인 중 바른 인으로 제2구 또는 제8구에 속하는 인임에도 불구하고 소립을 확실히 할 수 없는 인으로써 서로간에 양립할 수 없는 결과로 인도하는 두 개의 인을 한 쌍으로 하는 부정인을 인정하여 상위결정(相違決定)이라고 하였다.[42] 또한 바른 인으로서 조건을 일단 만족시킨 것처럼 보

41 『因明正理門論』(『大正藏』32권 2상)

이지만, 입론자의 참된 의도와 양립할 수 없는 결과를 확립하는 인을 4종으로 분류하여 상위인의 일종으로 넣었다.[43] 결국 진나는 3상의 인과 9구인을 통하여 바른 인과 그릇된 인의 분별을 확립함으로써 신인명을 이루어 냈다고 할 수 있다.

그러나 이품이 전혀 존재하지 않는 경우에 인의 3상설과 9구인은 어떻게 적용되는가? 예를 들면 상주하는 것의 존재를 일체 인정하지 않는 사람들에게 소리의 무상함을 논증하려고 할 경우이다.[44] 이 경우 이품이 전혀 존재하지 않아서 인의 옳고 그름을 인의 3상설이나 9구인설에 의해서 결정할 수 없으며, 결국 소리의 무상함을 논증할 수 없다는 결론에 이르게 된다. 진나는 이러한 경우 "이품 자체가 존재하지 않는 이상 인이 이품에 존재할 수 없다는 것이 당연하므로 '모모의 인은 이품에서 무(無)이다'고 말해도 그것에 잘못이 없다"고 하였다.[45] 결국 이품 자체가 존재하지 않을 때에는 인의 3상 중 제3상은 자동적으로 만족되는 것이며, 9구인설에는 이품에서 무(無)로 취급되는 것이다.

그러나 이품이 존재하지 않을 경우 인의 3상 가운데 제3상은 자동적으로 만족된다는 입장을 취할 경우 '소리는 들리는 것이 아니다'라는 종을 논증할 수 있게 된다.[46] 즉 '근용무간소발성 때문에'라는 인을 세운다면 이는 9구인설 가운데 제8구에 해당하여 인의 3상설을 만족시키게 된다. 이 경우의 이품은 '들리는 것'이라고 할 수 있는데 들리는 것은 종인 소리 이외에는 존재하지 않으므로 즉 이품이 존재하지 않는 것이다. 이러한 경우 진나는 이를 종의 과실에 포함시키고 있다.[47]

법칭(Dharmakīti)의 수정 보완: 진나의 '인의 3상'설에 대해 Nyāya학파의 거장 웃됴따까라는 그의 저서 『정리평석(正理評釋, Nyāyavārttika)』에서 비판을 행하였다. 그것은 진나의 정의에 있어서 개념간의 한정 관계의 모호성을 지적한 교묘한 비판이었다. 이 비판을 받고서, 법칭은 '인의 3상'의

42 『因明正理門論』(『大正藏』32권 2중)

43 『因明正理門論』(『大正藏』32권 2중)

44 소리는 무상하다.(宗) 지어진 성질 때문에.(因) 병과 같이.(同喩) 이와 같은 경우이다.

45 『因明正理門論』(『大正藏』32권 3상)

46 소리는 들리는 것이 아니다.(宗) 勤勇無間所發性 때문에.(因) 병과 같이.(同喩) 이와 같은 경우이다.

47 三枝充悳 편, 심봉섭 옮김, 『인식론·논리학』(서울:불교시대사, 1995) 236면-237면, 제2부 논리학 제1장 중기 대승불교의 논리학, 北川秀則.

명제 중에 극히 일부지만 중요한 수정을 가한다. "인의 3상(trairūpa)이란 증인(證因: 논리적 이유)이 추리의 대상(anumeya) 및 그 동류(sapakṣa)에 존재하는 것[을 확정하고], 그것[同類]이 존재하지 않는 곳(asapakṣa)에서는 증인도 존재하지 않는 것을 확정하고 있는 것(niścita)이다."[48] 법칭이 이 '확정하고 있다'는 말의 첨가에 의해, '논리적 이유(hetu)' '추리의 대상(anumeya)', '동류'와 '이류' 사이의 한정 관계[주연관계]를 명확히 하였던 것이다. 즉 불변화사 'eva'의 용법과 관련해서 그들 개념의 한정관계가 상술되고 있다. 인도 논리학, 문법학의 규칙에서는 'eva'는 그 위치에 의해 두 개념간의 한정 관계를 명확히 하는 기능을 갖는다. 『정리일적론』에서 법칭은 인이 갖추어야 할 세 가지 조건에 대해 다음과 같이 정의한다.

첫 번째 Pakṣa-dharmatvam(遍是宗法性)이란 "논리적 이유[因, hetu]는 추리의 대상(anumeya)에 반드시 존재한다는 것(sattvam-eva)이 확정되어 있을 것"을 말한다. 연기(煙氣)라고 하는 능증(能證, sādhana, hetu 즉 因)은 저 산이라고 하는 주제(pakṣa, dharmin)에 확실하게 존재하지 않으면 안된다. 바꾸어 말하면, '저 산에 연기가 있다'라고 하는 소전제가 확실하지 않으면 안된다고 하는 규정이다. 이것을 능증의 입장에서 말한다면 능증이 사실상 저 산의 본질적인 속성 내지는 우유적 속성[法, dharma]이 된다는 뜻이기 때문에 이를 pakṣa-dharmatā(遍是宗法性)라고 한다. 여기에서 'sattva(있음)'라는 말에 의해 불성립(不成立, asiddha)의 오류가 배제된다. eva(~만, 오직)라는 말에 의해 주제(pakṣa)의 일부에 존재하지 않는 오류가 배제된다. 'niścitam(확실하게, 확정적으로)'이라는 말에 의해, 그 존재가 불확실한[의심스러운] 인(因)의 오류[猶豫不成, saṁdigdhāsiddha]가 배제된다. 'sattva'다음에 'eva'를 둠으로써 인(因)이 오직 주제(宗)에만 존재하는 오류[不共不定因, asādhāraṇa]가 배제된다. 예를 들면, '소리는 무상하다. 들려지는 성질[所聞性]이 있기 때문에, 물단지와 같이'라는 추리의 경우이다.

두 번째 Sapakṣe-sattvam(同品定有性)이란 "논리적 이유(hetu)는 동류(sapakṣa)에만(eva) 존재하는 것(sattvam)이 확정되어 있을 것"을 말한다. 동류(sapakṣa)라고 하는 것은 소증(所證; sādhya, dharma)을 소유하고 있

---

48 法稱 造,『正理一滴論(Nyāyabindu)』Bibliotheca Buddhica vol.7, 東京; The sociation for Publishing Academic Masterpieces, 1977, 18-19면, k 5-7.

다는 점에서 추리의 주제와 같은 성질의 것으로 유례(喩例)가 될 수 있는 것을 말한다. 주제도 본래부터 소증(所證)의 성원이어야 하지만 진나나 법칭의 단계에서는 주제 자체를 유례로 삼는 것, 다시 말해 동류에 포함시키는 것은 불가능하였다. 따라서 동류라고 하는 것은 소증의 성원으로 주제 이외의 사실을 말하는 것이다. '소리는 만들어진 것이기 때문에 무상하다. 예를 들면 물단지 처럼'이라고 하는 추리에 있어서 '만들어진 것이라고 하는 사실'의 능증은 물단지 등의 동류에만 있을 뿐 동류 이외의 것 이를테면 허공에는 존재하지 않는다. 이것이 능증의 두 번째 조건으로, 동품정유성(同品定有性) 혹은 긍정적 수반관계(遍充)이라고 한다. 논리적 이유(hetu)를 p로, 소증(sādhya)을 q로 대치하면, 이것은 p⊂q라는 포함(implication) 관계가 성립된다. 여기서 'sattva(존재함)'이라는 말로써 상위인(相違因; viruddha)이 배제된다. 'eva(반드시)'라는 말에 의해 共不定因(sādhāraṇa)이 배제된다. 'eva'(~만)가 'sattvam'앞에 놓여짐으로써 인이 모든 동류에 주연(周延)하지 않을지라도 바른 인이 될 수 있음을 뜻한다. 예를 들면, '소리는 무상하다. 노력 직후에 생기하는 것이기 때문에'의 경우 '노력 직후에 생기는 것'은 무상성을 가진 점에서 동류인 물단지에는 있지만, 다른 동류인 번갯불에는 없다. 이와 같이 동류의 일부에만 존재해도 정인(正因)이 된다. 'niścitam(확정된 것)'이라는 말에 의해 의심스러운 긍정적 수반관계(anvaya)가 배제된다.

세 번째 Vipakṣe-asattvam(異品遍無性)이란 "논리적 이유(hetu)는 동류가 아닌 것(asapakṣa, 異類)에는 결코 존재하지 않는다는 것(asattvam-eva)이 확정되어 있을 것(niścitam)"을 말한다. 이류(異類)라고 하는 것은 동류가 아닌 것, 바꾸어 말하면 소증(所證)의 성원 이외의 것을 말하며, 그 가운데 능증(能證)이 결코 존재해서는 안 된다는 것, 이것이 부정적 수반관계[遍充] 또는 이품편무성(異品遍無性)이라고 하는 능증의 세 번째 조건이다. 이것은 또한 두 번째 조건을 역으로 표현한 것으로, ~p⊂~q라는 포함 관계가 된다. 여기서 'asattvam(존재하지 않음)'이라는 말에 의해 상위인(相違因)이 배제된다. 'eva(반드시)'라는 말로써 이류의 일부에도 존재하는 공부정인(共不定因)이 배제된다. 만일 'eva(~만)'가 'asattvam(존재하지 않음)'의 앞에 놓인다면, 그것은 이류에만 존재하지 않는 것이 인이라는 불합리한 의미가 될 것이다. 그리하여 '노력의 직후에 생성되는 것'은 무상성이라는 소증을 가진 번개와 같은 동류에도 존재하지 않으므로 인이 될 수 없을 것이다. 그러므로 eva가 sattvam앞에 놓이지 않은 것이다. 'niścitam'(확정된 것)이라는 말로써 이류로부터 배제가 의심스러운 사인(似因, saṁdigdha-vipakṣa-vyāvṛttika)이 배제된다. 'asattvam(존재하지 않음)' 다음에 'eva'가 놓임으로써 인이 이류의 일부에 존재하는 오류를 배제한다. 이상의 법칭의 세 정의에서 보는 것처럼 'eva'는 '반드시'라든가 '만'이라든가 '결코'라고 번역되고 있는데, 이것은 불변화사 'eva'의 위치관계에 의한 한정에 의한 것이다.

이상의 인의 3상설에 대한 진나와 법칭의 학설은 근본적으로 다른 것이 된다. 즉 진나에 있어 인의 3상설은 소증(所證)과 그 증인(證因)이라는 불가분의 관계에 있는 양자가 어떠한 지정된 장소에 있는지 없는지를 주연관계에 근거하여 확정하는 논리지만, 법칭의 논리는 소증과 증인의 본질적인 관계에 근거한 존재의 본질 규정과 그 본질적 관계에 바탕을 둔 불가분의 관계의 확정에 근거하고 있다. 즉 법칭은 논리적 이유와 논리적 귀결사이의 필연적 수반관계 즉 논리적 필연성의 근거를 구하고, 이를 확정하는 것을 논리학의 중심과제로 하였다. 법칭은 위의 세 조건을 구비한 논리적 이유로 비인식, 본질적 속성, 결과라고 하는 세 종류를 들고 있다.

법칭의 능증의 세 종류: 법칭은 능증 즉 논리적 이유로서 긍정적 논증에서는 본질적 속성(svabhāva)과 결과(kāya)가 되며, 어떠한 것의 비존재를 논증하는 부정적 논증에서는 비인식(anupalabdhi)이 된다고 하였다. 그리고 이들 논리적 이유가 추리에서 유효한 것이기 위해서 본질적인 근거가 무엇인지 묻고, 그것을 필연적인 수반관계의 확정에서 구하였다. 그 필연적인 수반관계를 확정하는 근거로 그는 실재의 자성적 관계속에서 구하였는데, 동일관계(tādātmya)와 인과관계(tadutpatti)가 그것이다. 이 양자를 합하여 '실재의 본질(svabhāva)을 매개하는 결합관계(svabhāvapratibandha)'라고 말하고 있다. 이는 동일관계는 'A가 B의 본질 그 자체(svabhāva)인 것'이고, 인과관계는 'A(결과)'의 본질은 'B(원인)로부터 생긴다는 것'임의 의미한다 하겠다.

본질적 속성(svabhāva)을 논리적 이유로 하는 경우, 그 논리적 필연성을 보증하는 것은 실재적 측면의 '동일관계'라는 필연적인 결합관계이다. 여기에서, '동일관계'라 번역하고 있는 원어의 'tādātmya'를 문자의 뜻 그대로 해석한다면 "그 본성 그 자체인 것"이 된다. 논리적인 관계에서 말하면, "논리적 이유로서의 속성이 논리적 귀결로서의 속성의 본성 그것, 그 자체인 것"이라는 것이다. 실재의 수준에서는 논리적 이유로서의 속성은 논리적 귀결로서의 속성과 같은 것이다. 단지 양자는, 개념적 사유작용에 의해 별개의 것으로서 구상된 것에 지나지 않는다. "무릇 만들어진 것은 무상하다"를 예를 들어 생각해 본다면, '만들어진 것이다'라는 성질과 무상성은 다 같이 '음성'이라는 동일한 실재의 본질을 개념적으로 분별한 결과 획득되어진 속성개념이어서, 양자는 본질적으로는 동일한 것이라 말할 수 있다. 그래서, '만들어진 것이다'라는 논리적 이유와 '무상'이라는 논리적 귀결 사이의 논리적 필연성은, 실재에 있어서의 이 '동일관계'에 근거하여 확정되고 있는 것이다. 법칭은 여기에서 한 걸음 더 나아가 "만들어진 것은 무상하다"라는 논리적 필연성의 근거로서, 만들어진 것은 본질적으로 찰나에 멸함 즉 한 순간마다 소멸을 반복하는 것이라는 원리를 끌어낸다. 이것은 존재물에는 언젠가는 소멸한다는 사실의 관찰에서 획득되는 것이다. 하지만 어쩌면 불멸이라는 본성을 가지고 생겨나는 존재가 있을지도 모른다고 반박할 수 있다. 그러나 법칭은 존재의 특성은 효과적 작용능력(arthakriyāsāmarthya)이 있는 것이라고 하면서, 항상성을 본질로 하는 비찰나멸 존재에는 존재의 특징인 효과적 작용능력이 인정되지 않는다는 것이다. 따라서 비찰나멸 존재는 존재하지 않는 것이고 존재하는 것은 모두 찰나멸한다는 것이 된다. 이렇게 하여 "존재하는 것은 모두 찰나멸한다"는 논리적 필연성이, 말하자면 원리적으로 확정되는 것이다. 여기에 있어서 "만들어진 것이 모두 무상하다"란 것은 말할 것도 없다. 여기에서 예시된 논증은 '반주장 배척논증(sādhyaviparyayabādhakapramāṇa)'이라고 후에 불리고, 후기 논리학의 찰나멸 논증 중에서도 매우 중요한 것이다. 법칭 자신도『논거일적론(論據一滴論)』중에서 '동일관계'에 근거한 추리의 경우의 논리적 필연성의 확증은 이 '반주장 배척논증'에 근거하여 이루어졌음을 언명하고 있다. 이렇게 하여, '동일관계'에 근거한 논리적 필연성의 하나가, 말하자면 선험적인 원리로서 확증된 것이다. 그러나 같은 '동일관계'에 근거한 추리라도 "이것은 나무이다. 씽샤빠-나무이기 때문에"의 경우는, 그 논리적 필연성의 결정은 이상과 같은 선험적 원리에 의해 확정될 수 없다. 이 경우는, 역시 실례에 근거한 경험적인 원리에 근거하여 결정될 수밖에 없는 것이다.

결과(kāya)를 논리적 이유로 하는 경우, 그 논리적 필연성을 보증하는 것은 실재적 측면의 '인과관계'라는 필연적인 결합관계이다. 예를 들어 연기에 의해 불의 존재를 추리하는 경우와 같이 이는 실재수준에서도 별개의 대상 사이에 논리적 필연성이 성립하는 경우이다. 이 경우 연기의 본질은 불에서 생겨나는 것이고, 연기는 그 본질을 상실하여서는 존재할 수 없다. 이와 같이 불과 연기의 사이에는 인과관계가 있는 것이다. 이 실재에 필연적 관계가 있기 때문에 비로소 논리적 이유인 연기는 논리적 귀결인 불이 필연적임을 이해시킬 수 있는 것이다. 여기에서 논리적 필연성의 근거가 되는 인과관계의 확정은 어떤 일정수의 지각, 비지각에 의해 경험적으로 도출되는 귀납적 원리에 의한 것이다.

비인식(anupalabdhi)을 논리적 이유로 하는 경우, '이 장소에는 인식되기 위한 조건을 갖추고 있으나 항아리가 눈앞에 인식되지 않으므로 그 항아리는 없다'로 예증된다. '항아리가 눈앞에 인식되지 않는다'라는 비인식이 능증이며, '항아리가 없다'라는 항아리의 무존재가 소증이다. 긍정적 논증에 있어서 "A가 있다면 B가 있다"는 형태의 논리적 필연성이 성립한다면, 부정적 논증에 있어서는 "B가 없다면 A가 없다"는 형태로서 A의 비존재가 확실히 논증된다. 그 경우 B의 비인식(비존재)이 A의 비존재를 논증하기 위한 논리적 이유가 된다. '비인식'이란 것은 비존재를 논증하기 위한 논리적 이유의 총칭이기 때문에 '대립하는 것의 인식'을 논리적 이유로서 비존재를 논증하는 경우도 있다. 위에 예에서 보면, 첫 번째 정황 즉 항아리가 보이지 않는다는 것은 실은 항아리 이외의 특정한 것이 보이는 것에 의해 확인된다. 달리 말하면 항아리의 비인식이란 소극적인 결여를 의미하는 것이 아니라, 그것 이외의 특정한 것의 인식이라는 적극성을 가지고 있다. 이 특정한 것이란 특정한 두 개를 가리킨다. 항아리의 비인식이란 동일한 인식영역에 속하는 다른 어떤 것, 예를 들면 지면이라는 대상이든가 그 지면의 지식이든가 이다. 항아리의 비인식이라는 능증이 지면 등의 대상이라고 생각되어질 때는 그 능증은 항아리의 비존재라는 소증과의 사이에 동일관계를 갖는다. 그러나 그것이 지면 등의 지식이라고 생각되어질 때는 그것은 소증에 대해서 결과로서 관계한다. 지식은 그 대상을 원인으로 하여 생기는 결과이기 때문이다. 즉 항아리의 비인식은 항아리가 없는 장소일 때는 동일성의 능증이며, 그 장소의 지식일 때는 결과의 능증이 된다.

두 번째 정황 즉 항아리가 본래 보이는 것이라는 것은 본래 지각할 수 없는 것, 수메르산처럼 공간적으로 접근할 수 없는 것, 미래 세계의 황제 상캬왕처럼 시간적으로 접근할 수 없는 것, 신이나 귀신처럼 그 본성이 이해될 수 없는 것은 본질적으로 부정의 대상이 되지 않는다. 항아리처럼 경험될 수 있는 것의 존재만이 실질적으로 부정될 수 있는 것이며, 경험을 넘어선 것에 관해서는 우리들은 그것이 인식될 수 없다고 말할 수는 있을지라도, 그것이 절대적으로 존재하지 않는다고 증명할 수는 없다. 물론 그것이 존재한다고 말할 수도 없다. 이 점은 불교논리학 내지 지식론은 초경험적인 것에 관여하지 않음을 보여주는 것이다. 또 동시에 비인식은 현재의 시점에 속하는 것, 그리고 명료한 기억이 존재하는 과거의 시점에 있었던 것에 관해서만 확실한 인식방법이 된다는 한정도 함의한다.

2. 타비량과 논식

진나는 비량을 자비량과 타비량으로 나누고, 자비량은 세 가지 조건을 만족시키는 증표에 의해 스스로 깨닫는 것이며, 타비량은 스스로 깨달은 바를 논식으로 나타내어 타인을 깨닫게 하는 것이라고 정의하고 있다. 그 논식에 있어 기존의 Nyāya학파의 5지작법을 3지작법으로 변형함으로써 불교논리학의 새로운 지평을 연 것이다.

5지작법은 『Nyāya-sūtra』에서 완성되었다고 할 수 있으며 그 이후 Nyāya학파에 의해 인도논리학의 중심에 속하게 되었다. 종(宗), 인(因), 유(喩), 합(合), 결(結)이라는 5지로 구성되어 있으며, 각지는 Nyāya학파의 바른 인식방법과 연결되어 있다. Vātsyāyana는 『Nyāya-bhāṣya』에서 "종은 성교량, 인은 비량, 유는 현량, 합은 비유량, 결은 이것들 모두가 하나의 목적을 위해 화합하고 있을 때, 그 능력을 보이는 것이다. 그런 까닭에 그 5지가 최고의 정리[최고의 논증형태]이다"[49]라고 하여 5지작법이 종인 성교량을 논증하여 그것에 따라 자각케하는 형식으로 이해하고 있다. Vātsyāyana의 『Nyāya-bhāṣya』에 나오는 5지작법의 예를 보면 다음과 같다.[50] "소리는 무상하다(종). 생기성(生起性)이기 때문에(인). 용기 등은 생기성으로서 무상하다(유). 이와 같이, 소리도 또한 생기성이다(합). 그러므로 생기성이기 때문에 소리는 무상하다(결)." Nyāya학파의 5지작법은 이것을 논증이라는 측면으로만 보면 앞의 3지의 종, 인, 유에서 완결한다. 그러나 종을 성교량

49 Vātsyāyana, 『Nyāya-bhāṣya』; 『Nyāya-sūtra』 1-1-1 註釋部分; 宮坂宥勝 著, 『ニヤーヤ。バーシコヤの論理學』(東京: 山喜房佛書林, 昭和31年), 7면.
50 宮坂宥勝 著, 『ニヤーヤ。バーシコヤの論理學』, 山喜房佛書林, 昭和31年, 50면.

이라고 하는 경우에 이 논증의 단계는 단지 주어진[所與] 입장에서 그치게 되므로, 이것을 이해하여 받아들이는[領解] 수속으로서 유, 합, 결의 3지가 요구된다고 하겠다. 이 경우 유가 중복되지만 뒤의 유는 단순한 실례가 아니며, 그것은 사실을 통해서 알게되는 원리라고 해야 할 것이다. 즉 앞에서 유는 유의(喻依)로서 실례이지만, 뒤의 유는 유체(喻體)로서 원리를 보이는 것이다. 유가 예를 들어 '용기 등은 생기성으로서 무상하다'라고 나타낸 것은 이것을 보인 것이다. 이와 같이 5지작법은 논증과 영해(領解)라고 하는 2단의 수속을 합한 것이다. 그러나 종을 성교량으로 보지 않고 성교량을 따로 세우지 않는 진나의 입장에서 위타비량(爲他比量)의 종은 3상을 갖춘 인에 의해서 그 확실성이 확인된 결론이며, 그 결론을 타인에게 납득시키는 것이 인과 유이다. 따라서 진나의 입장에서 보면 Nyāya학파의 5지 중 후의 3지만으로 충분하다고 하겠다. 말하자면 진나에서는 자기에게 확실히 한 비량지를 보편적 일반적인 원리를 보이면서, 그것을 특수한 사례에 적용하여 사람들로 하여금 확인된 지를 얻게 하기 위한 것이다.

진나의 3지작법의 기본구조: "저 산에 불이 있다. 연기가 있기 때문에. 무릇 연기가 있는 곳에는 불이 있다. 예를 들면 아궁이와 같이. 무릇 불이 없는 곳에는 연기가 없다. 예를 들면 호수와 같이"라는 논식에서 '저 산에 불이 있다'가 종이지만, 이 경우 디그나가 논리학의 술어 체계에서는 멀리에 있는 산이 종(paksa)이며 불이 소립법이다. 따라서 '저 산에 불이 있다'라는 종은, '종(paksa)은 소립법이다' 즉 'A는 B이다'라는 형식의 명제가 아니라, '종(paksa)에는 소립법이 존재한다' 즉 'A에는 B가 존재한다'라는 형식의 명제이다. 또 '연기 때문에'라는 인에 관해서 고찰해 보면 이 인은 '저 산은 연기이므로'의 생략형이 아니라 '저 산에 존재하는 연기 때문에' 또는 '저 산에는 연기가 존재하므로'의 생략형이다. 즉 3지작법에서는 인 역시 'A는 B이므로'라는 형식으로 논술되어 있지 않고, 'A에 존재하는 B 때문에' 또는 'A에는 B가 존재하니까'라는 형식으로 논술되어 있는 것이다. 그렇다면 그것은 3지작법이 유법(dharmin) 갑(멀리에 있는 산)에 법(dharma) 을(연기)이라는 인(liṅga), 즉 표징이 존재한다는 것을 지적하는 것에 의해, 그 동일한 유법(dharmin) 갑에 법(dharma) 병(불)이 존재한다는 것을 상대에게 이해시키는 것을 그 기본구상으로 하는 논증식이다.

그렇다면 "소리는 무상하다. 소작성(所作性)인 때문에. 무릇 소작된 것은 무상하다. 예를 들면 항아리와 같이. 무릇 무상하지 않는 것은 소작이 아니다. 예를 들면 허공과 같이"라는 논식의 경우는 어떠한가? '소리는 무상하다'라는 명제는 'A는 B이다'라는 형식의 명제가 아닌가? 그러나 여기에서 주의해야 할 점은 이 경우 소립법은 무상한 것이 아니라 무상성이라는 것이다. 그러므로 '소리는 무상하다'라는 명제는 역시 '종(pakṣa)에는 소립법이 존재한다'라는 형식의 명제, 즉 '소리에는 무상성이 존재한다'라는 명제의 변형으로 취급되어야만 한다. 이 점은 인에 관해서도 마찬가지이다. 즉 이 3지작법의 인은 '소작성 때문에'인데 이 '소작성 때문에'라는 인은 '소리는 소작성이므로'의 생략형이 아니라 '소리에 존재하는 소작성 때문에' 또는 '소리에는 소작성이 존재하므로'의 생략형이다. 즉 이 경우 역시 'A에는 B가 존재한다'라는 형식의 명제가 그 원형이라 하겠다. 이상을 요약하면 3지작법은 이것을 제1지 종과 제2지 인에 관하여 관찰해 보면, 유법(dharmin) 갑에 법(dharma) 을이라는 인(liṅga), 즉 표징이 존재한다는 것을 지적함에 의해 그 유법(dharmin) 갑에 법(dharma) 병이 존재한다는 것을 상대측에 확인시키려는 것을 그 기본구상으로 하는 논증식이 된다. 그러나 이것만으로는 왜 법 을이 법 병에 대한 표징일 수 있는가가 아직 잘 드러나지 않는다. 그리하여 제3지 유에서 사실에 호소하여 분명하게 드러내는 것이다.

그런데 여기서 주의해야 할 점은 'A에는 B가 존재한다'라는 형식은 단지 종·인을 구성하는 명제에 대해서만이 아니라, 이들 유를 구성하는 명제에 대해서도 역시 적용된다. '무릇 연기를 지닌 것은 불을 지닌다'라는 번역에 대한 산스크리트 문장은 yo yo dhūmavān sa so 'gnimān 또는 yatra dhūmaḥ tatra vahniḥ의 경우처럼 관계대명사 또는 관계부사를 사용한 구문의 문장이며, 각각 'x가 연기를 지닌 것이라면 x는 불을 지닌 것이다', 'x에 연기가 존재한다면 그 x에는 불이 존재한다'라고 직역되어야만 하는 문장이다. 형식논리학의 '빈사'에 해당하는 술어를 갖지 않고, 단지 연기와 불에 대해서 각각 '인(liṅga)', '소립법'이라는 술어밖에 갖지 않는 디그나가의 논리학으로서는, 여기에서도 역시 'x에 인(linga)이 존재한다면 그 x에는 소립법이 존재한다'라는 형식을 취하는 쪽의 명제, 즉 'x에 연기가 존재한다면, 그 x에는 불이 존재한다'라는 명제가 기본형이라고 생각해야 한다. 이 점은 또 '무릇 소작된 것은 무상하다'라는 명제에 대해서도 마찬가지로 적용된다. 즉 '무릇 소작된 것은 무상하다'에 대한 범문은 yo yaḥ kṛtakaḥ sa so 'nityaḥ인데, 이 범문 역시 직역하면 'x가 소작이라면 그 x는 무상하다'가 되므로 두 명제로 구성되는 복합명제이다. 그리고 이 복합명제는 그것을 구성하는 두 명제가 표면상으로는 각각 'A는 B이다'라는 형식을 취하고 있음에도 불구하고, 디그나가 논리학의 술어 체계에 의하면 역시 'x에는 인(liṅga)이 존재한다'라는 형식의 명제와 '그 x에는 소립법이 존재한다'라는 형식의 명제로 구성되는 복합명제로 해석해야 한다. 다시 말해 '무릇 소작된 것은 무상하다'라는 형식의 명제는 'x에 소작성이 존재한다면 그 x에는 무상성이 존재한다'라는 명제의 변형이라고 생각해야 할 것이다.

이상을 요약하면 3지작법은 법(dharma) 을이 존재하는 곳에는 반드시 법(dharma) 병이 존재하며, 법 병이 존재하지 않는 곳에는 절대로 법 을이 존재하지 않는다는 드러난 사실에 근거한다. 이를 바탕으로 유법(dharmin) 갑에 법(dharma) 을이라는 표징이 존재한다는 것을 지적함에 의해 그 동일한 유법 갑에 법 병이 존재함을 상대에게 확인시키는 것을 그 기본구상으로 하는 것이라고 말할 수 있다.

법칭의 능증의 세 종류와 논식: Nyāya학파에서 시작된 인도논리학에서 일반적으로 정착된 추론식은 주장(宗), 증인(因), 유례(喩), 연합(合), 결론(結)으로 구성되는 5지작법이다. 디그나가는 이것을 개량하여 종(주장), 인(증인), 유(유례)의 3지작법을 완성했다. 그러나 5지작법도 3지작법도 각 요소가 명확한 명제의 형태를 취하고 있지 않으며, 결론이 미리 주장되고 이유가 그 뒤에 따르는 불합리한 성격을 지니고 있다. 법칭 이후 변충[大前提]과 주제 소속성[小前提]이 완전한 명제로 진술되기에 이르렀으며, 결론에 해당하는 명제는 생략되었다. 불교논리학의 추론식의 형식에는 단지 두 가지가 있다. 이것은 요소명제는 모두 전칭긍정이든가 전칭부정이어야 한다는 규정에 기인한다. 하나는 유사법(類似法)에 의한 논증식(sādharmyarat)이라고 불리우는 것으로 형식논리학의 Barbara식에 해당하며, 다른 하나는 비유사법(非類似法)에 의한 추론식(vaidharmyarat)이라고 불리며 서양 논리의 Cesare식에 해당하는 형식이다. 능증의 성질을 기준으로 분류할 때 추론식이 동일성의 추론식, 인과성의 추론식, 부정적 추론식이라는 3종이 되는 것은 당연하다. 그리고 이 세 추론식의 각각에 유사법과 비유사법이 있을 수 있으므로 조합하면 6종이 된다. 또 부정적 추리의 분류까지 고려하면 실제 추론식은 더욱 더 많은 종류로 세분될 수 있다. 단지 그러한 세 분류는 내용적인 것이지, 형식논리학에서와 같이 형식적인 형식의 분류는 아니다.

그 가운데 유사법에 의한 동일성 추론식 가운데 단순동일 추론식을 살펴보면 다음과 같다. "무릇 존재하는 것은 모두 무상하다. 항아리처럼[긍정적 변충] 이것들이 [눈앞에 있어] 확실히 인식되는 것이 존재한다(주제 소속성) [그러므로 이들 확실한 인식 대상은 모두 무상하다.](결론)" 존재성과 무상성은 무한정적으로 동일관계에 있다는 것이 불교철학의 정설이다. 하지만 이 변충 그 자체는 지각에 의해 명증적이지 않으므로 그 자신 논증되어져야 한다. 그 증명이 순간적 존재논증이라는 불교철학에서의 대논제가 된다.

내변충론: 불교논리학은 전통적으로 외변충론(外遍充論, bahirvyāpti-pakṣa)의 입장을 취해 왔다. "연기가 있으면 불이 있다. 예를 들면 아궁이처럼. 저 산에 연기가 있다. 그러므로 저 산에 불이 있다"라는 논식에서, 추리의 변충 '연기가 있으면 불이 있다'는 아래의 추리의 주제인 '저 산'에 있어서 확인되는 것이 아니라, 그 외의 유례인 '아궁이'에서 확인되고 있다. 추리는 일반적인 사례에서 귀납된 변충을 어떤 특정한 주제에 적용하여 결론을 이끌어 내는 셈이므로 그 변충은 미리 지금 추리의 주제 이외의 실재하는 사례에서 결정되어 있지 않으면 안 된다. 초기의 불교 논리학에서 동류례가 실재하지 않으면 안된다고 여겨졌던 것의 한 이유도 그 점에 있다. 이러한 생각을 외변충론이라고 부른다.

그러나 "존재하는 것은 순간적 존재이다. 예를 들면 항아리처럼. 이들 의론의 주제인 것은 존재한다. 그러므로 이러한 것들은 순간적 존재이다"라는 논증에서는, 이미 보아 온 것처럼 변충은 항아리에서 지각되고 있는 것이 아니라 귀류에 의해 추리된 것이다. 그 경우 항아리라는 유례는 실은 아무런 역할도 하고 있지 않다. '이들 의론의 주제인 것'이라는 추리의 주제가 '존재하고 있다'는 주제 소속성만 확인되면, 그 존재성이라는 개념만을 실마리로 하여 귀류를 행하여 '존재하는 것은 순간적 존재임'을 결정하고, '이러한 것들이 순간적 존재임'을 논증할 수 있다. 이 경우는 존재성과 순간적 존재성의 필연적 관계는 추리의 주제 그 자체에 있어서 내적으로 파악되어, 그 추리에는 항아리라는 유례를 사용할 필요가 없다. 이러한 주장을 내변충론(antarvyāpti-pakṣa)이라고 부른다. 법칭은 말할 것도 없으며 순간적 존재논증을 정비한 즈냐나슈리미트라(Jñanaśrīmitra; 980~1030)나 라트나키르티(Ratnakīrti; 1000~1050년 경)도 외변충론자이며, 그 순간적 존재논증의 여러 형식의 대전제에는 항상 항아리나 공화(空華)의 유례가 덧보태졌다. 그들에 반해서 라트나카라샨티(Ratnākaraśānti)는 내변충론을 주장하며, 순간적 존재논증은 말할 것도 없고 기타 일반의 추리에 있어서도 변충은 내적으로 즉 당해추리(當該推理)의 주제 그 자체에 있어서 파악되어져야 하며, 유례는 단지 어리석은 사람을 위하여 알기 쉽게 하려는 목적에서 부가된 것이며, 현자를 위해서는 필요하지 않다고 한다. 이들 세 학자의 시대에서의 불교논리학은 실질적으로 개념의 외연의 이론을 완성하였는데, 유례에 근거하는 논리에서 명사의 외연관계에 근거하는 논리로 이행하였던 것이다. 단지 인도불교는 12세기에 멸망해 버렸으므로 내변충론의 입장에서 불교논리학의 체계를 재구성할 여유는 없었다. 한 사람 라트나카라샨티가 그 방향을 제시하는데 그치고 말았다.

3. 비량의 교리에의 적용

불교내에서 진나의 신인명학이 완성되자 불교내의 논사들은 외도를 논파하거나 자기의 주장을 세우는데 진나의 신인명학을 전용(轉用)하였다. 용수가 공의 논리로 불교내외의 아(我)와 법(法)의 실체성을 논파한 것과 같이, 호법(Dharmapāla, 530~561) 또한 진나의 신인명학을 전용하여 불교내외의 아와 법의 실체성을 논파하였다. 호법은 『성유식론(成唯識論)』 제1권에 『유식삼십송(唯識三十頌)』의 제1게송을 주석하면서 아와 법의 실체성을 인명논리에 의해 논파하고 있다. 『유식삼십송』 제1게송에 의하면 "가(假)에 의거해서 아(我)와 법(法)이 있다고 말하나니 (아와 법의) 갖가지 모습들이 생겨난다. 그것들은 식(識)이 전변(轉變)된 것에 의지하도다"라고 하였다.[51] 호법은 아와 법은 가설된 것이며 식이 전변한 것임을 밝히기 위해 먼저 아와 법이 실체한다고 주장하는 각 학파의 실아(實我)와 실법(實法)을 논파하고 있다.

청변(淸辯)은 더 나아가 유위(有爲)와 무위(無爲)가 공임을 입량하였으며, 자신의 입량을 문답으로 결택하는 가운데 당시에 호법을 중심으로 성행하고 있던 유가유식학파의 교리를 논박하였다. 청변은 『대승장진론(大乘掌珍論)』에서 유가유식학파의 진여실유설(眞如實有說)에 대해 무위가 공[無爲空]임을 입량함으로써 비판하고 있는데, 청변의 입량에 대해 상응사

51 『成唯識論』(『大正藏』31권, 1상)

(相應師) 즉, 유가유식학파의 힐난과 청변이 답변하는 형식으로 전개하고 있다. 당시 청변은 진나와 거의 동시대의 사람으로 진나가 신인명을 완성하자 중관학에서 이해가 가장 어렵고도 잘못 이해되는 경향이 많은 공을 논증함으로써 공의 의미를 더욱 확실히 하고자 한 것이라 할 수 있다. 이와 같이 청변은 진나의 신인명을 도입함으로써 파척을 으뜸을 삼던 용수의 교학을 파척을 바탕으로 하면서 입의(立義)를 첨가하는 중관학을 정립함으로써 당시의 유가유식학파에 버금가는 학파를 만들었다고 한다. 그러나 이러한 점들은 후대에 제대로 평가받지 못하였으며 중관학파의 계보에서 제외되기까지 하였다. 『대승장진론』에서 유위공(有爲空)과 무위공(無爲空)을 입량한 게송은 다음과 같다. "진성(眞性)에서 유위는 공하네. 마치 환(幻)과 같으니, 연(緣)으로 생하기 때문이네. 무위는 실(實)이 있지 않다네. 일어나지 않으니, 마치 공화(空華)와 같네"[52]라고 한 것이 그것이다. 앞의 2구 '진성에서 유위는 공하네. 마치 환과 같으니, 연으로 생하기 때문이네'라는 구절은 유위가 공임을 입언하는 것이며, 뒤의 2구 '무위는 실이 있지 않다네. 일어나지 않으니, 마치 공화와 같네'라는 구절은 무위가 공임을 입량하는 것이다.

현장은 인도에서 유식(唯識)과 인명(因明)을 배우고 중국으로 오기 전에 직접 유식무경(唯識無境)의 도리를 입량하여 계일왕(戒日王, Śīlāditya)이 주최한 무차대회(無遮大會)에 내걸었다고 한다. 그 결과 당시에 어느 누구도 논박하는 자가 없었다고 전한다. 유식비량(唯識比量)은 현장이 인도여행을 마치고 귀국하는 도중 정관(貞觀) 14년(640, 현장의 나이 39세)에 계일왕의 곡여성(曲女城)에서 입론했다고 일컬어진다. 입량의 내용은 규기의 『인명입정리론소』에 세간상위(世間相違)를 설명하는 가운데 자세하게 설하고 있다. 『인명입정리론소』에 의하면 논식은 다음과 같다.[53] "진(眞)이므로 극성(極成)의 색(色)은 안식(眼識)을 여의지 않는다(종). 스스로가 허용하는 최초의 셋에 포함되나 눈에 포함되지 않기 때문에(인). 마치 안식(眼識)처럼(동유)."

원효는 『판비량론(判比量論)』에서 그 동안 불교내에서 논식을 세워 주장되었던 내용들을 진나의 신인명학으로써 판단하고 있으며, 더 나아가 진나

52 『大乘掌珍論』(『大正藏』30권, 268중)
53 『因明入正理論疏』(續藏經 86책, 743상)

의 비량 자체를 판단하고 있다. 즉 『성유식론』에서의 주장, 무성(無性)의 『섭대승론석(攝大乘論釋)』에서의 주장, 성론파의 소리에 대한 입량 등등을 판단하며, 나아가 진나의 비량 자체를 판단하고 있다.[54] 그 내용을 자세히 살펴보면 다음과 같다.

① 정토의 본체를 언어로써 드러낼 수 있는가 하는 문제에 대한 비판과 판단
② 『성유식론』에서 진나의 3분설에 상대하여 호법의 4분설이 타당성이 있음을 세우기 위해 세운 비량에 대한 판비량
③ 무성의 『섭대승론석』에서 제8식의 존재를 주장하기 위해 세운 비량에 대한 판비량
④ 『성유식론』에서 제8식의 소의(所依)에 대해 세운 비량에 대한 판비량
⑤ 성론사가 소리의 상주를 입량하면서 소문성(所聞性)을 인으로 한 것에 대한 판비량
⑥ 상위결정(相違決定)에 관해서 문궤법사(文軌法師)의 문답을 통석자(通釋者)가 세운 비량에 대한 판비량
⑦ 유가유식학파의 5종성과 관련하여 무성유정(無性有情)의 성불에 대해 세운 비량에 대한 판비량
⑧ 『성유식론』에서 실아(實我)와 실법(實法)에 대해 논파하기 위하여 세운 비량에 대한 판비량 등이다.

이와 같이 원효는 진나의 인명학으로써 그 동안 불교 내에서 자주 논쟁되어 왔던 문제를 엄밀히 검토하고 있다. 이와 같은 사실을 비추어 볼 때, 원효는 당시에 문제시되고 있던 상호 모순적인 모든 견해에 대해 진나의 인명학으로써 판단을 행하였다고 할 수 있다.

Ⅳ. 현대적 논의

비량의 논식에 대하여 아리스토텔레스의 삼단논법으로 바꾸어 생각하

54 『判比量論』(『韓國佛敎全書』1책, 東國大學校出版部, 1979)

려는 경우가 많다. 그 경우에는 아리스토텔레스의 삼단논법의 대전제는 진나의 3지작법의 실례로, 소전제는 인으로, 결론은 종으로 하는 경우이다. 그러나 북천수칙(北川秀則)은 이에 반대하면서 그 차이점을 서술하고 있다. 형식논리학은 명사를 다루는 논리학임에 반하여, 인도의 논리학은 직접사물을 다루는 논리학이라는 것이다. "대전제-인간은 모두 죽을 존재이다. 소전제-소크라테스는 인간이다. 안-그러므로 소크라테스는 죽을 존재이다"라는 삼단논법에서, 이 논법이 바른 삼단논법이라는 근거는 형식논리학의 사고법에 의하면, 소명사 '소크라테스'의 외연이 매명사 '인간'의 외연 안에 포섭되며, 매명사 '인간'의 외연이 대명사 '죽을 존재'의 외연 안에 포섭된다는 점에 있다. 형식논리학에 있어서 삼단논법을 구성하는 명제가 모두 '주사(主辭)-계사(繫辭)-빈사(賓辭)'라는 형식을 취할 수밖에 없었던 이유도 실은 여기에 있다. 이처럼 형식논리학 쪽의 학자가 논리라는 것을 명사의 외연간의 포섭관계에서 파악하려는 것에 반하여 인도의 논리학자는 명사가 아니라 직접 사물에 관해서 논리를 파악하려 했다. 그리고 이 때문에 인도의 논리학에서는 3지작법을 구성하는 각 지분은 물론 '주사-계사-빈사'의 형식을 취하지 않는 것이 보통이다. 종래 형식논리학의 '주사' 및 '빈사'에 해당하는 것으로서 설명되어 온 인도논리학의 술어는 '유법(有法, dharmin)'과 '법(法, dharma)'인데, 실은 이들 두 술어는 '주사' 및 '빈사'에 해당하는 것으로 설명될 술어가 아니다. 인도의 논리학에서 '법'은 소속물을 의미하며, '유법'은 소속물을 소유하는 것을 의미한다. 즉 이들 말은 '주사', '빈사'가 명제를 구성하는 명사를 나타내는 말이었음에 반하여, 어디까지나 사물을 의미하는 말이었다. 예를 들면 형식논리학 쪽의 학자가 "소크라테스는 죽을 존재이다"라는 명제를 다룰 때 '소크라테스'라는 명사가 주사, '죽을 존재'라는 명사가 빈사가 된다. 그러나 인도의 논리학자가 "소리는 무상하다"라는 명제를 다룰 때 '소리'라는 사물이 유법, 그 소리에 속하는 '무상성'이라는 성질이 법이 된다. 다시 말해 형식논리학 쪽의 학자가 "소크라테스는 죽을 존재이다"라는 명제를 '소크라테스'라는 주사의 외연이 '죽을 존재'라는 빈사의 외연 중에 포섭된다는 점을 나타내는 것으로서 취급하는 데 반하여, 인도의 논리학자는 "소리는 무상하다"라는 명제를 '소리'라는 유법에 '무상성'이라는 법이 있다는 점을 나타내는 것으로서 취급한다.

또한 북천수칙(北川秀則)은 3지작법의 동유와 이유에서 진나가 이른바

contraposition(換質換位)의 법칙을 알고 있었다는 점을 지적하고 있다. 예를 들어 "소리는 무상하다. 소작성 때문에"라는 종과 인에 대한 동유와 이유에서 살펴보자. 동유는 "무릇 소작된 것은 무상하다. 예를 들면 항아리처럼"이고, 이유는 "무릇 상주하는 것은 비소작이다. 예를 들면 허공처럼"이다. 그런데 이 경우 인(**liṅga**)이 되는 것은 소작성이며 소립성이 되는 것은 무상성이다. 따라서 동유에서 제시되어 있는 인과 소립법의 관계는 인이 존재하는 것에는 모두 소립법이 존재한다는 관계이다. 이유에서 제시되어 있는 그것은 소립법이 존재하지 않는 것에는 모두 인이 존재하지 않는다는 관계이다. 여기에서 주의해야 할 점은 이유에서 제시되어 있는 관계가 인이 존재하지 않는 것에는 소립법이 존재하지 않는다는 관계가 아니라, 소립법이 존재하지 않는 것에는 인은 존재하지 않는다는 관계라는 것이다. 이 점은 디그나가가 소위 contraposition(換質換位)의 법칙을 알고 있었다는 것을 의미하며, 인도의 논리학사상 중요한 한 막을 형성한다.

한신대학교의 김상일 교수는『괴델의 불완전성 정리로 풀어본 원효의 판비량론』에서 불교의 논리와 서양의 논리를 비교하면서 많은 부분에 대해 비교하여 논하고 있다. 그 가운데 불교 논리학의 상위결정은 칸토어와 러셀 그리고 힐베르트 등이 해결하기 위해 고심했던 바로 그 역설이라고 하였다. 또한 불공부정은 괴델이 도달한 결정불능이라고 하면서 원효가 성론사와 승론사를 대비시키면서 불공부정의 결론을 도출해나가는 과정이 마치 괴델이 사용한 5단계의 과정과 흡사하다고 언급하고 있다.[55]

김치온 (진각대)

55 金相日 著, 『괴델의 불완전성 정리로 풀어본 元曉의 判比量論』(서울: 지식산업사, 2004), 632면.

우리말 불교개념 사전

이제합명중도

한 二諦合明中道 영 the middle way, put the conventional truth and the the ultimate truth together

Ⅰ. 어원적 근거 및 개념 풀이

1. 어원적 근거

중도(中道)는 범어로는 madhyamā pratipad, 빠알리어로는 majjhima paṭipadā, 티베트어로는 dbu maḥi lam를 번역한 말이다. 영어로는 the middle way, the middle path로 표현한다. madhyamā pratipad는 형용사 madhyamā와 여성명사 pratipad가 합쳐진 복합어이다. madhyamā는 중간의, 알맞은, 절도있는, 치우치지 않는 등을 의미하며, pratipad는 전치사 prati(향하여, 가까이에)+여성명사 pad(접근, 진입, 걸어간 길, 올바른 길)로 분석된다.[1] 따라서 madhyamā pratipad는 치우치지 않는 바른 길이라는 의미다. 즉 대립

1 Sir Monier Monier-Williams, Sanskrit-English Dictionary(London: Oxford University Press, 1899), 667면 1-2단

하는 두 극단이 사라진 곳에 스스로 나타나게 되는 올바른 사고방식·삶의 방식을 의미하는 것이다. 세제(世諦, 俗諦, 世俗諦)는 범어로는 saṃvṛti satya, 빠알리어로는 sammuti or vohāra-sacca, 티베트어로는 kun rdsob bden pa를 번역한 말이다. 영어로는 the conventional truth, the relative truth로 표현한다.[2] saṃvṛti satya는 여성명사 saṃvṛti와 중성명사 sat가 합쳐진 복합어이다. saṃvṛti는 덮어 씌우기, 숨기기, 비밀 지키기, 거짓탈을 씀, 위선, 생사, 세속 등의 의미이고[3], satya는 실재, 진실, 진리, 실체, 본질 등의 의미이다.[4] 따라서 saṃvṛti satya는 세간적인 진리, 즉 세간의 일반 상식으로 틀림없는 진실을 의미한다. 진제(眞諦, 勝義諦, 第一義諦)는 범어 paramārtha satya, 빠알리어 paramattha sacca, 서장어 don dam paḥi bden pa,를 번역한 말이다. 영어로는 the ultimate truth, the absolute truth로 표현한다. paramārtha satya는 para의 최상급 parama와 중성명사 artha와 중성명사 sat가 합쳐진 복합어이다. para의 최상급 parama는 최고의, 가장 탁월한, 최승, 제일 등의 의미이고,[5] artha는 지각, 의미, 개념 등의 의미이고,[6] satya는 진리를 의미한다. 따라서 paramārtha satya는 가장 최승을 의미하는 진리, 궁극적 진리, 출세간적 진리를 의미한다. 따라서 이제합명중도(二諦合明中道)는 이제 즉, 세간 통용 진리[世諦, 世俗諦]와 출세간적 진리[眞諦, 勝義諦, 第一義諦]를 종합하여 그 어디에도 치우치지 않는 '제삼제'(第三諦)라는 이름의 진리성을 밝혀내는 중도를 말한다. 이제합명중도(二諦合明中道)는 고구려의 승랑(僧朗)이 중도(中道)의 진리를 드러내는 방법으로 주장한 것으로서 승랑(僧朗) 상승(相承)의 삼론학파(三論學派)의 삼종중도론(三種中道論) 속에서 전개한다. '삼종중도론'이라는 말은 세제중도(世諦中道)·진제중도(眞諦中道)·이제합명중도(二諦合明中道)라고 이름되는[7] '세 가지 중도를 밝혀 냄'을 뜻하는 것이다. 세간 통용 진리[世諦]와 출세간적 진리[眞諦]라

---

2 서광 編, 『한영불교사전』,(서울: 불광출판부, 2002), 391면.

3 Monier-Williams의 위의 책, 1116면 2단, 荻原雲來編, 『漢譯對照 梵和大辭典』 新裝版(東京: 講談社, 1986), 1370면.

4 Monier-Williams의 위의 책, 1134면 2단.

5 Monier-Williams의 위의 책, 588면 1단.

6 Monier-Williams의 위의 책, 90면 3단.

7 『二諦義』에서는, "三種中道者, 一世諦中 二眞諦中 三二諦合明中. 世諦中道者 有三義, …… ①… 非有非無因果中道也 ②… 相續中道也 … ③… 相待中道. 眞諦中道者 非有非無爲眞諦中道也. 二諦合明中道者…非眞非俗爲二諦合明中道也"라고 설명하고 있다(『大正藏』 45권, 108상)

는 용어로 파악되어 왔던 이제(二諦)의 진리성 각각을 밝혀내는[二諦各論中道] 두 가지 중도론과 승랑(僧朗)이 이 이제를 종합하여 새로 건립한 '제삼제'(第三諦)라는 이름의 진리성을 밝혀내는[二諦合明中道] 중도론 한 가지를 합쳐서, '세 가지 중도론' 즉 '삼종중도론'(三種中道論)이라고 이름하게 되었던 것이다. '진속(眞俗) 이제의 진리성을 밝혀내는 중도'라는 말은, '연기(緣起)·무아(無我)·중도(中道)'라고 이름된 불교 특유의 근본 진리성과 결부해서, 이제의 참된 진리성을 밝혀낸다는 뜻으로 된다. 그러므로 세제중도나 진제중도는 세제(世諦)와 진제(眞諦)의 '참다운 진리성'을 뜻하는 것이고, 이제합명중도도 이제(二諦)를 지양(止揚) 합론(合論)하여 건립한 제삼제(第三諦)의 참다운 진리성을 가리키는 말이다. 이와 같은 '세 가지 중도' 즉 '세 가지 올바른 진리' 또는 '세 가지 불교 정법'을 논증 설명해 내는 것이 바로 '삼종중도론'(三種中道論)이다.[8] 『중관론소』(中觀論疏)에서는 삼종중도를 다음과 같이 정의한다. "세제(世諦)는 즉 가생(假生)·가멸(假滅)이다. 가생(假生)이라면 생(生)이 아니다. 가멸(假滅)이라면 멸(滅)이 아니다. 불생불멸(不生不滅)을 세제중도라 한다. 비불생비불멸(非不生非不滅)을 진제중도라 한다. 이제합명중도는 비생멸비불생멸(非生滅非不生滅) 바로 이것이 합명중도(合明中道)다."[9]

2. 개념 풀이

승랑 상승의 삼론학파의 삼종중도 즉 세제중도[不生不滅] 진제중도[非不生非不滅], 이제합명중도[非生滅非不生滅]는 주로 성실학파(成實學派)의 중도를 비판하면서 전개된다.

"실체적인 유[有]가 있어서 있을 수 있다면, 곧 실체적인 생[生]이 있어서 생할 수 있다. 곧 실체적인 생[生]이 있어서 생할 수 있으면 곧 실체적인 멸[滅]이 있어서 멸할 수 있다. 실체적인 생[生]이 있어서 생할 수 있으므로 생(生)은 멸(滅)에 말미암은 것이 아니다. 실체적인 멸[滅]이 있어서 멸할 수 있으므로 멸(滅)은 생(生)에 말미암은 것이 아니다. 생(生)이 멸(滅)에 말미

8 金仁德, 「僧朗 相承 三論學의 三種中道論(1)」, 『한국불교학』 제24집 (서울: 한국불교학회), 14면.

9 『中觀論疏』(『大正藏』 42권, 11하). "世諦卽假生假滅. 假生不生. 假滅不滅. 不生不滅爲世諦中道. 非不生非不滅爲眞諦中道. 二諦合明中道者非生滅非不生滅. 則是合明中道也."

암지 않으므로 생은 멸에 의한 생이 아니다. 멸(滅)이 생(生)에 말미암지 않으므로 멸은 생에 의한 멸이 아니다. 생(生)이 멸(滅)에 의한 생(生)이 아니므로 생은 스스로 생한 것[自生]이다. 멸(滅)이 생(生)에 의한 멸(滅)이 아니므로 멸은 스스로 멸한 것[自滅]이다. 스스로 생하였다면 즉 이것은 실체적인 생[實生]이고 스스로 멸하였다면 즉 이것은 실체적인 멸[實滅]이다. 실생(實生)·실멸(實滅)이라면 즉 이것은 두 극단이다. 그러므로 중도가 아니다."[10]

성실학파가 보는 생멸(生滅)은 인연상대(因緣相待)로서의 생(生)과 멸(滅)이 아니다. 생은 스스로의 성품을 가진 생[有自性의 生]으로 멸에 의해서 생하는 것이 아닌 자체적인 생[自生], 즉 실생(實生)으로 보고, 멸은 스스로의 성품을 가진 멸[有自性의 滅]로서 생에 의해서 멸하는 것이 아닌 자체적인 멸[自滅], 즉 실멸(實滅)로 본다. 따라서 실생(實生)·실멸(實滅)이라면 두 극단이므로 중도가 아니라고 비판되고 있다. 이에 대하여 삼론의 중도는 다음과 같이 밝힌다.

"실체적인 유[有]가 없어도 있을 수 있는 것은 공(空)으로써이기 때문에 있을 수 있는 것이다. 곧 실체적인 생[生]이 없어도 생할 수 있고 실체적인 멸[滅]이 없어도 멸할 수 있는 것이다. 실체적인 생[生]이 없어도 생할 수 있는 것은 멸에 말미암았기 때문에 생할 수 있다. 실체적인 멸[滅]이 없어도 멸할 수 있는 것은 생에 말미암았기 때문에 멸할 수 있다. 멸(滅)에 말미암아서 생하므로 생은 멸에 의한 생이다. 생에 말미암아서 멸하므로 멸은 생에 의한 멸이다. 생이 멸에 의한 생이므로 생은 자생(自生)이 아니다. 멸이 생에 의한 멸이므로 멸은 자멸(自滅)이 아니다. 생(生)은 자생(自生)이 아니지만 단지 세제(世諦)이기 때문에 생을 가설한다. 멸(滅)은 자멸(自滅)이 아니지만 단지 세제(世諦)이기 때문에 멸을 가설한다. 가생(假生)이면 불생(不生)이고 가멸(假滅)이면 불멸(不滅)이다. 불생불멸(不生不滅)을 세제중도라 한다. 세제(世諦)의 생멸(生滅)에 대해서 진제(眞諦)의 불생멸(不生滅)을 밝힌다. 공(空)의 유(有)로서 세제(世諦)로 삼으므로 세제는 가생가멸(假生假滅)이다.

유(有)의 공(空)으로서 진제(眞諦)로 삼으므로 진제는 불생불멸(不生不滅)이다. 이 불생불멸은 실체적인 불생불멸이 아니다. 세제(世諦)의 가생(假

10 『中觀論疏』(『大正藏』 42권, 11상 - 중). "他有有可有則有生可生. 則有生可生則有滅可滅……實生實滅則是二邊. 故非中道."

生)을 상대(相待)하여 진제(眞諦)의 가불생(假不生)을 밝힌다. 세제의 가멸(假滅)에 상대하여 진제(眞諦)의 가불멸(假不滅)을 밝힌다. 비불생비불멸(非不生非不滅)을 진제중도라 한다. 이제합명중도는 무생멸(無生滅)의 생멸(生滅)을 세제로 삼고 생멸(生滅)의 무생멸(無生滅)을 진제로 삼는다. 무생멸(無生滅)의 생멸(生滅)이 어찌 이것이 생멸(生滅)이겠는가? 생멸(生滅)의 무생멸(無生滅)이 어찌 이것이 무생멸(無生滅)이겠는가? 그러므로 비생멸비무생멸(非生滅非無生滅)을 이제합명중도라 한다."[11]

성실학파는 생멸을 자체적인 생멸[自生·自滅], 즉 실체적인 생멸[實生·實滅]로 보고 있다. 하지만 승랑의 사상을 계승한 삼론학파의 길장(吉藏)은 자체적인 생멸을 논파하여 부정하고 인연상대(因緣相待)의 입장에서 생멸을 논증한다. 생멸은 실체적인 생멸이 아니므로 이것은 가생가멸(假生假滅)이며, 가생멸(假生滅)은 실체의 생멸이 아니기 때문에 세제의 입장에서 보면 불생불멸이다. 길장은 자생(自性)의 생멸을 비판하기 위해 가명(假名)의 유(有)로써 생멸을 설명해낸 것이다. 따라서 세제중도란 가유(假有)의 입장에서 자성(自性)의 생멸을 비판하여 불생불멸(不生不滅)을 밝힌 것이다. 따라서 세제중도(世諦中道)의 불생불멸에서 '불생'과 '불멸'의 의미는 세제(世諦)의 '가생'(假生)과 '가멸'(假滅)을 부정하는 것이 아니라, '실생'(實生)·'실멸'(實滅)이라는 실체적 '생'(生)·'멸'(滅)을 부정한 것이다. 그러므로 세제중도에서 표현하는 불생불멸(不生不滅)의 '생'(生)과 '멸'(滅)은 세제에서 가생가멸(假生假滅)이라고 할 때의 가명(假名)으로 생하는 '생'(生)과 가명(假名)으로 멸하는 '멸'(滅)의 의미와는 다르다. 현상적 생멸을 말할 때, 이에 상응하는 실체적인 생멸이 존재한다고 추리할 수 있을 것이다. 이런 편견을 시정하기 위해 세제중도가 도출된 것이다. 길장은 또 세제(世諦) 가유(假有)의 생멸(生滅)에 상대하여 진제(眞諦)의 불생멸(不生滅)을 밝힌다. 인연(因緣) 가명(假名)의 이제(二諦)로서 길장은 공에 즉한 유[空有]를 세제로, 유에 즉한 공[有空]을 진제로 규정하였으므로 진제의 불생멸(不生滅)은 그 자체의 불생멸(不生滅)이 아니다. 세제(世諦) 가유(假有)의 가생멸(假生滅)로써 불생멸(不生滅)을 진제중도(眞諦中道)로 설명하고 있다. 진제중도는 가생멸(假生滅)을 비판하여 불생불멸을 밝힌 것이다. 이것은 공(空)의 불생불멸을 비판한 것이다. 그러므로 길장은 가유(假有)의 가생멸(假生滅)과 공

---

11 『中觀論疏』(『大正藏』 42권, 11중)

(空)의 가불생멸(假不生滅)로 이제의 중도를 드러낸 것이다. 무생멸(無生滅)의 생멸(生滅)은 세제(世諦)로서, 생멸(生滅)의 무생멸(無生滅)은 진제(眞諦)로서 규정한다. 진제중도는 세제중도의 실체적인 '생'(生)과 '멸'(滅)을 파하여 밝혀진 '불생'(不生)·'불멸'(不滅)의 의미에 다시 실체성을 부여하는 '실불생'(實不生)·'실불멸'(實不滅)을 파하면서 논증된 것이다.

길장(吉藏)은 세제가유(世諦假有)의 생멸(生滅)에 상대하여 진제(眞諦)의 불생멸(不生滅)을 밝혔다. 진제중도는 가생멸(假生滅)을 비판하여 불생불멸(不生不滅)을 밝힌 것이다. 불생불멸은 이미 생멸을 통해 성립한 개념이다. 일종의 상대적 개념이다. 따라서 불생불멸(不生不滅)은 세제중도(世諦中道)인 동시에 가(假)의 진제(眞諦)라고 하는 것이다. 즉 진제 안에서는 이 불생불멸도 가(假)의 의미일 수밖에 없는 것이다. 그러나 일부 이를 바탕으로 극단적인 실체적 불생(不生)개념을 도출할 수 있다. 이것은 가생멸(假生滅)이란 관계에서 실체개념을 유추하는 잘못과도 같다. 이런 잘못을 시정하기 위해 세제중도가 도출되는 과정을 이미 보았다. 이와 같이 불생불멸(不生不滅)을 생멸(生滅)에서 도출할 때[世諦中道] 어떤 사람은 다시 불생불멸의 실체성을 다시 관념짓게 된다.

따라서 불생불멸의 실체성을 다시 부정하기 위해 비불생비불멸(非不生非不滅)이라고 표현하여 이를 시정할 수 있는 것이다.

이것은 '불생'·'불멸' 자체의 실체성을 부정한다는 입장에서 중도를 드러낸 것이다. 실체적 생을 부정한 '불생'이 다시 하나의 개념이 되어 '불생'이라는 실체적 개념이 존재하는 것처럼 오해되는 것을 시정하기 위해 다시 비(非)라는 표현을 덧붙여 불생(不生)을 부정하는 입장이다. 그러므로 진제중도의 비불생비불멸(非不生非不滅)에서 '불생'과 '불멸'의 의미는 세제중도가 불생불멸이라고 할 때의 '불생'과 '불멸'의 의미와는 달리 쓰였음을 알 수 있다. 이제합명중도의 비생멸비불생멸(非生滅非不生滅)은 앞의 불생불멸(不生不滅)을 비생멸(非生滅)로 표현하고 비불생비불멸(非不生非不滅)을 비불생멸(非不生滅)로 표현한 것으로 이해할 수 있다.

현상적인 생멸을 실체적 생멸로 받아들이는 오류를 지적하여 실체적 생멸을 부정하면서 불생불멸을 세제중도로 도출하였다. 불생불멸의 실체성을 다시 관념짓는 잘못을 시정하기 위해 비불생비불멸(非不生非不滅)을 진제중도로 도출하였다. 그러나 중도라는 것이 세제중도·진제중도 따로 존재하는 것이 아니라 단지 중생의 실체적 '생멸'(生滅)·'불생불멸'(不生不滅)의 관념을 깨우치고자 방편적으로 세제중도·진제중도를 설한 것이지, 본체(本體)의 중도는 둘이 아니다.[12] 무생멸(無生滅)의 생멸(生滅)은 그 자체로 있는 것이 아니며 생멸(生滅)의 무생멸(無生滅)도 그 자체로 있는 것이 아니므로 길장은 다시 이 둘을 인연상대(因緣相待), 즉 이제상즉의 관계로 두어 비생멸비무생멸(非生滅非無生滅)로써 이제합명중도를 밝혔다. 이것은 가유(假有)와 가공(假空)을 비판한 것이다. 이와 같이 이제합명중도는 세간 세속적 진리인 세제[無生滅의 生滅]와 출세간적 진리인 진제[生滅의 無生滅]를 초월한 절대적 진리성을 밝혀내는 단계로서 중도불이(中道不二)의 체중(體中)을 밝히고 있다. 진속(眞俗) 이제(二諦)의 두 진리를 합친 제3의 진리를 '제삼제'(第三諦)라고 이름하면서, 이것을 중도론(中道論)으로 변증해내는 승랑의 '이제합명중도론'(二諦合明中道論)이 여기에서 밝혀지는 것이다.

Ⅱ. 역사적 전개 및 텍스트별 용례

1. 역사적 전개

이러한 승랑 상승의 삼론학파의 삼종중도론(三種中道論)은 어떠한 역사적 과정 속에서 성립하게 되었을까? 이것은 붓다의 중도사상의 전개 발전 과정을 살펴봄으로써 자연히 드러날 것이다.

1) 『아함(阿含)』의 중도설

『아함』에서는 팔정도(八正道)와 십이인연(十二因緣)을 중도(中道)로서 설하고 있다.

① 고락중도설(苦樂中道說)

『초전법륜경』(初轉法輪經)에서는 팔정도를 중도로서 제시하고 있다. 쾌락주의와 고행주의의 가치관을 모두 부정하여 어느 한쪽에도 치우치지 않는 팔정도의 중도사상이 드러나 있다.[13]

---

12 류효현, 「吉藏의 三種中道論 小考」 『韓國佛教學』 제25집(성울: 韓國佛教學會, 1999), 586-588면.

13 『中阿含經』, 「拘樓瘦無諍經」(『大正藏』 1권, 701상중)

고락중도설은 불타가 걸어갔던 성도의 길이자 수행자가 마땅이 취해야 할 길로서 실천적인 중도설이라 할 수 있다.[14]

② 자작타작중도설(自作他作中道說)

붓다는 '고(苦)는 자작(自作)인가, 타작(他作)인가, 자타작(自他作)인가, 비자비타무인작(非自非他無因作)인가'라는 물음에 대하여 무기(無記)의 태도를 취한다. 네 가지 견해는 각각 우파니샤드·숙명론·자이나교·유물론의 주장이다. 붓다는 이들 사견을 모두 배척하고 십이연기설(十二緣起說)의 중도 이치를 통해 고(苦)의 생기와 소멸 과정을 체계적으로 정립하여 설명하고 있다.[15]

십이연기설은 존재의 본질을 추구하는 무의미한 철학을 버리고 중도의 올바른 방법으로 세계를 바라보게 한다.

여기서는 십이연기가 중도에 의한 정도(正道)의 근거로서 제시되고 있다.

③ 단상중도설(斷常中道說)

단상중도는 상견(常見)과 단견(斷見)을 떠난 중도를 밝히는 붓다의 사상적 견해이다.

무아설(無我說)의 입장에서 본다면 자아의 상주(常住)·단멸(斷滅)의 문제는 무의미할 수밖에 없다. 그러나 붓다의 무아설(無我說)은 단순한 부정이 아니라 그 근저에 연기설이라는 이론적 토대가 자리잡고 있는 것이다.

여래는 단상(斷常)의 이변을 떠나 중도에 의해 설한다고 한 다음 십이연기설을 설하고 있음에도 알 수 있다.[16] 단상중도도 십이연기설에 의해 중도의 세계를 설하고 있는 것이다.

④ 일이중도설(一異中道說)

자아가 상주불멸하는가 단멸하는 것인가 하는 문제는 영혼[命]과 육체[身]의 일이(一異)의 문제와 밀접한 관계가 있다.

『잡아함경』(雜阿含經)에서, 여래는 영혼과 육체가 동일하거나 다르다고 하는 견해 모두 파척한다. 영혼과 육신이 동일한 것이라면 육신의 죽음과

---

14 金東華, 『佛敎學槪論』(서울: 寶蓮閣, 1984), 108면.

15 『雜阿含經』(『大正藏』 2권, 86상중)

16 『雜阿含經』(『大正藏』 2권, 85하)

함께 영혼도 사라지기 때문에 생사에서 해탈이란 불가능하며, 육신은 죽어도 영혼은 죽지 않는다고 해도 마찬가지로 해탈이 불가능하여 두 경우에 범행(梵行)을 하는 것은 무의미하다고 설하고 있다.[17]

이러한 모순은 적취설(積聚說)이나 전변설(轉變說)의 그릇된 사고방식에서 비롯된 것이다. 일이중도설(一異中道說)도 십이연기설에 의해 일이(一異)의 이변을 지양하는 중도의 세계를 설하고 있다.

⑤ 유무중도설(有無中道說)

실천적 측면에서 설해진 고락중도(苦樂中道)는 그 내용이 팔정도(八正道)였다. 그리고 팔정도의 실천적인 면에 있어서 그 출발이 되는 정견이 문제되었을 때 이론적 측면에서 설해진 자작타작중도(自作他作中道), 단상중도(斷常中道), 일이중도(一異中道) 등은 그 내용이 연기법이었다. 유무중도(有無中道)는 이들 이론적 측면에서 설해진 중도를 총괄하는 중도라 할 수 있다. 왜냐하면 자작타작(自作他作), 단상(斷常), 일이(一異)의 모순대립은 본질적으로 유무(有無)의 모순대립에서 비롯된 것이기 때문이다. 자작타작의 대립은 상주하는 고(苦)의 작자(作者)에 대한 유무(有無)의 이견(二見)의 모순대립이고, 단상(斷常)의 모순대립은 불멸하는 자아의 존재에 대한 유무(有無) 이견(二見)의 모순대립이며, 일이(一異)의 모순대립은 영혼이라는 존재에 대한 이견(二見)의 모순대립인 것이다.

붓다는 외도의 모든 사상을 유무(有無) 이견(二見)으로 분류하고 있으며,[18]이 같은 사상은 아무리 배우고 익혀도 결국 그 법을 따를 수가 없으므로 이들 사견을 버려야한다고 강조하고 있다.[19]

『잡아함경』에 의하면, 유견(有見)과 무견(無見)의 두 사견 때문에 괴로움을 받는다고 한다. 세간의 집(集)과 멸(滅)을 여실히 정관(正觀)하면 세간이 없다거나 있다라는 사견이 일어나지 않는다. 그리하여 여래는 이러한 이변을 떠나서 중도를 설하고 있다.[20] 이것이 유무중도설(有無中道說)이다.

여기서는 세간을 유·무라고 할 수 없는 근거로서 십이연기설(十二緣起說)을 제시하여 중도를 설명하고 있다. 우리의 의식에 어떤 인식된 내용이 일

17 『雜阿含經』(『大正藏』 2권, 84하-85상)
18 『增一阿含經』(『大正藏』 2권, 577중)
19 李仲杓, 『아함의 중도체계』(서울: 불광출판부, 1991) 70-71면.
20 『雜阿含經』(『大正藏』 2권, 85하)

어날 때 우리는 이것을 있다[有]고 하며, 그 내용이 우리의 의식에서 사라지면 없다[無]고 한다. 하지만 이를 중도실상(中道實相)에서 정관(正觀)하면 모든 것은 연기한 것이므로 있다고도, 없다고도 할 수 없는 것[非有非無]이다.

십이연기의 집(集)·멸(滅)을 통한 중도의 입장에서 보는 괴로움은 무명에서 연기한 망념인 것이다.

2) 『반야경(般若經)』의 중도설[21]

『대품반야경(大品般若經)』에 의하면, 일체법(一切法)은 인연이 화합하여 생겨난 것이므로 없는 것은 아니며[非無], 인연화합(因緣和合)으로 생겨난 것이 연기(緣起)이므로 연기된 것은 그 실체가 공하여 있는 것이 아니므로[非有] 불생불멸인데, 단지 이름[名字]을 빌어 있기 때문에[假有], 반야바라밀(般若波羅蜜)이니 보살(菩薩)이니 분별한다는 것임을 드러내고 있다.[22] 이것은 『대품반야경』이 『아함경』의 유무중도설(有無中道說)을 계승하여 비유비무(非有非無)의 중도(中道)를 설하고 있음을 알 수 있다.

십팔공(十八空)을 설하는데서도 중도사상이 나타나는데, 여기서는 인식기관[內六入]과 인식대상[外六入]이 비상비멸(非常非滅)이기 때문에 공(空)한 것을 내외공(內外空)이라 함을 밝히고 있다. 굳이 인연화합생(因緣和合生) 또는 연기(緣起)라는 용어를 빌리지 않고서 단지 '성품이 스스로 그러하기에'[性自爾]라는 표현만으로도 충분히 인식기관과 인식대상이 실체가 없어서 비상비멸(非常非滅)임을 잘 드러내고 있다.[23] 내공(內空), 외공(外空), 내외공(內外空)은 비상비멸(非常非滅)의 중도를 드러내고 있으며, 또 이것은 『아함(阿含)』의 단상중도설(斷常中道說)을 계승 발전시킨 것이라 할 수 있다.

또한 『대품반야경』에서는 부파(部派)의 논서보다는 더욱 발전된 이제설을 전개시키고 있다. 불보살(佛菩薩)이 중생을 위해 설한 일체(一切)의 언설(言說)과 오온(五蘊)·십이처(十二處)·십팔계(十八界) 및 삼십칠조도품(三十七助道品) 등의 일체법(一切法)을 세속제(世俗諦)라고 하고, 언설로 표현할

21 金八敬, 「大品般若經의 中道說과 般若波羅蜜에 관한 연구」, 『彌天 睦楨培博士華甲記念論叢 未來佛教의 向方』(서울: 미천 목정배박사 은법학인회, 1997)를 참조하여 정리하였다.

22 『摩訶般若波羅蜜多經』(『大正藏』 8권, 230하)

23 『摩訶般若波羅蜜多經』(『大正藏』 8권, 250중)

수 없는 제법실상을 제일의제(第一義諦)라고 하며, 이러한 세속제와 제일의제가 불이(不異)임을 성공(性空)에 근거하여 드러내고 있다.[24]

세제와 제일의제는 존재 일반에 평등한 보편성으로서의 본질이라는 측면에서는 동일한 연기실상(緣起實相)을 담아 내고 있다는 점에서 불이(不異)이지만, 현상적 측면에서는 상호 변별적인 개념과 범주화된 언어 체계의 매개에 의해 세제는 유상(有相)이고 유언설(有言說)인 반면에 제일의제는 무상(無相)이고 무언설(無言說)로서 서로 대립되므로 불일(不一)이다. 따라서 세제와 제일의제는 불일불이(不一不異)의 중도를 드러내고 있다고 할 수 있다.

한편『대품반야경』에서는 중도의 실천행으로서 반야바라밀을 제시한다. 명(名)·수(受)·법(法)의 삼가(三假)를 요달할 수 있는 실천행으로서 반야바라밀을 제시하고 있다.[25]반야바라밀을 행함으로써 명(名)·수(受)·법(法)의 삼가(三假)를 알 수 있다는 것은, 바로 반야바라밀의 수행은 곧 중도의 실천이 됨을 의미한다고 할 수 있다.

경의「서품(序品)」에서는 십팔공(十八空)을 요달할 수 있는 실천행으로서 반야바라밀을 제시하고 있다.[26]십팔공(十八空)은 비상비멸(非常非滅)·비유비무(非有非無)·불일불이(不一不異)·불생불멸(不生不滅)의 중도(中道)를 설하고 있는데, 이러한 중도의 뜻을 내포하고 있는 십팔공을 알기 위해서는 반야바라밀의 수행이 선행되어야 함을 밝히고 있다. 이것은 반야바라밀의 실천이 곧 중도를 행하는 것이 됨을 보여준다.

3) 용수(龍樹) 중관(中觀)의 중도설과 삼론(三論)의 중도설

『대지도론(大智度論)』에 의하면, 용수(龍樹)는 팔정도를 삼분(三分)하여 바른 견해[正見]·올바른 사고방식[正思惟]을 혜분(慧分), 바른 말[正語]·바른 행동[正業]·바른 직업[正命]을 계분(戒分), 깨달음을 향한 부단한 노력[正精進]·바른 기억[正念]·바른 수행[正定]을 정분(定分)이라 하여[27] 삼학(三學)에 배당하고 있다. 이것은 바른 견해[正見]의 완성을 지향하는 중도관(中道觀)을 나타내는 것이다.

24『摩訶般若波羅蜜多經』(『大正藏』8권, 400하-403상)
25『摩訶般若波羅蜜多經』(『大正藏』8권, 231상)
26『摩訶般若波羅蜜多經』(『大正藏』8권, 219하)
27『大智度論』(『大正藏』25, 203상)

용수는 『중론(中論, Madhyamakakārikā)』 등에서 중도사상을 부연하고 있다. 『중론』에 일반적으로 삼제게(三諦偈)라고 하는 "갖가지 인연으로 생겨난 법을 나는 그것을 무(無, 공)라고 설한다. [공[無]이라고 설한] 그것 또한 헛된 이름이니 이것이 중도의 참뜻이다[衆因緣生法 我說卽是無 亦爲是假名 亦是中道義]"[28]의 사구게(四句偈)가 있다.

청목(青目)의 주석에 의하면, 현상계 모든 것은 인연 화합의 가명으로 생겨난 것으로서, 자체적인 생이 아니므로 실체(實體)는 없는 것이다. 실체가 없는 가상(假相)에 대해서 이름[名字]를 붙이는 것은 중생(衆生) 제도를 위한 가명(假名)인 것이다. 가상(假相)도 없고 실체도 없기 때문에, 이것을 무(無)라고 하고, 공(空)이라고도 한다. 이미 공무(空無)라고 하는 이상, 공무(空無)의 관념을 가지고 있는 것도 미혹된 것이다. 무공(無空)이므로 관념의 대상도 없다. 이것은 공(空), 이것은 유(有)라고 할 수 없다고 한다.[29] 여기서는 비유비공(非有非空)의 중도사상이 드러나고 있다.[30]

이것을 또 용수의 이제론(二諦論)에서 말하자면 유(有)의 가명(假名)을 속제(俗諦)라 하고, 공(空)의 무체(無體)를 진제(眞諦)라고 한다. 그러므로 이 진속(眞俗) 이제(二諦) 불이(不二)의 중도(中道)가 제일의제(第一義諦)이다.

『중론』의 이제게(二諦偈)에 "모든 부처님들께서는 이제에 의거하여 중생을 위해 설법하신다. 첫째는 세속제, 둘째는 제일의제이다. 만일 사람이 이제를 분별하여 알 수 없다면 심오한 불법에서 진실한 뜻을 알지 못한다."[31] 여기에 세속제(世俗諦)와 제일의제(第一義諦)의 이제(二諦)로 하고 있는데 제일의제(第一義諦)는 공역부공(空亦復空)의 중도이다.

『대지도론』과 『중론』에 팔불게(八不偈)를 들고 있는데, 이 팔불설(八不說)은 일체(一切)를 부정하고 일체의 언설(言說)에 전표(詮表)된 망상(妄想) 분별을 부정함에 의해서 중도실상(中道實相)이 현현(顯現)하는 것을 보인 것으로서 팔불(八不)의 파사(破邪)가 바로 현정(顯正)의 중도라는 것을 말하

28 『中論』(『大正藏』 30권, 33중)

29 『中論』(『大正藏』 30권, 33중). "衆緣具足和合而物生。是物屬衆因緣故無自性。無自性故空。空亦復空。但爲引導衆生故。以假名說。離有無二邊故名爲中道。是法無性故不得言有。亦無空故不得言無."

30 金芿石, 「僧朗을 相承한 中國三論의 眞理性」 『불교학보』 제1집(서울: 동국대불교문화연구소, 1963), 6면.

31 『中論』(『大正藏』 30권, 32하). "諸佛依二諦 爲衆生說法 一以世俗諦 二第一義諦 若人不能知 今別於二諦 則於深佛法 不知眞實義."

는 것이다. 이것을 팔불중도설(八不中道說)이라고 한다.

용수『중론』의 다른 주석서들에서는 팔불(八不)을 다음과 같이 해석하고 있다.

용수가 주석한『무외소』(無畏疏, Mūlamadhyamaka-vṛtti-akutobhayā)의 해석에서는 귀경게(歸敬偈)에 드러난 '연기'(緣起) 또는 '연기론'(緣起論)의 내용이 다름 아닌 '무멸무생'(無滅無生) 등으로 표현된 '팔불'(八不) 바로 그것임을 밝히고 있다.[32] 결국 연기설은 팔불(八不, 八無)이고 희론(戱論)을 멸하여 적정열반(寂靜涅槃)을 증득케 하는 것이며, 이것이 붓다의 교설 중 가장 옳은 정법(正法)임을 지적하고, 또 이러한 설명[施設]으로 불교의 본질적인 참다운 진리성[眞諦]이 모두 밝혀진다고 설명하고 있다.[33]

청목(青目, Pingala, 300~350경) 주석『중론』에 따르면, 초기불교의 연기(緣起)와 대승교의(大乘敎義)의 '불생불멸'(不生不滅), '필경공'(畢竟空)이 무인(無因)·사인(邪因)·단상(斷常) 등의 사견(邪見)을 없애고 정법(正法)인 불법(佛法)을 알리기 위해 교설되었음을 알 수 있다.[34] 이는 붓다가 교설하신 '연기의 진리성'에 입각해서 '일체법(一切法)은 불생불멸(不生不滅)이며 불상부단(不常不斷) 등이다'라고 선언한 대승정신에 따라 '팔불'이 선언되었던 것이라고 말할 수 있게 된다.[35]

대승법으로서 인연(因緣, 緣起)의 특질은 불생불멸(不生不滅) 등의 팔불이며 요약해서 필경공(畢竟空) 무소유(無所有)이다. 그럼에도 불구하고 이것을 바르게 이해하지 못하고 헛되게 공상(空相)을 여러 가지로 집착해서 과오를 범하기 때문에 팔불을 설해서 이러한 집착을 없애는 것이라고 보고 있다. 따라서 청목의 주석에서는 연기로 희론적멸(戱論寂滅)하게 하는 주체가 팔불이며 동시에 필경공(畢竟空) 무소유(無所有)인 동시에 이러한 제일의(第一義)의 세계에 관한 헛된 분별과 집착을 없애는 수단이 팔불이다.[36]

청변(淸辯, Bhāvaviveka, 490~570경)의『반야등론석』(般若燈論釋, Prajñāpradīpa-

32 全在星, 「中論 귀경게 무외소의 연구」, 『가산학보』 1호 (서울: 가산불교문화연구원), 214-217면, 223-224면. 원문참조.

33 金仁德, 「中論八不宣說에 대한 諸見解」, 『佛教와 諸科學』 (서울: 동국대출판부, 1986), 441-442면.

34 『中論』(『大藏正』 30권, 1중하)

35 金仁德, 前揭書, 443면.

36 泰本融, 「八不中道를 둘러싼 諸問題」, 『印度學佛教學研究』 제18권 2호 (東京: 日本印度学仏教学会, 1970), 53면.

mūlamadhyamaka-vṛtti)에서는 어리석은 중생(衆生)들이 기멸(起滅) 단상(斷常) 등의 희론(戲論)에 휩싸여 있는 것을 보고 붓다가 '불기불멸'(不起不滅) 등을 설하셨고 또 이 '불기'(不起) 등은 연기설 중 가장 빼어난 것임을 강조하고 있다. 아울러 악함과 삿된 견해를 끊기 위해 자기가 깨달은 반야사상(般若思想)의 진리를 드러내고 『아함』에 의해 『중론』을 지었던 용수도 '불기'(不起) 등의 문구로써 여래(如來)의 진실도리[如實道理]를 밝히고자 귀경게(歸敬偈)와 같은 시송을 읊었음을 지적하고 있다.[37]

무착(Asanga, 無着, 310~390경)의 『순중론』(順中論, 原題名은 「順中論義入大般若波羅蜜經初品法門」)에서는, 팔불의 인연에 의해서 모든 희론이 멸해지고 이러한 팔불게(八不偈)가 『중론』의 근본이라는 것을 밝히고 『대반열반경』(大般涅槃經)들을 인용하면서 상사반야바라밀(相似般若波羅蜜)과 진실반야바라밀(眞實般若波羅蜜)을 특히 문제로 하고 있다.[38]

도리(道理) 곧 불교의 근본교리에 수순하여 대승반야사상에 오입(悟入)하고 중생들의 모든 희론·취착들을 없애기 위해 『중론』이 쓰여졌다고 규명하고, 또 희론과 취착이 없어지면 근본교리를 따라 대승교의에 속히 들어갈 수 있으며 불교의 궁극목표인 무상정등정각(無上正等正覺)도 즉시 이루어진다고 밝히고 있다. 여기서는 반야바라밀(般若波羅蜜)이 바로 팔불이며, 게다가 도리(道理)상의 아함(阿含)이라고 하고 있다.[39] 가장 중요한 것은 팔불이 반야바라밀의 실천을 통하여 바르게 깨닫을 수 있다고 하는 점이다.

안혜(安慧)의 『대승중관석론』(大乘中觀釋論)에서는 진속(眞俗) 이제(二諦)의 개념과 관련해서 『중론』 제작의 동기와 목적을 규명하고, 다만심(多慢心)을 없애는 것으로서 연기법이 설해졌다. 또한 이 연기[緣生]의 내용은 다름 아닌 이른 바 '무멸'(無滅) 등의 글귀 바로 그것이요, 이로써 최승의 연기법이 가장 현명하게 밝혀진다고 지적하고 있다.[40] 따라서 논의 처음에 세존(世尊)을 찬탄하면서 '불멸불생(不滅不生)·부단불상(不斷不常)' 등 팔불

37 『般若燈論釋』(『大正藏』 30권, 51중하). 取意要約. "釋曰 如是等偈 其義云何 我師聖者……開顯實義 爲斷諸惡邪慧網故……, 我阿闍梨 亦於不起等文句 開示如來 如實道理……."

38 『順中論』(『大正藏』 30권, 40상)

39 『順中論』(『大正藏』 30권, 44하-45상)

40 『大乘中觀釋論』(『高麗 大藏經』 41권, 102하-103상). "歸命一切智 所有世俗勝義二諦 本無所行 若無所行 攝化有情事 卽當捨離 菩薩爲開示故 造此中論 …… 此論宗重 謂緣生義 卽無滅等句 最勝緣生 顯明開示 是故論初讚歎世尊 如本頌言 不滅亦不生 不斷亦不常等."

(八不)이 읊어졌다고 해석한 것이다.

불호(佛護)의 근본중론주(根本中論註)[Buddhapālita-mūlamādhymakavṛtti는 'dBu-ma-Rtsa-bahi hGrel-pa Buddha-palita'라는 제목으로 장역(藏譯)만 현존]에서는 용수가 사물의 자성(自性)이 없음을 보여주려고 논을 지었다고 주석하고[41], 팔불이 바로 모든 희론을 적멸시키는 것으로서 승의제(勝義諦)의 연기라고 밝히고 있다. 모든 희론이 적멸하여 열반(涅槃)으로 가는 지름길이 연기이고, 그 길을 인도하는 것이 팔불이므로 팔불(八不)이 곧 연기(緣起)를 드러내는 것임을 알 수 있다.[42]

월칭(月稱)의 『Prasannapdā』에서는, 대승(大乘) 반야사상(般若思想)을 배운 용수가 대비방편(大悲方便)을 발휘할 여래지(如來智)를 얻게 될 초발심(初發心)과 비민심(悲愍心)을 지니고 일반 사람들을 깨우치기 위해, 그리고 모든 번뇌(煩惱)를 물리치고 악취(惡趣)로부터 보호하기 위해 『중론』을 지었음을 알 수 있다.[43]

그리고 『중론』에서 설하고자 하는 내용(abhidheya, 所詮, 지시대상)은 연기(緣起)이며, 그 연기는 팔불(八不)의 특수상[特殊相, viśeṣaṇa, 차별하는 속성]에 의해 한정지어진(viśiṣṭaḥ, 구별된)다고 밝히고 있다.[44]

따라서 연기를 팔불[不滅 등의 8가지]의 특수상(特殊相)에 의해 한정짓는다는 것은 그릇된 일체법(一切法)의 생기설(生起說)이 주로 생(生)·멸(滅)·상(常)·단(斷)·일(一)·이(異)·래(來)·거(去)의 존재라고 하기 때문인 것이다. 이러한 그릇된 일체법의 생기설은 바로 팔불에 의해서 논파가 되기 때문에 연기를 팔불에 한정짓는다는 것은 팔불에 의해서 연기의 뜻이 가장 잘 드러나는 것임을 주장하기 위해서, 월칭(月稱)은 '팔불의 특수상에 의해 한정지어진 연기'로 규정하였던 것이다.[45]

용수의 팔불중도(八不中道)는 중국 삼론학(三論學)에도 계승되었는데, 용수계의 삼론일파는 일체를 부정하고 언망려절(言亡慮絕)의 언어도단(言語道斷), 심행처멸(心行處滅)하는 곳에서 중도의 체(體)를 드러내고 있다. 중

41 朴仁成, 「中論 '觀因緣品'에 대한 靑目의 주석과 佛護의 주석 비교 연구」 『東院論集』 제7집 (서울: 동국대 대학원, 1994), 21면. 원문참조.

42 朴仁成, 上揭書, 32-33면.

43 *Prasannapadā,* 2면 5행 - 3면 4행.

44 *Prasannapadā,* 3면 7행-4면 1행.
"tadatrānirodhādyaṣṭaviśeṣaṇaviśiṣṭaḥ pratītyasamutpādaḥ śāstrābhidheyārthaḥ"

45 류효현, 「吉藏의 八不中道觀 硏究」, 동국대박사학위논문, 2003, 31면.

국 삼론학의 시원(始源)은 구마라집(鳩摩羅什, 344~413) 삼장(三藏)의 중관론서(中觀論書) 전역(傳譯)에 있다. 중관론서가 전역되던 초기에는 라집문하인 승예(僧叡)·승조(僧肇)·담영(曇影)·승도(僧導)·도생(道生)·도융(道融) 등에 의해 장안을 중심으로 연구가 행해졌으며, 이러한 장안의 삼론학을 '장안고삼론'(長安古三論)이라고 부른다. 초기의 삼론학은 그 뒤 강남(江南)에도 전파되었다. 그러나 강남에 전해진 삼론학은 삼론(三論)과 성실(成實)을 겸학하여 삼론의 본래의 뜻이 퇴색되었다. 뿐만 아니라 삼론보다는『성실론』(成實論)의 연구가 성행하여 강남의 불교는 성실학파에 의해 주도되었다. 성실학파에 의해 삼론의 진정한 뜻이 단절되어 있을 때 삼론(三論)을 성실론(成實論)과 분리하여 대승중관(大乘中觀)의 본의(本義)를 드러낸 분이 고구려 승랑(僧朗)이다. 승랑은 진속(眞俗) 이제(二諦)의 진리성을 합치면서도 새로운 제3의 진리성을, 즉 둘이면서 둘이 아닌 불이중도(不二中道)적인 제삼제(第三諦)를 설정하고 또 이것의 진리성을 밝혀내고자, '이제합명중도론'(二諦合明中道論)을 형성 전개하였다. 그리하여 승랑 상승의 삼론학파에 의해서 삼종중도론(三種中道論)이 성립하기에 이른다.

승랑에 의해 시작된 중국 '신삼론'(新三論)은 지관사(止觀寺) 승전(僧詮)에 의해 승술(承述)되고, 승전 문하 흥황사(興皇寺) 법랑(法朗, 507~581)이 계승하여, 가상사(嘉祥寺) 길장(吉藏, 549~623)에게 이르는 '섭령흥황상승'(攝嶺興皇相承)의 전통연계 속에서 가상대사(嘉祥大師) 길장에 의해 집대성된다. 길장은 용수의 팔불중도사상을 계승하여 팔불(八不)과 이제(二諦)로서 중도를 밝혀 대승의 공사상을 재천명하고 있다. 길장은『중관론소』(中觀論疏)에서 귀경게(歸敬偈)인 팔불게(八不偈)를 '초첩(初牒)의 팔불(八不)',「관인연품」(觀因緣品)의 제1게·제2게를 '중첩(重牒)의 팔불(八不)'로 나누는 독특한 방식으로 팔불을 해석하여, 팔불의 정관(正觀)으로 중도를 밝히고 있다. 초첩의 팔불은『중론』을 저술한 취의를 밝히는 것으로서 팔불(八不)을 교(敎)의 체(體)와 용(用)에 배대시키면서[46] 팔불의 의미를 세 가지 측면의 설명형식인 '삼종방언(三種方言)' 안에서 삼종중도론(三種中道論)을 펼치고 있다. '중첩의 팔불'의 해석에서는 유소득의 생멸단상을 파하여 남김이 없으니[中後假], 인연가명의 이제로서 이유이무(而有而無)의 중

46 『中觀論疏』(『大正藏』 42권, 9중). "就牒八不分爲三別. 第一正牒八不明所申敎體. 第二半偈歎 八不之用. 第三半偈敬人美法. 初明敎體. 卽是二諦. 次明敎用. 卽是二智."

도[中假義]를 밝히는 성가중(成假中)의 입장에서 팔불을 해석하고 있다. 여기서는 특히 실생(實生)과 가생(假生)을 파하는 의미를 삼론의 입장에서 해석하여 이제 모두 본래 무생(無生)으로써 중도를 논증하였다. 이제는 본래 무실생(無實生)·무가생(無假生)이라는 것이다. 이것이 길장이 팔불중도(八不中道)를 논증하는 기본 방식이다.[47]

4) 세친 유식의 중도설

세친계(世親系)의 법상가(法相家)에서는 그 소의경전인 『해심밀경』(解深密經)에서 붓다가 초시(初時)에 유(有)를 설하고 제이시(第二時)에 공(空)을 설하고 제삼시(第三時)에 중(中)을 설했다고 하는 그 설법의 차제(次第)에 의하여 교판(教判)을 세우고 있다. 초시(初時)의 유(有)는 소승, 제이시(第二時)의 공(空)은 『반야경』, 제삼시(第三時)의 중도를 설한 것은 『해심밀경』을 비롯해서 법화(法華)·화엄(華嚴) 등의 대승경전은 모두 이에 속한 것으로서 법상종(法相宗)에서는 이러한 경전은 모두 유식중도(唯識中道)를 설한 것이다.[48] 법상종에서는 삼론종에서 말하는 반야(般若)의 공관(空觀)은 즉 이 삼무성(三無性)의 방면에서만 본 것이요, 법상유식(法相唯識)의 설은 삼성삼무성(三性三無性)의 양 방면으로부터 진리를 밝힌 것이다.[49] 삼성(三性)과 삼무성(三無性)은 호상표리(互相表裏)의 관계에 있는 것이다. 즉 삼성(三性)은 제법의 현상(現象)을 말하는 것이요, 삼무성(三無性)은 제법의 본체(本體)를 말하는 것이니 삼성(三性)은 유(有)라 하여도 단유(單有)가 아니라 삼무성(三無性)의 공(空)에 즉한 유(有)요, 또 삼무성(三無性)은 공(空)이라 하되 그것은 단공(單空)이 아니라 삼성(三性)의 유(有)에 즉한 공(空)이다. 이와 같이 삼성설(三性說)과 삼무성설(三無性說)은 일체제법(一切諸法)의 비유비공(非有非空)의 중도(中道)의 뜻을 밝히는데 그 진의가 있는 것이다.

『성유식론』(成唯識論) 권7에 의하면, "아(我)와 법(法)은 비유(非有)요, 공(空)과 식(識)은 비무(非無)라, 유(有)를 여의고 무(無)를 여의니, 중도(中道)에 계합한다"[50]라고 하고, "이로 말미암아 증감의 이변(二邊)을 멀리 떠나면 유식의 뜻이 이루어져 중도에 계회한다"[51]고 한다.

---

47 拙稿, 「中觀論疏 重牒의 八不解釋」, 『天台學研究』 제7집 (천태불교문화연구원, 2005)
48 『大乘法苑義林章』(『大正藏』 45권, 249상)
49 金仍石, 前揭書, 10면.
50 『成唯識論』(『大正藏』 31권, 39중). "我法非有 空識非無, 離有離無 故契中道."

후세 유식학파에서는 이 중도의 뜻에 관하여 언전(言詮) 이언(離言)의 이중중도의(二重中道義)를 논한다.

언전중도(言詮中道)는 언어에 의하여 중도의 뜻을 드러내는 의미로서 삼성대망(三性對望)의 중도를 의미한다. 삼성대망(三性對望)의 중도는 삼성(三性)을 대망(對望)시켜 볼 때에 변계(遍計)는 그 체성(體性)이 없는 공(空)이다. 의타(依他)는 환상과 같은 가유(假有)의 법이다. 원성(圓成)은 불변(不變)의 진여(眞如)인 바 이 변계(遍計)의 공(空)과 의타(依他) 원성(圓成)의 유(有)를 상대하면 이는 공유상대(空有相對)이나 이 삼성은 원래 일법(一法)상의 삼면관(三面觀)이므로 공(空)이 그 법의 실상이라 할 수도 없는 동시에 유(有)가 그 법의 실상이라고도 할 수 없는 것이니 이것이 비공비유(非空非有)의 중도요 그 법의 실상이다.[52]

이와 같이 공(空)·유(有)·중(中)을 설해서 절대중도(絕對中道)를 식(識)의 본성(本性)으로서의 진여(眞如)에 귀결(歸結)하는 것은 삼성대망(三性對望)의 중도라 하는 것이다.

이언중도(離言中道)는 일체제법의 진실상인 중도 그 자체는 자신의 언어와 사려를 초월한 존재로서 이것은 일법중도(一法中道)라고 한다. 일법중도(一法中道)는 삼성(三性)이 상망(相望)하는 관계를 떠나서 삼성(三性) 각자가 법이자연(法爾自然)으로 중도의(中道義)를 본래 갖추고 있음을 말하는 것으로 일성중도(一性中道)라고도 한다. 삼성은 일법(一法)상의 헛된 집착[遍計]과 연기[依他]와 실성[圓成]과의 세 가지 뜻이 함께하는 것이므로 이것을 다르게 구별하여 볼 것이 아니다. 삼성이 이미 일법의 교리이므로 중도의 뜻이 성립된다면 삼성 각각의 성품에도 중도의 뜻이 구족되어 있는 까닭일 것이다. 변계(遍計)는 당정현상(當情現相)에 즉해서 체성이 없기 때문에 중도의 뜻이 성립한다. 의타(依他)는 인연생이므로 자성(自性)이 없는 가유(假有)요, 실체가 없는 것이다. 실체가 없지만 연생(緣生)의 법으로서 생멸상속(生滅相續)하므로 공하여 없는 것[空無]은 아니다. 그러므로 중도의 뜻이 성립한다. 원성(圓成)은 항상하여 변하지 않는 실체이므로 유(有)요, 망상을 떠나 실체를 얻을 수가 없으므로 공(空)이다. 이와 같은 유공의(有空義)에 의하여 중도의 뜻이 성립한다.[53]

---

51 『成唯識論』(『大正藏』 31권, 39상). "由斯遠離 增減二邊, 唯識義成 契會中道."
52 『觀心覺夢鈔』(『大正藏』 71권, 83중)
53 『觀心覺夢鈔』(『大正藏』 71권, 83중)

이 두 가지 중도설 가운데서는 삼성대망(三性對望)의 중도의(中道義)가 중도설의 본의이다.[54]

5) 천태의 중도설

이상과 같은 대승의 중도론은 삼론계(三論系)의 이제(二諦)에 기인한 중도와 법상계(法相系)의 삼성론(三性論)에 기인한 중도론으로 되어 있으나, 중국에서 일어난 천태종(天台宗)의 중도론은 그 계통은 삼론(三論)에 속하고 삼론으로부터 발전해 온 것이다. 천태종 중도론의 근거는 『중론』에 나오는 소위 삼제게(三諦偈)이다. 이 삼제게(三諦偈)에서는 무(無)·가명(假名)·중도(中道)로 되어 있는 것을 천태에서 취의(取意)해서 공(空)·가명(假名)·중도(中道)로 하여 공제(空諦)·가제(假諦)·중제(中諦)라 하고 소위 공(空)·가(假)·중(中) 삼제(三諦)가 성립한 것이다. 실은 용수의 『대지도론』이나 청목의 주석에는 삼론 삼제게(三諦偈)의 무(無)가 다 공(空)으로 되어 있다. 삼론에서는 유(有)·공(空)·중(中)이라 차제하고 있으나, 천태는 공(空)·가(假)·중(中)으로 차제하고 있다. 천태의 중도론은 절대(絕對)의 실상진여(實相眞如)를 중도라고 한다.

『법화현의』에 의하면, 실상의 이명(異名)으로서 묘유(妙有)·진선묘색(眞善妙色)·실제여여(實際如如)·필경공(畢竟空)·열반허공불성(涅槃虛空佛性)·여래장(如來藏)·중실리심(中實理心)·비유비무중도(非有非無中道)·제일의제(第一義諦)·미묘적멸(微妙寂滅) 등 12가지 이름을 들어 진공묘유의 중도로서 제법실상의 뜻을 밝히고 있다.[55] 제법실상은 삼제원융으로 드러난다. 중제(中諦) 외에 공(空)·가(假) 이제(二諦)가 있다고 한다면 중제(中諦)는 상대적인 것이 되고 절대가 될 수 없으므로 이제(二諦)는 바로 중제(中諦)의 절대(絕對)이다. 동시에 공제(空諦)도 이제(二諦)에 상즉한 중도(中道)의 공(空)이며, 가제(假諦)도 중도(中道)에 상즉한 가(假)이다. 그래서 공(空)·가(假)·중(中)으로 차제를 한 것이다. 그런데 여기서 삼제(三諦)는 진여실상(眞如實相)의 일방적 성질[德]을 보이는데 불과하므로 공제(空諦)를 파상(破相)의 덕(德), 가제(假諦)를 진여입법(眞如立法)의 덕(德), 중제(中諦)를 진여절대(眞如絕對)의 덕(德)이라 하여 삼제즉일제(三諦卽一諦)의 중도(中道)라

54 金東華, 『佛教學概論』(서울: 보련각, 1954), 373-376면.
55 『法華玄義』(『大正藏』 33권, 782중)

고 한다. 그러므로 일체만유는 다 중도실상(中道實相)의 현현(顯現)으로서, 그대로 초월(超越)의 공(空), 절대(絕對)의 진여(眞如)이다.[56]

이것은 바로 원융삼제사상(圓融三諦思想)으로 『마하지관』에 의하면 다음과 같이 원돈지관(圓頓止觀)을 설명한다. "원돈(圓頓)이란 처음에 실상을 연으로 하여 대상을 관하면, 즉 중도이고 진실아닌 것이 없다. 법계를 연으로 하여 법계를 하나로 생각하기 때문에, 하나의 색, 하나의 향기가 중도 아닌 것이 없다.……무명, 번뇌는 곧 보리이기 때문에 집(集)도 끊어야 할 것이 없고, 집착도 삿된 것도 모두 중도이기 때문에 도도 닦아야 할 것이 없고, 생사 즉 열반이기 때문에 멸도 증득할 것이 없다.……순일한 실상만 있고 실상 외에 다른 법도 없다. 법성이 고요한 것을 지(止)라 하고 고요히 항상 비추는 것을 관(觀)이라 한다. 처음과 뒤를 말할지라도 둘이 아니고 구별되는 것도 아니다. 이것을 원돈지관(圓頓止觀)이라 한다."[57] 바로 여기에서 천태에서 말하는 '일색일향무비중도(一色一香無非中道)의 현상' 즉 실상론(實相論)이 성립함을 알 수 있다.

이상에서 『아함(阿含)』의 중도설은 팔정도와 십이인연을 중도로서 설하였다. 팔정도·십이연기 등 중요한 교설들이 중도라는 이론적인면에서도 실천적인 하나의 체계 속에서 서로 연결되고 있다. 『대품반야경』에서는 삼가설(三假說)·십팔공설(十八空說)·이제설(二諦說)·반야바라밀 등의 핵심 교설들이 중도의 체계로써 하나로 통일되고 있음을 볼 수 있다. 반야경의 중도설은 아함의 중도설과 용수의 팔불중도설(八不中道說)을 연결시키는 교량적 역할을 하고 있음을 알 수 있다.[58] 용수의 팔불중도는 중국 삼론학에도 계승되어 삼종중도론을 성립시켰다. 이러한 대승의 중도론은 삼론계의 이제(二諦)에 기인한 중도와 법상가의 삼성론(三性論)에 기인한 중도론으로 이해되어 왔고, 천태의 중도론은 삼론으로부터 발전한 것이며 절대(絕對)의 실상진여(實相眞如)를 중도라고 설하고 있음을 알 수 있다.

56 金芿石, 前揭書, 11-12면.
57 『摩訶止觀』(『大正藏』 46권, 1하-2상)
58 『中論』 팔불게의 영향하에 『般若經』이 편집되었다는 주장도 있다. 壬生台舜 편, 『龍樹教學의 硏究』(東京: 대장출판주식회사, 1983), 201-205면 참조.

Ⅲ. 인접 개념과의 관계 및 현대적 논의

1. 인접 개념과의 관계

1) 이제합명중도의 성립과 의의[59]

승랑 상승의 삼론가는 용수의 팔불중도를 계승하고, 제삼제(第三諦)를 새롭게 건립하여 '이제합명중도'를 논증한다. 이 장에서는 이제합명중도의 성립과정과 그 의의를 살펴보고자 한다. 먼저 이제합명중도를 세워 '삼종중도론'을 전개하는 목적부터 살펴본다.

(1) 삼종중도론의 목적

『대승현론』(大乘玄論)에서는 삼종방언[60]의 삼종중도론(三種中道論)을 전개하는 목적을 다음과 같이 설명한다. "첫 방언(方言)은 정성생(定性生)을 파척하여 불생(不生)을 밝혀내고, 둘째 방언(方言)은 가생(假生)을 파척하여 불생을 밝혀낸다. … 셋째 방언(方言)은 본래가 불생(不生)이기에 불생(不生)이라고 말한다"[61]

"첫 방언은 모든 논사들의 계탁함에서 비롯되었다. 곧 외도(外道)들이 갖는 고정된 성품으로 실유하는[定性實有] 여덟 가지 미혹을 파척하여 중도를 밝히고[破性明中], 불교안의 모든 법사가 갖는 실유성(實有性)의 생각도 없앤다. 둘째 방언은 모든 법사들이 삼종중도를 이루지 못하는데서 비롯되었

59 이하 내용은 金仁德, 「僧朗 相承 三論學의 三種中道論(1)」, 『한국불교학』 제24집 (서울: 한국불교학회); 李仲杓, 「三論學의 三種中道와 三種方言에 대한 一考」, 『한국불교학』 제9집 (서울: 한국불교학회) 두 논문을 주로 참고하여 정리하였다.

60 길장은 설명하는 방법에 따라 문체는 바뀌었지만 의미는 동일한 것을 방언이라 표현하여 방법과 같은 의미로 사용한다. 또한 일상적 의미가 아니라 어떤 진리를 설명하기 위한 방편으로 사용하는 언어라는 뜻으로 이해한다. 따라서 방언은 상황이나 중생의 근기에 따라 다르게 그들을 교화하기 위한 방편으로 시설된 교설임을 알 수 있다. 삼론자체에서 방언이라는 용어가 사용될 때는 진리를 현시하기 위한 다양한 언어의 형식이라는 뜻으로 사용된다. 삼론학의 모든 서술은 방언이라 할 수 있지만, 길장이 이 가운데서 특히 초장의 방언이라고 하여, 이것을 모든 방언의 첫 자리에 놓았던 것은 이것이 모든 방언을 총괄하는 기본적인 형식을 갖추었기 때문인 것으로 추정된다. (金芿石, 「고구려 僧朗과 三論學」, 『백성욱박사송수기념 불교학논문집』 53면; 李仲杓, 「三論學의 三種中道와 三種方言에 대한 一考」, 『한국불교학』 제9집 128-131면; 韓明淑, 「길장의 三論思想 연구」, 고려대학교 박사학위논문, 133-134면.

61 『大乘玄論』(『大正藏』 45권, 10중). "但不生有三種. 初方言 破定性生 明不生, 第二方言 破假生 明不生, …第三方言 約平道門 本來不生故言不生, 不言破病."

다. 곧 삼종중도(三種中道)를 이루지 못하는 불교안의 논사들을 구출한다"[62]

또한 '제2 방언'에서는 다음과 같이 세 가지로 밝히고 있다.

"팔불(八不)에 의해 삼종중도를 밝혀내는 까닭은 세 가지이다.

첫째는 여래가 득도한 이래 열반에 이르기까지 언제나 중도를 설하였음을 밝혀내기 위함이다. 중도가 비록 무궁할지라도 세 가지로 요약해 설명하면 그 모두가 포섭되므로, 이 게송에 의해 세 가지 중도를 변증하여 불교의 가르침을 모두 다 들어 밝혀낸다.

둘째는 이 논서가 이미 '중론'이라고 불리우므로 팔불로써 중도를 밝혀내고, 중도가 비록 여러 가지 많을지라도 세 가지에 지나지 않으므로 이 게송에 의해 '세 가지 중도'를 논증한다.

셋째는 불교를 배워도 '세 가지 중도'를 이루지 못해 치우친 극단에 떨어져 있는 사람들에게 '중도의 뜻'을 이루도록 하고자 세 가지 중도를 설명한다"[63]

따라서 팔불에 의해 삼종중도론을 전개하는 까닭은, '연기(緣起)·무아(無我)·중도(中道)'라는 불교의 근본 진리성을 밝혀내기 위해서이고, 『중론』에서 주장하는 중도를 변증해 내는데에 있으며, 또 불교를 배워도 삼종중도(三種中道)를 이루지 못하는 사람들에게 중도의 진리성을 옳게 알려주는데에 있음을 알 수 있다.

2) 이제합명중도의 형성과정

삼종중도론은 승랑의 '중가체용의(中假體用義)'에 바탕하여 종래의 견해·학설[由來義]를 상대하는 네 단계[四重階級]를 거쳐 하나하나 형성 전개된다. 그 가운데 이제합명중도는 사중계급의 넷째 단계에 이르러서야 비로소 형성됨이 다음과 같이 밝혀진다.

"제1 방언(方言)에는 네 단계가 있다.

첫째 단계에서는, 실체성[自性]을 지닌 '유(有)·무(無)'는 찾아 볼 수 없으므로 '비유비무'(非有非無)라고 말하고, 이것을 중도(中道)라고 이름한다.

둘째 단계에서는, 외인(外人)이 '비유비무'(非有非無)를 듣고서는 진속(眞俗) 이제(二諦)도 존재하지 않는다고 말하면서 단견(斷見)을 일으키므로

---

62 『大乘玄論』(『大正藏』 45권, 10중). "問, 第一方言出諸師計 後方言出諸師三中不成 云何異耶. 答, 第一方言 破性外道八迷 … 故出諸師計."

63 『中觀論疏』(『大正藏』 42권, 11상)

'유이고 무임'[而有而無]을 설명하여, 이것으로 이제로 삼아 그 단절된 마음[斷心]을 걷어 들이게 한다.

셋째 단계에서는, '유이고 무임'[而有而無]은 중도유무(中道有無)이지 자성(自性)의 유무(有無)와 같지 않음을 밝히고자, 이제의 '용중'(用中)을 밝혀내고 그 양성(兩性)을 규탄한다.

넷째 단계에서는, 가명(假名)의 이제(二諦) 둘(二)을 '중도불이'(中道不二)로 돌리고자 '체중'(體中)을 밝힌다.

이것들이 섭령 흥황(攝嶺興皇)의 시말(始末)이며, 종래인의 사상 견해에 상대[對由來義]하여 이 네 단계[四重階級]가 있는 것이다. 이것들을 알면 승랑이 수립한 '중가체용의'[中假體用意]를 이해하게 된다"[64]

첫째 단계: 『중론』은 횡적으로 생멸 등의 여덟 가지 미혹을 파척[橫破八迷]하고 종적으로 여덟 가지 미혹 하나하나를 완전히 없앤다.[竪窮五句] 이처럼 전도(顚倒) 병이 모두 세척되고 필경 없어지면, 이것이 바로 '치우침이 없는 올바른 진실'[中實]이므로 '불생불멸'(不生不滅) 내지 '불상부단'(不常不斷)이라고 말해짐을 밝혀내는 단계이다.[65]

둘째 단계: 위 첫단계의 '비유비무'(非有非無)나 '불생불멸(不生不滅)'의 설명을 들은 사람들 중에는 진속(眞俗) 이제(二諦)의 진리성 마저 존재하지 않는 것으로 보는 단견(斷見)을 일으키므로 이들을 상대하여, 그것들은 중생교화를 위해 가명(假名) 가칭(假稱)되었다는 점과 이제(二諦)라는 진리성을 내포하고 있음을 밝혀주고, 아울러 이 이제(二諦)로써 그 단견(斷見)을 걷어들이도록 해주는 단계이다.[66]

횡적(橫的)으로는 '생(生)·멸(滅)' 등이 파척되고 수적(竪的)으로는 '불생(不生)·불멸(不滅)' 등이 없어진 것을 중도실상[中實]이라고 한다면, 그 생·멸이나 불생멸[不生·不滅]은 가명(假名)으로 가칭된 것에 지나지 않는다. 이 가명가칭(假名假稱)된 '생(生)·멸(滅)'과 '불생멸'(不生滅, 곧 無生滅)이 이제(二諦)인 것이므로, '무생멸(無生滅)의 생멸(生滅)'이 세제(世諦)요, '생멸(生滅)의 무생멸(無生滅)'이 제일의제(第一義諦)로 됨을 밝히는 내용이다.[67]

64 『中觀論疏』(『大正藏』 42권, 11중하)

65 『中觀論疏』(『大正藏』 42권, 10하). "此論一部 橫破八迷 竪窮五句 洗顚倒之病 令畢竟無遺 卽是中實 故云不生不滅 乃至不常不斷也."

66 『中觀論疏』(『大正藏』 42권, 11中)

67 『中觀論疏』(『大正藏』 42권, 10하)

이 다음의 종래인의 사상 견해에 상대[對由來義]하는 셋째와 넷째 단계에 이르러서야 비로소 승랑 상승의 세 가지 중도론(中道論)이 형성전개되고 있다.

셋째 단계: 이유이무(而有而無)로서 중도를 밝히는 것은 중도는 인연(因緣)의 유무(有無)로서 실체인 자성의 유무(有無)의 뜻과는 같지 않음을 드러내고자 이제(二諦)의 용중(用中)을 밝혀서 양성(兩性)을 모두 멸하는 단계이다.[68] 세제(世諦)의 '생·멸'은 가명으로 설해진 것이므로 진실한 세제(世諦)가 아니다. 진제(眞諦)도 마찬가지로 가명(假名)의 '불생(不生)·불멸(不滅)'로써는 참다운 진제라 할 수 없다. 그러므로 이 셋째 단계에서는 진속(眞俗) 이제(二諦) 각각의 참다운 진리성을 세제중도(世諦中道)와 진제중도(眞諦中道)라는 이름으로 밝혀지고 있는 것이다. "가생(假生)은 생(生)이라 말할 수 없고 불생(不生)이라고도 말할 수 없다. 이것이 바로 세제중도이다. 가불생(假不生)은 불생(不生)이라고 말할 수 없고 비불생(非不生)이라고도 말할 수 없는 것, 이를 진제중도라 이름한다. 이것은 이제(二諦) 각각의 중도를 논하는 것[二諦各論中道]이다"[69]

넷째 단계: 세간 세속적 진리인 세제와 출세간적 진리인 진제를 합친 절대적 진리성을 밝혀내는 단계이다. 가유무 두 가지를 아울러서 중도불이의 체중을 밝히고 있다. 진속(眞俗) 이제(二諦)의 두 진리를 합친 제3의 진리를 '제삼제'(第三諦)라고 이름하면서, 이것을 중도론(中道論)으로 변증해내는 '이제합명중도론'(二諦合明中道論)을 밝히고 있다.

"그러나 세제(世諦)의 생멸(生滅)은 '무생멸(無生滅)의 생멸(生滅)'이고, 제일의(第一義)의 무생멸(無生滅)은 '생멸(生滅)의 무생멸(無生滅)'이다. 이 '무생멸의 생멸'을 어찌 '생멸'이라고 할 수 있으며, 또 '생멸의 무생멸'을 어찌 '무생멸'이라고 하겠는가.

그러므로 생멸(生滅)도 아니고 무생멸(無生滅)도 아닌 것, 이것을 이제합명중도(二諦合明中道)라 이름한다."[70]

팔불의 '불생불멸'에 대해 단견(斷見)·단심(斷心)을 갖는 사람들을 상대

---

68 『中觀論疏』(『大正藏』 42권, 11중)

69 『中觀論疏』(『大正藏』 42권, 10하). "然假生不可言生 不可言不生 卽是世諦中道, 假不生不可言不生 不可言非不生 名爲眞諦中道. 此是二諦各論中道."

70 『中觀論疏』(『大正藏』 42권, 10하-11상). "然世諦生滅 是無生滅生滅, 第一義無生滅 是生滅無生滅. 然無生滅生滅 豈是生滅, 生滅無生滅 豈是無生滅. 故非生滅非無生滅 名二諦合明中道也."

하여 설명했던 위 둘째 단계의 가명으로 설해진 이제(二諦)는 참다운 진리성을 나타낸다고 할 수 없다. 그러므로 그 가명(假名)의 이제를 넘어서는 진리성을 '이제합명중도'라고 이름하면서 밝혀내고 있는 것이다. 둘째 단계에서의 세제(世諦)는 '무생멸(無生滅)인 생멸(生滅)'로, 진제(眞諦)는 '생멸(生滅)인 무생멸(無生滅)'로 가명으로 설해진 것들이므로, 참으로 진정한 진리성이 밝혀졌다고 할 수 없다. 이러한 가명(假名)·가칭(假稱)의 이제(二諦)에서 보이는 결함과 모순성을 넘어서는 새로운 자리에서 제3의 절대적 진리성이 밝혀지고 있는 것이다.

3) 이제합명중도의 건립 기반

승랑 상승의 삼론가의 삼종중도론은 종래의 견해·학설[由來義]을 상대하는 네 단계[四重階級]를 거쳐 하나하나 형성 전개되었고 이제합명중도는 사중계급의 넷째 단계에서 형성되었다. 여기서는 삼종중도를 성립시킨 사중계급의 근거가 되는 승랑의 '중가체용의'(中假體用義)와 '제삼제'(第三諦)를 수립한 까닭을 살펴보기로 하자.

(1) 중가체용의(中假體用義)

『중관논소』(中觀論疏)에 의하면, 섭산대사(攝山大師) 즉 승랑이 『중론』「사제품(四諦品)」의 '삼시게'(三是偈, 三諦偈)와 이에 대한 청목의 해석내용에 의거하여, 중도[中]·가명[假]과 본체[體]·작용[用]이라는 네 가지 개념을 사용하기 시작했음을 밝히고, 또 유무(有無)의 양변을 떠난 중도는 본체성[體]을 뜻하고 그 유무(有無)는 중생교화를 위해 가설되는 것으로써 응용성[用]을 뜻함을 설명하고 있다.[71] 가명(假名)은 종래의 유자성(有自性)적 견해를 갖는 외인(外人)들을 상대해서 설명되는 것이며, 중도는 불교를 배우고도 치우친 병[偏病]에 빠져있는 사람들을 다스리기 위한 것이다.[72] 중도(中道)와 가명(假名)은 체(體)·용(用)의 의미 또는 본(本)·말(末)의 상관관계를 갖는 것인데도, 이를 모르는 종래의 사람들에게 가명은 중도의 응용이요, 공용(功用)임을 즉 지말(枝末)·작용(作用)인 것임을 밝혀주고 또 중도는 가명의 본원(本源)이요 본성(本性)으로 되는 것임을 설명해 주며,[73] 이러한 설명

71 『中觀論疏』(『大正藏』 42권, 22하-23상). "問若爾攝山大師 云何非有非無名爲中道 而有而無稱爲假名 …."

72 『中觀論疏』(『大正藏』 42권, 27중). "對由來性義 是故立假 治學敎偏病 所以明中."

을 통해 단계적으로 중도에 향하고 깨달음을 얻도록 이끌어 준다는 것을 밝히고 있다.[74]

이와 같이 중도와 가명을 체용이나 본말의 내용 관계로 해석함으로써, 삼론가(三論家) 특유한 사중계급의 설정이 가능해졌던 사실이 다음과 같은 길장의 설명을 통해서도 밝혀진다.

"처음[四重階級 중 첫단계]에 유(有)·무(無)를 무자성(無自性)인 것들[非有非無]임을 밝히는 중도는 가명에 앞서는 중도를 뜻함[假前中義]이고, 그 다음에 유(有)이기도 무(無)이기도 함[而有而無]임을 밝혀 이제(二諦)로 삼게 한 것은 중도에 뒤서는 가명을 뜻함[中後假義]이며, 그 다음의 이제를 각론(各論) 및 합명(合明)하는 중도[二諦表中道]는 가명(假名)에 뒤서는 중도를 뜻함[假後中義]이다. …… 중도에 앞서는 가명[中前假者]은 본체인 중도를 말하기 앞서 가명을 밝히는 것, 즉 유무(有無)로부터 비유비무(非有非無)에 들게 하는 것이며, 작용으로부터 본체로 들어가게 하는 것[從用入體], 중도에 뒤서는 가명[中後假者]은 체중(體中)을 밝히는 것, 즉 비유비무(非有非無)를 유무(有無)로 가설하는 것이며, 본체에서 작용을 일으키는 것[從體起用]이다."[75]

또한 길장의 『대승현론』에서는 승랑의 중가체용의를 다음과 같이 소개하고 있다.

"승랑[攝嶺師]께서 말씀하시기를 가(假)를 밝히기 전에 중(中)를 밝히면 이것은 체중(體中)이고, 가(假)를 밝힌 후 중(中)을 밝히면 용중(用中)이다. 중(中)을 밝히기 전에 가(假)만을 밝히면 이것은 용가(用假)이고, 중(中)을 밝힌 후 가(假)를 밝히면 체가(體假)이다. 따라서 '비유비무(中) 이유이무(假)'라 하면 [가(假)에 앞서 중(中)을 밝혔기 때문에] 체중(體中)이요, '가유(假有)는 유(有)라 할 수 없고 가무(假無)는 무(無)라 할 수 없으므로[가를 먼저 밝힌 후] 비유비무(非有非無)'라 하면 이것은 용중(用中)이다. '비유비무(中)인 것이 이유이무(假)'라 하면 [중(中)을 밝힌 후 가(假)를 밝혔기 때문에] 이것은 체가(體假)요, [중(中)은 밝히지 않고] '가유(假有)는 불명유(不名有)이고 가무(假無)는 불명무(不名無)'라 하면[가만을 밝히면] 이것은 용

---

73 『大乘玄論』(『大正藏』 45권, 31상)
74 『中觀論疏』(『大正藏』 42권, 27상-중). "所以作此語者 爲欲釋論文中假 故一往立於體用. 復爲對由來眞俗是空 … 令其捨眞俗二見 得廻悟耳."
75 『中觀論疏』(『大正藏』 42권, 11하)

가(用假)이다. 따라서 용(用)·중(中)·가(假)는 모두 능표지교(能表之教)에 속하고 가(假)도 없고 중(中)도 없어야 비로소 소표지리(所表之理)가 된다"[76]

중가체용의(中假體用義)의 내용을 잘 살펴보면 여기에 이제시교론(二諦是教論)·중도위이제체론(中道爲二諦體論)·이제상즉의(二諦相卽義) 등의 교의가 함축되어 있음을 알 수 있다. 먼저 용가(用假)를 살펴보면 가유(假有-속제)는 유라 할 수 없고 가무(假無-진제)는 무(無)라 할 수 없다고 하여 이제(二諦)가 경(境)이나 리(理)가 아닌 교(教)임을 시준하고 있다. 체가(體假)는 비유비무(非有非無-중)를 이유이무(而有而無-이제)라 한다 하여 이제의 체(體)가 중도임을 보여 주고 있으며, 가유(假有)는 유(有)라 할 수 없고 가무(假無)는 무(無)라 할 수 없기 때문에 비유비무(非有非無)라 한 용중(用中)은 진제(眞諦-가무)와 속제(俗諦-가유)가 중도(中道-비유비무)에서 상즉함을 보여준다. 따라서 중가체용의는 이제시교론과 중도위체설 그리고 이제상즉의를 종합하여 체중을 밝힌 교설이라 할 수 있다.

(2) 제삼제(第三諦) 건립

승랑은 무엇 때문에 제삼제(第三諦)라는 진리 개념을 새로 설정하고 이것의 진리성을 논증하는 이제합명중도론을 펼치게 되었는가를 살펴보도록 하자. 제삼제(第三諦)가 승랑대사에 의해 새롭게 수립되었음을 전하는 기록은 『대승현론』에서 다음과 같이 보인다. 승랑 당시에는 이제(二諦)의 본체성 규명에 관한 견해를 달리하는 오가(五家)가 있었는데, 그 가운데에는 성실가(成實家)의 개선(開善) 지장(智藏, 458~523)도 중도(中道)를 이제(二諦)의 본체성(本體性)으로 삼고 있었으나, "중도는 이제(二諦)와 동일한 것으로서 무명무상(無名無相)이라 하고 있으므로, 이제를 섭수하는데 그친다"라고 비판하면서, 길장은 '개선(開善)이 승랑의 말씀을 듣기는 했으나 그 가르침 내용 뜻을 파악하지 못하고 있음'을 지적하고, 금가(今家)에는 그들에게 없는 '제삼제'(第三諦)가 정립되고 있음을 밝히고, 이제(二諦)를 천연지리(天然之理)로 보는 그들과는 달리 교화방편(教化方便)으로 보는 차이점 등을 설명하고 있다.[77]

승랑의 '중도위이제체론'(中道爲二諦體論)은 이제(二諦)를 정리(定理)라

---

76 『大乘玄論』(『大正藏』 45권, 28하-29상)

77 『大乘玄論』(『大正藏』 45권, 19중)

고 생각하고 있던 당시의 불교계에 혁신적인 의미로 받아들여졌지만 그 깊은 의미를 깨닫기가 쉽지 않았기 때문에 개선(開善) 등은 문자만 얻어 들었지 의미는 체득하지 못하였던 것이다.

승작(僧綽)은 이제(二諦)는 중도를 체(體)로 한다는 승랑의 학설에서 이제각체(二諦各體)의 삼종중도(三種中道)를 세우고, 지장(智藏)은 이제상즉(二諦相卽)의 학설을 적용하여 이제는 상즉하므로 그 체는 하나라는 입장에서 이제일체(二諦一體)의 삼종중도를 세운 것[78]이다. 그러나 이들은 팔불(八不)을 이제의 체가 되는 중도로 생각하고, 중가체용의(中假體用義)를 팔불(八不)과 이제(二諦)의 관계로 이해하여, 팔불의 언어적 표현을 벗어나지 못한 채 비유비무(非有非無)를 체중(體中)으로 삼았다. 즉, 승작의 경우는 비유비무(非有非無)로 진제중도와 이제합명중도라고 하고 있고, 지장의 경우는 삼종중도를 모두 비유비무(非有非無)[79]라고 하고 있다. 이것은 중가체용의(中假體用義)의 비유비무(非有非無)를 체중으로 오해한 데서 비롯된 것이다.

그러나 중가체용의에 의하면 비유비무(非有非無)도 능표지교(能表之敎)에 지나지 않는다. 즉, 비유비무(非有非無-無假)·이유이무(而有而無-無中)하여 언망여절(言忘慮絕)한 것이 소표지리(所表之理)인 체중(體中)이다.

이와 같이 잘못 이해되고 있는 중가체용의에 대하여 삼론학에서는 체중을 보다 명확하게 표현할 필요를 느꼈을 것이다. 삼론학의 삼종중도는 이러한 필요에 의해 성립을 보게 된 것으로 생각된다. 왜냐하면 삼론학의 삼종중도는 중가체용의(中假體用義)에서 체중(體中)이라고 한 비유비무(非有非無) 이유이무(而有而無)의 변형된 형태라고 할 수 있기 때문이다.

팔불은 이제를 밝히는 것이라는 입장에서 이제를 팔불로 표현한 것이다. 따라서 중가체용의에서 말하는 '가유불명유'(假有不名有)를 삼종중도의 표현으로 바꾸면 가생불가언생(假生不可言生) 가멸불가언멸(假滅不可言滅)이 되어 세제중도(世諦中道)인 불생불멸(不生不滅)이 되고, '가무불명무'(假無不名無)는 가불생비불생(假不生非不生) 가불멸비불멸(假不滅非不滅)이 되어 진제중도(眞諦中道)인 비불생비불멸(非不生非不滅)이 된다. 그리고 비유비무(非有非無)는 비생멸비무생멸(非生滅非無生滅)이 되어 이제합명중도(二

78 『大乘玄論』(『大正藏』 45권, 26상)
79 『大乘玄論』(『大正藏』 45권, 25하-27중)

諦合明中道)가 된다.

이와 같이 승랑의 학설을 올바로 이해하지 못한 가운데 성립한 성론사의 삼종중도는 삼론학의 비판을 받게된다. 이제는 중도를 체로 한다는 것은 이제시교(二諦是教)의 입장에서이기 때문에 진제도 가명이다. 그리고 삼론학의 입장에서 보면 팔불(八不)은 이제(二諦)를 밝히는 것이지[80] 이제(二諦)의 체(體)가 아니다. 따라서 이제의 체는 따로 세워야 한다는 것이니, 이것이 삼론학에서 제삼제를 건립한 까닭이다. 즉 이제(二諦)의 체(體)는 제삼제(第三諦)인 중도제일의제(中道第一義諦)라는 것이 삼론학의 주장이다.

그리하여 승랑은 진속(眞俗) 이제(二諦)의 진리성을 합치면서도 새로운 제3의 진리성을, 즉 둘이면서 둘이 아닌 불이중도(不二中道)적인 제삼제(第三諦)를 설정하고 또 이것의 진리성을 밝혀내고자, '이제합명중도론'(二諦合明中道論)을 형성 전개하였다고 할 수 있다. 이제(二諦)는 불이중도(不二中道)를 깨닫게 하는 것이므로 승랑은 불이중도(不二中道)를 이제(二諦)의 체성(體性)으로 삼게 되었다고도 밝히고 있는 것이다.

2. 현대적 논의

한국의 불교인들이 구법(求法)의 차원에서 중국으로 건너간 것이 불교전파사적(佛教傳播史的) 필연성이 있었다고 하더라도, 오히려 문화대국이라고 자처하던 중국의 불교에 우리 쪽에서 적지 않은 기여를 하였다면 이는 도리어 우리 한국불교가 중국에 은혜를 입힌 결과가 된다. 국내의 현존자료에서는 전혀 윤곽조차 찾기가 어려우면서도 정작 중국의 현존자료를 통해서 우리는 중국의 불교에 많은 혜택을 끼쳐준 우리 한국의 불교인들을 적지 않게 만나볼 수가 있다. 그 중에서도 가장 먼저 손꼽을 수가 있는 한국의 고승이 바로 고구려 승랑(僧朗)이다. 승랑에 관해서는 지금까지 우리 학계에서 적지 않은 연구논문[81]과 그 행적의 사적(史的) 조명이 있어 왔다.[82]

---

80 『中觀論疏』(『大正藏』 42권, 9하)

81 대표적 몇 논문을 소개하면 다음과 같다.
崔南善, 「朝鮮佛教-東方文化史에 있는 그 地位」, 『佛教』 74호 (서울: 불교사, 1930.8)
鄭寅普, 「道朗의 三論宗 確立」, 『朝鮮史研究』 下卷 (서울: 서울신문사, 1946)
金芿石, 「高句麗 僧朗과 三論學」, 『白性郁博士頌壽記念 佛教學論文集』 (서울: 동국대출판부, 1959)
金芿石, 「僧朗을 相承한 中國三論의 眞理性」, 『佛教學報』 제1집(서울: 동국대불교문화

그러나 그는 생몰 연대 자체도 안개 속에 감추어져 있는 것처럼, 그에 대한 많은 것들이 정확히 밝혀져 있지 않다. 오늘날 승랑에 관한 자료는 주로 길장의 증언에 의지할 수밖에 없는 형편이다. 삼론학을 집대성한 길장은 자신의 학문이 고구려의 승랑에게서 유래한 것이라고 그 저술 도처에서 밝히고 있다. 그러나 일본[83]과 중국[84]의 학자들은 이러한 길장의 주장이 조작된 것이라고 주장하여 삼론학에 끼친 승랑의 영향을 축소, 격하시켜 왔다. 최근에 이런 왜곡의 과정을 논박하는 논문[85]과 승랑의 생애를 재검토하는 논문[86]들이 발표되었다. 이같은 승랑의 삼론학의 학맥을 오늘의 우리 학계에 되살리는 노력은 계속되어야 할 것이다.

고구려 승랑은 중국에 건너가 삼론을 연구하고 선양하여 후일 중국의 삼론학파 내지 삼론종 개창(開創)의 연원이 된 고승이다.[87] 삼론(三論)을 『성실론(成實論)』과 분리하여 대승중관(大乘中觀)의 참뜻을 드러낸 분이 바로

연구원, 1963)
柳炳德, 「僧朗과 三論思想」, 『崇山朴吉眞博士華甲紀念 韓國佛敎思想史』 (익산: 원광대 출판부, 1975)
金仁德, 「僧朗의 三論思想」, 『哲學思想의 諸問題(Ⅱ)』(성남: 한국정신문화연구원, 1984)
金仁德, 「高句麗 三論思想의 展開」, 『伽山李智冠스님華甲紀念論叢 韓國佛敎文化思想史』 상권 (서울: 가산문고, 1992)
金仁德, 「僧朗 相承 三論學의 三種中道論(1)」, 『韓國佛敎學』 제24집 (서울: 韓國佛敎學會, 1998)
高翊晉, 「僧朗의 中觀的 空觀」, 『韓國의 佛敎思想』 (서울: 동국대출판부, 1987)
高翊晉, 「高句麗 僧朗의 三論學과 그 영향」, 『韓國古代佛敎思想史』 (서울: 동국대출판부, 1989)
金煐泰, 「高句麗 僧朗에 대한 재고찰」, 『韓國佛敎學』 제20집 (서울: 韓國佛敎學會, 1995)
朴先榮, 「고구려 僧朗의 중국유학과 활동 및 師承관계」, 『전운덕 총무원장 화갑기념 불교학 논총』, (서울: 전운덕 총무원장 화갑기념 논총 간행위원회, 1999)

82 金煐泰, 「高句麗 僧朗에 대한 재고찰」, 『韓國佛敎學』 제20집 (서울: 韓國佛敎學會, 1995) 24면.

83 境野黃洋, 『支那佛敎史講話』 下卷(東京: 共立社, 1929), 110면; 平井俊榮, 『中國般若思想史硏究』(東京: 春秋社, 1976), 257면; 鎌田茂雄, 『朝鮮佛敎史』(東京: 東京大學出版會, 1987), 26면; 가마타 시게오, 신현숙 역, 『한국불교사』(서울: 민족사, 1988), 37면. 참조

84 湯用彤, 『漢魏兩晋南北朝佛敎史』(臺灣: 商務印書館, 1938), 740면.

85 朴商洙, 「僧朗의 三論學과 師弟說에 대한 誤解와 眞實(Ⅰ), 『불교학연구』 창간호(서울: 불교학연구회, 2000); 朴商洙, 「僧朗의 三論學과 師弟說에 대한 誤解와 眞實(Ⅱ)」(서울: 불교학결집대회조직위원회, 2004). 참조.

86 金星喆, 「僧朗의 생애에 대한 재검토」, 『韓國佛敎學』 제40집 (서울: 韓國佛敎學會, 2005), 참조.

87 朴先榮, 「고구려 僧朗의 중국유학과 활동 및 師承관계」, 『전운덕 총무원장 화갑기념 불교학 논총』 (서울: 전운덕 총무원장 화갑기념 논총 간행위원회, 1999), 710면.

승랑이다.

승랑에 의해 중국 땅에서 시작된 삼론교학은 '파사현정'(破邪顯正)으로 시종 일관하는 특징을 갖는다. 삼론학은 불교의 정법(正法) 진리를 올바로 밝혀내고자 독특하게 세 가지의 중도론을 전개하였다. 세제와 진제라는 진리성을 각각 변증하는 세제중도론(世諦中道論)과 진제중도론(眞諦中道論), 그리고 진속 이제를 합친 제3의 진리인 '제삼제'(第三諦)의 진리성을 밝혀내는 이제합명중도론(二諦合明中道論)을 도합한 세 가지 중도를 변증하였다. 그리고 이 삼종중도론(三種中道論)은 당시 종래의 견해에 상대[對由來義]하는 삼론가 특유의 네 단계[四重階級] 과정을 통하여 성립되었다. 셋째 단계에서 진속 이제의 진리성 각각을 밝혀내는 '이제각론중도론'(二諦各論中道論)이 형성 전개되었고, 넷째 단계에서 이제를 합친 제3의 진리성인 '제삼제'를 변증하는 '이제합명중도론'이 형성된 것이다. 그리고 이 사중계급은 승랑이 수립한 '중가체용의'(中假體用義)에 의해 삼론가 특유의 사중계급이 설정될 수 있었음이 밝혀졌다.

그리고 또 종전에는 없던 제삼제의 진리성을 밝혀내는 이제합명중도론이 새로 추가되어 이른바 삼종중도론이 형성 전개되었으므로, 이 제삼제는 승랑의 '중도위이제체론'(中道爲二諦體論)과 '이제시교문론'(二諦是敎門論) 등에 의해 제삼제가 섭산(攝山)에서 처음부터 가르쳐져 있었음이 밝혀졌다. 따라서 삼종중도론은 처음부터 승랑에 의해 주창되었음과 초기불교의 중도 정법이 승랑에 의해 삼종중도론으로 형성 발전 되었음을 알 수 있다.

옛날 남북조(南北朝) 당시의 중국 숭불(崇佛)만이 아니고 불교학자로서도 일가견을 가졌던 양무제(梁武帝)가 배움 받고자 스승으로 초청하였으나 끝내 응하지 않았던 승랑(僧朗)에게 황제는 결국 10명의 석덕(碩德) 의사(義士)를 보내어 승랑의 삼론학을 배워오게 하여 간접으로 수학한 고사[88]는 유명하다. 그렇게 고구려 승랑이 이룩해 놓은 삼론의 교학이 모든 중국불교학의 선구가 되었던 것은 역사적 사실인 것이다.

류효현 (조선대)

88 『大乘玄論』(『大正藏』 45권, 19중)

우리말 불교개념 사전

만다라

범 빠 maṇḍala 장 dkyil-ḥkhor 한 曼陀羅[曼吒羅, 蔓陀羅 漫拏羅, 滿荼邏, 曼荼羅, 輪圓具足] 영 Mandala

Ⅰ. 어원적 근거 및 개념 풀이

만다라는 범어와 빠알리어로는 maṇḍala이며, 서장어는 dkyil-ḥkhor이다. 한문은 만다라(曼荼羅)로 음역되며, 영어에 해당하는 의미는 Circular, Round 등이다. 해당언어의 말의 뜻은 거의 비슷하며, 우리말로는 하나의 중심을 향하여 일정하게 둘러싸고 있는 형태를 이루는 해와 달과 같이 '둥근 모양'이라는 의미로 원형(圓形), 원상(圓相) 등으로 해석된다. 또한 이러한 의미에서 유추되어 둥글게 정렬된 군대나 무리를 뜻하기도 하고, 일정한 지역이나 영역을 표시하는 의미로 왕이 거처하는 궁전과 일반인이 사용하는 지역을 구분하는 구획을 뜻하기도 한다. 특히 종교적인 의미에서는 원형으로 구획된 성스러운 봉헌이나 희생제가 거행되는 종교구역을 상징하기도 한다.[1]

---

1 M. Monier. *Williams, A Sanskrit English Dictionary,* Motilal Banarsidass, 1995, 775

그러나 대부분의 경우 종교적인 상징물로서 불교 특히 밀교수행에 이용되는 회화나 조형 등의 의미로 사용될 때에는 산스크리트 maṇḍala의 발음이 이미 보편화되어 때문에 오늘날에는 국제적으로도 Mandala로 불리는 것이 일반적이다.

만다라는 산스크리트 maṇḍala를 음역한 것으로 만다라(曼陀羅), 만타라(曼吒羅), 만다라(蔓陀羅), 만다라(漫拏羅), 만다라(滿荼邏), 만다라(曼荼羅) 등으로 한역(漢譯)된다. maṇḍala는 어근인 maṇḍa와 후접어 la가 부가되어 만들어진 합성어이며, maṇḍa(曼荼 또는 曼多)는 실제상으로 산스크리트 용례는 보이지 않고, 빠알리어에서는 best part, highest point, good qualities, the best, supreme point 등으로 '최상 또는 최고, 최선의 가치나 위치' 등의 의미로 사용되었으며, 최상의 음식이나 최상의 맛을 상징하는 제호(醍醐)와 가장 중요한 부분을 의미하는 정수(精髓)의 의미로 사용되었다. 또한 가장 성스러운 장소라는 의미로 Bodhi maṇḍa라는 용어가 사용되었다.[2] 이를 한역에서는 중심(中心), 신수(神髓), 본질(本質)의 의미를 지닌 제호미(醍醐味)[3] 등의 뜻으로 해석하였으며, la(羅)는 소유 또는 성취(成就)의 의미를 나타낸다. 그러므로 maṇḍala는 종교에서 추구하는 최고, 최상의 지순한 본질이나 진실을 소유 또는 성취하고 있는 것을 의미한다. 그리고 후대의 주석가들은 후접어 la를 과거수동분사의 완료형으로 해석하여 본질이 소유된 것 혹은 본질이 도시된 것이라고 해석하고 있다. 이런 점에서 만다라는 본질적인 진리 그 자체가 이미 완전한 형태로 소유된 것이라는 뜻으로 해석할 수 있다.

그러므로 넓은 범위에서 본다면 만다라는 절대적이고 성스러운 최고의 가치를 추구하는 종교의례에 사용되는 성스러움을 상징하는 체계와 관련된 모든 범위에 해당한다고 할 수 있다. 그러나 일반적으로 이해되는 만다라는 불교, 특히 밀교경전의 정해진 의궤에 의하여 수행법의 도구로 표현된 것을 통칭하는 경우가 많다. 그러나 밀교경전에서 사용되고 있는 만다라의 원형은 고대인도의 종교의례에서 소급하여 찾아 볼 수 있기 때문에

면. ; Sarat Chandra Das, *A Tibetan English Dictionary,* Motilal Banarsidass, 1995, 56면; 水野弘元, 『パリ語辭典』(東京: 春秋社, 1975) 217면 등 참조.

2 Franklin Edgerton, *Buddhist Hybrid Sanskrit Grammar and Dictionary,* Motilal Banarsidass, 415면 ; 水野弘元, 『パリ語辭典』(東京: 春秋社, 1975) 216면 등 참조.

3 『大日經』(『大正藏』 18권, 5중)

밀교에서 사용되는 만다라의 형성과정은 역시 인도 고대종교에서부터 고찰해 보아야 한다.

고대 인도인들은 그들의 행복과 안녕을 위하여 이를 방해하는 악귀들을 물리쳐야 한다고 생각하였다. 그러므로 그들은 이러한 목적을 달성하기 위하여 일정한 종교의례를 행하였으며, 이러한 행위를 하기 위하여 성스러운 특별한 공간을 필요로 하게 되었다. 따라서 그들은 비법(秘法)을 행하기 전에 먼저 일정한 구역을 설정하여 상징적인 표현을 빌려 악귀의 침입을 방지하기 위한 목적으로 둥글게 원형 또는 방형을 그렸다. 이 때에 자연스럽게 형성되는 종교적으로 사용되는 지역을 별도로 '구분' 또는 '구획되어져 있는 곳'이라는 의미로 만다라를 사용되었다.

인도최고의 문헌인 리그베다에서는 이러한 공간적인 의미가 변모하여 인간의 소원에 따라 나누어져 있는 신에 대한 찬가를 열 가지로 구분하고 그 하나하나 구분되어진 찬가를 **maṇḍala**로 불렀다. 또한 마하바라타(大史詩)에서는 이를 일반인의 무리와 구분된다는 점에서 군대라는 뜻과 실외와 구분된 실내라는 의미를 비롯하여 중간 등의 다양한 의미로 사용되었다.[4] 이러한 용례는 그대로 불교에 수용되어 초기불교 경전인 빠알리어 장부경전과 『해탈도론』에서는 둥근 수레나 둥근 단의 의미로 원륜(圓輪) 또는 원단(圓團)의 뜻으로 비슷하게 사용되었다.[5]

이와 같이 **maṇḍala**는 '원형'이라는 어원적인 의미에서 출발하여 종교적인 행위에 있어서 일반적인 것과 구분되는 '최고의 신성(神聖)을 보존하고 있다'는 뜻으로 확대되었다. 그리고 이에 유래하여 절대적이고 성스러운 '신의 영역'을 뜻하는 용도로 사용되었고, 당시 최고의 신성을 대표하는 베다의 찬가를 의미하기도 하였다.[6] 또한 더욱 구체적인 종교행위에 있어서 성스런 의미를 지닌 구체적이고 종교적인 실천 행위가 이루어지고 있는 신을 모신 영역이라는 의미로 흙을 쌓아 올려 만든 신성한 신의 공간인 '단(壇)'을 의미하게 되었으며, 이러한 공간을 확보하기 위하여 인위적으로 구분되는 인간의 공간인 속(俗)의 공간을 제외시키는 구획이라는 뜻으로 사

4 M. Monier. Williams, *A Sanskrit English Dictionary,* Motilal Banarsidass, 1995, 775면.

5 栂尾祥雲, 『曼荼羅の研究』 (東京: 臨川書店, 1985), 1면.

6 M. Monier. Williams, *A Sanskrit English Dictionary,* Motilal Banarsidass, 1995, 775면.

용되기도 하였다.

이러한 의미와 유사하게 사용되어진 인도어로는 Yantra와 Cakra 등이 있다. 인도 고대 탄트라에 등장하는 yantra는 지탱하다, 넓히다, 나타내다, 보이다 등의 의미인 어근 yan에 후접사 tra가 더해져서 만들어진 말로 '우주와 인생의 진리의 모습을 표현한 도식'이라는 뜻으로 해석된다. 별명으로는 Catra라고도 한다.[7] 이는 원으로 둘러싸임이라는 뜻의 윤위(輪圍) 또는 영역이나 구역을 표시하는 경역(境域) 등의 의미로 쓰인다. 이런 점에서 어원적인 의미상에 있어서는 maṇḍala와 의미가 비슷하게 사용되었음을 알 수 있다.

이런 점에서 만다라는 둥근 원형이나 이를 사용하여 일정한 구획을 정렬한다는 뜻을 어원적으로 지니고 있음을 알 수 있다. 그리고 이러한 공간을 구획한다는 의미는 종교적으로 정신적이고 내면적인 가치로서 성(聖)과 속(俗)을 구분함으로써 성스러움을 상징하는 뜻으로 활용되었다. 그러므로 속과 구분되는 성은 곧 신성이며 절대적인 진리 그 자체를 상징하게 되었다. 그리고 이를 더욱 구체적인 현실의 입장으로 표현하게 되면 종교의례에 사용되는 성스러운 공간을 상징하는 단(壇)이나 성스러운 성자의 거룩한 일이 벌어졌던 장소나 성스러운 행위가 이루어지는 도량(道場)의 의미로 사용되었으며, 점차 이러한 다수의 성스러운 것들의 집합이라는 뜻으로 취집(聚集)이라는 의미로도 사용되었다. 그러므로 만다라의 개념은 더욱 방대하지만 본질, 도량, 단, 취집의 네 가지의 개념으로 종합할 수 있다.[8]

1. 본질

maṇḍala는 본질을 의미하는 maṇḍa와 소유(所有)의 의미를 지닌 la의 합성어 이다. 이러한 개념의 용어가 불교에 받아들여지면서 신이나 절대적인 신성함을 대체하는 불교적인 개념인 깨달음을 표현하는 정각을 성취한 경지인 불(佛)의 경지와 관련하여 설명하는 용어로 사용되기 시작하였다.

---

7 M. Monier. Williams, *A Sanskrit English Dictionary,* Motilal Banarsidass, 1995, 845면.

8 『大日經疏』 4(『大正藏』 18권, 625상하)에는 극무비미(極無比味), 무과상미(無過上味) 등으로 해석되는 본질의 의미인 윤원과 발생, 적집, 집회의 의미인 취집 등으로 설명되며, 栂尾祥雲, 『曼荼羅の研究』 (東京: 臨川書店, 1985), 1-6면에는 네 가지로 정리하고 있다.

불교에서의 본질이란 깨달음의 경지로 표현되는 무상정등각의 보리(菩提)인 만덕원만(萬德圓滿)의 불과(佛果)를 말한다. 그러므로 이러한 경지를 해석하여 윤원구족(輪圓具足)[9]으로 한역되었다. 윤원구족이란 마치 수레의 바퀴통과 바퀴태와 바퀴살이 구족하여 둥근 바퀴를 이루듯이 이 중에서 하나라도 빠지게 되면 바퀴가 이루어질 수 없는 것과 같이 만덕을 빠짐없이 구비한 것이란 의미로 해석된다. 이런 점에서 불타의 깨달음의 경지를 표현하는 만다라는 만덕을 구비하여 부족함이 없는 최상의 경지를 설명하기에 윤원구족이라 한다. 이러한 경우는 인도고대 종교에서의 신성이라는 최고의 가치를 일반적인 것과 구분하여 만다라라고 하는 것과 외형적인 의미에서는 동일하지만 그 내용상에서는 불교적인 해석이 내포되어진 것으로 보인다.

그리고 이러한 경지는 최고 최상의 경지이므로 『대일경』에서는 최상의 맛을 대표하는 제호미로서 표현하고 어떤 것과도 비교할 것이 없기에 극무비미(極無比味), 무과상미(無過上味)[10] 등으로 번역한다.

2. 도량

만다라의 본래의 뜻이 불의 깨달음의 경지인 보리정각을 말하기에 그것을 역사적인 공간으로 표현하자면 석존이 보리수하에서 성도하신 그 장소를 생각할 수 있다. 그러므로 그 나무를 보리수라 하고 그 장소를 보디만다라(bodhi maṇḍala) 또는 보디만다(bodhi maṇḍa)[11]로 칭하는 것과 같이 '깨달음을 얻은 장소'란 뜻으로 사용되기도 하였다. 그리고 이를 더욱 확대하면 석존이 깨달음을 얻었듯이 누구나 깨달음 얻으려고 노력하는 수행장소인 도량의 뜻으로 전용되기도 한다. 그러므로 본질의 정각인 그 상태를 있는 그대로 표현하는 용어인 만다라가 본래의 뜻에서 파생하여 석존이 보리의 본질을 얻게 된 장소를 만다라로 부르면서 이에 유래하여 신성하게 깨달음을 추구하는 장소인 도량을 의미하는 것으로 해석하게 되었다.

---

9 『大日經疏』 4(『大正藏』 18권, 625상)
10 『大日經』 (『大正藏』 18권, 5중)
11 Franklin Edgerton, *Buddhist Hybrid Sanskrit Grammar and Dictionary,* Motilal Banarsidass, 415면.

3. 단(壇)

일정한 단상위에 불보살상을 그리거나 혹은 불체를 안치하기에 제존이 집회한다는 것과 모든 공덕이 쌓인다는 뜻으로 단을 만다라로 호칭하기도 한다[12]. 모든 종교행위에서는 그 중심에 특정한 의미를 부여하게 되고 이를 상징적으로 표현하여 돌이나 흙을 쌓아 올려 만든 성스런 장소를 단이라 한다. 그리고 이 단에는 불보살 등을 비롯한 조형이나 회화 등의 상징물을 모시기도 한다. 그러므로 본질인 성스러운 진리 그 자체가 외형적인 모습으로 드러나게 되므로 이를 만다라라고 한다.

4. 취집(聚集)

만다라는 여래의 진실한 만덕을 한곳에 모았다는 의미로 『대일경』 제2권[13]과 『대일경소』 제4권[14]에는 취집으로 번역한다. 여러 불보살의 집회를 의미하지만 그것은 곧 그 불보살의 공덕의 모임이라는 의미도 함께 지니게 된다. 그러므로 본질의 진실이 곧 불보살이라면 불보살이 모인 곳이 단이 되고, 이것은 또한 단순한 불보살의 형상이나 회화의 모임이 아니라 다양한 불보살의 본원에 의한 공덕을 온전하게 보존하고 있어야 한다. 그러므로 취집을 만다라라 한다. 성스러운 제불보살들이 모이는 장소라는 의미로 성중의 집회처라 해석하는 것이 이런 경우이다. 그리고 만다라를 체로 하여 무량무변의 불신을 나타내고, 음성을 발하고, 뜻하는 바를 보여 삼밀무진장엄장을 시현하기에 발생이라고도 번역한다.[15]

그러나 이들 네 가지의 대표적인 의미 중에서 윤원구족이야 말로 나머지 세 가지의 의미를 모두 포괄할 수 있기에 만다라를 윤원구족으로 번역하는 것이 일반적이다. 따라서 만다라는 외형적으로 표현될 수 없는 절대적인

---

12 『사자장엄왕보살청문경』(『大正藏』 14권, 697하)에는 도량에 방단(方壇)을 짓는 것을 만다라라고 한다.

13 『大正藏』 18권, 5중하에는 발생, 적집(積集), 극무비미, 무과상미 등의 의미로 해석되고 있다.

14 『大日經疏』 4(『大正藏』 18권, 625상)

15 『大日經疏』 4(『大正藏』 18권, 625상)

깨달음의 세계나 성스러운 진리의 본질 그 자체를 외형적이고 구상적인 방법에 의하여 공간적이고 회화적인 모습으로 나타낸 것이라고 할 수 있다.

그렇다면 만다라는 넓은 범위로서는 종교적인 목적으로 표현된 것들을 의미하게 되므로 모든 종교에서 사용되는 상징적인 모습은 모두 만다라가 될 수 있다. 그러나 역사적으로 동양 특히 불교에서 독자적인 발달과정을 거치고 독특한 형식을 지닌 형태로 정리된 만다라는 흔하지 않다. 또한 밀교경전과 같이 일정한 교리 혹은 세계관을 평면 또는 입체에 의하여 표현하는 형식을 지니는 경우는 찾아보기 어렵다.

그러므로 만다라에는 여러 종교에서 사용되는 것과 다양한 종류와 유형이 있을 수 있지만 여기에서는 불교 특히 밀교경전에 주로 등장하는 것이라는 의미로 한정하여 사용한다. 그러므로 만다라의 형성과 전개과정은 밀교의 형성과 깊은 관련을 갖게 되고, 밀교가 지니는 불교 혹은 인도고대 종교문화와의 관련성을 감안한다면, 인도고대 종교문화 속에서 그 기원적인 원형을 발견할 수 있다. 그리고 밀교 만다라의 정형적인 정립은 밀교형성과정 속에서 찾아 볼 수 있기에 인도고대 종교문화와 밀교형성과정 속에서 그 기원과 성립에 대하여 알아보고자 한다.

Ⅱ. 역사적 용례 및 텍스트별 맥락의 용례

1. 인도 고대문화와 밀교의 형성

만다라가 지니는 고전적인 의미는 인도에서 형성된 모든 종교의례에서 공통적으로 발견되듯이, 인도 고대문화와 관련성을 지닌다. 이들은 주술적인 신앙을 지니고 있었으며 인더스 유품에 의하면 동물이나 나무·여신·생식기 등을 숭배하였고 종교적인 실천법으로 Yoga를 행한 것으로 보이며 일상생활과 생산활동을 직접 결부시킨 주술이 널리 행해졌다. 이들 비아리아인의 문화가 후세에 힌두교에 적지 않은 영향을 주었고, 밀교도 또한 그 소재의 많은 부분을 비아리아인의 문화를 계승하고 있다.[16]

16 인도 고대문화는 약 B.C.3000년경부터 Indus강을 중심으로 형성된 Indus문명에서 찾을 수 있고, Dravida나 Munda족으로 짐작된다. 이들은 농경과 목축·수렵의 생산활동과 모계적인 가족제도를 지닌 것으로 보이며, 청동기를 사용하였다. 이들 인더스

그러나 철기로 무장한 Caucasus 지방을 원주지로 했던 서방의 아리아인들이 침입하는 B.C.1500-B.C.1200년이 지나면 인더스 문화는 피정복민의 문화로 전락되어 오히려 비아리아인의 문화로 불린다. 그러나 외래문화인 아리아인의 문화는 인도토양 속에서 점차 비(非)아리아인의 문화를 수용하게 되었다.[17]

이런 과정에서 아리아인 문화의 중심이었던 종래의 성직자 계층인 브라만의 구속력이 약화되면서 바라문 사회의 규제를 받지 않는 자유로운 종교수행자들인 사문들이 등장하게 된다. 육사외도를 비롯한 불교 등이 이러한 시대적인 배경을 바탕으로 형성되었다. 그러므로 불교가 형성되는 시기에 해당하는 시대에는 이미 다양한 바라문의 종교의례가 성립되어 있었으며, 주된 내용은 비아리안인의 문화와 외래문화인 아리아인의 문화가 혼합된 것이라고 할 수 있다.

특히 주술적인 비아리아인의 종교의례는 인도민족문화의 저류가 되었고, 지적인 활동보다 인도인이 일상적으로 지내고 있는 비근한 민간신앙적인 요소가 중심이 되었으며, 이러한 요소를 공통적으로 지니고 있는 사조를 탄트리즘(Tantrism)이라 한다.

이러한 경향은 인도인들의 일상적인 생활과 직접적인 연관성을 지닌 비아리아인의 문화와 더욱 가깝고 인도토양에서 형성된 모든 종교에 영향을 주었으며, 힌두교 혹은 불교 속에도 섭취되었고 각각의 독자의 교리적인 상징화에 의하여 새로운 종교적인 의례로 표현되었다. 특히 불교에서의 이러한 변화는 초기불교에서부터 행해졌으며, 불교사상에 의한 새로운 인도고대문화의 변형이라는 과정을 거치면서 대승이후 불교 대중화와 함께 점차 가속화되어 대승후기에 이르러 밀교를 형성하게 되었다.

문명의 유적은 Harappā와 Mohenjodaro를 중심으로 발굴되었으며 일정한 기획을 지닌 계획적인 도시를 중심으로 형성되었으며 아리아문화와는 구분되며, 메소포타미아 문명과 가까운 것으로 판명되고 있다.(松長有慶,『密教の歷史』(平樂寺書店, 1973), 15-16면)

17 아리아인에 의하여 최초로 남겨진 종교적인 문헌은 ṛg-veda이며, 이후 1000년에서 500년 사이에 sāma, yajur, atharva 등의 베다가 성립되었다. 그러나 이들 베다에는 아리아인들의 신과 함께 非아리아인들의 신들도 함께 포함되어 있는 것으로 추증되며, 많은 부분에서 非아리아인의 문화를 받아들인 흔적을 보이고 있다. 이러한 경향은 A.D. 6세기경 아리아인들이 갠지스 강으로 진출하면서 원주민과의 교류가 확대되고 지역문화에 습합되면서 아리아인의 외래 문화적인 특성은 쇠퇴하고 오히려 인도전통의 非아리아인의 문화를 적극적으로 받아들이게 되었다.

그러므로 정형화된 밀교경전이나 의궤에 나타나는 만다라는 인도고대 종교의례에 그 연원이 있으며, 이러한 요소를 받아들여 불교적인 변형과정과 가공을 거치면서 밀교 만다라로 새로운 모습으로 재생하게 되었다고 할 수 있다.

이러한 밀교형성 과정을 시대별로 구분하여 정형적이고 대표적인 밀교경전인『대일경』과『금강정경』이 형성되는 A.D. 7세기 경을 중심으로 나누기도 한다. 대체적으로 이 시기를 중기밀교 시대라고 하며, 그 이전에 해당하는 밀교형성과정에 해당하는 시기를 초기밀교 시대라 하며, A.D. 8세기 이후 밀교성전을 탄트라(Tantra)로 호칭하는 시기를 후기밀교 시대로 구분한다. 그러므로 밀교 만다라의 형성과 전개과정을 이해하기 위해서는 인도 고대문화 속에 나타나는 만다라와 함께 초기, 중기, 후기밀교 속에서 어떠한 과정을 거쳐 밀교의 만다라로 성립 또는 전개되었는지를 나누어 살펴본다.

2. 인도 고대문화와 만다라

인도 고대문화 중에서 인더스 문명에 연원을 둔 비아리아인의 주술적이고 민간신앙적인 성격이 강한 탄트리즘은 인도종교 전반에 공통되는 성격으로 상징적인 성격과 함께 신비주의적인 종교의 극치로서 오늘날 재평가되고 있다. 특히 탄트리즘은 인도토양에서 형성된 모든 종교의례를 구성하는 소재로 사용하였다. 왜냐하면 인도종교의 교화 대상자들이 대부분 인도토양 속에서 삶을 영위하고 있는 자들이며, 탄트리즘은 이들의 생활과 직접적인 관련성을 지니고 있는 내용들을 중심으로 설해진 것이기 때문이다. 그러므로 이들 고대 인도종교의 탄트라에는 종교수행법과 관련성을 지니며, 특히 종교의례에 사용되는 상징적인 의례와 관련한 다양한 수행법의 형태를 전하고 있다.

그러므로 탄트라는 직접적인 인간의 행위와 불가분의 관계를 지닌다. 자아와 세계에 대한 근원적인 진리에 대한 고찰에서 시작하여 이를 체험하고 이를 얻게 하기 위하여 설해진 완전한 인격과 행복에로의 추구가 목표이다. 이를 위해서는 고매한 정신적인 수련과 함께 일상적인 행복을 얻을 수 있는 의례를 통한 작법과 육체적인 수행방법 등도 함께 포함된다.

그러나 이러한 종교적인 행위를 유도하고 수행하는 것은 내면적이고 직관적인 종교체험의 영역에 해당하며, 이를 외면적으로 표현할 필요가 있을 경우에는 고도의 상징적인 방법이 동원될 수밖에 없다. 특히 상징적인 표현을 이용한 체계를 지니고 순수한 종교적인 목적을 의미하는 용도로 만다라가 사용되었다. 이런 점에서 고대인들이 생각해 낸 것은 인간과 세계의 창조와 관련된 철학적인 관점을 바탕으로 하는 것이며, 이를 만다라의 고대원형이 되는 얀트라(Yantra)라는 기하학적인 도형으로 도식하게 된다.

<그림 1> Sri Yantra, Rajasthan, 18th century[18].

우선 고대인들에게 생존과 관련한 가장 중요한 문제는 농업과 목축과 종족보존 등과 관련된 창조적인 생산 활동이며, 이를 중심으로 하는 우주적인 원리와 어떻게 합일을 이룰 수 있을까 하는 문제로 귀착된다. 이러한 활동에는 반드시 자아와 우주원리와의 합일을 위한 구체적인 행위가 수반되며 이를 위하여 상징적인 도형이 그려진다. 그러므로 <그림 1>에서 4-5개의 정삼각형과 4-5개의 역삼각형의 결합에 의하여 세계창조와 합일에 도달하는 과정을 상징적으로 표현하고 있다. 그리고 외원과 연꽃잎은 비밀한 세계의 모습을 상징적으로 묘사하고 있으며, 최외원부에 위치하는 사각의 울타리는 성곽모양을 묘사한 것으로 무한한 세계의 모습을 함축적으로 표현하고 있다. 그러므로 얀트라는 도구라는 의미로 해석되며, 명상을 통한 진리와의 합일이나 우주적인 절대모습인 신과의 합일을 도와주는 것으로 표현된다.

이런 점에서 얀트라에는 구체적인 신이 그려지는 도상과 점, 선, 원, 삼각형, 사각형 등으로 구성된 원시적인 추상도형이 있다. 이와 같은 원리로 인

18 Ajit Mookerjee, *Tanntra Art,* Rupa. Co, Paris, 1771, 22면.

도고대의 탄트라에는 많은 도상들을 이용하여 상징적으로 표현하고 있으며, 이들 도상들은 종교의례에서 중요한 역할을 한다. 왜냐하면 이들은 신성한 진리의 세계를 가시적인 형태로 표현해주는 역할을 하기에 때로는 숭배의 대상이 되기도 하고, 절대적인 경지를 추구하는 수행자에게는 절대적인 세계를 만날 수 있는 수행의 도구로도 사용된다. 이것은 일상적인 경험에 근거하여 인간이 인식할 수 있는 평범한 대상으로서의 한계를 넘어 인간의 인식이 도달할 수 없는 추상적이고 절대적인 경지를 현실적으로 설명할 수 있기 때문이다.

그러나 이러한 고대인도 탄트리즘의 전통은 아리아인의 문화와 결부되면서 외래의 신들을 포섭하고 철학적인 사고와 사유체계를 보완하면서 아리안인의 종교인 바라문교를 형성하게 된다. 이 종교는 대부분 베다에 근거하며, 인간의 한계를 초월하는 절대적인 우주의 진실면목을 신이라는 개념으로 상정하고, 이를 인간이 어떻게 받아들이고 체험할 것인가 하는 점이 주안점이었다.

이를 위하여 인도 고대인들은 세상이라는 세계 혹은 우주라는 전체를 어떻게 통합적으로 파악하고 이를 표현할 수 있을까하는 의문을 갖게 되었다. 이런 점에서 실제의 만다라는 인도고대인들의 우주관과 깊은 관련성을 갖는다. 이들은 세계를 거대한 산을 중심으로 성립되어 있다고 생각하였다. 그리고 이 산을 수미산(Smeru)으로 불렀다. 대해 중앙에 솟은 수미산을 중심으로 정상에 천계를 지배하는 제석천이 살고 있는 성곽이 있고, 그 주위로 섬으로 된 대륙과 천계와 지계가 동심원으로 둘러싸여 있다. 아래쪽에는 거인, 악마, 유색인종과 지하세계가 그려진다.

이러한 얀트라의 전통은 탄트라 의식이나 명상을 할 때에 정신을 집중하기 위한 수단으로 이용되며, 중앙을 중심으로 하는 동심원의 에너지로 상징되고, 명상수련에 활용되는 산스크리트 음절을 이용한 진언 만다라와 병기되어 그려지기도 하였다. 또한 일존 혹은 제존과 함께 그들의 위력과 신화적인 이야기를 상징하는 문양이나 그림이 추가되어 그려지기도 하였으며, 인체의 중요부분을 상징하는 일곱 부분의 차크라(Cakra)를 활용한 명상용의 얀트라 등의 형태로 무수하게 사용되었다.[19]

---

19 松長有慶,『タントラ 東洋の智慧』(東京: 新湖選書, 1981), 15-84면 내용참조.

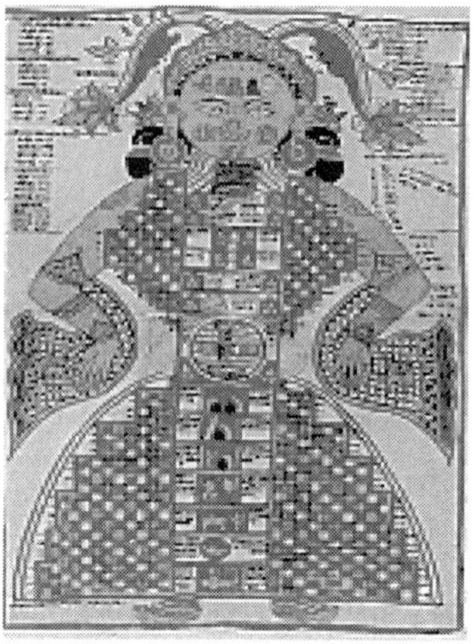

<그림 2> Purushakara Yantra, Rajastahan, 18th century[20]

3. 불교의 전개와 만다라

석존이후 형성된 불교전통에서는 이러한 정통적인 인도고대의 신앙적인 부분과 차이를 보이고 있다. 즉 불교는 인도토양 속에서 형성되었지만, 출발점에서부터 인도고대 종교와 성향을 확연하게 구분하고 있다. 이런 점에서 인도고대 종교의 새로운 변신인 힌두교를 정통적인 인도종교로 간주하고 불교를 인도종교 속에서 비정통적인 종교로 분류하기도 한다. 그러나 인도종교가 그러하듯이 불교가 표방하고 있는 목표도 또한 중생구제가 아닐 수 없으며, 이런 점에서 인도 토양에서 배양된 불교 속에도 그 교화의 대상이 되는 인도지역의 문화 속에 삶을 유지하고 있는 대중들을 무시할 수는 없었다.

대체적으로 초기불교 시대에는 불교의 특성이 강하게 부각되는 석존의 교설이 중심이 되었으므로 인도전통의 사상과 종교적인 요소는 불교 안에서 그다지 환영받지 못했다. 그러나 점차 불교가 다양한 지역과 민족으로 파급되면서 자연스럽게 이러한 요소들이 불교 내에 유입되기 시작하였다. 그러나 석존의 교설이 이전의 수행과는 크게 달랐던 혁명적이었다면 대중교화라는 명분으로 그것을 그대로 불교 내에서 인정할 수는 없었을 것이

20 Ajit Mookerjee, *Tanntra Art,* Rupa. Co, Paris, 1771, 117면.

며, 최소한 불교적인 의미부여가 이루어지지 않을 수 없었다. 이러한 점에서 고대인도의 문화가 그대로 불교 속에 수용되었다는 사실은 한계를 지니고 있다. 그러므로 초기불교 당시에는 비불교적인 요소에 대한 경계가 있었지만 점차 대승불교화 하여 가면서 인도고대 종교적인 요소를 받아들여 이를 소재로 하여 점차 불교적으로 가공하고 내면화하면서 불교적인 의미로 재구성하는 과정을 거치게 된다.

많은 부분에서 그러하듯이 불교의 만다라 또한 불교의 독창적인 산물은 아니며 인도고대 종교의 부산물임에는 틀림없다. 그러나 인도고대 종교에서 사용되었던 만다라가 그대로 불교 속에서 사용된 것은 아니다. 왜냐하면 불교는 이전의 인도종교와는 뚜렷하게 교학적인 체계를 달리하기 때문이다. 그러므로 만다라의 언어적인 의미에 있어서도 차이를 보이고 있다. 베다경전의 신성함이나 초월적인 신의 경지를 또는 외형적으로 나타나는 신을 모신 영역이라는 의미로 사용되었던 개념이 점차 불교적인 내용으로 정리되는 과정을 거치게 되었기 때문이다.

불교적이라는 의미는 주체적인 인간의 노력에 의하여 깨달음을 성취할 수 있다는 가능성과 이를 경험한 석존의 깨달음에 연유한다. 그러므로 가장 성스러운 것을 상징하였던 기존의 만다라의 의미가 불교에서의 가장 성스러운 의미인 깨달음의 경지를 상징하게 되었고, 깨달음의 경지 그대로가 우주의 진면목임을 설명하게 된다. 그러므로 불교에서의 만다라의 용어는 기존의 인도고대 종교의 용어 의미와는 달리 해석될 수 있다.

이런 의미에서 『마하승기율』 제16과 『유부비나야』 잡사 제13과 『해탈도론』 제4 「행문품」 등에는 청정한 땅에 원, 방, 삼각, 사각의 모양으로 만다라를 짓는다고 설하고 있으며[21], 이로써 수행자가 수행하기 위하여 땅을 청정하게 하여 수행도량을 삼는 것으로 설명되고 있다. 그러나 초기밀교 경전인 『사자장엄왕보살청문경』에는 도량 안에 방단(方壇)을 쌓는 것을 만다라라고 한다[22]고 하고, 『불공견색다라니경』에는 만다라를 단(壇)으로 설명하고 있다.[23] 따라서 수행이 강조되는 초기불교에서는 수행하기 위한 도량

21 塚本善隆, 『望月佛教大辭典』 (東京: 世界聖典刊行協會, 1974), 4759면; 이외에도 『根本說一切有部毘奈耶』 卷第二十七(『大正藏』 23권, 776하); 『根本說一切有部苾芻尼毘奈耶』 卷第十(『大正藏』 23권, 961중); 『根本說一切有部苾芻尼毘奈耶』 卷第二十(『大正藏』 23권, 1019중); 『入阿毘達磨論』 卷上(『大正藏』 28권, 981중) 등에서도 비슷한 용례를 볼 수 있다.

22 『사자장엄왕보살청문경』(『大正藏』 14권, 697하)

의 의미로 해석되었지만 점차 대승불교의 신앙적인 요소와 함께 밀교적인 의미가 부여되면서 종교의례에 사용되는 구체적인 단의 의미로 해석되는 용어의 변화가 있음을 통하여 알 수 있다.

이러한 변화는 초기불교에서부터 그 근원을 찾을 수 있다. 초기불교 시대에는 석존의 유물이나 유품 혹은 그 역사적인 발자취가 존경과 신앙의 대상이 되었고 진리나 깨달음의 세계를 상징하는 법륜이나 보리수와 원형 등이 종교적인 상징으로 사용되었다.

<그림 3> 무불상시대의 석존에 대한 표현으로 사용된 보리수
바르후트탑에 새겨진 나가 엘라파트라의 예불도[24]

그러나 단순한 종교적인 상징체계를 이루었던 초기불교의 신앙형태는 점차 변모하게 되면서 이러한 상징적인 의미의 필요성이 증대되어 불탑신앙이 나타나고, 불탑을 중심으로 하는 신앙적인 의례가 형성되면서 불탑참배와 관련한 다양한 의식이 집행되었고, 불탑의 지역적인 한계를 절감한 이후에는 어느 곳에서나 신앙행위가 가능한 불상이 조성되기에 이르렀으며 불상을 중심으로 하는 신앙의례가 정비되기 시작하였다.[25]

---

23 『불공견색다라니경』(『大正藏』 20권, 418중)

24 여기에는 불의 형상 대신에 보리수와 빈자리로 석존을 표현하고 있다. (이주형, 『간다라 미술』 (서울: 사계절출판사, 2003년), 80면.)

25 불상의 형상으로서 조성은 기원후 1세기 경으로 추증된다. (高田修, 『佛像の起源』 (東京, 1967) 9-19면.)

이런 과정을 지나면서 석존을 중심으로 하는 불화와 조형물이 조성되고 초기에는 대부분 석존의 전생담에 근거하는 형상이나 석존의 일생을 감동적으로 표현한 내용들이 나타나게 되었다. 그러나 점차 이런 내용들이 정비되면서 일정한 형식을 정하게 되고, 이러한 형식을 정할 때에 기준이 되는 것은 물론 인도인들의 생활습속이 되어 버린 기존의 인고고대 종교의 의례가 중심이 되었을 것이다.

그러므로 석존을 중심으로 하는 변상도나 석존과 그 제자들을 집합하여 도회하는 모습 등으로 표현되기에 이른다. 석존이 깨달음을 얻고 설법하고 있는 그림을 집회도라고 한다. 대부분 석존 주위에 십대제자가 자리하고 아래에 공양자들이 그려지지만 후대에 이르면 밀교의 영향으로 사방에 사불이 배치되기도 한다. 전체적으로 피라미트 모형의 삼각형으로 그려진 것을 집회수라하고 나무 잎이 제불을 상징한다. 변상도(變相圖)의 변(變)이란 움직임의 뜻으로 움직이는 모습을 지속하고 있기에 변상이라 한다. 또는 변이란 전변(轉變)의 뜻으로 실물을 옮겨 그려 전사(轉寫)하기에 변상도라 하기도 한다. 중국 당대에 크게 유행하였으며, 미타정토를 그린 미타변상도 등의 정토변상도와 화엄경의 8처 9회 또는 7처 9회를 그린 화엄변상도, 지옥의 모습을 그린 지옥변상도 등이 있다.

<그림 4> 화엄변상도(선암사)[26]

---

26 홍윤식, 『만다라』 (대원사, 1996), 111면.

이런 경향이 강해지게 되는 것은 불상의 성립이나 불교의 대중화 등에서 연유하는 대승불교의 성립과 관련이 있다. 대중교화를 중요시하는 대승의 경향은 일반대중이 대상이 되며, 이들의 문화와 종교의례가 불교 속에 수용되고 불교적인 내면화 과정을 거치게 된다. 일반적으로 이런 과정과 밀교의 성립이 불가분의 관계에 있다고 말해진다.

그리고 교학적으로 대승불교의 성불론과 관련하여 다양한 시간과 공간의 불로 확대되고 삼세와 타방불에 대한 견해가 일어나고, 이를 정리하고자 하는 노력의 일환인 불신관의 전개과정과 관련성을 지닌다. 또한 대승불교의 새로운 발상인 중생구제와 수행불이라는 두 가지의 접점을 이루는 보살사상의 형성은 수많은 보살을 예상하게 되었고, 이러한 보살과 불의 관계성을 고려하면서 고대인도 종교 습속을 받아들여 풍부한 제존의 모습을 이용하여 더욱 다양하고 복잡한 형태로 전개하게 된다.

대체적으로 이러한 과정의 변화는 석존을 중심으로 하는 현실이익적인 의례가 중심이 되는 초기밀교의 모습에서는 다라니와 인계 등이 유기적인 관련성을 지니면서 일존 위주의 모습으로 나타나지만 점차 다양한 제존의 모습을 취하면서 이에 대한 정비가 진행되고 중기 밀교시대 경전이 되면 대일여래가 중앙에 위치하고 제존이 일정한 교학적인 이념에 의하여 조직적으로 정리되는 정형화된 밀교 만다라의 형태를 갖추게 된다.

4. 초기밀교 경전과 만다라

인도에서 밀교가 형성되는 것은 초기불교에서부터 점진적으로 밀교적인 요소가 증대해 가는 과정을 거치는 오랜 시간의 경과와 함께 이루어지며, 특히 대승불교의 성립과 전개와 깊은 연관성을 지닌다. 대승불교성립의 배경이 되는 기원 이전의 서북인도에는 마우리아 왕조가 붕괴되고 희랍의 왕조가 설립되었고, 북방의 유목인들이 북인도를 지배함으로써 외래문화가 유입되었고, 이와 함께 인도고유의 요소가 혼합된 독특한 문화가 형성되었다. 이러한 배경은 대승불교가 형성되는 계기가 되기도 하였다.

특히 희랍의 영향을 받은 간다라(Gandhara) 미술과 마투라(Mathura) 지방의 인도풍의 불상이 나타났으며, 이 불상에 대한 예배와 의례는 대부분 바라문의 의례를 모방하는 형태를 취하게 되었다. 이러한 경향의 일환으로 인도 토착문화와 아리아인의 문화가 결부되면서 힌두교가 형성되었고, 인도문화에 바탕한 바라문의 종교의례와 힌두교의 민간신앙이 대승불교에 자극을 주게 되었고, 불교 내에서도 이를 적극적으로 받아들이는 경향이 나타났다.

특히 대중교화의 이념이 강하게 부각된 대승불교 시대에는 이러한 경향이 더욱 농후해지면서 이들에 대한 불교적인 해석과 함께 교학적인 순화과정을 거쳐 불교교학 혹은 불교의례 등으로 정리되기 시작하였다. 이러한 과정에서 인도전통의 종교 문화 등과 대승불교의 사상적인 발전과 전개가 함께 종합되고 정리되면서 새로운 유형의 밀교가 형성되는 계기를 만나게 되었다.

정리된 밀교는 밀교의 수행법인 삼밀과 만다라 등이 완비되어 나타나는 밀교의 양부대경으로 불리는『대일경』과『금강정경』이 성립되는 7세기 이후에 나타나게 된다. 이 시대를 일반적으로 중기밀교 시대로 간주한다면 이들 경전이 성립되기 이전에 해당하는 밀교적인 요소가 나타나는 경전들은 초기밀교 경전으로 분류할 수 있다. 따라서 초기밀교 경전들에는 정형적인 중기밀교가 형성되는 과정과 관련한 일련의 자료를 구비하고 있다고 하겠다. 특히 초기밀교와 관련한 인도자료가 부족한 현실에서 한역된 초기밀교경전은 밀교형성의 과정과 요인을 밝히는 중요한 자료가 된다.

이러한 초기 밀교경전들은 중국에서 3세기 전반부터 본격적으로 한역되기 시작하였다. 특히 불교전래 이전부터 병치유의 주술이나 불로불사의 도술 등과 음양오행, 참위설, 신선술, 귀신신앙, 방술 등이 중국에서 널리 유행되었으므로 불교수용에서도 이러한 면이 강하게 부각되었으며, 이러한 관심의 고조는 다양한 초기 밀교경전의 번역으로 나타났다.

그러므로 7세기까지에 해당하는 한역된 초기 밀교경전들에는 대부분 주술적이고 현세이익적인 밀주(密呪)나 다라니(陀羅尼)가 중심이 되어 있는 것이 일반적인 경향이다. 최초로 초기 밀교경전이 한역된 3세기를 기준으로 경전성립을 인도로 소급한다면 늦어도 2세기에는 인도에서 이러한 경전들이 성립되었음을 짐작할 수 있다. 이 시기 인도에서는 이미 초기 대승경전들이 널리 유포되었으며 초기 대승불교가 크게 유행하고 있었다.

이러한 계기가 되는 배경으로는 기원전 187년 마우리아 왕조의 붕괴를 들 수 있다. 왕조의 몰락으로 서북인도에는 희랍인의 왕조가 성립되었고, 북방 유목인이 북인도를 점령하였다. 이러한 외래민족의 침입은 이질문화와의 교류를 통한 인도문화의 변화를 가져오게 되었다. 특히 구샤나왕조는 서역으로 교역을 넓혀 유럽문화를 받아 들이게 되었고, 이를 통하여 간다라와 마투라 지방에서 불상이 제작되었으며, 이것은 불교수행과 의례에 지대한 영향을 미치게 되었다.

그리고 연이어 다시 쿠샤나 왕조와 안드라 왕조가 몰락하고 320년경 찬트라 굽타(Candra Gupta)에 의하여 굽타왕조가 창건된 이후 인도문화는 다시 부흥기를 시작한다. 이때에는 바라문의 교학과 불교교학이 모두 왕성하게 융성하였으며, 특히 불교 속에 대담하게 중생교화를 위한 인도문화를 수용하는 일이 나타난다. 그러나 5세기말이 되면 이민족인 흉노의 침입으로 굽타왕조가 붕괴되고 농촌사회로 회귀하면서 농촌에 뿌리를 둔 인도 종교의 영향으로 주술적이고 밀교적인 요소가 더욱 증대되는 과정을 거친다. 따라서 인도에서 초기밀교 시기는 대개 기원을 전후로 하는 시점에서 『대일경』이 형성되는 7세기 중엽정도로 예상된다.

이러한 시기에 성립된 것으로 보이는 경전 중에서 일찍이 후한의 지루가참 역인 『반주삼매경』에는 불상의 제작에 대하여 처음으로 밝히고 있다.[27] 그리고 이 불상의 용도를 삼매를 얻기 위한 것으로 설명하고 있지만, 이후의 경전들에는 불상에 대한 예배와 관련한 의례가 서술되는 경전들이 나타나기 시작한다.

그리고 만다라와 관련된 것으로는 시대가 앞서는 동진의 금시리밀다 역인 『공작왕경』은 현존하지 않지만, 같은 군에 속하는 양의 승가파라 역인 『공작왕주경』에는 삼중의 원단을 나누고 번과 등과 향 등으로 공양하는 결계작단법이 설해져 있다.[28]

오의 지겸 역인 『화적다라니신주경』에는 불상의 제작과 불상에 대한 기초적인 예배법인 향화등촉으로 공양하고 화적다라니주를 독송하는 방법 등이 설해지고 있다.[29] 그러나 비슷한 부분에서 후대 번역으로 예상되는 『불설사자분신보살소문경』[30]에는 화공양과 함께 소쇄불탑, 도치탑지

27 『반주삼매경』(『大正藏』 13권, 899하). 이 경전의 성립에 대해서 대체로 BC.1세기에서 AD.1세기 경으로 간주되고 있다. 平川彰, 『初期大乘佛教の硏究』 (東京: 春秋社, 1981), 388-389면.
28 『공작왕주경』(『大正藏』 19권, 458하)
29 『화적다라니신주경』(『大正藏』 21권, 875상)
30 『불설사자분신보살소문경』(『大正藏』 21권, 875하)

등의 행위와 향을 피우고 등을 밝히고 번(幡)이나 개(蓋)로 장엄하며, 악기를 연주하여 불에 공양하는 구체적인 공양법이 다양하게 서술되기 시작한다. 또 송의 시호 역인 『불설화적루각다라니경』[31]에는 반열반 이후에 불사리로 묘탑을 세우고 탑이 있는 곳에 향니로 만다라를 그리고, 꽃다발을 장치하고 도향, 소향, 연등으로 지심으로 공양하라는 등으로 만다라가 공양법과 함께 나타나고 있음을 알 수 있다.

이런 점에서 비슷한 경전부분에서 점차 자세한 공양과 수행법을 비롯한 다라니의 기능이 증광되고 만다라가 형성되는 것으로 미루어 시대가 진행하는 방향으로 보다 체계화된 밀교적인 수행법으로 정리되어 왔다고 할 수 있다. 제존을 모시는 정형화된 만다라의 형성과정에 있어서도 예외는 아닐 것이다.

진대에 번역된 『칠불보살소설대다라니신주경』[32]에는 각각의 제존이 기원의 대상이 되었다는 점에서 새로운 변화가 보인다. 그리고 5세기 후반 담요가 번역한 『대길의신주경』[33]에는 결계법이 자세해져서 7중계단의 작법을 설하고 있고, 기원에 따른 본존에 대한 공양법이 서로 다르게 부가되어 설해졌다.

이와 같이 본존의 차이에 따라서 작법과 공양법이 별도로 설해지면서 점차 밀교의 의궤가 형성된다. 담무참 역인 『금광명경』[34]에는 사불이 나타나고, 불타발타라 역인 『관불삼매해경』[35]에는 사불과 십불이 등장한다. 여기에서의 사불은 태장계와 금강계 만다라로의 발전하는 원초형태로 보이며, 동남서북에 각각 아축, 보상, 무량수, 미묘성불이 배당되어 있다.

양대 실역인 『모리만다라주경』[36]에는 작단법, 결계법, 화상법, 입도량작법 등이 상세하게 구비되어 있다. 특히 결계법으로 결계순서와 오색 또는 칠색의 종류와 방향, 와기배치 등이 설해져 있다. 또한 불을 중심으로 한 좌측에 금강보살과 우측에 마니보살을 배치하고 외측에 사천왕 등의 위치가

31 『불설화적루각다라니경』(『大正藏』 21권, 877중)

32 『칠불보살소설대다라니신주경』(『大正藏』 21권, 541하-543상)

33 『대길의신주경』(『大正藏』 21권, 579중-580하)

34 「서품」제1 「수량품」에는 동: 아축불, 남 :보생불, 서: 무량수불, 북: 미묘성(『大正藏』 16권, 335중-336중)

35 『金光明經』의 4불과 일치하며, 동: 묘희국, 남: 환희국, 서: 극락국, 북: 연화장엄국으로 배치함.(『大正藏』 15권, 688하)

36 『모리만다라주경』(『대정장』 19권, 658중-667하)

정해지고, 이외에 화로, 당, 번, 금병속의 화 등을 안치하는 순서와 함께 자세하게 설해지며 다면다비상이 등장한다.

6세기 후반에 야사굴다 역인 『십일면관세음신주경』[37]에는 십일면관세음법이 출현하면서 그 개별 존형에 대한 단법이 규정된다. 이러한 과정을 거쳐 『다라니집경』[38]에 이르면 다양한 제존에 대한 결단법과 함께 관상법, 종자관, 지물의 삼매야형 등이 설해지면서 정형적인 밀교 만다라의 형성을 위한 준비가 완료된다. 특히 『다라니집경』에는 흙을 쌓아 단을 만들고 향니를 바르고 그 위에 만다라를 그린 것을 '토(土)만다라'라고 하며, 그 작법을 '칠일작단'이라 한다. 만다라를 작성하는 기간이 칠일이 소요되기 때문이다. 이어서 관정의식이 엄숙하게 거행되고 의식이 끝나면 만다라를 흩어버리는 것이 통례였다.

7세기 중엽 지통이 번역한 『청정관세음보현다라니경』에는 『모리만다라주경』[39]을 이어서 불의 우변에 관음, 좌변에 보현을 두는 삼존형식이 나타난다. 당의 나제 역인 『사자장엄왕보살청문경』에는 한 비구가 장자로 하여금 발심수행하여 정각을 이루게 하기 위하여 만다라를 설하고, 이 수행에는 병고는 물론 선지식인 보살과 동처에 태어남을 설하는 사승의 과보가 있음을 설한다. 또한 이를 만다라 수행이라 하고 이 수행의 처음 순서로 불보살에게 공양함을 서원하고 도량에 방원을 짓는 것을 만다라로 이름하였다. 그리고 더욱 자세히 방원 내에 팔원을 그리고 공양 팔보살한다고 하고, 팔대보살의 이름을 관세음보살, 미륵보살, 허공장보살, 보현보살, 집금강주보살, 문수사리보살, 지제장보살, 지장보살 등으로 열거하고 있다. 그리고 마지막에 선근을 바탕으로 하여 아뇩다라삼막삼보리로 회향하라고 하여 불도 수행의 만다라로 재편하고 있음을 알 수 있다. 또한 만다라 수행법의 순서를 나열하여 대승불교의 수행요목인 육바라밀 수행과 관련하여 설하고 있는 부분이 있어서 대승의 대표적인 수행법인 육바라밀을 계승하고 있는 것으로 나타난다.[40]

이후 당의 보리류지 역인 『일자불정륜왕경』 「화상법품」에는 일자불정륜왕상에 대한 모화 장식공양을 설하고 있고,[41] 만다라의 작성법에 대한 방법

---

37 『십일면관세음신주경』(『대정장』 20권, 1070번)
38 『다라니집경』(『대정장』 19권, 901번)
39 『모리만다라주경』(『大正藏』 20권, 20하)
40 『사자장엄왕보살청문경』(『大正藏』 14권, 697하-698상)

을 더하고 있다.[42] 그리고 불공 역『불공견색진언경』[43]에는 4불에 비로자나불이 더해져 금장계만다라와 가까운 5불로 나타나고 있다.[44]

그러므로 4불의 구성은 5세기 초에서 7세기 말까지의 한역에는 현재의 금강계만다라와 가깝고, 8세기 초 한역에는 금강계와 태장계만다라로 구분되며,『불공견색경』은 금강계,『일자불정륜왕경』은 태장계만다라의 선구경전이라고 할 수 있다.[45]

따라서 이러한 초기 밀교경전에 나타나는 수행법의 변화는 향, 화, 등, 번, 개 등의 인도 고대문화의 공양법이 불에 대한 공양법으로 불교 내에 수용되었으며, 대승불교 이후 신봉된 탑에 대한 공양이 이와 함께 결부되어 소쇄불탑, 도치탑지 등의 공양법으로 나타나게 되고 점차 만다라의 성립과 함께 이러한 방법들이 밀교 수행법으로 종합되면서 체계적으로 정비되어짐을 알 수 있다. 따라서 초기밀교 경전들에서는 이러한 결집과 정리과정이라고 할 수 있고 이러한 과정을 지난 이후에 본격적인 밀교경전에 해당하는 중기 밀교경전인『대일경』과『금강정경』의 성립이 있게 되면 양부만다라 등의 정형화된 도식이 형성된다.

5. 중기밀교 경전과 만다라

대표적인 중기밀교 경전으로는『대일경』과『금강정경』을 들 수 있다. 그리고 이들 밀교경전들은 교학적인 의미와 함께 이를 바탕으로 한 밀교 실천 수행법을 강조하고 있으며, 밀교 수행법과 관련한 수행의궤가 중심이 되어있고, 특히 이를 상징적으로 종합화하여 일정한 체계로 정리된 만다라를 설하고 있다. 이런 점에서『대일경』은 태장계만다라,『금강정경』은 금강계만다라를 중심으로 설해져 있다고 할 수 있다. 그러나 경전의 기술내용

41 『일자불정륜왕경』「화상법품」(『大正藏』 19권, 232하)

42 「대법단품」에는 중앙: 석가여래, 동방: 보성여래, 남방: 개부화왕, 서: 무량광, 북방: 아축여래로 배치하여 태장계 5불과 가깝다.(『大正藏』 19권, 247상)과『大正藏』 19권, 258상)

43 제9권「광해탈만다라품」에는 중앙: 석가모니불, 동: 아축여래, 남: 보생여래, 서: 아미타불, 북: 세간왕여래를 배치하며, 네모서리에 지장(동북), 미륵(동남), 보현(서남), 만수실리(서북) 등의 4보살이 더해지며. 금강계만다라에 가깝다.

44 『불공견색진언경』(『大正藏』 19권, 237상)

45 松長有慶, 張益 譯,『밀교경전성립사론』(서울: 불광출판사, 1993), 156-157면.

과 만다라가 항상 일치하는 것은 아니다. 왜냐하면 아직까지 이들 경전의 시기에서는 도상학상으로 완성된 시점이 아니기 때문이며, 경전성립 이후에 도상학적인 정비가 이루어질 수 있었기 때문이다. 또한 태장계만다라의 도화법에도 선무외계인 태장도상이 있고, 비선무외계인 불공이나 붓다구히야계의 태장구도양과 현도 등이 있다. 그리고 8세기 이후가 되면 태장계만다라는 변화가 없지만 금강계만다라는 발전하여 후기밀교인 무상유가부 경전의 만다라로 계승된다. 그러므로 여기에서는 두 경의 대표적인 존격을 중심으로 정리한다.

1) 태장계만다라[Garva-Dhātu]

태장계(胎藏界, garbha-dhātu)란 마치 모태가 태아를 보육하고 장양하듯이 여래의 지혜가 모든 중생 속에 함장, 섭지되어 있는 이법신(理法身)임을 강조한다. 그러므로 태장계만다라는 『대일경』에서 설하고 있는 진실의 세계를 있는 그대로 형상화한 세계로서 일체의 실상을 도상으로 정리한 만다라이다. 이는 『대일경』에서 불의 본질적인 최상의 지혜를 일체지지(一切智智)라 하고, 이를 대일여래의 광명으로 비유하고, 태양이 일체를 양육하듯이 일체의 생류를 자비로서 구제하고 있는 것을 상징적으로 표현한 것이다. 그리고 이러한 대일여래의 일체지지를 중생의 자심과 일치하여 그대로 깨달은 것이 곧 여실지자심(如實知自心)이며, 그리고 이러한 과정을 삼구(三句)로서 정리하게 한다. 삼구란 보리(菩提)를 인(因)으로 하고 대비(大悲)를 근(根)으로 하며, 방편(方便)을 구경(究竟)으로 하는 것이다.

이러한 경전의 정신을 바탕으로 이를 상징적으로 묘사하여, 일체를 대일여래 지혜의 신변가지에 의한 표출로 간주하고, 삼구인 보제위인을 중대 팔엽원으로, 대비위근은 사불 사보살로, 방편위구경은 외삼존 등으로 도식화하여 이를 삼중의 구획으로 정리한 것을 태장계만다라라고 한다. 먼저 가장 중앙에 위치하고 있는 것을 제일중이라 하고 여기에는 이를 중심으로 동심의 방형을 이루는 구조를 지니고 제이중과 제삼중이 차례로 외곽으로 펼쳐진다.

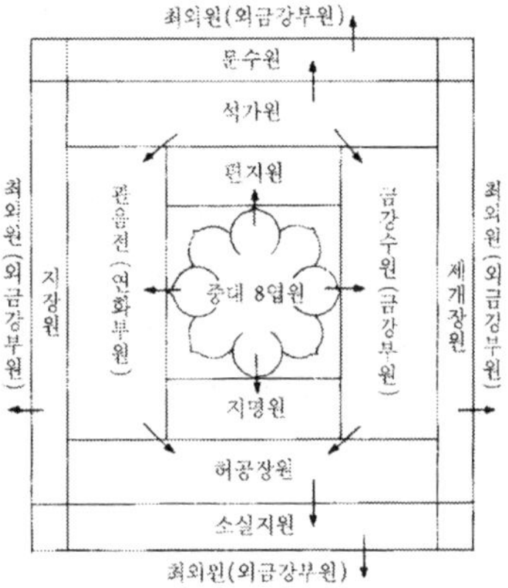

<그림5> 태장계만다라의 구조

제일중: 중대 팔엽원과 편지원과 관음원과 금강수원의 4대원이 자리한다. 그리고 이 위치는 삼겁[46] 중의 제일겁에 해당하는 부분이다.

① 중대팔엽원(中臺八葉院) : 오지(五智)를 상징적으로 표현하는 오불(五佛)을 말하며, 각기 성향에 따라 중앙과 동남서북 등의 오방에 배치된다. 이 중에서 중대는 사방의 중앙이며, 모든 것을 통섭한다는 점에서 대일여래의 법계체성지를 상징하며, 일체 사지(四智)를 모두 구족하는 총괄적인 의미를 지니기에 총덕(總德)으로 불린다.

사지(四智)와 사불(四佛)이란 동쪽에는 대원경지를 상징하는 보당불, 남쪽에는 평등성지를 상징하는 개부화왕불, 서쪽에는 묘관찰지를 상징하는 무량수불, 북쪽에는 성소작지를 상징하는 천고뇌음불을 말하며, 각기 사불이 지닌 다양한 사지와 이를 통한 대일여래 일존의 무한한 자비의 실천을 의미하는 것으로 대일의 총덕에 비하여 더욱 구체적이고 개별적인 활동상을 상징하기에 별덕(別德)이라 한다.

이를 형상화하여 중앙의 대일여래를 둘러싸고 있는 팔엽의 연꽃 중 사엽

46 범어 kalpa에는 두 가지의 뜻이 있다. 시분(時分)과 망집(妄執)이다. 일반 해석으로는 삼아승지겁을 넘어야 정각을 얻을 수 있다. 그러나 비밀의 해석이라면 일겁을 넘는 유가의 행이란 160심 등의 일중(一重)의 추망집을 건너는 것을 일아승지겁이라 하고 이중(二重)의 세망집을 넘는 것을 이아승지겁이라 한다. 진언문의 행자는 다시 160심 등의 극세의 망집을 넘어 불혜의 초심에 이를 수 있다. 이를 삼아승지겁의 성불이라 한다. (『大正藏』 39권, 600하)

에는 4불이 위치하고, 그 사이의 4엽에는 사방의 사불을 보처하는 4보살을 배치하여 4불 4보살의 팔엽구조를 형성하고 있다. 이들 4보살은 동쪽 보당불의 보처로 정보리심을 발심하는 보현보살, 남쪽 개부화왕불에는 실천하는 지혜를 상징하는 문수보살, 서쪽 아미타불에는 증오의 깨달음을 의미하는 보리의 관세음보살, 북쪽 천고뇌음불에는 종교적 이상인 열반을 상징하는 미륵보살을 말한다. 이를 연속적으로 살펴보면 중앙의 대일여래의 지혜가 자비의 원력에 의하여 동남서북의 방향으로 사지로서 유출되는 것을 상징적으로 묘사한 것이 사불이 되고, 사불은 다시 사보살이라는 더욱 구체적인 모습으로 변현하여 대일여래의 무한한 신변가지를 실질적으로 표현하게 된다. 이것은 동쪽으로부터 남, 서, 북의 방향으로 보리심을 발하고 지혜를 실천하고 깨달음을 얻고 열반에 도달하는 순서에 의한 방위를 따라 상징적으로 표현된다.

② 편지원(遍智院) : 지혜로 충만하다는 점에서 편지원으로 이름하며, 지혜는 곧 불을 발생한다는 점에서 불모원(佛母院), 또는 제불의 심인(心印), 일체여래지라고도 한다. 삼중의 삼각형으로 둘러싸여 있으며, 이것은 안에서부터 차례로 불부, 연화부, 금강부에 속한 제불의 지혜를 상징한다. 그리고 안에 그려진 만(卍)[47]자는 여래의 평등무애, 주변법계한 자수용지신의 뜻을 말하며, 밖에 그려진 광염 가운데 만(卍)자는 타수용보신을 의미한다. 그러므로 진리자체인 지혜와 함께 이를 자비에 의하여 유출하는 지혜를 자타로 표현함으로서 진리의 내면성과 외면성을 동시에 상징적으로 표현하고 있다. 이러한 진리의 이치를 상징하는 것은 이들을 바치고 있는 연화좌[자타공덕이 작용하는 근원이 되는 원리]와 화염[일체여래지의 발현]이다. 이 원에는 제존으로 불안불모[불부], 칠구지불모[연화부], 대안락불공금강[금강부]이 모셔지므로 불모원으로 이름 하기도 한다.

③ 연화부원(蓮華部院) : 태장계 삼부 중 연화부에 속하며, 관자재보살이 중심이 되므로 관음원이라고도 한다. 중대 팔엽원의 좌측에 위치하며, 편지원의 제불의 지혜가 자비의 원력으로 활동한다는 구체적인 발현을 상징하고 있다. 이 부의 제존은 관자재보살계로 한다.

④ 금강부원(金剛部院) : 금강살타를 주존으로 하므로 금강원 또는 살타원이라 한다. 중대 팔엽원의 우측에 위치하며, 제불의 대지(大智)가 발휘됨

47 svastika, 길상륜(吉祥輪)으로 번역함.

을 상징한다. 중대팔엽원의 본유의 대일여래의 지혜와 자비가 자비의 연화부와 함께 지혜의 금강부로 나타남으로서 지혜와 자비의 모습으로 발현함을 표현하고 있다.

⑤ 지명원(持明院) : 대일여래의 비밀한 진언인 명(暝)을 수지하고 송지한다는 점에서 지명원이라 하다. 그리고 이 원에는 오대존을 그리기에 오대원이라고도 한다. 이 원은 불부인 중대팔엽원의 지혜와 자비가 금강부원의 지혜와 연화부원의 자비로 펼쳐진 뒤 다시 이들 지혜와 자비가 더욱 실천적인 모습으로 결합되어 나타나는 구체적인 의미를 갖는다. 그러므로 이러한 정신을 표현하기 위하여 반야보살[대자비의 정신을 상징하는 정법륜신]과 4대명왕[지혜의 발현을 상징하는 부동, 항삼세, 대위덕, 승삼세] 등의 교령륜신이 함께 그려져 있다.[48]

제이중: 여기서부터는 제1중이 불보살의 본원적인 지혜를 설하고 있음에 비하여 더욱 구체적이고 현실적인 불보살의 실천에 관한 내용이 주를 이룬다. 여기에는 석가원, 문수원, 허공장원, 소실지원, 지장원, 제개장원 등의 6대원이 있으며, 삼겁 중 제이겁에 해당한다.

⑥ 석가원(釋迦院) : 편지원의 위쪽에 위치한다. 대일여래의 변화법신으로서의 석가로서 보다 현상적인 세계로 변현하여 법을 설하는 모습을 취하며, 역사적인 석존의 위와는 다르다.

⑦ 지장원(地藏院) : 관음원의 좌측에 위치한다. 관음대비의 실천적인 성향의 더욱 현상계 속에서 표출하여 실천하고자 하며, 석가불의 입멸이후 미륵불의 출현까지 복지(福智)의 덕으로 악취중생을 제도하는 절대 자애의 활동을 펼친다.

⑧ 허공장원(虛空藏院) : 지명원의 아래에 위치한다. 반대쪽인 위쪽에 위치하는 문수원의 지혜와 대치하여 허공같이 광대무변한 복덕을 지닌 허공장 보살의 복덕원만의 실현을 의미한다.

⑨ 제개장원(除蓋障院) : 금강수원의 우측에 위치한다. 금강수보살의 지혜로서 모든 장애 특히 번뇌를 제거하는 곳으로 지혜의 활동성을 상징한다.

---

48 삼륜신(三輪身) : 절대적인 법신 그대로를 자성륜신, 보살의 몸으로 표현된 것을 정법륜신, 명왕의 분노존으로 표현된 것을 교령륜신이라 한다.

⑩ 문수원(文殊院) : 석가원의 위쪽에 위치한다. 주존인 문수보살은 지혜를 상징하며, 이는 금강수원의 지혜가 본유의 지혜라면 문수원의 지혜는 수생의 지혜라고 할 수 있으며, 그런 점에서 인간 인식 속에서 실현된 지혜를 상징한다.

⑪ 수실지원(所悉地院) : 허공장원의 아래쪽에 위치한다. 소실이란 Susiddhi(묘성취)로서 허공장보살이 만덕으로 중생을 섭화하는 훌륭한 활동성을 상징한다. 제이중의 모든 불보살의 자비행의 작용에 대한 결과로서 표출되는 것이다.

제삼중: 여기서부터 만다라의 가장 외원 부분에 위치한다고 하여 최외원이라 하며, 삼구 중 방편의 의미이며, 삼겁 중에 제삼겁에 속한다.

⑫ 외금강부원(外金剛部院) : 최외원으로 대일여래 변화법신인 태장의 무한한 출생과 전개의 가능성을 상징하며, 육도윤회의 모든 중생계가 배열되어 있다. 대일여래의 본질과 구분되지 않는 현상세계를 의미하며, 밀교의 현실에 대한 긍정적인 사고를 이해할 수 있다.

이와 같이 3중으로 건립했을 경우는 삼신불에 의한 제일중은 법신불의 보리를, 제이중은 보신불의 자비를, 제삼중은 응신불의 방편을 상징적으로 표현하고 있다. 그러나 4중으로 건립한다면 사신불로서 제일중을 자성법신, 제이중을 수용법신, 제삼중을 변화법신, 제사중을 등류법신으로 하며, 제이중에 속했던 문수원과 소실지원을 제삼중으로 하고 최외원을 제사중으로 한다.

2) 금강계만다라[vajra-dhatu]

금강계(金剛界, Vajra-Dhātu)는 여래의 금강불괴의 체성인 지혜를 상징하는 지법신(智法身)을 말한다. 『금강정경』에서 설하는 만다라로 대일여래의 지혜가 우리들에게 전개되는 과정과 함께 수행자가 이러한 지혜를 체득하여 가는 과정을 설명하는 관상해 가는 과정의 표현이기도 하다. 태장계만다라가 불부, 금강부 연화부 등의 삼부로 구성되었다면 금강계만다라는 여기에 보부, 갈마부를 더하여 오부로 구성되어 있다. 이런 점에서 태장계만다라를 계승한 면이 없지 않지만 인식론적이고 실천적인 입장에서 서술되었다는 점에서 독자적이고 종합적인 면을 함께 지니고 있다.

금강계만다라는 전체적으로 9회 방형의 등분으로 구성되어 있으며, 9회의 방형 중에서 중앙에서부터 아래를 거쳐 오른쪽으로 회전하면서 펼쳐 나오는 모습[下向門]과 우측 하단에서 왼쪽으로 회전하여 중앙에 도달하는 모습[上向門]으로 나누어 볼 수 있다.

<西>

	⑤ 사인회	⑥ 일인회	⑦ 이취회	
<南>	④ 공양회	① 근본회	⑧ 항삼세회	<北>
	③ 미세회	② 삼매야회	⑨ 항삼세갈마회	

<東>

<그림6> 금강계만다라의 구조

① 근본회(根本會) : 대일여래의 지혜의 활동이 시작된다는 향하문의 입장에서 갈마회[karma : 불의 작용]라 이름하며, 중생이 지혜를 얻어 불을 이룬다는 향상문의 경우는 성신회라고 한다. 그러므로 이 원이 가장 근원적이고 궁극적인 위치를 차지하고 삼십칠존의 근본이 되기에 근본회라고도 한다.

이 원은 큰 원과 이에 내접하는 작은 원 다섯 개로 구성되어 있다. 큰 원은 오불이 머무는 곳이기도 하며 중생의 본성적인 마음을 상징적으로 표현하고 있다. 큰 원안에 그려진 작은 원 다섯 개는 오해탈륜 또는 오월륜이라 하며, 오지와 오불이 그려져 있다.

중앙에는 대일여래인 법신불[보리심], 동방에는 아촉불[보리심의 현현으로 깨달음을 얻을 수 있다는 확신], 남방에는 보생불[의지를 견고하게 하고 정진함], 서방에는 아미타불[선정인으로 명상의 세계를 나타 냄], 북방에는 불공성취불[행위동작을 수반한 이상세계의 실현] 등으로 그려져 있다.

그리고 오불이 그려진 오월륜에는 원륜마다 또한 내접하는 다섯 개의 원이 있고, 이 원에는 네 보살들이 그려진다. 이들 보살들을 사바라밀 보살이라 하며, 그 중앙에는 대일여래를 부촉하는 사보살은 별도로 사친근 보살이라 하며, 모두 십육대보살이 된다.

중앙의 대일여래를 부촉하는 사친근 바라밀보살은 살(薩), 보(寶), 법(法), 호(護)이며, 사방의 사불을 부촉하는 십육대보살은 살(薩), 왕(王), 애(愛), 희(喜) <동방의 아촉불>, 보(寶), 광(光), 당(幢), 소(笑) <남방의 보생불>, 법(法), 이(利), 인(因), 어(語) <서방의 아미타불>, 호(護), 업(業), 아(牙), 권(拳) <북방의 불공성취불>이다. 이는 대일여래의 지혜가 사불로 표현됨과 동시에 대일여래의 사친근보살이 내접하는 사불의 바라밀 보살과 동일한 것을 통하여 중앙에 위치한 대일여래의 지혜가 사불과 십육대보살들에게 펼쳐져 나아가고 있음을 알 수 있다. 큰 원과 작은 원 사이의 여백에 위치하는 희(嬉), 만(鬘), 가(歌), 무(舞)의 사보살은 여래가 사불을 위하여 공양하기 위한 보살로 내사공양보살이라 한다. 여기까지가 근본회의 제일중이다.

제이중은 큰 원 바깥 네 구석에 그려진 향(香), 화(華), 등(燈), 도(塗)의 보살은 사불이 대일여래를 공양하기 위한 보살로 외사공양이라 하며, 내사공양보살과 합하여 팔공양보살이라 한다. 그리고 큰 원 바깥 동서남북에는 사문이 있고 이 문마다 구(鉤), 색(索), 쇄(鎖), 영(鈴)의 사보살이 있으며, 이는 대일여래가 다시 사불에게 공양하기 위하여 시현한 것이기도 하며, 중생을 섭화하기 위하여 최외원에 위치하므로 사섭지(四攝智)보살이라 한다.

금강계만다라의 중앙에 해당하는 근본회에는 대일여래에 의하여 사불로 유출되어 오불의 오지와 함께 사바라밀 보살과 십육의 대보살과 팔공양보살과 사섭지 보살 등 삼십칠존으로 그려진다. 사만의 설명으로는 대만다라에 속한다.

② 삼매야회(三昧耶會) : 불의 중생섭화를 위한 비밀한 세계를 본서(本誓, Samaya, 三昧耶)의 상징물인 탑, 윤보, 오고저, 연화 등의 상징적인 불구나 지물로 표현하는 삼매야만다라에 속한다.

③ 미세회(微細會) : 미세한 삼고저 속에 근본회의 삼십칠존이 위치하며 미세한 불의 이성적인 지혜를 상징하며, 불의 개별적인 발현이며, 법만다라에 속한다.

④ 공양회(供養會) : 제존이 본서의 삼매야형을 들어 상호 공양하는 회로서, 합장하여 존경 공양하는 자세를 취한다. 갈마만다라에 해당한다.

⑤ 사인회(四印會) : 앞에 설한 네 가지 회의 상징인 사만다라와 사지, 사불이 일체가 상호 불리함을 상징한다. 성신회를 간략하게 존상만으로 표현

하여, 오불의 대표로 중앙에 대일여래, 십육대보살의 대표로 동방에 금강살타보살, 남방에 금강보보살, 서방에 금강법보살, 북방에 금강업보살을 배치한다. 그리고 네 모서리에 사바라밀보살과 대원륜외에 사공양보살의 지물을 둔다.

⑥ 일인회(一印會) : 대일여래 일인이 지권인을 맺고 있는 것으로 표현되며, 앞의 오회를 통합하여 일회인 대일여래로 귀일함을 상징한다. 앞에 설해진 다섯 가지의 회와 함께 자성윤신으로서 불의 있는 그대로의 진실된 지혜의 모습을 상징한다.

⑦ 이취회(理趣會) : 이취란 반야지혜의 극치를 말하며, 현상 속에 있는 그대로 현현하고 있음을 말한다. 진실한 지혜는 잘못 됨이 없기에 번뇌 속에서도 보리의 이상이 달성된다. 따라서 현실의 진실성을 상징한다. 그러므로 대일여래의 중생구제 실현보살인 금강살타로 나타나며, 금강살타를 둘러싼 욕(慾), 촉(觸), 애(愛), 만(慢)의 사보살을 그리고, 절대진리의 구체적인 표출을 상징한다. 정법윤신의 모습으로 표현된다.

⑧ 항삼세갈마회(降三世羯磨會) : 금강살타가 항삼세명왕으로 변하여 강한 의지로 대자재천(mahaisvara)과 그의 비(uma)를 항복하는 모습으로 그려진다. 삼독을 타파하는 실천적인 의지적 작용을 상징한다. 분노존의 모습인 교령윤신으로 그려지며 실천적인 의지의 활동성을 표현한다.

⑨ 항삼세삼매야회(降三世三昧耶會) : 항삼세갈마회에 대한 삼매야형으로서의 상징인 교령윤신으로 그려진다. 항삼세갈마회에 해당하는 제존이 삼매야형으로 표현되는 것은 대상에 대한 교령의 의지가 내면화되면서 화타(化他)에 대한 자증(自證)의 마음활동이 일어남을 상징한다.

6. 후기밀교 경전과 만다라[49]

『대일경』과 『금강정경』 이후에 해당하는 밀교시대로 밀교경전의 명칭을 수트라(Sutra) 대신 탄트라(Tantra)로 부르는 8세기 이후에 해당하는 경전을 후기 밀교경전이라 한다. 또한 티벳에서 14세기에 활약한 부톤(Buston Rin chen grub)에 의하여 밀교문헌을 내용상의 차이점을 감안한 네 가지 분류법을 사용하여 소작(所作, 장 bya ba, 범 kriya), 행(行, 장 Spyod pa, 범

49 島田茂樹, 「後期密教のマンダラ」, 『インド密教』 (東京: 春秋社, 1999), 114면 등 참조.

carya), 요가(瑜伽, 장 rnal hbyor, 범 yoga), 무상요가(無上瑜伽, 장 rnal hbyor bla na med pa, 범 anuttarayoga)로 구분하였다. 이 중에서 초기밀교는 소작, 중기밀교는 행과 요가, 후기밀교는 무상요가에 속한다.[50]

이 중에서 무상요가 탄트라에는 유가행법에 인간의 생리작용을 적용한 관법으로 비밀집회 등의 방편·부(方便·父) 탄트라와 헤바즈라 탄트라 등의 반야·모(般若·母) 탄트라와 부모 양탄트라의 쌍입(雙入)을 설하는 칼라차크라 탄트라 등으로 세분된다. 이것은 밀교경전의 내용을 중심으로 경전의 특성을 감안하여 분류한 것으로 이후 티벳밀교의 분류법으로 널리 사용되었다.

이 당시의 수행법으로는 성스러움을 일상 세속의 자아로 받아들이는 과정인 생기차제(Utpattikrama)와 수행자가 단계적인 수습차제를 거쳐 성스러움과 합일해 가는 과정인 구경차제(Utpannakrama)가 있다. 생기차제는 세속의 세계를 정화하는 것이지만 이것은 구경차제의 준비단계이기도 하다. 만다라를 완성시키는 것이 생기차제이고 요가수행이나 생리적인 행법 등으로 수행자 자신의 신체를 정화하는 실천법이 구경차제에 해당한다.

후기밀교 만다라의 형태상의 특성은 만다라에 여존이 많이 배치되는 것이다. 이전의 밀교경전에서는 여존이 공양보살이나 여신으로 배치되었다. 그러나 후기밀교경전인 『비밀집회탄트라』와 『헤바즈라 탄트라』 등의 만다라에서는 중앙의 주존과 합일된 모습으로 표현되며, 헤바즈라 만다라에는 중앙의 주존 이외에는 모두 여존으로 표현되어 있어 그 중요성이 이전에 비하여 증대된다. 이것을 후기밀교 탄트라에 공통적인 특성인 속(俗)에서 성(聖)을 발견하려는 입장이 강하게 나타남으로 종교적인 회피의 대상이었던 여성이 과감하게 세속의 속(俗)을 대표하는 존재이면서 성(聖)을 상징하는 것으로 빈번하게 나타나게 된다.

이러한 생각의 교학적인 바탕은 육근, 오온, 육경, 오대종 등이 외면적으로는 비록 세속의 모습이라 할지라도 이들의 본래 그 체성 자체는 청정한 것이라는 자각에서 출발한다. 그리고 아직 세속의 모습에 국한되어 있는 자들은 아직 분별지와 무지와 번뇌에 휩싸여 이를 알지 못하는 것으로 설명된다.

이런 점에서 후기밀교의 헤바즈라 만다라에는 오온과 오대가 각기 여존으로 표현된다. 비밀집회만다라에는 신체상의 오온을 상징하는 오부족의 오불이 그려지고 사대를 여존으로 표현하고 있다. 그 일파인 성자류에서는

---

50 松長有慶, 張益 譯, 『밀교경전성립사론』 (서울: 불광출판사, 1993), 42-48면.

삼십이존의 만다라에는 더욱 자세하게 그려진다. 이 만다라에는 오불, 사명비, 오금강여, 팔대보살, 십분노존이 그려진다. 이들은 각기 오불은 불의 지혜인 오지를 상징하고 이 세간의 표상으로는 오온으로 드러나게 되므로 오온을 오지의 상징이기도 한다. 또 오불의 사이 사방에 사불을 그리는 것은 세계의 구성요소인 지수화풍의 물질적인 요소를 표현하는 사대를 의미한다. 오금강여는 인식이 대상이 되는 색, 성, 향, 미, 촉의 오경을 말하고 팔대보살은 안, 이, 비, 설, 신, 의 육식과 제칠식인 말나식과 제팔식인 아뢰야식 등의 팔종의 인식감관인 팔식을 말한다. 그리고 인식의 주체인 남존인 보살과 그 대상이 되는 여성을 금강녀인 객체로 표현하기도 한다.

또한 이를 수행자의 신체상에 배치하여 신체의 성화로서 오온으로 이루어진 인간의 육체를 단순한 세속적인 번뇌의 도구로 보지 않고 성스러운 진실 그대로인 오불의 상징적인 모습으로 간주되고 인간의 번뇌로운 마음의 모습조차도 만다라의 제존으로 표현되었다는 점에서 새로운 모습을 보이고 있다.

이것은 수행자의 세속적인 몸과 마음이 그대로 청정한 본질에 있어서는 불(佛)의 지혜와 자비로 나타난다. 따라서 수행자 자신의 몸과 마음과 이를 둘러 싼 세상의 모습이 제존의 집합체로 표현되어 있는 그대로 만다라에 그려지고 이러한 만다라의 제존을 통하여 수행자는 자신과 세간을 청정한 깨달음의 세계로 확인함으로서 즉신성불이 가능해짐을 설하고 있다.

<그림 7> 칼라차크라 만다라[51]

51 森雅 秀, 『曼多羅の密教儀禮』 (東京: 春秋社, 1997), 참조.

7. 중국의 만다라[52]

중국에서 정형화된 밀교 만다라가 제작되는 것은 중기 밀교경전인 『대일경』과 『금강정경』이 전래되는 시기 이후에 해당한다.[53] 그 이전에는 주로 초기 밀교경전에 의한 다라니 신앙이 중심이 되었으며, 특히 전문적인 제존의 존격과 관련한 경우는 많지 않지만 십일면, 천수, 여의륜, 불공견색, 마두 등의 변화관음에 대한 신앙의례가 널리 행해졌다.

중기밀교 경전 중에서 『대일경』계에는 『대일경』본경계, 『대일경소』계, 태장도상계, 태장구도상계, 현도계 등으로 분류되며, 모두가 『대일경』을 근간으로 형성된 만다라에 해당된다. 그러나 『대일경』의 종삼존의 형식인 존상, 삼매야형, 종자 중에서 존상만다라가 중심이 되었다.

『대일경』 본경계는 『대일경』에 근간을 둔 원초적인 태장계만다라를 말한다. 『대일경소』계는 선무외삼장이 구술하고 일행이 찬술한 『대일경소』 제육권 「아사리소전만다라」에 의한 만다라를 말하지만 남아있는 유품은 없다. 태장도상계는 선무외계의 만다라로 낙양(洛陽) 복선사(福先寺)에서 『대일경』을 역출할 때에 선무외가 스스로 그린 것을 말하며, 도상학적으로 인도적인 특색이 현저하며, 보리유지가 번역한 『불공견색신변가지경』과 『일자불정륜왕경』에 가깝다. 태장구도상계는 불공삼장이 번역한 보다 정리된 만다라를 설하는 『금강정경』계의 의궤를 대폭 도입하여 태장만다라의 부족한 부분을 보완하고자 한 것이다. 현도계는 혜과(惠果)아사리에게 공해(空海)가 사사 받은 만다라로 태장구도상에 존격을 더욱 보완한 만다라이다.

『금강정경』계로는 금강계만다라와 금강계 제존으로 구분된다. 금강계만다라는 『금강정경』으로 불리는 『초회금강정경』의 제일장인 「금강계품」에 설해진 만다라가 6종인 것을 보면 그 수는 헤아릴 수 없을 정도이다. 그러나 현재 중국에서 볼 수 있는 이와 관련된 것은 당시 일본에 전래된 것과 돈황이나 유림굴(楡林窟) 같은 서역지방에 한정되며, 오부심관, 팔십존만다라, 현도구회만다라 등이 있다.

오부심관은 금강계의 오부인 불부, 금강부, 보부, 연화부, 갈마부를 말하

---

52 賴富本宏, 「中國の佛教美術」, 『中國密教』(東京: 春秋社, 1999), 173-209면 등 참조.

53 『大日經』은 인도 밀교승 선무외(637-735)삼장과 그의 제자 일행에 의하여 725년에 번역되었고, 『금강정경』은 인도 밀교승 금강지(671-741)삼장에 의하여 『금강정유가중략염송경』이 723년 번역되었다.

며, 현재 자하(滋賀)의 원성사(園城寺, 三井寺)에 비장되어 있다. 전체를 삼단으로 나누어 상단은 월륜중의 제존의 형상을, 중단은 진언을, 하단은 삼매야형과 인계를 도시하고 있으며, 인도원형에 가깝다. 팔십일존 만다라는 금강계삼십칠존과 현겁의 십육존과 사대신과 외원의 이십천과 사대명왕 등 팔십일존으로 이루어진 금강계 만다라이며, 구회의 현도만다라와 달리 일회로 구성되어 있다. 경전상으로는 금강지역의 『약출염송경』에 가깝다. 현도구회만다라는 구회의 만다라로 불공역 경전들에서 보이며, 당대에 제작된 이 만다라가 일본에 남아있다.

금강계제존은 만다라와 같은 조직적인 집합체는 아니지만 지권인을 결한 금강계대일여래나 이를 중심으로 아촉, 아미타여래 등의 금강계오불이나 금강살타 등이 도시되는 것을 말하며, 일부 지역에서 보이고 있다. 이외 후기 밀교관련 유적은 중국 서안에 위치한 사천성(四川省)의 석굴군에서 볼 수 있으며, 특히 원조(元朝)이후는 티벳불교의 영향으로 인한 밀교관련 유적을 볼 수 있다.

8. 티벳의 만다라[54]

인도에서 형성된 불교 만다라는 밀교의 형성과 전개로 더욱 융성해지면서 아시아 각지로 전파되었다. 특히 티벳, 네팔, 중국, 한국, 일본 등지의 동아시아와 동남아시아 제국으로 만다라가 전해지고 전승되었지만 인도 만다라를 충실하게 받아들이고 밀교의 실천의궤와 함께 그 기능이 아직까지 전통을 유지해 오는 것은 티벳 만다라이다.

예를 들면 전통적인 인도 만다라 중 토단 혹은 목단 위에 채색된 모래를 사용하여 그려진 모래만다라 공양법은 인도전래의 종교의례에 유래한다. 이러한 만다라는 중국과 한국, 일본 등지에서는 단절되었지만, 오늘날 티벳에서는 그 전승이 이루어지고 있어서 인도 밀교 만다라의 원형을 찾아 볼 수 있다.

그리고 민족과 지역의 정서적인 면을 중시하는 밀교의 특성에 기인하여 각 지역별로 만다라의 수용형태도 다양하게 나타나며, 특히 티벳 이외 지역인 중국, 한국, 일본 등에서는 독자적인 전개양상을 보인다. 그러므로 인

---

54 立川武藏, 『チベット密教』(東京: 春秋社, 1999); 松長有慶, 『松長有慶著作集』 第4卷 (東京: 法藏館, 1988), 330면 등 참조.

도 만다라의 원형을 중시하는 입장에서 티벳 만다라의 전개과정에 대한 특성만을 서술하고자 한다.

만다라의 본래 기능이 관상의 대상이며 의례의 장치로서 이용되었지만 이것은 단순화 추상화된 것이라도 할 수 있다. 인도에서의 이러한 전통의 발전적인 형태가 지금은 전하지 않지만, 인도 만다라에 비하여 티벳의 만다라는 공간을 메우기 위한 장식으로서의 역할이 중요하게 담당하게 된다.

이러한 만다라의 작성법은 티벳인들의 고유의 장식기법인 여백을 두지 않는 성향과 결부되어 지면에 수평으로 그려졌던 만다라가 수직으로 벽면에 장식되기도 하고, 때로는 천정 등에 투영되기도 하고, 사원 등의 건축물의 구조에 맞도록 만다라가 유연하게 가공되었다.

그리고 점차 기존의 일존이나 불의 세계를 축도한다는 의미의 만다라가 티벳에서는 18세기 이후 모든 불교의 존들을 각각의 존마다 같은 존격으로 그리는 존상도상집이 작성되기 시작하였다. 이것은 각존의 만다라로서 특정한 존격에 대한 명상의 용도로 활용되기도 하였으며 수백의 존상이 모여 있는 경우도 있다.

이러한 경향에 힘입어 주존은 불, 보살, 여존, 호법존, 조사 등으로 세분되어 각 부분별 세분화가 진행되었고 중존만을 모아 둔 도상집도 생겼다. 이것은 만다라의 분해와 존상의 분립과 같은 세밀한 작업을 통하여 만다라 전체를 해부적으로 이해해가는 방법이 되기도 하였다. 그리고 누각이나 외주부까지도 나무나 금속을 사용하여 입체적으로 표현한 만다라를 입체 만다라(blos bslang dkyil 'khor)라고도 한다.

<그림 8>티벳에 남아 있는 융삼세(降三世) 만다라[55]

55 森雅 秀,『曼多羅の密教儀禮』(東京: 春秋社, 1997), 참조.

9. 한국의 만다라

한국의 밀교 수용은 문헌상으로는『해동고승전』권2에 신라 진평왕 27년(605년) 북천축 오장국(Udyana)의 비마라진제(Vimala-Cinti), 농가타(Naugata)와 마두라국(Mathura)의 불타승가(Buddha-Saṅgha) 등이 황룡사에서『전단향화성광묘녀경』을 역출[56]한 것이 최초이다. 이후『삼국유사』[57]에 의하면 진평왕대(579-631) 원광스님과 관련하여 삼기산에서 절을 짓고 주술수행했던 밀교승이 있었고, 명랑법사(632-635년간 입당)에 의한 진호국가중심의 신밀이 중심이 된 유가계통과 관련성을 지닌 신인종의 원류가 있었고, 개인적인 제재초복을 중심으로 하는 구밀중심의 화엄과 관련한 총지종의 원류가 되는 혜통법사(665년 귀국)계통이 별도로 전승되었다. 또한 선덕여왕 시기(634-646년)에 밀본법사는『약사경』으로 독경치병하는 밀교적 효험을 보이기도 하였다.

특히 명효(明曉)[58]는 700년경 이무첨(李無諂)에게『불공견색다라니경』을 번역하여 수용하였으므로 부분적이긴 하지만 중기밀교 사상이 처음으로 신라에 전해졌다고 할 수 있다.[59] 그러나 선무외(637-735)와 금강지(661-732)가 전래한 본격적인 중기 밀교경전인『대일경』과『금강정경』을 신라에 소개한 밀교승은 불가사의(不可思議)[60], 의림(義林, 702-?)[61], 현초(玄超)[62] 등이며, 이외에도 진표(眞表)[63], 혜초(慧超)[64] 등이 있다. 그러므로

56『전단향화성광묘녀경』(『大正藏』50권, 1021하)

57『三國遺事』권4,「의해」, 원광서학 조와 권5,「신주」, 명랑신인 조; 밀본초기사 조; 혜통항용 조 등 참조.

58『개원석교록』(『大正藏』55권, 목록부, 566중)

59 서윤길,『한국밀교사상사연구』(불광출판사, 1994) 73면.

60『대일경』제7권 공양차제법에 대한『대비로자나공양차제법소』의 저자(『大正藏』39권, 790상-807하)

61 선무외삼장으로부터 태장계법을 전수받은 국사이며 103세로 신라에서 전법하였으며, 당의 제자 순효에게 법을 전하고, 순효는 일본의 最澄에게 대법을 전수하였다. 最澄,『內証佛法相承血脈譜』(『大正藏』天台宗顯教章疏 第一 20중)

62 선무외로부터 태장계법과 삼부실지법을 전수받아 惠果(?-805)에게 전하고 혜과는 신라의 혜일과 오진, 그리고 일본의 공해(774-835)에게 전법하였다. 海雲,『兩部大法相承師資付法記』권하 (『大正藏』51권, 786하-787중)

63 스승인 順(崇)濟스님에게 공양차제비법1권과『점찰선악업보경』2권을 전해받고 永深과 佛陀 등에게 전교관정함.(『三國遺事』권4,「의해」, 關東楓岳鉢淵藪石記 참조)

64 금강지로부터 733년 대승유가비밀삼매야법을 전수받음.(『大正藏』20권, 724중)

8세기 경에는 이미 신라에 중기 밀교경전이 전래되었으며, 이들 경전에 의거하여 밀교신앙이 확산되었음을 알 수 있다. 이와 함께 중기 밀교경전의 사상적인 내용들은 반드시 일정한 만다라로 종합화되는 경전의 특성으로 미루어 정형화된 태장계와 금강계의 만다라가 성행하였을 것으로 짐작되지만 아직까지 뚜렷한 흔적은 보이지 않는다.

그리고 한국밀교의 신앙형태는 만다라나 관정이나 호마 등과 같이 밀교의 독자적인 의궤를 중심으로 전개된 것도 있지만, 한편으로는 당시에 융성하였던 화엄사상을 비롯한 중심사상과의 융합적인 면도 있다. 이러한 예로서 가람조성과 관련하여 불국사와 석굴암의 밀교적인 요소에서 만다라의 의미를 찾아 볼 수 있다.[65] 특히 오대산 신앙이 오방불과 오악과 오행사상의 영향은 밀교 금강계만다라의 오방 오불과 관련을 지니면서 화엄사상의 입장에서 밀교적으로 재정립한 것으로 볼 수 있다.[66]

그리고 신라 낭산(狼山) 황복사(皇福寺) 사리탑(706년 건립)과 불국사 석가탑(751년 건립)과 경주 창림사(昌林寺) 삼층석탑(855년 건립) 등에서 발견되는 『무구정광대다라니경』들에서 탑신앙을 중심으로 하는 밀교적인 요소를 발견할 수 있다. 원광과 밀본법사가 머물렀던 삼기산 금곡사 사방불탑(900년대 이전 건립 추증)[67]과 동화사 비로암 석탑(863년 건립)의 금동사방불함 등에 보이는 사방불은 밀교적인 신라 오불 만다라의 일환으로 볼 수 있다.[68]

고려시대에는 신라 명랑법사의 전통을 이은 신인종(936년)과 혜통법사 계통의 지념업(持念業, 摠持宗)이 성립되어 밀교종파로서의 전승이 이어졌다. 특히 국가적인 지원으로 80여종의 불교행사가 이루어졌으며, 소재, 관정, 신주, 공덕천, 관정, 대일왕, 문두루, 불정오성 도량 등과 같은 밀교도량이 있었고, 연등회와 팔관회와 같은 밀교적인 성격의 행사가 이루어졌다. 이들은 대부분 밀교신앙에 기반을 둔 것이었으며, 작법의식에 만다라가 활용되었을 것은 분명하다. 그러나 현재까지 보존 될 수 있는 여지가 있는 것은 비교적 보관이 용이한 불탑이나 불상의 복장물 속에서 발견되는 소형의

---

65 홍윤식, 『삼국유사와 한국고대문화』 (서울: 원광대학교 출판국, 1995)
66 서윤길, 『한국밀교사상사연구』 (서울: 불광출판사, 1994), 97면.
67 정영호, 「원광법사와 삼기산 금곡사」, 『사총: 정재각박사 화갑기념논문집』(17,18합집), 208면.
68 서윤길, 『한국밀교사상사연구』 (서울: 불광출판사, 1994), 81-91면 참조.

만다라에 불과하다.

이와 관련하여 고려 목종은 1007년 「일체여래심비밀전신사리보협인다라니경」[69]을 개판한 사실이 있으며, 이 다라니를 불탑 중에 보관하면 일체여래의 전신사리 공덕으로 국태민안을 달성할 수 있다는 목적에서 이루어졌다. 그리고 이 다라니를 서사하는 방법으로 만(卍)자형과 원형 등이 있고, 특히 1302년 아미타불 복장의 일부로 발견된 것[70]에는 금강계만다라의 형태로 불보살을 상징하는 진언종자를 배치하고 있다.

<그림 9> 다라니와 함께 진언종자를 금강계만다라 형태로 배치[71]

또한 고려시대 유물 중에 향완(香垸)[72]이나 향로(香爐)[73] 주위에 사방불의 진언범자가 새겨진 것이 남아 있고, 인쇄된 형태의 만다라 형식은 북한에서 발견된 금강계만다라, 봉림사(鳳林寺) 복장유물의 십이천 만다라, 서산 문수사 복장유물의 태장계와 금강계의 양부만다라와 화성 봉림사 복장유물 중의 다라니 등이 있다.[74]

이러한 탑에 보관하거나 불상 복장물의 형태로 보전된 만다라는 주목적이 법신의 사리를 상징하는 다라니의 봉안에 있었으며, 양부대경의 만다라

69 「일체여래심비밀전신사리보협인다라니경」(『大正藏』 19권, 710상-712상) 불공삼장의 번역이며, 무구정광이라는 바라문에게 이 다라니를 서사하여 탑이나 불상 등에 봉안하거나 탑에 사방여래 형상을 모시면, 이 다라니 중에는 과거, 현재, 미래의 모든 여래의 전신사리가 있는 것과 같아서 어느 때에나 가지호념하게 됨을 설한다.

70 南權熙, 『高麗時代 記錄文化硏究』 (淸州: 淸州古印刷博物館, 2002), 302면의 [도16], [도17]과 323면의 [도22], [도24] 등 참조.

71 南權熙, 『高麗時代 記錄文化硏究』 (淸州: 淸州古印刷博物館, 2002), 323면.

72 表忠寺靑銅含銀香垸(1177년), 郭英大 所藏의 銅製銀入香垸(1346년) 등.

73 通道寺銀入絲銅製香爐(고려전반), 奉恩寺 至正四年銘高麗靑銅鏤香爐(1344)

74 南權熙, 『高麗時代 記錄文化硏究』 (淸州: 淸州古印刷博物館, 2002), 292-299면 참조.

를 비롯한 다양한 형태의 다라니로 남아 있는 것으로 미루어, 당시에 이미 수행과 작법을 위한 정형적인 만다라 작성법이 전래되어 활용되었을 것으로 짐작된다.

그러나 조선시대가 되면서 고려와는 대조적으로 국가적인 억불정책으로 인하여 밀교종단 또한 태종 6년(1406)에 신인종과 총지종이 중도종과 남산종으로 통합되고, 세종 대에는 다시 선종과 교종에 흡수되었으며, 태종17년에는 밀교관련 서적을 불태우는 법란을 격기도 하였다. 그러나 왕실 중심의 고려불교와는 달리 오히려 대중적인 불교시대가 열리게 됨으로써 밀교의 신앙적인 역할이 두드러지게 각광받은 시기이기도 하다.

특히 많은 분량의 『진언집』이 간행된 것은 구밀이 중심이 되는 밀교의례의 대중성을 확보하는 것을 시사한다. 또 신앙의 중심인 불상의 조상과 관련하여 『조상경(造像經)』이 강조되면서 복장유물과 관련한 제반의례가 나타난다. 이들 복장유물 중에는 제불의 도상과 진언을 비롯한 다양한 형태의 종자만다라와 함께 제존의 명호가 방위별로 서사되기도 하고, 혹은 삼매야형의 만다라가 다양하게 나타난다. 이러한 경우는 불상의 정신적인 귀의처로서의 종교성을 강조하는 밀교의 의밀과 관련성을 갖는다. 그리고 각종의 『의식집』에는 새로운 불화와 도상이 그려지고 밀교의례의 집전과 관련된 진언과 결부된 인계 등이 보이는 것으로 미루어 종교적인 실천 행위인 신밀과 관련성을 지닌다.[75]

만다라의 사상적인 면은 『천지명양수육의문』, 고성 안정사 『예문』, 『제반문』, 몽은의 『비밀교』, 『불설불모반야바라밀다대명관상의궤』 등에서 오불과 금강계, 태장계 등의 만다라에 관한 언급이 보이고,[76] 도상만다라를 엿볼 수 있는 것으로는 고려에서 전승된 보협다라니와 함께하는 다수의 금강계만다라가 있고, 남원 실상사 소장의 백장암 청동은입사향로와 충남 오덕사의 다라니판, 전남 대흥사 삼신진언판의 금강계 만다라와 불암사의 다라니판 등에서도 찾아 볼 수 있다.[77] 그리고 해남 대흥사 대광명전에는 금강계만다라의 존격을 온전하게 갖춘 삼십칠존 만다라가 한국형 불화형식으로 남아있다.[78]

---

75 洪潤植, 「韓國の密教」, 『中國密教』 (東京: 春秋社, 1999), 92-95면 참조.
76 서윤길, 『한국밀교사상사연구』 (서울: 불광출판사, 1994), 460-463면 참조.
77 南權熙, 『高麗時代 記錄文化研究』 (清州: 清州古印刷博物館, 2002), 299면.
78 畵紀에 의하면 道光25년(1845년) 法身中圍會三十七尊을 대광명전에 봉안한다고 하

<그림10>대흥사 삼십칠존 만다라

Ⅲ. 만다라의 분류

만다라는 진리의 세계를 현실세계로 표현하는 상징적인 의미를 지니기도 하지만, 현실세계에 살고 있는 우리들에게는 진리의 세계를 체험할 수 있는 수행의 도구가 되기도 한다. 이런 점에서 우리가 경험하고 있는 일체의 삼라만상은 진리를 떠나서는 존재할 수 없으며, 진리는 이러한 일체를 떠나서 또한 존재할 수 없다. 그러므로 일체는 그대로가 진리를 상징하며 진리를 체득할 수 있는 수단이기도 하다. 그러므로 일체에 대하여 밀교에서는 크게 네 가지로 구분하여 4종 만다라라고 한다.

1. 대만다라(大曼荼羅, maha-maṇḍala)

우주의 전체상을 있는 그대로 표현하는 것으로 일체의 현상이 있는 그대로 진리의 세계를 표현하는 것으로 간주하는 방법이다. 그러나 이러한 경

고, 금강계삼십칠존의 명호를 열거하고 있다. 그러나 인도나 티벳지역에서 볼 수 있는 대원이나 오륜원의 방위와 관련한 뚜렷한 구분을 중심으로 하는 상징적인 만다라와는 달리 전통적인 한국불화의 형식을 취하고 있는 것으로 미루어 한국형만다라의 독창적인 전개과정을 소급해서 생각해 볼 수 있다.

우는 깨달음의 세계를 그대로 여실지견하는 경지로서 그 범위가 너무 넓고 막연하여 일반인들에게는 쉽게 이해되기가 어렵다. 그러므로 이를 더욱 구체화하여, 일체의 진리 그 자체를 깨달아 진리와 합일된 자를 불(佛)의 모습으로 표현하게 되며 이를 외형적으로 조각이나 그려진 불상의 형상도화를 말한다. 그리고 이것은 불의 전체상에 해당하므로 신구의를 구족하고 있다는 점에 삼밀의 총체적인 모습이라고 할 수 있다.

2. 삼매야만다라(三昧耶曼荼羅, samaya-maṇḍala)

삼매야라는 용어는 예로부터 평등(平等), 본서(本誓), 제장(除障), 경각(警覺)의 네 가지 의미를 구족한다고 한다. 이것은 진리와 평등하게 그대로의 진실된 모습으로 드러나 장애를 제거하고 깨달음을 얻게 할 수 있는 것이라는 의미로 해석된다. 이것은 표현할 수 없는 절대적인 우주진리 그 자체가 현실적으로 나타날 때에는 구체적인 개별적인 모습으로 표현된다는 점에 착안하는 상징적인 방법으로 우주만물의 개별적인 특수상을 의미한다. 그리고 이를 더욱 형상화하여 불교의 깨달음의 세계를 상징하는 제불보살의 집지물과 불구[도검, 윤보, 연화, 螺-소유자의 원을 표현] 등으로 표현되는 것으로 이런 점에서 '불구(佛具)만다라'라고도 하며 이는 불보살의 정신적인 내면의 경지를 상징한다는 점에서 삼밀수행 중에서 의밀(意密)에 해당한다고 할 수 있다.

3. 법만다라(法曼荼羅, dharma-maṇḍala)

법이란 진실 그대로의 의미를 말하는 것으로 밀교에서는 진언를 의미한다. 왜냐하면 진언이야말로 허망된 세속의 언어가 아니라 불보살을 상징하는 진실된 그 자체로서의 언어이기 때문에 이를 '진언만다라'라고 하며, 이것은 불보살을 그대로 함장하고 있다는 점에서 '종자(種子, 含藏)만다라'라고도 한다. 따라서 불보살은 형상이나 집지물과 불구 등만이 아니라 진언문자로 상징될 수 있다. 이런 점에서 대일여래를 금강계에서는 -van으로, 태장계에서는 -a로 문자상징화 되기도 하고, 아미타불을 -hrih라는 진언을 통하여 상징하기도 한다. 이와 같이 제존을 진언문자로 상징하는 것을 '법만다라'라고 한다. 이것은 또한 진언수행과 관련하여 구밀 혹은 어밀에 해당하기도 한다.

4. 갈마만다라(羯磨曼茶羅, karma-maṇḍala)

갈마란 karma(業, 作業)를 말하는 것으로 밀교에서는 단순한 중생들의 허망한 행위를 말하는 것이 아니라 일체의 행위 또한 불보살의 행위가 아님이 없다는 신비적인 진실 그 자체로서의 행위를 말한다. 그러므로 업이라 번역하지 않고 갈마라는 음역을 그대로 사용한다. 이런 면에서 본다면 나아가 우주만물의 모든 움직임이 곧 불보살의 위의사업 활동이기에 이는 신밀(身密)에 해당한다.

이와 같이 만다라를 전체적으로 대만다라, 삼매야만다라, 법만다라, 갈마만다라로 나누는 사종 만다라와 함께 이를 더욱 세분화하여 다양한 형태로 구분하는 시도가 있게 된다. 『대일경소연오초』 제10에는 내증(內證), 가지(加持), 조작(造作)의 삼종 만다라를 설한다. 내증이란 능현하는 자성의 만다라를 말하며, 가지란 소현의 만다라, 조작이란 아사리가 그림을 그린 만다라를 말한다. 또 서장의 Buddha-guhya의 『법만다라약전』(Dharma-maṇḍala-sutra)에는 자성만다라, 관상만다라, 형상만다라의 세 가지가 열거되어 있다.

1) 자성만다라

자성만다라는 우주의 본질이나 중생의 본심이 보리심인 그 자체를 만다라로 보는 것으로 진실의 있는 그대로의 만다라를 말한다. 자성만다라에는 진제와 속제의 두 가지 종류가 있다. 만덕취집의 경지인 법신의 자내증의 경지를 진제 자성 만다라라고 하고, 속제 자성 만다라는 법신의 자내증의 경계를 중생들은 볼 수 없기에 법신불이 대비심에 주하여 현현하는 사물에 기탁하여 상징적으로 이 경계를 나타낸다. 불공(不空)의 『타라니도부요목』에는 『대일경』에 의거하여 법신과 속제의 이종만다라를 설명하고 있다. 이것이 자성만다라의 진속이종만다라에 속한다.

2) 관상만다라

관상만다라는 수행자의 관법 수행을 위하여 정리된 만다라를 말한다. 불교에서의 관법수행이란 관법의 대상이 되는 것을 자신의 자심과 일치시킴으로써 그 대상과 자신이 일체화되는 것을 말한다. 진리나 깨달음의 경지를 구체적인 모습으로 상징될 수 있는 형상을 관상함으로서 깨달음의 경지를 획득하려는 방법으로 사용된다. 깨달음이라는 불의 추상적인 원리를 구상적인 형태로 표현하는 관법에 의하여 성립된다. 아미타 십육상관, 삼종관[종자, 삼매야형, 존형] 등의 관상에 사용되는 만다라는 관경 위에 자성만다라를 시현하는 것으로 Buddha-guhya는 이것을 법신관, 도량관, 지분생(支分生)의 삼종만다라로 세분한다. 진제의 자성만다라를 관상하는 것을 법신관, 속제의 자성만다라를 관하는 것을 도량관, 행자 자신의 지분에 무량의 불신을 시현하는 것을 관상하는 것을 지분생이라 한다.

3) 형상만다라

형상만다라는 화상으로 그려진 만다라를 말한다. 6세기경『모리만다라경』에 최초로 나타나며, 자성만다라를 자각하기 위하여 수행자가 관상할 때에 마음을 통일하는 방편으로 사용하는 제존의 그림이나 조각, 도회, 조각 등을 형상만다라라 한다. 따라서 보통 일반인들이 이야기하는 만다라는 주로 이 형상만다라를 말한다. 그 종류에는 경궤가 설하는 바에 따라 다양한 종류가 있지만 크게 나누어 별존(別尊), 부회(部會), 도회(都會)의 세 종류에 포함된다. 별존만다라는 석가만다라, 여의륜만다라 등과 같이 일존의 주반(主伴)으로 이루어진 것을 말한다. 부회만다라는 불부를 통할하는 불정(佛頂)만다라, 연화를 통섭하는 십일면관음만다라 등과 같이 일부의 제존으로 이루어진 만다라를 말한다. 도회만다라는 양부대경 소설의 만다라, 양부현도만다라,『다라니집경』제12에 설하는 보집회단만다라 등 삼부 또는 오부를 모두 통섭하는 만다라를 말한다.

(1) 별존만다라

양계만다라에 중에 묘사되어 있는 부분 중의 일부인 개별적인 존상을 중앙에 주존으로 하고 협존(脇尊)과 직중(職衆)으로 구성되는 것을 말한다. 이 중에는 석존이나 관음 등을 주존으로 하는 석가만다라와 관음만다라가 있다. 그리고 중앙에 불안존을 배치하고 팔대보살과 팔대명왕을 그리는 불안만다라, 금강계의 지권인과 태장계의 정인을 통합한 의미로 대일금륜을 중앙에 모시는 일자금륜만다라 등 양부만다라의 실천적인 각론으로 그 종류가 무수하다.

(2) 양부만다라

양부만다라는 『대일경』과 『금강정경』에 의거하여 그려진 정형화된 중기 밀교경전의 태장계(garva-dhatu)와 금강계(vajra-dhatu)만다라를 말한다.

[→ 5) 중기밀교 경전과 만다라 참조]

(3) 기타만다라

경전의 제존법에 속하지 않는 만다라로 길상륜만다라(Śri-cakra) 등이 있다.

Ⅳ. 만다라의 현대적 논의

1. 현대적인 정의

정교하게 발달된 밀교 만다라는 불교의 종교의례로서 일부 동양지역에서 오늘날까지 전승되고 있지만, 이에 대한 현대적인 연구는 서구학자들에 의하여 시작되었다. 특히 동양문화에 대한 외경심과 함께 만다라가 지니고 있는 영성적인 체험의 중요성을 감안하여 근대이후 진행된 서양의 심리학적 측면에서의 연구가 중심을 이루게 되었다.

대표적인 만다라에 대한 현대적인 이론적 정의로는 세 사람의 대표적인 학설을 들 수 있다.[79] 먼저 투치(Tucci)[80]는 고고학적 입장에서 의식분해와 의식 재통합의 상징표상으로 정의하였다. 그는 분화된 의식상태에서 하나의 의식으로 재통합됨으로서 인간의 근본적인 의식전환이 가능하다는 점에서 회화형식을 빌린 만다라로 표현되고, 이는 특히 인도인들의 직관적인 체험을 바탕으로 하고 있으므로 그 상징적인 차원을 강조한다. 그러므로 그에게 만다라는 인도인들의 종교적인 절대 경지를 상징적으로 표현해 주는 회화형식의 만다라가 중심이 되고, 이를 통하여 자신의 신비적인 체험

79 김용환, 『만다라』 (서울: 열화당, 1998) 참조.

80 Tucci, Giuseppe, *Theory and Practice of Mandala,* London: Rider and Company. 1960. 참조.

을 바탕으로 이러한 경지로 의식의 재통합을 성취할 수 있다.

융(Jung)[81]은 개성화 과정의 그림으로 정의하였다. 그는 모든 만다라가 완전한 개성화의 표현은 아니지만 인간이 자기실현의 성취과정에서 일어나는 혼란을 심리적으로 치유하려는 목적에서 발생하였다고 한다. 그러나 이러한 개성화 과정에도 인간 내면 속에 본원적으로 지니고 있는 규칙적인 유형을 따르기 마련이고, 영혼심상에 대한 무의식적인 반영이며, 이러한 과정을 통하여 인간정신 내부에 존재하는 원형적인 것과의 동일시 경험을 얻는 등의 일련의 질서를 갖는 자기 인식의 표상으로 표현하고 있다.

미리암(Miriam)[82]은 만다라를 시각과정으로서의 예술형식으로 정의한다. 먼저 만다라는 눈에 보이지 않는 진리에 대한 시각적인 인식을 가능하게 한다. 그리고 이러한 인식방법으로 외면적 지각과 내면적 지각으로 구분하며, 눈으로 보이는 외면적인 지각활동을 통하여 보이지 않는 그 상징적인 부분인 만다라의 내면에 해당하는 지혜의 눈을 얻게 된다.

이들의 만다라에 대한 정의에서 조금씩 차별을 보이고 있지만, 대체적으로 시각적인 표현을 빌린 종교적인 도상으로 그려진 것을 의미한다. 하지만 만다라에는 일반적인 회화에 비하여 종교적인 신념에 해당하는 교리적인 체계가 내포되어 있으며, 내면적인 각성을 통한 심적인 변화를 거친 것이기에 이를 종교적인 행위로서 의례와 결부되면 상호의존적인 역동관계를 유지하게 된다. 이런 점에서 만다라는 인간의 내재적인 심적인 부분과 연관되며, 일정한 교학적인 배경을 지니며, 종교적인 경험의 세계와 관련된다. 그러므로 경궤에서 설하는 교학적이고 실천적인 부분에 대한 학술적인 작업과 실천을 통한 영성적인 체험의 세계를 종합적으로 정리하는 과정을 통하여 만다라가 지니는 궁극적인 의미를 파악할 수 있다. 따라서 현대적인 논의과정과 함께 경궤에서 설하는 교학적인 탐구가 함께 정리되어야 한다.

2. 만다라와 심리치료[83]

밀교 만다라는 무한한 불성의 깨달음과 관련된 종교적인 수단으로 사용

81 Jung, Carl Gustav, *Mandala symbolism*(Princeton : Princeton Univ. 1973), 3-6면.

82 Jose & Miriam, Arguelles, *Mandala,*(Boulder: Shambhala, 1972), 23면.

83 수잔 핀처 著, 김진수 譯, 『만다라를 통한 미술치료』(서울: 학지사, 1998) ; 정여주, 『만다라와 미술치료』(서울: 학지사, 2001) 등 참조.

되었다. 하지만 때로는 인간의 현실문제를 비롯한 정서적이고 내부적인 인간심성의 변화를 유도할 수 있다는 점에서 오늘날은 인간의 심성과 관련한 분야에서 활용되고 있다. 특히 정신적인 문제를 지니고 있는 이들에게는 만다라의 응용적인 방법을 통하여 어느 정도 치료효과를 보이는 것으로 판명되고 있으며, 이에 대한 새로운 요청이 있기도 하다.

오늘날 분석적이고 과학적인 사고를 중시하는 현대사회에서는 오히려 이러한 인간심성의 한계를 목격하고 이로 인한 심리적이고 정신적인 불안을 해소하기 위하여 만다라를 이용하는 경우가 있다. 왜냐하면 만다라는 전체에서 소외된 개인의 문제나 인간과 자연의 분립이나 대립을 초월할 수 있는 조화와 균형이라는 통합된 삶을 영위할 수 있게 하는 기능을 지니고 있기 때문이다.

따라서 현대사회에서의 만다라는 이제 더 이상 종교적 목적이나 명상수행을 위한 용도로만 사용되지는 않는다. 오히려 현대인의 삶 속에서 이루어지고 있는 심적인 안정상태의 유지를 위한 것으로 사용된다. 이것은 만다라의 작성을 통하여 인간의 심리상태를 파악할 수 있게 되었고, 또한 이러한 문제를 극복해 가기 위하여 새로운 만다라의 작성을 통하여 심성의 변화를 유도하여 발견된 문제를 수정하려고 하는 의도로 사용될 수 있다는 확신 때문이다.

특히 Jung, Carl Gustav은 1916년 이후 자기 스스로 만다라를 그리면서 자신의 심성상태를 이해하게 되었고, 이를 통하여 자기 통합을 이룸으로써 심리치료의 효과가 있다는 사실을 알고 환자들의 치료에 활용하기도 하였다. 이후 사람들은 만다라를 직접 그리거나 만다라를 보고 명상에 잠기는 등과 같은 행위를 통하여 자신의 감정상태를 이해하게 되고 내적인 정신통합과 함께 자기치료의 효과를 얻기도 하였다.

특히 만다라 작업을 통하여 고요를 체험하면서 작업에 몰두할 수 있는 집중력을 함양하고 미적 능력을 키우며, 이를 통하여 만다라가 지닌 조화와 균형에 몰두하고 기쁨과 재미를 얻게 되며, 창의성에 대한 자신감을 얻기도 한다. 또한 행동과 정서에 문제가 있는 어린이들을 위하여 심리적으로 분열된 것을 통합해 주며, 긴장을 완화하고 외적인 스트레스를 극복할 수 있는 힘을 주기도 한다.

미술치료로서의 만다라는 안정과 요양을 주는 목적과 치료적인 차원에서 사용되기도 한다. 치료과정은 만다라 그림활동과 이를 위한 준비과정과 만다라 명상으로 나누어진다. 만다라를 그리는 활동은 만다라를 통하여 자신의 내부와 만나는 과정이며, 그려진 만다라를 통하여 색깔과 문양의 종류와 숫자, 형태, 등장하는 소재 등에 따라서 각기 그 사람의 정서적인 상태를 분류할 수 있다. 또한 이에 대한 분석적인 작업을 통하여 심리적인 문제를 발견하고 해결할 수 있으며, 자신과 일체가 하나가 되는 통일과 조화의 원리를 발견하게 되고 자아의 방향감각을 키움으로써 삶의 중심을 찾게 된다.

그림활동에는 개인적인 것과 집단적인 것이 있으며 집단적인 것은 참가자들의 소속감과 일체감을 얻을 수 있다. 초보일 경우는 단순하고 큰 문양이 있는 위에 색연필이나 물감, 등과 같은 소재를 사용하여 차분하게 일정한 속도를 지속적으로 유지하면서 스스로 감정의 변화를 인식하면서 몰입해 간다.

이러한 효과로는 고요하고 침착한 심성을 유지함은 물론 자신의 중심을 발견하고 주변에 대하여 일체감과 함께 조화를 느끼게 되며, 창의성을 가질 수 있다. 이를 위해서는 명상적인 분위기와 호흡법, 시각훈련, 사상, 자연몰입 등의 전단계가 도움이 될 수 있다.

그러나 이러한 현대적인 만다라에 대한 단편적인 이해는 만다라의 종교적인 깊은 체험의 세계를 배제할 수 있는 가능성이 있기도 하다. 왜냐하면 만다라가 지니는 근본적인 의미는 결손된 자아의 심적상태를 복원하는 것에 머물지 않고 근원적인 진실의 세계와 만나는 것이며, 이를 통하여 완전한 자기와 사회의 완성을 성취하는 것에 있기 때문이다. ❁

장 익(위덕대)

성취법

범 빠 sādhana 장 sgrub-thabs 한 成就法
영 a means of summoning or conjuring up a spirit or deity

Ⅰ. 어원적 의미

불교 탄트라 경전에서 언급되어지는 성취법(成就法)은 탄트라 명상과 종교의식 등에서 사용되는 주요한 수행 방법 중 하나이다. 성취법이라는 단어는 빠알리어나 범어로 모두 '사다나(sādhana)'라고 하지만, 극히 단순한 의미만을 지니고 있는 빠알리어[1]에서와는 달리 범어에서 이 단어가 가진 의미는 훨씬 다양하다. 어원적으로 살펴보면 범어의 '사다나'라는 단어는 '성취한다'를 의미하는 동사의 어근인 'sidh'와 연관되어 파생된 'sādh'어근에 수단이나 도구 또는 방법 등을 지칭하는 어미인 'ana'가 합쳐져서 이루어진 명사로서 '성취법' 또는 '성취의 방법'을 뜻한다. 모니어 윌리엄스

---

1 다양한 의미를 지닌 것으로서 해석되는 범어의 '사다나'와는 달리 빠알리어에서의 '사다나'라는 단어의 의미는 단순히 '실행 한다', '산출 한다' 또는 '어떠한 결과를 가져 온다' 등의 단순한 어원적인 의미만을 지니고 있다. (T. W. Rhys Davids, The Pali Text Society's Pali-English Dictionary, 'sādhana', 703면 2단)

범어 사전에 나온 '사다나'의 의미에 관한 여러 가지 설명 중 하나는 '영혼이나 신을 소집하거나 불러내는 방법(a means of summoning or conjuring up a spirit or deity)'이라고 되어있다.[2] 또한 일본학자들이 저술한 밀교사전에 의하면 '성취법이란 수행자가 성불(成佛)을 목적으로 하는 수행을 하기 위한 의칙(儀則)으로서, 특정한 불(佛) 보살(菩薩)에 대한 것이나 또는 특정한 학파에서만 행해지는 것도 있지만, 요가의 관법(觀法)에 진언(眞言)과 인계(印契)를 조합하고, 아울러 절대적 존재가 현실세계에 전개한다는 뜻의 만다라를 보여주는 것 등이 성취법의 기본적인 요소인 것이다.'라고 짤막하게 정의하고 있다.[3]

성취법은 두 가지 의미를 가진 것으로 해석 할 수 있는데, 좁은 의미의 성취법이란 명상과 염상을 위한 필수적인 요소들에 관한 서술과 아울러 특정한 존상(尊像)들에 관한 특징들을 도상학적으로 서술하는 것이다. 넓은 의미로서의 성취법은 밀교적 명상 즉 존상들에 관한 염상과 관련된 모든 종교 의례적인 것들을 통칭한다고 볼 수 있다.[4] 이러한 성취법의 의식을 행하는 사람을 '사다카(sādhaka)'라고 하며, 성취법을 통해서 '싯디(siddhi)'[5]라 불리는 초자연적인 능력을 얻은 사람을 '마하싯다(mahāsiddha)' 또는 '싯다(siddha)'라고 한다. 일반적으로 이러한 성취법은 숙련된 스승(ācārya)에 의해서 제자에게 전해지는 것이다.

서장어로 성취법은 듑탑(sgrub-thabs)이라고 하는데, 서장어에서도 범어와 마찬가지로 성취를 뜻하는 듑(sgrub)에 도구를 뜻하는 탑(thabs)이 합

---

2 Monier Monier-Williams, *A Sanskrit-English Dictionary,* 'sādhana', 1201면 1단.

3 佐和隆研 編, 『密教辭典』, '成就法', 380면 2단.

4 Luis O. Gómez, *'Two Tantric Meditations : Visualizing the Deity',* Buddhism in Practice, 318면.

5 싯디는 크게 둘로 구분되어질 수 있는데, 하나는 세속적인 초자연적인 능력이고, 다른 하나는 부처의 깨달음이다. 초자연적인 능력은 세 가지로 나누어지는데, 첫째는 단순히 생각만으로도 모든 원하는 것을 전부 이룰 수 있는 능력, 둘째는 죽음을 극복하고, 신들과 교감이 가능하며, 하늘을 나는 등등의 여러 가지 기적을 행할 수 있는 능력, 셋째는 장수(長壽)를 포함한 여러 가지 세속적인 성취를 얻을 수 있는 능력이다. 이 중에서 첫째와 둘째에 속하는 부류의 능력을 행할 수 있는 사람을 마하싯다라고 불리는데, 8세기에서 12세기 사이에 인도에 84명의 마하싯다가 존재했다고 알려져 있다.(Benoytosh Bhattacharyya, *The Indian Buddhist Iconography,* 18-19면; *An Introduction to Buddhist Esoterism,* 84-85면) 84명의 마하싯다에 관해서는 Keith Dowman이 '84명의 마하싯다의 전설'이라 불리는 티베트 문헌에서 영어로 번역하고 주석한 *Masters of Mahamudra*에 잘 설명되어져 있다.

성되어 이루어졌다.[6] 성취법을 영어로 직역해 표현하자면 'the means of achievement', 'the act or the means of being successful', 'the methods of perfecting' 등으로 번역될 수 있다. 하지만 학자들에 따라서 범어 단어 그대로 'sādhana'라고 표기하거나, 성취를 의미하는 영어 단어인 'realization'이나 'attainment', 불교 탄트라에서 언급하는 불, 보살 등과 같은 존상들과의 합일을 위해 본존(本尊)을 불러내는 것을 의미하는 'evocation' 이나 'invocation', 명상자가 불러낸 본존으로 하여금 어떠한 행위를 수행하도록 명령하는 것을 의미하는'coercion', 또는 명상자가 합일하고자 하여 선택한 본존의 모습을 마음속으로 그리는 것을 의미하는 'visualization' 등 다양하게 번역되기도 한다.[7] 따라서 불교 탄트라 경전에서 설해지는 성취법은 한마디로 정의할 수 있기보다는 이와 같은 여러 영어 단어들이 의미하는 다양한 요소들을 모두 내포하고 있다고 말할 수 있다. 성취법의 궁극적인 목적은 명상자 자신이 선택한 본존을 불러내어 완벽한 합일을 성취함으로써 그 본존과 동일한 상태에 이르게 되는 것이며, 이러한 성취법을 통해서 자신 속에 내재하고 있는 불성(佛性)을 발견하고 완전한 깨달음을 얻어서 현실세계에서 석가모니 부처님과 같은 부처가 되는 것이다.

Ⅱ. 역사적 기원과 전개

불교 탄트라의 기원을 정확하게 정의하기 쉽지 않은 것처럼, 성취법의 기원 또한 상당히 불분명하여 그것의 근원을 정확히 밝히기란 쉽지 않다. 그 이유는 불교 탄트라에서 설명하는 성취법은 단순한 요가적 명상법 뿐 아니라 만다라 등과 같은 다양한 요소들을 포함하는 하나의 총체적인 종교의식으로 구성되어 있기 때문이다. 하지만 오로지 성취법의 근간이 되고 있는 명상법과 관련지어서 그것의 필수적인 요소들의 근원을 살펴본다면, 초기 불교부터 사용된 사마타 명상법[samatha, śamatha: 止, calmness]이나 위빠사나 명상법[vipassanā, vipaśyanā: 觀, insight]과 같은 명상법들의 기본적인 원리들을 그대로 반영하고 있다고 보인다. 성취법에서 행해지는 존상

6 H. A. Jäschke, *A Tibetan-English Dictionary,* 121면.
7 David Snellgrove, *Indo-Tibetan Buddhism,* 130면.

들에 관해 염상하는 방법은 사마타 명상법과 동일시 될 수 있다고 보이며, 불교 탄트라에서 이해되는 실재(實在, reality)에 대한 완벽한 인식에 관한 것은 위빠사나 명상법과 동일시 될 수 있다는 것이다.[8] 이외에도 부처님을 마음속으로 생각하는 염불(buddhānusmṛti, 念佛)의 방법도 성취법과 많은 관련이 있다고 보인다.[9] 그런데 완전히 발달되고 체계화 된 명상적이며 종교 의례적인 성취법은 불교 탄트라의 여러 경전들 속에서 처음으로 그 모습을 드러낸다. 따라서 다양한 불교 탄트라의 경전과 주석서에서 성취법의 이론적인 본질, 형태, 구조, 작용 및 도상학 등이 구체적으로 설명된다.

1. 아비달마불교의 명상법

마음을 어떤 하나의 대상에 집중시킨 뒤, 생각을 몰입하게 하여 마음의 평정을 찾는 사마타 명상법과 관련지어서 본다면, 불교 탄트라 경전에서 기술되는 존상을 염상하는 데로 이끄는 명상법은 아비달마불교의 명상법 중 하나인 카시나(kasiṇa) 명상법과 밀접한 관련이 있다고 볼 수 있다. 종파에 상관없이 요가를 수행하는 모든 불교도들은 다양한 대상을 사용해서 그들의 마음을 하나로 모으는데, 이것이 바로 명상을 위한 조력자 역할을 해주는 카시나 명상법이다. 이 명상법은 불교가 탄생하기 오래 전에도 이미 존재했던 것으로 알려져 있다.[10] 붓다고사가 저술한 『위숫디막가』에 의하면 열 가지 종류의 카시나 명상법의 대상물들이 언급되고 있지만, 어떠한 물체나 대상도 카시나 명상법의 대상이 될 수 있다.[11] 이러한 카시나 명상법의 기본적인 원리는 명상자가 주체인 명상자 자신과 명상의 도구이자 대상물인 객체 사이의 구별이 없어지는 단계에 도달할 때까지 점진적으로 자신의 인식을 정제시켜가는 방법인 것이다. 불교 탄트라에서 중요한 역할을

8 Tadeusz Skorupski, *'Three types of Evocation (sādhana)', The Buddhist Forum VI,* 83면.

9 Vessantara, *Meeting the Buddhas,* 31-32면.

10 Mircea Eliade, *Yoga, Immortality and Freedom,* 193-194면.

11 카시나는 명상을 할 때 정신집중을 위한 대상 또는 도구를 의미하는데, 『위숫디막가』에서 기술하는 열 가지 종류의 카시나 명상의 대상들은 흙, 물, 불, 바람, 청색, 황색, 적색, 백색, 빛, 허공이며, 이것들을 사용하여 명상하는 방법이 자세히 기술되어 있다. (Bhadantcariya Buddhaghosa, *The Path of Purification (Visuddhimagga)*, 112-184면; 범라, 『위숫디막가』 131-191면)

수행하는 카시나 명상법에서 수행자는 흙으로 만든 둥근 공과 같은 하나의 대상에 정신을 집중시킨다. 그런 뒤에 지속적으로 그 공에 집중하면, 마침내 자신과 그것이 동일시 되는 상태에 도달한다. 그 뒤에 이 공은 팽창과 수축이 가능한 밝은 빛의 공의 형태로 발전한다. 이러한 카시나 명상법에서 정신 집중을 위해서 사용되는 다양한 대상물이 불교 탄트라의 성취법에서는 불, 보살의 모습들로 대체된다.

사마타 명상법과 더불어 초기불교부터 사용 되어졌으며 불교적인 명상법의 진수를 보여주는 위빠사나 명상법은 존재하는 모든 것에 관한 올바른 관찰과 분석을 통해서, 그릇된 인식을 제거하고 실재에 대한 본연의 상태를 꿰뚫어 보는데 그 목적이 있다.[12] 이 명상법은 본질적으로 명상자 자신을 포함하는 모든 시각적이고 감각적인 실재들에 관한 진정한 자각을 증대시키는 것과 관련이 있다. 이 명상법의 기본 원리 중 하나는 인간을 포함한 일체 만물은 제행무상(諸行無常), 일체개고(一切皆苦), 제법무아(諸法無我)의 속박을 받는다는 석가모니 부처의 삼법인(三法印) 사상에 근본을 두고 모든 실재들을 분석하는 것이다.

『위숫디막가』에는 다양한 위빠사나 수행방법이 서술되어 있는데, 그 중에서 열여덟 개의 개념들에 관한 올바른 인식을 위하여 상반되는 열여덟 개의 그릇된 인식을 포기하는 방법이 설명되어 있다. 이 중에서 앞의 세 가지를 살펴보면, 무상(無常)을 관찰하는 수행자는 무상과 대치되는 개념인 영원하다는 생각을 버리는 것이고, 괴로움을 관찰하는 수행자는 즐거움이라는 생각을 버리는 것이고, 무아(無我)를 관찰하는 수행자는 자아에 대한 생각을 버리는 것이다.[13] 이러한 위빠사나 명상법의 원리를 응용하여 불교 탄트라에서는 명상자가 스스로 불러낸 본존과 자기 자신을 동일시함을 통해서 그 본존의 지혜를 얻고, 더 나아가 실재의 본질에 관한 완벽하고 진실한 진리를 깨닫도록 하는 것이다.

---

12 기본적으로 사마타 명상법과 위빠사나 명상법의 관계는 우선 사마타 명상법을 통해서 정신을 하나로 모은 연후에 위빠사나 명상법을 행하는 것이지만, 이 두 명상법은 서로 회통되는 원리를 지니고 상호보완적이므로 순서가 반드시 고정적이라고 볼 수는 없다고 여겨진다. (임승택, 『위빠사나 수행관 연구』 134-154면)

13 Bhadantcariya Buddhaghosa, *The Path of Purification (Visuddhimagga)*, 732면; 범라, 『위숫디막가』 620-621면.

2. 대승불교의 명상법

대승불교에서도 명상이나 수행을 위해 초기불교나 아비달마불교에서처럼 사마타 명상법과 위빠사나 명상법의 기본적인 방법들을 사용하지만, 대승불교의 이론에 바탕을 두고 명상법을 다양하게 응용 발전시켜 사용한다. 특히 정토 불교에서는 기본 경전인『관무량수경』에 근거하여 서쪽으로 지는 해에 정신을 집중시키는 것을 시작으로, 궁극적으로는 아미타불과 그의 협시보살인 관세음보살, 대세지보살 등에 대한 명상으로 그 정점에 도달하는데, 이러한 아미타불에 관해 명상하는 방법, 즉 염불 하는 방법이 극락왕생하는 효과적인 방법으로 제시된다. 초기불교에서는 염불하는 대상이 오직 석가모니 부처 한 분으로 한정되어 있었지만, 아비달마불교와 대승불교에는 아촉불이나 아미타불 또는 관세음보살 등과 같은 다양한 불, 보살들이 새롭게 염불의 대상으로 등장한다.[14] 그런데 불교 탄트라의 성취법에서는 이러한 대승불교의 불, 보살들 뿐 아니라 힌두교에서 도입된 여러 신들도 포함시켜 훨씬 더 많은 수의 존상들이 명상의 대상으로 추가된다. 또한 4세기 초에 한역된『관불삼매해경』에는 불상이라는 명상의 대상을 사용하여 부처를 관(觀)하는 관불법(觀佛法)[15]의 방법이 기록된 최초의 경전이라

14 정토 불교에서 수행과 극락왕생을 위해 쓰이는 염불의 기본적인 원리도 초기 불교에서 그 근원을 찾을 수 있는데,『증일아함경』이나『잡아함경』과 같은 경전에서 염불수행과 관련된 내용이 일부 기술되어 있다. 특히『증일아함경』에 의하면 "만약 어떤 비구가 몸과 뜻을 바르게 하고 결가부좌하여 생각을 묶어 앞에 두고 다른 생각이 없이 오로지 부처님을 염(念)하며 여래의 형상을 관(觀)하는데 눈에서 떠나지 말아야 한다. 이미 눈에서 떠나지 않게 되면 다시 여래의 공덕을 염하라" (『大正藏』2권, 554면 1) 염불의 종류로는 석가모니 부처님의 실상(實相)과 상호(相好)를 대상으로 하는 경우를 관념염불(觀念念佛), 부처님의 명호를 대상으로 할 경우는 칭명염불(稱名念佛), 부처님의 공덕과 본원을 대상으로 하는 경우는 억념염불(憶念念佛)등으로 나누어진다. (이태원,『염불의 원류와 전개사』65-87면)

15『관불삼매해경』에 의하면, 불상의 발가락으로부터 시작하여 차체로 부처님 상을 우러러보고 부처님의 정수리의 육계에 이르는 역관(逆觀)을 하고, 다시 부처님의 육계로부터 시작하여 점차로 미간, 코, 입 내지는 발가락에 이르도록 순관(順觀)하도록 기술하고 있다. 이러한 역관과 순관의 관법을 사용해서 눈을 뜨거나 감거나 마음을 오로지 불상에만 집중하는데, 처음에는 명상자의 눈앞에 보이는 하나의 불상으로 시작하고, 점차로 그 수를 늘려서 궁극적으로는 현존하지 않는 무수한 불상들을 관상하는 것이다. 이러한 불상을 통해서 명상자 자신과 불상을 동일시하며, 더 나아가 일체불과도 동일 한 것이라는 진리를 깨닫게 해주는데 그 목적이 있다. (정태혁,『밀교의 세계』191-193면; 장익,「밀교관법의 형성에 관한 연구」,『밀교학보』제3집 (서울: 밀교문화연구원, 28-30면)

고 주장되어지는데,[16] 이 경에서 서술하고 있는 불상을 관하는 방법 같은 것이 그 뒤에 완성된 모습을 갖춘 불교 탄트라의 성취법의 형성에 많은 영향을 끼쳤으리라 여겨진다. 결론적으로 불교 탄트라의 성취법에서 사용되는 명상법은 정신을 하나로 모으는 사마타 명상법과 실재에 대한 본래적인 모습을 깨닫게 해주는 위빠사나 명상법을 조화롭게 결합시켜 만들어졌다고 정의할 수 있다.[17] 예를 들면, 어떤 고정된 상징물이나 불, 보살 등의 모습에 정신을 집중하거나 또는 만트라(mantra)를 반복적으로 암송함으로써 사마타 명상법을 응용하였고, 본존과의 합일을 통해 올바른 지혜를 얻어서 모든 실재의 본래 모습을 볼 수 있게 함으로써 위빠사나 명상법의 방법을 사용하였다.

3. 성취법의 이론적인 배경

인도의 대승불교는 중관(Madhyamaka/Mādhyamika)학파와 유식(Yogācāra)학파로 나누어지는데, 불교 탄트라는 중관학파의 학설도 받아들였지만, 유식학파의 학설에 보다 가깝다고 여겨진다. 중관학파에서는 다르마(dharma, 法)에 관한 본체론적인 면에 관심을 기울인다. 중관학파에 따르면, 모든 다르마는 공(śūnyatā, 空, emptiness)하다고 주장한다. 즉 모든 존재의 기본적 구성 요소인 다르마에는 영원한 자성(svabhāva, 自性)이 없다는 것이다. 이러한 공사상은 어떤 것도 그 자체로 존재할 수 없고, 만물은 꿈이나 환상의 창조물이라는 진리를 깨달음으로서 지혜를 얻게 되는 것인데, 궁극적인 진리란 공(空)의 본질을 올바르게 이해함으로서 얻어지는 것이다. 바꾸어 말하면, 만물은 서로간의 인연에 의해 존재하며, 어떠한 영원한 자성도 갖고 있지 않다는 사실을 인식하는 것이라는 뜻이다. 한편 유식학파도 중관학파처럼 현상계의 실재성은 부정하지만, 인식의 실재성을 인정하여 모든 존재는 인식의 창조물이라고 주장하며, 다르마와 관련하여 마음의 작용에 관한 적극적인 설명에 주력한다.[18] 모든 다르마의 본질은 세 가지로 나누어지는데, 첫째는 창조적인 상상력의 산물인 것, 둘째는 상대적이거나 조건적인 것, 셋째는 절대적인 것이다. 이 중에서 상상력의 산물

16 松長有慶, 장익 역, 『밀교경전 성립사론』, 142면.
17 Vessantara, *Meeting the Buddhas,* 36면.
18 Nakamura Hajime, *'Mahayana Buddhism ', Buddhism and Asian History,* 215-239면.

은 실재의 진정한 본질이 아니고, 또한 상대적이거나 조건적인 것은 의존적인 본질만을 가짐으로서 진정한 실재가 아니다. 하지만 절대적인 본질 속에서 사물은 존재도 비존재도 아니고, 이러한 절대적인 본질만이 사물의 본래 그러한 상태(tathatā, 眞如)이며, 이것은 바로 주체와 객체의 구분이 제거된 우리의 순수한 인식이라는 것이다.[19] 이러한 중관학파와 유식학파의 이론적 배경에 근거하여 만들어진 불교 탄트라의 성취법은 광휘(光輝)로서 인식되는 공(空)의 영역으로부터 본존을 불러내어 명상자와 본존이 완전한 합일을 성취함으로써 명상자 자신의 주관과 본존이라는 하나의 대상과의 차별상이 없어지는 것을 경험하게 한다. 아울러 성취법 의식이 끝남과 동시에 불러냈던 본존을 떠나게 함으로서 본존을 포함한 모든 만물의 근본에는 영원한 자성이 없고 공(空)하다는 진리를 일깨워주는 것이다.[20] 방법론적인 면에서 보면, 대승불교에서는 명상자가 공(空)에 관해서 직접적인 명상을 시도하는데 반해, 불교 탄트라에서는 이러한 공(空)에 관한 명상을 보조해주는 다양한 방법을 제시할 뿐만 아니라, 성취법에 사용하는 만다라나 본존을 포함한 모든 현상적인 것들의 궁극적인 기원이 공(空)이라는 진리를 깨닫게 해주는 점에서 차이가 있다.[21]

초기불교에서부터 대승불교에 이르기까지 공통적으로 모든 인간은 자신의 신(身)·구(口)·의(意)로 나쁜 행위[惡業]를 함으로서 영원히 윤회(輪廻)를 하게 되는데, 이러한 윤회를 벗어나기 위해서는 신·구·의로서 더 이상의 나쁜 행위를 하지 않도록 수행하고 행동해야 한다고 설한다. 불교 탄트라에서도 이러한 기본적인 원리가 그대로 적용되어진다. 따라서 본격적인 성취법 명상에 들어가기 전인 예비단계로서 명상자는 자신의 신·구·의를 정화시키는 의식을 수행하며, 본 단계에서는 자신이 선택한 본존의 신·구·의와 명상자의 신·구·의를 완벽하게 합일시키는 의식을 수행한다. 이러한 목적을 달성하기 위해 사용되는 성취법을 행할 때의 보조 수단으로 명상자는 신·구·의에 해당하는 신체적인 동작인 무드라(mudrā), 음성적인 동작인 만트라(mantra), 정신적인 집중상태인 사마디(samādhi) 및 만다라(maṇḍala) 등을 사용하는 것이다.

---

19 Shashi Bhushan Dasgupta, *An Introduction to Tantric Buddhism,* 14-33면.
20 Vessantara, *Meeting the Buddhas,* 35-41면.
21 Yael Bentor, *Consecration of Images and Stūpas in Indo-Tibetan Tantric Buddhism,* 3면.

수행자 자신의 해탈을 위한 지혜(prajñā, wisdom)와 고통 받는 중생을 윤회로부터 벗어나게 도와주려는 자비(karuṇā, compassion)를 동시에 추구하는 대승불교의 보살 사상이 불교 탄트라의 성취법에서도 똑같이 적용되어 행해진다. 성취법이 명상적인 고안물로서 행해질 때는 명상자는 자기 자신의 영적인 발전을 위한 목적으로 성취법을 행하는 것이고, 종교의식으로 행해질 때는 종교의식 속에서 명상자는 모든 종류의 세간(世間), 출세간(出世間)의 이익과 성취를 달성하는데 그 목적이 있다. 바꾸어 말하면, 명상자가 자신의 정신적인 소양을 완벽하게 하고 해탈의 상태로 접근하기 위한 명상적인 훈련으로서 성취법을 행할 때는 명상자는 본존이나 몇몇 존상들의 속성, 초능력 또는 주체성 등을 얻기 위한 시도 속에서 존상들과 상호 작용한다. 궁극적인 목적은 염상 되어진 본존과 합일하여, 그들과 동등한 상태와 권능을 부여 받는 것이며, 더 나아가서 부처가 얻은 깨달음을 얻는 것이다. 한편 명상자가 성취법을 종교 의식으로 사용할 경우에는 존상들을 불러내어 그들에게 할당된 기능을 성취할 뿐 아니라, 모든 중생을 위해 염원하는 이익과 성취들을 부여하기 위해서 주로 경배와 찬양을 통해서 존상들의 초능력을 사용한다.

Ⅲ. 성취법의 구조와 내용

1. 성취법의 구조

성취법의 구조 중에서 가장 중요한 핵심부분을 구성하는 하나의 본존 또는 몇몇의 존상들을 염상하고 초빙하여 완벽한 합일을 이루는 방법에는 크게 두 가지의 단계로 나누어질 수 있다.[22] 첫 번째 단계는 명상자가 불교 탄

22 위에서 언급된 본존을 염상하는 방법은 크게 두 단계로 나누어 언급했지만, 좀 더 구체적으로는 네 단계로 나누어 설명될 수 있다. 첫째는 명상자 자신이 스스로를 사마야삿트바라고 불리는 선택한 본존을 염상하는 단계, 둘째는 다양한 불, 보살의 종자를 자신의 감각기관들에 할당함으로서, 염상된 본존을 실제의 본존으로서의 수준까지 끌어올리는 단계, 셋째는 즈냐나삿트바를 초빙하여 사마야삿트바와의 합일을 이루는 단계, 마지막은 명상자 자신이 스스로에 대한 관정(灌頂; self-initiation)을 통해서 합일을 완성하는 단계이다. (Yael Bentor, *Consecration of Images and Stūpas in Indo-Tibetan Tantric Buddhism,* 1-3면; Alex Wayman, *Yoga of the Guhyasamājatantra,* 156-160면)

트라 경전이나 관련 종교의식 교본 등에서 설명되는 불, 보살 등과 같은 존상들의 도상(圖像)과 일치하게 마음속에 자신이 선택한 특정한 본존의 이미지를 창조한다.[23] 이러한 이미지는 사마야삿트바(samaya-sattva) 또는 사마야데바타(samaya-devatā) 라고 불리는데, 아비달마불교에서 사용하는 카시나 명상 중에 생성되는 직관상과 비교될 수 있는 본존의 환영(幻影)에 관한 마음의 표상을 나타낸다.[24] 특별한 방법을 써서 마음을 훈련한다는 의미에서 창조된 이미지는 이상적인 형태를 대표한다는 의미에서 가치는 있음에도 불구하고, 근본적으로 이렇게 염상된 본존은 실제적인 힘도 없는 환영에 불과한 창조물이다.

다음 단계로 명상자는 본존의 종자(bīja, 種子, seed-syllable)를 암송함으로써 광휘로서 인식되는 공(空)의 영역으로부터 즈냐나삿트바(jñāna-sattva) 또는 즈냐나데바타(jñāna-devatā)라고 불리는 종자에 상응하는 표상을 불러낸다. 신의 종자로부터 나오는 빛을 분산시키고, 이 빛을 실재의 절대영역[25]으로 스며들게 한 뒤에, 다시 그 빛을 모아서 즈냐나삿트바를 내려오게 한다. 즈냐나삿트바의 모습은 정신에 의해 투영된 사마야삿트바의 이미지와 동일하다. 그러나 그것은 단순한 환영이 아니고, 명상자가 관여하는 한에 있어서 본질적으로 진실하고 힘있는 실제 본존의 한 단면이다. 또한 즈냐나삿트바는 어떤 다른 것에 의존하여 생성된 것이 아니며, 전 우주의 모든 것에 편재해 있다. 이러한 즈냐나삿트바가 일단 초빙되어 내려오면 명상자는 즈냐나삿트바를 환대하고 의례적인 숭배를 하며, 그것과 사마야삿트바와의 분간될 수 없는 하나의 합일을 한다. 일단 두 존재가 합해지면 물방울 두 개가 합쳐지듯이 하나의 분간할 수 없는 결합이 이루어진다. 이러한 결합은 명상자로 하여금 현상계의 실재물로 대표되는 사마야삿

---

23 성취법의 기본적인 원리와 방법은 같다 하더라도 존상들에 관한 구체적인 도상은 경전이나 교본에 따라 약간씩 다를 수 가 있는데, 그 이유는 성취법을 이미 경험한 저자들이 성취법의 염상속에서 실제로 만난 존상들의 모습이 각기 틀릴 수 있기 때문이다. (Janet Gyatso, *'An Avalokiteśvara Sādhana', Religions of Tibet in Practice,* 267면)

24 Tadeusz Skorupski, '*Three types of Evocation (sādhana)', The Buddhist Forum VI,* 83면.

25 불교 탄트라의 문맥에서 실재의 절대 영역이란 광휘, 완성, 초능력 등의 영역으로 간주되는 공(空)의 개념을 지칭한다. 의인화된 형체로 그 영역에 머물진 않고 명상자의 환영 속에 각기 다른 형태를 띨 수 있는 영적인 힘과 완성의 비인격적인 저장소로서, 그 영역으로부터 제존이 소집되어진다. (Tadeusz Skorupski, *The Kriyāsaṃgraha,* 11면)

트바와 절대계에 존재하는 즈냐나삿트바와의 합일을 통해서 현상계와 절대계가 둘이 아닌 하나라는 인식을 실현시켜 주는 것이다. 어쨌든 이렇게 하나가 된 본존은 진짜 불이나 보살이며, 일정한 초능력과 속성 등을 내포하고 있고, 어떤 특정한 행위들을 수행하는 능력을 가진다. 금강보살과 같은 일부의 존상들은 가능한 모든 초능력과 속성들을 가지며, 그 외의 다른 존상들은 제한된 초능력과 속성들을 가진다. 집단으로서 만다라에 배치된 존상들은 모든 초능력과 속성들을 가지며, 개별적으로 그러한 초능력과 속성들의 특별한 영역을 할당 받는다.[26] 이 결합으로 인하여 명상자는 완벽한 본존과 대면하게 되며, 불교 탄트라 경전들에 자세히 기술되는 다양한 방법으로 그 본존과 상호작용할 수 있게 된다. 불교 탄트라에서는 염상되어진 존상이나 만다라는 대승불교에서 설해지는 방편(upāya, 方便)에 비교될 수 있는 기능을 하며, 그것들을 통해서 명상자는 자기 자신을 완벽하게 만들 뿐 아니라, 일체 중생을 위한 일들을 행할 수 있게 된다.

성취법은 경전에 따라서 약간의 차이는 있지만 대충 몇 단계로 나누어 설명될 수 있다. 우선 성취법을 본격적으로 실행하기 전의 준비단계로서 명상자 자신의 내적인 정화(淨化)와 아울러 성취법 의식과 관련된 모든 것들을 정화하며, 아울러 성취법을 행할 장소에서 보호 울타리[27] 등을 염상함으로서 악귀나 나쁜 영혼의 침입을 차단하는 것이다. 이와 같은 예비단계를 거친 후에야 비로소 이미 설명한대로 본존을 염상하고 초빙하여 명상자 자신과 완벽한 합일을 이루는 것이다. 다음으로는 합일을 이룬 본존을 공양하는 것인데, 본존뿐 아니라 만다라에 배치된 모든 존상에게 일정한 수의 공양물[28]을 바치며 만트라와 찬미의 시를 암송함으로서 공양하고 찬미

---

26 Tadeusz Skorupski, *The Kriyāsaṃgraha,* 11-12면.

27 보호 울타리는 명상자가 자신 주위에 금강저들로 구성된 울타리와 벽과 독특한 형태의 천막 등을 마음속으로 염상함으로서 만드는 것인데, 어떤 종교 의식에서는 보호 갑옷 등이 만들어져 명상자의 좌대 밑에 배치되기도 한다.

28 명상자가 자신을 위한 영적인 훈련의 일부로서 존상에 대해서 명상을 할 때는 진짜 공양물을 바치는 것이 아니고 공양물을 마음속으로 염상 하는 것이지만, 외적인 종교의식을 행할 때는 모든 실제 공양물을 제단위에 놓여 진 용기들에 배치하여 만다라에 그려진 존상들에게 실제로 바친다. 존상들에게 제공되는 기본적인 공양물들은 얼굴을 씻기 위한 물과 발을 씻기 위한 물 등의 두 종류의 물, 꽃, 향, 램프, 향수, 음식 등의 다섯 가지 공양물이며, 간혹 음악이 추가되는 경우도 있다. 이것들은 외부세계의 것들을 대표하는 외적인 공양물들이고, 내적인 공양물들은 색, 성, 향, 미, 촉 등의 오감기관을 만족시키기 위해 제공되는 요소들로 구성되어진다.

하는 것이다. 끝으로 타당한 공양을 받은 존상들은 명상자가 부탁한 임무를 수행해주고,[29] 임무가 끝난 뒤에는 즈냐나삿트바들은 그들이 소집되어 온 최초의 영역인 공(空)의 세계로 되돌아가도록 요구되며, 사마야삿트바들은 명상자의 몸속으로 녹아져 사라진다.

명상자가 합일하고자 하는 본존을 선택하는 방법은 불교 요가 탄트라의 대표적인 기본경전인 『진실섭경(眞實攝經)』[30]에 따르면, 만다라 의식을 통해서 스승의 도움으로 제자가 본존을 선택하는 것이다. 간략히 설명하면, 우선 스승이 절차에 따라 염상을 통해서 만다라 속으로 들어가 자신을 금강보살로 염상하여 하나가 된 다음, 만다라의 여러 존상들을 통제하고 명령하게 되는 것이다. 이러한 스승의 의식이 끝난 후, 7단계 정도의 절차로 구성되는 제자의 만다라 의식이 시작된다. 첫 번째 단계는 금강부(金剛部), 보부(寶部), 연화부(蓮華部), 갈마부(羯磨部)에 속하는 존상들을 향해서 합장하고 만트라를 암송하면서 절을 하는 것이다. 두 번째 단계에서 제자는 붉은 색 상의를 입고, 붉은 천으로 얼굴을 가리고 꽃 한 송이를 두 중지 손가락으로 집고 스승의 인도로 미리 준비된 만다라 앞에 이르는 것이다. 세 번째 단계는 만다라에 입문하고 스승은 제자를 위해 입문식을 거행한다. 네 번째 단계에서 제자는 가지(adhiṣṭhāna, 加持, empowerment)를 받는다. 다섯 번째 단계는 제자가 만다라 그림 위에 들고 있던 꽃 한 송이를 던진다.

---

29 명상자의 이익이나 그 외의 다른 목적을 위해 존상들은 각각의 일들을 수행하도록 요구 받는다. 존상들은 다양한 부탁을 들어주도록 요구 받는데, 복을 내리거나, 부를 가져오거나, 영혼의 능력을 발전시켜주거나, 권정을 내려주거나, 밭을 갈아주거나, 땅속에 자신들의 초능력을 불어넣기 위해서 사원의 땅속에 스스로를 녹이기도 한다. 불교의 존상들은 숭배 받고 은총을 내려주거나 어떤 일을 수행함에도 불구하고, 그들은 요구 받은 청을 들어줄 것인지 말 것인지를 결정할 자유는 없다는 점이다. 또한 불교 탄트라의 모든 종교의식은 의식을 진행함에 있어서 어떠한 실수도 저지르지 않는다면 원하는 결과를 얻을 수 있다는 가정 하에 작용한다. 바꾸어 말하면, 의식이란 의도된 성과물을 얻기 위해서 고안된 종교의식상의 거래인 것이다. 만일 종교의식 중에서 특별히 무서운 의식을 행하는 중에 실수가 범해진다면, 의식의 과정이 오히려 거꾸로 의식을 진행한 사람이거나 그 혜택을 받아야 할 사람에게 반대로 작용하여 그들을 해할 수 있다는 점이다. 이러한 이유 때문에 스승은 종교의식이 끝날 때 존상들에게 만약 실수가 있었다면 실수를 용서해달라고 부탁하며, 가능한 모든 부정적인 요소들을 없애려고 하는 것이다. 일단 존상들은 부탁 받은 일들을 수행해주면, 더 나아진 형태의 숭배를 받는다. (Tadeusz Skorupski, The Kriyāsaṃgraha, 12면)

30 『佛說一切如來眞實攝大乘現證三昧大敎王經』(大正藏, 18권, 352면 3단-354면 2단); Yamada Isshi (ed.), *Sarva-Tathāgata-Tattva-Saṅgraha Nāma Mahāyāna-Sūtra,* 64-72면.

꽃이 떨어진 곳에 그려진 존상이 본존이 되고 그 본존의 초능력을 갖게 되는 것이다. 여섯 번째 단계는 스승이 제자의 얼굴을 가렸던 천을 풀어준 다음, 모든 만물의 진실한 모습 그대로를 볼 수 있는 금강안(金剛眼)을 갖게 하기 위하여 만다라를 보여준다. 끝으로 제자는 스승으로부터 물 관정, 금강저 관정, 금강명(金剛名) 관정 등의 세 종류의 관정(abhiṣeka, 灌頂, consecration)을 차례로 받은 후에 의식은 끝난다.[31] 이와 같이 만다라 위에 꽃을 던짐으로서 꽃이 떨어진 만다라 위의 존상들 중 하나가 본존으로 선택되는 것이다.

2. 성취법의 형태와 내용

불교 탄트라 경전들에서 기술되는 성취법은 세 가지 형태로 구분된다.[32] 이 세 형태는 모두 공통적으로 명상자가 자기 자신을 본존 또는 같은 족(族)에 속하는 몇몇의 존상들이나 그들의 상징물로서 염상하는 것인데, 다만 염상하는 존상을 놓는 위치에 차이가 있는 것이다. 첫째는 명상자가 본존 또는 존상들을 자기 자신의 몸 안에 있는 것으로서 인식하고 염상하는 방법이며, 둘째는 본존을 물로 가득 채워진 하나 내지 여러 개의 꽃병 속에 떠 있는 것으로 염상하는 방법이고, 셋째는 본존을 명상자 자신 앞에 위치한 공간이나 땅 위에 그려진 만다라 속에 배치된 것으로서 염상하는 방법인 것이다. 이 세 가지 형태의 성취법은 각각의 특정한 특징들과 응용들을 가지고 있음에도 불구하고, 그것들의 개념적이고 명상적인 요소들은 본질적으로 똑같다. 이와 같이 이미지를 사용하는 성취법 외에, 성취법과 같은 형태의 명상적인 훈련 방법이 있는데, 이것은 이미지 대신 빛이나 몸속에 흐르는 생명의 원천이 되는 바람의 운동(the movement of the vital winds)과 같은 비인격적인 수단 등에 초점을 맞춘다.

---

31 Kwon Do-Kyun, *Sarvatathāgatatattvasaṃgraha (Compendium of All the Tathāgatas), A Study of Its Origin, Structure and Teachings,* 73-81면.

32 위에서 설명하는 성취법의 세 가지 종류와 관련된 구체적인 내용은 영국 런던대학 동양 아프리카학 연구소(SOAS) 교수이며 필자의 스승이었던 Tadeusz Skorupski 가 서장어로 쓰여진 *Kun rig cho ga'i rnam bshad*라는 요가 밀교 텍스트 중 전반부를 영어로 번역하여 The Buddhist Forum Vol. VI (83-135면)에 기고하였던 글을 역자의 양해 하에 중심 내용을 간략하게 요약 번역하고 인용했음을 밝힌다.

1) 본존을 자신의 몸 안에 있는 것으로서 염상하는 방법

위에서 기술한 본존 또는 몇몇 존상들을 명상자가 자신의 몸 안에 있는 것으로서 인식하고 염상하는 방법은 다음과 같은 순서와 내용을 가진다. 이것은 세 단계의 연속적인 과정으로 이루어진다. 첫째는 예비적인 요가이고, 둘째는 보호 경계(rakṣācakra)에 관해 명상하는 것이고, 셋째는 스스로를 본존 또는 몇몇 존상들로서 생성하는 것이다.

첫 번째 단계인 예비적인 요가는 성취법을 본격적으로 실행하기 위한 준비단계로 볼 수 있다. 명상을 통해서 내적으로는 스스로를 정화하고 외적으로는 존상들에게 바칠 공양물과 용기(容器)들을 정화시키는 단계이다. 명상자는 성취법을 수행하기 위한 장소에 들어갔을 때 집금강보살(Vajradhara, 執金剛菩薩)의 수인(手印)을 맺으면서, "옴 바즈라사마야 훔(oṃ vajrasamaya hūṃ)"이라는 만트라를 암송한다.[33] 그리고 명상자는 연꽃과 월륜 위에 있는 자신의 자리를 염상한다. 그런 다음에 방해하는 영혼들을 제거하거나 쫓아내기 위해 금강야차(Vajrayakṣa, 金剛夜叉)의 수인을 맺고 "옴 바즈라약사 훔(oṃ vajrayakṣa hūṃ)"이라고 발음하면서 스스로를 금강야차로서 염상한다. 그 다음에 공양을 위한 물건들을 정화시키는 특정한 만트라를 암송하며 수인을 맺고,[34] 그 뒤에 다시 공양을 위한 그릇들과 물건들을 생성시키는 만트라를 암송하며 수인을 맺고 염상을 한다. 이와 같이 정화를 위한 의식이 끝난 뒤에는 불(佛), 법(法), 승(僧) 등의 삼보(三寶)를 명상의 대상으로서 염상하여 삼보에 귀의하는 것이다. 삼보에 귀의하는 이유는 제법무아, 제행무상, 일체개고 등의 세 가지 괴로움이 일체중생을 괴롭게 한다는 사실 때문인데, 명상자는 삼보를 제외하고는 누구에게서도 보호를 받을 수 없다는 것을 간절히 염원하면서 불교 탄트라에서 서술하는 방식대로 삼보를 염상한다.[35] 예비적인 요가의 마지막 순서로는

33 일반적으로 집금강보살의 수인과 만트라는 명상자가 성취법을 수행할 장소로 들어가거나, 절대적인 깨달음의 생각에 관해 명상할 때, 또는 만다라에 들어갈 때, 그리고 자신과 본존을 동일시 할 경우에 사용한다.

34 금강화(Vajrānala; 金剛火)의 수인을 맺고 만트라를 발음하면서, 명상자는 자신이 맺은 수인으로부터 퍼져 나오는 불과 빛을 염상하여, 공양물들의 오염을 제거하여 그것들을 완전하게 만든다. 그런데 공양물들을 정화시키는 또 다른 방법은 "옴 일체 법은 본래 청정한 것이요, 나 또한 본래 청정하다. [oṃ svabhāvaśuddhāḥ sarvadharmāḥ svabhāvaśuddho 'ham]"라는 만트라를 암송하는 것이다.

35 삼보에 관해 염상하기 위해서, 명상자는 우선 자신 앞에 잎과 과일들이 달려 있는 다섯 개의 가지로 이루어진 하나의 보석나무를 염상한다. 그 나무의 가운데 가지의 꽃들

보리심을 일어나게 하는 것인데, 한편으로는 일체의 법에는 영원한 본질이 없다는 사실을 인식하면서, 다른 한편으로는 실재에 대한 본질을 제대로 이해 못하고 자아에 집착하는 불쌍한 중생들에게 무한한 연민을 느끼는 것이다.

두 번째 단계인 보호 경계에 관한 명상은 명상자 스스로 자신의 신·구·의를 정화시키고 신성화시키는 것으로부터 시작한다. 명상자는 일체의 법은 본래 청정하다는 말로 시작하는 만트라를 암송하면서 제법무아에 정신을 집중시킨다. 이렇게 함으로서 마음속에서 일어나는 탐욕[貪]·성냄[瞋]·어리석음[癡]의 삼독(三毒)을 제거하고 마음을 순수하게 하면서 내적인 정화를 실행하여 자신의 마음을 신성화 한다. 그 뒤에 스스로를 공(空)에 관한 명상의 본질로부터 야기되는 금강보살(Vajrasattva, 金剛菩薩)은 마음속에 그리면서, 자신의 혀 위에 금강저(金剛杵)를 염상하여 자신의 말을 신성화 시키고,[36] 자신의 손을 오고저(五鈷杵)로서 염상하여 자신의 몸을 신성화 시킨다.[37] 그런 다음에 명상자는 금강보살의 정신적인 상태를 가정하고

위의 연꽃과 월륜들 위에 놓여 진 사자좌 위에 앉아있는 비로자나불과 그 주위의 사불[아촉, 보생, 무량수, 불공성취], 사불모(四佛母), 십육보살(十六菩薩), 팔공양보살(八供養菩薩), 사섭보살(四攝菩薩), 십육나한(十六羅漢), 십이독각(十二獨覺), 성난 모습의 십육보살 등을 염상한다. 앞쪽 가지 위에는 수호신들, 오른쪽 가지 위에는 보신불들, 뒤쪽 가지 위에는 바위 언덕처럼 배열된 경전들, 왼쪽 가지 위에는 호법존들을 염상한다. 나무의 앞쪽으로는 모든 중생들을 배열하고, 자비심을 키운다. 명상자는 자신이 선택한 존상들이나 부처들에 자신의 생각을 집중함으로서 부처에 귀의하고, 다르마에 집중함으로서 법에 귀의하며, 보살들이나 그 외의 존상들에 집중함으로서 승가에 귀의하는 것이다. 또한 삼보의 대상들로부터 뿜어져 나오는 다양한 밝은 빛을 염상함으로서, 그 빛들이 모든 중생에 닿아 그들의 죄의 장애들을 제거시켜주고, 삼보에 귀의하게 하는 상서로운 환경 속에 그들을 머물게 한다. 아울러 명상자는 귀의의 대상을 빛으로 바꾸어 자신 속으로 녹아 없어지는 것을 염상한다. 이와 같은 절차를 통해서 삼보의 은총이 명상자 자신의 정신적인 성향 속으로 스며들어 머무는 것이다.

36 금강보살을 염상할 때, 명상자는 금강보살의 목구멍에 붉은색을 띈 흐리히(Hrīḥ)라는 음절을 염상하여, 그 음절로부터 일체불의 언어의 본질을 지닌 붉은색 팔 엽 연꽃이 나오는 것을 마음속에 그린다. 팔 엽 중 앞쪽 잎사귀는 윗부분에 문자 A를 가진 혓바닥으로 변한다. 그 뒤 문자 A 로부터 중앙에 음절 훔(Hūṃ)을 가진 월륜이 나오고, 훔(Hūṃ)으로부터 흰 빛깔의 오지 금강저가 나온다. 명상자는 "옴 바즈라지흐바(oṃ vajrajihvā)"라고 발음하면서 자신의 혓속으로 금강저와 월륜이 녹아들어가서, 혀가 금강저로 변형되는 것을 염상한다. 이러한 절차를 통해서 명상자는 거짓말, 비방, 욕설, 잡담등과 같은 네 가지 종류의 언어의 단점을 제거하는 것이다. 이처럼 언어가 정화되었을 때야 비로소 명상자는 만트라를 제대로 발음할 수 있는 능력을 갖게 되는 것이다.

37 명상자는 자신의 얼굴 앞으로 양손을 들어올리고, 양손바닥위에 각각 문자 A를 염상

"훔(Hūṃ)"이라고 발음하면서, 스스로를 화염에 둘러싸인 몸을 가지고 금강저와 금강령(金剛鈴)을 지닌 성난 신[38]으로서 염상한다. 본격적으로 보호경계를 염상하기 전에 명상을 방해하는 악귀들을 내쫓아버려야 하기 때문에, 명상자는 만트라를[39] 암송하면서 왼손은 주먹을 쥐어 가슴에 두고, 오른손으로는 금강저를 잡고 흔드는 모습을 염상한다. 스스로의 마음을 성나게 하면서 손에 쥔 금강저로부터 무수한 금강저들이 나와서 사나운 악귀들을 물리치는 모습을 염상하는 방법 등을 사용하여 악귀들을 제거한다. 아울러 명상지 안으로 들어오려는 악귀들을 막기 위해 보호 울타리를 염상한다. 엄밀히 말해서, 악귀들은 명상자 자신의 마음이 지어낸 환영에 불과하기 때문에 마음속의 환영들을 완전히 제거하여 복종시키기 어려운 자신의 마음을 완전히 지배해야 한다. 이처럼 악귀들을 제거하고 보호 경계를 완성한 뒤에는 분노한 존상을 공양하고, 방해하는 악귀들에게 다른 곳으로 떠나라고 명령을 내리면서 호신법을 행한 후에, 금강보살의 백자진언(百字眞言)[40]을 세 번 암송하며 명상자는 스스로의 의지를 굳건히 한다.

세 번째 단계인 스스로를 본존 또는 존상들로서 생성하는 과정은 광체를 뿜어내며 양손바닥에 각각 문자 A를 가진 금강보살을 명상자가 자기 자신으로 염상하는 것으로부터 시작한다. 그런 다음에 자신의 양손바닥 위에 있는 문자 A들을 월륜들로 변형시킨다. 오른쪽 손바닥 위에 있는 월륜의 중앙에는 음절 훔(Hūṃ)을, 왼쪽 손바닥 위에 있는 월륜의 중앙에는 문자 A를 놓는다.[41] 음절 훔(Hūṃ)과 문자 A는 둘 다 일어서서 서로 마주본다. 그

하고, 각각의 문자 A로부터 음절 훔(Hūṃ)이 놓여 진 월륜이 나오는 것을 마음속에 그린다. 각각의 훔(Hūṃ)음절이 오고저로 변형되어 명상자의 양손에 녹아들어가서 손과 손가락의 형태를 취하는 것을 염상한다. 명상자는 자신의 양손은 금강저의 본질을 가진 것으로서, 그리고 손가락들은 오고저의 본질을 가진 것으로서 인식한다. 이러한 절차를 통해서 명상자는 살인, 도둑질, 부정행위등과 같은 세 가지 종류의 몸의 단점들을 정화시켜야 비로소 명상자는 수인(mudrā)을 제대로 행할 수 있는 능력을 갖게 되는 것이다.

38 여기서 명상자가 염상하는 분노의 신은 Krodhānala이다.

39 옴 바즈라즈바라나라르카 훔(oṃ vajrajvālānalārka hūṃ)

40 oṃ vajrasattvasamayam anupālaya vajrasattvenopatiṣṭha dṛḍho me bhava sutoṣyo me bhavānurakto me bhava supoṣyo me bhava sarvasiddhiñ ca me prayaccha sarvakarmasu ca me cittaśreyaḥ kuru hūṃ ha ha ha ha hoḥ bhagavan sarvatathāgata vajra mā me muṃca vajrī bhava mahāsamayasattva āḥ. (Yamada Isshi (ed.), *Sarva-Tathāgata-Tattva-Saṅgraha Nāma Mahāyāna-Sūtra,* 95면)

41 글자 훔(Hūṃ)은 자비심과 상대적인 보리심을 상징하고, 문자 A는 공(空)으로서 인식되는 지혜와 절대적인 보리심을 상징한다.

둘의 가장자리와 양손바닥 위에는 단모음들과 장모음들이 위치하는데, 명상자는 그 모음들을 두 번 암송한다. 첫 번째 암송할 때에는 모음들이 음절 훔(Hūṃ) 주위를 시계방향으로 맴돌고, 두 번째 암송할 때에는 모음들이 문자 A 주위를 시계 반대방향으로 맴돈다. 그 뒤에 양쪽 엄지손가락 위에는 흰색 음절 옴(Oṃ), 양쪽 둘째손가락 위에는 청색 음절 훔(Hūṃ), 양쪽 셋째손가락 위에는 황색 음절 트람(Trāṃ), 양쪽 넷째손가락 위에는 적색 음절 흐리히(Hrīḥ), 양쪽 다섯째손가락 위에는 녹색 음절 아하(Aḥ)를 염상한다. 그 다음에 오른손 손가락들 위에 있는 문자들을 비로자나불, 아촉불, 보생불, 아미타불, 불공성취불 등의 오불(五佛)로 변하도록 염상하며, 왼손 손가락들 위에 있는 문자들을 오불의 명비(明妃)인 바즈라다트비슈바리(Vajradhātvīśvarī), 로짜나(Locanā), 마마키(Māmakī), 판다라바시니(Pāṇḍaravāsinī), 타라(Tārā) 등의 다섯 명비들로 염상한다. 명상자는 절차에 따라서 관련된 만트라들을 암송하면서 이렇게 염상된 오불과 오불의 명비들이 완전히 결합하도록 염상한다.[42] 이렇게 존상들이 서로 결합하는 순간 명상자는 절대 진리와 상대 진리의 완전한 결합을 체득하게 된다. 다음 단계로 명상자는 자신의 마음이 밝고 투명한 빛의 본질을 갖고 있다고 염상한다. "바즈라반다 트라타(vajrabandha traṭa)"라고 세 번 암송하면서 금강박(金剛縛, Vajrabandha)의 수인을 세 번 맺고, 모든 죄업의 장애로부터 자신의 신·구·의가 정화되는 것을 염상한다. 마음의 본질은 밝은 빛이기 때문에, 어떤 것에도 깨지지 않는 금강저에 의해서 모든 후천적인 더러움과

---

42 명상자는 자신의 손바닥을 나란히 놓고 "oṃ anyonyānugatāḥ sarvadharmāḥ(옴 일체법의 상호수렴이여)"라는 만트라를 암송하는 동안, 오불과 오불의 명비들이 서로를 만지는 것을 염상하면서, 이 염상속에서 생기는 즐거움의 인식을 경험하는데 집중한다. 이 순간 명상자는 속세와 열반, 주체와 객체, 상대와 절대등과 같은 모든 이분법적인 것들이 동일하다는 사실을 인식하게 된다. 그 다음 손바닥을 합하여 금강합장(註: 두 손을 합장한 뒤 각각의 오른쪽 손가락들이 왼쪽 손가락들 위로 오도록 열개의 손가락들이 서로 맞물리도록 하는 것)의 형태를 취하고 "sphara sphara anupraviṣṭāḥ sarvadharmāḥ vajrāñjali (팽창하라, 팽창하라, 일체법이 관통된다. 금강합장이여)"라고 암송하면서, 오불과 명비들이 서로를 껴안는 것을 염상한다. 이 염상속에서 즐거움의 인식을 경험하고 일체법이 여여(如如)함으로 가득차는 것을 경험하는데 집중한다. 그 뒤 금강박(註: 금강 합장한 상태에서 깍지 낀 채로 주먹을 만드는 것)의 수인을 맺고 "oṃ anyonya anupraviṣṭāḥ sarvadharmāḥ vajrabandha(옴 일체법이 서로 관통된다. 금강박이여)"라고 암송하면서, 오불과 명비들이 물과 물이 섞이듯이 서로가 하나 됨을 염상한다. 이 순간 명상자는 모든 조건적인 법들이 법의 본질 속으로 완전히 녹아버리는 사실을 인식하게 되는 것이다.

죄악들이 사라지게 된다. 금강박 수인 속으로 양 엄지손가락들을 넣고, 열 번에서 백 번까지 "옴 바즈라아베샤 아(**oṃ vajrāveśa a**)"를 암송하면서, 월륜 위에 서있는 오고저(五鈷杵)를 자신의 가슴속에 염상한다. 동시에 여래들의 마음속에서 금강저[43]가 나와서 명상자 자신의 가슴속으로 들어가서 몸과 마음이 환희로 가득 차는 것을 염상한다. 이후에 스스로 오른손엔 오고저를 왼손엔 금강령을 쥐고 있는 백색의 금강보살[44]로서 염상한다. 그런 뒤에 자신의 신·구·의를 정화시키는 수인을 맺고 만트라를 암송한다.[45] 그 뒤 오불을 염상하여 오불의 관정(abhiṣeka, 灌頂)을 받는다. 또한 명상자는 중생의 이익을 위하여 자신을 금강보살로 염상하며 양미간 사이에서 빛이 나와서 일체 중생의 생각 속으로 들어가 그들의 죄를 정화시켜주고 그들이 신성(神性)을 발견하도록 도와준다. 끝으로 자신의 마음속 월륜 위에 있는 흰색 음절 훔(Hūṃ) 주위를 둘러싼 염주처럼 배치된 음절들로 구성된 명주(vidyā, 明呪)[46]를 염상하면서, 이러한 만트라-화관으로부터 무수한 빛이 나오도록 한다. 이 빛들은 일체 중생의 괴로움을 진정시켜 주는 역할을 한다. 또한 이 명주를 삼십만 번이나 육십만 번을 암송하는데, 암송의 끝에 명상자는 자신을 마하카루니카(Mahākāruṇika)로 염상하여, 일체중생의 죄를 씻어준다. 아울러 금강보살의 백자진언(百字眞言)을 세 번 암송하며 명상과 암송을 굳건히 한다. 그 뒤에 경배와 찬미를 하고, 종을 치며 만트라[47]

43 금강저는 보리심을 상징하는 금강보살의 본질을 가리킨다.

44 금강보살(Vajrasattva)과 비로자나불(Vairocana)과 대비로자나불(Mahāvairocana)의 관계를 살펴보자면, 비로자나불은 아카니스타(Akaniṣṭha)천에서 완벽한 깨달음을 얻어서 오불의 본질을 갖추고 있으며, 대비로자나불은 무시무종의 법계(法界)의 특성을 갖고 있으니, 비로자나불은 보신(sambhogakāya; 報身)이고, 대비로자나불은 법신(dharmakāya; 法身)이며, 대비로자나불이 형상으로 나타날 때가 바로 금강보살이다.

45 몸을 정화가기 위해서 명상자는 합장한 손바닥을 이마에 두고, "oṃ bhṛta bhṛta sarvāvaraṇāni hūṃ phaṭ (옴, 모든 방해물들을 갈기갈기 찢어라, 찢어라, 훔 파트)" 라고 암송하면서 자신의 몸과 여래들의 몸이 하나가 됨을 염상한다. 말을 정화가기 위해서 합장한 손바닥을 목 위에 두고, "oṃ traṭa traṭa sarvāvaraṇāni hūṃ phaṭ (옴, 모든 방해물들을 부숴라, 부숴라, 훔 파트)" 라고 암송하면서 자신의 언어와 여래들의 언어가 하나가 됨을 염상한다. 마음을 정화가기 위해서 합장한 손바닥을 가슴 위에 두고, "oṃ chinda chinda sarvāvaraṇāni hūṃ phaṭ (옴, 모든 방해물들을 절단해라, 절단해라, 훔 파트)" 라고 암송하면서 자신의 마음과 여래들의 마음이 하나가 됨을 염상한다.

46 oṃ namas sarvadurgatipariśodhanarājāya tathāgatāyārhate samyaksaṃbuddhāya tadyathā oṃ śodhane śodhane sarvapāpaviśodhane śuddhe viśuddhe sarvakarmāvaraṇaviśuddhe svāhā.

를 암송하고, 찬미의 시를 암송하며 끝낸다. 여기까지는 명상자가 자신을 본존으로 염상하는 방법이다.

이외에 여러 존상들을 염상하는 방법은 명상자가 자신을 만다라 전체의 주인으로서 염상하는 것인데, 위에서 언급되어진 모든 명상의 과정을 수행한 뒤에 명상자는 좌대들을 가진 궁전을 염상하고, 아카니스타(Akaniṣṭha) 천으로부터 내려와 궁전 가운데에 앉아있는 자신을 비로자나불로서 염상한다. 비로자나불과 하나가 된 후에는 비로자나불의 마음속에 머물고 있는 제존(諸尊)을 생성시켜서 만다라의 각각의 위치에 배치시킨다. 명상자는 만다라 속 제존의 네 가지 무드라, 즉 사마야무드라(samaya-mudrā), 다르마무드라(dharma-mudrā), 카르마무드라(karma-mudrā), 마하무드라(mahā-mudrā)를 행한다. 이 네 가지 무드라를 행함으로써 염상하여 하나가 된 제존의 신·구·의·업을 명상자 자신화 함으로써 자신을 정화시키고 제존의 지혜와 본성을 체득하는 것이다. 이와 같이 제존의 네 가지 무드라를 행한 후에 염상된 제존을 공양하고 찬미하며 제존의 만트라를 암송한다. 마지막으로 초빙된 제존을 떠나게 하고, 염상된 제존을 자신 속에 흡수시켜서 자신의 마음을 오랫동안 진여(tathatā, 眞如)의 본질 속에 유지시키는 것이다.

2) 본존을 꽃병 속에 떠있는 것으로서 염상하는 방법

본존 또는 존상들을 물로 가득 채워진 하나 내지 여러 개의 꽃병 속에 떠있는 것으로 염상하는 방법은 다음과 같은 순서와 내용을 가진다. 다음에서 설명하는 것은 존상들로 가득한 하나의 꽃병을 염상하는 방법을 설명한다. 좀 더 정교한 의식에서는 다섯 개나 그 이상의 꽃병을 사용한다. 명상자가 명상의 도구로서 다섯 개의 꽃병을 사용할 때는 각 꽃병을 오불(五佛) 중의 하나로, 또는 몇몇 존상들을 거느린 오불 중의 하나로 염상 한다. 다섯 개 이상의 꽃병을 사용할 때는 매 꽃병마다 특정 만다라에 포함되어 있는 본존 또는 존상들을 상징하는 것으로 배치한다. 존상들을 포함하고 있는 꽃병은 존승병(尊勝甁)[48]이라 불린다.

---

47 oṃ vajradharmaraṇita praraṇita saṃpraraṇita sarvabuddhakṣetrapracalina prajñāpāramitānadasvabhāva vajrasattvahṛdayasaṃtoṣani hūṃ hūṃ hūṃ ho ho ho.

48 바즈라다카 탄트라(Vajraḍāka-tantra)에 따르면, 꽃병은 금, 은, 동 또는 진흙 등으로 만들고, 용량은 대략 1.1리터 정도이다. 또한 바즈라말라아비다나 탄트라(Vajramālābhidhāna-tantra)에 의하면, 꽃병의 둘레는 손가락 열여섯 개의 길이, 높이는 손가락 이십 개의 길이이며, 연꽃 관과 주둥이는 각각 두 손가락 길이이다. 꽃병은

첫째로 명상자는 명상을 방해하는 악귀들을 제거하기 위해서 금강야차의 수인을 맺고 만트라를 암송한다. 그 다음 공(空)으로부터 생성된 완벽한 보석들로 장식된 하나의 꽃병을 염상한다. 둘째로 이 꽃병 안에 위치한 오불의 좌대들을 염상하는데 하나는 정 가운데에, 그리고 나머지 네 개는 사방에 위치하도록 한다. 가운데 좌대는 여덟 마리 사자가 지탱하고, 동쪽 좌대는 여덟 마리 코끼리가, 남쪽 좌대는 여덟 마리 말이, 서쪽 좌대는 여덟 마리 공작이, 북쪽 좌대는 여덟 마리 가루다(garuḍa)가 지탱하는 것으로서 염상한다. 그리고 좌대들 위에 연꽃들과 월륜들을 염상한다. 이 오불을 제외한 나머지 제존은 물위에 떠있는 월륜을 가진 연꽃들로 염상한다. 이와 같이 좌대들을 염상한 뒤에는 사르바비드 만다라(Sarvavid maṇḍala)에서 나오는 37존들을 각 위치에 맞게 염상한 후에, 빛을 이합집산하는 방법을 사용하여 이러한 제존을 실제로 불러들인다. 그 뒤에 염상된 존상들과 불러들인 존상들을 결합시킨다. 그 뒤에 명상자는 마음속에서 관련된 만트라와 수인을 사용해서 관정을 하고 공양을 하며, 오불의 마하무드라(mahāmudrā)를 행하고, 종을 세 번 치며, 찬미의 시를 암송한다. 셋째로 꽃병에 대한 암송을 108번 행하는데, 우선은 제존의 이름을 가리키는 명주(vidyā)들을 108번 암송하고, 그 뒤 제존의 만트라들을 108번 암송하는데, 만트라의 암송이 끝날 때는 공양물들을 바치고 찬미의 시를 읊는다. 이와 같이 모든 의식이 끝났을 때 꽃병 속에 염상된 만다라들을 없애고, 불러들인 제존을 떠나게 하며, 염상된 제존은 빛으로 화하게 한다. 금강보살의 백자진언을 세 번 암송하며 명상자는 자기 자신을 신성화한다.

6) 본존을 만다라 속에 있는 것으로서 염상하는 방법

본존 또는 존상들을 명상자 자신 앞에 위치한 공간이나 땅 위에 그려진 만다라 속에 배치된 것으로서 염상하는 방법을 간략하게 설명하자면, 기본적으로 네 가지 단계에 따라서 행해진다. 첫 번째 단계는 만다라를 염상하는 방법인데 빛을 모이고 흩어지게 함으로서 존상[49]들을 불러 모으고, 그들

결점이 없어야 하고, 밑 부분이 검어서는 안된다. 꽃병에는 대체로 정화수와 함께 열다섯 개나 스물다섯 개의 물품들로 채워진다. 꽃병의 목은 오색의 비단 천으로 묶어지고, 관은 꽃잎들로 장식되며, 화환으로 묶어진다. 꽃병엔 오불의 족(族)들의 상징물들과 일체 불(佛)의 의금강(意金剛)을 상징하는 하나의 금강저가 새겨진다. 이러한 꽃병은 오불의 지혜가 불이(不二)함을 표현하는 것이다.

49 *Kun rig cho ga'i rnam bshad*(The Buddhist Forum Vol. VI, 112-135면)에는 만다라

에게 그림속의 만다라 위에 머무르게 한다. 그 뒤에 명상자는 그들의 몸짓을 표현하고, 공양물을 바치며, 그들에게 만다라 속으로 들어가게 하는 것이다. 두 번째 단계는 존상들을 경배하는 방법인데 공양물들과 찬미의 시(詩)로서 경배하는 것이다. 세 번째 단계는 만다라에 들어가고 관정을 받는 방법이다. 네 번째 단계는 만다라 속의 존상들에 의식을 집중하고, 각각 존상을 상징하는 만트라를 암송함으로서 성취를 완성하는 것이다.

명상의 도구로서 만다라의 기능은 명상자의 몸과 마음을 본존의 형태 속에서 완벽한 상태로 변형시키는데 도움을 주는 것이며, 종교의식 속에서 수행자는 불교의 존상들로 가득 찬 만다라를 염상하면서 중생의 이익이나 자신의 의식이 지양하는 어떠한 목적을 위해서 존상들에게 행동하도록 요구하는 것이다. 이러한 명상과 종교의식을 위한 도구로서 각각의 만다라는 여러 존상[50]들을 갖는데, 어떤 만다라는 적은 수의 존상들을 갖고, 어떤 만다라는 보다 많은 수의 존상들을 갖고 있다. 또한 어떤 만다라는 만다라의 존상들의 상징물이나 종자 등으로 이루어지는데, 수많은 종류의 만다라들이 있지만, 그들이 갖고 있는 본질적인 요소들은 공통적이다.

Ⅳ. 성취법의 의의

대부분의 불교 탄트라는 대승불교의 이론적인 원리에 근거하여 깨달음을 위한 실제적이고 구체적인 방법들을 기술하고 있으므로, 불교 탄트라에서 설명하는 성취법의 이론적인 본질 또한 대승불교의 사상적인 토대에 의존한다고 볼 수 있다. 대승불교에서 일체 중생은 불성의 종자를 가지고 있다고 하는데, 그것은 보리심(bodhicitta, 菩提心)[51]의 형태 속에서 연마되고

에 그려지는 존상들의 모습과 각각의 존상들이 가지는 기능에 관한 상세한 서술로 이루어지는데, 지면상의 제한으로 인하여 여기서는 자세한 서술을 생략하고자 한다.

50 만다라에 그려지는 존상의 수에 관해 살펴보면, 금강정경과 같은 요가 탄트라에서는 보통 오불을 포함하는 37존의 중심인물들과 미륵불을 포함하는 16명의 현겁 마하보살(Bhadrakalpa Mahābodhisattva) 등 총 53존을 기본으로 하는데, *Kun rig cho ga'i rnam bshad*에는 이 53불에 더하여 16명의 성문(Śrāvaka, 聲聞)과 12명의 독각(Pratyeka Buddha; 獨覺)등이 추가되기도 한다.

51 보리심은 두 가지 요소를 갖고 있는데, 하나는 만물에 영원한 본질 없음을 자각하는 것, 즉 공성(śūnyatā)을 자각하는 것이고, 다른 하나는 보편적 자비심(karuṇā)인 것이다. 따라서 보리심은 이러한 두 가지 요소의 완벽한 결합으로 이루어진다. 그리고 불

순수하게 되어져야 한다고 설명한다. 불교 탄트라에서 이러한 불성의 종자는 불, 보살 등과 같은 존상들의 환영으로 변형되며, 명상자 스스로를 그들과 동일시하도록 가르친다. 궁극적으로 명상자 자신 속에 내재하고 있는 자신의 불성(佛性)과 스스로를 동일시하는 것이다. 그러나 부처는 불성의 완벽한 현현으로 대표되는데 반해, 명상자와 깨닫지 못한 중생들은 자신들 속에 내재하고 있는 불성을 정화시킬 필요가 있다. 그러므로 대승불교에서 보리심이 육바라밀(六波羅密)의 수행과 같은 다양한 훈련을 통해서 점진적으로 정화되고 완성되는 것처럼, 불교 탄트라에서 명상자는 염상되어진 존상들을 통해서 자신 속에 내재하고 있는 불성을 완벽하게 하는 것이다. 따라서 점진적으로 스스로를 세간의 불완전함과 속박들로부터 자유로워지게 하고, 마침내는 자신을 완전한 부처로 탈바꿈 시키는 것이다. 즉 염상되어진 존상들을 경배하고 찬미하며 명상자 자신과 그들을 동일시하는 것인데, 궁극적으로는 자기 자신을 경배하는 것이고 자기 속에 내재하고 있는 불성을 인식하는 것이다.[52] 바꾸어 말하면, 불교 탄트라에서는 인간의 신체를 깨달음의 중요한 도구로서 간주하고, 진리는 인간의 몸속에 있으며 인간의 몸은 진리를 깨닫게 해주는 최고의 매개체라는 사실을 받아들인다. 이러한 점이 불교 탄트라의 성취법이 다른 수행 방법들과 다른 것으로 특징 지어주는 중요한 요소인 것이다.[53]

불교적인 관점에서 보면, 인간의 마음은 탐욕·성냄·어리석음이라는 삼독에 가려져 있어서, 현상계(現象界, phenomenal world)와 절대계(絕對界, absolute world)의 실재에 관한 왜곡된 인식을 갖는다. 아울러 영원한 자아에 대한 그릇된 믿음과 영원한 행복을 추구하려는 욕망 속에 뿌리를 두고 있는 인간의 마음은 실재에 대한 왜곡되고 그릇된 이미지들을 구성한다. 그러므로 만다라(曼荼羅, maṇḍala)에 배열되어져 있는 불, 보살 등의 존상

교 탄트라의 이상형인 금강보살(Vajrasattva)로 대표되기도 한다. 한편 이러한 공성과 자비심은 불교 탄트라에서는 지혜(prajñā)와 방편(upāya)이란 단어로 표현되어지며, 지혜는 여성을 상징하며 방편은 남성을 상징하는데, 때로는 연꽃과 금강저로서 표현되기도 한다. 이러한 지혜와 방편의 완전한 결합을 통해서 마음속에서 일어나는 차별성을 제거하고 절대적인 통일성을 체험하여 궁극적인 깨달음을 얻는 것이다. (Shashi Bhushan Dasgupta, *An Introduction to Tantric Buddhism,* 8- 10면; 88-121면)

52 Tadeusz Skorupski, '*Three types of Evocation (sādhana)*', The Buddhist Forum VI, 84면.

53 Shashi Bhushan Dasgupta, *An Introduction to Tantric Buddhism,* 3면.

들 중에서 선택한 본존을 염상함으로서 실재에 대한 그릇된 이미지를 제거하고, 본존과의 완전한 합일을 성취함으로서 현상계와 절대계의 동일시를 통한 실재의 온전한 모습을 파악하게 된다.

또한 불교 탄트라 경전에 의하면 불성은 인간의 몸속에 있고, 색(色), 수(受), 상(想), 행(行), 식(識) 등의 오온(五蘊)은 아촉불(Akṣobhya), 보생불(Ratnasambhava), 아미타불(Amitābha), 불공성취불(Amoghasiddhi), 비로자나불(Vairocana)인 오불(五佛)로서 상징되는데 이러한 오불은 다섯 지혜를 상징한다. 다섯 지혜란 대원경지(ādarśajñāna, 大圓鏡智, mirror-like-wisdom), 평등성지(samatājñāna, 平等性智, equality-wisdom), 묘관찰지(pratyavekṣanājñāna, 妙觀察智, discriminating-wisdom), 성소작지(kṛtyānuṣṭhānajñāna, 成所作智, active-wisdom), 법계체성지(dharmadhātusvabhāvajñāna, 法界體性智, pure-absolute-wisdom)이다. 따라서 성취법의 목적은 자신을 완벽하게 하고 이 오불을 통해 다섯 지혜를 얻음으로서 궁극적으로는 완전히 깨달은 부처의 몸과 지혜를 얻는데 있다.

끝으로 대승불교와 불교 탄트라는 공통적으로 자신을 위해 깨달음을 추구하면서 중생에게 자비를 베푸는 보살사상에 근본을 두고 있지만, 다음 생에도 중생과 함께 고통을 나누고 일체 중생이 해탈하는 그 순간까지 열반의 상태를 미루는 대승불교와는 달리 불교 탄트라는 인간으로 태어난 이 현생에서 완벽한 깨달음을 얻는데 그 목적이 있다. 이러한 목적을 달성하기 위해 불교 탄트라에서 사용되는 여러 수행 방법 중 하나인 성취법은 복잡하고 어려운 대승불교 사상과 철학을 불, 보살 등과 같은 명상의 대상들과 만다라와 같은 상징물들을 효과적으로 사용함으로써, 대승사상을 손쉽게 이해하고 수행하는데 도움을 주면서 깨달음을 얻게 하는 가장 빠른 방법 중 하나라고 볼 수 있다. 또한 불교미술사적인 입장에서 볼 때 성취법을 행하는데 보조 수단으로 사용되는 만다라 등을 포함한 다양한 형태의 불화들과 명상자가 염상을 통해서 만나는 불, 보살 등의 여러 존상들에 관한 구체적이고 세밀한 정보를 기록한 불교 탄트라 경전들이 불교 도상학에 끼친 영향도 지대하다고 하겠다. ❁

권도균 (런던대)

우리말 불교개념 사전

색법

범 rūpiṇo dharmāḥ 장 gzugs can gyi chos 한 色法

우리의 세계는 크게 물질적인 부분과 정신적인 부분으로 나누어 볼 수 있다. 불교교의에서는 이것을 색법(色法)과 심법(心法)으로 설명하고 있는데, 색법(色法, rūpa-dharma)은 넓은 의미의 색(色, rūpa)으로서 물질적 존재를 가리키는 말이다. 색법은 또 초기불교에서 기본교리의 첫 번째 과목인 오온설(五蘊說)의 제일 첫 번째 지분으로 등장[色蘊]하는가 하면, 부파불교에서는 삼과설(三科說)의 첫 번째 과목인 오온의 첫 번째가 바로 색온이며, 대승불교에서는 색온의 색을 통해 공(空)과의 관계, 마음[心]과의 관계가 설해지고 있는 것을 보듯이 불교에서의 색(色)은 인간의 내면적 세계뿐만 아니라 인간을 에워싸고 있는 현상세계를 파악하기 위한 실질적·실체적이면서도 관념화된 요소로서 초기불교에서 대승불교, 그리고 현대불교에 이르기까지 많은 의미적 분화를 거치며 불교의 핵심적 사상을 담으며 발전해 왔음을 알 수 있다.

따라서 어느 시대를 막론하고 색(色)에 대한 올바른 이해는 불교교리와 불교의 세계관을 이해하기 위한 선결과제로서 필수적으로 요청되었다고 할 수 있다. 그럼에도 불구하고 색(色)의 개념은 매우 포괄적이고 다양한 개념을 포함하고 있어 색 개념의 그 정확한 의미를 오늘날의 언어로 규정하는 것은 결코 쉬운 일이 아니다. 실제로 불교경전에서 나타나는 색의 의미는 경전성립시기에 따라 다르게 쓰여지고 있고, 붓다의 교설에서도 교화대상의 근기에 따라 달리 전하고 있기 때문이다. 훗날 이러한 색의 개념에 존재의 요소를 설명하는 법(法, Dharma)의 개념이 부가되어 등장한 용어가 바로 색법(色法, rūpa-dharma)이라 할 수 있다. 이때부터 색의 개념은 색법의 개념으로 등치되어 색법을 통한 색의 전체적·체계적 조망이 이루어지기에 이른다.[1]

I. 어원과 개념

색법(色法)에서의 색(色)은 범어 rūpa의 한역어로서 빠알리어로는 rūpa, 티벳어로는 gzugs이다. 어원학적으로 rūpa를 살펴보면, 단어 rūpa는 ruppati(부서진다, 파괴된다, 변형된다)에서 파생된 명사이며 ruppati는 어근 √rup(파괴하다 or √lup)에서 파생된 동사이다. 그래서 '부서짐'의 의미로 rūpa라고 정의한다. 또한 √rūp(형태 만들기, to form, figure, represent, exhibit by gesture, show, inspect, contemplate)에서 파생된 동사에서 만들어진 명사로 '형태가 있는 것'으로 rūpa를 정의하기도 한다. rūpa와 관련한 이 두 가지 어원학적인 연관성을 놓고 살펴볼 때 어원적 연원을 달리하는 √rup와 √rūp라는 의미의 종합이 rūpa를 통해 이루어진 것으로 보이며, 이러한 rūpa에 대한 인식은 불교의 전통적 어원해석 방식에서도 그대로 적용되어 색법의 의미와 범위가 매우 다양하고 폭넓게 다루어지는 것을 볼 수 있다.[2]

1 본고에서는 심법(心法)으로 대비되는 색법의 범주뿐만 아니라 색(色)의 '물질'과 상응하는 색온(色蘊)의 개념 전반을 '색법'의 명칭으로 지칭한다. 다만 rūpa를 단순히 '물질'이라고 지칭하기 어려운 점에 관해서는 백도수, 「rūpa에 대한 연구」-팔리경·논을 중심으로-(『인도철학』, 제13집(1호), 인도철학회, 2003)를 참조할 것.

2 浪華宣明는 rūpa의 서로 다른 어원적 특성들을 포함하는 이유를 rūpa의 객관세계에 대한 주관적 인식에서 비롯된 것으로 파악하고 그에 대한 가능성들을 제시하고 있다(浪華宣明, 「色法の主觀的認識 -"ruppati"の解釋をめぐって-」, 『佛教學セミナ-』 41號(京都: 大谷大學 佛教學會, 1985), 44-45면)

불교교리 내에서 물질 일반을 총칭하는 범어 rūpa의 의미를 나열하면 (1)색(色), (2)색깔과 형태, (3)사물의 형체, 모습, (4)물질 일반, (5)육체, (6) 색계, (7) 집착, 색욕 등의 개념으로 사용된다. 이 밖에 색법, 색상, 형색, 형상, 애색(礙色) 등으로 번역되고 있다.

『빠알리영어사전』에 따르면, rūpa는 form, figure, appearance, matter, material quality, beauty, sence object, the visible (material) factor[3]로, 또한 'material quality'[4] 또는 'matter, materiality, visible object'[5]로 정의하고 있다.[6]

『빠알리어불교사전』에 따르면 rūpa는 색(色), 물질적 영역, 형태, 육체, 물질[物], 변괴(變壞)하는 것, 형상(形相), 상(像), 오온(五蘊) 가운데 하나 등[7]으로 설명하고 있다.

이외에도 '부서지므로 색이라 한다(ruppatī ti rūpaṃ)'는 것과 '형태를 가지고 있으므로 색이라 한다(rūpayatī ti rūpaṃ)', '색은 사대(四大)와 사대소조색(四大所造色)이다'라고 하는 색법의 내용적 정의를 내리고 있다.

또한 『상응부(*Saṃyuttanikāya*, 이하 SN)』에 따르면, 모양(SN Ⅰ. p.120, Ⅱ. p.102, pp.108-109), 시각적 대상(SNⅡ. pp.143-149, Ⅳ. p.2, 126), 물질, 신체적(물질적) 형태(SN Ⅰ. p.43, Ⅱ. pp.3-4, Ⅲ. p.53 등)로 구분하고 있다.[8]

『불교대사전』에서는 색은 전통적으로 질애(質碍)와 변괴(變壞)의 의미로 해석되며, 색깔, 색상과 형태, 형(形), 물질(色蘊), 물질(마음의 반대), 형태가 있는 것, 육체, 형상, 색계(色界), 바이셰시카철학 가운데 성질(guṇa) 가운데 하나, 집착, 색욕, 내용 등으로 해석하고 있다.[9]

『불학대사전』에서는 색은 변괴(變壞)·변애(變碍)·질애(質碍)의 의미로 해석하고, 오근(五根)·오경(五境) 등의 극미(極微)를 이루는 것, 시현(示現),

---

3 Rhys Davids and William Stede, *The Pali Text Society's Pāli Englisch Dictionary*, PTS, London, 1986. 574-575면.

4 P.A. Thiṭṭila, *The Book of Analysis*(Vibhaṅga), PTS, London, 1969. 1면.

5 U. Nārada, *Conditional Relations*(Paṭṭhāna) Vol.Ⅱ, PTS, London, 1981. 578면.

6 이하 rūpa에 대한 사전적 의미는 백도수, 「rūpa에 대한 연구」, 『인도철학』, 제13집(1호), 121-122면 내용참조.

7 雲井昭善, 『パーリ語佛教辭典』(東京: 山喜房書林, 1997), 757면.

8 SNⅥ. p.85. 여기서 rūpadhātu(색계)는 시각적 대상으로, rūpakkhandha(색온), nāmarūpa(名色)은 물질, 물질적인 것, 육체적 형태의 의미로 해석하고 있다.

9 『佛教大辭典』, 弘法院, 2001, 1275-1276면.

오경 가운데 색진(色塵)을 색의 의미로 정의하고 있다.[10]

『한어대사전』에서는 색은 안색, 여성적 미모, 정욕, 표정[臉色], 外表, 作色, 물질적 성분, 불교에서는 감지할 수 있는 일체 형질을 가리킨다[佛教指一切可以感知的形質]고 정의하고 있다.[11]

중촌원(中村元)은 오온(五蘊)의 rūpa는 색(色)으로, nāmarūpa(名色)를 명칭과 형태로[12]분석하고 있고, 한글대장경에서는 일반적으로 색이나 오온의 색온(色蘊)을 물질의 의미로 사용하고 있다.[13]

다음으로 색법에서의 법(法)은 범어 Dharma의 한역이다. 인도사상 일반에 있어서 널리 사용되고 있으며, 불교의 경우에 한정시킨다 할지라도 그것은 매우 다양한 의미로 쓰이고 있다. 원래 'dhṛ(지탱하다, 유지하다)'에서 파생된 말로 일반적으로 견고하게 확립된 것·불변의 법령·규정·법·관습·실천·의무·권리·사물·진리·요소·정의·덕·도덕·종교·공덕·선행·자연·특성·불법(佛法)·계율 등 20여 가지의 사전적 의미를 가지고 있으며,[14] 불교용어로서는 먼저 붓다가 가르친 진리를, 또한 그 진리를 설한 붓다의 가르침을 '법(法)'이라고 하였다. 불(佛)·법(法)·승(僧)이라고 할 때의 법이 그것이며, 법사(法師)·설법(說法)·법열(法悅)·법요(法要) 등에서의 법(法)은 모두 그러한 의미이다. 그런데 이 말에 대한 또 다른 하나의 용례가 있다. 이것 역시 불교어로서 매우 중요한데, 이를테면 '법(法)'이 보편적인 사물이나 존재를 의미하는 경우이다. 이것은 일체의 사물은 법칙(法則)·궤범(軌範)에 따라 존재하기 때문에 비롯된 것으로 여겨진다. 그리고 지금 색법(色法)에서의 '법'과 부파불교의 '법(法)의 이론'이라고 할 경우의 '법'도 원래 이러한 의미의 용례에서 파생된 술어이다. 이런 경우 '법(法)'은 더 이상 단순한 사물, 존재 그 자체를 의미하는 것이 아니라 많은 요소들이 한데 모여 존재를 구성하는 '존재의 요소'라고 할 수 있다. 경험적 세계의 모든 물질(rūpa)적 존재, 현상은 복잡한 인과관계로 서로 얽힌 무수한 '법'의 이합집산(離合集散)에 따라 유동적으로 구성되어 있다고 하는 것이 이 같은 '색법'

10 『佛學大辭典』 하권, 신문풍출판공사台灣 台灣印經處 民國63(1974)

11 『漢語大詞典』9, (漢語大詞典出版社, 上海, 1996.) 12-16면. 色 참조.

12 中村元 著, 『原始佛教の思想 上』(東京: 春秋社, 昭和56), 132면, 144면, 148면.

13 한글대장경, 『雜阿含經』1 (서울: 동국역경원, 1996), 1면, 2면; 『大智度論』3(서울: 동국역경원, 1994), 62면.

14 M.Monier-Williams, *Sanskrit-English Dictionary,* Oxford University Press, 1960, 510면.

의 기본적인 입장이다.

이상의 색법에 대한 사전적인 의미를 종합해볼 때 rūpa의 의미는 파괴, 변괴(①)/모양, 색상, 형태, 물질(②)의 의미를 가진 것으로 대별되며, 앞의 ①의 의미는 인간의 주관적 인식과 결부되어 고통의 결과를 초래하는 동인(動因)으로서의 rūpa의 의미적 확대해석을 가져왔고, ②의 의미는 인간을 비롯한 객관세계에 대한 다양한 인식적 틀을 제공하며 Dharma의 요소적 결합과 결부되어 색법의 설명해석에 따른 각 시대·종파별 독자적 입장에 생기게 됨으로써 다양한 의미가 부여되며 발전했다고 볼 수 있다.

Ⅱ. 역사적 및 텍스트별 용례

1. 초기불교에서의 색법

초기불교에서의 색법은 여러 가지 다양한 시각을 보여주고 있다. 그것은 정신적·물질적 존재 전부를 많은 구성요소의 복합체로 설명하고 있는 붓다의 교설과 같은 맥락으로 이해할 수 있다. 사실 단일체로 보이는 대상이라 해도 그 실체를 파악해보면 제요소(諸要素)의 복합체일 뿐 거기에 어떠한 영원한 고정불변의 실체가 없다는 귀결점에 다다르게 되는데, 그 대표적인 예가 아(我)의 부정[諸法無我]이다. 그리고 고정불변적인 존재로서의 '아'를 대칭하는 개념으로 오온(五蘊)을 들어 교설이 이루어지고 있다. 그리고 이러한 현상 세계에 대한 붓다의 분석관은 수행에 있어서의 분석적이고 경험적인 관찰에 의해 오온(五蘊)·십이처(十二處)·십팔계(十八界) 그리고 십이연기(十二緣起)의 교리에 그대로 적용되고 있는데, 이 가운데 초기불전에서 색(rūpa)이 사용되는 용례는 오온 중 색온(色蘊, rūpakkhadha)의 색, 십이연기 중 명색(名色)의 색, 안근작용의 대상경계[境]가 되는 색 등을 들 수 있다. 이 중에서 앞의 두 가지는 광의(廣義)의 색[물질]을 의미하고, 안근작용의 경계가 되는 색은 물질 가운데 안색(顔色)·형상(形相)의 협의(狹義)의 색을 의미한다. 여기서 불교 일반에서 다루는 색법의 근거가 되는 것은 광의의 색으로서 색온·명색 등의 색으로 표현되는 용례 외에도 지(地)·수(水)·화(火)·풍(風)의 사대종(四大種)과, 십이처·십팔계의 안(眼)·이(耳)·비(鼻)·설(舌)·신(身)의 오근(五根), 색(色)·성(聲)·향(香)·미(味)·촉(觸)

의 오경(五境)을 포괄하는 개념이다. 그런데 초기불전에 나타나는 색온·사대종·오근·오경 등의 색법은 주로 주관적인 법의 관찰을 통해 이루어지고 있다. 즉 우리가 색법에 대해 어떻게 대처해야 하는가? 어떠한 태도를 가져야 하는가?, 어떠한 마음가짐을 지녀야 하는가?, 색에 속박되지 않기 위해 자유의지를 구사할 수 있는가? 등의 인간의 육체과 결부된 주관적 문제들을 통해 색법의 직접적 이해가 이루어진 것이다. 여기서 대별되는 색법관의 주요 골자는 '색은 ①사대종(四大種)과 사대소조(四大所造)이며, ②부서지는 괴로운 것'이라는 것이다. 이는 일종의 미분(未分)적 고찰로서 색의 일반적 속성보다는 본질에 대한 정확한 견해를 갖도록 한다.

초기불전에 나타나는 색법의 설명 중 먼저 주목해야 할 것은 아함에 설해진 ①사대종(四大種)과 사대소조(四大所造)라는 색법의 고전적 정의[云何知色 謂四大及四大造爲色 此說色][15]이다. 경문에서는 또 색법의 정의와 함께 색에 포함되는 모든 추상적인 개념들에 대해 구체적인 그림과 비유를 가지고 다음과 같이 자세히 설명하고 있다.

> 어떤 것을 색온[色盛陰]이라고 하는가? 이른바 형태(rūpa)를 지닌 것으로서 그 일체는 사대(四大)와 사대소조(四大所造)이다. 현자들이여, 어떤 것을 사대라고 하는가? 이른바 지계(地界)·수계(水界)·화계(火界)·풍계(風界)가 그것이다. 어떤 것을 지계라고 하는가? 지계에 두 가지가 있으니, 내부적인 지계[內地界]와 외부적인 지계[外地界]가 있다. 현자들이여, 어떤 것을 내부적인 지계라 하는가? 몸 속에 있는 것이니 몸에 내포되어 있는 단단한 성질의 것들로서, 몸 안에 수용되어 있는 것들이다. 그것은 어떤 것들인가? 이른바 머리카락·털·손톱·이·거칠고 고운 피부·살·근육·뼈·염통·콩팥·간·허파·지라·창자·장간막·대변 등 이와 같은 것들로서, 몸 안에 들어 있어 몸에 내포되어 있는 단단한 성질로 이루어져 있는 것이니, 이것을 내부적인 지계라 한다. 현자들이여, 외부적인 지계란 무엇인가? 이른바 큰 것이 그것이요 깨끗한 것이 그것이며, 미워하지 않는 것이 그것이다. ……(중략)……어떤 것을 수계(水界)라고 하는가? 수계에 두 가지가 있으니, 내부적인 수계[內水界]와 외부적인 수계[外水界]가 그것이다. 어떤 것이 내부적인 수계인가? 몸

15 『中阿含經』 제7권, 「舍梨子相應品」 '象跡喩經'(『大正藏』 2, 463하-466중)
katamaṃ rūpaṃ. cattāro ca mahābhūta. catunnaṃ ca mahābhūtānaṃ upādāya-rūpaṃ. idaṃ vuccati rūpaṃ.(SNⅡ.289면)

속에 있으며 몸에 포함되어 있는 물로서 그 물의 성질은 촉촉하며, 몸 안에 수용된 것들이다. 그것은 어떤 것들인가? 이른바 골·뇌수·눈물·땀·콧물·가래침·고름·피·기름덩이·골수·침·가래·오줌, 이와 같은 것들로서 몸 속에 들어 있는 것들이다. 몸에 내포된 물로서 그 물의 성질은 촉촉하며 몸 안에 받은 것이니 여러 현자들이여, 이것을 내부적인 수계라 한다. 또 외부적인 수계란 무엇인가? 이른바 큰 것이 그것이요, 깨끗한 것이 그것이며, 미워하지 않는 것이 그것이다.……(중략)…… 어떤 것이 화계인가? 화계에 두 가지가 있으니, 내부적인 화계[內火界]가 있고 외부적인 화계[外火界]가 있다. 어떤 것이 내부적인 화계인가? 몸 속에 있으며 몸에 내포되어 있는 불로서 그 불의 성질은 뜨거우며 몸 안에 수용된 것들이다. 그것은 어떤 것들인가? 이른바 몸을 따뜻하게 하고 몸을 뜨겁게 하며, 번민을 일으키게 하고, 체온을 따뜻하게 하여 건강하게 하며, 음식을 소화시키는 이와 같은 것들이다. 몸 안에 있으며 몸 속에 내포되어 있는 불로서 그 불의 성질은 뜨거우며 몸 안에 수용되어 있는 것들입니다. 바로 이것을 내부적인 화계라 한다. 또 외부적인 화계란 무엇인가? 큰 것이 그것이요, 깨끗한 것이 그것이며, 미워하지 않는 것이 그것이다.……(중략)……또 어떤 것이 풍계(風界)인가? 풍계에 두 가지가 있으니, 내부적인 풍계[內風界]가 있고 외부적인 풍계[外風界]가 있다. 어떤 것이 내부적인 풍계인가? 몸 속에 있으며 몸 속에 내포되어 있는 바람으로서 그 바람의 성질은 움직이는 것으로서 몸 안에 수용되어 있는 것들이다. 그것은 어떤 것들인가? 이른바 위로 부는 바람, 밑으로 부는 바람, 뱃속의 바람, 움직이는 바람, 끌어당기는 바람, 칼바람, 오르는 바람, 정상적이지 않은 바람, 뼈마디의 바람, 내쉬는 바람, 들이쉬는 바람, 이와 같은 것들로서 몸 속에 있으며 몸에 내포되어 있는 바람으로 그 바람의 성질은 움직이는 것으로서 몸 안에 수용되어 있는 것들이다. 이것을 내부적인 풍계라고 한다. 외부적인 풍계란 무엇인가? 큰 것이 그것이요, 깨끗한 것이 그것이며, 미워하지 않는 것이 그것이다.[16]

16 『中阿含經』 제7권, 「舍梨子相應品」 象跡喩經(『大正藏』 1, 464). “云何色盛陰. 謂有色. 彼一切四大及四大造. 諸賢. 云何四大. 謂地界. 水火風界 諸賢. 云何地界. 諸賢. 謂地界有二. 有內地界. 有外地界. 諸賢. 云何內地界. 謂內身中在. 內所攝堅. 堅性住. 內之所受. 此爲云何. 謂髮毛爪齒麤細皮膚肌肉筋骨心腎肝肺脾腸胃糞. 如是比此身中餘在. 內所攝. 堅性住. 內之所受. 諸賢. 是謂內地界. 諸賢. 外地界者. 謂大是. 淨是. 不憎惡是……(中略)……諸賢. 外地界者. 謂大是. 淨是. 不憎惡是. 諸賢 有時水災. 是時滅外地界. 諸賢. 此外地界 極大. 極淨. 極不憎惡. 是無常法盡法衰法變易之法. 云何水界. 諸賢. 謂水界有二. 有內水界. 有外水

위 경전의 내용을 근거로 색법을 정의하자면 '색은사대종(色是四大種, cattāri mahābhūtāni)과 사대종소조색(四大種所造色, catunnaṁ mahābhūtānaṁ upādāya rūpaṁ)'이다. 여기서 사대(四大)[17]란 지계(地界, paṭhavī-dhātu), 수계(水界, āpo-dhātu), 화계(火界, tejo-dhātu), 풍계(風界, vāyo-dhātu)로서 각 물질의 기본적인 성질이라고 이해해야 한다. '대(大, bhūta)'라는 말은 현대적인 용어로 설명하자면 원소나 요소라고 할 수 있는 말이다. bhūta는 bhū(be)의 과거분사로서 '된 것', 다시 말하면 모든 것이 [그것으로] 된 것이라는 뜻을 나타내고 있다. '조색(造色)'에 해당하는 원어는 upādāya-rūpa인데[18] '의존하고 있는 색'이라는 뜻이다. 이 네 가지는 비록 다양한 강도의 차이는 있지만, 모든 물질적인 대상들 속에 존재한다. 예컨대, 지의 요소가 우위를 차지하고 있으면, 그 물질적인 요소를 '견고함'이라고 하는 것이다. 이를 다시 세분하면 내외(內外)로 구분되는데, 지계의 경우 내지계란 신체 내부의 견고한 상태 또는 성질이며, 머리카락·털·손발톱·이 등도 내부적인 지계에 속한다. 그리고 이를 근거로 지계는 ①물질적으로 견고한 성질과 상태, ②머리카락·털·손발톱·이 등의 견고한 물질을 지칭하게 된다. 그러나 물질적 성질과 물질 그 자체는 완전히 동일하다고는 할 수 없는데, 그것은 각 경전들 모두에서 ①②의 두 가지 설명이 포함하여 다루어지지는 않기 때

界. 諸賢. 云何內水界. 謂內身中在. 內所攝水. 水性潤. 內之所受. 此爲云何. 謂腦·腦根. 淚汗涕唾膿血肪髓涎膽·小便. 如是比此身中餘在. 內所攝水. 水性潤. 內之所受. 諸賢. 是謂內水界. 諸賢. 外水界者. 謂大是. 淨是. 不憎惡是…(中略)…云何火界. 諸賢. 謂火界有二. 有內火界. 有外火界. 諸賢. 云何內火界. 謂內身中在. 內所攝火. 火性熱. 內之所受. 此爲云何. 謂暖身熱身煩悶溫壯消化飮食. 如是比此身中餘在. 內所攝火. 火性熱. 內之所受. 諸賢. 是謂內火界. 諸賢. 外火界者. 謂大是. 淨是…(中略)…云何風界. 諸賢. 謂風界有二. 有內風界. 有外風界. 諸賢. 云何內風界. 謂內身中在. 內所攝風. 風性動. 內之所受. 此爲云何. 謂上風下風腹風行風掣縮風刀風躋風非道風節節行風息出風息入風. 如是比此身中餘在. 內所攝風. 風性動. 內之所受. 諸賢. 是謂內風界. 諸賢. 外風界者. 謂大是. 淨是. 不憎惡是."; 『中部』 28 '象跡喩大經' *Majjhima-Nikaya* (이하 MN) I, 184 ff.

17 고익진 교수는 『아함법상의 체계성 연구』(동국대학교출판부, 1990, 97면)에서 흔히 四大와 四界를 同義異語로 취급하는 오류성을 비판하고 있다. 사계는 사대에 대한 실상의 구조이고, 사대는 사계에 대한 미혹의 假有이기 때문에 그 둘은 현격한 차이를 가지고 있다. 따라서 사계가 지혜라면 사대는 무지이고 사계가 해탈이라면 사대는 계박이라고 하였다.

18 이에 대해서 부연하자면 upādāya는 upādīyati(grasp, assume)라는 동사의 동명사형이므로 '취하여(taking it up)'라는 뜻을 가지고 있다. 따라서 upādāya-rūpa(造色)라는 복합명사는 '취하여 色'이라는 어설픈 의미를 가지게 된다. 이에 대해 고익진박사는 '取하여'라는 뜻에서 '의존하여(hanging on to)'라는 뜻을 이끌어내어 upādāya-rūpa를 '~에 의존하여 (있는) 색'이라는 뜻으로 파악하였다.(上揭書, 86-87면 내용참조)

문이다.[19] 대중부(大衆部) 계통의 『증일아함경(增一阿含經)』에서는 이 지계를 내외로 구분하되, 내지계에는 단지 머리카락·털·손발톱·이 등만을 설하고 있어, 견고한 성질에 대한 완전한 설명이 이루어지지 않고 있다. 마찬가지로 유부계 상좌부(上座部) 계통의 『중아함경』에서의 수계·화계·풍계에 대한 설명은 수계는 축축한 성질과 상태, 화계는 뜨겁고 따뜻한 성질과 상태, 풍계는 바람이 움직이는 성질과 상태 등으로 매우 구체적으로 설명하고 있는 반면, 『증일아함경』에서는 내수계는 침·가래·소변, 내화계는 소화시키는 열, 내풍계는 출입식(出入息)의 바람 등으로만 설명하고 있다. 같은 초기 불전인 『아함경』에서의 이러한 차이는 아마도 처음엔 사대에 대한 동일한 시각이 유지되어 오다, 후대로 갈수록 아비달마적 관찰이 이루어짐에 따라 점차 해석도 구체화되어가는 과정에서 비롯된 듯하다. 이상의 초기불전을 통해 알 수 있는 사대종의 색법개념은 두 가지로 요약된다. 색은 첫째는 지·수·화·풍 등의 구체적 물질이고, 둘째는 물질 가운데 있는 견고함·축축함 등의 성질과 상태라는 것이며, 전자는 사대의 일반적·통속적 의미를 가지고, 후자는 아비달마적 해석의 특징을 가진다고 볼 수 있다.

다음으로 사대와 사대소조색의 관계를 살펴보면 사대소조색은 그 위에서의 어의(語義)에 비추어볼 때 사대에 의존하는, 사대로 인해 만들어진 색이라는 의미를 내포하고 있다. 만일 사대가 물질의 조성요소로 작용한다면 사대소조색이란 바로 그 요소의 합성물이 되는 셈이다. '소조색(所造色)'의 본래 의미는 조색(造色)의 '의존하고 있는 색'이라는 의미 외에도 '이 모양을 저 모양이 되게 하는 것'으로 지·수·화·풍의 사대가 합성하여 만들어진 물질이라는 의미를 가지며, 이는 사대 하나하나의 성질과 모양이 단순히 독립적으로 존재하여 붙은 모습이 아닌, 혼합적인 물질을 가리키는 것이다. 그리고 소조색은 제법(諸法)을 포섭하는 것으로 위에서 말한 오온에서의 색온뿐만 아니라 십이처에서 오근·오경 등 정신적인 것[意處·法處]을 제외한 십처(十處)까지의 색법을 포함하는 개념을 가지게 된다.[20] 그러나 초

19 이러한 『중아함경』에서의 이러한 지계의 설명은 빠알리불전과 유부계 상좌부(上座部) 계통의 아함설에만 보인다.

20 이는 초기불교시대보다는 아비달마시대의 소조색의 매우 두드러진 변화개념으로서 초기불전의 안·이·비·설·신에 대해 인식되는 일반적 개념은 시각기관·청각기관·후각기관...등등의 감관의 개념으로 철저한 고찰이 이루어지지 않았던데 비해 아비달마시대에서는 안근은 바깥쪽으로 볼 수 있는 눈동자의 신체적 물질을 지칭하는 것 외에도 눈동자 속에 볼 수 없는 시각능력까지도 포함하는 것으로 인식하였다. 이를 근거

기 불전에서는 전반에 걸쳐 이에 대한 철저한 규명이 이루어지고 있다고 볼 수는 없고, 다만 유부계통의 경전인 『잡아함경(雜阿含經)』 가운데에서 이들의 상관관계가 언급될 뿐이다.

> 눈은 내입처로서 사대소조정색(四大所造淨色)이어서 볼 수는 없으나 상대가 있는 것이다. 귀·코·혀·몸의 내입처도 또한 그와 같다. ……(중략)…… 색을 외입처라고 한 것은 색은 사대조(四大造)로써 볼 수도 있고 상대도 있는 것이다. 따라서 색을 외입처라고 한다.……(중략)……소리는 사대조(四大造)로서 볼 수는 없으나 상대는 있는 것이다. 소리와 마찬가지로 냄새·맛도 또한 그와 같다.……(중략)……감촉이라는 외입처는 이른바 사대와 사대조색(四大造色)으로서 볼 수는 없으나 상대는 있는 것이다. 그래서 감촉을 외입처라고 한다.……(중략)……법이라는 외입처는 11입(入)에는 소속되지 않는 것으로서 볼 수도 없고 상대도 없는 것이다. 그래서 법을 외입처라고 한다.[21]

위 내용에서는 십이처(十二處)를 설명하면서 '안·이·비·설·신처[五根]는 사대로 이루어진 청정한 색[四大所造淨色]으로서 볼 수는 없으나 상대가 있는 것이고, 색처(色處, 色境)는 사대로 된 것[四大造]으로서 볼 수도 있고, 상대도 있는 것이며……촉처는 사대(四大)와 사대조색(四大造色)으로서 볼 수는 없으나 상대는 있는 것'이라고 하고 있다. 이 내용을 근거로 할 경우 아함에서는 십이처의 색처뿐만 아니라 색처를 포함한 모든 5근·5경의 십처색(十處色)을 물질로 설명하고 있으며, 이 가운데서 특히 촉처를 제외한 나머지 9처색은 모두 사대소조색[22]이라고 설하고 있다. 이 촉처의 사대·사대

로 정색(淨色)의 개념이 나온다.

21 『雜阿含經』 제13권(『大正藏』 2, 191하). "眼是內入處. 四大所造淨色. 不可見有對. 耳鼻舌身內入處亦如是說…(中略)…色外入處. 若色四大造. 可見有對. 是名色是外入處…(中略)…若聲四大造. 不可見有對. 如聲. 香·味亦如是復問…(中略)…觸外入處者. 謂四大及四大造色. 不可見有對. 是名觸外入處…(中略)…法外入處者. 十一入所不攝. 不可見無對. 是名法外入處."

22 이 부분 또한 모든 초기불전에서 공통적으로 보인다고는 할 수 없고, 부파분열후 유부에 의해 부가·첨가된 부분이 아닌가 의심된다. 왜냐하면 '촉처는 사대와 사대조색(四大造色)'이라는 설법은 완전히 유부아비달마의 색법설과 일치하는 것으로 남전 아비달마 논서들과 『舍利弗阿毘曇論』 등에서의 설과는 다르기 때문이니, 남전 아비달마 논서에서는 촉처(觸處)는 단지 지·화·풍 삼대(三大)만 있다고 설할 뿐, 수계와 소조색

소조색과의 연관성은 그 초기불전뿐만 아니라 훗날 아비달마 색법관의 주요한 차이점과 연관되는 문제로 매우 중요한 의미를 가진다. 이와 더불어 주목해야 할 것은 '사대로 이루어진 청정한 색[四大所造淨色]'이다. 안처(眼處) 등이 사대소조의 청정한 색[淨色]이라는 사고는 이미 초기불교의 색법에 대한 통속적이고 일반적인 사고수준을 벗어나는 개념으로 '정색(淨色, pasāda-rūpa, prasāda-rūpa)'이란 일종의 미세하고 청정한 물질을 의미하며 각 감각기관이 가지는 보이지 않는 특수한 능력까지를 포함하는 개념으로 물질의 질적인 변화가 나타나고 있는 것이다. 이는 불교의 색법론이 물질을 실체시하는 인도 일반적 물질론과 차이를 가져오는 근거가 되는 아주 중요한 불교 색법관이라고 할 수 있다. 즉 앞서 오온을 살필 때는 물질의 '형태적인 변화와 속성'에 주의하였다면, 『잡아함경』에서는 12처 전체를 고찰대상으로 삼아 새로운 시각에서 살핌으로써 마음과 물질의 본질에 대해 정확한 견해를 제시할 뿐만 아니라, 육체의 4가지 기본요소인 사대(四大)와 사대에서 파생된 물질인 사대소조색(四大所造色)을 통해 일반 물질의 개념을 뛰어넘는 새로운 색법 개념을 상정하였다고 볼 수 있는 것이다. 여기서 '새로운 시각'이란 12처의 '질적인 변화'에 주의함을 말한다.

다시 색의 질적인 변화와 연계하여 상기해야 할 점은 이미 기술한 바 있는 색법의 정의 가운데 '②부서지는 괴로운 것'이라는 색의 개념이다. 이는 사대와 사대소조색(四大所造色)이라는 색의 정의와 함께 대표적으로 거론되는 색법의 정의로서, 이와 관련한 rūpa의 속성을 살펴보면, 『잡아함경』 제1에서는 색(rūpa)은 무상(無常)·고(苦)·무아(無我)·공(空)이고[23], 『상응부』 주석에서는 변형되고, 파괴되는 것이고, 다른 온들을 파괴하는 속성을 지니고 있는 것으로 서술되고 있다.[24]

'부서지기 때문에 rūpa이다(ruppatī ti rūpaṃ)'는 의미는 사실 초기불교에서 뿐만 아니라 아비달마 혹은 현대학자들 간에도 '부서지므로 색이라 한다'라고 이해되고 있다.[25] 역시 ruppati의 명사형 rupana는 변괴(變壞)의 의미를 가지고 있다. 그런데 이를 오로지 부서지다, 파괴하다, 변화하다의

은 촉처에 포함시키고 있지 않았고, 『舍利弗阿毘曇論』에서는 단지 촉처는 사대종이라 하고 촉처에 소조색이 있다고 하지 않았다.

23 『雜阿含經』 제1권(『大正藏』 2, 1상). "當觀色無常. … 苦·空·非我亦復如是."

24 SpkⅢ. 16면.

25 PTSD에서는 ruppati를 to be vexed, oppressed, hurt, molested로 번역하고 있다.

의미로 색법을 한정할 경우, 유위법(有爲法) 전체에서는 공통적으로 적용될 수 있겠지만, '비색법(非色法)도 색법으로 불리지는 않지만 변괴의 성질을 가지고 있는데 어째서 비색법을 rūpa라 부르지 않는가?'라는 물음에는 모순이 생기게 된다. 또 범계(梵界)에는 춥고 더운 파괴의 인연이 없기 때문에 그곳에서는 변괴란 없다고 해야 할 것이고, 따라서 색계라고 부르는 것은 옳지 않다고 하는 힐난이 뒤따를 것이다. 그러므로 부서진다는 의미의 불교 일반적 해석인 ruppati는 부서진다는 의미 외에 또다른 방식으로 해석되어야 할 필요성이 제기된다. 그래서인지 『숫타니파다』 76게(偈)에서는 "ruppati"는 '고통을 감수하다', '고뇌하다'의 의미가 되고 있으며, 경집(經集)의 의품(義品)에 관한 주석서인 『대의석(*Mahāniddesa*)』(p.15)에서는 ruppati를 노여워하다(kuppati), 해치다(ghaṭṭīyati), 번민하다(pīḷiyati), 병들다(byādhita), 근심하다(domanassita)라고 설명하고 있다.

'ruppatī ti rūpaṃ'의 정의를 담고 있는 『상응부(*Saṃyuttanikāya*, 이하 SN)』를 보면,

> 비구들이여, 너희들은 무엇을 rūpa라고 말하는가? 비구들이여, 실로 괴롭기[苦惱] 때문에 rūpa라고 부른다. 무엇에 의해서 괴로운 것인가? 차가움에 의해서 괴롭고, 더움에 의해서 괴롭고, 배고픔에 의해서 괴롭고, 갈증에 의해서 괴롭고, 파리, 모기, 바람, 햇빛, 뱀의 접촉에 의해서 괴롭다. 비구들이여, 실로 괴롭기 때문에 rūpa라고 부른다.
>
> kiñ ca bhikkhave rūpaṃ vadetha? Ruppatīti kho bhikkhave, tasmā rūpan ti vuccati. Kena ruppati? Sītena pi ruppati, uṇhena pi ruppati, jighacchāya pi ruppati pipāsāya pi ruppati, ḍaṃsa-makasa-vātātapasiriṃsapa-samphassenā pi ruppati. Ruppatī ti kho bhikkhave tasmā rūpan ti vuccatī ti.[26]

라고 하였는데, 이 문맥에서 ruppati를 '부서지다, 파괴되다'의 의미로 이해하는 것은 매우 부자연스럽게 여겨진다. 그보다는 오히려 괴롭기 때문에 rūpa이고, 괴로움을 특징으로 하여 rūpa라고 한다고 해야 문의에 더 적합하기 때문이다.[27] 그리고 『상응부주석(*Sāratthāppkāsinī,* 이하 Spk)』에 따르

---

26 SNⅢ. 86면, Vibh-a. 3-4면. SpkⅡ. 290면.
27 浪華宣明, 前揭書, 40-41면.

면, 괴롭게 하는 행위자는 다섯 가지 즉, 추위, 더위, 배고픔, 갈증 그리고 파리·모기·바람·햇빛·뱀의 접촉[28]이라고 설명하고 있는데, 이 역시 유정(有情)이 춥고 더워 고통을 느끼며, 배고픔·갈증으로 괴로워하며, 파리·모기·뱀의 독에 의해 고통을 받는 것으로 이해하는 방법이 보다 자연스러운 것이다. 그러므로 이 문맥에서 **ruppatī ti rūpaṃ**의 의미는 유정의 육체가 외부의 자극에 의해 고통을 받는(ruppati) 것이고, 이런 까닭에 고통을 주는 것을 **rūpa**라고 말하게 된 것이라 볼 수 있다. 고통을 느끼고 고통을 받는 유정의 육체의 인식, 거기에서 색법의 인식이 이루어지는 것이다. 육체가 받는 고통, 이것은 가장 직접적이며 가장 원초적인 색법의 인식이라 할 수 있다.

이러한 색법의 인식은 『상응부』의 **rūpa**는 무상하고 고이고 무아일 뿐만 아니라, 아(我)가 아니고, 아(我)에 속하는 것이 아니고, 이 아(我)가 내가 아니다[29]는 내용과, 수·상·행·식과 마찬가지로 색은 항상하지 않고, 고이며, 변하는 것을 본성으로 하는 것으로 간주하는[30] 붓다의 설법과도 같은 맥락에서 이해가 가능한 것이다.

또한 붓다가 색의 완전한 이해를 돕기 위해 제자들과 문답을 통해 색의 맛[無常]과 색의 위험[苦], 그리고 항상 그대로 있지는 않으며, 괴로우며, 변화하여 다른 것으로 바뀜을 그 속성으로 하는 것, 즉 색의 실상[無我]을 가르치고(bhikkhave rūpaṃ niccaṃ vā Aniccaṃ vā ti ‖ ‖ aniccam bhante ‖ ‖ Yam panāniccam dukkhaṃ vā taṃ sukhaṃ vā ti ‖ ‖ Dukkham bhante ‖ ‖ Yam panāniccam dukkhaṃ viparināmadhammaṃ kallam nu taṃ samanupassituṃ 'etam mama eso 'hamasmi eso me attā 'ti ‖ ‖ No h'etam bhante)[31], 색의 일어남과 사라짐은 결국 고온(苦蘊)의 일어남과 사라짐과 다르지 않음을 밝힘에 있어,

> 범부는 기름 등잔불이 탈 때 불꽃이 색깔이고 색깔이 곧 불꽃이라고 보는

---

28 SpkⅡ. 290-291면. 차가움에 의한 괴로움은 세간 사이의 지옥에서, 더움에 의한 괴로움은 아비대지옥에서, 배고픔에 의한 괴로움은 아귀영역이나 걸식하기 어려운 때에, 갈증에 의한 괴로움은 Kālakañjaka 아수라 등에서, 파리 등에 의한 괴로움은 파리, 모기 따위가 있는 많은 장소에서 생기는 것으로 알려졌다. 하지만 SN과 에는 상세한 내용을 언급하고 있지 않다.

29 SNⅢ. 44면.

30 SNⅢ. 182-183면.

31 MNⅠ. 92면.

> 것과 같이 나는 색이고 색이 나 즉 색과 아(我)를 둘이 아니라고 청정한 색을 아(我)로 간주한다. 색이 아닌 것을 아(我)라고 이해하고서 그늘을 지닌 것을 나무와 같이 색을 지닌 것을 아(我)라고 간주한다. 그리고 무색을 아(我)라고 이해하고서 꽃에서 향기처럼 아(我)에서 색을 간주한다.[32]
>
> 이렇게 아견에 집착하고 집착에 의해 고통에 빠진다. 그러나 세상에 존재하는 아설에 관련되거나 세계설에 관련된 여러 가지 견해를 사실 그대로 바른 지혜로써 보는 자는 이와 같이 이런 견해를 단절하고 버린다. 즉 예류도의 지극한 지혜인 관의 지혜로[33] 잘 보게 되면 아(我)에 집착하는 견해는 버릴 수 있다.

는 내용은 색은 바로 고온의 원인으로서 철저히 색에서 벗어날 것을 주문하고 있다. 그리고 이 내용은 "ruppati"가 괴로워하다는 의미로 해석될 수 있음을 직접적으로 시사하고 있다고도 볼 수 있는 대목이다. 그렇다면 인간에게 있어 rūpa가 왜 괴로움일까? 위 내용을 면밀히 검토해 보면 인간의 괴로움은 외부의 어떤 물리적 자극에 의한 것이라기보다는 rūpa에 대한 주관적 인식과 집착에서 연유되었음이 반복해서 설해지고 있음을 발견하게 된다. 무상하고 무아인 것을 대상에 집착함으로써 잘못된 인식을 낳고 그로 인해 인간의 끝없는 고통스런 생사윤회가 시작되는 것이다. 때문에 사념처(四念處)에서 오온을 관찰하는 법은 수행대상으로서의 색을 보는 관점을 잘 시사하고 있다는 것이다. 다시 말해, 비구가 오온[五趣蘊]의 법에서 법을 관하면서 머무는 방법은 '색은 이와 같다. 색의 일어남은 이와 같다. 색의 사라짐은 이와 같다'고 관하면서 머무는 것이다. 그리고 십이처에서 법을 관하고 머무는 것도 눈을 알고 색들을 알고, 그 두 개에 연하여 속박이 일어난다[34]는 것을 아는 것이고, 아직 생기지 않은 속박이 생기는 방법을 알고, 일어난 속박이 단멸되는 방법을 알고, 생긴 속박이 미래에 생기지 않게 되는 방법을 아는 것이다. 이렇게 법에서 법을 관하고 법에서 생성법, 소멸법, 생멸법을 관하면서 머물러 세계의 어떤 것에도 집착되지 않는 것이

32 SpkⅡ. 254-255면.

33 PsⅠ. 183면.

34 PsⅠ. 287면. 눈과 색들이라는 두개를 연하여 욕탐이라는 속박, 진에, 교만, 견해, 의심, 계금취, 유탐(有貪), 시기, 인색, 무명이라는 속박, 열 가지 속박이 생긴다. 그리고 그것을 맛과 상(相)에 의해서 안다.

다.[35] 그러므로 색을 알았다는 것은 바로 색을 고라는 진리[苦諦]라고 알았다는 것을 의미한다.[36]

그리고 색의 생멸에 대해서 살펴보면, 곧바로 고의 생멸과 대치되고 있다. 색의 일어남은 색에 대해 집착하여 즐거움이 생기고 그것이 취·유·생·노사·슬픔·비탄, 육체적·정신적 고통과 고뇌 등 모든 고온(苦蘊)이 생기는 것을 말한다. 이와 반대로 색의 사라짐은 색에 대해 집착하지 않아서 즐거움이 사라지고 취·유·생·노사·슬픔·비탄, 육체적·정신적 고통과 고뇌 모든 고온이 사라지는 것을 말한다. 결국 색의 일어남과 사라짐은 고의 일어남과 사라짐을 야기하는 것이다.[37] 이러한 색의 일어남과 사라짐을 사실대로 알아야 한다는 것이다. 이로써 색은 괴로움의 의미로 사용되고 있다고 볼 수 있다.

붓다의 정각이 이루어지는 과정을 살펴보면, 십이연기의 생성과 소멸을 바르게 이해함으로써 혜안과 지혜를 얻게 됨을 알 수 있다. 여기서도 12연기 가운데 명(名)과 색(色)을 생멸을 연기로서 잘 이해하고 있음을 알 수 있다.[38] 색은 혐오의 대상이고 벗어나야 할 대상이며, 혐오하여 탐욕에서 벗어남으로서 해탈하고 아라한이 될 수가 있다. 색을 바르게 이해하는 것은 바로 나를 바르게 이해하는 것이고 그것은 세계를 바르게 이해하는 것이다. 그러므로 색에 대한 바른 이해를 통해 색의 집착을 벗어나 마침내 해탈에 이르게 된다. 그래서 붓다는 오온, 십이처, 십팔계의 일부로 색을 이해했을 뿐만 아니라 더욱 수행을 통해 바르게 이해하고 깨달음을 나아가기 위한 수행대상으로서 설명하고 있고, 그것이 무상·무아·고·공으로 이해되었던 것이다.

결국 색에 대한 초기불교의 입장은 색을 수행의 대상으로 파악하여 우리

35 MN I. 62면.

36 SpkII. 276면. Rūpaṃ abhaññasin ti, rūpaṃ dukkha-saccan ti abhaññāsiṃ.

37 SN3. 13-15. 6. Rūpaṃ abhinandati abhivadati ajjhosāya tiṭṭhati ‖ tassa rūpaṃ abhinandato abhivadato ajjhosāya tiṭṭhato uppajjati nandi ‖ ‖ Yā rūpe nandi tad upādānaṃ ‖ … evaṃ etassa keva- lassa dukkhakkhandhassa samudayo hoti ‖

38 Lalitavistāra(Buddhist Sanskrit Texts). 272면. “보살은 다음과 같이 생각했다. 무명에 연하여 행들이 있고, 행들에 연하여 식이 있고, 식에 연하여 명과 색이 있고, 명과 색에 연하여 육처가 있고……이와 같이 이것이 모든 큰 고통더미의 일어남이 있게 된다. 일어남이다. 이와 같이 실로 비구들이여, 보살은 이전에 들지 않았던 법들에 대해서 명확하게 사유함으로 많은 행의 지혜가 생겼다. 눈이 생겼다. 명이 생겼다. 현명함이 생겼다. 지혜가 생겼다. 빛이 나타났다.”

범부의 인식가능한 범위 내에서 색을 해석하고 이에 대한 집착에서 벗어나 고통을 여의고 깨달음으로 나아가기 위해 부정해야 하되, 반드시 이해해야 할 것으로 보았다. 반면 아비달마에서는 색법을 일체법을 설명하는 요소로서의 이해에 더 중점을 두고 보이지 않은 색의 속성까지를 색법의 범주에 두고 설명이 이루어지게 된다.[39]

2. 부파불교에서의 색법

붓다의 열반 후 색법에 대한 관심사는 수행대상에서 분석대상, 법의 존재요소로 이해하려는 관점에서 파악되었다. 『아함경』을 보면 어느 정도 내용의 차이가 보이긴 하지만 오온·십이처·십팔계 등을 설하고 거기에 물질과 정신 등의 요소가 열거되고 있는데, 그것은 실재론이나 존재적으로 설해진 것이 아니라 모두 실천수행을 위한 대상의 설명이었다. 색(色)·수(受)·상(想)·행(行)·식(識)의 오온으로 성립된 우리들의 몸과 마음은, 모두 무상하고 고이며 무아인 것으로, 이를 자각하지 않은 상태에는 유전윤회의 괴로움을 받지만 바른 세계관과 인생관에 의해 수행이 완성되면 이 고뇌의 몸이 상락(常樂)이 됨을 설하기 위하여 오온을 시설한 것이다. 이 경우 오온이란 일반의 상식상에 고찰되는 물질과 마음을 가리키며 누구에게나 이해시킬 수 있는 통상적인 개념이었다. 십이처·십팔계도 같은 맥락에서 교설이 이루어지고 있다. 그러나 붓다의 열반 후에는 붓다의 설법을 설명·해석하고, 교리를 조직·정리하려는 아비달마적인 연구가 활발히 진행되었는데, 그 조직화에 있어 기준이 된 것을 제법분류법이라 한다. 그것은 일체를 고찰하고 정의할 때, 선(善)·불선(不善)·무기(無記)의 삼성(三性), 과거·미래·현재의 삼시(三時), 욕(欲)·색(色)·무색(無色)의 삼계(三界), 업(業)·과보(果報)·비이법(非二法)의 삼종(三種), 유위(有爲)와 무위(無爲), 유루(有漏)와 무루(無漏), 색(色)과 비색(非色), 유견(有見)과 무견(無見), 유대(有對)와 무대(無對), 심(心)과 비심(非心), 심상응(心相應)과 비심상응(非心相應) 등과 같은 갖가지 기준에 의해 분류하는 것이다. 이러한 기준의 종류와 수는 부파에 따라 다르게 적용되었지만, 중요한 항목에서는 대체로 일치함을 볼 수 있다.

---

39 백도수, 前揭書, 141-145면 내용참조.

위와 같이 어떤 기준에 비추어서 일체를 정의하고 설명하는 분류체계가 세워지자, 초기불교에서 배제되었던 존재론적인 고찰이 생겨나게 되었고, 이를 통한 제법의 분류체계가 이루어진 것이 색법·심법·심소법·심불상응법·무위법이라고 하는 오위분류법이다. 이 중에 심소(心所)·심불상응(心不相應)이라고 하는 말은 초기불교에는 없던 것이 아비달마시대에 이르러 비로소 나타난 것이고, 또 그 밖의 색법(色法)과 심법(心法), 무위법(無爲法) 등의 해석도 초기불전에서의 해석과는 크게 달랐다.[40]

새로운 분류법에 의한 고찰이 진행됨에 따라 오온의 정의나 설명은 『아함경』의 내용과는 양상을 달리했고, 부파에 따라서도 아비달마의 정의에 차이가 생겨났는데,[41] 이 가운데 북방 유부(有部) 계통의 아비달마 논서와 남방 상좌부(上座部) 계통의 아비달마 논서에서 설명되는 색법관은 많은 편차를 보이게 되었다.

먼저 모든 부파불교의 색법관에 있어 공통적 특징은 색법이 색온(色蘊, rūpakkhandha)으로 설명되고 있는 점이다. 그리고 각 부파별 색법관의 편차는 색온의 분류방식과 해석방식의 차이에서 비롯된 것으로 이를 정리하면 다음과 같다.

1) 각 부파 불전별 색법의 형식적 접근방식

기술한 바와 같이 각 부파의 색법 범주는 색온을 통해 이루어지고 있다. 먼저 유부계통의 『성실론(成實論)』에서는 색온을 지·수·화·풍의 사대와 안·이·비·설·신의 전오근(前五根)과 색·성·향·미·촉 전오경(前五境)의 14법으로 규정한다.

---

40 水野弘元, 「心不相應法의 개념의 발생」, 『印度學佛教學』 4-2집, 일본인도학불교학회

41 오온 중의 색온의 정의를 보아도, 아함경에 있는 정의와 아비달마의 정의와는 상당한 상위점이 보인다. 초기불교에서는 색법을 상식적인 의미에서의 물질로서 설명하였다. 따라서 그 중의 地·水·火·風四大에 대해서도, 아함의 경전마다 어느 정도의 차이를 보임에도 불구하고 일반적인 설명은 구체적인 나무나 돌 등이 地大이고, 강이나 바다의 물이 水大이며, 등불과 땔나무 불 등이 火大이며, 보통의 바람이 風大라고 여겨졌지만, 아비달마에 이르면 지·수·화·풍이란 위와 같이 눈으로 볼 수 있는 구체적인 것뿐만이 아니라 - 눈으로 볼 수 있는 것은 眼根의 대상으로서의 色뿐이다. - 지·수·화·풍의 특질로서의 堅·濕·煖·動의 성질만이 엄밀한 의미에서 지·수·화·풍의 四大의미로 변화된다. 물론 이와 같이 엄밀하게 규정된 것은 발달한 아비달마에 있어서이지만 초기불교시대부터 이미 그 맹아(예를 들면 『잡아함경』의 사대(四大))가 보이고 있음은 이미 거론한 바 있다.

북전 유부 계통의 대표적 아비달마 논서인 *Abhidharmakośabhāṣyam*(이하 AKbh, 阿毘達磨俱舍論)에서는 색온을 사대를 제외한 오근(五根, Pañca-indriya)과 오경(五境, Pañca-viṣaya=artha)의 열 가지 물질들, 그리고 그것들에 의해 훈발된 비감각적 물질인 무표색(無表色, avijñapti-rūpa)의 3범주를 합해 총 11가지로 분류한다.[42]

비교적 초기에 해당하는 남전 아비달마 논서인 *Dhammasaṅgaṇi*(아비달마法集論, 이하 Dhs)와 *Vibhaṅga*(아비달마分別論, 이하 Vbh)도 색온을 통해 색법을 다양하게 분류하고 있다.[43]

이 분류 중에서 *Visuddhimagga*(清淨道論, 이하 Vism)를 거쳐 *Abhidhammatthasaṅgaha*(攝阿毘達磨義論, 이하 ADS)에서 정형화된 하나의 방식은 색법을 사대와 사대소조로 나누는 것이다.[44] 즉 Dhs와 Vbh는 지계·수계·화계·풍계의 사대와 안처(眼處, cakkhāyatana)를 시작으로 하여 덩어리로 된 음식[物質食, kabaḷiṅkāro āhāra]을 마지막으로 하는 23종류의 사대소조를 합쳐 총 27종류로 분류한다.[45]

그리고 Dhs와 Vbh에서는 또 다른 방식으로 색법을 안처로부터 촉처

---

42 pañca rūpādayaḥ skandhā ity uktam. tatra rūpaṃ pañcendriyāṇy arthāḥ pañcāvijñaptir eva ca / pañcendriyāṇi cakṣuḥ-śrotra-ghrāṇa-jihvā-kāyendriyāṇi, pañcārthās teṣām eva cakṣurādīnām indriyāṇāṃ yathāsvaṃ ye pañca viṣayāḥ rūpa-śabda-gandha-rasa-spraṣṭavyākhyāḥ. avijñaptiś ca iti etāvān rūpaskandhaḥ. // AKbh 30면.

43 히라카와 아키라는 *puggalapaññatti*(人施設論)를 가장 고층 문헌으로, 이것에 *Dhs*의 일부분과 *Vbh*의 일부분을 합쳐 초기의 빨리 논장이라고 부른다. ; 히라카와 아키라, 157-159면.[이영진, 「붓다고사의 색법 분류」, 『보조사상』 제20집(서울: 보조사상연구원, 2003), 174면 주6)재인용]

44 Edward Muller, *Dhammasaṅgaṇi*(London; The pali Text society, 1978) 133-144면. Mrs. Rhys Davids, *Vibhaṅga*(London; The pali Text society, 1978) pp.1-3. 12-14면. C.A.F Rhys Davids, *Visuddhimagga*(London; The pali Text society, 1975) 443-452면. Hammalawa Saddhātissa, *Abhidhammatthasaṅgaha*(Oxford; The pali Text society, 1989) 29면.

45 pañcavidhena rūpasaṅgaho. 1. pathavīdhātu 2. āpodhātu 3. tejodhātu 4. vāyodhātu-yañ ca rūpaṃ upādā-evaṃ pañcavidhena rūpasaṅgaho/ Dhs p.132.
katamanan taṃ rūpaṃ upādā? 5. cakkhāyatanaṃ, 6. sotāyatanaṃ, 7. ghānāyatanaṃ, 8. jivbāyatanaṃ, 9. kāyāyatanaṃ, 10. rūpāyatanaṃ, 11. saddāyatanaṃ, 12. gandhāyatanaṃ, 13. rasāyatanaṃ, 14. itthindriyaṃ, 15. purisindriyaṃ, 16. jīvitindriyaṃ, 17. kāyaviaīaīatti, 18. vacīviññatti, 19. ākāsadhātu, 20. rūpassa lahutā, 21. rūpassa mudutā, 22. rūpassa kammālīatā, 23. rūpassa upacayo, 24. rūpassa santati, 25. rūpassa jaratā, 26. rūpassa aniccatā 27. kabaḷiṅkāro āhāro// Dhs 132면.

의 10처와 눈에 지시되지 않고[無見, a-nidassana] 저촉되지 않는[無對, a-ppaṭigha] 법처의 11종류로도 나누고 있다. 여기서 4대는 지계·화계·풍계만이 촉처에 포함되고 수계는 법처에 포함된다.[46]

이를 좀 더 부연하면 Vbh에서는 오온 가운데 색온은 모두 11가지로 구분할 수 있는데, 색온은 과거의, 미래의, 현재의, 내적인, 외적인, 조대한, 미세한, 저열한, 수승한, 먼, 가까운 이런 일체를 간략하게 하여 하나의 취로해서 색온이라고 한다(Yaṃ kiñci rūpaṃ atītānāgatapaccuppannaṃ ajjhattaṃ vā bahiddhā vā oḷārikaṃ vā sukhumaṃ vā hīnaṃ vā paṇītaṃ vā yaṃ dūre santike vā, tad-ekajjhaṃ abhisaṃyūhitvā abhi- ksaṅkhipitvā : ayaṃ vuccati. rūpakkhandho.)[47]고 색법을 다시 분류하고 있다.

그리고 뒤에 다시 11가지 색을 상세히 설하고 있는데,

> 먼저 과거의 색은 지나갔고, 사라졌고, 변화되었고, 생긴 후 해체되었고, 과거의 것에 속한 네 가지 대종과 24소조색을 말하고, 미래의 색은 생기지 않았고, 되지 않았고, 태어나지 않았고, 존재하지 않았고, 완전히 존재하지 않았고, 미래에 속하는 네 가지 대종과 24소조색이고, 현재의 색은 생겼고, 되었고, 태어났고, 존재했고, 완전히 존재했고, 현재이고, 현재에 속하는 네 가지 대종과 24소조색을 말한다. 그리고 내적인 색은 이런 저런 중생 가운데 내적이고, 자기 자신에 속하고, 개인적이고, 취착된 네 가지 대종과 24소조색을 말하고, 외적인 색은 다른 사람에 속하고, 취착된 네 가지 대종과 24소조색이고, 거친 색은 육처를 말하고, 미세한 색은 여근……(중략)……단식을 말하고, 저열한 색은 이런 저런 중생들의 비난받을 만하고, 멸시받고, 가치가 없고, 존경받지 못하고, 저열한, 저열하다고 생각되고, 즐겁지 않은 색, 소리, 향기, 맛, 접촉을 저열한 색이라고 부른다. 수승한 색은 저열한 색의 반대 개념이고, 먼 색은 여근……(중략)……단식으로 가깝지 않고 먼 다

---

46 kādasavidhena rūpasaṅgaho : cakkhāyatanaṃ, sotāyatanaṃ, ghānāyatanaṃ, jivhāyatanaṃ, kāyāyatanaṃ, rūpāyatanaṃ, saddāyatanaṃ, gandhāyatanaṃ, rasāyatanaṃ, phoṭṭhabbāyatanaṃ yāñ ca rūpaṃ anidassanaṃ appaṭighaṃ dhammāyatanapariyāpannaṃ-evaṃ ekādasavidhena rūpasaṅgaho. / Dhs 133면. Vbh 14면.
kataman taṃ rūpaṃ phoṭṭhabbāyatanaṃ? pathavīdhātu tejodhātu vāyodhātu kakkhalaṃ mudukaṃ saṇhaṃ pharusaṃ sukhasamphassaṃ dukkhasamphassaṃ garukaṃ lahukaṃ-yaṃ phoṭṭhabbaṃ···/ Dhs 145면.

47 Vibh. 1면.

> 른 색인 어떤 것이고, 가까운 색은 안처 ……(중략)……촉처로 멀지 않고, 가까운 다른 어떤 색이다. 특히 저열하고 수승한 색, 멀고 가까운 색은 색을 서로 비교하여 개념을 이해해야 한다.[48]

이러한 *Dhs*와 *Vbh*의 분류에 대하여, *Vism*에서는 사대소조에 '심장토대[心基, hadayavatthu]'를 추가한 28종류의 색법을 완전한(nipphana) 것과 완전하지 않은(anipphana) 것으로 분류하였다.

> 사대와 안(眼)을 시작으로 하는 13과 덩어리로 된 음식이라는 18종류의 색법은 제한·변화·특징이라는 성질을 넘어 고유한 성질[自性]에 의해서만 분별되어야 하기 때문에 완전한 것이고, 나머지는 이것과 반대되기 때문에 완전하지 않은 것이다.
>
> catasso dhātuyo, cakkhādīni terasa, kabaḷiṅkārāharo cā ti aṭṭhārasavidhaṁ rūpaṁ pariccheda- vikāra-lakkhaṇa-bhāvaṁ atikkamitvā sabhāven' eva pariggahetabbato nipphannaṁ. sesaṁ tabiparītatāya anipphannaṃ /[49]

여기서 13이란 안·이·비·설·신·색·성·향·미·여성·남성·명근·심장토대를 말하고, 제한은 공계(空界)를 말하며, 변화는 신표·어표·색법의 경쾌·유연·적업을 말하고, 특징이란 색법의 적집·상속·노성·무상성을 말한다.

이상의 색온을 범주로 한 색법의 분류만을 놓고 볼 때도 각 부파들의 색에 대한 입장이 얼마나 많은 편차를 보였는가를 알 수 있다.

2) 각 부파 불전별 색법의 내용적 이해

실제 각 아비달마 논서들을 보면 색법의 내용적 이해에 있어서도 중요한 차이를 드러내고 있음이 파악된다. 이미 초기불교시대에서부터 색법은 모두 사대(四大)로부터 출생하는 것이므로 사대는 색법의 바탕이 되었다고 볼 수 있다. 아비달마교학 유부전통의 중기 저술로 평가되며 술어에 대한 분석적 고찰이 더욱 더 발전되었으며 동시에 오위(五位)설이나 구십팔수면(九十八隨眠)설 등 독특한 이론이 확실한 형태로 등장하고 있는 세우(世友)

48 Vibh. 1-3면.
49 Vism p.450.; 이영진, 전게서, 175면.

의『아비달마품류족론(阿毘達磨品類足論)』에서는 색법을 색의 고전적 정의인 사대와 사대소조법으로 나누어 설명하는데,

> 색은 무엇인가? 모든 색을 가진 것들은 일체의 사대종과 사대종에 의해 만들어진 색[四大種所造色]이다. 사대종이란 지계·수계·화계·풍계를 말하고, 만들어진 색[所造色]이란 안근·이근·비근·설근·신근과 색·성·향·미경과 촉경의 일부분을 말한다.[50]

라고 설명하고 있다. 즉 여기에 따르면 색은 일체의 사대종(四大種)에 의하여 만들어지며, 소조색이란 것은 지(地)·수(水)·화(火)·풍(風)의 사계(四界)로서 만들어진 색인 오근(五根)과 오경(五境)이라고 할 수 있다. 그리고 사대의 성질을 설명하기를,

> 지계는 무엇인가? 딱딱한 성질을 말한다. 수계는 무엇인가? 축축한 성질을 말한다. 화계는 무엇인가? 따뜻한 성질을 말한다. 풍계는 무엇인가? 저(詛) 등의 움직이는 성질을 말한다. 안근은 무엇인가? 안식(眼識)이 의지하는 정색(淨色)을 말한다. 이근은 무엇인가? 이식이 의지하는 정색을 말한다. 비근은 무엇인가? 비식이 의지하는 정색을 말한다. 설근은 무엇인가? 설식이 의지하는 정색을 말한다. 신근은 무엇인가? 신식이 의지하는 정색을 말한다.[51]

라고 하여 지계(地界)는 견고한 성질을 말하며, 수계(水界)는 습기(濕氣)의 성질을 말하고, 화계(火界)는 온난한 성질을 말하며, 풍계(風界)는 경(詛) 등의 동성(動性)을 말한다. 또 오근은 의식작용의 근거가 되는 색(淨色)으로 표현하여 오근 또한 색법의 범주임을 설명하고 있다. 다시 말하면 물질에 사대의 성질이 없으면 색법, 즉 물질 자체가 구성되지 못하고 분산되어 버리고 말며, 그 물질이 일체 유정의 감각기관을 구성하고 있다는 의미이다.

---

50 世友造『阿毘達磨品類足論』제1권(『大正藏』26, 692중). "色云何 謂諸所有色 一切四大種 及四大種所造色 四大種者 謂地界水界火界風界 所造色者 謂眼根耳根鼻根舌根身根色聲香味所觸一分."

51 上揭書(『大正藏』26, 692하). "地界云何 謂堅性 水界云何 謂濕性 火界云何 謂煖性 風界云何 謂詛等動性 眼根云何 謂眼識所依淨色 耳根云何 謂耳識所依淨色 鼻根云何 謂鼻識所依淨色 舌根云何 謂舌識所依淨色 身根云何 謂身識所依淨色."

이는 사대를 통한 외계(外界)의 색과 내계(內界)의 색의 동질성을 말하고 있는 것이며 단적으로 '색은 사대이다', '색은 오근이다'는 관계의 설정이 이루어지고 있다. 또하나 주목되는 것은 유부계통 전승인 『잡아함경』에서도 나타난 바 있는 정색(淨色)의 의미가 여기에서도 거론되고 있는 점이다. 이는 인식 가능한 구체적 의미의 색법이 색[四大]의 성질에 이르러 추상적 의미의 색법으로 전환하는 아비달마적 특성을 나타내는 한 단적인 측면이라고 볼 수 있다.

『아비달마순정리론(阿毘達磨順正理論)』에 따르면,

> 모든 유정(有情)의 근본사(根本事) 가운데 사대종(四大種)은 수승(殊勝)한 작용이 있으며 이러한 작용에 의하여 식(識)과 공(空)과 함께 함을 건립하고 유정의 근본이 되기도 하기 때문에 대(大)라고 이름한다. 또 광혹(誑惑)한 우부(愚夫)의 일 가운데서 이 사대가 가장 수승하기 때문에 대라고 이름하며……(중략)……이 사대는 널리 일체 색법(色法)의 의지처가 되기 때문에 널리 대라고 한다.[52]

라고 설명하고 있다. 즉 사대는 모든 유정의 아주 근본적인 일 가운데서 수승한 작용이 있고, 이러한 작용에 의하여 유정의 근본이 되며, 이것은 또 일체 색법의 의지처가 되기 때문에 대(大)라고 한다고 하여 사대가 일체 색법의 가장 기본적 구성요소임을 설명하고 있다.

그런데 『성실론』을 보면,

> 색온이라는 것은 사대와 사대소조법이다. 또한 사대소조법을 통틀어 색이라 한다. 사대란 지·수·화·풍인데 색·향·미·촉에 의지하여 사대를 이룬 것이다. 그리고 이 사대에 의지하여 눈 등 오근이 이루어지고 이들이 서로 접촉하여 소리가 있게 된다.[53]

52 『阿毘達磨順正理論』 제2권 (『大正藏』 26, 335하-336상). "謂諸有情根本事中 如是四種有勝作用 依此建立識之與空 乃得說爲有情根本 爲別所餘故復名大. 又於誑惑愚夫事中 此四最勝 故名爲大 如矯 賊中事業勝者. 別餘故名大矯大賊 如是此四因緣中勝 名大別餘 無太過失 有說 此四普爲一切餘色所依 廣故名大."

53 『成實論』(『大正藏』 32, 261상). "色陰者. 謂四大及四大所因成法. 亦因四大所成法. 總名爲色. 四大者. 地水火風. 因色香味觸故. 成四大. 因此四大成眼等五根. 此等相觸故有聲."

라고 하여 색온에서의 사대와 사대소조와의 관계, 그리고 사대와 오온과의 관계를 매우 집약적으로 설명하고 있으면서도, 사대는 색·향·미·촉에 의지하여 이루어진 것이라 하여 색·향·미·촉에 대해 가법(假法)으로 작용하고 있음을 알 수 있다. 이들의 성립관계를 순서별로 도식화 하면 색·향·미·촉<사대<전오근의 성립순서가 상정되며, 위에서 거론된 일반적 유부 논서들의 사대와 사대소조색과의 성립관계(사대<오근·오경)와 매우 다른 입장을 취하고 있다. 이 경우 『성실론』의 입장이 '전오근이 사대소조'라는 경설을 수용하고 있고, 그 사대는 색·향·미·촉에 의해 만들어진 것'이라고 이해한다면, '색·향·미·촉도 사대소조색'(『雜阿含經』 제13권, 『大正藏』 2, 191하) 이라는 경전의 교설에 위배되는 문제가 야기된다. 즉 경전의 색법을 정의한 기본교리에도 위배될 뿐더러 사대가 가법이라면 이 가법인 사대에 의지해 전오근이 형성되므로 전오근도 가법이 되고 만다. 그러나 이러한 문제점에 대해 『성실론』 내부에서의 모순점 해결에 대한 시도는 보이지 않으며, 이것은 오히려 AKbh의 색법관을 이해하는데 결정적인 도움을 준다.[54] AKbh에서는 『성실론』의 색법관과 많은 차이를 보이는데, 사대와 사대소조, 사대와 전오근 및 전오경과의 관계도 매우 독특하다. AKbh에서는 모든 색법이 사대가 아닌 극미(極微, Paramāṇu)를 구성원소로 하고 있는 것으로 파악하였다. AKbh의 색법 정의 중 하나는 '색법은 저촉성(抵觸性)을 갖는다'는 것이다.

모든 색법은 적어도 지·수·화·풍·색·향·미·촉의 8사(事)가 결합되어 함께 존재한다. 이것은 가장 미세한 것으로 이보다 작은 것은 인식할 수 없다.(kāme 'ṣṭadravyako 'śabdaḥ paramāṇur anindriyaḥ. sarvasūkṣmo hi rūpasaṃghātaḥ paramāṇur ity ucyāte. yato nānyataro vijñāyeta. sa kāma dhātāva-śabdako 'nindriyaś ca-aṣṭadravyaka utpadyate nānyatamena hīnaḥ. aṣṭau dravyāṇi catvāri mahābhūtāni catvāri ca-upādāya-rūpāṇi rūpa-gandha-rasa-spraṣṭavyāni.)[55]고 한 것은 색법의 극미는 홀로 존재하는 것이 아니라 극미들이 결합된 상태라서 공간을 점유[抵觸]한다는 것을 가정한 것이다. 그리고 모든 색법의 근간이 되는 극미는 인식되지 않는 것[56]

54 崔鳳守, 「色蘊에서의 色의 의미: 俱舍論과 淸淨道論의 색온론을 비교하여」, 『佛敎學報』 東國大學校 佛敎文化硏究院, 279면.

55 AKbh(shastri本) 180면.

56 AKbh 이후의 신 유부학자인 중현은 이러한 인식할 수 없는 극미를 '관념에 의한 가설

으로 오직 추론에 의해 알 수 있는 것이며(法處), 결합된 극미만이 몸의 감각 기관으로 지각할 수 있는 것이다. 그러나 이 둘 모두 실재하는 것이다. 그런데 사대와 색·향·미·촉의 결합인 8사(事)는 팔사구생(八事俱生)할 때만 현상[57]하기 때문에 단일한 극미는 더 이상 경험될 수 없는 초월적 실재로서 추론의 영역에 속하는 가설(prajñapti)적인 것[58]으로 파악된다. 그러면 이 색법은 극미를 구성원소로 한 것인가, 팔사를 구성원소로 한 것인가? 이 문제에 대해 AKbh의 논술을 살펴보면 이것은 이렇게 이해되어야 한다. 즉 극미를 구성원소로 하여 색(色) 등 사(事, dravya)들이 이루어지고 그러한 '사'들이 최소한 8개가 모였을 때 무성무근(無聲無根)의 색법이 이루어진다는 것이다. 결국 극미가 본래적인 구성원소이다. 그런데 만일 색을 사대소조라 할 경우 그 의미는 다시 어떻게 되며, 더욱이 극미도 색법에 속하는 이상 그 극미도 사대소조라 해야 하지 않는가에 대한 문제가 생긴다. 결국 AKbh에서는 극미라는 개념을 내세워 그것을 일체 색법의 구성 질료로 삼은 뒤 그러한 색법이 구성되는데 있어 소의범주로서 사대소조의 의미를 이해한 까닭에 『성실론』에서와 같은 문제점을 극복하고 있다 보여진다.

유정의 눈으로 파악할 수 없는 초월적·추론적 존재로서의 색법인 극미와 관련하여 또 하나의 추론적 색법은 무표색(無表色)을 들 수 있다. AKbh에서는 무표색의 실재를 증명하기 위해 경전으로부터 여러 가지 경설을 인용하고 있다.

> 세 가지 색이 있다고 경전에서 설했다. 세 가지 경우로 색은 색에 포섭된다. 먼저 보이고 걸리는 색이 있다. 그리고 보이지 않으나 걸리는 색이 있다. 그리고 보이지도 않고 걸리지도 않는 색이 있다.[59]

(prajñapti)'로 보았다. 즉 추론에 의한 가설적 극미와 이러한 극미가 결합하여 인식할 수 있는 극미의 이중구조로 파악하였다.

57 사대는 증감이 없는 물질의 원인이면서 인연을 만나면 형상이 있는 물체로 나타나게 되는데, 형상을 가진 물체는 극미로부터 천체에 이르기까지 극미(極微)·미진(微塵)·동진(銅塵)·수진(水塵)·토모진(兎毛塵)·양모진(羊毛塵)·우모진(牛毛塵)·극유진(隙遊塵)·기(蟣)·슬(虱)·광맥(穬麥)·지절(指節)·주(肘)·궁(弓)·구로사(俱盧舍)·유선나(踰繕那) 등 다양한 단위가 있어 물질의 세계를 조성한다고 한다. 다양한 물체는 정도의 차이는 있지만 모든 변천하기 때문에 여기서 시간이 발생하게 된다.

58 權五民, 「有部 毘婆沙師의 色法觀 再考」, 『한국불교학』 제17집, 한국불교학회, 1992, 124면.

59 AKbh 196면.

AKbh는 이 색들 중에서 제3의 보이지도 걸리지도 않는 색[無見無對色]을 주목하면서 이것이 바로 무표색을 언급하는 것이라고 주장한다. 우리가 행위를 일으킬 때 동시에 우리 신체 중에는 일종이 세력이 남아 있는데 이것은 밖으로 드러나지 않는 일종의 업(業)이므로 무표업(無表業)이라고 부른다.[60] 이러한 무표색 또는 무표업론은 설일체유부의 독특한 색법관으로서 남전 아비달마 논서에는 보이지 않는다.[61] 그러나 이 이론이 부파불교시대에 커다란 논점 중의 하나였던 것은 분명한데,[62] 그것은 무표업론 그 자체의 실제성 여부 보다는 윤회의 과정에서 업보가 어떻게 상응하느냐 하는 문제의 심각성에서 기인했던 것으로 보인다. 한역 『아비달마구사론』에 의하면,

> 무표색은 색온 즉 십처(오근과 오경) 혹은 십계를 제외한 나머지 색법을 무표색이라고 하며, 수·상·행온과 무표(無表)와 무위(無爲)를 법처 또는 법계라고 한다.[63]

고 하였다. 이에 의하여 볼 때 무표색은 인연취집(因緣聚集)이 아닌 것을 뜻하며, 색법의 십종 이외의 것을 법처소섭색에 포함시키는 것을 알 수 있다. 따라서 무표색[마음 위에 조작된 색, 극미를 이루기 전의 물질계와 표시할 수 없는 정신계와의 작용]은 표색[인연의 취집으로 객관화된 색, 有對와 可見의 색]과 같은 변애(變碍)·장애(障碍)의 성질은 없고 다만 표색에 따라 색명(色名)을 붙인 것으로 극미가 의지하는 사대종이 멸한다 해도 무표색은 따라서 멸하지 않는 것[64]이라고 할 수 있다.

남전 상좌부의 대표적인 논서인 Vism에서는 AKbh의 극미(paramāṇu)와 상응하는 개념으로 사대를 가지고 설명하는데, 이는 AKbh가 극미를 색법의 구성요소로 이해하는데 비해 Vism는 사대를 그 구성요소를 보는 등의 견해적 차이를 드러내고 있다. 그리고 '5종류에 의한 색법의 섭수

---

60 西義雄, 『日譯俱舍論』, 23면.

61 舟橋一哉, 「南傳阿毘達磨について」, 『宗教研究』 12a, 112면.

62 AKbh 196면.

63 『阿毘達磨俱舍論』 제1권(『大正藏』 29, 4상). "謂除無表諸餘色蘊卽名十處亦名十界 受想行蘊無表無爲總名法處亦名法界."

64 上揭書, 3하.

(pañcavidhena rūpasaṅgaha)'의 장을 살펴보면, 색법을 우선 사대[4종류]와 사대소조[1종류]로 나누어 각각을 설명한다. 그 중 사대는 '내부에 있는 것이든, 외부에 있는 것이든, 취착된 것이든, 취착되지 않은 것이든' 다음과 같은 상태이다.[65]

지계= 견고한(kakkhaḷaṃ) 거친 상태로 된(kharagataṃ), 견고한(kakkhaḷattaṃ) 견고한 성질(kakkhaḷabhāva)

수계= 물(āpo), 물의 상태로 된(āpogataṃ) 축축한(sineho) 축축한 상태로 된(sinehagataṃ), 결합하는 성질(bandhanattaṃ)

화계= 불(tejo) 불의 상태로 된(tejogataṃ) 따뜻한(usmā) 따뜻한 상태로 된(usmāgataṃ) 뜨거운(usumā) 뜨거운 상태로 된(usumāgataṃ)

풍계= 바람(vāyo) 바람의 상태로 된(vāyogataṃ) 경직된 상태(chambhitattaṃ) 딱딱한 상태(thambhitatta)[66]

이와 같이 Dhs에서 사대와 사대소조로 나눌 때의 사대의 의미는 '모든 색법의 근간을 의미하는 구체적인 성질·상태'이다. 그리고 이 사대를 처의 분류 방식으로 보자면, 지계·화계·풍계는 촉처에, 수계는 법처에 포함된다. 그러나 촉처에는 지계·화계·풍계 이외에도 견고(kakkhaḷa)·유연(muduka), 부드러움(saṅha)·거침(pharusa), 즐거운 접촉(sukhasamphassa)·괴로운 접촉(dukkhasamphassa), 무거움(garuka)·가벼움(lahuka)을 언급한다.[67] 그

---

65 櫻部建과 Y. Karunadasa가 지적하듯이, 니까야 혹은 아함에서 보이는 4대는 견고함 등의 성질로 파악된 색법 주로 내적인 육체에 관해서 사용되는 경우가 많다.; Y. Karunadasa. 17면. ; 櫻部建, 『俱舍論の研究』根·界品(京都: 法藏館, 1975), 94-95면.

66 Dhs 177면. "kataman taṃ rūpaṃ pathavī dhātu? yaṃ kakkhaḷaṃ kharagataṃ kakkhaḷattaṃ kakkhaḷabhāvo ajjhattaṃ vā bahiddhā vā upādiṇṇaṃ vā anupādinnaṃ vā-idan taṃ rūpaṃ pathavī dhātu kataman taṃ rūpaṃ āpodhātu? yaṃ āpo āpogataṃ sineho sinehagataṃ bandhanattaṃ rūpassa ajjhattaṃ vā bahiddhā vā upādiṇṇaṃ vā anupādiṇṇaṃ vā-idan taṃ rūpaṃ āpodhātu. kataman taṃ rūpaṃ tejodhātu? yaṃ tejo tejogataṃ usmā usmāgataṃ usumaṃ usumāgataṃ ajjhattaṃ vā pe anupādiṇṇaṃ vā-idan taṃ rūpaṃ tejodhātu. kataman taṃ rūpaṃ vāyodhātu? yaṃ vāyo vāyogataṃ chambhitattaṃ thambhitattaṃ rūpassa ajjhattaṃ vā pe anupādiṇṇaṃ vā-idan taṃ rūpaṃ vāyodhātu. kataman taṃ rūpaṃ upādā? cakkhāyatanaṃ pe kabaḷiṅkāro āhāro idan taṃ rūpaṃ upādā evaṃ pañcavidhena rūpasaṅgaho/."

67 Dhs 145면. 견고함을 시작으로 하는 넷은 지계를 설명할 때 자주 사용하는 용어이지만, 나머지는 어떤 대상을 접촉했을 때 일어나는 느낌에 초점을 둔 것이다. "spraṣṭavyam ekādaśa-dravya-svabhāvam. catvāri mahābhūtāni, ślakṣṇatvaṃ,

런데 사대 소조(upādā) 분류에서 촉처가 빠져 있다. 따라서 몸이라는 감각기관에 의해 느껴지는 성질·상태(phoṭṭhabbāyatana)가 곧 사대로서 색법의 근간과 동일시된다. 이미 전술한 바와 같이 Vism는 색온을 분류하는 방식에 있어 사대소조의 색(色)으로서 안(眼)·이(耳)·비(鼻)·설(舌)·신(身)·색(色)·성(聲)·향(香)·미(味)·여근(如根)·남근(男根)·명근(命根)·심사(心事)·단식(段食)·신표(身表)·어표(語表)·허공계(虛空界)·색(色)의 가벼움·색(色)의 부드러움·색(色)의 적응성·색(色)의 적집·색(色)의 지속·색(色)의 노성(老性)·색(色)의 무상성 등 24가지를 들고 있다. 여기서 처음 다섯 가지는 시각기관·청각기관·후각기관·미각기관·촉각기관['身'은 그것의 뜻(意), 단순한 '신체'의 의미는 아님]의 오관(五官)이며 색(色, 색채·형태)·성(聲: '목소리'뿐만 아니라 '소리' 일반)·향(香)·미(味)는 오관 중 앞의 네 가지의 대상이다. 남·여근은 성적 기능의 근본이 되는 것이고, 명근은 생명적 기능의 근본이 되는 것, 심사는 마음의 자리로 생각되는 심장이다. 단식이란 입으로 섭취하는 음식물[食物]의 뜻이지만 여기서는 그것을 영양분으로 삼아 육체를 지탱·유지하는 작용을 말한다. 신·어표는 마음속[內心]의 업(業: 그것은 心·心所의 작용)이 신체의 동작과 말로써 밖으로 드러나는 모습이다. 허공계란 공간을 의미한다. 다음의 세 가지는 색법이 공통적으로 갖는 변응성(變應性)이며 마지막 네 가지는 '유위(有爲)'이고 '무상(無常)'인 색법이 공통적으로 갖는 성질[有爲四相이라고 함]로서, 즉 생기·지속·변화·소멸의 성질이다. 이것들은 말하자면 색법의 속성이지만 그 자체를 바로 '색법'이라고 생각하는 것이다. 그런데 Vism에서는 색온을 이와 같이 상세하고 폭넓게 분류하면서도 극미와 같은 개념은 AKbh에서처럼 중시하지 않고 있다. AKbh에서 무표색이 안(眼) 및 색(色) 등과 더불어 색온 이해의 중요한 핵심적 주제가 되는데 반해 Vism에서는 신표(身表), 어표(語表)와 같이 표색(表色)은 주장되지만 무표색에 대한 적극적인 언급은 보기 어려운 것이다. 이러한 무표색에 대한 긍정과 부정의 차이는 궁극적으로 업(業)이라는 불교의 기본교리를 이해하는데도 상당한 편차를 가져오게 된 것으로

karkaśatvaṃ, gurutvaṃ, laghutvaṃ, śītaṃ, jighatsā, pipāsā ceti.……ślakṣṇatvaṃ= mṛdutā, karkaśatvaṃ=paruṣatā. gurutvaṃ= yena bhāvās tulyante. laghutvaṃ viparyayāt. śītam=uṣṇābhilāṣakṛt. jighatsā =bhojanābhilāṣakṛt (Pradhan本; pipāsā pānābhilāṣakṛt) kāraṇe kāryopacārāt./" AKbh(shastri本) 35면.

유부는 4대·매끄러운 성질·거친 성질·무거운 성질·가벼운 성질·차가움·허기·목마름의 11종을 촉처에 포함한다.

보인다. 또 Vism에는 명근(命根)이라는 독특한 색법이 있는데, AKbh에서는 이것이 행온(行蘊) 중 불상응행에 속할 뿐이다. 사실 Vism에서도 행온에서 명(命)을 설하긴 하지만 이때는 '명'이지 명근은 아니며, AKbh에서처럼 불상응행에 속하는 것이 아니라 일체의 심(心)과 상응하는 상응행이라는 차이를 보이고 있다. 생명현상을 다룸에 있어서도 AKbh와 Vism는 큰 차이를 보이는데, AKbh는 생명현상을 정신적인 것과 물질적인 것과 어느 정도 거리를 둔 제3자적인 것으로 파악한 반면 Vism는 이를 정신적인 명(命)과 물질적인 명근(命根)으로 나누어 이해하려는 경향을 나타내었다. 이처럼 색온의 내용을 다룸에 있어 부파, 특히 남전·북전의 견해가 매우 달라 색법에 대한 이해가 경전과 교리의 해석방식의 편차를 가져오기도 하였다.

3. 대승불교에서의 색법

부파불교의 색법론은 초기불교의 물질론에 대한 이론적 토대를 공고히 했을 뿐만 아니라 매우 자세하고 분석적인 물질의 통찰은 대승불교의 철학적 세계관에로 공성을 이해하는 데 가교적 역할을 매우 충실하게 하였다. 그러나 부파불교 시대에서는 법을 실체시하여 수행 본질의 정신과 괴리되어지게 되자 이를 비판하고 초기불교 당시의 삼과(三科)의 근본 뜻으로 복고(復古)하자는 대승불교사상이 일어나게 되었다. 이 대승불교의 계파는 크게 중관계(中觀系)와 유가계(瑜伽系)로 대별된다. 이 두 계파에서 논술된 색법론은 공통적으로 공성에 바탕하고 있어 매우 광범위하면서도 그 표현과 내용에 있어서는 차이를 보이고 있다.

불교에서는 통상적으로 현상계를 물질[色法]과 정신[心法]으로 분류하여 설명하되 물질과 정신의 관계를 불일불이(不一不異)의 관계로 표현하고 있다. 이는 초기불교시대부터 부파불교를 거쳐 대승불교의 반야사상과 유식사상에도 그대로 수용되고 있다. 그러나 대승불교에 이르러 그 이전까지의 색법론과는 매우 다른 인식의 의미전환이 이루어지게 되는데 색의 의미가 공[반야공]으로 대치되고, 마음으로 대치되게 되는 것이다.

대승의 반야공관은 물질과 정신의 바탕이 공한 것임을 관찰하는 것으로 『대반야바라밀다경』에 의하면 삼라만상[색법]은 인연의 집합에 의해 성립된 것이기 때문에 물질[色]은 지대(地大: 堅性)·수대(水大: 濕性)·화대(火大: 煖性)·풍대(風大: 動性) 등의 사대가 인연이 되어서 모습을 나타내는 개체가 형성된다. 그러나 형상이 있지만 그 바탕은 공한 것이라 한다. 때문에 공을 떠나서 색이 존재할 수 없고 색을 떠나서 공이 존재할 수 없는 것이며, 이는 지혜를 수행하는 보살만이 공과 색의 화합성을 동시에 관찰하게 된다고 한다.

> 사리자야, 보살의 자성은 공한 것이고, 보살의 이름도 공한 것이다. 왜냐하면 색의 자성이 공한 것이기 때문이다. 공을 여의지 않고 색이 공한 것이기 때문에 비색(非色)이라고 한다. 그러기 때문에 색은 공을 여의지 않고 공은 색을 여의지 않으며, 색이 곧 공이요, 공이 곧 색이다.……(下略)[68]

여기서 공은 물체가 인연이 집합하기 이전의 본성을 의미하며, 이 공사상에 의하면 오온·십이처·십팔계, 십이연기, 육바라밀, 삼십칠조도품(三十七助道品), 유위·무위도 모두 공한 것이다.[69] 그리고 이러한 공성은 삼라만상의 평등성이며 진여성이며, 무차별성이며, 열반성이며, 모든 법성과 공통되는 것이다. 또 『대지도론(大智度論)』에서는,

> 지·수·화·풍 등 사대가 화합하면 안법(眼法)이 되고 오중(五衆)이 화합하면 인법(人法)이 된다. 그리고 사람은 오중을 떠날 수 없으며, 오중은 사람을 떠나서 설명할 수 없다.[70]

고 하였다. 용수의 『대지도론』에서 설명하고 있는 오중설(五衆說)은 색·수·상·행·식 등을 말하는데,[71] 이들은 여러 인연으로 성립되었다는 뜻에서 색중(色衆)·수중(水衆)·상중(想衆)·행중(行衆)·식중(識衆) 등이라고[72] 명명하고 있다. 또 색중(色衆)은 지·수·화·풍 등 사대의 인연으로 조성된[소조색] 것이며, 사대가 집합한 것이므로 볼 수 없는 것이고, 상대할 수 있는 모습을 지니게 된다고 한다. 볼 수 있다는 것[可見性]은 여러 인연이 집합하여 형상

68 『大般若波羅蜜多經』 제4권(『大正藏』 6, 17하). "舍利子 菩薩自性空 菩薩名空 所以者何 色自性空 不有空故 色空非色 色不離空 空不離色 色卽是空 空卽是色…(下略)."

69 『大智度論』 제43권(『大正藏』 43, 371하)

70 『大智度論』 제1권(『大正藏』25, 61하). "如四大和合有眼法 如是五衆和合有人法 五衆不離人 人不離五衆 不可說五衆是人離五衆人."

71 『大智度論』 제36권(『大正藏』25, 324중)

72 上揭書.

을 나타내는 물체라는 뜻이다. 그러나 인연의 집합체이면서도 볼 수 없는 물질의 성질[不可見性]도 있다. 이는 너무 미세한 인연법이기 때문에 육안으로는 볼 수 없는 것을 말한다. 다시 말하면 혜안으로만 볼 수 있는 물질의 경지를 뜻한다. 용수는 이러한 색법의 경지를 다음과 같이 나누고 있다. 유색불견유대(有色不見有對), 유색불가견유대(有色不可見有對), 유색불가견무대(有色不可見無對) 등 세 가지[73]로 나누어 설명하고 있는데 그 의미는 이렇다.

① 유색불견유대(有色不見有對)는 형상이 있는 물질[有色]을 말하고 또 볼 수 있고 상대할 수 있는 물질을 뜻한다.
② 유색불가견유대(有色不可見有對)는 인연이 집합하여 형성된 물체이기는 하나 눈으로 볼 수 없다. 그러나 상대할 수 있는 것을 뜻한다.
③ 유색불가견무대(有色不可見無對)는 인연이 집합하여 형성된 물체이기는 하지만 너무나 미세하여 범부의 눈으로는 볼 수 없고 범부의 감각으로도 대할 수 없는 경지를 뜻한다.

중관에서는 이러한 색법의 내용분류와 더불어 물질의 최소 구성요소인 극미(極微)를 상정하고 있다. 그러나 부파불교와 같은 극미의 실체성을 인정하지 않는 견해를 나타내며, 극미는 방분(方分)이 없고 실체가 없다는 논리를 전개시키고 있다.[74] 즉 색법은 극미의 인과 연에 따라 마음이 발생하기도 하며, 인연이 모여있기 때문에 존재하는 것이어서 인연이 없어지면 따라서 없어지게 된다. 이와 같이 마음도 두 가지 인연이 있음으로 해서 생겨나는 것이요, 실체가 없는데[공성]서 생겨나는 것이다. 결국 심법과 색법은 공성과 동의어가 된다. 그리고 이러한 색법=심법=공성은 ①꿈속에서 보는 것[夢中所見], ②물속의 달[水中月], ③밤에 가지 없는 나무를 사람으로 착각하는 것[夜見杌樹謂爲人] 등과 같은 의미로 표현하고서,[75] 이를 상대유(相待有), 가명유(假名有), 법유(法有) 등 세 가지로 나누어 설명하고 있다. 상대유는 장단·피차의 상대가 있어 명칭으로서만 성립하는 것이고,[76] 가명유는 인연의

73 上揭書.
74 上揭書, 제12권(『大正藏』 43, 147하). "(至微無實 强爲之名 何以故 麤細相待 因麤故有細 是細復應有細 復次若有極微色 則有十方分 若有十方分 是不名極微 若無十方分 則 不名爲色 復次若有極微 則有虛空分齊 若有分者則不名極微."
75 『大智度論』 제12권, 147중.

화합으로 임시로 존재하는 것으로 극미의 색은 서로 인연을 맺음으로써 존재할 수 있는 것이다. 때문에 더 이상 분석할 수 없는 극미를 더 분석할 경우 공성(空性)이 된다는 것을 말하고 있다.

또『대지도론』에 의하면 유대색(有對色)은 십처(十處)가 있고 무대색은 오직 인위적으로 만들어진 것이 아닌 것[無作色]을 뜻한다. 십처는 내외(內外)의 십처를 뜻하며 내(內)는 오근을 말하고 외(外)는 오경을 뜻한다. 그리고 무작색은 조작된 물질이 아니라는 뜻으로서 매우 미세한 물질을 뜻한다. 무작색은 십처색의 바탕과 안식·이식·비식·설식·신식 등 오식(五識)에 나타나는 모습들도 모두 포함한다. 그러나 이들 색분(色分)으로 인해 무형색(無形色)이 발생하게 되는데 이들을 무작색이라고 하는 것이다. 그런데『대지도론』에서는 중생의 신색(身色)을 뇌괴상(惱壞相)이라고도 하는데 그 뜻을 보면 멀게는 초기불교의 **rūpa**의 어원적 의미와도 매우 비슷한 의미를 가졌다고 할 수 있다. 즉 고뇌를 야기하는(rūppati) 뇌상(惱相)을 인연으로 하기 때문에 뇌(惱)라 이름한다는 것이다. 중생의 몸이 있는 한 굶주림, 더위와 추위, 늙고 병듦, 칼·몽둥이 등의 고통이 있을 수밖에 없기 때문에 뇌괴상이라고 이름짓는 것이다. 또,

> 모든 것은 하나의 나[一我]가 있다. 그것은 다만 사상(事相)에 따라 다르기 때문이다. 오중 가운데 아(我)와 아소(我所)의 마음이 야기하기 때문에 아라고 이름한다. 오중의 화합 가운데서 생(生)이 나타나기 때문에 이름하여 중생이라고 한다. 여기서 명근(命根)이 성취되기 때문에 수자(壽者)라 하고 명자(命者)라고 한다. 그것은 능히 중사(衆事)를 야기하기 때문이다. 예를 들면 부친이 자식을 출생하기 때문에 생자(生者)라고 이름하는 것이고, 포(哺)와 의식(衣食)과의 인연으로 성장하기 때문에 이름하여 양육(養育)이라고 하는 것과 같다. 오중(五衆)·십이입(十二入)·십팔계(十八界) 등은 제법(諸法)의 인연이 집합한 것이며, 이들 모든 법들은 수(數)가 있기 때문에 중수(衆數)라고 하는 것과 같다.[77]

라고 하여 오중의 여러 가지 인연이 집합한 것을 중생이라 이름하고, 중생

76 上揭書, 147하.
77『大智度論』제36권, 335하.

가운데 명근과 수자가 있기 때문에 이를 수명이라고 한다고 하였다. 하나의 물체가 중연(衆緣)에 의하여 성립되었다면 그 중연은 반드시 흩어지기 마련이며 그 흩어지는 동안을 수명이라고 하였다. 이러한 인연법은 범부들은 이해하기 어렵고 깨닫기 어려워 오직 미세한 마음의 지혜인[78]만이 능히 알 수 있고 깨달을 수 있다고 하였다.

본래 색법은 물질을 의미하고 물질은 형상을 나타내며, 그 형상은 대소로 분류하여 설명이 이루어질 수 있다. 중관사상에서의 색법에는 각각상(各各相)과 실상(實相)의 두 가지 상이 있다. 하나는 각각 다른 상태의 인연의 화합으로 각기 다른 모습을 나타내는 것이고 다른 하나는 제법은 모두 공한 실상이 있다는 말이다. 중관의 공사상은 오음(五陰)은 아(我)도 없고 아소(我所)도 없다고 관찰하고 이것을 공삼매라 하였다[觀五陰無我無我所是名爲空 住是空三昧].[79] 그리고 일체의 제법에 대하여 상(相)이 없다는 관찰을 하고 감수하지 않고, 집착하지 않는 마음을 내지 않으며, 일체의 모습이 파괴되어도 기억하지 않는 것을 무상삼매(無相三昧)라 한다. 또 생유(生有), 본유(本有), 사유(死有), 중유(中有)에도 마음으로 구하는 바가 없는 것을 무작삼매(無作三昧)라 하였다. 이와 같이 공삼매·무상삼매·무작삼매를 수행하는 것이 대승보살의 공사상이다. 이러한 삼매사상은 결국 색법에 구애하지 않고 집착하지 않는 것을 수행하며 색법(色法)이 곧 공(空)이라는 공관을 통해 지혜를 실현하는 사상인 것이다. 색이라는 말은 사대가 집합하고 인연하고 형상을 나타낸 집합체이기 때문에 색신(色身)의 인간에게는 생로병사(生老病死)가 있고 성·주·괴·공의 현상이 발생하게 된다. 형상이 있는 물질계는 결국 파멸될 수 있고, 공이 될 수 있으므로 그 공을 실상(實相)이라고 하며, 공성의 실상을 깨달을 때 색법은 공성과 유일(唯一)의 경지를 이룬다고 할 수 있다. 이러한 물질관은 『대반야바라밀다경』·『대지도론』·『반야심경』이 모두 같은 내용으로 설명이 이루어지고 있다.

법장(法藏)의 『대승기신론의기(大乘起信論義記)』에서도 물질과 마음은 둘이 아니라 하나로 이루어지는 경지가 있으며 색체라고 하지만 무형의 색체이기 때문에 지신(智身)이 되며 지성이 곧 색이 되기 때문에 이것을 법신이라고 한다[80]. 이 말은 곧 『반야경』에서 말하는 색공입불이(色空入不二)라

---

78 『大智度論』 제1권, 60중.
79 『大智度論』 제5권, 96하.
80 『大乘起信論義記』, (『大正藏』 44, 276상)

는 말과 상통하는 말이며, 심(心)이 곧 색(色)이라는 말은 물과 파도가 둘이 아니라는 비유와 같은 것이며, 지성(智性)이 곧 색이라는 말은 일체처에 두루한 법신을 말하는 것이다. 다시 말해 색상(色相)이 미세한 것으로 분산하여 모두 사라지면 근본으로 돌아가며 그 근본은 본각심지(本覺心智)의 지신(智身)을 말한다. 그리고 이러한 사고는 유식사상의 색심유일(色心不二)의 사고를 통해서도 비슷한 이해가 이루어지게 된다.

유식사상에서는 이 현상계를 성립시키고 있는 세 가지의 성질에 관하여 논할 때 이를 다분히 인식론적인 입장에서 정의하고 있다. 첫째는 "가립적(假立的)인 존재형태의 것"[遍計所執性], 두 번째는 "서로 다른 것에 의존하는 존재형태의 것"[依他起性], 세 번째는 위와 같은 두 가지의 성질들을 모두 떠나서 진실한 것 그 자체인 "원만한 존재형태의 것"[圓成實性] 등으로 그 성질을 분류하고 있는 것이다. 그리고 이 세상의 궁극적 원리를 관찰하여 보면, 외부에 존재하는 사물 자체에 가치의 기준이 있는 것이 아니고 자기 마음의 인식 여하에 달려 있다는 유심설(唯心說)을 강조하고 있다. 그리고 색법에 대해 분류법을 세우는데 현상계의 일체법을 오위백법(五位百法)으로 분류하고 있다. 오위(五位)라고 하는 것은 심법, 심소유법, 색법, 심불상응행법, 무위법 등 다섯 종류로 나눈 것을 말하고, 백법(百法)이란 오위에 해당되는 구성요소들을 세분하여 심법에 8종, 심소유법에 51종, 색법에 11종, 심불상응행법에 24종, 무위법에 6종 등으로 배분하여 정한 것을 말한다. 유식에서 100법으로 설명함에 있어 색온을 오근·오경의 십색처(十色處)와 법처소섭색(法處所攝色)의 11종으로 범주를 나누어 그 자성을 설명하고 있다.

『유가사지론(瑜伽師地論)』에서,

> 문: 무엇이 색을 자성[고유한 성질]로 하는 것인가?
>
> 답: 자세하게는 11종이 있는데 안(眼) 등의 십색처와 법처소섭색이다. 또 간략하게는 2종이 있는데 사대종과 소조색이다. 이것들은 모두 변애(變碍)를 특징으로 한다.[81]

---

81 『瑜伽師地論』 권53(『大正藏』 29, 593중). "問何等是色自性 答略有十一 謂眼等十色處乃法處所攝色 又總有二謂四大種及所造色 如是一切皆變碍相."

고 하면서 색법은 능조(能造)의 사대종과 소조색으로 나누어지며 사대종은 모든 물체를 능히 조성하는 원리라 하고 소조색은 사대에 의해 조성된 오근·오경을 의미하는 것이라고 하고 있다. 변애(變碍)를 특징으로 한다는 것은 물질은 변천하는 것이며 서로 장애하는 성질과 모습을 가지고 있다는 색법의 정의를 담고 있다. 이것은 한역『구사론』에서 변애하기 때문에 색이라 한다[變碍故名爲色][82]는 색법의 정의와 일치하는 사상이라고 할 수 있다.

이렇듯 변애가 있는 색법인 오근과 오경은 현상계의 색상(色相)을 대표한 것으로서 차별적인 양상을 띠는데, 유식에서는 그 차별을 여섯 가지로 구분하고 있다.

① 사물의 색상에 대한 차별, ② 형상으로 인한 차별, ③ 마음이 집착하는 것과 집착하지 않는 것으로 인한 차별, ④ 마음이 공하고 공하지 않은 것에서 나타나는 색상의 차별, ⑤ 생각에 따른 색상의 차별, ⑥ 욕계와 색계 등의 변제(邊際)에 따른 색상의 차별 등이다.[83] 이 여섯 가지 차별 중에는 바깥으로 나타나는 물체도 있지만 육안으로는 볼 수 없는 미세한 모습도 공존하며 그 미세한 모습은 손감미세성(損減微細性: 물체를 분석하여 가장 미세한 단위인 최세위에 이르는 것), 종류미세성(種類微細性: 미세한 바람인 미풍과 중유가 나타내는 중유색), 심자재전미세성(心自在轉微細性: 색계·무색계 물체의 자유자재한 미세한 성질) 등이 있는데 이것은 혜안이 있어야 파악이 가능한 색의 경지이다.

또 미세한 성질과 모습을 나타내는 극미는 어떠한 심안(心眼)으로 관찰할 수 있는가라는 문제가 제기된다. 심안에는 육안(肉眼), 천안(天眼), 성혜안(聖慧眼), 법안(法眼), 불안(佛眼) 등의 오안(五眼)이 있으며,[84] 이 가운데서 육안과 천안을 제외한 나머지 혜안과 법안 그리고불안은 모든 극미를 볼 수 있으며, 그 극미를 상대로 하여 인식하는 경계로 하고 있다고 한다. 때문에 극미의 체(體)도 지혜로서만 분석하여 최소단위로 건립할 수 있는 것이다. 이에 대해 둔륜(遁倫)은『유가론기(瑜伽論記)』에서,

> 육안과 천안은 명암에 의해 발생하기 때문에 극미를 보지 못한다. 그리고 혜안은 공성을 연하고 법안은 유를 연하며 이들 두 지혜는 모두 후득지에

---

82 『阿毘達磨俱舍論』 권1(『大正藏』 29, 3하)
83 『瑜伽師地論』 권53(『大正藏』 30, 593하)
84 上揭書, 598중.

> 속한다. 그리고 불안은 무분별지이며, 무분별지는 진여를 연하게 된다. 즉 혜안은 공을 연하는 것이며, 공을 연하는 것은 극미가 공한 것을 연하는 것을 뜻한다. 그리고 무분별지는 극미의 진여를 반연하며, 불안은 곧 법안이 유를 연하는 것과 같다.[85]

고 하였다. 극미가 이와 같이 다양하게 파악될 수 있다는 것은 물체의 단위가 다양하게 있다는 것을 의미한다. 원측(圓測)은 『해심밀경소(解深密經疏)』에서 물체에 대한 단위를 다음과 같이 말하고 있다.

> ① 극미(極微), ② 미량(微量), ③ 금진(金塵), ④ 수진(水塵), ⑤ 토모진(兎毛塵), ⑥ 양모진(羊毛塵), ⑦ 우모진(牛毛塵), ⑧ 극유진(隙遊塵), ⑨ 기(蟣), ⑩ 슬(虱), ⑪ 광맥(穬麥), ⑫ 지절(指節), ⑬ 주(肘), ⑭ 궁(弓), ⑮ 구로사(俱盧舍), ⑯ 유선나(踰繕那)

원측은 이것은 『구사론』 권12와 『대비바사론』 권136에 있는 학설임을 소개하면서 이와 같이 우주 안에 있는 물체를 세밀하게 측정하고 단위를 헤아리는 학설을 소개하고 있는데 원측이 소개한 물질론과 동시에 성·주·괴·공에 의하여 변천한다는 학설은 현대과학과도 밀접한 연관성을 갖는 이론이라고 할 수 있다. 『성유식론(成唯識論)』에서는 이상과 같은 물질은 분쇄할수록 작은 물체가 되어 결국은 극미가 되며, 이를 더 분쇄하면 공이 되기 때문에 모든 색법은 실유하는 것이 아니며, 실체가 있는 것도 아니라고 하였다. 다만 극미가 실제로 있다고 생각하는 것은 마음이기 때문에 극미의 유무는 마음에 달려 있는 것으로 파악하였다.

이를테면 우리의 몸은 다섯 가지의 감각기관과 정신 등의 복합체로 구성되어 있는데, 여기에 해당되는 안(眼)·이(耳)·비(鼻)·설(舌)·신(身)의 다섯 가지 감각기관이 중심이 되어 인식활동을 할 때에는 특별히 이를 안근(眼根)·이근(耳根) 내지는 신근(身根) 등으로 명칭한다. 더 나아가서 이들 인식기관들의 대상[境界]은 각각 물질[色]·소리[聲]·냄새[香]·맛[味]·감촉[觸] 등으로서 오직 이것들만을 상대하여 인식활동을 하는데, 만약에 눈을 통하여 물질을 분별했을 때에는 이를 눈으로 인식했다고 하여 안식(眼識)이라고 하

85 『瑜伽論記』 권14 하(『韓國佛敎全書』 권3, 203중)

며, 내지는 몸의 감촉을 통하여 알았을 때는 이를 신식(身識) 등으로 표현하는 것이다. 따라서 우리의 몸은 기본적으로 다섯 가지의 감각기관, 즉 오근(五根)과 이들 인식기관이 분별하여 아는 오식(五識)으로 구성되어 있어 이식에 의해 극미의 실체성을 인정하는가의 여부가 달라진다는 의미이다.

극미가 더 분석되면 공으로 돌아간다는 이론을 전개하는 유식사상은 '모든 색법은 곧 공을 바탕으로 하여 존재한다'는 논리를 성립시키고 있다. 여기서 중요한 유식사상의 색법관은 '만법은 유식'이라는 사상을 토대로 색법관을 정립하고 있다는 것이다. 호법(護法)은 객관계에 있는 물체는 원래 인연의 집합이므로 그 바탕이 공한 것은 물론이고 그 물체를 실체가 있다고도 볼 수 있고, 실체가 없다고도 볼 수 있다고도 생각할 수 있는 것은 마음이라고 하였다. 다시 말하면 객관계의 물체가 오근을 통하여 심식(心識)에 비쳐졌을 때 그 물체의 모습인 상분(相分)을 실체가 있다고 집착하면 실체가 있는 것이 되고, 실체가 없고 공성(空性)이며 진여성(眞如性)을 바탕으로 하고 있다고 보면 바로 진여성으로 나타나게 된다는 것이다. 이것은 초기불교에서 색을 '괴로운 것'으로 파악하고 그 괴로움은 바로 인간의 주관적 인식과 집착에 기인하고 있음을 밝힌 부분과 어느 정도 같은 맥락을 유지하고 있는 관점이라 할 수 있다.

『섭대승론(攝大乘論)』에서도 색법을 정의함에 있어 물체는 공한 것이며 진여의 이성(理性)과 더불어 존재한다는 물질론을 펴고 있음을 발견할 수 있다.

> 색의 자성은 공한 것이며, 공을 연유하지 않기 때문에 색이 공한 것은 색이 아닌 것이다. 색은 공을 여의지 않기 때문에 색은 곧 공이며 공은 곧 색이다. 왜냐하면 이러한 것은 다만 색이라는 이름만 있을 뿐이기 때문이다. 이 색의 자성은 생(生)도 없고 멸(滅)도 없으며, 염(染)도 없고 정(淨)도 없는 것이다. 이러한 색을 가(假)로 객명(客名)을 건립하여 부른 것에 지나지 않는 것이다.[86]

이 말에 의하면 모든 물체의 자성은 공한 것으로 색과 공은 불가분리한

86 『攝大乘論釋』 권4(『大正藏』 31, 405중). "色自性空 不由空故 色空非色 色不離空 色卽是空 空卽是色 何以故 舍利子 此但有名謂之爲色 此自性無生無滅 無染無淨 假立客名."

관계를 갖고 있기 때문에 공에 연유하여 있다는 것도 말이 안된다는 논리이다. 그러므로 물체는 색이라는 이름을 임시로 붙였을 뿐이며 색 대신에 공이라고 이름을 붙여도 무방하다는 사상을 펴고 있다. 다시 말하면 물체에 대하여 색이라고 이름 붙이거나 공이라고 이름 붙여도 상관이 없을 정도로 두 가지 뜻을 함께 가지고 있다는 것이다. 이러한 설명은 대승불교에서도 매우 드문 설명이라고 할 수 있다. 여기서 대승불교의 중요한 색법관이 나타나는데 색법은 공(空)이요, 이 공성을 통해 색심불이(色心不二)가 가능해진다는 공통적 특징이 나타난다. 다시 말하면 색법은 무한한 진리성을 가지고 있음에도 불구하고 그 본색이 다르게 나타나는 것은 인간의 마음이 무명에 의해 오염되고 집착함으로 말미암아 그 근기에 따라 색법 자체의 본색이 드러나는 것일 뿐임을 역설하고 있는 것이다. 그리고 색법은 더욱 미세한 무색계의 물체도 있지만 정신적으로는 선정에서 나타나는 색상(色相)도 있는데 이것을 선정자재소생색(禪定自在所生色)[87]이라 한다. 이는 선정에서 자유자재하게 나타나는 색상(色相)을 이름하는 것이다.

이와 같이 유식에서는 객관계의 물질을 면밀히 분석하여 산하대지가 극미의 집합이며 그 극미도 결국 공성이라고 하였고, 한편으로는 유심(唯心)의 사상에 입각하여 마음에 비치는 물체까지도 사분설(四分說)을 동원하여 매우 과학적이고 철학적 설명논리를 전개시켰다. 이러한 유식사상에서 볼 때 물체의 법수를 십일종으로 정한 것도 사실상 인식론적인 분류방식으로 광대한 물질계라 해도 인간의 인식 내에서 벗어날 수 없는 것이므로 육근(六根)에 의지하여 인식되는 영역을 분류하여 물질의 종류를 정하게 되었다고 할 수 있다. 이는 앞서 말했듯이 근본불교의 색법설을 바탕으로 하여 부파불교와 대승불교에서 발전시킨 결과라고 할 수 있을 것이다.

Ⅲ. 현대에서의 색법

우파니샤드 철학에서 색법세계의 발현은 태초에 유일한 유(有)가 있어 그것이 욕심을 일어켜 지·수·화·풍의 4대를 만들고 여기서 더 복잡한 복합물을 만들고 이 속에 그 유가 명아(命我)의 상태로 들어가 명색(名色)이 되

87 『大乘百法明門論解』 하권(『大正藏』 44, 51)

고 일체가 형성된다고 설명한다. 하나[一]가 변하여 많은 것[多]이 되고 그 하나가 많은 것 속에 들어가 본질이 되고 원인[一] 속에 결과[多]가 이미 존재하고 있다는 전변설의 입장을 가졌다고 할 수 있다.

불교에서의 색법은 물질의 기본은 지·수·화·풍 사대(四大)이고 이 사대와 속성[堅濕煖動: 에너지]가 우주 공간에서 중생들의 업력이 동하여 인연에 따라 모든 유형·무형의 물체를 성립시키는 데 이 물질의 아주 최소단위는 극미(極微)에서부터 시작하여 넓게는 우주만물을 구성하게 된다고 한다. 그리고 이렇게 이루어진 색계는 물질의 무상한 공성으로 인해 성(成), 주(住), 괴(壞), 공(空)의 4상(相)을 되풀이하는데 여기에 시간이 개입되는 것으로 시간 또한 고정적 실체가 있는 것이 아니라 물질의 변화에 따라 상정되는 주관적 인식에 불과하다는 입장을 가지고 있다. 그러나 이 과정에서 물질과 정신이 이원화되어 있지 않고, 제법실상의 세계로 들어가면 색심불이, 색법불이, 색즉시공의 세계임을 파악하게 된다. 때문에 물질은 더 이상 물질이 아니고 정신은 물질없이 존재할 수 없는 공성을 가진다. 이 물질 생성론은 서양 그리스시대 물질 생성론과 유사하다. 서양의 물질론의 연원을 간략히 살펴보면 고대에서부터 만물의 근원에 대한 생각은 끊임없이 탐구되어져 왔다. B.C. 7C 탈레스의 1원소설, B.C. 5C 엠파도클레스의 4원소설[물, 공기, 불, 흙], 그리고 B.C. 4C 아리스토텔레스 4원소설을 주장하면서 아리스토텔레스는 모든 사물을 질료와 형상으로 보았다. 즉 사물은 가능성에 있는 질료가 형상에 의해 현실태로 움직인 것이지 무에서 유로 변한 것과는 다르다고 하였다. 실체(實體)라는 것은 영원불변이 아니라 4개의 원인에 의해 생성소멸하는 것이라고 했다. 네 가지 원인이란 질료인(質料因), 운동인(運動因), 목적인(目的因), 형상인(形相因)이다. 이 4원소설은 17세기까지 계속 유지되었다. 현대 물질론은 소립자설, 입자와 파동, 물질 에너지 등가론, 그리고 하이젠버그의 불확정성원리, 와인버그와 살람의 대통일장이론으로 설명되고 있다. 여기서 현대 자연과학의 물질생성론은 빅뱅(big bang)이론인데 1929년 허블은 대폭발로 우주가 생겼다는 이 설을 제시하였다. 특히 현대자연과학이론은 불교의 성·주·괴·공의 색법이론과 매우 비슷한 이론으로 발전했음을 알 수 있는데, 이렇듯 현대과학은 물질의 이용이라는 실용적인 면만 추구해온 것이 아니라 물질의 근원에 대한 탐구도 계속되고 있으며, 물질에 대한 이해가 깊어질수록 인간을 둘러싼 이 세간 전반에 대한 폭넓은 관심으로 환원되고 있다. 오늘날 현대인은 과학시대에 살고 있다. 과학 혁명에서 시작하여 산업사회와 후기 산업사회를 거쳐 이제는 정보화시대에 접어들고, 서양 중심으로 발전한 기초 과학은 소립자의 극미의 세계에서 우주 저쪽의 극대의 세계에 이르기까지 인간 지식의 지평을 넓혀놓았다. 그러나 과학시대를 사는 오늘날의 우리에게 있어 삶은 물론이고 그 정신적 기반까지도 물질에 연관되어 있다는 것을 부정하기는 어려울 것이다. 바로 이 점에서 과학의 세계에 사는 현대인들에게 불교적 색법관은 의미있는 것으로 다가온다. 불교의 세계관은 과거의 철학이나 다른 모든 서양종교와는 달리 현대 과학의 제성과와 놀라운 정합성을 지니고 있으며, 불교는 서구 문명이 제공하지 못하는 근본적인 비판을 과학 문명에 가할 수 있기 때문이다. 현대 불교의 색법관은 세간(世間)에 대한 이해와 맞닿아 있다. 그것은 세간을 인간과 별개인 물질적 대상의 세계로 볼 것인가, 주객불이의 관계성으로 볼 것인가의 차이를 담고 있기 때문이다. 불교에서 연기·공성을 법성으로 하여 드러난 색계는 법계이고 이 법계는 사물을 고립된 실체가 아니라 상호의존과 상호반영의 관여물로 보며, 각자의 고유성을 인정하면서도 전체적 통일성을 잃지 않는 세계를 지향한다.

세간(loka)은 원래 동사 'luj'에서 파생된 말이다. luj는 '깨지다, 부서지다'(break, destroy, crumble) 등의 의미를 지닌다. 그리하여 붓다는 "무너지고 부서지기(lujjati) 때문에 세간(loka)이라고 이름하는 것이다"[88]라고 설하기도 한다. 괴멸하기 때문에 세간이라고 이름한다는 것은 세간과 괴멸이 거의 동일한 의미임을 말해 준다. 또 이것은 색법의 어원적 의미 가운데 하나인 'rupprti(變壞하다, 괴롭다)'의 의미와 동일한 의미이기도 하다. 본래 괴멸은 무상을 뜻하고, 무상은 범부에게 고(苦)를 뜻한다. 따라서 색(色)=세간(世間)=고(苦)는 동의어라고 할 수도 있다. 불교에서 이 사바세계를 흔히 고해(苦海)나 화택(火宅)에 비유하는 것은 바로 이러한 연유에서이다.[89] 또한 무너지고 부서지기 때문에 세간이라고 하는 것은 불교에서는 무상이 세간과 자연의 기본 원리로서 인식되고 있음을 보여준다. 동시에 그것은 불교가 자연을 고정적인 실체로 보지 않고 항상 변하고 움직이는 역동적인 것으로 인식하고 있음을 말해준다.[90]

---

88 *Kindred Sayings* Ⅳ, P.T.S., 28면.

89 서경수, 『불교철학의 한국적 전래』 (서울: 불광출판부, 1990), 19면.

90 Lily de Silva, *The Buddhist Attitude towards Nature,* ed. by Klas Sandell, *Buddhist Perspectives on the Ecocrisis,* Kandy: Buddhist Publication Society, 1987, 10면.

이 세간이라는 개념은 아비달마불교에서는 유정세간(sattva-loka, 有情世間)과 기세간(bhājana-loka, 器世間)으로 나뉘고, 화엄종에서는 이 2종 세간에 지정각세간(智正覺世間)이 첨가되어 3종 세간으로 분류된다. 유정세간이란 무릇 살아 움직이는 중생을 가리키고, 기세간은 이들 중생이 머물고 있는 일체의 국토를 포함한 이른바 삼천대천세계, 즉 전우주를 의미하며 지정각세간은 중생세간과 기세간을 교화하는 여래(如來)를 지칭한다.

여기에서 주목할 것은 3종 세간에 모두 세간이라는 말이 공통적으로 사용되고 있는 점이다. 이것은 불교에서는 세간과 중생 또는 중생과 붓다, 색계와 법계를 이원적(二元的)으로 구분하여 보고 있지 않다는 사실을 잘 말해주고 있다. 연기론에 입각하여 인간과 세계를 세간이라는 말로써 하나로 묶고 있는 것은 불교사상의 매우 독특한 면이라고 하겠다.

이것은 「창세기」 1장 28절에 나오는 "하나님이 그들(인간)을 축복하사, 땅을 지배하라. 땅에 움직이는 모든 생물을 다스리라 하시니라"는 내용에 나타나듯, 인간과 객관세계(자연)를 별개의 차원으로 보는 입장과는 분명히 다르다. 또한 생각하는 실체와 물질적 실체, 즉 사유(思惟)와 연장(延長) 사이의 운명적인 분리를 주장한 프랑스 데카르트(1596~1650)의 입장과도 사뭇 다르다.[91] 불교적 입장과는 너무도 다른 이러한 기독교 사상과 근세 서구의 기계론적 자연관이 자연을 착취와 정복의 대상으로 삼았을 것임은 자명한 이치다.[92]

연기론에 입각해 인간과 세계, 이처럼 삼라만상 우주만유는 끝없이 상호융합하고 상호침투[相卽相入]한다. 상호융합(interfusion)과 상호침투(interpenetration)에는 어떠한 걸림도 없다. 그리하여 한 먼지티끌 속에 수미산이 용납되고 한 털구멍 속에 대해(大海)가 용납되기도 한다는 것이다.[93]

이러한 존재하는 법으로서의 법계연기의 진리를 신라 의상(義湘)대사는 「법성게(法性偈)」에서 다음과 같이 표현한다.

> 한 먼지 티끌 속에 온 우주가 담겨있나니/ 모든 티끌 또한 이와 같도다/ 억

---

91 린 마루리스·도리언 세이건, 황현숙 역, 『생명이란 무엇인가』 (서울: 지호, 1999), 63-64면.

92 동국대학교 BK불교문화사상사교육연구단 편, 『불교사상의 생태학적 이해』 (서울: 동국대학교출판부, 2006.3), 229-231면.

93 동국대교양교재편찬위원회 편, 『불교학개론』 (서울:동국대출판부, 1998), 175면. "一微塵中含十方 一切塵中亦如是 無量遠劫卽一念 一念卽是無量劫."

겁의 길고도 긴 시간이 한 찰나이고/ 한 찰나의 짧은 시간이 곧 영겁이도다.

영국의 시인 윌리암 블레이크(William Blake)의 유명한 다음 노래는 이 법성게의 내용과 비슷한 내용을 담고 있다.

한 알의 모래 속에서 세계를 보고/ 한 송이 들꽃 속에서 천국을 본다./ 손바닥 안에 무한을 거머쥐고/ 순간 속에서 영원을 붙잡는다.

이처럼 법계연기의 입장은 인간과 물질적 자연세계를 각각 독립된 실체로서 파악한 근대 서구의 이원론과는 정면으로 배치된다. 법계연기에서 말하는 중중무진한 법계는 이른바 '생태계(ecosystem)'의 개념과 흡사하다. 생태계는 "자연현상을 물질의 순환이라는 커다란 전제 하에서 해석하고 인간을 포함한 생물 및 비생물적 물질의 총체적인 상호순환 관계"를 의미한다. 즉 물질의 순환[성·주·괴·공]과 관련하여 생태계는 색법과 대치될 수 있는 공간성을 지닌 말이다. 예컨대 자연생태계의 구조를 살펴보면, 자연생태계는 크게 네 종류의 요소로 이루어진다. 첫째는 빛, 공기, 기후, 물, 토양 등의 모든 물질적 요소들이다. 둘째는 생산자라고 할 수 있는 녹색식물들이다. 녹색식물은 광합성을 통하여 생태계에 에너지를 공급한다. 셋째는 초식동물과 육식동물 및 인간을 포함하는 소비자다. 소비자는 생산자[녹색식물]를 섭취하여 활동에너지로 사용하며 그 과정에서 생산되는 탄산가스를 호흡을 통해 다시 대기 중에 방출한다. 넷째는 박테리아와 곰팡이 등의 미생물로 구성되는 분해자다. 이것들은 생산자 또는 소비자의 사체를 분해하여 그 속에 함유된 유기물질을 비생물적 무기물로 바꿔 공(空)의 상태로 환원시켜 다시 생태계로 되돌려 보내는 역할을 한다. 이처럼 네 가지 구성요소들은 서로 밀접한 상호의존과 상호순환의 구조를 갖는다.[94] 이러한 생태계의 구조를 체계화한 시스템 이론에 의하면, 어떤 독립된 객관적 실체나 대상은 없다. 그것은 단지 지극히 자의적인 관찰과 판단의 산물일 뿐이다. 불교의 연기론에서 본 물질세계[色界]는 일종의 그물처럼 수많은 원인과 조건들이 서로를 반영하는 관계들의 연쇄로서 유기적이고 역동적이며 총체적이다. 이러한 유기적이고 역동적이고 총체적인 성격 때문에 아마도

94 주광렬, 『과학과 환경』 (서울: 서울대출판부, 1986), 89-91면.

러브록(James Lovelock)은 지구를 살아있는 신화적 인격체로서의 가이아(Gaia)라고 보았고, 장회익은 자연·지구·우주 전체를 '온생명'이라는 하나의 생명체로 보았으며, 카프라는 우주전체를 하나의 생태학적·유기적·전일적으로 이해할 수 있는 영적 존재로 파악해야 한다고 주장했을 것이다. 이들에 의하면, 지구는 과학적 유물론이 주장하듯이 서로 기계적인 인과관계로 엮여 있는 물리학적 미립자로 환원될 수 없다. 지구는 전일적(全一的)으로만 파악될 수 있는 단 하나의 살아있는 몸으로서의 '온생명'이다. 이 단계에 이르면, 유정물(有情物)과 무정물(無情物)의 구분도 없어진다고 보아야 하고,[95] 색법과 심법의 구분도 없어지며, 내 안에 우주의 극미가 있고, 내 자신이 우주의 극미가 되어 전체를 형성하고 있기 때문에 우주와 나, 객관과 주관이 없어진 상태로 보아야 할 것이다.

결론적으로 현대 불교에서의 색법은 현대 물질문명과 정신세계, 과학과 종교의 영역적 차이를 허물며, 물질 세계[色界]의 무상성과 공성에 대한 자각을 통해 우리의 존재의 근거가 궁극적으로는 "무[空性]"임을 인정하고, 이런 유한성의 자각을 토대로 자신의 운명을 이 세상에서 투사해 나가게 하는 것이다. ❁

김혜경 (동국대)

---

95 동국대학교 BK불교문화사상사교육연구단 편, 『불교사상의 생태학적 이해』, 238-239면.

훈습

범 vāsanā 장 bag chags 한 薰習 영 impression; result of past act; habit energy

초기불교의 연기설(緣起說)은 중생이 현생에 받고 있는 모든 고(苦)와 낙(樂)을 그의 전생과 현생에서의 행위[業, karma]에 따른 과보(果報)라고 설한다. 그런데 유식불교는 그러한 업이 행위자에게 그 업에 따른 과보를 가져올 뿐만 아니라, 그에게 또 다른 미래의 행위를 유발하는 힘이 있다는 점에 주목하였다. 유식불교의 "종자생현행, 현행훈종자(種子生現行, 現行熏種子)"라는 도식에 따르면, 본래 중생의 근본 의식인 알라야식(ālayavijñāna)에는 갖가지 업의 씨앗들, 곧 종자(種子, bīja)들이 포함되어 있으며, 그 종자들이 성숙하게 되면[異熟], 업보로서의 현상 세계, 곧 현행(現行)이 산출된다. 한편, 이러한 현행은 다시 알라야식에 그 업에 상응하는 습기(習氣, 경향성)를 남겨 미래의 행위를 유발한다. 여기에서 현행이 그 습기 또는 종자를 알라야식에 저장하는 작용이 바로 의복에 향내가 스며드는 것으로 비유되는 '훈습'(薰習)[1] 개념인 것이다.[2] 영어권에서 훈습을 'impression,'

1 '薰習'에서 '薰'은 '熏'으로 쓰이는 경우가 많다.

'result of past act,' 'habit energy' 등으로 번역하는 것도 이러한 맥락에서라고 할 수 있다.[3] 한편, 이처럼 훈습 개념은 인간 행위와 심리 구조와 밀접한 관련을 갖고 있기 때문에 현대 심리학에서의 '동기화(motivation)' 개념과 비교되어 논의되기도 한다.[4]

I. 어원적 근거 및 개념 풀이

'훈습'은 범어 'vāsanā (vāsana),' 티벳어 'bag-chags'에 해당한다. 'vāsanā'는 어원상 '향기가 나게 하다(perfume, make fragrant, scent); 연기를 그을리다, 훈증하다(fumigate); 향을 피우다(incense), 담그다(steep)'의 뜻을 가진 동사 원형 'vās'의 현재형인 'vāsayati'에서 파생된 말이며,[5] 이로부터 "마음속에 무의식적으로 남아있는 인상, 과거의 지각에 대한 현재의 의식, 기억으로부터 유래된 지식, 상상력, [잘못된] 개념, 오해, 욕망, 경향성(inclination), 믿음(trust, confidence)" 등 여러 의미를 가지게 되었다.

그런데 이처럼 다양한 의미를 가지는 'vāsanā'에 대하여 한역 경전들은 주로 '훈습'과 '습기'라는 두 가지 용어로써 번역하고 있다. 예컨대 『성유식론(成唯識論)』 제2권은 "종자는 본래 습기의 다른 이름이다. 습기는 반드시 훈습으로 말미암아 있게 되니 삼의 향기가 꽃에 스며들어 생기는 것과 같다"고 하였다.[6]

우이 하쿠쥬(宇井伯壽)는 훈습과 습기의 관계에 대하여 전자가 마음에 인상 등을 남기는 작용을 주로 가리키며, 후자는 그 결과 마음에 남겨진 어떤 성질에 주목한 것이라고 말한다.[7] 또 그는 종자와 현행, 습기의 관계에 대해서 "[현행의] 훈습에 의해 남겨진 것을 습기라 하며 … 그것이 인(因)이 되어 현행을 낳을 경우에는 습기를 종자라 한다. 습기와 종자 모두 동일한

---

2 織田得能, 『織田佛教大辭典』(東京: 大正出版社, 1982), 355면.

3 Franklin Edgerton, *Buddhist Hybrid Sanskrit Dictionary* (New Haven: Yale University Press, 1953), 479-480면.

4 Harold. G. Coward, "Psychology and Karma," *Philosophy East and West* 33/1, 1983, 49면.

5 Edgerton, 위의 책, 479면.

6 『成唯識論』(大正藏 31.8중8). "種子既是習氣異名, 習氣必由熏習而有, 如麻香氣花熏故生."

7 宇井伯壽, 『佛教汎論』(東京: 岩波書店, 1962), 326면.

사물에 대한 다른 이름에 불과하니, 습기는 훈습의 주체[能熏]인 현행[因]에 대해서 [그 과(果)를] 부를 때의 이름이며, 종자는 생겨난 현행[果]에 대해서 [그 인(因)을 가리켜] 붙여진 이름이다"라고 말한다.[8] 다시 말해 훈습은 현행이 의식에 무엇인가를 남기는 작용 그 자체, 종자는 그러한 작용을 가져오는 인자(因子), 습기는 그러한 작용의 결과물이라 할 수 있는 것이다. 그러나 훈습의 결과 알라야식에 새로 생겨난 종자는 습기로 불리며, 그 습기가 새로운 훈습을 가져오게 될 때는 그것은 다시 종자로 불리므로 종자와 습기의 구분은 절대적이지 않음을 알 수 있다.

'훈습'이라는 용어가 광범위하게 등장하는 다른 경전으로는 『대승기신론(大乘起信論, 이하 '기신론')』을 들 수 있는데, 여기에서는 "훈습의 뜻은 세간의 의복에 실제로 향기가 없지만 어떤 사람이 의복에 향을 스며들게 함으로써 곧 향기가 있게 되는 것과 같다"[9]고 말하고 있다. 또한 『성유식론』 제2권에는 "종(種)을 이루어 생장시키기 때문에 훈습이라 이름한다"[10]고 하였는데, 훈습을 "새로이 종자를 생하게 하며, 종자를 증장시키는 것"으로 명시하고 있는 것이다.

한편, 훈습을 중생에게 나타나는 현상 세계가 그의 의식 세계에 종자, 곧 씨앗을 심는 작용으로 이해하면서 유식학파는 훈습의 주체, 곧 능훈(能熏)과 그 작용을 받는 대상, 곧 소훈(所熏)에 대한 조건을 제시하게 된다. 먼저 『성유식론』 제2권에 제시된 능훈이 갖추어야 할 네 가지 조건들, 이른바 '능훈사의(能熏四義)'는 다음과 같다.

① 유생멸(有生滅): 생멸이 있고, 전변(轉變)하여야 한다.
② 유승용(有勝用): 외부 대상에 대하여 사고하며, 선·악의 힘을 미칠 수 있어야 한다.
③ 유증감(有增減): 증감하여 습기를 받아들여 증식시키는[攝植] 것이어야 한다,
④ 화합성(和合性): 소훈과 화합하는 것이어야 한다.

8 위의 책, 328면.
9 『大乘起信論』(『大正藏』 31.578상17-상18). "熏習義者, 如世間衣服實無於香, 若人以香而熏習故則有香氣."
10 『성유식론』(『大正藏』 31.9하5-하7). "依何等義立熏習名. 所熏能熏各具四義令種生長. 故名熏習."

첫 번째 조건으로부터는 불생불멸의 무위법이, 두 번째 조건으로부터는 인식의 주체[能緣]가 될 수 없는 색법(色法)과 대상 인식의 능력은 있지만 그 힘이 약한 무부무기(無覆無記)[11] 중의 이숙무기(異熟無記), 곧 제8 알라야식의 심(心), 심소(心所: 대상 인식에 수반하여 일어나는 여러 심리 작용)는 능훈이 될 수 없음을 볼 수 있다. 또한 세 번째 조건으로부터 항상 원만한 선법(善法)인 불과(佛果)가, 네 번째 조건으로부터는 다른 사물[他身] 및 찰나의 전후가 능훈의 후보로부터 제외된다. 따라서 이러한 요건을 만족하는 것은 알라야식을 제외한 나머지 칠전식(七轉識)과 그 심소들이다.[12]

다음으로 소훈이 갖추어야 할 네 가지 조건들, 곧 '소훈사의(所熏四義)'는『성유식론』제2권과 진제역(眞諦譯)『섭대승론석(攝大乘論釋)』제2권 등에 제시되어 있다.『섭대승론석』에 따르면, 그 네 가지 조건은 다음과 같다.

① 견주성(堅住性): 지속체[相續]가 견고히 머물러[堅住] 쉽게 파괴되지 않으면, 훈습을 받을 수 있다. 막힘없이 움직이는 바람은 훈습을 받을 수 없는 것과 같다. 이 바람이 1유순(由旬, yojana: 하룻 동안 걸어갈 수 있는 거리)

11 무부무기(無覆無記, anivṛta-avyākṛta)는 정무기(淨無記)라고도 하며, 유부무기(有覆無記, nivṛta-avyākṛta)와 상대되는 개념이다. 모든 법은 선, 악, 그리고 중성적인 성질의 무기(無記)의 셋으로 구분되는데, 이 중 무기는 다시 무부와 유부로 나뉜다. 무부무기는 성도(聖道)를 장애하지 않는 중성적인 법으로서 다시 인연의 조작에 의해 생겨난 유위와 그렇지 않은 무위로 세분된다. 유위의 무부무기는 다음의 다섯으로 세분된다. (1) 이숙무기(異熟無記): 이숙생(異熟生)이라고도 하며 과거의 선, 불선의 인연에 의해 생겨난 이숙의 과체(果體)이다. (2) 위의무기(威儀無記): 위의로심(威儀路心)이라고도 하며, 행(行), 주(住), 좌(坐), 와(臥) 등 사위의(四威儀)를 말한다. 이것은 색(色), 향(香), 미(味), 촉(觸) 등을 그 본체로 하여 중성적이라 할 수 있다. (3) 공교무기(工巧無記): 공교처심(工巧處心)이라고도 하며, 신체와 언어의 2종 있다. 전자가 색, 향, 미, 촉 등을 본체로 하는 신체의 정교한 동작을 가리킨다면, 후자는 색, 성, 향, 미, 촉 등을 본체로 하는 음성 작용을 가리킨다. (4) 통과무기(通果無記): 변화무기(變化無記)라고도 하며, 천안(天眼), 천이(天耳) 등 2종의 신통자재한 변화를 가리리킨다. 색, 향, 미, 촉 등을 그 본체로 한다. (5) 자성무기(自性無記): 앞의 4종 이외의 일체 무기성의 유위법을 가리킨다. 다음으로 무위무기는 인연의 조작에 의해 생기지 않은 무기법으로 승의무기(勝義無記)라고도 한다. 삼무위(三無爲) 가운데 비결택무위(非擇滅無爲)와 허공 등이 여기에 포함된다. 慈怡 외 編,『佛光大辭典』(高雄: 佛光出版社, 1989), 5139면.

12 "何等名爲能熏四義? 一有生滅. 若法非常能有作用生長習氣, 乃是能熏. 此遮無爲前後不變無生長用故非能熏. 二有勝用, 若有生滅勢力增盛能引習氣, 乃是能熏. 此遮異熟心心所等勢力羸劣故非能熏. 三有增減, 若有勝用可增可減攝植習氣, 乃是能熏. 此遮佛果圓滿善法無增無減故非能熏. 彼若能熏便非圓滿, 前後佛果應有勝劣. 四與所熏和合而轉, 若與所熏同時同處不卽不離, 乃是能熏. 此遮他身刹那前後無和合義故非能熏. 唯七轉識及彼心所有勝勢用, 而增減者具此四義可是能熏"(『大正藏』31.9하19-10상2)

안에 있더라도 훈습은 [그 바람에] 미칠 수 없으니 [바람은] 흩어져 걸림이 없기 때문이다. [그러나] 참파카(campaca, *michelia champaka*) 향이 스며드는 기름은 100유순이나 떨어져 있더라도 [그 향기가] 훈습하여 미칠 수 있으니, 그것은 [그 기름이] 견주하기 때문이다.

② 무기성(無記性): 중성적[無記]인 성격일 때, 훈습을 받을 수 있다. 따라서 달래[蒜]와 침향, 사향 등은 그 [강한] 냄새 때문에 훈습을 받을 수 없다. [그러나] 옷과 같이 그 자체가 강한 냄새를 갖지 않으면, 훈습을 받을 수 있다.

③ 가훈성(可熏性): [견밀(堅密)치 않아 다른 것이] 훈습할 수 있어야만 훈습을 받을 수 있다. 따라서 금, 은, 돌 따위는 훈습을 받을 수 없지만, 옷이나 기름 따위는 훈습을 받을 수 있다.

④ 화합성(和合性): 작용을 하는 쪽[能]과 작용을 받는 쪽[所]이 서로 (이어져) 응하면 훈습을 받을 수 있다. 끊임없이 생하는 것, 곧 상응하는 것은 훈습을 받을 수 있으나, 상응하지 않으면 훈습을 받을 수 없다.[13]

『성유식론』은 각각의 조건들이 가지는 의미를 해설하면서 칠전식 및 인식 기관[根], 인식 대상[境]은 첫 번째 조건인 견주성을 만족하지 못하며, 선악과 같은 세력이 강성한 것은 두 번째 조건인 무기성에 어긋남을 지적한다. 또한 여래의 정식(淨識)도 오직 선한 과거의 종자를 간직할 뿐 새로이 훈습을 받아들이는 일이 없으므로 소훈이 될 수 없다. 심소와 무위법(無爲法)은 그 성질이 견밀하여 세 번째 조건을 만족하지 못하며, 다른 사물 및 찰나의 전후는 능훈과 동시동처 부즉불리(同時同處 不卽不離)해야 하는 화합성의 조건에 어긋난다. 따라서 제8 이숙식만이 네 가지 뜻을 갖춤으로써 소훈이 된다고 한다.[14]

---

13 『섭대승론석』(『大正藏』 31.166상7-상19). "一若相續堅住難壞, 則能受熏. 若疏動則不然, 譬如風不能受熏. 何以故? 此風若相續在一由旬內, 熏習亦不能隨逐, 以散動疏故. 若瞻波花所熏油, 百由旬內熏習則能隨逐, 以堅住故. 二若無記氣則能受熏. 是故蒜不受熏, 以其臭故. 沈麝等亦不受熏, 以其香故. 若物不爲香臭所記則能受熏, 猶如衣等. 三可熏者, 則能受熏. 是故金銀石等皆不可熏, 以不能受熏故. 若物如衣油等, 以能受熏, 故名爲可熏. 四若能所相應則能受熏. 若生無間, 是名相應 故得受熏. 若不相應, 則不能受熏."

14 『성유식론』(『大正藏』 31.9하7-하19). "一堅住性. … 此遮轉識及聲風等性不堅住故非所熏. 二無記性. … 此遮善染勢力强盛無所容納故非所熏. 由此如來第八淨識. 唯帶舊種非新受熏. 三可熏性. … 此遮心所及無爲法依他堅密故非所熏. 四與能熏共和合性. 若與能熏同時同處不卽不離. 乃是所熏. 此遮他身刹那前後無和合義故非所熏. 唯異熟識具此四義可是所

이상에서 살펴본 바와 같이 일반적으로 유식사상에서의 훈습은 칠전식이 제8 알라야식에 그 종자를 남기는 작용으로 정의되며, 진여(眞如)와 같은 무위법은 훈습의 주체도 대상도 될 수 없다고 이해되어 왔다. 그러나 이후 여래장사상의 영향으로 정법(淨法)인 진여가 중생의 염오식(染汚識)에 영향을 미치며, 진여 또한 그러한 염법(染法)의 훈습을 받을 수 있다는 염정호훈설(染淨互熏說)이 제시되기에 이르렀다.

한편, 이러한 훈습 개념은 법수(法數)에 따라 2종, 3종, 4종 훈습으로 나뉜다.

2종 훈습설은 유식철학의 경우 견분훈(見分熏)과 상분훈(相分熏)을 가리키며, 『대승기신론』의 경우에는 정법 훈습과 염법 훈습을 의미한다. 후자의 경우 정법 훈습인 진여 훈습에 염법 훈습을 세분한 무명(無明) 훈습, 망심(妄心) 훈습, 망경계(妄境界) 훈습의 셋을 더하여 4종 훈습설을 취하게 된다. 3종 훈습설은 명언(名言), 아집(我執), 유지(有支) 습기의 셋으로 유식의 2종 훈습설과 함께 중생의 윤회 전생(轉生)의 구조를 밝히기 위한 이론적 틀이다. 이에 대한 자세한 설명은 훈습 개념의 역사적 전개와 관련되므로 다음 절에서 논하기로 한다.

Ⅱ. 역사적 전개 및 용례

1. 대승불교 이전의 훈습 개념

훈습설이 유식불교에서 주요 개념으로 논의되기 이전에도 인도철학 체계에서는 업의 법칙과 관련하여 훈습에 대한 논의가 전개되었다. 특히 요가 철학의 경우 기원 후 4-5세기경에 의해 편집된 것으로 알려진 『요가경(*Yogasūtra*)』 및 7-8세기경의 주석서(*Yogasūtrabhāsya*)를 통해 잠행력(潛行力, saṃskāra), 잠재업(潛在業, karmaśaya), 훈습(vāsanā) 등의 개념이 다양하게 논의되었다.[15] 여기에서 잠행력은 업(業, karma)이 행위에 따른 물리적 결과(phala)가 아닌 "도덕적이고 비가시적인" 결과를 초래하여 행위

熏. 非心所等."

15 정승석, 「요가 철학에서 잠재업과 훈습의 관계」, 『인도철학』 11, 인도철학회, 2001, 45-46면.

자 자신의 "행복이나 불행을 초래하는" 방식으로 영향을 미치는 힘을 가진다는 점에 주목하여 상정된 개념이다. 다시 말해 잠행력은 업이라는 원인과 과보라는 결과를 매개하는 잠재적인 힘으로서 이러한 힘은 '업력(業力)'으로 총칭된다.[16] 또한 불교에서와 유사하게 요가 철학에서도 잠행력이 성숙하여 적절한 시기에 업의 법칙을 현시하여 과보를 나타낸다는 이숙(異熟, vipāka)이라는 개념을 제시한다. 요가 철학에서는 이들 개념 간에 다소 착종(錯綜)이 있어서, 한편으로는 기억이나 표상과 관련된 심리 작용은 잠행력(잠재 인상)으로, 업과 윤회와 관련된 심리 작용은 훈습으로 구분해서 사용하고 있다.[17] 다른 한편으로는 훈습을 기억과 잠행력을 발생시키는 원인으로 설명하기도 한다. 그 과정에서 기억은 훈습에 의해 '잠재'와 '표출' 과정을 반복하는 것으로 이해된다.[18] 그러나 잠재업과 훈습은 비교적 명확하게 구분되어 사용되는데, 잠재업이 "하나의 삶에서 유래하는 것"을 가리키는 반면, 훈습은 "여러 삶에서 유래하는 것"으로 정의된다.[19] 따라서 잠재업이 업론(業論)과 관련하여 현세의 번뇌를 설명해준다면, 훈습은 수행론의 입장에서 제거되어야 할 궁극적인 번뇌와 관련하여 논의되는 것이다.[20]

특히 요가 철학은 무명(avidyā), 아견(asmitā), 욕망(rāga), 혐오(dveṣa), 두려움(abhiniveśa)이라는 5종의 번뇌(kleśa)를 제시하면서 무명을 훈습, 곧 잠재의식의 자취(subliminal trace)와 동일시하며, 다른 4종의 번뇌의 근원으로 간주하고 있다.[21] 이들 5종 번뇌는 다섯 가지 잘못된 인식(viparyaya)이라고도 하는데, 그것들은 각각 사물을 있는 그대로 보지 못하며, 무상한 자아를 영원한 것으로 인식하고, 부정(不淨)한 대상을 가치 있는 것으로 보며, 고통과 쾌락을 분별하지 못하며, 영원한 자아(ātmā)를 비아(非我, anātmā)와 분별하지 못하게 하기 때문이다. 이처럼 번뇌에 물들어 있는 마음의 상태(kliṣṭa-vṛtti)는 한편으로 잠행력(saṃskāra)을 강화시키지만, 반대로 잠행력에 의해 그러한 마음이 일어나기도 한다. 따라서 요가 철학의 관점에서는 백지 상태의 마음(*tabula rasa*)과 같은 것은 존재하지

16 위의 논문, 47-48면.
17 위의 논문, 52면.
18 위의 논문, 60면.
19 위의 논문, 61-62면.
20 위의 논문, 63-64면.
21 Anindita N. Balslev, "The Notion of Klesa and Its Bearing on the Yoga Analysis of Mind," *Philosophy East and West* 41/1, 1991, 79면.

않는 것이다.[22] 예컨대 즐거움의 경험은 욕망이라는 번뇌를 불러오고, 고통의 경험을 회상함으로써 혐오라는 번뇌가 생겨나며, 전생에서의 죽음에 대한 고통이 의식 속에서 작용한 결과 두려움이 일어나는 것이다.

그런데 이상의 설명을 통해 요가 철학의 업론 혹은 번뇌론은 감정의 역할을 상당히 중요시 하고 있음을 볼 수 있다. 물론, 무명을 다른 번뇌들의 뿌리로 보는 점에서는 요가 철학의 수증론(修證論, soteriology) 체계가 지적인 각성을 강조하는 것으로 볼 수도 있지만, 그보다는 이성/인식의 영역과 감정의 영역에 관한 이분법적 구분을 인정하지 않는 것으로 보는 것이 타당할 것이다.[23] 한편, 번뇌의 발생과 관련된 설명에서 이처럼 감정의 역할을 강조한 것처럼 요가 철학은 번뇌를 제거하는 과정에 있어서도 열정 혹은 분발심(samvega)이라는 감정적 요소를 중시한다.[24] 아울러 이러한 수행의 요소는 업, 번뇌가 그러했던 것처럼 과거에 수행했던 반복적 행위에 의해 생겨나 미래의 마음을 닦는 데에 영향을 미친다고 본다. 이처럼 요가의 인식론, 번뇌론, 수행론에 걸쳐 과거의 행위가 현재와 미래의 인식, 행위에 미치는 작용, 곧 훈습의 개념이 뿌리 깊게 자리하고 있음을 볼 수 있다.

불교의 훈습설은 부파불교의 경량부(經量部, Sautrantika)에서 그 시초가 보이며, 『아비달마구사론(阿毘達磨俱舍論)』 제5권에 제시되어 있다.[25] 이에 따르면 경량부는 색심호훈(色心互熏)의 설을 통해 색(色: 根身)과 심(心) 두 법이 서로 훈습의 주체[能熏]와 대상[所熏]이 된다고 주장하였다. 그러나 이 이론은 위에서 살펴보았듯이 유식무경(唯識無境, vijñāptimātra)을 주장하는 유식불교에서는 받아들여지지 않았고, 오로지 심법만을 대상으로 훈습의 주체와 대상에 대한 논의가 전개되었다. 한편, 『구사론』은 식(識)의 상속(相續)이 끊이지 않음을 설명하기 위하여 전식(前識)이 후식(後識)을 발생시킨다는 설[26]도 제시하고 있는데, 이는 칠전식이 제8식에 훈습하여 종자를 남긴다는 유식불교의 이론에 영향을 주었다고 볼 수 있다.[27]

---

22 위의 논문, 80면.

23 위의 논문, 82면.

24 위의 논문, 85면.

25 『아비달마구사론(阿毘達磨俱舍論)』 제5권(『大正藏』 29.25하25-하26). "故彼先代諸軌範師咸言, 二法互爲種子. 二法者, 謂心有根身."

26 『구사론』(『大正藏』 29.157중25-중26). "或識於境相續生時, 前識爲因, 引後識起, 說識能了亦無有失."

2. 유식불교에서의 훈습 개념

훈습 개념과 관련된 정교한 논의는 『섭대승론』, 『성유식론』 등에 제시되어 있다. 『섭대승론』 제2권에는 “내부 종자는 반드시 훈습이 있지만, 외부 종자는 훈습이 있기도 하고 없기도 하다”[28]라고 하였는데, 여기에서 내부의 종자는 다름 아닌 제8 알라야식 내의 종자들을 가리키는 것으로 색법(色法) 등 외부의 종자가 능훈과 소훈의 네 가지 조건을 모두 충족하지 못하여 훈습이 불가능한 점과 대비되어 있다. 또한 이 주장은 위에 언급한 경량부의 색심호훈설을 부정한 것이기도 하다.

이러한 내부 종자의 훈습 양상에 대하여 2종 훈습설이 제시되었다. 이에 따르면 훈습의 주체[能熏]인 칠전식(七轉識)이 대상[外境]에 대한 인식을 일으킬 때 그 식에 수반하는 심소들이 알라야식에 있는 각각의 식에 대응하는 종자들에 영향을 미치게 된다. 이 때 그 심소들이 인식대상[所緣境]의 영상인 상분(相分)과 그 상분의 근거가 되는 본질(本質)[29]의 종자들을 대상으로 일으키는 훈습을 상분훈(相分熏)이라 하며, 대상 인식의 주체[能緣]인 견분(見分), 자증분(自證分), 증자증분(證自證分)의 종자들에 대하여 훈습하는 것을 견분훈(見分熏)이라 한다.[30] 예컨대 불선성(不善性)의 안식(眼識)이 발생할 때는 그에 상응하는 의식(意識)이 함께 일어나며, 그 외에 촉(觸) 등 5종의 변행(遍行) 심소,[31] 도거(掉擧) 등 8대 수혹(隨惑: 부수적인 번뇌) 및 무

---

27 望月信亨 編, 『望月佛教大辭典』(東京: 世界聖典刊行協會, 1974), 721면.

28 『섭대승론』 제2권(『大正藏』 31.8중10-중11). “論說內種定有熏習. 外種熏習或有或無.”

29 상분에는 실제의 종자로부터 전변한 것과 식의 분별력에 의해 전변한 실체 없는 상분의 두 구분이 있으며, 전자를 인연변(因緣變), 후자를 분별변(分別變)이라 한다. 제8식의 경우 그 자체 내의 종자로부터 발생한 실체의 대상들을 인식하므로 그 상분은 본질과 동일하다. 또한 전(前)5식은 대상의 있는 그대로의 모습[自相]을 직접 지각[現量]하므로 그 상분과 본질이 다르지 않다. 그러나 제6식과 제7식은 그 본질을 있는 그대로 반영하는 상분과 함께 식의 분별 작용[計度]에 의해 왜곡된 영상이 있어서 그 상분을 본질을 반영한 것과 그렇지 않은 것으로 구분하게 된다. 예컨대 제7식은 제8식의 견분을 그 인식 대상으로 삼기 때문에 그 본질 종자는 제8식의 견분, 자증분, 증자증분의 종자이지만, 그 상분 종자는 그것에 집착을 일으킨 가아(假我) 상의 종자라고 할 수 있다. 加藤祉遵 지음, 전명성 옮김, 『唯識宗 綱要』(서울: 보련각, 1961), 59-60면 및 김동화, 『유식철학』(서울: 보련각, 1973), 226면 참조.

30 慈怡 외 編, 앞의 책, 239면.

31 심왕(心王), 곧 여러 의식들에 항상 수반하는 심리 작용을 말한다. 예컨대 안식(眼識)이 일어날 때 감각 기관, 인식 대상, 의식 자체[眼, 色, 識]의 결합인 촉(觸)이 발생한다. 그밖에 수(受), 상(想), 사(思) 등도 변행 심소로서 함께 생긴다.

참(無慚)과 무괴(無愧)의 2대 중수혹(中隨惑), 그리고 근본무명 등 여러 심소가 함께 일어난다. 안식과 의식, 그리고 제7 말나식(末那識)의 이러한 심소들이 알라야식 내의 견분과 상분에 남아있는 종자들을 훈습하는 과정을 각각 견분훈과 상분훈이라 하는 것이다.[32] 그런데 이러한 견분훈과 상분훈을 일으키는 종자들은 알라야식 안에 저장되어 있다가 그것이 발현될 조건[生緣]이 성숙될 때 현행을 나타내며, 그렇지 않을 경우에는 찰나찰나 생멸을 반복한다고 한다. 이 후자의 과정이 "종자생종자(種子生種子)"의 이시인과(異時因果)이며, 종자가 성숙하여 현행을 생겨나게 하고 그러한 현행, 곧 심소와 업들이 다시 알라야식 내의 종자들을 훈습하는 과정, 곧 "종자생현행"과 "현행훈종자"의 과정은 한 찰나에 이루어지므로 동시인과(同時因果)라 한다.[33] 유식에서는 이러한 동시인과를 진정한 인과 관계로 본다.

한편, 이상의 2종 훈습설이 훈습이 이루어지는 '과정'에 초점을 맞춘 이론이라면, 3종 훈습설은 훈습을 일으키는 '종자'의 종류에 주목하여 제시된 이론이다. 따라서 이 이론은 3종 종자설이라고도 불리는데, 『섭대승론』에 따르면 종자, 곧 습기는 명언(名言) 습기, 아집(我執) 습기, 유지(有支) 습기의 셋으로 구분된다.[34] 『성유식론』은 이를 세분하여 명언 습기를 다시 표의(表義) 명언과 현경(顯境) 명언으로, 아집 습기는 구생(俱生) 아집과 분별(分別) 아집으로, 유지 습기는 유루선(有漏善)과 제불선(諸不善)으로 구분한다.[35]

첫째, 명언 습기는 모든 유위법(有爲法)에 대한 친인연(親因緣)의 종자로서 표의 명언은 제6식 의식의 분별 작용, 곧 언어와 개념적 인식을 통하여 갖가지 종자를 훈습하는 것을 말한다. 예컨대 누군가로부터 '파랑'이라는

---

32 김동화, 위의 책, 227면.

33 이를 『성유식론』 제2권은 다음과 같이 설명하고 있다: 능훈의 식 등이 종자로부터 나타날 때에 다시 인(因)이 되어 종자를 훈성한다. 삼법(종자, 현행, 훈습)이 전전하여 인과가 동시에 성립하는 것이 마치 심지가 불꽃을 생하고 불꽃이 심지를 태우는 것과 같다. 이는 또한 갈대 묶음이 서로 의지하고 있는 것과도 같다. 인과가 동시에 이루어지는 이러한 원리는 바뀔 수 없는 것이다[能熏識等從種生時, 卽能爲因復熏成種. 三法展轉因果同時, 如炷生焰焰生焦炷, 亦如蘆束更互相依. 因果俱時理不傾動] (『大正藏』 31.10상4-상7)

34 『섭대승론』(『大正藏』 31.137상29-중2). "此中三種者, 謂三種熏習差別故. 一名言熏習差別, 二我見熏習差別, 三有支熏習差別."

35 『성유식론』(『大正藏』 31.43중3-13). "名言有二. 一表義名言. 卽能詮義音聲差別. 二顯境名言. 卽能了境心心所法. 隨二名言所熏成種作有爲法各別因緣. 二我執習氣. 謂虛妄執我我所種. 我執有二. 一俱生我執. 卽修所斷我我所執. 二分別我執. 卽見所斷我我所執. 隨二我執所熏成種令有情等自他差別. 三有支習氣. 謂招三界異熟業種. 有支有二. 一有漏善. 卽是能招可愛果業. 二諸不善. 卽是能招非愛果業. 隨二有支所熏成種令異熟果善惡趣別."

말을 듣고서 마음속에 그와 관련된 심리 작용[心所]이 생겨나는 것을 가리킨다. 현경 명언은 이와 달리 파란 색 사물을 직접 눈으로 보고 그에 대한 인상을 남기는 경우와 같이 언어와 개념을 거치지 않고 직접적으로 외부 사물을 대함으로써 일어나는 종자이다.[36]

두 번째, 아집 습기는 허망하게 아(我)와 아소(我所)에 집착하는 종자로서, 구생 아집은 중생이 나면서부터 가지는 미세한 집착으로 보살의 수도위(修道位)에 이르러 제거되며, 분별 아집은 구생 아집에 비해 거친 집착으로 보살의 견도위(見道位)에 이르러 제거된다고 한다. 이러한 아집 습기는 중생으로 하여금 자타의 차별을 낳게 한다.

세 번째, 유지 습기는 업 훈습이라고도 불리며 중생을 삼유(三有), 곧 삼계(三界) 속에 머물게 하는 인(因=支)을 말한다. 그 중 유루선과 제불선은 선업과 악업의 종자를 구분한 것이다. 위의 명언 습기가 삼계의 과보에 대한 친인연이라면, 아집 습기와 유지 습기는 명언 습기를 도와서 자타의 차별과 이숙의 과보를 낳는 증상연(增上緣)이라 할 수 있다.[37] 한편, 명언 종자와 업 종자는 각각 등류(等流) 습기와 이숙 습기라고도 불린다.[38]

그런데 이러한 2종, 3종 훈습설이 중생의 의식이 물드는 과정을 설명하기 위하여 제기된 이론이라면, 문(聞)훈습은 해탈을 향한 수행의 과정에 주목하여 제시된 개념이라고 할 수 있다. 문훈습은 문혜(聞慧, śrutamayī prajñā)라고도 불리며, 이것은 삼장 십이분교(三藏 十二分教), 곧 경전을 공부하거나 선지식(善知識)을 만나 불법을 들음으로써 무루(無漏)의 지혜를 생하는 것을 말한다. 문혜는 삼혜(三慧, trividhā prajñā: 聞, 思, 修)의 하나로서 흔히 성문(聲聞)이 성취하는 지혜라고 알려져 있다. 사혜(思慧, cintāmayī prajñā)는 그 보고 들은 들은 도리를 잘 사유하여 생한 지혜로서 연각(緣覺)이 성취한 바이며, 수혜(修慧, bhāvanāmayī prajñā)는 몸소 실천함으로써 생한 지혜로 보살(菩薩)이 성취한 바라고 한다. 『아비달마구사론』 제22권에 따르면 문혜는 설법의 말 자체에 집착하는 경지를, 사혜는 때로는 언어에 집착하지만 때로는 뜻을 파악하는 경지를, 수혜는 오로지 그 뜻만을 파악하는 경지를 나타낸다.[39] 따라서 문혜는 이 세 가지 지혜를 낳는 인(因)으

36 김동화, 앞의 책, 241면.

37 위의 책, 242-243면.

38 김치온, [唯識學에서 바라본 人間의 有漏性과 無漏性], 『한국불교학』 27(한국불교학회, 2000), 247면.

로 간주되면서도, 번뇌를 궁극적으로 끊는 수혜의 정지(定智)에는 못 미치는 산지(散智)로 취급된다. 또한 아비달마적인 분석에 따르면 문혜는 욕계(欲界)와 색계(色界)에서의 지혜에 해당되며, 수혜는 무색계(無色界)의 지혜로 간주된다.[40]

이와 같이 수행 계위나 깨달음의 정도를 기준으로 다른 지혜와 비교해 볼 경우 문훈습은 부정적인 평가를 받고 있지만, 문훈습이 발생하는 메커니즘 그 자체는 중생에게 본유(本有)의 무루 종자가 있음을 암시한다는 점에서 중요한 의의를 갖는다. 이와 관련하여 제기된 논쟁이 바로 종자의 본유/신훈(新熏) 논쟁으로 크게 호월(護月, Candrapala)의 본유설과 난타(難陀, Nanda)의 신훈설, 그리고 양자를 회통한 호법(護法, Dharmapāla)의 본유신훈 합생설(合生說)을 들 수 있다. 이 세 이론들은 『성유식론』 제2권에 제시되어 있는 것처럼[41] 알라야식이 일체의 유루와 무루 종자를 간직하고 있음을 인정하면서도 그러한 종자들이 어떻게 생겨난 것인지에 관해서는 의견을 달리 한다.

먼저 호월의 본유설은 모든 종자들이 알라야식 내에 본성적으로 존재할 뿐, 훈습에 의해 새로 생겨나는 것은 없으며 훈습은 기존 종자들을 증장(增長)할 뿐이라고 주장한다.[42] 이와 달리 난타의 신훈설은 모든 종자들이 무시(無始) 이래로 훈습에 의해서만 생겨났음을 주장한다.[43] 이에 따르면 일체의 무루 종자 또한 훈습에 의해 생겨난 것인데, 그것은 문훈습을 청정(淸淨) 법계와 동질적인 결과인[等流] 바른 법[正法]을 듣고서 훈습한 것이라고 규정한 『섭대승론』의 정의[44]에 근거한 것으로 이러한 유루 문훈습의 종자

39 『아비달마구사론』 제22권(『大正藏』 29.116하8-하14). "依聞所成慧起思所成慧. 依思所成慧起修所成慧. 此三慧相差別云何? 毘婆沙師謂, 三慧相緣名俱義, 如次有別. 聞所成慧唯緣名境, 未能捨文而觀義故. 思所成慧緣名義境, 有時由文引義, 有時由義引文, 未全捨文而觀義故. 修所成慧唯緣義境, 已能捨文唯觀義故."

40 慈怡 외 編, 앞의 책, 670면.

41 『성유식론』 제2권(『大正藏』 31.7하29-8상1). "이것은 모든 법의 종자를 집지하여 잃어버리지 않기 때문에 일체종식이라 이름한다. 이것을 떠나서 다른 법은 두루 모든 법의 종자를 집지할 수 없다[此能執持諸法種子令不失故名一切種. 離此餘法能遍執持諸法種子不可得故]."

42 『성유식론』 제2권(『大正藏』 31.8상20-8상22). 제22권"此中有義一切種子皆本性有不從熏生. 由熏習力但可增長."

43 『성유식론』 제2권(『大正藏』 31.8중6-중7). "有義種子皆熏故生. 所熏能熏俱無始有. 故諸種子無始成就."

44 『섭대승론』(『大正藏』 31.136하4). "從最淸淨法界等流. 正聞熏習種子所生."

는 무루의 출세간심의 인연이 된다고 한다.[45]

호법은 이에 대하여 본래부터 존재한 종자[本有]와 비로소 생겨난 종자[始有]의 두 가지를 모두 인정해야 한다고 주장한다.[46] 그는 전자를 본성주종성(本性住種姓), 후자를 습소성종성(習所成種姓)이라고 했는데, 비록 무루법(無漏法)의 인(因), 곧 본성으로서의 종성이 알라야식에 본유 종자로서 포함되어 있다고 할지라도 법문을 듣고 닦는 후천적인 노력, 곧 문훈습이 있어야만 유식의 이치를 깨달을 수 있다고 하였다.[47] 이와 달리 종자의 본유설만을 주장할 경우 칠전식이 알라야식에 대하여 서로 원인과 결과가 된다는 『아비달마대승경(阿毘達磨大乘經)』의 경증(經證)[48]에 어긋나게 되며, 종자의 신훈설에 입각할 경우 유위의 존재에게 무루법이 생겨날 인연을 설명하기 곤란하게 될 것이다.[49] 그러나 호법의 종자 이론은 모든 중생이 무루 종자를 가지고 있다고는 보지 않으며 무루 종자의 유무에 의해 종성(種姓)의 차별이 있다고 주장한다. 곧 성문, 연각, 보살은 각각 그에 해당하는 무루 종자만을 소유한 자이다. 또한 불승(佛乘)과 이승(二乘)의 무루 종자를 모두 소유한 자는 부정(不定) 종성이 되며, 어떠한 무루 종자도 구유(具有)하지 못한 자가 무종성(無種姓)의 유정이 된다는 것이다.

3. 『대승기신론』의 훈습 개념

위에서 살펴보았듯이 유식불교의 경전들은 능훈과 소훈의 조건들을 명시하고 훈습은 칠전식과 알라야식 사이에서 이루어지는 과정임을 강조하였다. 그러나 종자의 본유/신훈 논쟁을 통해 일체 중생이 청정한 무루 종자

45 『성유식론』(『大正藏』 31.8중13-중15). "無漏種生亦由熏習. 說聞熏習聞淨法界等流正法而熏起故. 是出世心種子性故."

46 『성유식론』(『大正藏』 31.8중23-29). "有義種子各有二類. 一者本有, 謂無始來異熟識中法爾而有生蘊處界功能差別 … 二者始起, 謂無始來數數現行熏習而有."

47 『성유식론』(『大正藏』 31.48중5-중11). "如是所成唯識相性. 誰於幾位如何悟入? 謂具大乘二種姓者. 略於五位漸次悟入. 何謂大乘二種種姓? 一本性住種姓. 謂無始來依附本識法爾所得無漏法因. 二習所成種姓. 謂聞法界等流法已聞所成等熏習所成. 要具大乘此二種姓. 方能漸次悟入唯識."

48 『阿毘達磨大乘經』(『大正藏』 31.8하5-하6). "諸法於識藏, 識於法亦爾. 更互爲果性, 亦常爲因性."

49 김치온, 앞의 논문, 256면. 호법은 유루 문훈습이 출세간법에 대하여 단지 증상연이 될 수 있을 뿐이라고 주장한다. 이동우, 「『成唯識論』에 나타난 種子의 유래에 관한 논의」, 『한국불교학』 33, 한국불교학회, 2003, 178면 참조.

를 구유하고 있는지에 대해서는 동일한 유식종 내에서도 학파에 따라 의견을 달리하게 되었다. 이에 대하여 "일체중생 실유불성(一切衆生 悉有佛性)"을 주장하는 여래장사상 계통의 『승만사자후일승대방편광경(勝鬘師子吼一乘大方便方廣經, 이하 '승만경')』, 『능가아발다라보경(楞伽阿跋多羅寶經, 이하 '4권 능가경')』, 그리고 『기신론』 등은 무위법인 진여와 무명이 서로 능훈과 소훈이 될 수 있다고 설하며, 또한 무루 종자 곧 불성(佛性)의 보편성을 주장함으로써[50] 유식사상에서의 설명과 큰 차이를 보인다. 여래장, 곧 진여와 중생의 번뇌 사이의 훈습을 설시한 대표적인 경전으로는 『승만경』을 들 수 있다. 이에 따르면 "여래장이란 법계장(法界藏)이며, 법신장(法身藏)이며, 출세간상상장(出世間上上藏)이며, 자성청정장(自性淸淨藏)이다. 이처럼 자성청정한 여래장이 객진(客塵) 번뇌와 상(上) 번뇌(부수적인 번뇌)에 물드는 [것을 보는] 것은 불가사의한 여래의 경지에서이다"[51] 또한 4권 『능가경』은 "여래장은 선, 불선의 인(因)으로서 널리 일체의 취생을 흥조(興造)한다. 비유하자면 마술사[伎兒]가 여러 존재[諸趣]들을 변화하여 나타나게 함으로써 관객이 아(我), 아소(我所)로부터 벗어나는 것과 같다"[52]고 한다.

이러한 경전들의 영향을 받아 『기신론』은 모든 존재의 실상으로서 깨끗한 법[淨法]으로 간주되는 진여 또는 여래장과 온갖 번뇌의 근본인 무명 사이에 상호 훈습이 이루어짐[眞妄交徹]을 분명히 밝히고 있다. 그러나 이러한 훈습 개념은 유식사상의 훈습 개념과 배치될 수밖에 없고, 따라서 원효는 『기신론』을 해설하면서 유식의 훈습 개념이 '생각할 수 있는[可思議]' 훈습임에 대하여 이 논서의 훈습은 '생각할 수 없는[不思議] 훈습'이라고 주

50 여래장사상에서도 성불 못하는 존재인 일천제(一闡提, icchantika 또는 ecchantika)를 언급하지만, 중생의 현존재로서의 일천제는 언젠가는 반드시 성불한다고 본다. 實叉難陀 譯, 『大乘入楞伽經』(『大正藏』 16.597하9-하22)의 다음 경문(經文) 참조. "復次大慧! 此中一闡提, 何故於解脫中不生欲樂? 大慧! 以捨一切善根故. 爲無始衆生起願故. 云何捨一切善根? 謂謗菩薩藏言: '此非隨順契經調伏解脫之說.' 作是語時, 善根悉斷不入涅槃. 云何爲無始衆生起願? 謂諸菩薩以本願方便, 願一切衆生悉入涅槃. 若一衆生未涅槃者我終不入. 此亦住一闡提趣. 此是無涅槃種性相" 大慧菩薩言: "世尊! 此中何者畢竟不入涅槃?" 佛言: "大慧! 彼菩薩一闡提, 知一切法本來涅槃, 畢竟不入非捨善根. 何以故? 捨善根一闡提, 以佛威力故, 或時善根生. 所以者何? 佛於一切衆生無捨時故. 是故菩薩一闡提不入涅槃."

51 『승만경』(『大正藏』 12.222중22-중24). "世尊! 如來藏者, 是法界藏, 法身藏, 出世間上上藏, 自性淸淨藏. 此性淸淨如來藏而客塵煩惱上煩惱所染, 不思議如來境界."

52 『능가경』(『大正藏』 16.510중4-중8). "如來之藏是善不善因, 能遍興造一切趣生, 譬如伎兒變現諸趣離我我所. 不覺彼故, 三緣和合方便而生. 外道不覺計著作者, 爲無始虛僞惡習所薰. 名爲識藏."

석하였다. 아울러 그는 여기에서 다루는 진여에 대한 무명의 훈습에서 '진여'는 발생론적 설명[生義]이 불가능한 진여문(眞如門)에서의 진여가 아니라 생멸문(生滅門)에서 논의되는 진여이므로 그것이 불가능한 개념이 아니라고 부연하고 있다.[53] 그리하여 『기신론』은 염법이 정법에 미치는 훈습인 염법 훈습과 정법이 염법에 미치는 훈습인 정법 훈습이라는 두 가지 훈습을 제시한다.

『기신론』은 이 가운데 염법 훈습을 먼저 설명하고 있으며, 이것은 다음과 같이 세 부분으로 나누어 볼 수 있다.

> ① 무명 훈습: 진여법에 의하기 때문에 무명이 있고, 무명염법의 인(因)이 있기 때문에 곧 진여를 훈습하며, 훈습하기 때문에 곧 망심이 있게 된다.
> ② 망심 훈습: 망심이 있어서 곧 무명을 훈습하여 진여법을 요달하지 못했기 때문에 불각(不覺)하여 망념이 일어나 망경계를 나타낸다.
> ③ 망경계 훈습: 망경계의 염법의 연(緣)이 있기 때문에 곧 망심을 훈습하여 그로 하여금 염착(念着)케 하여 여러 가지 업을 지어서 일체의 신심의 고통을 받게 하는 것이다.[54]

①에서 무명염법의 인이 진여를 훈습하는 것은 근본무명의 훈습으로서 그 결과 나타난 '망심'은 『기신론』의 「생멸인연(生滅因緣)」의 5의(意) 가운데 업식(業識)에 해당한다. ②는 무명에 의해 생겨난 망심(업식)이 무명을 다시 훈습하여 미혹된 주관과 객관 의식인 망념과 망경계를 산출하고, 그 결과 중생을 더욱 미혹하게 함을 말한다. 여기에서 '망념'과 '망경계'는 5의 가운데 각각 전식(轉識)과 현식(現識)을 나타낸다. ③은 이와 같이 알라야식의 자기 전변으로 나타난 현식[妄境界]이 다시 한 번 망심을 훈습함을 말하는 것으로, 지식(智識), 상속식(相續識), 분별사식(分別事識) 등은 이로

---

53 원효, 『대승기신론소』(『韓佛全』 1.768상10-상19). "問: 攝大乘說, 要具四義, 方得受熏. 故言常法不能受熏. 何故此中說熏眞如? 解云: 熏習之義有其二種. 彼論且約<u>可思議熏</u>, 故說常法不受熏也. 此論明其<u>不可思議熏</u>, 故說無明熏眞如, 眞如熏無明. 顯意不同, 故不相違. 然此文中生滅門內性淨本覺說名眞如. 故有熏義. 非謂眞如門中眞如. 以其眞如門中不說能生義."

54 『기신론』(『大正藏』 32.578상22-상27). "所謂以依眞如法故有於無明. 以有無明染法因故卽熏習眞如. 以熏習故則有妄心. 以有妄心卽熏習無明. 不了眞如法故不覺念起現妄境界. 以有妄境界染法緣故卽熏習妄心. 令其念著造種種業. 受於一切身心等苦."

부터 전개되어 유전(流轉)한다고 할 수 있을 것이다.

『기신론』은 ① 무명 훈습을 다시 근본(根本) 훈습과 소기견애(所起見愛) 훈습으로 나누는데, 원효에 따르면 전자는 알라야식이 물들어 업식이 발생하게 된 것으로 근본불각에 해당하며, 후자는 이로부터 파생된 견애(見愛) 번뇌로서 분별사식(여기에서는 7식을 포함한다)이 물들어 있는 지말(枝末) 불각에 해당한다. ② 망심 훈습은 업식근본 훈습과 증장분별사식(增長分別事識) 훈습으로 나뉘며, 각각 삼승(三乘)에게는 변역(變易) 생사의 고통을, 범부에게는 분단(分段) 생사의 고통을 일으킨다고 한다. ③ 망경계 훈습은 분별사식의 대상에 대한 집착(法執分別念)을 증장시키는 증장념(增長念) 훈습, 그리고 지적인 어리석음[見取]을 비롯하여 삼계의 허망한 상에 대한 집착인 욕취(欲取), 계금취(戒禁取), 아어취(我語取) 등 사취(四取)를 증장시키는 증장취(增長取) 훈습으로 나눌 수 있다.[55]

이상에서 살펴본 바와 같이 염법 훈습은 사실상 『기신론』 생멸문의 불각, 곧 근본무명에 의한 연기[流轉]에 대한 설명이며, 알라야식으로부터 5의와 의식이 전변함을 설명한 「생멸인연」을 '무명의 훈습'이라는 개념을 통해 부연한 것에 지나지 않음을 알 수 있다. 비록 『기신론』에서 염법 훈습을 "진여법에 의하여 무명이 있고 무명염법의 인이 있어 진여를 훈습하는 것"으로 정의하고는 있지만, 진여가 소훈이 된다는 점만 다를 뿐, 이러한 훈습을 통하여 중생의 생사유전을 다루는 방식은 유식의 설명과도 비슷해 보인다. 오히려 『기신론』만의 독특한 훈습 개념을 잘 드러내주는 것은 이하에 설명할 정법 훈습이라 할 수 있다.

『기신론』은 『승만경』에서 "여래장이 중생으로 하여금 고통을 싫어하고 열반을 즐거이 구하게 한다"고 한 것과 관련하여 [중생의 허망한 마음속에] 진여가 있어 무명을 훈습하여 망심으로 하여금 발심, 수행하는 작용을 일으킨다고 설하고 있다(이를 진여의 '內熏' 또는' 本熏'이라고 한다). 아울러 이러한 허망한 마음속에 생겨난, 고통을 싫어하고 열반을 즐겨 구하는 인연[厭求因緣]은 다시금 처음의 진여를 훈습하여 그 힘을 증장한다고 한다(이를 진

55 원효, 『대승기신론소』(『韓佛全』 1.768하1-하13). "(3) 增長念者, 以境界力增長事識中法執分別念也. 增長取者, 增長四取煩惱障也. (2) 妄心熏習中業識根本熏習者, 以此業識能熏無明, 迷於無相, 能起轉相現相相續. 彼三乘人出三界時, 雖離事識分段麤苦, 猶受變易梨耶行苦. 故言受三乘生滅苦也. … 增長分別事識熏習者, 在於凡位說分段苦也. (1) 無明熏習中根本熏習者, 根本不覺也. 所起見愛熏習者, 無明所起意識見愛, 卽是枝末不覺義也."

여의 '新熏'이라 한다).[56] 『기신론』에 따르면, 이러한 정법 훈습이 있기 때문에 중생은 스스로 자기 본성을 믿어서 제 마음 밖의 것에 집착하지 않고, 수행을 닦아 오랫동안 훈습한 힘으로 무명을 없앨 수 있으며, 무명이 멸할 경우 심상(心相)이 사라져 열반과 부처의 자연업(自然業)을 이룰 수 있다.[57]

『기신론』은 이와 같은 정법 훈습을 다시 ① 망심 훈습과 ② 진여 훈습으로 나누고 있다. 앞의 염법 훈습에서의 망심 훈습이 무명의 훈습으로 인해 업식이 발생하고 그로부터 전개된 여러 번뇌를 일으키는 것이었다면, 정법 훈습의 일종으로서의 망심 훈습은 중생의 마음[妄心]속에서 그러한 고통으로부터 벗어나 열반을 구하고자 하는 마음[厭生死苦, 樂求涅槃]이 생겨나 발심, 수행하도록 하는 것을 말한다. 그러나 망심 훈습의 주체[能熏]를 여래장 자체로 볼 수는 없을 것이다. 오히려 망심 훈습이란, 번뇌로 뒤덮인 중생의 망심(생멸심)이 처음에 본유의 무루 종자, 곧 여래장의 훈습을 받고난 뒤[本熏], 그 망심이 주체[能熏]가 되어 그 진여(여래장)를 대상[所熏]으로 하여 그 작용력을 키운 것[新熏]으로 보아야 할 것이다.

『기신론』은 그러한 망심 훈습을, 중생이 어떤 관점에서 열반을 바라보느냐에 따라 다시 분별사식 훈습과 의(意) 훈습[업식 훈습]의 둘로 나눈다. 곧 범부와 이승(二乘)은 생사와 열반을 다른 것으로 보고, 열반을 마음 밖에 있는 것으로 대상화하기 때문에 이들의 열반에의 희구는 사실상 염법 훈습에서의 분별사식의 집착과 다를 바 없으므로 이러한 훈습은 분별사식훈습이라 불리게 된다. 반면, 십주(十住) 이상의 보살들은 모든 대상들이 오직 마음, 특히 업식의 헤아림[一切法唯是識量]임을 잘 알기 때문에 열반을 마음 밖의 것으로 대상화하지 않으며, 이들이 일으키는 훈습은 업식에까지 미치고 있으므로 이를 업식 훈습 또는 의 훈습이라 하는 것이다.[58]

---

56 '本熏(內熏)', '新熏' 등에 대해서는 憨山 지음, 오진탁 옮김, 『감산의 起信論 풀이』(서울: 서광사, 1992), 159면, 164면; 鎌田茂生 지음, 장휘옥 옮김, 『대승기신론 이야기』(서울: 장승, 1995), 269-270면 참조.

57 『기신론』(『大正藏』 32.578중6-중15). "云何熏習起淨法不斷? 所謂以有眞如法故能熏習無明. 以熏習因緣力故, 則令妄心厭生死苦樂求涅槃. 以此妄心有厭求因緣故卽熏習眞如, 自信己性, 知心妄動無前境界, 修遠離法. 以如實知無前境界故, 種種方便起隨順行不取不念. 乃至久遠熏習力故無明則滅. 以無明滅故心無有起. 以無起故境界隨滅. 以因緣俱滅故心相皆盡, 名得涅槃, 成自然業."

58 원효, 『대승기신론소』(『韓佛全』 1.769중2-중17). "於中分別事識者, … 此識不知諸塵唯識, 故執心外實有境界. 凡夫二乘雖有趣向, 而猶計有生死可厭, 涅槃可欣, 不異分別事識之執, 故名分別事識熏習. 意熏習者, 亦名業識熏習. … 然諸菩薩知心妄動無別境界, 解一切法

이상과 같이 정법 훈습으로서의 망심 훈습이 중생이 생멸심에 근거하여 수행을 일으킨 것으로 그들의 주체적인 자각과 노력을 나타낸다면, 이는 생멸문의 시각(始覺)에 대응시켜도 좋을 것이다.

다음으로 진여 훈습은 ① 중생에게 내재된 여래장이라는 소질[因]과 함께 ② 외적인 환경[外緣]으로서의 부처, 보살, 선지식을 포괄하는 개념이다. 『기신론』은 전자를 자체상(自體相) 훈습, 후자를 용(用) 훈습으로 구분하고 있는데, 이러한 설정은 여래장의 훈습만을 말할 경우 중생이 모두 성불하여 차별됨이 없어야 할 것이라는 반론을 예상한 것이다.[59]

『기신론』은 우선 여래장의 작용력으로서의 자체상 훈습을 다음과 같이 정의한다([ ]안은 원효의 주석).

> 자체상 훈습이란 무시(無始)의 때로부터 무루법을 갖추고 불사의업을 갖추며[本覺不空], 경계성(境界性)을 짓는 것이다[如實空]. 이 두 가지 뜻에 의하여 항상 훈습하여 훈습의 힘이 있기 때문에 중생으로 하여금 생사의 고통을 싫어하고 열반을 즐겨 구하여 스스로 자기의 몸에 진여법이 있는 줄 믿어 발심하여 수행하게 하는 것이다.[60]

다음으로 중생의 외연(外緣)의 힘으로 정의된 용 훈습은 ① 구도자가 수행 중에 만나는 여러 사람들로서 그에게 온갖 행위를 일으켜 그의 선근(善根)을 증장시키는 차별연(差別緣)과 ② 모든 부처와 보살이 일체 중생을 영원히 훈습하여 중생의 견문(見聞)에 응하여 업을 일으키고 있는 평등연(平等緣)으로 나뉠 수 있다. 『기신론』은 불보살이 중생 앞에 이와 같이 화현(化現)하게 된 동기는 그의 '대비(大悲)'와 '동체지력(同體智力)'임을 강조하고 있다.[61]

唯是識量, 捨前外執, 順業識義, 故名業識熏習, 亦名爲意熏習. 非謂無明所起業識, 卽能發心修諸行也."

59 『기신론』(『大正藏』 32.578중25-하8). "問曰: 若如是義者. 一切衆生悉有眞如, 等皆熏習, 云何有信無信, 無量前後差別? 皆應一時自知有眞如法, 勤修方便等入涅槃. 答曰: … 又諸佛法有因有緣, 因緣具足乃得成辦. 如木中火性是火正因, 若無人知不假方便能自燒木, 無有是處. 衆生亦爾. 雖有正因熏習之力, 若不値遇諸佛菩薩善知識等以之爲緣, 能自斷煩惱入涅槃者, 則無是處."

60 『기신론』(『大正藏』 32.578중20-중24). "自體相熏習者, 從無始世來具無漏法, 備有不思議業, 作境界之性. 依此二義恒常熏習, 以有力故能令衆生厭生死苦樂求涅槃, 自信己身有眞如法發心修行."

61 『기신론』(『大正藏』 32.578하15-하29). "用熏習者, 卽是衆生外緣之力. 如是外緣有無量

이와 같이 『기신론』의 진여 훈습의 두 가지 양태, 곧 자체상 훈습과 용 훈습은 각각 중생에게 내재된 여래장[在纏位의 법신]의 상구(上求) 작용과 중생 밖에서 중생을 이끄는 여래[出纏位의 법신]의 하화(下化) 작용을 나타낸 것이며, 생멸문의 본각(本覺)을 '훈습'이라는 개념을 통해 재구성한 것이라고 할 수 있을 것이다.[62]

이상에서 살펴본 『기신론』의 훈습 개념과 깨달음의 구조, 곧 불각, 시각, 본각과의 관계를 도표로 나타내면 다음과 같다.[63]

<table>
<tr><th colspan="4">『기신론』의 훈습 개념 분류</th><th colspan="2">훈습의 양태</th><th colspan="4">깨달음의 구조</th></tr>
<tr><td rowspan="6">染法熏習</td><td rowspan="2">無明熏習</td><td colspan="2">根本無明熏習</td><td rowspan="6">熏習所起의 번뇌</td><td>根本不覺(業識)</td><td rowspan="6">의식의 전개</td><td rowspan="2">心→業識</td><td>心</td><td rowspan="6">不覺</td></tr>
<tr><td colspan="2">所起見愛熏習</td><td>支末不覺(分別事識)</td><td rowspan="4">意</td></tr>
<tr><td rowspan="2">妄心熏習</td><td colspan="2">業識根本熏習</td><td>變易行苦(三乘)</td><td rowspan="2">轉識, 現識</td></tr>
<tr><td colspan="2">增長分別事識熏習</td><td>分段苦(凡夫)</td></tr>
<tr><td rowspan="2">妄境界熏習</td><td colspan="2">增長念熏習</td><td>法執</td><td rowspan="2">智識, 相續識, 分別事識</td></tr>
<tr><td colspan="2">增長取熏習</td><td>四取</td><td>意識</td></tr>
<tr><td rowspan="5">淨法熏習</td><td rowspan="2">妄心熏習</td><td colspan="2">分別事識熏習</td><td rowspan="2">수행의 단계</td><td>凡夫, 二乘</td><td rowspan="2">수행의 단계</td><td colspan="2">不覺</td><td rowspan="2">始覺</td></tr>
<tr><td colspan="2">意(業識)熏習</td><td>十住 이상</td><td colspan="2">相似覺 이상</td></tr>
<tr><td rowspan="3">眞如熏習</td><td colspan="2">自體相熏習</td><td rowspan="3">훈습의 動因</td><td>如來藏</td><td rowspan="3">진여의 작용</td><td colspan="2">여래장에 의한 上求</td><td rowspan="3">本覺</td></tr>
<tr><td rowspan="2">用熏習</td><td>差別緣</td><td>大悲</td><td colspan="2" rowspan="2">여래에 의한 下化</td></tr>
<tr><td>平等緣</td><td>同體智力</td></tr>
</table>

義, 略說二種. 云何爲二? 一者差別緣. 二者平等緣. 差別緣者, 此人依於諸佛菩薩等, 從初發意始求道時乃至得佛, 於中若見若念, 或爲眷屬父母諸親, 或爲給使, 或爲知友, 或爲怨家, 或起四攝乃至一切所作無量行緣. 以起大悲熏習之力, 能令衆生增長善根, 若見若聞得利益故. … 平等緣者, 一切諸佛菩薩, 皆願度脫一切衆生, 自然熏習恒常不捨, 以同體智力故. 隨應見聞而現作業. 所謂衆生依於三昧, 乃得平等見諸佛故."

62 수염(隨染) 본각의 이상(二相) 중 지정상(智淨相)을 설명하면서 제시된 '법력의 훈습'이라는 말과 성정(性淨) 본각의 사상(四相) 중 '인훈습경(因熏習鏡)', '연훈습경(緣熏習鏡)' 등의 용어를 통해서도 『기신론』의 본각 개념이 진여훈습과 밀접한 관련이 있음을 알 수 있다.

63 이 도표는 고승학, 「『大乘起信論』에서 始覺과 本覺의 관계」, 『철학논구』 30, 2002, 19면의 도표를 수정한 것이다.

이상과 같이 『기신론』의 염정호훈설은 불각과 시각, 그리고 본각 개념을 여래장(진여)과 무명이라는 두 요소간의 훈습이라는 측면에서 서술한 것으로, 불각은 염법 훈습[무명, 망심, 망경계 훈습]에, 시각은 정법 훈습 중의 망심 훈습에 대응되며, 본각은 정법 훈습 중의 진여훈습으로 중생의 마음속에서 열반을 희구케 하는 여래장의 무량한 공덕[자체상 훈습]과 중생 주변에 여러 모습으로 현현하는 불보살의 작용[용 훈습]에 대응된다.

Ⅲ. 훈습의 현대적 의의

이상에서 초기불교의 업설에 그 뿌리를 두고 있으며, 부파불교를 거쳐 유식불교에서 체계화되고, 여래장사상에서 심화된 훈습 개념을 살펴보았다. 훈습은 과거의 어떤 행위가 그 자체로 끝나지 않고 그에 따른 잠재적 인상을 마음속에 남겨 미래의 인식과 행위를 유발하는 것을 가리킨다. 그런데 유식불교의 훈습 개념이 중생의 의식이 이러한 과정을 거쳐 계속해서 오염되는 과정에 주목하였다면, 여래장사상의 훈습 개념은 진여가 그러한 오염된 마음을 정화함을 설하여 중생의 해탈 가능성을 강조한 것이라 할 수 있다.

유식불교는 기본적으로 인식 대상이 인식에 종속되어 있음을 주장하기 때문에 앞에서 논의한 번뇌론, 실천론의 측면과 함께 인식론과 관련하여 훈습 개념이 함축하는 바에 대해서도 살펴볼 필요가 있다. 『유식이십론(唯識二十論)』에서 세친(世親, Vasubandhu)은 중생들이 유식무경의 이치를 깨닫지 못하는 이유에 대하여 다음과 같이 주장한다.

> 꿈에서 본 대상이 실재하지 않는다는 것을 꿈에서 깨어나지 않은 사람은 이해하지 못한다.
>
> 이와 같이 세간 사람들은 허망한 분별을 반복해서 훈습한 습기의 잠에 취해서 꿈속과 같은 실재하지 않는 대상을 보고 있으면서도 깨어나지 못하여 그 대상이 실재하지 않음을 여실히 알지 못한다.[64]

64 『唯識二十論』(『大正藏』 31.76하8-하11). “未覺不能知, 夢所見非有. 論曰: 如未覺位, 不知夢境非外實有, 覺時乃知. 如是世間虛妄分別串習惛熟如在夢中, 諸有所見皆非實有, 未得眞覺不能自知.”

곧 오랜 세월에 걸친 반복적인 경험, 훈습의 결과 우리가 실재론적인 사고방식에 젖어들게 되었다는 것이다. 여기에서 실재론적인 사고방식은 유식불교의 관점에서는 중생들에게 번뇌를 야기하는 원인이므로, 훈습은 일반적으로 고(苦)를 유발하는 동인(動因)이라고도 할 수 있을 것이다. 그런데 유식불교의 인식론에 의하면, 훈습에 의해 마음 밖에 실재하는 것으로 보이는 그러한 경험 세계는 의식을 벗어난 것이 아니라 단지 "식 내부에서 그려지는 그림[相分]과 그 인식[見分]"일 뿐이며, 그것은 식 내부에 그러한 인식을 야기할 종자가 없으면 나타날 수 없다는 점에 주의해야 한다.[65] 한편, 이러한 전제로부터 경험 세계가 비슷한 중생들 사이에는 식 내부에 비슷한 종자들이 있다는 추론이 가능하다. 그리고 그러한 종자들은 그들이 과거에 모두 같은 업을 지었기 때문에 생긴 것이라고 보아야 할 것이다. 따라서 『유식이십론』은 모든 아귀들이 항상 고름의 강을 보는 것과 같은 "경험의 공유성"으로부터 외부 대상의 실재성을 요청하지 않고, 동일한 업에 따른 동일한 이숙과(異熟果)라는 패러다임을 제시한다.[66]

이러한 패러다임에 의하면 동시대를 살아가는 동일 문화권의 사람들은 비슷한 현상 세계를 경험하고 있고, 이것은 그들이 지은 업이 비슷하기 때문이라는 결론이 도출된다. 이러한 원리는 역으로 한 사회의 관습과 제도상의 차이, 곧 행동 양식의 차이가 그 사회 구성원들의 사고방식과 세계관을 다른 사회의 구성원들과 달라지게 만드는 현상도 잘 설명해 준다. 따라서 훈습의 패러다임은 결국 개인적인 차원은 물론, 사회적인 차원에서도 인식의 문제가 행위의 문제로 환원됨을 함축한다. 다시 말해 훈습 개념은 여타의 불교 사상과 마찬가지로 인식과 행위의 상호 의존성을 잘 보여주고 있는 것이다. 또한 앞에서 살펴본 것처럼 행위에 수반하여 발생한 심소, 곧 부수적인 감정적 요소가 의식에 훈습되어 번뇌의 종자가 쌓임으로써 결국 우리의 인식이 왜곡된다는 사실은 이성과 감성이 상호 의존하고 있음을 잘 보여주고 있다.

따라서 훈습의 매커니즘을 이해함으로써 우리는 인식과 행위, 이성과 감성의 이분법적 대립을 해소할 수 있다. 이러한 관찰은 비단 윤리적 실천의

65 김사업, 「唯識에 의거한 經驗世界의 屬性 - 그 허구성과 허구성 속의 법칙성-」, 『한국불교학』 23, 한국불교학회, 1997, 436면.

66 『유식이십론』(『大正藏』 31.74하21-하23) "顯如餓鬼, 河中膿滿故名膿河. 如說酥瓶其中酥滿. 謂如餓鬼同業異熟, 多身共集皆見膿河, 非於此中定唯一見." 위의 논문, 446면 참조.

영역에서 뿐만 아니라 인간의 의식에 대한 과학적 탐구에도 적용될 수 있다. 예컨대 신경과학자들은 우리의 신경계가 새로운 자극에 반응하면서도 이전의 자극들에 대한 기억을 안정적으로 유지할 수 있는 원리가 무엇인지 탐구하는 과정에서 기억과 감각의 매커니즘이 분리되지 않음을 밝혀냈다. 그들은 대뇌 피질과 해마(hippocampus) 내의 수상(樹相) 돌기(dendrite) 상의 시냅스(synapse) 조직들이 그 사용 여부에 따라 성장하거나 쇠퇴할 수 있음을 발견했는데, 이는 기억이라는 행위가 감각 또는 인식과 관련된 신경 중추를 변형시킬 수 있음을 보여준 것이다. 또한 프로이트(S. Freud)는 기억이 단지 외부 자극을 수동적으로 받아들여 저장하기만 하는 것이 아니라 과거의 경험에 대한 기억의 자취, 곧 습기(習氣)의 영향을 받아 선택적으로 이루어짐을 주장했다. 이러한 주장은 인도의 요가 철학 그리고 불교의 유식사상의 훈습설의 설명 방식과 잘 부합된다.[67] 융(C.G. Jung)의 집단 무의식(collective unconsciousness) 개념 역시 인간의 무의식 속에 과거로부터의 "심리적 유산(psychic heritage)"이 남아있음을 함축한다는 점에서 잠행력, 훈습 등의 개념과 통하는 바가 있다.[68]

한편, 유식불교의 훈습 개념이 비록 의식이 번뇌에 물들어가는 과정을 지적한 측면이 많지만, 문훈습이라는 개념은 이와 달리 번뇌를 벗어나 지혜를 얻는 과정을 나타내고 있다. 그런데 문훈습과 관련하여 제기된 무루종자의 본유, 신훈에 대한 논쟁은 오늘날의 교육과 관련해서도 시사하는 바가 있다. 앞에서 언급한 호법의 본유신훈 합생설에 따르면 중생에게 아무리 본유의 무루 종자가 있더라도 문훈습이라는 후천적인 노력이 없으면 해탈이 불가능하다. 이러한 관점을 교육에 적용하면, 개인의 선천적인 자질보다는 사회, 문화의 영향과 후천적인 환경을 강조하게 될 것이다. 그리하여 교육 과정도 처음에는 타율적인 지도로부터 나중에는 자율적인 자기 개발로 나아가게 될 것이다.[69]

한편, 『기신론』의 염정호훈설은 본각으로서의 진여가 중생 내부에서는 여래장으로, 중생 외부에서는 불보살로서 중생의 성불을 위해 언제나 훈습을 가하고 있음을 설하고 있다. 『기신론』에 따르면 본각으로서의 개인적

---

67 Coward, 앞의 논문, 51-53면.

68 위의 논문, 54-55면.

69 曹志成, 「「護法－－玄奘」一系與眞諦一系唯識學的「聞熏習」理論的思想意涵之探討」, 『法光學壇』 1, 1997, 125-126면.

잠재력과 사회적 환경은 중생으로 하여금 시각, 곧 실천 수행에의 의지를 낳는다. 그러나 현실적으로 중생은 자신의 잠재력에 대한 확신을 갖기보다는 끊임없는 염법의 훈습에 의해 자포자기와 절망에 빠지는 경우가 많을 것이다. 그런 점에서 진여 본각이 사회적 환경으로서 중생에게 끊임없이 정법의 훈습을 가한다는 『기신론』의 가르침은 미망(迷妄) 속을 헤매는 중생에게 구원과 희망의 메시지를 준다고 할 수 있다. ❀

조은수 (서울대)

우리말 불교개념 사전

팔불중도

범 anutpādam anirodham, aśāśvata anuccheda, anekārtha anānārtha, anirgamam anagaman 한 八不中道: 不生不滅, 不常不斷, 不一不異, 不來不去

Ⅰ. 어원적 근거 및 개념 풀이

불교는 연기법의 역사다. 고타마 붓다는 바로 연기법이라는 진리를 깨달았기 때문에 각자(覺者)일 수 있었다. 그래서 초기불교는 연기법에 바탕해서 교리를 구성한다. 삼법인이나 12연기 등이 좋은 예다. 붓다의 입멸이후 제시된 여러 가지 교리나 주장들은 연기법에 대한 다양한 표현이다. 이것은 불교의 발전과 확장을 견인한다. 물론 상이한 이해 때문에 교리적 갈등을 초래하기도 했다. 하지만 이런 갈등은 연기법 자체와 관련해서가 아니라 이해 방식이나 표현 방식의 차이에서 기인한다. 기존의 불교와 단절을 시도하면서 일어난 대승불교 운동도 마찬가지로 이런 측면에서 이해할 수 있다.

대승불교의 완성자라고 불리는 용수(龍樹, Nāgārjuna)의 경우 이런 점을 더욱 명확히 확인할 수 있다. 그는 연기법을 훨씬 철학적으로 분석한다. 흔히 중관학파(Mādhyamika)로 일컫는 일군의 불교 해석자들은 공(空)이나 중도 등의 개념을 통해서 연기법을 재규정한다. 특히 중도(中道)는 불교가 지향하는 세계를 철학적인 측면뿐만 아니라 수행론적 측면에서 잘 드러내고 있다. 초기불교에서 제기한 불고불락(不苦不樂)의 중도법이나, 상주론과 단멸론에 대한 부정은 수행의 방법인 동시에 진리의 표현이다. 대승불교에서도 동일하게 이 원칙을 계승한다. 용수는 『중론(*Madhyamaka- Śāstra*)』에서 무자성(niḥsvabhāva), 즉 공(śūnya)의 원칙을 강하게 제기한다. 이것은 연기론의 대승적 종합이기도 하다. 무자성공을 천명하기 위해서 그는 『중론』 귀경게에서 여덟 가지 일상적 관념[施設, prajñapti]을 부정한다. 이것을 일반적으로 '팔불'이라고 부른다. 여덟 가지 관념은 우리의 일상을 가장 밑바닥에서 떠받치는 범주다. 용수는 바로 이것들을 문제 삼고 있다.

> 발생하지도 않고 소멸하지도 않으며,
> 항상하지도 않고 단절하지도 않고,
> 동일하지도 않고 상이하지도 않고,
> 오지도 않고 가지도 않는다는
> 연기법을 설하셔서
> 온갖 희론을 훌륭하게 물리치신
> 설법자 가운데 가장 뛰어나신
> 부처님께 나는 머리 숙여 예경합니다.
> [不生亦不滅, 不常亦不斷, 不一亦不異, 不來亦不去,
> 能說是因緣, 善滅諸戲論, 我稽首禮佛, 諸說中第一.]

위의 두 게송은 용수가 『중론』을 시작하면서 불교에 대한 자신의 입장을 밝힌 글이다. 당연히 『중론』 전체의 입장이기도 하다. 여기서 구체적으로 여덟 개의 부정이 등장한다. 번역문은 구마라집(Kumārajīva)이 한역한 『중론(中論)』을 따른 것인데 마지막 두 구는 의미를 살리기 위해 순서를 바꾸어 번역했다. 범본에 근거하면 내용은 다소 달라진다. 특히 두 번째 게송이다. "희론(prapañca)이 적멸한, 상서로운 연기를 설해 주신 정각자이시고 설법자 가운데 가장 뛰어나신 그분께 예경합니다."[1] 첫 게송은 온전하게 팔

1 이하 『중론』 번역에는 구마라집 한역본 번역은 김성철 역 『중론』을 참조했고, 범본 번역은 앞의 책과 함께 박인성 역 『쁘라산나빠다』를 참조했다. 구체적인 부분은 생략한다.

불을 말하고 있다. 팔불을 말하고 있는 첫 게송은 두 번째 게송의 관계 속에서 중요한 사실들이 상당 부분 드러난다. 설법자 가운데 최상이신 그분께서 설하신 '선멸제희론'에 해당하는 범본은 "희론이 적멸하여 상서로운" 정도로 해석된다. 다시 말하면 앞의 팔불과 이 구절이 모두 연기를 수식하고 있다. 연기를 수식한다는 사실을 감안한다면 "연기된 존재는 발생하지도 않고 소멸하지도 않는다. 연기된 존재는 항상하지도 않고 단멸하지도 않는다"는 식으로 고쳐 읽을 수 있다. 이 점은 청목의 주석에도 분명하게 적시하고 있다.

용수는 연기의 내용으로 팔불을 설하고 '희론 적멸'과 '상서롭다'는 내용을 덧붙였다. 하지만 범본에서 보이는 연기에 대한 열 개의 수식어 가운데 앞의 부정구 여덟 개와 뒤의 둘은 확연히 차이가 난다. 한역 『중론』에서 주석자(註釋者) 청목(靑目, Piṅgala)은 이 부분에 대해 "두 게송으로 부처님을 찬탄하고 제일의(第一義, paramārtha-satya)를 핵심적으로 설했다"[2]고 말한다. 타이완의 저명한 학승인 인슌(印順)은 귀경게의 "2송(頌) 8구(句) 가운데 첫 네 구는 연기의 여덟 가지 부정을 말하고, 다음 두 구는 팔불의 이익을 보였고, 마지막 두 구는 작자의 예찬이"[3]라고 분석한다. 한역본에 입각하면 이런 평가는 매우 정확하다. 물론 범본에 입각해도 동일한 평가를 내릴 수 있다. "희론이 적멸하여 상서로운" 상태는 곧바로 열반을 의미한다. 결국 앞의 팔불도 여기에 귀결한다. 다시 말하면 "팔불은 희론적멸인 열반의 입장을 나타내고"[4] 있는 셈이다. 월칭(月稱, Candrakīrti)은 "여덟 가지 특징에 의해 특징지어진 연기가 논서의 내용이고 일체 희론이 적멸해서 길상한 열반이 논의 목적이"[5]라고 말한다. 『중론』의 내용과 목적을 분명히 드러난다.

발생과 소멸, 항상과 단절, 동일과 차이, 오고 감. 이 여덟 가지 입장은 유자성(有自性)을 의미한다. 물론 유자성에 해당하는 것이 꼭 이것만은 아니겠지만 근원적으로 추적하면 이 여덟 가지에 도달한다. 『중론』에서도 주석자 청목이 이런 문제에 답하고 있다.

---

2 龍樹菩薩造, 靑目釋, 『中論』(『대정장』 30권, 1하)
3 印順, 『中觀論頌講記』(臺灣: 正聞出版社, 2000), 49면.
4 安井廣濟, 김성환 옮김, 『中觀思想硏究』(서울: 문학생활사, 1988), 125면.
5 Candrakīrti, 박인성 옮김, 『쁘라산나빠다』(서울: 민음사, 1996), 14면.

문: 존재[法]는 무량한데 왜 이런 여덟 가지만 논파하는가?

답: 존재가 비록 무량하지만 여덟 가지만 간략하게 이야기하면 모든 존재를 논파할 수 있다.[6]

존재는 단지 사물만을 두고 하는 말은 아니다. 임의로 구성된 모든 관념이 여기에 해당한다. 하지만 여덟 가지가 그것을 모두 대표한다고 용수는 말한다. 길장(吉藏)은 『중관론소(中觀論疏)』에서 팔불의 의미를 정리한다. "이런 여덟 가지로 일체법을 부정한다. 일체법의 부정은 중생의 의식이 조작하는 것에 대한 부정이다. 중생의 의식은 이런 여덟 가지 안에서 작동한다. 그래서 지금 그것들을 모두 부정해서 의식이 조작하는 바를 털어 막았다. 의식이 조작한 바가 없기 때문에 의식이 파악하는 점도 없다. 바로 무생의 도리를 깨닫는 것이다."[7] 팔불은 여덟 가지의 부정이면서 시설(施設) 모든 것에 대한 부정이기도 하다. 이 여덟 가지 부정은 어떤 형식으로 구성되었는가를 먼저 살펴야 한다.

팔불은 '네 개의 짝'[四對]으로 구성되어 있다. 중국 전통에서는 흔히 사대팔법(四對八法)이라고 한다. '생·멸, 상·단, 일·리, 거·래' 여덟 가지 관념 혹은 개념은 둘씩 짝을 이루고 있다. 팔불의 경우 그것들 각각이 부정된다. 예를 들어 '불생·불멸'이 하나의 짝이 된다. 이 말은 존재의 발생과 존재의 소멸이라는 현상을 동시적으로 부정함을 뜻한다. 만약 이것을 분리해 부정한다면 용수는 자신의 연기론을 완전하게 드러낼 수 없다. 용수는 바로 여기서 '중도'를 드러내고 있다. 불생과 불멸이 조금의 시간차 없이 동시적으로 규정될 때야 중도의 의미는 가능하다. '팔불'이 아니라 '팔불중도'는 성립한다. 하지만 일반적으로 사용되는 '팔불'은 당연히 '팔불중도'를 가리킨다.

일본의 불교학자 나가오 가진(長尾雅人)은 중관철학이 불교철학을 대표하는 성격을 지녔다고 말한다. 그가 지적한 것은 "연기와 공성의 즉일성"이다.[8] 여기서 즉일성은 전통적인 표현을 빌자면 상즉(相卽)에 가깝다. "연기란 어떤 사물이 실제 존재하는 자성적인 원인에서 결과가 발생하는 것이

6 『中論』(『大正藏』 30권, 1하)

7 吉藏, 『中觀論疏』, (『大正藏』 42, p.27상)

8 長尾雅人, 김수아 옮김, 「중관철학의 근본적 입장」, 『중관과 유식』(서울: 동국대출판부, 2005), 9면.

아니라 오히려 생멸하지 않고 거래하지 않는 것으로서 연기다."[9] 한역에서는 역(亦)이라는 허사를 사용함으로써 상즉성을 드러내고 있다. 물론 이런 표현이 없더라도 의미는 뒤바뀌지 않을 것이다. 상즉성의 기본은 "A이면서 B다"라는 방식이다. 이것은 『유마힐소설경』의 제9품인 「불이법문품」에서 매우 잘 드러난다. 이른바 불이(不二, advaya) 법문은 이런 상즉성을 기본 도식으로 하고 있다. 이것은 무자성에 바탕하기 때문에 가능하다. 『유마경』과는 달리 『중론』은 "비(非)A이면서 비(非)B다"는 방식이 동원된다. 부정의 방식으로 상즉을 드러내는 셈이다. 곧 차전(遮詮)의 방식이다. 이것은 단순한 부정이 아니다. 그것은 분명 뭔가를 지향하고 가리킨다. 비유비무라는 표현에서도 충분히 나타난다. 단지 존재와 비존재를 부정하려는 게 아니다. 여기서는 중도라는 진리를 드러낸다.

팔불은 연기의 표현이면서 열반에 도달하는 방법이다. 더 나아가 그것이 실현된 상태가 상서로운 열반이다. 과연 열반이 무엇인가 하는 질문을 연기란 무엇인가 하는 질문으로 바꿔 놓은 것이다. 이 점은 매우 중요하다. 중관파에서 제시하는 연기론과 열반론이 함께 드러나기 때문이다. 『중론』의 마지막 품인 제27장 「관사견품」에서 용수는 말한다.

> 고타마 부처님께서
> 연민으로 이 법을 설하셔서
> 일체 견해를 끊어 주시니
> 나는 머리 숙여 예경합니다.[10]

귀경게의 팔불이 『중론』의 전체적 방향이라면 위 「관사견품」의 게송은 『중론』의 귀결인 셈이다. 귀경게와 위 게송 사이에 놓인 27품은 용수가 제기하는 연기론의 실제 내용이라고 할 수 있다. 인슌은 표종(標宗), 현의(顯義), 귀종(歸宗)로 명명한다. 용수는 팔불을 중심으로 연기법을 전개했고, 바로 이것이 붓다가 말하고자 하는 핵심이라고 말한다. 청목의 주석에 의하면 "일체의 견해는 간단히 말하면 5견(見)이고 상세히 말하면 62견이다."[11] 5견이나 62견은 세상에 존재하는 모든 견해를 상징한다. 귀경게에서

9 長尾雅人, 위의 책, 19면.
10 『中論』(『大正藏』 30권, 39중)
11 『中論』(『大正藏』 30권, 39중)

말한 희론이다. 붓다는 법을 설해서 바로 이런 희론을 없애주셨다고 용수는 말한다. 붓다가 설한 법은 귀경게에서 말한 '연기'다. 더 압축하면 팔불중도이다.

팔불은 분명 용수의 『중론』에서 정식화했지만 몇몇 대승 경전에서 이미 단초가 있었다. 특히 반야경 계열의 경전류에서는 유사한 표현이 자주 등장하는데 이런 것들을 팔불의 원형이라고 해도 가능할 것이다. 『마하반야바라밀경』이나 『대방광불화엄경』 또는 『유마힐소설경』 등에도 팔불과 유사한 구절이 등장한다. 이것들은 약간씩 다른 맥락이지만 그래도 제법의 무자성한 사실을 분명히 전달하고 있다.[12]

> 사리불이여, 색은 공과 다르지 않고 공은 색과 다르지 않다. 색이 곧 공이고 공이 곧 색이다. 수·상·행·식도 이와 같다. 사리불이여, 이 모든 법은 생기하지도 않고 소멸하지 않고 더럽지도 않고 깨끗하지도 않고 증가하지도 않고 감소하지도 않는다. 이 공한 법은 지나간 것도 아니며 앞으로 올 것도 아니며 현재 있는 것도 아니다.[13]

'사리불'로 시작하는 두 개의 이야기가 있다. 첫 번째는 상즉의 방식으로 색과 공의 둘 아님을 이야기한다. 첫 구는 긍정의 차원이다. 둘을 직접적으로 부정하는 방식을 사용하지 않는다. 하지만 "색이면서 곧 공이다"라는 언표는 결코 배타적이지 않다. 그냥 색이라고 할 때 그것은 색 외에는 아무것도 아니다. 이런 동시적 규정은 배타성이 없다. 이런 방식은 『유마힐소설경』의 「입불이법문품」이 가장 잘 보여준다. "희견보살(喜見菩薩)이 말했다. 색과 색의 공함이 둘이라고 하지만 색이 곧 공이다. 색이 소멸해서 공한 게 아니라 색의 본성이 원래 공하기 때문이다."[14] 위 『반야경』 인용에서 사리불로 시작하는 두 번째 문단은 용수가 『중론』 귀경게에서 제시한 팔불과 매우 흡사한 구조다. 물론 아직 여덟 가지로 확정되지는 않았다. 이 두 번째 방식도 사실은 상즉의 원리를 이용하고 있다. 연기된 모든 존재는 불생이면서 불멸이다. 『유마경』에는 "법은 가고 옴이 없는데 한 번도 머문 적이 없기 때문이다. 법은 공을 따르고 무상을 따르고 무작에 호응한다." "법은 증

12 전재성, 「中論 歸敬偈無畏疏의 硏究」, 『伽山學報』 1호, 199-200면 참조.
13 『摩訶般若波羅蜜經』, (『大正藏』 8. p.223상)
14 『維摩詰所說經』(『大正藏』 14권, 551상)

가하거나 감소하지 않으며 법은 생성하거나 소멸하지 않는다. 법은 지향하는 곳도 없다."[15] 이렇게 대승경전 곳곳에 팔불과 유사한 표현이 등장한다. 이런 것들을 보면 용수의 팔불중도가 연기론의 대승적 종합이라는 점을 쉽게 포착할 수 있다.

Ⅱ. 역사적 전개 및 텍스트별 용례

『중론』 전체가 팔불중도를 확대해서 설명하는 것이라고 할 수 있다. 그렇기 때문에 『중론』 전체에서 팔불중도와 관련된 내용은 고르게 등장한다. 네 개의 쌍으로 이루어진 팔불중도를 각각 알아보자.

1. 불생불멸(不生不滅, anutpādam anirodham)

『중론』의 제1품인 「관인연품」의 제3송에서는 일체 존재의 불생을 다음과 같이 선언한다. 그것은 실체론적 인과론에 대한 거대한 부정이다.

> 모든 존재는 스스로 발생하지도 않고
> 다른 데서부터 발생하지도 않으며
> 둘에서 발생하지도 않고 아무 원인 없이 발생하지도 않는다.
> 그래서 발생하지 않음을 알아야 한다.
> [諸法不自生, 亦不從他生, 不共不無因, 是故知無生.]

이것은 네 가지의 발생을 부정한 격이다. 네 가지란 자생, 타생, 공생, 무인생이다. 팔불이 단지 여덟 가지의 부정을 의미하지 않듯 이 네 가지도 존재 발생의 모든 방식을 포괄한다. 자생(自生, svata-utpatti)은 충분한 자기 원인으로 발생하는 것이다. 타생(他生, parata-utpatti)은 발생의 원인이 자신이 아니라 다른 존재에 있는 경우다. 공생(共生)은 존재 원인이 자기와 타자에 모두 걸쳐 있는 것이다. 무인생(無因生)은 이상의 어떤 원인도 없이 저절로 발생하는 경우다. 흔히 이것을 사생(四生)이라고 줄여 부르는데 일반

15 『維摩詰所說經』(『大正藏』 14권, 540상)

적인 의미에서 존재의 발생은 어떤 경우라도 이 중 하나에 걸려든다. 그런데 용수도 이런 사생의 부정을 시도한다. 이렇게 "용수는 당시 인도철학에서 논의되고 있는 일체의 형이상학적 인과론을 궁극적으로 불합리한 것으로 비판한다."[16]

청목은 자생의 부정을 설명하면서 두 가지 이유를 제시했다. "만물 가운데 자체로부터 발생하는 경우는 없다. 반드시 여러 가지 조건에 의지해야 한다. 그리고 만약 자체로부터 발생한다면 하나의 존재에 두 가지 실체가 있는 격이다. 하나는 발생시킨 것이고 또 하나는 발생된 것이다. 가령 다른 인연이 없이 자체로부터 발생했다면 인(因)도 없고 연(緣)도 없는 꼴이다. 또 발생된 것이 다시 발생된다면 발생은 무한할 것이다."[17] 만약 자체로부터 발생한다면 하나의 존재에 발생의 원인으로서 자체와 결과로서 자체가 함께 있는 꼴임을 지적한다. 『중론』의 주석가로 유명한 청변(淸辯, Bhāvaviveka)이나 월칭(月稱)은 '자생'을 수론(數論, Sāṁkhya)의 학설이라고 분석했다.[18] 수론에서 말하는 전변설(轉變說, pariṇāmavāda)에 따르면 현상은 본질의 표현일 뿐이다. 현상의 원리인 프라크리티는 미현현이고 현상은 현현이지만 둘은 본질적으로 동일하다. 프라크리티는 그 자체로서 이미 결과이다. 거꾸로 보면 현상은 그 자체인 프라크리티에서 발생한다. 이것은 인과동일 또는 인중유과의 이론이다. 불교에서는 전통적으로 이 둘을 다 부정한다. 용수도 마찬가지다. 그가 드러내고자 하는 것은 연기라는 진리다.

사생(四生)의 부정 가운데 대표적인 것은 자생의 부정이다. 왜냐하면 타생 등의 개념은 자생 개념에 기초하기 때문이다. 청목의 논리도 바로 이것이다. "자기가 없으니 남도 없다. 왜냐하면 자기가 있어야 남이 있을 수 있기 때문이다. 자체로부터 발생하는 것이 아니라면 남으로부터 발생하는 것도 아니다."[19] 그는 자생의 부정이 곧바로 타생의 부정으로 이어진다고 말한다. 우리가 '주체와 타자' 내지 '나와 남'이라는 방식으로 자타를 구분한다면 타자나 남은 그들의 입장에서는 오히려 '주체'이자 '나'이다. '주체'나 '나'가 먼저 부정된다면 당연히 이것에 기반한 것들도 함께 부정된다. 아울

16 길희성, 『인도철학사』(서울: 민음사, 1991), 146면.
17 『中論』(『大正藏』 30권, 2하)
18 安井廣濟, 앞의 책, 129면 참조.
19 『中論』(『大正藏』 30권, 2중)

러 자타는 대립 개념이기 때문에 하나가 성립하지 않으면 자연적으로 나머지도 불가능하다. 청목은 바로 이 점을 겨냥하고 있다. 다음 용수의 게송을 보면 분명해진다.

> 모든 존재의 자성이
> 조건[緣] 가운데 있지 않듯
> 자성이 없기 때문에
> 타성 또한 없다.[20](1-4)

용수나 청목이 자성을 굳이 언급하는 것은 자생의 근본적인 부분을 지적하기 위해서다. “모든 존재의 자성이 여러 가지 인연 속에 있는 것은 아니다. 다만 온갖 조건이 모여 있기에 그런 명칭을 얻었을 뿐이다.” 존재는 여러 가지 인연 속에 있지만 그렇다고 그것에 자성이 있다는 말은 아니다. 자성의 부정은 곧바로 타성의 부정으로 이어진다. 자생과 타생의 부정도 마찬가지다. 청변은 『반야등론(般若燈論)』에서 타생의 학설은 승론(勝論, Vaiśeṣika)의 견해라고 말한다. “승론에서는 여섯 가지 범주에 의해서 현상세계가 구성된다고 하는 적취설(積聚說, padātha)의 입장을 취한다.”[21] 이런 적취설에 따르면 현상을 구성하는 요소는 직접적으로 현상을 장악하지 않는다. 온갖 현상이 발생하는데 그런 원인이 직접적으로 구성 요소에 있지는 않다. 현상과 그 요소 사이에는 필연성이 존재하지 않는다. 바로 이 점이 수론에서 말하는 전변설과 차이이다. 하지만 분명 여러 가지 원인들의 축적에 의해서 존재는 발생한다. 타생은 바로 이런 것이다. 여기에는 우연설의 특징이 보이기도 한다.

그렇다면 공생은 어떠한가. “자성과 타성을 모두 논파하면 그 둘이 함께 발생시키는 공생도 논파된다.” 청목은 앞서 “공생은 하나가 두 군데서 발생하게 되는 오류가 있다. 왜냐하면 자체에서도 발생하고 남에서도 발생하기 때문이다.”[22]고 하였다. 무인생에 대한 부정은 앞의 셋과는 느낌이 다르다. 『중론』 제8장 「관작작자품」의 네 번째 게송에서 다음과 같이 말한다.

---

20 『中論』(『大正藏』 30권, 2중)
21 安井廣濟, 앞의 책, 130면.
22 『中論』(『大正藏』 30권, 2중)

> 만일 무인론(ahetuvāda)에 떨어진다면 원인도 없고 결과도 없으며 작용도 없고 행위자도 없고 지은 행위도 없게 된다.[23]

용수는 무인론을 인정하면 일체의 인과관계를 부정하게 된다고 지적한다. 그렇다면 "일체의 존재는 원인도 없고 그 결과도 없는 꼴이 된다." "이 두 가지가 없으므로 작용도 없고 행위자도 없고 지은 바 행위도 없으며 죄나 복 역시 없게 된다." 무인론에 대한 부정은 논리적 형식을 띠는 것이 아니라 일종의 당위론 같은 것이다. 또한 현실을 통해서 검증하는 방식을 취한다. "보시를 행하거나 계율을 지켜도 지옥에 떨어져야 하고 십악오역의 죄를 짓고도 천상에 태어나야 하리라."[24] 악행을 저지르고도 천당에 나고 선행을 하고서도 지옥에 떨어진다면 바른 삶에 대해서 결코 언급할 수 없다. 이런 이유 때문에 용수는 무인론을 매우 경계한다. 이것은 용수만의 특징이 아니다. 불교의 오래된 전통이다. 붓다 시대의 도덕 부정론자에 해당한다고 할 수 있다.

『중론』의 첫 품인 「관인연품」은 팔불 중도의 하나인 불생불멸을 설명하기 위한 장으로 보인다. 특히 불생에 집중되어 있다. 사생의 부정이 발생에 대한 매우 일반적인 입장을 부정한 것이라면 다음에 이어지는 "존재는 사연에서 발생한다"는 사실에 대한 부정은 직접적으로 아비달마 논사를 표적으로 하고 있다.

> 인연, 차제연, 연연, 증상연 등 사연이 모든 존재를 발생시킨다. 그 밖에 제5연은 없다.[25](1-5)

청목의 주석에 따르면 이 게송은 용수가 아니라 질문자가 던진 것이다. 모든 존재는 네 가지 연에 포괄된다. 이것을 생성과 소멸의 기본 조건이라고 생각한다. 인연(因緣, hetu-pratyaya)은 현상의 집적적 원인을 가리킨다. 차제연(次第緣, samanantara-pratyaya)은 의식의 지속적 발생을 설명하기 위해서 제시된 것이다. 전찰나의 의식과 후찰나의 의식은 연속적으로 발생하는데 전찰나의 의식은 후찰나에 발생한 의식에 대해 차제연의 역할을 한

---

23 『中論』(『大正藏』 30권, 12하)
24 『中論』(『大正藏』 30권, 2중)
25 『中論』(『大正藏』 30권, 2중)

다. 빈틈이 없이 일어나기 때문에 등무간연(等無間緣)이라고 불리기도 한다. 연연(緣緣, ālambana)은 소리나 형상처럼 지각의 대상이 되는 조건을 가리킨다. 증상연(增上緣, ādhipateyya)은 한 존재가 발생할 때 그 발생의 결과로서 그 자체를 제외한 나머지 모든 조건을 말한다. 용수는 사연 각각을 부정하기에 앞서 조건이라는 의미의 '연'을 먼저 부정한다. 그는 "무엇이 어떤 결과의 조건"이라는 사유가 도대체 가능한가를 살피려고 한다.

> 이것으로 인하여 결과가 발생할 때
> 이것을 조건[緣]이라고 부른다.
> 만일 그 결과가 아직 발생하지 않았다면
> 어떻게 조건이라고 하겠는가?[26]

사연의 의미를 통해서 알 수 있듯이 그것은 결과라는 미래를 위해 준비된 존재다. 사건 발생의 조건으로서 사연과 그것의 결과는 시간 차이를 가진다는 의미다. "연이라고 결정되어 있는 것은 하나도 없다." 용수의 말대로 결과의 발생이 없는 한 어떤 것에 대해서도 "이것은 어떤 결과의 조건"이라고 말할 수 없다. 청목은 항아리를 구성하는 물과 흙을 예로 든다. 항아리를 만들기 전에 물과 흙을 항아리의 조건이라고 말할 수 없다. 그렇다면 항아리를 만들고 나서는 "아. 물과 흙은 항아리의 조건이다."라고 말할 수 있는가. 말할 수 없다.

> 연 속에 미리 결과가 있다거나
> 없다거나 하는 것은 모두 불가능하다.
> 미리 없었다면 무엇을 위해 연이 되며
> 미리 있었다면 연은 어디에 쓸 것인가.[27](1-8)

만일 결과가 조건 속에 미리 존재했다면 그것은 결과이지 조건이 아니다. 결과가 발생하기도 전에 결과가 미리 있는 꼴이다. 거꾸로 결과가 조건 속에 없다면 도대체 어떻게 다른 사물을 발생시키겠는가.

---

26 『中論』(『大正藏』 30권, 2하)
27 『中論』(『大正藏』 30권, 2하)

2. 불상불단(不常不斷, aśāśvata anuccheda)

항상이나 단멸에 대한 논의는 대승불교뿐만 아니라 초기불교 시대부터 지속적으로 제기된 주제다. 특히 상주론과 단멸론 또는 유견이나 무견은 불교의 전통적인 비판 대상이다. "만약 사물이 결정적인 자성을 가져 없어지는 것이 아니라면 항상이 되고 미리 존재하다가 지금은 없어졌다면 단멸이 된다."[28] 『중론』에서는 이 주제를 존재와 비존재의 문제로 설명하고 있다.

> 존재한다는 것은 항상에 대한 집착이고
> 비존재라는 것은 단멸에 대한 집착이다.
> 그러므로 지혜로운 사람은 존재와
> 비존재에 대해 집착해서는 안 된다.[29](15-10)

항상이나 상주는 무엇을 의미하는가. 청목의 주석에 따르면 그것은 "존재하는 형상이 있다면 결코 형상이 사라지지 않는다"는 말이다. 한 사물이 시간의 변화에 관계없이 존재한다고 설하는 것이 상견이다. 또한 원인 가운데 결과가 있다는 견해도 상견이다. 이에 반해 결정적인 비존재가 있다면 이 비존재는 먼저 있던 것이 완벽하게 없어진다는 것을 말한다. 이것이 단멸론이다. 단멸이란 상속하지 않음을 가리킨다. 존재와 비존재의 문제를 연속과 비연속의 문제로 전환한다.

> 업이 과보를 받는 데까지 머문다면
> 이 업은 상주하는 것이다.
> 만약 소멸한다면 업이 없어진 것이니
> 어떻게 과보를 일으킨다고 하겠는가.[30](17-6)

매우 구체적으로 상주론과 단멸론을 지적한다. 업이 원인이 되어 과보를 일으킨다는 업보설이나 연기법을 염두에 두고 제기된 이야기다. 업은 분명

28 『中論』(『大正藏』 30권, 20중)
29 『中論』(『大正藏』 30권, 20중)
30 『中論』(『大正藏』 30권, 22상)

과보를 초래한다. 이 점은 인정해야 한다. 그런데 업이 과보가 발생할 때까지 그대로 존속한다면, 즉 상주한다면 업인과 과보는 동시에 존재하게 된다. 반대로 업이 과보가 일어나기 전에 이미 사라져 버리면 도대체 무엇이 과보를 일으키겠는가. 용수가 보기에 논리적인 문제를 떠나서 상주론과 단멸론은 현실을 설명할 수 없다. 『중론』「관업품」에서는 용수는 업과 과보의 관계를 다음과 같이 정리한다.

> 비록 공하지만 단멸이 아니고
> 비록 존재하지만 상주는 아니다.
> 업과 그 과보가 사라지지 않는다는 것이
> 부처님께서 설하신 것이다.[31] (17-20)

청목은 자성 없는 존재는 단멸 자체가 불가능하다고 말한다. 왜냐하면 단멸이라는 몰락을 경험할 유자성의 실체가 없기 때문이다. 단멸뿐만 아니라 상주도 불가능하다. 자성을 놓치면 자기 연속성은 근본적으로 불가능하기 때문이다. 상견이 유자성론의 결과임은 쉽게 파악할 수 있지만 단견이 유자성론에 기초하고 있음을 얼른 알아차리기 힘들다. 하지만 분명 상견이나 단견은 자성 가진 존재들이 감행할 수 있는 활동이다. "만일 사물이 연에서 발생한다면 그것은 인연과 같은 것도 아니고 다른 것도 아니다. 그러므로 실상은 단절된 것도 아니고 항상된 것도 아니라고 말한다."[32] 자성을 부정한다면 상견이나 단견의 부정은 매우 자연스런 귀납이다.

3. 불일불이(不一不異, anekārtha anānārtha)

용수가 말하는 동일(ekārtha)과 차이(nānārtha)는 좁게 두 가지 의미가 있다. 첫째, 원인과 결과의 동일과 차이다. 두 번째, '간다는 것[去]'과 '가는 자[去者]'의 경우처럼 행위와 행위자의 동일과 차이다. 물론 용수는 이 둘 모두에서 동일과 차이를 부정한다. 동일과 차이는 "원인과 결과, 실체와 속성, 인식과 대상 등 질적인 관계의 문제지만 동일과 차이가 인과관계에서

31 『中論』(『大正藏』 30권, 22하)
32 『中論』(『大正藏』 30권, 24상)

논해지는 경우에는 인과의 연속과 단절의 문제와 직접 결합한다. 인과의 동일성은 원인이 결과에 연속적으로 계속 존재하는 유견이고 상견이며, 인과의 별이성은 원인이 결과에 계속해서 존재하지 않는다는 무견이고 단견이기 때문이다."[33] 「관인연품」의 팔불에 대한 주석에서 청목은 "세간에서는 만물이 불일임이 눈에 보인다"고 했다. 실제 일어나는 현상을 가지고 이 사실을 확인한다. 『중론』에서는 씨앗의 비유를 통해서 설명한다.

> 곡식에서 싹이 틀 때 곡식이 싹이 아니요 싹이 곡식이 아닌 것과 같다. 만일 곡식이 싹이고 싹이 곡식이라면 응당 동일하다고 하겠는데 실로 그렇지 않다. 그러므로 불일이다.[34]

곡식에서 싹이 트는 것은 지극히 일반적 현상이다. 그런데 이 곡식과 싹의 관계를 살핀다면 그렇게 간단하지 않다. 분명 곡식에서 싹이 움트지만 곡식과 싹을 동일하다고 말하기란 어렵다. 사물의 변화나 움직임도 마찬가지다. 위의 예는 비교적 뚜렷하게 구분되지만 한 사물이 시간의 변화에 따라 보이는 차이는 그렇게 쉽게 인식되지 않는다. 이런 경우 '동일하지 않음'을 확인하기란 쉽지 않다. 그런데 여기서 다시 한 번 주의해야 한다. 동일하지 않음이 곧바로 서로 다름으로 연결되지는 않기 때문이다. 그래서 용수가 제시한 것이 불이(不異)다. 청목은 불일(不一)을 설명할 때와 마찬가지 예를 든다. "만일 다르다면 곡식의 싹, 곡식의 줄기, 곡식의 잎을 구별해내겠느냐? 나무의 줄기, 나무의 잎이라고 말하지도 못하게 된다. 그래서 불이(不異)다."[35]

곡식과 싹의 관계만으로도 불일과 불이를 설명할 수 있다. 곡식에서 싹이 틀 때 둘은 완벽하게 다른 사건인가. 실은 그렇지도 않다. 싹은 어떤 방식으로든 곡식과 관련이 있다. 하지만 그 둘의 관계는 같음과 다름으로는 파악할 수 없다. 용수도 당연히 이런 이야기를 하고 싶은 것이다.

> 만일 다르다면 도달하지 못한다.
> 도달하지 못하는 것은 태우지도 못한다.

33 安井廣濟, 앞의 책, 156면.
34 『中論』(『大正藏』 30. p.2상)
35 『中論』(『大正藏』 30. p.2상)

태우지 않으면 소멸하지도 않는다.
소멸하지 않는다면 상주하리라.[36](10-5)

이 구절은 불이(不異)를 불과 연료의 관계를 가지고 설명하는 대목이다. 불과 연료는 같은가 다른가. 만약 둘이 다르다면 둘은 만날 수 있을까. 만날 수 없다. 불과 연료가 만날 수 없다면 당연히 "불이 연료를 태운다"는 사건은 발생하지 않는다. 그런데 불은 연료를 태운다. 그렇다면 불과 연료가 다르지 않다는 사실은 입증된다. 물론 여기서 입증되는 것은 '불이'이지 그 이상도 그 이하도 아니다. 초기불교에도 이런 예는 등장한다. 그것은 오온과 여래의 관계를 묻는 장면에서 드러난다. "여래는 오온인가. 아니면 오온을 벗어나는가." 이런 질문은 『중론』에서도 여전히 등장한다. 『중론』의 제22품 「관여래품」에서 말한다. "오온도 아니고 오온을 떠난 것도 아니며 이것과 저것이 서로 내재하는 것도 아니다." 용수는 이렇게 '원인과 결과'의 동일과 차이 및 '행위와 행위자'의 동일과 차이를 함께 부정한다.

4. 불래불거(不來不去, anirgamam anagaman)

여기서 한역어인 래(來)와 거(去)는 우리말로는 '옴(āgati)'과 '감(nirgati)'에 해당한다. 멀리 있는 것이 가까이 다가오는 것이 '래'이고 가까이 있는 것이 멀어지는 경우가 '거'다. 좀더 자세히 말하면 오는 사물이나 가는 사물을 가리키는 것이 아니라 온다거나 간다는 바로 그 사실을 말한다. 용수는 이것을 논파하고자 한다. 왜냐하면 오고 간다는 행위는 물론 실체론적 사고에 기반하고 있기 때문이다. '오고 감'이라는 사람이나 사물의 운동을 생각해보자. 「관거래품」 제1송을 시작하기 전에 주석자 청목은 반대자가 용수에게 던지는 질문을 소개하고 있다. 과거, 현재, 미래라는 시간에 분명 움직임을 확인할 수 있기 때문에 모든 사물은 존재한다고 결론을 내린다. 이것은 유자성론에 입각한 실체론자의 주장이다. 이에 대해 용수는 다음과 같이 말한다.

이미 가버린 것에는 감이 없고

36 『中論』(『大正藏』 30권, 15상)

아직 가지 않은 것에도 감이 없다.
이미 가버린 것과 아직 가지 않은 것을 떠난
지금 가는 것에도 감이 없다.[37]

과거, 미래, 현재라는 세 시간에 과연 '감'이 존재하는가. 용수의 답변은 물론 "존재하지 않는다"이다. '이미 가버린 감'은 존재하지 않는다. 과거의 움직임은 과거에 묻혀 사라졌기 때문이다. 아직 가지 않은 미래의 사실은 한낱 상상일 뿐이다. 전혀 현실이 아니기에 그것에도 감이란 사건은 존재하지 않는다. 내일은 결코 오지 않는다는 말은 결코 억지가 아니다. 이미 가버린 감이나 아직 가지 않은 감의 부정은 결국 과거나 미래에 대한 부정으로 이어진다. 그렇다면 현재는 어떤가. 과거와 미래라는 시간을 제거하고 성립되는 현재란 없다. 왜냐하면 현재라는 시간은 과거와 미래라는 두 발로 버티기 때문이다. 그래서 저 둘을 떠나서 현재 가는 것에도 감은 불가능하다.

좀더 분석하자면, 감이라는 행위는 단순히 한 찰나적 사건일 수 없다. 왜냐하면 감은 원래의 정의대로 한 지점에서 점점 멀어지는 행위이기 때문에 반드시 지향을 가진다. 그런데 지향은 적어도 두 지점이 상정되지 않으면 불가능하다. 마치 좌표에 두 점을 찍어야 한 선분이 나오고, 선분일 때만 방향이 발생하는 것과 같다. 그래서 '감'이라는 사건에는 이미 처음 시간과 나중 시간이 개입된다. 다시 말하면 벌써 과거와 미래라는 시간이 개입했다는 말이다. 만약 어떤 사물을 한 순간이라는 시점에 파악한다면 어떤 지향도 포착할 수 없다. 감이나 옴뿐만 아니라 정지를 포착할 수도 없다. 그래서 우리가 한 사물을 보고 간다거나 온다고 말할 때 실제로는 지나간 시간의 기억이나 아니면 닥칠 시간의 상상이 부당하게 개입한다.

「관거래품」에 보이는 '불래불거'의 논의 방향은 크게 두 가지다. 첫째는 위의 인용문을 통해서 살폈듯이 과거, 미래, 현재라는 세 시간에 옴과 감이 불가능하다는 것을 밝히는 작업이다. 두 번째는 '가는 자'와 '가는 작용'의 관계를 분석해서 결국 가는 작용을 부정한다.

만일 가는 자가 간다고 말한다면

37 『中論』(『大正藏』 30권, 3하)

이렇게 말하는 사람은 잘못이 있다.
가는 작용을 떠난 가는 자가 있고
가는 자에게 가는 작용이 있다고 말하는 것이다.[38](2-11)

여기서 용수는 '간다(去)'는 사태는 반드시 주어를 가질 거라는 문법적 환상을 비판한다. 일상에서 우리는 습관적으로 행위와 행위 주체를 구분한다. "비가 내린다"는 표현을 떠올려 보자. 그런데 내리지 않는 비는 없다. 만약 비가 내리지 않고 있으면 그것은 수증기나 물이다. 결코 비가 아니다. "가는 자가 간다"고 할 때 가는 자가 간다는 행위의 주체다. 하지만 간다는 행위는 서 있던 존재가 어떤 곳을 향해 움직이는 것이다. 아직 가지 않는 가는 자가 움직여야 한다. 그런데 그것은 불가능하다. 아직 가지 않는 가는 자란 없다. 마치 아직 내리지 않은 비가 존재할 수 없는 것과 같다. 가는 작용은 도대체 어디에 있는가라고 질문한다면 가는 자에게 있다고 말할 수 있다. 하지만 이상에서 보았듯이 가는 작용을 떠난 '가는 자'는 세상에 존재하지 않는다. 가는 작용을 책임질 주어가 없다는 말이다. 다시 비를 가지고 말한다면 내리는 작용이 비에 있을 수 없다. 감이라는 가는 작용이나 주체로서 가는 자를 상정할 수 없다면 우리의 '간다'는 관념은 단지 착각일 뿐이다.

Ⅲ. 인접 개념과의 관계 및 현대적 논의

구마라집에 의해서 『중론』이 한역된 후 중국불교는 새로운 시대를 맞는다. 공에 대한 정확한 이해를 바탕으로 이른바 격의불교와 단절을 시도한다. 물론 한계는 분명 존재했지만 새로운 불교이해를 견인한 것은 사실이다. 구마라집의 중국인 제자 승조(僧肇)는 「물불천론(物不遷論)」이나 「부진공론(不眞空論)」 등에서 『중론』의 논리를 매우 자연스럽게 소화했다. 승조는 「물불천론」에서 사물의 운동을 부정한다. 여기서 운동은 변화와 불변을 모두 포괄한다. 「물불천론」은 『중론』 「관거래품」의 맥락에서 논의를 전개한 것이다. 그는 『도행반야경』을 인용해서 "모든 존재는 근본적으로 어떤

38 『中論』(『大正藏』 30권, 4중)

출발점에서 확장된 것이 아니며, 또한 어떤 방향으로 지향하지도 않는다"[39]고 말한다. 『도행반야경』에서는 공이나 무, 열반 등 일체 존재에 대해서 이런 방식을 대입한다. 승조는 제법(諸法)이라는 용어로 저런 것들을 포괄했다. 이것은 용수의 불생불멸과 불래불거의 논리와 유사하다. 승조는 다시 『중론』을 인용한다. "변화의 방향을 보면 저쪽으로 간다고 인식하겠지만 가는 것 자체는 어떤 지점에 도달하지 않는다."[40] 여기까지 보면 승조의 독특한 사유는 존재하지 않는다. 어쩌면 용수의 입장을 고스란히 따른 것 같다. 승조는 불래불거의 입장에 다시 동정(動靜)의 문제를 첨부한다.

> 보통 사람들이 말하는 움직임[動]은 과거의 사물이 현재까지 연속하지 않기 때문이다. 그래서 "사물은 움직이지 고요하지 않다"고 한다. 내가 말하는 고요함[靜]도 마찬가지로 과거의 사물이 현재까지 연속하지 않기 때문이다. 그래서 "고요하지 움직이지 않는다"고 한다.[41]

동정의 문제를 제기한 것은 분명 승조의 맥락이다. 한 사물에서 발생하는 과거와 현재의 차이나 불연속을 일반적으로는 변화라고 한다. 승조가 말하는 동(動)이다. 하지만 승조는 이런 차이나 불연속에서 고요함을 본다. 그런데 여기서 주의해야할 것은 승조가 말하는 고요함이 운동에 상반되는 '정지'가 아니라는 사실이다. 승조는 「관거래품」에서 용수가 전개했듯 유자성의 실체를 상정할 때야 움직임을 말할 수 있다고 본다. 변화는 하나의 실체가 과거와 현재라는 시점에서 보이는 차이다. 만약 그 두 지점이 하나의 실체로 연결되지 않는다면 우리는 변화나 차이라는 말을 할 수 없다. 정지도 마찬가지다. 정지는 한 실체가 시간의 변화에도 불구하고 한 공간을 점유하는 경우를 말한다. 그래서 승조가 말하는 고요함이란 '운동과 정지'라는 방식에서 벗어난다. "부동의 활동을 탐구할 때 어떻게 움직임을 놓아두고 고요함을 찾겠는가. 반드시 온갖 움직임 속에서 고요함을 찾는다."[42] 승조의 입장은 분명하다. 그는 결국 변화무상한 현실에서 고요함을 본다. 이 고요함이 불생불멸이고 불래불거다. 승조가 말하는 것은 무자성(無自性)

39 『道行般若經』(『大正藏』 8권, 473하)
40 僧肇, 『肇論』(『大正藏』 45권, 151상)
41 僧肇, 『肇論』(『大正藏』 45권, 151상)
42 僧肇, 『肇論』(『大正藏』 45권, 151상)

공(空)이다.

승조 이후 중국 중관학은 삼론학이라는 체계로 종합된다. 고구려 출신 승랑(僧郞)은 난징(南京)의 섭산(攝山)에서 삼론학을 체계화한다. 수대에 길장은 승랑에서 출발한 삼론학의 전통을 한껏 고양시켰고 아울러 자신의 이론체계를 선보인다. 그의 『중관론소』나 『삼론현의』가 대표적이다. 『중론』보다 『중관론』이라는 표현을 선호한 것에서 알 수 있듯 길장은 용수의 공사상을 수행론이나 관법의 일종으로 파악한다. 여기서 수행이나 관법은 대승불교의 의미에서는 바른 삶을 가리키기도 한다. 지혜론으로 귀결한다. 길장은 두 가지 지혜를 이야기한다. 실상을 가리키는 실혜와 방편을 가리키는 방편혜다. 다른 말로는 실상반야와 방편반야라고도 할 수 있다. 이 두 가지 지혜는 두 가지 진리에서 발생한다. 길장이 말하는 진리는 진제와 속제다.

> "팔불을 통해서 두 가지 진리가 정확해진다. 두 가지 진리가 정확해지면 두 가지 지혜가 발생한다. 두 가지 지혜가 발생하면 불보살이 존재한다."[43]

두 가지 진리는 승의제(paramārtha-satya)와 세속제(saṁvṛiti-satya)다. 궁극적으로 "이제설은 방편론이 아니라 진리론이며, 교설의 형식이 아니라 진리의 형식이다."[44] 진속이제설은 인도불교에서 제기된 이론이다. "세속적 진리와 궁극적 진리의 차이가 상이한 지식 대상들, 즉 세속적이거나 궁극적인 실재에 관한 것은 아니다. 오히려 그것은 사물들을 인식하는 방법에 관련된다."[45] 여기서는 특히 세속제가 중요하다. 『중론』에서 드러내고 있는 것은 분명 존재의 실상이다. 그래서 승의제라고 할 법하다. 그런데 이 승의만을 강조할 경우 우리의 일상은 상당히 곤혹스러울 수 있다. 왜냐하면 자칫 수행의 근거지를 놓칠 수 있기 때문이다. 이런 위험을 차단하기 위해서 세속제는 강조되었다. 부정적인 태도보다는 긍정적인 태도를 선호하는 중국적 사유 아래서 중관학은 다소 변화를 겪게 된다. 길장에서 두드러진다.

길장은 팔불에 이제설을 연결시키고 아울러 '지혜와 방편'이라는 대승정신을 끌어온다. 특히 중요한 것은 실상반야나 방편반야라는 말에서 알 수 있듯 둘 다가 지혜의 형식을 띤다는 사실이다. 이것은 중관학의 중국적

43 吉藏, 『中观论疏』(『大正藏』 42권, 20중)
44 安井廣濟, 앞의 책, 226면.
45 프레데릭 J. 스트렝, 남수영 옮김, 『용수의 공사상 연구』(서울: 시공사, 1999), 48면.

전개의 핵심이다. 이런 논리에서 그는 보살 개념을 끌어온다. 보살은 두 가지 지혜를 모두 갖춰야 한다. 이것은 『조론(肇論)』의 「종본의(宗本義)」에서도 강하게 제기된 문제다. 길장의 『중관론소』에서도 거의 흡사한 표현이 발견된다. "세속적 유를 경험하지만 한 번도 공적한 실상을 놓치지 않았기 때문에 늘 세속에 있지만 오염되지 않는다. 세속을 혐오하지 않으면서도 실상인 공을 관조한다. 그래서 공을 관조하면서도 열반에 들지 않을 수 있다."[46] 「종본의」에서는 보살의 능력을 말하고 있다. 길장은 이런 보살의 대승정신을 팔불과 연결시킨 것이다. 지혜와 방편을 함께 갖출 수 있어야 보살이다. "팔불은 정관의 핵심이고 대승의 뼈대다. 불법의 바르고 치우침을 가름하고 득실의 근원을 보여준다." 사실은 팔불이 곧 정관(正觀)이다. 이것은 중관학에서 말하는 팔불이 단지 철학적 논의가 아님을 말한다. 길장은 현실을 사는 방법으로 팔불을 말한다. 보살로 형상화된 대승적 삶의 형식을 팔불중도를 통해서 드러내고 있다. ❁

김영진 (동국대)

46 僧肇, 『肇論』(『大正藏』 45권, 151상)

이장

범 dva rāhula **한** 二障 **영** two obstacles

Ⅰ. 어원적 근거 및 개념 풀이

1. 어원적 근거

불교 전적에 나타나는 번뇌장(煩惱障)과 지장(智障)의 이장(二障)은 이애(二礙)라고도 표현된다. 현장(602~664) 이후의 신역(新譯)에서는 번뇌장과 소지장(所知障)으로 번역되었다. 여기서 이장의 ‘장’(障)과 이애의 ‘애’(礙, 碍)는 열반으로의 길을 ‘막아서 멎게 하고’[障, 遮止] ‘덮어서 가림’[碍, 覆弊]을 의미한다. 『아함경』에서는 ‘탐욕을 떠난’ 심해탈(心解脫)과 ‘무명을 떠난’ 혜해탈(慧解脫)[1]의 중층 구조로 해명하고 있다. 이 경에서는 염각지(念覺支)·택법(擇法)·정진(精進)·의(猗)·희(熙)·정(定)·사각지(捨覺支)의 7법

---

1 『中阿含經』 26, 710경(『大正藏』 2권, 190중). “是故比丘! 離貪欲者 心解脫, 離無明者 慧解脫”

을 닦아 익히고 만족하고 맑게 믿는 것을 마음의 해탈이라 한다고 설한다.

여러 경론에서 이장은 1) 번뇌장 혹은 번뇌애(煩惱碍)와 소지장 또는 지애(智碍), 2) 번뇌장과 해탈장(解脫障), 3) 이장(理障)과 사장(事障), 4) 내장(內藏)과 외장(外障)의 범주로 나눠보고 있다. 첫 번째의 번뇌장과 소지장의 범주는 『성유식론』과 『이장의』 등에서 확인된다. 이것은 인도의 유가행파와 중국의 법상종에서 탐냄과 성냄과 어리석음 등의 여러 미혹에 대하여 그 장애로 나아가 불과(佛果)의 작용으로 지어지는 것의 분류와 관계된다.

번뇌장이란 나에 대한 집착[我執, 人我見]으로 말미암아 생겨나며 탐냄과 성냄과 어리석음 등의 일체의 미혹으로써 업을 일으키고 생을 적셔 유정의 몸과 마음을 번거롭게 흔들어 욕계 색계 무색계의 삼계와 지옥 아귀 축생 인간 천상의 오취의 생사 속에 머물게 함으로써 열반적정의 이치를 막아서 멎게 하기 때문에 번뇌장이라고 한다.

유정의 몸과 마음을 어지럽히고 근심스럽게 함으로 '번뇌'(煩惱)라 하고, 번뇌는 능히 열반을 막아서 멎게 하고 덮어서 가림으로 '장'(障)이라 한다. 소지장은 법집(法執, 法我見)으로 말미암아 생겨나며 탐냄과 성냄과 어리석음 등의 여러 미혹으로써 어리석고[愚癡] 어두움[迷闇]으로 삼아 그 작용과 공능이 깨달음의 묘한 지혜[菩提妙智]를 막아서 멎게 하고 덮어서 가리어 제법의 사상(事相)과 실성(實性)을 또렷이 알지 못하게 하기 때문에 소지장이라고 일컫는다. 또 이 묘한 지혜에 대한 어리석음과 어두움을 지장(智障)이라고 하며 소지(所知)의 경계[境]를 막아서 멎게 하고 덮어서 가리어 나타나지 못하게 하므로 소지장이라 하고, 능지(能知)의 지혜[智]를 막아서 멎게 하고 덮어서 가리어 생하지 못하게 하므로 지장이라 한다.

또 번뇌장은 변계소집(遍計所執)에 집착한 실아(實我)를 말하며, 오온이 임시로 화합한 몸체를 진실한 내가 된다고 생각하여 나와 나의 것이라는 견해를 일으키는 살가야견(薩伽耶見, 有身見)을 으뜸[上首]으로 하는 128개의 근본번뇌와 등류(等類)의 모든 수(隨)번뇌를 말한다. 또 이것은 유정의 몸과 마음을 뒤흔들어 열반을 막아서 멎게 하고 덮어서 가리므로 번뇌장이라 한다. 소지장은 변계소집에 집착한 실법(實法)을 말하며, 살가야견을 으뜸으로 하는 견의(見疑)·무명(無明)·애(愛)·에(恚)·만(慢) 등 소지경(所知境)을 가리우는 전도의 성품[顚倒性]이 능히 보리를 막아서 멎게 하고 덮어서 가리므로 소지장이라고 한다. 이 번뇌장과 소지장 두 장애를 떠난 것을 '이

리'(二離)라고 일컫는다.[2]

두 번째의 번뇌장과 해탈장의 범주는 『구사론』과 이 논서의 주석서 등에서 확인되는 것이다. 번뇌장은 위에서 언급한 것과 같으니 곧 무루 지혜의 생기를 막아서 멎게 하는 것이요 덮어서 가리는 것이다. 해탈장은 무지에 물들지 않는 선정의 장애[不染無知定障], 선정의 장애[定障], 모두로부터 벗어나는 장애[俱解脫障]라고도 쓴다. 해탈이란 멸진정(滅盡定)의 다른 이름이며 장애로 인하여 성자가 멸진정에 들어가는 법이기 때문에 해탈장(解脫障)이라 일컫으며 그 몸체가 무지에 물들지 않는 것의 한 종류이다.[3] 하여 '장'과 '애'는 상응하는 개념이기도 하며 '이장'(二障)을 '이애'(二碍)로 쓰는 경우처럼 대체하는 개념이기도 하다. 따라서 '장애'의 '장'과 '애'는 서로 수반하는 개념으로 사용되어 왔다고 할 수 있다.

세 번째의 이장(理障)과 사장(事障)의 범주는 『원각경』에서 나오는 범주이다. 이장은 사견(邪見) 등의 이혹(理惑)으로 바른 지견을 막아서 멎게 하고 덮어서 가리는 것이다. 사장은 탐 등의 사혹(事惑)이 생사를 상속하여 열반을 막아서 멎게 하고 덮어서 가리는 것이며 번뇌장에 상당하는 것이다.

네 번째의 내장과 외장의 범주는 『아사박초』(阿娑縛抄, 187)에 나오는 것이다. 내장은 곧 탐냄과 성냄과 어리석음의 삼독(三毒)을 말하며 중생의 속마음으로 하여금 번뇌의 장애를 일으키게 하는 것을 가리킨다. 그리고 외장은 곧 칠난(七難)이니 외계에서 덧붙여지는 장애를 일컫는다.

2. 개념 풀이

모든 존재는 무엇에 대한 집착을 통해 존재근거를 마련해 간다. 그런데 이 존재는 끊임없이 변화하고[無常] 나라고 할 만한 것이 없는[無我] 것이다. 그럼에도 불구하고 현실적 인간들은 이러한 것들에 대해 매이고 얽매이며 삶을 영위하게 된다. 하여 나에 대한 집착[我執]을 하게 되고, 동시에 존재에 대한 집착[法執]을 하게 된다. 이 때 집착은 나의 실상을 바로보는 것을 막고 존재의 실상을 바로 보는 것을 가리게 된다.

먼저 '장'이란 '막아서 멎게 함'을 의미하며 또한 '덮어서 가림'을 공능

2 護法 等 菩薩 造, 『成唯識論』9(『大正藏』 31권, 52하)
3 世親, 『阿毘達磨俱舍論』25(『大正藏』 29권)

으로 한다. 즉 유정을 막아서 멈추게 하여 생사를 벗어나지 못하게 하며, 이성(理性)을 덮어 가려서 열반이 드러나지 못하게 한다. 이 두 가지 뜻으로 말미암아 '장'이라 한다. 이것은 뜻[義]과 공능[用]에 따라 이름 붙인 것이다.[4] '애'의 경우도 '장'의 경우와 동일하다.

그러면 원효는 장애를 어떻게 인식하였을까?『이장의』서두에 보이는 원효의 장애 이해는 크게 두 가지 관점에서 진행된다. 원효는 깨달음의 경지에 나아가는 길에는 두 가지 장애가 있다고 말한다. 먼저 '장'에는 '막아서 멎게 함'과 '덮어서 가림'의 두 가지 뜻이 담겨있다고 정의함으로써 자신의 장애론을 두 관점에서 풀이한다. 이것은 장애를 '장'과 '애'로 갈라서 설명하는 그의 독특한 체계와 맞물려 있다.

원효는『이장의』에서 '장'을 열반으로 나아가는 길을 '막아 멎게 하는' 뜻[義]과 마땅히 알아야 할 올바른 앎을 '덮어 가리는' 공능[用]으로 나누어 설명하고 있다. 원효는 먼저 현료문에서는 번뇌장과 소지장으로, 은밀문에서는 번뇌애와 지애로 구분하여 언급하고 있다. 이는 현행의 장애인 번뇌장과 번뇌애, 잠복의 장애인 소지장과 지애를 현료문과 은밀문의 중층 구조를 통해 파악하려는 구도이다. 이러한 방식은『아함경』에서 보이는 '탐욕을 떠난' 심해탈(心解脫)과 '무명을 떠난' 혜해탈(慧解脫)의 중층 구조와 긴밀하게 연계되어 있다.

원효는 현상적 관점에서 '이장'을 설명하고 근본적 관점에서 '이애'를 풀이하고 있다. 유식사상의 식론은 범부의 미혹한 현실세계에 대한 분석에 치중함에 비해서, 여래장사상은 이미 깨달아 있는 인간에 대한 통찰과 깨달을 수 있는 가능성의 제시에 비중을 두고 있다. 따라서 원효는『이장의』에서 아라야 연기설과 진여 연기설, 즉 현상적[유식적] 관점과 근본적[여래장적] 관점 위에서 장애를 치유하고 단멸해가고 있다. 이 구도는 자신의 장애론을 정립하기 위한 방편으로서 설정된 것이다.

장애에 상응하는 번뇌는 크게 근본(根本)번뇌와 수(隨)번뇌가 있다. 근본번뇌는 대승의 100법 가운데에서 탐(貪)·진(瞋)·치(癡)·만(慢)·의(疑)·악견(惡見) 등 6가지 대번뇌(大煩惱)를 말한다. 이 가운데에서 탐(貪)·진(瞋)·치(癡)·만(慢)·의(疑)로 나눈 것을 5가지 둔사(鈍使)라 하고, 악견(惡見)을 다

4 元曉,『二障義』(『韓佛全』1권, 789하). "障以遮止爲義, 亦用覆弊爲功. 遮止有情不出生死; 覆弊理性不顯涅槃. 由是二義故名爲障. 此從義用而受名也"

시 신(身)·변(邊)·사(邪)·견취(見取)·계금취견(戒禁取見)의 5가지로 나눈 것을 5가지 이사(利使)라 한다. 이 둘을 합한 열 가지를 10종 근본번뇌라 하고 나머지를 그 수번뇌라 한다. 수번뇌는 근본번뇌를 따라 일어나는 번뇌를 말한다. 대승의 100법 가운데서 근본번뇌인 6가지 대혹(大惑)에 대하여 나머지 20가지 혹(惑)을 수번뇌라 한다.

이처럼 번뇌에 대한 정치한 체계를 세워놓은 부파불교의 7가지 수면(隨眠) 혹은 98가지 수면설도 장애에 대해 자세히 설명하고 있다. 그런데 지극히 미세한 번뇌인 전(纏)과 수면(隨眠)은 종자(種子)와 같은 의미로 사용되어 왔다. 전(纏)은 종자가 현행(現行)하고 있을 때를 말하며, 수면(隨眠)은 번뇌가 의식 안에 잠복해 있을 때를 말한다. 여기서 수면은 번뇌가 의식 안에 잠복해 있을 때를 지칭하는 개념이다. 때문에 장애는 번뇌와 상응하는 개념이면서 수면과도 수반하는 개념이라고 할 수 있다. 『아함경』과 부파의 논서들에서는 '세차게 흐른다'는 '폭류'(暴流), '결합시킨다'는 '결'(結), '붙잡아 매듯이 구속한다'는 '액'(軛), '속박한다'는 '박'(縛), '지혜를 가린다'는 '개'(蓋), '달라붙는다'는 '전'(纏), '동여맨다'는 '계'(繫) 등으로 번뇌를 표현하고 있다. 부파불교의 중심학통이었던 설일체유부의 수면설은 대승의 유식학통으로 수용되어 정교한 번뇌설로 거듭 태어났다.

수면(隨眠) 또는 번뇌(煩惱)로 사용된 장애(障碍)의 여러 용례 중 특히 '장'(障)과 '집'(執)은 같은 뜻을 머금고 있다. 이 '장'과 '집'에 대해 무상(無相)유식가인 안혜(安慧)는 총상과 별상적 관점으로 나눈 뒤 총상의 관점에서는 "일체 유루의 마음 등이 모두 집이며 곧 이장이므로 이집과 이장은 넓고 좁은 함의의 차이는 있으나 같은 번뇌"[5]이며, 별상의 관점에서는 "번뇌장의 체는 전7식에 통하지만 제8식만은 제외된다"고 이해했다. 유상(有相)유식가인 호법(護法)은 "'집(執)'은 지혜의 심소이니 체성이 매우 날카롭기 때문이며, '장'(障)은 지혜의 심소에 통하지 않으니 지혜를 장애하기 때문이다"[6]고 설한다. 이에 비해 원효는 '장'과 '집'을 차별 없이 사용하고 있다.

원효(617~686)는 이러한 번뇌설을 재정리하기 위해 『이장의』를 저술했다. 이 저술은 "신역계통인 『유가론』 중심의 단혹설과 구역계통인 『기신론』 중심의 단혹설 양자를 종합하여 조직한 것"[7]으로 평가된다. 원효는 이

5 均如, 『釋華嚴敎分記圓通鈔』 5(『韓佛全』 5권, 369상)
6 均如, 위의 책, 369중.
7 橫超慧日, 『二障義: 연구편』(일본 동경: 평락사서점, 1979), 12면.

저술 속에서 아라야 연기설 위에서 구축된 유식사상과 진여 연기설 위에서 정립된 여래장사상을 자신의 체계 속에서 재수립하고자 했다.[8]

이러한 관점에서 보면 원효는 유가(瑜伽)의 입장이나 기신(起信)의 입장 어느 한 쪽에만 매이지 않고 유가(瑜伽)의 뜻이 필요하면 유가를, 기신(起信)의 뜻이 필요하면 기신의 뜻을 원용하여 자신의 장애론을 정립해 갔다고 할 수 있다. 이는 오직 장애를 치유하고 단멸하려는 것이 원효의 일관된 목표였기 때문이었다. 그리하여 원효는 『유가사지론』의 뜻만을 취하면 법아집(法我執)이 되고, 『대승기신론』의 뜻만을 취한다면 인아견(人我見)이 된다고 말하면서 처음 학설에 집착하면 단견(斷見)에 떨어지고 뒤의 학설에 집착하면 상견(常見)에 떨어진다고 경계한다. 그러면서 '비록 말할 수는 없지만 또한 말할 수 있으며, 비록 그렇지 않지만 그렇지 않은 것도 아니기 때문'이라고 말한다. 그래서 그는 자신의 장애론을 현행 장애와 잠복 장애의 두 관점 위에서 다시 근본적 관점[隱密]과 현상적 관점[顯了]이라는 중층적 구도로 정립했다.

『이장의』는 『기신론』의 '생멸'이 전개되는 측면과 '잘못된 집착'[邪執]을 다스리는 방법을 보다 자세히 기술한 저술이다. 여기에서 원효는 128종의 번뇌, 104종의 혹(惑), 98종의 사(使), 8종의 망상(妄想), 3종의 번뇌, 2종의 번뇌 등 여섯 부분으로 수면의 여러 현상을 아우르고 있다.[9] 이 가운데에서 앞의 셋은 현료문의 번뇌장에 포함되고[10] 네 번째의 8종의 망상은 현료문의 소지장에 포함된다.[11] 다섯 번째의 견도와 수도에서 끊어지는 번뇌인 3종 번뇌는 은밀문의 번뇌애인 근본업염(根本業染)과 지애인 무명주지(無明住地)와 함께 설명되고 있어 은밀문에 속한다[12]고 볼 수 있다. 여섯 번째의 2종 번뇌에서 기(起)번뇌는 현료문에, 주지(住地)번뇌는 은밀문의 지애에서만 설해질 수 있다[13]고 했다. 이처럼 원효는 현상적 관점과 근본적 관점의 두 측면에서 자신의 장애론을 입론하고 있다.

8 元曉, 『大乘起信論疏記會本』 4 (『한불전』 제1책, 767하 면).
9 元曉, 위의 책, 799상중.
10 元曉, 앞의 책, 위의 799하.
11 元曉, 앞의 책, 800하.
12 元曉, 앞의 책, 800하-801상.
13 元曉, 앞의 책, 801상.

Ⅱ. 역사적 전개와 텍스트별 용례

1. 역사적 전개

불교는 우리의 괴로운 현실의 확인과 그것을 극복한 세계를 설해놓은 인간 구원의 종교이다. 동시에 나와 우주에 대한 깨달음의 체계를 정치한 인식론으로 세워 놓은 철학이다. 때문에 철학이자 종교인 불교를 알면 우리의 실존적 고뇌에 대한 올바른 진단[苦·集]과 처방[滅·道]을 한꺼번에 제시받을 수 있다. 불교를 깨달음의 종교라고 하는 까닭 역시 우리의 고통스런 현실과 그것을 벗어난 '깨달음의 세계'를 함께 보여주고 있기 때문이다.

불교는 '오늘 여기'에서도 진여(眞如)와 생멸(生滅), 각(覺)과 불각(不覺), 본각(本覺)과 시각(始覺)의 원천인 일심(一心)을 발견할 수 있다는 희망의 메시지를 부여해 준다. 즉 우리가 직면하고 있는 장애의 극복을 통해 범부가 경험하는 생사 윤회의 세계와 부처가 살고 있는 열반 해탈의 세계 사이의 소통 가능성을 보여준다. 그런데 깨달음에 이르는 길에는 끊어 없애야 할 장애가 있기 마련이다. 누구든지 범부-이승의 '잠'과 보살-부처의 '깸' 사이를 가로막는 장애물을 통과해야만 비로소 밝은 세상이 열린다. 때문에 누구라도 깨달음으로 나아가려는 우리의 길을 '막아 멎게 하고' '덮어 가리는' 장애를 치유[治]하고 단멸[斷]시켜야만 깨달음의 세계에 다다를 수 있다. 원효는 이러한 장애를 다스리고 끊어 없애는 법을 논구하기 위해 『이장의』(또는 『二障章』)를 저술했다.

근본불교에서 보이는 탐진치(貪瞋癡)의 삼독(三毒)과 사성제(四聖諦)에 대한 무지[無明]의 극복으로부터 시작된 불교의 수행론은 장애에 대한 명료한 인식틀을 정립하였다. 부파불교의 견도(見道, 진리의 확인)와 수도(修道, 마음의 수련)에서 만나는 미혹과 그것을 넘어선 무학도(無學道, 부처의 길)의 세 길 역시 수행위의 과정이자 거기에서 경험하는 장애를 극복하는 수행체계라 할 수 있다.

불교사상사를 살펴보면 근본불교와 부파불교 이래로 수행에 뒤따르는 장애의 담론이 끊임없이 모색되어져 왔다. 『아비달마구사론』과 『유가사지론』을 거쳐 『대승기신론』에 보이는 수행과 장애의 담론은 불교의 지향이 장애의 극복을 통한 깨닫기[歸一心源]와 나누기[饒益衆生]에 있음을 보여주고 있다. 『기신론』은 일심(一心)-이문(二門)-삼대(三大)-사신(四信)-오행

(五行)-육자법문(六字法門)의 구조 속에서 장애를 극복하고 깨달음을 얻어가는 과정을 치밀하게 논구하고 있다. 특히 원효는 일심이 지닌 진여(眞如)-생멸(生滅)의 두 측면[二門]과 아라야식이 지닌 각(覺)-불각(不覺)의 두 의미[二義]의 이중 구조를 일심(一心)과 삼세(三細·六麤)의 틀 속에서 풀어나간다.

먼저 해석의 부분에서는 한 마음이 지니고 있는 두 측면, 즉 청정한 면[眞如門]과 때묻은 면[生滅門]의 관점에서 바른 논의를 드러내 보이고[顯示正義], 잘못된 집착을 다스리고[對治邪執], 진리를 향해 발심하여 나아가는 모양을 분별한[分別發趣道相] 뒤, 신심을 닦아 행하는 부분[修行信心分], 이익을 들어 수행을 권장하는 부분[勸修利益分]의 기표를 통해 『기신론』의 기의를 구체적으로 보여주고 있다.

은밀문(隱密門)의 입장에서 육종염심(六種染心)과 근본무명(根本無明)의 장애에 대해 다루는 『대승기신론』에 대한 깊은 성찰[14] 속에서 저술된 원효의 『이장의』 역시 『기신론』에서 제시한 장애론을 은현(隱顯) 이문의 체계 위에서 명쾌하게 설명해 놓고 있다. 『이장의』는 깨달음의 길에 있어서 가장 커다란 방해가 되는 '현행(마음)의 장애'[煩惱障]와 '잠복(무지)의 장애'[所知障]의 축을 현상적 관점[顯了門]의 이장(二障)과 근본적 관점[隱密門]의 이애(二碍)로 설명한 뒤 그 장애를 치유(治癒)하고 단멸(斷滅)하는 법을 총체적으로 보여주고 있다.

현료문에서는 나에 대한 집착[我執]과 존재에 대한 집착[法執]을 나의 공성에 대한 통찰[我空]과 존재의 공성에 대한 통찰[法空]로 다스린다. 은밀문에서는 여섯 가지 때묻은 마음[六種染心]과 밑바탕이 되는 번뇌[住地煩惱, 根本無明]를 맑고 깨끗한 마음[淨心]과 큰 거울처럼 비추는 지혜[大圓鏡智]를 통해 다스리고[對治] 끊어 없앤다[滅斷]. 이러한 원효의 장애론은 불교의 장애론을 재정립하고 있는 것으로 보인다.

때문에 생멸(生滅)의 세계에서 생긴 '잘못된 집착'[邪執]을 다스리고 진

14 원효는 '『楞伽經』에 의해 眞과 俗이 別體라는 집착을 다스리기 위해 지은 것'으로 파악(此論者 依『楞伽經』, 爲治眞俗別體之執. 『대승기신론별기』 本, 『韓佛全』 1권, 682상)한 『대승기신론』 관련 저술을 9종이나 지었다. 주석적 성격의 저술로는 『대승기신론別記』 『대승기신론私記』 『대승기신론大記』 『대승기신론疏』, 논의 벼리를 요약한 것으로는 『대승기신론宗要』 『대승기신론料簡』, 논의 핵심논의를 독립된 저술을 통해 다시 정치하게 논구한 『(대승기신론)一道章』 『(대승기신론)二諦章』 『(대승기신론)二障義』 등이 있다.

여(眞如)의 세계에 이르는 방법을 풀이하는 『기신론』과 열반을 지향하는 길을 '막아 덮게 하는' 뜻[義]과 올바른 앎을 '덮어 가리는' 공능[用]을 통해 현행의 장애[煩惱障, 煩惱碍]와 잠복의 장애[所知障, 智碍]의 대치(對治)와 멸단(滅斷)에 대해 섬세하게 해명하는 『이장의』는 상보 관계에 있다. 원효는 『기신론』의 무명의 모습에 대해 설명하면서 자신의 구체적인 논의를 "『이장의』에서 자세히 분별하는 것과 같다"[15]라는 말로 미루고 있다. 여기에서 우리는 『이장의』에 대한 원효의 자신감과 『기신론』과 『이장의』의 긴밀한 상보 관계를 읽어낼 수 있다.[16]

따라서 『이장의』[17]는 『기신론』과 상호 보완의 관계에 있으며 깨달음[覺]에 이르는 길에서 만나는 두 가지 장애와 그 극복을 논구한 원효의 장애론은 불교의 장애론으로도 읽을 수 있다.

2. 텍스트별 용례

이장 또는 이애에 대한 텍스트의 용례는 위에서 살펴본 것처럼 『아함경』에서부터 『구사론』과 『성유식론』 등을 비롯하여 여러 경론에서 보이고 있다. 하지만 이장 혹은 이애의 용례는 대부분 번뇌장과 소지장, 번뇌장과 해탈장, 이장과 사장, 내장과 외장의 범주 속에서 전개되고 보이고 있다. 그것도 현상적 관점과 근본적 관점 속에서 두 범주를 분석해 보이고 있다. 이러한 분석의 틀은 이장에 대한 가장 탁월한 저술을 남긴 원효의 『이장의』에서 특히 두드러지고 있다.

---

15 元曉, 『大乘起信論疏』 上(『韓佛全』 1권, 716하). "此無明相 如『二障章』廣分別也"

16 원효는 『金光明經疏』(김상현 편, 『金光明最勝王經玄樞』 인용부분, 『동양학』 24집, 277면), 『涅槃宗要』(『한불전』 1권, 541상), 『大乘起信論疏』(『한불전』 1권, 716하; 717하), 『金剛三昧經論』 상(『한불전』 1권, 613상; 616상; 623중; 641중; 675상) 등에서 『二障義』를 인용하고 있다.

17 『이장의』는 총 여섯 부문으로 되어 있다. 두 가지 장애의 이름과 뜻, 체와 상, 공능, 다른 번뇌와의 관계에 대해 네 부문을, 두 가지 장애의 치유와 단멸에 대해 한 부분을, 그리고 지금까지의 논의를 6문답으로 총결택을 하는 나머지 한 부문으로 짜여 있다. 『기신론』 관련 저술의 상호 인용 관계로 보아 원효는 이 『이장의』를 쓰기 전 『기신론별기』를 먼저 저술하였으며 그 이후에 『(기신론)일도장』, 『(기신론)이장의』를 지었고, 그 다음에 『기신론소』를 집필했음을 알 수 있다.

1) 현상적 관점[顯了門]의 두 장애

'현'(顯)이란 싹과 줄기가 땅 위로 드러난 것[18]처럼 언어로 표현해낸 측면, 즉 말이나 언표에 의해 현상적으로 드러난 현실적 또는 방편적인 것을 말한다. 현료문(顯了門)이란 숨겨지지 않고 겉으로 드러난 측면 또는 모든 존재가 지니고 있는 무자성한 모습을 숨김없이 공공연히 드러내어 설명하는 관점이다.

(1) 번뇌장(煩惱障): 나에 대한 집착

번뇌장에 대해서는 『현양성교론』과 『성유식론』에 자세히 언급하고 있다. 『현양성교론』은 "번뇌장의 청정으로 얻는 것이 해탈신(解脫身)이고 소지장의 청정으로 얻는 것이 법신"이라고 말한다. 『성유식론』은 "그릇되게 집착한 것[遍計所執]을 실재하는 나라고 집착하고 유정의 몸과 마음을 번거롭고 어지럽게 하여 열반을 장애하므로 번뇌장이라 한다. … (중략) … 소지(所知)의 대경(對境)인 무전도성(無顚倒性)을 덮어서 보리를 장애하므로 소지장이라 한다"[19]고 말한다.

이들 논서에 의하면 번뇌장은 해탈신[涅槃]을 장애하는 것이며 소지장은 법신[菩提]을 장애하는 것이라고 설하고 있다. 그래서 번뇌장을 미혹하게 하는 장애라는 뜻에서 원효는 '혹장'(惑障)이라고 부른다. 이는 우리들의 아라야식에 갈무리되어 있던 종자가 탐진치의 삼독 등에 의해서 현행하는 장애를 말한다.

> '번뇌장'이란 탐냄·성냄 등의 미혹이며 번거롭게 하고 수고롭게 하는 것을 성품으로 하여 현행(現行)에서만 일어나며 몸과 마음을 번거롭고 어지럽게 하기 때문에 번뇌라고 한다. 번뇌장은 본체와 공능으로 인해 이름이 붙여진 것이다. 또한 미혹한 세계 안의 번뇌의 과보를 불러일으킬 수 있으며 유정을 핍박하고 번거롭게 하여서 적정(寂靜)으로부터 여의게 하므로 번뇌라 한다. 이것은 원인 가운데에서 결과를 설하여 이름 붙인 것이다.[20]

18 元曉, 『金剛三昧經論』 中(『韓佛全』 1권, 625중). "顯者 芽莖出地上故"

19 護法 等, 『成唯識論』 9(『大正藏』 31권, 48하); 太賢, 『成唯識論學記』 下末(『韓佛全』 3권, 661하-662상)

20 元曉, 앞의 책, 48하. "煩惱障者, 貪瞋等惑, 煩勞爲性, 適起現行, 腦亂身心故名煩惱. 此當體從功能立名. 又復能惑界內, 煩惱之報, 逼腦有情, 令離寂靜, 故名煩惱. 是爲因中說果名也"

나에 대한 집착[번뇌장]은 탐내고 성내고 몸과 마음을 번거롭게 하고 수고롭게 하는 현행상의 장애이며 아집, 즉 아견에서 비롯되는 것이다. 열반에 나아가는 길을 '가로막아 멎게 하는' 마음의 장애인 번뇌장은 우리의 아라야식에 훈습되어 있던 미세한 종자가 어떠한 인연에 의해 현행된 것이다.

> 이승에 공통되는 장애인 십사(十使)번뇌를 말하며, 중생으로 하여금 [생사의] 물결에 흐르게 하고 열반의 과위를 가리우므로 번뇌장이라고 한다.[21]

번뇌장은 생사의 물결에 흐르게 하고 열반의 과위를 가리며 성문과 연각에 공통되는 열 가지의 근본번뇌를 말한다. 그런데 이 번뇌장은 소지장에 의해 발생하는 거친[麤] 번뇌이기에 아라야식에는 통하지 않는다. 때문에 아라야식의 체성과 상응하지 않는다.

> 번뇌장의 체는 아뢰야식과 상응하지 않으며 오직 7전식과 함께 생겨난다.[22]

번뇌장은 아라야식에서 현행된 7종 전식이며 번뇌장의 체성은 아라야식 바깥으로 현행한 것이다. 때문에 7전식과 함께 발생한다는 것이다. 여기에서 번뇌장의 체성이 7전식과 동시에 생겨난다는 것은 7전식의 원인이 아라야식[藏識]이라는 것이다. 즉 아라야식 내의 생멸하는 능견상(能見相)이 전식[23]이고 그 가운데의 체성이 바로 아라야식이라는 것이다.[24]

> 가장 미세한 혹장(번뇌장)은 오직 전식에만 있기 때문에 보살이 머무르는 곳에서만 다 끊어버릴 수 있다.[25]

---

21 元曉, 『大乘起信論別記』 末(『韓佛全』 1권, 693하). "二乘通障十使煩惱, 能使流轉, 障涅槃果, 名煩惱障,

22 元曉, 『二障義』, 790상. "煩惱障體, 不與阿賴識相應, 唯共七種轉識俱起"

23 원효는 『대승기신론』을 주석하면서 전식과 7전식을 구별하여 사용하고 있다. 『능가경』(4권) 속의 轉識은 7轉識을 가리키지만 여기서의 轉識은 반드시 7전식을 의미하지는 않는다. 오히려 아려야식의 생멸상인 業識에 상응하는 轉識을 말한다.

24 元曉, 『大乘起信論別記』 本(『韓佛全』 1권, 681하). "梨耶識內生滅見相, 名爲轉識, 於中體名爲藏識"

25 元曉, 『二障義』, 810중. "最細惑障, 唯在轉識故, 菩薩住所能斷盡"

원효는 『이장의』에서 장애의 치유와 단멸의 계위를 범부와 이승과 보살의 관점에서 밝혀가고 있다.[26] 그는 이 가운데에서 특히 이승과 보살의 계위를 대비하면서 해명해 가고 있다. 원효는 미세한 번뇌장은 오직 보살이 머무르는 곳에서만 끊어버릴 수 있다고 말한다. 그만큼 끊기 어려운 것이 아집으로부터 비롯되는 번뇌장이라는 것이다.

> 번뇌와 상응하는 법과 그것이 일으키는 업과 그것이 감응하는 과보가 서로 좇아서 번뇌장의 체성에 들어간다.[27]

번뇌장은 7종 전식과 함께 현행한 번뇌 속에 존재하며 그 현행의 번뇌가 일으킨 과보들로 구성된다. 때문에 나에 대한 집착이 중심이 되어 생겨나는 십사(十使)번뇌는 번뇌장의 체성이 되며 이렇게 성립된 번뇌장은 열반으로 나아가는 길을 가로막아 멎게 한다. 그래서 생사를 떠나지 못하게 하는 것이다. 따라서 이 번뇌장은 나라고 하는 집착(我執)에서 발생하는 것이다.

> '나에 대한 집착'이 으뜸의 근본번뇌이며, [스스로] 성내고, 원한을 품고, [잘못을] 감추는 따위의 여러 부수적인 번뇌들이 있으니 이것이 번뇌장의 자성이다.[28]

나에 대한 집착은 모든 번뇌의 근본이 된다. 무아(無我)는 연(緣)이라는 타자를 부정한 어떠한 고유한 존재로서의 나는 없다는 것이다. 그런데 현실적 인간은 아집(我執)에 의해 항상 변하지 않고[常一] 마음대로 부릴 수 있는[主宰] 어떠한 존재를 설정하려고 한다. 그 때문에 업을 짓고 그 업으로 인해 고통을 받는다. 그래서 언제나 존재하고 제멋대로 부릴 수 있는 어떠한 고유한 존재로서의 나에 대한 집착이 곧 번뇌장의 체성이 된다.

나로부터 비롯된 아집은 곧 나의 것[我所]이라는 아소집(我所執)으로 확산된다. 7종 전식으로부터 현행한 모든 번뇌는 바로 이 아집으로부터 비롯된 것이다. 이 아집이라는 장애를 타파하는 것이 바로 번뇌장을 타파하는 것이다. 나에 대한 집착의 부정, 즉 나의 공성에 대한 통찰은 아집에 대한

---

26 元曉, 위의 책, 808상. "四明治斷階位者, 總有三種. 一明凡夫, 二辨二乘, 三說菩薩"
27 元曉, 앞의 책, 790상. "彼相應法, 及所發業, 并所感果報, 相從通入煩惱障體"
28 元曉, 앞의 책, 790상. "人執爲首根本煩惱, 忿恨覆等諸隨煩惱, 是爲煩惱障之自性"

치유법이 된다.

그런데 아집의 치유는 법집의 치유라는 함의도 아울러 머금고 있다. 왜냐하면 번뇌장에는 이미 바른 잠복의 장애를 막는다는 무명의 기능도 들어 있기 때문이다. 이처럼 현행의 장애인 아집은 잠복의 장애인 법집과도 긴밀하게 연관되어 있다.

(2) 소지장(所知障): 존재에 대한 집착

대승의 입장에서 바라보면 번뇌장은 이승(二乘)도 보살도 모두 끊을 수 있는 번뇌이다. 하지만 소지장은 지극히 미세한 공능이 있어서 보살만이 끊을 수 있을 뿐 이승은 끊지 못한다고 본다. 때문에 소지장의 유무에 따라 이승과 보살이 구분되는 것이다.

원효는 '적정(寂靜)의 성(性)'인 열반과 '각찰(覺察)의 용(用)'인 보리를 대비적으로 사용함으로써 이성과 보리를 통일적으로 바라보려고 한다. 그는 열반을 이성(理性)에, 보리를 지성(智性) 또는 경성(境性)으로 이해하여 존재에 대한 집착(法執)과 나에 대한 집착(我執)을 극복해 가는 기제로 원용하고 있다.

> '소지장'이란, 진소유성(盡所有性)과 여소유성(如所有性)은 여량지(如量智)와 여리지(如理智)가 비추는 것이므로 소지(所知)라 한다. 존재에 대한 집착 등의 미혹이 지성(智性)을 막아 멎게 하여 관(觀)을 이루지 못하게 하고, 경성(境性)을 가려 덮어서 관심(觀心)을 나타나지 못하게 하므로 이런 뜻으로 말미암아 소지장이라 한 것이다. 이것은 가리워지는 것과 공용에 따라 이름한 것이다.[29]

여기서 '진소유성(盡所有性)'이란 일체법(一切法), 세속제(世俗諦), 여량지(如量智), 후득지(後得智)와 같은 뜻이며, '여소유성(如所有性)'은 진여(眞如), 승의제(勝義諦), 여리지(如理智), 무분별지(無分別智) 등과 같은 뜻이다. 소지장은 보여지는 경계를 장애해서 드러나지 못하게 하거나 보는 주관의 지혜를 장애해서 바라보지 못하게 하는 장애이다. 때문에 잠복의 장애라

29 元曉, 앞의 책, 789하. "所知障者, 盡所有性, 如所有性, 二智所照, 故名所知. 法執等惑遮止智性, 不成現觀, 覆弊境性, 不現觀心, 由是義故名所知障. 此從所弊及用得名"

할 수 있다.

그런데 소지장은 보살의 지위에서는 쉽게 끊을 수 있지만 이승의 지위에서는 끊을 수 없는 것이다. 왜냐하면 이 소지장은 모든 것이 존재한다고 집착하는 것으로부터 비롯되었기 때문이다.

> '소지장'이란 존재에 대한 집착이 으뜸이 되고 망상분별, 교법에 대한 집착[法愛], 교법에 대한 교만심[法慢], 어리석음[無明] 등을 그 체로 삼는다. 그것과 함께 하는 것을 살펴보면, 저 상응하는 법 및 존재에 대한 인식이 또한 그 가운데 포섭된다.[30]

존재에 대한 집착이 으뜸이 되는 소지장은 결국 법집에서 비롯된 것이다. 이 법집은 망상으로 인한 분별, 교법에 대한 집착, 교법에 대한 교만심, 어림석음 등을 근본으로 삼는다. 그런데 가장 미세한 법집은 아뢰야식 속에 있기 때문에 여래의 단계에서만 끊을 수 있다고 원효는 말한다.

> 이 가운데에서 가장 미세한 소지장은 아뢰야식에 있기 때문에 오직 여래가 머무르는 곳에서만 끊을 수 있다.[31]

그래서 원효는 이장의 뜻을 두 측면으로 전제한 뒤 삼승의 관점, 즉 성문과 연각에 공통되는 장애와 보살에 특별한 장애로 갈라서 말한다. 그 이유는 『이장의』는 생멸과 불생불멸, 염오와 청정의 차별의 관점에서 말하고 있기 때문이다.

> 보살의 특별한 장애인 존재에 대한 집착 등의 미혹이 알아야 할 바의 대상을 헤매게 하여 보리의 과위를 막으므로 소지장이라 한다.[32]

소지장은 알아야 할 바의 대상을 헤매게 하고 보리의 과위를 막는 보살

---

30 元曉, 앞의 책, 790상. "所知障者, 法執爲首, 妄想分別及與法愛·慢·無明等, 以爲其體, 論其助伴者, 彼相應法, 并所取相, 亦入其中"

31 元曉, 앞의 책, 810중, "此中最細所知障, 是在阿頼耶識, 唯如來住之所斷"

32 元曉, 『大乘起信論別記』 末(『韓佛全』 1권, 693하). "菩薩別障法執等惑, 迷所知境, 障菩提果, 名所知障"

의 특별한 장애가 된다. 나에 대한 집착인 번뇌장이 생사의 물결에 흐르게 하고 열반의 과위를 가리며 성문과 연각의 이승에 공통되는 열 가지의 근본번뇌이듯이, 올바른 인식을 가로막는 존재에 대한 집착인 법집은 무명의 다른 이름이 된다. 때문에 소지장의 작용에는 이미 대승보살의 올바른 인식과 수행을 통한 이타행을 막는다는 의미가 함축되어 있다. 따라서 잠복의 장애인 소지장은 현행의 장애인 번뇌장과도 긴밀하게 연관되어 있다고 할 수 있다.

3. 근본적 관점[隱密門]의 두 장애

'은'(隱)이란 종자가 흙 속에 있는 것처럼[33] 겉으로 드러나지 않는 근본적인 것을 말한다. 은밀문(隱密門)이란 겉으로 드러나지 않는 관점 또는 모든 존재의 무자성한 모습을 있는 그대로 말하는 관점이다. 즉 있는 그대로의 모습대로 파악하는 근본적 내지 궁극적인 관점이다.

원효는 앞에서 언급한 현료문의 번뇌장과 소지장을 은밀문의 번뇌애로 귀결시키고 이 번뇌애와 지애는 근본과 지말관계에 있다고 말한다. 때문에 모든 장애의 근본은 지애인 근본무명이 되며 이 무명의 멸단 유무에 보살과 부처의 경계가 있다고 말한다.

1) 번뇌애(煩惱碍): 여섯 가지 때묻은 마음

불교에서는 인간의 마음을 본디 깨달은 상태[眞如]인 청정한 모습[自性淸淨心]으로 파악한다. 하지만 무명의 바람에 의해 잠시 미망의 물결이 일어나 헤매는 것이다. 그래서 끊임없이 일어나는 번뇌의 물결 속에서 자맥질하면서 번뇌에 훈습되는 것이다.

『대승기신론』에 의하면 무명은 여섯 가지로 설명된다. 첫째는 아집에 기초한 번뇌인 집상응염(執相應染), 둘째는 망념이 법집에 대응하여 끊임없이 일어나는 번뇌인 부단상응염(不斷相應染), 셋째는 분별에 의해 생기는 번뇌인 분별지상응염(分別智相應染), 넷째는 근본무명에 의해 나타나는 객관세계라는 망념인 현색불상응염(現色不相應染), 다섯째는 근본무명에 의한 주관이라는 망념인 현색불상응염(能見心不相應染), 여섯째는 무명에 의해 마

33 元曉, 『金剛三昧經論』 中(『韓佛全』 1권, 625중). "隱者 種子在上土下故"

음이 움직이는 것인 근본업불상응염(根本業不相應染)이다. 이것이 여섯 가지의 때묻은 마음[六種染心]이다.[34]

이들 여섯 가지 때묻은 마음 가운데에서 집상응염과 부단상응염은 제6식에 있고, 세 번째의 분별지상응염은 제7말나식에 있으며, 현색불상응염과 능견심불상응염과 근본불상응염은 모두 제8아뢰야식에 갖춰져 있다.[35]

> 여섯 가지의 때묻은 마음이 생각을 일으키고 상을 취하여 평등성(平等性)과 어긋나고 상도 떠나고 움직임도 없으며 적정(寂靜)으로부터 벗어나 있기 때문에 번뇌애라고 한다.[36]

여섯 가지 때묻은 마음은 나에 대한 집착인 번뇌장과 긴밀하게 연관되어 있다. 근본무명이 지애의 체성이 됨에 비해 이 육종염심은 번뇌애의 체성이 되기 때문이다. 원효는 여섯 가지 마음이 번뇌에 물드는 기준을 이치에 맞는 절대의 지혜 또는 근본[무분별]지인 여리지(如理智)의 적정의 본성에 어긋남에 두고 있다.

> 여섯 가지 때묻은 마음은 일체의 움직이는 생각과 상을 취하는 따위의 마음이 여리지(如理智)의 적정의 본성에 어긋나므로 번뇌애라 한다.[37]

현료문의 번뇌장이 생사의 물결에 흐르게 하고 열반의 과위를 가리며 성문과 연각에 공통되는 열 가지의 근본번뇌임에 비해서, 은밀문의 번뇌애는 청정한 마음이 지닌 바 있는 그대로의 고요히 비추는 지혜[如理智]의 적정의 성품에 어긋나므로 번뇌애라 하는 것이다. 때문에 현상적 관점의 번뇌장이 성문과 연각에게 공통되는 장애라면, 근본적 관점의 번뇌애는 보살에게 해당되는 장애인 것이다.

따라서 여섯 가지 때묻은 마음은 우리의 마음이 맑고 깨끗한 상태[淸淨心]를 회복했을 때 비로소 치유할 수 있다는 점에서 잠복의 장애라 할 수 있다.

---

34 元曉, 『大乘起信論別記』 末(『韓佛全』 1권, 692하-693상); 『二障義』(위의 책, 795상)
35 元曉, 『二障義』, 795상.
36 元曉, 위의 책, 790상. "六種染心 動念取相, 違平等性, 離相無動, 由乖寂靜名煩惱碍.
37 元曉, 『大乘起信論別記』 末(앞의 책, 693하). "一切動念取相等心, 違如理智寂靜之性, 名煩惱碍.

2) 지애(智碍): 밑바탕이 되는 번뇌

밑바탕이 되는 번뇌인 은밀문의 지애는 현료문의 번뇌장과 소지장을 포섭하는 은밀문의 번뇌애와는 근본과 지말관계에 있다. 장애의 근본은 지애이며 이 지애의 체성은 근본무명이다. 때문에 이 지애의 단멸 유무에 따라 성불이 결정될 정도로 근본무명은 기반이 되는 번뇌이다.

원효는 근본적인 관점의 두 장애를 여리지(如理智)와 여량지(如量智)로 변별하여 설명한다. 위에서 살펴본대로 그는 여리지의 적정의 본성의 결핍을 여섯 가지 마음이 때묻는 근거로 설정했다. 이에 비해서 원효는 모든 사상(事象)의 작용에 응하는 지혜 또는 경험적인 지혜인 여량지의 살펴서 아는 작용에 어긋남을 밑바탕이 되는 번뇌[智碍]의 근거로 설정하고 이를 지애라 했다.

> 근본무명은 어둡고 헤매어 깨닫지 못하여 여량지(如量智)의 살펴서 아는 작용과 어긋나므로 지애라 한다.[38]

원효는 여리지의 적정의 성품[寂靜之性]에 어긋나는 것을 번뇌애의 기준으로 설정했고, 여량지의 살펴서 아는 작용[覺察之用]에 어긋나는 것을 지애의 기준으로 설정했다. 이러한 관점은 은밀문의 지애를 번뇌애와 변별하여 끊어 없애기 위한 시도라 보인다.

> 근본무명이란 저 여섯 가지 때묻은 마음이 의지하는 근본이다.[39]

그래서 이 근본무명은 여섯 가지 때묻은 마음이 의지하는 가장 미세한 어둠과 깨닫지 못함을 말한다. 이는 자기의 자성이 한결같이 평등함을 알지 못하고 헤매지만 밖으로 향하여는 미혹하지 않음을 말하는 것이다. 이것을 『본업경』에서는 무명주지(無明住地) 이전에는 곧 어떤 법도 일어남이 없기 때문에 무시무명주지(無始無明住地)라고 하고, 『기신론』에서는 한 법계를 사무쳐 통찰하지 못하기 때문에 마음이 상응하지 않으면서 홀연(忽然)히 생각을 일으킨[起念] 것이기 때문에 무명(無明)이라고 말한다.[40] 『이

---

38 元曉, 앞의 책, 693하. "根本無明, 昏迷不覺, 違如量智覺察之用, 名爲智碍"
39 元曉, 앞의 책, 795상. "根本無明者, 彼六染心所依根本"
40 元曉, 앞의 책, 795상. "如『本業經』言 其住地前便無法起, 故名無始無明住地. 『起信論』云

장의』에서 근본번뇌를 주지번뇌(住地煩惱), 무명주지(無明住地)라고 하는 이유도 모든 번뇌가 의지하는 근거가 된다는 관점에서 붙인 이름이다.

> 첫째, 이 무명은 진여를 움직여서 생사에 유전하게 한다. …… 둘째, 이 무명은 진여를 훈습하여 일체의 모든 식 등의 존재를 변화시켜 생겨나게 할 수 있다.[41]

그런데 이 무명은 진여를 움직여서 생사에 윤회하게 하고, 진여를 훈습하여 일체의 모든 식 등의 존재를 변화시켜 생성하게 하는 공능이 있다. 이는 이 밑바탕이 되는 번뇌가 바로 모든 번뇌의 뿌리가 된다는 의미이다.

> 근본무명은 바로 제법의 무소득성(無所得性)에 어둡고 능히 세속의 지혜가 하지 못하는 바가 없음을 가로막아 완전하지 못함으로 말미암아 지애(智碍)라고 한다. 이 가운데에서 번뇌애는 장애가 되는 것의 능동적인 측면이 갖는 잘못으로 이름 붙여진 것이며, 지애는 장애를 받는 대상으로부터 일컬어진 것이다.[42]

은밀문의 번뇌애가 장애가 되는 것의 능동적인 측면이 갖는 잘못에 근거하는 것이라면, 은밀문의 지애는 장애를 받는 대상으로부터 명명된 것이다. 근본무명(根本無明)이 세속의 지혜를 가로막아 하지 못하는 바가 없으며 제법(諸法)의 무소득성(無所得性)에 어두워 완전하지 못함으로 말미암아 지애라고 하는 이유도 바로 여기에 있다.

근본무명은 어리석고 혼미하여 분별하는 모습이 없으며 세간의 분별하는 지혜에 어긋나므로 지애라 한다.[43] 때문에 여섯 가지 때문은 마음이 의지하는 근본인 지애는 부처의 지위에서만 끊을 수 있다는 점에서 근본무명은 현행의 장애이자 잠복의 장애라 할 수 있다.

以不達一法界, 故心不相應忽然起念 名爲無明"

41 元曉, 앞의 책, 798상. "一此無明動眞如流轉生死.…… 二此無明能薰眞如, 變生一切諸法等法"

42 元曉, 앞의 책, 790상. "根本無明 正迷諸法無所得性, 能障俗智無所無得, 由不了義, 故名智碍. 此中煩惱是當能碍過名, 智是從彼所碍德稱"

43 元曉, 『起信論疏』 上(『韓佛全』 1권, 718상). "無明昏迷無所分別, 故爲世間分別之智, 依如是義, 名爲智碍"

Ⅲ. 인접개념과의 관계와 현대적 논의

1. 인접 개념과의 관계

이장과 관련된 인접 개념은 위에서 살펴본 것처럼 번뇌애와 지애의 이애(二碍) 혹은 이 둘을 다 여읜 이리(二離)라고 할 수 있다. 이장 또는 이애에 대해서는 이미 살펴보았으니 여기서는 이장과 이애를 치유하고 단멸하는 방법 혹은 치유한 상태인[二離]에 대해 살펴 보고자 한다.

1) 이장(二障)과 이애(二碍)의 치유와 단멸

위에서 현상적 관점과 근본적 관점, 현행의 장애와 잠복의 장애라는 측면에서 장애가 발생되는 근거를 살펴보았다. 그러면 이제는 이러한 이장과 이애를 어떻게 치유하고 단멸시킬 수 있는지를 살펴보아야 한다. 원효는 장애를 치유하고 단멸하기 위해 번뇌를 대치하는 도를 간별하고[簡能治], 끊어야 할 대상을 결정하고[定所斷], 대치와 멸단의 차별을 밝히고[明治斷差別], 대치하고 멸단하는 계위를 밝히는[辨治斷階位] 네 문으로 처방을 내리고 있다.

그런데 이러한 네 관점은 크게 보아서 현상적 관점과 근본적 관점으로 나눠진다. 처음의 것은 견도와 수도와 구경도에서 번뇌의 정화를 가리고, 둘째와 셋째는 번뇌의 단절과 차별을 밝힌다. 넷째는 범부와 이승과 보살의 계위에서 번뇌의 치단법을 다루면서 특히 현료문과 은밀문의 관점에서 살피고 있다. 그리고 원효는 번뇌의 치단법을 말한 뒤 여섯 가지의 문답으로 마무리 짓고 있다.

원효는 현상적 관점의 장애는 두 가지 공성을 깨닫는 방법을 통해서 치유가 가능하다고 말한다. 그래서 절단(折斷)과 영단(永斷)과 무여멸단(無餘滅斷)의 세 측면으로 번뇌를 끊는 차이점을 말한다. 현상적 관점의 장애는 아공과 법공의 통찰을 통해 참된 해탈과 큰 깨달음을 얻을 수 있고, 현상적 관점의 차이는 맑고 깨끗한 마음의 회복과 밑바탕이 되는 번뇌를 끊어야만 깨달음의 길로 나아갈 수 있다고 말한다.

문제는 현실적 인간이든 성문과 연각이든 보살이든 각자의 깜냥과 수행의 계위에 따라서 장애를 해결해야만 된다는 것이다. 범부와 이승과 보살의 계위에 따라 치유하고 단멸하는 방법이 다른 것도 이런 연유에서이다.

(1) 나의 공성에 대한 통찰: 아집(我執)의 치유

연(緣)이라는 타자를 통해 나를 규정하는 원리인 연기는 바로 무자성(無自性, 無我) 또는 공(空)의 다른 이름이다. 오늘의 내가 있기까지의 모든 인연들에게 나의 성취를 되돌려 주는 이타행은 나의 오늘이 나 혼자만의 힘으로 이루어진 것이 아니라는 통찰에서 비롯되는 것이다.

하지만 현실적 인간은 나[我]와 나의 것[我所]에 대해 끊임없이 얽매여 업을 짓고 고통을 받으며 생사에 윤회한다. 이 윤회의 고통은 아집과 아견에서 비롯된 것이다. 때문에 나에 대한 집착은 모든 번뇌의 출발이 된다.

> 만일 두 가지 공성을 깨달으면 저 장애들은 끊어버릴 수 있다. 장애를 끊어버리면 두 가지 뛰어난 과보를 얻을 수 있다. 때문에 끊임없이 태어나게 하는 번뇌장을 끊으면 참된 해탈[眞解脫]을 얻으며, 올바른 이해를 가로막는 소지장을 끊으면 큰 깨달음[大菩提]을 얻을 수 있다.[44]

나에 대한 집착인 아집[人執]과 존재에 대한 집착인 법집(法執)을 넘어서는 길은 공성에 대한 통찰을 통해서 가능하다. 『이장의』는 먼저 나의 공성을 통찰하여 나에 대한 집착을 다스리고, 나중에 존재에 대한 공성을 통찰하여 존재에 대한 집착을 다스린다[45]고 말한다.

이는 아공에 의해 현행의 장애인 번뇌장을 다스리고, 법공에 의해 잠복의 장애인 소지장을 끊어 없애야 한다는 것이다. 현행의 장애인 마음의 장애를 먼저 다스리는 이유는 욕탐을 여의어야만 마음의 해탈이 가능하기 때문이다. 그리고 그 다음에 잠복의 장애인 무지의 장애를 끊어 없애야만 지혜의 해탈이 가능하다는 것이다. 그래서 원효는 범부와 이승과 보살 등의 수행위를 변별하여 설명한다.

> 보살의 견도는 두 가지 공성을 증득하였기 때문에 말나의 두 집착[二執]

---

44 護法 等, 『成唯識論』 1(『大正藏』 1권, 1중). "若證二空彼障隨斷, 斷障爲得二勝果. 故由斷續生煩惱障故證眞解脫, 由斷碍解所知障得大菩提"

45 元曉, 『二障義』(『韓佛全』 1권, 803상). "初觀人空 對治人執, 次觀法空 對治法執"

이 모두 현행하지 않고 아공과 법공 등 두 가지 공성의 평등지 모두를 갖추게 된다.[46]

이것은 나에 대한 집착과 존재에 대한 집착을 모두 끊기 위해서는 보살의 수행위가 전제되어야 한다는 것이다. 보살위가 아니고서는 나에 대한 집착을 끊을 수는 있지만 존재에 대한 집착을 끊을 수 없기 때문이다.

성문과 연각의 견도는 다만 나의 공성만을 깨달을 뿐이고 말나의 법집은 오히려 현행하게 되어 오직 나의 공성의 평등지만 갖추게 된다.[47]

성문과 연각의 수행위로서는 겨우 나의 공성만을 통찰할 뿐이다. 이승에서는 말나의 법집, 즉 소지장은 오히려 현행하게 되어 겨우 아공만 통찰할 뿐이 된다는 것이다. 이처럼 원효는 번뇌의 치유와 단멸은 수행위의 단계를 통하여 번뇌를 정화하고 단절해야 한다고 말한다. 그러면서도 소승과 대승, 즉 이승과 보살의 수행적 측면에서 번뇌의 대치와 멸단을 언급하고 있다.

(2) 존재의 공성에 대한 통찰: 법집(法執)의 치유

원효는 성문과 연각은 번뇌장은 다스릴 수 있지만 소지장은 끝내 끊을 수 없다고 한다. 소지장은 오직 보살만이 끊을 수 있다고 말한다. 성문과 연각은 넓고 커다란 마음이 없어서 번뇌의 근본을 뿌리뽑지 못하기 때문이라는 것이다.

이승의 수행위를 다스림에는 두 가지가 있다. 나에 대한 집착과 존재에 대한 집착이 근본과 지말로 서로 의지하여 생겨나는 시각으로 보면, 일체의 이승은 번뇌장을 절복시켜 누를[折伏] 뿐 영원히 끊어버리지는[永斷] 못한다. 왜냐하면 넓고 커다란 마음이 없어서 존재에 대한 공성을 깨닫지 못하여 번뇌의 뿌리를 뽑아내지 못했기 때문이다. 하지만 나에 대한 집착 안에서의 현행 번뇌[纏]와 잠복 번뇌[隨眠]가 서로 생겨나는 것으로 본다면 이들

46 元曉, 앞의 책, 804상중. "菩薩見道二空故, 末那二執悉不現行, 卽與二空平等智俱"
47 元曉, 앞의 책, 804상중. "二乘見道但證人空, 末那法執猶得現行, 唯與人空平等智俱"

> 모두는 영원히 끊어버린 것으로서 절복시켜 끊은 것은 아니다. 왜냐하면 나의 공성을 깨달을 때 나타난 진여가 나에 대한 집착의 종자를 영원히 없애버렸기 때문이다.[48]

그런데 성문과 연각은 번뇌장을 절복시켜 끊어버릴[伏斷] 뿐 영원히 끊어버리지[永斷]는 못한다. 왜냐하면 좁은 마음으로 인해 존재의 공성을 통찰하지 못하여 번뇌의 근본을 뿌리뽑지 못했기 때문이다. 또 나에 대한 집착에 매이게 되면 수행을 통해 아공을 통찰하더라도 번뇌를 절복시켜 끊어버릴 수는 있지만 영원히 끊어버리지는 못한다. 이에 비해 존재의 공성을 통찰하면 번뇌의 뿌리를 뽑아버릴 수 있다고 말한다.

진여는 나의 공성을 통찰했을 때 비로소 나타난다. 그 진여는 나에 대한 집착의 종자를 영원히 없애버린다. 때문에 이승이 나의 공성을 통찰할 때 번뇌장을 절복시킬 수 있는 것처럼 보살은 존재의 공성을 통찰할 때 비로소 소지장을 끊어 없앨 수 있다. 고정불변하는 어떠한 실체의 부정이란 관점에서 볼 때 번뇌장과 소지장은 긴밀하게 연관되어 있다.

번뇌장에는 현실적 인간과 이승의 올바른 인식을 막는 무명의 기능이 들어있으며, 소지장에는 대승보살의 올바른 인식과 수행을 통한 이타행을 막는 현행의 장애라는 의미가 함축되어 있기 때문이다. 따라서 나에 대한 집착은 아공을 통해, 존재에 대한 집착은 법공을 통해 장애를 없앨 수 있다. 이처럼 존재에 대한 집착을 끊기 위해서는 보살의 수행을 통해 소지장, 즉 존재의 공성을 통찰해야만 가능하다고 원효는 말한다.

(3) 맑고 깨끗한 마음: 육종염심(六種染心)의 단멸

원효는 장애를 끊어 없애는 법은 일정하지 않으며 자신의 수행위에 맞는 방법으로 단멸시켜가야 한다고 말한다. 그는 근본적 관점의 장애에도 근본과 지말의 측면을 설정한다. 즉 현료문의 번뇌장과 소지장을 포섭하는 은밀문의 번뇌애는 근본무명인 지애와 본말관계에 있다는 것이다. 때문에 번뇌애의 체성인 여섯 가지 때묻은 마음을 단멸시키기 위해서는 상당한 수행위가 필요하다는 것도 그 때문이다.

---

48 元曉, 앞의 책, 808중. “二乘治道者, 此有二義. 若就人法二執, 本末相依生門, 一切二乘於煩惱障, 唯是折伏而非永斷. 所以然者, 無廣大心不證法空, 由是不拔煩惱本故. 如其直當人執之內 纏及隨眠相生門者, 皆是永斷而非伏斷. 由證人空所顯眞如, 永害人執等種子故”

여섯 가지 때묻은 마음은 다시 번뇌장과 소지장으로 나눠진다. 이장에 대해서도 두 가지 관점이 있다. 하나는 근본무명을 지애로 보고 육염을 번뇌애로 보아 번뇌를 논해보면 첫째의 아집에 기초한 번뇌인 집상응염(執相應染)은 나에 대한 집착[人執] 때문에 번뇌장이 된다. 그리고 나머지 다섯의 때묻은 마음은 존재에 대한 집착[法執] 때문에 소지장이 된다는 관점이다. 이 뜻에 입각하면 근본무명은 이장에 포섭되지 않는다.[49]

또 다른 하나는 첫째의 집상응염은 인집이기 때문에 번뇌장이 되고, 둘째의 망념이 법집에 대응하여 끊임없이 일어나는 번뇌인 부단상응염(不斷相應染), 셋째의 분별함에 의해 생기는 번뇌인 분별지상응염(分別智相應染), 넷째의 근본무명에 의해 나타나는 객관세계라는 망념[現色不相應染], 다섯째의 근본무명에 의한 주관이라는 망념인 능견심불상응염(能見心不相應染), 여섯째의 무명에 의해 마음이 움직이는 것인 근본업불상응염(根本業不相應染)과 근본무명은 소지장이며, 특히 근본무명은 소지장의 미세한 부분이 된다는 관점이다.

이러한 관점에서 원효는 여섯 가지 때묻은 마음을 끊는 계위를 낱낱이 설명한다. 먼저 집상응염은 지전(地前)에서, 부단상응염은 초지인 환희지에서, 분별지상응염은 7지인 원행지에서, 현색불상응염은 8지인 부동지에서, 능견심불상응염은 9지인 선혜지에서, 근본업불상응염은 10지인 법운지 및 불지에서 끊는 것[50]이라고 말한다.

그러면서도 원효는 공통적인 모습[通相]으로 보면 무명주지(無明住地)는 이승의 수도위에서 부분적으로는 끊을 수 있지만 이 같은 무명주지에 번뇌의 거친 면[麤]과 미세한 면[細]이 있는지 가벼운 면[輕]과 무거운 면[重]이 없는지는 알 수 없다[51]고 말한다.

> 만일 은밀문 가운데에서 근본과 지말이 서로 서로 생겨나는 의미로 본다면 금강심(金剛心) 이전의 일체 보살들은 여러 번뇌를 단지 절복시켜 끊어버렸을 뿐 영원히 끊어버린 것은 아니다. 왜냐하면 한 법계(法界)를 믿기

---

49 均如, 『釋華嚴敎分記圓通鈔』 권5(『韓佛全』 제4책, 378하-379상). "論其二障有二門. 一者根本無明者智碍, 六染者煩惱碍, 就煩惱中 執相應染 是人執故 爲煩惱障. 餘五染 是法執故 爲所知障" 若約此義, 根本無明 非二障攝故.".

50 均如, 앞의 책, 378하-379상.

51 均如, 앞의 책, 379중. "元曉『二障義』云, 上說通相無明住地, 亦爲二乘隨分所斷, 未知如是無明住地, 爲有麤細, 爲無輕重"

> 만 할 뿐 보지 못하였기 때문이며 온갖 미혹의 뿌리를 뽑아낼 수 없기 때문이다.[52]

원효에 의하면 은밀문 가운데의 번뇌애와 지애는 본말관계가 된다. 은밀문의 지말인 번뇌애는 현료문의 번뇌장과 소지장을 포섭하며 근본인 지애는 곧 근본무명을 말한다. 때문에 원효는 금강심 이전의 일체 보살들은 단지 번뇌를 절복시켜 끊어버렸을 뿐 영원히 끊어버린 것은 아니다고 말한다. 그러니까 10지 위의 보살에서는 번뇌를 단지 절복시켜 버렸을 뿐 영원히 끊어버린 것은 아니라는 것이다. 왜냐하면 한 법계를 믿을 뿐 보지는 못하였기 때문이라는 것이다.

여기서 금강심은 보살의 제10지의 후지인 금강유정(金剛喻定, 等覺)을 말한다. 때문에 여섯 가지 때묻은 마음은 맑고 깨끗한 마음의 상태인 등각의 금강심 이상에서만 비로소 끊어 없앨 수 있는 것이다.

(4) 큰 거울처럼 비추는 지혜: 근본무명(根本無明)의 단멸

근본무명은 모든 번뇌의 근거가 된다. 그래서 밑바탕이 되는 번뇌인 주지(住地)번뇌를 뿌리 뽑기 위해서는 큰 거울처럼 비추는 붇다의 지혜가 아니고서는 불가능하다고 원효는 말한다.

> 만일 별도의 상인 밑바탕이 되는 번뇌[無明住地]로 논한다면 일체의 보살이 끊을 수 없는 것이며 오직 부처의 거울같은 지혜로만 끊을 수 있는 것이다.[53]

이 근본무명은 일체의 보살이 끊을 수 없는 무명주지이다. 그 모습은 미세하고 은밀하며 거칠고 가늘며 가볍고 무거워 일정하게 설할 수 없다.[54] 때문에 이 무명주지는 오직 부처의 지혜인 대원경지(大圓鏡智)로만 끊어 없앨 수 있다고 원효는 말한다. 그는 번뇌를 끊어 없앰에 대해 세 가지로 풀이하고 있다.

---

52 元曉, 앞의 책, 809하. "若依隱密門中本末相生義者, 金剛已還一切菩薩, 於諸煩惱, 但能伏斷, 未能永斷. 所以然者, 於一法界, 唯信未見不能拔諸惑定根本故"

53 元曉, 앞의 책, 811상. "若論別相無明住地, 一切菩薩所不能斷, 唯佛鏡地之所頓斷"

54 均如, 앞의 책, 811중. "無明住地 其相微密麤細輕重, 不可定說"

> 끊어 없앰에는 세 가지가 있다. 첫째는 절복시켜 끊어버리는 것[伏斷]이고, 둘째는 영원히 끊어버리는 것[永斷]이며 셋째는 남김없이 끊어버리는 것[無餘滅斷]이다. 절복시켜 끊어버림이란 비유하면 돌을 풀 위에 놓고 다시 잘 드는 호미를 가지고 그 뿌리를 끊어서 영원히 날 수 없게 하는 것이다. 그 밖의 줄기와 뿌리는 없어지지 않았으므로 '복'이라 하고 뿌리가 이어지지 못하므로 또한 '단'이라 한다. 영원히 끊어버림이란 비유하자면 그릇에 곡식을 넣고 불로 태우면 비록 그릇에 다려서 곡식이 그 모양을 잃지는 않지만 불기운으로 하여금 영원히 종자가 될 수 없게 된다. …… 이것을 영원히 끊어버림이라 한다. …… 남김 없이 끊어버림이란 한 겁이 다한 뒤에 일곱 해가 함께 나타나 허공과 큰 바다와 대지를 남김없이 다 태워서 미세한 티끌 하나도 영원히 남김없이 멸한다. …… 그러므로 남김 없이 끊어버림이라 한다.[55]

여기서 복단(伏斷)은 돌을 풀 위에 놓고 다시 잘드는 호미를 가지고 그 뿌리를 끊어서 영원히 날 수 없게 하는 것을 말한다. 하지만 아직 나머지 줄기와 뿌리는 남아있는 상태이다. 영단(永斷)은 그릇에 곡식을 넣고 불로 태웠기 때문에 불기운으로 인해 영원히 종자가 될 수 없게 하여 끊어버리는 것이다. 마지막 무여멸단(無餘滅斷)은 한 겁이 다 한 뒤에 일곱 개의 태양이 나타나 작고 가는 티끌 하나도 영원히 남김없이 태워서 끊어버리는 것을 말한다. 근본무명은 바로 이 무여멸단의 경지에서 비로소 끊어버림이 가능한 것이며 오직 부처의 지혜로서만 단멸이 가능한 것이다.

원효가 제시하는 세 가지 멸단은 제10지전(地前)보살과 제10지상(地上)보살과 부처의 측면에서 설정한 것이다. 제10지전보살은 아집과 법집을 절복시켜 끊어 없앨 뿐이다. 제10지상보살은 육종염심을 영원히 끊어 없앤 보살이다. 근본무명은 오직 부처의 지혜로서만 남김없이 없애버릴 수 있다.

이처럼 원효는 범부와 이승과 보살(제10地前과 제10地上)의 측면에서 설명하면서도 그 위에 부처의 지혜를 설정하여 풀이하고 있다. 그리고 근본

---

55 元曉, 앞의 책, 807상중. "所言斷者, 有三差別. 一者伏斷, 二者永斷, 其第三者無餘滅斷. …… 言伏斷者 譬如於石所加草根, 更以利鉏杯斷其根, 永令不能生, 其外莖根未滅故說名爲伏, 根不續故亦名爲斷. 言永斷者, 譬如於火鎗燋경麥, 雖由鎗隔不失경相, 而由火勢永不成種. …… 是故此等說名永斷. …… 所言無餘滅斷者, 如劫盡時 七日並現, 通然空界巨海大地 散盡無遺, 乃至微塵永無餘殘. …… 是故說名無餘殘斷"

무명은 오직 붇다의 큰 거울처럼 비추는 대원경지로서만 끊어버릴 수 있다고 말한다.

2. 현대적 논의

원효는 『대승기신론』에 대한 깊은 성찰 위에서 『이장의』를 저술하였다. 『기신론』의 생멸의 측면과 잘못된 집착을 치유하는 과정을 보다 깊이 기술한 『이장의』는 불교의 장애론을 조직적이고 체계적으로 재정리한 것으로 평가된다.

때문에 현실적 인간의 괴로운 현실을 진단하고 그 극복의 처방전을 내리고 있는 『이장의』는 원효의 장애론이자 불교의 장애론으로 읽어도 손색이 없을 정도로 명쾌하게 전개되고 있다. 원효는 『이장의』에서 현행의 장애와 잠복의 장애를 치유하고 단멸하는 모습을 현상적 관점에서 대치하는 번뇌장과 소지장, 근본적 관점에서 멸단하는 번뇌애와 지애의 중층 구조를 통해 해명해 가고 있다.

> 지금까지 설한 장애의 치유에서의 차별은 더러움과 깨끗함이 하나가 아니라는 측면에서 말한 것이다. 그래서 장애는 도를 가로막을 수 있고 도는 장애를 없앨 수 있다고 말한 것이다. 만일 더러움과 깨끗함에는 장애가 없다는 측면에 의거하면 장애는 도를 가로막지 않으며 도는 장애를 벗어나지 않아 장애는 다른 장애가 있는 것이 아니다. 여래는 이미 이러한 도리를 체득하였기 때문에 일체의 제법이 곧 자신의 몸이 되었다. 이미 자신의 몸이 되었는데 어디에 끊을 대상이 있으며 어디에 끊을 주체가 있겠는가? 이 이제(二諦)를 벗어나서 환히 홀로 머무르는 것이 어디에 있을 수 있겠는가?[56]

이 인용문은 원효가 『이장의』를 저술한 의도를 보여주고 있다. 원효는 『대승기신론』의 일심 이문의 구조처럼 진여문보다는 생멸문에, 청정분(淸淨分)보다는 염오분(染汚分)에 치중하여 그의 장애론을 정립하고 있다. 깨끗함과 더러움이 하나가 아니라는 측면에서 전개했던 원효의 관점은 곧 생멸

56 元曉, 앞의 책, 811상. "上來所說障治差別, 是約染淨非一義門, 故說障能尋道, 道能除障. 若就染淨無障碍門, 障非碍道, 道不出障, 障無異障. 如來旣體如是道理, 故一切諸法卽爲自體. 旣皆自體, 有何所斷, 有何能斷, 何得有出二諦外而灼然獨住者乎"

문의 측면에 입각한 것이다.

원효는 부처의 관점에서 장애를 논하기보다는 현실적 인간과 성문과 연각 그리고 보살의 측면에서 번뇌를 논함으로써 우리에게 참다운 수행이란 무엇인가를 묻고 있다. 이는 『기신론』이 진여문보다는 생멸문에 집중하고 있는 측면과 일맥상통한다. 여기에는 끊임없이 생멸하는 현실적 인간의 의식을 일심(一心)으로 환귀시키려고 했던 그의 역정이 담겨져 있다.

원효는 현상적 관점의 장애들, 즉 나의 공성에 대한 통찰을 통해 나에 대한 집착[我執]을, 존재의 공성에 대한 통찰을 통해 존재에 대한 집착[法執]을 치유하고자 했다. 그리고 아집으로 생긴 번뇌장과 법집으로 생긴 소지장을 다시 근본적 관점의 장애인 번뇌애로 포섭하고 그 번뇌애, 즉 여섯 가지 때묻은 마음[六種染心]을 맑고 깨끗한 마음으로 절복시켜 끊어버리고[伏斷], 붇다의 큰 거울처럼 비추는 지혜로 밑바탕이 되는 번뇌[根本無明]을 영원히 끊어 없애버리고[永斷] 나아가서는 남김없이 끊어버리고자[無餘滅斷] 했다.

이러한 구조는 원효가 미혹한 현실세계에 대한 분석에 치중하는 유식사상과 깨달은 인간에 대한 통찰과 깨달을 수 있다는 가능성에 대한 확신에 치중하는 여래장사상의 회통 위에서 장애를 대치하고 멸단하기 위해 정립한 것으로 이해된다. 그것은 곧 진여(眞如)와 생멸(生滅), 각(覺) 과 불각(不覺), 본각(本覺)과 시각(始覺)의 원천인 일심(一心)을 발견할 수 있게 하기 위해서였다고 할 수 있다.

이것은 유식사상과 여래장사상을 총섭함으로써 미혹한 현실에서 깨달음으로 전환하는 길이 단절됨에 대한 설명이 부족한 유식사상과 깨달은 인간이 어떻게 미혹에 휩싸였는지에 대한 설명이 미약한 여래장 사상의 한계[57]를 서로 보완하면서 전개한 번뇌론이기 때문이라고 할 수 있다. 동시에 장애의 극복을 위한 이론 정립의 구도 아래 유식사상과 여래장사상의 장점만을 적극적으로 원용한 것이라 할 수 있다.

따라서 원효는 아공(我空)과 법공(法空)의 통찰, 자성청정심(自性淸淨心)과 대원경지(大圓境智)의 증득이라는 논지를 내오기 위해 현행의 장애인 번뇌장과 번뇌애와 잠복의 장애인 소지장과 지애를 현상적 관점과 근본적 관점의 시각, 즉 유식사상의 측면과 여래장사상의 측면 위에서 범부·이승·보

57 丁永根, 「마음의 장애와 무지의 장애」, 『민족불교』 제2호, 청년사, 1992, 196면

살[부처]의 수행위의 대비 구도를 가지고 중층적으로 번뇌를 대치하고 멸단하고 있다. 이것이 바로 원효의 장애론이며 이는 불교의 장애론으로도 읽을 수 있다. ❁

고영섭 (동국대)

사성제

범 catvāry-ārya-satyāni 장 ḥphags-paḥi den pa bṣi 한 四聖諦

사성제(四聖諦)는 초기불교 진리관의 근간이다. 모든 동물의 발자국이 코끼리의 발자국 속으로 들어오듯이 붓다가 설한 모든 가르침은 사성제에 포섭된다고 한다. 따라서 붓다의 가르침은 사성제에 대한 이해에서 시작해서 사성제의 체험으로 마무리된다고 해도 과언이 아니다.

본고에서는 사성제가 가장 자세히 제시되어 있고 중요시되고 있는 초기불교의 관점을 중점적으로 살피고 인도 부파불교[설일체유부와 남방상좌부], 대승불교[중관학파와 유식학파], 그리고 중국 천태사상에서 해석된 사성제의 의미를 중심으로 정리한다.

Ⅰ. 어원적 근거 및 개념 풀이

사성제(四聖諦)는 빠알리어 cattāri ariya-saccāni의 번역이며, 범어로는 catvāry-ārya-satyāni, 티벳어로는 ḥphags-paḥi den pa bṣi 이다.(AKBh 217.14,

385.5)

네 가지 성스러운 진리, 또는 성인이 깨달은 네 가지 진리를 말한다. 한역에서는 사진제(四眞諦) 또는 사제(四諦)라는 번역이 있으나 주로 사성제(四聖諦)로 번역되었다.

『율장』과 『상윳따 니까야』 등의 초기불전에 의하면 붓다가 깨달은 후, 마가다국의 녹야원에서 이전의 고행 동료이자, 최초의 출가 제자가 된 다섯 비구에게 처음 설했다고 전해지며[1], 이때의 가르침을 『전법륜경(轉法輪經, *Dhammacakkapavattana-sutta*)』이라고도 한다.

그 내용은 고집멸도(苦集滅道)이지만 자세한 용어는 괴로움의 성스런 진리[苦聖諦, dukkham ariya-saccam], 괴로움의 원인의 성스런 진리[苦集聖諦, dukkha-samudayam ariya-saccam], 괴로움의 소멸의 성스런 진리[苦滅聖諦, dukkha-nirodham ariya-saccam], 괴로움의 소멸에 이르는 길의 성스런 진리[苦滅道聖諦, dukkha-nirodha-gāminī paṭipadā ariya-saccam]이다.[2]

사성제(cattāri ariya-saccāni)는 '네 가지 성스러운 진리' 또는 '네 가지 성인(聖人)의 진리'라고 풀이할 수 있다. 네 가지는 고집멸도(苦集滅道)를 말하며, 성스러운 또는 성인이라는 의미의 ariya는 초기불교 및 부파불교에서 말하는 성인인 예류(預流), 일래(一來), 불환(不還), 아라한(阿羅漢)의 경지에 이른 이를 말한다. 성인들이 체험적으로 이해한 네 가지 진리라는 의미에서 사성제라고 한다.

Ⅱ. 역사적 전개 및 텍스트별 용례

1. 인도 초기불교의 근본교설로서의 네 가지 고귀한 진리

사성제에 대한 논의는 초기불교의 전통에서 자세히 다룰 필요가 있다. 초기불교에 대한 종합적인 논의의 주제로 가장 많이 거론되는 교설이 사성제이다. 초기불교에 따르면 불교란 고집멸도(苦集滅道)의 네 가지 고귀한 진리[四聖諦]에 대한 가르침이다. 붓다는 간단하게 "내가 가르치는 것은 괴로움

1 Vin I 10, SN V 420면.
2 Norman[1982]에 사성제의 문법적인 분석이 제시되어 있다.

[苦]과 괴로움의 소멸[苦滅]이다.”라고 말씀하셨다. 사제 또는 사성제에는 괴로움[苦]이라는 단어가 앞에 붙어 있다. 즉 괴로움[苦, dukkha]과 괴로움의 원인[苦集, dukkha-samudaya], 괴로움의 소멸[苦滅, dukkha-nirodha], 괴로움의 소멸에 이르는 길[苦滅道, dukkha-nirodha-gāmini paṭipadā]이라고 되어 있다.

이처럼 괴로움[苦]에 대한 고찰이 불교의 진리관의 근저에 놓여 있음을 알 수 있다. 괴로움이란 무엇인가, 괴로움은 어떻게 발생하며, 어떻게 극복되는가라는 문제제기와 함께 불교는 시작하고 발전해왔다고 할 수 있는 것이다. 사성제의 가르침은 기본적으로 연기설에 근거하고 있다. 원인과 결과의 법칙을 말하는 연기설의 입장에서 보면, 집(集: 원인) → 고(苦: 결과), 도(道: 원인) → 멸(滅: 결과)의 관계를 알 수 있다.

1) 초기불교의 총체적인 진리관인 사성제

붓다의 깨달음과 가르침은 다름 아닌 ‘네 가지 고귀한 진리’로 요약된다.

“비구들이여, 괴로움의 고귀한 진리를 알지 못하고, 깨닫지 못했기 때문에 나와 그대들은 그렇게 오랫동안 이 윤회의 굴레에서 헤매야만 했다. 비구들이여, 괴로움의 발생의 고귀한 진리를 … 괴로움의 소멸의 고귀한 진리를 … 괴로움의 소멸에 이르는 고귀한 진리를 알지 못하고, 깨닫지 못했기 때문에 나와 그대들은 그렇게 오랫동안 이 윤회의 굴레에서 헤매야만 했다.”[3]

“비구들이여, 이 네 가지 고귀한 진리에 대해 ‘있는 그대로의 앎과 봄[如實知見]’이 나에게 아주 분명하지 않았더라면, 비구들이여, 나는 천신, 마라(魔), 범천(梵天), 사문과 바라문, 인간, 천인(天人)의 세계에 있어서, 위없는 완전한 깨달음[無上正等覺]을 깨달았다고 공언하지 않았을 것이다. 하지만 비구들이여, 이 네 가지 고귀한 진리에 있어서 ‘있는 그대로의 앎과 봄’이 나에게 아주 분명하게 되었기 때문에, 비구들이여, 나는 천신, 마라(魔), 범천(梵天), 사문과 바라문, 인간, 천인(天人)의 세계에 있어서, 위없는 완전한 깨달음을 깨달았다는 확신이 나에게 생겨났다.”[4]

부처님의 가르침 중에서 네 가지 고귀한 진리가 얼마나 핵심적 위치를

---

3 DN II 90면.
4 SN V 422-3면.

차지하는가는 신사파 숲의 메시지에서 다시 확인된다. 세존께서 코삼비(알라하바드 근처)의 신사파 나무숲에서 머무실 때, 붓다는 손에 신사파 나뭇잎들을 주워 들고서 비구들에게 말씀하셨다. "비구들이여! 어떻게 생각하느냐. 내 손에 있는 신사파 잎사귀와 저 숲에 있는 잎들과 어느 쪽이 더 많은가?" 이 질문에 비구들은 숲에 있는 잎들이 훨씬 많다고 대답하자, 붓다는 자신이 완전히 깨닫고서도 설하지 않은 것은 많고 설한 것은 극히 일부분이라고 한다. 그 이유는 설하지 않은 내용은 유익하지도 않고 청정한 삶에 꼭 필요한 것도 아니기 때문이며, 싫은 마음을 일으킴[厭離, nibbidā], 탐욕을 멀리함[離慾], 멸진(滅盡), 적정(寂靜), 뛰어난 지혜(abhiññā), 완전한 깨달음, 열반으로 이끌어 주지 않기 때문이다. 그리고 붓다가 설한 것은 다름 아닌 사성제라고 한다. 사성제를 설한 이유는 유익하고 청정한 삶에 반드시 필요한 것이기 때문이며, 싫은 마음을 일으킴, 탐욕을 멀리함, 멸진, 적정, 뛰어난 지혜, 완전한 깨달음, 열반으로 이끌어 주기 때문이다. 바로 이 사성제를 깨닫기 위해 모든 노력을 기울여야 한다고 역설한다.[5]

붓다가 네 가지 고귀한 진리를 설하시는 방법은 의사가 환자를 대하는 방식과 유사하다. 의사로써 붓다는 먼저 병을 진단하고, 그 병의 원인과 발생 과정을 찾아낸 다음, 병의 제거 방법을 검토하고 나서 병을 치유하는 방법(처방)을 내렸다. 괴로움[苦, dukkha]은 병이다. 갈애(渴愛)가 병의 발생 원인이다[集]. 갈애를 없앰으로써 병이 제거된다. 그것이 치유이다[滅]. 여덟 갈래 고귀한 길은 그 처방이다[道].

어떤 바라문이 붓다께 무슨 까닭으로 붓다라고 불리냐고 물었을 때 붓다의 대답은 명확했다. 바로 네 가지 진리에 대해 완전한 지혜를 갖췄기 때문에 붓다라고 불린다고 말씀하셨다. "나는 분명히 알아야 할 것(abniññeyya)을 분명히 알았고, 닦아야 할 것(bhāvetabba)을 닦았고, 버려야 할 것(pahātabba)을 버렸다. 바라문이여, 그래서 나는 붓다이다."[6]

주석서에 의하면[7] 분명히 알아야 할 것이란 지혜(vijjā)와 해탈(vimutti)이며, 닦아야 할 것이란 도의 진리(magga-sacca)이고, 버려야 할 것이란 고의 발생의 진리(samudaya-sacca) 이다. 원인이 있으면 결과가 있기 때문에 팔정도에 의해 고의 소멸이, 고의 원인(발생)에 의해 고가 설해졌으므로 사

5 SN V 437면.
6 Sn 558면.
7 Pj II 454면.

성제가 잘 설해져 있는 것이다.

2) 괴로움의 고귀한 진리 : 고성제

초기경전에서 괴로움[苦, dukkha]은 몇 가지 방식으로 설명된다. 괴로움에 대한 기본적인 설명은 생로병사(生老病死)의 사고(四苦)와 팔고(八苦)라고 할 수 있을 것이다. 태어남[生], 늙음[老], 죽음[死], 슬픔, 비탄, 육체적 통증, 정신적 고통 그리고 절망, 원하는 것을 얻지 못하는 괴로움[求不得苦]이며, 싫어하는 대상과 만나는 괴로움[怨憎會苦]이며, 좋아하는 대상과 헤어지는 괴로움[愛別離苦]이다. 간단히 말해서 (인간을 구성하고 있는) 다섯 가지 무더기에 대한 집착[五取蘊]이 괴로움이다.[8] 괴로움이란 간단하게 말해서 인간을 구성하고 있는 육체 또는 물질[色]과 정신[受, 想, 行, 識]을 '나'라고 집착하는 것이라고 할 수 있다. 따라서 인간을 구성하고 있는 육체[色]와 정신[受, 想, 行, 識]인 오온(五蘊)과 그에 대한 집착[取]에 대한 이해가 괴로움을 이해하는 열쇠가 된다.

(1) 오온에 대한 이해

① 육체[色]

육체는 네 가지 근원적인 요소[四大]와 그것들로부터 파생된 물질들[四大所造色]이다. 네 가지 근원적인 요소[四大]란 땅의 요소[地界], 물의 요소[水界], 열기의 요소[火界], 움직임의 요소[風界]를 말한다.[9]

네 가지 근원적인 요소[四大]로부터 파생된 물질들[四大所造色]은 빠알리 아비담마[論書]에 의하면, 다음의 24가지 물질적인 현상과 성질로 되어있다. 즉, 눈, 귀, 코, 혀, 몸[五根], 형체나 색깔[色], 소리, 냄새, 맛, 남성의 기관, 여성의 기관, [육체의] 생명력, 정신의 육체적인 기반, 육체적 표현[몸짓], 언어적 표현[말], 공간, 몸의 경쾌함, 몸의 무거움, 몸의 적응성, 몸의 성장, 몸의 지속, 늙음, 무상함, 영양분을 말한다. 경전은 계속 이어진다. 그리고 '이것들[四大]은 나의 것이 아니다. 이것들은 내가 아니다. 이것들은 나의 자아가 아니다.'라고 있는 그대로 알고 보아야 한다. 목재와 골풀과 갈대와 진흙을 재료로 해서 만들어진 한정된 공간을 오두막이라고 부르듯이,

8 DN II 305면.

9 MN I 184면. 색온에 대한 설명은 『붓다의 말씀』 (김재성역, 서울: 고요한소리 2006년 3판) 42-46면 참조.

뼈와 힘줄과 살과 피부를 재료로 해서 형성된 한정된 공간을 '육체'라고 부른다.

② 느낌[受]

느낌에는 기본적으로 세 가지가 있다. 즐거운 느낌[樂], 괴로운 느낌[苦], 무덤덤한 느낌[不苦不樂]이다.[10] 세 가지 느낌을 있는 그대로 관찰하지 못하면, 즉 지혜로서 느낌의 본질을 관찰하지 않으면. 즐거운 느낌[樂]에 대해서는 탐욕[貪]이, 괴로운 느낌[苦]에 대해서는 성냄[瞋]이, 그리고 무덤덤한 느낌[不苦不樂]에 대해서는 어리석음[痴]이 생겨나게 된다.

③ 지각[想]

지각에는 여섯 가지가 있다. 형태나 색깔[色], 소리[聲], 냄새[香], 맛[味], 접촉[觸], 마음의 현상[法]에 대한 지각작용이다.[11]

여섯 가지 인식 기관[눈, 귀, 코, 혀, 몸, 마음]에서 각기 지각이 일어나는데 지각은 느낌[受]과 지음[行]과 함께 발생하는 마음의 작용이다. 지각도 인식기관과 대상의 접촉이라는 조건에서 생겨나기 때문에 생겨났다가는 사라지는 무상한 현상이지만, 우리는 자신의 마음에 떠오르는 갖가지 생각들과 이미지들을 마치 자신의 마음인 것처럼 집착하고 있다. 있는 그대로의 지각을 보지 못하기 때문이다.

④ 지음[行]

지음이란 무엇인가. 여섯 가지 의지(cetanā)가 그것이다. 즉 형태나 색깔[色], 소리[聲], 냄새[香], 맛[味], 접촉[觸], 마음의 현상[法]에 대한 의지이다.[12]

지음의 무더기[行蘊]는 한 순간의 의식에 느낌과 지각과 함께 현존하는, 수많은 정신적 활동의 기능 또는 양상들을 의미하는 집합적인 용어이다. 지음[行]은 아비담마에서 50가지로 분류되고 있으며, 그 가운데 7가지는 항상 작용하는 마음의 작용이다. 나머지와 그것들의 결합 방식은 각각에 대응하는 의식의 성격에 따라 다양하다.

---

10 SN IV 204면.
11 SN III 60면.
12 SN III 60면.

「정견경(正見經)」[13]에 의하면, 지음의 무더기 가운데 세 가지 대표적인 것은 의지작용[思], 접촉[觸] 그리고 주의를 기울이는 것[作意]이라고 한다. 그리고 다시 이 가운데에서 가장 중요한 '지음'의 요소인 의지작용을 들어, 특별히 지음의 무더기의 특성으로 한 것이며, 따라서 위에서 본 바와 같이 의지작용을 대표적인 예로 삼은 것이다.

⑤ 의식[識]

의식이란 여섯 가지 의식의 무더기를 말한다. 즉, 눈의 의식[眼識], 귀의 의식[耳識], 코의 의식[鼻識], 혀의 의식[舌識], 몸의 의식[身識], 마음의 의식[意識]이다.[14]

의식은 사물을 식별하는 마음을 가리킨다. 의식은 윤회의 주체이거나 '자아'가 아니라 인식기관과 인식대상이라는 조건에 의해 생겨나고 사라지는 현상에 불과하다.

내적인 눈(의 감각기능)이 온전하더라도 만약에 외적인 색(色: 색깔과 형태)이 시야에 들어오지 않았을 경우, 그리고 그것에 응해서 주의력이 없을 때, 이 경우 그것에 대한 (눈의) 의식은 생겨나지 않는다. 그리고 내적인 눈이 온전하고 외적인 색이 시야에 들어왔다 하더라도, 그것에 응해서 주의력이 없을 때, 이 경우에 그것에 대한 의식은 생겨나지 않는다. 하지만 내적인 눈이 온전하고 외적인 색이 시야에 들어왔으며, 그것에 응해서 주의력이 있을 경우에는 그것에 대한 의식이 생겨나게 된다.[15]

이처럼, 의식은 조건에 의해 생긴 마음을 가리키는데, 우리는 이러한 의식을 '나' 또는 '나의 마음'이라고 집착한다. 실제로 붓다의 직제자 가운데 의식[識]을 윤회의 주체라고 생각하는 제자도 있었다.

(2) 세 가지 괴로움

괴로움[苦, dukkha]을 다른 각도에서 이해하면 고고(苦苦, dukkha-dukkha), 괴고(壞苦, viparināma-dukkha), 행고(行苦, sankhāra-dukkha)[16]의 세 가지

13 『中部』 9, MN I 53면. 『정견경』에서는 12지연기의 명색(名色)을 설명하면서 느낌[受, vedanā]과 지각[想, saññā]과 함께 의지[思, cetanā], 접촉[觸, phassa] 그리고 주의 기울임[作意, manasikāra]를 제시하고 있다. 이 경전의 주석서에서 느낌과 지각을 제외한 세 가지 마음 작용을 지음[行, saṅkhārā]의 무더기로 해석하고 있다. MN-a I 221면.

14 SN III 58면.

15 MN I 190면.

측면이 있다.

고고(苦苦)란 피할 수 없는 괴로움, 생로병사의 괴로움, 누구에게나 있는 육체적인 괴로움이다. 괴고(壞苦)란 좋은 상황, 즐거운 상황이 없어지면서 생기는 괴로움, 섭섭함 등이다. 마지막 행고(行苦)에 대한 이해를 해야 불교에서 말하는 괴로움을 제대로 이해할 수 있다. 행(行)이란 조건에 의해 생겨나 모든 현상을 말한다. 조건에 의해 생겨난 현상은 조건이 사라지면 없어져 버리는 성질이 있기 때문에 불안하고 안정되어 있지 못하다는 의미로 괴로움이라고 한 것이다. 행고의 입장에서 보면 우리가 일상적으로 느끼는 즐거움도 괴로움이다. 조건에 의해 생겨난 즐거움은 그 자체로 조건에 의해 생겨났기 때문에 괴로움이라는 의미이다. 행고(行苦)에 대한 이해가 있을 때, 비로소 불교에서 말하는 괴로움에 대해 이해한다고 할 수 있다.

행고(行苦) 는 바로 오취온고와 일맥상통한다. 모든 조건 지워진 것은 괴로움이라고 할 때, 오온 자체가 조건에 의해 존재하는 현상이기 때문에 괴로움이라고 하는 것이다.

오온 자체의 괴로움은 행고의 차원에서 이해할 수 있고, 오온에 대한 집착은 보다 강한 번뇌에 기반을 둔 괴로움이라고 이해할 수 있을 것이다.

(3) 오온을 즐기는 것은 괴로움을 즐기는 것

우리가 자신이라고 애지중지하고 살고 있는 육체와 정신을 즐기는 것은 다름 아닌 괴로움을 즐기는 것이라고 붓다는 말한다.

"비구들이여, 육체[色], 느낌[受], 지각[想], 지음[行], 의식[識]을 즐기고 있는 사람은 괴로움을 즐기고 있는 사람이다. 괴로움을 즐기고 있는 사람은 괴로움에서 벗어날 수 없는 사람이라고 나는 말한다."[17]

지금까지 살펴본 괴로움의 고귀한 진리에 대해 충분히 인식하였다면, 바로 지금이 모든 지음[諸行]을 싫어하여 근본 번뇌인 탐욕과 성냄과 어리석음[貪瞋痴]를 버리고 괴로움에서 벗어날 생각을 일으켜야 할 것이다.

"비구들이여, 그대들은 오랫동안 생사를 거듭하면서, 괴로움을 겪어왔고, 슬픔을 겪어왔고, 불행을 겪어왔으며, 죽어서 묘지를 가득 채워 왔다. 그러므로 비구들이여, 그대들은 바로 지금이 모든 지음[諸行]에 대해서 싫

---

16 DN III 216면, SN IV 259면, V 56면, 『청정도론』 Vism 499면.
17 SN III 31면.

어하는 생각을 내기에 적당한 때이며, 탐욕을 버리기에 적당한 때이며, 이 모든 괴로움에서 벗어나 해탈을 얻기에 적당한 때이다."[18]

괴로움을 있는 그대로 알 때, 우리는 괴로움에서 벗어나고자 할 것이다. 괴로움을 즐거움인 줄 알고 산다면 누가 괴로움에서 벗어날 수 있겠는가. 세상에서 말하는 즐거움은 바로 오온의 즐거움이다. 그것은 괴로움 자체를 즐기는 것이 된다는 붓다의 가르침을 깊이 음미해야 할 것이다.

3) 괴로움의 발생의 고귀한 진리[苦集聖諦]

사성제의 두 번째는 괴로움에는 원인이 있다는 진리이다.

괴로움의 발생, 또는 원인의 고귀한 진리[苦集聖諦] 바로 갈애(渴愛)이다.

(1) 갈애

갈애란 또 다른 생존을 초래하며, 쾌락과 탐욕을 동반하는, 이른바 감각적 쾌락에 대한 갈애[欲愛], 존재에 대한 갈애[有愛], 비존재에 대한 갈애[無有愛]를 말한다.[19]

감각적 쾌락에 대한 갈애[欲愛, kāma-tanhā]는 여섯 가지 감각기관[눈, 귀, 코, 혀, 몸, 마음]의 대상에서 감각적 쾌락을 얻고자 하는 갈망을 말한다.

존재에 대한 갈애[有愛, bhāva-tanhā]는 주로 섬세한 물질의 세계[色界]나 순수한 정신적인 세계[無色界]에 대한 갈망으로 행복한 상태로 영원히 존재하고자 하는 갈망이며, 영생에의 갈망을 말한다. 인간에게는 죽은 후에도 영원히 존재하는 영혼과 같은 것이 있다고 주장하는 상견(常見)과 관련이 있다.

비존재에 대한 갈애[無有愛, vibhāva-tanhā]는 죽은 후에는 아무것도 존재하지 않는다고 하는 단견(斷見)이라는 사견에서 나온 갈망으로, 자아와 육체를 동일시하는 잘못된 유물론에 근거하여 죽음에 의해 세상은 끝이라고 하여 괴로움에 처해 있는 자신을 비관하여 파괴하고, 영원히 죽고자 하는 갈망을 말한다.

(2) 갈애의 원인

감각적 욕망으로서의 갈애는 감각기관과 관련해서 발생한다. "이 세상

---

18 SN II 178면.

19 DN II 308면, 『붓다의 말씀』 60-61면.

에서 즐거운 대상, 즐길만한 대상이 있는 곳이면 그 어디에서나 이 갈애는 생겨나고 그곳에 머문다. 눈, 귀, 코, 혀, 몸, 마음[六根: 여섯 가지 감각기관]이 즐겁고 즐길만한 대상이라면 그곳에서 이 갈애는 생겨나고 거기에 머문다. 보이는 것, 들리는 것, 냄새, 맛, 육체의 촉감, 마음속의 현상들[六境: 여섯 가지 감각대상]이 즐겁고 즐길만한 대상이라면 그곳에서 이 갈애는 생겨나고 거기에 머문다. 그리고 각각 여섯 가지 의식[六識], 여섯 가지 접촉[六觸], 여섯 가지 접촉에서 생긴 느낌[六受], 여섯 가지 지각[六想], 여섯 가지 의지[六思], 여섯 가지 갈애[六愛], 여섯 가지 향하는 생각[六尋], 여섯 가지 머무는 생각[六伺]이 즐겁고 즐길만한 대상이라면 그곳에서 이 갈애는 생겨나고 거기에 머문다. 이것을 '괴로움의 발생'의 고귀한 진리[苦集聖諦]라고 한다.[20]

눈으로 대상을 볼 때, 즐거운 대상이면 그 대상에 집착하고, 즐거운 대상이 아니면 싫어한다. 귀로 소리를 들을 때, … 코로 냄새를 맡을 때, … 혀로 맛을 볼 때, … 몸으로 접촉을 할 때, 마음으로 마음속의 현상들을 생각할 때, 즐거운 대상이면 그 대상에 집착하고, 즐거운 대상이 아니면 싫어한다. 몸에 대한 마음챙김[身念處]을 지니지 않고, 좁은 마음으로 지내면서, 마음의 해탈과 지혜의 해탈을 있는 그대로 알지 못한다. 이처럼 집착하는 마음과 싫어하는 마음을 지닌 채로 즐겁거나, 괴롭거나, 즐겁지도 괴롭지도 않은 그 어떤 느낌이 생겨났을 때, 그 느낌을 즐기고 받아들이고 붙잡게 되면, 즐거움이 생겨나게 되는데 이렇게 느낌에서 생겨난 즐거움은 바로 집착[取]이며, 이 집착을 조건으로 해서 존재양식[有: 업에 의한 존재 또는 업의 과정]이 생겨나며, 이 존재양식에 의존하여 새로운 태어남[生]이 생겨나게 되며, 이 태어남을 의존해서 늙음, 죽음, 슬픔, 비탄, 고통, 비애, 절망 등의 온갖 괴로움의 무더기가 생겨나게 된다.[21]

12지연기에서 확인할 수 있듯이 괴로움의 근원에는 네 가지 고귀한 진리[四聖諦]에 대한 어리석음[無明]이 있으며, 어리석음은 다시 세 가지의 번뇌[三漏]와 상호 조건적으로 관계를 맺고 있다. "번뇌가 생기므로 무명이 생기고, 번뇌가 소멸하므로 무명이 소멸한다. 무명이 생기므로 번뇌가 생기고, 무명이 소멸하므로 번뇌가 소멸한다."[22] 세 가지의 번뇌[三漏]는

20 DN II 308-310면.
21 MN I 266-7면.
22 MN I 54-55면.

감각적 욕망의 번뇌[欲漏, kāmāsava], 존재의 번뇌[有漏, bhāvāsava] 어리석음의 번뇌[無明漏, avijjāsava]를 말한다.

4) 괴로움의 소멸의 고귀한 진리 – 고멸성제

괴로움의 소멸의 고귀한 진리[苦滅聖諦]란, 탐욕을 버림[無貪]에 의한, 저 갈애의 남김 없는 소멸, 떠남, 완전한 파기, 해탈, 무집착, 이것을 '괴로움의 소멸'의 고귀한 진리라 한다.

이 세상에서 즐거운 대상, 즐길만한 대상이 있는 곳에서 이 갈애는 버려지고 소멸한다. 이 세상에서 눈, 귀, 코, 혀, 몸, 마음[六根, 여섯 가지 감각기관]이 즐겁고 즐길만한 대상이라면 그곳에서 이 갈애는 버려지고 소멸한다. 보이는 것, 들리는 것, 냄새, 맛, 육체의 촉감, 마음속의 현상들[六境: 여섯 가지 감각대상]이 즐겁고 즐길만한 대상이라면 그곳에서 이 갈애는 버려지고 소멸한다. 그리고 각각 여섯 가지 인식작용[六識], 여섯 가지 접촉[六觸], 여섯 가지 접촉에서 생긴 느낌[六受],여섯 가지 표상작용[六想], 여섯 가지 의지작용[六思], 여섯 가지 갈애[六愛], 여섯 가지 향하는 생각[六尋], 여섯 가지 머무는 생각[六伺]이 즐겁고 즐길만한 대상이라면 그곳에서 이 갈애는 버려지고 소멸한다.[23]

(1) 괴로움의 소멸의 과정

갈애[愛]의 소멸에 의해 집착[取]이 소멸하고, 집착의 소멸에 의해 존재[有]가 소멸하며, 존재의 소멸에 의해 태어남[生]이 소멸하고, 태어남의 소멸에 의해 괴로움[苦]이 소멸한다.

탐욕을 버림[無貪]에 의한, 갈애의 남김 없는 소멸에 의해 집착[取]이 소멸한다. 집착의 소멸에 의해, [새로운] 생존양식[有]이 소멸한다. 생존양식의 소멸에 의해, 태어남이 소멸한다. 태어남의 소멸의 의해, 늙음, 죽음, 슬픔, 비탄, 고통, 비애, 우수가 소멸한다. 이와 같이 괴로움의 전체 무더기의 소멸이 있게 되는 것이다.[24]

괴로움이 완전히 없어진 열반은 다음과 같은 용어와 함께 사용된다. 평온, 뛰어난 것, 모든 지음[諸行]의 종식, 모든 존재의 의지처(upadhi)의 파

---

23 DN II 310-311면.
24 SN II 70면.

기, 갈애의 소진(消盡), 무탐(無貪, virāga), [괴로움의] 소멸(nirodha), 열반이다.[25]

간단히 말하면, 탐진치라는 좋지 않은 법[不善法]의 뿌리를 완전히 없애버린 것이 열반이다.

"탐욕에 물든 마음에 정복돼서, 성냄에 의한 악한 마음에 정복되어, 무지에 의한 어리석음에 정복되어, 사람들은 자신을 파멸로 이끌며, 다른 이들을 파멸로 이끌고, 자신과 다른 이 둘 다를 파멸로 이끌어 정신적인 고통과 슬픔을 겪는다. 하지만, 탐욕과 성냄과 무지를 버릴 때, 사람들은 자신을 파멸로 이끌지 않으며, 다른 이들을 파멸로 이끌지도 않고, 자신과 다른 이 둘 다를 파멸로 이끌지 않아서, 정신적인 고통과 슬픔을 겪지 않는다. 이처럼 바로 현세에서 증득될 수 있는, 이 열반은 시간을 지체하지 않는 것이며, 와서 보라고 할 수 있는 것이며, 매력이 있는 것이며, 현자들이 경험할 수 있는 것이다."[26]

열반에 대한 가장 적극적인 설명은『우다나』에 다음과 같이 제시되어 있다.

"실로 땅도 물도 불도 바람도 없는 곳[地水火風의 물질이 없음, 섬세한 물질의 세계[色界]가 아님], 공무변처도 없고, 식무변처도 없고, 무소유처도 없고, 비상비비상처도 없는 곳[물질이 없는 세계[無色界]도 아님], 이 세상도 아니고 저 세상도 아닌 곳, 해도 달도 없는 곳이 있다. 그것은 오는 것도 아니고, 가는 것도 아니고, 머무는 것도 아니고, 태어나는 것도 아니며, 죽는 것도 아니다. 발을 딛고 설 곳도 없고, 나아갈 곳도 없으며, 대상도 가지고 있지 않다. 이것이야말로 괴로움의 끝이라고 한다.

태어나지 않은 것, 생겨나지 않은 것, 만들어지지 않은 것, 형성되어지지 않은 것이 있다. 만일 태어나지 않은 것, 생겨나지 않은 것, 만들어지지 않은 것, 형성되어지지 않은 것이 없다면, 태어난 것, 생겨난 것, 만들어진 것, 형성되어진 것에서 벗어나는 것은 알려지지 않을 것이다. 하지만, 태어나지 않은 것, 생겨나지 않은 것, 만들어지지 않은 것, 형성되어지지 않은 것이 있기 때문에, 태어난 것, 생겨난 것, 만들어진 것, 형성되어진 것에서 벗어나는 것이 알려지는 것이다."[27]

25 AN I 133면.
26 AN I 159면.
27『우다나』VIII, 1-3. Ud 80-81면.

(2) 두 가지 열반 - 유여의열반과 무여의열반

번뇌의 완전한 소멸(kilesa-parinibbāna)을 의미하는, 아라한의 깨달음은 살아있을 때 체험되며, 이러한 상태의 열반을 '유여의열반(有餘依涅槃)'이라고 한다. '다섯 가지 무더기[五蘊]가 남아있는 열반'이라는 뜻이다.

다섯 가지 무더기[五蘊]의 완전한 소멸(khandha-parinibbāna)을 의미하는, 아라한이 육체적인 죽음에 이를 때의 열반을 '무여의열반(無餘依涅槃)'이라고 한다. 다섯 가지 무더기[五蘊]가 남아있지 않은 열반이라는 뜻이다.

이 두 가지 열반에는 질적인 차이는 없다. 번뇌의 완전한 소멸을 이룬 아라한의 죽음은 이미 뿌리가 끊긴 오온의 단절을 의미할 뿐이기 때문이다. 불교는 괴로움의 원인인 번뇌를 제거할 것을 가르치지, 과거생의 업의 결과인 현재의 육신에 대해서는 문제시 하지 않는다.

5) 괴로움의 소멸에 이르는 길 – 고멸도성제(苦滅道聖諦)

괴로움의 소멸에 이르는 길은 곧 중도(中道)이며 구체적인 내용은 팔정도(八正道)이다.

쾌락주의[유물론자, 사상적으로는 단멸론 또는 허무론자의 주장]와 고행주의[물질과 정신의 이원론에 근거해서 정신 현상의 영원함, 常住論者의 주장]라는 양 극단을 극복한, 바른 길로서의 중도가 바로 팔정도이며, 이 중도는 『전법륜경』에서 다섯 비구를 위한 최초의 설법으로 제시되었다.

"감각적인 욕락의 생활에 빠져있는 사람은 저급하며, 속되고, 고귀하지 않고, 이로움을 얻지 못하는 사람이다. 또 한편으로 결과 없는 고행을 일삼는 사람은 고통스럽고, 고귀하지 않고, 이로움을 얻지 못하는 사람이다. 이 두 가지 극단 모두를 버리고, 여래(如來)는 보는 눈을 주고, 앎을 주는 중도, 평온에 이르게 하고, 뛰어난 앎을 얻게 하며, 깨달음을 이루게 하고, 열반을 얻게 하는 중도를 발견하였다. 중도로서의 여덟 가지 고귀한 길[八正道]은 바른 이해[正見], 바른 사유[正思惟], 바른 언어[正語], 바른 행위[正業], 바른 생계[正命], 바른 노력[正精進], 바른 마음챙김[正念], 바른 마음집중[正定]이다. 이것이 여래(如來)가 발견한, 보는 눈을 주고, 앎을 주는 중도, 평온에 이르게 하고, 뛰어난 앎을 얻게 하며, 깨달음을 이루게 하고, 열반을 얻게 하는 중도이다."[28]

---

28 SN V 42면.

(1) 바른 이해 [正見]

바른 이해[正見]의 기본적 의미는 네 가지 고귀한 진리[四聖諦]에 대한 앎이다.

"비구들이여, 바른 이해란 무엇인가 비구들이여, '괴로움'에 대해서 아는 것, '괴로움의 발생'에 대해서 아는 것, '괴로움의 소멸'에 대해서 아는 것, '괴로움의 소멸에 이르는 길'에 대해서 아는 것, 이것을 바른 이해라고 한다."[29]

바른 이해는 좋음[善, kusala]과 좋지 않음[不善, akusala]에 대한 앎이기도 하다.

"벗이여, 고귀한 제자는, 좋지 않음[不善]과 좋지 않음의 뿌리[不善根]에 대해서 알고 있고, 좋음[善]과 좋음의 뿌리[善根]에 대해서 알고 있다. 벗이여, 바로 이와 같은 이유에서 고귀한 제자는 바른 이해가 있는 것이며, 진리[法]에 대해서 흔들리지 않는 청정함을 갖추고 있는 것이며, 이 정법(正法)에 이른 것이다. 좋지 않음에는 열 가지[十不善]가 있다. 세 가지 신체 행위[身業]인 살생, 도둑질, 삿된 음행과 네 가지 언어 행위[口業]인 거짓말, 이간시키는 말, 거친 말, 꾸미는 말 그리고 세 가지 마음의 행위[意業]인 탐욕, 악의, 삿된 견해이다. 좋지 않음의 뿌리[不善根]는 바로 탐욕[貪], 성냄[瞋], 어리석음[痴]이다.

열 가지 좋음[十善]은 열 가지 좋지 않음[十不善]이 없는 행위를 말한다. 좋음의 뿌리[善根]는 탐욕이 없음[無貪], 성냄이 없음[無瞋], 어리석음이 없음[無痴]이다."[30]

궁극적으로 바른 이해는 인간의 심신을 구성하는 다섯 가지 무더기[五蘊], 여섯 감각기관[六內處]과 여섯 감각대상[六外處], 기타의 여섯 가지 법들[六六法: 六受, 六想, 六思 등], 모든 지음[諸行], 모든 법[一切法]의 영원하지 않고[無常], 괴로움[苦]이며, 영원한 실체가 없다[無我]라고 보는 것, 세 가지 특성[三法印]에 대한 앎으로 귀결된다.

"비구들이여, 어떤 비구가 물질[色]은 영원하지 않다[無常], 괴로움[苦]이다, 영원한 실체가 없다[無我]라고 본다면, 느낌[受]은 … 지각[想]은 …, 지음[行]은 …, 의식[識]은 영원하지 않다[無常], 괴로움[苦]이다, 영원한 실체

29 DN II 311-312면.

30 MN I 46-7면.

가 없다[無我]라고 본다면, 그에게는 바른 이해가 있는 것이며, 이처럼 바르게 보아 싫어해서 멀리하게 된다. 따라서 [다섯 가지 무더기에 대해] 즐기는 마음을 소멸했기 때문에 탐욕이 없어지고, 탐욕이 소멸했기 때문에 즐기는 마음이 없다. 즐기는 마음과 탐욕의 소멸에 의해서 마음은 자유로워지고 잘 해탈한다."[31]

영원하지 않고[無常], 괴로움[苦]이며, 영원한 실체가 없다[無我]라고 보는 것은 다름 아닌, 위빠사나[통찰]의 지혜를 말한다. 바른 이해란 바로 조건에 의해 생긴 모든 현상[諸行]의 세 가지 특성을 아는 것을 말한다.

바른 견해에도 두 단계가 제시되어 있다. 세간의 바른 견해[世間正見]와 출세간의 바른 견해이다. 세간의 바른 견해는 탁발과 공양을 베푸는 것은 쓸모없는 일이 아니라는 견해, 선행과 악행 둘 다 결실과 과보가 있다는 견해, 이 생[生]이 있는 것처럼 다음 생도 있다는 견해, 부모가 있어 태어나는 생명이 있는 것처럼 [부모 없이 죽은 후에] 즉시 태어나는 [천상의] 존재도 있다는 것이 단지 말뿐만은 아니라는 견해, 이 세상에는 번뇌가 없고 완전한 수행자가 있어, 그들은 스스로 이해한 이생과 다음 생을 설명할 수 있다는 견해, 이러한 견해를 세간적인 결과와 좋은 결실을 가져다주는 '세간의 바른 견해'라고 한다.

출세간의 바른 견해[出世間正見]는 [수타원, 사타함, 아나함, 아라한의] 깨달음[道]과 결합되어 있는 지혜, 통찰, 바른 이해이다. 즉 마음은 세간적인 것에서 고개를 돌려 추구하고 있던 성인(聖人)의 깨달음과 결합되어 있다. 이러한 견해를 세간적이지 않은, 출세간적이며 깨달음과 결합되어 있는 '출세간의 바른 견해'라고 한다.[32]

더 나아가 조건에 의한 발생[緣起]에 대한 바른 이해, 업과 윤회에 대한 바른 이해 등을 의미하기도 한다. 간단히 정리하면, 자신과 세상을 있는 그대로 보는 지혜[如實知見], 무상, 고, 무아의 관점에서 현상을 보는 지혜가 바른 이해이다.

(2) 바른 사유[正思惟]

바른 사유에는 세 가지가 있다. 감각적인 욕망이 없는[出離, nekkhamma]

31 SN III 51면.
32 MN III 71f.

마음가짐, 나쁜 의도[惡意]가 없는[avyāpāda] 마음가짐, 남을 해치려는 의도가 없는[不傷害, avihimsā] 마음가짐, 이것이 바른 사유이다.[33]

팔정도의 두 번째 덕목이며, 바른 이해[正見]와 함께 지혜의 덕목으로 분류되는 바른 사유는 탐욕[貪]과 성냄[瞋]을 다스리는 마음을 의미한다. 탐심은 감각적인 욕망을 말하고, 진심은 나쁜 의도와 남을 해치려는 마음을 의미하기 때문이다. 나쁜 의도[惡意]가 없는 마음은 자심(慈心)이며, 남을 해치려는 의도가 없는 마음은 비심(悲心)이므로, 바른 사유의 실천은 바로 자비의 실천과 직결되어 있음을 알 수 있고, 지혜와 자비가 분리되어 있지 않다는 점도 확인할 수 있다.[34]

바른 사유도 두 단계로 나뉜다. 즉 세간적인 바른 사유와 출세간적인 바른 사유이다.

감각적인 욕망, 나쁜 의도[惡意], 남을 해치려는 의도가 없는 마음가짐, 이것을 일컬어 세간의 바른 사유라 한다. 이 세간적인 바른 사유에 의해서 세간적인 복덕과 선한 결과를 얻는다. 하지만, 고귀하고, 번뇌가 없으며[無漏], 출세간의 깨달음의 요소인 바른 사유가 있다. 고귀한 성자(聖者)의 마음, 번뇌가 없는 마음, 성자의 깨달음[道]을 성취시키는, 성자의 깨달음의 결과로서의 사고(思考), 분별, 사유, 몰두, 마음을 오롯이 함, 마음의 언어적인 잠재력[語行], 이것들이 고귀하고, 번뇌가 없으며[無漏], 출세간의 깨달음의 요소인 바른 사유이다.[35]

(3) 바른 언어[正語]

바른 언어란 거짓말[妄語]을 삼가고, 이간질하는 말[兩舌]을 삼가며, 거친 말[惡口]을 삼가고, 쓸모없는 말[綺語]을 삼가는 것이다.[36]

바른 언어에도 두 가지 단계가 있다. 세간(世間)의 바른 언어와 출세간(出世間)의 바른 언어이다. 거짓말을 삼가는 것, 이간질하는 말을 삼가는 것, 거친 말을 삼가는 것, 쓸모없는 말을 삼가는 것, 이것을 세간적인 바른 언어라고 한다. 하지만 세간적인 바른 언어에는 번뇌가 남아 있으며[有漏], 좋은 결과가 생긴다. 거짓말, 이간질하는 말, 거친 말, 쓸모없는 말을 삼가

33 DN II 312면.
34 김재성[2006], 「초기불교의 오정심관의 위치」 206면.
35 MN III 72면.
36 AN V 267면.

며, 멀리하고[遠離], 없애버리고, 하나하나 제거하면서, 고귀한 마음을 지니고, 번뇌가 없는 마음을 지니며, 성인의 깨달음[聖道]과 관련된 바른 언어가 있다. 이것을 출세간의 바른 언어라고 한다.[37]

(4) 바른 행위[正業]

바른 행위에는 세 가지가 있다. 살생을 하지 않음[不殺生], 주지 않은 것을 가지지 않음[不偷盜], 잘못된 성행위를 하지 않음[不邪淫][38]이다. 잘못된 행동을 삼가고, 올바른 행동을 하는 것, 육체적인 행위로 나타나는 가장 거친 형태의 번뇌를 다스리는 자발적인 행위가 바른 행위이다.

바른 행위에도 두 단계가 있다. 세간과 출세간의 바른 행위이다. 살생을 삼가는 것, 도둑질을 삼가는 것, 잘못된 성행위를 삼가는 것, 이를 세간의 바른 행위라고 한다. 하지만 세간적인 바른 행위에는 번뇌가 남아있으며[有漏], 좋은 결과가 생긴다. 살생, 도둑질, 잘못된 성행위를 삼가하며, 멀리하고[遠離], 없애버리고, 하나하나 제거하면서, 고귀한 마음을 지니고, 번뇌가 없는 마음을 지니며 성인의 깨달음[聖道]과 관련된 바른 행위가 있다. 이것을 출세간의 바른 행위라고 한다.[39]

(5) 바른 생계[正命]

바른 생계란 고귀한 성문(聲聞)의 제자가 잘못된 생계를 버리고 바른 생계에 의해서 생활하는 것, 이것을 바른 생계라고 한다.

『중간길이 가르침』 117경에 의하면, 세상살이에서 잘못된 생계의 내용은 다음과 같다. 사기행위, 배신, 점, 예언, 속임수, 고리대금에 의한 생계이다.[40]

재가자의 잘못된 생계가 되는 상거래는 무기, 살아 있는 동물, 고기, 술, 독극물을 사고파는 일이 있다.[41] 살아 있는 생명에게 직접, 간접적으로 해를 주는 생계수단을 바르지 못한 생계라고 한다. 이는 바른 직업을 선택하는 기준을 말해주기 때문에 불교적인 직업윤리 확립에 보다 적극적인 가르침으로 받아들여야 할 덕목이다.

37 MN III 73-74면.
38 AN V 266-267면.
39 MN III 73면.
40 MN III 75면.
41 AN V 177면.

바른 생계에도 두 단계가 있다. 세간의 바른 생계와 출세간의 바른 생계이다. 잘못된 생계를 버리고 바른 생계에 의해서 생활하는 것, 이를 세간의 바른 생계라고 한다. 하지만 세간적인 바른 생계에는 번뇌가 남아있으며[有漏], 좋은 결과가 생긴다. 잘못된 생계를 삼가하며, 멀리하고[遠離], 없애버리고, 하나하나 제거하면서, 고귀한 마음을 지니고, 번뇌가 없는 마음을 지니며 성인의 깨달음[聖道]과 관련된 바른 생계가 있다. 이것을 출세간의 바른 생계라고 한다.[42]

(6) 바른 노력[正精進]

바른 노력에는 네 가지가 있다. 막으려는 노력, 끊어 내려는 노력, 향상시키려는 노력, 유지하려는 노력이다.

막으려는 노력은 아직 생기지 않은 악하고 좋지 않은 법들이 생겨나지 않기를 원하는 마음을 일으키며, 그러한 법들이 생기지 않도록 노력하며, 정진을 가하고, 마음을 쏟으며 힘쓰는 것이다. 따라서 눈으로 사물을 보고, 귀로 소리를 들을 때, 감각기관을 제어하여, 마음속으로 즐거움을 경험하며, 악한 법이 마음으로 들어오지 못하는 것을 막으려는 노력이라고 한다.

끊어 내려는 노력이란 이미 생겨난 악하고 좋지 않은 법들을 끊어 내려는 마음을 일으키며, 그러한 법들을 끊어 내려고 노력하며, 정진을 가하고, 마음을 쏟으며, 힘쓰는 것이다. 이미 생겨난 그 어떠한 감각적 욕망, 악의(惡意), 남을 해치려는 마음이나, 악하고 좋지 않은 법들이 있을 경우, 이러한 법들을 더 이상 지니지 않으며, 버리고, 없애며, 깨트리고 사라지게 한다. 이것을 끊어 내는 노력이라고 한다.

향상시키려는 노력이란 아직 생기지 않은 좋은 법들이 생겨나기를 원하는 마음을 일으키며, 그러한 법들이 생겨나도록 노력하며, 정진을 가하고, 마음을 쏟으며 힘쓰는 것이다. 마음이 번뇌에서 벗어나 있는 상태[遠離]로부터 생겨나는, 탐욕을 벗어난 상태로부터 생겨나는, 번뇌의 소멸로부터 생겨나는 일곱 가지 깨달음의 요인[七覺支], 모든 것을 버린 자유에 이르게 하는 일곱 가지 깨달음의 요소[七覺支]를 향상시키는 것 즉, 마음챙김[念], 법에 대한 고찰[擇法], 노력[精進], 기쁨[喜], 가뿐한 마음[輕安], 마음집중[定], 마음의 평온[捨]을 기르는 것을 향상시키려는 노력이라고 한다.[43]

---

42 MN III 75면.

유지하려는 노력이란 이미 생긴 좋은 법들이 지속되기를 원하는 마음을 일으키며, 그러한 법들이 사라지지 않고 더욱 길러지며, 성숙해져 수행의 완전한 완성에 이르도록 노력하며, 정진을 가하고, 마음을 쏟으며, 힘쓰는 것이다.[44]

(7) 바른 마음챙김[正念]

바른 마음챙김은 네 가지 마음챙김[四念處, cattāro satipaṭṭhānā]이다. 마음챙김의 대상으로 경전에는 몸, 느낌, 마음, 법[身受心法]의 네 가지가 설해져 있다. 네 가지 대상은 간단하게 육체[色, rūpa]과 정신[名, nāma]으로 분류하기도 한다.

「대념처경」에 다음과 같이 제시되어 있다.

"이것은 모든 중생들의 청정을 위한, 슬픔과 비탄을 극복하기 위한, 괴로움과 싫어하는 마음을 없애기 위한, 올바른 길에 이르기 위한, 열반을 깨닫기 위한 한 갈래의 길[또는 유일한 길, 직접적인 길, ekāyano maggo]이다. 바로 그것은 네 가지 마음챙김이다. 여기 [이 가르침]에서 어떤 수행자가 열심히, 분명한 앎을 지니고, 마음챙김을 지니고, 세간에 대한 탐착심과 싫어하는 마음을 제어하면서, 몸에서 몸을, 느낌에서 느낌을, 마음상태에서 마음상태를, 법에서 법을 관찰하는 수행을 하면서 지낸다. 「대념처경」을 중심으로 마음챙김의 네 가지 대상[四念處]을 정리해 보면 다음과 같다.

몸에 대한 마음챙김[身念處]: 14가지 육체 현상에 대한 마음챙김

① 호흡에 대한 마음챙김[入出息念]

② 가고, 서고, 앉고, 눕는 동작[行住坐臥]에 대한 마음챙김

③ 분명한 앎[正知]을 지니고 행동함. 앞으로 나아가고 뒤로 돌아올 때, 앞을 볼 때나 주위를 돌아볼 때, [팔 다리를] 구부리거나 펼 때, [탁발을 하기 위해서] 가사[승복]를 수하고[옷을 입고], 발우를 들 때, 먹고 마시고 씹고 맛볼 때, 대소변을 볼 때, 가고, 서고, 앉을 때, 잠자리에 들고 잠에서 깨어날 때, 말하거나, 침묵을 하고 있을 때에도 분명한 앎을 지닌다.

④ 육체에 대해 싫어하는 마음을 일으킨다[厭逆作意]: 신체의 31(또는

43 AN II 16면.

44 AN IV 13-14. II 17면.

32)가지 부분에 대한 상기(想起)를 말한다.

⑤ 네 가지 요소 - 땅의 요소, 물의 요소, 불의 요소, 바람의 요소[四大: 地水火風]에 대한 관찰.

(⑥-⑭) 9가지 묘지에서의 관찰.

느낌에 대한 마음챙김[受念處]: 고(苦)·락(樂)·불고불락(不苦不樂)의 세 가지 육체적·정신적인 느낌[感受]에 대한 마음챙김.

마음상태에 대한 마음챙김[心念處]: 8쌍 16 가지의 마음상태에 대한 마음챙김

① 탐욕이 있는 마음[有貪心], 탐욕이 없는 마음[無貪心].

② 성내는 마음[有瞋心], 성냄이 없는 마음[無瞋心].

③ 어리석은 마음[有癡心], 어리석음이 없는 마음[無癡心].

④ 침체된 마음, 산만한 마음.

⑤ [색계선와 무색계선 수행으로] 커질 수 있는 마음, [선정이 완성되어 더 이상] 커질 수 없는 마음.

⑥ [색계선과 무색계선 수행이] 향상된 마음, [욕계에 머물러] 향상이 안 된 마음.

⑦ [선정에 의해] 잘 집중된 마음, 집중이 안 된 마음.

⑧ [선정 수행에 의해 일시적으로 번뇌로부터] 자유로워진 마음[解脫心], 자유로워지지 않은 마음[非解脫心]을 있는 그대로 안다.

법에 대한 마음챙김[法念處]: 5 가지 범주의 육체적, 정신적 현상에 대한 마음챙김.

① 다섯 가지 덮개[五蓋: 욕망, 분노, 혼침과 졸음, 들뜸과 우울, 회의적 의심]

② 다섯 가지 무더기[五蘊: 色受想行識]

③ 열두 가지 감각기관과 대상[十二處: 眼耳鼻舌身意와 色聲香味觸法]

④ 일곱 가지 깨달음의 요소[七覺支: 念, 擇法, 精進, 喜, 輕安, 定, 捨]

⑤ 네 가지 고귀한 진리[四聖諦: 苦集滅道]

(8) 바른 마음집중[正定]

바른 마음집중의 정의는 마음이 하나의 대상에 집중되어 있는 상태[心一

境性, cittekaggatā]이며, 네 가지 마음챙김[四念處]이 마음집중의 대상[nimittā]이고, 네 가지 바른 노력, 이것이 마음집중의 조건이 된다. 이러한 법들을 실행하고, 닦으며, 향상시키 것, 이것이 마음집중의 향상[bhāvanā]이다.[45] 바른 마음집중[正定]은 구체적으로 네 가지 마음집중[四禪]으로 제시되어 있다.[46]

초선(初禪): 모든 감각적인 욕망을 떨어버리고, 모든 좋지 않은 법[不善法]을 떨쳐 버리고 [마음집중의 대상에] 향하는 생각[尋]과 [마음집중의 대상에] 머무는 생각[伺]이 있고, [감각적인 욕망 등에서] 멀리 떠남에 의해서 생겨난 희열[喜, pīti]과 행복감[樂, sukha]이 있는 첫 번째 마음집중[初禪]을 성취한다.[47]

첫 번째 마음집중[初禪]에는 다섯 가지 덮개[五蓋]가 끊어지고, 다섯 가지 선정의 요소[五禪支]가 갖추어진다. 초선에 도달한 수행자는 ① 감각적 욕망에의 희구[kāmacchanda]가 끊어진다. ② 악의[byāpāda]가 끊어진다. ③ 혼침과 졸음[thīna-middha]이 끊어진다. ④ 들뜨는 마음과 회한에 잠기는 마음[uddhacca-kukkucca]이 끊어진다. ⑤ 회의적인 의심[vicikicchā]이 끊어진다. 그리고 다섯 가지 마음집중의 요소[五禪支]가 갖추어진다. ① 향하는 생각[尋, vitakka], ② 머무는 생각[伺, vicāra], ③ 희열[喜, pīti], ④ 행복감[樂, sukha], ⑤ 하나의 대상에 대한 마음의 집중[心一境性, cittekaggatā]이 갖추어 진다.[48] 첫 번째 마음집중[初禪]에서 갖추어지는 다섯 가지 요소를 초선의 다섯 구성요소라고 한다. 그 가운데 향하는 생각[尋, vitakka]과 머무는 생각[伺, vicāro]은 마음의 언어적인 작용[vaci-sankhāra]이라고 한다. 『청정도론』에 의하면, 향하는 생각[尋]은 물병을 잡는 행위에 비유되고, 머무는 생각[伺]은 잡은 물병을 닦는 행위에 비유된다. 이 두 가지 초선의 요소는 제2선(第二禪) 이후에는 없어진다.

제2선(第二禪): 향하는 생각[尋]과 머무는 생각[伺]이 가라앉고 마음의 정결함[sampasādana]과 전일성(專一性)이 있는, 향하는 생각이 없고[無尋] 머무는 생각도 없는[無伺], 마음집중[samādhi]에서 생긴 희열과 행복감이 있는 제2선(第二禪)을 성취한다.[49] 제2선을 구성하는 요소는 희열[喜], 행복

45 MN I 301면.
46 DN II 313면.
47 DN II 313면.
48 MN I 294면.

감[樂] 그리고 심일경성(心一境性)이다.[50]

제3선(第三禪): 희열을 버리고, 평온[捨, upekkha]에 머문다. 마음챙김[正念]과 분명한 앎[正知]을 지니고, 몸으로 행복을 경험하면서, 성자들이 '평온함과 마음챙김을 지니고 행복에 머문다'고 한 제3선(第三禪)을 성취한다.[51] 제3선을 구성하는 요소는 행복감[樂]과 심일경성(心一境性)이다.[52]

제4선(第四禪): 행복감[樂]을 떠나고 괴로움[苦]도 떠나고, 그 이전에 이미 기쁨과 슬픔을 없애버린, 불고불락(不苦不樂)인, 그리고 평온(捨)에 의한 마음챙김의 청정함이 있는 [또는 평온과 마음챙김이 청정하게된, upekkhā-sati-pārisuddhi] 제4선(第四禪)을 성취한다.[53] 제4선을 구성하는 요소는 평온[捨]과 심일경성(心一境性)이다.[54]

2. 부파불교의 사성제 이해

1) 설일체유부의 사성제 이해 – 『구사론』을 중심으로

설일체유부의 교학에서는 사제설이 중요한 위치를 차지하고 있다. 『아비달마구사론』 등의 후기의 논서의 대부분이 사제를 근거로 해서 구성되었다는 점에서도 사제설이 중요한 교설임을 확인할 수 있다. 특히 실천도의 핵심내용은 사성제를 직접 깨닫음[現觀, abhisamaya] 사제현관(四諦現觀)에 두고 있고, 끊어야 하는 번뇌를 분류한 98수면설, 현관(現觀)의 대상이 되는 사제의 내용을 분석한 것이 『구사론』 등에서 제시되는 유루(有漏) 무루(無漏)의 분별로 시작되는 제법(諸法)의 체계이다. 그러므로 사제설이 설일체유부 교학의 전체적인 골격을 이루고 있다고 볼 수 있다.[55]

총 9품으로 구성된 『구사론』은 마지막에 부록으로 제시되어 있다고 여겨지는 「파아품(破我品)」을 제외하고, 처음의 2품과 나머지 6품으로 크게 나눈다. 처음 1·2품인 「근품(根品)」과 「계품(界品)」은 유루(有漏)와 무루(無漏)

---

49 DN II 313면.
50 『分別論』「禪定分別」Vibh 263면.
51 DN II 313면.
52 Vibh 264면.
53 DN II 313면.
54 Vibh 264면.
55 青原令知, 「『俱舍論における四諦十六行相の定義」『桜部建博士喜寿記念論集：初期仏教からアビダルマへ』(平楽寺書店, 2002) 241-258면.

를 밝히는 총론이고, 3·4·5품인 「세간품(世間品)」·「업품(業品)」·「수면품(隨眠品)」은 별도로 유루를, 6·7·8품인 「현성품(賢聖品)」·「지품(智品)」·「정품(定品)」은 별도로 무루를 밝히며, 이 가운데 유루인 미혹의 세계를 취급하는 세 장 가운데 「세간품(世間品)」은 과(果)로서 고제(苦諦)이고, 이러한 고통의 「업품(業品)」은 인(因), 「수면품(隨眠品)」은 연(緣)을 밝히는 집제(集諦)이다. 그리고 무루인 깨달음의 세계를 다루는 세 장 가운데 「현성품(賢聖品)」은 고통의 소멸인 멸제(滅諦)를, 「지품(智品)」은 고통의 소멸의 인(因)을, 「정품(定品)」은 연(緣)을 밝히는 도제(道諦)이다. 이와 같이 『구사론』의 전체 체계는 번뇌를 소멸하는 법들에 대한 분별이 사제의 구조로 되어 있다. 따라서 제 3장 「세간품」에서 제8장 「정품」에 이르는 여섯 장의 관계는 다음과 같다.

유루	果	제3 世間品	苦諦
	因	제4 業品	集諦
	緣	제5 隨眠品	
무루	果	제6 賢聖品	滅諦
	因	제7 智品	道諦
	緣	제8 定品	

이로써 『구사론』이 불교의 실천적 진리관인 사제의 구도로 되어 있음을 알 수 있다.[56]

사제를 현관하는 지혜를 고찰한 것이 사제16행상이다. 사제의 16행상은 설일체유부의 수행체계에서 먼저 4선근위(四善根位)에서 닦아야 하는 내용으로 제시된다. 4선근위(四善根位)는 사제 현관을 위한 순결택분(順決擇分, nirvedhabhāgīya)이며, 번뇌를 끊고 깨닫는 기능을 지닌 것은 견도(見道)와 수도(修道)에서 사제를 현관하는 무루의 지혜인 고집멸도에 대한 지혜임을 알 수 있다.[57]

『구사론』에 나타난 사제16행상의 내용을 통해서 설일체유부의 사성제에 대한 이해를 정리해 본다. 사제16행상은 다음과 같다.

---

56 櫻部 建·上山春平, 정호영 역, 『아비달마의 철학』 (서울: 민족사, 1994), 162-3면.

57 설일체유부의 사제관 수행법에 대한 국내의 연구로는 이영진 「四諦觀(catursatyaparīkṣa)의 수행법 -阿毘達磨俱舍論(Abhidharmakośabhāṣya) 賢聖品 1~ 28송을 중심으로-」 2001년 동국대석사학위논문 참조.

고(苦)를 4행상으로 즉, 무상, 고, 공, 무아로 관찰한다. 집(集)을 4[행상으]로 즉, 인(hetu), 집(samudaya), 생(prabhava), 연(pratyaya)으로 [관찰한다]. 멸(滅)을 4[행상으]로 즉, 멸(nirodha), 정(śānta), 묘(praṇīta), 리(niḥsaraṇa)로 [관찰한다]. 도(道)를 4[행상으]로 도(mārga), 여(nyāya), 행(pratipatti), 출(nairyāṇika)로 [관찰한다]. [58]

16행상에 대해서 세친은 다음과 같이 해석한다. 고제의 4행상은 1)생멸하는 것이기 때문에(udayavyayatvāt) 무상(無常)이다. 2)[聖人들과] 위배되기 때문에(pratikūlabhāvāt) 고(苦)이다. 3)자아를 배제하기 때문에(ātmarahitatvāt) 공(空)이다. 4)그 자체로 무아이기 때문에(svayam anātmatvāt) 무아(無我)이다.[59]

집제의 4행상인 인(因, hetu), 집(集, samudaya), 생(生, prabhava), 연(緣, pratyaya)은 『아함경』을 인용하여 설명한다. 오취온은 욕(欲, chanda)를 근본[因, mūla]으로 한다. 욕을 집(集, samudaya)으로 한다. 욕을 생류(生類, jātīya)로 한다. 욕을 생(生, prabhava)으로 한다.[60] 욕에는 4종류가 있는데, 첫 번 째 욕은 고의 최초의 원인(ādikāraṇa)이기 때문에 근본의 인(因)이다. 두 번째는 그것에 의해 저 고(苦)가 후유(後有)로서 집기(集起)하기 때문에 집(集)이다. 세 번째는[각각 개별적으로] 각류의 고가 [생기기 때문에] 연(緣)이다. 네 번째는 그 [욕]에 의해서 저[苦]가 [結生]으로 생기(生起)하기 때문에 생(生)이다.[61]

멸제와 도제의 4행상은 다음과 같이 설명한다. 유전(流轉)이 멈추기 때문에(pravṛttyuparamatvāt) 멸(滅)이다. 고가 없기 때문에(nirduḥkhatvāt) 정(靜)이다. 더 높은 것이 없기 때문에(niruttaratvāt) 묘(妙)이다. 다시 퇴전하지 않기 때문에(apunarāvṛttitvāt) 이(離)이다.

---

58 duḥkhaṃ caturbhirākāraiḥ paśyatyanityato duḥkhatḥ śūnyato 'nātmataś ca. samudayaṃ caturbhirhetutaḥ samudayataḥ prabhavataḥ pratyayataśca. nirodhaṃ caturbhiḥ nirodhataḥ śāntataḥ praṇītato niḥsaraṇataś ca. mārgaṃ caturbhir mārgato nyāyataḥ pratipattito nairyāṇikataś ca. AKbh, 343면, 18-20면.

59 AKBh 401, 11-16면.

60 『잡아함경』권2. "世尊, 此五受陰, 以何為根. 以何集. 以何生. 以何觸. 佛告比丘. 此五受陰. 欲為根. 欲集 欲生 欲觸.』(『대정장』 2, 14하20-22)에 해당. 櫻部建, 小谷信千代, 本庄良文, 『倶舎論の原典解明:智品·定品』(東京: 大藏出版, 2004) 66면, n.8참조.

61 AKBh 400.17-401.3. 『倶舎論の原典解明:智品·定品』(東京: 大藏出版, 2004) 56-57면.

통로이기 때문에(pathibhūtatvāt) 도(道)이다. 여실하게 생겨나기 때문에(yathābhūtapravṛttatvāt) 여(如)이다. [열반에 도달하도록] 정해져 있기 때문에(pratiniyatatvāt) 행(行)이다. 영원히 [有를] 떠났기 때문에(atyantaniryāṇāṇāt) 출(出)이다.[62]

사제 16행상의 수행의 과정을 도표를 통해 보면 다음과 같다.[63]

수행의 단계		수행의 덕목 또는 번뇌를 끊고 얻는 지혜	끊어지는 번뇌
삼현위(三賢位)	五停心位	부정관, 수식관	
	別相念住	신수심법(身受心法)의 고유한 특징[自相]과 공통의 특징[共相]인 무상, 고, 공, 무아를 관찰	
	總相念住	전체적으로 신수심법의 공통의 특징[共相]인 무상, 고, 공, 무아를 관찰함	
사선근위(四善根位)	暖位	사성제를 관하여 16행상을 닦음	
	頂位		
	忍位下品		
	忍位中品	사제16행상에서 색계과 무색계의 對治(pratipakṣa) 등의 하나하나의 諦의 行相과 대상을 감소시키고 욕계(欲界)의 고제를 두 찰라 동안에 관찰함.	
	忍位上品	욕계·고제를 無常으로 1찰나에 관찰	
	世第一法	上忍과 동일하게 욕계에 속한 고제를 대상으로 하나의 행상으로 한 찰라에 관찰함.	

62 AKBh 401.6-11. 『倶舎論の原典解明:智品·定品』(東京: 大藏出版, 2004) 57-58면.

63 森 章司 『原始仏教からアビダルマ仏教への仏教教理の研究』 東京 : 東京堂出版, 1995, 255-256면.

64 수도는 유루도와 무루도로 修惑을 끊고 증득하는 것이지만, 이것은 8智에 해당한다. 8지란 世俗智saṃvṛtijñāna, 他心智paracittajñāna, 法智dharmajñāna, 類智anvayajñāna, 苦智duḥkhajñāna, 集智samdayajñāna, 滅智nirodhajñāna, 道智margajñāna이다. 森 章司(1995)『原始仏教からアビダルマ仏教への仏教教理の研究』 東京 : 東京堂出版, 258면. n.4. 8지는 10지 가운데 아라한과에만 있는 盡智와 無生智를 제외한 것이다. AKBh 391.15ff, 『阿毘達磨俱舍論』卷26 (『대정장』29, 134하7-9). "論日. 智有十種攝一切智. 一世俗智. 二法智. 三類智. 四苦智. 五集智. 六滅智. 七道智. 八他心智. 九盡智. 十無生智."

견도(見道)	苦法智忍	욕계 고제의 4행상을 현관함	欲界見苦所斷惑
	苦法智		
	苦類智忍	색계 무색계의 고제의 4행상을 현관함	色界無色界見苦所斷惑
	苦類智		
	集法智忍	욕계 집제의 4행상을 현관함	欲界見集所斷惑
	集法智		
	: :	: :	: :
	道法智忍	욕계 도제의 4행상을 현관함	欲界見道所斷惑
	道法智		
	道類智忍	색계 무색계의 도제의 4행상을 현관함	色界無色界見道所斷惑
수도(修道)	道類智預流果	8智 16행상을 한 번에[頓] 닦음	見所斷惑을 證
	一來向	8智[64]를 자주 닦음.	欲界修惑의 6品
	一來果		
	不還向		欲界修惑
	不還果		
	阿羅漢向		色界無色界 修惑의 斷
무학도(無學道)	阿羅漢果	盡智(kṣayajñāna), 無生智	모든 번뇌의 멸진을 證함

2) 남방상좌부의 사성제 이해 – 『청정도론』을 중심으로

『청정도론(淸淨道論, *Visuddhimagga*)』에서 사성제는 지혜의 토대[慧地, paññā-bhūmi]의 한 항목으로 설명하고 있다. 지혜의 토대로는 온(蘊), 처(處), 계(界), 근(根), 사제, 연기(緣起)가 제시되며, 총 23장으로 이루어진 『청정도론』에서 14장[五蘊], 15장[처와 계], 16장[근과 사제], 17장[연기]에 설명되어 있다.

『청정도론』에서 상세히 설명되는 사성제는 16장의 후반부 「진리에 대한 상세한 논의」(saccavitthāra-katha)라는 제목으로 상설되어 있다. 초기경전의 내용을 인용하면서 ① 배분, ② 어원, ③ 특징, ④ 의미, ⑤ 의미의 추적, ⑥ 모자라지도 넘치지도 않음, ⑦ 순서, ⑧ 고집멸도의 각 항목에 대한 해설, ⑨ 지혜의 역할, ⑩ 내용의 구별, ⑪ 비유, ⑫ 괴로움과 성스러운 진리와의 네 가지 관계, ⑬ 공(空), ⑭ 한 가지에서 다섯 가지로, ⑮ 공통되는 것과 공통되지 않는 것의 15가지 방식으로 상세히 설명하고 있다. 하지만 설일체유부의 교학에서 보이는 수행도와 연결된 해설은 보이지 않는다.

여기에서 15가지 방식을 중심으로 『청정도론』을 중심으로 한 남방상좌부의 사성제에 대한 이해를 살펴본다.[65]

① 배분에 따라서는 『빠띠삼비다막가』를 인용하여 고집멸도에 각각 4가지 의미가 있음을 제시한다. 고(苦)는 압박, 형성된 것[有爲], 불탄다, 변한다는 뜻이 있다. 집(集)은 쌓는다, 근원, 속박, 장애의 뜻이 있다. 멸(滅)은 벗어남, 멀리 여읨, 무위(無爲), 불사(不死)의 뜻이 있다. 도(道)는 출구, 원인, 바르게 본다, 탁월하다는 뜻이 있다.[66]

『빠띠삼비다막가』에서 제시된 사제의 각 4가지 의미 즉 사제의 16행상은 앞서 살펴본 설일체유부의 16행상과 차이가 있음을 알 수 있다.[67]

② 어원에 따른 해설에서는 고집멸도에 대한 통속 어원적 해석(nirukti)을 한 후에, 붓다 등의 성인들이 통찰하였기 때문에 성스런 진리라고 하며[68], 성인의 진리이기 때문에 성스러운 진리이고[69], 성스러운 진리이기 때문에 성스러운 진리라고 한다. 성스럽다는 말은 진실하고 거짓이 아니며, 속이지 않는다는 의미이다.[70]

③ 특징(lakkhaṇa), 작용(rasa), 나타남(paccupaṭṭhāna)에 따라서는, 고제(苦諦)는 괴롭히는 것이 특징이고, 불타는 것이 작용이며, 윤회하는 것을 나타남으로 한다.[71] 집제(集諦)는 발생이 특징이고, 끊어지지 않는 것이 작용이며, 장애를 나타남으로 한다.[72] 멸제(滅諦)는 고요함을 특징으로 하고, 불

---

65 『청정도론』 번역은 대림스님(2004) 『청정도론』(3권)을 참조하였으나 부분적으로 수정한 곳이 있다.

66 dukkhassa pī.lanaṭṭho sa.gkhataṭṭho santāpaṭṭho vipariṇāmaṭṭho. ... samudayassa āyūhanaṭṭho nidānaṭṭho saṃyogaṭṭho pa.libodhaṭṭho. nirodhassa nissaraṇaṭṭho vivekaṭṭho asa.gkhataṭṭho amataṭṭho. maggassa niyyānaṭṭho hetuṭṭho dassanaṭṭho adhipateyyaṭṭho. Vism 494.

67 平川 彰[1988] 261-262면.

68 buddhādayo ariyā paṭivijjhanti, tasmā ariyasaccānī ti vuccanti. Vism 495.

69 ariyassa saccānī ti pi ariyasaccāni Vism 495.

70 ariyāni saccānī ti pi ariyasaccāni. ariyānī ti tathāni-avitathāni avisaṃvādakānī ti attho.

71 bādhanalakkhaṇaṃ dukkhasaccaṃ, santāpanarasaṃ, pavattipaccupaṭṭhānaṃ Vism 495-496.

72 pabhavalakkhaṇaṃ samudayasaccaṃ, anupacchedakaraṇarasaṃ, palibodhapaccupaṭṭhānaṃ

사(不死)를 작용으로 하며, 표상이 없음[無相]을 나타남으로 한다.[73] 도제(道諦)는 고요함을 특징으로 하고, 번뇌를 없애는 것을 작용으로 하며, 벗어남을 나타남으로 한다.[74]

④ 의미에 따라서는 괴롭힘, 발생, 고요함, 출구의 의미에 따라 진실하고 거짓이 아니라는 뜻으로 아는 것이다.

⑤ 의미의 추적에서는 '진리는 하나뿐이고 두 번째는 없다.'(Sn 884) 등과 같이 경전에서 제시된 진리(sacca)에 대한 다양한 용례를 제시하고 있다.

⑥ 모자라지도 넘치지도 않음에 따라서는 4가지만을 제시한 이유를 들어 설명한다.

⑦ 순서에 따라서는 고집멸도를 설명한 가르침의 순서를 말한다.

⑧ 고집멸도의 각 항목에 대한 해설에서는 고에 대해서는 생노병사의 괴로움에서 오취온고에 이르기까지 12가지를, 집에 대해서는 3가지 갈애를, 멸에 대해서는 한 가지 열반을, 도에 대해서는 8정도를 자세히 설명하고 있다. 이 부분이 사성제에 대한 대부분의 해설이다.(Vism 498-510)

⑨ 지혜의 역할에 따라서는 진리에 대한 두 가지 지혜를 설명한다. 즉, 간접적으로 얻는 지혜인 수각지(隨覺智, anubodhañaṇa)와 자신의 체험을 통해 얻는 통달지(通達智, paṭivedha-ñaṇa)이다.

⑩ 내용의 구별에 따라서는 갈애와 번뇌가 완전히 없어진 법을 제외한 모든 법은 고제(苦諦)이며, 36가지 갈애가 집제(集諦)이고, 멸제(滅諦)는 섞이지 않고, 도제(道諦)는 8정도의 각 항목에 포함되는 내용을 설명한다.[75]

⑪ 비유로 알아야 되는 부분에서 고제(苦諦)는 짐으로 집제(集諦)는 짐을 들어올리는 것으로, 멸제(滅諦)는 짐을 내려놓는 것으로, 도제(道諦)는 짐을 내려놓는 방법 등의 비유로 설명하고 있다.

⑫ 괴로움과 성스러운 진리와의 네 가지 관계는, 고(苦)이지만 성스러운 진리가 아닌 것[行苦], 성스러운 진리이지만 고가 아닌 것[滅], 고이면서 성스러운 진리인 것[갈애를 제외한 오취온], 도(道)와 함께 하는 법과 사문의

Vism 496

73 santilakkhaṇaṃ nirodhasacaṃ, accutirasaṃ, animittapaccupaṭṭhānaṃ Vism 496.

74 niyyānalakkhaṇam maggasaccaṃ, kilesappahānarasaṃ, vuṭṭhānapaccupaṭṭhānaṃ. Vism 496

75 Vism 511-512.

깨달음[果]은 괴로움도 성스러운 진리도 아니다.

⑬ 공(空)에 따라서는 궁극적으로는 고집멸도의 진리를 공(空)의 입장, 무아(無我)의 입장에서 이해하는 것이다.

> 오직 괴로움이 있을 뿐, 괴로움을 경험하는 자는 없다.
> 오직 행위가 있을 뿐, 행위하는 자는 없다.
> 소멸이 있을 뿐, 소멸한 자는 없다.
> 도가 있을 뿐 가는 자는 없다.[76]

⑭ 한 가지에서 다섯 가지로 본다는 것은, 괴로움을 5가지 법수(法數)로 이해하는 것이다. 고(苦)는 일어나는 성질을 지닌 것이 한 가지이고, 정신과 물질이 두 가지이며, 욕계·색계·무색계에 다시 태어나는 것이 세 가지이고, 네 가지 자양분[四食][77]이 네 가지이고, 오취온(五取蘊)이 다섯 가지이다.

⑮ 공통되는 것과 공통되지 않는 것으로서 공통되는 것은 모든 진리는 진실하며, 자아가 공하고, 통달하기 어렵다는 점에서 공통된다.[78] 고제와 집제는 세간적이고 번뇌의 대상이라는 점에서 공통된다. 고제는 알아야 하는 것이고, 집제는 버려야 하는 것이므로 공통되지 않는다. 멸제와 도제는 출세간적이고, 번뇌가 다한 점에서 공통되고, 멸제는 깨달아야 하는 것이고, 도제는 닦아야 하는 점에서 공통되지 않는다. 고제와 멸제는 결과로 공통적이고, 유위와 무위에서는 공통되지 않는다. 집제와 도제는 원인이라는 점에서 공통적이지만, 해로운 것과 유익한 것이라는 점에서 공통되지 않는다. 고제와 도제는 유위로 공통되고, 세간적, 출세간적이라는 점에서 공통되지 않는다. 집제와 멸제는 유학의 경지도 무학의 경지도 아니라는 점에서 공통되고, 대상이 있는 것과 대상이 없는 것이라는 점에서 공통되지 않는다.

이처럼 『청정도론』은 다양한 측면에서 사성제를 해설하고 있으나 설일체유부와는 해설 방식에 많은 차이가 있음을 알 수 있다.

---

76 dukkham eva hi na koci dukkhito kārako na kiriyā va vijjati, atthi nibbuti, na nibbuto pumā, maggaṃ atthi, gamako na vijjatī ti. Vism 513.

77 MN I 261,5 : 음식의 자양분, 접촉(phassa)의 자양분, 의도(manosañcetanā)의 자양분, 의식(viññāṇa)의 자양분.

78 sabbān' eva saccāni aññamaññaṃ sabhāgāni avitathato attasuññato dukkharapaṭivedhato ca. Vism 516.

3. 대승불교의 사성제 이해

대승경전 가운데, 『승만경』, 『북본대반열반경』권12, 권13 등에 대승불교적인 해석이 제시되어 있지만[79], 지금은 인도 대승불교의 2대 학파인 중관학파와 유식학파의 입장을 중심으로 간략하게 설명해 본다.

먼저 『중론』에서는 사성제를 무자성, 연기, 공의 입장에서 이해하고 있다. 『중론』 24장 「관사제품」의 마지막 게송을 보면,

> "연기(緣起)를 보는 자, 그는 이것을 본다. 다름 아닌 고, 집, 멸, 도이다."[80]

용수는 조건에 의지하지 않은, 자성의 입장에 서게 되면 고(苦), 집(集), 멸(滅), 도(道)는 성립할 수 없다는 점을 강조하고 있다(21-29 게송). 공성을 부정하는 사람들, 불변하는 자성을 주장하는 사람들에게 행해져야 할 것은 없다. 자성이 있다면 세계는 불생, 불멸이고 상주(常主) 부동(不動)이 될 것이기 때문이다(37-38게). 따라서 용수는 초기불교 및 부파불교에서 주장하는 사성제가 성립하기 위해서 연기, 무자성, 공, 가(假)의 입장에 서야만 한다고 주장하고 있다.

> "연기 그것을 우리들은 공성(空性)이라고 말한다.
> 그것(=공성)은 의존된 가(假)이며 그것(=공성)은 실로 중도(中道)이다."[81]

『중론』에서 이해하는 사성제의 내용은 초기부파불교에서 말하는 것과 다르지 않지만, 진리를 언어적인 세속제를 바탕으로 해야만 언어를 떠난 승의제에 도달할 수 있기 때문에, 언어에 의해 설명된 사성제를 실체적으로 이해해서는 안 된다는 점을 강조하고 있다.

유식학파에서는 유식 논서에 따라 4제에 대한 세부적인 해석에 차이를 보이고 있지만, 4종류의 전도되지 않음[無顚倒, aviparyāsa]인 무상(無常),

79 『佛光大辭典』 1840면 상【四諦】 참조.

80 yaḥ pratītyasamutpādaṃ paśyatīdaṃ sa paśyati/ duḥkhaṃ samudayaṃ caiva nirodhaṃ mārgam eva ca// (MMK 24, 40) 515면.

81 yaḥ pratītyasamutpādaḥ śūnyatāṃ tāṃ pracakṣmahe/ sā prajñaptirupādāya pratipatsaiva madhyamā// (MMK 24, 18), 503면)

고(苦), 공(空), 무아(無我)를 고제(苦諦)의 속성이라고 하는 점에서는『중변분별론』,『성유식론』,『현양성교론』,『삼무성론』에서 동일하게 제시되고 있다.[82]『중변분별론』 등에 의하면 사제를 삼성설(三性說)과 관련해서 설명하고 있다.

먼저 고제의 4가지 속성 가운데 무상이란 없기 때문에 없음[無]의 의미(asad-artha), 생멸의 특징을 지닌 것(utpāsa-vyaya-lakṣaṇa), 유구(有垢)와 무구(無垢)의 상태(samalāmala-bhāva)를 의미한다.[83] 고(苦)의 의미는 인(人)과 법(法)에 대한 집착[取, upādāna]과 3종류의 고의 특징[trilakṣaṇa: 苦苦, 壞苦, 行苦]과 고와의 결합[相應, saṃbandha]의 의미로 해석한다.[84] 공(空)이란 변계소집성의 특징(lakṣaṇa)은 어떤 방식으로도 없는 상태[無性, abhāva]이며, 의타기성은 연기하기 때문에 변계소집성처럼 그렇게 있지 않으나(atad-bhāva) 없는 것은 아니며, 원성실성은 공성을 자성으로 하기 때문에 본성(prakṛti)이 공이다.[85] 무아란 변계소집성은 특징이 없는 것(alakṣaṇā)이며, 의타기성은 변계소집성과는 다른 특징(vilakṣaṇa)을 가지고 있으며, 원성실성은 공이라는 자체의 특성을 가지고 있다(svalakṣaṇa).[86]

집제(集諦)는 변계소집성에 집착하는 습기(習氣, 薰習 vāsāna = 집착의 습기), 업과 번뇌라는 등기(等起, 發起 samutthāna), 진여를 장애하는 속박을 벗어나지 못함[未離繫, 不相離, avisaṃyoga]을 의미한다.[87]

멸제(滅諦)는 3종으로 변계소집성은 자체가 생겨나지 않는 것[自性不生, svabhāvānutpatti: 무자성이므로 생기는 것이 없음]이며, 의타기성은 [能取와 所取] 두 가지가 생겨나지 않는 것[二不生, dvaya noutpatti]이며, 원성실

82 葉阿月,『唯識思想の研究：根本眞實としての三性説を中心にして』(台南: 高長印書局, 1975), 520면.『성유식론』권8 (『대정장』31, 47중5) "且苦諦中無常等四各有三性,";『현양성교론』권14 (『대정장』 31, 548상1-2). "云何於苦遍知, 謂於苦諦遍知無常苦空無我;『삼무성론』(『대정장』31, 873.상3-4) 於苦諦中 有無常苦空無我四種義故."

83 asadartho hyanityārtha utpādavyayalakṣaṇaḥ// samalāmalabhāvena mūlatattve yathākramaṃ/ MVBh 3,5cd-3,6ab.葉阿月(1975) 519-523면.

84 duḥkhamādānalakṣmākhyaṃ saṃbandhenāparaṃ mataṃ. MVBh 3,6cd. 葉阿月(1975) 523-524면.

85 abhāvaś cāpy atadbhāvaḥ prakṛtiḥ śūnyatā matā. MVBh 3,7ab. 葉阿月(1975) 525-528면.

86 alakṣaṇaṃ ca nairātmyaṃ tadvilakṣaṇam eva ca// svalakṣaṇaṃ ca nirdiṣṭaṃ. MVBh 3.7-3.8a

87 trividhaḥ samudayārthaḥ; vāsanātha samutthānam avisaṃyoga eva ca MVBh3.8cd, 葉阿月(1975) 531면.

성은 두 가지 더러움이 고요해진 것[二垢不生, mala-śānti-dvaya: 탐진치와 변계소집이라는 두 가지 더러움의 소멸]을 말한다.[88]

도제(道諦)의 3가지는 변계소집에 의거할 때는 변지(遍知, parijñā)에서, 의타기성에 의지할 때는 변지와 영원히 끊음[永斷, prahāṇa]에서, 원성실성에 의지할 때는, 변지와 증득(證得, prāpti-sākṣāt kṛta)[89]에서 도제가 정립된다.

유식학파에서는 번뇌의 결과인 고제(苦諦)와 그 원인인 집제(集諦), 청정의 결과인 멸제(滅諦)와 그 원인인 도제(道諦)를 각각 세 가지 진실(tattvā)에 의해 설명하는 체계는 삼성설(三性說)에 의한 사제설의 설명방식을 취하고 있다는 특징이 있다.

4. 중국불교의 사성제 이해

중국불교에서는 천태사상의 『열반경』「성행품(聖行品)」의 해설에 근거한 사종사제(四種四諦)[90]에 대해서만 간단히 정리해본다.

사제는 천대교학의 사교(四教)에 따라 네 종류로 다르게 해석된다.

1) 생멸사제(生滅四諦) : 고(苦) 집(集)의 인과[번뇌가 원인이 되어 생사 따위 고를 받는 것]는 세간(世間)에 속하고 멸(滅) 도(道)의 인과[팔정도의 수행이 인이 되어 열반을 실현하는 일]는 출세간(出世間)의 법인데, 그것들은 실제로 생기고 실제로 멸한다고 보는 것. 그 인과의 하나 하나를 실유(實有)로 보며 대립하는 것으로 보는데 특징이 있다.

2) 무생사제(無生四諦) : 미오(迷悟)의 인과를 함께 공이라 보아, 생멸이 없다고 보는 것. 체공관(體空觀)이 그 특색이다.

3) 무량사제(無量四諦) : 공에서 다시 차별적 현실로 나와, 고집멸도에 각기 무량한 상(相)이 있음을 관하는 일. 공이면서도 차별적임을 아는 단계이나, 중도의 참뜻을 모르기에 차별상에 걸려 있는 상태다.

---

88 trividho nirodhaḥ;svabhāvadvaya-notpttir mala-śānti-dvayaṃ mataṃ. MVBh3.9ab 葉阿月(1975) 535-538면.

89 mārgasatyaṃ trividhe..: parijñāyāṃ prahāṇe ca prāpti-sākṣāt kṛtāv api//3.9cd,葉阿月(1975) 538-542면.

90 加藤 勉, 「四種四諦の成立過程について」『多田厚隆先生頌寿記念：天台教学の研究』(東京: 山喜房佛書林, 1990) 109-205면; 斉藤 章光, 「四種四諦における問題点について」『印度学仏教学研究』78(39-2) 99-101면.

4) 무작사제(無作四諦) : 앞의 세 가지는 각기 다르면서도 고 집이라는 생사의 인과와 멸도라는 열반의 인과를 다르다고 본 점에서는 공통하고 있는데, 원교에서는 중도의 입장에서 생사가 바로 열반이요, 번뇌가 곧 보리라고 강조한다. 이렇게 원융하므로 무작사제라 한다.

이 사종사제는 각기 삼장교 비유의 뜻을 밝히는 것이다. 비유를 설하는 것은 어떤 도리를 밝히기 위해 구체적인 예를 들어 설명하는 일이므로 개(開)요, 비유의 뜻을 밝히는 것은 원래의 도리로 돌아가는 일이므로 합(合)이다. 위의 네 가지 사제는 각각 삼장교 통교 별교 원교의 내용을 이룬다.

Ⅲ. 사제설의 현대적 적용

사제설은 초기불교의 핵심적인 교리이다. 초기불교의 사제설은 『전법륜경』을 비롯하여 초기경전 전체에서 다루어지고 있다. 괴로움을 주어로 하는 사성제는 괴로움의 소멸로 결론을 맺는다. 이는 의학의 진단 방식과 유사하다. 불교의 사제설과 현대심리치료와의 공통점을 심리적 괴로움의 경감이라는 점에서 정리해보고자 한다.[91]

서양 심리학처럼 불교의 마음챙김 명상은 심리적 원인 때문에 생긴 괴로움을 대처하기 위해 발전했다. 심리치료처럼 마음챙김 명상의 주 영역은 생각, 느낌, 지각, 의도, 행위를 포함하고 있다. 여기에 초점을 두고 불교심리학은 심리적 장애를 이해하기 위한 기본적 틀을 서양의 심리치료와 자연스럽게 공유한다. 두 체계는 1) 증상[苦]을 확인하고, 2) 병의 원인[集]에 대해 설명하고 3) 예후[滅]를 제안하며, 4)치료법[道]을 처방한다. 이는 전통적인 네 가지 고귀한 진리[四聖諦]에서 발견되며 붓다의 첫 번째 가르침[初轉法輪]에서 제시되었다.

1. 증상[苦]

서양 심리치료의 초점인 증상은 불안과 우울 같은 불쾌한 주관적 상태와

91 Fulton, Paulm Siegel, Ronald, Buddhist and Western Psychology : Seeking Common Ground, in *Mindfulness and Psychotherapy,* Edited By Christopher K. Germer etc., Guilford press, 2005. pp.28-35를 중심으로 정리하였다.

공포증적인 회피와 강박 같은 부적응적 행동 모두를 포함한다. 집중적이고, 반복적으로 끼어드는 생각과 느낌, 수면 방해, 그리고 불법적인 마약에 의존하는 것과 같은 힘든 상황은 규칙적으로 나타난다.

마음챙김 명상에서 말하는 증상은 간단한데, 괴로움은 존재하는 모든 것에 불가피하다는 점이다. 이런 의미에서 괴로움은 의학에서 말하는 증세가 아니라 현재의 실존적 삶에 대한 관계방식이라고 할 수 있다.

2. 괴로움의 원인[苦集]

현대 정신건강 임상가들은 정신장애의 원인이 생물학적, 심리적, 사회적 요소의 복합체라고 보고 있다. 타고난 것[본성] 대 양육되어진 것[교육]의 논쟁은 유전적인 것과 환경적인 요소 둘 다 인간의 경험과 행동을 만드는 데 있어 상호작용 한다는 인식에 도달하게 하였다.

정신역동과 행동치료 전통에서는 인간의 고통이 생각, 감정, 행동의 왜곡에서 비롯되었다고 결론지었다. 여기선 마음챙김의 전통과 공통적인 근거를 가지고 있지만 이러한 왜곡의 원인에 대해선 서로 의견이 다르다.

정신역동적 치료사는 일반적으로 생각과 감정의 왜곡은 대게 어렸을 때의 경험에서 생겼고 현재 상황에 부적절하게 대응하는 정신적 상처를 남겼다고 한다. 몇몇 경험을 피하기 위한 우리의 방어는 현재 상황을 정확히 판단하지 못하게 하고, 우리의 감정 및 행동의 범위를 제한한다.

부적합한 외적 행동에 초점을 두는 행동주의는 처음에는 마음은 조사를 필요로 하지 않는 블랙박스라고 하며 주관적 경험을 다루지 않았다. 정신적 어려움은 부적합한 강화 수반의 결과라고 이해했다. 하지만 결국 행동주의자들은 주관적인 경험에 관심을 보였다. 그들은 부적절한 행동과 연관된 생각, 감정과 이미지는 그것과 같은 행동을 하게 하는 중요한 인과관계를 형성하고 있다고 밝혔다. 인지행동치료(CBT)는 그들의 의식을 통해 흘러가는 과거의 사고, 느낌, 그리고 상상을 드러내는 기법으로 제시되었다. 특히 "비합리적" 사고가 고통의 원인이라고 확인하였다.

마음챙김 명상은 괴로움을 일으키는 다양한 왜곡된 핵심 신념[잘못된 견해, 무지]을 말한다. 자신의 정체 즉 자아에 대한 잘못된 신념이 가장 치명적인 왜곡임을 불교심리학을 통해 확인할 수 있다. 세 전통은 모두 괴로움이 조건화된 관념에 의존해 있다고 한다는 점에서 공통점이 있다.

3. 예후[苦滅]

정신역동과 행동주의 전통 치료의 예후는 당연히 치료를 하는 증상[병]에 따라 틀릴 것이고 마음챙김 명상도 마찬가지이다. 불교 심리학에서 괴로움과 덧없음에 대한 강조는 지나치게 암담하게 느껴질지 모르지만 사실 굉장히 낙천적이다.

사실 불교에서 말하는 예후는 근원적으로 낙천적이다. 누구도 고통으로부터 영향을 받지 않는 사람이 없지만, 고통의 완전한 소멸도 가능하다. 마음챙김은 놀라울 정도의 좋은 예후를 제공한다. 우리가 삶을 있는 그대로 받아들이는 방법을 배운다면, 우리는 그만큼 덜 괴로울 것이다.

4. 치료[苦滅道]

정신역동, 행동주의, 마음챙김 명상 모두 자기성찰[내성]과 고통을 경감시키기 위한 행동변화를 필요로 한다. 몇 가지 유사한 점을 요약해 본다.

1) 자기성찰(Introspection)

정신역동 심리치료는 자유연상을 강조해온 것처럼 먼저 마음의 내용물을 찾는다. 환자에게 자각하고 있는 것은 어떤 것이던지 말하게 용기를 주고 그 내용을 숨겨진 생각이나 감정을 알아내는 자료로 사용된다. 이러한 내용물에 통찰력을 가지고, 초기 경험에 대한 왜곡을 수정하며 심리적 상처를 치료함으로써 고통의 감소가 가능하다고 한다.

인지행동치료에서는 동일성과 부적합한 행동을 하게 하는 생각의 비합리적인 패턴을 강조하고 있다. 비합리적인 생각은 분류되고, 도전되고, 더욱 이성적인 생각으로 대치된다. 이것은 더욱 적응력 있고 만족스러운 행동을 이끌어 낸다. 이전의 고통스러운 경험을 없애기 보다는 순응할 수 있는 방법을 배우는 것이 의식의 전환을 가져올 수 있다고 하는 불교의 마음챙김 명상에서 빌려온 마음챙김에 근거한 인지치료(MBCT)의 발전과 함께 이 접근법은 최근에 확대되었다.

마음챙김 명상은 반복적으로 몸과 마음을 순간순간 관찰하는 것이다. 이러한 반복적 관찰은 생각을 효율적으로 하게 하는 통찰력이 생기게 하고 이는 우리를 고통에서 벗어나게끔 도와준다. 또한 이는 마음챙김 명상수행자들에게 인간경험의 모든 범위를 점차 진심으로 수용할 수 있게 도와준다.

2) 행동의 변화

최근 정신분석가들은 통찰력과 "훈습(working through)"의 한계를 자각해 왔다. 그리고 행동 변화에 대한 신중한 노력에 평가를 하기 시작했다. 당연히 행동주의 지향 치료에서는 신중하며 수행된 행동이 중심적 역할을 한다.

마음챙김 명상 전통에서도 행동변화에 대한 처방전이 포함되어 있다. 얼핏 보기에 도덕의 중요성을 강조하며 서양의 심리치료와는 다른 것처럼 보인다. 불교전통에서 치료는 8정도라는 원리로 설명할 수 있다. 8개의 원리 중 3가지는 도덕적 행위로 바른 언어, 바른 행위, 바른 생계를 말한다. 마음챙김 명상을 위한 초석으로 제시된 지침은 비윤리적인 행위를 하는 사람은 평화와 고요함을 발견하기 어려울 것이라는 관찰에 근거한다. 따라서 도덕적인 행위 자체가 곧 수행이며 심지어는 심리치료적 의미가 있다. 이러한 접근은 정신역동적 또는 인지행동 정신치료에서 나타나는 것과 비슷하다고 할 수 있다. 이는 환자가 더 나은 선택을 하기위해 자기 자신의 행동의 인과관계를 관찰하게 하는 것이다.

3) 통찰과 진리의 발견

자각의 증가는 정신역동과 마음챙김 전통 양쪽에서 모두 정신적, 정서적 자유로 이끈다고 한다. 통찰은 양쪽 수행의 목적이자 수단이다. 진실을 구성하는 것에 대해 양쪽 전통이 다르게 말하고 있지만, 환상에 대한 위안을 기르는 것이 아니라, 진실을 향해 나아가야만 비로소 자유로울 수 있다고 한다.

통찰은 이런 전통을 가로질러 양쪽 모두 비슷하나 다른 의미도 있다. 정신역동에서 통찰은 이전에 숨겨진 것들, 무의식, 왜곡, 또는 다른 방어기제의 인지로 나타난다. 또한 명상의 전통에서의 통찰은 예전에 감춰왔고 의식하지 못했던 왜곡되거나 혹은 방어되어진 것들에 대한 인지로 나타난다고 한다. 명상의 전통에서 통찰이란 존재의 보편적 특징[三法印]에 대한 이해 즉, 변화하는 특징[無常], 실체적인 것의 부재[無我], 이 모든 것들을 명확하게 보지 못한다는 생각에서 오는 괴로움[苦]이라고 해석되어진다.

두 전통에서 말하는 통찰은 예전에 본래 타고나서 피할 수 없다고 느꼈던 세상에 대한 생각이 실제로는 우리가 스스로 만든 것이고 그것에 대한 집착이 고통을 증가시키고 있는지 보여준다. 통찰력을 통해 완고한 믿음이 느슨해진다.

마음챙김에서 통찰이란 괴로움의 본질에 빛을 비추는 것이다. 우리는 실재 경험한 것과 그 경험에 대한 우리들의 반응이 다르다는 것을 알기 시작한다. 일상적인 마음챙김이 없는 자각으로는 이 두 차원을 구별할 수 없고, 사건에 대한 우리 경험에는 사건과 그에 대한 반응이 구별되지 않은 채 섞여 있다. 결론은 마음챙기는 주의집중으로 지난날에 일어났던 사건들과 이 사건들과 우리와의 관계를 구별할 수 있고 그런 반응에서 나타나는 고통이 무엇인지를 알 수 있게 된다. 이것은 우리가 원래 그 사건자체에 느끼고 있던 고통과는 다른 것이다. 괴로움에 대한 통찰은 우리에게 해가 되는 정서적 반응에서 벗어날 수 있는 길을 제공한다.

인지행동치료에서도 역시 확고하고 잘못되고 도움이 되지 않는 생각들에 대한 집착은 괴로움의 근원이라고 나타내고 있다. 인지행동치료에서 사용되는 여러 가지 기술은 환자들의 동일시를 왜곡되거나 완고한 생각으로부터 느슨하게 풀려지도록 하고 있거나 적응을 못하는 생각들을 좀 더 유연한 사고로 대체시키도록 하고 있다. 무분별하게 품은 생각에 좀 더 느슨해질 필요가 있다는 마음챙김과 정신역동치료의 목적처럼 통찰력에 대한 의미를 같이 하고 있지만 통찰력 자체는 인지행동치료에서는 그다지 중요하게 다루어지고 있지 않다. ❁

김재성 (능인불교대학원대)

우리말 불교개념 사전

이사

범 siddhānta artha 한 理事 영 noumena and phenomena

Ⅰ. 어원적 근거 및 개념 풀이

이사(理事)는 리(理)와 사(事)가 결합한 용어로서 리(理)는 범어로 siddhānta, hetu로 나타내며 ruling principle, fundamental law, intrinsicality, universal basis, essential element 등으로 영역된다. 또한 리(理)는 nidāna로서 reason으로 영역하거나, pramāṇa로서 to arrange, regulate, rule, rectify로 영역하기도 한다. 사(事)는 범어 artha를 번역한 것으로 affair, concern, matter, action, practice, phenomena 등으로 영역된다. 인도불교상에서 리(理)와 사(事)가 결합한 형태로서의 술어는 보이지 않으며, 주로 중국, 한국, 일본 등지에서 결합하여 사용하고 있다. 결합한 형태로서 이사(理事)에 대한 영역은 그 용례에 따라 다소 차이가 있으나 noumena and phenomena, principle and practice, absolute and relative, real and empirical, cause and effect, fundumental essence and external activity, potential and actual 등으로 영역하고 있다.

리(理)에 대해서 『불광대사전』은 "리(理)란 도리(道理)를 가리키는 것으로 곧 일체 사물의 존재·변화의 준거법칙(準據法則)"이라고 하면서, 『유가사지론(瑜伽師地論)』30권에 나오는 사종도리(四種道理)를 나열하고 있다.[1] 즉, 관대도리(觀待道理), 작용도리(作用道理), 증성도리(證成道理), 법이도리(法爾道理)가 그것이다.[2] 관대도리(범 apekṣā-yukti)는 상대도리(相待道理)라고도 하며, 곧 진(眞)[勝義]과 속(俗)[俗諦]과 같이 상대(相待)적으로 생각되는 도리를 말한다. 작용도리(범 kārya-kāraṇa- yukti)는 인과관계에서 존재하는 작용에 대한 도리를 말한다. 증성도리(범 upapatti-sādhana-yukti)는 성취도리(成就道理)라고도 하며, 곧 확인하는 방법에 대한 도리를 말한다. 법이도리(범 dharmatā-yukti)는 법연도리(法然道理)라고도 하며, 예컨대 불이 가지는 열성(熱性)과 물이 가지는 습성(濕性)과 같이 있는 그대로의 불변의 본성을 완성하고 있는 도리를 말한다.[3] 또한 리(理)는 사(事)에 상대하여 부르는 것으로, 만상(萬象)의 차별과 사법(事法)의 본체를 가리키며 평등일여(平等一如)의 제리(諦理)로서 이체(理體)·이성(理性)과 같은 뜻이다. 리(理)는 수연(隨緣)과 불변(不變)의 2덕(德)을 갖추었으니, 곧 수연(隨緣)으로 삼라만상이 변화하고 차별의 만법(萬法)을 이룬다. 그러나 그 성(性)은 곧 상주(常住) 불변(不變)하니, 이로써 범부의 상대적 지식을 초월한다. 그러므로 법(法)은 언어 문자로써 표현할 수 없는 것으로 해석하고 있다.

사(事)에 대해서는 "범어로는 artha이며, 인연으로 생하는 일체의 유위법을 가리킨다. 곧 우주간의 천 가지 만 가지로 차별되는 여러 현상을 말하는 것으로 평등문(平等門)의 리(理)와 상대된다"[4]고 하였다.

이사(理事)에 대해서 『불교학대사전』에서는 "도리와 사상(事相)을 뜻하는 것으로, 진속(眞俗)에 배대하여 리(理)를 진제(眞諦), 사(事)를 속제(俗諦)라고도 한다. 곧 리(理)와 사(事)를 아울러 일컫는 말로, 리(理)는 절대평등의 본체, 사(事)는 만유차별의 현상계를 가리키는 말"[5]이라고 하였다.

『불광대사전』에서는 사리(事理)의 표제어에서는 "사(事)는 사상(事相)·사법(事法)을 말하고 리(理)는 진리(眞理)·이성(理性)을 말한다. 불교에서는

---

1 『佛光大辭典』, 「理」條.
2 앞의 책, 「四道理」條.
3 앞의 책, 「道理」條.
4 앞의 책, 「事」條.
5 『佛教學大辭典』, 「理事」條.

사리(事理)를 상대하여 설명하고 있는데, 크게 두 가지가 있다. 첫째는 범부가 미정(迷情)에 의거하여 나타낸 사상(事相)을 사(事)라고 일컫고 성자가 지견(智見)에 의거하여 통달한 진리를 리(理)라고 일컫는다. 소위 진리라는 것은 각 종(宗)에 따라 설하는 것이 같지 않아서, 혹 사제(四諦)의 이치(理致)를 의미하거나 혹은 진공(眞空)의 이치를 뜻하고, 혹은 중도(中道)의 이치를 말한다. 둘째는 현상과 본체를 상대하여 삼라만상의 사법(事法)을 사(事)라고 일컫고 이러한 현상의 본체 그리고 평등 무차별의 이성진여(理性眞如)를 리(理)라고 일컫는다. 그리고 이 현상의 사(事)와 본체의 리(理), 이 둘의 관계는 각가(各家)에서 세워 설하는 것이 같지 않다"[6]고 하였다.

『망월대사전』의 사리(事理)라는 표제어에서 "사상차별(事相差別)을 사(事)라 하며, 진리체동(眞理體同)을 리(理)라고 말한다"[7]고 하였다.

위의 정의에 의하면 이사(理事)란 사리(事理)라고도 하며 리(理)와 사(事)를 아울러 일컫는 말이다. 리(理)는 도리(道理), 진리(眞理), 이성(理性), 본체(本體)를 말하고 사(事)는 사상(事相), 사법(事法), 현상(現象)을 말한다. 리(理)는 성자(聖者)가 지견(智見)에 의거하여 통달한 것으로서 절대 평등하여 차별이 없고, 사(事)는 범부가 미정(迷情)에 의거하여 나타낸 것으로 삼라만상이 차별한 것이다. 또한 리(理)와 사(事)는 진제(眞諦)와 속제(俗諦), 본체계(本體界)와 현상계(現象界) 등으로 서로 상대하여 배대하기도 하지만, 리(理)와 사(事)의 뜻에 맞추어 여러 가지로 배대하고 있다. 이론(理論)과 사론(事論), 이선(理善)과 사선(事善), 이교(理敎)와 사교(事敎), 이참(理懺)과 사참(事懺), 이관(理觀)과 사관(事觀), 이구(理具)와 사조(事造), 이장(理障)과 사장(事障), 이돈(理頓)과 사돈(事頓), 이계(理戒)와 사계(事戒), 이사쌍수(理事雙修), 이밀(理密)과 사밀(事密), 이만다라(理曼荼羅)와 지만다라(智曼荼羅) 등이다.

Ⅱ. 역사적 전개 및 텍스트별 용례

『아비달마구사론(阿毘達磨俱舍論)』 권25에는 "견단(見斷)의 혹(惑)은 제리

6 『佛光大辭典』, 「事理」條.

7 『望月大辭典』, 「事理」條.

(諦理)에 미(迷)하여서 일어나므로 무사(無事)에 의한다고 말하고, 수소단(修所斷)의 혹(惑)은 추사(麤事)에 미(迷)하여서 생겨나므로 유사(有事)에 의한다고 말한다. 제리(諦理)는 진실하고 명백하게 정해졌으므로 의지할만하며 성혜(聖慧)로 이미 증득하였으니 반드시 물러나는 이치(理致)가 없다. 사상(事相)은 허위[浮僞]여서 꼭 의지할만한 것이 없으며 그 미혹(迷惑)을 끊었다고 해도 실념(失念)의 물러남이 있다"[8]라고 하였다. 이것은 곧 진실의 제리(諦理)를 리(理)로 하고 허위[浮僞]의 사상(事相)을 이름하여 사(事)라고 한 것이다. 또한 『구사론』 권6에서는 무위법을 무사(無事), 유위법을 유사(有事)라고 설하고 있으며, 또한 사(事)의 상(相)으로 자성(自性)·소연(所緣)·계박(繫縛)·소인(所因)·소섭(所攝) 등 5종의 구별을 설한다.[9] 이것은 총괄적으로 유위법을 사(事)라 하고 성자소증(聖者所證)의 제리(諦理)를 리(理)라 한다는 뜻이다. 승조(僧肇)의 『보장론(寶藏論)』에 "리(理)는 만덕(萬德)을 합하며 사(事)는 천교(千巧)를 낸다. 비록 사(事)가 무궁하다 하더라도 리(理)는 끝내 한 길이다"[10]라고 말하고, 『마하지관(摩訶止觀)』 제1상에서는 "만약에 한 법을 추찰하면 곧 법계를 통찰하여서 가(假)에 도달하고 밑바닥에 이르며, 위아래 좌우를 구경(究竟)하여 사리(事理)가 구족한다"[11]라고 하였으며, 또 『화엄법계현경(華嚴法界玄鏡)』 권상에 사법계(事法界) 등을 해석하여 "사법(事法)을 계(界)라 한다. 계(界)는 곧 분(分)의 뜻이니 무진차별(無盡差別)의 분제(分齊)이기 때문이다. 이법(理法)을 계(界)라고 한다. 계(界)는 즉 성(性)의 뜻이니 무진(無盡)의 사법(事法)이 한 가지로 같은 성(性)이기 때문이다. 무애법계(無礙法界)는 성(性)과 분(分)의 뜻을 갖추었으니 사리(事理)를 무너뜨리지 않고 걸림이 없기 때문이다"[12]라고 하였고, 또 『화엄오교지관(華嚴五教止觀)』에 "대저 사리(事理)의 두 문(門)이 원융일제(圓融一際)하다는 것은 다시 2문이 있으니, 첫째는 심진여문(心眞如門)이며 둘째는 심생멸문(心生滅門)이다. 심진여문이란 리(理)이며 심생멸문이란 사(事)이니, 곧 공유(空有)에 이견(二見)이 없어 자재하고 원융하여 은현(隱顯)이 같지 않으나 필경에 장애가 없다"[13]라고 하였다. 이들은 연기 차별의 모

8 『阿毘達磨俱舍論』 권25, 「分別賢聖品」(『大正藏』 29, 130상)
9 앞의 책, 권6, 「分別根品」(『大正藏』 29, 35상)
10 僧肇, 『寶藏論』, 「廣照空有品」(『大正藏』 45, 143하.)
11 『摩訶止觀』 卷1(『大正藏』46, 6중)
12 澄觀, 『華嚴法界玄鏡』 卷上(『大正藏』45, 673상)

든 법을 사(事)라 하고, 진리평등의 이성(理性)을 리(理)라고 하고 있다. 대개 천태, 화엄 등에서는 이와 같이 원리(圓理)에 기초하여 이사상즉(理事相卽) 또는 사리무애(事理無礙) 등의 뜻을 논하고 있다.

『백법문답초(百法問答鈔)』권4에는 "사(事)란 체(體)를 가리키는 말로서 체사(體事)의 뜻이며, 즉 색심제법(色心諸法)의 연성(緣生)은 곧 체(體)이다. 리(理)는 도리(道理)의 뜻으로서 연생(緣生)의 물체(物體) 위에 갖추어진 바의 연생(緣生)할 수 있는 도리(道理)이다. …… 묻는다. 다른 종(宗)의 뜻에 이사상즉(理事相卽)의 뜻을 세워서 비록 상즉(相卽)하더라도 그 종(宗)의 뜻은 오히려 이사(理事)의 차별(差別)을 허락한다. 만약에 그렇다면 우리 종(宗)의 부즉불리(不卽不離)와는 어떻게 다른가? 답한다. 우리 종(宗)의 뜻은 리(理)란 의타기(依他起) 생멸(生滅)의 이치이다. 생멸(生滅)의 법(法)은 곧 리(理)인 것은 아니기 때문에 불일(不一)이다. 생멸(生滅)의 리(理)를 떠나서 생멸(生滅)의 법(法)이 있는 것은 아니기 때문에 불이(不異)이다"[14]라고 한다. 이는 법상종(法相宗)에서 논하고 있는 이사(理事)의 뜻이다.

또 지의(智顗)의 『유마경현소(維摩經玄疏)』제4에는 이사(理事)를 본적(本迹) 2문에 배대하고 있다. "이사(理事)를 잡아서 본적(本迹)을 밝히면, 이 경에서 '무주(無住)의 본(本)을 좇아서 일체법(一切法)을 세우고 부사의(不思議)의 이사(理事)를 밝혀서 본적(本迹)으로 한다.'고 한 것은 리(理)는 곧 부사의진제(不思議眞諦)의 리(理)를 본(本)으로 하고 사(事)는 곧 부사의속제(不思議俗諦)의 사(事)를 적(迹)으로 한다는 것이다. 부사의진제(不思議眞諦)의 이본(理本)으로 말미암기 때문에 부사의속제(不思議俗諦)의 사적(事迹)이 있으며, 부사의사적(不思議事迹)을 찾아 구하여 부사의진제(不思議眞諦)의 이본(理本)을 얻는다. 이것은 곧 비록 본적(本迹)이 다르지만 부사의(不思議)라는 점에서는 같다"[15]라고 하였다. 이것은 속제(俗諦)의 사(事)를 적문(迹門)으로 하고 진제(眞諦)의 리(理)를 본문(本門)에 배대하고 있다.

또 천태(天台)에서는 화법(化法)의 4교를 사리(事理)에 배대하고 있다. 욕(欲)·색(色)·무색(無色)의 삼계(三界)로써 계내(界內)와 계외(界外)로 나누고 차별(差別)의 사(事)와 진제(眞諦)의 리(理)를 구분하여, 장교(藏敎)는 계내의 사교(事敎)이며 통교(通敎)는 계내의 이교(理敎)라 하였고, 별교(別敎)

13 杜順, 『華嚴五敎止觀』, 「事理圓融觀」(『大正藏』 45, 511중)
14 『百法問答鈔』卷4.
15 智顗, 『維摩經玄疏』卷4(『大正藏』 38, 545중)

는 계외의 사교(事教)이며 원교(圓教)는 계외의 이교(理教)라 하였다. 그 가운데 통교는 인연즉공(因緣卽空)의 리(理)를 말하고 있으므로 계내이교(界內理教)라 불렸고, 이것에 상대해서 장교(藏教)는 주로 색심제법(色心諸法)의 사상차별(事相差別)를 설하고 있으므로 계내사교(界內事教)라 불렸다. 원교(圓教)는 원만융즉(圓滿融卽)의 리(理)를 설하고 있으므로 계외이교(界外理教)라 불렸고, 이것에 상대해서 별교(別教)는 항하사(恒河沙)와 같은 한량없는 사(事)를 설명하고 풀이하고 있으므로 계외사교(界外事教)라 하였다.

또한 사선(事善)과 이선(理善)으로 나누고 있는데, 사악(事惡)을 멸하는 얕고 가까운 선을 일컬어 사선(事善)이라고 하며, 이혹(理惑)을 멸하는 깊고 묘한 선을 일컬어 이선(理善)이라 한다. 예컨대 장교(藏教)는 계내(界內)의 사선(事善)이며, 통교(通教)는 계내의 이선(理善)이다. 별교(別教)는 계외(界外)의 사선(事善)이며, 원교(圓教)는 계외의 이선(理善)이다. 이것은 모두 깊고 얕음을 상대하여 사(事)와 리(理)로 나눈 것이다.[16]

또한 일념삼천(一念三千)에 이구(理具)와 사조(事造)로 구별하였는데, 이구(理具)는 곧 본성으로 선천적으로 갖추고 있는 여실한 본성을 말하며, 또한 본구(本具)·이조(理造)·성구(性具)·성덕(性德)이라고도 한다. 이 본유의 성(性)에서 인연에 따라 현현하여 현상을 짓는 것을 곧 사조(事造)라 부르니, 또한 변조(變造)·사용(事用)·수기(修起)·수덕(修德)·수구(修具)라고도 한다. 천태종에서는 일념(一念)의 마음에 삼천(三千)의 제법(諸法)을 갖추고 있다는 것을 인정하며, 이것이 곧 일념삼천설(一念三千之說)이다. 그 본성이 원만하여 만유(萬有)를 구족함으로 이구삼천(理具三千)·이조삼천(理造三千)·성구삼천(性具三千)이라 부른다. 이 이구삼천(理具三千)은 항상 연(緣)을 따라 현상계를 이루며 그 삼라만상의 차별상(差別相)이 있으니, 사조삼천(事造三千)·사용삼천(事用三千)·변조삼천(變造三千)·수구삼천(修具三千)이라 부른다. 이 둘을 합하여 사리삼천(事理三千)이라 부르며, 또한 양중삼천(兩重三千)·양종삼천(兩種三千)이라고도 하며, 순차에 따라 그 체(體)와 용(用)을 표시한다. 그러나 낱낱의 만법은 균등하게 본래 삼천(三千)의 제법(諸法)을 갖추었으며 결함이 없다. 이구(理具)와 사조(事造)의 이름이 비록 다르나, 다만 양자의 체(體)는 하나이기 때문에 합하여 육천의 법이 되

16 『妙法蓮華經玄義』卷5상.

는 것은 아니다.

또한 참회(懺悔)에 사참·이참(事懺理懺)으로 구분하여 논하고 있다. 사참(事懺)은 사참회(事懺悔), 수사분별참회(隨事分別懺悔)라고도 한다. 사(事)는 사의(事儀)를 가리키는 것으로 곧 사상(事相) 상의 작법(作法) 가운데 여실하게 죄악을 참회하는 것이다. 무릇 몸으로는 예배 공경하고 입으로는 찬탄의 게송을 부르고 뜻으로는 성인의 용모를 관상하는 삼업으로써 은근하고도 애타게 구함으로써 과거 현재에 지은 죄업을 참회하는 것이니, 이를 모두 사참(事懺)이라 한다. 이외에 실상의 이치를 관찰함으로써 그 죄를 멸제(滅除)하는 이것을 이참(理懺)이라 한다. 일반적으로 참회라고 하면 대개 사참(事懺)을 가리키는 말이다.[17]

또한 밀교에서는 이밀(理密)과 사밀(事密)로 구별하는데, 사밀은 여래 신구의(身口意) 삼밀(三密)의 사상(事相)의 법(法)을 가리키며, 이밀은 실상의 둘이 아닌 이치를 천명하는 것을 가리킨다. 일본의 태밀(台密)에서는 화엄·법화 등 모든 대승의 가르침은 여래께서 설한 세속(世俗)·승의(勝義)·원융불이(圓融不二) 등 비밀의 리(理)를 거두어 들이고 있기 때문에 또한 밀교라고 부를 수 있으며, 그 가운데 오직 원융불이(圓融不二)의 리(理)를 설한 것은 이비밀교(理祕密教)라 부를 수 있다. 『대일경(大日經)』·『소실지경(蘇悉地經)』및 『금강정경(金剛頂經)』 등 밀교의 근본경전은 곧 겨우 이밀(理密)을 선설한 것이 아니며, 신구의(身口意) 등 삼밀의 법을 천명하여 여래의 비밀한 뜻을 다 펼쳤기 때문에 사리구밀(事理俱密)의 가르침이라 일컫는다.[18]

또한 이만다라(理曼荼羅)와 지만다라(智曼荼羅)의 구별을 논하고 있다. 금강·태장의 이부만다라(二部曼荼羅) 중에 금강계는 닦아 생한 지덕(智德)을 표시하고, 태장계는 본유의 이덕(理德)을 표시한다. 그러므로 금강계는 지만다라(智曼荼羅)라 부르고 태장계는 이만다라(理曼荼羅)라 부른다. 그 외에도 이사(理事)의 내용에 맞추어 배대한 것이 많다.

17 『摩訶止觀』卷2상.
18 『蘇悉地羯羅經略疏』卷1, 『眞言宗教時問答』卷3.

Ⅲ. 인접 개념과의 관계 및 현대적 논의

1. 이사와 사종법계

4종법계[四法界]는 징관(澄觀)에 의해 체계화된 것으로 기본적으로 리(理)와 사(事)의 관계로부터 설명된다. 4종법계가 성립하기까지는 두순(杜順)의 3종관[三種觀], 법장(法藏)의 5종법계[五法界]의 영향을 받았다고 할 수 있다. 먼저 이들을 살펴보고 난 후에 4종법계를 살펴본다.

1) 두순의 삼종관

두순은 그의 저서『법계관문(法界觀門)』권1에서 진공관(眞空觀), 이사무애관(理事無礙觀), 주변함용관(周遍含容觀)의 3종의 관법을 설하고 있다.[19]

(1) 진공관(眞空觀)

진(眞)이란 헛되고 거짓됨이 없는 생각으로 진(眞)을 삼는다. 공(空)이란 형질, 장애, 색상이 없는 것으로 공(空)을 삼는다. 범부는 물질을 보고 참된 물질이라고 잘못 생각하고, 공(空)을 보고 단공(斷空)으로 잘못 생각하기 때문에 미로(迷路)에서 곤란을 만나 깨달음을 얻을 수 없다. 이제 진공관을 열어서 물질이 참다운 물질이 아님을 관찰하게 해서 본질을 드는 것이 진공(眞空)이다. 공이 단공이 아닌 것을 보고 본질을 드는 것이 환색(幻色)이다. 이래야 비로소 모두 감각에 의해 지각된 마음의 작용과 세속의 속박을 벗어날 수 있고, 공과 색이 거리낌이 없는 경지에 도달한다. 이 관법 속에서 두순선사는 다시 별도의 사구십문(四句十門)을 열어서 설명을 덧붙이고 있다.

제1구 회색귀공관(會色歸空觀): 즉 모든 색법을 모아서 똑같이 참된 공성에 돌아간다는 의미로서 따로 네 부분으로 나눠서 설명하고 있으며, 세속적인 것과 감각에 의해 지각된 마음의 작용에 의지하는 것을 밝혀서 참다운 이법을 드러낸다. 색비단공문(色非斷空門), 색비진공문(色非眞空門), 색공비공문(色空非空門), 색즉시공문(色卽是空門) 등이 그 넷이다.

제2구 명공즉색관(明空卽色觀): 진공은 바로 모든 색법의 본성이다. 무릇

---

19 杜順撰, 宗密注,『注華嚴法界觀門』卷1.

이 진(眞)을 밝힌다는 것은 바로 속(俗)이다. 이것은 사물의 본성에 따라서 진공을 설명한 것으로 역시 네 가지 부분으로 나누어 설명한다. 공비환색문(空非幻色門), 공비실색문(空非實色門), 공비공색문(空非空色門), 공즉시색문(空卽是色門) 등이 그 넷이다.

제3구 공색무애관(空色無碍觀): 물질의 모습의 본질을 드는 것을 진공이라 한다. 그러나 물질의 모습이 다하지 않고 공의 이법은 드러난다. 진공 역시 본질을 드는 것이 물질의 모습과 다르지 않다. 그래서 공이 바로 물질이라고 설명하여 공이 반드시 숨지 않는다. 이것도 역시 물질에 합치해서 공을 볼 수 있는 것이다. 그러나 공을 보는 것이 결코 물질의 모습을 방해하는 것은 아니다. 이것을 뒤집어 공에 합치하면 물질을 볼 수 있는 것이다. 왜냐하면 물질을 보는 것이 결코 공법(空法)을 방해하지 않기 때문이다. 이처럼 물질과 공 두 가지 존재는 어느 곳에서나 시원을 함께 하고 장애가 없어 물과 파도가 하나의 맛[一味]인 것과 같다. 사람에 따라서 신묘한 경지를 얻는다.

제4구 민절무기관(泯絕無寄觀): 진속 2제는 서로 방해하기 때문에 함께 없어진다고 설명한다. 여기에서 관찰되어지는 진공은 결코 물질과 합치한다거나 물질과 합치하지 않는다거나를 설명하는 것이 아니다. 또 공에 합치한다거나 공에 합치하지 않는다는 진공을 설명하는 것이 아니다. 이법(理法)상에서 말한다면 그것은 언어적인 설명을 초월하여 의지할 바가 없는 것이다. 모든 언어를 가지고 이법을 설명하지만 미칠 수 있는 곳이 아니다. 이 관(觀)이란 글자는 마음이 그윽하고, 참으로 지극하여, 곧 무심이 될 때 비로소 공을 성취할 수 있는 관법이다. 이상의 3가지 설명, 즉 회색귀공관(會色歸空觀)은 바로 진리에 대하여 증익(增益)함이 없는 것이고, 명공즉색관(明空卽色觀)은 진리에 대하여 손감(損減)이 없는 것이며, 공색무애관(空色無碍觀)은 역시 모두 희론 아님이 없는 것이다. 이제 물질과 공이 서로 합치할 수 없고, 또 서로 위배하지 않는다. 그래서 모든 부정을 초월하고서야 비로소 피하고, 끊어서 의탁함이 없으며, 일체의 존재를 인식할 수 없다고 하는 것이다. 결코 물질적인 존재만이 이와 같다는 것을 가리키는 것은 아니다. 나머지 수상행식(受想行識)의 모든 존재도 물질적인 존재와 마찬가지이다.

(2) 이사무애관(理事無碍觀)

즉 이사무애법계다. 처음에는 이법으로써 현상을 용해하는 것에서 시작하여 마지막은 바로 현상으로써 이법을 융합하여 이법과 현상이 둘이면서 둘이 아니게 하고, 둘이 아니면서 둘이게 한다. 그것을 걸림이 없다[無碍]고 부르는 것이다. 바꿔 말하면 진공의 이법을 볼 수 있는 것에 대해서이다. 그러나 현상에 대해서 말한다면 더 더욱 아직은 다하지 않았다. 여기서 이사무애관을 세워 설명하여, 분리할 수 없는 이법으로 하여금, 똑같이 하나의 티끌 속에서 원융무애하게 서로 섭수할 수 있게 된다. 부분적인 한계를 갖는 현상은 역시 법계에 두루 통할 수 있다. 각종 현상과 이법이 균등하게 걸림이 없음을 밝혀서 두 가지가 융합하고 서로 합치하게 한다. 진공관에서 설명된 공과 물질의 거리낌 없음과 다 하여 의지함이 없는 것 등은 모두 진여의 이법을 분명하게 밝히는 데 있다. 진여의 오묘한 작용에 대해서는 더욱이나 아직은 도달할 수 없다. 현재는 따로 이 이사무애관을 세우니, 바로 현상과 이법 모두가 서로 융합하는 것을 밝히기 위한 것이다. 그 중에서 이사무애는 관찰되는 객체의 범주인 경계에 속하는 것이고, 관이란 한 글자는 관찰하는 주체인 주관적 범주인 마음에 속하는 것이다. 본 관법은 오대(五對), 십문(十門)으로 설명하고 있다.

① 이편어사문(理遍於事門): 리는 사에 널리 퍼져있다.
② 사편어리문(事遍於理門): 사는 리에 널리 퍼져 있다.
③ 의리성사문(依理成事門): 사는 리에 의해서 성립한다.
④ 사능현리문(事能顯理門): 사는 리를 나타낼 수 있다.
⑤ 이리탈사문(以理奪事門): 리로써 사를 빼앗는다.
⑥ 사능은리문(事能隱理門): 사는 리를 감출 수 있다.
⑦ 진리즉사문(眞理卽事門): 진리로서의 리는 그 자체로서 사이다.
⑧ 사법즉리문(事法卽理門): 사법이 그대로 리이다.
⑨ 진리비사문(眞理非事門): 진리로서의 리는 사가 아니다.
⑩ 사법비리문(事法非理門): 사법은 리가 아니다.

이상의 열 가지 관문은 모두 동일한 연기이다. 바로 이법이 현상을 바라보면 형성과 파괴가 있어서 합치기도 하고, 막히기도 한다. 바로 현상이 이법을 바라보는 입장에서 말하면 나타나기도 하고, 숨기도 하며, 동일하기도 하고, 다르기도 하다. 거역하거나 순응하는 것이 자유자재하다. 즉 이법과 현상이 서로 관망하면 순응하는 것이 두 가지 있고, 거역하는 것이 두 가지 있다. 마치 ③항의 성(成)은 ⑦항의 즉(卽)에 대립하는 것과 같다. 이것은 이법이 현상에 순응하는 것이다. ④항의 현(顯)이 ⑧항의 즉(卽)에 대립한다. 이것은 현상이 이법에 순응하는 것이다. ⑤항의 탈(奪)은 ⑨항의 비(非)에 대립한다. 이것은 이법이 현상에 거역하는 것이다. ⑥항의 은(隱)은 ⑩항의 비(非)에 대립하는 것이다. 이것은 현상이 이법에 거역하는 것이다. ①항과 ②항의 편(徧)에 이르러서도 역시 순응한다. 그러므로 이루고자 하면 이룩하고, 파괴하려고 하면 파괴되고, 드러내고자 하면 현현하며, 숨기고자 하면 숨는다. 이것이 바로 자유자재함이다. 그러나 형성은 파괴와 거리낌이 없고, 파괴는 형성과 거리끼지 않으며, 현현은 은폐와 거리끼지 않고, 은폐는 현현과 거리낌이 없다. 그래서 그것을 거리낌이 없다고 말한다. 이제 막 이루어졌을 때가 역시 파괴의 시작인 것이다. 그래서 그것이 동시라고 말한다. 이 다섯 가지 대립은 전후의 분별이 없다. 그래서 그것을 문득 일어난다고 말한다. 이 다섯 가지 대립과 열 가지 관문은 이사무애관을 현현케 할 수 있다.

(3) 주변함용관(周遍含容觀)

사사무애관이다. 주변(周遍)은 일체의 물질과 비물질의 경계에 두루 편만함이며, 함용(含容)은 바로 포함하여 예외가 없다는 것이다. 이 허공계를 초월할 수 있는 존재는 하나도 없다. 이 관법은 현상으로 현상을 바라보고, 현상을 온전하게 하는 이법을 관찰하여, 함께 동일한 현상적인 존재를 따라서 하나 하나 볼 수 있게 하고, 이법을 온전하게 하는 현상도 역시 동일한 이법을 따라서 하나 하나 포용할 수 있게 한다. 바로 모든 현상들이 두루 미치어 미치지 않는 곳이 없고, 섭수할 수 있으며 서로 뒤섞여서 자유자재하다고 말하며 개체와 전체가 거리낌이 없고, 크고 작은 것이 서로 포용한다. 신묘하게 작용해서 헤아릴 수 없다. 이 관법은 또한 열 가지 방법을 세워서 설명한다.

① 이여사문(理如事門): 참된 이법은 현상적인 존재에 여여하게 편만하며, 현상의 일부분과 같다.

② 사여리문(事如理門): 현상적인 존재는 참된 이법과 다르지 않다.

③ 사함리사문(事含理事門): 현상적인 존재가 이법과 현상을 포함한다.

④ 통국무애문(通局無碍門): 국(局)이 통(通)에 걸리지 않고, 통이 국에 걸리지 않으므로써 통과 국이 걸림이 없게 한다.

⑤ 광협무애문(廣狹無碍門): 다르지 않음이 바로 넓음이고, 같지 않는 것은 좁은 것이다. 같지 않는 것은 다르지 않는 것과 합치하고, 다르지 않는

것은 같지 않는 것과 합치한다. 이것을 넓고 좁은 것이 걸림이 없다고 하는 것이다.

⑥ 편용무애문(遍容無碍門): 보편(普遍)이 바로 광용(廣容)이기 때문에, 나아가 보편과 광용은 서로 떠나지 않는다. 무릇 이법을 깨달은 사람은 이법을 가지고 현상을 작용할 수 있고, 차별적인 현상들로 하여금 모두 참된 이법을 포함할 수 있게 한다. 더욱이 이법을 따라서 변화하여 거리낌이 없다. 이 때문에 개개의 현상적인 존재로 하여금 모두 변용무애하게 한다.

⑦ 섭입무애문(攝入無碍門): 섭(攝)은 바로 용(容)이며 입(入)도 또한 편(徧)이다. 전자는 개체로서 전체를 보는 것이고 이 관문은 전체로서 개체를 보는 것이다. 일체의 현상적인 존재는 참된 이법이 융섭하게 되는 것을 얻을 수 있어서 현상적인 존재라고 여긴다. 그리고 전체를 완전히 개체속에 들어가게 해서 많은 종류의 동일하지 않은 현상적인 존재가 하나의 현상적인 존재 속에 융섭될 수 있는 것을 말하는 것이다.

⑧ 교섭무애문(交涉無碍門): 개체와 전체가 능섭(能攝), 능입(能入)이다. 일반적으로 4구가 있다. ⓐ 개체가 전체를 섭수하는 것과 개체가 전체에 들어가는 것, ⓑ 전체가 개체를 섭수하고, 전체가 개체에 들어가는 것, ⓒ 개체가 하나의 존재를 섭수하고, 개체가 하나의 존재에 들어가는 것, ⓓ 전체가 전체를 섭수하고, 전체가 전체에 들어가서 동시에 서로 거리낌이 없는 것이다. 이것은 현상적인 존재가 바로 이법의 도리에 의거해서 나오는 것이다. 따라서 현상은 이법 속에 있기 때문에 현상을 온전하게 하는 것이 이법과 같은 것이다. 그러므로 그것은 개별적인 현상이나 전체적인 현상으로 하여금 서로 섭입하여 거리낌이 없게 한다. 들어갈[入] 때가 바로 개체와 전체가 모두 능입이 되는 것을 말한다. 섭수[攝]할 때가 바로 개체와 전체가 모두 능섭이 되는 것을 말한다.

⑨ 상재무애문(相在無碍門): 상재(相在)는 소섭(所攝)과 소입(所入)에 합치하여 피차가 함께 있고, 동시에 현현하며, 또한 전후가 없다. 그러므로 그것이 거리낌이 없다고 말한다. 이것은 진리비사문(眞理非事門)에 따른 것이다. 역시 4구가 있다. ⓐ 개체를 섭수해서 개체로 들어감, ⓑ 전체를 섭수해서 개체에 들어감, ⓒ 개체를 섭수해서 전체에 들어감, ⓓ 전체를 섭수해서 전체에 들어감이다. 이러한 것들은 동시에 교섭하여 장애가 없다. 이것이 바로 하나의 소섭(所攝)이고 하나의 소입(所入)이다. 전체의 소섭이고 하나의 소입이다. 하나의 소섭이고 전체의 소입이다. 전체의 소섭이고 전체의

소입이다. 번갈아 가며 서로 존재한다. 바야흐로 전체의 소섭입(所攝入)이 하나의 소섭입에 있을 때, 이것은 전체가 개체 속에 있는 것을 밝힌다. 바로 그 때 하나의 소섭입도 역시 전체의 소섭입 속에 존재한다. 이것은 개체가 전체속에 있는 것을 밝힌다. 이와 같이 개체와 전체, 전체와 개체, 소섭과 소입이 동시에 나타나 서로 거리낌이 없다.

⑩ 보융무애문(普融無碍門): 개체와 전체가 두루 포용하며, 주관과 객관이 섭입할 때, 바로 모두가 동시에 원융무애하여 다함이 없다. 이것은 ⑧항과 ⑨항 두 부문이 서로 교섭하여 된 것이다. 이중적인 4구를 갖추고 있다.

초중 4구: ⓐ 하나의 존재가 개체를 섭수하여 개체에 들어간다. ⓑ 하나의 존재가 전체를 섭수해서 전체에 들어간다. ⓒ 하나의 존재가 개체를 섭수해서 전체에 들어간다. ⓓ 하나의 존재가 전체를 섭수해서 개체에 들어간다.

2중 4구: ⓐ 전체가 개체를 섭수해서 개체에 들어간다. ⓑ 전체가 전체를 섭수해서 전체에 들어간다. ⓒ 전체가 개체를 섭수해서 전체에 들어간다. ⓓ 전체가 전체를 섭수해서 개체에 들어간다. 이와 같이 하나의 능섭입(能攝入)이 전체의 소섭입(所攝入)에 융합하여 두루 장애가 없다.

총괄적으로 말한다면 현상은 모습이 있지만 이법은 형체가 없다. 다만 이법은 저절로 현현할 수 없다. 그러므로 이법을 온전하게 하는 것이 필요하다. 그래야 마침내 개체와 전체가 서로 포용할 수 있게 되어 동시에 거리낌이 없다. 제1문인 이여사문(理如事門)은 바로 개체와 전체를 지적해서 한 말이다. 개체는 전체가 될 수 있다. 제2문인 사여리문(事如理門)은 전체는 개체가 될 수 있다. 문장 속에서 비록 개체와 전체를 말할지라도 역시 전체와 개체를 갖추고 있다. 이것이 이법을 알 수 있는 것이다. 제3문 사함리사문(事含理事門)은 곧바로 포용할 수 있음을 드러낸다. 제4문 통국무애문(通局無碍門)은 비록 완전히 골고루 미칠지라도 본래의 위치를 움직이지 않는다. 제5문 광협무애문(廣狹無碍門)은 비록 널리 포용한다고 할지라도 하나의 티끌에도 거리끼지 않는다. 제6문 편용무애문(遍容無碍門)은 바로 올바르게 골고루 미칠 때가 용(容)이고 올바로 포용할 때가 편(遍)이다. 서로 편만하고 서로 포용되어 동시에 거리낌이 없어 주관과 객관이 섭입한다. 제7문 섭입무애문(攝入無碍門)은 다만 개체와 전체가 섭입하는 것을 설명한다. 아직 주관과 객관을 분별하지 않는다. 제8문 교섭무애문(交涉無碍門)은 바로 개체와 전체가 함께 능입(能入), 능섭(能攝)이다. 제9문 상재무애문(相在

無碍門)은 개체와 전체가 함께 소섭(所攝)과 소입(所入)임을 설명한다. 이러한 설명에 의지하면 주관과 객관이 섭입해서 두루 두루 모두가 같은 상태이어서 전후가 없이 일시에 현현하고, 피차가 서로 거리끼지 않는다. 그러므로 주객이 겹겹이 관계할 수 있어서 원융무애하다. 하나의 능섭입(能攝入)으로 전체의 소섭입(所攝入)에 융섭한다. 바로 제10문 보융무애문(普融無碍門)을 가리킨 것이다. 바로 주관[能]으로 객관[所]을 융합할 수 있고, 개체로서 전체를 융합할 수 있다. 전체의 소섭입이 하나의 능섭입에 융합한다. 이미 개체와 전체, 전체와 개체, 주관과 객관, 객관과 주관이 번갈아 가며 서로 융합하여 동시에 현현한다. 그러므로 두루 거리낌이 없다.

2) 법장의 오종법계

화엄교학의 대성자인 법장(643~712)은 법계에 대하여 여러 가지로 설하고 있다. 법장의 『탐현기(探玄記)』권18에서는 법계에 다섯 가지 문이 있다고 하여 5종법계[五法界]를 세우고 있다.[20] 법장의 설은 현재 일부만 남아있는 관계로 직접 확인되지는 않지만 원효(元曉, 617~686)의 『화엄경소(華嚴經疏)』에 설해진 4종법계설[四種法界說]을 발전시켜 확립된 것으로 추정된다. 이는 표원(表員, 생몰연대미상)의 『화엄경문의요결문답(華嚴經文義要決問答)』권3에 유위법계(有爲法界)·무위법계(無爲法界)·유위무위법계(有爲無爲法界)·비유위비무위법계(非有爲無爲法界)의 4종법계설이 있고, 이 4종법계를 세운 인물을 원효로 지칭하고 있기 때문이다. 법장은 원효의 4종법계설에 무장애법계(無障碍法界)를 추가하여 5종법계설을 확립한 것이 되는 것이다. 그런데 법장의 5종법계설의 중심개념은 '소입법계(所入法界)'이며, 이는 언제나 '능입법계(能入法界)'와 함께 제1중과 제2중의 이중구조를 이루고 있다. 먼저, 제1중 5종법계에는 유위법계(有爲法界)·무위법계(無爲法界)·역유위역무위법계(亦有爲法界亦無爲法界)·비유위비무위법계(非有爲非無爲法界)·무장애법계(無障碍法界)가 있는데, 이를 요약하면 다음과 같다.

① 유위법계(有爲法界)에는 본식(本識)이 제법종자(諸法種子)를 능지(能持)하는 것을 법계라고 이름하는 경우와 삼세제법(三世諸法)의 차별변제(差別邊際)를 법계라고 하는 경우로 나누고 있다. 전자는 인(因)의 입장에서 설명한 것으로 『성유식론(成唯識論)』의 "무시시래계(無始時來界)" 등의 구

20 法藏, 『花嚴經探玄記』卷18, 「入法界品」

(句)를 인용하고, 후자는 『부사의품(不思議品)』의 "십종실무유여(十種悉無有餘)[何等爲十 一切諸佛知過去一切法界悉無有餘等 云云]"를 인용하여 설명하고 있다.

② 무위법계(無爲法界)에는 성정문(性淨門)과 이구문(離垢門)이 있는데, 전자는 범부의 지위에 있으면서도 그 성(性)은 항상 청정하기 때문에 진공(眞空)이면서도 어떠한 차별이 없음을 말하고, 후자는 대치(對治)에 의해서 처음으로 청정을 나타냄을 말한다고 한다.

③ 역유위역무위법계(亦有爲亦無爲法界)에는 수상문(隨相門)과 무애문(無礙門)이 있는데, 전자는 유위법·무위법이 의식의 대상이 되는 것으로서 18계에 대한 법계를, 후자는 일심법계(一心法界)가 심진여(心眞如)·심생멸(心生滅)을 갖추고 있으면서도 이 둘이 항상 서로 함께 존재함을 말한다고 한다. 이는 『기신론』의 내용과 같은 것이며, 이를 『탐현기』에서는 「회향품」의 내용을 인용하여 교증(教證)으로 삼고 있다.

④ 비유위비무위법계(非有爲非無爲法界)에는 형탈문(形奪門)과 무기문(無寄門)이 있는데, 전자는 법체(法體)가 평등하므로 유위·무위가 독립된 존재가 아니라고 하고, 후자는 법계가 이상(離相)·이성(離性)이기 때문에 유위도 아니고 무위도 아니라고 설명하고 있다.

⑤ 무장애법계(無障礙法界)가 보섭문(普攝門)과 원융문(圓融門)이 있는데, 전자는 위에 열거한 사문(四門)과 각각 일문(一門)에 따라서 제문(諸門)을 다 거두어들이기 때문이며, 후자는 리(理)와 사(事)가 다 원융하고 대소(大小)·일다(一多)가 서로 무애한 상태이기 때문이라고 한다.

이상에서 설명한 제1중의 5종법계설은 '소입법계(所入法界)'의 입장에서 설명한 것으로, 이들이 다 원융함은 총(總)·별(別)·동(同)·이(異)·성(成)·괴(壞)의 원융을 설하고 있는 육상설(六相說)에 준해야 한다고 말한다.

또한, 법장은 '능입법계(能入法界)'를 정신(淨信)·정해(正解)·수행(修行)·증득(證得)·원만(圓滿)의 다섯으로 나누고, 소입(所入)과 능입(能入)은 서로 원융무애하므로 전체적으로 하나의 무장애법계를 이루고 있다고 설명한다.

다음의 제2중 5종법계에는 '소입법계(所入法界)'에 법법계(法法界)·인법계(因法界)·인법구융법계(因法具融法界)·인법구민법계(人法具泯法界)·무장애법계(無障碍法界)가 있으며, 여기에도 각각 십의(十義)가 있다고 한다. 그리고 '능입법계(能入法界)'에는 신(身)·지(智)·구(俱)·민(泯)·원(圓)이 있으나 능입(能入)·소입(所入)은 서로 무애하므로 나머지 존(存)·망(亡)·무애(無礙)도 구족되어 있다고 한다.

유위법계는 사법계에, 무위법계는 이법계에, 역유위역무위법계는 이사무애법계에, 비유위비무위법계는 이사무애법계에, 무장애법계는 사사무애법계에 해당한 것이 5종법계이다. 이것은 유위·무위의 둘을 사구(四句)로 분별하고 다시 사구를 포섭하여 일종(一種)을 첨가하여 유위·무위를 사(事)·리(理)라고 말하면 비사비리법계(非事非理法界) 등이라 말하지 않기 때문에 오문(五門)은 사종(四種)이라고 볼 수 있고, 역유위역무위법계와 비유위비무위법계가 이사무애법계에 포함한다면 무장애법계는 사사무애법계라고 한 것에서 벗어나지 않는다. 화엄교학은 법계의 개현(開顯)에 있고 이것은 일진법계(一眞法界)의 체계와 4종법계의 조직에서 나타난다.

3) 징관의 사종법계

4종법계에 대해서 징관은 『법계현경(法界玄鏡)』에서 다음과 같이 구분하였다. "법계는 경(經)의 현종(玄宗)이니, 모두 연기로서 법계가 부사의함을 근본으로 하기 때문이다. 법계의 모습을 요약하면 오직 셋이 있다. 그러나 모두 갖추면 4종으로 ① 사법계 ② 이법계 ③ 사리무애법계 ④ 사사무애법계이다."[21] 여기서 낱낱의 사(事)가 체용(體用)에서도 상입상즉(相入相卽)하여 무애함을 논한 것이 사사무애법계라 한다. 이와 같이 4종법계설을 제시한 후, 두순의 『법계관문』에서의 삼관(三觀)은 4종법계에서 사법계(事法界)를 제외한 3종법계에 배대하고, 사법계(事法界)에 관하여 『법계관문』에서 생략한 의미를 서술하고 있다.

또한 징관은 『행원품소(行願品疏)』에서 법계를 사법계·이법계·무장애법계로 나누고, 다시 무장애법계를 사리무애·사사무애법계로 나누어서 4종법계가 된다고 한다. 이처럼 『법계현경』 및 『행원품소』에서 법계를 분류하여 4종법계의 형성을 명확히 한다.[22] 『화엄경』에서 유심(唯心)의 근본적 입장은 사법(事法)이 연기의 성립근거가 된다. 이것은 일심법계(一眞法界)의 논립(論立)에서 가장 분명하다. 이 징관의 법계를 규봉의 『주법계관문(註法界觀門)』에서 다음과 같이 해석한다. "법계는 오직 일진법계로서 만유(萬

21 澄觀, 『華嚴法界玄鏡』卷上(『大正藏』45, 672하)
22 澄觀, 『貞元新譯華嚴經疏』

有)를 총해(總該)하므로 일심(一心)이다. 그리하여 이 심(心)은 만유(萬有)를 융섭하여 4종법계를 이루기 때문이다. ① 사법계이다. 계(界)는 나눔의 뜻으로 낱낱이 차별하여 분제(分齊)가 있기 때문이다. ② 이법계이다. 계는 성(性)의 뜻이니 무진의 사법(事法)은 동일성이기 때문이다. ③ 이사무애법계이다. 성분(性分)의 뜻을 갖추었는데, 성분이 무애하기 때문이다. ④ 사사무애법계이다. 일체의 사법(事法)을 분류하여 하나의 성(性)과 융통하여 중중무애하기 때문이다."[23] 징관은 이처럼 4종법계를 내세우면서도 총해만유(總該萬有)의 일심의 입장에서 4종법계로 전개하지 않고 사리무애법계와 사사무애법계의 둘을 무장애법계라고 설정하고, 기본적으로는 무장애(無障碍)·사(事)·리(理)의 3종법계로서 나눈다. 징관은 『연의초(演義抄)』권46에서 무장애법계의 '무장애'의 의미를 설명하기를, "무장애는 둘이 있다. 일(一)은 위에 성상(性相)이 무애하고, 이(二)는 성(性)으로써 상(相)을 융합하여 중중무애하다. 즉 4종법계는 이것으로 아는 바이다"[24]라고 하여 성상(性相)이 무애하고 융합함으로써 중중무애함을 의미한다. 이 무장애법계를 사사무애법계와 사리무애법계로 나눈 이유에 대해서는, "사사(事事)가 같지 않으나 무애함을 얻는 까닭은 리(理)로써 사(事)를 융합하기 때문이며, 리(理)에 의해서 사(事)를 이룸으로 일(一)과 다(多)가 서로 연기하니, 이것은 오히려 사리무애가 앞에 의지하여 후가 일어나기 때문에 이를 열거한다. 사리무애에 의하여 바야흐로 사사무애를 얻는다"[25]라고 하여 무장애법계에서 사사무애법계는 이사무애법계에 의하여 이루어진다고 한 것이다. 이것은 법장의 사사무애와는 분명히 다르다. 법장은 과상현(果上現)의 입장에서 성기(性起)로 삼기 때문에 사물과 사물이 원융함을 나타내고자 한 것을 사사무애법계로 보았으나, 징관은 사(事)에서 리(理)로 취입(趣入)한 것으로 사리무애의 입장에 입각하여 심성(心性)을 보고 있다. 징관은 성기의 주축이 되는 것은 진망교철(眞妄交徹)·생불교철(生佛交徹)이다. 즉, 이사무애에는 사(事)에서 리(理)로, 인(因)에서 과(果)로의 문제에 집중시키기 때문이다. 그러므로 중생이 불(佛)이 될 수 있는 근거를 제시한다. 그리하여 무장애(無障礙)법계에 대해서 말하기를, 법계는 계(界)·불계(不界)·법(法)·불법(不法)도 아니다. 명상(名相)이 없는 가운데 엄연히 이름을 세운 것이

23 杜順撰, 宗密注, 『注華嚴法界觀門』(『大正藏』45, 684중)
24 澄觀, 『大方廣佛華嚴經隨疏演義鈔』卷46(『大正藏』36, 357중)
25 앞의 책, 卷1(『大正藏』36, 9중)

무장애법계이다. 적막하고 공허하며 깊이 널리 포용하고 만유를 총해(總該)하므로 이는 일심(一心)이라고 한다. 무장애법계는 만유를 총해하므로 일심이라 하여 무장애법계와 일심을 연결시키고 있다.

4) 사사무애

사사무애의 궁극적인 설명으로 제시하고 있는 십현문(十玄門)에 대해서는 지엄의 『수현기』, 법장의 『탐현기』, 징관의 『연의초』 등에서 밝히고 있다. 또한 두순의 『법계관문』에도 십현문과 유사한 주변함용관에서 보인 10문이 있다. 그 중 징관의 『연의초』에서 밝힌 십현문을 중심으로 살펴보자.

징관은 그의 십현문은 기본적으로 법장이 『탐현기』에서 세운 신십현문(新十玄門)에 의지하고 있다고 하였다. 그리고 지엄의 『수현기』에서 제시한 고십현문(古十玄門)과 자신이 의지하고 있는 법장의 신십현문과는 다소 차이가 있는 것을 인식하고 있었다. 고십현문과 신십현문의 차이점은 무엇일까. 지엄의 『탐현기』에서 제시하고 있는 고십현문 가운데 인다라망경계문(因陀羅網境界門)과 비밀은현구성문(秘密隱顯俱成門)의 명칭을 법장이 제시한 신십현문에서는 인다라망법계문(因陀羅網法界門)과 은밀현료구성문(隱密顯了俱成門)으로 변경하였다. 다음으로 고십현문의 제장순잡구덕문(諸藏純雜具德門)과 유심회전선성문(唯心廻轉善成門)이란 항목을 '신십현문'에서는 삭제하고 새롭게 광협자재무애문(廣狹自在無礙門)과 주반원명구덕문(主伴圓明具德門)을 편입시키고 있다. 여기에서 법장에 의해 변경된 신십현문의 명칭과 순서를 징관은 거의 그대로 수용하고 있다. 징관이 제시한 십현문의 내용을 살펴보면, 법장이 제시한 신십현문보다는 많은 부분에서 『법계관문』의 십문(十門)의 내용을 받아들이고 있는 점이다.

징관의 『연의초』에 의하면, 신십현문을 채용한 이유를 크게 세 가지로 정리할 수 있다. 첫째, '제장순잡구덕문(諸藏純雜具德門)'은 사사무애의 내용을 사리무애와 혼동할 우려가 있기 때문에 제외하였다는 것이며, 둘째, '유심회전선성문(唯心廻轉善成門)'은 십현문이 성립하는 이유가 되기 때문에 제외하였다는 것이며, 셋째, 법장의 신십현문은 순서가 제대로 잡혀있기 때문이라는 것이다. 이와 같이 징관은 고십현보다 신십현문을 채용한 이유 중 하나가 순서대로 배열된 점이라고 하고, 『연의초』에서 그 이유를 열 가지로 설명하고 있다.

① 동시구족상응문(同時具足相應門)은 십현문의 총체적인 것이기 때문에

구문(九門)의 가장 앞에 두었다.

② 광협자재무애문(廣狹自在無碍門)은 별행(別行)의 십현문 가운데서 가장 먼저 말하고 있는데, 이것이 별행문의 이유가 되기 때문이다. 위에 말한 사리무애문(事理無碍門) 가운데 사리상편(事理相遍)에 의지하기 때문에 이하의 제문(諸門)이 나오며, 사여리편(事理如遍)의 입장인 까닭에 광(廣)이며, 사상(事相)을 훼손하지 않기 때문에 협(狹)이 된다. 그러므로 이 문은 사사무애의 시작이 된다.

③ 일다상용불동문(一多相容不同門)은 ② 광협무애(廣狹無碍)에 의지한 까닭에 널리 다(多)가 있고, 일(一)로써 다(多)를 바라기 때문에 일(一)과 다(多)가 상용(相容)하며, 그렇기 때문에 일(一)과 다(多)의 이체(二體)가 다 구족하지만 역용(力用)만은 교철(交徹)한다.

④ 제법상즉자재문(諸法相卽自在門)은 차(此)로 인해서 피(彼)를 받아들이므로 피(彼)는 곧 차(此)와 즉(卽)하게 된다. 차(此)로 인하여 피(彼)가 퍼지게 되므로 차(此)는 곧 피(彼)와 즉(卽)하게 되기 때문에 상즉(相卽)이 있다.

⑤ 비밀은현구성문(秘密隱顯俱成門)은 서로 상섭(相攝)함으로써 서로 은현(隱顯)이 있다. 이를테면 저 편을 섭(攝)할 때 저 편을 볼 수 있기 때문에 상입문(相入門)이 있고, 또 저 편을 섭(攝)할 때 저 편은 체(體)가 없으므로 상즉문(相卽門)이 있다. 저 편을 섭(攝)하면 저 편이 비록 존재한다고 볼 수 없으므로 은현문(隱顯門)이 존재한다. 문(門)이 서로 다르기 때문에 이 삼문(三門)은 모두 서로 섭(攝)함으로써 존재하는 것이다. 상입(相入)하면 두 거울이 서로 비추는 것과 같고, 상즉(相卽)하면 파도와 물이 서로 섭수하는 것과 같고, 은현(隱顯)하면 한 조각달이 서로 비추는 것과 같다.

⑥ 미세상용안입문(微細相容安立門)은 이것으로 저것을 섭(攝)함으로써 일체를 동등하게 섭(攝)하는 것이 되며, 저것을 섭(攝)한 것도 또한 그러하다.

⑦ 인다라망경계문(因陀羅網境界門)은 서로서로 섭(攝)함으로써 중중(重重)이 되므로 제망무진(帝網無盡)이 있다.

⑧ 탁사현법생해문(託事顯法生解門)은 이미 제망(帝網)과 같기 때문에 일(一)에 따라서 일체(一切)가 무진(無盡)이 되기 때문이다.

⑨ 십세격법이성문(十世隔法異成門)은 위의 여덟은 모두 소의(所依)이기 때문에 소의의 법은 이미 원융하며, 능의(能依)일 때도 또한 그렇다.

⑩ 주반원명구덕문(主伴圓明具德門)은 법과 법이 모두 그렇기 때문에 수

(隨)와 거(擧)가 하나이면 즉시 주(主)가 되고, 연대(連帶)하여 연기하면 즉시 주반(主伴)이 존재한다.

이처럼 징관은 십문의 나열 순서에 따라서 ①을 맨 앞에 둔 것은 제문(諸門)의 '총(總)'이기 때문이고, ②는 사사무애의 시작이므로 두 번째에 두었으며, 다음은 순서대로 상용성(相容性)·상즉성(相卽性)·상입상즉성(相入相卽性)·무진성(無盡性)·원융성(圓融性) 등을 고려하여 십문(十門)을 배열하였다고 하였다. 그리고 ⑩은 연기하기 때문에 주반(主伴)이 있고, 그러므로 원융무애(圓融無碍)라고 하였다.

그러므로 징관이 이해한 십현문은 총(總)과 별(別)의 순서가 되므로 ①은 '총(總)'이고 ②-⑩은 '별(別)'이 된다는 것이다. 그리고 ②에서 ⑩으로 전개되는 것을 논리적인 맥락에서 '사사무애(事事無碍)'를 나타내고 있다고 이해한 것이다.

2. 이사와 이이상즉

1) 의상의 이이상즉설

중국고대의 리개념은 딱딱한 보석을 가공할 때 기준이 되는 줄, 금, 가름선 등의 뜻으로 사용되었다. 따라서 리(理)는 개별적이고 구체적인 것이며, 다수의 리(理)가 가능하다. 한비자의 『해노편(解老篇)』에 이와 같은 의미로 리(理)가 사용되었다. "도(道)라는 것은 만물의 존재근거이며, 만 가지 리(理)가 귀일하는 근본원리이다. (중략) 만물에 각각 다른 리(理)가 있지만 도는 만물의 리(理)를 전부 귀일시킨다. 무릇 리(理)라는 것은 방원, 장단, 거칠고, 정미하고, 굳고 무른 것 가운데 존재하는 조리이다. 그러므로 리(理)가 정해진 이후에 도를 얻을 수 있다." 이렇게 한비자는 사물마다에 개별적으로 내재하는 것을 리(理)라 하고 복수의 리(理)를 인정하였다. 그리고 그 위에 도를 개념화시켰다.

개별적 리개념은 위진 현학에 이르러서는 개별적인 것들은 존재하게 하는 보편적 개념으로 전개되었다. 그리고 위진 현학의 영향을 받은 도생(道生, 355~434)에 이르러서는 불교적으로 적용된다. 그는 리(理)는 본래적인 것, 항상 존재하는 것, 하나뿐인 것 등으로 개념화하였다. 이러한 도생의 리(理)는 인도적 개념이해에 부합한다고 보아도 좋다. 인도적 개념에서 보면, 리(理)는 복수의 사(事)의 공통성질 혹은 공통의 근거로서 단수에 상당하기 때문이다.

불교에서의 리(理)의 사용이 이렇게 보편적 방향으로 전개된 것만은 아니다. 리(理)가 복수로 인정되는 사례는 지론학, 천태종 등에서 다수 확인할 수 있다. 『법계도』에서 이이상즉이 주장되면, 리(理)의 인다라가 설해진다는 사실로 의상이 적어도 복수의 리(理)를 상징하고 있는 것으로 보인다. 이 경우 의상이 사용하는 리(理)는 중국고대의 리개념과 유사한 지론학의 흐름위에 있는 것으로 보인다. 그리고 직접적으로는 그의 스승 지엄과 관련시켜 의상의 리개념을 이해해야 할 것이다. 의상의 이이상즉, 또는 리인다라는 지엄 『공목장(孔目章)』의 "일승의 진여에는 두 가지 문이 있다. 첫째는 별교문(別敎門), 둘째는 동교문(同敎門)이다. 별교문은 이사가 완벽하게 통일되어 무진(無盡)의 인다라 및 미세함까지 모두 통괄하는 것을 말한다"[26]라는 표현에서 도출한 것으로 지적되었다. 오타케 스스무(大竹晉)는 법장이 지엄의 이 문장 중 리(理)를 제외하고 그대로 인용하는 것을 근거로 결국 여기서의 리(理)와 사(事)는 통일된 이사로서 사사무애의 다름 아니라고 해석하였다. 그리고 지엄이 무진의 리(理)를 논할 때도 그것은 무수히 분절된 리(理)에 불과하기 때문에, 지엄에 있어 단 하나인 리(理)가 상즉하는 것은 있을 수 없다고 주장하였다.

의상의 직제자였던 표훈(表訓)은 이이상즉을 종교와 돈교의 위상으로 이해했으며, 신림(神林)은 사구상즉(四句相卽) 전체를 원교로 이해하였다. 이와 같은 교판적 해석은 둘 다 가능하다. 그것은 균여가 해석하는 것처럼 각각을 볼 때는 교판적 위상이 결정되어 있지만, 어차피 별교의 입장에서 동교적 입장들을 포섭하는 패러다임내에서 설해지는 상즉이란 점에서 사구가 다 원교이기 때문이다. 다만 균여는 여기서 신림의 입장에 손을 들고 있다.

이들보다 조금 늦은 시기에 활약한 법융(法融)의 간단한 해석이 『총수록(叢髓錄)』「법기(法記)」에 소개되어 있다. 여기서는 리(理) 자체를 문제 삼아 리(理)와 리(理)가 이공(二空)이 상즉하는 것이라고 소개한다. 이공에 대해서는 기무라(木村清孝)에 의해 인공(人空)과 아공(我空)일 가능성이 제시되었지만, 확실한 것은 두 법의 근원적 동일성을 통하여 이이상즉이 이해되었다는 것이다.

한편, 이이상즉에 대해서 가장 구체적으로 논하는 균여의 견해는 『법계

26 智儼, 『華嚴經內章門等雜孔目』卷2, 「迴向眞如章」(『大正藏』45, 558하)

도원통기』에서 그 원형적 이해를 볼 수 있다. 그의 이이상즉설 이해는 교판적 설명과 리(理) 자체의 문제로 나누어 설명할 수 있다.

첫째, 균여는 이이상즉이 종교과 돈교적 사유에 걸쳐있다고 이해하였다. 즉 삼승교에서도 가능한 사유라는 것이다.

둘째, 이이상즉을 법성융통문(法性融通門)과 연기상유문(緣起相由門)으로 나누어 설명하고 있다. 그런데 이 두 측면의 이이상즉 이해의 공통점은 리(理)의 차별은 사(事)의 차별로 인하여 도출된다는 것이고, 사사상즉으로부터 이이상즉이 도출된다는 것이다. 여기에는 리(理)와 사(事)가 다르지 않다는 전제가 놓여있다. 따라서 이 경우 이이상즉은 사사상즉의 다른 표현에 불과하다. 앞에서 언급한 것처럼 이이상즉설 해석은 법장의 사구상즉을 이해하는 연장선상에서 논의되는 경향이 많음으로써 결국 법장의 교리적 이해에 맞추게 되는 결과로 이어지게 된다.

여기서 현대학자의 의상의 이이상즉설 이해를 보자. 우선 가장 구체적으로 이 문제를 다룬 기무라는 의상이 표현하는 '이사명연(理事明然)'에 착안하여, 리(理)로 불리거나 사(事)로 불릴 경우 그것은 이미 궁극적인 사실로부터 멀어진 것, 각각 궁극적인 사실의 일면을 대응적인 형식으로 추상화한 것이라고 해석하였다. 이시이는 지론학 이래 리(理)를 복수로 보는 경향은 줄곧 있었고, 오히려 리(理)를 불가분의 개념으로서 강조한 경우는 없었다고 본다. 이시이는 의상은 바로 이러한 의미를 계승한 것으로 보면서 이이상즉의 리개념은 기무라의 견해에 동의한다.

한편, 이이상즉에 가장 먼저 관심을 보인 사카모토는 사사상즉의 이면인 리(理)의 상즉으로 해석했다. 사카모토 본인은 이와 같은 정도에서 그쳤지만 좀 더 구체적으로 그 의미를 해석하자면, 이이상즉은 사사상즉의 이면을 인식론적으로 파악하여 본 것이며, 따라서 리(理)의 다양성은 실제로 하나의 리(理)로 수렴된다는 것이다. 최근에 오오타케는 의상의 이이상즉에서의 리(理)는 결국 사(事)와 같은 정도의 것으로 언어로 분절된 리(理)로 보았다. 따라서 이이상즉을 사사상즉 정도의 의미로 보았으며, 사카모토의 설에 가깝다는 것도 알 수 있다.

의상의 실천적 화엄적 사유에 착안한 정영근은 일(一)과 다(多)의 상즉성을 리(理)와 사(事)의 상즉성으로 대치하여 설명하면서, 리(理)와 사(事)가 이미 둘이 아닌 존재이기 때문에 다 평등하기도 하고 차별이 있기도 한 존재의 무분별성을 드러내고 했던 것이 의상의 이이상즉의 본래 의도라고 설명한다.

의상에 있어 리(理)와 리(理)의 상즉이라 할 때 그것이 균여의 설명처럼 사(事)의 차별성을 전제로 차별화된 리개념이라고 단정할 수는 없을 것이다. 또한 리(理)의 분화로서의 리(理)라는 개념이기도 어렵다. 그것은 리(理)의 분화라는 이해에는, 리(理)는 오직 하나라는 전제가 내포되어 있기 때문이다. 의상은 리(理)가 오직 하나라는 개념에 사로잡히지 않으려 했던 것으로 추측된다. 결국 같은 사태의 해석이 되겠지만 연기로서 성립된[緣成]의 일(一)임을 강조하는 이유는 거기에 있다고 보인다. 나아가 다수의 여(如)를 인정하는 것은 연성의 일을 근본으로 하여 성립되는 복수의 리(理)의 세계를 그리는 것일 수 있다. 그리고 이사가 명연한 것을 전제로 할 때, 리(理)의 상즉이 가능하다는 것은 당연히 사(事)의 상즉이 가능함을 의미한다. 의상에게 있어서의 이인다라와 사인다라가 동시에 성립할 수 있는 이유는 여기에 있다.

2) 법장과 징관에서의 영향

중국화엄에서 리(理)와 리(理)를 붙여서 사유하는 예는 징관에게서 처음 볼 수 있다. 징관은 『화엄경소』에서 「십회향품」을 주석하면서, 이리무위(理理無違)라는 용어를 사용한다. 이리무위에 해당하는 경문은 다음과 같다. "즉 국토(國土)의 평등이 중생의 평등과 어긋나지 않고, 중생의 평등이 국토의 평등과 어긋나지 않는다. 일체중생의 평등이 일체법의 평등과 어긋나지 않고, 일체법의 평등이 일체중생의 평등과 어긋나지 않는다. 욕심을 떠났을 때의 평등이 일체중생이 안주하는 평등과 어긋나지 않고, 일체중생이 안주하는 평등이 욕심을 떠났을 때의 평등과 어긋나지 않는다."[27] 각각 대(對)가 되는 평등이 서로 다르지 않다는 것이 경문의 의미이다. 징관은 3가지 대구를 이리무위라고 해석하였다. 그에 따르면 평등은 무성으로서의 리[平等卽無性之理]이다. 그래서 리(理)와 리(理)가 다르지 않다[理理無違]고 설명한 것이다. 이를 좀 더 상세히 보면, 국토의 무성[理]은 중생의 무성[理]에 즉하기 때문에 둘이 아니다. 또한 동일성을 담지 하기 때문에 '즉할 것도 없다[不卽]'한다. 즉할만한 아무것도 존재하지 않기 때문이다. 이것이 징관이 설명하는 이리무위의 논리이다. 다만 징관에 있어서 이리무위는 이사의

27 澄觀, 『大方廣佛華嚴經疏』 卷29, 「十迴向品」(『大正藏』 35, 723중)

무위와 함께 사(事)와 사(事)의 무애 내지 무위를 도출하는 전단계의 사유 형식에 불과하다. 따라서 그의 이리무위는 그것을 일승으로 본 의상의 사유와 취지를 달리한다.

또 하나의 예를 『십인품』 주석에서 볼 수 있다. "두 번째는 이리평등이다. 헝겊으로 만든 말의 머리와 다리는 모두 헝겊인 것처럼, 헝겊인 점에서는 구별이 없기 때문이다. 현자와 성자가 동일하게 있는 그대로임과 같다."[28] 이 문장은 하나의 헝겊으로 말을 만들었을 때를 가정한 설명으로부터 나온 사유방법이다. 여기서 헝겊은 법성을 비유한다. 즉 이리평등은 법성으로서의 리(理)와 리(理)의 동일성에 근거한 평등인 것이다.

그런데 징관의 이리평등은 법장의 『탐현기』에 나오는 상즉에 대한 5가지 설명에서 비롯한다. 그 요점만 정리하면 다음과 같다.

① 리(理)와 사(事)의 상즉이다. 헝겊으로 만든 토끼는 둘이 아니기 때문이다.[교증: 『반야경』]

② 두 리(理)의 상즉이다. 토끼의 머리는 헝겊에 즉해있다. 토끼의 다리도 역시 헝겊에 즉해있다. 두 헝겊에 구별이 없으므로 즉(卽)이라 한다.[교증: 『유마경』]

③ 리(理)로써 사(事)의 명칭에 따름으로써 사(事)의 상즉을 설한다. 토끼의 머리로서의 헝겊과 다리로서의 헝겊이 다르지 않기 때문이다.[교증: 『무행경』]

④ 리(理)가 사(事)에 녹아들어간 상태가 두 사(事)의 상즉이다. 토끼의 머리는 독립적 존재가 아니며 헝겊에 즉한 머리이다. 헝겊의 체가 원융하므로 전체의 머리가 다리이다.(법성융통력에 의한 해석)[교증: 『화엄경』]

⑤ 연기상유력(緣起相由力)에 의해 두 사(事)가 역시 상즉한다. 환술사가 만들어낸 많은 것이 곧 하나이고, 하나가 곧 많은 것이게 하는 것들과 마찬가지이다.[교증: 『화엄경』]

법장은 헝겊을 여래장에 비유했다. 이것을 징관은 법성이라 한 것이다. 따라서 징관의 이리평등은 법장의 이리상즉(二理相卽)에서 비롯하고, 동일한 사유에 기반을 둔 조어이다.

---

28 앞의 책, 권46, 「十忍品」(『大正藏』35, 854상)

그런데 법장은 이리상즉(二理相卽)과 동일한 개념을 『화엄현의장(華嚴玄義章)』에서도 사용한다. 『현의장』에서는 다음과 같은 설을 내놓는다.

"상즉의 사구는 첫째, 사즉리(事卽理)이다. 연기가 무성이기 때문이다. 둘째, 이즉사(理卽事)이다. 리(理)가 연을 따르기 때문에 사(事)가 성립할 수 있기 때문이다. 셋째, 두 사(事)의 본성인 리(理)의 상즉이다. 도리에 기준을 두자면 실상으로 귀일되기 때문이다. 넷째, 두 사(事)의 상즉이다. 리(理)에 즉해 있는 사(事)라는 점에서는 이타의 사(事)와 구별되지 않기 때문이다. 그러므로 사(事)는 리(理)와 동일하여 걸림이 없다."

결국 이사지리(二事之理)의 상즉은 존재의 실상(본성)에 기준을 두고 보는 관점이기 때문에 『탐현기』에서 설하는 이리상즉(二理相卽)과 동일한 개념임을 알 수 있다. 그런데 이사지리(二事之理)의 상즉이 되든 이리(二理)의 상즉이 되든 리(理)는 존재론적으로 한계(분한)가 있어야 한다. 법장은 『현의장』에서 리(理)와 사(事)의 분한·무분한을 둘 다 인정한다. 그 중에 리(理)의 분한에 대해서는 "일법에 다 리(理)를 갖추지 않음이 없기 때문이다"라고 설명한다. 즉 법장이 리(理)의 분한을 인정하였기 때문에, 이와 같이 이이상즉과 비슷한 표현이 가능하였던 것이다.

그렇다면 이것은 의상의 이이상즉과 어떤 관계가 있을까? 여기서 먼저 의상의 '이이(理理)' '이사(理事)' '사사(事事)'간에 상즉과 불상즉이 다 성립한다는 사유형태에 대해 주의를 기울일 필요가 있다. 이 중 '이사'간의 혹은 '사사'간의 '불상즉'에 대한 사유는 지엄에게는 전혀 없다. 법장의 경우 초기저작인 『오교장(五教章)』과 만년의 저작인 『탐현기』에는 없지만, 앞에서 본 것처럼 유독 『현의장』에서는 사구상즉과 상대되는 사구불상즉을 대해 논하고 있다. 사구불상즉은 '이사불상즉(二事不相卽)' '이사지리불상즉(二事之理不相卽)' '이사불상즉(理事不相卽)' '사리불상즉(事理不相卽)'을 일컫는다. 이 중 이사지리불상즉에 대해서는 "둘이 아니기 때문이다(T45, 625중)"라고 간단히 설명을 붙이고 있다. 이러한 이사지리불상즉은 징관의 부즉에 의한 이이무애의 설명과 일치한다. 따라서 법성(법장의 표현으로는 진여여래장)이 동일하기 때문에 상즉의 필요성이 없는 불상즉으로서 양자간의 불협화음이 아님을 알 수 있다.

『탐현기』에서는 각 상즉에 경전을 인용함으로써 간접적으로 교판적 위상을 밝혔으며, 이리상즉(二理相卽)에는 『유마경』을 교증으로 삼았다. 이것은 최근에 연구에 따르면 성종에 대한 비판일 수도 있다.

이와 같은 사정을 통해서 볼 때, 법장은 의상이 설한 별교일승의 원융성에 시사를 받아서 『현의장』에서는 리(理)와 사(事)의 상즉·불상즉론을 구성하였으나 『탐현기』에 이르러 교판론을 도입하고, 선종을 의식하게 되면서 의상의 이이상즉은 돈교로 이해되기에 이르며, 불상즉론을 파기하기에 이른 것으로 추정된다. 반면에, 징관은 일승의 세계에서 각각의 상즉을 다루고 있으며, 불상즉에 대해서도 일정부분 설명하고 있어 오히려 의상의 사유와 친근성이 있음을 알 수 있다.

3) 연수에의 영향

법안종(法眼宗) 3세 영명 연수(永明延壽, 904~967)의 『종경록』에서 의상의 『법계도』를 인용하고 있다. 그는 아울러 의상이 사용하는 '이사상즉역득(理事相卽亦得)' '이이상즉역득(理理相卽亦得)' '사사상즉역득(事事相卽亦得)' '이사부즉역득(理事不卽亦得)'이란 표현을 사용한다. 이것으로 보아 확실히 의상의 표현을 따온 것임을 알 수 있다. 그 중 '이이상즉'에 관해서는 '오직 일여(一如)로서 이여(二如)가 없으며, 진성이 항사 '사(事)'를 융회한다' 라고 설명한다. 또한 그는 『만선동귀집』에서는 '상즉'과 '부즉'이 원교의 종지에서 설명되는 것이라고 밝힘으로써 표현에서 뿐 아니라 사유방법에서도 의상의 영향을 받고 있음을 확인할 수 있다.

연수는 존재의 본성이 오직 '일여(一如)'임을 강조함으로써 의상의 이이상즉을 존재의 본성으로서의 동일성에 근거한 상즉으로 이해한다. 이와 같은 연수의 해석은 법장이나 징관의 리 이해와 상통한다. 그것은 징관의 해석을 그대로 빌려와 이리무위를 사용하는 것으로도 알 수 있다.

3. 이사와 성리학

화엄종의 교의에서는 리(理)와 사(事)가 주요 논제이다. 이 논제 속에서 리(理)는 성(性), 사(事)는 상(相)과 모든 존재이다. 불교학 속에서 리(理)와 성(性)이 되는 것은 진(晋)·송(宋) 시대의 축도생(竺道生)이 지은 『불성론(佛性論)』속에 이미 분명하게 표현되고 있으며, 남조(南朝)시대의 승종(僧宗)도 역시 "성(性)과 리(理)가 다르지 않다"는 이론을 주장한다.[29] 이런 방식

29 寶亮, 『大般涅槃經集解』卷46.

은 이미 형식상으로 후세의 도학이 주장하는 "성(性)이 바로 리(理)이다"라는 이론과 상통한다. 실제적으로 현학(玄學)과 반야학이 합류된 이론이다. 수·당시대 삼론종은 교의 중에서 성(性)과 리(理)의 학설은 현학과 남조시대 반야학이 합류한 기반 위에서 진일보 발전한 것이다. 단 이 논지는 그들의 체계 속에서는 결코 돌출하지 않으며, 그들 2제론의 번쇄한 논증 속에 내포된다.

리(理)와 상대적인 것이 사(事)이다. 이 논제와 "성(性)과 리(理)가 다르지 않다"는 학설이 같다는 주장은 매우 오래 되었다. 남조시대 아비담을 연구한 일파는 사(事)와 리(理)를 가지고 이제(二諦; 사(事)는 세속제, 리(理)는 진제)로 삼았다. 그리고 2제론은 또 현학의 '본(本)'과 '말(末)'론의 유행이다. 이런 것들은 미리 앞에서 지적하였다.

수·당 시대 천태종의 교의 속에서 사(事)·리(理)설은 2제론과 선법(禪法)이 합류한 기반 위에서 역시 일보 발전한 것이며, 천태 지의의 『석선바라밀차제법문(釋禪波羅蜜次第法門)』과 『마하지관(摩訶止觀)』에서는 모두 사(事)와 리(理)를 결합하여 지관(止觀)과 선정(禪定)을 설명한다.[30]

당대(唐代) 전기의 선종도 역시 사리설(事理說)이 있었다. 말하자면 "심부동(心不動)이 정(定)이요, 지(智)며, 리(理)이다, 이근부동(耳根不動)이 색(色)이며, 사(事)며, 혜(慧)이다"라고 하는 것과 같다.[31] 단, 초기 천태종과 선종의 교의 속에서 사(事)와 리(理)의 이론은 아직 두드러진 문제는 아니었다.

여기에서 우리들은 이미 리(理)와 사(事)의 이론이 현학과 불교학의 합류에 의하여 계승된 계통이라고 설명했다. 또 불교의 각 종파와 중국의 전통사상과의 상호교섭에 의해 성립된 것이라고 설명했다. 화엄종의 리(理)와 사(事)의 이론에 이르면 두드러지게 표현되어 그 종파의 핵심적인 교학적 이론이 된다. 이후 천태종도 특히 리(理)·사(事)의 이론을 중시한다. 북송시대에 천태종 내부의 산가파(山家派)와 산외파(山外派) 사이의 교의상의 논쟁은 이미 처처에서 리(理)·사(事)의 범주를 벗어나지 않고 논쟁한다. 정(程)·주(朱) 일파가 주장한 '이학(理學)'은 리(理)와 기(氣)를 가지고 그들의 중요한 논제 속의 하나로 삼았다. 심지어는 '리(理)'와 '사(事)', '리(理)'와

---

30 智顗, 『釋禪波羅蜜次第法門』(『大正藏』46, 499상-하), 『摩訶止觀』(『大正藏』46, 71상)

31 『大乘無生方便門』(『大正藏』85, 1273중)

'기(氣)'를 직접 사용하여 그들을 위한 사변철학의 주요한 범주로 만들었다. 이리하여 현학의 '본(本)'과 '말(末)'은 반야학의 이제(二諦)에 도달하게 되었으며, 남조 불교학의 "성(性)과 리(理)는 다르지 않다"와 사리의 2제설은 수·당시대의 삼론과 천태의 성(性), 리(理), 사(事), 리(理)의 설에, 화엄종의 '리(理)'와 '사(事)'설은 정·주의 '리(理)'와 '기(氣)'설에 도달하는 등, 중세기 철학사상의 형식적인 반복성을 표출시켰고, 화엄종의 '리(理)'와 '사(事)'설은 그 속에서도 가장 중요한 매개체가 되었다.

화엄종의 '이사(理事)'설은 정(程)·주(朱)의 '이학(理學)'에 대해 어느 정도의 영향을 미치고 있다. 이정(二程)이 주장한 '이사'와 화엄종의 '이사'설을 서로 비교하면 서로 유사한 점이 적지 않음을 찾아 낼 수 있다. 그 내용을 살펴보자.

1. 『이정어록(二程語錄)』속에서 설명된 이른바 '冲漠無朕, 萬象森然已具'[32]와 '妄盡心澄, 萬象齊現'의 '진공관'은 서로 유사하다. 또 선종의 교리와도 서로 상통한다. 『어록』속에서 설명된 '艮卦只明使萬物各有止, 止分便定'[33]이라는 논지는 바로 '一際通觀, 萬物可定者矣'[34]의 이사관(理事觀)적인 도학(道學)의 재판(再版)이다. 때문에 이 어록 속에서는 또 "일부 『화엄경』을 보는 것은 하나의 간괘(艮卦)를 보는 것만 같지 못하다."[35]라고 말한다. 양자의 이론이 상통하는 것을 승인하는 것이다.

2. 화엄종의 교의는 이법을 가지고 현상을 두루 섭렵하고, 현상은 이법과 같다. '전동비분동(全同非分同)'은 또 '일(一)'과 '다(多)'가 서로 섭수하고, '주(主)'와 '반(伴)'이 서로 드러낸다. '인(人)'과 '법(法)'이 서로 대립하며 서로 의존한다. 『이정어록』에도 이와 같은 말이 있다.

"만물이 일체(一體)라 하는 것은 모두 이러한 이치이다. 생하면 일시에 생한다. 모두 이 이치를 완전하게 한다. 사람이 추찰할 수 있다. 물질의 기(氣)는 어둠에 빠져 추찰할 수 없다."(권2상) "만물은 다 나에게 구비되었고 유독 사람에게만이 아니고 사물이 모두 그렇다. 모두 이곳에서 나간다. 다만 이 사물은 능히 추측하지 못하나 사람이면 능히 추측한다. 비록 능히 이를 추측하나 무릇 어느 때에 일분(一分)을 첨가할 것인가? 능히 추측하지

32 『二程語錄』 卷9.
33 앞의 책, 卷6.
34 賢首, 『華嚴策林』(『大正藏』45, 597상)
35 『二程語錄』 卷6.

못하면 어느 때나 일분(一分)을 감소시킬 것인가?"[36]

이곳에서 이른바 '모두 이 이치를 완전하게 한다'는 '전동비분동(全同非分同)'과 유사하고, '만물은 다 나에게 구비되어 있다'는 '일(一)'은 '다(多)'를 섭수한다는 것이며, '사물 역시 그렇다' 이것은 "다(多)" 속의 "일(一)"이 다시 "다(多)"을 섭수하는 것이다. 이를 합하면 호섭(互攝) 혹은 호편상자(互遍相資)가 된다.

3. 이정(二程)이 사용한 범주는 화엄종의 용어와 매우 유사하다. 화엄종은 이사(理事)를 말하고 이정(二程)도 역시 이사를 말한다.

"물(物)은 곧 사(事)라, 무릇 사(事) 위에서 그 리(理)를 연구하면 통하지 아니함이 없다."[37] "사(事)를 따라서 리(理)를 관망하여 천하의 리(理)를 얻는다."[38]

화엄종에서 말한 동(動)·정(靜)과, 이정이 말한 동(動)·정(靜) 두 가지 모두 사용한 뜻이 서로 합일한다고 보겠다. "동(動)과 정(靜)을 본다는 것은, 티끌이 바람을 따라 표표(飄飄)한 것이 동(動)이며, 조용해서 일어나지 않으면 이는 정(靜)이다. 이제 고요한 때에 움직임이 멸하지 않음으로 말미암아 바로 동(動)으로써 정(靜)을 이루는 것이다. 움직일 때에 고요함이 멸하지 않음으로 말미암아 바로 정(靜)으로써 동(動)을 이루게 된다. 체(體)를 온전히 함으로써 서로 이루게 된다. 이러한 까닭으로 움직일 때가 바로 정(靜)이고, 고요할 때가 바로 동(動)이다."[39] "정(靜) 가운데 동(動)이 있고, 동(動) 가운데 정(靜)이 있다. 그러므로 동(動)과 정(靜)은 하나의 근원이다."[40]

화엄종에서 말한 '은(隱)' '현(顯)', 이정이 말한 '미(微)' '현(顯)' 두 가지는 사용한 의미도 서로 합치한다.

"만약 티끌의 상(相)을 보고 불가득(不可得)일 때는 바로 상(相)이 다하여 공(空)이 나타난다. 상(相)을 볼 때 이법에 합치하지 못하기 때문에 현상을 드러나고 이법은 숨는다. 또 이 티끌과 모든 존재가 상자(相資) 상섭(相攝)해서 존망(存亡)이 같지 않다. 만약 티끌이 저것을 섭수할 수 있으면 저것은 숨고 이것은 드러난다. 만약 저것이 티끌을 섭수할 수 있으면 티끌은 숨고

36 앞의 책.
37 앞의 책, 卷9.
38 앞의 책, 卷15.
39 『華嚴經義海百門』(『大正藏』45, 628상)
40 『二程粹言』, 卷1.

저것은 드러난다. 은현(隱顯)이 동시이다. 지금 드러날 때는 이미 은(隱)을 이루게 된 것이다. 무슨 까닭인가? 드러날 때에는 완전히 숨는 것에 따라서 드러나게 된다. 숨을 때는 완전히 드러남에 따라서 숨게 된다. 서로 의존하여 성립하므로 숨을 때 바로 드러나고, 드러날 때 바로 숨는 것이다."[41]

"지극한 현(顯)은 사(事)와 같지 아니하고 지극한 미(微)는 리(理)와 같지 않다. 사(事)와 리(理)는 일치하고 미(微)와 현(顯)은 근원이 하나이다."[42]

이들 술어의 함축된 의미에 상당하는 것을 전반적으로 보면, 나타난 것이 우연히 합치한 것은 아니다. 이것은 별로 이해하기가 어렵지 않다. 이정(二程)도 비록 일반 도학자와 마찬가지로 불교를 배척했다고 할지라도 때때로 불교를 찬탄했고, 그들의 관점과 불교가 많은 곳에 있어서 같은 점이 있는 것을 인정했다.

"석씨(釋氏)의 가르침을 그가 몰랐다고 말할 수 없다. 역시 그는 불교에 대한 지식이 매우 깊고 고상했다."[43]

"문(問): 장주(莊周)와 부처는 어떠한 것인가? 이천(伊川)이 말하기를 : 주(周)를 어찌 불(佛)에 비교하겠는가? 부처의 말씀은 바로 고상하고 미묘한 점이 있으나 장주는 기상(氣象)은 크지만 도무지 깊이가 없다."[44]

"내가 일찍이 부처의 말씀과 유교의 같은 점을 열거하여 이천(伊川)선생께 물었다. 대답하기를, 같은 점이 비록 많다고 할지라도 다만 근본적인 강령은 아니지만 가지런하여 차이가 없다."[45]

이상에 열거한 대비에서 볼 수 있듯이 정이(程頤)가 인정한 '同處雖多'[같은 점이 비록 많다고 할지라도] 속에서 약간의 '同處'[같은 곳]에서 본래 선종의 교의와 서로 비슷하고, 화엄종의 이사설(理事說)과 같은 점은 적지 않다.

주희(朱熹)의 학설 속에도 사고의 형식상에 나타나는 약간의 논제가 화엄종의 이사설(理事說) 속에서 계시를 얻은 것이다.

주희는 흔히 리(理)와 사(事) 그리고 리(理)와 기(氣)를 함께 제기하고, 리(理)와 기(氣)의 관계에 대해 상세히 연구한 기반 위에서 수시로 화엄종의

41 『華嚴經義海百門』(『大正藏』45, 627중)
42 『二程語錄』 卷25.
43 앞의 책, 卷9.
44 앞의 책, 卷17.
45 앞의 책, 卷17.

리(理)와 사(事) 이론의 흔적이 보이고 있다. [지적하자면, 종밀의 교리 속에서 이미 기(氣)의 개념이 사(事)의 개념에 수용되고 있다. 이미 리(理)와 기(氣) 이론의 기원이 시작된다.] 우리는 아래와 같이 약간의 논제를 들어 증명해 보기로 한다.

1. 화엄종은 리(理)와 사(事)를 가지고 서로 합치한다. 다만 리(理)는 '능의(能依)'가 되고, 사(事)는 '소의(所依)'가 되어서 사(事)는 리(理)에 의존해서 성립한다. 이른바 "사(事)에 합치하는 리(理)는 사(事)가 아니다. 진실과 허망이 다르기 때문에 진실은 허망하지 않고, 소의(所依)는 능의(能依)가 아닌 것이다. 리(理)를 온전하게 하는 사(事)는 사(事)가 항상 리(理)가 아니고, 성(性)과 상(相)이 다르기 때문에 능의(能依)는 소의(所依)가 아닌 것이다."[46] "사(事)는 따로 체(體)가 없고 반드시 참된 리(理)에 따라서 성립하게 된다."[47] 이상은 종밀의 『주화엄법계관문』을 참조하여 인용한 것이다.[48]

주희는 리(理)가 기(氣)속에 있고, 리(理)는 기(氣)를 떠나지 않기 때문에 따로 하나의 물체가 된다고 본다. 다만 기(氣)는 리(理)를 가지고 근본으로 삼는다. 그는 "이와 같은 리(理)가 있으면 이와 같은 기(氣)가 있다. 다만 리(理)가 근본이 된다"[49]라고 말한다.

2. 화엄종은 사(事)가 리(理)를 떠나서 성립할 수 없다고 생각한다. 다만 리(理)는 논리상에서 말하자면 사상(事相)이 존재하지 않을 때에도 존재한다. 이른바 "사(事)가 이미 리(理)에 의지해서 성립되고, 마침내 사상(事相)이 모두 없어지면, 오직 하나의 참된 리(理)가 평등하게 나타나게 된다. 참된 리(理)를 떠난 밖에서는 조그만 현상도 있을 수 없기 때문이다."[50] 주희는 말하기를 "아직 이 사(事)가 있지 않고, 먼저 이 리(理)가 있다."[51] "이제 사(事)로써 말하자면 진실로 이 리(理)가 있은 뒤에 이 사(事)가 있으며, 이 리(理)로 말하자면 역시 이 사(事)가 없고서 이 리(理)가 있다고 생각하지 않는다. 다만 그것이 갖추어지지 않았다고 말하면 후학이 의심을 펴게 될 것이다. 만일 바로 사(事)로써 말하지 않으면 사(事)는 그 가운데에서 다할 뿐

46 『華嚴發菩提心章』(『大正藏』45, 653중)
47 『華嚴法界玄鏡』(『大正藏』45, 678중)
48 『大正藏』45, 687-689.
49 『朱子語類』, 卷12.
50 『華嚴發菩提心章』(『大正藏』45, 653상)
51 『朱子語類』, 卷95.

이다."[52] "천지가 없을 때에도 다만 이 리(理)는 있었다."[53]

3. 화엄종은 리(理)는 부분과 한계가 없고, 사(事)는 부분과 한계가 있다고 생각했다. 그래서 이 부분과 한계가 없는 리(理)는 모든 현상의 모습 속에 편만해 있다. 소위 "능동적으로 편만하게 하는 리(理)는 자성에 부분과 한계가 없다. 수동적으로 편만하게 되는 사(事)는 상태에 차별이 있다. 개개의 사(事) 속에 리(理)가 완전히 편만해서 부분적인 편만이 아니다. 왜냐하면 저 참된 리(理)는 나눌 수 없기 때문이다. 그러므로 낱낱의 미세한 티끌은 모두 가없는 참된 리(理)를 섭수하여 완만하지 않음이 없다." "능동적으로 편만한 사(事)는 부분과 한계가 있다. 수동적으로 편만하게 되는 리(理)는 반드시 부분과 한계가 없다. 이 부분과 한계가 있는 사(事)는 부분과 한계가 없는 리(理)와 완전히 같은 것이지 부분적으로 같은 것이 아니다. 왜냐하면 사(事)는 체(體)가 없어 오히려 리(理)와 같기 때문이다."[54]

주희는 "태극(太極)은 다만 리(理)일 뿐이다"[55] 그리고 "대저 합해서 말한다면 만물의 통일적인 주체는 태극이다. 나누어서 말한다면 하나의 물체는 제각기 하나의 태극을 갖추었다"[56]라고 생각했다. 또 이러한 문답이 있다. "「이성명장(理性命章)」을 주석하여 말하기를, 그 근본으로부터 지말에까지 하나인 리(理)의 진실인데 만물이 이것을 나누어서 본질로 삼는다. 그러므로 만물은 제각기 하나의 태극을 갖추고 있다. 이렇게 말하면 태극은 분열될 수 있는가? 대답하기를, 본래 하나의 태극이 있을 뿐이다. 그러나 만물은 제각기 받아들이고 또 각자 하나의 태극을 온전히 갖추고 있을 뿐이다. 마치 달이 하늘에 있으나 하나뿐이지만 달빛이 강과 호수에 흩어지면 장소에 따라서 보인다. 그러나 달이 분리된 것이라고 말할 수 없는 것과 같다."[57]

4. 화엄종에서 일(一)과 다(多)가 서로 섭수하고 첩첩하여 무궁한 관계를 갖는다는 이론이 있다. 『송고승전』에 실려 있듯이, 법장은 "거울 열 개를 가지고, 여덟 방위와 상, 하에 각각 한 개씩 안치한다. 서로 떨어진 거리는 일장(一丈)남짓 하여, 각 거울의 면을 마주 대하게 하고 가운데에 하나의 불

52 『中庸或問』, 卷2.
53 『朱子語類』, 卷12.
54 『華嚴發菩提心章』(『大正藏』45, 653중)
55 『朱子語類』, 卷91.
56 『朱濂溪集』, 卷1.
57 『朱子語類』, 卷94.

상을 안치한다. 그런 뒤에 횃불을 밝혀서 비추면 그림자와 불빛이 서로 비춘다. 학자들은 이 때문에 찰해(刹海)가 섭입하는 것이 끝없다는 의미를 깨닫게 됐다."[58] 이것은 바로 이정(二程)이 제자들에게 말한 "거울과 등불의 무리는 삼라만상을 포함하여 무궁무진하다"라는 구절로서 화엄종 십현문(十玄門)속에서 설명한 '인다라망경계문'과 서로 비슷하다. 이 그림자와 빛이 교차해서 다함이 없는 삼라만상의 근원에 귀일하면 본체의 현현인 것이다. 주희는 반대로 일(一)이 다(多)를 발생시킨다는 설을 제창했을지라도 다만 그는 "만(萬)과 일(一)이 각각 바르고, 소(小)와 대(大)가 결정되어 있다. 만개가 이 한 개이고, 한 개가 만개라고 말한다"[『주자어류』, 권94]라고 말한다. 그는 태극이 확대되어 나온 만물도 중중 무진한 것이라고 말한다. "한 톨의 조[粟]가 나서 싹이 되고, 싹은 다시 꽃을 피우고, 꽃은 다시 열매를 맺고, 또 조가 되어 다시 본래의 형태로 돌아간다. 하나의 이삭은 백 개의 낱알이 있고, 각 낱알도 개개가 완전하다. 또 이 백 개의 낱알을 가지고 종자를 삼을 때, 하나의 낱알은 또 백 개의 낱알을 생산한다. 그것은 처음에는 다만 이 하나의 낱알로부터 나누어졌으므로 서로 같다. 물체마다 각각 리(理)가 있어서 전체적으로 단지 하나의 리(理)일 뿐이다."[59] "태극은 한 그루의 나무가 여러 가지로 나뉘는 것과 같다. 또 나누어져서 꽃을 피우고 잎새가 난다. 성장하게 되면 마침내 과실을 이루게 된다. 속으로는 또 성장하는 무궁한 리(理)가 있고, 생장을 도와 나간다. 또 이것은 무한한 태극이므로 멈춤이 없다."[60] "일찍이 말하기를 태극은 모든 사물을 스며들어 거듭거듭 미루어 나가면서 다하는 시기가 없다."[61]

이상과 같이 비교하면 주희의 철학 사상은 어느 정도 화엄종 교리의 영향을 받아들이고 있다. 주희가 말한 '리(理)'나 '태극(太極)'이 결코 화엄종이 주장한 '리(理)'나 '성(性)'은 아니다. 그리고 그의 '생생불궁(生生不窮)'의 이론도 일(一)과 다(多)가 중중무진이라는 설의 간단한 중복은 아니다. 다만 수많은 사유 과정 속에서 같은 부류인 것이다. ❁

김진무 (남경대)

58 『宋高僧傳』(『大正藏』 50, 732상)
59 『朱子語類』, 卷14.
60 앞의 책, 卷75.
61 앞의 책, 卷100.

우리말 불교개념 사전

교판

[한] 教判[教相判釋, 教相, 判教]

Ⅰ. 어원과 의미

불타가 설한 가르침[教說: 經典]을 형식·방법·순서·내용·의의(意義)에 따라 분류하고 체계지음으로써 교설의 궁극적인 의미를 밝히는 연구방법론을 교판(教判)·교상판석(教相判釋)·교상(教相) 또는 판교(判教)라고도 한다.[1] 일체경을 부처님께서 일대에 걸쳐 펼쳤던 다양한 방식의 가르침이라 전제하고 그 형식·방법·순서·내용·의의에 따라 분류하고 체계적으로 정리함으로써 그것의 궁극적인 의미를 밝히는 연구방법인 것이다. 처음에는 다양한 교설에 대한 체계적 이해를 도모하기 위한 목적으로 시작되었지만, 나중에는 경전의 우열비교가 초미의 관심사가 됨으로써 종판(宗判)이라는 변질된 교상판석(教相判釋)을 낳게 되었다. 예를 들면 화엄종은 『화

1 『法華玄義』 권1상 (『大正藏』 33권, 683중). "教者, 聖人被下之言也; 相者, 分別同異也." 교(教)란, 성인이 중생에게 내려주신 말씀이고, 상(相)이란 教에 대하여 같은 점과 다른 점[同異]을 분별하는 것이다.

엄경(華嚴經)』을 가장 우위에 두는 교판설을 창출했고, 열반종은 『열반경(涅槃經)』을 우위에 두는 교판론을 주창하게 된 것이다.[2] 일찍이 안세고와 지루가참이 불설(佛說)이라고 번역한 경전들은 초기경전과 대승경전을 막론한 것이기에, 번역경전을 통해 진지하게 불교를 연구하고자 했던 중국인들은 의혹이나 당혹감마저 느꼈던 것이며, 차츰 그것들을 합리적으로 해석하려는 움직임이 자연스럽게 일어났다. 그러던 것이 5세기경에는 서역출신인 구마라집(羅什三藏, 350~409)에 의해 많은 불교경론이 번역되면서 그것들을 체계화해야 한다는 요구가 일어나, 소위 교상판석이 본격적으로 이루어지기 시작한다. 다시 말하면 중국의 불교인들은 경전의 성립순서나 상호관련과는 무관하게 전역된 경전들을 통해 경전 상호간에 오해를 빚게 되자 불설 전체를 체계적으로 이해하고자 하는, '교상판석(敎相判釋)'이 자연스럽게 성립되었던 것이다.[3] 불교경론이 불멸후 역사적으로 점차적으로 성립하였지만 중국의 경우에는 그러한 성립에 대해서는 알려지지 않은 상태로 유입되었기 때문에 모든 경전을 불설(佛說)로 전제하였고 또 여러 경론이 뒤섞여 소개되었기 때문에 그것을 정리해야 할 필요성이 있었다. 그 결과 교상판석이 탄생되기에 이른 것이다. 교상판석은 불교학자가 각자의 견해를 기반으로 하여 경론을 평가하고 배열한 것이므로 매우 주관적이고 객관성이 결여되었다고 할 수 있다. 그러나 당시 불교학자 개개인의 철학적 견해를 표명한 것으로 본다면 그리 무의미한 것만은 아니다. 그것은 그들 나름의 생각을 가지고 불교를 사색했던 결과의 산물인 것이다. 그러나 점차 교상판석은 경교의 우열비교에만 목적을 가짐으로써 경교비교론으로 전락하게 된다. 경교의 우열을 가리는 종판은 점차 중국불교의 특징으로 형성되기에 이르고, 우리나라와 일본에 이르기까지 영향을 미치게 된다.

2 교판 일반에 관한 연구논문을 모으면 다음과 같다. : ① 松岡曉洲, 「教判論の意味再考」, 『印度學佛教學研究』, 1985.12. ② 石津照璽, 「教判の問題: その組織的意圖に沿っての解釋」, 『印度學佛教學研究』, 1958.3. ③ 林屋友次郎, 「教判論序說」, 『佛教研究』, 1939.12. ④ 長尾雅人, 「教判の精神」, 『密教文化』, 1949.3. 등의 참고문헌을 참조할 것.

3 木村清孝 저 장휘옥 역, 『中國佛教思想史』 (서울: 민족사, 1995), 61면.

Ⅱ. 교판(教判)의 성립과 변천

1. 경전과 인도 논사들의 교판설

이미 알려진 바와 같이[4] 교판의 주무대는 중국이지만 교판의 기원은 인도에서 찾을 수 있다. 경전 가운데 『법화경(法華經)』의 일승삼승설(一乘三乘說)은 물론 『화엄경(華嚴經)』의 삼조설(三照說), 『열반경(涅槃經)』의 오미설(五味說), 『해심밀경(解深密經)』의 삼시설(三時說), 『능가경(楞伽經)』의 돈점이교설(頓漸二教說) 등이 있으며, 논사 가운데 용수보살의 현밀이교설(顯密二教說)·이장교설(二藏教說)·난행이행이도설(難行易行二道說) 등을 볼 수 있는데, 이러한 교판형태는 중국의 교판과는 다소 차이가 있는 것으로서 법(法)과 인(人)에 대한 소박한 분류에 불과하다. 이외에도 7세기경으로 내려오면 계현(戒賢, 530?~636)과 지광(智光, 676년경 중국에 옴)에 의해 경전을 시기적으로 분류하는 교판 논의가 있었음을 법장(法藏)의 『화엄경탐현기(華嚴經探玄記)』 제1권을 통해 알 수 있다.[5] 그런데 이들은 중국에서 교판 논의가 활발하게 이루어진 이후에 중국에 왔기 때문에 이들의 교판관이 중국 교판에 영향을 주었으리라고는 생각되지 않는다. 다만 이를 통해 확인할 수 있는 사실은, 인도에서도 시기를 통해 교설을 분류하는 교판이 실제로 행해졌다고 하는 점이다. 특히 인도의 논사들도 교판을 시기적으로 나누는 교판론을 가졌다는 기록을 통해 볼 때 시기에 따라 경전을 배대하는 교판설은 단순히 중국인의 발상에 의한 것이 아니라 경전이 지니는 고유 관념이 아닌가 한다. 이들이 보인 교판관은 중국에서 경전을 시기적으로 나눈 교판론과 거의 차이가 없다. 더구나 『해심밀경』의 삼시설에서 경전을 시기에 따라 배립하여 우열을 가리는 점에서 중국의 교판가들은 더욱 고무되었던 것이다.

1) 경전의 교판설

교판가들이 교판론을 세울 때 근거가 되었던 경전의 교설은 『법화경』의

4 교판에 대한 우리 학계의 종합적 연구의 효시로는 李永子, 『天台智顗의 教判에 關한 研究』 (동국대학교대학원 석사학위청구논문, 1965, 2)가 있다.

5 法藏, 『華嚴經探玄記』 (『大正藏』 35권, 111하); 澄觀, 『華嚴經疏』 (『大正藏』 35권, 508); 法藏, 『華嚴五教章』 (『大正藏』 45권, 480하)

대승소승설, 『화엄경』의 삼조설(三照說), 『열반경』의 오미설(五味說), 『해심밀경』에서 교설의 시기를 삼시(三時)로 나누어 제1시는 성문승(聲聞乘), 제2시는 대승(大乘), 제3시는 일체승(一切乘)을 배치한 삼시설(三時說), 『능가경』의 점돈이교설(漸頓二敎說) 등을 들 수 있다.

(1) 『법화경』에 나타난 여러 설

『묘법연화경(妙法蓮華經)』에는 여러 행태의 교판 형태가 있다. 그 가운데 하나가 『법화경』 전반부에 흐르는 삼승일승(三乘一乘) 즉 회삼귀일(會三歸一)사상이다. 『법화경』 28품 가운데 「방편품」에서 설해지는 회삼귀일(會三歸一)사상은 『법화경』의 기본사상이다. 회삼귀일은 불교 간의 갈등을 해소하기 위해 마련되었다고 할 수 있다. 특히 『법화경』의 회삼귀일은 교설간의 상충을 방편과 진실로 회통하는 사상이라는 점에서 교판이라는 분류법의 붕아를 예고한다고 할 수 있다. 또한 대승과 소승이라는 기초적인 교판형태는 「방편품」 제2게송에 있고,[6] 그리고 「비유품(譬喩品)」에도 교판형태를 볼 수 있다.[7] 또한 「안락행품(安樂行品)」 제14게송에 "또한 증상만 사람이나 소승에 탐착하거나 혹은 삼장을 배우는 사람을 가까이 해서는 안 된다"[8]고 하는 곳에서도 대승과 소승의 구분이 분명하게 나타난다. 이상과 같은 소승과 대승의 구분은 『법화경』이 갖는 대소승관의 분명한 근거가 된다. 소승은 열등한 근기이고 대승은 수승한 것이라는 구분은 경론에 보이는 원시적인 교판형태를 벗어나지는 않는다. 그러나 「신해품(信解品)」에서는 성문의 성불 가능성을 시사하는 장자궁자(長者窮子)의 비유를 교판설로 적극적으로 활용하기도 하는데, 이 경우 장자와 궁자의 관계는 부처와 중생의 관계를 비유한 예로서 『열반경』의 오미설과 같이 천태의 오시교판설에 직접적인 근거가 되고 있다.

(2) 『화엄경』의 삼조설

시기 분류의 한 형태인 삼조설(三照說)은 교판의 형태로 정비된 것은 아니지만 그 단서가 이후 천태교판의 근거가 되므로 교판의 원시적 형태로 분류해 볼 수 있을 것이다. "먼저 온갖 가장 큰 산을 비추고, 다음에 비추

6 『妙法蓮華經』「方便品」(『大正藏』 9권, 8상)
7 『妙法蓮華經』「譬喩品」(『大正藏』 9권, 10하)
8 『妙法蓮華經』「安樂行品」(『大正藏』 9권, 37중)

고… 다음에 비추고… 그런 다음 멀리 비춘다"[9]고 하는 사조(四照)의 비유는 보살마하살, 연각, 성문, 결정선근중생(決定善根衆生), 일체중생이라 하는 것처럼 근기의 심천에 따라 순차적으로 분류하는 특성을 보이고 있다. 천태에서 이것을 오시설(五時說)의 근거로 삼고 있는 것이 특이하다.

(3)『열반경』의 오미설

『대반열반경(大般涅槃經)』 제14「성행품(聖行品)」에서는 오미설(五味說)을 들고 있다.[10] 소[牛]에서 나온 유(乳)로부터 점차적으로 낙(酪), 생소(生酥), 숙소(熟酥), 제호(醍醐)의 오미(五味)가 나오는 것에 비유하여 부처님께서 설하신 십이부경(十二部經)으로부터 점차적으로 수다라(修多羅), 방등(方等), 반야바라밀(般若波羅蜜), 대열반(大涅槃)에 이른다고 한다. 이것은 부처님께서 설하신 경전이 얕은 곳으로부터 점차 깊은 곳으로 이른다는 것으로 남북조시대의 교판인 오시설의 토대가 된다. 그런데 이것은 앞서 소개한 화엄의 삼조설과는 달리 하나의 완벽한 교판 형태를 띠고 있다고 할 수 있다.

(4)『능가경』의 돈점이교설

『능가아발다라보경(楞伽阿跋多羅寶經)』 1권에는 돈점이교설(頓漸二教說)이 있다.[11] 이것은 일체중생자심현류(一切衆生自心現流)를 깨끗이 제거하는 방법으로 돈(頓)으로 하느냐 점(漸)으로 하느냐에 대한 응답이다. 정화방법은 돈이기도 하고 점이기도 하는데, 이것은 중국 남삼북칠의 공통된 교판의 형태를 마련해 주고 있다.

(5)『해심밀경』의 삼시교설

교판의 시기적 분류인 삼시교설(三時教說)은『해심밀경(解深密經)』 권2「무자성상품(無自性相品)」에 보인다.[12] 초시(初時)에 성문승(聲聞乘)에 뜻을 일으킨 자를 위하여 사제(四諦)로 정법륜(正法輪)을 굴린다는 것은 제1시의 유교(有教)이며 사아함을 가리킨다. 즉 아공법유(我空法有)의 뜻을 유교(有教)라고 하는 것이다. 제2시(第二時) 중에 대승에 뜻을 내는 자를 위해 은밀

9『大方廣佛華嚴經(60권)』「寶王如來性起品」(『大正藏』 9권, 616중)
10『大般涅槃經』「聖行品」(『大正藏』 12권, 411상)
11『楞伽阿跋多羅寶經』 1 (『大正藏』 16권)
12『解深密經』 2「無自性相品」(『大正藏』 16권, 697상)

한 모습을 가지고 정법륜을 굴리는 것은 제2시의 공교(空教)이며 반야부 계통의 경전을 가리킨다. 일체법을 모두 공하다고 하기 때문에 공교(空教)라고 하는 것이다. 제3시(第三時)는 일체승(一切乘)에 뜻을 내는 자를 위해 명료한 모습으로 정법륜을 굴리는 것은 중도교(中道教)이며, 화엄이나 해심밀과 같은 경전을 지칭한다. 변계소집의 아(我)와 법(法)은 모두 무(無)이고 유위(有爲)와 무위(無爲)의 제법은 모두 유(有)라 하고, 유와 공을 부정하더라도 공과 유를 함께 말하기에 중도교(中道教)라고 한다. 『해심밀경』의 삼시교판에 의하여 유식중도종(唯識中道宗)이 그 토대를 마련하게 된다.

이상과 같이, 대승경전에 나타난 교판설은, 다음과 같은 특징을 가지고 있다. 첫째, 대승경전 자체의 내용과 사상성으로 인해 대소승(大小乘)의 구분을 대승경전이라면 생태적으로 가지고 있다는 점이다. 물론 경전에서의 대소승 구분이 교판 성립의 직접적인 단서를 제공했다고는 볼 수 없으나 후대 불교에서는 교판의 단서로 활용되고 있다는 점은 무시할 수 없는 사실이다. 둘째, 『법화경』과 같은 강한 메시지를 담고 있는 대승경전일수록 대소승의 구분이 더욱더 분명하고 양자의 차이를 강조하는 교판성을 갖고 있다. 특히 『법화경』이나 『화엄경』 또는 『능가경(楞伽經)』 등은 대소승의 구별뿐만 아니라 대승에서의 차이도 인정하므로 대승에서의 구분이 이루어지고 있다는 점은 그대로 후대 교판 성립에 직접적인 단초가 된다는 점이다. 셋째, 『열반경』의 오미설(五味說)이나 『화엄경』의 삼조설(三照說) 등은 경전의 전후차례를 밝히고 있다는 점에서 후대 순차적 교판 성립에 절대적인 영향을 미친다고 볼 수 있다. 특히 『열반경』의 오미설은 중국의 오시설을 유발하였다. 넷째, 『해심밀경』의 삼시설(三時說)과 같이 경전 설법시기를 구분하면서 그 우열까지도 비교하는 태도는 교판의 우열비교 특징에 절대적인 역할을 한 것 같다. 즉 인도 후기의 논사들에게나 중국 교판설에 영향을 끼치고 있다. 다섯째, 경전에 담겨진 교판성이 경전 그 자체로는 단지 교리적인 의미만을 띠고 있는 것이나 후대 불교에 와서는 교판 성립에 자연스럽게 유입되었다고 할 것이다. 따라서 중국 경전해석자들은 교리를 교판으로 받아들인 것으로 보인다.

2) 인도 논사들의 교판설

교상판석은 일반적으로 중국에서 경전을 내용이나 시기 등에 따라 분류 ·

구분하였던 것을 의미하지만 좀 더 넓은 의미로 본다면 이런 현상은 인도에서도 살필 수 있다. 인도에서 보이는 원시적인 교판이론은 불타의 교설로서 이루어진 각각의 경전마다 그것을 설한 인연을 밝혀줌으로써 모든 경전의 성립근거를 부여하고 상호모순의 문제에 대한 해결 방향을 모색하는 데 있었다고 할 수 있다. 예를 들면 용수(龍樹, Nāgārjuna)는 『대지도론(大智度論)』에서 불교를 현교(顯教)와 밀교(密教)로 나누고, 또 대승(大乘)과 소승(小乘)으로 분류하고 있으며, 『십주비바사론(十住毘婆沙論)』에서는 난행(難行)과 이행(易行)으로 나누고 있다. 또한 법장(法藏)이 저술한 『화엄경소초현담(華嚴經疏秒玄談)』[13]에서는 중천축 삼장인 디바까라(Divākara)의 진술을 인용하여 계현[戒賢, Śilabhadar]의 설인 유(有)·공(空)·중(中)· 도(道)의 삼종교(三宗教)와 지광(智光)의 설인 삼시(三時)·삼승(三乘)[사제(四諦)·법상대승(法相大乘)·무상대승(無相大乘)]의 교판이 있었음을 언급하고 있다. 이는 중국에서 형성된 교판과는 성립배경에서부터 차이가 있지만 불타의 교설을 특징에 따라 분류하였다는 점에서는 유사하다고 할 수 있겠다.

(1) 용수(龍樹)의 현밀교설(顯密教說)과 난이이도설(難易二道說)

대승불교의 비조(鼻祖)라 불리우는 용수의 저술이라 하는 『대지도론(大智度論)』에는 대승교판의 시원이 이루어지고 있다. 즉 현밀(顯密)이라는 교설분류를 통해[14] 경교를 구조적으로 통합하고 또 경교의 범주를 확대하고 있다. 즉 밀교경전에 대한 배려나 밀교를 불교에 통합하고자 하는 의지라고 생각된다. 또한 중국에서는 천태지의가 돈점부정의 삼종교상(三種教相) 이외에 비밀교상(秘密教相)을 더하고 있는데 이것은 용수 교학의 체계를 계승하고 있는 그로서는 당연한 일이라 생각된다. 또 『대지도론』 제100권에는 삼장(三藏)과 마하연(摩訶衍)으로 구분하는 이장교설(二藏教說)이 있다.[15] 이것은 대승의 체계자 입장에서 소승과 대승으로 나누는 것은 너무나 당연한 것으로 생각된다. 『법화경』의 이장교판설(二藏教判說)과 유사하다. 이 이장교판설은 미륵의 『유가사지론(瑜伽師地論)』에도 보이는 것으로서 대승논사들이 흔히 채용한 것으로 보인다. 후대 정영 혜원(淨影慧遠)이 구분한 이장교판설(二藏教判說)에 근거를 준 것이다. 이채로운 교판의 하나로

13 法藏, 『華嚴經疏秒玄談』 (續藏經 8권, 478상-479중)
14 龍樹, 『大智度論』 4 (『大正藏』 25권, 84하-85상)
15 龍樹, 『大智度論』 100 (『大正藏』 25권, 756중)

용수의 『십주비바사론(十住毘婆沙論)』에는 난행과 이행의 이도설(二道說)이 있다. 이것은 중국 정토종의 성립근거가 된다. 또한 오늘날에도 불교에 접근하는 태도에 자력문(自力門)과 타력문(他力門)이 있는데 그 효시라고 할 수 있다. 이와 같이 대승의 체계자 용수에 의해 마련된 교판설은 후대에 널리 쓰인 교판설의 원형이 된다는 점에서 교판사에서도 용수의 영향은 크다고 할 수 있다.

(2) 계현(戒賢)의 삼시교설

당(唐) 정관(貞觀) 초에 인도에 간 현장삼장(玄奘三藏, 602~664)의 스승인 계현(戒賢, 530?~636)에게, 경교의 시기 분류설이 보인다. 이 설은 후대 중국의 법장(法藏, 643-712)의 『화엄경탐현기(華嚴經探玄記)』 제1에 소개되어 있다.[16] 이것은 이미 앞서 본 『해심밀경』에 의한 교판설이라고 할 수 있다. 계현의 이 교판설은 법장의 『대승기신론의기(大乘起信論義記)』 권상에도 소개되어 있다. 이에 눈길을 끄는 것은 제삼시(第三時)의 중도요의(中道了義)가 『해심밀경』이라는 점이다. 다시 말하면 자파가 소의로 하는 경론에 상대적 우위를 부여하기 위해 경전을 시기적으로 분류하였다는 점은 매우 눈길을 끈다.

(3) 지광(智光)의 삼교설(三敎說)

계현논사와 같은 시대 사람으로서 지광(智光, Jñānapabha, 676년에 중국에 옴)이 주장한 삼시교설(三時敎說)이 있다. 그의 교판설도 계현의 삼시교설(三時敎說)과 같이 법장의 『탐현기(探玄記)』에 나온다.[17] 『대승기신론의기(大乘起信論義記)』 권상에도 이와 비슷한 교판설이 나온다.[18] 계현의 유가우위설에 의한 교판설에 대응하여 중관학파에서 유가행파를 상대한 교판설이라고 볼 수 있다.

이상과 같은 지광과 계현의 교판설에서 주의할 점은 설시(說時)이다. 먼저 설한 교설은 방편설이요, 뒤에 설한 교설은 진실이라는 사상이 교판상에 나타났다는 사실이다. 그 위에다 자신이 소의로 하는 경론을 제일 뒤에

16 法藏, 『華嚴經探玄記』, 1권, (『大正藏』 35권, 111하)
17 法藏, 『華嚴經探玄記』 1권 (『大正藏』 35권, 111하)
18 法藏, 『大乘起信論義記』 상 (『大正藏』 44권, 242중)

놓음으로써 일체경론 가운데 가장 높은 지위를 확보하고자 한 것이다. 이 사상은 오히려 중국교판에서 영향을 받은 것으로 보이고 순인도적인 교판설로는 보이지 않는다.

2. 중국에서의 교판 성립

1) 나집(羅什) 이후의 교판

중국에서는 후한대(後漢代)에 본격적으로 불전 번역이 이루어지면서부터 중국불교의 특질인 교판의 싹이 돋아나기 시작한다. 특히 라집삼장(羅什三藏)의 전역으로 인해 역출경전의 연구와 경전의 전반적인 정리는 당연히 요구되었다. 동진(東晋)시대에 들어 구마라집(羅什三藏)과 보리유지(菩提流支)에 의해 창안된 일음(一音)교설은 역출가를 중심으로 이루어진 중국 교판의 붕아라고 할 것이다. 이것은 대승과 소승 또는 대승경전들 사이에서도 벌어지는 교리적 갈등을 해소하기 위해 마련된 경전관이라 할 수 있다. 또한 라집 문하의 수많은 영재 가운데 도생(道生, ?~434)은, 『법화의소(法華義疏)』에서 사종법륜설(四種法輪說)[善淨法輪·方便法輪·眞實法輪·無餘法輪]을 제창하였다. 경전 하나하나의 명칭을 들고 있지는 않으나 아함이 선정법륜(善淨法輪), 반야가 방편법륜(方便法輪), 법화가 진실법륜(眞實法輪), 열반이 무여법륜(無餘法輪)을 대표하는 경전임을 알 수 있다. 그런데 『법화경』을 오히려 무여법륜이라고 하는 것이 도생(道生)의 진의라고 하는 설도 있다. 또 승예(僧叡, ~439)는 유의(喩疑)에서 사교설(四敎說)[三藏·般若·法華·泥洹]을 내세웠다. 이렇듯 라집삼장의 전역 뒤에 그의 제자들에 의해 교판이 본격적으로 이루어지기 시작한 것이다.[19]

(1) 구마라집(鳩摩羅什)·보리류지(菩提流支)의 일음교설(一音敎說)

법장을 이어서 화엄종 제4조가 된 청량 징관(淸凉澄觀,738~839)은 그의 대표 저작인 『화엄경소(華嚴經疏)에서 일음교설(一音敎說)을 소개하고 있다.[20] 징관이 소개한 일음교설에 대하여 라집과 보리유지 간에는 견해 차이가 있다. 두 사람이 모두 여래가 일대에 설한 교가 일음교라는 데는 일치하

19 安藤俊雄, 『天台學』(京都: 平樂寺書店, 1969), 55면.
20 淸凉澄觀, 『華嚴經疏』 1권 (『大正藏』 35권, 508중)

나, 보리유지는 '대소병진(大小竝進)'에 힘을 주고 있고, 라집은 원음(圓音)을 중생이 각각 근기 따라 이해를 한다는 측면에서 이해하고 있다. 석존의 일음(一音)을 대소병진이라 함은 석존은 일음으로 설법하지만 대승근기는 대승으로 해석하고 소승의 근기는 소승으로 해석한다는 뜻으로서 대소승으로 구분하는 것이고, 또 원음을 중생이 각각 근기 따라 이해한다는 측면에서 각각 견해를 구분한 것이다. 그런데 보리유지의 일음교에 대해서는 징관 이전인 법장의 저작 가운데에서도 소개되어 있다. 즉 『화엄오교장(華嚴五教章)』을 비롯하여 『탐현기(探玄記)』에도 보리유지의 교판설이 전해지고 있다. 그런데 일음교의 근거는 『유마힐소설경(維摩詰所說經)』인데, 이 경전은 바로 라집이 번역한 경전이기에 여기서 라집의 일음교설이 나온 것은 자연스러운 것이라 하겠다.

(2) 도생(道生)의 사종법륜설(四種法輪說)

도생의 『법화의소(法華義疏)』에 의하면 뚜렷하게 교판의 형태는 이루어지지 않았으나 중국 교판의 기원을 보이고 있다.[21] 즉 사종법륜 가운데 선정법륜(善淨法輪)은 인천(人天), 방편법륜(方便法輪)은 소승(小乘), 진실법륜(眞實法輪)은 법화, 무여법륜(無餘法輪)은 열반에 배대하고 있다. 선정법륜은 부처님께서 처음에 일선(一善)·사공(四空) 등을 설하여 삼도(三塗)의 더러움으로부터 벗어나게 한 것으로 소승경전이 여기에 속하고, 방편법륜은 무루(無漏)의 도품(道品)으로 열반을 얻게 한 것으로 『반야경』이 여기에 해당하며, 진실법륜은 삼승(三乘)을 버리고 일불승(一佛乘)을 성취하도록 하는 것으로 『법화경』이 여기에 속하고, 무여법륜은 상주(常住)의 오묘한 종지를 설하는 것으로 『열반경』이 이에 해당한다고 하였다. 이것은 『열반경』의 가치를 높이기 위한 교판임을 알 수 있으며, 도생과 『열반경』과의 관계를 읽을 수 있다.

(3) 승예(僧叡)의 사교설(四教說)

라집의 제자 가운데 승예의 교판설에서도 도생과 같은 교판설을 볼 수 있다. 그의 저술인 『유의(喻疑)』에서[22] 삼장, 반야, 법화, 니원의 네 가지로

21 道生, 『法華義疏』 (卍續藏 150권, 999)
22 僧祐, 『出三藏記集』 5 (『大正藏』 55권, 41중)

일체경을 분류함으로써 전형적인 교판형태를 보이고 있다. 중생에게는 근기의 차이가 있으므로 교설에 심천의 차이가 생긴다는 것이다. 이 교판설도 도생의 사종법륜설과 아주 유사한 분류법이다. 단지 그 내용에 인천교와 반야교의 유무에 차이만 있을 뿐이다.

(4) 혜관(慧觀)의 오시설(五時說)

석존 일대의 교설을 오시(五時)로 처음으로 구분하는 이는 유송(劉宋)시대에 열반종 개조 혜관(慧觀)이다. 혜관(慧觀: 354~424)은 돈교(頓教)·점교(漸教)의 2교와 유상(有相)·무상(無相)·억양(抑揚)·동귀(同歸)·상주(常住)의 5시의 이교오시설(二教五時說)을 내세웠다. 이것이 중국교판의 시초를 이루며 후대 교판사상에 중대한 영향을 끼친다. 그는 석존의 일대에 걸친 교설을 돈점으로 하여 돈교에는『화엄경(華嚴經)』이 속한다고 하고 점교는 오시로 구분하여 유상·무상·억양·동귀·상주교로 하였다. 유상은 소승의 견유득도법(見有得道法), 무상은 반야, 억양은 유마, 동귀는 법화, 상주교는 열반에 의해 대표된다고 하였다. 이것이 유명한 오시판(五時判)이다. 그 후 승종(僧宗, 438~ 496)이 이것을 계승하였으며, 양대에 이르러 승유(僧柔, 431~494)·혜차(慧次, 434~490)를 비롯하여 양(梁)의 지장(智藏, 458~522) 및 광택법운(光宅法雲)이 대체로 이것을 수용하였으며, 강남에서 특히 성행하였다고 한다. 특히 법운(法雲)의 스승 보량(寶亮, 444~509)이 오시를『열반경』「성행품(聖行品)」의 오미(五味) 비유에 결부시킴으로써 오시교판은 상당히 유력케 되었다고 한다. 이설은 축도생의 사종법륜설에 화엄돈교(華嚴頓教)와 억양교(抑揚教)를 첨가한 것으로,『열반경』의 오미유(五味喻)에서 유래한 것이다. 천태 지의(智顗)는,『법화현의(法華玄義)』권10상[23]에서 혜관의 교판론은 돈점 이교에 부정교(不定教)를 더한 삼교오시설이라고 하였는데, 길장(吉藏)은『법화현론(法華玄論)』권3[24]에서 이러한 설에 대해 부정교는 후대 사람들이 첨가한 것이라고 하였다. 혜관의 교판론은 불교 전체를 돈교와 점교로 이분하여 각각의 의미를 명확히 하였고, 대승경전의 근본사상을 매우 적절하게 파악하여 각각의 위치를 부여하였다는 측면에서 그 의의가 크다고 하겠다. 특히 돈점이교의 구성은 이후 중국의 교판론

23 智顗,『法華玄義』10상 (『大正藏』33권, 801중)
24 吉藏,『法華玄論』3 (『大正藏』34권, 382중)

에서 중요한 위치를 차지하였다.

이외에도 법운(法雲)은 『법화경』에 의거하여 양거(羊車)·녹거(鹿車)·우거(牛車)·대백우거(大白牛車) 등 사승교(四乘敎)를 세웠고, 제(齊)나라 유규(劉虬, 438~495)는 부처님의 교설을 가르침을 받는 이들의 성질과 능력이 다르기 때문에 단계적으로 인천승(人天乘)·성문승(聲聞乘)·연각승(緣覺乘)·대승(大乘)의 사교를 들고, 다시 그 위에 『무량수경(無量壽經)』·『법화경』·『열반경』 등을 따로 두어 부처님의 교설을 일곱 단계로 분류하는 칠계설(七階說)을 주장하였다.

2) 남삼칠북(南三北七)의 교판

지의(智顗)는 그의 대표적인 저작인 『법화현의(法華玄義)』 출이(出異)에서 당시에 무성하게 일어난 교판설을 남삼북칠(南三北七)로 묶어 소개하고 있다. 『법화현의』 권10상[25]에서 정리한 남삼북칠의 교판을 소개하면 다음과 같다. 호구(虎丘)의 급사(岌師)의 삼시교(三時敎), 종애법사(宗愛法師)의 사시교(四時敎), 정림사(定林寺)의 승유(僧柔)·혜차(慧次)의 오시교(五時敎), 북지사(北地師)의 오시교(五時敎), 보리유지(菩提流支)의 반만이교(半滿二敎), 광통(光統)의 사종교(四宗敎), 자궤법사(自軌法師)의 오종교(五宗敎), 기사름사(耆闍凜師)의 육종교(六宗敎), 북지선사(北地禪師)의 이종대승(二種大乘), 북지선사(北地禪師)의 일음교(一音敎) 등 열 가지 교판을 소개하고 있다.[26] 먼저 강남 삼가는 다음과 같다.

(1) 호구산(虎丘山)의 급법사(岌法師)의 삼시교(三時敎)

불설을 크게 돈교 · 점교 · 부정교의 세 가지로 나누는 가운데 다시 점교를 3시(三時)로 나누고 있다. 즉 12년까지는 유(有)를 보고 도리를 증득하는 유상교(有相敎)로 하고, 12년 이후에는 『법화경』에 이르기까지 공(空)을 보아 도리를 증득하는 무상교(無相敎)로 하며, 열반에 들기 직전 일체중생이 모두 불성이 있고 일천제도 마침내 성불할 수 있다는 상주교(常住敎)로 한다.[27]

---

25 智顗, 『法華玄義』 10上 (『大正藏』 33권, 801상-중)
26 智顗, 『法華玄義』 10上 (『大正藏』 33권, 801)
27 智顗, 『法華玄義』 10上 (『大正藏』 33권, 801상). "一者虎丘山岌師. 述頓與不定, 不殊前舊, 漸更爲三. 十二年前, 明三藏見有得道, 名有相教. 十二年後, 齊至法華, 明見空得道, 名無相

(2) 종애법사(宗愛法師) 및 장엄사 승민(僧旻)의 사시교(四時教)

점교에 사시(四時)가 있다. 앞 3시(三時)의 무상교와 상주교 사이에 동귀교(同歸教)를 넣고는 『법화경』의 회삼귀일설(會三歸一說)이 이에 해당한다고 한다.[28]

(3) 정림사(定林寺)의 승유(僧柔)와 혜차(慧次)의 오시교(五時教)

앞 사시(四時)설의 무상교와 동귀교 사이에 포폄억양교(褒貶抑揚教)를 넣고는 『정명경(淨名經)』·『사익경(思益經)』 등의 여러 대승경전이 이에 해당한다고 한다.[29] 도량사(道場寺)의 혜관(慧觀) · 개선사(開善寺)의 지장(智藏) 및 광택(光宅) 등의 교판설에서도 점교를 오시로 하고 있다. 대체로 강남의 삼가는 돈점부정의 삼종교상은 공통이지만 점교를 각각 삼시·사시·오시로 달리 할 뿐이다.

이어서 강북 칠가는 다음과 같다.

(4) 북지사(北地師)의 오시교(五時教)

오시교는[30], 부처님께서 성도하신지 49일이 되었을 때 그 옆을 지나가던 제위(提謂)와 파리(波利)라는 두 상인(商人) 형제에게 인천(人天)을 위한 오계(五戒)와 십선법(十善法)을 설해 준 가르침을 인천교라고 하며, 『유마경』과 『반야경』을 설한 것을 무상교라 하고, 나머지 3시는 남방의 설과 같다고 하여 자세한 설명을 하지 않았는데, 이 설은 무도산(武都山)의 유규(劉虯)의 설이라고 보는 경우도 있다.

(5) 보리유지의 반만이교(半滿二教)

반교와 만교로 분류한 가운데 12년전에 교설한 것은 반자교(半字教)이

教. 最後雙林, 明一切衆生佛性, 闡提作佛, 名常住教也”

28 智顗, 『法華玄義』(『大正藏』 33권, 801상-중). “二者宗愛法師. 頓與不定同前, 就漸更判四時教, 卽莊嚴旻師所用. 三時不異前, 更於無相後常住之前, 指法華會三歸一, 萬善悉向菩提, 名同歸教也”

29 智顗, 『法華玄義』(『大正藏』 33권, 801중). “三者定林柔次二師, 及道場觀法師. 明頓與不定同前, 更判漸爲五時教, 卽開善光宅所用也. 四時不異前, 更約無相之後同歸之前, 指淨名思益諸方等經, 爲褒貶抑揚教”

30 智顗, 『法華玄義』(『大正藏』 33권, 801중). “四者北地師, 亦作五時教, 而取提謂波利, 爲人天教, 合淨名般若, 爲無相教, 餘三不異南方”

고, 12년 후에 교설한 것은 만자교(滿字教)라고 한다.[31]

(6) 불타발다라(佛陀跋陀羅)와 광통율사(光統律師)의 사종설(四宗說)

사종(四宗)은, 『비담(毘曇)』의 육인사연(六因四緣)은 인연종(因緣宗)이고, 『성실론(成實論)』의 삼가(三假)는 가명종(假名宗)이며, 『대품반야경(大品般若經)』과 삼론(三論)의 일체개공(一切皆空)은 광상종(誑相宗)이고, 『열반경』·『화엄경』의 불성상주(佛性常住)와 불성본유(佛性本有)는 상종(常宗)이라고 한다.[32] 이 교판은 지론종(地論宗) 남도파(南道派)의 교판으로서 널리 이용되었다.

(7) 호신사(護身寺) 자궤(自軌)의 오종설(五宗說)

앞 4종설에다가 『화엄경』을 따로 시설하여 법계종(法界宗)이라고 하여 오종설(五宗說)을 주창하였다.[33]

(8) 기사사(耆闍寺) 안름(安凜)의 육종설(六宗說)

광통율사의 사종(四宗)설에다가 부처님께서 오랜 세월이 지난 후에 비로소 진실을 설한 『법화경』을 진종(眞宗)이라 하고, 염정(染淨)이 모두 융화되고 법계가 두루 원만함을 교설한 『대집경(大集經)』을 원종(圓宗)이라고 하여 6종설을 세웠다.[34]

(9) 강북의 선사(禪師)의 이종대승(二種大乘)

『화엄경』·『영락본업경(瓔珞本業經)』·『대품반야경(大品般若經)』 등은 십지(十地)의 공덕행상(功德行相)을 교설한 것이므로 유상대승(有相大乘)이고, 『능가경(楞伽經)』·『사익경(思益經)』 등은 일체중생이 곧 열반상이라고

31 智顗, 『法華玄義』(『大正藏』 33권, 801중). "五者菩提流支明半滿教. 十二年前皆是半字教, 十二年後皆是滿字教"

32 智顗, 『法華玄義』(『大正藏』 33권, 801중). "六者佛馱三藏, 學士光統, 所辨四宗判教. 一因緣宗, 指毘曇六因四緣, 二假名宗, 指成論三假, 三誑相宗, 指大品三論, 四常宗, 指涅槃華嚴等, 常住佛性, 本有湛然也"

33 智顗, 『法華玄義』(『大正藏』 33권, 801중). "七者有師, 開五宗判教. 四義不異前, 更指華嚴爲法界宗, 卽護身自軌大乘所用也"

34 智顗, 『法華玄義』(『大正藏』 33권, 801중). "八者有人稱光統云: 四宗有所不收, 更開六宗. 指法華萬善同歸, "諸佛法久後, 要當說眞實" 名爲眞宗. 大集染淨俱融, 法界圓普, 名爲圓宗. 餘四宗如前. 卽是耆闍凜師所用."

하여 차이를 두지 않으므로 무상대승(無相大乘)이라고 하였다.[35]

(10) 강북의 선사의 일음교설(一音教說)

앞의 모든 설을 옳지 못한 것이라 하고, 부처님께서는 오직 일음으로 교설하였으나, 중생들이 이를 다르게 해석하여 셋으로 나누어 보기도 하고 둘로 나누어 보기도 하는 것이라고 한다.[36]

이러한 남삼북칠판의 특징으로는 다음과 같은 돈·점·부정의 삼종교상(三種教相)을 들고 있다.

> 다른 교판을 소개한다. 이에는 열 가지가 있으니, 이른바 남삼북칠(南三北七)이다. 남지와 북지에서는 삼종교상이 통용되니, 첫째는 돈(頓)이고 둘째는 점(漸)이며 셋째는 부정(不定)이다. 화엄은 보살을 교화하기 위한 것으로서, 해가 높은 산을 비추는 것과 같아서 돈교라고 한다. 삼장은 소승을 교화하기 위한 것으로서, 먼저 반자를 가르치므로 유상교(有相教)라고 한다. 십이년 후는 대승인을 위하여 오시 반야 내지 상주를 설하므로 무상교(無相教)라고 한다. 이것들은 모두 점교이다. 따로 한 부류의 경전이 있으니 돈과 점에 포함되지 않으면서 불성상주를 밝힌다. 『승만경(勝鬘經)』·『금광명경(金光明經)』 등이 이것이다. 이것을 편방부정교라고 한다. 이런 세 가지 뜻은 공통으로 쓰이는 것이다.[37]

돈교·점교·부정교으로 이루어진 남삼북칠의 삼종교상은 화엄을 돈교로, 소승의 유상교와 대승의 무상교를 점교로, 『승만경』·『금광명경』 등은 부정

35 智顗, 『法華玄義』(『大正藏』 33권, 801중). "九者北地禪師. 明二種大乘教: 一有相大乘, 二無相大乘. 有相者, 如華嚴瓔珞大品等, 說階級十地功德行相也. 無相者, 如楞伽思益, 眞法無詮次, 一切衆生卽涅槃相也"

36 智顗, 『法華玄義』(『大正藏』 33권, 801중). "十者北地禪師, 非四宗五宗六宗二相半滿等教, 但一佛乘無二亦無三. 一音說法, 隨類異解, 諸佛常行一乘, 衆生見三, 但是一音教也. 出異解竟"

37 智顗, 『法華玄義』 10상 (『大正藏』 33권, 801상). "二出異解者, 卽爲十意, 所謂南三北七. 南北地通用三種教相: 一頓, 二漸, 三不定. 華嚴爲化菩薩, 如日照高山, 名爲頓教. 三藏爲化小乘, 先教半字, 故名有相教. 十二年後, 爲大乘人, 說五時般若乃至常住, 名無相教. 此等俱爲漸教也. 別有一經, 非頓漸攝, 而明佛性常住, 勝鬘光明等是也. 此名偏方不定教. 此之三意, 通途共用也"

교로 나누는 부판(部判)이라는 특징을 지니고 있다. 그런 가운데 특기할만 한 점은 오시(五時)를 점교 가운데 포함시키고 있다는 점이다. 이런 점에서 남북교판은 경교에 대한 우열 비교에 그 목적을 둔 것이라 할 수 있다.

Ⅲ. 교상판석(敎相判釋)의 형성

중국에 불교가 전래되어 본격적인 연구 활동에 들어간 남북조시대는, 중국의 정치적 사회적 혼란과 더불어 불교의 교세는 전대에 비해 비약적인 발전을 이루어 갔으나 반면에 두 차례에 걸친 북조의 위(魏)·주(周) 이무(二武)의 폐불(廢佛)[會昌·顯德]이 단행되기도 하였다.[38] 이 두 차례의 폐불에 의해 불교의 타격은 매우 커서 북지의 불교는 거의 매몰되었지만, 이것은 도리어 중국불교사가 일전될 계기를 만들었다. 북조의 폐불로 인한 수의 불교부흥은 종래의 인도불교를 초극케 하였다. 남북불교의 통합을 시발로 하여 인도불교로부터 탈피하여 중국인을 위한 불교로서 중국적인 사상 감정에 적응한 새로운 종파의 성립을 보았다는 데에 수대불교의 역사적 의의가 있다고 할 것이다.

1. 담란(曇鸞)의 성정이문(聖淨二門)

담란(曇鸞, 476~542)은 보리유지가 번역한 세친의 『정토론(淨土論)』에 주석서 2권을 저작하였는데, 그 『정토론주(淨土論註)』 처음에, 『십주론(十住論)』의 난행도(難行道)와 이행도(易行道)설을 인용하여 그 중 이행도는 『무량수경(無量壽經)』이라 하였다.[39] 그 이후에 담란이 머물던 현충사에서 담란의 비문을 읽고 정토신앙에 들어간 도작(道綽, 562~615)은 성도문(聖道門)과 정토문(淨土門)으로써 부처님의 가르침을 판석하였다.[40] 성도문은 이 땅에서 성인의 경지에 들어가는 법이고 정토문은 정토에 왕생하는 법이라고 한다.

38 境野黃洋, 『支那佛敎精史』 940-967면.

39 調晋一, 「善導の教判論」 (『宗教研究, 1994.3』); 山崎龍明, 「親鸞における佛道の體系」 (『日本佛教學會年報』, 1989.3) 등을 참조할 것.

40 이것은 도작(道綽) 자신의 저술인 『安樂集』(『大正藏』 47권, 4-22면)에 서술되어 있다.

2. 정영 혜원(淨影慧遠)의 사종(四宗)

정영 혜원(淨影慧遠, 523~592)이 주창한 교판 가운데 가장 중요한 사종(四宗)은 불교를 입성종[立性宗 또는 因緣宗]·파성종[破性宗 또는 假名宗]·파상종[破相宗 또는 不眞宗]·현실종[顯實宗 또는 眞宗]으로 나누어서 앞의 둘은 소승의 입장, 뒤의 둘은 대승의 입장이라고 한다. 입성종은 아비달마이고, 파성종은 성실의 교설이며, 파상종은 공사상이고, 현실종은 여래장사상이다. 혜원(慧遠)은 제4 현실종에 자신의 근거를 두고 있다. 그러나 궁극적으로는 대승의 경전은 모두 진실한 연기사상을 밝히는 것이라고 하여 제3 파상종과 제4 현실종의 차이를 인정하지 않고 있다.[41]

3. 천태 지의의 삼종교상(三種教相)

지의(智顗, 538~597)가 생존한 시기는 남북조 양(梁), 진(陳)에서 수(隋)에 걸친 시대였다. 이러한 시대적 배경으로 인하여 지의가 당시에 난립된 불교사상체계를 통일코자 한 시도는 당연한 것으로 보이며, 그 가운데에서도 불교를 난립케 한 교판에 심혈을 기울여 정리한 것도 매우 자연스러운 것이라 하겠다.[42] 특히 폐불의 근본적인 이유를 불교 내부의 문제로부터 본 지의는 불교의 새로운 방향을 이론과 실천의 병행이라는 측면에서 진행시켰는데, 이것이 지의의 교학을 뚜렷하게 특징짓게 하는, 이론과 실천의 병행이라는 교판체계를 확립시키게 한 결정적인 동기가 되었다. 지의는 오랜만에 이루어진 중국통일과 더불어 다양한 불교학과 실천방법을 통일적으로 체계화 하였다. 불교에 대한 총체적인 시각을 제시하고 존재의 실상을 체득할 수 있는 실천수행체계를 아우른 것이다.[43]

41 정영사 혜원과 지론종의 교판관에 대해서는 吉津宜英,「淨影寺慧遠の教判論」(『佛教學部研究紀要』, 駒澤大學, 1977.3); 織田顯祐,「地論宗の教判と佛陀三藏」(『宗教研究』, 1987.3) 등에서 자세히 다루고 있다.

42 지의(智顗)의 스승인 남악혜사(南岳慧思)의 교판 흔적을 더듬어 보는 것은 매우 중요할 것으로 보인다. 종래 지의의 실천관은 혜사로부터 전수된 것이라고 하는 데에는 대부분 그 견해가 일치하고 있지만 지의의 교학적 배경도 혜사로부터 전수된 것이라고 하는 데에는 이론(異論)이 분분하였다. 그런데 横超慧日은, 혜사의 법화원돈설(法華圓頓說)에서 지의의 화법사교(化法四教)의 원형을 추정했으며, 오시설(五時說)의 전제를 혜사의 법화일승관(法華一乘觀)의 원리에서 찾을 수 있다고 주장하였다.(横超慧日,「南岳慧思の法華三昧」『法華思想の研究』, 平樂寺書店, 1975).

그런데 문제는, 지의의 어떤 저작에도 오시팔교(五時八教)로 확정된 용어와 조직은 발견할 수 없다는 점이다.[44] 삼대부(三大部)는 물론 지의(智顗)의 모든 저작 가운데 오시팔교라는 용어와 조직은 볼 수 없고 단지 오시와 돈(頓)·점(漸)·비밀(秘密)·부정(不定)의 사교(四教) 및 장(藏)·통(通)·별(別)·원(圓)의 사교(四教)만이 산설되어 있을 뿐이다. 따라서 이런 정도로는 지의의 교판을 오시팔교라고 하기에는 다소 무리가 있는 것으로 보이지만 돈·점·부정·비밀의 사교와 장·통·별·원의 사교를 함께 묶어 병렬하고 또한 이것을 팔교(八教)라 가리키는 것을 『마하지관(摩訶止觀)』과 『법화문구(法華文句)』에서 볼 수 있다.[45] 즉 『마하지관』 제7권하에서 십승관법(十乘觀法)의 제8 지차위(知次位)를 설명하는 가운데, "점돈부정비밀(漸頓不定秘密) 장통별원(藏通別圓)"[46]라고 하여 점·돈·부정·비밀의 사교와 장·통·별·원의 사교를 병렬시키고 있다. 또한 이와 같은 『법화문구』 제1권상에 『법화경』의 여시아문(如是我聞)의 여시(如是)를 해석한 가운데 사종석(四種釋) 가운데 제1인연석을 마친 이후 제2 약교석(約教釋)에서, "점돈비밀부정등경(漸頓秘密不定等經) 점우삼장통별원(漸又三藏通別圓)"[47]라고 하는 것이며

43 지의 저작의 진위(眞僞)나 성립문제에 대한 종합적인 연구로는, 佐藤哲英의 『天台大師の研究』(京都: 百華苑, 1961)가 있다. 남북조의 양(梁)·진(陳)에서 수(隋)에 걸친 시대에 활약한 지의의 생애를 佐藤說과 같이 전기와 후기로 나누어 볼 때, 전기는 성장기(1-8세; 538-555), 수학기(18-31세; 555-568), 와관사 교화기(31-38세; 568-575), 천태산 수행기(38-48세; 575-585)이고, 후기는 삼대부 강설기(48-57세; 585-595), 유마경소 찬술기(58-60세; 595-597)로 나누어 진다. (佐藤哲英, 앞 책, 24-27면). 전기의 저작으로는, 『차제선문(次第禪門)』·『법화삼매참의(法華三昧懺儀)』·『육묘법문(六妙法門)』·『각의삼매(覺意三昧)』·『방등삼매행법(方等三昧行法)』·『법계차제초문(法界次第初門)』·『소지관(小止觀)』·『선문구결(禪門口訣)』 등이 있고, 후기의 것으로는 삼대부(三大部)를 비롯하여 경소류는 유마경소(維摩經疏) 등이 있다.

44 池田이나 佐藤을 비롯하여 '오시팔교(五時八教)' 폐기반대론자들은 '오시팔교'와 '화의사교(化儀四教)' 및 '화법사교(化法四教)'라는 용어는 지의의 저작 가운데 비록 없다고 하더라도 오시의 인증 및 팔교(八教)의 인문(引文)이 지의의 저작 가운데 엄연히 존재하고 있으므로 오시팔교는 지의의 교판이라고 반박하였다. 그런데 이들의 주장이 다소 타당성이 있다고 생각되는데 지의에게 오시팔교로 완성된 형태의 교판은 비록 보이지 않는다고 하더라도 오시팔교를 구성하는 오시와 돈·점·부정·비밀의 사교(四教)와 장·통·별·원의 사교(四教)는 도처에서 지의의 교판이라고 볼 수 있을 정도로 자리잡고 있기 때문이다.

45 팔교(八教)라는 용어가 지의(智顗)의 저작 가운데 보인다는 사실은 關口의 '오시팔교(五時八教)' 폐기설에 대해 최초로 반론을 편 小寺文穎이 밝힌 것이다. (小寺文穎, 「寶地房證眞にみられる教判に對して」, 關口眞大編著, 『天台教學の研究』, 134면)

46 智顗, 『摩訶止觀』 (『大正藏』 46권, 97하)

47 智顗, 『法華文句』 (『大正藏』 34권, 3중)

이에 대해『법화문구』제1권상에서는, “부팔교망(敷八教網) 긍법계해(亘法界海)”[48] 라고 하여, 점·돈·비밀·부정·장·통·별·원을 팔교라는 용어로 가리키고 있다. 이와 같이 돈·점·부정·비밀의 사교와 장·통·별·원의 사교가 병렬적으로 놓일 뿐만 아니라 이것을 팔교라는 용어로 가리키고 있으므로, 오시팔교가 지의에게서 비록 형성되지는 않았더라도 오시팔교의 교판조직은 지의에게서 그 기초를 찾을 수 있다고 할 것이다.

지의는 앞서 밝힌 바와 같이 종래의 교판론을 열 가지로 정리하여 하나하나 논파하고, 삼종교상(種教相)을 통해서는 자신의 교관관을 드러내고 또 오시와 돈·점·비밀·부정의 사교와 장·통·별·원의 사교의 교판구조[49]를 통해서 교판론을 보이고 있다. 따라서 지의의 교판이라고 할 수 있는 것은 삼종교상으로 구성된 교판론과 오시와 장·통·별·원으로 이루어진 교판설로 정리할 수 있다. 교상의 대강으로 돈·점·부정의 삼종(三種)의 상(相)을 들고 있는 가운데 옛 법사의 돈·점·부정의 삼종교상(三種教相)의 명칭을 사용하나 뜻은 다른 자신의 삼종교상을 피력하고 있다.[50] “첫째 대강에는 세 가지가 있다. 첫째는 돈이요, 둘째는 점이요, 셋째는 부정이다. 이 세 가지 명칭은 옛 것과 같으나, 뜻은 다르다.”[51] 지의의 교상론은 이 제1절에 그 강요를 나타내고 있는 것이다. 그것은, 특히 삼종교상에 대해 바로 삼종지관(三種止觀)이 상대하고 있기 때문에 교관일치를 내세우는 천태로서는 이 삼종교상이야말로 지의의 교상으로 하기에 적합하다는 것이다.[52]

---

48 智顗,『法華文句』(『大正藏』34권, 3중)

49 지의(智顗)의 천태교판(天台教判)이 오시팔교(五時八教)라고 정립된 것은 사실상 고려(高麗) 때 제관(諦觀)이 지은『天台四教義』(韓佛全教 4권, 518-527면. 李永子 譯, 경서원, 1992.)라는 책에 의해서이다.

50 智顗,『法華玄義』10 (『大正藏』33권, 806상)

51 智顗,『法華玄義』10 (『大正藏』33권, 806상) “一大綱三種. 一頓, 二漸, 三不定, 此三名, 同舊義異也.”

52 佐藤哲英,『天台大師の研究』(京都: 百華苑, 1961), 73-76면 ; 佐藤哲英,「文獻としての天台三大部」; 關口眞大編,『天台教學の研究』, 427-429면. 이러한 지의의 저작 가운데 교판에 관해 언급한 것은『법화현의(法華玄義)』와『유마경소(維摩經疏)』인데 구체적으로 그 소재는 다음과 같다. 1.『법화현의』가운데 ① 제1권상에 있는 교상, ② 제10권상하에 있는 교상, 2.『유마경현소(維摩經玄疏)』6권 가운데 제3권부터 제6권까지, 3.『사교의(四教義)』12권 전권. 그런데 이 가운데 소위 오시팔교(五時八教)로 천태교판이 체계적으로 서술되어 있는 것이 없을 뿐만 아니라 關口의 지적과 같이, 오시팔교라는 용어는 지의의 모든 저작 가운데에서도 물론 없다. 따라서 關口가 지의의 어떤 저작에서도 오시팔교라는 용어가 보이지 않으므로 오시팔교를 지의의 교판으로 볼 수 없다고 단언한 것도 일리는 있다고 하겠다.

"이제 이 세 교를 해석함에 있어서 각각 두 가지로 해석한다. 첫째는 교문에 따라 해석하고, 둘째는 관문에 따라 해석하는 것이다. 교문은 신행인을 위한 것으로서 다문의 뜻을 이루는 것이다. 관문은 법행인을 위한 것으로서 또 지혜의 뜻을 이루는 것이다. 다문과 지혜가 구족되어야 하는 것은 마치 사람이 눈이 있어도 해의 광명으로 비추어야 여러 가지 형색을 볼 수 있는 것과 같으니 모든 것이 『대지도론(大智度論)』의 게와 같다. 운운"[53]

교상(教相)은 관심(觀心)을 이끌고, 관심은 교상을 자신의 마음에서 체득하게 하기 때문에 이론과 실천은 불가분리의 관계로서 교와 관이 함께 이루어지지 않는 한 완전하고 바른 불교를 얻을 수 없다고 하는 것이 지의의 견해이다. 이러한 지의의 견해는 당시의 교학 특징과 무관하다고는 볼 수 없다. 지의가 활동한 남북조 양진(梁陳)에서 수(隋)에 걸친 시대는, 남쪽에는 실천없는 이론만이 성행하고 북쪽에는 무조건적인 수행만이 유행하고 있었으므로 지의는 당시에 그러한 기형적인 불교형태를 비판하고 자신의 교학을 특징짓는 교관일치라는 측면에서 이론과 실천을 통일적으로 체계화시켰던 것이다. 즉 돈교(頓教)·점교(漸教)·부정교(不定教)로 교문을 논하고 있는 이 문을 이끌어 지의가 설한 돈교·점교·부정교는 남삼북칠(南三北七)의 교판에서 설하고 있는 부판(部判)의 관념과는 전혀 다른 것임을 주장하는 가운데 역시 같은 장에서 서술되고 있는 원돈관(圓頓觀)·점차관(漸次觀)·부정관(不定觀)으로 관문을 논하고 있는 문을 인용하여 교문과 더불어 지의의 교상은 관문을 함께 갖고 있으므로 교관이문(教觀二門)의 완전한 체재를 갖춘 것이라 하고 있다.

4. 가상 길장(嘉祥吉藏)의 이장삼륜(二藏三輪)

삼론종의 집대성자인 수나라 길장(吉藏, 549~623)은 『법화유의(法華遊意)』[54]에서 경전의 우열만을 비교하는 교판설 가운데 대표적이었던 오시사종설(五時四宗說)을 비판하고 이장삼륜설(二藏三輪說)을 세웠다. 이장은 대

53 智顗, 『法華玄義』 10 (『大正藏』 33권, 806상). "今釋此三教, 各作二解: 一約教門解, 二約觀門解, 教門爲信行人. 又成聞義, 觀門爲法行人. 又成慧義, 聞慧具足, 如人有目日光明, 照見種種色具, 如釋論偈. 云云."

54 吉藏, 『法華遊意』 (『大正藏』 34권)

승장과 소승장이고 삼륜은 근본법륜(根本法輪)·지말법륜(枝末法輪)·섭말귀본법륜(攝末歸本法輪)이다.

- 소승장(小乘藏): 성문연각승(聲聞緣覺乘)의 수인증과(修因證果)를 가르친 사제(四諦)·십이연기(十二緣起) 등의 법문을 말한다.[55]
- 대승장(大乘藏): 보살(菩薩)의 수인증과(修因證果)를 가르친 육도(六度)의 법문을 말한다.[56]
- 근본법륜(根本法輪): 불타가 처음 깨달음을 성취한 후에 『화엄경(華嚴經)』을 설하는 법회(法會)에서 순수하게 보살을 위해서 일인일과(一因一果)의 법문을 열어 보인 것을 말한다. 『화엄경』은 불타의 깨달은 그대로의 경지를 보살들을 위해 설법한 근본진리이며, 모든 경전이 이로부터 나왔기 때문이라고 한다.[57]
- 지말법륜(枝末法輪): 『화엄경』은 성도(成道) 직후 불타의 깨달음을 그대로 설한 것이므로 근원적인 법륜(法輪)이지만 그다지 복이 없는 둔한 근기들은 일인일과(一因一果)의 법문을 들어도 감당할 수 없었으므로 일불승(一佛乘)을 분별하여 삼승(三乘)을 교설한 것을 말한다.[58]
- 섭말귀본법륜(攝末歸本法輪): 40년 동안 삼승의 가르침을 설하여 중생의 마음을 성숙시키고 이제 『법화경』에 이르러서 비로소 삼승을 모아 일승으로 돌아가게 하는 것을 섭말귀본법륜(攝末歸本法輪)이라 한다.[59]

『화엄경』은 근본법륜(根本法輪)에 속하고 그 이후부터 『법화경』 이전까지의 모든 경전은 지말법륜(枝末法輪)에 해당하며, 『법화경』은 섭말귀본법륜(攝末歸本法輪)에 속한다. 길장이 이장삼론(二藏三論說)은 모든 경전을 대등하게 보아 이전의 교판설이 갖는 편협함을 벗어나고자 한 것으로서 가치우위를 논하는 형식의 교판설과는 구별되는 것이라고 할 수 있다. 화엄종의 법장(法藏)은 『화엄경탐현기(華嚴經探玄記)』 권1에서 길장(吉藏)이 삼법륜(三法輪)의 교판을 세웠다고 하고,[60] 원효(元曉) 또한 『법화종요(法華宗

55 吉藏, 『法華遊意』 (『大正藏』 34권, 644중)
56 吉藏, 『法華遊意』 (『大正藏』 34권, 644중)
57 吉藏, 『法華遊意』 (『大正藏』 34권, 634하)
58 吉藏, 『法華遊意』 (『大正藏』 34권, 634하)
59 吉藏, 『法華遊意』 (『大正藏』 34권, p.634c)

要)』에서 길장이라는 이름을 밝히지는 않았지만 앞에서 보았던 길장의 주장과 거의 동일한 문장을 예로 들면서 삼법륜을 대표한다고 하였으며,[61] 지눌(知訥)도 『화엄론절요(華嚴論節要)』 권1에서 길장이 삼륜설을 세웠다[62]고 하는 등의 자료를 토대로 할 때 길장의 본래 의도는 그렇지 않았다고 하는 주장을 받아들인다고 하더라도 그의 삼륜설은 일찍이 불교사상에서 대표적인 교판으로 인정받았고 그 주장이 일반화되어 전해져왔음을 알 수 있다.[63]

학파불교가 시작된 이후 혜원(慧遠)·지의(智顗)·길장(吉藏) 등은 남북조시대의 여러 학설들을 정리하여 그 나름대로의 교판설을 제시하였다. 소의경전에 따른 자파의 우위에만 눈독을 들인 것이 아니고 불타의 본의에 접근하고자 한 노력을 기울인 점은 고무적이라고 할 수 있다. 다시 말하면 자파의 소의경론만을 우월시하고 다른 경론들은 열등하다고 하는 우열비교만 한 것은 아니었다. 예를 들면 오시교판(五時敎判)을 주장한 광택사의 법운(法雲)은 성실학파에도 속하고, 열반학파에서도 추앙받는 인물이었다. 또 그는 『화엄경』을 돈교로 삼아 각별하게 취급하기도 하였다. 그런 의미에서 당시의 교판 특징은 여러 경론을 정리하는 측면이 강하였다고 할 수 있을 것이다.

Ⅳ. 종판(宗判)으로의 변질

당대에 들어 본격적으로 종파가 이루어지면서 교상판석은 소의경전의 우월성을 높히기 위한 방편으로 변질되기 시작한다. 그것이 바로 교판(敎判)이 아닌 소위 종판(宗判)이다. 이제 교판은 불타 교설에 대한 객관적인 검토나 분석보다는 자종의 우월성을 확보하기 위한 방도로 이용될 뿐이다. 이런 점에서 순수하게 경교를 분류하는 것이 아니라 오직 자파의 우위를 확보하기 위한 종판으로 떨어졌다고 할 수 있을 것이다.

---

60 法藏, 『華嚴經探玄記』, (『大正藏』 35권, 111중)

61 元曉, 『法華宗要』, (韓佛全 1권, 493상중)

62 知訥, 『華嚴論節要』 1권 (韓佛全 4권, 785상)

63 화엄계의 교판에 관해서는 일일이 거론할 수 없을 만큼 많으므로, 참고문헌을 참조하기 바란다. 中條道昭, 「智儼の教判說について」(『佛教學部論集』, 駒澤大學, 1978.11), 稻岡智賢, 「李通玄の教判について」(『宗教研究』, 1985.3) 등의 논문에서 다루고 있다. 임상희, 「李通玄의 敎判論」(『佛敎學研究』, 2005.8)

1. 규기(窺基)의 삼교팔종판(三教八宗判)

법상종(法相宗)의 규기(窺基: 632~682)는 『해심밀경』과 『유가사지론(瑜伽師地論)』에 의하면 삼교팔종(三教八宗)의 교판을 세웠는데 그 삼교(三教)와 팔종(八宗)은 다음과 같다.

- 유교(有教): 모든 존재는 인연에 의해서 성립된 것으로 실체가 없지만 아(我)가 실재(實在)한다고 여겨 집착하는 것을 없애기 위한 것이고, 『아함경(阿含經)』이 여기에 속한다.
- 공교(空教): 모든 것은 원래부터 그 본성이 공한 것이나 법(法)이 실재한다고 여겨 집착하는 것을 없애기 위한 것이고, 『반야경』이 여기에 해당된다.
- 중도교(中道教): 공(空)과 유(有)에 대한 집착을 모두 여의게 하는 것이다. 『화엄경』·『해심밀경』·『법화경』 등이 여기에 포함된다.
- 법아구유종(法我俱有宗): 법(法)도 아(我)도 모두 실재한다고 하는 독자부(犢子部) 등의 주장이다.
- 법유아무종(法有我無宗): 법(法)은 과거·현재·미래의 삼세(三世)에 걸쳐 실존하지만 아(我)는 무아(無我)로서 실재하지 않는다고 하는 설일체유부(說一切有部) 등의 주장이다.
- 법무거래종(法無去來宗): 법(法)은 현재에만 실재하고 과거와 미래에는 실재하지 않는다고 하는 대중부(大衆部) 등의 주장이다.
- 현통가실종(現通假實宗): 과거와 미래에는 법(法)이 실재하지 않고 현재의 법 중에서도 오온(五蘊)은 실재하지만 십이처(十二處) 십팔계(十八界)는 실재하지 않는다고 하는 설가부(說假部) 등의 주장이다.
- 속망진실종(俗妄眞實宗): 세속의 법은 가(假)이며, 출세간(出世間)의 법이 진실이라고 하는 설출세부(說出世部) 등의 주장이다.
- 제법단명종(諸法但名宗): 아(我)도 법(法)도 모두 가명이고 실체가 없다고 하는 일설부(一說部)의 주장이다.
- 승의개공종(勝義皆空宗): 『반야경』·『중론(中論)』·『백론(百論)』 등의 주장이다.
- 응리원실종(應理圓實宗): 『법화경』 등의 경전과 무착(無着) 등이 설한 중도의 가르침을 말한다.

이상에서 규기는 유무를 떠난 중도를 주장하는 유식사상을 궁극적인 교설로 삼았음을 알 수 있다.

2. 법장(法藏)의 오교십종판(五教十宗判)

화엄종(華嚴宗)의 법장(643-712)은 오교십종(五教十宗)의 교판을 세웠다. 오교(五教)는 교상(教相)에 입각한 분류로 다음과 같다.

- 소승교(小乘教): 『아함경』의 설을 가리킨다.[64]
- 대승시교(大乘始教): 공시교(空始教)와 상시교(相始教)가 있는데, 공시교(空始教)는 『반야경』, 상시교(相始教)는 『해심밀경』 등이 해당한다. 대승초문(初門)의 가르침이므로 시교(始教)라고 한다.[65]
- 종교(終教): 대승 종극의 교설이라는 뜻으로 『열반경』·『능가경(楞伽經)』 등이 해당한다.[66]
- 돈교(頓教): 시교와 종교는 모두 단계적인 수행에 대해 설한 점교인데 반해 한 생각도 내지 않는 경지가 그대로 부처님의 경지라고 하는 돈성(頓成)·돈증(頓證) 등의 교설로 『유마경』 등을 말한다.[67]
- 원교(圓教): 일위(一位)가 곧 일체위(一切位)이고, 일체위가 곧 일위이므로 십신(十信)이 가득해지면 오위(五位)를 포섭하여 정각을 이루어 구족하게 된다고 하는 원융무애(圓融無礙)한 교설로 『화엄경』이 해당된다.[68]

10종은 경전에 담긴 종의를 중심으로 분류한 것으로 6종까지 즉 법아구유종(法我俱有宗)·법유아무종(法有我無宗)·법무거래종(法無去來宗)·현통가실종(現通假實宗)·속망진실종(俗妄眞實宗)·제법단명종(諸法但名宗)[69]은 앞에서 서술한 규기(窺基)의 8종 중 앞의 6종과 같으므로 내용은 생략하고 그 나머지를 설명하면 다음과 같다.

---

64 法藏, 『華嚴經探玄記』 (『大正藏』 35권, 115하)
65 法藏, 『華嚴經探玄記』 (『大正藏』 35권, 115하)
66 法藏, 『華嚴經探玄記』 (『大正藏』 35권, 115하)
67 法藏, 『華嚴經探玄記』 (『大正藏』 35권, 115하)
68 法藏, 『華嚴經探玄記』 (『大正藏』 35권, 115하)
69 法藏, 『華嚴經探玄記』 (『大正藏』 35권, 116중)

- 일체개공종(一切皆空宗): 일체의 법은 모두 본래 공이라고 하는 대승초교(大乘初教)이다.[70]
- 진덕불공종(眞德不空宗): 일체법은 진여여래장(眞如如來藏)의 진실한 덕에 포섭되고 진여의 체는 성덕(性德)을 갖추고 있다고 하는 종교(宗教)이다.[71]
- 상상구절종(相想俱絕宗): 언어를 여의고 이사(理事)가 모두 사라져 평등(平等)한 경지를 나타내는 돈교이다.[72]
- 원명구덕종(圓明具德宗): 일체의 사법(事法)은 다 일체의 공덕을 원만하게 구족(具足)하고 있다고 하는 궁극의 자재로운 법문을 말한다.[73]

이상은 『화엄경탐현기(華嚴經探玄記)』 권1에 자세히 밝혀져 있으며 이 가운데 법장 자신이 의지한 『화엄경』의 가르침은 제5교와 제10종에 해당한다.[74]

이 교판에 의하여 법장은 종래 불교학에서 이루어낸 여러 가지의 성과를 통합하면서 『화엄경』을 정점으로 하는 교판체계를 수립함으로써 자신이 속한 화엄종의 절대적인 우위를 주장하였다.

3. 담연(湛然)의 오시팔교판(五時八教判)

수(隋)가 3주(主) 30년 만에 망하자 수대 불교를 찬란히 장식했던 지의의 교학도 관정(灌頂: 561~632) 이후 법상종이나 선종 또는 화엄종의 위세에 눌려 극히 그 교세가 부진하게 되어, 지위(智威, 680寂)·혜위(慧威, 634~713)·현랑(玄朗, 673~754)에 의해 그 명맥만이 간신히 이어지고 있을 때 천태의 종의를 선양하여 천태를 암흑으로부터 벗어나게 한 인물이 천태종의 중흥조라 일컬어지는 형계 담연(荊溪湛然)이다.[75]

70 法藏, 『華嚴經探玄記』 (『大正藏』 35권, 116중)
71 法藏, 『華嚴經探玄記』 (『大正藏』 35권, 116중)
72 法藏, 『華嚴經探玄記』 (『大正藏』 35권, 116중)
73 法藏, 『華嚴經探玄記』 (『大正藏』 35권, 116중)
74 法藏, 『華嚴經探玄記』 (『大正藏』 35권, 111중)
75 담연(湛然, 711~782)의 생애는, 常盤大定의 『중국불교사(中國佛教史)』의 시대구분에 의하면 제3기 수(隋)로부터 당(唐)현종에 이르는 건설시대와 제4기 당 현종 이후부터 오대(五代)·송대에 이르는 실행시대에 걸치고 있는데, 이 시기는 불교의 황금기라고 할 수 있을 정도로 종파가 흥륭한 시대였다. 담연이 출세하기 이전만 해도 선종의 신수(神秀, 606~706)·보적(普寂, 651~739)·의복(義福, 652~736) 등과 남종의 선사들,

종래에 오시팔교(五時八教)를 천태종의 개조 지의가 세웠다고 하는 데에는 아무런 의심이 없었으나 '오시팔교'논쟁을 계기로 하여 지의에게는 오시팔교라는 용어는 물론 오시팔교라고 부를 만한 형태의 교판도 조직되어 있지 않다는 사실이 밝혀졌다.[76] 또한 천태교판을 대표하는 오시팔교를 비롯하여 화의(化儀)와 화법(化法) 및 화의사교(化儀四教) 그리고 화법사교(化法四教)라는 용어와 조직이 최초로 담연(湛然)에게서 성립되었다는 사실도 밝히게 되었다.[77]

담연이 천태교판을 오시팔교와 그에 준하는 용어로 사용한 예를 열거해 보기로 하자. 『현의석첨(玄義釋籤)』 제1권에서는, "오시팔교(五時八教)"[78] 라고 하여 오시팔교의 명칭이 분명히 보이며, 제2권에서는,[79] 법화 이전의 원(圓)과 법화의 원(圓)을 비교하여 부(部)에 따르면 양자는 다른 것이지만

화엄(華嚴)의 법장(法藏, 643~712), 율종(律宗)의 도선(道宣, 596~667), 법상(法相)의 규기(窺基, 632~682) 그리고 밀교(密教)의 선무외(善無畏, 637~735)·금강지(金剛智, 671~727) 등이 제각기 종파를 발전시키고 있었다. 이들의 위세에 눌려 명맥조차 유지하기 힘든 천태종에서는 담연(湛然)이 출현하여 당시에 흥륭하던 화엄을 비롯하여 선 및 법상과 겨뤄 천태의 종의를 내외에 떨치며 일세를 풍미하였던 것이다. 이러한 점에서 담연의 사상적 특징은 당시의 시대적 배경과의 관련성이 매우 깊은 것이고 제종(諸宗)과의 관계 속에서 담연 교학의 특징이 뚜렷하게 드러난다고 할 수 있다. 담연의 교학은 당시에 흥륭하던 화엄을 비롯하여 선 및 법상과 겨루는 가운데에서도 청량징관(清涼澄觀, 738~839)과의 사상적 대립에서 담연 교학의 체계가 확립되었다. 즉 담연은 징관(澄觀)과 맞서 화엄사상에 대항함으로써 천태 고유의 사상을 체계화시키는 동시에 다른 측면에서는 화엄의 영향도 받게 됨으로써 지의 본래의 사상과 다소 차이가 있게 되었다. 이런 점에서 담연의 교학에 대해 천태 고유의 교학만이 아니라 화엄교학마저도 가미한 별개의 교학으로 이루어 갔다고 하는 것이고 이것이야말로 담연 교학의 사상적 특징을 극명하게 나타내는 것이라 할 수 있다. (日比宣正, 『唐代天台學研究』, 67-68면).

76 그런데 지의의 교판과 오시팔교(五時八教)와 관련된 문제제기는 비록 종합적인 연구에 기초된 것은 아닐지라도 '오시팔교'논쟁 이전부터 있었다. 그 중에서도 대표적인 것은 1935년에 佐藤泰舜에 의해 발표된 「經典成立史の立場と天台の教判」이라는 제명(題名)의 논문이다. 여기에서 佐藤泰舜은 "지의에게 오시팔교라는 용어는 없으며 조직 역시 천태교판으로 대표될 수 있을 정도로 완성된 형태는 존재하지 않으며 담연(湛然)에 이르러서야 오시팔교라는 용어가 보이기 시작한다" (佐藤泰舜, '經典成立史の立場と天台の教判' 關口眞大編著, 『天台教學の研究』, 462면)는 문제를 최초로 제기했던 것이다. 그리고 그것을 전후에서 여러 시각으로 "오시팔교를 지의의 교판으로 보기에는 다소 애매하다"는 문제가 島地大等을 비롯한 望月信亨이나 布施浩岳 등에 의해 제기되었다.

77 湛然, 『止觀義例』 상 (『大正藏』 46권, 448하)

78 湛然, 『法華玄義釋籤』 1 (『大正藏』 33권, 816하)

79 湛然, 『法華玄義釋籤』 2 (『大正藏』 33권, 825하)

교(教)에 따르면 교체(教體)에서는 같은 것이므로 양자는 다른 것이 아니라고 한다. 또한 제20권에, "팔교(八教)"[80]라 하여 팔교의 명칭이 보이며, 또『법화문구(法華文句)』를 주석한『문구기(文句記)』는 제1권하에서, "오시팔교(五時八教) … 오시팔교(五時八教)"[81]라고 하여 오시팔교라고 하는 용어가 보이며, 또『문구기』제3권하에, "오시팔교(五時八教)"[82]라고 하여 오시팔교의 명칭이 쓰이고 있으며, 또 제1권에서는,[83] '이 경이 팔교(八教)를 초월하지 않았다면 어찌 이 경을 들을 수 있겠는가'하고 초팔론(超八論)을 전개하고 있다. 그리고『마하지관(摩訶止觀)』을 주석한『지관보행(止觀輔行)』에서는 제5권에서, "오시팔교(五時八教)"[84]라고 하는 것이 보이며, 또『지관보행』제6권에서도, "사시칠교(四時七教)"[85]라고 하여 오시팔교를 예상한 문구가 보이고, 또 제10권에서는, "법화회팔귀일(法華會八歸一)"[86]이라 하여 팔교(八教)를 하나로 한다고 하는 구절이 보인다. 또『마하지관』을 개요하여 총례한『지관의례(止觀義例)』에는 권상(上)에, "오미(시)팔교(五味(時)八教)"[87]라고 하여 오미(시)팔교(五味(時)八教)라고 하는 명칭이 보이며, 또『지관의례』상에, "돈등사교(頓等四教)는 부처의 화의(化儀)이고 장등사교(藏等四教)는 부처의 화법(化法)"[88]이라 하여, 돈등(頓等)의 사교(四教)를 화의(化儀)라 하고 장등(藏等)의 사교(四教)를 화법(化法)이라 규정하고 있다.『마하지관』을 개요한『지관대의(止觀大意)』에서는, "점돈부정비밀장통별원(漸頓不定秘密藏通別圓)"[89]라고 하여 돈·점·부정·비밀교와 장·통·별·원교를 하나로 하는 팔교(八教)를 드러내고 있으며, 또『지관대의』에서는,[90] 팔교를 세운다는 것은 이미 계위에 들어 팔상(八相)으로 성도하고 십계(十界)의 몸으로 나타나 물기(物機)에 수순한다고 하여 삼장교 등 사교와 점교 등의 사교 및 오시를 써서 중생을 일대(一代)로 끊임없이 이롭게 한다고 한다. 그리고

80 湛然,『法華玄義釋籤』20 (『大正藏』33권, 962하)
81 湛然,『法華文句記』1하 (『大正藏』34권, 171하)
82 湛然,『法華文句記』3하 (『大正藏』34권, 212하)
83 湛然,『法華文句記』1 (『大正藏』34권, 159하)
84 湛然,『止觀輔行』5 (『大正藏』46권, 292하)
85 湛然,『止觀輔行』6 (『大正藏』46권, 349하)
86 湛然,『止觀輔行』10 (『大正藏』46권, 446하)
87 湛然,『止觀義例』상 (『大正藏』46권, 448)
88 湛然,『止觀輔行』5 (『大正藏』46권, 448하)
89 湛然,『止觀大意』(『大正藏』46권, 459상)
90 湛然,『止觀大意』(『大正藏』46권, 459하)

『금비론(金錍論)』에서는[91] 오시와 팔교라는 명칭으로 초팔제호(超八醍醐)를 드러내며, 그리고 『지관보행』의 요의를 적출한 『지관보행수요기(止觀輔行搜要記)』에서는 제5권에, "오시팔교(五時八教)"[92]라고 하여 오시팔교가 일심(一心)으로 모인다고 하여 방편임을 분명히 드러내고, 또 같은 『수요기(搜要記)』 제6권에, "사시칠교(四時七教)"[93]이라 하여 오시팔교를 예상하는 것이 보인다. 이러한 것은 오시팔교의 교판조직을 예상한 언명이라고 할 수 있다. 이와 같이 담연의 오시팔교는 법화초팔(法華超八)를 입증하기 위한 교판으로 변모한다. 따라서 천태교관은 법화초팔사상에 따라 오시팔교 이외의 다른 세계에 존재하게 된다. 그러므로 담연의 오시팔교는 교판조직이고 교리와는 다른 것으로 설정되는 불합리를 보이고 있다. 뿐만 아니라 팔교로 가리킨 경우에는 대부분 법화 이전의 전4시(前四時)를 방편으로 보아 여기에는 법화는 포함되지 않는다고 하여 『법화경』의 우월성을 강조하기 위한 것이다. 이와 같이 담연에 의해서 오시팔교가 조직된 가운데 팔교에 대한 화의(化儀)와 화법(化法)이라 하는 용어는 방편교설을 폄하하는 데 사용되고 있다.[94]

담연 저작의 일반적인 동향은 대타적(對他的)이라는 점이다.[95] "담연의 저술은 거의 모두 지의 저작의 주석서인데, 주석가인 담연이 이러한 태도를 가졌다고 하면 당연히 천태사상은 적어도 그 기초적인 사상의 경향은 크게 변했으리라"고 생각하는 것은 지극히 당연하다.[96] 또 옥성강사랑(玉城康四郎)도 『심파착의 전개(心把捉の展開)』의 본론 제3장에서 담연사상의 특징을 서술하면서,[97] 담연이 활약한 시기가 종파들이 흥륭한 시기였으므로 담연의 사상은 자연히 다른 종파와 더불어 그 종세를 겨뤄야 하는 상황이었으므로 그의 사상에는 배타적인 성격이 강하다고 한다. 이에 관하여 일비선정(日比宣正)은 "화엄교학에 대하여 대항적이었다"고 하면서도 또

91 湛然, 『金錍論』 (『大正藏』 46권, 785상)
92 湛然, 『止觀輔行搜要記』 5 (卍續藏 99권, 326중-366상)
93 湛然, 『止觀輔行搜要記』 6 (卍續藏 99권, 366상-388중)
94 湛然, 『止觀義例』 상 (『大正藏』 46권, 448하)
95 담연이 대타성(對他性)을 가지고 논의한 문제는, 1. 비정불성(非情佛性)의 문제, 2. 법화점원(法華漸圓)의 문제, 3. 법상교학(法相教學)과의 문제, 선(禪)에 대한 문제 등이다. (日比宣正, 『唐代天台學研究』, 68-69면)
96 日比宣正, 『唐代天台學研究』, 71-110면.
97 玉城康四郎, 『心把捉の展開』, 375-412면.

한 법상(法相)교학에 대해서도 논란하고 있다고 한다.[98] 이러한 점에서 담연이 제창한 법화초팔(法華超八)의 성격을 분명히 알 수 있다. 담연이 법화초팔을 통해 지의의 본의와는 다르게 나아갔다고 할 수 있을 것이다.[99]

4. 종밀(宗密)의 삼종판(三宗判)

오랜 기간에 걸쳐 상호영향을 주고받으면서 성립되었던 교판론(教判論)은 종밀의 오교판(五教判)과 선(禪)·교(教) 삼종설(三宗說)이다. 종밀(宗密, 780~841)은 당시의 유교와 도교의 무리들이 불교를 비난하고 배척했던 상황에서 불교의 우월성을 강조하였다. 그러나 유교와 도교에도 일정 부분 진리가 있다고 하고, 다시 유교와 도교를 비판한 뒤 불교의 가르침을 얕은 데서 깊은 데에 이르는 인천교(人天教)·소승교(小乘教)·대승법상교(大乘法床教)·대승파상교(大乘破相教)·승현성교(乘顯性教)의 5교판을 수립했다.[100] 이것은 법장의 오교판을 계승하는 것이지만 수나라 초기의 혜원 등이 교판에서 제외시켰던 인천교를 세운 점에서, 유교(儒教)와 도교(道教)의 관계를 의식하고 있었다고 하겠다. 또한 종밀은 선의 가치체계를 중국의 제반사상에 입각하여 확립하려는 의도에서 『선원제전집도서(禪源諸詮集都序)』를 저술했다. 종밀이 『선원제전집도서』에서 기술하고 있는 교판은, 물론 법장의 화엄종 5교판을 계승하고 있다. 그리고 법상(法相)·삼론(三論)·화엄(華嚴) 등의 교종에서 북종선(北宗禪)·우두선(牛頭禪)·홍주선(洪州禪)·하택선(荷澤禪)으로 중국불교사를 전개해 가면서 그 관점에서 평가하였다.[101] 종밀이 의도한 것은 교의 밀의의성설상교(密意依性說相教)·밀의파상현성교(密意破相顯性教)·현시진심즉성교(現示眞心卽性教) 3교에 대하여 선의 3종을 대비시킨 것이다. 3교에 설해진 내용을 중국불교의 현실로 대치해 놓으면, 중당시대(中唐時代)에 많은 사람들에게 지지를 받았던 불교의 실천적인 종파와 대비된다는 의미를 갖는다. 선·교(禪·教)의 삼종(三宗)[102]은 다음과

98 日比宣正, 『唐代天台學研究』, 71-110면.

99 담연 교학의 특성과 관련, 池昌圭, 「荊溪湛然의 교판사상」(『韓國佛教學』, 2000.6)에 규명. 그리고 지욱의 교판론에 관해서는 岩城英規의 논문 「智旭の教判論」(『天台學報』 Vol.42, 2000.11), 78-84면에 상세히 제시되고 있다..

100 宗密, 『原人論』 (『大正藏』 45권, 708상-710하)

101 宗密, 『禪源諸詮集都序』 1 (『大正藏』 48권, 398중-402중)

102 宗密, 『禪源諸詮集都序』 1, 2 (『大正藏』 48권, 402중-406상)

같다.

선(禪)의 삼종(三宗)

- 식망수심종(息妄修心宗): 불성(佛性)을 가리고 있는 번뇌를 불식시키면, 깨달음을 얻게 된다. 지선계 정중선(智詵系 淨衆禪)과 구나발타라계 등 신수계통 북종선(北宗禪)이 속한다.[103]
- 민절무기종(泯絶無寄宗): 일체를 부정하는 공적(空寂)을 종지로 삼는다. 선리(禪理)를 참구하는 우두선(牛頭禪)을 말한다.[104]
- 직현심성종(直顯心性宗): 행위나 언어를 진성 전체의 현현으로 삼는다. 홍주선(洪州禪)과 하택선(荷澤禪)이 해당된다.[105]

교(敎)의 삼종(三宗)

- 밀의의성설상교(密意依性說相敎): 미혹(迷惑)의 세계가 진성에 의지하고 있지만, 그것을 모르고 표면적인 상(相)만을 설한다. 이 교는 선의 식망수심종(息妄修心宗)에 해당한다.[106]
- 밀의파상현성교(密意破相顯性敎): 상(相)을 파하고 성(性)을 드러낸다. 반야경전(般若經典)이나 삼론교학(三論敎學)이 여기에 속한다. 선의 민절무기종 즉 우두선과 대응된다.[107]
- 현시진심즉성교(現示眞心卽性敎): 일체중생에게 본래 구비되어 있는 진심이 심성(心性)임을 단적으로 가리킨다.[108]

이것을 보면, 정형화된 교판 즉 선상판석(禪相判釋)이 이루어진 것으로서 지의(智顗)의 영향을 받아 당나라의 화엄교판도 경전의 체계와 함께 선관의 체계도 아울러 확립하게 되었다는 점은 긍정적으로 볼 수 있다. 따라서 이후에는 즉 교선일치(敎禪一致)라는 사상이 성립되기도 하고, 또한 선정쌍수(禪淨雙修)의 실천으로까지 전개되었다. 이외에도, 송나라 때 연수(延

103 宗密, 『禪源諸詮集都序『大正藏』』 상2 (『大正藏』 48권, 402중-하)
104 宗密, 『禪源諸詮集都序『大正藏』』 상2 (『大正藏』 48권, 402하)
105 宗密, 『禪源諸詮集都序『大正藏』』 상2 (『大正藏』 48권, 402하)
106 宗密, 『禪源諸詮集都序『大正藏』』 상2 (『大正藏』 48권, 403상)
107 宗密, 『禪源諸詮集都序『大正藏』』 상2 (『大正藏』 48권, 404상)
108 宗密, 『禪源諸詮集都序『大正藏』』 상2 (『大正藏』 48권, 404중)

壽, 904-957)는 상종(相宗)·공종(空宗)·성종(性宗)의 삼종(三宗)을 밝혔고, 명나라 때 지욱(智旭, 1596-1655)은 선(禪)·교(教)·율(律) 등의 삼학(三學)이 모두 동일한 근원을 지니고 있다고 제창하였다. 이러한 긍정적인 측면 이외에도 화엄 당시의 교판은 전적으로 경교의 우열을 가리는 비교의식으로만 치달았다고 하는 점에서는 교판의 변질이라는 혹독한 비판을 받아 마땅하다고 하겠다.

Ⅴ. 해동의 교판론

1. 원효(元曉)의 교판관

우리나라에서는 원효(元曉, 617~686)대사가 그 교판관에서 독자적인 특징을 보이고 있다. 원효 당시는 교판론(教判論)이 고조되고 있었는데, 원효는 이들을 날카로운 시각으로 낱낱이 논파(論破)하고 화회(和會)를 시도하였다. 원효는 그의 저술인 『열반종요(涅槃宗要)』에서 무도산(武都山)의 은사(隱士) 유규(劉虯)가 주장한 중국남방의 교판론인 이교문오시칠계설(二教門五時七階說)[109]과 북방의 교판론인 혜원(慧苑) 등의 사종교판론 등을 거론하면서 마치 소라 껍질로 잔을 만들어 바닷물을 마시려고 하거나 좁은 관(管)으로 넓은 하늘을 바라보는 격이라 하여 중국불교의 교판론을 비판하였다. 원효는, 배척하는 것이 아니라 융화에 있으므로 이설(二說)을 모두 버리라는 것이 아니라 어느 한편에 집착하지 말라는 것이 원효교판관의 토대이다. 그러므로 원효는 『대혜도경종요(大慧度經宗要)』에서 성실논사(成實論師)의 이종교문(二種教門) 오시교판설(五時教判說)과 유식가(唯識家)의 삼법륜설(三法輪說)을 거론하고, 이종교문과 삼종법륜은 한편으로 모두 일리가 있으나 『대품경(大品經)』을 제이시(第二時)와 제이법륜(第二法輪)에 배속시킴은 이치로 보아 옳은 것은 아니며, 경론에 위배된다고 하여 양설의 오류를 지적하면서 이설의 교판이 서로 편협한 판상으로 논쟁함을 비판하고 있다.[110] 원효는 이외에 『법화종요(法華宗要)』에서는 중국 법상종(法相

109 元曉, 『涅槃宗要』(『大正藏』 38권, 239)
110 元曉, 『大慧度經宗要』(『大正藏』 33권, 73)

宗)의 자은(慈恩)과 삼론종(三論宗)의 길장(吉藏)이 『법화경』의 경설을 갖고 요의설(了義說)이니 불요의설(不了義說)이라고 하는 논쟁시비에 대해 양사(兩師)가 주장한 것은 서로 같은 점도 있고 다른 점도 있다고 지적하고 이들의 시비를 화회시키고 있다.[111]

원효의 대표적인 교판으로는, 『화엄경소(華嚴經疏)』의 사종교판설(四宗敎判說)이 손꼽히는데, 그 설은 당나라 법장(法藏)이 저술한 『화엄경탐현기(華嚴經探玄記)』 권1에 수록되어 있는 것이 최초이고, 그 이후 중국 문헌에 수록되어 있을 뿐 정작 원효 자신의 『화엄경소』는 유실(遺失)되었기에 확실한 내용은 알 수 없다. 원효의 사종교판을 수록하고 있는 문헌들을 시대별로 차례로 살펴보면, 법장의 『화엄경탐현기』 권1,[112] 당 이통현(李通玄)의 『신화엄경소(新華嚴經論)』 권3,[113] 당 혜원(慧遠)의 『간정기(刊定記)』 권1,[114] 당 징관(澄觀)의 『대방광불화엄경소(大方廣佛華嚴經疏)』 권12,[115] 신라(新羅) 표원(表員)의 『화엄경문의요결문답(華嚴經文義要決門答)』 권4[116] 등이 있다. 또한 『화엄경소』 10권이란 기록이 『신편제종교장총록(新編諸宗教藏總錄)』 권1[117]에 있고 『삼국유사(三國遺事)』 권4[118]에서도 "증주분황사(曾住芬皇寺) 찬화엄소(纂華嚴疏) 지제사십회향품(至第四十回向品) 종내절필(終乃絕筆)"이란 기록을 찾아 볼 수 있다. 하지만 애석하게도 원효의 사종교판(四宗敎判)이 담긴 『화엄경소』는 현재 전해지지 않기에 단지 대강만을 짐작하고 있을 뿐이다. 이렇게 볼 때 원효의 사종교판설(四宗敎判說)에 대한 정확한 판단은 어려우며, 또한 과연 『화엄경소』가 언제까지 전해져 내려와 유통되었는지에 대해서도 알 수가 없다. 다만 이미 언급되어진 자료를 토대로 간략히 사종교판설에 대하여 살펴보면 다음과 같다.

- 삼승별교(三乘別敎): 아직 법공(法空)의 이치를 깨닫지 못한 상태의 중생

111 元曉, 『法華宗要』 (韓佛全 1권, 493상-493하)
112 法藏述, 『華嚴經探玄記』 1 (『大正藏』 35권 111면)
113 李通玄. 『新華嚴經論』 3 (『大正藏』 36권 734면)
114 慧遠, 『刊定記』 1 (續藏經 1권, 5-11면)
115 澄觀. 『大方廣佛華嚴經疏』 12 (『大正藏』 35권, 510)
116 表員. 『華嚴經文義要決門答』 4 (續藏經 5권, 15-18면)
117 義天, 『新編諸宗教藏總錄』 1 (『大正藏』 55권, 1166상)
118 一然, 『三國遺事』 4 [元曉不羈]; 李丙壽 外, 「三國遺事」, 「韓國의 民俗·宗教思想」 (삼성출판사, 1997), 231면

을 대상으로 사제(四諦)와 연기(緣起)의 가르침을 말한다.

- 삼승통교(三乘通教): 법공(法空)을 두루 밝히고 있는 상태의 중생을 대상으로『반야경』과『해심밀경』등을 말한다.
- 일승분교(一乘分教): 아직 보법(普法)을 나타내지는 못하고 있는 가르침으로『보살영락본업경(菩薩瓔珞本業經)』과『범망경(梵網經)』을 말한다.
- 일승만교(一乘滿教): 보법(普法)을 충분히 밝힌 가르침을『화엄경』과 보현교(普賢教)를 말한다.

원효대사는 불교 전체를 우선 삼승(三乘)과 일승(一乘)으로 나누고, 다시 삼승은 삼승별교(三乘別教)와 삼승통교(三乘通教)로 일승은 일승분교(一乘分校)와 일승만교(一乘滿教)로 나누어 교판을 시도하였다.[119] 그런데 이러한 원효의 교판을 자종(自宗)을 선양(宣揚)하기 위한 종판이라고는 할 수 없다. 왜냐하면 원효를 화엄종으로 가두어 두기에는 한계가 있기 때문이다. 오히려 원효의 교판은 중국의 종판론(宗判論)을 화회(和會)하고 회통(會通)하여 편협한 시각을 벗어나고자 하는데 그 목적이 있다고 할 수 있다.

2. 제관(諦觀)의 오시팔교론(五時八教論)

예로부터 타당한 교판이라 인정받아 오고 있으며 역대의 교판 가운데 가장 완비된 교판이라 평가받고 있는 오시팔교(五時八教)가 천태교판을 대표하는 것인 만큼, 이것은 천태종의 개조인 지의(智顗)가 세운 교판이라고 하는 데에는 의심의 여지가 없지만, 사실 천태불교를 배울 때에는 지의의 저작을 통하는 것이 아니라『천태사교의(天台四教儀)』로 하고 있다.[120] 이것은『천태사교의』를 통해 천태불교를 배우는 것이 지의의 저작으로 통하는 것보다 더 쉽고 명확하게 이해되기 때문일 것이다. 그러나 이러한 이유보

119 원효의 교판관에 대한 대표적인 논문으로는 이기영,「教判史上에서 본 元曉의 位置」,(『東洋學』, 1974.10)을 들 수 있으며, 사상사적 위치 및 길장과의 관계를 규명한 논문으로는 남동신,「元曉의 教判論과 그 佛教史的 位置」(『韓國史論』, 1988.11), 김창석,「元曉の教判資料に現われた吉藏との關係について」(『印度學佛教學研究』, 1980.3)이 있다. 또한 균여의 교판관과 관련하여 中條道昭,「高麗均如の教判について」(『印度學佛教學研究』, 1981.3), 최연식,「均如 華嚴思想研究: 教判論을 중심으로」(서울大學校, 1999 /『泰東古典研究』, 1999.12) 등이 있다.

120『佛祖統紀』10 (『大正藏』49권, 206);『佛祖統紀』23 (『大正藏』49, 249)

다는 『천태사교의』가 천태교판을 오시팔교라는 조직으로 완성시켰다는 점에 그 근본적인 이유가 있다. 사실 오시팔교는 지의에 의해서 완성된 것이 아니라 제관법사(諦觀法師)에 의해서 이루어진 것이다. 제관법사의 교판은, 명·체·종·용·교(名·體·宗·用·教)라는 번쇄한 부문을 교(教)라는 단일 부문으로 종합 통일하는 가운데 불타 일대시교를 보편적으로 조직하는 데 그 주목적이 있었던 것이다.

제관의 오시팔교는 오시(五時)·화의사교(化儀四教)·화법사교(化法四教)·이십오방편(二十五方便)·십승관법(十乘觀法)으로 나누어져 있는 가운데 교설시기에 따라 나눈 오시(五時)는, 제1화엄시·제2녹원시·제3방등시·제4반야시·제5법화열반시로 이루어져 있고, 교설방법에 따라 분류한 화의사교는 돈교·점교·비밀교·부정교로 이루어져 있으며, 그리고 교설내용에 따라 분류한 화법사교는 장교·통교·별교·원교로 이루어져 있다. 그 가운데 오시는 형식과 내용을 모두 갖춘 종합적인 분류로 이해되고, 화의사교는 형식적인 분류라고 하며, 화법사교는 내용의 분류라고 한다.

오시란 불타가 성도한 후 여러 가지 근기에 대하여 교설한 것을 시간상으로 분류한 것으로, 화엄시(華嚴時)·녹원시(鹿苑時)·방등시(方等時)·반야시(般若時)·법화열반시(法華涅槃時) 등을 말한다.[121] 또한 소로부터 나오는 유미(乳味)·낙미(酪味)·생소미(生酥味)·숙소미(熟酥味)·제호미(醍醐味) 등 다섯 가지 맛[五味]를 그 나오는 순서와 농도에 따라 오시에 배대시키고 있다.[122] 이를 정리하면 다음과 같다.

- 화엄시(華嚴時): 불타가 성도(成道)하신 직후 최초 3·7일간 『화엄시』을 설하신 시기를 말한다.[123]
- 녹원시(鹿苑時): 『화엄경』을 설한 후, 12년간 소승의 아함부 경전(阿含部經典)을 설하신 시기를 말한다.[124]
- 방등시(方等時): 아함부 경전을 설한 후, 8년간 『유마경』·『승만경』 등 대승 경전을 설한 시기이다.[125]

121 諦觀, 『天台四教義』 (韓佛全 4권, 518하). "言五時者 一華嚴時 二鹿苑時(說四阿含) 三方等時(說維摩 思益 楞伽 楞嚴 三昧金光 勝鬘等經) 四般若時(說摩訶般若 光讚般若 金剛般若 大品般若等諸般若經) 五法華涅槃時 是爲五時 亦名五味."

122 李永子 譯, 『天台四教義』, 經書院, 1992, 39면.

123 諦觀, 『天台四教義』 (韓佛全 4권, 518하-519상)

124 諦觀, 『天台四教義』 (韓佛全 4권, 519상)

- 반야시(般若時): 방등시 이후 22년간 반야부(般若部) 경전을 설한 시기이다.[126]
- 법화열반시(法華涅槃時): 계속 되어진 불타의 가르침을 받아서 중생의 능력이 매우 뛰어나게 되었으므로 여기에 이르러 비로소 곧 바로 진실한 불타의 지견을 열어 보이고 깨달아 들어가게 하는 시기이다. 불타가 마지막 8년간 설한『법화경』과 열반에 들기 직전 하루 동안 설한『열반경』이 여기에 해당된다.[127]

팔교(八教)란 불타의 설법을 방법에 따라 분류한 화의사교(化儀四教)와 교리의 내용에 입각하여 분류한 화법사교(化法四教)를 합쳐서 부르는 것이다. 화의사교는 돈교(頓教)·점교(漸教)·비밀교(秘密教)·부정교(不定教)의 네 가지이다. 그런데 여기서 주목해야 할 것은 돈점을 보완하는 비밀교와 부정교의 역할로서 종래에 전혀 볼 수 없었던 천태 특유의 교판이라는 점이다.

- 돈교(頓教): 점차적으로 단계를 밟아가는 가르침이 아니라 불타 자신의 깨달은 내용을 깨달음의 경지에서 그대로 중생에게 표명하는 가르침으로『화엄경』이 여기에 속한다.[128]
- 점교(漸教): 깨달음의 내용을 그대로 가르치는 방법이 아니라 얕은 가르침으로부터 깊은 가르침으로 또는 작은 것에서 큰 것으로 순서를 밟아가며 중생을 교화시키는 교설을 통해 점차적으로 깨달음에 이르게 하는 것으로 아함(阿含)·방등(方等)·반야(般若) 등이 여기에 속한다.[129]
- 비밀교(秘密教): 한 자리에 모인 중생의 능력이 여러 가지인 경우에 부처님께서 여러 종류의 근기(根機)에 대해 일음(一音)으로 설하지만 불타의 부사의(不思議)한 능력으로 말미암아 각자의 능력에 알맞게 이해하는데 그들은 서로 이것을 알지 못하므로 비밀교라고 한다. 특별하게 소속된 경전은 없고『열반경』과『법화경』을 제외한 모든 경전에 이 방법이 사용된

125 諦觀,『天台四教義』(韓佛全 4권, 519상-519중)
126 諦觀,『天台四教義』(韓佛全 4권, 519중)
127 諦觀,『天台四教義』(韓佛全 4권, 519중-520중)
128 諦觀,『天台四教義』(韓佛全 4권, 518하-519상)
129 諦觀,『天台四教義』(韓佛全 4권, 519상-519중)

다고 한다.[130]

- 부정교(不定教): 비밀교(秘密教)와 마찬가지로 불타가 여러 종류의 근기에 대하여 일음으로 설법하지만 불타의 부사의한 능력으로 말미암아 각자의 능력에 알맞게 이해하는데, 그 때의 가르침의 방법이 일정하지 않다는 뜻에서 부정교(不定教)라고 한다. 여기에 속하는 경전도 특정한 것은 없고, 『법화경』과 『열반경』을 제외한 모든 경전에서 이것이 사용된다고 한다.[131]

비밀교와 부정교는 한 장소에서 각기 다른 능력을 갖춘 중생들이 하나의 가르침을 듣더라도 각자의 능력에 맞게 이해하는 점에서는 같지만, 비밀교는 중생 서로 간에 받아들이는 것이 다른 것을 알지 못하는 경우[人法俱不知]이고, 부정교는 서로 간에 받아들이는 것이 다른 것을 알고 있는 경우[人知法不知]이다. 모두가 이해하는 교법(教法)이 일정(一定)하지 않기 때문에 부정교이며[132], 갖추어 말하면 앞의 것은 비밀부정교(秘密不定教), 뒤의 것은 현로부정교(顯露不定教)라 한다. 이에 대하여 돈점이교(頓漸二教)는 공개된 교법(教法)인 점에서 현로정교(顯露定教)라고도 한다.[133] 여기서 『법화경』과 『열반경』은 돈교·점교·비밀교·부정교 모두에 해당되지 않으므로 비돈(非頓)·비점(非漸)·비비밀(非秘密)·비부정(非不定)라 한다.[134] 화법사교는 장교(藏教)·통교(通教)·별교(別教)·원교(圓教)의 네 가지이다.[135]

- 장교(藏教): 『천태사교의』에 보면 화법사교(化法四教)를 밝힘에 앞서 먼저 삼장교(三藏教)의 뜻을 밝히고 있다. 삼장교(三藏教)라고 하는 것은 4아함경전(四阿含經典)과 같은 경장(經藏), 『구사론(俱舍論)』이나 『파사론(婆沙論)』과 같은 논장(論藏), 오부율(五部律)과 같은 율장(律藏)을 말하는 것이다. 삼장은 대(大)·소승(小乘) 모두에 공통으로 쓰이지만 소승(小乘)

130 諦觀, 『天台四教義』 (韓佛全 4권, 519중)
131 諦觀, 『天台四教義』 (韓佛全 4권, 519중)
132 諦觀, 『天台四教義』 (韓佛全 4권, 519중)
133 李永子 譯, 『天台四教義』, 經書院, 1992, 78면.
134 諦觀, 『天台四教義』 (韓佛全 4권, 519상-중)
135 諦觀, 『天台四教義』 (韓佛全 4권, 518하). "頓等四教是化儀 如世藥方 藏等四教名化法 如辨藥味." 여기서는 화의사교(化儀四教)를 마치 약(藥)의 처방(處方)과 같고, 화법사교(化法四教)를 약의 맛을 분별(分別)하는 것과 같다고 하였다.

의 특징이 삼장에 있으므로 여기서는 소승 삼장만을 나타냄을 밝히고 있다.[136]

- 통교(通敎): 통이란 공통(共通)·통동(通同)·통입(通入)의 뜻으로서 삼승(三乘) 모두에게 통하는 가르침이라는 뜻[共通]이기도 하고, 앞의 장교에도 통하고 뒤의 별교에도 통하는 것이므로 소승과 대승을 잇는 교량적인 역할을 하는 가르침이다. 곧 주로 보살을 중심으로 하는 교설이기는 하지만 삼승인 모두에게 말없는 도(道)로서 색(色)을 체득하여 본체인 공(空)에 들어가게 하는 가르침이므로 삼승 모두에 통한다고 한다.[137]
- 별교(別敎): 별(別)이라 함은 불공(不空)과 격별(歷別)의 의미로서 오직 보살만을 교화대상으로 하는 것으로 앞의 이교(二敎)와 다르고 뒤의 원교(圓敎)와도 다르다는 뜻이며[不空], 모든 것은 차별(差別)의 면에서 본다는 격별(歷別)의 뜻이 있다. 보살이 깨달음의 세계에 증입(證入)하기 위하여 수행해야 하는 방법을 단계적으로 설정한 가르침을 말한다.[138]
- 원교(圓敎): 원(圓)이라 함은 어느 한쪽에 치우치거나, 모자람 없이 모든 것이 서로 융합(融合)하여 갖추어져 있다는 뜻으로, 궁극적인 깨달음에 나아가도록 하는 가르침이다. 모든 근기가 자신의 위치에서 성불에 목적을 두고 수행해 나가게 하는 진정한 가르침으로, 불타(佛陀)의 깨달음 그대로를 설한 가르침이라는 것이다.[139]

이러한 장·통·별·원의 사교는 경교를 외형적으로 구분하는 것이 아니라 경교의 내면적 분류라는 점에 의미를 두어야 할 것이다. 이러한 오시팔교를 통해 제관법사(諦觀法師)가 의도한 것은 『법화경』이 모든 경전 가운데 가장 우월하다고 하는 점이 아니라 법화개회를 통해 불설이 모두 절대의 가치를 부여받아 모두 진실한 가르침이 된다고 하는 것이라 할 수 있다. 즉,

이것은 가장 둔한 근기들이 다섯 가지 맛을 모두 거치게 되는 것에 맞춘 것이다. 그 다음 근기는 한 가지 맛이나 두 가지 맛이나 세 가지 맛이나 네 가지 맛을 거치는 것이며, 통달한 근성은 한 맛 한 맛에서 법계의 실상으로

136 諦觀, 『天台四教義』 (韓佛全 4권, 520중)
137 諦觀, 『天台四教義』 (韓佛全 4권, 523상)
138 諦觀, 『天台四教義』 (韓佛全 4권, 523하)
139 諦觀, 『天台四教義』 (韓佛全 4권, 524중-524하)

들어간다. 어찌하여 반드시 법화의 법문이 열리기를 기다리겠는가.[140]

이것은 가장 둔한 근기를 위하여 오미(五味)가 설정되었다고 하는 것이고 실은 그 능력에 따라 한 맛이나 두 맛이나 세 맛이나 네 맛을 거치게 되는 것이고 통달한 근성은 한 맛 한 맛에서 법계의 실상에 들어간다고 하는 것이다. 그것은 각 맛에 원교가 설해지고 있는 것을 전제로 한 것이고, 오미에서 원교가 설해지고 있는 한 법화의 법문이 따로 열리기를 기다릴 필요가 없다고 하는 것이다. 교판(教判)이라고 하는 것은 중국불교에서 대두된 종파관념으로부터 비롯된 것이므로, 거기에 자종의 우월성을 입증시키려는 것에 심혈을 기울이고 있음은 물론이다. 그러나 아무리 교판이라고 하지만 그 중심경전이 모든 것에 절대적인 가치를 부여하는 것이라면 자기 종파에서 소의로 하는 경전만을 우월하다고 강조하는 것은 사리에 맞지 않는다.

사실 제관법사(諦觀法師)의 오시팔교(五時八教)는 불타본회(佛陀本會)가 법화개회(法華開會)에 의해 드러나는 것에 촛점을 맞춘 것이므로, 여기에는 종파적 대립이 전혀 들어갈 틈이 없다. 이런 점에서 오시팔교는, 절대의 가치를 부여하는 법화사상에 부합되게 교설의 특징에 따라 조화시킴으로써, 예로부터 타당한 교판이라 인정받아 오고 있는 것이다. 또한 오시팔교는, 불타의 교설시기를 오시(五時)로, 교설방법을 화의사교(化儀四教)로, 교설내용을 화법사교(化法四教)로 분류하여 해석함으로써 단편적으로 이루어진 종래의 교판보다 불타교화의 뜻을 명확히 밝히기 때문에 예로부터 역대의 교판 가운데 가장 완비된 교판이라 평가받고 있는 것이다.[141]

---

140 諦觀,『天台四教義』(韓佛全 4권, 520하). "此約最鈍根, 具經五味. 其次者, 或經一二三四. 其上達根性, 味味得入法界實相. 何必須待法華開會"

141 교판논쟁과 연관하여 山內舜雄,「五時八教論争の收束 -關口眞大編著 "天台教學の研究" 書評をかねて- 」 그리고 山內舜雄,「五時八教論争をめくって」『禪と天台止觀』(大藏出版)을 참조하면 보다 상세한 논쟁과정에 과한 정보를 얻을 수 있다. 법화 천태 교판에 대한 보다 상세한 내용을 참조하고자 한다면 塩入良道,「教判における法華涅槃の一考察」(『印度學佛教學研究』, 1954.3); 山內舜雄「'經典成立史の立場と天台の教判'をめくる諸問題」(『佛教學部研究紀要』第39號, 駒澤大學, 1981); 佐藤哲英,「五時八教の問題について」『續 天台大師の研究』(百華苑, 1981), 山內舜雄,「'經典成立史の立場と天台の教判'をめくる諸問題」(承前) (『佛教學部研究紀要』第40號, 駒澤大學, 1982), 池昌圭,『天台四教의 五時八教 研究』(東國大學校 博士學位論文, 1995), 池昌圭,「天台四教儀의 教判論」(『韓國佛教學』, 2004.2) 등을 참조할 것.

Ⅵ. 교판과 경전 성립연원

천태의 오시(五時)교판에서 각 시에 년수를 배정하여 불타의 교설을 고착시키는 것은, 경전이 석존 입멸 이후에 성립하였다는 사실과 정면으로 배치하고 있다. 따라서 교판이 불교이해에 도움을 주고자 한 그 본래의 목적과는 도리어 상반되게 오시교판은 오늘날 그 혼란을 가중시키므로 그 존재의의마저도 상실하고 있다.[142] 이러한 문제제기는 근대적 연구방법에 의해 경전의 성립연원이 밝혀지기 시작하면서 비롯됐고, 그러한 것이 불교의 종합적 특성과 객관적 사실 사이에서 비교적 안정된 불교학적 토대를 건립하기 시작한 1920-30년대에 이에 대한 논의가 집중적으로 이루어진 가운데, 1936년에 좌등태순(佐藤泰舜)에 의해 지의 교판에 관한 문제가 제기되었다.[143]

좌등(佐藤)은 근대적 연구에 의해 경전 성립의 연원이 밝혀진 이상 경전 성립연원과 배치되지 않는 측면에서 지의의 교판을 보려고 한 가운데, 지의의 저작 가운데에는 오시팔교(五時八教)라는 용어는 물론 화의(化儀)·화법(化法)·화의사교(化儀四教)·화법사교(化法四教)와 같은 용어가 보이지 않는다는 사실을 발견하고 이 점에서 지의 교판은 오시팔교가 아니라 돈점오미(頓漸五味)라고 하는 주장을 하였다. 이렇게 볼 경우에는 경전성립의 연원과 배치되지 않으므로 지의 교학이 오늘날에도 그 토대를 잃지 않으리라는 호교적인 발상에서 나온 것으로 보인다.

그런데 '오시팔교' 폐기를 주창한 관구진대(關口眞大)는, 이 논문으로부터 직접적인 영향을 받은 것은 아니라고 변명하고 있지만 그 견해의 밑바탕에는 오시팔교가 경전성립의 연원과는 배치하고 있다는 문제의식이 기본적으로 깔려 있음을 알 수 있다. 그리하여 관구(關口)는, 경전성립 연원의 측면에서 오시(五時)에 대하여 비판을 가하고 있다.[144] 이러한 관구의 논리는 교판에 관한 상당한 이해의 폭이 있는 것으로 보이나 교판에 관한 이해를 가지고 보는 한 상당히 논란의 여지가 있다고 하겠다.

교판은 중국에서 불교가 수용되는 상황에서 필연적으로 이루어진 것이고 중국불교의 발달과 더불어 전개되었다는 점이다. 중국에서는 경전 성

---

142 關口眞大,「五時教判論」『天台教學の研究』, 20-36면.

143 佐藤泰舜,『經典成立史の立場と天台の教判』 關口眞大編著,『天台教學の研究』 462면.

144 關口眞大,「五時教判論」『天台教學の研究』, 20-36면.

립에 대한 일말의 의구심이 있었는가에 대해서는 지금으로서는 알 수 없지만 경전성립에 관한 사적 연구를 거의 진행하지 않았던 것은 물론이다. 그들로서는 무엇보다도 경전의 내용이 중요하였기 때문이다. 그러나 여기서 간과해서는 안 될 사실은 당시의 각 교판은 자신들이 중시하는 경전을 대외적으로 드러내기 위해서 만들었다는 점이다. 그러므로 그들은 경전의 순서를 정함에 있어서 뒤에 설해진 것일수록 불타의 진의가 더욱 배어있으리라는 생각을 가지고 그들이 중시하는 경전을 되도록 뒤로 놓았다는 점을 상기하지 않으면 안될 것이다. 이러한 교판관은 현대적 의미의 경전관과는 각도를 달리하고 있는 것이다. 그러므로 경전 성립의 연원과 우연의 일치로 부합되는 교판이라고 하더라도 그것은 현대적 의미로 수용해서는 안된다. 이들의 문제는 경전 자체가 지닌 사상의 문제였지 성립의 연원을 추구하기 위해 만들어진 교판이 아니라는 점을 상기해야 할 것이다.

이러한 점은 중국교판 모두에 적용되는 것이기에, 교판 가운데 유독 천태의 오시팔교만을 비판하려 드는 것은 중국불교의 배경을 간과한 것이라 할 수 있으며, 또한 그러한 기반 위에 놓여 있는 교판 자체를 무시하려 드는 것도 중국불교에 대한 너무나도 큰 오해라고 생각된다. 대소승의 경전들이 무질서하게 전래된 중국불교의 상황아래서 대승과 소승경전 간의 상치는 물론이고 대승경전 간에서도 빚어내는 모순을 극복하기 위해서는 경전들을 일정한 질서 위에 체계화시키는 것이 무엇보다도 중요한 과제였으며 그러한 체계화를 이루기 위해 각 경전을 분류하는 가치기준으로서의 교상판석이 불교연구의 핵심으로 떠오르게 된 것은 당연한 일이라 할 것이다. 이런 점에서 교판이 불타의 본의를 찾으려 하는 데 그 주목적이 있었던 것이라는 점은 누구도 부인할 수 없으므로 교판이 갖는 역사적인 의의를 분명히 인식하지 않으면 안될 것이다.

그러나 후대로 내려오면서 교판의 가치기준이 자신들이 선양하는 경전을 전제로 하여 세워지면서 교판의 본의를 상실해 갔다. 즉 여러 종파가 대립되면서부터는 교판은 자종(自宗)의 우월성을 입증하기 위한 수단으로 변질되어 갔던 것이다. 따라서 이런 시기에 교판은 더 이상 불교연구방법은 아니었다. 그러나 중국불교의 특색을 종파불교에 둘 때, 그러한 영향아래서 교판의 본질이 변용되었으므로 그 책임을 반드시 교판에 물어야 할 것은 아니라고 생각된다.

그런데 여기서 간과해서는 안될 사실은 중국의 교판가들이 경전 성립의 연원을 전혀 몰랐다는 지적이다. 그러나 중국의 교판가들이 경전 성립의 연원을 몰랐다는 점은 전혀 옳지 않다. 왜냐하면 교판설 가운데 도처에서 경전 성립의 연원과 위배되지 않는 설이 적지 않게 나오기 때문이다. 즉 『천태사교의』에서는 장교를 설명하는 가운데 다음과 같이 석가모니 부처님의 일대를 정리하고 있다.

> 다음 보처에 들어가는데 도솔천에 태어나시고 모태에 의탁하고 태로부터 나와서 출가하여 마군을 항복받고 앉아서 움직이지 않으신 것은 중인의 계위이다. 다음 한 찰나에 상인의 계위에 들어 가시고 다음 한 찰나에 세제일의 계위에 들어 가셨다. 번뇌없는 참 지혜를 일으켜 34심으로 견혹(見惑)과 사혹(思惑)의 습기를 단번에 끊고 나무보리수 아래에 풀로 자리를 만들어 깔고 앉으시고 열등한 응화신인 1장6척의 부처님을 이루셨다. 범천왕의 청을 받으시고 세 번 진리의 수레바퀴를 굴려서 세 부류의 근기를 구제하셨다. 세상에 머무르신지 80년에 노비구의 모습을 나타내시고서 땔감이 다하여 불이 꺼짐에 무여열반에 들어가시는 것은 곧 삼장교의 부처님의 과위이다. 이제까지 밝힌 바 3인의 수행과 증과가 비록 같지 않더라도 다같이 견혹과 사혹을 끊고서 3계 벗어나 치우친 진제를 깨달아 3백유순을 지나서 화성에 들어갈 따름이다. 간략하게 장교를 마치는 것을 밝힌다.[145]

장·통·별·원의 사교로 일체교설을 나눈 가운데 장교 즉 소승교설을 통해 부처님의 일대를 배대하고 있다. 따라서 통·별·원의 삼교 즉 대승불교는 석가모니부처님의 일대와는 별도의 것임을 분명히 밝힌 것이다. 그러므로 중국의 교판가들이 경전 성립의 연원을 몰랐다는 추측은 억측이며, 교판에 대한 새로운 이해가 강구되어야 할 것이다. 더불어 말하자면, 교판의 중추 핵심은 경교에 대한 구분에 있는 것이 아니라 개현(開顯)에 있다고 하는 점이다. 특히 지의의 교판에는 『법화현의』를 통해 수도 없이 모든

---

145 諦觀, 『天台四教義』(『韓佛全』 4권, 522하-523상). "次入補處, 生兜率, 託胎, 出胎, 出家, 降魔, 安坐不動, 爲中忍位. 次一刹那, 入上忍位, 次一刹那, 入世第一位. 發眞無漏三十四心, 頓斷見思習氣, 坐木菩提樹下, 生草爲座, 成劣應丈六身佛. 受梵王請, 三轉法輪, 度三根性. 住世八十年, 現老比丘相, 薪盡火滅, 入無餘涅槃者, 卽三藏佛果也. 上來所釋, 三人修行證果, 雖則不同, 然同斷見思, 同出三界, 同證偏眞, 只三百由旬, 入化城耳. 略明藏教竟."

경교를 개현하고 있다는 점이다. 이야말로 교판이 소의경전의 우월성을 드러내는데 그 목적이 있는 것이 아니라 교판이라는 말처럼 부처님의 교상을 밝히는 것에 있는 것이다. 사실 천태의 대표적인 교판인 오시팔교는 『법화경』을 근간으로 하는 것이기에 법화우월이라는 측면을 아주 배제할 수 있는 것은 아니다. 그러나 『법화경』의 뜻을 본다면 제법실상(諸法實相)이라 할 수 있고, 제법실상이라 하면 모든 가르침에 절대의 가치를 부여하는 것이다. 그렇다고 본다면 『법화경』만이 우월하고 다른 경전은 열등하다고 하는 우열의식은 『법화경』의 본 뜻을 저버리게 된다. 막상 천태교판이 본격적으로 설명되어 있는 『법화현의(法華玄義)』를 보면, 법화의 우월만을 강조하지 하지는 않는다는 점이다. 오히려 상대묘(相待妙)나 절대묘(絕待妙)를 통하여 일체 교설에 대하여 절대적인 의미를 부여하고 있다. 다시 말하면 일체 경교를 추묘(麤妙)로 판정한 이후에 다시 상대묘와 절대묘로 개현하고 있는 것이다. 사정이 이렇다고 하면 천태의 교판관은 수정되어야 하고 새롭게 정리되어야 한다. 그럼에도 불구하고 천태교판인 오시팔교는 법화우월을 입증하기 위한 교판이라는 오해는 아직까지 유효하다고 할 수 있다. ❁

지창규 (동국대)

불이

범 빠 advaya 한 不二 영 non-dual

Ⅰ. 어원적 근거 및 개념 풀이

1. 어원적 근거

불이(不二, non-dual)의 어원은 advaya(빠알리어, 범어)이다. 빠알리어 dvaya는 '두 가지의'(Sutta-nipata 886, Dhammapada 384 등)와 '거짓의'(Vinaya Ⅲ.21)라는 두 가지 의미를 지니는데,[1] advaya는 그 부정형으로서 Digha- Nikaya(Ⅲ, 268)에서는 '두 가지 대립적인 것이 아닌 것, 두 가지의 평등'의 의미로 쓰이고 있다.[2] 주로 후기 대승불교에서 애용되었던 불이(不二)는 '둘로 보지 않아야 진실된 것'이라는 의미를 그 핵심으로 하고 있는

1 Rhys Davids, William Stede, Pali-English Dictionary(London: The Pali Text Society, 1979), 332쪽. Sutta-nipata, Dhammapada, Vinaya는 모두 PTS 간행본에 의한 것임.

2 中村 元,『佛教語大辭典』(東京: 東京書籍, 1982), 1171면.

데, 이러한 개념은 빠알리어 dvaya의 두 가지 의미가 결합된 것으로도 볼 수 있다.

2. 개념 풀이

불이의 불교철학적 토대는 실체적 존재를 부정하는 무아(無我)사상이다. 실체적 존재론이란 것은 존재를 고정 불변의 자립적 개체로 이해하려는 관점이다. 눈에 보이는 책상, 귀에 들리는 음악 소리, 피부에 와 닿는 부드러운 바람결, 문득 떠오르는 기억과 상상들 - 이러한 경험물들을 현상이라 부른다. 현상은 인간이 경험 가능한 모든 것들이라 할 수도 있다. 그런데 이 현상들은 예외 없이 변하는 것들이다. 무상(無常)함은 현상의 한결같은 속성이다. 그런데 이러한 현상의 변화를 불안하게 여기는 심리가 있다. 변하는 것들 속에서는 안정과 평안을 확보할 수 없다고 여기는 사람들은 자연스럽게 불변의 존재를 설정한다. 변화무쌍한 현상들 이면에, 자신은 변치 않으며 그 무상한 현상들을 발생시키는 '그 무엇'의 존재를 기대한다. 이 불변의 '그 무엇'은 불변의 본질을 지니는 동시에, 자신의 존재를 위해 그 어떤 타자도 필요로 하지 않는 절대적 독자성도 지니고 있을 것으로 믿는다. 이와 같은 불변의 존재를 흔히 실체(實體, substance)라고 지칭한다.

실체적 존재론은 존재 상호간의 본질적 분리를 그 당연한 논리적 귀결로 삼는다. 각기 고유의 변치 않는 본질을 지닌 실체들의 존재론적 격리를 전제로 하는 것이다. 그리하여 실체적 존재론은 '나'와 '남'·'주체'와 '객체'·'정신'과 '물질' 등의 이원적 분열을 존재 파악의 기본 구조로 설정한다. 자립적 실체들의 이항(二項) 대립에 의거하여 존재와 세계를 이해하고 경험하는 것이다.

불교에 의하면, 이러한 실체는 존재하지 않는 허구적 산물이다. 불변의 본질[自性]을 지닌 독자적 실체는 실재하는 사실이 아니라, 인간의 무지나 심리적 요청에 의해 설정된 가공일 뿐이다. 초기불교의 오온(五蘊) 무아설은 인간이라는 존재가 실체가 아닌 관계의 구성물이라는 점을 밝혀, 인간 내면에 거의 본능처럼 뿌리내린 실체 관념을 해체시킨다. 인간이라는 존재는 색(色)·수(受)·상(想)·행(行)·식(識)이라고 하는 다섯 부류 현상 다발들의 상호 연관물인 동시에, 그 연관된 현상 다발들은 끊임없는 변화의 과정 그 자체일 뿐이라는 점을 지적함으로써, 인간이 어느 때부턴가 거의 본능적 느낌처럼 축적시켜 온 실체적 자아 관념의 토대 자체를 와해시킨다.

무지의 가공물인 실체 관념이 해체될 때 드러나는 세계의 진실(實相)을 불교는 무아(無我)나 공(空) 그리고 연기(緣起)의 언어와 논리로 포착해 낸다. 그럴 때 실체 관념에 의해 배타적으로 분열되었던 세계는, 불가분의 상호 의존적 관계로 한 몸처럼 만나 소통하게 된다. 실체적 자아 관념은 폐쇄적이고 배타적인 작위적 분별의 경계를 지어가지만, 실체 관념에서 해방되어 세계를 진실대로 보는[如實知] 무아(無我)나 공(空)의 통찰은 실체 관념에 의해 허구적으로 구축되었던 분별 가공을 해소시키고, 세계를 분열되지 않는 관계의 한 몸으로 만나게 한다. 이처럼 존재와 세계가 실체적으로 분리되지 않는 무실체의 관계물이라는 것을 알리는 기호가 바로 불이(不二)이다. 불이는 무아·공·연기의 도리에 의해 드러나는 무실체의 실상을 드러내기 위해 채택된 언어라 할 수 있다.

Ⅱ. 역사적 전개 및 텍스트별 용례

1. 역사적 전개

불이 사상은 이처럼 불교의 핵심인 무아·공·연기의 실상을 드러내기 위한 언어이므로, 무아·공·연기의 통찰을 설하는 모든 불교 문헌이나 이론 유형들과 근원적으로 연관되어 있다. 공의 진실에 접근하는 두 대조적인 방식인 중관(中觀)이나 유식(唯識)은 각기 불이 사상의 중관 및 유식적 전개라고도 할 수 있다. 뿐만 아니라 천태·화엄·선 등 후기 대승불교의 모든 유형은 각기 불이 사상의 개성적 전개이기도 하다. 불이 사상은 그 외연이 거의 모든 불교 이론 유형에 걸쳐있기에, 엄밀히 말해 불이 사상의 전개는 곧 불교 이론의 전개 과정이 된다. 따라서 불이 사상의 전개를 개괄하는 일은 모든 불교 이론 발달사 전체를 거론하는 것이기도 하여 기술상 난점에 봉착하게 된다.

이런 문제점을 감안하여 여기서는 특히, 종래 불이 사상의 대표적 사례로 자주 거론되는 『유마경』의 불이 사상을 확인하는 동시에, 불이를 사상적 핵심 주제로 선택하여 직접적이고도 체계적으로 취급하고 있는 원효의 경우를 불이 사상 전개의 축으로서 소개한다.

1) 『유마경』의 불이(不二) 사상

『유마경』은 '둘 아닌 진리에 들어가는 품[入不二法門品]'을 설정하고 있을 정도로 불이 사상을 적극적으로 전개하고 있다. '둘 아닌 진리에 들어간다'는 말의 의미를 말해 보라는 유마힐거사의 요구에, 생과 멸을 둘로 보지 않는 것[법자재보살]·아(我)와 아소(我所)를 둘로 나누지 않는 것[덕수보살]·더러움과 깨끗함을 둘로 분별하지 않는 것[덕정보살] 등 여러 보살들의 대답이 이어지고 난 후, 문수사리보살은 "모든 언어적 문답을 여의는 것이 '둘 아닌 진리에 들어가는 것'으로 생각한다"고 하면서 유마힐거사의 견해는 어떠한지를 묻는다. 이에 대해 유마힐거사는 묵묵히 아무 말도 안 하는 것으로 응답하였고, 이러한 유마힐거사의 '말 없는 대답'이야말로 진정 '둘 아닌 법문'에 들어가는 것이라는 문수사리보살의 찬탄이 이어진다.[3]

생과 멸, 주관과 객관, 오염과 청정을 실체로 간주하지 않음으로써 배타적으로 이원화시키지 않을 수 있는 것이 불이의 경지에 들어간다는 말의 의미라고 응답하는 여러 보살들의 견해에 대해, 문수사리보살과 유마힐거사는 이 실체적 이원화의 토대가 바로 언어라는 관점을 부가하고 있다. 특히 유마힐거사의 침묵의 응답은 중생들의 언어 관념에 내재한 실체적 분별의 업력에서 해방된 경지를 드러내는 법문이자, 언어 분별의 덫을 통상적 언어 방식이 아닌 침묵의 언어 방식을 통해 생생하게 일깨워주는 탁월한 법문으로 등장하고 있다.

2) 원효의 불이(不二) 사상

불이 사상과 논리를 가장 적극적으로 활용하고 있는 것은 원효(元曉, 617-686)이다. 모든 불교 이론들을 포섭적으로 화쟁시켜 보려는 원효의 노력은, 그 원천에 모든 쟁론의 인식적 토대 자체의 흠결을 초탈하고 있는 마음의 경지가 자리잡고 있다. 원효 화쟁 사상의 근원적 생명력이라 할 수 있는 이 마음의 경지를, 원효는 일심(一心)·일각(一覺)·일심진여(一心眞如)·일심본각(一心本覺) 등의 용어로 지칭하는 동시에, 그 자리에서 이설(異說)과 쟁론들을 회통, 화쟁하는 국면을 일미(一味)라 부르고 있다.

3 『유마경』, 「입불이법문품」(『大正藏』14권, 550중~551하)

(1) 둘 아닌 존재 지평 - 불이(不二)의 존재론

인간 존재의 근원적이고도 궁극적인 완성, 그 차원 높은 존재 해방의 경지를 원효는 즐겨 일심(一心)이라는 말로 드러낸다. 또한 원효는 모든 불교 이론들을 포섭적으로 소통시키고 인간 세상의 불필요한 다툼을 화해시킬 수 있는 길을 힘써 모색하고 있는데, 그 화쟁의 원천에는 모든 쟁론의 인식적 토대에서 해방된 마음인 일심이라는 존재 지평이 자리잡고 있다.

모든 존재의 참 모습은 생겨남[生]과 사라짐[滅]이라는 이분법적 구분과 분리가 없으며[無生無滅] 일체의 인위적 구별이 원천적으로 해체된 상태[本來寂靜]이니, 오직 일심(一心)이라 할 경지이다. … 속(俗)되거나 탈속(脫俗)한 모든 것들의 참모습은 속(俗, 染)이니 탈속(脫俗, 淨)이니 하는 분별이 없는 것이고, 참된 진여(眞如)의 체계[眞如門]니 그릇된 분별의 왜곡 체계[生滅門]니 하는 것도 근본에 입각해 보면 다른 것이 아니다. 그래서 '하나(一)'라는 말을 붙인다. 동시에 이 이원적 분별과 분리가 해체된 진실의 경지는 허공과는 달라서, 성품이 스스로 신령스럽게 아는 작용을 하기 때문에 '마음(心)'이라는 말을 붙인다. 그런데 이미 둘로 분별할 것이 없으니, 하나가 있다고도 할 수 없다. 그리고 하나라고도 할 수 없다면, 무엇을 '마음'이라는 말로 지칭할 것인가? 이와 같은 도리는 언어적 범주를 벗어나고 모든 것을 이원적·실체적으로 분별하는 마음으로는 포착되지 않는 경지라서 무슨 말을 붙여야 될지 알 수 없는데, 억지로나마 '한 마음(一心)'이라 불러 본다.[4]

"저 일심의 근원은 유(有)와 무(無)를 떠나서 홀로 맑으며, 삼공(三空)의 바다는 진(眞)과 속(俗)을 융합하여 깊고 고요하다. 깊고 고요하게 둘을 융합하였으나 하나가 아니며, 홀로 맑아서 양변을 떠나 있으나 중간도 아니다. 중간이 아니면서 양변을 떠났으므로 유(有)가 아닌 법이 무(無)에 나아가 머물지 아니하며, 무(無)가 아닌 상(相)이 유(有)에 나아가 머물지 아니한다. 하나가 아니면서 둘을 융합하였으므로 진(眞)이 아닌 사(事)가 애초에 속(俗)이 된 적이 없으며, 속(俗)이 아닌 이(理)가 애초에 진(眞)이 된 적이 없다. 둘을 융합하였으면서도 하나가 아니기 때문에 진(眞)과 속(俗)의 자성이 세워지지 않는 것이 없고, 염(染)과 정(淨)의 상(相)이 갖추어지지 않는 것이

4 원효, 『대승기신론소』(『한국불교전서』1권, 704하~705상)

없으며, 양변을 떠났으면서도 중간이 아니기 때문에 유(有)와 무(無)의 법이 만들어지지 않는 바가 없고, 옳고 그름의 뜻이 두루 하지 아니함이 없다. 이와 같이 깨뜨림이 없되 깨뜨리지 않음이 없으며, 세움이 없되 세우지 않음이 없으니, 가히 이치가 없는 지극한 이치요 그렇지 않으면서도 크게 그러한 것이라 할 수 있다. 이것이 이 경의 대의(大意)이다."[5]

원효는 이 일심의 존재 지평에서 이설(異說)과 쟁론들을 회통, 화쟁하는 국면을 일미(一味)라 부르고 있다. 그리고 쟁론들을 일미(一味)로 화쟁·회통하는 일심의 존재 지평은 다름 아닌 '둘 아님[無二]'의 통찰에 의해 확보된다.[6] 원효에 의하면 『금강삼매경』의 대의(大意)인 '일심의 근원으로 돌아감'은 '둘 아님'의 체득에 다름이 아니며, 이 경의 종요(宗要)인 '일미(一味)의 관행(觀行)'에서도 '일미(一味)'는 '둘 아님'을 그 내용으로 한다. 이 '둘 아닌 도리'를 모르는 그릇된 견해들을 원효는 『금강삼매경』「여래장품」의 내용에 의거하여 크게 두 가지로 분류하여 분석하고 있다.

"그릇된 견해가 비록 많지만 크게 그릇된 것에는 두 가지가 있으니 …… 첫째는 부처님이 움직임과 고요함이 둘이 아니라고 설하는 것을 듣고, 곧 이것은 하나이니 '하나인 진실[一實]·한 마음[一心]'이라 말하고, 이로 말미암아 이제(二諦)의 도리를 비방하는 것이다. 둘째는 부처님이 공(空)과 유(有)의 두 가지 문을 설하는 것을 듣고 두 가지 법이 있고 '하나인 진실[一實]'은 없다고 헤아려, 이로 말미암아 '둘이 없는 중도[不二中道]'를 비방하는 것이다. 이 두 가지 그릇된 견해는 약을 복용하다가 병을 이룬 것이니, 치료하기가 매우 어렵다. …… '법은 두 가지 견해가 아님을 알았다'는 것은, 중도(中道)의 법은 유(有)와 무(無)의 견해로 볼 수 있는 것이 아님을 안 것이다. …… '또한 가운데에 의지하여 머물지도 않는다'는 것은, 비록 유(有)·무(無)의 두 극단[二邊]을 벗어났으나 '중도로서의 하나인 진실[中道一實]'을 두어 거기에 머무는 것은 아니라는 것이다. …… 처음 가운데 '여래가 설하신 법은 모두 머무름이 없는데서 나왔다'는 것은 부처님의 가르침이 '머무름이 없음[無住]'을 따르는 것임을 말한 것이다. …… 이 가운데 '머무름이 없다'는 것

5 원효, 『금강삼매경론』(『한불전』1권, 605중)
6 원효, 『열반종요』(『한불전』1권, 524상중); 『금강삼매경론』(같은 책, 604하-605상)

> 은 이제(二諦)에 머무르지 않으며 또한 중간에도 머물지 않는 것인데, 비록 중간에 있지 않으나 유(有)·무(無)의 두 극단[二邊]을 떠났으니, 이와 같은 것을 '머무름이 없는 곳'이라 한다."[7]

원효에 의하면, '둘 아닌 도리'에 대한 미혹은 크게 두 가지로 나타난다. 하나는 '번뇌에 물든 세속의 움직임[動]'과 '번뇌가 그친 진실의 고요함[靜]이 둘이 아니다'라는 말을 듣고는 오직 '하나인 진실[一實]·한 마음[一心]'만이 있다고 오해하는 것이다. 이러한 오해는 '진리 그대로의 가르침[眞諦]'과 '세속의 관행에 따르는 가르침[俗諦]'을 모두 허용하는 이제(二諦)의 도리를 비방하게 된다. '둘이 아님'을 '오직 하나'로 받아들이는 미혹이다.

또 하나의 미혹은 '있음[有]'과 '없음[無]'을 모두 말하는 것을 듣고는 '모든 존재는 유(有)와 무(無)의 두 가지 관점에서 파악되는 것이지, 이 두 가지 관점을 초월한 하나의 진실이란 없는 것'이라고 오해하는 것이다. 그리하여 '둘이 아닌 중도의 도리'가 있다는 것을 알지 못하게 된다.

그런데 세계를 진실대로 파악하는 '둘 아닌 도리'는 '머무름이 없음[無住]'을 그 내용으로 한다. 속(俗)의 움직임과 진(眞)의 고요함·진실 그대로의 가르침[眞諦]과 세속의 관행에 응하여 펼치는 가르침[俗諦]·실체로서 있음[有]과 아무 것도 없음[無]의 그 어느 한 항(項)에도 머무르지 않는 동시에, 두 항의 중간에 머무르지도 않고, '둘'에 대립되는 '하나'에도 머무르지 않을 수 있는 것이, '둘이 아닌 머무름 없는 중도'요 '하나인 진실[一實]·한 마음[一心]'이라 부르는 도리이다.

범부 중생의 일상 인식은 분리의 틀로 존재와 세상을 '둘로 나눈다.' '나'와 '남'이 실체적으로 분리되고, 성스러움과 속됨, 옳음과 그름, 좋음과 나쁨, 참됨과 허망함이 상호 부정적으로 갈라선다. 삶의 오염과 훼손, 모든 배타적 쟁론들은 이 상호 부정적 분리 의식에서 비롯된다. '나의 견해'와 '남의 견해'가 배타적으로 맞서고, '나의 옳음·좋음·참됨·성스러움'은 '남의 그름·나쁨·허망함·속됨'을 부정하면서 자기 진영의 독점적 승리만을 추구한다. 이 상호 배타적 분열 의식은 존재 오염과 속박의 원천이며, 소모적·해악적 쟁론의 인식적 토대이다.

---

7 원효, 『금강삼매경론』(같은 책, 663중; 664상; 664중)

그런데 이러한 배타적 분열 인식은 존재와 세상의 참모습으로부터의 일탈이며 진실의 왜곡이다. 원효가 공감하고 있는, 존재와 세상의 참모습에 대한 불교적 통찰은, 다름 아닌 '둘 아님'의 경지이다. 그 어떤 실체적 자가성[自家性, 本質]도 해체되어, 실체적 자폐성으로 인한 분리와 배제의 인식이 설자리를 확보할 수 없는 곳이 진실의 고향이다. 이 곳에서는 옳음·그름, 좋음·나쁨, 성스러움·속됨, 있음·없음을 배제적으로 규정하는 이치[理]와 지식[智], 언어[名]와 그 언어적 의미[義]가 힘을 잃는다. 사물이 진실대로 드러나는 이 존재 지평은 있음(有)과 없음[無], 옳음[是]과 그름[非], 진실[眞]과 허망[俗], 청정[淨]과 오염[染]의 분별적 인식 범주의 틀 자체가 해체되어 버리는 곳이다.

이 마음 자리[一心之源]에 서면, 있음·없음, 옳음·그름, 진실·허망, 청정·오염의 이항(二項)들을 배제적 긴장 관계로 대립시키는 것이 아니라 상호 의존적 상생 관계로 포섭시킨다. 모든 실체적 자가(自家)의 울타리를 해체시키고 일체의 배제적 개념의 성벽도 허물어 버린 탁 트인 그 자리에 서면, 동시에 그 모든 분별의 언어들을 분별없이 포용한다. 이 진실의 고향에서는 편파적 선호와 부정, 선택과 배제의 격리의 벽이 없기에, 모든 언어의 주소지들을 다 받아들일 수 있다. 머물러야 할 그 어느 주소지도 없기에[無住], 그 어떤 주소지로도 다 응해 갈 수 있다. 이 초탈적 포용을 드러내려는 언표가 '둘 아님[不二]'이요 '한 맛[一味]'이다. 원효는 이 존재 고향의 소식, 진실 구현의 참다운 존재 지평을 일심(一心)의 경지라 부르고 있는 것이다.

모든 상호 부정적 쟁론들의 인식적 토대를 방치한 채 시도되는 화쟁은 미봉책에 불과하다. 각 주장들의 일리를 변별하여 포섭할 수 있는 근원적 능력을 성취하기 위해서는, 배타적 쟁론의 인식적 토대 자체를 해체한 후 새롭게 재구성할 필요가 있다. 원효가 설하는 일심의 경지는 그렇게 이룩된 온전한 존재 인식의 지평이며, 이로부터 일체 주장들이 '둘 아닌[不二]' '한 맛[一味]'의 관계로 포섭되는, '그렇지 않으면서 그렇지 않은 것도 아닌[非然非不然]' 화쟁의 세계가 펼쳐진다.

원효가 불이(不二)라는 기호를 통해 알리려는 것은, 모든 존재와 언어들이 '둘 아닌' 관계로 만나고 '한 맛'으로 소통되는, 탁 트여 진실을 고스란히 살려내는 일심의 존재 지평이다.

(2) 둘 아님의 깨달음

원효가 펼치는 '둘 아닌' 존재 지평은 '둘 아닌' 도리에 눈뜬 자가 누리는 진실의 세상이다. 다시 말해 원효가 전개하는 '둘 아닌' 존재론은 '둘 아닌' 존재 지평에 대한 개안, 즉 불이(不二)의 깨달음을 전제로 한다.

원효는 『대승기신론』이 설하는 본각(本覺)·시각(始覺)·불각(不覺) 사상을 통해, 인간과 깨달음의 문제에 관한 자신의 종합적이고 정리된 견해를 수립하고 있는데, 특히 원효 사상의 완숙한 경지를 드러내는 『금강삼매경론』에서는 『대승기신론』에서 마련한 각(覺) 사상에 의거하여 『금강삼매경』이 설하는 본각의 도리를 집중적으로 밝히고 있다.

현실의 인간은 '깨닫지 못한 상태'에 놓여 있다. 생명에 내재하는 원초적 무지[無明]와 그 산물의 구조 및 내용을 『대승기신론』은 불각(不覺)으로 설명한다. 그런데 인간은 또한 그 원초적 결핍이 해체된 본원적 완전성도 동시에 간직한 존재이며, 그 본원적 완전성을 『대승기신론』은 본각(本覺)이라 부른다. 불각과 본각이라는 상반된 면모가 동시에 동거하고 있는 것이 인간의 실존이다.

아울러 인간에게는 또 하나의 면모가 선택적 가능성으로 주어져 있다. 불각이라는 존재 결핍으로부터 본각이라는 본원적 완전성으로 귀환할 수 있는 가능성이 그것이다. 이 귀환의 잠재력은 다름 아닌 본각 자체에서 비롯된다. 중생이 지닌 '본원적 완전성[본각]'의 면모는 '깨닫지 못한 상태[불각]'를 반성하고 혐오하며 극복하고자 하는 의지를 일깨운다. 이 본원적 완전성[본각]에서 솟구치는 불가사의한 계발적 자극과 계기를 원효는 '본각의 불가사의한 훈습(熏習)'이라 일컫는다.[8] 본각에서 주어지는 이 본각 귀환의 계기적 각성에 공명하여 본각 자리로 회향해 가는 여정이 '비로소 깨달아 감[始覺]'이다. 시각이라 부르는 이 본각 귀환의 여정이야말로 인간 존재가 지닌 삶의 희망이요 당위이며 궁극 목적이 된다.

존재 오염의 현실[불각]과 본원적 청정성[본각]을 동시에 안고 있는 인간의 실존은, '깨달아 감[시각]'에 의해 비로소 존재의 희망을 구현한다. 불각과 본각의 상반된 면모가 동거하는 동시에, 시각이라는 선택적 가능성이 상존하는 현장이 인간의 실존적 삶이다. 이러한 인간의 실존 상황을 『대승기신론』은 심생멸문(心生滅門)이라 부른다. 심생멸문적 삶은 본원적 완전

8 원효, 『대승기신론소』(같은 책, 709중)

성을 대면하는 희망[覺]과 그것을 등지고 일탈해 가는 절망의 위험[不覺]을 동시에 간직한다. 이 희망과 절망의 갈림길에 놓인 인간으로 하여금 희망 구현의 여정으로 인도해 가는 선택적 가능성이 시각이다. 『대승기신론』이나 원효 사상은 수미일관 이 '깨달아 감[始覺]'의 여정을 이끌어 가는 이정표인 셈이다. 본원적 완전성[本覺]을 구현해 가는 이 희망의 여정에 대해 원효는 이렇게 정의를 내린다.

> "시각이라 하는 것은, 바로 이 심체(心體)가 무명의 연을 따라 움직여서 망념을 일으키지만, 본각의 훈습의 힘 때문에 차츰 각의 작용이 있어 구경(究竟)에 이르러서는 다시 본각과 같아지니, 이를 시각이라 말하는 것이다."[9]

존재의 본원적 완전성이 투사하고 있는 불가사의한 훈습력은 중생 일상에 대한 근원적 반성과 성숙의 자각을 일깨워 잠재된 희망의 가능성을 현실화시켜 간다. 그리하여 마침내 그 불가사의한 훈습력의 원천인 본원적 완전성과 하나가 되는 귀환의 과정 전체를 시각이라 칭한다는 것이다.

시각(始覺)은 존재 오염의 현실을 본원적 완전성으로 전환시켜 존재의 희망을 구현하는 마디요 통로이다. 생명의 본원적 완전성으로 돌아가려는 이 본각 귀환의 여정을 성공적으로 진행하여 완성시킬 때 "시각이 곧 본각"[10]이라는 경지가 펼쳐진다. '비로소 깨달아 감'과 '본래적 완전성'이 '둘이 아니게' 되는 국면이 구현되는 것이다. 이 점을 원효는 일심의 경지와 관련시켜 다음과 같이 말한다.

> "'마음이 처음 일어난다'는 것은 무명에 의하여 생상(生相)이 있어 심체를 미혹하여 생각을 움직이게 하는 것이다. 이제 본각을 떠나서는 불각이 없으며 동념(動念)이 바로 정심(靜心)임을 증득하여 알기 때문에, '마음이 처음 일어나는 것을 깨닫는다'고 한 것이다. 이것은 마치 방향에 미혹할 때에는 동쪽을 서쪽이라고 하다가 제대로 알았을 때 서쪽이 곧 동쪽임을 아는 것과 같으니, 이 가운데의 각(覺)의 뜻도 그와 같음을 알아야 한다. … 앞의

9 원효, 『대승기신론별기』(같은 책, 683중)
10 마명, 『대승기신론』(『대정장』32권)

세 가지 자리[三位] 중에서는 비록 여읜 바가 있기는 하나 그 동념(動念)이 아직 일어나 다 없어지지 않았기 때문에 '념(念)에 주상(住相) 등이 없다'고 말하였고, 이제 구경위(究竟位)에서는 동념(動念)이 모두 없어지고 오직 일심(一心)만이 있기 때문에 '마음에 초상(初相)이 없다'고 말한 것이다. … 멀리 여의었을 때가 바로 불지(佛地)에 있는 것이니, 앞의 세 자리에서는 아직 심원(心源)에 이르지 못하여 생상(生相)이 아직 다 없어지지 않아 마음이 오히려 무상(無常)하였으나, 이제 이 구경위(究竟位)의 자리에 와서는 무명이 영구히 없어지고 일심의 근원에 돌아가 다시는 동념(動念)을 일으킴이 없으므로 '심성(心性)을 보게 되어 마음이 곧 상주한다'고 말하니, 다시 나아갈 바가 없는 것을 구경각(究竟覺)이라 이름하는 것이다. 또한 아직 심원(心源)에 이르지 못하여 몽념(夢念)이 다 없어지지 않아 이러한 마음의 움직임을 없애려고 피안에 이르기를 바랬으나, 이제는 이미 심성을 보아서 몽상이 다 없어지고 자심(自心)이 본래 유전함이 없는 줄 깨달아 아니, 이제 고요히 쉬는 것도 없어지고 **항상 스스로 일심(一心)이어서 일여(一如)의 자리에 머무르기 때문에 '심성을 보게 되어 마음이 곧 상주한다'고 하였다. 이와 같이 시각이 본각과 다르지 아니하므로, 이런 도리에 인하여 구경각(究竟覺)이라 이름하니,** 이것은 각(覺)의 분제(分齊)를 바로 밝힌 것이다."[11]

원효는 또한, 시각의 궁극은 '불각과 시각과 본각이 다르지 않게 되는 경지'이고 그것은 곧 일심의 근원으로 돌아간 것이라고도 말한다.[12] 원효에 의하면, 불각과 시각과 본각이 '둘 아닌' 것으로 만나는 국면이 바로 일심의 경지이다. 그렇다면 불각과 시각과 본각이 다르지 않게 되는 경지로 이끌어 가는 깨달음의 구체적 내용은 어떤 것인가? 이에 대해 원효는 '깨달음이 없다는 도리를 깨달아 아는 것'[13] '생사가 본래 생겨남이 없음을 깨달아 아는 것' '열반은 본래 적정함이 없음을 깨달아 아는 것' '생사와 열반에 머물지 않는 것' '세속의 유(有)와 진여의 공(空)을 보지 않는 것'[14] 등을 거론하고 있다. 그 어떤 개념도 실체적 자성을 지니는 것이 아니라는 통찰이야

---

11 원효, 『기신론소』(『한불전』1권, 710상중)

12 원효, 『기신론소』(같은 책 710하~711상); 『별기』, 687상중, 『금강삼매경론』「본각리품」(같은 책, 632하.

13 원효, 『금강삼매경론』「본각리품」(같은 책, 632하; 637상)

14 원효, 『금강삼매경론』「본각리품」(같은 책, 634중~635상)

말로 '깨달아 감[시각]'의 핵심이라는 것이다.

이렇게 깨달음이나 열반조차도 실체적 자성으로 보지 않는 깨달음[시각]을 심화시켜 가다보면, 마침내 '시각과 본각이 다르지 않은' 경지에 이르게 된다. 원효는 『금강삼매경』이 설하고 있는 일각(一覺)을 바로 이 경지의 깨달음이라 이해한다.

> "(『금강삼매경』) 무주보살이 말하였다. "여래께서 설하신 일각(一覺)의 성스러운 힘과 네 가지 넓은 지혜의 경지는 곧 일체 중생의 본각의 이익입니다. 왜냐하면 일체의 중생이 바로 이 몸 가운데 본래 원만하게 구족되어 있기 때문입니다."
>
> (『금강삼매경론』) **시각이 원만하면 곧 본각과 같아져서 본각과 시각이 둘이 없기 때문에 '일각(一覺)'이라고 하였으며,** 하지 않는 것이 없기 때문에 '성스러운 힘'이라고 하였고, 일각(一覺) 안에 네 가지 큰 지혜를 갖추어 모든 공덕을 지니기 때문에 '지혜의 경지'라고 하였으며, 이와 같은 네 가지 지혜가 일심(一心)의 양과 같아서 모두 두루하지 않음이 없기 때문에 '넓은 지혜'라고 하였다. 이와 같은 일각(一覺)은 곧 법신이고 법신은 곧 중생의 본각이기 때문에 '바로 일체 중생의 본각의 이익'이라고 하였다. 본래 무량한 성덕(性德)을 갖추어 중생의 마음을 훈습하여 두 가지 업을 짓기 때문에 '본각의 이익'이라 한 것이다. 이 본각의 둘이 없는 뜻으로 말미암아 한 중생도 법신 밖으로 벗어남이 없기 때문에 '곧 이 몸 가운데 본래 원만하게 구족되어 있다'고 하였다."[15]

> "(『금강삼매경』) 부처님이 말씀하셨다. "모든 부처님과 여래는 항상 일각(一覺)으로써 모든 식을 전변시켜 암마라(唵摩羅)에 들어가게 한다. 어째서 그러한가? 모든 중생은 본각이니, 항상 일각으로써 모든 중생을 깨우쳐 저 중생들이 모두 본각을 얻게 하여 모든 정식(情識)이 공적하여 일어남이 없음을 깨닫게 하는 것이다. 왜냐하면 결정의 본성은 본래 움직임이 없기 때문이다."
>
> (『금강삼매경론』) **모든 중생이 똑같이 본각이기 때문에 '일각'**이라 한 것이다. 모든 부처님은 이것을 체득하여 곧 널리 교화할 수 있기 때문에 '항상

15 원효, 『금강삼매경』·『금강삼매경론』「본각리품(같은 책 633중-하)

…으로써'라고 하였고, 이 본각으로써 다른 사람을 깨닫게 하기 때문에 '항상 일각으로써 모든 중생을 깨닫게 한다'고 말하였다. '저 중생으로 하여금 모두 본각을 얻게 한다'는 것은 '교화 대상이 전변하여 들어간다'는 구절을 풀이한 것이니, 본각은 바로 암마라식이다. '본각을 얻는다'는 것은 '들어간다'는 뜻을 풀이한 것이니, 본각에 들어갈 때에 모든 여덟 가지 식이 본래 적멸임을 깨닫는다. … **'모든 중생은 본각이다'는 등은 본각의(本覺義)이고, '모든 정식(情識)이 적멸하여 일어남이 없음을 깨달았다'는 것은 시각의(始覺義)이니, 이것은 시각이 곧 본각과 같다는 것을 나타낸 것이다."**[16]

존재의 본원적 완전성에서 솟아 나오고 있는 불가사의한 자기 구현의 힘[본각의 불가사의한 훈습력]이 촉발시킨 '깨달아 감[시각]'의 여정은, 존재 왜곡의 개념적 확산을 일삼는 분별식(情識)이 그치는 경지에 이른다. 구유식(舊唯識: 眞諦 唯識)에서는 이 경지를 제8식(아뢰야식)의 근본 무명을 떨쳐버린 제9식으로서의 아마라식(阿摩羅識, 唵摩羅識)이라 부른다. 존재의 본원적 완전성에 귀환한 이 9식의 경지가 바로 본각이며, 이 때를 '시각과 본각이 다르지 않은' 일각(一覺)이라 칭한다는 것이다.

시각의 궁극을 일컫는 일각의 경지에서는 모든 존재의 참모습, 그 본원적 완전성을 그대로 보므로, '모든 중생은 똑같이 본래 깨달아 있다'고 말할 수 있게 된다. 모든 중생을 법신으로 볼 수 있게 되는 것이다. 그리고 이 일각의 경지에서는 존재의 본원적 완전성이 지니고 있는 지혜와 자비의 능력이 온전하게 드러나, 중생으로 하여금 제9 아마라식[본각]으로 들어가게 하려는 이타의 교화행이 펼쳐진다. 이 때는 시각과 본각의 두 공덕이 '둘 아니게' 결합하여 무한한 작용을 펼치게 된다.

"업식 등의 염법의 차별을 대하기 때문에 본각의 무한한 성(性)의 공덕을 말하였고, 또한 이 모든 법의 차별을 대치(對治)하기 때문에 시각의 온갖 덕의 차별이 이루어짐을 일컫는 것이다."[17]

"'일이 있기에 앞서 본각의 이익을 취한다'고 한 것은 부처님의 말씀을

16 원효, 『금강삼매경』·『금강삼매경론』「본각리품」(같은 책, 630하~631상)
17 원효, 『기신론소』(같은 책, 714하)

옳게 알아들은 것이다. 무릇 말을 하여 불사(佛事)를 지으려 할 때에는 항상 먼저 그 본각의 이익을 취해야 하니, 이 생멸하는 념(念)은 본래 적멸한 것이고, 이와 같이 적멸한 것이 바로 여여(如如)한 이(理)이다. 이 이(理) 가운데 본각과 시각의 모든 덕을 다 포섭하고 있으며, 또한 생멸하는 모든 법을 갖추고 있는데, **원융하여 둘이 아니니,** 이 때문에 매우 깊고 불가사의하다. 이 가운데 비록 무량한 공덕을 갖추고 있지만, **그 바탕(體)은 오직 본각과 시각이 평등하여 둘이 아닌 것이니,** 그리하여 '곧 마하반야이다'라고 하였고, 이와 같은 반야는 근원을 다하고 성(性)을 다한 것이기 때문에 '바라밀'이라고 하였다."[18]

그런데 원효에 의하면, '시각과 본각이 다르지 않다'는 것은 '같음'과 '다름'의 두 가지 측면을 동시에 지니고 있다.

"(『금강삼매경』) 부처님이 말씀하셨다. 보살이여, 허망한 것은 본래 일어남이 아니어서 그칠 수 있는 허망함이 없으니, 마음이 무심(無心)임을 안다면 그치게 할만한 마음이 없다. 나뉨[分]도 없고 달라짐[別]도 없어서 현식(現識)이 생겨나지 않는다. 그치게 할만한 생겨남이 없는 것이 바로 그침이 없는 것이다. 또한 그침이 없는 것도 아니니, 어째서인가? 그침이 없다는 것을 그치기 때문이다.

(『금강삼매경론』) 답의 뜻에 두 가지가 있으니, 앞에서는 그칠 것이 없다는 것을 인정하였고, 뒤에서는 그칠 것이 없다는 것을 부정하였다. 인정한 것은 시각이 본각과 다르지 않기 때문이고, 부정한 것은 시각이 오직 본각이기만 한 것은 아니기 때문이다. … 이미 그치게 할 대상인 불각의 일어남이 없으니 곧 능히 그치게 하는 시각의 차이가 없다. 다르지 않다는 맥락[不異門]에 의하여 이와 같이 인정한 것이다. '또한 그침이 없는 것도 아니다'라고 한 것은 다르지 않은 시각이 없는 것이 아니기 때문이고, '그침이 없다는 것을 그친다'는 것은 일어남이 없다는 망심(妄心)을 능히 그치기 때문이다. 비록 일어남을 얻을 수 없으나, 한갓 일어남이 없는 것은 아니니, 한갓 일어남이 없는 것은 아니기 때문에 그쳐야 할 것이 없지 않으며, 그러므로 능히 그치는 각(覺)이 없지 않으니 이와 같이 답한 것이다."[19]

18 원효, 『금강삼매경론』 「진성공품」 (같은 책, 656중)
19 원효, 『금강삼매경』·『금강삼매경론』 「무상법품」 (같은 책, 619중)

인간은 존재 오염의 현실[불각]을 깨달아 감[시각]의 과정을 통해 정화시켜 간다. 그 깨달아 감의 여정이 마지막으로 도달하는 곳은 존재의 본원적 완전성[본각]이다. 이 도착지에서는 모든 존재의 참모습을 그대로 볼 수 있게 되므로, 불각이니 시각이니 본각이니 하는 구별 자체가 성립하지 않는다. 불각과 시각과 본각이 다르지 않게 되는 '둘 아닌 경지'인 것이다. 이 깨달음의 경지를 원효는 '일각(一覺)'이라 부르기도 한다.

그런데 깨달아 가는 여정의 현실을 감안할 때는 '극복해야 할 불각'과 '심화시켜 가야 할 시각' 그리고 '완성시켜야 할 본각'의 차이를 인정해야 한다. 이 맥락에서는 불각과 시각과 본각을 같다고 말할 수 없다. 시각과 본각의 '다른' 국면이다. 반면 여정의 종착역[사물의 본래 모습]에서 본다면, '그쳐야 할 불각'도 없고 '완성시켜야 할 시각'도 없다. 모두가 본각이고 법신의 드러남일 뿐이다. '불각과 시각과 본각이 다르지 않은' 맥락이다.

결국 시각이 완전해져서 '시각과 본각이 둘 아니게 되는 일각(一覺)'은, 시각과 본각의 '다름'과 '같음' 두 국면을 동시에 안고 있는 셈이다. 원효는 이러한 의미를 『금강삼매경』의 무상관(無相觀) 수행과 관련하여 다음과 같이 말하기도 한다.

> "비로소 능취를 여읜다는 것은 시각의(始覺義)이고, 본래 [능취를] 여읜 공(空)한 마음은 본각의(本覺義)이다. 뜻은 비록 두 가지가 있으나 **합해져서 일각(一覺)을 이루니,** 똑같이 능취와 소취를 여의고 새 것과 옛 것을 여의기 때문이다. 이것은 논(『기신론』)에서 '시각은 곧 본각과 같다'고 한 것과 같다. … 또한 **이 일각은 본각과 시각의 뜻을 가지고 있으니, 본각의 드러내어 이룬다는 뜻[本覺顯成義]이 있기 때문에 진리대로 닦는다[眞修]는 말도 도리가 있고, 시각의 닦아서 이룬다는 뜻[始覺修成義]이 있기 때문에 새로 닦는다[新修]는 말도 도리가 있다. 만약 한쪽에 치우쳐 고집한다면 곧 미진함이 있게 된다.**"[20]

중생으로서의 인간의 사유 활동은 모든 것에 실체 관념을 부여하는 근본 결핍을 안고 있다. 그 실체화의 대상은 주관과 객관을 모두 포함한다. 존재의 참모습은 이 실체 개념에 가리워 왜곡되어 버린다. 무상관(無相觀)은 '모

20 원효, 『금강삼매경론』 「무상법품」 (같은 책, 611하-612상)

든 존재는 본래 실체가 없음'을 관(觀)하여 이 허구적 실체 관념을 극복해 가는 수행이다. 이 무상관의 입장에서 볼 때, 실체 관념을 투사하지 않고 사물을 보는 힘을 키워 가는 과정은 '깨달아 감[시각]'이고, 그 힘이 완전해져서 실체적 분별이 없는 참모습과 하나가 된 경지는 '본원적 깨달음[본각]'의 구현이다. 그리고 시각이 본각과 '둘이 아니게 된' 깨달음의 국면을 일각이라 칭한다.

따라서 수행의 관점에서 보면 일각은 두 가지 측면을 지닌다. 본각을 기준으로 보면, 이미 구현된 모든 존재의 실체적 분별이 없는 참모습을 그대로 드러내는 것[本覺顯成義, 眞修]이 수행인 셈이고, 시각을 기준으로 보면, 아직 가리워 있는 존재의 참모습을 새롭게 밝혀 가는 것[始覺修成義, 新修]이 수행이 된다.

(3) 둘 아닌 실천 -불이(不二)의 보살행

원효는 중생 구제의 간절한 염원을 치밀한 이론적 근거 위에서 펼쳐지고 있다. 그런데 중생 구제의 염원[願]과 실천[行]을 뒷받침하는 이론으로서 원효가 채택하고 있는 대표적인 것이 또한 '둘 아님[不二]'의 사상이다. 특히 세속[俗]과 세속의 초월[眞]을 '둘이 아닌 것'으로 파악한 후 그 '둘 아닌' 인식 위에서 타자 기여의 염원을 펼쳐 가는 모습이 두드러진다.

> "진(眞)과 속(俗)이 둘이 아닌 '하나인 진실의 법'은 모든 부처가 돌아가는 곳이니, 여래장(如來藏)이라 부른다."[21]

> "…… 이것은 진(眞)과 속(俗)이 하나가 아닌 문(門)에 나아가 움직임과 고요함이 뒤섞이지 않는다는 뜻을 나타낸 것이다. …… 그러나 부처님이 설한 한 게송의 뜻은 단(斷)·상(常)의 이변(二邊)에 떨어지지 않기 때문에 '이것은 곧 이변(二邊)을 떠났다'고 하였고, 움직임과 고요함이 없는 것이 아니기 때문에 '하나에 머무르지도 않는다'고 하였다. '하나에 머무르지 않는다'는 것은 '하나인 진실[一實]'인 '한 마음[一心]'의 자성을 지키지 않는다는 것이고, '이변(二邊)을 떠났다'는 것은 진실에 입각하여[擧體] 움직이고 고요하기에 (그 움직임과 고요함이) 별개의 두 가지 현상이 아니라는 것이다.

21 원효, 『금강삼매경론』(같은 책, 659상-중)

이 일은 불가사의함을 알아야 한다."[22]

"'제가 이제 알기로 이 법이 단견(斷見)과 상견(常見)에 얽매어'라는 것은, 삼승(三乘)의 교문(教門)에서 말한 오사(五事)가 단견과 상견의 집착에서 벗어나지 못하였음을 밝힌 것이다. 그 까닭은 저 네 가지 법이 생멸의 상(相)을 지니고 있어서 단견이 집착하는 경계를 떠나지 못하였으며, [五事 중 나머지 하나인] 그 진여의 법은 상주성(常住性)이어서 상견이 취하는 경계를 떠나지 못하였기 때문이다. … … '여래가 설하신 공(空)의 법은 단견과 상견에서 멀리 떠난 것이다'는 것은, 일승(一乘)의 교설인 삼공(三空)의 법은 단(斷)·상(常) 이변(二邊)의 과실에서 멀리 떨어졌음을 밝힌 것이다. 그 까닭은 앞에서 말한 것과 같이 공(空)한 상(相)도 공하며, 공한 상이 공하다는 것도 공하고, 그 공해진 것 또한 공하기 때문이다. 이와 같은 삼공(三空)은 진(眞)과 속(俗)을 부정[壞]하지도 않고 진과 속을 긍정[存]하지도 않으니, 비록 움직임과 고요함을 떠났으나 중간에 머물지도 않는다. 그러므로 단변(斷邊)과 상변(常邊)을 멀리 떠난다."[23]

원효에 의하면, 삼승교(三乘教)에서 설하는 오사(五事)는 모두 단(斷)·상(常)의 두 극단에 떨어진 것인 반면, 일승교(一乘教)의 삼공(三空)은 단·상의 두 극단을 떠나 진과 속을 부정하지도 않고 긍정하지도 않는다. 그리하여 진의 고요함에 머물지도 않고 속의 움직임에 머물지도 않으며 그 중간에 머물지도 않는 '머물지 않는 중도'가 된다. 이것이 '아주 없어짐[斷]과 영원히 있음[常]·참됨[眞]과 거짓됨[俗]·고요함[靜]과 움직임[動]이 둘이 아닌 도리'가 된다.

중도인 '둘이 아닌 경지'는 '둘 아닌 하나'도 아니고 '둘을 합친 하나'도 아니다. 두 가지 치우친 오해를 모두 벗어나는 것이면서도 '두 가지를 합한 하나'나 '둘 아닌 하나'는 아닌 것이다.

'둘이 아닌 중도'의 경지를 '하나인 진실[一實]'인 '한 마음[一心]'의 경지라고도 한다. 그러나 '하나인 진실·한 마음'이라는 말을 듣고 '둘 아닌 하나'라는 오해를 일으켜서도 안 된다. '아주 없어짐[斷]과 '영원히 있음

22 원효, 『금강삼매경론』 (같은 책, 663중)
23 원효, 『금강삼매경론』 (같은 책, 665하-666상)

[常]'이라고 하는, 존재에 대한 두 가지 오해에서 벗어나, '진실[眞]과 거짓[俗]이 둘이 아닌 도리'에 들어간다는 것은, 진실[眞]의 고요함과 거짓[俗]의 움직임을 합하여 하나로 하거나 둘 모두를 폐기하는 것이 아니다. 성스러움과 속됨이 둘로 격리되지 않는 진속불이(眞俗不二)의 경지에 입각하여 보면, 고요함과 움직임이 별개의 두 현상이 아니면서도 뒤섞이거나 아예 없어지는 것이 아니다. 고요함과 움직임을 별개의 실체로 보아 어느 한 편을 배타적으로 선택하여 집착하는 존재의 동요는 사라졌지만[不二], 그러한 일실일심(一實一心)의 경지는 '움직임과 고요함의 둘을 폐기해 버린 하나'에 머무르는 것도 아니다[不守一·不一]. 이것이 진정한 진속불이의 경지이다.

진속불이는 진실과 거짓, 성스러움과 속됨의 두 항을 '떠나면서도 포섭하는' 지평이다. 이 둘 아닌 도리를 원효는 '동요 및 속박의 삶[生死]과 평온 및 해방의 삶[涅槃]', 그리고 생사와 열반의 삶을 불이적(不二的)으로 포섭하고 있는『대승기신론』일심이문(一心二門)의 문제에도 적용한다.

> "현상[事]에 따르는 행(行)은 소승문(小乘門)에 공통된 것이고, 식(識)에 따르는 행은 오직 대승문(大乘門)이니, 이 두 가지는 차별문(差別門)이다. 세 번째 것은 평등문(平等門)이니, 이 도리로 말미암아 여러 문(門)들을 총괄하여 포섭한다. 또 (37)도품(道品)의 행은 생사에 머물지 않는 문이고, 사섭(四攝)의 행은 열반에 머물지 않는 문이며, 여여(如如)함[眞如]을 따르는 육도(六度)의 행은 평등하여 둘이 없는 문[平等無二門]이다. 그러므로 '모든 법문이 여기에 들어가지 않는 것이 없다'고 하였다. '이 행에 들어간 사람은 공이라는 상(相)을 일으키지 않는다'는 것은, 비록 여여함을 따라 행하면서도 언제나 현상에 따르고 식(識)에 따라 행하기 때문에 공하다는 상을 취해 적멸에 머물지 않는 것이다. '여래에 들어간다고 말할 수 있다'는 것은, 비록 현상과 식(識)에 따르지만 항상 여여함에 따라서 평등한 행을 취하기 때문에 여래장의 바다에 들어갈 수 있다고 말할 수 있다. '들어감을 들어감이 아닌 곳에 들어가게 한다'는 것은, 그 들어가는 마음을 들어감이 아닌 곳에 들어가게 하기 때문이니, 들어가는 주체와 들어가는 곳[대상]이 평등하여 다름이 없으므로 '들어감이 아니다'고 하였고, 비록 다름이 없으나 또한 하나도 아니기 때문에 관(觀)하는 마음에 의거하여 임시로 '들어가는 마음'이라 하였다. 이와 같이 들어가는 마음은 들어간다는 상을 두지 않기 때문에 '그

들어가는 마음을 들어감이 아닌 곳에 들어가게 한다'고 하였다."[24]

"'뜻[意]으로 취한 것과 업으로 취한 것이 곧 모두 공적하다'는 것은, 둘 다 없앴으나 없앤 곳은 둘이 없음을 밝힌 것이다. '뜻으로 취한 것'이라는 것은 이른바 열반이니, 적멸을 반연하는 마음으로 취한 것이기 때문이다. '업으로 취한 것'이라는 것은 곧 생사이니, 모든 번뇌의 업으로 취한 것이기 때문이다. 이 두 가지는 모두 공하니, 공적하여 둘이 없다. '공적한 마음의 법은 함께 취하는 것과 함께 취하지 않는 것에 또한 마땅히 적멸하다'는 것은 다음을 밝힌 것이다; 일심(一心)의 법은 또한 하나를 지키지 않는다. 생사와 열반은 공적하여 둘이 없으니, 둘이 없는 곳이 바로 일심의 법인데, 일심의 법에 의하여 두 가지 문이 있다. 그러나 두 문을 모두 취하면 곧 일심을 얻지 못하니, 둘은 하나가 아니기 때문이다. 만일 두 문을 폐하여 함께 취하지 않아도 일심을 얻을 수 없으니, 일심이 아닌 것이 없기 때문이다. 이러한 뜻으로 말미암아 둘이 없는 마음의 법은 함께 취하는 것과 함께 취하지 않는 것에 또한 마땅히 적멸하다."[25]

현상[事]의 분석과 통찰, 37조도품에 의한 수행을 통해 삶의 동요와 속박[생사]을 극복하려는 소승의 교설 체계[小乘門] 그리고 식(識)의 분석과 통찰을 주로 하며 사섭법 등의 보살행을 강조하여 열반에 대한 소승적 집착을 극복하려는 대승의 교설 체계[大乘門], 원효에 의하면 이 두 교설 체계는 생사와 열반을 별개의 것으로 구분하는 교설 체계[差別門]이기에 생사와 열반을 '둘 아니게' 포섭하지 못한다.

이에 비해 진리와 같아진[如如해진] 경지[平等門]는 생사와 열반을 '둘이 아닌 평등'으로 본다. 이 때는 공(空)하다는 관념[相]에도 집착하지 않기에 열반의 적멸에 머물지 않고 차별의 생사 현장으로 나아갈 수 있으며, 동시에 세속의 일과 중생의 마음으로 나아가 관계 맺으면서도 생사 차별과 번뇌의 동요가 없이 열반 적멸의 평등과 평안을 유지한다.

진리와 하나가 된 채[如를 따르면서] 중생 구제를 위하여 육도 윤회의 세계를 다니는 보살행은 이처럼 생사와 열반의 각각에 매이지 않으면서도 둘

24 원효, 『금강삼매경론』(같은 책, 660하-661상)
25 원효, 『금강삼매경론』(같은 책, 668중)

모두를 포섭하는 경지[平等無二門]이다. 그리고 원효는 『대승기신론』의 일심이문 역시 이러한 경지를 드러내는 것으로 본다. 생사와 열반이 공적하여 '둘이 없는' 경지를 일심의 경지라 부르는데, 이 일심은 '둘 아닌 하나'에 머무르는 것이 아니므로 [하나를 지키는 것이 아니므로] 일심은 이문(二門)을 세운다. 생사와 열반 그 어디에도 매이지 않으므로[생사와 열반이 모두 공적해졌으므로] 생멸문[생사]과 진여문[열반]의 이문 모두를 합하는 것이 일심의 경지가 될 수는 없다. 그러나 이문을 모두 버린다고 해서 일심을 얻게 되는 것도 아니다. 일심이 이문을 세운 것이므로 이문을 버리고서는 일심을 구할 수가 없기 때문이다.

'둘이 아닌 도리'는 이와 같은 것이기에 생사 번뇌의 현장을 떠나지 않고 깨달음을 추구하게 하는 동시에, 생사 번뇌의 현장에서 중생 구제의 보살행을 쉼 없이 진행할 수 있는 사상적 토대가 된다.

> "… … 앞에서 대략 설명할 때는 다만 과(果)가 공적하다는 것만을 나타내었기 때문에, 이제 널리 설명할 때 인연의 설(說)에 나아가 모든 법의 인(因)과 과(果)가 움직이지 않는 것이 곧 평등한 깨달음의 도이니 이 [因果의] 법 외에 따로 깨달음을 구하는 것이 아니라는 것을 나타내고자 하였다. 이것이 이 게송의 대의이다. 이것은 승조 법사가 '도가 멀리 있는 것인가? 부딪히는 일마다 참된 것이다. 성(聖)이 멀리 있는 것인가? 체득하면 곧 신묘(神妙)함이다'고 한 것과 같다. … … '외아들처럼 여기는 경지'라는 것은 초지(初地) 이상에서 이미 일체 중생이 평등함을 증득하여 모든 중생을 보기를 마치 외아들을 보는 것과 같이 하니, 이것을 청정한 증상의락(增上意樂)이라 하는데, 비유에 의하여 마음을 나타내어 '외아들처럼 여기는 경지'라고 한 것이다. '번뇌에 머문다'는 것은, 보살이 비록 모든 법이 평등함을 증득했지만 방편의 힘으로써 번뇌를 버리지 않는 것이니, 만일 일체의 번뇌와 수면을 버리고 곧 열반에 들면 본원(本願)을 어기기 때문이다. … … 버리지 않기 때문에 '번뇌에 머문다'고 하였으니, 이로 말미암아 열반에 들어가지 않고서 널리 시방 세계 중생을 교화한다."[26]

'아주 없어짐[斷]과 영원히 있음[常]'·'실체로서 있음[有]과 아무 것도 없

26 원효, 『금강삼매경론』 (같은 책, 674중, 674하, 675상)

음[無]'이라는 존재 오해의 두 유형을 극복하여, '참됨[眞]과 거짓됨[俗]'·'고요함[靜]과 움직임[動]'·'진실 그대로의 가르침[眞諦]과 세속의 관행에 응하여 펼치는 가르침[俗諦]'·'생사와 열반'의 그 어디에도 머무르지 않으면서 그 모두를 포섭하는 '둘이 아닌 도리'는, '머무름 없는[無住] 중도'요 '하나인 진실[一實]·한 마음[一心]'이라 부르는 경지이다. 이 진속불이(眞俗不二)의 도리는 '떠나면서도 포섭하고', '물들지 않으면서도 관계할 수 있는' 힘을 제공한다. 생멸하는 인과(因果) 현상과 번뇌로 동요하는 세속을 본질적으로 초월하여 성취한 존재 해방의 자유와 평안을 누리면서도, 그 생사 번뇌의 현장을 떠나버리거나 외면하지 않고 껴안으면서 중생 구제의 염원[願]과 실천[行]을 동체대비(同體大悲)에 입각하여 전개할 수 있게 하는 사상 원리가 바로 '진과 속이 둘이 아닌 도리'인 것이다. 이 '둘 아닌 도리'에 의거하여 원효는 불교적 이념의 구현을 위해 대중에게 적극적으로 다가가는 대중불교를 구현할 수 있었다.

Ⅲ. 인접 개념과의 관계 및 현대적 논의

1. 인접 개념과의 관계

인류의 정신사는 전반적으로 실체에 대한 믿음 위에 전개되어 왔다. 특히 서구의 철학 전통은 이 실체의 존재론을 구축해 왔다. 플라톤의 현상과 실체 구분은 그 전형이고, 근대 철학을 정초한 데카르트 역시 정신과 물질이라는 두 실체를 설정하여 인간과 세계 이해의 기초로 삼았으며, 종교에서는 실체로서의 신(神)이 설정되어 실체적 구원관을 전개하였다. 서구의 정신사는 압도적으로 실체 관념에 의해 지배되어 온 것이다.

이러한 실체주의 혹은 본질주의적 철학은 현대 철학에 의해 근본적이고 체계적인 비판에 직면한다. 실체적 존재론의 토대를 해체하는 해체주의 철학 등은 불교가 설한 무아·공의 통찰과 보조를 같이하면서 비실체·비본질의 존재론을 구성해 간다. 한편 국내에서는 이러한 서구 철학의 해체론적 경향과 성과에 의거하여 불교의 언어를 이해하려는 비교철학적 노력들이 등장한다. 불이(不二)에 관한 현대적 논의 역시 이러한 맥락에서 등장한다.

2. 현대적 논의

원효가 펼치는 불이(不二) 사상에 관한 현대적 논의 가운데 가장 주목되는 것은, 데리다 등이 대표하는 텍스트 이론에 의거한 비교철학적 접근이다. 그리고 이러한 논의를 주도하고 있는 것은 김형효의 경우이다. 그는 원효 사상뿐만 아니라 노장 사상까지도 일관되게 텍스트 이론에 의해 독해하고 있다.[27] 그런데 노자 사상은 상반상성(相反相成)의 통찰을 그 세계관적 토대로 삼고 있는 것이 분명해 보이므로 데리다 류(類)의 텍스트 이론으로 독해해 보는 작업이 그다지 무리가 없어 보이지만, 원효 사상을 텍스트 이론으로 환원시켜 독해하는 것이 과연 충분히 적절한 것인지는 논란의 여지를 안고 있다.

김형효는 원효를 '동양의 불교사상사에서 가장 탁월한 불교학의 텍스트 이론가였고 화쟁의 바른 뜻은 현대적 의미에서 텍스트 이론에 다름 아니다'[28]고 하면서, 텍스트 이론과 원효 사상과의 일치성에 확신을 보이고 있다. 원효가 유(有)무(無)·공(空)불공(不空)·진(眞)속(俗)·염(染)정(淨)·시(是)비(非) 등의 한 쌍의 이항(異項)들을 수사학상의 교차배어법처럼 교차반복적인 새끼꼬기를 통해 엮고 있는 것은 차이가 대립이 아니라 상호간의 상감(象嵌)이나 접목으로서 서로 상대방에 연루되어 있음을 드러내려는 것이며, 이것은 부정과 긍정의 보충대리적 동거 양식이나 동봉 법칙을 설하는 것이어서, 연좌(連坐) 혹은 연루(連累)의 법을 말하는 데리다 류(類)의 얽힘의 문자학적 사유와 같은 것이라는 것이 그의 일관된 관점이다. 서로 상반된 것의 동시성이나 공존 불가능한 것의 공존 가능성을 설하는 것이 원효가 말하는 불일이불이(不一而不二) 융이이불일(融二而不一)의 의미이며, 따라서 이 세상이 새끼꼬기의 관계를 맺고 있기에 자기 것이라 우길 것이 없고, 자기 것이라 집착했던 것도 사실은 다른 것과의 차이 속에서 이루어지는 접목 현상에 불과하다는 것이 다름 아닌 원효의 화쟁 논리라는 것이다. 일심지원(一心之源)·일심이문(一心二門)의 염이불염(染而不染)불염이염(不染而染)·삼공지해(三空之海)·무리지지리(無理之至理)·불연지대연(不然之大然)·진속무이이불수일(眞俗無二而不守一)·리언절려(離言絕慮)·불가사의

27 김형효, 「원효사상의 텍스트 이론적 독법」, 『원효에서 다산까지』, 청계, 2000); 『노장 사상의 해체적 독법』(청계, 1999)
28 김형효, 「원효사상의 텍스트 이론적 독법」, 위의 책, 16면.

(不可思議) 등 원효 사상 및 원효의 『금강삼매경론』에 등장하는 주요 개념들 역시 모두 일관되게 문자학과 텍스트 이론의 논리로 환원되어 독해되고 있다.

원효 및 불교 사상이 설하는 불이(不二)의 무실체 존재론이 데리다 류(類)의 텍스트 이론적 사유 및 논리와 상응하는 면모가 있음은 분명하다. 불교의 연기론적 통찰이나 노장사상의 상반상성(相反相成)적 사유는 실체적 존재론의 산물인 대립이나 동일성의 논리가 아니라 차이와 접목, 이중적인 것의 얽힘과 반(反)개념적 산종(散種)의 차연(差延) 관계를 설하고 있다는 점에서 문자학적 사유와 통하고 있다. 그런 점에서 원효 사상과 노장 사상을 텍스트 이론으로 독해하려는 시도는 유효하며 의미 있는 비교철학적 작업이라 할만하다.

그러나 원효 사상을 텍스트 이론으로 환원시켜 파악하는 작업에는 간과할 수 없는 문제점이 내재하고 있다. 원효 사상이나 불교 사상을 텍스트 이론으로 독해할 경우, 그 무실체의 연기적 사유가 안고 있는 상호 의존적 관계성의 통찰은 문자학적 얽힘의 사유에 의해 그 한 면모가 적절히 포착된다. 그러나 무아·무실체의 연기적 통찰, 그리고 그에 의거한 불이(不二) 사상은 단지 문자학적 얽힘의 사유 수준으로 포착되지 않는 수준 또한 지니고 있다. 텍스트 이론의 존재 이해 차원을 넘어서는 관점이 있는 것이다.

상반되는 것들의 상호 의존이나 차이의 얽힘으로 보는 것은 배타적 자기중심성을 털어 버리는 삶의 성숙을 가능하게 하지만, 그 성숙은 본질적으로 상반된 이항(異項)들을 설정하는 사고 범주를 벗어날 수 없다. 그런데 불교의 해탈, 원효의 일심의 경지는 분명 차원 높은 초탈의 관점을 설하고 있다. 존재론적으로 볼 때 그 초탈은 '유/무(有/無) 분별적 사유 범주' 자체를 본질적으로 넘어서는 것이기도 하다.

부처가 성취한 무아·무실체의 통찰은, 존재를 유 혹은 무로 포착하는 분별지의 토대를 해체시킨다. 그 무실체의 통찰은 유와 무를 실체적 대립이 아닌 상호 의존적 얽힘으로 독해할 것을 요구하는 수준에서 그치는 것이 아니라, 존재를 유와 무로 분별하여 포착하는 사고 범주 자체에 내재하는 결핍을 지적한다. 유에 의해서만 비로소 무가 포착되고, 무를 배경으로 해야 유가 감지되는 사유 범주가 바로 유/무 분별의 세계이다. 유와 무를 실체적 대립으로 보건, 아니면 차이의 얽힘이나 긍정과 부정의 접목, 동거, 및 연루로 보든 간에, 한결같이 '유/무 분별적'이다. 불교의 무아적 깨달음, 원효의 일심의 경지가 요구하는 존재 이해의 지평은 이 유/무 분별적 사유 범주 자체를 극복하는 새로운 차원으로 보아야 한다. 유(有)·무(無)·비유비무(非有非無)·역유역무(亦有亦無)의 사구(四句)를 비판하는 불교 논리[四種謗]는 다름 아닌 유와 무를 분별적으로 설정하는 인식의 틀 자체를 넘어서게 하려는 것이며, 나가르주나가 펼치는 공의 논리 역시 같은 맥락에 있고, 주관과 객관을 유/무 범주에서 포착하는 것은 인간 인식의 근저적 결핍[무명]의 산물이라는 소식을 알리는 유식이나 『대승기신론』의 언어 역시 이 새로운 차원의 이해 지평을 열고자 하는 것이다.

불이(不二)의 연기적 통찰을 텍스트이론으로 파악하려는 입장도, 문자학적 상호 의존 내지 상호 대기의 관계로 독해할 때는 차이에 의한 상호 긍정의 수준을 넘기 어렵다는 문제를 인지하고 있는 것으로 보이나, 그 해답 역시 결국은 문자학적 맥락에서 구하고 있다.[29] 김형효는 열반의 경지, 유식의 언어로는 원성실성의 경지를, 데리다가 말하는 지상권(至上權)의 상태라고 한다. '망유에 얽매인 지배권이 아니라 어떤 것에도 걸림이나 얽매임이 없는 허공과 같은 자재의 세계요 자유의 해탈이며, 망유적인 비교나 대립은 이미 소멸시켰지만 또한 가유(假有) 상태의 차연도 허공 속에 다 용해시켜서 모든 귀/천, 생/사, 정/염, 선/악이 공(空)의 지상권 속에 녹아 버린다. 진유즉공(眞有卽空)의 초탈성은 모든 가유의 차이를 다 받아들여 노닐게 하지만 자신은 거기서 벗어나 있는 일체 긍정의 허공'이라고 풀고 있다.[30]

데리다가 말한 지상권의 상태가 과연 그러한 초탈의 경지인지는 알 수 없으나,[31] 이러한 독법은 여전히 불교가 극복하려는 유/무 분별적 사고 범주 안에 자리하고 있다. 그는 데리다의 지상권을 원효의 보리성(菩堤性)에 관한 언표에 대입시키면서 보리와 적멸의 세계에 대해, '원효는 아예 지(知)와 부지(不知)를 벗어난, 유와 무를 이탈한, 언설의 가능성을 넘어선 세

29 김형효, 앞의 책, 101면.

30 김형효, 앞의 책, 103면.

31 데리다의 텍스트 이론적 통찰은 전형적인 사변의 맥락에 놓여있는 것으로 보인다. 실체적 존재론의 사유와 논리를 극복하여 존재의 실재에 접근하는 유익한 통찰임에는 분명하지만, 문자학적 통찰과 지상권의 설정은 여전히 사변적이어서 삶의 무애자재한 해방을 담보해 주기는 어렵다고 보인다. 한 마디로 말해 수행론의 기반이 결핍된 사변의 한계를 안고 있다. 세상에 대한 인식과 행위에 내재한 근원적 무지를 직접 확인해 가는 수행론의 기반이 결핍되어 있다는 것은, 그 사변의 산물이 아무리 탁월하다 할지라도 사변의 범주 자체를 극복하기는 어렵다.

계를 말하고 있으며 이는 데리다가 말한 지상권의 대자유로서 그 어디에도 얽매임 없는 이중부정의 논리이며 초탈의 사유이다. 이 이중부정은 양변[有/無, 生/滅, 知/不知]을 초탈한 공(空)의 대포용력과 대긍정을 의미하는 무주자(無住者)의 자유자재이지만, 그 공은 또한 세속과 삼라만상을 떠나 홀로 이해되는 것이 아니다'고 말한다.[32]

얼핏 보기에는 진여·적멸·보리성·해탈의 경지가 유/무 분별의 사유 범주를 초탈하고 있는 것이라는 점을 인지하고 있는 듯 보이나, 결국에는 이 초탈을 여전히 텍스트 이론적 의미로 환원시키고 있다. 그에 의하면, '세속과 삼라만상을 떠나 홀로 이해되는 것이 아니다'고 하는 말은, 하늘에 펼쳐진 성좌와 삼라만상의 흔적 때문에 우리는 허공이 모든 것의 그릇임을 안다고 하는 의미이다. 공적(空寂)이 생멸을 초탈해 있지만, 생멸의 흔적이 있기에 또한 적멸의 허허로움을 깨닫는 것이며, 이것은 양각의 철(凸)은 음각의 요(凹)가 있기에 가능하다는 문자학의 생리와 다르지 않다는 것이다. 그렇다면 적멸의 경지 역시 생멸 세계의 흔적과의 연루 속에서 드러날 수밖에 없다는 상반상성(相反相成)의 사유 범주에서 양변의 초탈을 이해하려고 하는 셈이다. 유를 조건으로 하지 않는 무, 무와 연루되지 않는 유는 인지조차 되지 않는다는 이해 자체가, 유/무 분별의 사유 범주를 반영하고 있는 것이다.

인간의 경험 내용은 과연 유/무 분별의 범주에서만 가능한 것일까? 이에 관한 새로운 가능성을 제시하는 것이 열반의 소식이고 일심의 경지로 보인다. 열반의 적멸, 일심의 고요는 허무의 절대무가 아니라 유/무, 생멸/적멸의 분별 지평을 넘어서서 유/무, 생멸/적멸, 염/정, 속/진의 분별 세계를 껴안는 전혀 새로운 차원의 이해 지평이다. 이 무분별의 지평은 텍스트 이론의 문자학적 지평으로는 온전히 담아내지 못하는 '그 너머의 자리'로 보인다.

불이(不二)의 논리를 펼쳐내는 이 '자리'[一心之源]는 실체적 존재론의 일점 근원이 아니다. 그러나 유와 무가 문자학적 얽힘으로 관계 맺고 있는 수준의 지평도 아니다. 교차반복적 새끼꼬기의 형식으로도 진술되는 원효의 언어는 문자학적 관계의 통찰 정도를 언표하려는 것이 아니라, 유/무 분별 범주에 빠지지 아니한 '그 자리'에서 풀어나가는 존재 서술이며, 유/무

32 김형효, 같은 책, 104-105면.

분별의 사유 범주에 붙들려 있는 중생들은 '그 자리'로 인도하려는 언어적 보살행이다. 이런 점에서 불이(不二)를 펼치는 원효 사상에 대한 텍스트 이론적 독법은 한계를 지닌다.

박태원 (울산대)

출전 근거와 참고문헌

보법

1. 출전 근거

元曉, 『華嚴經疏序』 (『韓佛全』 1).
元曉, 『法華宗要』 (『韓佛全』 1).
元曉, 『金剛三昧經論』 (『韓佛全』 1).
義湘, 『華嚴一乘法界圖』 (『韓佛全』 2).
表員, 『華嚴經文義要決問答』 (『韓佛全』 2).
均如, 『華嚴敎分記圓通鈔』 (『韓佛全』 4).
均如, 『一乘法界圖圓通記』 (『韓佛全』 4).
智儼, 『搜玄記』 (『大正藏』 35).
智儼, 『五十要問答』 (『大正藏』 45).
智儼, 『孔目章』 (『大正藏』 45).
法藏, 『探玄記』 (『大正藏 』35).
法藏, 『華嚴五敎章』 (『大正藏』 45).
法藏, 『華嚴經旨歸』 (『大正藏』 45).

2. 참고 문헌

고익진, 『한국고대불교사상사』 (동국대출판부, 1989).
김상현, 『원효연구』 (민족사, 2000).
김지견 편, 『원효대사의 철학세계』 (민족사, 1989).
김천학 역주, 『표원의 화엄경문의요결문답』 (민족사, 1998).
김형효, 『원효에서 다산까지』 (청계, 2000).
이도흠, 『화쟁기호학』 (한양대학교출판부, 1999).
조윤호, 『동아시아 불교와 화엄사상』 (초롱, 2003).
전해주, 『의상화엄사상사연구』 (민족사, 1993).
전해주, 『화엄의 세계』 (민족사, 1998).
정병삼, 『의상 화엄사상 연구』 (서울대출판부, 1998).
佐藤繁樹, 『원효의 화쟁논리』 (민족사, 1996).
최유진, 『원효사상연구-화쟁을 중심으로』 (경남대출판부, 1998).
황규찬, 『신라 표원의 화엄학』 (민족사, 1998).

다마키코 시로·카마타 시게오 外, 정순일 옮김, 『중국불교의 사상』(민족사, 1989)
木村清孝, 장휘옥 옮김, 『중국불교사상사』(민족사, 1989).
Steve Odin, Process Metaphysics and Hua-yen Buddhism, State University of NewYork, 1982; 『과정형이상학과 화엄불교』, 안형관 옮김 (이문출판사, 1999).
鎌田茂雄, 『中國佛教史』(岩波書店, 1978).
鎌田茂雄 博士 古稀紀念會, 『華嚴學論集』(大藏出版社, 1997).
吉津宜英, 『華嚴禪の思想史的研究』(大東出版社, 1991).
吉津宜英, 『華嚴一乘思想の研究』(大東出版社, 1991).
木村清孝, 『初期中國華嚴思想の研究』(春秋社, 昭和52).
西本照眞, 『三階教の研究』(1998).
失吹慶輝, 『三階教之研究』(岩波書店, 1925).
坂本幸男, 『華嚴教學の研究』(平樂寺書店, 1951).

고영섭, 「원효의 화엄학」, 『원효학연구』 5집, 원효학연구원, 2000.
고영섭, 「원효의 통일학」, 『삼국통일과 한국통일』1, 김용옥 편 (통나무, 1995).
고익진, 「元曉의 화엄사상」, 『한국화엄사상연구』, 불교문화연구원, 1982.
김하우, 「원효의 교판론과 그 佛教史的 위치」, 『한국사론』20, 서울대학교, 1988.
김준경, 「원효의 교판관 연구」, 동국대 박사학위논문, 1985.
김천학, 「균여의 화엄일승의 연구」, 한국정신문화연구원 박사학위논문, 1999.
남동신, 「원효의 교판론과 그 불교사적 위치」, 『한국사론』20, 서울대학교, 1988.
동국대 불교문화연구원 편, 『한국불교사상총서4, 한국화엄사상』, 동국대불교문화연구원, 1982.
석길암, 「원효의 보법화엄사상 연구」, 동국대학교 박사학위논문, 2003년 2월.
석길암, 「화엄의 상즉상입설, 그 의미와 구조」, 『불교학연구』10, 불교학연구회, 2005년 4월.
김부용(승원), 「원효의 사교판과 일승사상」, 『한국불교학』28, 한국불교학회, 2001.
김부용(승원), 「원효의 보법설에 대한 고찰」, 『2002 한국불교학결집대회자료집』, 2002년 5월.
신현숙, 「원효의 교학관-사종교판론을 중심으로-」, 『불교학보』30, 불교문화연구원, 1993.
이영자, 「원효의 천태회통사상연구」, 『한국천태사상의 전개』, 민족사, 1988.
이평래, 「삼계교 운동의 현대적 조명」, 『한국불교학』 20, 1995.
이효걸, 「삼계교-위기 시대의 민중불교」, 『중국철학』제7집, 예문서원, 2000.
장원규, 「화엄교학 완성기의 사상연구」, 『불교학보』11, 동국대 불교문화연구원, 1974..
전호련(해주), 「원효의 화쟁과 화엄사상」, 『한국불교학』24, 한국불교학회, 1998.
전호련(해주), 「법장의 수십전유에 대한 고찰」, 『한국불교학』27, 한국불교학회, 2000.
전호련(해주), 「의상의 법성과 법계관」, 『2002 한국불교학결집대회 자료집』, 2002년 5월.
정병삼, 「원효와 의상의 불교사상」, 『숙명여대논문집』34, 숙명여자대학교, 1993.
정순일, 「화엄성기사상사 연구」, 원광대 박사학위논문, 1988.
정영근, 「원효의 사상과 실천의 통일적 이해」, 『철학연구』 47집, 철학연구회, 1999.
최유진, 「원효에 있어서 화쟁과 언어의 문제」, 『철학논집』3, 경남대학교, 1987.
최연식, 「균여 화엄사상연구」, 서울대 박사학위논문, 1999.
홍법공, 「삼계교와 지장신앙」, 『정토학연구』제5집, 한국정토학회, 2002.
金昌奭, 「元曉の教判資料に現われた吉藏との關係について」, 『印度學佛教學研究紀要』28-2, 日本印度學佛教學會, 1980.
木村清孝, 「智儼·法藏と三階教」, 『印佛學』27-1, 1978.
山木佛骨, 「信行と道綽の交涉」, 『印佛學』6-2.
石橋眞誠, 「元曉の華嚴思想」, 『印佛研』19-2, 1971.
佐藤繁樹, 「元曉哲學と華嚴思想」, 『鎌田茂雄古稀記念: 華嚴學論集』(大藏出判, 1997).
陳永裕(本覺), 「相卽論の思想史的考察」, 『三論教學と佛教諸思想』, 2000.
洪在成(法空), 「三階教の影向-元曉と行基を考える」, 『印度學佛教學研究』50-2, 2002年 3月.

사실단

1. 일차자료

1) 경전류
『央掘魔羅經』 권3(『大正藏』2, p.534).
『佛本行集經』(『大正藏』3, p.750).
鳩摩羅什 譯, 『大品般若經』 (『大正藏』 8).
________ 譯, 『妙法蓮華經』 (『大正藏』 9).
________ 譯, 『維摩詰所說經』 (『大正藏』 14).
世親 造, 『阿毘達摩俱舍論』 (『大正藏』 29).

2) 논소류
世親 『阿毘達磨俱舍釋論』(『大正藏』29).
龍樹 『大智度論』(『大正藏』25, p.57).
玄奘譯, 『大毘婆沙論』(T.27).
______, 『瑜伽師地論』(T.30).
世親造, 『攝大乘論』(T.31).
______, 『攝大乘論釋』(T.31).
吉藏, 『二諦義』(『大正藏』45, p.81).
____, 『中論疏』(『大正藏』42, p.1).
義淨撰, 『南海寄歸內法傳』(T.54).
智儼, 『華嚴經內章門等雜孔目』(『大正藏』45, p.519).
____, 『華嚴五十要問答』(『大正藏』45, p.536).
智顗, 『天台四教儀』(『大正藏』46, p.721).
____, 『維摩經玄疏』(『大正藏』38, p.519).
隋 灌頂 撰, 『隋天台智者大師別傳』 (『大正藏』 50).
宋 志磐 撰, 『佛祖統紀』 (『大正藏』 49).

2. 이차자료

1) 저서류
天台宗報社 譯註, 『天台小止觀』 (서울: 보련각, 1982).
金東華 著, 『俱舍學』 -小乘佛教의 有哲學思想- (서울: 文潮社, 1971).
田村芳朗·梅原猛, 李永子 譯, 『천태법화의 사상』 (서울: 민족사, 1990).
諦觀 錄, 李永子 譯註, 『천태사교의』 (서울: 경서원, 1988).
關口眞大 著, 李永子 譯, 『禪宗思想史』 (서울: 홍법원, 1989).
大蓮李永子博士 華甲紀念論叢刊行委員會, 『천태사상과 동양문화』 (서울: 불지사, 1997).
吳亨根 著, 『인도불교의 선사상』 (서울:한성, 1992).
심재룡 편저, 『중국불교철학사』 (서울: 철학과현실사, 1994).
키무라 키요타카, 장휘옥 옮김, 『중국불교사상사』 (서울: 민족사, 1989).
關口眞大 編, 『止觀の硏究』 (東京: 岩波書店, 1975).
________ 著, 『天台止觀の硏究』 (東京: 岩波書店, 1969).

2) 논문류
李永子, 天台 實踐論의 四種三昧 -그 다양성과 회통성 -, 『천태학연구』 창간호, 천태불교문화연구원, 1998.
池昌圭, 關口眞大의 선종비판론, 『승가』10, 중앙승가대학, 1993.
崔箕杓, 天台 '一念三千說'의 연구, 동국대불교학과 석사학위논문, 1995.

사분

1. 일차자료

親光菩薩等造 玄奘譯,『佛地經論』(『大正藏』26).
世親造 玄奘譯,『阿毘達磨俱舍論』(『大正藏』29).
世親菩薩造 玄奘譯,『唯識三十論頌』(『大正藏』31).
無着菩薩造 玄奘譯,『攝大乘論本』(『大正藏』31).
護法等菩薩造 玄奘譯,『成唯識論』(『大正藏』31).
無性菩薩造 玄奘譯,『攝大乘論釋』(『大正藏』31).
窺基撰,『成唯識論述記』(『大正藏』43).
善珠撰,『因明論疏明燈抄』(『大正藏』68).
忠算撰,『四分義極略私記 (『大正藏』71).
太賢集,『成唯識論學記』(『韓國佛教全書』3).

2. 이차자료

望月佛教大辭典, 世界聖典刊行協會, 昭和48.
伽山 佛教大辭林, 伽山佛教文化硏究院, 2001.
漢譯對照 梵和大辭典, 講談社, 昭和54.
平川彰編, 佛教漢梵大辭典, THE PEIYUKAI, 1997.
Monier Williams, *A DICTIONARY ENGLISH AND SANSKRIT*, Delhi, 1992.

金東華,『唯識哲學』(寶蓮閣, 1980).
_____,『俱舍學 一 小乘佛教의 有哲學思想』(文潮社, 1971).
吳亨根,『佛教의 物質과 時間論』(瑜伽思想社, 1994).
_____,『唯識과 心識思想 硏究』(佛教思想社, 1989).
_____,『唯識思想硏究』(佛教思想社, 1983).
_____,『유식학입문』(불광출판부, 1992).
스티라마띠(安慧)著, 박인성 역주,『유식삼십송석』(민족사, 2000).
結城令聞,『世親唯識の硏究』上·下 (大藏出版株式會社, 1986).
山口益·野澤靜證,『世親唯識の原典解明』(法藏館, 1965).
勝友俊教,『佛教における心識說の硏究』(山喜房佛書林, 1974).
戶崎宏正,『佛教認識論の硏究』上·下 (大東出版社, 1979).
平川彰·梶山雄一·高崎直道編,『講座 大乘佛教 一 8 / 唯識思想』(春秋社, 1983).
結城令聞,『世親唯識の硏究』上·下 (大藏出版株式會社, 1986).
山口益·野澤靜證,『世親唯識の原典解明』(法藏館, 1965).
勝友俊教,『佛教における心識說の硏究』(山喜房佛書林, 1974).
戶崎宏正,『佛教認識論の硏究』上·下 (大東出版社, 1979).
平川彰·梶山雄一·高崎直道編,『講座 大乘佛教 一 8 / 唯識思想』(春秋社, 1982).

金東華,「大乘論部上의 心識說」, 동국대학교 불교문화연구원『佛教學報』제6집, 1969.
_____,「唯識所依 經論上의 心識說」, 동국대학교 불교문화연구원『佛教學報』제5집, 1967.
黃晟起,「圓測의 唯識學說 硏究」, 박사학위논문, 동국대학교 대학원, 1975.
吳亨根,「心識의 四分說에 대한 考察」, 동국대학교 대학원『硏究論集』제5집, 1975.
_____,「唯識學의 五位百法에 대한 考察」, 동국대학교 대학원『硏究論集』제4집, 1974.
_____,『唯識思想硏究』(佛教思想社, 1983).
_____,『唯識과 心識思想 硏究』(佛教思想社, 1989).
方仁,「太賢의 唯識學說 硏究」, 박사학위논문, 서울대학교 대학원, 1994.
黃旭,「無着[Asaṅga]의 唯識學說 硏究」, 박사학위논문, 동국대학교 대학원, 1999.

불상응행법

Puggalapaññatti aṭṭhakathā, PTS, ed. by Georg Landsberg and Rhys Davids, Oxford, 1997.
尊者舍利子設, 玄奘譯, 『阿毘達磨集異門足論』 20卷, No.1536 (『大正藏』 26).
尊者大目乾連造, 玄奘譯, 『阿毘達磨法蘊足論』 12卷, No.1537 (『大正藏』 26).
尊者世友造, 求那跋陀羅共著提耶舍譯 , 『衆事分阿毘曇論』 12卷, No.1542 (『大正藏』 26).
尊者世友造, 玄奘譯, 『阿毘達磨品類足論』 18권, No.1542 (『大正藏』 26).
五百大阿羅漢造, 玄奘譯, 『阿毘達磨大毘婆沙論』 200卷, No.1545 (『大正藏』 27).
曇摩耶舍共曇摩崛多等譯, 『舍利弗阿毘曇論』 30卷, No.1548 (『大正藏』 28).
尊者瞿沙造, 失譯, 『阿毘曇甘露味論』 2卷, No.1553 (『大正藏』 28).
世親造, 玄奘譯, 『阿毘達磨俱舍論』 30卷, No.1558 (『大正藏』 29).
尊者衆賢造, 玄奘譯, 『阿毘達磨藏顯宗論』 40卷, No.1563 (『大正藏』 29).
護法菩薩釋, 玄奘譯, 『大乘光百論釋論』 10권, 聖天菩薩本, (『大正藏』 30).
最勝子等造, 玄奘譯, 『瑜伽師地論』 100권, (『大正藏』 30).
無着菩薩造, 玄奘譯, 『大乘阿毘達磨集論』 7卷, No.1605 (『大正藏』 31).
護法等菩薩造, 玄奘譯, 『成唯識論』 10권 (『大正藏』 31).
無著菩薩造, 玄奘譯 , 『顯揚聖教論』 20권, No.1063 (『大正藏』 31).
天親菩薩造, 玄奘譯, 『大乘百法明門論』 1권 (『大正藏』 31).
김동화, 『佛教教理發達史』 (寶蓮閣, 1967).

화쟁 · 회통

1. 출전 근거

『大般若波羅蜜多經』卷562 (『大正藏』 7권).
『大乘大集地藏十輪經』卷8 (『大正藏』13권, 765상).
『菩薩本生鬘論』卷8 (『大正藏』 3권).
『十二門論疏』 卷3 (『大正藏』 42권).
元曉, 『十門和諍論』 (『韓佛全』 1권).
元曉, 『涅槃宗要』 (『韓佛全』 1권).
元曉, 『起信論別記』 (『韓佛全』 1권, 733중).
窺基, 『般若波羅蜜多心經幽贊』卷2 (『大正藏』 33권, 5).
法藏, 『華嚴經探玄記』卷17 (『大正藏』 35권, 435하).
均如, 『釋華嚴教分記圓通抄』 卷三(『韓佛全』 4권, 328상).

2. 참고 문헌

諸橋轍次, 『大漢和辭典』(大修館書店, 1956) 2책.
단국대학교 동양학연구소 『漢韓大辭典』(단국대학교출판부, 2000) 3책
운허 용하, 『불교사전』(서울: 동국역경원, 1984)
불광대장경편수위원회편, 『佛光大辭典』(臺灣 高雄: 佛光出版社, 1988
사토 시게키, 『원효의 화쟁논리』 (서울: 민족사, 1996).
오법안, 『원효의 화쟁사상연구』 (서울: 홍법원, 1992).
최유진, 『원효사상연구-화쟁을 중심으로-』 (마산: 경남대학교출판부, 1998).
김상현, 『원효화쟁 사상의 연구사적 검토』, 『불교연구』 11·12, (서울: 한국불교연구원, 1995).
김영태, 「『열반경종요』에 나타난 화회의 세계」, 『원효학연구』 제3집, (경주: 원효학연구원, 1998).
박재현, 「원효의 화쟁사상에 대한 재고」, 『불교평론』 2001년 가을(통권 8호), 2001.
李鍾益, 「元曉의 根本思想 硏究」, 『東方思想個人論文集』 제 1집 (서울: 동방사상연구원, 1977).
조명기, 「元曉宗師의 十門和諍論 연구」, 『金剛杵』 22, (東京: 조선불교동경유학생회, 1937).
福士慈稔, 「원효와 화쟁」, 『원효학연구』 제9집 (경주: 원효학연구원, 2004).

분별

1. 일차자료

求那跋陀羅 譯,『雜阿含經』(『大正藏』 2권).
瞿曇僧伽提婆 譯,『中阿含經』(『大正藏』 1卷).
玄奘 譯,『解深密經』(『大正藏』 16권).
鳩摩羅什 譯,『妙法蓮華經』(『大正藏』 9권).
菩提流支 譯,『入楞伽經』(『大正藏』 16권).
僧伽跋陀羅 譯,『善見律毘婆沙』(『大正藏』 24권).
釋光述,『俱舍論記』(『大正藏』 41권).
護法等 菩薩 造, 玄奘 譯,『成唯識論』(『大正藏』 31권).
窺基 撰,『成唯識論述記』(『續藏經』77冊).
無著菩薩 造, 玄奘 譯,『大乘阿毘達磨集論』(『大正藏』 31권).
眞諦菩薩 譯,『顯識論』(『大正藏』 31권).
無著菩薩 造, 波羅頗蜜多羅 譯,『大乘莊嚴經論』(『大正藏』 31권).
無著菩薩 造, 玄奘 譯,『攝大乘論本』(『大正藏』 31권).
世親菩薩 造, 玄奘 譯,『攝大乘論釋』(『大正藏』 31권).
無性菩薩 造, 玄奘 譯,『攝大乘論釋』(『大正藏』 31권).
笈多共行矩等 譯,『攝大乘論釋論』(『大正藏』 31권).
彌勒菩薩 說, 玄奘 譯,『瑜伽師地論』(『大正藏』 30권).
無著菩薩 造, 玄奘 譯,『顯揚聖敎論』(『大正藏』 31권).
世親菩薩 造, 玄奘 譯,『辯中邊論』(『大正藏』 31권).
五百阿羅漢等 造, 玄奘 譯,『阿毘達磨大毘婆沙論』(『大正藏』 27卷).
世親菩薩 造, 玄奘 譯,『阿毘達磨俱舍論』(『大正藏』 29권).
衆賢 造, 玄奘 譯,『阿毘達磨順正理論』(『大正藏』 29권).
衆賢 造, 玄奘 譯,『阿毘達磨藏顯宗論』(『大正藏』 29권).
安慧 糅, 玄奘 譯,『大乘阿毘達磨雜集論』(『大正藏』 31卷).
眞諦 譯,『三無性論』(『大正藏』 31권).
世親菩薩 造, 玄奘 譯,『大乘成業論』(『大正藏』 31권).
世親菩薩 造, 玄奘 譯,『唯識二十論』(『大正藏』 31권).
龍樹 造, 靑目 釋, 鳩摩羅什 譯,『中論』(『大正藏』 30卷).
한글대장경,『성유식론 외』(동국역경원, 1995).
한글대장경,『섭대승론석 외』(동국역경원, 1998).
한글대장경,『유가사지론』(동국역경원, 1995).
한글대장경,『불성론 외』(동국역경원, 1994).
Gadjin, M. Nagao. *MadhyāntaVibhāgaBhāṣya* (東京: 鈴木學術財團, 1964).

2. 이차자료

『望月佛敎大辭典』(世界聖典刊行協力會, 1933).
『佛光大辭典』(佛光出版社, 1989).
『佛學大辭典』(北市華嚴蓮社 影印, 중화민국 50년 6월).
『梵和大辭典』(講談社, 1986).
Williams, Monier, *Sanskrit Dictionary*, Oxford University Press, 1982.
David, Rhys, *The Pali Text Society's Pali-English Dictionary*(London: PTS, 1979)
『中英佛學辭典』, 佛光出版社, 1994.
É Lamotte, *La Somme de la Grand Vehicule d'Asaṅga*, tome 1, 2, publications de l'Institut Orientaliste, Louvain-la-Neuve, 1973.

長尾雅人,『攝大乘論: 和譯과 注解 上』(東京: 講談社, 1982), pp.280-281.
勝友俊教 著,「菩薩道와 唯識觀의 實踐」,『大乘菩薩道의 硏究』(東京: 平樂寺書店, 168), p.424.
橫山紘一,「世親의 識轉變」, 李萬 譯,『唯識思想』(서울: 경서원, 1993), pp.123-126.

우에다 요시부미 著, 박태원 譯, 『대승불교의 사상』(서울: 민족사, 1992), p.143.
김사업, 「현상의 성립에 관한 유식학적 연구」, 동국대학교 박사학위논문, 1996.
김성철, 「초기유식학파 삼성설 연구」, 동국대학교 석사학위논문, 1996.
김진태, 「세친 유식사상의 연원과 성립에 관한 연구」, 동국대학교 박사학위논문, 2000.
김치온, 「心體說과 心分說에 대한 一考察」, 『구산논집』 제5집, 구산장학회, 2002.
_____, 「眞如에 대하여」-『成唯識論』-을 중심으로-, 『불교학연구』 제7호, 불교학연구회, 2003.
박인성 역주, 『유식삼십송석』, 민족사, pp.131-132.
이종철, 「식전변에 관한 안혜와 호법의 해석 차이」, 『한국불교결집대회논집』 제2집 하권, 2004.
황욱, 「무착의 유식학설 연구」, 동국대학교 박사학위논문, 1999.

삼시

1. 일차자료

「瞿曇彌經」『中阿含經』(『대정신수대장경』 1).
『大方廣佛華嚴經』(『대정신수대장경』 10).
『大方等大集經』(『대정신수대장경』 13).
『大寶積經』(『대정신수대장경』 11).
『大乘三聚懺悔經』(『대정신수대장경』 24).
『摩訶摩耶經』(『대정신수대장경』 12).
『妙法蓮華經』(『대정신수대장경』 9).
『悲華經』(『대정신수대장경』 3).
『善見律毘婆沙』(『대정신수대장경』 24).
『五分律』(『대정신수대장경』 22).
『雜阿含經』(『대정신수대장경』 2).
『四分律』(『대정신수대장경』 22).
『阿毘達磨大毘婆沙論』(『대정신수대장경』 27).
龍樹, 『大智度論』(『대정신수대장경』 30).
璟興, 『無量壽經連義述文贊』(『한국불교전서』 2).
窺基, 『成唯識論述記』(『대정신수대장경』 43).
吉藏, 『中觀論疏』(『대정신수대장경』 42).
道綽, 『安樂集』(『대정신수대장경』 47).
法位, 『無量壽經義疏』(『한국불교전서』 2).
法藏, 『大乘起信論義記』(『대정신수대장경』 44).
費長房, 『歷代三寶紀』(『대정신수대장경』 49).
僧莊, 『梵網經述記』(『한국불교전서』 2).
有炯, 『山史畧抄』(『한국불교전서』 10).
義天, 「示新叅學徒緇秀」『大覺國師文集』(『한국불교전서』 4).
知訥, 『勸修定慧結社文』(『한국불교전서』 4).
知訥, 『法集別行錄節要并入私記』(『한국불교전서』 4).
太賢, 『本願藥師經古迹』(『한국불교전서』 3).
慧思, 『立誓願文』(『대정신수대장경』 46).
休靜, 『禪家龜鑑』(『한국불교전서』 7).

2. 이차자료

K. S. 케네쓰 첸/박해당 옮김, 『중국불교』 상 (서울: 민족사, 1991).
『講座佛教思想 第1卷 存在論·時間論』(東京, 日本, 1974/1982).
矢吹慶輝, 『三階教之研究』(東京: 岩波書店, 1926).
植木雅俊, 『佛教のなかの男女觀』(東京: 岩波書店, 2004).
丁永根, 『圓測의 唯識哲學 -新·舊 唯識의 批判的 綜合-』, 1994, 서울대학교 대학원 철학과 박사학위논문.

본문과 적문

1. 일차자료

출전근거
『묘법연화경』 제5권(『大正藏』 9).
『首楞嚴經』 권6(『大正藏』 19).

승조, 『주유마힐경』 1권병서(『大正藏』 38).
지의, 『유마경현소』 제4권(『大正藏』 38).
___, 『법화현의』(『大正藏』 33).
___, 『관음현의』 (『大正藏』 34).
___, 『관음의소』 (『大正藏』 34).
___, 『請觀音疏』(『大正藏』 39).
승상 『법화전기』 (『大正藏』 51).
담연, 『법화문구기』 제8의 4.
___, 『법화문구기』 (『천태대사 전집』).
___, 『법화현의석첨』 제14권(『大正藏』 33).
___, 『십불이문』(대정46, 702하).
___, 『止觀輔行傳弘決』 권3의3(『大正藏』 46).
길장, 『법화현론』 (『大正藏』 34).
知禮, 『十不二門指要鈔』 제1권(『大正藏』 46).
지례 『十不二門指要鈔』 2권.
지례존자저 이법화역 『십불이문지요초』, 영산법화사출판부.
도수 『十不二門義』 1권.
청원 『十不二門示珠指』 2권.
종욱 『十不二門註』 2권.
천태사교의집주』 상권.
非濁, 『三寶感應要略錄』 (『大正藏』 51).
凝然, 『八宗綱要』 권상.
이원섭역, 『법화문구』, 영산법화사출판부.
中川日史, 『體系的法華經槪觀』 平樂寺書店.
법화종요』, 『한불전』 제1책.
『삼국유사』 제1권 제4권.
曇摩伽陀耶舍譯 『無量義經』 3권(『大正藏』 9권).
竺 法護譯 『正法華經』 10권(『大正藏』 9권).
曇無蜜多譯 『觀普賢行法經』 1권(『大正藏』 9권).
지의, 『釋禪波羅蜜次第禪門』(『大正藏』 46).
지의, 『摩訶止觀』(『大正藏』 46).
관정, 『國淸百錄』4권(『大正藏』 46).
지의 , 『六妙法門(『大正藏』 46).
길장, 『法華論疏 3권(『大正藏』 40).
관정, 『國淸百錄 4권(『大正藏』 46).
지례, 『觀音義疏記 4권(『大正藏』 34).

2. 이차자료

참고자료
이기영 역해, 『유마힐소설경』 (한국불교연구원).
U. Wogihara and C. Tsuchida, *SADDHARMAPUNDAR KA-SUTRAM(梵文法華經)*, ROMANIZE AND REVISED TEXT of THE BIBLOTHECA BUDDHICA PUBLICATION by consulting A Skt MS & Tibetan and Chinese translations, TOKYO, 1958.

『한국불교대사전』(한국불교대사전편찬위원회, 1982).
『망월불교대사전』(세계성전간행협회 1973).
『불광대사전』(불광출판사, 1988).
『불서해설대사전』(대동출판사, 1975).
『천태대사전집』 中山書房佛書林(법화문구 법화현의 마하지관).
空緣 金無得註釋, 『摩訶止觀 大止觀坐禪法1~5권, 운주사.
金煐泰강해, 『니르바나에 이르는 여섯가지 길』(경서원, 1995).
구인사편, 『止觀大意 六妙法門 禪門口訣 觀心論』(大韓佛教天台宗, 1993).
關口眞大, 『天台止觀の研究』(岩波書店 1969).
大野榮人, 『天台止觀成立史の研究』(法藏館, 1994).
新田雅章, 『天台實相論の研究』(平樂寺書店 1981).
佐藤哲英, 『續·天台大師の研究』(百華苑 1981).
横超慧日, 『法華思想』(平樂寺書店, 1975).
池田魯參, 「中國天台學の修證論」(『日本佛教學會年報 45號, 1979).
村中祐生, 「天台初期の行法の集成について」(『印度學佛教學研究』第23卷 2號).
庭野日敬, 박현철 이사호 옮김, 『법화경의 새로운 해석』(경서원).
이법화역, 『日蓮大師遺聞迻集』(영산법화사출판부).
平川彰 등저 鄭承碩역 『大乘佛教概說』(김영사, 185).
李法華, 『創價學會를 折伏한다』(영산법화사출판부).
松下眞一著 釋妙覺譯, 『法華經과 원자물리학』(경서원).

극미

1. 일차자료

『大乘阿毘達磨雜集論』(『大正新修大藏經』第27卷).
『阿毗達摩俱舍論』(『大正新修大藏經』第29卷).
『唯識二十論』(『大正新修大藏經』第31卷).
『成唯識論』(『大正新修大藏經』第31卷).
Abhidharmakośa Vyākhyā, Yaśomitra, ed. by U.Wogihara, Tokyo, 1971.
Ch'eng-Wei-Shih-Lun, translated by Wei Tat, The Ch'eng-Wei-Shih-Lun Publication Committee, Hong Kong, 1973.

2. 이차자료

『望月 佛教大辭典』(東京: 世界聖典刊行協會, 昭和48年)
中村元, 『佛教語大辭典』(東京書籍), p.414.
『佛光大辭典』(臺灣: 佛光出版社, 1988).
『梵和大辭典』(東京: 講談社, 1979).
『韓國佛教大辭典』(韓國佛教大辭典 編纂委員會, 보련각, 1982).
Macdonell, Arthur Anthony. *A Practical Sanskrit Dictionary,* Oxford University Press, 1954.
Monier-Williams, *A Sanskrit-English Dictionary.* Delhi, Motilal Banarsidass, 1979.

A. B. Keith, *Indian Logic and Atomism.* Clarendon Press, Oxford, 1921.
Mrinalkauti Gangopadhyaya, *Indian Atomism: History and Sources*, 1980.
Debiprasad Chattopadhya, *Studies in the History of Indian Philosophy*, Vol. II, K. P. Bagchi & Company, Calcutta, 1990.
Radhakrishnan, *Indian Philosophy*, Humanities Press, New York, 1977.
Stefan Anacker, *Seven Works of Vasubandhu*, Motilal Banarsidass, Delhi, 1986.
Karl H. Potter, *Indian Metaphysics and Epistemology*, Encyclopaedia of Philosophy, Vol II. Princeton University Press, Princeton, 1977.

Sadananda Bhaduri, *Studies in Nyāya-Vaiśeṣika Metaphysics,* Bhandarkar Oriental Research Institute, Poona, 1975.
D. J. Kalupahana, *The Priciples of Buddhist Psychology,* State University of New York Press, Albany, 1987.
Y.Karundasa, *Buddhist Analysis of Matter*, Colombo, Ceylon, 1967.
櫻部 建,『俱舍論の研究』(法藏館, 1979).
權五民,「經量部哲學의 批判的 體系研究」, 동국대학교 대학원 박사학위 논문, 1990.
平川彰 等 編, 李萬譯,『唯識思想』, 講座 大乘佛教 제8권 (경서원, 1993).
남수영,「유식이십론의 극미설비판」,『인도학인도철학』, 제7집.
이지수,「와이세시카학파의 7범주론」,『인도학인도철학』, 창간 제1집.

쟁송

1. 약호와 일차자료

ASBh:	Abhidharmasamuccayabhāṣya.
ASBhta:	Tatia, N. (ed.), *Abhidharmasamuccayabhāṣyam*, K. P. Jayaswal Research Institute; Patna 1976.
BHS:	Edgerton, Franklin: *Buddhist Hybrid Sanskrit Grammar and Dictionary*; *vol. 2*: *Dictionary*; New Haven (reprint 1993, Motilal Banarsidass; Delhi) 1953.
CaS:	Carakasaṃhitā in Vaidya Jādavaji Trikamji (ed.), *Carakasaṃhitā by Agniveśa revised by Charaka and Dṛidhabala, with the Āyurveda-Dīpikā Commentary of Chakrapāṇidatta*, 3rd ed.,: Bombay (reprint 1984; Benares) 1941.
CPD:	*A Critical Pāli Dictionary begun by V. Trenckner revised, continued, and edited by Dines Andersen and Helmer Smith,* vol. 1; The Royal Danish Academy: Copenhagen 1924f.
DSHP:	Ghatage A. M. (General Editor), *An Encyclopaedic Dictionary of Sanskrit on Historical Principles*, Deccan College Postgraduate and Research Institute; Poona 1976f.
HV:	Yogācārabhūmi 중의 Hetuvidyā 부분.
HV_p:	Daisetz T. Suzuki (ed.), *The Tibetan Tripitaka Peking Edition - Kept in the Library of the Otani University, Kyoto*, Tibetan Tripitaka Research Institute; Tokyo/Kyoto 1955-1961 중의 vol. 109 no. 5536.
HV_{pa}:	Pāṇḍey, Jagadīśvar: Bauddhācārya Asaṅga kṛta Yogācārabhūmiśāstra meṃ Hetuvidyā, in P. N. Ojha ed. *Homage to Bhikkhu Jagadish Kashyap*, Siri Nava Nalanda Mahavihara; Nalanda (pp.316-349) 1986.
HV_t:	『大正原版大藏經』vol. 30 no. 1579.
HV_y:	Yaita, Hideomi:「瑜伽論の因明: 梵文テキストと和譯」, in *Journal of Naritasan Institute for Buddhist Studies* 15 (2), Naritasan Shinshoji; Naritashi (pp.505-576) 1992.
Mahāvyutpatti:	Y. Ishihama & Y. Fukuda (eds.), *A New Critical Edition of the Mahāvyutpatti* 新訂飜譯名義大集 *Sanskrit-Tibetan-Mongolian Dictionary of Buddhist Terminology*, The Toyo Bunko; Tokyo 1989.
NBh:	Nyāyabhāṣya in Taranatha Nyāya-Tarkatirtha & Amarendramohan Tarkatirtha (eds.), *Nyāyadarśana with Vātsyāyana's Bhāṣya, Uddyotakara's Vārttika, Vācaspati Miśra's Tātparyaṭīkā & Viśvanātha's Vṛtti*, Calcutta Sanskrit Series 18-19 (reprint 2nd ed. 1985, Munshiram Manoharlal Publishers; New Delhi) 1936-1944.

NS:	Nyāyasūtra in Ruben, W.: *Die Nyāyasūtra's - Text, Übersetzung, Erläuterung und Glossar*, Deutsche Morgenländische Gesellschaft; Leipzig 1928.
NV:	Nyāyavārttika
NV_1:	Nyāyavārttika in NBh
NV_2:	Vindhyeśvarī Prasād Dvivedin (ed.), *Nyāyavārttikam*, Eastern Book Linkers; Delhi 1986 (Reproduction of Shri Dvivedin 1887 with textual notes).
NV_3:	Vindhyeśvarī Prasāda Dvivedin (ed.), *Nyāyavārttikam*, The Chowkhamba Sanskrit Series Office; Benares 1915.
NVTṬ:	Nyāyavārttikatātparyaṭīkā
NVTṬ$_1$:	Nyāyavārttikatātparyaṭīkā in NBh.
NVTṬ$_2$:	Rājeśwara Śāstrī Drāviḍa (ed.), *Nyāyavārttikatātparyaṭīkā*, vol. 1 (1925) & vol. 2 (1926), Kashi Sanskrit Series 24, The Chowkhamba Sanskrit Series Office; Benares (reprint 1990, Chaukhambha Sanskrit Sansthan; Varanasi) 1925-1926.
NVTṬ$_3$:	Thakur, Anantalal (ed.), *The Nyāyavārttikatātparyaṭīkā of Vācaspatimiśra*, Indian Council of Philosophical Research; New Delhi 1996.
Pāṇini:	Böhtlingk, Otto: *Pāṇini's Grammatik. Herausgegeben, Übersetzt, Erläutert und mit verschiedenen Indices versehen* (Nachdruck 1971), Georg Olms Verlag; Hildesheim/New York 1887.
PED:	Rhys Davids, T. W. & W. Stede: *The Pali Text Society's Pali-English Dictionary*, The Pali Text Society; Oxford (reprint 1992) 1921-1925.
PW:	Böhtlingk, O. & R. Roth: *Sanskrit-Wörterbuch*, 7 Bde.; St. Petersburg (reprint 1990, Motilal Banarsidass; Delhi) 1855-1875.
ŚrBhū$_m$:	Śrāvakabhūmi Study Group: *Facsimile Edition of the "Śrāvakabhūmi" Sanskrit Palm-leaf Manuscript*, The Institute for Comprehensive Studies of Buddhism Taishō University; Tokyo 1994.
TSI:	*Terminologie der frühen philosophischen Scholastik in Indien - Ein Begriffswörterbuch zur altindischen Dialektik, Erkenntnislehre und Methodologie*, Bd. I. (1991) von G. Oberhammer unter Mitarbeit von Ernst Prets und Joachim Prandstetter, Bd. II. (1996) von G. Oberhammer & E. Prets & J. Prandstetter, Verlag der Österreichischen Akademie der Wissenschaften; Wien.
Vādavidhāna(vṛtti):	Frauwallner (1933) 중의 *Vādavidhāna(vṛtti).
YCBhū:	Yogācārabhūmi
Y_m:	Yogācārabhūmi (Sanskrit-Manuskript): Photokopien nach den Negativen, die im K. P. Jayaswal Research Institute, Patna (Collection Rāhula Sāṅkṛtyāyana) aufbewahrt werden.

2. 이차자료

Abhyankar, Kashinath Vasudev & J. M. Shukla, *A Dictionary of Sanskrit Grammar*, Gaekwad's Oriental Series 134; Oriental Institute: Baroda, 1986.

中村 元,『佛教語大辭典』, 東京書籍; 東京, 1981.

Frauwallner, Erich, Zu den Fragmenten buddhistischer Logiker im Nyāyavārttikam, in *Wiener Zeitschrift für die Kunde des Morgenlandes* 40, pp.281-304, 1933.

Geiger, M. & W. Geiger, *Pāli Dhamma vornehmlich in der kanonischen Literatur, Abhandlungen der Bayerischen Akademie der Wissenschaften, hilosophisch-philologische und historische Klasse, 31. Band, 1. Abhandlung*, Verlag der Bayerischen Akademie der Wissenschaften; München, 1920.

Kang, Sung Yong, *Die Debatte im alten Indien - Untersuchungen zum Sambhāṣāvidhi und verwandten Themen in der Carakasaṃhitā Vimānasthāna 8.15-28*, Philosophia Indica Einsichten Ansichten Bd. 6, Dr. Inge Wezler; Reinbek, 2003.

______________, Some Points of Defeat in Early Indian Logical Traditions Considered in the Context of Public Debate as a Game with a Time Factor, in *Proceedings of the 2nd Tokyo Conference on Argumentation, Argumentation and Social Cognition Aug.,* Tokyo, Japan, 3rd-5th, 2004.

Prets, Ernst, The Structure of *Sādhana* in the Abhidharmasamuccaya, in *Wiener Zeitschrift für die Kunde Südasiens* 38,, pp.337-350, 1994.

Rau, Wilhelm, *Staat und Gesellschaft im alten Indien, nach den Brāhmaṇa-Texten dargestellt*, Otto Harrassowitz; Wiesbaden, 1957.

Sugiura, Sadajiro, *Hindu Logic as Preserved in China and Japan*, Publications of the University of Pennsylvania Series in Philosophy (ed. by Edgar A. Singer Jr.); Philadelphia, 1900.

Tucci, G., Buddhist Logic before Diṅnāga (Asaṅga, Vasubandhu, Tarka-Śāstra), in *Journal of the Royal Asiatic Society*, pp.451-488, 1929.

Vidyabhusana, S. C., *A History of Indian Logic*; Calcutta (reprint 1978, Motilal Banarsidass; Delhi/Varanasi/Patna), 1921.

Wayman, Alex, The Rules of Debate According to Asaṅga, in *Journal of the American Oriental Society* 78, pp.29-40, 1958.

강성용, 「인도 논리전통에 있어서 논쟁의 시간적 전개와 관련된 몇몇 오류들에 대하여」, in 『철학사상』 제 17호, pp.157-180, 2003a.

_____, 「바수반두(Vasubandhu)의 논쟁에 대한 이해」, in 『불교학연구』제7호, pp.463-486, 2003b.

_____, 「adhikaraṇa연구 I - 고대 인도의 논쟁, 논리전통에서의 adhikaraṇa에 대하여」, 『철학』 제79호, pp.55-79, 2004a.

_____, 「adhikaraṇa연구 II - Vādavidhāna의 단편들을 중심으로」, 『철학』 제80호, pp.59- 82, 2004b.

인과효력

1. 일차자료

ATV *Ātmatattvaviveka* of Udayana with the Commentaries of Śaṅkara Miśra, Thakkura, and Ragunatha Tārkikaśiromaṇī, ed. M. D. Dvivedin etc., Calcutta: The Asiatic Society, 1986.

KBhA *Kṣaṇabhaṅgādhyāya* of Jñānaśrīmitra, ed. A. Thakur, *Jñānaśrīmitranibandhāva -li*, Patna: Kashi Prasad Jayaswal Research Institute, 2nd. 1987.

KSA *Kṣaṇabhaṅgasiddhi-Anvyātmikā* of Ratnakīrti, ed. A. Thakur, *Ratnakīrtinibandhāvali*, Patna: Kashi Prasad Jayaswal Research Institute, 2nd. 1975.

DhP *Dharmottarapradīpa* of Durveka Miśra with Dharmakīrti's *Nyāyabindu* and Dharmottara's *Nyāyabinduṭīkā*, ed. D. Malvania, Patna: Kashi Prasad Jayaswal Research Institute, 1971.

NK *Nyāyakaṇikā* of Vācaspatimiśra. Ed. M. Goswami, Varanasi: Tara Publications, 1978.

NB *Nyāyabindu* of Dharmakīrti, in DhP.

NBṬ *Nyāyabinduṭīkā* of Dharmottara, in DhP.

NBh *Nyāyabhāṣya* of Vātsyāyana, ed. T. Nyaya-Tarkatirtha etc., Nyāyadarśanam. New Delhi: Munshiram Manoharlal Pbulishers Private Limited, 2nd ed. 1985.

NBhūs *Nyāyabhūṣaṇa* of Bhāsarvajña, ed. S. Yogīndrānandaḥ, Vārāṇasī: Saḍdarśana Prakāśana Pratiṣṭhānam, 1968.

NKa *Nyāyakandalī* of Śrīdhara, ed. J. S. Jetly etc., Varodara: Oriental Institute, 1991.

NV *Nyāyavārttika* of Uddyotakara, in NBh
NVTṬ *Nyāyavārttikatātparyaāṭīkā* of Vācaspatimiśra, in NBh
PV *Pramāṇavārttika* of Dharmakīrti with *Pramāṇavārttikavṛti* of Manorathanandin, ed. R. Ch. Pandeya, Delhi: Motilal Banarsidass, 1989.
PVBh *Pramāṇavārttikabhāṣya* of Prajñākaragupta, ed. R. Sākṛtyāyan Patna: Kashi Prasad Jayaswal Research Institute, 1953.
PVV *Pramāṇavārttikavṛtti* of Manorathanandin, in PV.
PVSV *Pramāṇavārttikasvavṛtti* of Dharmakīrti, ed. R. Gnoli, Roma: Instituto Italiano per il Medio ed Estremo Oriente, 1960.
TS *Tattvasaṅgraha* of Śāntarakṣita with Kamalaśīla's *Pañjikā*, ed. D. Shastri, Varanasi: Bauddha Bharati, 1968.
TSP *Tattvasaṅgrahapañjikā* of Kamalaśīla, in TS.
HB *Hetubidhu* of Dharmakīrti, Part I, ed. E. Steinkellner, Wien: Oesterreichische Akademie der Wisenschaften, 1967.
HBṬ *Hetubindhuṭīkā* of Bhaṭṭa Arcaṭa, ed. S. Sanghavi etc., Barodha: Oriental Institute, 1949.

2. 이차자료

Akamatsu, A., "Dharmakīrti no apoha-ron," *Tesugaku Kenkyu* XLVI 10: 87-115, 1980.
Bhartiya, M. C., *Causation and Indian Philosophy*. Ghaziabad: Vimal Prakakashan, 1973.
Frauwallner, E., *Studies in Abhidharma Literature and Its Origins of Buddhist Philosophical Systems*. tr. S. F. Kidd, Albany: State University of New York Press, 1995.
Halbfass, W., *On Being and What There Is*. Albany: State University of New York, 1992.
__________, "Arthakriyā und kṣaṇikatva: Einige Beobachtungen," *Bauddha- vidyāsudhākaraḥ*: 233-247. Swisttal-Odendorf: Indica et Tibetica Verlag, 1997
Kajiyama, Y., "Three Types of Affirmation and Two Types of Negation in Buddhist Philosophy," *Wiener Zeitschrift fürdie Kunde Südasiens* 17: 161-175, 1973.
Katsura, Sh., "Dharmakīrti no inga-ron," *Nanto Bukkyo* 23: 1-44, 1883.
Laine, J., "Udayana's Refutation of the Buddhist Thesis of Momentariness in the Ātmatattvaviveka," *Journal of Indian Philosophy* 26-1: 51-97, 1998.
Matilal, B. K., "Ontological Problems in Nyāya, Buddhism and Jainism - A Comparative Analysis," *Journal of Indian Philosophy* 5: 91-105, 1977.
Mikogami, E., "Some Remarks on the Concept of arthakriyā," *Journal of Indian Philosophy* 7: 79-94, 1979.
Miyamoto, K., "The Early Vaiśeṣikas on asamavyāyikāraṇa and the Term 'apekṣ'," *Indoshiso to Bukkyo Bunka*: 918(31)-903(46). Tokyo: Shunju-sha, 1996.
Moriyama, S., "Koki-chuganha no gakukei to Dharmakīrti no inga-ron," *Bukkyo Daigaku Kenkyu Kiyo* 73: 1-47, 1989a.
___________, "Koki-chuganha no Dharmakīrti hihan," *IBK* 86: 388-393, 1989b.
Nagatomi, M., "Arthakriyā," *Adyar Library Bulletin* 31-32: 52-72, 1967-68.
Phillips, S. H., "Dharmakirti on Sensation and Causal Efficiency", *Journal of Indian Philosophy* 15-3, 1987.
Rospatt, A., *The Buddhist Doctrine of Momentariness*, Stuttgart: Franz Steiner, 1995.
Shastri, Dh. N., *The Philosophy of Nyāya-Vaiśeṣika and its Conflict with the Buddhist Dignāga School*, Delhi: Bharatiya Vidya Prakashan, 1976.
Steinkellner, E., "Wirklichkeit und Begriff bei Dharmakīrti," *Wiener Zeitschrift für die Kunde Südasiens* 15: 179-210, 1971.
Tillemans, T., "The 'neither One nor Many' Argument for śūnytā, and its Tibetan Interpretations," *Contributions on Tibetan and Buddhist Religion and Philosophy II*: 305-320. Wien: Arbeitskreis fuer tibetische und buddhistische Studien, Univeristaet Wien, 1983.
__________, "Two Tibetan Texts on the 'neither One nor Many' Argument for śūnytā," *Journal of Indian Philosophy* 12: 357-338, 1983.

비량

1. 일차자료

『望月佛敎大辭典』(世界聖典刊行協力會, 1933).
『佛光大辭典』(佛光出版社, 1989).
『佛學大辭典』(北市華嚴蓮社 影印, 중화민국 50년 6월).
『梵和大辭典』(講談社, 1986).
Williams, Monier, *Sanskrit English Dictionary*, Oxford University Press, 1982.
佛陀耶舍 共竺佛念 譯,『佛說長阿含經』(『大正新修大藏經』1卷).
瞿曇僧伽提婆 譯,『中阿含經』(『大正新修大藏經』1卷).
玄奘 譯,『解深密經』(『大正新修大藏經』16卷).
馬鳴 造, 鳩摩羅什 譯,『大莊嚴論經』(『大正新修大藏經』4卷).
大域龍菩薩 造, 玄奘 譯,『因明正理門論』(『大正新修大藏經』32卷).
商羯羅主菩薩 造, 玄奘 譯,『因明入正理論』(『大正新修大藏經』32卷).
窺基 撰,『因明入正理論疏』(『續藏經』86册).
彌勒菩薩 說, 玄奘 譯,『瑜伽師地論』(『大正新修大藏經』30卷).
無着菩薩 造, 玄奘 譯,『大乘阿毘達磨集論』(『大正新修大藏經』31卷).
__________, ______,『顯揚聖教論』(『大正新修大藏經』31卷).
龍勝菩薩 造, 無着菩薩 釋, 般若流支 譯,『順中論』(『大正新修大藏經』30卷).
世親 造, 眞諦 譯,『如實論』(『大正新修大藏經』32卷).
護法等菩薩 造, 玄奘 譯,『成唯識論』(『大正新修大藏經』31卷).
五百阿羅漢等 造, 玄奘 譯,『阿毘達磨大毘婆沙論』(『大正新修大藏經』27卷).
龍樹 造, 靑目 釋, 鳩摩羅什 譯,『中論』(『大正新修大藏經』30卷).
龍樹 造, 毘目智仙·瞿曇流支 共譯,『廻諍論』(『大正新修大藏經』32卷).
吉加夜 譯,『方便心論』(『大正新修大藏經』32卷).
淸辯菩薩 造, 玄奘 譯,『大乘掌珍論』(『大正新修大藏經』30卷).
元曉 述,『判比量論』(『韓國佛敎全書』1册).
干潟龍祥 譯,『中部經』(『南典大藏經』9卷).
_______, 譯,「中部經總說」(『南典大藏經』11卷 下).
元義範 譯,『한글대장경』「論集部」第136卷 (東國大學校 譯經院).
金致溫 譯,『한글대장경』,『立世阿毘曇論』中『因明正理門論本』(東國譯經院).
法稱 造,『正理一滴論(Nyāyabindu)』, Bibliotheca Buddhica vol.7, 東京; The sociation for Publishing Academic Masterpieces, 1977.
陳那 造,『Pramāṇa-samuccaya-vṛtti』, Peking ed. Bstan-ḥgyur,
Vātsyāyana,『Nyāya-bhāṣya』; 宮坂宥勝 譯,『ニヤーヤ。バーシコヤの 論理學』(山喜房佛書林, 昭和31年).
Gautama,『Nyāya-sūtra』; 宮坂宥勝 譯,『ニヤーヤ。バーシコヤの 論理學』(山喜房佛書林, 昭和31年).
金星喆 譯,『Caraka Saṃhitā』,「龍樹의 中觀 論理의 起源」, 博士論文附錄.
『Kathāvatthuppakaraṇa』Vol. 1, edited by A. C. Tayor and published by the *Pāli Text Society*, London.
『Majjhiman-Nikāya』, edited by Chalmers, Robert and published by the *Pāli Text Society,* London, 1977.
『Digha-Nikāya』, edited by Carpenter, J Estlin and published by the *Pāli Text Society*, London, 1976.
Satis Chandra Vidyabhusana, *A History of Indian Logic*, Motilal Banarsidass, 1978.

2. 이차자료

A. B. Keith, *Indian Logic and Atomism*, Oxford University Press, 1977.
北川秀則 著,『印度古典論理學の 硏究』, 鈴木學術財團 (開明堂, 1965).
富貴原章信 著,『判比量論の 硏究』(便利堂, 所和42年).

宇井伯壽 著,『佛敎論理學』(大東出版社, 1966年).
泰本 融 著,『東洋論理の 構造』(法政大學出版局, 1976).
武邑尙邦 著,『佛敎論理學の 硏究』(百華苑 刊, 昭和63年).
平川彰外 編,『講座大乘佛敎 9, 認識論と 論理學』(東京, 1984).
가지야마 유이치 外, 전치수 옮김,『인도불교의 인식과 논리』(민족사, 1989).
三枝充悳 編, 심봉섭 옮김,『인식론·논리학』(불교시대사, 1995).
金相日 著,『괴델의 불완전성 정리로 풀어본 元曉의 判比量論』(지식산업사, 2004).
金彊模,「因明의 似能立에 對한 考察」, 東國大學校 1966年度 碩士學位論文.
柳炳德,「因明入正理論에 대한 硏究」, 圓光大學校,『圓光論文集』2, 1960.
元義範,「判比量論의 因明論理的 分析」,『佛敎學報』第8輯, 東國大學校 佛敎文化院, 1984.
李芝洙,『佛敎論理學入門』:「Śaṅkarasvāmin의 Nyāya-praveśa(因明入正理論)의 梵韓對譯」,『哲學論叢』3, 대구, 嶺南學會, 1987.
이지수,「佛敎論理學派의 推理(比量)論」,『佛敎學報』第29輯 別刷, 東國大學校佛敎文化 硏究院, 1992.
_____,「니야야(正理)學派의 認識論·論理學」,『印度哲學』2輯 (民族社, 1992).
全致洙,「'量評釋'의 理解를 위하여」,『韓國佛敎學』第14輯, 韓國佛敎學會, 1989.
_____,「不可分의 關係(Avinabhava)와 周延關係(Vyapti)」,『伽山學報』2, 伽山佛敎文化硏究院, 1993.
金星喆,「龍樹의 中觀 論理의 起源」, 東國大學校 1996年度 博士學位論文.
金致溫,「佛敎論理學의 成立과 轉用 硏究」, 東國大學校 1998年度 博士學位論文.
李賢玉,「淸辯의 空思想 硏究」, 東國大學校 1996年度 博士學位論文.
宇井伯壽,「『方便心論』の註釋的硏究」,『印度哲學硏究』2, 東京, 1965.
_______,「陳那以前に於ける佛敎の論理說」,『印度哲學硏究』5, 1965.
泰本融,「インド論理學形成の一斷面」,『印度學佛敎學硏究』6卷 2號.
_____,「五分作法の一考察」,『印度學佛敎學硏究』9卷 1號.

이제합명중도

1. 출전 근거

『中阿含經』, 東晉 瞿曇僧伽提婆 譯 (『大正藏』 卷 1).
『雜阿含經』, 劉宋 求那跋陀羅 譯 (『大正藏』 卷2).
『增一阿含經』 (『大正藏』 卷2).
『摩訶般若波羅蜜經』, 後秦 鳩摩羅什 譯 (『大正藏』 卷 8).
『順中論』卷上, 龍樹菩薩造, 無着菩薩釋, 瞿曇般若流支譯 (『大正藏』, 卷 30).
『般若燈論釋』, 分別明菩薩釋, 波羅頗蜜多羅譯 (『大正藏』 卷 30).
『中論』 卷 1, 龍樹菩薩造, 梵志靑目釋, 鳩摩羅什譯 (『大藏正』 卷 30).
『中觀論疏』, 吉藏撰 (『大正藏』 卷 42).
『大乘玄論』, 吉藏撰 (『大正藏』 卷 45).
『三論玄義』, 吉藏撰 (『大正藏』 卷 45).
『大乘中觀釋論』, 安慧菩薩造, 惟淨等譯, 高麗大藏經 卷 41 (『大正藏』卷30).
『大智度論』, 龍樹菩薩造, 鳩摩羅什 譯 (『大正藏』 卷 25).
吉藏 撰,『二諦義』(『大正藏』 卷 45).
Louis de La Vallee Poussin. Mūlamadhyamakakārikās(Mādhyamikasūtras) de Nāgārjuna avec La Prasannapadā Commentaire de Candrakīrti. Bibliothica Budhica 4. St. Petersburg, 1903-1913.

2. 참고 문헌

金東華,『佛敎學槪論』(보련각, 1954).
金仁德,『中論頌 硏究』(불광출판부, 1995).
李仲杓,『阿含의 中道체계』(불광출판부, 1991).

泰本融 著,『空思想と論理』(산희방불서림, 소화62).
平井俊榮 著,『中國般若思想史硏究』(東京: 春秋社, 1976).
境野黃洋,『支那佛教史講話』下卷 (東京: 共立社, 1929).
鎌田茂雄,『朝鮮佛教史』(東京: 東京大學出版會, 1987); 가마타 시게오, 신현숙 역,『한국불교사』(서울: 민족사, 1988).
壬生台舜 編,『龍樹教學의 硏究』(東京: 대장출판주식회사, 1983).
湯用彤,『漢魏兩晋南北朝佛教史』(臺灣: 商務印書館, 1938).

金芿石,「高句麗 僧朗과 三論學」,『白性郁博士頌壽記念 佛教學論文集』, 1959.
金芿石,「僧朗을 相承한 中國三論의 眞理性」,『佛教學報』제1집, 1963.
柳炳德,「僧朗과 三論思想」,『崇山朴吉眞博士華甲紀念 韓國佛教思想史』1975.
金仁德,「僧朗의 三論思想」,『哲學思想의 諸問題(Ⅱ)』1984.
金仁德,「高句麗 三論思想의 展開」,『伽山李智冠스님華甲紀念論叢 韓國佛教文化思想史』상권, 1992.
金仁德,「僧朗 相承 三論學의 三種中道論(1)」,『韓國佛教學』제24집. 1998.
_____,「中論八不宣說에 대한 諸見解」,『佛教와 諸科學』(東大 개교 80주년 기념 논문집) 1986.
高翊晉,「僧朗의 中觀的 空觀」,『韓國의 佛教思想』1987.
高翊晉,「高句麗 僧朗의 三論學과 그 영향」,『韓國古代佛教思想史』1989.
金煐泰,「高句麗 僧朗에 대한 재고찰」,『韓國佛教學』제20집, 1995.
朴先榮,「고구려 僧朗의 중국유학과 활동 및 師承관계」,『전운덕 총무원장 화갑기념 불교학 논총』, 전운덕 총무원장 화갑기념 논총 간행위원회, 1999.
金芿石,「印度 中觀學派의 眞理性과 歷史性」,『東國 思想』제 2집, 東國大學校 佛教學會·哲學會, 1963.
李仲杓,「三論學의 三種中道와 三種方言에 대한 一考」,『韓國佛教學』제9집, 1984.
金星喆,「僧朗의 생애에 대한 재검토」,『韓國佛教學』제40집, 韓國佛教學會, 2005.
朴仁成,「『中論』'觀因緣品'에 대한 靑目의 주석과 佛護의 주석 비교 연구」,『東院論集』, 제7집, 1994.
朴商洙,「僧朗의 三論學과 師弟說에 대한 誤解와 眞實(Ⅰ),『불교학연구』창간호(서울: 불 교학 연구회, 2000).
朴商洙,「僧朗의 三論學과 師弟說에 대한 誤解와 眞實(Ⅱ)」(서울: 불교학결집대회조직위원회, 2004).
全在星,「中論 귀경게 무외소의 연구」,『가산학보』1호.
泰本融,「八不中道를 둘러싼 諸問題」,『印度學 佛教學 硏究』제18권 2호, 1970.
韓明淑,「吉藏의 三論思想 연구」, 博士學位論文, 高麗大學校 大學院, 2002.
金八敬,「大品般若經의 中道說과 般若波羅蜜에 관한 연구」,『彌天 睦楨培博士華甲記念論叢 未來佛教의 向方』, 미천 목정배박사 은법학인회, 1997.
柳孝鉉,「吉藏의 三種中道論 小考」『韓國佛教學』제25집, 韓國佛教學會, 1999.
柳孝鉉,「中觀論疏 重牒의 八不解釋」,『天台學硏究』제7집, 천태불교문화연구원, 2005.
柳孝鉉,「吉藏의 八不中道觀 硏究」, 東國大博士學位論文, 2003.
Sir Monier Monier-Williams, Sanskrit-English Dictionary(London: Oxford University Press, 1899).
서광 編,『한영불교사전』(불광출판부, 2002).
荻原雲來編,『漢譯對照 梵和大辭典』(新裝版; 東京: 講談社, 1986).

만다라

1. 일차자료

『般舟三昧經』(『大正藏』, 13권).
『佛地經』(『大正藏』, 16권).
『入楞伽經』(『大正藏』, 16권).
『解深密經』(『大正藏』, 16권).

『大方等如來藏經』(『大正藏』, 16권).
『大乘密嚴經』(『大正藏』, 16권).
『佛地經論』(『大正藏』, 16권).
『陀羅尼集經』(『大正藏』, 18권).
『大日經』(『大正藏』, 18권).
『金剛頂經』(『大正藏』, 18권).
『金剛頂瑜伽中略出念誦經』(『大正藏』, 18권).
『金剛頂峯樓閣一切瑜伽祇經』(『大正藏』, 18권).
『眞實攝經』(『大正藏』, 18권).
『金剛頂瑜伽十八會指歸』(『大正藏』, 18권).
『分別聖位證法門』(『大正藏』, 18권).
『寶悉成佛陀羅尼經』(『大正藏』, 18권).
『金剛頂瑜伽三十七尊出生義』(『大正藏』, 18권).
『金剛頂瑜伽修習毘盧遮那三摩地法』(『大正藏』, 18권).
『大悲公智金剛大教王儀軌經』(『大正藏』, 18권).
『佛頂尊勝破地獄三種悉地眞言儀軌』(『大正藏』, 18권).
『般舟三昧經』(『大正藏』, 19권).
『一字佛頂輪王經』(『大正藏』, 19)권.
『佛母大金曜孔雀明王經』(『大正藏』, 19권).
『不空羂索眞言經』(『大正藏』, 19권).
『牟梨曼陀羅呪經』(『大正藏』, 19권).
『請觀世音菩薩消伏毒害陀羅呪經』(『大正藏』, 20권).
『金剛頂瑜伽金剛薩埵五秘密修行念誦儀軌』(『大正藏』, 20권).
『大方等陀羅尼經』(『大正藏』, 21권).
『大吉義神呪經』(『大正藏』, 21권).
『大法炬陀羅尼經』(『大正藏』, 21권).
『寶帶陀羅尼經』(『大正藏』, 21)권.
『大毘盧遮那如來定惠(中略)秘密儀軌』(『大正藏』, 21권).
『吽迦陀野儀軌』(『大正藏』, 21권).
『灌頂經』(『大正藏』, 21권).
『金剛薩埵護頻攝那夜迦天成就儀軌經』(『大正藏』, 21권).
『七不八菩薩所說大陀羅尼神呪經』(『大正藏』, 21권).
『摩登加經』(『大正藏』, 21권).
『持句神呪經』(『大正藏』, 21권).
『佛說師子奮迅菩薩所問經』(『大正藏』, 21권).
『佛說花積樓閣陀羅尼經』(『大正藏』, 21권).
『大日經疏』(『大正藏』, 39권).
『大唐西域求法高僧傳』(『大正藏』, 51권).
『大唐西域記』(『大正藏』, 51권).

2. 이차자료

1) 단행본
김용환, 『만다라』(열화당, 1998).
홍윤식, 『만다라』(대원사, 1996).
서윤길, 『한국밀교사상사연구』(불광출판사, 1994).
서윤길, 『밀교사상사개론』(법장원, 2003).
김무생, 『현대밀교』(해인행, 1996).
김영덕, 『금강계삼십칠존의 세계』(위덕대학교 출판부, 2000).
南權熙, 『高麗時代 記錄文化硏究』(淸州古印刷博物館, 2002).
이주형, 『간다라미술』(사계절출판사, 2003).
불교문화연구원, 『한국밀교사상연구』(동국대출판부, 1986).
진각종교육원 편, 『한국밀교학논문집』(해인행, 1986).

松長有慶 著, 동 봉 譯,『코스모스와 만다라』(고려원, 1988).
松長有慶 著, 장 익 譯,『밀교경전성립사론』(1993).
밧따짜리야 著, 장 익 譯,『밀교학입문』(불광출판사, 1995).
수잔 핀처 著, 김진수 譯,『만다라를 통한 미술치료』(학지사, 1998).
정여주,『만다라와 미술치료』(학지사, 2001).
필립 로슨 著, 신성대 譯,『미술판 만다라』(동문선, 1994).
호암미술관,『만다라대전』(중앙일보사, 1985).
栂尾祥雲,『曼荼羅の研究』(臨川書店, 1985).
石田尙豊,『曼荼羅の研究』(東京美術, 1975).
眞鍋俊照,『曼多羅の世界』(朱鷺書房, 1988).
立川武藏,『曼多羅の瞑想法』(角川書店, 1997).
森雅 秀,『曼多羅の密教儀禮』(春秋社, 1997).
加籐敬, 松長有慶,『マンダラ』(毎日新聞社, 1981).
佐和隆研,『密教美術の原像』(法藏館, 1982).
杉本貞州,『インド佛塔の研究』(平樂寺書店, 1984).
베르나르드 프란크 著, 佛蘭久 淳子 譯,『日本佛教曼荼羅』(籐原書店, 2002).
松長有慶,『密教コスモスとマンダラ』(日本放送出版協會, 1985).
Ajit Mookerjee 著, 松長有慶 譯,『タントラ東洋の智慧』(新潮選書, 1981).
高神覺昇,『密教概論』(東京: 第一書房, 1938).
大山公淳,『密教史概說と教理』(京都: 大山古稀記念出版會, 1961).
松長有慶,『密教經典成立史論』(京都: 法藏館, 1980).
松長有慶,『密教の歷史』(京都: 平樂寺書店, 1969).
松長有慶,『松長有慶著作集』第4卷 (法藏館, 1988).
木村西崖,『密教發達志』(東京: 佛書刊行會, 1932).
田中弘吉,『大乘佛教から密教へ』(東京: 春秋社, 1981).
坂野榮範,『金剛頂經に觀する研究』(東京: 國書刊行會, 1976).
栂尾祥雲,『密教佛教史』(東京: 高野山大學 密教文化研究所, 1923).
宮坂宥勝,『密教思想論』(東京: 筑摩書房, 1984).
高井降秀 外,『密教の流傳』(京都: 人文書院, 1984).
宮坂宥勝,『密教の眞理』大阪 (高野山出版社, 1973).
立川武藏,『チベット密教』(春秋社, 1999).
服部正明,『現代新書 529 古代インド神秘思想』(講談社, 1978).
長岡慶信,『密教概說』(東京: 賢省堂, 1964).
中村元 外,『密教(最後の佛教)』(東京: 佼成出版社, 1974).
金剛秀友 外,『密教の理論と實踐(講座密教 第一卷)』(春秋社, 1978).
金剛秀友,『密教の世界觀』(東京, ヒタカ, 1978).
金剛秀友 外,『密教の歷史 (講座密教 第二卷)』(東京: 春秋社, 1977).
金剛秀友,『密教の起源』(東京: 筑摩書房, 1984).
Argüelles, José and Miriam Argüelles, *Mandala*, Boulder and London : Shambhala Publication, 1972.
Bahti, Tom, *Southwestern India Art and Crafts*, Ariz : KC Publication, 1966.
Jung, C. G. *Mandala Symbolism,* Princeton, NJ: Princeton University Press, 1973.
Tucci, Giuseppe, *Theory and Practice of Mandala*, London: Rider and Company.
Cornell, J. *Mandala*, Wheaton 1994.
Fincher, Susanne F, Creation *Mandalas*, Boston, 1991.
Susanne F. Fincher, Coloring *Mandalas*, Sambhala, Boston and london, 2000.
Kalupahana David J. *The Buddhist Tantric Deconstruction and Their Contribution to the history of India,* Chatterji, S.K., The Indo-Mongoloids, , 1974.
Banerjea Jitendra Nath, *The Development of Hindu Iconography*, Mans Hiram Manohrlal, Calcutta, 1985.
Joshi Lalmani, *Buddhist Cultur of India*, Motilal Banarsidass, Delhi, 1987.
Eliade M., *Yoga*, Rontledge Kegan Paul, New York, 1958.
Wayman Alex, *The Buddhist Tantras*, Buddhist Tradition series, vol 9, Motilal Banarsidass,

Delhi, 1990.
Bu Ston, *The History of Buddhism in India and Tibet*(Translated by E.Obermiller), 1932.
Dasgupta.S.B, *An Introduction to Tantric Buddhism*, University of Calcutta, Calcutla,1974.
Bhattacharyya,B, *Obscure Religions Cults*, Firma KLM, Calcutta, 1976
Joshi Lalmani, *Studies in the Buddhist Culture of India*, Motilal Banarsidass, 1987
Woodroffe John, *Śaki and Śākta*, Ganesh & Co, Madras 1994.
The Ranakrishna *Mission Institute of Culture*, The Cultural Heritage of India, Vol IV, Calcutta, 1969.
Bhattacharyya, N.N, *History of Tantric Religion*, Manohar, Delhi, 1992.
Chintaharam, ChaKravarti, *The Tantras*, Studies on their Reilgion and Literature, Pustak, Calcutta, 1963.
Tiwari, L.N. *Śramana Vidyā* (Studies in Buddhism), Some Observations on Tantric Practice in Buddhist Canon, 1987.
Bharati Agehananda, *Tantric Tradition*, Hindustan Publishing Corporation, Delhi, 1993.
Bhattacharya Benoytosh, *An Introduction to Buddhist Esoterism*, Oxford University Press, London, 1932.

2) 논문류
金容煥,「만다라의 視覺形成과 靈性意味의 構造的인 관계에 관한 연구」, 서울대학교, 1989.
鄭泰爀,「五相成身觀의 實修法과 大乘的 意義」,『東洋學』第21輯, 檀國大學校 附設 東洋學硏究所, 1991年.
문명대,「신라 사방불의 기원과 신인사의 사방불」,『한국사연구』 제18집, 1997.
문명대,「신라 신인종의 연구」,『진단학보』 제41집.
정영호,「원광법사와 삼기산 금곡사」, 史叢:정재각박사 화갑기념논문집(17,18합집).
이중석,「밀교 비로자나불의 연구」, 동국대 대학원, 2003.
송우천,「만다라회화의 상징성에 관한 연구」, 대구가톨릭대 대학원, 1999.
김현남,「태장금강 양계만다라의 비교연구」, 원광대 대학원, 1994.
권순교,「만다라회화에 나타난 화상의 조형성 연구」, 동아대 대학원, 1993.
이승호,「태장계만다라의 구조와 성불론」, 동국대 대학원, 1987.
정경주,「만다라화의 구조와 색채에 관한 연구」, 부산대 대학원, 1991.
金在庚,「新羅의 密敎受容과 그 性格」,『大丘史學』 제14집.
酒井眞一,「曼荼羅の基本的 理解」,『密敎學硏究』 二, 1966.
宮坂侑勝,「胎藏曼荼羅最外院の構成」,『密敎文化』 88, 1965.
松長有慶,「Mantrayāna, mantranaya, vajrayāna」,『印度學佛敎學硏究』 21-2.
磯田熙文,「Pāramitayāna と Mantrayāna」,『宗敎硏究』 238, 1979年 2月.
松長有慶,「大乘思想の儀軌化」,『密敎文化』 98, 1972年 3月.
遠藤祐純,「五相成身觀について」,『密敎學』 13·14, 1976年 10月.
松長有慶,「大日經の梵文斷片について」,『印度學佛敎學』 14-2, 1967年 3月.
吉田宏晳,「藏漢對照よりみた 大日經住心品における 菩提心について」,『密敎學硏究』, 1969年 2月.
賴富本宏,「大日經の成立地について」,『那須佛敎思想論集』, 1984年 8月.
渡辺照宏,「Virocana と Vairocana」,『密敎學密敎史論文集』, 1965年 12月.
加藤精一,「密敎經典にあらわれた 五智と五佛」,『豊山學報』 8, 1973年 6月.
長澤實導,「大日經住心品の三句の佛敎學的解釋」,『智山學報』 8, 1960年 2月.

3) 사전류
『佛書解說大辭典』(東京: 大東出版社, 1933).
『望月佛敎大辭典』(東京: 世界聖典刊行協會), 1931-63.
『佛敎語大辭典』(東京: 中村元, 東京書籍, 1975).
『密敎大辭典』(京都: 密敎辭典編纂會, 法藏館, 1970).
八田行雄,『眞言辭典』(東京: 平河出版社, 1985).
Jäschike, *A Tibetan English Dictionary*, Motilal Banarsidass Publishers, Delhi, 1975.
Tsepak Rigzin, *Tibetan English Dictionary of Buddhist Terminology,* Library of Tibetan Works and Archives, 1993.

Williams Monier, *Sanskrit English Dictionary*, Motilal Banarsidass Publishers, Delhi, 1965.
Edgerton Franklin, *Buddhist Hybrid Sanskrit Grammar and Dictionary,* vol Ⅰ.Ⅱ, Motilal Banarsidass Publishers, Delhi, 1970.

성취법

『增壹阿含經』(『大正藏』 2권)
『觀佛三昧海經』(『大正藏』 15권)
『佛說一切如來眞實攝大乘現證三昧大敎王經』(『大正藏』 18권)
Bentor, Yael, *Consecration of Images and Stūpas in Indo-Tibetan Tantric Buddhism,* (Leiden: Brill's Indological Library, Vol. 11, 1996)
Bhadantācariya Buddhaghosa, *The Path of Purification* (*Visuddhimagga*), translated from the Pāli by Bhikkhu Ñyāṇamoli, Vol. I, II, (London: Shambhala Publications INC., 1976)
Bharati, Agehananda, *The Tantric Tradition*, (London: Random Century Group Ltd., 1992)
Bhattacharyya, Benoytosh, *An Introduction to Buddhist Esoterism*, (Delhi: Motilal Banarsidass Publishers, 1931)
_______, *The Indian Buddhist Iconography*, (Calcutta: Firma KLM Private Limited, 1987)
Boord, Martin J., *The Cult of the Deity Vajrakīla*, Buddhica Britannica Series Continua IV, (Tring: The Institute of Buddhist Studies, 1993)
Brauen, Martin, *The Mandala, Sacred Circle in Tibetan Buddhism*, translated from the German by Martin Willson, (London: Serindia Publications, 1997)
Cozort, Daniel, '*Sādhana (sGrub thabs*): *Means of Achievement for Deity Yoga*', Tibetan Literature, edited by José Ignacio Cabezón and Roger R. Jackson, (New York: Snow Lion Publications, 1996)
Dasgupta, Shashi Bhushan, *An Introduction to Tantric Buddhism*, (Berkeley: Shambhala Publications, 1974)
Davids, T. W. Rhys, *The Pali Text Society's Pali-English Dictionary*, (London: The Pali Text Society, 1986)
Dowman, Keith, *Masters of Mahamudra*, (New York: State University of New York Press, 1985)
Eliade, Mircea, *Yoga, Immortality and Freedom*, Bolligen Series LVI, translated from the French by Willard R. Trask (Princeton: Princeton University Press, 1990)
Gómez, Luis O., '*Two Tantric Meditations*: *Visualizing the Deity* ', Buddhism in Practice, edited by Donald S. Lopez Jr., (Princeton: Princeton University Press, 1995)
Gyatso, Janet, '*An Avalokiteśvara Sādhana*', Religions of Tibet in Practice, edited by Donald S. Lopez Jr., (Princeton: Princeton University Press, 1997)
Jäschke, H. A., *A Tibetan-English Dictionary*, (London: Routledge & Kegan Paul Ltd., 1968)
King, Winston L., '*Meditation* : *Buddhist Meditation* ', The Encyclopaedia of Religion, edited by Mircea Eliade, Vol. 9, (New York: Macmillan Publishing Company, 1987)
Kwon, Do-Kyun, *Sarvatathāgatatattvasaṃgraha* (*Compendium of All the Tathāgatas*), *A Study of Its Origin, Structure and Teachings*, Ph. D, (London: School of Oriental and African Studies, University of London, 2002)
Lessing, F. D. and Wayman, Alex (trs.), *Introduction to the Buddhist Tantric Systems*, (Delhi: Motilal Banarsidass Publishers, 1993)
Monier-Williams, Monier, *A Sanskrit-English Dictionary*, (Oxford: Oxford University Press, 1988)
Nakamura Hajime, '*Mahayana Buddhism* ', Buddhism and Asian History, edited by Joseph M. Kitagawa and Mark D. Cummings, (New York: Macmillan Publishing Company, 1989)
Skorupski, Tadeusz, *Three types of Evocation* (*sādhana*), The Buddhist Forum VI, (Tring:

The Institute of Buddhist Studies, 2001)
_______, *The Kriyāsaṃgraha* (*Compendium of Buddhist Rituals*), Buddhica Britannica Series Continua X, (Tring: The Institute of Buddhist Studies, 2002)
_______, *The Saṃpuṭa-tantra*: *Sanskrit and Tibetan Versions of Chapter One*, The Buddhist Forum IV, (London: School of Oriental and African Studies, University of London, 1996)
_______, *The Sarvadurgatipariśodhana tantra* (*Elimination of All Evil Destinies*), (Delhi: Motilal Banarsidass Publishers, 1983)
Snellgrove, David L., *Indo-Tibetan Buddhism*, (London: Serindia Publications, 1987)
_______, '*The Tantras* ', Buddhist Text Through the Ages, edited by Edward Conze, (Boston: Shambhala, 1990)
Tucci, Giuseppe, *The Theory and Practice of the Maṇḍala*, translated from the Italian by Alan Houghton Brodrick, (London: Rider & Company, 1961)
Vessantara, *Meeting the Buddhas* (*A Guide to Buddhas, Bodhisattvas, and Tantric Deities*), (Glasgow: Windhorse Publications, 1993)
Wayman, Alex, *Yoga of the Guhyasamājatantra*, (Delhi: Motilal Banarsidass Publishers, 1991)
Williams, Paul, *Mahāyāna Buddhism* (*The Doctrinal Foundations*), (London: Routledge, 1991)
Yamada Isshi (ed.), *Sarva-Tathāgata-Tattva-Saṅgraha Nāma Mahāyāna-Sūtra*, a critical edition based on a Sanskrit manuscript and Chinese and Tibetan translations, Śata-Piṭaka series, Vol. 262, (New Delhi: 1981)
범라 옮김,『위숫디막가, 청정도론』(위빠싸나 출판부, 2003)
서윤길 편저,『밀교사상사개론』(불교총지종 법장원, 2003)
이태원,『염불의 원류와 전개사』(운주사, 2003)
임승택,『위빠사나 수행관 연구』(경서원, 2004)
장익,「밀교관법의 형성에 관한 연구」,『밀교학보』 제3집 (서울: 밀교문화연구원, 2001)
정태혁,『밀교의 세계』(동문선, 2002)
전관응 대종사 감수,『불교학 대사전』(홍법원, 1992)
한보광 옮김,『정토삼부경』(민족사, 2002)
허일범 김영덕 옮김,『대일경 금강정경 외』(동국역경원, 1995)
松長有慶 (장익 옮김),『밀교경전 성립사론』(불광출판부, 1993)
森雅秀,『マンダラの 密教儀礼』(東京: 春秋社, 1997)
佐和隆研 編,『密敎辭典』(京都: 法藏館, 1975)

색법

1. 일차자료

『中阿含經』(『大正藏』 2).
『雜阿含經』(『大正藏』 2).
『成實論』(『大正藏』 32).
『瑜伽師地論』(『大正藏』 29).
『攝大乘論釋』(『大正藏』 31).
『大智度論』(『大正藏』25).
『大乘百法明門論解』 하권 (『大正藏』 44).
『阿毘達磨俱舍論』(『大正藏』 29).
『阿毘達磨大毘婆沙論』(『大正藏』 27).
『大乘百法明門論解』(『大正藏』 44).
『大乘起信論義記』(『大正藏』 44).
『攝大乘論釋』(『大正藏』 31).
『瑜伽論記』(『韓國佛敎全書』 3).

『阿毘達磨俱舍論』(『大正藏』 29).
『瑜伽師地論』(『大正藏』 29).
한글대장경, 『雜阿含經』1 (동국역경원, 1996).
한글대장경, 『大智度論』3 (동국역경원, 1994).

I. B. Horner, *Majjhimanikāya*. I, London, Pali Text Society, 1976.
Edward Muller, *Dhammasaṅgaṇi*, London, The pali Text society, 1978.
Mrs. Rhys Davids, *Vibhaṅga*, London, The pali Text society, 1978.
C. A. F. Rhys Davids, *Visuddhimagga*, London, The pali Text society, 1975.
__________________, Hammalawa Saddhātissa, *Abhidhammatthasaṅgaha*, Oxford, The pali Text society, 1989.
Thiṭṭila, *Vibhaṅga, The Book of Analysis*, London, The pali Text society, 1969.
U. Nārada, Paṭṭhāna, *Conditional Relations* Vol.Ⅱ, London, The pali Text society, 1981.
G. A. Somaratne, *The Saṃyuttanikāya of the suttapitaka* : a critical apparatus. Oxford, Pali Text Society, 1994-2001.
J. H. Woods, Papañcasūdanī, *Majjhimanikayatthakatha of Buddhaghosacariya*, London, U.K., The Pali Text Society, 1977-1979.
Lalitavistara, Ed. P. L. Vaidya. *Darbhanga*. (Buddhist Sanskrit Texts).
Gwendolyn Bays, *Lalitavistara-sutra*, 14 The Voice of the Buddha, Berkeley, Dharma, 1983.
Y. Karunadasa, *Buddhist analysis of matter*(2ed; Singapore; The Buddhist Research Society, 1989.)

2. 이차자료

『佛教大辭典』(弘法院, 2001).
『佛學大辭典』, (台灣: 신문풍출판공사, 台灣印經處 民國63(1974)).
『漢語大詞典』, (上海: 漢語大詞典出版社, 1996).
雲井昭善, 『パーリ語佛教辭典』(山喜房書林, 1997).
Rhys Davids and William Stede, *The Pali Text Society's Pāli Englisch Dictionary*, London, The pali Text society, 1986.
M. Monier-Williams, *Sanskrit-English Dictionary*, Oxford University Press, 1960.
Lily de Silva, *The Buddhist Attitude towards Nature*, ed. by Klas Sandell, Buddhist Perspectives on the Ecocrisis, Kandy: Buddhist Publication Society, 1987.

中村元, 『原始佛教の思想 上』(東京: 春秋社, 昭和56).
樓部建, 『俱舍論の研究(根·界品)』(京都: 法藏館, 1975).
水野弘元, 「心不相應法의 개념의 발생」, 『印度學佛教學』 4-2집.
浪華宣明, 「色法の主觀的認識-"ruppati"の解釋をめぐって-」, 『佛教學セミナ-』 41號, 大谷大學佛教學會, 1985.
舟橋一哉, 「南傳阿毘達磨について」, 『宗教研究』 12a.
고익진, 『아함법상의 체계성 연구』(동국대학교출판부, 1990).
권오민, 「有部 毘婆沙師의 色法觀 再考」, 『한국불교학』 제17집, 한국불교학회.
동국대교양교재편찬위원회 편, 『불교학개론』(서울: 동국대출판부, 1998).
동국대학교 BK불교문화사상사교육연구단 편, 『불교사상의 생태학적 이해』(서울: 동국대학교출판부, 2006).
린 마루리스·도리언 세이건, 황현숙 역, 『생명이란 무엇인가』(서울: 지호, 1999).
백도수, 「rūpa에 대한 연구」-팔리경·논을 중심으로-, 『인도철학』, 제13집(1호), 인도철학회, 2003.
오형근, 『불교의 물질과 시간론』(서울: 유가사상사, 1994).
주광렬, 『과학과 환경』(서울: 서울대출판부, 1986).
서경수, 『불교철학의 한국적 전래』(서울: 불광출판부, 1990).
이영진, 「붓다고사의 색법 분류」, 『보조사상』 제20집. 보조사상연구원, 2003.

최봉수, 「色蘊에서의 色의 의미: 俱舍論과 淸淨道論의 색온론을 비교하여」, 『佛敎學報』, 東國大學校 佛敎文化硏究院.

훈습

1. 일차자료

求那跋陀羅 譯, 『楞伽阿跋多羅寶經』 4권(『大正藏』 vol. 16, No. 670).
求那跋陀羅 譯, 『勝鬘師子吼一乘大方便方廣經』 1권(『大正藏』 vol. 12, No. 353).
馬鳴 造, 眞諦 譯, 『大乘起信論』 1권(『大正藏』 vol. 32, No. 1666).
無著 造, 玄奘 譯, 『攝大乘論本』 3권(『大正藏』 vol. 31, No. 1594).
無着 造, 世親 釋, 眞諦 譯, 『攝大乘論釋』 15권(『大正藏』 vol. 31, No. 1595).
世親 造, 玄奘 譯, 『阿毘達磨俱舍論』 30권(『大正藏』 vol. 29, No. 1558).
實叉難陀 譯, 『大乘入楞伽經』 7권(『大正藏』 vol. 16 No. 672).
元曉, 『大乘起信論疏記會本』 6권(『韓國佛敎全書』 권 1).
護法等 造, 玄奘 譯, 『成唯識論』 10권(『大正藏』 vol. 31, No. 1585).

2. 이차자료

Edgerton, Franklin., *Buddhist Hybrid Sanskrit Dictionary*. New Haven: Yale University Press, 1953.
慈怡 외 編, 『佛光大辭典』 (高雄: 佛光出版社, 1989).
織田得能, 『織田仏教大辞典』 (東京: 大正出版社, 1982).
塚本善隆 외 編, 『望月仏教大辞典』(增訂判) (東京: 世界聖典刊行協会, 1980).

加藤祉遵 지음, 전명성 옮김, 『唯識宗 綱要』 (서울: 보련각, 1961).
憨山 지음, 오진탁 옮김, 『감산의 起信論 풀이』 (서울: 서광사, 1992).
鎌田茂生 지음, 장휘옥 옮김, 『대승기신론 이야기』 (서울: 장승, 1995).
高崎直道, 이지수 옮김, 『유식입문』 (서울: 시공사, 1997).
宇井伯壽, 『佛敎汎論』 (東京: 岩波書店, 1962).
김동화, 『唯識哲學』 (서울: 보련각, 1972).
이만, 『유식학 개론』 (서울: 민족사, 1999).
太田久紀 지음, 정병조 옮김, 『佛敎의 深層心理』 (서울: 玄音社, 1985).

Balslev, Anindita N., "The Notion of Klesa and Its Bearing on the Yoga Analysis of Mind," *Philosophy East and West* 41/1, 1991, pp.77-88.
Coward, Harold G., "Psychology and Karma," *Philosophy East and West* 33/1, 1983, pp.49-60.
고승학, 「『大乘起信論』에서 始覺과 本覺의 관계」, 『철학논구』 30, 2002, pp.1-23.
김사업, 「唯識無境에 관한 해석상의 문제점과 그 해결 - 三類境說을 전후한 인도·중국 교설의 비교를 통하여-」, 『불교학보』 35, 1998, pp.247-268.
______, 「唯識에 의거한 經驗世界의 屬性 - 그 허구성과 허구성 속의 법칙성-」, 『한국불교학』 23, 1997, pp.431-449.
김치온, 「唯識學에서 바라본 人間의 有漏性과 無漏性」, 『한국불교학』 27, 2000, pp.241-269.
이동우, 「『成唯識論』에 나타난 種子의 유래에 관한 논의」, 『한국불교학』 33, 2003, pp.165-183.
정승석, 「요가 철학에서 잠재업과 훈습의 관계」, 『인도철학』 11, 2001, pp.45-65.
曹志成, 「「護法－－玄奘」一系與眞諦一系唯識學的「聞熏習」理論的思想意涵之探討」, 『法光學壇』 第一期, 法光佛敎文化硏究所, 1997, pp.119-129.

팔불중도

支婁迦讖譯, 『道行般若經』(『大正藏』 8권).
鳩摩羅什譯, 『摩訶般若波羅蜜經』(『大正藏』 8권).
鳩摩羅什譯, 『維摩詰所說經』(『大正藏』 14권).
龍樹菩薩造, 青目釋, 『中論』(『大正藏』 30권).
僧肇, 『肇論』(『大正藏』 45권).
吉藏, 『中觀論疏』(『大正藏』 42권).
____, 『三論玄義』(『大正藏』 45권).
Candrakīrti, 박인성 옮김, 『쁘라산나빠다』(서울: 민음사, 1996).
김성철 역주, 『中論』(서울: 경서원, 1993).
泰本 融, 『空思想と論理』(東京: 1987).
印順, 『中觀論頌講記』(臺灣: 正聞出版社, 2000).
安井廣濟, 김성환 옮김, 『中觀思想研究』(서울: 문학생활사, 1988).
長尾雅人, 김수아 옮김, 『중관과 유식』(서울: 동국대출판부, 2005).
프레데릭J. 스트렝, 남수영 옮김, 『용수의 공사상 연구』(서울: 시공사, 1999).
길희성, 『인도철학사』(서울: 민음사, 1991).
전재성, 「中論 歸敬偈無畏疏의 研究」, 『伽山學報』1호.

이장

1. 출전 근거

『中阿含經』 26, 710경(『大正藏』 2권)
護法 等 菩薩 造, 『成唯識論』9(『大正藏』 31권)
世親, 『阿毘達磨俱舍論』25(『大正藏』 29권)
元曉, 『二障義』(『韓佛全』 1권)
元曉, 『金剛三昧經論』 中(『韓佛全』 1권)
元曉, 『大乘起信論別記』 本(『韓佛全』 1권)
元曉, 『大乘起信論疏』 上(『韓佛全』 1권)
太賢, 『成唯識論學記』 下末(『韓佛全』 1권)
均如, 『釋華嚴教分記圓通鈔』 5(『韓佛全』 5권)

2. 참고 문헌

望月信亨, 『망월불교대사전』1~13(동경: 세계불교성전간행협회, 1973)
불광대장경편수위원회 편, 『불광대사전』1~7(대만: 불광출판사, 1988)
織田, 『직전불교대사전』(동경: 대장출판주식회사, 1965)
中村 元, 『불교어대사전』상중하(동경: 춘추사, 1975)
中村 元 외, 『암파불교사전』(동경: 암파서점, 1989)
이동철 외, 『21세기의 동양철학』(을유문화사, 2005)
김석근 외, 『중국사상문화사전』(민족문화문고, 2002)
오형근 역주, 『국역 이장의』, 『국역원효성사전서』(원효종, 1986)
은정희 역주, 『이장의』(소명출판, 2004)
산산춘평 외, 『불교의 사상』, 박태원·이영근, 『불교의 역사와 기본사상』(서울: 대원사,1989)
横超慧日, 『二障義: 연구편』(일본 동경: 평락사서점, 1979).
이평래, 「번뇌·소지 이장과 인법 이무아의 기초적 연구」, 『철학연구』34, 1982.
이정희, 「원효가 본 이장 體性에 관한 연구」, 동국대학교 대학원 불교학과 석사논문, 1992.
丁永根, 「각의 두 가지 장애」, 한국정신문화연구원 한국학대학원 석사논문, 1981
丁永根, 「마음의 장애와 무지의 장애」, 『민족불교』 제2호, 청년사, 1992.
朴海鐺, 「원효의 장애 이론」, 『태동고전연구』제3호, 한림대학교 태동고전연구소, 1994.
김수정, 「이장 번뇌에 대한 연구」, 동국대학교 대학원 불교학과 석사논문, 1998.

高榮燮,「원효의 장애론」,『원효탐색』(서울: 연기사, 2001)
류승주,『원효의 유식사상』, 동국대학교 대학원 불교학과 박사논문, 2001.

사성제

1. 일차자료

Pāli Text와 略語는 Critical Pāli Dictionary(CPD) Vol.1의 Epiloegomena 참조. 기타 약어는 Pāli 문헌 검색 및 인용을 위한 데이터베이스로는 다음의 자료를 참조하였다.

Pāli Text Database (Pāli Text Society Editions) inputted by Association for Pali Text Inputting (APTI), Faculty of Letters, University of Tokyo, 1993 - 1998.
Chatta Saṅghayana Tipitaka CD III, Vipassanā Research Institute, Igatpuri, 1998.

Akbh : Abhidharmakośabhāṣya, ed. by p.Pradhan, Tibetan Sanskrit Works Series vol. 8, Patna, 1967.

MMK : Mūlamadhyamakārikās (Madhyamikasūtras) de Nāgārjuna avec la Prasannapadā Commentaire de Candrakīrti, ed. by de la Valee Poussin, Bibliotheca Buddhica 4, Tokyo, rep.1977.

MVBh : Madhyāntavibhāgabhāṣya, ed by Nagao, Gadjin), Tokyo, 1964.
(『구사론』 등의 범어 원문 자료는 정신문화연구원 이종철교수가 입력한 자료를 이용하였다.)
Vism-mhṭ : Visuddhimagga-Mahāṭīkā (Paramatthamañjūsā).
Burmese Chatta Saṅghayana edition. Vols. 2, Yangon, 1960.
대정장 :『大正新脩大藏経』

2. 이차자료

Anderson, Carol S.
[1994] *Practices of a Buddhist Doctrine : The Four Noble Truth in the Tipitaka Vol I, II,* Ph. D. Dissertation, University of Chicago.
[1999]
Pain and its Ending: The Four Noble Truths in the Theravada Buddhist Canon,
Richmond, Surrey: Curzon Press.

Ehara, N.R.M., Soma Thera, Kheminda Thera
[1961] *The Path of Freedom(Vimuttimagga) by the Arahant Upatissa*, Kandy: Buddhist Publication Society, Reprinted in 1977, 1995.
Fulton, Paulm Siegel, Ronald,
[2005] Buddhist and Western Psychology : Seeking Common Ground, in *Mindfulness and Psychotherapy*, Edited By Christopher K. Germer etc., Guilford press, pp.28-51.
Gethin, R. M. L.
[1992] *The Buddhist Path to Awakening : A Study of the Bodhi-Pakkhiyā Dhammā*, Leiden: E. J. Brill.
Norman, K. R.
[1982] The Four Noble Truth : A Problem of Pāli Syntax, *Indological and Buddhist Studies (Volome in honour of Professor J.W. De Jong)*, Canberra, pp.377-91. Reprinted in *Collected Papers II*, 210-223, Oxford, PTS, 1991.
Nyanatiloka
[1906] *The Word of the Buddha*, Kandy: Buddhist Publication Society, 1981, 16th ed. (김재성 옮김,『붓다의 말씀』서울: 고요한소리, 2006 3판)

榎本文雄,「阿含経典の成立」『東洋学術研究』23-1 (東京: 東洋哲学研究所, 1984), pp.93-108.
김재성,「초기불교에서의 오정심관의 위치」불교학연구』14 (불교학연구회, 2006), pp.183-224.
櫻部建·小谷信千代,『俱舍論の原典解明』, 賢聖品 (京都: 法藏館, 1999).
大谷信千代,『法と行の思想としての仏教』(京都: 文営堂, 2000).
대림 스님,『청정도론』(초기불전연구원, 2004).
藤田宏達,「原始佛教における因果思想」,『佛教思想 3 因果』(京都: 平樂寺書店(1997 再刊), 1978).
森章司,『原始仏教から阿毘達磨への仏教教理の研究』(東京: 東京堂出版, 1995).
三枝充悳,『初期仏教の思想』(東京: 東洋哲学研究所, 1978).
水野弘元,『パーリ仏教を中心とした仏教の心識論』(東京: 山喜房仏書林(1978改訂版), 1964).
櫻部建, 小谷信千代, 本庄良文,『俱舍論の原典解明:智品·定品』(東京: 大藏出版, 2004).
葉阿月,『唯識思想の研究 : 根本眞實としての三性説を中心にして』(台南: 高長印書局. 1975).
玉城 康四郎,「縁起の眞意　原型への復帰」『印度学仏教学研究』83(42-1), 1983, pp.203- 210.
早島鏡正,『初期佛教の社会生活』(東京: 岩波書店, 1964).
中村元,『原始佛教の思想 I』(東京: 春秋社, 1993).
平川彰,『法と縁起』(東京: 春秋社, 1988).

이사

『望月佛教大辭典』(世界聖典刊行協力會, 1933).
『佛光大辭典』(佛光出版社, 1989).
『佛教學大辭典』(佛書出版 弘法院, 1998년 4월 10판 발행).
『梵和大辭典』(講談社, 1986).
Willi上ms, Monier, *Sanskrit Dictionary*, Oxford University Press, 1982.
『中英佛學辭典』(佛光出版社, 1994).
玄奘 譯,『解深密經』(『大正新修大藏經』16권).
佛馱跋陀羅 譯,『大方廣佛華嚴經』60권 (『大正新修大藏經』9권).
實叉難陀 譯,『大方廣佛華嚴經』80권 (『大正新修大藏經』10권).
善無畏 一行 譯,『大毘盧遮那成佛神變加持經』(『大正新修大藏經』18권).
輸波迦羅 譯,『蘇悉地羯羅經』(『大正新修大藏經』18권).
不空 譯,『金剛頂一切如來眞實攝大乘現證大敎王經』(『大正新修大藏經』18권).
護法等 菩薩 造, 玄奘 譯,『成唯識論』(『大正新修大藏經』31권).
無著菩薩 造, 波羅頗蜜多羅 譯,『大乘莊嚴經論』(『大正新修大藏經』31권).
彌勒菩薩 說, 玄奘 譯,『瑜伽師地論』(『大正新修大藏經』30권).
世親菩薩 造, 玄奘 譯,『阿毘達磨俱舍論』(『大正新修大藏經』29권).
馬鳴菩薩 造, 眞諦 譯,『大乘起信論』(『大正新修大藏經』32권).
義湘 撰,『華嚴一乘法界圖』,『大正新修大藏經』45권 (『韓國佛教全書』2책).
表員 集,『華嚴經文義要決問答』(『韓國佛教全書』2책).
均如 說,『一乘法界圖圓通記』(『韓國佛教全書』4책).
未詳,『法界圖記叢髓錄』,『大正新修大藏經』45권 (『韓國佛教全書』6책).
智顗 說,『摩訶止觀』(『大正新修大藏經』46권).
智顗 說,『釋禪波羅蜜次第法門』(『大正新修大藏經』46권).
智顗 撰,『維摩經玄疏』(『大正新修大藏經』38권).
智顗 說,『妙法蓮華經玄義』(『大正新修大藏經』33권).
湛然 述,『止觀義例』(『大正新修大藏經』46권).
湛然 述,『止觀大意』(『大正新修大藏經』46권).
湛然 述,『止觀輔行傳弘決』(『大正新修大藏經』46권).
杜順 說,『華嚴五敎止觀』(『大正新修大藏經』45권).
智儼 述,『大方廣佛華嚴經搜玄分齊通智方軌』(『大正新修大藏經』35권).
智儼 集,『華嚴經內章門等雜孔目章』(『大正新修大藏經』45권).
杜順 說 智儼 撰,『華嚴一乘十玄門』(『大正新修大藏經』45권).
智儼 集,『華嚴五十要問答』(『大正新修大藏經』45권).

法藏 述,『華嚴經義海百門』(『大正新修大藏經』 45권).
法藏 述,『華嚴發菩提心章』(『大正新修大藏經』 45권).
法藏 述,『華嚴經探玄記』(『大正新修大藏經』 35권).
法藏 述,『華嚴策林』(『大正新修大藏經』 45권).
澄觀 述,『華嚴法界玄鏡』(『大正新修大藏經』 45권).
澄觀 撰,『大方廣佛華嚴經疏』(『大正新修大藏經』 35권).
澄觀 述,『大方廣佛華嚴經隨疏演義鈔』(『大正新修大藏經』 36권).
澄觀 述,『華嚴經行願品疏』(『續藏經』 7권).
宗密 註,『註華嚴法界觀門』(『大正新修大藏經』 45권).
慧遠 撰,『大乘義章』(『大正新修大藏經』 44권).
道源,『景德傳燈錄』(『大正新修大藏經』 51권).
僧肇 著,『寶藏論』(『大正新修大藏經』 45권).
撰寧 等 撰,『宋高僧傳』(『大正新修大藏經』 50권).
延壽 集,『宗鏡錄』(『大正新修大藏經』 48권).
延壽 述,『萬善同歸集』(『大正新修大藏經』 48권).
寶亮等 集,『涅槃經集解』(『續藏經』 94권).
未詳,『百法問答抄』(『日本大藏經』 33卷).
圓仁 記, 淸水谷恭順 譯,『蘇悉地羯羅經略疏』(『國譯一切經』經疏部 18.
安然 造,『眞言宗敎時問答』(『日本大藏經』 43권).
未詳,『大乘無生方便門』(『大正新修大藏經』 85권).
이운구 역,『韓非子』,「解老篇」(도서출판 한길사, 2003).
朱熹 編輯,『二程語錄』(北京: 中華書局, 1985).
楊時 編輯,『二程粹言』(北京: 中華書局, 1985).
黎靖德 編, 허탁 이요성 공역,『朱子語類』(청계출판사 1999).
朱熹 著,『中庸或問』(중국, 발행처미상).
周敦頤 撰,『周濂溪集』(北京: 中華書局, 1985).
金芿石 著,『華嚴學槪論』(동국대학교 출판부, 단기 4293).
平川 彰·梶山雄一·高崎直道 編, 鄭舜日 譯,『華嚴思想』(경서원, 1988).
아라키 겐고(荒木見悟) 지음, 심경호 옮김,『佛敎와 儒敎』(예문서원, 2002).
김천학,「의상과 동아시아 불교사상」,『義相萬海硏究』제1집, 의상만해연구원, 2002.
明淡,「法藏의 華嚴 性起思想 硏究」, 동국대학교 석사학위논문, 1998.
淨嚴(徐海基),「四法界說의 성립과『法界觀門』」,『한국불교학』제3집, 한국불교학회, 2001.
정영근,「의상 화엄학의 실천적 지향」,『종교연구』가을호, 한국종교학회, 1998.
大竹晉,「理理相卽と理理圓融-<華嚴止觀>論巧」,『哲學·思想論叢』17, 1999.
木村淸孝,「韓國佛敎における理理相卽論の展開」,『南都佛敎』49, 1982.
石井公成,「理理相卽說の形成」,『PHIL上SOPIA』76, 早稻田大學, 1988.
齋藤明,「事と理覺え書き-佛敎のダ゜ルマ(法)理論」,『三重大學論集』6, 人文學部·敎育學部, 1990.
齋藤明,「四種法界考」,『宗敎硏究』287(64-4), 1991.
井筒俊彦,「事事無礙法界·理理無礙法界(下) 存存解體のあと」,『思想』735, 1985.

교판

1. 일차자료

원전류

智顗,『法華玄義』卷10上 (『大正藏』 33卷).
吉藏,『法華遊意』(『大正藏』 34卷).
吉藏,『法華玄論』卷3 (『大正藏』 34卷).
道綽,『安樂集』(『大正藏』 47卷).
法藏,『華嚴經疏秒玄談』(續藏經 8卷).
法藏,『華嚴經探玄記』(『大正藏』 35卷).
李通玄.『新華嚴經論』卷3 (『大正藏』 36卷).

宗密,『原人論』(『大正藏』45卷).
宗密,『禪源諸詮集都序』卷1 (『大正藏』48卷).
慧遠,『刊定記』卷1 (續藏經 1卷).
慧遠,『大乘義章』卷1 (『大正藏』44卷).
澄觀,『華嚴經疏』, 卷1 (『大正藏』35卷).
澄觀.『大方廣佛華嚴經疏』卷12 (『大正藏』35卷).
元曉,『法華宗要』(韓佛全 1卷).
元曉,『涅槃宗要』(『大正藏』38卷).
元曉,『大慧度經宗要』(『大正藏』33卷).
表員.『華嚴經文義要決門答』卷4 (續藏經 5卷).
諦觀,『天台四敎義』(韓佛全 4卷).
覺訓,『海東高僧傳』「義天錄」(『大正藏』50卷).
知訥,『華嚴經節要』卷1 (韓佛全 4卷).

智顗,『法華玄義』10권 (『大正藏』33, 佛大本, 天台全).
湛然,『法華玄義釋籤』10권 (『大正藏』33, 佛大本, 天台全).
湛然,『法華玄義科文』5권 (卍續藏 43).
道邃,『法華玄義釋籤要決』10권 (日佛全 15).
證眞.『法華玄義私記』10권 (日佛全 21, 佛大本, 天台全).
癡空,『法華玄義釋籤講義』10권 (佛大本, 天台全).
守脫,『法華玄義釋籤講述』10권 (佛大本, 天台全).

諦觀 錄, 天台四敎儀 1권 (韓佛全 4).
神智從義 撰, 四敎儀集解 1권 (卍續藏 102).
元粹, 四敎儀備釋 2권 (卍續藏 102).
玉岡蒙潤 集, 四敎義集註 3권 (佛大本 1·2권).
_______ 排, 四敎義集註科 1권 (卍續藏 102).
靈輝 節, 四敎義集註節義 1권 (卍續藏 102).
性權 記, 四敎義註彙補輔宏記 20권 (卍續藏 102).

2. 이차자료

1) 저서류

金東華,『韓國佛敎思想의 座標』(保林社, 1984).
金煐泰,『韓國佛敎史』(經書院, 1997).
木村清孝,『中國佛敎思想史』(民族社, 1995).
佛敎敎材編纂委,『佛敎思想의 理解』(東國大學校出版部, 1997).
趙明基,『高麗大覺國師와 天台思想』(경서원, 1991).
李永子,『韓國 天台思想의 展開』(민족사, 1993).
田村芳朗 梅原猛,『천태법화의 사상』, 李永子역 (민족사, 1992).
前田慧雲,『天台宗綱要』(東洋大學出版部).
天台宗務廳敎學部,『台學階梯』, 敎觀講要 (天台發行所).
天台宗讀本,『谷慈弘』(天台宗務廳敎學部, 1939).
二宮守人,『天台の教義と信仰』(國書刊行會, 1977).
島地大等,『天台敎學史』(中山書院, 1978 (1929)).
_______,『敎理と史論』(中山書院, 1931).
福田堯穎,『天台學概論』(三省堂, 1954).
_______,『續 天台學概論』(文一出版, 1959).
山口光圓,『天台概說』(法藏館).
_______,『天台淨土史』(法藏館).
藤浦慧嚴,『天台敎學と淨土敎』(淨土敎報社, 1942).
石津照璽,『天台實相論の研究』(創文社, 1980 (1947)).
安藤俊雄,『天台性具思想論』(法藏館, 1953).

_______, 『天台思想史』(法藏館, 1959).
_______, 『天台學』(平樂寺, 1969).
_______, 『天台學論集』(平樂寺書店, 1975).
關口眞大, 『天台止觀の研究』(岩波書店, 1969).
_______ 編, 『天台敎學の研究』(大東出版社, 1978).
佐藤哲英, 『天台大師の研究』(百華苑, 1961).
_______, 續『天台大師の研究』(百華苑, 1981).
佐佐木憲德, 『天台敎學』(百華苑, 1963 (1951)).
_________, 『天台緣起論展開史』(永田文昌堂, 1953).
玉城康四郎, 『心把捉の展開』(山喜房佛書林, 1975 (1961)).
日比宣正, 『唐代天台學序說』(山喜房佛書林, 1966).
_______, 『唐代天台學研究』(山喜房佛書林, 1975).
新田雅章, 『天台實相論研究』(日本: 平樂寺, 1969).
_______, 『天台思想入門』(日本: 第三文明社, 1977).
_______, 『天台哲學入門』(第三文明社, 1977).
_______, 『摩訶止觀研究序說』(大東出版社, 1986).
村中祐生, 『天台觀門の基調』(山喜房佛書林, 1986).
大野榮人, 『天台止觀成立史の研究』(法藏館, 1994).
田村芳朗, 梅原猛, 『絕對の眞理 天台, 佛敎の思想 5』(角川書店, 1970).
京戶慈光, 『天台大師の生涯』(第三文明社, 1975).
鎌田茂雄, 『天台思想入門』(講談社, 1984).
鹽入良道 金剛秀友 編輯, 『佛敎內部における對論 佛敎思想史 4』(平樂寺書店, 1981).
稻荷日宣, 『法華經一乘思想の研究』(山喜房, 1975).
雙谷定彥, 『法華經一佛乘の思想』(東方出版, 1985).
布施浩岳, 『法華經成立史』(大東出版社, 1938).
金倉圓照, 『法華經の成立と展開』(平樂寺書店, 1970).
坂本幸男 編, 『法華經の思想と文化』(平樂寺書店, 1968).
坂本幸男, 『法華經の中國的展開』(平樂寺書店, 1972).
橫超慧日, 『法華思想の研究』(平樂寺書店, 1975).
_______, 『法華思想』(平樂寺書店, 1980).
鹽田義遜, 『法華敎學史の研究』(日本圖書, 1978).
_______, 『法華經の研究』(日本圖書, 1978).
丸山孝雄, 『法華敎學研究序說』(平樂寺書店, 1978).
中村瑞隆, 『法華經の思想と基盤』(平樂寺書店, 1980).
望月海淑, 『法華經における信の研究序說』(山喜房, 1980).
平川彰 外, 『法華思想 講座大乘佛敎 4』(春秋社, 1983).
山內舜雄, 『禪と天台止觀』(大藏出版, 1986).
宇野精一 外, 『佛敎思想 講座東洋思想』 제6권 (東京大學出版會, 1982 (1962)).
鎌田茂雄, 『中國佛敎史』(經書院, 1996).
鎌田茂雄, 『韓國佛敎史』(民族社, 1994).
平井俊榮『中國般若思想史研究』.
木村淸孝『中國佛敎思想史』.
토오도오교순 外, 『中國佛敎史』(대원정사, 1992).
Kenneth K.S Ch'en, 『中國佛敎 下』(民族社).

2) 논문류

山內舜雄, 「五時八敎論爭の收束 - 關口眞大編著 "天台敎學の研究" 書評をかねて-」『駒大佛敎學部論集』第10號, 1979.
山內舜雄, 「'經典成立史の立場と天台の敎判'をめくる諸問題」『駒澤大學佛敎學部研究紀要』第39號, 1981.
佐藤哲英, 「五時八敎の問題について」『續 天台大師の研究』百華苑, 1981.
山內舜雄, 「'經典成立史の立場と天台の敎判'をめくる諸問題」(承前), 『駒澤大學佛敎學部研究紀要』第40號, 1982.

山內舜雄,「五時八教論爭をめくって」『禪と天台止觀』, 大藏出版(株), 1986.
岩城英規,「智旭の教判論」『天台學報』, 天台學報 , Vol.42 , pp.78-84.
吉津義英 ,「淨影寺慧遠の教判論」,『(駒澤大學)佛教學部研究紀要』, 1977.3.
中條道昭,「智儼の教判說について」,『(駒澤大學)佛教學部論集』, 1978.11.
山崎龍明,「親鸞における佛道の體系」,『日本佛教學會年報』, 1989.3.
임상희,「李通玄의 教判論」,『佛教學研究』, 2005.8.
稻岡智賢,「李通玄の教判について」,『宗教研究』, 1985.3.
調晋一,「善導の教判論」,『宗教研究』, 1994.3.
林屋友次郎,「教判論序說」,『佛教研究』, 1939.12.
長尾雅人 ,「教判の精神」,『密教文化』, 1949.3.
남동신 ,「元曉의 教判論과 그 佛教史的 位置」,『韓國史論』, 1988.11.
최연식,「均如 華嚴思想研究 : 教判論을 중심으로」,『泰東古典研究』, 1999.12.
이기영,「教判史上에서 본 元曉의 位置」,『東洋學』, 1974.10.
池昌圭,「天台大師의 教判論」, 韓國佛教學, 2005.2.
池昌圭,「荊溪湛然의 교판사상」,『韓國佛教學』, 2000.6.
池昌圭,「天台四教儀의 教判論」,『韓國佛教學』, 2004.2.
池昌圭,「天台 三大 教判書의 法華解釋」,『佛教學報』, 2004.12.
松岡曉洲,「教判論の意味再考」,『印度學佛教學研究』, 1985.12.
中條道昭,「高麗均如の教判について」,『印度學佛教學研究』, 1981.3.
塩入良道,「教判における法華涅槃の一考察」,『印度學佛教學研究』, 1954.3.
김창석,「元曉の教判資料に現われた吉藏との關係について」,『印度學佛教學研究』, 1980.3.
田村芳朗,「教判論よりみた日蓮の思想」,『印度學佛教學研究』, 1960.3.
石津照璽,「教判の問題 : その組織的意圖に沿っての解釋」,『印度學佛教學研究』, 1958.3.
坂本幸男,「教判史上の誕法師」,『印度學佛教學研究』, 1953.3.
노재성,「唐代佛教者の宗教觀 (教判)について」,『宗教研究』, 1991.3.
織田顯祐,「地論宗の教判と佛陀三藏」,『宗教研究』, 1987.3.
池昌圭,「天台四教儀의 五時八教 研究」, 東國大學校 博士學位論文, 1995.
최연식 ,「均如 華嚴思想研究: 教判論을 중심으로」, 서울大學校 , 1999.

3) 사전류
가산불교문화원편집부,『불교대사림』(가산불교문화원, 1997).
耘虛스님,『佛教辭典』(東國譯經院, 1980).
觀應스님,『佛教學大辭典』(弘法院, 1996).
中村元,『佛教語大辭典』(東京書籍, 소화56년).

불이

1. 출전 근거

Rhys Davids, William Stede, Pali-English Dictionary(London: The Pali Text Society, 1979), Sutta-nipata, Dhammapada, Vinaya,(PTS 간행본)
『유마경』「입불이법문품」(『대정장』14권).
원효,『대승기신론소』·『별기』·『금강삼매경론』·『열반종요』(『한국불교전서』 1권)

2. 참고 문헌

中村 元,『佛教語大辭典』(東京書籍, 1982)
박태원,『원효사상(1)』(UUP, 2005).
박태원,『원효사상(2)』(UUP, 2005).
김형효,「원효사상의 텍스트 이론적 독법」,『원효에서 다산까지』(성남: ,청계, 2000)
김형효,『노장사상의 해체적 독법』(성남: 청계, 1999)

찾아보기

(ㅇ)

편자약력

고 영 섭

동국대학교 불교학과 교수 (역사철학)
불교대학 세계불교학연구소 소장

저자약력

성명 가나다 순

석 길 암(동국대)
정 성 준(동국대)
황 수 산(동국대)
배 상 환(동국대)
최 유 진(경남대)
김 치 온(진각대)
박 해 당(서울대)
이 기 운(동국대)
방 인(경북대)
강 성 용(서울대)
우 제 선(동국대)
김 치 온(진각대)
류 효 현(조선대)
장 익(위덕대)
권 도 균(런던대)
김 혜 경(동국대)
조 은 수(서울대)
김 영 진(동국대)
고 영 섭(동국대)
김 재 성(능인불교대학원대)
김 진 무(남경대)
지 창 규(동국대)
박 태 원(울산대)